코기토 총서
세계사상의 고전

코기토 총서 045
세계사상의 고전

평화의 수호자

파도바의 마르실리우스 지음 | 황정욱 옮김

도서출판 길

옮긴이 **황정욱**은 1950년 인천에서 태어나 서울대 독어독문학과를 졸업했다. 한신대 대학원에서 신학 석사학위를 받았으며, 독일 부퍼탈 신학대학(Kirchliche Hochschule Wuppertal)에서 교회사를 전공하여 신학 박사학위를 받았다. 1991년부터 2015년까지 한신대 신학과 교수로 있었다. 저서로 『칼빈의 초기사상연구』(전2권, 한신대학교출판부, 2000/2002), 『예루살렘에서 장안까지』(한신대학교출판부, 2005) 등이 있으며, 번역서로는 『교회교의학 Ⅱ/1』(칼 바르트, 대한기독교서회, 2010), 『교회교의학 Ⅱ/2』(칼 바르트, 대한기독교서회, 2007), 『교회교의학 Ⅳ/3-2』(칼 바르트, 대한기독교서회, 2005), 『종교개혁 초기: 청년 루터, 청년 츠빙글리』(요하임 로게, 호서대학교출판부, 2015), 『독일 민족의 그리스도인 귀족에 고함 외』(마르틴 루터, 도서출판 길, 2017), 『종교개혁의 역사』(토마스 카우프만, 도서출판 길, 2017) 등이 있고, 다수의 연구 논문들이 있다.

세속적 정치권력의 당위성과 인민주권론을 역설한 정치철학자 마르실리우스
그는 중세 후기에 신과 신의 대리인인 교황에 의한 지배를 전면적으로 비판하면서 인간 이성의 올바른
실현을 통해 인민 스스로 정치체를 구성해야 한다고 주장, 중세인이면서도 선구적으로 근대 정치철학에
많은 영감을 주었다.
화려한 세밀화로 첫 페이지를 장식하고 있는『평화의 수호자』필사본(15세기)
현대의 학자들은『평화의 수호자』를 근대 민주주의의 선취(F. Battaglia), 중세 전통과의 결별 및 관용 사상의
선구(A. Gewirth), 평신도 정신의 형성 원천과 기독교적 가치의 파괴(G. de Lagarde), 그리고 교황청의 악습을
고발해 독일 종교개혁의 선구(J. Heckel)가 된 중세 후기의 대표적 정치철학서로 평가하고 있다.

중세 시기, 세속 권력과 교회 권력의 대립과 충돌이 극명하게 표출된 카노사의 굴욕 사건(1077)

1076년 관례에 따라 하인리히 4세가 밀라노 대주교를 임명하자, 교황 그레고리우스 7세는 이 행위를 교회에 대한 도전을 받아들여 그를 파문했다. 그 후 정치적 정세가 하인리히 4세에게 불리하게 돌아가자, 그는 파문에서 벗어나기 위해 교황과 화해하지 않을 수 없는 곤경에 처했다. 결국 하인리히 4세는 아내와 아들과 함께 교황이 피신해 있던 카노사(Canossa) 성(城)으로 찾아가 3일 동안 금식하면서 사면을 간청, 1077년 1월 18일에야 받아들여졌다. 하인리히 4세는 교황에 대한 복종을 서약했지만, 정치적 입지를 회복한 후인 1084년에 로마로 진군해 교황을 폐위하고 신임 교황 클레멘스 3세를 임명했다.
(그림: 에두아르트 슈보이저(Eduard Schwoiser, 1826~1902)의 「카노사 성문 앞의 하인리히」)

(위) 마르실리우스의 사상 형성에 지대한 영향을 끼친 아리스토텔레스와 아베로에스

1265년 기욤 드 뫼르베케(Guillaume de Moerbeke)에 의해 처음으로 아리스토텔레스의 『정치학』이 라틴어로 번역·수용됨으로써 일대 혁신을 가져왔는데, 마르실리우스 역시 그 자장 안에서 영향을 크게 받았다. 『평화의 수호자』 제1권은 거의 아리스토텔레스의 『정치학』에 대한 주해라고 볼 수 있을 정도이다. 아울러 마르실리우스의 아베로에스주의는 교회, 종교, 신학과 연관된 국가의 모든 국면을 세속적으로 접근하는 데 있다.

(아래) 중세 후기, 교황권과 황제권의 대립을 상징적으로 드러낸 요한 22세와 바이에른의 루트비히

마르실리우스가 살았던 시대에 가장 큰 이슈는 아비뇽 교황청과 신성로마제국 황제 사이의 갈등과 대립이었다. 이러한 갈등과 대립의 일부는 교황 요한 22세가 주장한 교황의 권세 충만(Plenitudo potestatis) 요구 때문에, 일부는 요한 22세가 이단적이라고 선언한 프란체스코회 영성파에 대한 황제 루트비히의 지원 때문에 촉발되었다. 결국 교황은 1324년 루트비히를 파문했으며, 이에 대응해 황제는 '작센하우젠 호소'에서 교황을 이단자라고 선언했다.

『평화의 수호자』의 다섯 개의 논제에 대해 교황 요한 22세가 정죄(定罪)를 명시한 교서(1327)

이 책은 단순히 교황 요한 22세를 적대하는 것이 아니라 황제 루트비히로 하여금 구체적으로 그의 권력을 회복할 수 있도록 돕는 정치적 프로그램을 제시하려는 야망을 갖고 있었다. 결국 『평화의 수호자』를 포함해 마르실리우스의 저작들은 금서로 지정되었다(하지만 14세기와 15세기에 걸쳐 꾸준히 유통되었으며, 16세기에 들어서는 처음으로 인쇄되었다).

교회 권력을 비판하면서 인간에 의한 지배를 주창한 정치철학의 고전

『평화의 수호자』의 저작권

교황청의 허가 없이는 책을 출판할 수 없었던 중세 당시, 한 익명의 저자의 글이 필사본으로 손에서 손으로 전해졌다. 이 익명의 저자는 이 글의 제1권 제1장 제6절에서 자신이 이 글의 유일한 저자라고 밝히고 있다. 즉 이름을 언급하지는 않지만, 베르길리우스(Vergilius)의 『아이네이스』 제1장 242의 고사를 빌려 파도바 사람임을 암시한다. 이 익명의 글에 대한 동시대의 보고서와 1327년 이후 이 글에 대한 교황의 칙령에서 두 사람이 저자로 언급되었는데, 파도바의 마르실리우스와 장 드 장덩(Jean de Jandun, 1286?~1328)이 그들이다.[1] 당대의 보고에 의하면, 두 사람이 어떤

---

1 1327년 4월 3일과 4월 9일, 10월 3일자 요한 22세의 교령; 1328년 5월 20일 아비 농에서 베네치아의 몸종 프란체스코의 진술. *Miscellanea* II, ed. Balluze Mansi,

식으로든 이 글의 생성에 관여한 것은 의심할 여지가 없다. 그러나 어떤 자료에서도 두 사람이 텍스트에 공동으로 작업했다거나 텍스트가 문학적으로 통일성이 없다는 근거는 없다. 우리는 장덩의 스타일은 그의 스콜라주의적 작품들에서, 그리고 마르실리우스의 스타일은 『작은 수호자』(*Defensor Minor*)에서 비교할 수 있다.

스타일을 비교했을 때, 장덩의 스타일과 『평화의 수호자』 사이에는 아무런 유사성이 없음이 의심할 수 없는 결과로 나왔다. 또한 『평화의 수호자』 제1권과 제2~3권 사이에 중대한 문체적 차이는 발견되지 않으며, 『평화의 수호자』 전 3권과 『작은 수호자』 사이의 문체적 유사성도 현저히 드러난다. 즉 사용된 어휘와 어법, 문장 리듬이 동일하다. 문체적으로나 문학적으로 『평화의 수호자』는 제1권부터 제3권에 이르기까지 통일성이 있고 한 명의 저자가 집필했으며, 그 저자는 다름 아닌 마르실리우스라는 것을 의심할 수 없다. 사람들은 때때로 제1권과 제2권 사이의 내용적 차이와 모순을 발견했다고 생각했는데, 특히 제1권에서 철학적 추론의 아베로에스적 성격을 지나치게 부각했다.[2] 장덩은 분명히 파리 대학에서 아베로에스학파의 우두머리였다. 그러나 마르실리우스 역시 아베로에스주의와 연관이 있었다. 파도바는 이 학풍의 제2의 본거지였다. 유명한 아베로에스주의자인 의사요 철학자였던 피에트로 다바노(Pietro d'Abano, 1257?~1316)는 마르실리우스와 동향이자 선배였을 뿐만 아니라 그의 첫 번째 교사였을 가

Lucca 1761, p. 280 참조.

2 유럽인들은 아리스토텔레스의 저작들을 아랍어로 번역하고 주해한 아랍인 이븐 루시드를 '아베로에스'라고 불렀다. 아리스토텔레스의 저작이 유럽에 소개된 것은 아베로에스의 번역 및 주해를 통해서였다. 당시 아리스토텔레스를 접한 유럽 지식인들은 교회의 진리와 조화시켜 아리스토텔레스를 해석하려고 노력한 반면, 일부 지식인들은 아리스토텔레스를 있는 그대로 (엄밀히 말해 아베로에스에 의해 해석된 방식으로) 받아들여야 한다는 운동을 펼쳤다. 따라서 아리스토텔레스의 이론이 교회의 가르침과 모순되는 경우에는 이중적 진리를 주장했는데, 이런 입장을 '아베로에스주의'라고 한다.

능성이 크다. 그러므로 여러 가지 정황으로 볼 때,『평화의 수호자』의 저자가 파도바 출신의 마르실리우스일 가능성이 가장 크다.

마르실리우스의 생애

마르실리우스 마이나르디니(Marsilius Mainardini)는 1275년에서 1280년 사이에[3] 이탈리아 파도바에서 대학의 공증인이었던 본마테오 데이 마이나르디니(Bonmatteo dei Mainardini)의 아들로 태어났다. 그는 파도바의 오랜 가문 중 하나에서 태어난 듯하다. 공증인 길드는 판사 길드처럼 겉옷으로 구별 가능한 시민 계층을 이루었다. 판사와 공증인은 별도의 길드를 구성했다. 멜키오레 로베르티(Melchiorre Roberti)에 따르면, 공증인 길드는 파도바에서 다른 길드보다 우위를 누렸다.[4] 사람들은 공증인들에게 일반적으로 'Ser' 칭호를 붙였다. 이것은 이 길드가 누렸던 특권을 보여준다. 시민 누구도 자신이나 아버지가 파도바 시민이 아니라면, 그가 파도바 시에 지속적으로 거주하지 않았다면, 선출될 때 세금으로 최소 200리브라를 납부하지 않았다면, 파도바 시나 그 지역에 최소 50리브라 가치의 부동산을 소유하지 않았다면, 세금을 납부하지 않았다면, 그리고 최소 25리브라를 내고 코뮌 의회의 명부에 등록되어 있지 않았다면, 공증인의 직무를 요구할 수 없었다.[5] 공증인의 직책은 손(육체) 노동자들에게는 금지

3　이 근사치는 근대 최초로 이 작품을 출판한 프레비테-오르통의 이론에 따른 것이다. 그녀의 주장에 의하면, 마르실리우스가 1312년 12월부터 1313년 3월까지 파리 대학 총장이었다고 가정한다면, 그가 30세 이전에 이 직책을 수행할 수 없었을 것으로 추정할 수 있으며, 필요한 학습 기간을 고려할 때에 그는 1275년에서 1280년 사이에 태어났다. Charles William Previté-Orton, "Introduction", *Defensor Pacis*, 1928, p. ix; Quillet, p. 12 참조.

4　Melchiorre Roberti, *Le Corporazioni padovane d'Arti e mestieri*, Venezia 1897~1902; Quillet, p. 13 참조.

되어 있었다. 『파도바 코뮌 정관』은 입법자가 학식 있고 논란이 없는 도덕적·지성적 자격을 갖춘 사람에게만 판사나 공증인 직무를 부여할 것을 지시한다. 이 모든 사실은 공증인 직책이 사회 내에서 비교적 높은 지위에 있었음을 말해 준다. 따라서 마르실리우스는 도시 내에서 비교적 특권적 지위를 누린 계층에 속해 있었던 것 같다.

13세기 후반에 대학은 황제의 권위와 그 대리인들에 대해 적대적이었다. 그 대가로 대학은 성직자들, 그리고 심지어 일부 교황들의 보호를 누렸다.

마르실리우스는 파도바에서 학업을 시작한 듯 보인다. 니콜로 C. 파파도폴루스는 "불경건하지만 학식 있는 인간 마르실리우스는 우리 김나지움의 졸업생이었다. 그는 모든 인문학에서 출중했다"라고 했다.[6] 이 후대의 증언은 알베르티노 무사토(Albertino Mussato)가 친구 마르실리우스에게 보낸 서신[7]과 그의 작품인 『황제 하인리히 7세의 행적에 관한 역사』(Historiae Augustae de Gestis Henrici VII Caesaris)에 의해 뒷받침된다.[8] 그런데 무사토가 마르실리우스에게 보낸 첫 번째 서신(프레비테-오르통에 따르면, 1318년에 속한다[9])에 따르면, 마르실리우스가 학업을 마치지 않았지만 이미 법학과 의학을 공부했음을 추정케 한다. 무사토의 말에 따르면, 그는 출세를 위해 법률가와 의사 사이에서 저울질한 듯하다. 그는 결국 무사토의 조언에

5 *Statuti del Comune di Padova*, I, ch. XXIII, nr. 237-238; Quillet, p. 14.

6 Niccolò C. Papadopolus, *Historia Gymnasii Patavini* II, Venezia 1726, pp. 154f.; Quillet, p. 15.

7 무사토가 마르실리우스에게 보낸 이해하기 어렵고 제대로 전승되지 않은 서신들은 Johannes Haller, "Zur Lebensgeschichte des Marsilius von Padua", *Zeitschrift für Kirchengeschichte*, 48, NF 11, 1929, pp. 166~97에 실려 있다.

8 Albertino Mussato, *Historiae Augustae de Gestis Henrici VII Caesaris*, p. 362; Quillet, p. 15, 각주 40.

9 Charles William Previté-Orton, "Introduction", *Defensor Pacis*, pp. ix~x; Quillet, p. 15 참조.

따라 의학을 선택했다. 그가 의사였다는 것은 수많은 증언을 통해 확인된다. 이 서신은 마르실리우스가 이 시기에 지혜로운 스승 중 한 사람, 즉 아베로에스주의 철학자이자 『이견의 화해자』(*Conciliator Differentium*)의 저자인 피에트로 다바노에게 배웠음을 증언한다. 무사토는 이 철학자의 이름을 거명하지는 않는다. 반면에 장덩은 마르실리우스가 다바노를 알았고, 그의 지도 아래 배웠다고 증언한다.[10] 노엘 발루아(Noël Valois)의 진술에 의하면, 장덩은 마르실리우스를 통해 다바노가 집필한 아리스토텔레스의 『문제집』(*Problemata*) 주해를 알게 되었다.

마르실리우스와 다바노 간의 접촉은 매우 중요한 의미를 갖는다. 다바노는 콘스탄티노폴리스에 간 적이 있었고 그리스어와 아랍어에 능통했으며, 아리스토텔레스의 『문제집』을 발견했다. 그는 아베로에스주의자인 시제 브라방(Siger of Brabant, 1240?~84)의 이론을 잘 알고 있었으며, 따라서 다바노가 마르실리우스에게 끼친 영향을 통해 그의 사상과 마르실리우스의 이론 사이의 연관성을 배제할 수 없다. 그러나 우리는 파도바에서 마르실리우스가 어떤 수업을 받았는지에 대해서는 정확한 정보를 알 수 없다. 어쨌든 그는 다바노를 통해 아베로에스주의를 알았을 것이다. 파도바는 이 시기에 이미 아베로에스주의의 확산 중심지였다. 또한 파도바에는 당시 초기 인문주의자 그룹이 형성되었는데, 그는 이들과 접촉했을 가능성이 있다. 그 대표적 인물은 제레미아 디 몬타뇨레(Geremia di Montagnore), 제리 다레초(Geri d'Arezzo), 그리고 무사토 등이다. 그는 『평화의 수호자』에서 여러 차례 세네카와 키케로, 카시도루스, 살루스티우스를 인용한다.

무슨 이유에서 마르실리우스가 파리로 가게 되었을까? 1312년 우리는 그가 파리에서 '마기스테르 아르티움'(magister artium, 인문학 교수)으로 등장하는 것을 발견한다. 그는 이미 파도바에서 마기스테르 학위를 취

---

10 Noël Valois, "Jean de Jandun et Marsile de Padoue, auteurs du Defensor Pacis", *Histoire Littéraire de la France* 33, pp. 554f.; Quillet, p. 16 참조.

득한 것이 분명하며, 1312년 성탄절부터 1313년 3월까지 파리 대학의 총장을 지냈다.[11] 그는 『평화의 수호자』 제2권 제18장 제6절에서 이 시절에 오를레앙 대학에 관계되는 사건을 보고한다.[12] 파리에서 그는 장덩을 알게 되었다. 또한 이 시기에 프란체스코회 소속 수도사인 체제나의 미켈레(Michele da Cesena), 카잘레의 우베르티노(Ubertino da Casale), 그리고 어쩌면 윌리엄 오컴을 알게 되었을 것이다.

그런데 무사토의 서신에 의하면, 그는 1315년에 다시 파도바에 나타났다. 조르주 드 라가르드(Georges de Lagarde)의 진술에 의하면, 그는 1313년 말부터 1315년 사이에 다바노의 곁에 있었던 것 같다.[13] 그다음 시기는 흑막에 가려 있다. 무사토의 증언에 따르면, 마르실리우스는 1314년경에 북부 이탈리아의 구엘피파와 기벨린파 사이의 분쟁에 연루된 듯한데, 베로나의 칸그란데 델라 스칼라(Cangrande della Scala)와 밀라노의 마테오 비스콘티(Matteo Visconti)가 그를 자기들 편으로 끌어들인 듯하다. 이 시기에 그는 또한 교황청과도 인연을 맺은 듯하다. 1316년 그는 다른 사람들처럼 교황의 교체를 이용해 성직록을 획득하려고 했다.[14] 그는 아비뇽 교황청으로 여행을 했다.[15] 그러나 여행의 정확한 시기에 대해서는 알려지지 않았다.

1316년 10월 14일, 그는 적어도 파도바 참사회의 대기자 명단에 올랐

---

11 Henri Denifle, *Chartularium universitatis Parisiensis* II, Paris 1891, p. 158. 중세기 대학교 총장은 매 학기마다 인문학부 교수 중에서 새로이 선출되었다.

12 그가 오를레앙 대학에서 법학을 수학했다는 여러 학자의 가설은 근거가 없다. Felice Battaglia, *Marsilio da Padova e la filosofia politica del medio evo*, Firenze 1928, pp. 32ff. 참조.

13 G. de Lagarde, *Naissance de l'esprit laïque*, Paris 1906, II, pp. 20f.

14 본래 성직록은 성직자의 생계를 위해 수여되었지만, 중세를 지나면서 변질되어 권세가들의 전유물처럼 되어 누구라도 받을 수 있는 것으로 세속화되었다. 중세 당시 교회의 적폐 가운데 하나였다.

15 마르실리우스, 『평화의 수호자』 II, 24, 17 참조.

다. 이때 그는 아비뇽에 있었는데, 교황청에서 벌어지는 일에 깊은 인상을 받은 듯하다.[16] 1318년 4월 5일, 그는 파도바 교구에서 처음 공석이 되는 성직록에 대한 권리를 획득했다. 이때는 어떤 생계 수단, 직위를 찾는 불안정한 시기였던 것으로 보인다. 무사토는 마르실리우스가 탁월한 교사(egregius doctor)와 연결되어 있었다고 말한다. 그러나 이 인물이 1316년 대기자 명단 집행관인 볼로냐의 유명한 의사이자 수석 부제인 굴리엘모 디 브레시아(Guglielmo di Brescia)를 말하는 것인지는 불확실하다.

마르실리우스가 1318/19년에 다시 기벨린파의 수장이었던 비스콘티와 칸그란데 밑에서 일한 것은 확실하다. 그는 1319년 비스콘티가 프랑스의 샤를 왕자, 라 마르쉬(La Marche) 백작, 즉 후대의 프랑스 왕이 되는 샤를 4세에게 보낸 사절단의 일원이었다. 비스콘티는 샤를을 기벨린파의 지도자로 선정함으로써 구엘피파의 수장인 앙주의 로베르토(Roberto d'Anjou)에 대항하고자 했다. 그러나 이 계획은 교황청과 프랑스 왕실의 반대로 실패했다.[17]

이때 마르실리우스의 생애에 전환이 생긴다. 1320년에 그는 새로이 파리에서 의사로 활동하게 된다. 제2차 파리 체류 시기에 그는 아마도 인문학부에서 아리스토텔레스의 논리학과 형이상학을 교수했던 것 같다.[18] 정치 활동의 실패와 성직록 획득 실패가[19] 영향을 끼친 듯하다.

어쨌든 이 시기에 그에게는 바이에른의 루트비히의 조력자로서 독일에 대한 정치적 관심과 반(反)교황적 분위기가 생긴 듯한데, 이것이 1324년 『평화의 수호자』에서 표현되었다. 이 중대한 변화에서 특별한 점은 마르

---

16 당시 교황청은 아비뇽에 있었다. 제2권 제24장 참조.

17 1317년 이래 비스콘티는 파문 상태에 있었다. 그의 계획은 프랑스 왕실과 시칠리아의 로베르토 왕 및 교황청과의 동맹을 결렬시키려는 것이었다.

18 Quillet, p. 18, 각주 58 참조.

19 마르실리우스가 파도바에서 성직록을 실제로 받았다는 것은 입증되지 않았다. 그가 이 시기에 파도바에 있었다는 것은 입증될 수 없다.

실리우스가 당시 파리에서 신학에 관심을 갖기 시작했다는 것이다. 그는 1326년에 성서 강좌를 예고했다. 그렇다면 그는 적어도 1320년부터 신학을 공부했음이 분명하다. 독일에서의 정치적 격변과 프란체스코회와 교황 요한 22세 간의 청빈 논쟁 발발은 그에게 정치적 문제에 관여할 수 있는 계기를 마련해 주었다. 『평화의 수호자』가 1324년 6월 24일에 완성된 것은 결코 우연이 아니었다. 교황에 적대하는 여러 진영, 즉 독일과 이탈리아의 기벨린파 추기경들과 프란체스코회 수사들이 루트비히의 주도 아래 교황을 이단자로 선언한 '작센하우젠 호소(Sachsenhausen Appellation)'를 공표한 지 몇 개월 후였다. 당시 마르실리우스는 이 파와 연결되어 있었던 것 같다. 그는 교황청뿐만 아니라 루트비히 왕실에도 알려지지 않은 인물이 아니었다. 그의 위대한 정치적 각서는 처음부터 반(反)교황 행위에 동참하려는 계산이 있었다. 이 각서는 프랑스 독자를 염두에 둔 것은 분명 아니었다. 마르실리우스가 왜 2년 후인 1326년에 각서의 저자임이 밝혀지면서 어쩔 수 없이 독일 바이에른 왕실로 피신했는지는 확실하지 않다. 처음에 루트비히는 『평화의 수호자』의 저자를 달가워하지 않았다고 한다. 루트비히는 당시 교회 논쟁으로부터 거리를 두려고 했다. 그러나 상황이 마르실리우스에게 유리하게 급속히 바뀌었으니, 루트비히가 로마로 원정을 간 동안에 마르실리우스와 그의 친구 장뎅은 황제의 영향력 있는 자문관이 되었다. 로마의 일들은 근본적으로 마르실리우스에 의해 주도되었다. 1327년에 그는 루트비히가 트리엔트에서 소집한 기벨린파 모임에 참석했다. 그 후 그는 루트비히가 밀라노에서 세 명의 대주교에 의해 로마인의 왕으로 선포되는 자리에 참석해 요한 22세를 비판하는 설교를 했다. 1328년 1월 7일, 루트비히는 로마에서 자신이 임명한 대립 교황 니콜라우스 5세에 의해 황제로서 대관을 받았다. 그것은 『평화의 수호자』 이론의 승리인 것처럼 보였다. 1328년 4월 15일에 마르실리우스는 황제 대리인으로, 그 후 밀라노의 대주교로 임명되었다.[20] 그러나 황제의 이탈리아 정책 실패는 마르실리우스를 정치무대에서 사라지게 만드는 결과를 초래했다. 우리는 그의 생애에 대해 더 이상 아는 바가 없다. 그는 황제의 보호 아래 피신한 프란체스코회 수도사들과 함께 뮌헨의 황궁에 머물렀다. 그는 의사로 살았지만 정치적 이념과 행동을 고무하기 위해 여러 차례 펜을 잡았다. 1341~42년에 집필한 것으로 추정되는 『로마제국의 이전에 대한 논설』(*Tractatus de translatione Romani imperii*), 『작은 수호자』, 『결혼 문제에서 황제의 사법권에 대하여』(*De Jurisdictione Imperatoris in causa matrimoniali*)는 『평화의 수호자』와 같은 혁명정신을 잘 보여 준다. 그는 그 직후에 세상을 떠난 듯하다. 1343년 4월 10일, 그는 클레멘스 6세의 한 담화에서 작고한 것으로 언급되었다.[21]

출판과 번역본

마르실리우스의 저서들은 금서로 지정되어 있었지만, 14세기와 15세기에 걸쳐 꾸준히 유통되었으며, 16세기에 들어와서 처음으로 인쇄되었다. 현재까지 알려진 『평화의 수호자』 필사본은 27개이다. 이것들은 14/15세기에 작성된 것으로 크게 두 그룹, 즉 프랑스 그룹과 독일 그룹으로 나누어진다.[22]

우리는 『평화의 수호자』가 14세기와 15세기에 이미 교회 문헌에서 인용된 것을 자주 발견할 수 있다. 이 글은 교회정치적으로 혁명적 문헌으로서 종교회의 기간[23] 동안에 큰 역할을 담당했다. 1378년 교황 그레고리

---

20 Noël Valois, 앞의 글, pp. 595, 599; Quillet, p. 19 참조.

21 Noël Valois, 앞의 글, p. 603 참조.

22 필사본에 관한 자세한 사항은 Richard Scholz (ed.), "Einleitung", *Marsilius von Padua: Defensor pacis*, Hannover 1932, pp. v~l 참조.

23 교황청의 아비뇽 파천 이후에 교황청의 적폐를 종교회의를 통해 해결하려 노력하고, 종교회의가 교황 위에 있다고 주장한 종교회의주의자들이 활약한 14~15세기의 기

우스 11세는 『평화의 수호자』를 위클리프의 글들과 함께 새로이 금서로 지정했으며, 새로운 이단의 전형으로 간주했다. 그럼에도 후스주의자들뿐만 아니라 이 글에서 교회의 이상을 발견했고 바젤과 콘스탄츠 종교회의에 참석했던 종교회의주의자들은 이 글의 문구들을 자신들의 글에 인용했다. 이 종교회의에서 그들은 『평화의 수호자』의 저자를 마르실리우스라고 확정했다. 16세기 종교개혁이 일어나기 전에 이 글의 영향력은 강화된 것으로 보인다. 1512년 자크 알맹(Jacque Almain)은 『최고 권세에 관한 논설』(*Expositio de suprema potestate*)과 『교회의 권위에 대하여』(*De auctoritate ecclesiae*)에서 『평화의 수호자』를 공격했다.

이 작품은 마르실리우스가 세상을 떠나고 약 180년이 지난 1522년에 '*Opus insigne cui titulum fecit autor defensorem pacis ……*'(저자가 '평화의 수호자'라고 표제를 붙인 저명한 작품)라는 제목으로 처음 출판되었다. 개신교 성직자인 리첸티우스 에반겔루스(Licentius Evangelus)가 서문을 썼다. 이 익명 뒤에 숨은 자를 확정할 수는 없지만 베아투스 레나누스(Beatus Rhenanus, 1485~1547)로 추정된다.[24] 2절판으로 인쇄된 초판에는 마지막 장, 즉 제3권 제3장이 없다. 16세기와 17세기에 나온 모든 인쇄본은 이 초판본에 근거한다.

최초의 학문적 출판은 1928년 잉글랜드의 중세 역사학자 C. W. 프레비테-오르통(C. W. Previté-Orton)에 의해 이루어졌다. 그녀의 텍스트는 신뢰할 만하다. 그러나 출판자는 제1권에 대해서 게오르크 막시밀리안 알렉산더 카르텔리에리(Georg Maximilian Alexander Cartellieri)의 팩시밀리에 근

간을 말한다.

24 Melchior Goldast (ed.), *Monarchia sancti Romani Imperii* I, Frankfurt am Main 1611, *Dissertatio de autoribus*, pp. 58ff.; Jacques Lelong, *Bibliothèque Historique de la France*, Paris 1719, p. 122; Antoine Teissier, *Nouvelles additions aux éloges des hommes savans tirés de l'Histoire du Président de Thou*, p. 6은 독일의 인문주의자 베아투스 레나누스를 지목한다.

거해 초판을 사용했으나, 나머지 부분에 대해서는 하자가 많은 멜키오르 골드아스트(Melchior Goldast)의 판본[25]을 사용했다.

1932년 리하르트 숄츠(Richard Scholz)는 *Monumenta Germaniae historica, Fontes Iuris Germanici Antiqui in Usum scholarum, separatim ed*(독일의 역사적 기록, 학자용 고대 독일법 원천, 별도판) 총서 가운데 한 권으로 이 작품을 출판했다.

다른 한편, 1363년에 글의 일부분이 프랑스어로 번역되었으며, 이것이 1363년 이탈리아어로 재번역되었다. 1535년 런던에서 윌리엄 마셜(William Marshall)이 역시 일부분을 헨리 8세를 위해 영어로 번역했다. 이것은 재상 토머스 크롬웰(Thomas Cromwell)의 지원 아래 인쇄되었다. 1545년에 뮐러 폰 베스텐도르프(Müller von Westendorff)가 제2권과 제3권을 독일어로 번역해 노이엔부르크에서 출판했다. 1956년에는 앨런 거워스(Alan Gewirth)가 전체를 영어로 번역해 출판했다(*The Defender of Peace*, New York: Columbia University Press). 1958년 독일의 발터 쿤츠만(Walter Kunzmann)과 호르스트 쿠쉬(Horst Kusch)가 라틴어-독일어 대역판(*Verteidiger des Friedens*, Berlin: Rutten und Loening)을 출판했다.

이외에 1960년에 체자레 바졸리(Cesare Vasoli)의 이탈리아어 번역본(*La defensore della pace*, Torino: Unione Tipofrafico-Editrice Torinese), 1968년에 자닌 키예(Jeannine Quillet)의 프랑스어 번역본(*Le Défenseur de la paix*, Paris: Vrin), 그리고 1989년에는 마르티네스 고메스(Martinez Gomez)에 의해 스페인어 번역본(*Il difensore de la paz*, Madrid: Tecnos)이 나왔다. 아울러 2005년에는 애너벨 브렛(Annabel Brett)이 새로운 영어 번역본을 출판했다(Cambridge University Press).

---

25 Melchior Goldast (ed.), 앞의 글, pp. 58ff.

시대적 배경

마르실리우스가 살았던 시대에 가장 큰 이슈는 아비뇽 교황청과 신성로마제국 황제 사이의 갈등이었다. 당시 이탈리아 도시국가들은 구엘피파와 기벨린파로 분열되어 있었으며, 이는 당대의 정치적 판도를 그대로 반영하고 있었다. 따라서 우선 역사적 사건을 시간적으로 나열해 본다.

1313년에 신성로마제국의 황제 하인리히 7세가 세상을 떠나면서 후계자 선출 문제가 시급한 과제로 떠올랐다. 다수의 선제후는 하인리히의 아들인 보헤미아의 왕 요한이 너무 어리다고 여겼다(당시 황제 선출단은 7인의 선제후로 구성되었다). 대안으로 부상된 인물이 하인리히의 전임자인 합스부르크 가문의 알베르트 1세의 아들 프리드리히였다. 프리드리히의 선출을 저지하기 위해 반대파는 비텔스바흐(Wittelsbach) 가문의 루트비히를 후보로 내세웠다.

1314년 10월 19일, 선제후 쾰른 대주교는 작센하우젠에 네 명의 선제후를 소집했으며, 그들은 프리드리히를 왕으로 선출했다. 그러나 반대파는 이 선출을 인정하지 않았고, 그다음 날에 제2차 선거를 치렀다. 선제후 마인츠 대주교의 주동 아래, 다섯 명의 선제후가 프랑크푸르트에 모여 루트비히를 이탈리아의 왕으로 선출했다.

이중(二重) 선출 이후에 이중 대관식이 뒤따랐다. 즉 루트비히는 아헨에서 마인츠 대주교에 의해 대관을 받았으며, 프리드리히는 쾰른 대주교에 의해 본(Bonn)에서 대관을 받았다.

이중 대관식 이후, 두 경쟁자는 치열한 전투를 치러야 했다. 결국 1322년 9월 28일 뮐도르프 전투에서 프리드리히의 군대가 결정적으로 패배를 당해, 프리드리히는 루트비히의 포로가 되었다. 루트비히는 프리드리히를 3년 동안 트라우스니츠(Trausnitz) 성에 감금했다. 루트비히의 승리에도 불구하고 요한 22세는 그의 선출을 인준하지 않았다. 그러나 루트비히는 교황의 승인을 기다리지 않고 기벨린파의 압력 아래 북부 이탈리아에서 자신의 권력을 회복하고 내란에 개입하기 위해 자신의 대리인들을 내세웠다.

1325년 3월 13일, 프리드리히의 동생 레오폴트의 저항과 보헤미아 왕 요한의 배신, 그리고 교황의 파문 때문에 루트비히는 프리드리히가 자신을 합법적 왕으로 인정하고 자신의 동생을 루트비히에게 복종하도록 설득하는 데 성공하지 못하면 다시 포로가 되겠다는 조건으로 그를 석방했다. 그러나 동생 레오폴트의 고집을 꺾을 수 없게 된 프리드리히는 포로가 되기 위해 뮌헨으로 돌아왔다. 그의 고귀함에 경탄한 루트비히는 프리드리히와 화해하고 제국을 공동으로 통치하는 데 합의했다. 교황과 선제후들이 이 합의에 강력히 반발하자, 1326년 1월 7일 울름에서 그들은 또 다른 협정을 맺었다. 이 협정에 따르면, 루트비히는 이탈리아에서 신성로마제국의 황제로 대관을 받고, 프리드리히는 로마인의 왕으로 독일을 통치하는 것이었다. 그러나 1326년 레오폴트가 세상을 떠난 이후, 프리드리히는 제국 통치에서 물러나 오스트리아로 돌아갔다.

다른 한편, 프랑스 카오르 출신의 자크 두에즈(Jacques Duèse)가 1316년 교황 클레멘스 5세의 후임자로 선출된 것은 그의 나이 일흔두 살 때였다. 당시 추기경단이 고령의 두에즈를 교황으로 선출한 이유는 그가 곧 세상을 떠날 것으로 예상했기 때문이라는 설이 있다. 그러나 예상을 뒤엎고 이 프랑스인은 아흔 살(1334년)까지 18년 동안 요한 22세로서 황제와의 분쟁뿐만 아니라 청빈 논쟁의 중심 인물로 부상했다.

요한 22세가 교황으로 선출된 당시에는 신성로마제국의 황제를 둘러싼 싸움에 대해 중립적이었다. 그러나 1322년 루트비히의 승리 이후에 구엘피파와 기벨린파 간의 대립이 오히려 격화되기 시작했다. 이 대립은 일부는 요한 22세가 주장한, 교황의 권세 충만(Plenitudo potestatis) 요구 때문에, 일부는 요한 22세가 이단적이라고 선언한 프란체스코회 영성파에 대한 루트비히의 지원 때문에 촉발되었다.

교황은 1323년 10월 8일에 루트비히에게 경고장을 발부했다.[26] 이 경고

장에서 교황은 루트비히에게 3개월 안에 출두할 것과 제국을 포기할 것을 명령했다. 기간이 지나자, 1324년 3월 23일 교황은 루트비히를 파문했다.[27] 이에 대응해 루트비히는 1324년 5월 22일에 '작센하우젠 호소'에서 교황을 이단자라고 선언했다.[28]

'작센하우젠 호소'는 『평화의 수호자』의 이해를 위해 매우 중요하다. 호소문에 제기된 모든 중요한 고발 내용이 마르실리우스의 글, 특히 제2권에 재등장한다. 제2권의 몇몇 문구는 시대적 사건을 직접적으로 암시한다. 호소문에서 교황은 이단자, 세속적 권력을 찬탈한 자, 그의 교령들 가운데 특히 'Ad conditorem canonum'(1322)와 'Cum inter nonnullos'(1323)를 통해, 그리고 그리스도와 사도들이 개별적으로나 공동으로 재물을 소유했다고 가르친 자로 고발되었다. 마르실리우스는 이 주제들을 제2권에서 길게 다루고 있다. 또한 황제는 총회에 호소하는데, 우리는 마르실리우스의 글에서 종교회의주의 사상을 재발견한다.

호소문이 공표되고 얼마 후에 『평화의 수호자』가 완결되었다. 이 글은 시대정치적 사건과 밀접한 관계에 놓여 있다는 것을 누구나 알 수 있다. 제2권 제25장과 제26장은 일련의 사건을 언급하면서 그 정치적·역사적 원인을 분석한다. 교황은 황제 위(位)의 공석 기간 동안에 제국에 대한 지배권을 얻고자 했으며, 또한 황제에게 돌아가야 마땅한 조세를 요구했다. 아울러 그는 로마인의 왕 선출에 대한 확인 내지 승인권이 자신에게 있다고 주장했다. 그는 온갖 수단을 동원해 루트비히의 황제 대관을 방해했으며, 황제를 이단자로 선언해 그의 세속적 권력을 박탈하고 신하들을 충성 서약으로부터 벗어나게끔 했다. 그러나 『평화의 수호자』는 단순히 교황을 적대하는 문서가 아니다. 이 글은 루트비히로 하여금 구체적으로 그의 권

---

26 MGH, *Constitutiones* V, nr. 792, pp. 616~19.

27 교령 'Urget nos caritas'; MGH, *Constitutiones* V, p. 693.

28 MGH, *Constitutiones* V, nr. 909~910, pp. 722~54.

력을 회복할 수 있도록 돕는 정치적 프로그램을 제시하려는 야망을 갖고 있다.

『평화의 수호자』의 주제들

마르실리우스의 글은 까다로운 해석 문제를 제기하므로, 이 작품을 분석한 여러 해석을 간단히 소개하는 것이 좋을 듯하다. 혹자는 이 작품을 근대 민주주의의 선취라고 보았고,[29] 또 다른 혹자는 중세 전통과의 결별, 관용 사상의 선구로 보았다.[30] 아울러 평신도 정신의 형성 원천, 기독교적 가치의 파괴로 보았고,[31] 그 시대에서 탈선한 계몽주의자인 아베로이스트, 즉 회의주의자 내지 불신자의 작품으로 보기도 했다. 또한 복음적 진리를 보존하기 위해 교황청의 악습을 고발한, 따라서 독일 종교개혁의 선구로 보기도 했다.[32]

간단히 말해 두 가지 유형의 해석이 있다. 우선 제1권의 분석에 집중해, 거기서 근대국가 이론의 전조를 보는 해석이 있다. 그다음으로는 제2권의 기독교 이해에 집중해 정치 이론이라기보다는 교회론에 관한 논설로 보려는 해석이 있다.

다음에서 이 작품과 연관된 몇 가지 중요한 이슈를 소개하려고 한다.

---

29 Felice Battaglia, *Marsilio da Padova e la filosofia politica del Medioevo*, Firenze 1928; *Modernita di Marsilio da Padova*, Siena 1955.

30 Alan Gewirth, *Marsilius of Padua: The Defender of Peace*, vol. 1, New York 1967.

31 G. de Lagarde, *Marsile de Padoue, Naissance de l'esprit laïque* II, Paris 1962.

32 Johannes Heckel, "Marsilius von Padua und Martin Luther", *Zeitschrift der Savigny Stiftung für Rechtsgeschichte*, 1958; Justus Hashagen, "Marsilius von Padua im Lichte der neueren Forschung", *Historisches Jahrbuch*, 1941, pp. 274ff.

1. 청빈 문제

'프라티첼리'(fraticelli, 작은 형제들)로 알려진 프란체스코회 영성파는 니콜라우스 3세의 교령 'Exiit qui seminat'(1279)를 원용하면서 그리스도와 사도들은 절대로 아무것도 소유하지 않았다고 주장했다. 이를 지나치다고 판단한 요한 22세는 1317년 교령 'Quorundam exigit'를 통해 영성파를 이단적이라고 공식 선언했다. 1322년 3월 26일, 교황은 교령 'Quia nonnumquam'에서 니콜라우스 3세의 앞의 교령에 대한 토론 금지를 해제하고 전문가들에게 그리스도와 사도들이 전혀 소유하지 않았다는 신앙에 기초한 청빈 사상을 검증하도록 지시했다. 전문가 가운데 다수는 청빈 사상이 교회의 재산 소유권을 부정한다는 이유에서 이 사상을 유죄라고 판단했다. 그러나 1322년 3월 페루자에서 개최된 프란체스코회 참사회에서 다음과 같이 선언했다. "우리는 그리스도가 완전의 길을 보임에 있어, 그리고 사도들이 그 길을 따르고 완전한 삶을 살기 원하는 자들에게 모범을 보임에 있어, 공동으로든 개인적으로든, 소유와 점유의 권리에 의해서든 개인적 권리에 의해서든 간에, 아무것도 소유하지 않았다고 주장하는 것은 이단적이 아니라 참되고 가톨릭적이라고 선언한다." 이에 대응해 요한 22세는 1322년 12월 8일자 교령 'Ad conditorem canonum'에서 수도사들이 받아 식사한 모든 음식이 교황에게 속한다는 주장은 가소롭다고 선언하면서 프란체스코회의 재산에 대한 소유권을 수령하기를 거부했으며, 그들을 모든 것(심지어 공동으로 가진 것)에 대한 소유권을 절대적으로 금지한 프란체스코회 규칙으로부터 해제한다고 선언했다. 이로써 그들에게 소유권을 받아들일 것을 강요했다. 1323년 11월 12일, 교황은 교령 'Quum inter nonnullos'를 통해 그리스도와 그의 사도들이 전혀 소유하지 않았다는 주장은 오류이고 이단적이라고 선언했다.

이에 대해 프란체스코회 총장 체제나의 미켈레, 윌리엄 오컴, 베르가모의 보나그라티아(Bonagratia da Bergamo)는 저항했다. 1324년 루트비히는 영성파를 지지하면서 교황을 이단자라고 비난했다. 니콜라우스 3세의 교서 'Exiit qui seminat'는 철회될 수 없다는 적대자들의 주장에 대응해, 1324년 11월 10일 요한 22세는 교령 'Qui quorundam'에서 1279년의 교령에서 그리스도와 사도들이 아무것도 소유하지 않았다는 결론을 끌어 낼 수 없다고 선언했다. 덧붙여 그는 "오히려 그리스도와 사도들이 살았던 복음적 삶은 공동으로 뭔가를 소유하는 것을 배제하지 않는다고 추론될 수 있으니, 왜냐하면 재산 없이 사는 것은 이렇게 사는 자들이 뭔가를 공동으로 갖지 말도록 요구하지는 않기 때문"이라고 주장했다.

1328년 체제나의 미켈레는 아비뇽 교황청으로 소환되어 교황의 명령을 고집스럽게 거부한 것과 루트비히와의 공모 혐의를 해명해야 했다. 미켈레는 보나그라티아, 윌리엄 오컴과 함께 아비뇽에 감금되었다. 그해 1월에 루트비히는 로마로 입성해 신성로마제국의 황제로서 대관을 받았다. 3개월 후에 그는 요한 22세가 폐위되었다고 선언하면서 영성파 피에트로 라이날두치(Pietro Rainalducci)를 교황 니콜라우스 5세로 세웠다. 같은 해 5월 28일, 볼로냐에서 개최된 프란체스코회 참사회는 이틀 전에 아비뇽에서 윌리엄 오컴 등과 함께 탈출한 미켈레를 총장으로 재선출했다. 그해 8월에 루트비히는 나폴리 왕 로베르토의 공격을 피해 로마를 떠났다. 이 도피 행렬에 마르실리우스와 미켈레, 윌리엄 오컴도 합세했다. 프란체스코회의 오직 일부만이 요한 22세의 적대자들에게 가담했다. 1329년 파리에서 개최된 프란체스코회 참사회에서 대다수는 교황에 대한 복종을 선언했다. 1329년 11월 16일, 요한 22세는 미켈레의 공격을 반박했다. 이로써 청빈 논쟁은 일단락되었다.

2. 인간 삶의 두 가지 목표

인간에게는 일반적으로 두 가지 목표가 제시되어 있다. 이 세상에서의 행복과 저 세상에서의 행복이 그것이다. 전자를 실현하는 것은 그것의 기초적 조건인 평화로운 삶을 통해 가능하다. 인간은 아리스토텔레스의 철학과 정치학이 제시한 규칙을 따름으로써 그것에 도달할 수 있다. 반면에 인간은 구원을 얻음으로써 저 세상에서 영원한 행복을 누리기를 희망한다. 이 두 가지 요구는 어떻게 조화를 이룰 수 있을까? 시민적 삶과 기독교인의 삶이 현재 세상에서 말썽이나 갈등을 초래함 없이 어떻게 조화를 이룰 수 있을까? 이런 말썽의 원인은 무엇이고 그것을 치유하는 방법은 무엇인가? 이런 문제점에서 출발해 마르실리우스는 두 가지 연관된 관점에서 답변을 제시할 것이다. 즉 국가의 틀 안에 인간의 지상적 행복을, 그리고 시민 공동체 속에 편입된 교회를 고찰하는 관점에서 말이다.

완전한 공동체

이 글은 완전한 공동체, 즉 그 구조와 목표에 관한 이론의 기초를 제공하는 아리스토텔레스의 『정치학』의 주요 주제를 수용한다. 인간은 공동생활을 위한 자연적 욕망을 가졌다. 인간은 타인과의 소통과 교환을 통해 자신의 필요를 만족시킬 수 있다. 그들은 아담의 타락 이후 공동체 사회를 위해 존재했다.[33]

모든 인간은 국가 내에서 상호 교환을 통해 충족된 삶에 이를 수 있다. 인간은 충분한 삶을 위해 필수적인 물질을 획득하고 상호 교환하기 위해 연대한다. 이런 연대와 충족함을 가질 수 있는 완전한 공동체가 국가이니, 국가의 각 부분은 그것의 특별한 필요를 충족하기 위해 있다. 이 완전한 공동체 내지 국가는 인간 존재를 행복하게 만들 수 있는 자연적 틀이다. 이 공동체는 살아 있는 유기체처럼 구성되어 있으며, 『정치학』에서 영감을 얻은 국가의 여섯 부분 — 농업, 수공업, 재무직, 통치직, 군사직, 사제직 — 은 조화로운 발전과 평정을 유지하기 위해 협력한다. 통치직과 군사직, 사제직은 '귀족층'(honorabilitas)을, 나머지 부분들은 '평민'(vulgus)을 이룬다.[34] 국가는 생명 있는 자연과 같고 그 중심 기관은 유기체의 심장처

---

33 마르실리우스, 『평화의 수호자』 I, 6, 1 참조.
34 마르실리우스, 『평화의 수호자』 I, 5, 1 참조.

럼 통치직이니, 그것이 나머지 모두를 지휘한다. 통치직은 이탈리아 도시의
시장들처럼 사법권을 갖는다.

정치적 권위와 그 토대

정부가 갖는 이 권력의 기원은 무엇인가? "입법자 내지 법의 일차적·
본래적 작용인은 백성 내지 시민 전체, 혹은 그들 중 '보다 강한 쪽'(pars
valentior)이며, 그들은 그들의 투표 내지 시민들의 전체 모임에서 말을 통
해 표현된 의지를 통해서 ······."[35]

일부 학자들은 앞의 인용된 문구에서 인민주권 이론, 사회계약 이론의
징후를 발견했다고 믿는다. 그러나 마르실리우스는 이 분야에서 선구자
는 아니었다. 토마스 아퀴나스는 'populus', 즉 사회를 구성하는 시민 전체
를 정치권력의 일차적 근원으로 보았다. 그에게 인민은 일차적 정치 권위
이며, 또한 궁극적 권위이다.[36] 'populus'는 당대의 정치적 어휘에 속했다.
그것은 종종 '시민 전체'(universitas civium)와 연결되었다. 그러나 토마스
아퀴나스에게 'populus'가 아리스토텔레스의 라틴어 번역인 '저명한 시민
들'(cives praeclarii)에 상응해 왕국의 귀족들에 의해 구성되었다면, 이 어휘
는 마르실리우스에게서 전혀 다른 의미, 즉 민주주의 내지 공화주의의 효
시라고 불릴 만한 의미를 갖게 된 것일까?

앞의 인용문의 의미를 고찰할 때, 다음 사실을 확인할 수 있다. 첫째, 시
민 전체는 그것의 '보다 강한 쪽'과 직접 동일시되었다. 둘째, '보다 강한 쪽'
은 질적·양적 기준에 따라 결정되었다. 셋째, 국가를 구성하는 모든 인간
은 시민으로서 동일한 신분을 갖지 못한다.

인민은 시민들의 집합이다. 시민은 누구인가? 사법과 자문에 참여하

---

35 마르실리우스, 『평화의 수호자』 I, 12, 3 참조.

36 Thomas Aquinas, *Expositio in Politicorum Aristotelis libros* III, Roma 1951,
    ch. 6 참조.

는 자인가? "도시 공동체에서 통치직이나 의원직, 재판직에 참여하는 자들을 그들의 등급에 따라 시민이라고 칭한다."[37] 이 정의는 아리스토텔레스의 『정치학』에서 차용한 것이다. 이 구절은 알베르투스 마그누스, 토마스 아퀴나스, 로마의 에기디우스, 피에르 도베르뉴, 윌리엄 오컴도 주해를 했다. 이 정의는 근본적으로 반(反)평등주의적이다. 이들뿐만 아니라 마르실리우스도 농민과 손(육체) 노동자는 기초적 필요의 충족을 위해 필수적인 그들의 직업에서 벗어날 수 없다고 생각했으며, 공적 삶에 참여하기에 이들은 자유롭지 않다고 보았다. 이렇듯 14세기 초 이탈리아 공동체에서 시민권은 하나의 특권이었다. 코뮌 의회(comuncia)의 명부에 등록되고 세무 등기부에 기입된 사람만이 시민권자였다. 마르실리우스는 'vulgus'와 'honorabilitas'를 대립시킨다. 그에게서 '보다 강한 쪽'은 참정권을 지닌 특권층을 의미한다. 아울러 그는 이탈리아 코뮌에는 'populus'에 대해 평등주의적 개념이 없었다는 현실을 반영했다. '보다 강한 쪽'은 공동체 전체를 대변한다. 인민이 입법자라면, 즉 법을 제정하는 권한을 가졌다면 인민은 현명하고 경험 있는 자들에게 입법 업무를 위임하는 것이 합리적이고 유익하다.[38]

따라서 인민주권의 개념은 순전히 원리적이다. 실제로 입법 권한은 그들의 기능과 능력 때문에 선출된 대표들에게 위임되었다. 마찬가지로 시민 전체가 법의 공포를 위해 승인하는 일은 순전히 이론적이다. 실제로는 시민 전체를 대표하는 소수의 인물이 이 기능에 종사하기 때문이다.

그렇다면 마르실리우스의 인민주권 이론을 어떻게 이해해야 하는가? 이것은 이탈리아의 로마법 부흥과 연관이 있는 듯하다. 특히 볼로냐 법학자들은, 제국 권력의 기원은 황제에게 권력을 이양하는 로마 인민의 의지 행위에 있었다고 보았다. 『평화의 수호자』 안에는 주어진 상황 속에서 취소

---

37 마르실리우스, 『평화의 수호자』 I, 12, 7 참조.
38 마르실리우스, 『평화의 수호자』 I, 13, 8 참조.

가능한 '용인'(concessio)으로 이해된 '왕국법'(Lex Regia)에 대한 여운이 발견된다. 작품 전체를 통해 점진적으로 시민 전체와 입법자, 인간 수장, '자신보다 높은 자가 없는 신실한 인간 입법자', 그리고 마침내 황제가 동일시되어 간다. 그러나 마르실리우스에게서 입법자는 근대적 의회에 의해 장악된 입법권과 유사한 국가의 특별 기구가 아니다. 입법자는 인민 전체이며, 인민이 그의 권력을 군주에게 위임한 것처럼 입법권과 집행권은 궁극적으로 인민에게 귀속된다. 따라서 마르실리우스를 권력분립의 선구자로 보는 해석은 지나치다고 할 것이다.

군주와 법

시대 상황 속에서 재탄생한 로마법은 중요한 의미를 지닌다. 법학자들과 정치가들은 황제 및 권력을 위임한 인민 의지의 동시적 표현인 로마법의 위엄을 회복하려고 애썼다. 당시 가장 현실적 주제는 ─ 유스티니아누스 법전에 있는 것처럼 ─ 황제가 법 위에 있고 황제가 자발적으로 법에 복종한다고 주장하는 것이다. 마르실리우스에게서 법의 주체는 "법에 따라" 시민 소송과 정치를 통제하는 기능을 가진 통치직이다. 아리스토텔레스의 대부분의 주해자들처럼 마르실리우스는 법의 통치가 인간의 통치보다 바람직하다고 주장한다. 이 주장에 따르면, 군주는 법의 단순한 집행자에 불과한 듯 보인다. 그러나 실제로는 그렇지 않다. 여기에는 두 가지 이유가 있다. 즉 마르실리우스의 법 이론과 법의 지배에 대한 현실적 입장이 그것이다.

마르실리우스는 제재를 위한 강제적 명령으로 법을 이해한다. 법은 강제력을 가져야 하며, 인민의 승인만이 규정에 이런 능력을 부여할 수 있다. 여기서 우리는 인민주권에 대한 존중을 요구하는 로마 전통을 재발견한다. 마르실리우스에게서는 인민만이 법에 강제력을 부여할 수 있다. 이것은 법을 구성하는 규칙이 정의나 진리 규범에 일치해야 한다는 것을 말하는 것이 아닌가? 달리 말해 정의나 진리에 대한 자연법이 있는가? 마르실리우스는, 이것은 모호하다고 본다. 법은 인민 전체나 그 대표들에 의해 승인받았기 때문에 정당하다. 아무리 불의한 법이라도 이 요구에 부응한다면 법이다. "시민적 삶에서 정의로운 것과 유익한 것에 대한 모든 참된 지식이 법은 아니니, 그 준수에 관해 강제적 규정이 주어져 있지 않은 한, 혹은 그런 규정을 통해 전달되지 않는 한에서 설령 정의로운 것과 유익한 것에 대한 이 참된 지식이 필연적으로 완전한 법을 위해 요구될지라도 법은 아니다. 그러나 법의 준수에 관한 규정이 주어지거나 그것이 규정의 방식으로 전달될 때, 때로는 정의로운 것과 유익한 것에 관한 그릇된 인식이 법이 된다. 이런 일은 살인자가 그 범행에 대한 보상으로 어떤 유가물을 제공함으로써, 살인이 절대적으로 불의한 것일지라도 책임과 형벌에서 면제받는 것을 정당한 일처럼 준수하도록 만드는 어떤 야만인들의 나라에서 나타난다."[39] 이것이 군주가 단순한 집행자로 간주할 수 없게 만드는 마르실리우스의 법 이론이다.

다른 한편, 실제로 마르실리우스는 법이 인민 내지 그 전권 대표들 혹은 군주의 승인을 받아야 한다고 생각한다. 법을 제정하는 것보다 결정적으로 중요한 것은 법을 집행 가능하게 만드는 것이다. 인민은 통치자에게 권한을 주어야 한다. 마르실리우스의 인민주권 이론은 이상을 넘어가지 못한다.

마르실리우스의 법 이론은 봉건주의적 무정부 상태에 제국의 권위를 부과하려는 법학자들의 노력을 반영한 것이다. 이것은 군주가 법을 위반할 경우에 마르실리우스가 제시한 입장에 의해 입증된다. 즉 그는 사소한 잘못을 간과하는 것이 낫다고 주장한다. 왜냐하면 군주의 교체는 유익하지 않고 군주에 적대해 저항하는 관습은 해롭기 때문이다.[40] 그는 인민의 저항권을 최소화함으로써 군주의 권위를 옹호한다.

---

39 마르실리우스, 『평화의 수호자』 I, 10, 5 참조.
40 마르실리우스, 『평화의 수호자』 I, 18, 6 참조.

3. 교회와 국가

세속 통치에 대한 교황의 도전은 멀리 11세기로 거슬러 올라간다. 신성로마제국의 황제 하인리히 4세와 교황 그레고리우스 7세 간의 서임권(investitur) 논쟁은 교황의 도전을 잘 보여 준 사건이다. 서임권이란 고위 성직자를 서임하고 그에게 성직록(beneficium)을 수여하는 권한이다. 그런데 중세 당시의 봉건제도 아래에서 성직자는 세속 통치자의 봉신에 지나지 않았다. 그러므로 중세 내내 세속 통치자가 성직자를 서임하는 전통이 이어져 왔다. 그런데 카노사의 굴욕 사건(1077)은 이 전통에 있어 하나의 전환점을 이루었다. 이 사건의 직전 해인 1076년에 하인리히 4세는 관행에 따라 밀라노 대주교를 임명했다. 그러나 그레고리우스 7세는 이 행위를 교회에 대한 도전으로 받아들였다. 1076년 2월 22일, 그레고리우스 7세는 자신에 대한 충성 서약 위반 등을 이유로 하인리히 4세를 파문에 처하고 그의 왕위를 박탈했으며, 그의 신하들을 왕에 대한 복종 의무로부터 해제한다고 선언했다. 그 후 정치적 정세가 그에게 불리하게 돌아가자, 하인리히는 파문으로부터 벗어나기 위해 교황과 화해하지 않을 수 없다고 판단했다. 1077년 1월 25일에 교황이 피신해 있던 카노사 성문 앞에 도착한 하인리히는 입성을 거부당하자, 그는 아내와 아들과 함께 밤낮으로 맨발로 눈밭에서 금식하면서 사면을 간청했다. 결국 1월 28일에 교황은 그의 사면을 허락했고, 하인리히 4세는 교황에 대한 복종을 서약했다. 그러나 정치적 입지를 회복한 후인 1084년, 하인리히 4세는 로마로 진군해 교황을 폐위하고 새로운 교황 클레멘스 3세를 임명했다. 그럼에도 불구하고 카노사의 굴욕 사건은 세속 권력에 대한 교황권이 절정에 이르는 전환점을 이루었다는 점에서 역사적으로 의미심장하다. 이 사건은 교회가 세속 권력에 대해 우위를 가지는 상징적 사건이다. 이 사건을 계기로 서임권 논쟁이 다시 불붙게 되었고, 결국 1122년 보름스 협약을 통해 서임권 논쟁은 일단락되었다. 이 협약에 따르면, 왕은 창(세속적 권위의 상징)으로써 주교나 수도원장을 임명하되, 반지와 봉(교회적 권위의 상징)으로써 임명하는 권한을 포기한다. 임명된 주교와 수도원장은 교황과 왕에게 충성을 서약해야 한다. 왕은 대성당 참사회나 수도원에 의한 선출을 승인한다. 보름스 협약을 통해 교회는 서임권 문제에서 국가로부터 일정한 자유를 확보하게 되었으며, 이것은 교회와 국가 간의 권력 다툼의 첫 단계를 종결짓는 동시에 새로운 전환점을 이루었다.

인노켄티우스 3세는 신성로마제국의 황제 하인리히 6세가 세상을 떠난 이후에 제위의 공석을 계기로 황제 선출에 개입해 교황권의 위상을 최고조로 높였다. 1198년 그가 교황으로 선출된 이후에 한 서신에서 '해와 달의 이론'을 원용하면서 세속 권력에 대한 영적 권력의 절대적 우위성을 표명했다. 1202년 5월, 그는 교령 '베네라빌렘'(Venerabilem)에서 교황청과 제국 간의 관계에 대한 그의 입장을 공언했다. 이 교령에 따르면, 첫째, 독일 제후들은 황제를 선출할 권리를 가진다. 즉 사도좌가 카를 대제의 인격 안에서 제국을 그리스인으로부터 게르만인에게로 이전하자, 이 선출권을 수여했다. 둘째, 선출된 황제가 제국에 합당한지를 조사하고 결정할 권한은 교황에게 있다. 교황의 직무는 황제를 도유하고 축성하고 대관하는 것이다. 셋째, 선출된 황제가 합당하지 않은 경우에 선제후들은 새로운 황제를 선출해야 한다. 만일 그들이 거부할 경우에, 교황은 다른 자에게 황제 위(位)를 수여할 수 있다.

그러나 세속 권력과의 다툼은 보니파키우스 8세(재위, 1294~1303)에 이르러 새로운 전환을 맞이하게 된다. 당시 잉글랜드와의 전쟁을 준비하던 프랑스 국왕 필리프 4세(일명 미남왕)는 군비를 위해 교회 재산을 국가 업무를 위해 사용할 수 있다고 보고, 프랑스에서 로마교황청으로 들어가는 금은(金銀)과 식량의 수출을 금했다. 1302년 11월 18일, 교황은 교령 '우남 상크탐'(Unam sanctam)에서 교황에게는 두 개의 칼, 즉 영적인 칼뿐만 아니라 세속적인 칼까지 있다고 주장했다. 즉 영적 권세뿐만 아니라 세속 권력도 교황의 사법권 아래 있기에, 국왕은 자신에게 복종해야 한다고 선언했다.

이런 교황의 신정론적 주장의 배후에는 '통일'과 '질서'라는 전통적 사상에 대한 신학적·정치적 해석이 깔려 있었다. 우주는 그 안의 모든 존재가 상호 연결되어 있고 공통적 구조를 가진다는 의미에서 유기적 통일체이다. 이들 존재는 높음과 낮음, 선과 악의 서열적 질서를 이룬다. 그런데 이 질서는 신에 의해 통제되고 정돈된다는 의미에서 신적 질서이다. 결국 도덕적·지성적 평가의 기준은 신학적 일자(一者)이다. 이런 사상은 위(僞)디오니시우스의 『천상적 서열론』(*De coelesti hierarchia*)으로부터 유래되었다.

신정론자들은 정치질서 역시 본질적으로 다른 질서와 다르지 않으므로 정치 현상에도 물리적·생물학적·신학적 유비를 적용할 수 있다고 보았다. 궁극적으로 모든 정치적 사건은 신학적으로 해석되었다. 모든 가치, 특히 정의에 도달하려는 시도는 신에 의해서만 정당화될 수 있으며, 따라서 인간법은 신법에 종속되고 자연은 은총에 종속되었다.

신정론자들은 이렇게 정치적 현상을 신학적 질서에 짜맞춤으로써 교황의 권세 충만의 필요성을 입증했다. 그들은 반복해서 아우구스티누스의 질문, "정의가 제거된다면, 왕국은 거대한 강도 무리가 아니고 무엇인가?"[41]를 제기했다. 그런데 신정론자들은 아우구스티누스가 정의를 신학적 덕, 신에의 예속과 동일시한 것에서 더 나아가 신에의 예속을 교황에의 예속과 동일시했다. "아무도 그리스도의 대리인인 최고 대사제 아래 있지 않다면, 그들은 그리스도의 통치 아래 있지 않은 것이다."[42] 그러므로 교황에 대해 신에게 항소하는 것은 가소로운 일이니, "교황의 판결과 신의 판결은 동일하기 때문이다."[43]

이 모든 개념은 아우구스티누스의 철학에서 기원한 것이 분명하다. 그는 신에 의해 정돈, 통제된 평화와 질서의 본보기를 인간의 몸과 영혼, 국가에

---

41 Augustinus, *De civitate Dei* IV, 4.

42 Aegidius Romanus, *De ecclesiastica potestate* III, 10.

43 Augustinus Triumphus, *Summa de potestate ecclesiastica*, qu. 6, a. 1.

서 발견했다. 그러나 이 개념들은 또한 아리스토텔레스의 목적론적 사상이기도 하다. 신정론자들은 아우구스티누스적 질서 개념을 아리스토텔레스의 『정치학』의 구절과 조화시켰다. 아리스토텔레스는 모든 공동체에서 통치자와 피통치자 간의 공통적 관계 유형을 지적했다.

마르실리우스 이전에 권세 충만의 이론에 반대하는 저자들은 교황파와는 달리, 의견의 일치를 이루지 못했다. 예를 들어 토마스 아퀴나스와 장드 파리(Jean de Paris, 1255~1306) 같은 철학자들은 세속 권력이 기독교 신앙에서 멀어진 경우에만 교황의 개입이 허용된다는 입장을 보인 반면, 피에르 뒤부아(Pierre Dubois, 1255~1321)는 프랑스 왕은 평화를 이루고 십자군을 위한 비용 지원을 위해 교회 재산을 몰수할 것을 제안했다. 이런 입장 사이에서 영적 권력과 세속 권력이 상호 다른 편의 일에 개입함이 없이 영적 권력과 세속 권력의 평행을 옹호한 저자들도 있었다. 이들은 단테를 비롯해 모두가 보니파키우스 8세와 필리프 4세 간의 논쟁에 참여한 저자들이었다.

유비에 의해 정치 영역을 신학적 영역으로 환원하고자 한 신정론자들에 맞서 이 저자들이 한결같이 주장한 것은 권력의 구별과 이원론을 강조한 것이다. 무분별한 유비에 의해, 예를 들어 자연에 대한 은총의 우위, 세속적 목적에 대한 영적 목적의 우위로부터 세속 권력에 대한 영적 권력의 정치적 지배를 주장하는 것에 대해 이로써 차단막이 설치되었다. 교황파들이 '질서'로부터 논리를 제기하는 것에 대해, 상황은 이런 단순한 유비에서 지시된 것보다 훨씬 복잡하다는 점을 역설함으로써 대응했다. 즉 품격의 질서가 필연적으로 권력 내지 사법 질서를 내포하지 못했다. 세속적 일과 영적 일은 상이한 질서에 속하므로, 하나가 다른 것 아래 놓일 수 없다. 교황을 신의 대리자로 동일시하는 논리에 대해 신과 인간의 구별, 주인과 그의 관리인의 구별을 강조함으로써 대응한 것이다.[44]

그러나 그들의 대응은 교황의 주장을 완전히 반박하기에는 역부족이었다. 정치를 질서적 원리에 따라 이해하고 신학적인 것이 모든 다른 가치보다 우월한 한에서, 세속 통치자에 대한 교황의 우월성을 인정해야 했다. 토마스 아퀴나스는 도덕적 가치와 신학적 가치, 자연법과 신법, 자연과 은총의 구별을 역설했다. 인간과 국가는 기독교인이 아닐지라도 정의로울 수 있으니, 정의를 포함하는 도덕적 가치는 은총에 의해 파괴되지 않는 인간자연에서 유래하기 때문이다. 유사하게 국가는 단순히 죄의 결과가 아니라 인간의 자연적 경향에서 기원한다.[45] 그러나 이 답변은 국가로 하여금 도덕이 신학적인 것에, 그러므로 교황에게 종속되는 상황에 처하도록 만든다. 그러므로 국가가 자연법에 기초한다고 전제할 때, 교회 내지 교황은 불신자로부터 통치권을 박탈할 수 있고 정치권력은 교황의 인준을 필요로 한다는 결론에 이르게 된다. 이것은 "은총은 자연을 파괴하는 것이 아니라 그것을 완성한다"[46]라는 이론에 대한 해석이다. 인간은 선을 행하기 위해 은총을 필요로 하기 때문이다. 자연은 은총에 의해 형성되지 않는 한 불완전하다.

다른 한편, 영적 권력은 영적 영역에 있어서만 우월하고 세속 권력은 세속적 영역에서만 우월하다는 주장에 대해, 교황파는 '질서'의 필요를 재차 강조함으로써 답변했다. 즉 모든 것을 포괄하는 일원론적·서열적 질서에 있어 구별과 다양성의 관점을 가지고 반박하는 것은 성공할 수 없다. 교황파가 모든 개념과 가치를 신학적인 것으로 환원하는 것을 결정적으로 반박하기 위해서는 전혀 새로운 논거가 필요했다. 이런 문제는 마르실리우스로 하여금 도전할 동기를 제공했다.

44 Dante Alighieri, *De monarchia* III, 7.

45 Thomas Aquinas, *Summa Theologica* Ia, q. 96, a. 4; IIa, IIae, q. 10, a. 10.

46 Thomas Aquinas, *Summa Theologica* IIa, Iae, q. 109, a. 1.

4. 제국적 이념

마르실리우스는 또 다른 글인 『제국의 이전에 대하여』에서 로마제국의 존재를 역사적 현상으로 정당화하고 그 합법성을 확립할 계획을 밝힌다. 그리고 이 계획은 『평화의 수호자』의 주제를 이루었던 제국의 조직 방법에 대한 이론적 분석을 따를 것이라고 말한다. 『평화의 수호자』는 이성과 경험의 차원에서, 그리고 계시의 차원에서 로마제국 조직에 관한 이성적·규범적 해설이다. 그는 우주의 최고 정부의 가능성을 암시하며 다음과 같이 말한다. "그러나 모든 사람을 위해 하나의 강제적 심판관이 존재하는 것이 영원한 구원을 위해 필수적인 것으로 아직 입증되지 않은 듯하다. 신자들 가운데 이 심판관이 한 사람의 보편적 주교보다는 필요한 듯 보이기는 하지만 말이다."[47] 기독교 전체에 단일 군주가 필요하다면, 그것은 로마 황제가 될 것이다. 평화의 수호자인 황제는 영적 기능까지 부여받고 세속적·영적으로 인간을 지배할 것이다.

마르실리우스의 모든 기획은 신정주의를 극단적으로 세속화하는 것에 있었다. 황제는 신정론자들에 의해 교황에게 부여된 것과 같은 역할과 같은 기능을 누려야 한다. 당시 신정론자들에게 황제는, 교황이 자신의 통치의 편의를 위해 그에게 집행권을 위임한 단순한 관리에 불과했다. 그러나 마르실리우스는 정반대로 생각했다. 즉 교황은 총회의 단순한 관리자이며, 일반적으로 성직자들은 국가 내의 도구적 부분이 된다. 마르실리우스의 사상은 기존 사회질서를 재해석한 것이었고 이 질서의 기초를 인정하되, 그 현실적 조직을 뒤집어 놓은 것이었다. 『평화의 수호자』가 본질적으로 부정적 관점을 가지고 있다면, 이것은 그가 황제의 권능을 너무나 잘 아는 적대자를 제거하기 위함이다. 그는 적대자가 지향하는 목표를 오로지 황제에게로 옮겨 놓고자 한다. 단테가 『제정론』에서 말한 것처럼 황제는 진

---

47 마르실리우스, 『평화의 수호자』 II, 28, 15 참조.

36

실로 로마인의 군주라 불리는 세상의 감독자이다.[48]

『평화의 수호자』는 단테에서 니콜라우스 쿠자누스(Nicolaus Cusanus, 1401~64)에 이르기까지 기독교의 정치사회적 구조를 이상화된 제국의 틀 안에서 반(半)신화적·반유토피아적으로 이해하려고 한 중세 사상의 전통에 속한다. 이 이상화된 제국의 메시아적 성격은 마르실리우스 같은 사상가에게는 정치적 해법으로 남았다. 『평화의 수호자』는 정치적으로뿐만 아니라 종교적 지평에서 이루어지는 변화에 대한 중요하고도 역설적인 증언이다. 지금 뒤떨어진 정치 조직 체계에 의지하는 것은 시대에 뒤진 중세적 보편주의의 가치에 대한 집착을 증언한다. 그러나 마르실리우스는 보편주의로 회귀하면서 이런 보편주의적 구조와 제도를 가진 사회적 집단으로서의 교회를 체계적으로 비판한다. 그는 이미 쇠약해지기 시작한 적과 싸운 것이었으니, 1378년부터 1417년까지 지속된 가톨릭교회의 대분열은 이를 확인해 줄 것이다. 이 사건은 교회 조직이 얼마나 중대한 결함을 가지고 있었는지를 보여 준 사례였다. 그는 제국의 권력에 호소하면서 적과 싸웠다. 이 권력은 적으로부터 심하게 공격을 받고 저주받았지만, 그는 끈질기게 이 능력을 확신했다.

『평화의 수호자』는 정치와 종교 사상의 후대 발전에 적지 않은 반향을 지닌 이념과 교훈을 전파하게 될 것이었다. 이 글은 일종의 근대성의 길을 열어주었다. 15세기의 종교회의주의(Conciliarism) 운동과 16세기의 종교개혁은 어느 정도 그에게 빚지고 있다. 논리적으로 과거의 전통과 결별한 한 사상의 토대가 중세적 틀 안에서 형성되었다.

---

48 Dante Alighieri, *De Monarchia* III, 16.

작품 구조

　이 작품은 세 이야기(dictiones)로 구성되어 있다. 그 가운데 세 번째 이야기는 앞의 두 이야기를 요약한 것이다. 이 작품을 처음 대하는 독자는 첫 번째 이야기는 국가를, 두 번째 이야기는 교회를 다루고 있다는 인상을 받는다. 그러나 마르실리우스는 두 이야기가 상이한, 즉 구별된 주제를 다루는 것으로 보지 않고 본질적으로 같은 주제를 다루는 것으로 본다. 이 책의 주제는 시민적 평화 및 그 평화를 교란하는 분쟁이다. 그는 두 이야기의 관계를 상호 보완적으로 파악한다. 즉 그는 두 이야기에서 동일한 주제에 대해 첫째, 상이한 방법과 관점에서—즉 이성과 계시—다룬다. 둘째, 그는 두 이야기의 동일한 주제를 그것의 일반적 원인과 특별한 원인으로 각각 다룬다. 첫 번째 이야기는 평화와 분쟁의 일반적 원인을, 두 번째 이야기는 분쟁의 특별한 원인, 곧 교황청의 터무니없는 권위 주장에 대해 상세하게 다룬다.

　시민적 평화와 분쟁의 일반적 원인에 대한 증명은 이성적 작업이다. 반면에 분쟁의 특별 원인으로서의 교황청의 권위 주장은 그것이 성서적 계시와 역사적 진실과 대립되는 한에서 올바로 판단·평가할 수 있다. 이성은 일반적 원인을 드러내는 반면, 계시는 교황청의 주장을 평가할 수 있는 기준을 제공한다. 그러나 특별 원인은 일반적 원인의 한 사례이므로, 첫 번째 이야기의 일반적 원인 분석은 교황청의 경우에도 적용 가능하다. 교황청은 이성에 의해 분쟁의 일반적 원인으로, 그리고 성서에 의해 특별한 원인으로 확증될 수 있다. 이처럼 교황청은 첫 번째 이야기에서는 이성적 관점에서 분쟁의 일반적 원인이 되고, 두 번째 이야기에서는 계시의 관점에서 기독교 발생 이후 나타난 특별한 조건 아래에서 분쟁의 원인이 된다. 제1권에서의 일반적 원인에 대한 진술은 제2권의 논쟁적 진술을 염두에 두면서 진행된다. 그러므로 제1권과 제2권은 분리된 주제를 다루는 것이 아니라 동일 주제에 관심을 가진다.

또한 우리가 염두에 두어야 할 사실은 마르실리우스가 아리스토텔레스와 아우구스티누스에게 크게 의존하고 있다는 사실이다. 실제로 제1권은 거의 아리스토텔레스의 『정치학』에 대한 주해이며, 제2권은 아우구스티누스적 관점에서의 『신약성서』에 대한 주해이다.

아리스토텔레스의 『정치학』은 1) 무엇이 최선의 체제인가, 2) 어떤 체제가 상이한 인민들에게 가장 잘 맞는가, 3) 어떤 체제가 대부분의 인민에게 가장 잘 맞는가, 4) 체제를 생성하는 수단과 파괴로부터 체제를 보존하는 수단은 무엇인가를 다룬다.[49] 이 네 가지 물음은 각각 아리스토텔레스의 『자연학』에서 논하는 목적인, 질료인, 형상인, 작용인(作用因)과 연관된다. 중세 당시의 아리스토텔레스주의자들은 전통적으로 최선의 체제의 목적에 집중했다. 그러므로 그들은 국가를 인간으로 하여금 이 세상에서 최선의 삶을 달성함에 도움을 주는 도덕적 목적과 다음 세상에서 구원을 위해 준비하게 하는 신학적 목적에 헌신하는 것으로 간주했다. 그러나 마르실리우스는 목적론적 방향과는 정반대의 방향을 적용한 최초의 인물이다. 그는 아리스토텔레스가 국가의 파괴로 이끄는 분쟁의 작용인을 다루었음을 지적한다.[50] 새로운 원인, 즉 권세 충만에 대한 교황의 주장은 아리스토텔레스 시대 이후 발생했다. 그러므로 그는 이 새로운 원인을 드러낼 것을 제안한다. 근본적인 문제는 더 이상 이상적인 목적이 아니라 차라리 가까운 원인의 문제이다. 관심 대상은 더 이상 완전한 도덕적·지성적 공동체가 아니라 파괴의 위협에 위태롭게 직면한 국가이다. 따라서 역점은 목적인이 아니라 작용인에 놓여진다. 국가의 보존은 궁극적 목표에 집중함에 의해서가 아니라 정치적 기구를 통제하고 직접적 결과를 빚어낼 수 있는 기능에 집중함에 의해 달성되기 때문이다.

다른 한편, 아우구스티누스의 『신국론』은 신의 나라와 지상적 나라의

---

49 아리스토텔레스, 『정치학』 IV, 1288b 10ff.

50 마르실리우스, 『평화의 수호자』 I, 1, 3 참조.

이분법에서 시작한다. 두 나라를 결정짓는 것은 사랑의 대상 — 즉 신 혹은 인간 — 이다. 신을 사랑하는 경우에만 참된 정의를 얻을 수 있다. 그럼에도 불구하고 신의 나라와 인간의 나라는 신에 의해 창조되고 정리된 세상이라는 콘텍스트 위에 있다. 그 세상에서는 아무리 타락한 인간도 신의 자연법 질서에 복종한다. 그러므로 신에게 헌신하지 않는 국가라도 일시적 평화를 만드는 신적 기능을 가진다. 여기서 인간은 삶의 유지를 위해 필요한 정치적 안전에 도달하고자 한다. 그러므로 정의에 대한 신학적 요구는 생략될 수 있고, 국가 공동체는 현실적으로 정의될 수 있다. 공동의 목적을 위해 결성된 인간 집단은 인민 공동체를 구성한다. 신에 대한 순종이 정치권력의 정당성의 조건이 될 수 없다. 신의 명령에 따라 인민은 아무리 악한 통치자일지라도 순종해야 한다.

아리스토텔레스와 아우구스티누스에 대한 이러한 마르실리우스의 재해석은 자연주의와 초자연주의, 이성과 계시 간의 긴장을 야기할 수도 있다. 이 문제는 아베로에스주의로 대변되는 새로운 운동에 의해 해법을 찾았다. 주지하는 바와 같이, 아랍 세계에서 건너온 아베로에스주의는 아리스토텔레스 철학이 기독교 신앙과 충돌하는 경우에 이성적 진리와 계시적 진리의 이중 진리를 주장했다. 마르실리우스의 아베로에스주의는 교회, 종교, 신학과 연관된 국가의 모든 국면을 세속적으로 접근하는 데 있다. 그의 아베로에스주의는 기독교 신앙과는 철저히 무관하게 이성에 의해서만 문제를 탐구할 수 있다고 보는 데 있다. 그는 제1권에서 영원한 삶의 고려를 생략한 채 이성에 의거해서만 결과에 도달한다. 물론 그는 제1권에서 이성적으로 얻은 결론을 제2권에서 계시에 의해 확증한다. 그럼에도 핵심은 그가 초자연적 질서를 무시한 채 정치철학을 수립할 수 있다는 것이었다. 계시에 의해 확증되기 전에 이미 완전한 정치철학은 제시되어 있다. 여기서 특히 중요한 사실은 성직자에게도 같은 이성적 방법에 의해 정치적 위상이 주어진다는 것이다. 사제직의 본질, 즉 세속 권력에 대한 종속 관계는 마르실리우스가 제1권에서 잘 기능하는 국가의 필요한 요건을 이성적으로 고려한 결과이다.

　이런 모든 철학적 경향의 도움을 받아 마르실리우스는 정치적 평화를 보존한다는 세속적 목표를 궁극적으로 신학적 목표로부터 분리했다. 그는 신학적인 것과는 상이한 콘텍스트 속에서 인간의 본성과 행위, 가치를 분석해 새로운 정치적 토대를 제공했다. 이 모든 철학을 특별하게 조합하고 적용함으로써 그는 신정론자들의 논거를 반박한 것이다.

　다음은 각 권의 구조와 논거를 보여 준다.

제1권: 이성에 의해 입증된, 국가적 평화와 분쟁의 일반적 원인

A. 도입부(제1~2장)

　a. 작품의 목표: 국가의 평화(제1장)

　b. 국가와 평화의 정의(제2장)

B. 국가의 기원과 목적인(제3장, 제4장 제1~2절)

　a. 기원(제3장)

　b. 목적인(제4장 제1~2절)

C. 국가의 부분들(제4~7장)

　a. 그것들의 목적인(제4~5장)

　　1. 일반적으로(제4장)

　　2. 특별히(제5~6장)

　　　1) 사제직 외의 다른 부분에 대하여(제5장 제1~9절)

　　　2) 사제직에 대하여(제5장 제10절~마지막 절, 제6장)

　　　　i. 이교 철학자의 관점에서(제5장, 제10절~마지막 절)

　　　　ii. 기독교 계시의 관점에서(제6장)

　b. 그것들의 다른 원인들(제7장, 제15장에서 계속)

D. 국가의 첫 번째 부분: 정부와 법(제8~16장)

　a. 정부의 종류(제8장)

　b. 정부의 원인(제9~16장)

제1권의 논리를 요약하면 다음과 같다. 국가는 인간으로 하여금 만족스러운 삶을 영위하기 위해 존재한다. 그 삶 속에서는 그들의 다양한 능동적·수동적 행위가 적절하게 정리되어 있다. 이 목적을 달성하기 위해 국가에는 다양한 기능적 '부분'이 있는데, 그 부분은 그 기능이 행하는 기여에 의해 구별·정의된다. 평화는 그 안에서 각 부분이 다른 것에 간섭함이 없이 자기 고유한 기능을 수행하는 국가 질서를 말한다. 그러므로 평화는 국가의 지속과 만족스러운 삶의 달성을 위해 필요하다. 정부는 이 평화를 유지하는 국가의 부분이다. 정부는 시민들 간에 일어나는 다툼을 판단함에 의해, 각 시민들에게 상이한 기능을 할당함에 의해, 그 기능의 수행을 통제함에 의해 평화를 유지한다. 그러나 정부가 이 권한을 자신의 사익을 위해 왜곡하지 않기 위해서는 그 기능에서 법의 통제를 받아야 하며, 법은 인민 내지 시민 전체에 의해 만들어져야 한다. 이 조건이 충족된다면 정부는 유지될 것이다. 반면에 정부에 대한 어떤 간섭은 평화의 달성을 저해하며, 이로써 국가의 소멸 및 충족한 삶의 상실을 위협한다. 따라서 모든 정부적 행위와 명령이 궁극적으로 한 근원에서 나온다는 의미에서 정부는 단일해야 한다. 다원적 정부가 있는 경우에는 각자 똑같이 최상이고 단일한 수장 아래 정돈되지 않음으로써, 그 결과 사법적 혼란이 발생하고 정부 기능은 마비될 것이다. 그리고 결국 국가는 파괴될 것이다.

제2권: 국가 분쟁의 특별한 원인 — 권세 충만에 대한 교황청의 주장
 A. 도입부(제1~2장)
  a. 일반적 절차(제1장)
  b. 중요 개념의 정의: ecclesia, iudex, spirituale, temporale
 B. 사제직과 세속적 정치권력: 일반적으로 평신도와의 관계에서, 그리고 특별히 세속 통치자와의 관계에서 사제의 권력(제3~14장)
  a. 교황이 모든 인간에 대한 최고 통치자임을 입증하기 위한 논거들
   (성서로부터의 논거: 제3장 제2~9절, 정치적 논거: 제3장 제10~15절)
  b. 어떤 권력과 위상이 사제직에게 있나(제4~14장)
   1. 사제는 강제적 권력이 없고, 세속 통치자의 강제 권력에 예속되어야 한다(제4~5장)
    1) 그리스도의 진술에 의해 입증됨(제4장)
    2) 사도들의 진술에 의해 입증됨(제5장)
   2. 사제는 성례전을 집행할 권한을 가지지만, 이 권한은 강제적이 아니다(제6~10장)
    1) 일반적으로 출교와의 관계에서, 그리고 사제와 의사의 유비에 의해 입증됨(제6~7장)
    2) 인간법과 신법의 구별, 강제적 판단과 비강제적 판단에 의해

입증됨(제8~9장)

3. 앞의 내용에 대한 예증과 증거, 세속 통치자의 강제적 권한의 상태에 대립되는 사제직에 어울리는 겸손과 청빈 상태에 관해 (제11~14장)

   1) 일반적으로(제11장)

   2) 복음적 청빈의 상태(제2~14장)

C. 사제직과 조직된 종교: 사제들 상호 간의 관계, 성서 해석과의 관계 (제15~22장)

  a. 그리스도에 의해 그들에게 주어진 사제들 간에 동등한 본질적 권위의 구별과 인간에 의해 그들에게 주어진, 사제들이 동등하지 않게 가진 우연적 권위(제15~18장)

  1. 구별의 본질(제15장)

  2. 두 권위의 작용인(제16~18장)

   1) 본질적 권위의(제16장)

   2) 우연적 권위의(제17~18장)

    i. 그것의 정당한 작용인(17장)

    ii. 우연적 권위에 있어 교황의 수위권의 역사적 발전 (제18장)

  b. 성서 해석(제19~21장)

  1. 어떤 종교 문서를 취소될 수 없이 진정한 것으로 믿어야 하는가(제19장)

  2. 성서를 해석하는 권위는 오직 입법자들에 의해 정당하게 선출된 총회에만 있다(제20장)

  3. 총회를 소집하고 그 결정을 강행하는 권한은 입법자에게만 있다(제21장)

  c. 다른 주교와 교회들에 대한 로마 주교 및 교회의 수위권: 그 본질과 근원(제22장)

D. 교황의 권세 충만(제23~26장)

   a. '권세 충만'의 의미와 로마 주교가 그것을 실행하는 일반적 방법과 질서(제23장)

   b. 어떻게 로마 주교가 자칭 권세 충만을 사용했는가(제24~26장)

      1. 교회 업무에서(제24장)

      2. 민간 업무에서(제25장)

      3. 로마제국 및 그 통치자와의 특별한 관계에서(제26장)

E. 최종 이의와 답변(제28~30장)

   a. 제25~26장의 결론에 대한 이의(제27장)

   b. 이들 이의에 대한 답변(제28장)

   c. 제3장의 성서적 논거에 대한 답변(제29장)

   d. 제3장의 정치적 논거에 대한 답변(제30장)

제2권의 논리는 사제직이 세속법과 정부의 강제적 권위에 굴복해야 한다는 것과 사제직의 기능은 강제적 권한을 수반하지 않는다는 것을 보여줌으로써, 제1권의 논리를 확증한다. 제1권에서 평화는 모든 강제적 권위가 정부와 그 통치 수단으로서의 법에 통합됨을 필요로 한다는 것을 입증한 바와 같이, 제2권은 권세 충만에 대한 교황의 주장이 그 통일을 파괴함으로써 평화를 교란하고 분쟁을 야기하므로 교황의 주장은 정당화될 수 없다는 것을 입증한다. 논증은 그리스도와 사도들의 말과 행실을 인용함으로써, 그리고 사제직의 고유한 기능과 조직을 검토함으로써 진행된다.

중요한 개념들

마르실리우스의 라틴어를 우리말로 옮기는 데에는 많은 어려움이 따른다. 여기에서는 마르실리우스가 사용한 철학적·법적·신학적 개념을 우리

말로 옮길 때의 문제에 국한해 이야기해 보고자 한다. 이를 통해 라틴어 지식이 없는 독자들의 이해를 돕고자 한다. 마르실리우스의 라틴어는 그 자체가 그리스어의 번역인 경우가 많다. 그는 기욤 드 뫼르베케가 번역한 아리스토텔레스의 라틴어 판을 사용했기 때문이다.

aequivocatio: 그리스어 'ὁμωνυμια'의 번역어이다. 한 용어가 하나 이상의 의미를 가질 때 혹은 다양하게 사용될 때, 그 말은 '애매모호'하다. 마르실리우스는 적대자들의 논리가 'ius', 'spirituale', 'temporale', 'ecclesia', 'iudex'(그 의미는 이하 참조) 같은 용어의 모호성을 이용한다고 주장한다. 그러므로 이런 개념들의 의미를 구별하려고 한다. 개념이 애매할 때, 그것은 갖가지 다양한 해석을 낳고 혼란을 초래하기 때문이다.

causa: 그리스어 'αἴτιον'의 번역어이다. 아리스토텔레스를 따라 마르실리우스는 네 가지 '원인'을 구별한다. 질료인(causa materialis)은 사물이 구성되는 요소이며, 사물이 존재하게 되는 전제가 된다. 형상인(causa formalis)은 이 요소들의 배치 내지 형상이니, 사물의 본질을 이룬다. 작용인(causa efficiens)은 운동이나 변화를 시작하는 원인, 어떤 결과를 이루고 만드는 원인이다. 목적인(causa finalis)은 사물, 사건, 운동의 목표나 목적이다. 마르실리우스는 작용인의 표현으로서 'movens', 'agens', 'factiva', 'effectiva' 등의 표현을 사용했다.

civitas: 그리스어 'πόλις'의 번역어이다. 이 개념은 도시국가를 뜻한다. 따라서 근대적 의미의 국가와는 상이하다. 마르실리우스가 태어나 살았던 파도바는 이탈리아의 수많은 도시 코뮌처럼 1183년에 제국으로부터 자치권을 획득했다. 그 도시의 정치구조는 그의 저서에서 주장하는 정치구조와 흡사했다. 도시에는 총회(concilium majus)가 있었으며, 총회는 재산 규모에 따라 코뮌 시민들 가운데 선출된 구성원들로 조직되었다. 입법자는 시민 총회, 혹은 시민 중에서 'pars valentior'(보다 강한 일부)였다. 그 선정 기준은 재산의 양적·질적 정도에 따랐다. 도시의 주 행정관은 시장

(podesta)이었는데, 역시 총회에서 선출되었다. 시장의 임무는 총회에서 제정된 법령을 집행하는 것이었다. 그 자신도 같은 법을 준수할 의무가 있었다.

civilis, civiliter: 'civis'에서 파생된 형용사, 부사로서 1) 국가의 다양한 기능에 관련되는 의미, 그중에서도 특히 소송과 법의 판단과 관계되는 의미를 가진다. 마르실리우스는 "민사적 수단으로(civiliter) 분쟁적 사건을 공정하게" 만든다고 말한다.[51] 그는 인간의 행위를 소송이나 분쟁에 연관된 행위의 의미에서 언급한다. 2) 로마법에서 'civiliter'는 'criminaliter'(범법적으로)의 반대어로 사용된다. 'civiliter vivere'(시민적으로 삶)은 범법적 삶과 대립되며, 국가적 기능에 참여하는 삶을 의미한다.

dominium: 1) 물질(식량과 의복)에 대해 법적인 의미의 소유권 없이, 특히 강제적 심판관 앞에서 자기 것이라고 주장함이 없이, 즉 두 번째 의미의 'dominium' 없이 사용하고 소비하는 권한을 의미한다. 이 권한은 'potestas licita'(합법적 권한), 'potestas de iure'(정당한 권한), 'usus licitus'(합법적 사용), 'potestas licita usus'(사용의 합법적 권리), 'rei vel eius usus habitus licitus'(물질이나 그 사용에 대한 정당한 소유), 'habere licitum'(합법적 소유), 'simplex facti usus'(단순한 물질 소유) 등으로 불린다. 완전한 자는 1)의 의미에서 혹은 사용자의 의미에서 'dominus'라 불린다. 이런 의미에서의 'dominium'과 'usus'는 분리 불가하지만, 'dominium'은 점유가 아니다. 2) 엄밀히 법적 의미에서 점유(占有)를 의미한다. 점유자는 'dominus' 내지 'dominans'라고 불린다. 물질은 어떤 점유자에게 속한다. 여기서 본질적인 것은 물질이 강제권을 가진 심판관 앞에서 자기 것으로 주장할 수 있음에 있다. 여기서 점유와 'usus'는 분리 가능하다. 물질의 수여자는 소비될 때까지 점유를 가질 수 있고, 혹은 증여할 때 점유를 포기

---

51 마르실리우스, 『평화의 수호자』 II, 9, 12.

할 수 있다.

habitus: 그리스어 'ἕξις'의 번역어이다. 아리스토텔레스에 의하면, 'ἕξις'는 확고히 이루어진 질, 영혼이나 몸에 밴 조건이나 질, 소유이다. 'ἕξις' 가운데는 도덕적 덕과 악덕이 있다. 이것은 자연에 의해서가 아니라 관습에 의해 생성된다. 마르실리우스는 이런 아리스토텔레스적 의미로 '하비투스'를 사용한다. 그는 하비투스가 자연적으로 있는 인간적 경향을 완성한다고 말한다. 도덕적·지성적 덕은 하비투스이다. 사제의 품격은 하비투스이다. 객관적 필연으로서의 하비투스는 행위의 항구적 반복을 말할 때의 '습관'과 구별되어야 한다. 옮긴이는 본문에서 경우에 따라 '하비투스', '체질', 혹은 '기질' 등으로 옮겼다.

ius: 마르실리우스는 이 개념을 네 가지 의미로 구별한다. 1) 'lex'(법)과 동일하다. 2) 법과 일치하는 행위, 관습이나 능력을 의미한다. 3) 'iustum'(정당함)과 동일하다. 4) 'justum'의 행위나 관습을 의미한다. 처음 두 가지 의미는 객관적 법과 주관적 법, 즉 인간 행동을 규제하는 규범과 이 규범과 부합해 인간이 가지는 권리를 구별하는 것과 상응한다. 마르실리우스는 'jus'를 이 두 가지 의미로 사용한다.

natura: 그리스어 'φύσις'의 번역어이다. 아리스토텔레스는 '자연'(혹은 본성)을 운동의 원리나 원인으로 정의한다. 마르실리우스는 인간의 자연을 다른 자연에 동일화한다. 따라서 형상인이나 목적인보다는 질료인에 동일화하는 경향이 있다.

pars: 이 개념은 'offcium', 'ordo'와 더불어 잘살기 위해 국가에서 수행되는 모든 기능을 표현하기 위해 사용된다. 이 기능들은 인간 봉사를 위해 정돈되어 있다. 이 기능들은 국가에서 공적 상태와 신분을 갖는다. 이탈리아의 코뮌들은 서열적·유기적으로 구성되어 있었으며, 다양한 직업 단체를 내포하고 있었다는 점을 기억하자.

presbyter: '장로'는 『구약성서』뿐만 아니라 『신약성서』에 종종 등장하는 개념이다. 이 용어는 고대 교회에서 주교와 혼용되기도 했다(예: 「디도서」

1:6-7). 그러나 군주적 감독제가 시행되기 시작하면서 성직 서열에서 감독 (주교)의 다음 서열로 밀려난 듯하다. 고대 교부였던 베다는 장로를 두 번째 서열의 '사제'(sacerdos)로 표시한다. 현재 로마 가톨릭교회 직제에서는 장로라는 용어 대신에 '사제'가 사용된다. 마르실리우스는 종종 장로를 '사제'와 동의어로 사용한다. 본문에서는 경우에 따라 '사제'로, 경우에 따라서는 '장로'로 번역했다.

regnum: 『신약성서』에서의 'βασιλεία'의 번역어이다. 따라서 이것은 이 세상의 왕국뿐만 아니라 피안의 왕국을 의미하기도 한다. 때로는 'civitas'와 혼용해 사용하기도 하고 동시에 사용하기도 한다(civitas sive regnum).

secta: 어원적으로 'secta'는 어떤 것을 추종하고 지지하는 것에서 파생된 말로, 어떤 학파나 종파를 의미한다. 히에로니무스는 「사도행전」 제26장 제5절의 'αἵρεσις'를 'secta'로 번역했다. 이 구절에서 이 개념은 절대적으로 중립적 의미를 함축한다. 그러나 토마스 아퀴나스는 이단을 의미할 때 'secta'를 사용했다.[52] 반면에 마르실리우스는 '종교' 내지 '종교법 체계'를 언급할 때 중립적으로 이 용어를 사용했다.

status: 인간의 비교적 확정된 조건이나 상태, 지위를 의미한다. 마르실리우스는 이 용어를 현재 세상 및 미래 세상에서의 인간의 일반적 조건에 비추어 사용한다. 그는 종종 '현재 세상의 상태'와 '미래 세상의 상태'를 구별한다. 또한 그는 때로는 법에 비추어 '상태 안에서'와 '상태를 위해'를 구별한다. 예를 들어 신법은 인간이 현재 세상의 상태 안에서 미래 세상의 상태를 위해 행하는 것에 적용된다.

valentior pars: 이것은 아리스토텔레스의 'κρεῖττον μερος'를 문자적으로 번역한 것이다. 통치를 견딜 수 있다면, 도시의 생존을 바라는 시민들. 마르실리우스는 제1권 제12장 제5절에서 소극적으로 'valentior pars'

---

52 Thomas Aquinas, *Summa Theologica* IIa, IIae, q. 11, a. 1. ad. 3, arg. 1.

를 "개별적 악의나 무지 때문에 공통적 견해와 부조화를 이루는 본성을 갖지 않는" 일부 시민들로 정의한다. 이것은 'valentior pars'가 시민 중에서 질적으로 우수하고 수적으로 다수 세력임을 암시한다. 질과 수를 복합적으로 고려하는 것은 중세 당시의 선출 관행에서 친숙하다. 제4차 라테란 종교회의에 따르면, 관습적으로 투표단 중에서 보다 크고 건전한 부분(maior et sanior pars)이 주교를 선출해야 한다. 그런데 마르실리우스는 'valentior pars'가 통치의 존경할 만한 관습에서 확인할 수 있다고 암시한다. 그렇다면 'valentior pars'는 그들의 투표적 결정이 결정적이 되는 그런 시민들인 듯하다. 이 집단은 공통적 견해와 도덕적으로 올바른 여론에 의해 정의되었거나 인정받은 집단이라는 것은 분명하다. 또 하나 주목해야 할 것은, 투표단의 수와 질을 동시에 고려한다는 것은 시민을 계층별로 구분해 수적 우세만이 아니라 계층적 수준 차이도 고려한다는 뜻이다. 이 개념은 직접적으로 코뮌의 정치 조직, 특히 'consilium majus'와 연관된다. 'consilium majus'의 일원들은 'comuncia' 안에서 선출되는데, 파도바 출신의 시민만 여기에 들어갈 수 있다. 그들은 자기 가문이 수세대에 걸쳐 도시에 거주하고 연속적으로 회원권을 가지고 있음을 입증할 수 있어야 한다. 'comuncia'의 회원들은 'librum comunciae'에 등록되어 있다. 그들은 코뮌에 대한 충성 서약을 해야 할 의무가 있다. 수공업자나 노동자는 여기서 배제되었다. 마르실리우스는 'valentior pars'가 현명하고 덕스러운 인간들로 구성되어야 한다고 규정한다(I, 16, 9). 이 개념은 절대적 다수를 나타내지 않으며, 공화주의나 민주주의와는 거리가 멀다. 오히려 대표 사상에 의해 과두정에 가깝다.[53]

---

53 Scholz, p. 64, 각주 1; Quillet, p. 110, 각주 8; Brett, "Notes on the translation", p. li 참조.

내가 마르실리우스의 저서를 접한 것은 매우 오래전의 일이다. 당시 내가 지도하던 대학원 박사과정 세미나의 주제를 마르실리우스로 정하면서 세미나 준비를 위해 이 방대한 작품을 처음 접하게 되었다. 당시에는 라틴어 텍스트를 구할 수가 없어 영어 번역본을 가지고 시작했다. 중세 시기의 교회와 국가의 관계 문제에 대한 호기심 때문에 시작한 세미나였지만, 마르실리우스에 대해 너무나 문외한이었던 터라 이해하기가 여간 쉽지 않았다. 또한 영어 번역본만으로는 마르실리우스의 사상을 이해하는 데 한계가 있었다.

그렇게 제1권의 중간쯤에서 아쉬움을 남긴 채 마르실리우스에 대한 최초의 접근 시도는 끝나고야 말았다. 그러던 차에 '도서출판 길'의 박우정 대표가 내게 이 책에 대한 번역을 권유하면서 마르실리우스에 대한 관심이 되살아났다. 라틴어 원문을 접하면서 영어 번역본에서는 전혀 볼 수 없었던 새로운 세계가 열린 듯했다. 14세기 라틴어 개념을 근대어로 번역해 놓은 경우에, 원문의 의미가 전혀 전달되지 않았다는 것을 새삼스럽게 깨닫게 되었다.

교회사 전공자인 내가 마르실리우스의 심오한 정치철학적 세계를 모두 소화할 수는 없겠지만 최선을 다해 번역에 임했다. 혹시 있을 수 있는 번역상의 오류를 최대한 줄이기 위해 숄츠의 독일어 판본을 기본 텍스트로 삼았으며, 쿤츠만/쿠쉬의 독일어 번역본, 거워스의 영어 번역본, 키예의 프랑스어 번역본, 브렛의 영어 번역본을 참조했다. 특히 제2권에서 자주 인용되는 교부들의 성서 해석과 교회사적 사실에 관해서는 내 전공인 교회사적 지식이 번역에 큰 도움이 되었다. 그럼에도 번역상의 오류가 있다면, 그것은 전적으로 내 책임이다.

모든 각주는 독일어, 영어, 프랑스어 번역본을 참조해 붙인 것이다. 마르실리우스는 아리스토텔레스와 성서 구절 및 그 주해를 많이 인용했다. 그의 아리스토텔레스 인용은 때로는 부정확하다.* 또한 그의 성서 구절 인용 역시 부정확하다. 자신의 의도에 맞게 텍스트를 고치거나 단축한 경우가 종종 눈에 띈다.

그러나 나는 마르실리우스의 원문에 충실하려는 의도에서 가능한 한 원문 그대로 번역하려고 노력했다. 마르실리우스는 고대 교부들의 주해를 직접적으로 그들의 원문에서 인용한 것이 아니라 중세 때 애용되었던 『표준 주석』(Glossa ordinaria, Glossa interlinearis), 토마스 아퀴나스가 편집한 『황금 사슬』(Catena aurea), 혹은 페트루스 롬바르두스가 편집한 『주석집』(Collectanea)에서 인용한 것이다. 이것들은 각 편집자가 성서 구절별로 교부들의 주해를 모아놓은 것으로 일종의 '주해 촬요'라고 할 수 있다.

끝으로 이 번역서가 마르실리우스를 연구하고 관심 있는 분들에게 그의 사상 세계를 이해하는 데 조금이나마 도움이 된다면, 옮긴이로서는 그것

---

* 거워스는 이 문제를 자신의 번역서 〈부록 1〉에서 상세히 다루었다. Alan Gewirth, *Marsilius of Padua: The Defender of Peace*, New York 1967, pp. 433~34 참조.

으로 큰 보람을 느낄 것이다. 아울러 논란의 여지가 많은 마르실리우스 사상에 대한 새로운 해석이 나오기를 기대해 본다.

2022년 3월
북한강변 문호리 서재에서
옮긴이 황정욱

| 축약어 |

Brett = Annabel Brett, *The Defender of Peace*, 2005.

Catena aurea = 토마스 아퀴나스가 편집한 4복음서의 각 구절에 대한 교부들의 주해 모음으로, 구글(Google) 검색을 통해 쉽게 접할 수 있다.

Gewirth = Alan Gewirth, *Marsilius of Padua: The Defender of Peace*, vol. 1: Marsilius of Padua and Medieval Political Philosophy, vol. 2: *The Defender of Peace*, 1951.

Glossa interlinearis = 불가타 라틴어 성서의 행과 행 사이에 제공된 각 구절에 대한 교부들의 주해로, 편집자는 안셀무스 드 라옹(Anselmus de Laon, 1050~1117)으로 알려져 있다.

Glossa ordinaria = 불가타 라틴어 성서의 여백에 제공된 교부들의 주해로, 편집자는 라바누스 마우루스(Rabanus Maurus)의 제자인 발라프리트 스트라보 (Walafrid Strabo, 808~47)로 알려져 있다.

Kuntzmann/Kusch = W. Kunzmann, H. Kusch, *Defensor Pacis: Der Verteidiger des Friedens*, 2 vol., Darmstadt 1958.

MGH = G. H. Pertz, G. Weitz (ed.), *Monumenta Germaniae Historica*, Hannover 1826ff. (독일 역사 자료 문헌집으로 Antiquitates, Diplomata, Epistolae, Leges, Scriptores의 다섯 분야로 구성되어 있으며, 이것은 다시 하위 분야로 구성된다.)

MPL = J.-P. Migne (ed.), *Patrologiae Latinae*, Paris 1841~55. (라틴 교부 총서)

MPG = J.-P. Migne (ed.), *Patrologiae Graecae*, Paris 1857~66. (그리스 교부 총서)

Quillet = Jeannine Quillet, *Le Défenseur de la Paix*, Paris 1968.

Scholz = Richard Scholz (ed.), *Defensor Pacis*; MGH, *Fontes Iuris Germanici Antiqui in Usum scholarum, separatim ed*. Hannover 1932.

제 1 권

법의 거룩하고 인정된 학식 있는 해설자들의 모범에 대하여. 이를 통해 로마 주교도 어떤 주교, 혹은 장로, 혹은 어떤 성직자도 성서의 말씀에 의해 강제적 통치권이나 송사에 있어 사법권을 가질 수 없고, 하물며 성직자나 평신도에 대해 자신에게 최고의 권한이 있다고 주장하거나 돌릴 수 없다는 것이 분명히 입증된다. 그리고 전권을 가진 자가 그들에게 그것을 제공하거나 수여하는 경우에 그리스도의 조언과 모범에 따라 그들은 신도들의 공동체에서 통치권을 거절해야 한다. 또한 모든 주교와 구별 없이 지금 성직자라 불리는 자들은 특히 이 신실한 인간 입법자의 권위에 의해 지배하는 자의 강제적 판단이나 통치에 예속해야 한다

것의 확인에 대하여

제 3 권

제 1 권

제1장

❦

논설의 요약적 주제와 그것의 동기 및 책의 구성

§ 1. "모든 왕국에서 평안[1]은 바람직스러워야 한다. 평안 속에서 백성은 번창하고 백성의 이익이 보호받는다. 왜냐하면 평안은 고귀한 예술[2]의 아름다운 어머니이기 때문이다. 평안은 인간 종을 회복 가능한 계승을 통해 번식시키고, 능력을 조장하고, 윤리를 드높인다. 평안을 전혀 추구하지 않는다고 여겨지는 사람은 이 중요한 사실에 대해 무지한 사람으로 인식된다."[3] 플라비우스 마그누스 아우렐리우스 카시오도루스는 그의 첫 번째 서

---

1 마르실리우스는 이 글에서 'tranquillitas'(평안, 평온), 'pax'(평화) 혹은 'quies'(안식)을 동의어처럼 사용한다. 그러나 'tranquillitas'가 지배적이다. 'tranquillitas'는 일반적 개념인 반면, 'quies'는 아리스토텔레스의 자연학 개념으로 동작의 중지 혹은 욕망의 완성을 뜻한다. 'pax'는 공동체에 무질서를 일으킨 말썽과 고난의 중지를 뜻한다.

2 bonae artes: 인문 교양, 즉 합리적이고 존경받을 만한 학문을 뜻한다.

3 Flavius Magnus Aurelius Cassiodorus Senator, *Variae* I, 1 rec., in: MGH, *Auctores antiqui* 12, p. 10. 카시오도루스는 5~6세기 로마제국의 고위 관리를 지냈으며 그의 저작들은 유럽의 고대 말기와 중세를 연결하는 가교 역할을 한

신의 방금 인용된 구절에서 국가에서의 삶에서 평안 내지 평화의 이점과 열매를 서술했다. 이것은 아무도 평화와 평안 없이는 얻을 수 없는 만족스러운 삶을 설명함으로써 이 최선의 열매를 통해 인간에게 최선의 것을 설명하려는 것이며, 또한 인간의 의지를 조장해 서로 간의 평화를 유지하도록 함으로써 평안을 얻도록 만들려는 것이었다. 이 점에서 그는 복된 욥의 견해(「욥기」 제22장)와 일치했다. "평화를 가질 것이니, 평화를 통해 가장 좋은 열매를 얻을 것이다."[4] 그러므로 신의 아들 그리스도는 하늘 군대의 노래를 통해 "높은 곳에서 신께 영광, 땅에서는 선한 뜻을 가진 인간들에게 평화"[5]라고 선포케 함으로써, 평화가 그의 탄생의 표지이자 통고임을 정했다. 그렇기 때문에 그는 또한 자주 제자들에게도 평화를 바랐다. 그러므로 요한은 말한다. "예수가 와서 제자들 가운데 서서 말했다. 평화가 너희들과 함께있기를!"[6] 그는 서로 평화를 지킬 것을 훈계하면서 「마가복음」 제9장에서 같은 말을 했다. "너희들 사이에 평화를 유지하라!"[7] 서로 평화를 유지할 뿐만 아니라 다른 사람들에게도 같은 것을 바라라고 가르쳤다. 그러므로 마태는 말한다. "너희가 그 집에 들어가거든 '이 집에 평화가 깃들기를' 하고 인사하여라."[8] 그가 「요한복음」 제14장에서 "내가 너희에게 평화를 남기니, 내 평화를 준다"[9]라고 말했다면, 평화는 자신의 고난과 죽음이

다. 마르실리우스의 인용 출처는 분명히 그의 동료인 파도바 사람 제레미아 다 몬타뇨네(Geremia da Montagnone)의 『지혜에 관한 발췌』(*Epytome sapientie*, *Venezia*, 1505, 이 작품은 1300년에서 1310년 사이에 『유명한 도덕적 격언 발췌』 *Compendium moralium notabilium*라는 표제 아래 저술되었을 것이다)일 것이다.

4 「욥기」 22:21.
5 「누가복음」 2:14.
6 「요한복음」 20:19.
7 「마가복음」 9:49.
8 「마태복음」 10:12.
9 「요한복음」 14:27.

임박한 때에 자기 제자들에게 유언으로 남긴 유산이었다. 사도들은 욥에게서 인용하고 카시오도루스를 통해 상세히 설명된 것처럼 평화의 열매가 최선이라는 것을 알면서, 그의 참 상속인이자 모방자로서 그와 마찬가지로 그들의 서신을 통해 복음적 교훈과 훈계를 전한 자들에게 평화를 소망했다.

§ 2. 그러나 상반된 것은 상반된 것을 야기하기 때문에[10] 평안의 반대, 즉 불화(不和)에서부터 최악의 열매와 단점이 모든 도시 정부나 왕국에서 초래된다. 이것은 이탈리아 왕국에서 충분히 볼 수 있고[11] 모든 사람의 눈에 분명히 드러난 것과 같다. 그 주민들이 평화로이 함께 사는 한 그들은 앞서 열거한 평화의 열매를 달콤하게 맛보았으며, 그 열매로부터 그리고 그 열매 안에서 번영함으로써 모든 거주 가능한 땅을 자기 지배 아래 복속시켰다.[12] 그러나 그들 가운데 불화와 분쟁이 일어났을 때, 그들의 왕국은 온갖 고통과 불편함에 의해 시달렸고 적대적인 이민족의 지배 아래 들어갔다. 지금 다시 분쟁 때문에 왕국은 곳곳에서 분열되어 있고 거의 해체되었으므로, 왕국을 차지하고자 하고 어떤 식으로든 권력을 가진 자들은 쉽게 진입할 수 있다. 이런 결과는 놀랄 만한 것이 아니니 살루스티우스가 유구르타에 관한 저술에서 증언한 것처럼 "조화를 통해 작은 것들이 성

---

10 아리스토텔레스, 『정치학』 V, 1307b 29. 하지만 문맥은 약간 다르다. 아리스토텔레스는 무엇이 도시를 파괴하는지 안다면 무엇이 도시를 구하는지도 아는데, 상반된 것은 상반된 것을 야기하고, 파괴는 안전의 반대이기 때문이라고 주장한다.

11 마르실리우스 시대의 이탈리아는 전쟁과 약탈에 내맡겨져 있었다. 교황파와 황제파, 귀족과 코뮌 시민 간, 성직자와 코뮌 통치자 간의 전투, 그리고 무엇보다 교황청과 황제, 교황 특사와 황제 대리인 간의 분쟁의 무대였다. 특히 요한 22세의 특사와 밀라노의 비스콘티(Visconti) 가문, 베로나의 칸그란데 델라 스칼라(Cangrande della Scala) 간의 전투가 그러했다.

12 마르실리우스에게 로마제국의 존재가 이런 상태를 가능케 했다. 제국의 사명은 문명적이니, 즉 평화를 구축하는 것이었다. 왜냐하면 제국은 심지어 불법적·야만적으로 살아가는 백성들에게도 강제적으로 그 법에 복종하도록 만들었기 때문이다. 제국의 이런 문명적 사명은 제국이 이교도의 손안에 있을 때도 실행될 수 있었다.

장하고 불화를 통해 가장 거대한 것이 몰락하기" 때문이다.[13] 주민들은 불화 때문에 오류의 길로 그릇 인도되고, 만족스러운 삶을 박탈당하고, 추구했던 평안 대신에 심한 고통을, 자유 대신에 독재자의 잔인한 멍에를 끊임없이 감수해야 한다. 그러므로 결국 시민적 삶을 추구하는 다른 자들보다 불행하게 됨으로써, 그것을 부르는 자들에게 영광과 불가침성을 허락했던 그들의 조상 전래의 이름이 민족들에 의해 비난받음으로써 치욕의 고통이 된다.

§ 3. 그러므로 불쌍한 사람들은, 생명 있는 것들의 질병처럼 시민사회를 악화시킬 그들 서로 간의 불화 내지 분쟁 때문에 이 암흑으로 추락한다. 그 일차적 원인은 매우 허다하고 적지 않은 것들이 서로 연결되어 있다. 국가에 관한 지식(civilis scientia)[14]에서 철학자 중 탁월한 자가 일반적 방식으로 일어날 수 있는 원인을 거의 모두 서술했다.[15] 그럼에도 불구하

13　Gaius Sallustius, *Bellum Jugurthinum* I, 10, 6. 가이우스 살루스티우스(기원전 86~기원전 35, 일반적으로 살루투스)는 로마 공화국 말년의 역사를 기술했다. 부패와 몰락에 관한 그의 말과 분석은 도시의 위대성을 이루기 위해 조화의 필요성을 역설한 이탈리아 공화정의 전통을 세우는 데 주요한 지지 기반이 되었다. 로마 최초의 역사가로 『카틸리나의 전쟁』(*Bellum Catilinae*)이 대표작이다.

14　'civilis'는 'civis'(시민)에서 파생된 형용사로서 '시민에 대한', '국가에 대한' 등의 의미를 갖는다. 여기에서의 '시민'은 정치적 의미에서 중세 시민을 의미한다.

15　여기서 마르실리우스는 아리스토텔레스의 『정치학』을 언급한 것으로 추정된다. 사실 마르실리우스는 『평화의 수호자』 I, 19, 3(이하에서 책 제목 없이 단순히 로마자, 아라비아 숫자로 본문의 권, 장, 절을 표기)에서 'civilis scientia'를 사용하는데, 명시적으로 우리가 정치학이라고 칭한 그의 『국가에 관한 학문』 제5권을 언급한다. 그러나 애너벨 브렛(Annabel Brett)은 이것을 결정적 근거로 보지 않는다. 그녀의 주장에 따르면, 'civilis scientia'는 'politica'(정치학)보다는 훨씬 광범위한 개념이기 때문이다. 키케로(Cicero)는 이 개념을 사용해 변사의 정치적 지식을 표현했다. 또한 이것은 이탈리아의 대학에서 로마법 연구를 나타내는 관용어이기도 했다. 스콜라주의 전통에 따라 『니코마코스 윤리학』에서 형용사 'civilis'는 그리스어 'πολιτική'의 번역어로 사용되었다. 그러므로 마르실리우스는 여기서 'civilis scientia'로서 아리스토텔레스의 작품 표제보다는 그가 제공하는 정치적 지식 일반

고 이들 원인 외에 특별하고 깊이 감춰진 원인, 즉 로마제국이 오래전부터 고통받았고 끊임없이 시달린 원인이 있다. 그것은 전염성이 있고, 모든 다른 도시 공동체(civilitates)[16]와 왕국에 호시탐탐 잠입하려고 하고, 대부분의 왕국에 침입하려고 시도했다. 아리스토텔레스(Aristoteles)도, 그 시대 혹은 그 이전 시대의 다른 철학자도 원인 및 그 기원, 양태를 통찰하지 못했다. 왜냐하면 이것은 아리스토텔레스 시대 이후 오랫동안 열등한 자연[17]의 가능성과 사물에서의 원인의 관습적 작용을 넘어서 최고 원인에 의해 야기된 기적적 작용[18]의 기회를 틈타 취해진 왜곡된 견해였으니, 이것은 나중에 설명할 것이다. 고상함과 유용성의 얼굴을 지닌 이 궤변적 견해[19]는 인류에 심히 재앙적이었으며, 그것이 금지되지 않는다면 모든 도시 공동체와 나라에 참을 수 없는 손실을 낳을 것이기 때문이다.

§ 4. 그러므로 우리가 말한 것처럼 평화 내지 평안의 열매가 최선이며, 그 반대인 분쟁의 열매는 견딜 수 없는 해악이다. 이런 이유로 우리는 평

을 지시한 듯하다(*Marsilius of Padua: The Defender of the Peace*, ed. and tr. by Annabel Brett, Cambridge University Press, 2005, p. 5).

16 이 개념의 사전적 의미는 시민 신분, 즉 시민과 동료 시민 간의 관계이다. 독일어판 공동 번역자인 발터 쿤츠만(Walter Kunzmann)과 호르스트 쿠쉬(Horst Kusch)는 마르실리우스에게서 이 개념은 'civitas'(도시국가) 내지 도시 공동체와 동일하다고 주장한다. 반면에 브렛은 이 개념은 아리스토텔레스의 『니코마코스 윤리학』에서 그리스어 'πολιτεία'의 번역어로 사용되었으며, 마르실리우스는 어떤 부분에서 'civilitas seu politia'라고 표현함으로써 이 개념이 'politia'(정치 질서)와 실질적으로 동의어이지만 다른 부분에서는 이 개념을 'civitas' 및 'regnum'(왕국)과 동의어로 사용했다고 주장한다. 그래서 그녀는 이 개념을 '도시적 질서'(civil order)로 이해했다(Annabel Brett, p. xlii). 문맥상 쿤츠만/쿠쉬의 견해가 오히려 타당해 보인다.

17 지상적 세계를 의미한다.

18 그리스도의 인간화를 의미한다.

19 영적·세속적인 것에 대한 교황의 수장권을 수립하려는 신정(神政)론적 주장을 지시한다.

화를 바라야 하고, 그것을 갖지 못한 때 얻으려 하고, 그것을 얻었을 때 지키고, 그것의 반대인 대립을 온갖 노력으로 물리쳐야 한다. 이것을 위해 개별 형제들과 더구나 집단[20]과 공동체는 천상적 사랑의 감정에서뿐만 아니라 인간 사회의 결속과 정의에서 서로 도울 의무가 있다. 키케로의 『의무론』 제1권의 증언에 따르면, 플라톤(Platon)도 우리에게 그것을 조언했다. 플라톤은 이렇게 말했다. "우리는 우리만을 위해 태어난 것이 아니다. 조국은 우리 출생의 일부를, 친구들은 또 다른 일부를 요구한다." 툴리우스 [키케로]는 이어서 플라톤의 견해를 덧붙인다. "그리고 스토아주의자들이 믿은 것처럼 지상에서 태어난 모든 것은 인간의 사용을 위해 창조된 반면, 인간 자신은 인간을 위해 태어났다. 여기서 우리는 자연을 인도자로서 따라야 하고, 모든 사람에게 공통으로 유익한 것을 공공의 복지를 위해 제공해야 한다."[21] 공공의 이익은 사소한 것이 아니고 모든 공동체와 왕국을 사소하지 않은 해악으로 위협하는바, 앞에서 언급한 분쟁의 특유한 원인이 궤변임을 드러낼 필요가 있으므로 공동의 이익을 바라고 인식할 수 있는 모든 사람은 이 목적을 위해 주의 깊은 관심과 성실한 노력을 기울일 의무가 있다. 이 궤변이 불명확한 한 우리는 이 역병을 피할 수 없고 그것의 비참한 결과를 왕국이나 공동체로부터 완전히 차단할 수 없다.

§ 5. 그러나 아무도 두려움이나 나태함이나 어떤 악한 마음 때문에 이 책임을 소홀히 해서는 안 된다. 「디모데 후서」 제1장에서 말한다. "신은 우리에게 두려움의 영을 준 것이 아니고 능력과 사랑의 영을 주셨다." 즉 진

---

20 collegium: 드높은 이익을 염두에 두고 단합한 구성원의 집합이다. 중세 당시에 이 개념은 종교적 공동체, 수도회나 참사회 공동체를 의미한다. 'collegium'은 교회 단체의 전형이다. 마르실리우스는 전적으로 추기경 집단에 대해 이 개념을 사용한다.

21 Cicero, *De Officiis* I, 22. 마르쿠스 툴리우스 키케로(Marcus Tullius Cicero, 기원전 106~기원전 43)는 고대 로마의 영향력 있는 사상가로, 『의무론』은 중세 당시에 도덕적·정치적 지혜의 근원으로 자주 읽혔다.

리를 드러내는 능력과 사랑이다. 그러므로 사도는 여기서 덧붙여 말한다. "그러므로 우리 주님에 관한 증언을 부끄러워하지 말라."[22] 이것은 진리의 증언이었으니, 이것을 말하기 위해 그리스도는 그 자신의 말씀에 따라 세상에 왔다. 즉 그는 「요한복음」 제18장에서 말했다. "나는 진리를 증언하기 위해 태어났고 이것을 위해 세상에 왔다."[23] 즉 인류를 영원한 구원으로 이끄는 진리. 그러므로 은총을 수여하는 자에 의해 이 사실에 대한 통찰을 보다 많이 주입받은 자는 더욱더 그리스도처럼 진리를 가르치기 위해 노력해야 할 의무가 있다. 이 진리에 의해 앞에서 언급한 시민 공동체의 역병이 인류, 특히 그리스도 숭배자로부터 소멸될 수 있다. 이 진리는 시민적 삶을 안녕으로 이끌고 또한 영원한 구원에 적지 않게 기여한다. 그리고 이것을 알면서도 할 수 있으나 포기하는 자는 배은망덕한 자처럼 중한 죄를 범한 것이니, 야고보는 증인으로서 그의 정경적 서신 제4장에서 말한다. "선을 행할 수 있으면서 행하지 않는 자에게 죄가 있다."[24] 인류의 공동의 적인 이 악함은 달리 완전히 근절될 수 없으며, 그것이 지금껏 산출한 해로운 열매는 우선 그것의 원인 내지 뿌리의 불의함이 먼저 드러내어지고 노출되지 않는다면 시들지 않는다. 다른 길이 아니라 이런 길로만 시민정부의 강제적 권력은 안전하게, 이 악의 파렴치한 수호자와 고집스러운 방어자를 궁극적으로 정복하는 데로 나갈 수 있다.[25]

§ 6. 그러므로 안테노르(Antenor)[26]의 후예인 나는 앞서 언급한 그리스

---

22 「디모데 후서」 1:7-8.

23 「요한복음」 18:37.

24 「야고보서」 4:17.

25 마르실리우스 정치철학의 주요 개념이다. 세속 군주만이 강제적 권력을 가지며, 이것이 세속 권력을 영적 권력과 구별하는 것이다. 영적 권력은 어떤 강제성을 갖지도, 가져서도 안 된다. I, 10, 4 참조.

26 Vergilius, *Aeneis* I, 242-249 참조. 안테노르는 트로이를 탈출한 후, 파도바를 건설

도와 성인들, 철학자들[27]의 조언에 주목하고 따르면서, 이해의 은사가 나에게 위임되었다면, 이 문제에 대한 이해에 의해, 또한 위로부터 선사된 확신의 영에 의해 (야고보가 증인으로서 그의 정경적 서신 제1장에서 말한 것처럼 모든 최선의 선물과 모든 완전한 선물은 위로부터 빛의 아버지로부터 온다[28]) 수여자에 대한 경외심 때문에, 널리 선포되어야 할 진리에 대한 사랑 때문에, 조국과 형제에 대한 불타는 사랑 때문에, 억압받는 자들에 대한 동정과 측은함 때문에, 그들을 보호하기 위해, 압제자들과 그들을 허용하는 자들을 오류의 길에서 돌아오게 하기 위해, 그리고 그들에게 대항해야 하고 대항할 수 있는 자들을 격려하기 위해 [숙고 결과를 적었다].[29] 특별히 이 역사(hoc opus)를 결말지을(이 결말이 외부로부터 오기를 바란다[30]) 신의 일꾼[31]으로서 폐하인 저명한 로마인의 황제[32] 루트비히를 염두에 두면서, 피의 옛,

---

했다고 전해진다.

27 마르실리우스는 그리스도와 성자, 철학자를 같은 수준에 놓는다. 이것은 마르실리우스가 철학에 큰 중요성을 부여함을 보여 준다.

28 「야고보서」 1:17.

29 동사가 빠진 불완전한 문장이며, [ ] 부분은 원문에는 없다. 쿤츠만/쿠쉬의 번역을 따랐다.

30 난해한 부분이다. 마르실리우스는 이 저작을 통해 황제에게 교황에 대항해 행동하도록 격려한다. 'optat'의 주어는 'opus'로 간주함이 타당하다.

31 마르실리우스는 바이에른의 루트비히(Ludwig, 1314~47)를 신의 일꾼으로 표현한다. 그는 제1권 전체에서 군주 지명을 위한 선출의 능력, 즉 이 수장의 탁월함을 강조할지라도 신을 세속 권력 임명의 근원적 원인으로 보면서, 제2권에서 군주의 권세는 직접 신으로부터 왔고 군주는 이런 권위로써 모든 종교적 사건에 대해 강제적 권력을 집행할 권한을 가진다고 주장한다. '신의 일꾼'이라는 표현은 II, 24, 9에서 되풀이된다. 여기에서 마르실리우스는 군주가 교황이 지명되어야 하는 조건을 정의해야 한다고 말한다. 신의 일꾼으로서의 군주의 영적 권력은 웅변적으로 II, 24, 17에서 언급된다. 여기서 그는 로마교황을 다니엘의 형상에 비유했는데, 추락하면서 형상을 파괴할 돌의 도래를 예고하는 예언자의 증언을 인용한다.

32 교황이 루트비히의 즉위를 인정하기 전에 마르실리우스가 그에게 로마인의 황제 칭호를 부여한 점에 주목하라. 마르실리우스가 자신의 글에 평화의 수호자라는 표제를 붙인 이유는 그가 당시의 많은 황제파처럼 황제만이 평화를 이룰 수 있다고 확

특별한 권리에 의해서, 그리고 또한 폐하의 비범한 타고난 영웅적인 기질 및 훌륭한 능력에 의해서, 이단자를 말살하고, 가톨릭 신앙의 진리와 모든 다른 학문을 장려하고 유지하고,[33] 악덕을 말살하고, 건덕을 위한 노력을 신장하고, 분쟁을 멸절하고, 평화 내지 평안을 도처에 보급하고 양육하려는 애정이 생래적이고 확고한 폐하를 염두에 두면서 나는 근면하고 긴장된 탐구의 시간을 거친 뒤 앞서 서술한 오류들과 다른 우발적인 사태들에 대비하고 공공의 이익을 위해 배려하는 폐하의 깨어 있는 존엄을 위해 어떤 도움이 될 것이라고 생각하면서 다음의 견해들을 모두 글로 기록했다.

§ 7. 그러므로 내 계획은 신의 도움을 받아 이 분쟁의 특별한 원인을 밝혀내는 것이다. 이미 아리스토텔레스가 확정한 여러 원인의 수와 본성을 반복하는 것은 불필요할 것이기 때문이다. 그러나 우리는 아리스토텔레스가 보지 못했고, 또한 그 이후에 그걸 할 수 있었을 다른 자가 규명하지 못한 원인의 베일을 들추어보고자 한다. 이것은 우리가 그 원인을 장차 모든 왕국이나 도시 공동체로부터 쉽게 배제할 수 있도록 하기 위함이고, 부지런한 통치자가 보다 안전하게, 신하들이 평안하게 살 수 있도록 하기 위함이다. 이것은 이 작품 서두에서 바람직한 목표로서 제시되었으니, 이 세상에서 인간에게 가능하고 바람직한 것들 중 가장 최고의 것, 즉 인간 행동의 최종 목표로 보이는 시민적 행복을 누려야 할 자들에게 필요한 것으로 제시되었다.

신했기 때문이다. 이탈리아 공화국들은 황제에 복종함으로써 그들 자유의 토대를 찾았다. 제국은 법과 주권의 근원이다. 사람들은 제국으로부터 정의의 회복을 기대했다. 황제는 최고 심판관, 즉 최종적 법정의 자격으로서의 권리를 가졌다.

33 황제는 신앙의 수호자일 뿐만 아니라 올바른 학문의 수호자였다. 루트비히의 뮌헨 황궁에는 프란체스코회 영성파가 참된 교리의 보증임을 자청하는 교황으로부터 파문을 받고 피신해 있었다. 마르실리우스는 황제에게 교수권 수여 권한도 부여한다. II, 2, 25: II, 21, 15 참조.

§ 8. 그러므로 나는 내가 제시하고 언급한 과제를 세 권으로 구분할 것이다. 제1권에서 나는 그릇된 관습이나 성향에 의해 본성적으로 부패하지 않은 모든 정신에게 자명한 항구적인 명제들에 근거해, 인간 정신에 의해 발견된 확실한 방법을 통해 내가 의도한 바를 입증할 것이다. 제2권에서 나는 내가 입증했다고 생각하는 것을 영원에 근거한 진리의 증언을 통해, 그 진리의 거룩한 해석자들의 권위를 통해, 또한 그리스도교 신앙의 다른 인정받은 교사를 통해 확증할 것이다. 그러므로 이 책은 자체에 근거하고 외부로부터의 입증을 필요로 하지 않는다. 나는 이런 토대로부터 내 결과에 반대되는 그릇된 견해와 싸울 것이고 그들의 위장을 통해 방해하는 적들의 궤변을 드러낼 것이다. 제3권에서 나는 시민들과 통치자들뿐만 아니라 피통치자가 주목해야 할 매우 유용한 결론 내지 교훈, 즉 앞의 결과에 근거해 자명한 확실성을 가지는 교훈을 제시할 것이다. 나는 이 각 권을 장으로 구분한 후, 각 장을 분량에 따라 크고 작은 절로 구분할 것이다. 언급한 구분의 하나의 장점은, 이 글의 독자들이 나중의 권과 장에서부터 이전의 권과 장으로 돌아가 참조해야 할 부분을 찾는 데에 용이할 것이라는 점이다. 여기서부터 분량이 축소되는 또 다른 장점이 나온다. 우리가 나중의 진술에서 어떤 진리를(그것은 이전의 진술에서 충분히 입증되었거나 확실성이 설명되었다) 그것 자체 때문에 혹은 다른 것을 입증하기 위해 수용한다면, 우리는 불필요한 입증 없이 독자들에게 증명이 이루어진 권, 장, 절을 지시할 것이니, 이로써 독자는 문제가 된 부분의 확실성을 쉽사리 재발견할 수 있다.

제 2 장

꠹꠹꠹

이 책의 첫 번째 문제와 'regnum' 어법의
의미 구분과 규정에 대하여

§ 1. 그러므로 우리가 이 주제에 접근함에서 우선 왕국 내지 도시의 평안과 불안이 무엇인지, 이들 중 먼저 평안이 무엇인지 분명히 밝혀야 한다. 이것이 밝혀지지 않으면 불안이 무엇인지 필연적으로 알 수 없기 때문이다. 이 둘은, 카시오도루스에서부터 가정되었는데, 한 도시나 왕국(regnum)[1]의 상태이므로 우리는 계속해서 해명해야 할 것, 즉 도시나 왕국이 무엇이며 무엇을 위해 존재하는지를 철저히 밝힐 것이다. 또한 여기서부터 평안과 그 반대에 대한 서술이 보다 분명히 드러날 것이다.

---

1 마르실리우스가 이 장(章)에서 세분해 설명하고 있는 것처럼 이 개념은 여러 가지 의미를 갖는다. 첫째, 정치적 통일 아래 지배되는 영토, 둘째, 일정한 국가 형태로서의 왕국인 군주정, 셋째, 첫째와 둘째를 결합한 의미, 즉 군주정 아래 있는 왕국, 넷째, 정치적으로 정돈된 국가 제도가 그것이다. 옮긴이는 편의상 '왕국'으로 번역한다. 참고로 독일어판은 'Staat', 영어판은 'realm', 프랑스어판은 'royaume'으로 번역되어 있다.

§ 2. 그러므로 우리는 전제된 순서에 따라 도시 내지 왕국의 평안을 서술하고자 한다. 표현의 다양성 때문에 우리의 계획에서 불분명함이 생기지 않도록 하기 위해 이 왕국[2]이라는 용어가 한 의미에서, 한 정부 아래 결합되어 있는 다수의 도시나 주(州)를 함축한다는 것을 간과해서는 안 된다. 이 가설에 따르면, 왕국은 정체(政體)[3]의 양태에서가 아니라 오히려 규모에서 도시와 다르다. 또 다른 가설에 따르면, 이 왕국의 개념은 아리스토텔레스가 제어된 군주정이라 칭한 어떤 제어된 정체 내지 정부 양태를 뜻한다. 시민 공동체의 기원에서 보는 것처럼 하나의 왕국은 단일 도시나 여러 도시에 존재할 수 있으니, 한 명의 왕이 거의 언제나 여러 경우에서처럼 단일 도시에 있었기 때문이다. 이 개념의 세 번째, 그리고 보다 잘 알려진 의미는 첫 번째와 두 번째 의미에서 합성된 것이다. 네 번째 가설은 이 개념이 단일한 도시에서든지 여러 도시에서든지 간에, 모든 양태의 제어된 정부에 대한 공통적인 표현이라는 것이다. 카시오도루스는 이 의미에 따라 이 개념을 우리가 이 책의 서두에서 인용한 진술에서 취했으니, 우리도 문제들을 결정하는 데 이 개념을 사용할 것이다.

§ 3. 그러므로 우리가 평안과 그 반대를 서술해야 한다면, 아리스토텔레스가 『정치학』 제1권과 제5권 제2~3장[4]에서 주장한 것처럼 국가는 영혼

---

2 Augustinus, *De civitate Dei* XIX. "공동체는 세 등급으로 구분된다. 즉 가정, 도시, 왕국."

3 politia: 이 라틴어는 그리스어 'πολιτεία'의 번역어다. 마르실리우스는 이 개념을 단일한 의미로 사용하지 않았다. 때로 이 개념은 왕국과 도시, 즉 어떤 시민 구조나 질서를 필연적으로 함축하는 기초적 정치 단위를 의미한다. 하지만 또한 마르실리우스는 아리스토텔레스적 의미에서 이 개념을 사용했는데, 즉 특정한 공동체에 연관된 특별한 형태의 정치 유형을 지시한다. 아리스토텔레스의 『정치학』을 번역하면서는 보통 '정체'로 번역한다.

4 아리스토텔레스, 『정치학』 I, 1253a 18ff.; V, 1302b 33ff. 아리스토텔레스는 이들 구절에서 도시와 그 구성원들 및 인간의 몸과 그 부분들 사이의 유비를 제시한다. 그러

이 깃든 혹은 살아 있는 자연과 같다고 전제하고자 한다. 잘 조직된 생물이 본성상 상호 정돈되어 있고 자신의 임무를 전체와의 관계에서 상호 교환하는 일정한 부분으로 구성되어 있는 것처럼 국가도 잘 정돈되어 있고 이성적으로 조직되어 있다면 그런 부분들로 구성된다.[5] 그러므로 생물과 그것의 부분들이 건강과 관계되는 것처럼 국가와 그 부분들은 평안과 관계된다. 우리는 이 추론의 신뢰성을 모든 사람이 건강과 평안에 대해 이해하는 것으로부터 받아들일 수 있다. 사람들은 건강이 본성에 따라 생물의 최선의 상태이며, 평안은 이성적으로 조직된 국가의 최선의 상태라고 생각한다. 그런데 경험 있는 의사의 말처럼 건강은 생물의 좋은 상태이니, 이런 상태에서 그것의 각 부분들이 완전하게 그 본성에 부합하는 일을 행할 수 있다. 이런 유비에 따라 평안은 도시나 국가의 좋은 상태가 될 것이니, 이것을 통해 그것의 각 구성원들이 완전하게 이성과 조직에 따라 부합하는 일을 행할 수 있다. 좋은 정의는 반대의 것을 함께 나타내므로, 불안은 한 도시나 국가의 악한 상태가 될 것이다. 이것은 질병에 의해 생물의 모든 부분 혹은 일부분이 자신에게 부합하는 기능을 단순히 혹은 보완적으로 행하는 것을 방해받는 것과 같다.

그러므로 우리는 평안과 그 반대인 불안에 대해 이렇게 비유적으로 논할 수 있다.

나 직접적으로 도시와 생물을 비교하지는 않는다.

5 만족스러운 삶을 얻기 위해 자신과 유사한 자들과의 공동체를 구성하려는 모든 인간의 자연적 욕망에 응한다는 의미에서 사회가 자연의 요구라면, 사회는 삶을 추구하는 자연을 모방해 도시의 기능을 정비하려는 이성의 작품이다. I, 3, 5 참조.

제 3 장

시민 공동체의 기원에 대하여

§ 1. 그런데 우리는 평안을 부분들의 기능에 대한 국가의 좋은 상태라고 말했으므로 이제 논리적으로 국가가 그 자체로서 무엇이며 무엇을 위해 존재해야 하는가에 대해, 국가의 주요한 구성요소들이 무엇이며 얼마나 되는지에 대해, 또한 그것들의 각각에 걸맞은 기능에 대해, 그 밖에 구성요소들의 원인과 순서에 주목해야 한다. 이것은 평안과 그 반대를 완전히 기술하기 위한 전제이기 때문이다.

§ 2. 그럼에도 불구하고 우리가 완전한 공동체인 국가에 대해 그리고 그 종류와 양태에 대해 다루기 전에, 우선 시민 공동체의 기원과 그 정부 및 삶의 양태의 기원을 소개해야 한다. 인간은 이런 불완전한 것으로부터 완전한 공동체, 정부와 그 안에서의 삶의 양태로 진보했기 때문이다. 자연 및 그것을 모방하는 기술의 발걸음은 언제나 불완전한 것에서 완전한 것으로 향한다.[1] 인간은 각 사물의 일차적 원인과 일차적 원리를 요소에 이르기까지 인식하지 않고서는 모든 것을 안다고 생각하지 않는다.[2]

§ 3. 우리가 이런 방식으로 시작하면서 자연과 기술[3]의 모든 과정에서처럼 (우리가 말한 대로) 시민 공동체가 상이한 장소와 시간에 따라 작은 데서 시작했고,[4] 점차적으로 성장해 결국 완전한 것에 도달했다는 것을 간과해서는 안 된다. 탁월한 철학자가 『정치학』 제1권 제1장에서 말했고 이것이 그의 『가정경영론』에서 보다 분명히 드러나는 것처럼[5] 인간 사이의 일차적이고 가장 작은 결합은 남녀의 결합이니, 거기서부터 다른 결합들이 파생했다. 즉 처음에 한 가정을 채웠던 인간이 이 결합에 의해 증식되었다. 그들로부터 보다 많은 결합이 생겼으므로 인간은 너무나 증가해 그들에게 하나의 집으로는 충분하지 않았고 더 많은 집을 지을 필요가 있었으니, 그런 다수의 집들이 마을이나 이웃이라 불렸다. 그리고 이것이 앞에서 서술한 바와 같이 최초의 공동체가 되었다.[6]

§ 4. 그러나 인간이 한 집안에서 살던 동안에 우리가 다음에서 특별히

---

1   자연의 발전이 불완전한 잠재태에서 완전한 현실태로 진보한다는 생각은 아리스토텔레스 자연학의 중심 사상이니, 고전적으로 그의 『자연학』 II, 199a 29ff에 진술되어 있다. 최선으로서의 이 과정의 종국은 『정치학』 I, 1, 1252b 31ff에서 서술된다. 『자연학』 II, 8은 개별 자연적·인위적 대상의 발전을 논한 반면에, 마르실리우스는 자연과 기술에서 불완전한 것에서 완전한 것으로의 일반적 진보에 관심을 가진다.

2   아리스토텔레스, 『자연학』 I, 184a 10-15.

3   중세 때의 자연과 기술의 구별을 생각하자. 이것은 아리스토텔레스 철학에서 영향을 받은 것인데, 기술은 순수하게 인간적 활동이다.

4   마르실리우스에게 인간은 정치적 동물이라는 아리스토텔레스 사상이 발견되지 않는다. 그러나 마르실리우스는 사회적 삶의 기초로서, 인간이 만족스러운 삶에 도달하기 위해 연합하려는 자연적 욕망을 가정한다. I, 13, 2 참조.

5   아리스토텔레스, 『정치학』 I, 1252a 26-28. 『가정경영론』(Oikonomia)은 아리스토텔레스학파의 제자가 기원전 4세기 말에 쓴 위작(僞作)인 듯하다. 이것은 가정관리에 관한 주제를 논하고 있는데, 중세 당시에 아리스토텔레스의 작품으로 여겨졌다. 마르실리우스는 『정치학』 제1권과 밀접한 관계가 있는 이 글의 제1권을 언급하고 있거나, 아니면 집안에서 아내의 역할을 상세히 분석한 제3권을 언급하는 듯하다.

6   아리스토텔레스, 『정치학』 I, 1242b 15-17.

시민적 행위[7]라 칭하게 될 모든 행위는 그들 중 연장자에 의해 (가장 지혜 있는 자인 것처럼) 규제되었으나, 법이나 관습이 아직 없었으니 사람들이 아직 이런 제도를 고안할 단계에 이르지는 못했다. 그러나 한 집안의 인간들이 이런 방식으로 통치되었을 뿐만 아니라 어떤 점에서 다르기는 하지만 마을이라고 불리는 최초의 공동체도 이렇게 통치되었다. 한 집안의 가장에게는 자기 집안에서 일어나는 불법에 대해 자신의 생각이나 임의대로 용서하거나 징벌하는 것이 전적으로 허용되었지만 마을이라 불리는 최초의 공동체의 장에서는 이러한 것이 허용되지 않았다. 이 점에서 연장자는 이성적 질서에 따라 혹은 유사 자연법[8]에 따라 (모든 사람에게 합당하게 보였으므로) 거창한 조사 없이, 어떤 정의에 근거해 오직 이성의 보편적 지시[9]와 인간 사회의 어떤 의무에 따라 무엇이 의롭고 유익한지를 정리해야 했다.

한 집안과 이웃에서 상이한 통치의 원인은 다음과 같고 다음과 같았다. 즉 하나의 최초의 집안 내지 가정에서 한 형제가 다른 형제를 살해했거나 해를 가했을 경우, 가장은 원한다면 그것에서 발생할 위험을 감수함 없이는 불법을 행한 자를 최고 형벌로 다스리지 않는 것이 허용되었다. 왜냐하면 관용을 베푸는 가장에게만 불법이 행해진 것처럼 보이기 때문이고, 인간들이 희소하기 때문이고, 또한 두 아들보다는 한 아들을 여의는 것이 가장에게 덜 손해이고 덜 슬프기 때문이다. 장남 카인이 동생 아벨을 죽였을 때, 우리의 첫 조상 아담도 이렇게 한 듯하다.[10] 왜냐하면 아버지는 아들에 대해 정의에 관한 논설이 있는 『니코마코스 윤리학』 제4권[11]에서처

---

7 actus civiles: 민사소송 사건. 서론의 중요 개념 참조.
8 마르실리우스는 자연법에 대해 II, 12, 7-8에서 분명히 밝힐 것이다. 여기서 그는 자연법을 법의 가장 원시적 표현으로 언급한다. 법의 기준은 일정한 공정성과 보편성이 요구된다.
9 여기서 다시 자연법에 속한 범주를 언급한다.
10 「창세기」 1:8-16.
11 아리스토텔레스, 『니코마코스 윤리학』 V, 1134b 8ff.

럼 본래적인 시민적 정의라는 것이 있지 않기 때문이다. 그러나 마을이나 이웃 같은 최초의 공동체에서는 그렇게 행동하는 것이 허용되지 않았으며, 앞서 언급한 상이성 때문에 허용되지 않을 것이다. 연장자를 통해 자행된 불법에 대해 보복이나 보상(aequalitas)[12]이 행해지지 않았거나 않는다면, 여기서부터 싸움이나 이웃 간의 분열이 생겼거나 생길 것이다.

마을이 커지고 보다 큰 공동체가 생긴 이후에 — 이것은 번식의 증가로 필연적이었는데 — 언제나 한 사람이 공동체를 지배했으니, 『정치학』 제3권 제9장[13]의 기술처럼 다수의 지혜로운 자가 없었거나 어떤 다른 이유 때문이었으니, 어쨌든 연장자나 보다 선한 인물로 여긴 한 인간이 지배했다. 그런데 이 공동체는 한 마을이나 한 이웃보다는 덜 불완전한 규정에 의해 정돈되었다. 그러나 이 최초의 공동체들은 아직 그렇게 부분들[14]을 구분하고 정돈하는 방법을 갖지 못했거나, 나중에 점차적으로 완전한 공동체에서 발견되는 것과 같은 모든 삶의 필수적 기술과 규칙들을 갖지 못했다. 때로는 아브라함과 그 이후의 다른 인물들처럼 동일한 인간이 통치자요 농부이거나 양을 치는 목자(牧者)였다. 그러나 이것은 완전한 공동체에서는 유용하지도 않았고 가능하지도 않았다.

§ 5. 이들 공동체가 점차 늘어나면서 인간의 경험도 풍부해졌으며, 보다 완전한 삶의 기술과 규칙, 방식이 발견되었다. 또한 공동체의 요소들이 보다 상세히 구별되었다. 그러나 결국 인간의 이성과 경험은 삶과 좋은 삶에 필요한 것을 완성으로 이끌었고, 이에 따라 그 구성요소들이 구별되는 국

---

12 사전적 의미는 동등성이다. '눈에는 눈, 이에는 이'처럼 가해자가 피해에 대해 동등한 가치로 보상한다는 뜻이다.

13 아리스토텔레스, 『정치학』 III, 1285a 2-1286b.

14 partes: 사전적 의미는 '부분'이지만 문맥에 따라 '신분' 혹은 '역할', '기능'의 의미를 가진다.

가라 불리는 완전한 공동체가 조직되었다. 우리는 이어서 그 규정들에 접근할 것이다.

그러므로 시민 공동체의 기원에 대해서는 이 정도로 만족하기로 하자.

제 4 장

국가의 목적인에 대하여, 그리고
국가적 문제들[1]과 일반적으로 그 부분들의 구분에 대하여

§ 1. 아리스토텔레스의 『정치학』 제1권 제1장에 따르면, 국가는 완전히 자족의 한계를 지닌, 그리고 당연한 말이지만 삶을 위해 만들어진, 그러나 좋은 삶을 위해 존재하는 완전한 공동체이다.[2] "삶을 위해 만들어진, 그러나 좋은 삶을 위해 존재하는 것"이라는 아리스토텔레스의 말은 국가의 완전한 목적인을 언급한다. 시민적으로 산다는 것은 동물이나 노예처럼 살 뿐만 아니라 잘 산다는, 즉 실천적일 뿐만 아니라 사변적인 영혼의 덕에 해당하는 고귀한 행위를 위해 자유롭게 산다는 것이다.

§ 2. 그러므로 국가가 이렇게, 즉 목적으로서의 삶과 잘 사는 삶을 위해 규정되어 있다면, 우리는 먼저 삶 자체와 그 양태에 대해 다루어야 한다.

---

1 quaesita civilia: 쿤츠만/쿠쉬의 번역을 따랐다.
2 아리스토텔레스, 『정치학』 I, 1252b 27-29. 마르실리우스는 국가의 목적인을 고려한다. 즉 국가는 아리스토텔레스에게처럼 자족과 만족스러운 삶의 장소이다.

우리가 말한 것처럼 삶은 국가가 그것을 위해 세워진 목적이며, 국가 내의 인간의 소통을 통해 존재하고 이루어지는 모든 것에 대한 필수적 전제이다. 그러므로 우리는 이것을 입증되어야 할 모든 것의 기본 전제, 모든 사람이 본성적으로 믿고 자발적으로 인정하는 것으로 설정하고자 한다. 즉 부모를 여의지 않았거나 다른 장애가 없는 모든 인간이 본성적으로 만족하는 삶[3]을 지향하고 삶에 해로운 것에서 달아나고 피한다는 것으로, 툴리우스 [키케로]의 『의무론』 제1권 제3장에 따르면, 이것은 심지어 인간에 대해서만 아니라 모든 종의 생물에게도 인정된다. 키케로는 거기서 말한다. 먼저 모든 종의 생물은 본성적으로 자신의 몸과 생명을 보호하고, 해로운 것을 피하고, 삶에 필수적인 모든 것을 획득하고 조달하도록 허용되었다.[4] 누구라도 합리적인 연역을 통해 이것을 공공연히 받아들일 수 있다.

§ 3. 인간에게 부합하는 삶 자체와 잘 사는 삶은 이중적 형태로 있는데, 하나는 시간적 혹은 세상적 삶이고, 다른 하나는 영원적 혹은 천상적이라 칭하는 삶이다. 모든 철학자는 저 두 번째 삶, 즉 영원한 삶을 입증을 통해 설득할 수 없다. 이것은 자체적으로 명백한 사물에 속하지 않기 때문에, 그 자체를 위해 있어야 할 것들을 진술하려고 애쓰지 않았다. 그러나 저명한 철학자들은 첫 번째 형태의 삶인 잘 사는 삶 혹은 좋은 삶, 즉 세상적 삶에 대해 그리고 그것 때문에 필요한 것에 대해 입증을 통해 완성된 사물처럼 파악했다. 그러므로 그들은 좋은 삶을 얻기 위해 시민 공동체의 필요성을 추론했으니, 이것 없이는 이 만족스러운 삶을 얻을 수 없다. 그들

---

3 만족스러운 삶은 아리스토텔레스의 자족과 동의어이다. 충족에 대한 자연스러운 욕망은 완전한 공동체 밖에서는 실현될 수 없다. 아리스토텔레스에게나 마르실리우스에게 정치적 행복은 오직 시민들에게만 유보되어 있다. 그러나 각자의 자족은 자신의 능력 내지 소유에 달려 있다는 것은 의심할 여지가 없다. 이런 자족은 인간이 외적 능력을 소유할 때 도달할 수 있다.

4 Cicero, *De Officiis* I, 4, 11.

가운데서 또한 탁월한 아리스토텔레스는 『정치학』 제1권 제1장에서 말했다. 모든 인간은 시민 공동체로 이끌리니, 그것에 대한 자연적 열정에 따라서 이끌린다.[5] 합리적 경험이 이것을 그렇게 분명히 가르치지만, 그럼에도 불구하고 우리는 이렇게 말함으로써 우리가 말한 그 이유를 분명히 소개하고자 한다. 즉 인간은 상반되는 요소들로 합성되어 태어나기 때문에(그것들의 대립적 능동과 수동[6] 때문에 거의 끊임없이 그것의 본질 중 어떤 것이 사라진다), 또한 벌거벗은 채 태어나 둘러싼 공기와 다른 요소들의 과도함에 대해 (자연에 대한 학문에서 이야기한 것처럼[7]) 무방비 상태이고, 고통받을 수 있고 부패될 수 있으므로, 인간은 앞서 말한 손상을 피하기 위해 다양한 종류의 기술을 필요로 한다. 이 기술은 다수의 인간에 의하지 않고서는 실행될 수 없고 그들의 상호 소통을 통해서만 소유될 수 있으므로, 인간은 그것으로부터 유익을 얻고 불편을 피하기 위해 모여야 했다.

§ 4. 이렇게 모인 인간들이 정의의 규범에 의해 제어되지 않으면 그들 사이에는 싸움과 분열이 생겨 결국 국가의 붕괴를 야기할 분쟁과 언쟁이 일어나기 때문에, 이 공동체[8]에서 정의로움의 규범과 그것을 감시하는 자 내지 집행하는 자를 정해야 했다. 이 감시자는 법을 위반하는 불의한 자를 통제함과 더불어 내부에서와 외부에서 개인들을 선동하고 공동체를 파괴하고자 하는 다른 자들을 억제해야 하므로, 국가는 이런 자들에 대항할 수단을 가져야 했다. 또한 공동체는 평화 시뿐만 아니라 전쟁 시에도 어떤

5 아리스토텔레스, 『정치학』 I, 1253a 29.

6 acciones et passiones: 인간 내부로부터 일어나는 능동적 행위와 외부로부터 닥치는 수동적 일.

7 아리스토텔레스, 『동물 부분론』 IV, 687a 25.

8 communicacio: 그리스어로는 'κοινώνια'으로, 사전적 의미는 '공유'이지만 문맥상 의미는 '공동적 삶'이다.

공동 재산을 합목적적으로 준비하고[9] 보충하고 보관할 필요가 있으므로 공동의 필요를, 그것이 유익하거나 필요하다면 지원할 수 있도록 돌보는 사람들이 그 안에 있어야 했다. 시민 공동체적으로 사는 자들은 현재적 삶을 위해 필요한 것에 도움을 주는, 이미 언급한 것 외에도 (신의 초자연적 계시를 통해 인류에게 약속되어 있는) 미래 세계의 처지를 위해 그리고 현재적 삶의 처지를 위해서도 유용한 다른 것을 필요로 한다. 즉 신에 대한 제의와 경배, 이 세상에서 받은 은총에 대한 그리고 미래 세계에서 받을 것에 대한 감사 행위 등과 같은 것 말이다. 국가는 이것을 가르치고 인간을 인도하기 위해 교사들을 정해야 했다.[10] 뒤따르는 논설에서 이 모든 것과 앞에서 언급한 내용에 대해 그것이 무엇이고 어떠해야 하는지 상세히 서술해야 한다.

§ 5. 그러므로 인간은 만족스러운 삶을 위해 앞에서 열거한 필요한 것들을 구하고 서로 함께 공유할 수 있는 능력이 있었으므로 모였다.[11] 이 완성되고 자체적으로 충분함의 목적을 가진 모임을 국가라고 하며, 우리는 국가의 그리고 국가의 다양한 요소의 목적인을 어느 정도 서술했다. 다음에 보다 상세히 이것을 구분할 것이다. 만족스럽게 살고자 하는 사람들을 위해서는 한 신분이나 한 직무[12]의 인간이 조달할 수 없는 다양함이 필요하

---

9 opportunitas: 사전적 의미는 '유리한 상황'이며, 독일어판에서는 'zweckmäßige Vorkehrungen', 영어판에서는 'supplies'으로 사용되었다.

10 아리스토텔레스, 『정치학』 VII, 1328b 12-14 참조. 아리스토텔레스는 기초적 필요에서부터 고상한 것에 이르는 국가의 기능 가운데 신에 대한 봉사, 즉 사제직을 가장 중요한 것으로 간주한다.

11 이런 것이 시민사회의 토대이다. 즉 인간은 충족한 삶을 이루기 위해 연합한다. 충족한 삶의 필요조건은 본성적으로 이웃 사랑의 요구에 의해, 그리고 인간 사회의 연계와 법에 의해 연합한 인간이 상호 지원하는 것이다. 궁극적으로 사회의 진정한 토대는 평안이고, 이것의 작용인은 인간 상호 간의 지원과 연대이다.

12 officium: 일반적으로 '의무'를 뜻하지만 마르실리우스는 이 개념을 때로는 '기능',

기 때문에, 이 공동체 안에는 인간이 만족스러운 삶을 위해 필요로 하는 이런 다양한 것을 실행하거나 관리하는 다양한 신분이나 직무가 있어야 했다. 인간의 이 다양한 신분이나 직업이 바로 다수의 상이한 국가의 구성요소들이다.

국가가 무엇인지 그리고 이런 공동적 삶이 무엇을 위해 만들어졌는지에 대해, 또한 그것의 구성요소들의 다수성과 구분에 대해 비유적으로 훑어본 것으로 충분할 것이다.

때로는 '직무'에 사용한다.

제 5 장

국가의 부분[1]들의 구분과 규정에 대하여,
그리고 인간의 발견을 통해 규정 가능한 목적을 위해
그것들의 존재 및 분리의 필연성에 대하여

§ 1. 앞서 국가의 부분들에 대해 총체적으로 진술했으니, 국가의 평안은
그것들의 행동, 완전한, 외부로부터 방해받지 않는 상호 간의 소통에 달려
있다.

이제 우리는 그 부분들의 행위 내지 목적과 다른 고유한[2] 원인들로부터
그것들을 보다 분명히 규정함을 통해 평안과 그 반대의 원인들을 보다 정
확히 규명하기 위해 다시 논의하고자 한다. 그러므로 우리는 아리스토텔레
스가 『정치학』 제7권 제7장에서 말한 대로[3] 국가의 부분 내지 직무는 여
섯 가지 직군으로 이루어진다는 것을 말한다. 바로 농업, 수공업, 군사, 재

---

1   서론에서의 주요 개념인 'pars' 참조.

2   appropriatis: 사전적 의미는 '자기 것이 된'이다.

3   아리스토텔레스, 『정치학』 VII, 1328b 2ff. 아리스토텔레스는 이하를 '도시가 그것
     없이는 존립할 수 없는 것'('부분' 대신)으로 열거한다. 그는 군사직과 판사직만을 도
     시의 부분으로 보며, 사제직은 이 부분들의 전(前) 구성원으로 구성되어야 한다고 말
     한다.

무, 사제직, 재판직 내지 의원직 말이다.[4] 이 가운데 사제직과 군사직, 재판직은 절대적으로 시민 공동체에서 귀족층[5]이라 불리는 국가의 구성요소이다. 그러나 나머지는 넓은 의미에서의 구성요소이니, 아리스토텔레스의 『정치학』 제7권 제7장에 따르면, 국가를 위해 필수적인 직무이기 때문이다. 이들 다수 집단은 보통 평민[6]이라고 불린다. 그러므로 이것들이 도시나 국가의 보다 친근한 부분들이니, 모든 다른 부분들은 적절하게 이것들로 환원될 수 있다.

§ 2. 우리는 그것들의 필요를 이미 어느 정도 앞의 장에서 서술했지만, 그럼에도 불구하고 다시금 — 좀 더 세분해 — 진술하고자 한다. 우리는, 국가는 인간들이 그 안에서 살고 잘살기 위해 만들어진 공동체라는 것을, 먼저 자명한 것에서부터 입증된 것으로 전제한다. 우리는 앞에서 이 삶을 두 가지 방식으로 구분했다. 첫 번째는 이 세상 속의 삶, 즉 지상적 삶이며, 두 번째는 다른 세계 내지 미래 세계에서의 삶[7]이다. 우리는 인간이 지향하는 목표로서의 이런 삶의 방식에서부터 시민 공동체의 구성요소들을 구분할 필요성을 확정할 것이다. 그러므로 우리는 『영혼론』 제2권에서 말

---

4 iudicialis seu conciliativa: 후자의 개념은 그리스어 'βουλευτική'의 번역어이다. 고대 아테네에서 'βουλή'(의회)는 도시의 통치기구 가운데 하나였다.

5 honorabilitas: 사전적인 의미는 '존경할 만함'이다. 이것은 이탈리아 코뮌의 'comunancia'와 상응하는 듯하다. 이것은 일정한 조건을 갖추고 재정적 능력을 소유한 모든 시민을 포함한다. 이들로부터 수공업자나 기술적 노동자는 배제된다. 마르실리우스도 'honorabilitas'에서 농민과 기술자를 배제한다. 마르실리우스는 성직자들을 'honorabilitas'의 일부로 간주한다. 이 개념에 대해서는 이하 I, 13, 4 참조.

6 vulgaris: 마르실리우스는 'vulgus'(무리)를 'plebs'(평민)의 동의어로 사용했다. 이들은 이탈리아 도시의 'popolo minuto'(낮은 백성)에 상응한다. 반면에 'honorabilitas'는 'popolo grosso'(큰 백성) 구성원을 포함한다.

7 이렇게 지상적 삶과 천상적 삶으로 구분하는 것은 이성과 신앙의 아베로이즘 (Averroism)적 구분을 정치적 차원으로 적용한 것에 상응한다. Jeannine Quillet, *Le Défenseur de la Paix*, 1968, p. 70, 각주 5 참조.

한 대로[8] 첫 번째 방식의 인간의 삶, 즉 지상적 삶을 간혹 살아 있는 사물의 존재로 이해한다. "살아 있는 존재들에게 삶은 존재함이다." 그러므로 삶은 영혼과 다른 것이 아니다. 때로 삶은 영혼 내지 생명의 행위, 곧 행동이나 닥치는 일로 이해된다.[9] 또한 이 둘은 이중적으로 파악되니, 즉 수적으로 동일한 개체에서나 혹은 '같은 종에 속한 것'[10]이라고 불리는 유사한 것으로 파악된다. 이런 각각의 삶의 방식, 곧 인간에게 고유한 삶뿐만 아니라 인간이 다른 생물과 함께 공통적으로 가지는 삶이 자연적 원인에 의존할지라도, 현재의 고찰은 삶이 어느 정도나 저 자연적 원인에서 유래하는가를 다루는 것이 아니니, [이런 고찰은] 식물과 동물에 대해 다루는 자연과학에 있다.[11] 그러나 현재의 연구는 자연적 원인이 인류가 살아가는 기술과 이성을 통해 완성되는 한에서 자연의 원인에 관한 것이다.[12]

§ 3. 그러므로 우리는, 인간이 살고 잘 살려면, 그의 행위가 이루어지고 잘 이루어지며, 그래서 행동뿐만 아니라 당하는 일까지도 잘, 즉 적당한 절제[13] 속에서 이루어지는 것이 필요하다는 것을 주목해야 한다. 우리가

---

8 아리스토텔레스, 『영혼에 대하여』 II, 415b 13-14. 아리스토텔레스는 영혼을 생물의 형상, 즉 존재를 형상화하는 것으로 이해한다. 그러므로 영혼은 살아 있는 사물의 존재, 즉 그것의 생명과 치환 가능하다.

9 영혼을 가진 사물은 그것이 행동하거나 행위를 입는 잠재성을 가진다는 의미에서 살아 있거나 생명을 가진다. 예를 들어 동물은 볼 수 있는 잠재력을 가진다. 이것은 그것의 특수한 자연이나 영혼의 일부분이다. 그러나 생명의 또 다른 의미가 있으니, 이 잠재력을 현실화하는 행위이다.

10 specificum: 'species'(종)의 파생어이다.

11 이 부분은 문법적으로 매우 난해하다. 쿤츠만/쿠쉬는 여기에 'haec consideratio est'를 넣어 문장을 이해했다. 마르실리우스의 의도는 생명의 본질을 파악하는 데 있지, 생명의 원인과 결과를 파악하는 데 있지 않다는 것이다.

12 아리스토텔레스, 『형이상학』 I, 980b 27.

13 temperamentum: 요소나 질의 균형 잡힌 혼합 내지 합성, 그리고 여기로부터 결과하는 조건이나 상태를 말한다. 이것은 온갖 유해한 'excessus'(과도)에 대한 대응

이 절제를 완성하는 것을 자연으로부터 절대로 완전히 받지 못하므로, 인간에게는 자연적 원인을 넘어 이성을 통해 그의 몸과 영혼에서 행동과 당하는 일의 작용과 보존을 완성할 몇 가지를 창조하는 것이 필요했다. 이것들이 실천적일 뿐만 아니라 사변적인 능력과 기술에서 나오는 여러 종류의 작업과 작품들이다.

§ 4. 인간의 행동과 닥치는 일 가운데 어떤 것들은 우리 몸을 이루는 요소의 대립을 통해 (그것들의 혼합 때문에) 발생하는 것과 같은 자연적 원인으로부터 의식 없이 유래한다. 영양적 부분의 행동이 정당하게 이런 종으로 분류될 수 있다. 우리 몸을 포괄하는 요소들이 그것의 질의 변화 때문에 산출하는 행동도 이 장(章)에 들어간다. 인간의 몸에 들어가는 것, 예를 들어 음식, 음료, 약, 독과 나머지 유사한 것들에 의해 일어나는 변화도 이런 종에 속한다. 그러나 우리에 의해 혹은 우리 안에서 우리의 인식하고 추구하는 능력을 통해 일어나는 다른 행동과 당하는 일들이 있다.[14] 그중 몇 가지는 순수 내재적이라 불린다. 왜냐하면 인간의 생각과 욕망, 감정처럼 행동하는 자로부터 다른 주체로 이행하지 않고 어떤 외부의 기관이나 공간적으로 움직여진 지체(肢體)들을 통해 실행되지 않기 때문이다. 그러나 다른 것들이 있으니 '이행적'[15]이라 불린다. 왜냐하면 그것들이 한 가지 방식이나 앞서 언급한 두 가지 방식으로 직접 앞서 언급한 것과 대립되어

책이다. 이것은 일차적으로 의학 문헌, 특히 갈레노스(Galenos)의 『절제에 대하여』(*De temperamentis*)에서 유래한다.

14 이 명단은 당대 의사들이 규명한 여섯 가지 '비자연'을 요약하고 있다. '비자연'이란 용어는 9세기의 아랍 철학자에 의해 만들어졌으나, 원래 갈레노스의 『의학의 기술』(*Ars Medica*)에서 유래한 것으로 의술에서 중요한 부분으로 간주되었다.

15 transeuntes: 동사 'transeo'(이행하다)의 파생어로, 작용이 행위자로부터 다른 주체로 이행하고 간섭한다는 의미이다. 이행적 행위의 구체적 예는 시민적 행위, 즉 소송 행위이다. I, 3, 4 참조. 이 행위의 결과는 타자에 영향을 끼치고 외적으로 드러날 수 있다. 반면에 내재적 행위는 인간 내면에 관계되고 신에 의해서만 인식될 따름이다.

있기 때문이다.

§ 5. 그러므로 이 모든 행동과 당하는 일을 자연이 그것들을 인도할 수 없는 데서 제어하고 완성하기 위해 앞에서 말한 것처럼[16] 다양한 종의 기술 및 다른 능력들을 발견했고, 인간의 부족한 것을 채우기 위해 여러 가지 직무를 지닌 인간들을 세워 그것을 실행하게 만들었다. 이 신분들이 다름 아니라 앞에서 언급한 국가의 구성요소이다. 그리고 영혼[17]의 영양적 부분의 행위(그것을 중지할 때, 생물은 개체와 종으로서 절대적으로 붕괴할 것이다)를 제어하고 건강하게 유지하기 위해 밭의 경작과 목축이 시작되었으며(온갖 종류의 땅짐승과 물고기와 조류의 사냥이 적절하게 목축으로 환원될 수 있다), 어떤 변화를 통해 식량을 얻거나 식사하도록 조리하는 모든 다른 기술이 도입되었다. 이것은 음식을 통해 우리 몸이 본질에서 상실된 것이 결국 복구되고, 이를 통해 자연이 허락하는 한 인간은 불멸적 존재[18]로 존속하기 위함이다.

§ 6. 우리 몸의 행동과 당한 일을, 외부로부터 우리를 둘러싼 요소를 비롯해 그 영향을 제어하기 위해 아리스토텔레스가 『정치학』 제7권 제6장[19]에서 기술이라 부른 양모 제조, 제혁, 제화, 건축에 관한 모든 기술[20] 그리고 보편적으로 국가의 다른 직무에 직접적·간접적으로 도움을 주는 모든 다

---

16 I, 3, 4 참조.
17 마르실리우스는 모든 생물에게 영혼이 있고, 영혼을 삶의 근원으로 보았다. 이것은 영혼은 몸의 형상이라는 중세철학적 원리에 근거한 것이다. 그러므로 영혼에 영양적 부분이 있다고 가정한다.
18 마르실리우스는 영혼이 불멸적 존재라는 중세적 신앙을 전제한다.
19 아리스토텔레스, 『정치학』 VII, 1328b 6.
20 mechanicae: 그리스어 'μεχαναόμαι'(기술에 의해 만들다)에서 기원했다. 그러므로 마르실리우스는 'ars'와 'mechanica'를 거의 동의어로 사용한 듯하다.

른 기술이 발견되었다. 뿐만 아니라 회화와 이와 유사한 것처럼 촉각과 미각과 다른 감각을 제어하는 기술, 즉 삶의 필요보다는 쾌락과 잘살기 위해 필요한 기술이 발견되었다. 이것에 대해 아리스토텔레스는 『정치학』 제4권 제3장에서 말했다. "이 기술 중에서 어느 것은 필요에서 존재해야 하고, 다른 것은 즐거움과 잘살기 위해 존재해야 한다."[21] 이 두 번째 종류에, 어떤 의미에서 앞에서 언급된 여러 가지 기술의 건축가인 실천적 의술이 들어간다.[22]

§ 7. 인식과 소망을 통해 공간적으로 움직여진 힘에서 (이행적이라고 한다) 나오는, 그리고 행위자가 현재 시대의 상태와 비교해 타자에게 유리하게 혹은 불리하게 만들거나 혹은 해를 끼칠 수 있는 과도한 행동을 제어하기 위해 필연적으로 국가에서 어떤 역할 내지 직무를 정해서, 이 직무를 통해 이런 행동들의 과도함을 바로잡고 마땅한 균형과 비례로 환원시켰다.[23] 그렇지 않다면 이 과도한 행동으로부터 시민들 사이에 다툼과 분열이 초래되고, 결국에는 국가가 몰락하고 만족스러운 삶이 박탈될 것이기 때문이다. 그런데 아리스토텔레스는 이 요소를 그것을 보조하는 것들과 더불어 재판직 내지 통치직과 의원직이라 불렀다. 이것의 과제는 공공의 정의와 유익을 통제하는 것이다.[24]

---

21 아리스토텔레스, 『정치학』 IV, 1291a 2-4.

22 마르실리우스가 의학에 부여한 중요성에 주목하라. 이것은 스스로 의학을 실천한 마르실리우스에게는 자연스러운 일이니, 그는 종종 도시의 구조를 서술할 때 의학에서 취한 유비에 의지한다.

23 이런 묘사는 아리스토텔레스, 『니코마코스 윤리학』 V, 1131b 25-1132b 20의 교정적 정의 분석에서 온 것이다. 여기서 아리스토텔레스는, 판사의 기능은 한 편이 중간을 초과해 결과적으로 다른 편이 중간 이하를 가질 경우에 균형을 회복하는 것이라고 말한다.

24 conferens commune: 역시 아리스토텔레스의 'τὸ κοινῇ συμφέρον'을 번역한 개념이다. 아리스토텔레스, 『정치학』 III, 1278b 30 참조.

§ 8. 그러나 외부의 압박자가 시민들을 억압했거나 노예로 전락시킴으로써 만족스러운 삶을 살 수 없으므로, 또한 내부의 불법자와 폭도들에 대한 판사의 판결이 강제적 힘을 통해 집행되는 것이 필요하므로 국가에서 많은 기술적 수단의 보조를 받는 그런 군사적·전투적 직무를 만들어야 했다. 앞의 장에서 말한 것처럼 국가는 삶을 위해 그리고 잘살기 위해 세워졌으니, 이것은 노예로 전락한 시민들에게는 불가능하다. 탁월한 아리스토텔레스는 이것을 국가의 본성에 반하는 것이라고 말한다. 그러므로 그는 『정치학』 제4권 제3장에서 이 역할의 필요성을 지적하면서 다음과 같이 말한다. "다섯 번째 종류인 군대는, 시민들이 침입자들을 섬기지 않으려면, 존재하는 것이 그들에게 필수적이다. 본성적으로 노예 공동체를 국가라 부르는 것이 합당하다고 말하는 것보다 더 불가능한 것은 없기 때문이다. 국가는 자체적으로 충분하다. 그러나 노예적인 것은 자체적으로 충분하지 않다."[25] 아리스토텔레스는 『정치학』 제7권 제6장에서 내부의 폭도들 때문에 이 역할이 필요하다고 여긴다. 우리는 지면상 그리고 이 책 제14장 제8절에서 같은 구절을 인용할 것이므로 그 구절을 생략한다.

§ 9. 또한 지상에서의 연간 수확 가운데 때로는 열매 수확이 풍부하게, 때로는 빈약하게, 또 국가는 이웃 국가에 대해 때로는 평화적으로, 때로는 다르게 관계를 가진다. 또한 국가가 필요로 하는 공동의 편의시설, 예를 들면 도로와 다리, 건물의 건축 및 복구, 이와 유사한 것이 있으며, 이것을 또 열거하는 것은 적절하지 않고 또 간단하지도 않을 것이다. 그리고 이것들을 적당한 때에 마련하기 위해 국가에서는 아리스토텔레스가 돈에 관련된 직무라고 칭했던 금고를 담당하는 직무를 정해야 했다. 이 직무는 돈, 곡물, 포도주, 기름, 그리고 다른 필요한 재물을 모으고 보관하고, 미래

---

25 아리스토텔레스, 『정치학』 IV, 1291a 6-10.

의 필요한 것을 지원하기 위해 사방으로부터 공동의 유익한 것을 조달하고 구한다. 국가의 다른 직무들도 이 직무를 지원한다. 아리스토텔레스는 이것을 재정적 직무라고 칭했으니, 모든 것이 돈과 교환되므로 돈의 보관은 모든 것을 위한 금고이기 때문이다.

§ 10. 그런데 우리는 사제직에 대해 말할 필요가 있는데, 이것의 필요에 대해서는 모든 사람이 국가의 다른 직무의 필요에 대해서처럼 일치된 견해를 갖지 않았다. 그 이유는 그것의 참된 일차적 필요성을 입증을 통해 이해할 수 없었고 자체적으로 분명한 사안이 아니었기 때문이었다. 그러나 예배와 신에 대한 경배를 위해 사제직을 정하는 것은 합당하고, 그것으로부터 얻어지는 현세 및 미래 세계 상태를 위한 유익이 합목적적이라는 점에 모든 백성이 동의한다. 대부분의 [종교]법 내지 종파[26]들은 미래 세계에서 신에 의해 배당되는바 선한 행위에는 큰 보상을, 악한 행위에는 형벌을 약속하기 때문이다.

§ 11. 그러나 철학하는 자들 — 여기에는 헤시오도스(Hesiodos)와 피타고라스(Pythagoras) 그리고 다른 고대인들이 속한다 — 은 입증 없이 믿는 종교적 법을 제시하는 이유 외에, 이 시대의 상태를 위해 거의 필수적인 신법 내지 종파의 법을 전하는 이유에 한결같이 크게 주목했다. 그런데 그 이유는 인간들 개인적[27]·시민적 행동의 선함이었으니, 공동체의 안식과 평안 그리고 결국 현 시대의 만족스러운 삶은 거의 전적으로 여기에 달려 있다. 몇몇 철학자는 이런 [종교]법이나 종파의 창시자들이 인간의 부활과

---

26 legum sive sectarum: 문맥상으로 볼 때, '법'은 국가법이 아니라 종교적 계율을 뜻한다. 종파는 이단적 종파라기보다는 중립적 의미에서 종파를 의미한다. 서론의 중요 개념 참조.

27 actuum monasticorum: 직역하면 '수도사적 행동'이지만, 여기서는 '개인적 행동'으로 보는 것이 문맥에 맞다. II, 1, 1에서도 동일한 어휘가 사용된다.

영원하다고 일컬어지는 삶을 의식하거나 믿지 않았을지라도, 피안이 있고 거기에서 이 사멸적 삶에서의 인간의 행위의 질에 따라 기쁨과 슬픔이 있다고 가정했고 설득했다. 그러므로 그들은 인간에게 신에 대한 존경과 두려움을 주입했고 악을 피하고 덕을 세우고자 하는 욕망을 주입했다.[28] 입법자가 인간의 법을 통해서는 통제할 수 없는 어떤 행동들이 있으니, 아무도 그것의 존재나 비존재를 입증할 수 없지만 그것들은 신에게는 감추어져 있을 수 없다. 그들[즉 철학자들]은 신을 악행에 대해 영원한 형벌의 위협 아래 혹은 선한 행위에 대해 보상의 약속 아래 이런 [종교]법을 만든 자,[29] 즉 그 법을 준수하도록 명령하는 자로 가정했다. 그러므로 그들은 이 세상에서 여러 가지로 헌신적인 인간에 대해 그들이 하늘로 옮겨졌다고 말했다. 그러므로 아마도 여기서 어떤 위성과 천상적 형상의 이름이 유래한 듯하다.[30] 그러나 그들은 악하게 행동한 인간의 영혼은 여러 가지 짐승의 몸속으로, 예를 들어 미각에서 억제되지 않은 자들은 돼지 몸속으로, 촉각과 성(性)에서 억제되지 않은 자들은 염소 몸속으로 들어갔고, 그러므로 이렇게 인간의 악덕과 그것의 저주스러운 속성과의 관계에 상응해 다른 인간들의 영혼은 다른 짐승들의 몸속으로 들어갔다고 말했다.[31] 그러므로 절제되지 않은 탄탈로스(Tantalos)[32]에게 영원한 갈증과 굶주림을 부

---

28 유사한 생각이 아랍의 철학자 아부 알-왈리드 이븐 루시드(Abu al-Walid ibn Rushd, 1126~98) — 라틴어로는 아베로에스(Averroës) — 와 알베르투스 마그누스(Albertus Magnus, 1200?~80)가 아리스토텔레스 『형이상학』에 대한 주해에서 주장했다. 특히 라틴어로 번역된 Averroës, *Aristotelis opera cum Averrois commentariis* III, Venezia 1563~74, fol. 34v.; Albertus Magnus, *Metaphysica* I, ed. B. Geyer, Münster 1960, pp. 102f. 참조.

29 lator: 사전적 의미인 '법을 발의한 자'에서 파생되어 '이론을 만든 자'를 의미한다.

30 당시 유행하던 점성술적 신앙에 대한 암시이다. I, 9, 4; I, 11, 3 참조.

31 피타고라스적 기원을 가진 영혼윤회설에 대한 암시이다.

32 그리스 신화에서 제우스의 아들로, 오만한 나머지 그 벌로 영원한 기갈(飢渴)의 고통을 받는다.

여한 것처럼 악한 일을 행하는 자에게는 다양한 종류의 고통을 부과했으니, 그가 마시지 못하는 물과 먹지 못하는 사과, 그가 쫓을수록 언제나 피하는 사물을 보이게 만들었다. 그들은 또한 그런 심연과 암흑으로 가득한 고통의 장소를 온갖 끔찍스럽고 암울한 분위기[33]로 묘사함으로써 타르타로스(Tartaros)[34]라 불렀다. 인간은 그것에 대한 두려움 때문에 악한 행위를 피했고 경건과 자비의 행위에 대해 열심히 할 수 있도록 고무되었으며, 자기 자신과 다른 사람들에 대해 좋은 관계를 가졌다. 그러므로 공동체에서는 많은 분쟁과 불의가 그쳤다. 그러므로 국가의 평화와 평안이 그리고 인간의 만족스러운 삶이 현재 시대의 상태에서 어렵지 않게 유지되었다. 이것은 지혜로운 자들이 이런 법과 종파를 선언함으로써 궁극적으로 의도한 것이었다.

§ 12. 그러므로 비기독교[35] 사제[36]의 직무는 이런 명령을 전하는 것이었다. 사람들은 이 명령을 가르치기 위해 그들의 공동체에 그들의 신을 경배할 신전을 세웠다. 또한 법 혹은 전통을 가르칠 교사를 세웠고 그들을 사제라고 불렀다. 그들이 신전의 성물(聖物), 즉 책과 그릇과 신 제의에 사용될 기타 물건을 다루었기 때문이다.

§ 13. 사람들은 성물을 자신들의 신앙과 제의에 따라 적절하게 정돈했다. 그들은 아무나 사제로 세운 것이 아니라 헌신적이고 검증된, 군대직이나 재판직, 의회직 출신으로 세상적 업무를 포기한, 이미 나이 때문에 시

---

33 intentio: 사전적 의미는 '의도'이다.

34 tartara: 죽은 자들의 세계, 나락을 말한다. Vergilius, *Aeneis* IV, 243 참조.

35 gentilis: 'gens'(민족)의 형용사형으로 사전적 의미는 '민족적'이다. 그러나 '야만인적', '비로마인적', '이교적', '비유대적', '비기독교적'의 의미로도 사용된다.

36 sacerdos: 'sacer'와 'dos'의 합성어로 '거룩한 것을 수여하는 자'이다. Thomas Aquinas, *Summa Theologica* IIIa, q. 22, a. 1 참조.

민적 직무와 직책에서 물러난 시민들을 사제로 세웠다. 천하고 더러운 직무를 수행한 공인[37]이나 날품팔이가 아니라 열정에 의해 남다르고 그들의 나이와 행실의 진지성 때문에 그들의 말이 보다 신뢰받은, 이런 남자들이 신들을 경배하고 그들의 성물을 다루는 것이 적절했기 때문이다. 그러므로 『정치학』 제7권 제7장에서 말한다. "농부나 공인을 사제로 세워서는 안 된다."[38]

§ 14. 그러나 가톨릭 기독교 신앙 밖에 혹은 기독교 신앙 이전에 있었던 모세법이나 모세법 이전에 있었던 거룩한 조상들의 신앙 밖에 있었던, 그리고 일반적으로 성서[39]라 불리는 거룩한 경전에 포함된 것의 전승 밖에 존재하거나 존재했던 이교(異敎) 및 다른 모든 법 혹은 종파들은 신에 대해 올바르게 인식하지 못했으니, 그것들은 인간 정신이나 거짓 예언자나 오류의 교사들을 추종했기 때문이다. 그러므로 그들은 미래의 삶과 그것의 복락이나 비참에 대해, 그렇기 때문에 세워진 참 사제직에 대해 올바르게 인식하지 못했다. 그러나 우리는 그들의 제의에 대해 말했으니 이것은 그들과 참 사제직, 즉 그리스도교의 사제직의 차이와 그리고 공동체 내에서의 사제직의 필요성이 보다 분명히 드러나기 위함이다.[40]

---

37 banausus: 그리스어로 '기술자'를 뜻한다. 아리스토텔레스의 표현을 그대로 사용했다.

38 아리스토텔레스, 『정치학』 VII, 1329a 28-29.

39 Biblia: 그리스어 'βίβλος'에서 유래하며, 문자적 의미는 '책'이다.

40 마르실리우스 사상에 대한 일부 주해가들은 마르실리우스가 이 장에서 제시한 종교의 기원에 대한 순수 실증적 이론에 근거해 아베로이즘 전통에 서 있던 인물의 불신앙을 인정할 수 있다고 주장했다. 그러나 마르실리우스는 진정한 성직자를 그들에 선행한 성직자들과 대립시키며, 기독교에 시간적·역사적으로 선행하는 거짓 교리에 대해 새로운 법의 참된 교리를 대립시킨다. 그러므로 그의 신앙을 의심할 타당한 이유가 없다. Quillet, p. 76, 각주 20.

제 6 장

❦

국가의 어떤 부분, 즉 사제직의 목적인, 신의 전승 내지 직접적 계시에 따른, 그러나 인간 이성에 의해 입증될 수 없는 원인에 대하여

§ 1. 이 논술의 나머지는 참 사제직이 신자들의 공동체에 세워지게 된 목적인에 대해 말한다. 이것은 인식과 욕구에 의해 명령된 내면적·외적 인간의 행동을 조절하는 것이니, 그것으로부터 인류가 미래 시대에서의 최선의 삶을 살도록 정해짐에 따라서 말이다.

그러므로 첫 번째 인간인 아담이 다른 피조물처럼 주로 신의 영광을 위해 창조되었지만, 다른 종류의 사멸적인 것들과는 다르고 독특하게, 즉 신의 형상(imago)과 유사(similitudo)함에 따라 창조되었으니,[1] 이것은 그가 현재 세계에서의 삶 이후에 영원한 복락을 받고 그것에 참여하기 위함이라는 데에 주목해야 한다. 또한 아마도 몇몇 성인과 성서의 어떤 탁월한 교사들의 말처럼 아담은 무죄 내지 원래적 의(義)와 은총의 상태에서 창조

---

1 「창세기」 제1장 제26절의 표준 새번역은 "우리의 형상을 따라서, 우리의 모양대로"
  이다. 마르실리우스는 당시 공인된 라틴어 번역의 표현을 그대로 따랐다. 그러나
  'imago Dei'와 'similitudo'를 두 가지 상이한 것으로 해석하는 것은 경계해야 한다.

되었다.[2] 그가 이 상태에 머물렀다면 그에게나 그의 후손에게나 시민적 직무의 제정이나 구별이 필요하지 않았을 것이니, 자연은 그 자신의 어떠한 고통이나 피로 없이도 지상 내지 쾌락의 낙원에서의 이 만족스러운 삶에 유익함과 즐거움을 가져왔을 것이기 때문이다.[3]

§ 2. 그러나 아담은 그에게 금지된 나무의 과일을 먹고 신의 명령을 위반함으로써 그의 무죄 내지 원래적 의와 은총은 망가졌으므로 갑자기 책임과 비참 내지 형벌, 곧 (영광스러운 신이 은총으로써 그의 모든 후손과 더불어 궁극적으로 그렇게 정해져 있었던) 그 영원한 복락의 박탈이라는 형벌에 떨어졌다. 그는 언급한 명령을 위반한 결과, 모든 그의 후손들로 하여금 정욕 속에 번식하는 형벌을 받게 만들었다. 이후에 모든 인간은 이 정욕 속에, 이 정욕과 함께 수태되고 태어나고, (모든 죄와 정욕 없이 성령에 의해 잉태되고 동정녀 마리아에 의해 탄생된 예수 그리스도를 제외하고) 여기서부터 그리스도인들의 법에서 원죄라 불리는 죄를 자초한다.[4] 세 신적 인격 가운데 하나인 아들이, 참된 신이 그의 본성[5]의 일체성[6] 속에서 인간성을 취함으로써 일

---

2 무죄 상태가 은총의 상태인가는 당시 신학적 논쟁의 주제였다. Thomas Aquinas, *Summa Theologica* Ia, q. 95, a. 1 참조. 그러나 마르실리우스의 관심은 이 논쟁에 있지 않다.

3 이것은 이 글에서 기독교 교리에 대한 첫 번째 해설이다. 마르실리우스에게는 국가 및 그것이 여러 부분으로 구분된 것은 원죄의 결과이다. 사회는 죄의 결과이며, 국가는 죄의 치유책이다. 이것은 아우구스티누스의 명제이다. Alan Gewirth, *Marsilius of Padua: The Defender of the Peace*, vol. 1(Marsilius of Padua and Medieval Political Philosophy). pp. 37~39; Quillet, p. 77, 각주 2 참조.

4 contrahens: 동사 'contraho'의 사전적 의미 가운데 '질병에 감염된다'가 있다. 의학을 연구한 마르실리우스에게서 납득할 만한 표현이다. 그는 원죄를 일종의 질병으로 이해한 듯하다.

5 suppositum: 사전적 의미는 '아래에 놓인 것'이다. 이것은 그리스어 'ὑπόστασις'(본성, 본질, 본체)의 번역어이다.

6 unitas: 예수 그리스도가 인간이 될 때, 삼위일체적 신성의 변화 없이 인간성을 취했

어났다. 첫 번째 부모의 이런 위반으로 말미암아 이전에 완전한 건강과 무죄, 은총의 상태 속에 창조되던 모든 인간의 계보는 영혼에서 병들고 병들어 태어나고,[7] 또한 악행 때문에 그들이 궁극적으로 그렇게 예정되어 있던 최선의 경지를 박탈당한다.

§ 3. 신이 행복하고 영원한 생명으로 미리 정했던 그의 창조물이자 형상인 인류를 불쌍히 여기는 것이 신의 본성이므로, 어떤 것도 헛되이 행하지 않고 필요한 것에서 아무것도 아끼지 않는 신은 인간의 타락에 대한 치유책을 제공하기를 원했다. 신은 인간이 준수해야 할 어떤 순종의 명령을 전했으니, 이 명령은 위반에 상반되는 것처럼 위반에서 비롯하는 책임의 질병을 치유하게 될 것이다. 신은 이 일에서 경험 많은 의사처럼 단계적으로 보다 쉬운 것에서 보다 어려운 것으로 진행했다. 신은 인간의 뉘우침과 순종을 시험하려는 것처럼 인간에게 우선 첫 열매와 동물의 첫 새끼의 번제 의식을 명령했다. 고대 족장들은 아브라함 시대까지 신에 대한 경외, 신앙, 순종, 감사의 표현으로서 이 의식을 지켰다. 신은 아브라함에게 앞서 언급된 명령 외에 다른 보다 중한 명령, 즉 모든 남성의 표피 살을 베라는 명령을 주었으니, 신은 인간의 뉘우침과 순종을 또다시 보다 강하게 시험하는 듯했다.[8] 몇 사람이 모세 시대까지 이 명령을 준수했다. 그 후에 신은 모세를 통해 이스라엘 백성에게 법을 전했으니, 이 법에서 신은 앞에 언급한 명령과 함께 보다 방대한 명령을 현재 시대뿐만 아니라 미래 시대의 상태를 위해 정했고, 또한 이 법의 일꾼으로서 사제와 레위인들을 세웠다. 모든 이전의 명령과 모세법을 준수함의 이점은 원죄뿐만 아니라 실행 죄 혹은 자

다는 말이다. 성부, 성자, 성령은 그 신적 본성에서 하나라는 삼위일체론을 반영하고 있다.

7 마르실리우스는 원죄의 자리는 영혼이라고 보는 듯하다.

8 「창세기」 17:10.

발적으로 자행된 죄 내지 책임으로부터의 정화, 그리고 다른 세계에서의 영원하고 일시적 형벌로부터 벗어남 내지 보호받음이었다. 인간은 이 명령의 준수를 통해 영원한 복락을 얻을 자격은 없었지만 말이다.

§ 4. 그러나 자비로운 신이 인류를 타락으로부터 적절한 질서에 따라 영원한 복락으로 환원 내지 회복시키려 원함으로써 근래에 인류에게 자기의 아들, 즉 본성의 일체 안에서 참된 신이며 참된 인간인 예수 그리스도를 통해 믿어야 하고 행해야 하고 피해야 할 계명과 그것들에 대한 조언[9]을 포함하는 복음의 법을 전달했다. 인간이 이 명령들을 준수함으로써, 이전의 명령을 준수함을 통해서처럼 형벌로부터 보호받을 뿐만 아니라 그의 자비로운 결정에 따라 어떤 상응에 의해[10] 영원한 복락을 받을 자격을 얻는다.[11] 그러므로 은총의 법이라 불리는데, 그 이유는 한편으로는 그리스도의 고난과 죽음을 통해 인류가 첫 번째 부모의 타락 내지 죄에 뒤따른 영원한 복락의 저주받음에 대한 책임과 그 형벌에서 속량받았기 때문

---

9 'consilium'은 마르실리우스의 신법 개념에서 중요한 역할을 한다. 그는 조언과 계명을 구별한다. 신의 계명은 다른 세상에서만 강제적이다. 따라서 사제 활동에서는 조언만이 실제로 가능하며, 사제는 조언을 제공할 수 있고 제공해야 한다. 신만이 다른 세상에서 계명에 의해 징계할 권한이 있다. 이 세상에서 실행 가능한 유일한 강제적 징계는 군주에 의해 집행되어야 한다. 그만이 그러한 권한을 가진다. 이 세상에서 종교의 권한에 속한 것은 명령이 아니라 조언이다.

10 congruitas: 상응에 따라 보상받을 자격은 행동이 그 자체로 보상받을 가치가 있음, 보상받을 만함과는 구별되어야 한다. 가톨릭 교리에 따르면, 그리스도의 행위만이 그 자체로 가치가 있는 반면에, 인간의 행위는 어떤 상응에 따라 보상받을 가치가 있다. 즉 인간의 행위는 그 자체로 보상받을 만큼 선한 것이 아니라 그리스도의 고난이 넘치는 공로 덕분에 신에 의해 보상이 주어지기 때문이다.

11 이 문장은 공로와 은총 사이의 관계가 '어떤 상응'의 결과임을 암시하는 듯하다. 인간은 은총의 법의 계명을 준수해야 한다. 그러나 이 법은 이 세상에서 강제적 권한을 행사할 수 없는 것처럼 공로는 자체적으로 아무것도 할 수 없다. 공로는 우리로 하여금 은총에 대해 준비케 함으로써 우리 행위가 구원을 위해 공로가 될 만하게 된다.

이고, 다른 한편으로는 이 법의 준수와 그것과 함께 그 안에서 제정된 성례전을 받음을 통해[12] 우리에게 신적 은총이 수여되고 수여된 은총이 강화되고 상실된 은총이 회복되기 때문이다. 이 법을 통해 신의 결정에 따라 그리스도 고난의 공로와 더불어 이미 말한 것처럼 어떤 상응에 의해 우리의 행위는 영원한 복락을 받을 만하게 된다.

§ 5. 그런데 이 고난, 즉 그리스도의 고난의 공로를 통해 이후 인간들은 은총을 받았으니, 이 은총으로써 영원한 생명을 받을 만하게 되었을 뿐만 아니라 이전의 명령과 모세법을 준수한 자들[13]은 이를 통해 영원한 복락의 은총을 얻었다. 그들은 다른 시대에 림보[14]라 칭하는 장소에서 영원한 복락을 박탈당한 채 그리스도의 강림, 고난, 죽음, 부활까지 머물러 있었다. 조상들과 모세법의 이전 명령에서 이런 은총의 약속이 수수께끼 같은 베일 아래 그들에게 전해졌을지라도, 그들은 그리스도를 통해 신이 오래전에 그들에게 내린 약속을 들었다. 사도가 로마인들에게 말한 것처럼 "모든 것이 그들에게 비유로 일어났다".[15]

§ 6. 그런데 이 신적 과정은 매우 적합했으니, 그것은 인간의 구원에 적합한 것들 중에서 덜 완전한 것에서 보다 완전한 것으로, 결국 가장 완전한 것으로 진행되었다. 그러므로 신이 원했다면 즉시 처음부터 인간의 타락에 대해 완전한 치유 수단을 적용할 수 없었다고 믿어서는 안 된다. 그

---

12 마르실리우스는 은총을 받음에 있어 본질적 역할을 하는 성례전의 근본적 성격을 역설한다. 성례전은 구원을 위해 필수적이다. 그러나 마르실리우스는 고해성사에 대해 집중적으로 진술한다.

13 그리스도 이전의 인간을 뜻한다.

14 limbus: 사전적 의미는 '변두리'이다. 여기서부터 지옥의 변두리에 있는 공간으로서 '림보' 개념이 기원한다.

15 「고린도 전서」 10:11.

러나 그는 그렇게 행했으니, 그것을 원했고 그것이 적합했기 때문이다. 인간의 실수는, 너무 빠르고 쉬운 용서가 그 이상으로 실수할 기회를 제공하지 않기를 요구하기 때문이다.

§7. 몇 사람이 이미 언급된 법의 교사로 그리고 그 법에 따라 제정된 성례전의 관리자로 공동체에서 세워졌으니, 이들은 사제와 부제[16] 혹은 레위인이라 불렸다. 그들의 직무는 믿고 행하고 피해야 할 것에서 기독교 복음법의 명령과 조언을 가르치는 것이니, 결국 미래 시대의 상태에 대해 행복을 얻고 반대의 것을 피하기 위함이다.[17]

§8. 그러므로 사제직의 목적은 영원한 구원을 얻고 영원한 비참을 피하기 위해, 복음법에 따라 믿고 행하고 포기해야 할 필요가 있는 것에 대해 인간을 훈육하고 가르치는 것이다.

§9. 그런데 이 직무에는 사변적이고 능동적인 훈육, 즉 인간의 내면적 행동뿐만 아니라 이행적 행동과 욕구와 인식에서 나오는 행동을 조정하는, 인간 정신에 의해 발견된 모든 학문이 속한다. 이 학문을 통해 인간은 영혼적으로 현재 시대뿐만 아니라 미래 시대의 상태에 대해서도 좋은 상태에 있을 것이다. 우리에게는 거의 모두 경탄할 만한 철학자들과 나머지 유명한 인간들로부터 전승된 학문들이 있다. 그러나 우리는 여기서 진술을 단축하기 위해 나열을 포기했다. 이것이 현재의 고찰에서 필수적이 아

---

16 diaconi: 그리스어로 원래적 의미는 '일꾼'이다.

17 이 문장은 사제직의 기원에 대한 간단한 언급이다. 즉 신적인가 혹은 인간적인가? 이 문제는 I, 19, 5에서 집중적으로 다루어질 것이다. 마르실리우스가 사제직의 행동 영역에 대해 규정한 것 ─ 가르치고, 조언하고, 훈계하는 일 ─ 에 주목하라. 다른 곳에서 그는 사제 행위를 의사 행위와 비교할 것이다. 어떤 경우에든 간에, 사제는 강제적 권한을 가진 심판관의 행위를 행할 수 없다.

니기 때문이다.

§ 10. 우리는 이 장과 직접 뒤따르는 장에서 (그 종류에 따라) 국가적 직무의 원인들이, 국가의 직무인 한에서 그것들이 인간 몸이나 정신의 기질[18]인 한에서 서로 다르다는 것을 이해해야 한다.[19] 인간의 몸이나 영혼의 기질인 한에서 국가적 직무의 원인들의 목적인은 그것들로[인간의 몸이나 영혼의 기질]부터 직접 나오는 행위이다. 예를 들어 선박 건조의 목적인은 배, 군사의 목적인은 무기 사용이나 싸움, 사제직의 목적인은 신법의 설교와 이 법에 따른 성례전 관리이다. 이렇게 나머지 모든 직무도 마찬가지이다. 그러나 직무들이 국가적 직무로 정의되어 있고 세워져 있는 한에서 직무들의 목적인은 인간들의 행동과 당하는 일에서의 편안함과 완전한 충분함이며, 이것은 앞에서 언급한 소질의 행위에서 나오거나 언급한 소질 없이는 가질 수 없다. 군사적 소질의 행동이나 목적이 되는 전투로부터 국가 내 인간들에게 자유가 주어지고 보존되는 (이것이 군사적 활동과 행위의 목적이다) 것처럼 건축 행위 내지 목적이 되는 집으로부터 인간들 내지 국가에 따뜻하거나 춥거나 축축하거나 건조한 공기의 해로운 작용으로부터 보호가 주어진다. 이 보호가 바로 건축직이 국가에 세워진 목적인이다. 마찬가지로 사제직의 목적인 신법의 명령의 준수에서부터 인간에게 영원한 복락이 주어진다. 그러므로 국가의 나머지 역할이나 직무에 대해서도 이렇게 생각해야 한다. 이하에서 나타나는 것처럼 언급된 직무들의 나머지 종류의 원인들도 (질료적·형상적·작용적 원인들) 이런 식으로 혹은 유사하게 구

---

18 habitus: 몸이나 영혼의 상태, 기질, 소질, 맹아적 소질을 뜻한다. 서론의 중요 개념 참조.

19 'habitus'로서의 직무의 목적인은 예를 들어 집을 지을 수 있는 능력의 산물인 집이다. 사제직의 목적은 설교와 성례전이다. 직무의 목적인은 산물의 결과 — 추위로부터의 보호, 영원한 복락 — 이다. 각 직무는 영혼이나 몸의 필요를 만족시킴에 따라 영혼이나 몸의 하비투스에 상응한다.

별된다.[20]

이로써 국가를 구성하는 부분들의 수와 필요, 구별에 대해 충분히 이야
기했다.

---

20 마르실리우스가 말하는 대로, 각 직무의 목적인은 인간이 필요의 충족을 실현하기
위해 도달할 결과이다.

제 7 장

국가의 기능들의 존재와 구분의 다른 종류의 원인들에 대하여, 그리고 주제와 관계되는 두 방법에 따른 각 종류의 구분에 대하여

§ 1. 이어서 국가의 나머지 직무 내지 기능들의 나머지 원인들에 대해 말해야 한다. 우선 우리는 질료적·형상적 원인에 대해 말할 것이고, 그다음으로 작용적 원인에 대해 탐구할 것이다. 그런데 인간 정신으로부터 완전성을 얻는 사물에서 현실적으로 질료가 형상보다 먼저 존재하기[1] 때문에, 우리는 우선 질료적 원인에 대해 논한다. 그리고 우리는 말할 것이다. 직무가 영혼의 기질이라고 불림에 따라 상이한 직무에 고유한 질료는 인간들이니, 그들의 출생이나 타고난 속성에서부터 다양한 기술이나 관습으로 기우는 경향을 가진다. 자연은 필수적인 것에서 아무런 부족함이 없으므로 사멸적 존재 가운데 인류처럼 보다 고귀한 것을 배려한다. 제4장과 제5장에서 지시한 것처럼 다양한 기술이나 훈육을 통해 완전하게 된 인류로부터 (마치 질료에서처럼) 국가와 거기서 만족스러운 삶을 이루기 위해 필

---

1 아리스토텔레스, 『형이상학』 VII, 1032b 31.

요한 상이한 기능들을 구성해야 한다.[2] 그러므로 자연은 인간의 출생에서 이런 구별을 개시했으니, 인간은 자연적 소질에서 어떤 자들은 경작에, 어떤 자들은 전투에, 다른 자들은 다른 종류의 기술과 훈육에 적합하고 경향을 갖도록 다양한 인간을 다양한 역할을 위해 산출했다. 한 개인만이 한 종류의 기술과 훈육에 기울어진 것이 아니라 도리어 만족스러운 삶을 위한 필요에서 요구되는 것처럼 많은 개인이 같은 기술 내지 훈육에 기울어졌다. 그러므로 자연은 어떤 인간은 지혜에 적합하게 만들었고(국가에서 지혜로운 자들을 재판직과 의원직으로 세워야 했으므로), 또 어떤 인간은 힘과 용맹을 위해 만들었으니 그런 자들을 군사직으로 세우는 것이 적절하기 때문이다. 이렇게 자연은 또한 나머지 인간을 살기 위해, 잘살기 위해 필요하거나 적합한 여러 종류의 행동적·사변적 소질에 적합하게 만들었다. 이것은 자연이 모든 일에서 동시에 다양한 자연적 성향에서부터 다양한 종류의 소질로, 국가의 다양한 부분을 위해 필요한 것을 성취하기 위함이었다. 그런데 국가 직무의 질료적 원인은 직무를 국가의 부분이라 칭하는 한에서 거의 분명하다. 이들은 다양한 종류의 기술과 훈육을 통해 어떤 소질에 도달한 인간이며, 그들 가운데 최종적인 만족스러운 삶을 위해 (이것은 그들의 기술과 훈육에서 나온다) 국가 내의 다양한 신분 내지 부분들이 정해진다. 그러므로 국가의 부분들은 적절하게 직무, 즉 거의 봉사[3]라 불린다. 왜냐하면 그것들은 국가 안에 제정되었음을 고려할 때, 인간에게 봉사하기 위한 것으로 정해져 있기 때문이다.

§ 2. 국가 직무의 형상적 원인은 그것이 인간 정신의 소질인 한에서 이런 소질과 다르지 않다.[4] 왜냐하면 이 소질은 자연으로부터 존재하는 인간

---

2 I, 4, 3; I, 5, 1; I, 5, 5-13 참조.
3 obsequium: 사전적 의미는 '복종'이다.
4 habitus: 일반적으로 소질의 발전 결과이지만, 여기서는 맹아적 소질을 의미한다. 이

적 경향을 포괄적으로 내지 완전하게 가진 자들의 형상이기 때문이다. 그러므로 아리스토텔레스는 『정치학』 제7권 마지막 장에서 말했다. "모든 기술과 훈육은 자연에서 부족한 것을 보완하고자 한다."[5] 그런데 국가 직무의 (그것이 국가의 부분으로 정해져 있는 한) 형상적 원인들은 국가에서 정해진 행위를 수행하도록 위임받은 자들에게 전달되거나 각인된 (동인적) 명령들이다.

§ 3. 직무의 (그것이 영혼의 소질이라 불리는 한) 작동적 내지 작용적 원인은 (분리되어서 혹은 결합되어서 무차별하게 일어나는) 인간의 사고와 소망을 통한 이성과 의지이다. 그리고 이들과 더불어 직무 원리는 육체적 기관의 운동과 훈련이다. 그러나 제1권 제9장에서 언급한 것처럼[6] 직무의 작용적 원인은, 직무가 국가의 부분인 한에서 옛날에는 극히 드문 경우에 하나 혹은 몇몇 직무의 직접적 동인(動因)이 인간적 결정 없이 신이었을지라도, 종종 대부분의 경우에 인간 입법자이다.[7] 그리고 제2권 제12장과 제15장[8]에서 보다 분명하고 자세하게 다룰 것이다. 사제직의 경우에 제정의 다른 이유가 있으니,[9] 여기에 대해서는 제2권 제15장과 제17장[10]에서 충분히 논

것이 형상으로서 소질을 발전시키고 완성한다. 그러므로 형상(forma)은 이런 의미에서 'habitus'와 동일하다.

5 아리스토텔레스, 『정치학』 VII, 1337a 1.

6 I, 9, 2.

7 이 개념은 이 글을 이해하는 데 중요하다. 현재로서는 국가의 작용인은 인간 입법자라는 것을 기억하자. 마르실리우스가 신이 국가 건립의 직접적 원인이라고 말한 극히 드문 경우는 모세를 통한 이스라엘 백성의 통치를 말한다. I, 9, 2 참조. 반면에 대부분의 경우에 신은 정치권력 수립의 원인(遠因)에 지나지 않는다.

8 I, 12, 1; I, 15, 8-14 참조.

9 사제직의 제정은 신의 의지에 의해 직접적으로 피조물에 전달된 특별한 예언의 매개에 의해 명령되었다. I, 9, 2 참조. 이것에 대한 어떤 합리적 증거를 제시할 수는 없다. 그러나 우리는 신앙으로 이것을 신봉한다. 여기에서 우리는 아베로이즘의 이중적 진리의 여운을 발견한다. 이성적인 것과 계시된 것의 분리가 그것이다. 이로써 정치적

의할 것이다.

그러므로 국가의 부분과 그 제도의 필요에 대해서는 그것들이 세 가지 다른 원인에서 나오는 한, 이런 방식으로 결정된 것으로 하자.

권위의 세속화가 가능하게 된다. Gewirth, vol. 1, pp. 40ff. 참조.
10 II, 15, 1-5; II, 15, 6-9; II, 17.

제 8 장

조절되고 왜곡된 정치 내지 정부의 종류와 그것들의 양태의 구분에 대하여

§ 1. 우리가 앞에서 입법자라고 부른 어떤 동인에 의해 국가의 직무 제정과 구분이 이루어진다는 것이 어느 정도 입증되었지만, 좀 더 확실하게 입증되어야 한다. 같은 입법자가, 우리가 제1권 제5장[1]에서 통치직 내지 재판직[2]이라고 칭한 국가의 한 직무를 먼저 형성하거나 제정하고 이 직무를 통해 나머지 직무들을 제정함으로써, 우리가 제1권 제15장[3]에서 좀 더 분명하게 설명할 것처럼 자연의 생물처럼 직무를 제정하고 구분하고 분리한다. 그러므로 우리는 먼저 통치직의 본성을 말하는 것이 적합하다. 다음

---

1 I, 5, 7.

2 pars principans seu judicialis: 통치자가 곧 심판하는 자이다. 통치직은 지배와 판단과 조언의 기능을 포함한다. 이 글에서 심판 기능과 통치 기능의 분리는 없다. 이것이 이탈리아 코뮌의 'podesta'(시장)의 기능이기도 하다. 황제는 최고 심판관이다. 물론 그는 권력의 일부를 자신의 대리인들에게 위임한다. 그러므로 마르실리우스는 결코 권력분립 이론의 선구자가 아니었다. Quillet, p. 85, 각주 1 참조.

3 I, 15, 7; I, 15, 11-12.

내용에서⁴ 보게 되듯이 이것이 다른 직무 가운데 으뜸이기 때문에, 우리는 먼저 그것의 작용에서부터 접근하여 국가의 나머지 직무의 능동적 제정과 구분을 밝히는 것이 적절할 것이다.

§ 2. 두 종류의 통치적 직무 혹은 통치 권력이 있으니, 하나는 잘 조절된 것이고 다른 것은 왜곡된 것이다. 그런데 아리스토텔레스가 『정치학』 제3권 제5장에서 말한 것처럼⁵ 나는 통치자가 신하들의 뜻에 따라 공공을 위해 유리하게 지배하는 종류⁶를 잘 조절된 것, 여기서 벗어난 것을 왜곡된 것이라고 부른다. 두 종류는 다시 세 종류로 나누어진다. 즉 첫 번째 잘 조절된 정치는 단독 군주정,⁷ 귀족정,⁸ 폴리티아⁹이다. 그런데 두 번째 왜곡된 정치는 반대되는 세 종류로 나뉘는데 독재적 군주정, 과두정,¹⁰ 민주정이 그것이다. 이 각각의 종류는 다시 여러 양태가 있으나, 이에 대해 상세히 다루는 것은 현재의 과제가 아니다. 아리스토텔레스는 『정치학』 제3권과 제4권에서 이것에 대해 충분히 말했다.¹¹

---

4 I, 15, 7; I, 15, 14.

5 아리스토텔레스, 『정치학』 III, 1279, 22ff.

6 사실 아리스토텔레스는 위의 본문에서 언급한 두 번째 조건, 즉 '신하들의 뜻에 따르는 것'을 언급하지는 않았다. 마르실리우스는 이 개념을 『정치학』 IV, 1295a 15-17에서 언급된 군주정 기준에서 차용해 모든 정치의 일반적 기준으로 적용했다. 이것은 잘 조절된 정치와 왜곡된 정치를 가늠하는 결정적 기준이다.

7 monarchia: 그리스어 'μόνος'와 'ἀρχή'의 합성어로, '홀로 통치'를 뜻한다.

8 aristocratia: 그리스어 'ἄριστος'와 'κρατεῖν'의 합성어로, 최선의 인간의 지배를 뜻한다.

9 politia: 쿤츠만/쿠쉬는 이것을 온건한 정권 형태의 하나로서 '공화정'으로 이해한다. 자닌 키예(Jeannine Quillet)는 이를 따랐다.

10 oligarchia: 그리스어 'ὀλίγος'와 'ἄρχη'의 합성어로, '소수의 통치'를 뜻한다.

11 특히 아리스토텔레스, 『정치학』 1279a 22-1279b 10; 1285a-1285b 35.

§ 3. 우리는 이것들에 대한 보다 정확한 지식을 얻기 위해 (이것은 다음 내용을 설명하기 위해 어느 정도 필요하다) 아리스토텔레스의 의도에 따라 모든 언급된 통치 형태를 서술하고자 하며, 먼저 이렇게 말한다. 왕의 단독 통치는 조절된 정치 형태이니, 여기서 한 인간이 공공의 이익을 위해 그리고 신하들의 뜻이나 합의에 따라 지배한다. 그러나 그 반대인 전제적 군주정은 왜곡된 정치 형태이니, 거기서 한 인간이 자신의 이익을 위해 신하들의 뜻에 반하여 지배한다.[12] 귀족정은 조절된 정치 형태이니, 여기서 상류층만이 신하들의 뜻 내지 합의에 따라 공동의 이익을 위해 지배한다. 그러나 그것의 반대인 과두정은 왜곡된 정치 형태이니, 소수의 부유하거나 강한 자들이 자신의 이익을 위해 신하들의 뜻에 반하여 지배한다. 그런데 '폴리티아'는 어떤 의미에서 모든 종류의 정부나 정치의 공통적 표현이지만, 다른 의미에서는 어떤 조절된 정치 형태를 의미하는데, 여기서 각 시민은 어떤 방식으로든 정치나 의회에 교대로 자신의 신분과 능력, 상태에 따라[13] 공공의 이익을 위해 시민들의 뜻과 합의에 따라서 참여한다. 그러나 그 반대인 민주정은 천민이나 가난한 대중이 나머지 시민들의 뜻이나 합의 없이 [전적으로 공공의 이익을 위하지 않고, 또 적당한 등급에 따르지 않고][14] 통치

---

12 마르실리우스는 윤리적 기준을 무시하지 않으면서 객관적으로 전제정을 정의한다. 그에게 전제정은 신하의 의지를 고려하지 않는 정부이다. 정치권력은 신하의 의지에 부합해야 한다. 백성의 의지는 자유로운 선출에 의해 명시적으로 드러날 수 있다.

13 마르실리우스는 시민의 특징적 성격을 정치에 대한 참여로 본다. I, 12, 4 참조. 이러한 참여는 지위, 조건, 재산에 따라 좌우된다. 이것이 이탈리아 도시들의 'comuncia'(코뮌 의회) 구성원들의 상황이었다.

14 nec simpliciter ad commune conferens [nec?] secundum proportionem convenientem: 리하르트 숄츠(Richard Scholz)에 의하면, 'H 사본'에 'nec'가 있다. 이를 근거로 쿠쉬는 위 문장을 이중 부정으로 이해해야 한다고 주장한다. 'secundum proportionem convenientem'의 의미가 무엇인가? 숄츠의 견해에 따르면, 마르실리우스가 아는 13세기의 도시국가는 시민을 계급에 따라 등급화했다 (Richard Scholz (ed.), *Defensor Pacis*; MGH, *Fontes Iuris Germanici Antiqui in Usum Scholarum, Separatim* ed., Hannover 1932, p. 64, 각주 1). 그것은 반

하는 정치 형태이다.[15]

§ 4. 그러나 잘 조절된 정치 형태 가운데 무엇이 가장 좋고, 혹은 왜곡된 정치 형태 가운데 무엇이 가장 나쁜지, 그 선함이나 악함에서 나머지 등급에 대해 논하는 것은 고찰 대상이 아니다.[16] 따라서 정치 형태를 그 종류별로 구분하고 서술하는 것은 이것으로 충분할 것이다.

대 개념인 'politia'에서 시민들이 지위와 조건에 따라 정치에 참여하는 것을 고려할 때, 해당 문장을 이중 부정으로 보는 것이 합리적이다.

15 아리스토텔레스, 『정치학』 III, 1279b 8ff. 참조. 마르실리우스의 공화주의는 그 실제 사상과는 큰 차이가 있다. 그는 동시대인들처럼 민주정을 타락한 정치로 간주하며, 서열을 갖춘 공동체를 선호했다.

16 이 문제는 사실 동시대인들에게 매우 중요한 문제였다. 어쨌든 마르실리우스는 잘 조절된 정부를 선호했고, 이에 대해 길게 진술할 것이다. 이하 제9장에서 이 문제를 다시 다루면서 신하들의 동의나 복종의 기준을 언급함으로써 이 문제를 해결한다. 즉 신하의 동의를 중시하는 정부는 선하고, 그것을 무시하는 정부는 악하다. 그의 분석의 중심에는 선출 개념이 있다.

왕의 단독 통치의 제정 방법과 보다 완전한[1] 자의 지정, 그리고 나머지 잘 조절된, 왜곡된 정부 내지 정치 형태의 제정 방법

§ 1. 앞서 진술한 내용들이 결정되었으므로 이어서 통치직의 선출 내지 제정 방법에 대해 언급해야 한다. 이 방법의 보다 좋은 혹은 나쁜 성질에서부터 [이것으로부터 시민 정부에서의 행동이 나오는 것처럼[2]] 우리는, 앞의 방법들이 그것[동인]으로부터 유래할 뿐만 아니라 통치직이 그 방법을 통해 국가를 위해 보다 유익하게 될 수 있는 동인(動因)을 입증해야 한다.[3]

---

1 perfectionis assignatio: 그 의미가 난해하다. 쿤츠만/쿠쉬는 이것을 직역해 '완전한 것의 확정', 즉 '선출'이라고 보았다. 반면에 'Q 사본'에서는 'perfectionis' 대신에 'perfectioris'라고 되어 있다. 앨런 거워스(Alan Gewirth)와 브렛은 'Q 사본'을 따라 'identification of the more perfect'(보다 완전한 자를 확인함)으로 번역했다. 거워스와 브렛의 번역이 좀 더 설득력이 있는 듯하다.

2 provenientibus hinc civili regimini tamquam actionibus. Q, L, A, K: provenientibus... regimini가 없다. Q, L, A, G, K: tamquam causa actionum(행동들의 원인처럼).

3 동인은 입법자이고, 최선의 방법은 선출이다. 선출이 최선의 인간을 정상에 세우는 한에서, 선출은 통치 행위의 궁극적 원인이다.

§ 2. 그러나 우리는 이 책에서 그것에 의해 대부분 통치직이 제정되어야 하는 원인과 행동에 관심을 가지므로, 그 전에 그것을 통해 이 직무가 제정되었던 방법과 원인을 언급하고자 한다. 드물기는 하지만 이것은 이 방법 내지 행동과 그것의 직접적 원인을 그것을 통해 이 직무가 보통 대부분의 경우에 제정되어야 하는, 그리고 우리가 인간적 증명을 통해 설득할 수 있는 방법이나 행동, 직접적 원인과 구별하기 위함이다. 왜냐하면 증명을 통해 첫 번째 방법에 대한 확실한 이해에 도달할 수 없기 때문이다.[4] 국가의 통치직과 다른 직무들, 특히 사제직을 형성한 이 방법이나 행동과 그것의 직접적 원인은 이것을 직접 어떤 단일한 창조물의 신탁을 통해 혹은 어쩌면 직접 자기 자신을 통해 홀로 명령하는 신의 뜻이었다.[5] 이런 방식으로 신의 뜻은 이스라엘 백성의 통치직을 모세와 그 이후 어떤 다른 판관들에게서 제정했고, 또한 사제직을 아론과 그의 후계자들의 인격 안에서 제정했다.[6] 우리는 이 원인과 그것의 자유로운 행동에 대해 말하거나 전할 수 없고, 그것들이 왜 그러며 달리 그렇게 이루어지지 않았는지를 입증을 통해서도 아무것도 말할 수 없다. 따라서 이성을 떠나 단순한 믿음으로 받아들인다.[7] 그러나 정부의 제정은 다른 것이니, 「요한복음」 제19장[8]에서,

---

4 여기서 마르실리우스는 다시 이성과 신앙을 대립시킨다. 자연스러운 것은 다수의 경우에 산출되는 것이다(아리스토텔레스, 『자연학』 II, 5, 10-29 참조). 그러므로 그것은 학문의 대상이 될 수 있고 증명의 방법을 통해 이해할 수 있다. 마르실리우스는 아리스토텔레스의 자연학에서 그의 방법을 차용한다. 증명은 엄격히 합리적이고 증거에 호소하거나, 이성적 경험이라고 불리는 것에 호소한다.

5 마르실리우스는 사제직의 신적 기원을 인정한다.

6 이것은 마르실리우스가 사제들에게 강제적 심판과 통치 기능을 인정한 유일한 경우이다.

7 I, 4, 3 참조. 아리스토텔레스의 방법을 따라 철학적 증명은 감각적인 것으로부터의 결과임을 인정하는 반면에, 신앙의 계시적 진리는 이와 별개로 보는 아베로이즘의 입장을 뜻한다.

8 「요한복음」 19:11.

사도가 「로마서」 제13장[9]에서, 그리고 복된 아우구스티누스가 『신국론』 제5권 제21장[10]에서 분명하게 말한 것처럼 모든 지상적 정부를 허용한 신으로부터 (먼 원인처럼)이기는 하지만 직접적으로는 인간의 정신으로부터 나온다. 그러나 정부의 제정은 언제나 직접적으로가 아니라 오히려 대부분의 경우에 거의 어디서나 인간의 정신을 통해 정부를 정했으며, 신은 그들에게 이러한 제정을 통해 판단을 허용했다. 그리고 이 원인이 무엇이고 그 원인이 어떤 행동을 통해 이런 것들을 제정해야 하는지는, 어떤 정체에서 보다 나은 것 혹은 보다 나쁜 것으로부터 (형성되는) 인간의 확신을 통해 확정지을 수 있다.[11]

§ 3. 그러므로 우리는 증명을 통해 확증할 수 없는 방법은 생략하고 인간 의지에 의해 직접적으로 만들어진 정부의 제정 방법을 먼저 묘사하고자 한다. 그다음으로 보다 확실하고 단순한 방법[12]을 지시할 것이다. 그 후 우리는 이 방법의 보다 나은 본성에서, 그것으로부터 그 방법만이 나와야 하고 나올 수 있는 동인[13]을 입증할 것이다. 이것으로부터 또한 국가의 다른 직무의 최선의 제정과 결정에 대해 작용해야 하는 원인[14]이 논리적으로 분명해진다. 마지막으로 우리는 정부의 통일성에 대해 말할 것

---

9 「로마서」 13:1.

10 Augustinus, *De civitate Dei* V, 21.

11 신은 모든 정부의 원인(遠因)이다. 이 문장에서 초자연적 관점을 완전히 배제한 채, 국가의 자율적·독립적 성격에 역점을 둔다. 이것은 완전히 아베로이즘 정신에 부합한다. 그럼에도 마르실리우스는 군주를 신의 일꾼으로 간주하며 군주가 가진 사명의 신적 성격을 확신한다. 군주의 권력은 신으로부터 직접 온 것이므로, 군주는 종교적 사안에서조차 강제적 권한을 가진다. 군주는 파문과 이단 징계에 있어 모든 권한을 갖는다.

12 선출을 의미한다.

13 입법자를 의미한다.

14 입법자와 통치자 내지 정부.

이니, 그것 때문에 또한 도시나 왕국의 통일성이 무엇인지가 드러나게 될 것이다.[15]

§ 4. 그러므로 우리가 우리의 주제를 계속 수행해 가면서도 먼저 이 방법의 기원을 언급함으로써 왕의 단독 통치의 제정 방법을 열거할 것이다. 제1권 제3장에서 언급했듯이,[16] 이 통치 형태는 거의 우리와 함께 태어났고 집안 살림에 근접한 것처럼 보이기 때문이다. 이것을 결정하면 논리적으로 나머지 형태의 통치를 제정하는 방법에 대해서도 분명해질 것이다.

그런데 아리스토텔레스의 『정치학』 제3권 제8장에 따르면,[17] 왕의 단독 통치의 다섯 가지 제정 방식이 있다. 첫째, 그리스인들에 의해 아가멤논(Agamemnon)이 군대 지휘관으로 세워진 것처럼 단독 통치는 공동체 정부에서 군대 지휘처럼 어떤 한 가지의 결정된 행위를 위해 가문 승계에 의해 정해지거나 혹은 단일한 인간이 평생토록 세워지는 경우이다. 그런데 이 직무는 근대 공동체에서 'capitaneatus' 혹은 'constabiliaria'[18]라고 불린다. 이 군대 지휘관은 평화 시에 재판에 개입하지 않는다. 군대가 전투 중일 때, 그는 범법자를 살해하거나 달리 처벌하는 지배자이다.

둘째, 아시아에서 어떤 군주들이 통치하는 방식인데, 그들은 승계를 통해 전임자들로부터 주권을 갖지만 공동체보다는 군주에게 유리한 독재적인[19] 법에 따라 지배한다. 아시아 지역의 주민들은 그들의 야만적이고 노

---

15   I, 17, 1-12 참조.

16   I, 3, 4.

17   아리스토텔레스, 『정치학』 III, 1284b 35ff.

18   전자는 당시 이탈리아 코뮌의 삶에서 특권적 지위를 가진 군사적 지휘 직책이다. 이들은 시뇨리(Signori, 이탈리아 제후들)처럼 권력을 장악했다. 후자는 왕실 마구간과 말을 돌보는 자를 의미한다. 프랑스의 *Connestable*은 전쟁 업무에 대한 권한을 가졌다. 그들은 모든 전투, 기병에 대한 지휘권을 가진다. Quillet, p. 92, 각주 16 참조.

예적인 본성 때문에 관습의 도움으로 불만 없이 이런 통치를 감내한다. 이 통치 방식은 왕의 통치이니 상속된 것이고, 신하들이 자발적이고, 지역의 첫 주민들이 군주의 조상들이었기 때문이다. 그럼에도 불구하고 어떤 의미에서는 독재적이니, 그 법은 공동의 유익이 아니라 군주의 유익을 위한 것이다.

셋째, 선출된 자가 가문의 승계나 부친 상속에 의해 지배하지는 않지만 절대적으로 공동의 유익을 위해서가 아니라 군주의 유익을 위해 있는 법, 즉 전제적 법에 따라 지배할 때 존재한다. 그렇기 때문에 아리스토텔레스는 같은 곳[20]에서 이러한 통치 형태를 선출된 독재라고 칭했다. 법의 전제적 성격 때문에 독재이고, 신하들에게 강요되지 않았기 때문에 선출된 것이다.

넷째, 어떤 사람이 선출을 통해 절대적으로 공동의 유익을 위한 법에 따라 그의 가문 전체의 승계와 함께 군주로 세워지는 경우이다. 아리스토텔레스가 같은 곳에서 말한 것처럼 사람들은 이 방식을 영웅적 시대에 사용했다. 영웅적 시대라고 불린 이유는 당시 별자리가 그들의 비상한 능력 때문에 영웅, 즉 신적 존재로 신봉되었던 그런 인간들을 배출했기 때문이거나[21] 아니면 그들의 비상한 능력과 선행 때문에 다른 사람이 아니라 그런 사람이 군주로 세워졌기 때문이다. 예를 들어 그들은 흩어진 다중을 모아 시민 공동체로 통합했거나, 전투와 군사력을 통해 나라를 압제자로부터 해방했거나, 어쩌면 땅을 구입했거나 다른 적합한 방식으로 획득해

---

19 despotica: 그리스어 'δεσπότης'(군주)에서 유래했으며, 여기서 파생된 의미가 '전제적'이다.

20 아리스토텔레스, 『정치학』 III, 1285a 31f.

21 이것은 아리스토텔레스에게서는 없는 말로, 아마도 아베로이즘에서 유래한 듯하다. 아베로이스트 피에트로 다바노(Pietro d'Abano, 1257?~1316)의 주장에 따르면, 어떤 인간의 영혼은 별자리의 특별한 영향 아래 특별한 능력을 부여받는다. Quillet, p. 93, 각주 21 참조.

신하들에게 분배했다. 한마디로 말해, 아리스토텔레스가 『정치학』 제5권 제5장[22]에서 말한 것처럼 이 사람은 나머지 무리를 위해 큰 선행을 베풀었거나[22] 다른 비상한 능력 때문에 전체 후손과 함께 혹은 승계와 함께 군주로 세워졌다. 아리스토텔레스는 아마도 이런 단독 통치 방식에 종신적으로 혹은 일부 기간에 대해 선출되는 방식[23]을 포함했거나, 혹은 우리로 하여금 이 방식을 선출된 전제정이라고 칭해진 방식과 결합해 이것을 이해하게 했는데, 그 이유는 이 방식이 양자의 성격을 공유하기 때문이다.[24]

다섯째, 관리인이 자기 집안 안에 있는 것들을 자의적으로 처분하는 것처럼 한 통치자가 공동체에 있는 모든 것, 따라서 인간과 사물을 그의 뜻에 따라 처분하는 군주로서 세워지는 것이다.[25]

§ 5. 그러나 아리스토텔레스의 이러한 진술을 보다 분명히 하자면, 또한 모든 나머지 통치의 제정 방법을 한 주제로 요약하자면, 우리는 모든 통치 형태는 자발적인 혹은 비자발적인 신하 위에 있음을 말하고자 한다. 첫 번째 것은 잘 조절된 통치 방식이고, 두 번째 것은 왜곡된 통치 방식이다. 제1권 제8장에서 말한 것처럼[26] 모든 방식은 세 가지 종류로 나누어진다. 잘 조절된, 어쩌면 보다 완전한 통치 형태가 왕의 단독 통치이므로[27] 우리

---

22 아리스토텔레스, 『정치학』 V, 1310b 10, 12.
23 마르실리우스는 아마도 종신 통치를 위해 선출된 로마 황제, 그리고 한정된 기간 동안의 통치를 위해 선출된 이탈리아 도시의 'podesta'(시장)를 염두에 둔 듯하다.
24 양자는 세 번째와 네 번째 방식을 의미한다. 아리스토텔레스, 『정치학』 III, 1285a 32.
25 아리스토텔레스, 『정치학』 III, 1287aff.
26 I, 8, 2 참조.
27 마르실리우스는 공화주의와는 거리가 멀다. 실제로 그는 왕정 방식으로 통치하는 'Signoria'(도시 통치)와 제국의 수호자였다. 시뇨리아는 마르실리우스가 선출에 의한 전제정이라 부른 것에 가깝다.

는 앞의 내용을 다시 상기하면서 그 제정 방식에서 진술을 시작하고자 한다. 왕이나 군주는 주민이나 시민이 선출하여 세워지거나 아니면 그들의 선출 없이 합법적으로 정권을 얻는다. 시민에 의한 선출이 아니라면 그 혹은 그의 조상들이 먼저 그 땅에 거주했기 때문이거나, 땅과 사법권을 획득했거나 정당한 전쟁[28]이나 어떤 다른 허용된 방식으로, 예를 들어 행해진 봉사 때문에 그 자신에게 이루어진 증여에 의해 획득했기 때문이다. 통치 방식이 신하들의 뜻을 지향하고 그들의 공동적 유익을 위해 정해진 법에 보다 따를수록 모든 언급된 방식은 참된 왕의 단독 통치에 보다 많이 참여한다. 그러나 통치 방식이 거기서부터, 즉 신하들의 합의에서와 공공의 유익을 위해 정해진 법에서 벗어날수록 전제적 통치의 냄새가 난다. 그러므로 『정치학』 제4권 제8장에 다음과 같이 기록되어 있다.[29] 그들은 법에 따라서 왕이 단독으로 통치하니, 즉 그들이 자발적인 신하들에게 단독 통치하기 때문이다. 그러나 독재적으로 자신의, 즉 군주의 판단에 따라 통치하므로 그들은 전제적이다. 그러므로 아리스토텔레스의 분명한 견해에서 나타나는 것처럼 이 두 가지 앞에 언급된 것이 조절된 통치와 왜곡된 것을 구분한다. 그러나 신하들의 합의가 절대적으로 혹은 보다 중요하다. 그러나 군주가 주민들의 선출을 통해 정해졌다면, 이것은 이들 방식 중 어떤 것에 따라 이루어지는 것이 타당하다. 즉 그는 전체 후손과 함께 혹은 승계와 함께 지명되든가, 혹은 그렇지 않든가이다. 그가 전체 후손과 함께 지명되지 않는다면, 이것은 여러 가지 방법에 따라서 가능하다. 즉 그가 전적으로 종신으로 지명되거나 혹은 그뿐 아니라 한 명의 후계자 혹은 여러 후계자들이 종신으로 지명되거나, 아니면 한 사람도, 또한 그의 후계자들 중 첫 번째 사람도 종신으로 지명되지 않고, 다만 한정된 기간 동안만 지

---

28 마르실리우스는 정당한 전쟁 개념을 인정하는 듯하다. 이것은 II, 28, 24에 의해 확증된다.

29 아리스토텔레스, 『정치학』 IV, 1295a 15-17.

명된다. 즉 1년이나 2년 동안, 보다 긴 혹은 짧은 기간 동안 말이다. 또한 전체 사법권을 수행함에 대해 혹은 군대 지휘처럼 단 한 가지 직무에 대해서만 지명된다.

§ 6. 선출된 군주와 선출되지 않은 군주는 일치하지만 상이하다. 즉 양자가 자발적인 신하들을 다스리는 때문에 일치하지만, 대부분의 경우에 선출되지 않은 군주는 덜 자발적인 신하들을 지배하고 그들을 덜 정치적이고[30] 공공의 유익을 덜 위하는 법(우리는 그런 법을 야만적이라 말했다[31])에 따라서 다스리기 때문에 상이하다. 반면에 선출된 군주들은 보다 자발적인 신하들을 지배하고 보다 정치적인 법, 곧 우리가 말했듯이 공공의 유익을 위해 제정된 법에 따라 다스린다.

§ 7. 여기서부터, 다음 내용에서[32] 보다 분명해지는데, 선출에 의한 통치가 선출에 의하지 않은 통치보다 우수하다는 것이 드러난다. 이것은 우리가 앞에서[33] 영웅시대에 세워졌던 사람에 대해 인용한 아리스토텔레스의 『정치학』 제3권 제8장[34]의 견해이기도 하다. 또한 이 제정 방식은 완전한 공동체에서 보다 오래 지속된다. 왜냐하면 모든 다른 방식은 때로는 필요에 의해 환원되어야 하지만, 그 반대로 되지는 않기 때문이다. 예를 들어 가문 승계에 실패하거나 혹은 다른 이유 때문에 저 가문이 그의 정권의 과도한 악함 때문에 백성이 견딜 수 없게 된다면, 백성은 선출로 통치

---

30 politicus: 쿤츠만/쿠쉬는 이것을 'politia(공화정)에 적합한'의 의미로 이해한다. Kunzmann/Kusch, p. 1148 참조.

31 I, 9, 4 참조.

32 이 권의 제14, 15, 16장 참조.

33 I, 9, 4 참조.

34 아리스토텔레스, 『정치학』 III, 1285b 2.

자를 세워야 하기 때문이다. 인구가 감소하지 않은 한, 선출 방식은 실패할 수 없다. 또한 이런 제정 방식을 통해서만 최선의 통치자를 얻는다. 왜냐하면 통치자는 모든 다른 자의 시민적 행동을 통제해야 하므로 정치에 종사하는 자들 가운데 가장 우수한 자가 되는 것이 적절하기 때문이다.

§ 8. 대부분 그렇듯이 다른 종류의 잘 조절된 통치의 제정 방식은 선출이며, 때로는 경우에 따라 가문의 연속적인 승계 없는 추첨이다.[35] 왜곡된 통치는 대부분 그렇듯이 기망이나 폭력을 통해 이루어진다.

§ 9. 조절된 통치 가운데 어느 것이 나은지, 군주정(단독 통치)인지 아니면 다른 두 형태, 즉 귀족정 혹은 공화정인지, 또한 군주정 중에서 선출에 의한 군주정과 선출에 의하지 않은 군주정 중 어느 것이 나은지, 또한 이밖에 선출에 의한 군주정 가운데 어느 것이 나은지, 즉 가문 전체의 승계와 함께 지명되는 군주정인지 아니면 한 사람만이 이런 승계 없이 지명되는 군주정인지 말이다. 후자는 다시 두 형태로 나누어지는데, 즉 오직 개인 아니면 여러 사람의 종신 통치로 지명되는 경우 혹은 한정된 기간 동안만 ─ 예를 들어 1년이나 2년, 보다 길거나 보다 짧은 기간 동안 ─ 의 통치로 지명되는 경우인데, 이 모든 것은 합리적인 조사를 필요로 한다. 이 책의 제12장, 제16장, 제17장에서 보다 확실하게 입증될 것처럼 의심의 여지없이 진리와 아리스토텔레스의 분명한 진술에 따라 선출이 모든 통치 방식의 보다 확실한 기준이라고 생각해야 한다.

§ 10. 우리는 다음을 무시해서는 안 된다. 즉 아리스토텔레스가 『정치학』 제3권 제9장[36]에서 언급한 것처럼 어떤 시대와 지역 혹은 다른 지역

35　선출과 추첨은 이탈리아 도시국가에서 자주 사용되었다. 예를 들어 1324년 이후의 피렌체가 그러하다. Scholz, p. 45, 각주 2 참조.

과 시대의 어떤 백성 혹은 다른 백성은 어떤 정치 혹은 다른 정치에 기울어져 있고 그것을 받아들이는 반면에, 다른 지역과 시대의 다른 백성은 다른 통치 형태에 기울어져 있으니, 입법자와 통치자들을 제정하는 자들은 이것을 주목해야 한다. 모든 인간이 최선의 훈육에 대해 소질을 갖고 있지 않으므로 지도하는 자가 그로 하여금 그런 훈육을 받도록 결정하는 것은 적절하지 않으며, 오히려 그가 보다 잘 준비되어 있는 (좋은 것들의) 훈육을 받도록 정하는 것이 적절한 것처럼 어쩌면 어떤 백성은 ── 어떤 때, 어떤 공간에서 ── 최선의 통치를 받아들이는 데 소질을 갖고 있지 않으므로 조절된 통치 형태 가운데 자신에게 보다 적합한 것을 우선 시도해야 한다. 즉 율리우스 카이사르(Julius Caesar)의 단독 통치 이전에 로마 백성은 오랫동안 기한이 정해져 있는 군주를 받아들이려 하지 않았으니, 가문 세습을 포함한 통치도, 한 사람의 종신 통치도 받아들이려 하지 않았다. 이 것은 로마 백성이 가문뿐만 아니라 씨족이나 개인으로서도 영웅적 인물과 지도적인 남자들이 많았기 때문일 것이다.

§ 11. 그러므로 우리가 결정한 결과에서부터 다음이 분명해진다. 즉 도시나 왕국에서 어떤 군주가 나은지, 즉 선출에 의한 군주인지 아니면 세습을 통한 군주인지를 질문하는 자는 부적절하게 문제를 제기한다. 오히려 질문을 수정하여 어떤 군주가 나은지, 즉 선출된 군주인지 아니면 선출되지 않은 군주인지를 물어야 한다. 만일 선출된 군주라면 선출된 군주 가운데 누가 나은지, 가문 세습과 더불어 지명된 군주인지, 아니면 비세습적 군주인지를 다시 물어야 한다. 비록 선출되지 않은 군주는 거의 모두가 언제나 후손에게 통치권을 넘겨주지만, 모든 선출된 군주는 그렇게 하지 않고 오직 세습과 더불어 통치하도록 지명된 군주만이 그렇게 하기 때문

---

36 아리스토텔레스, 『정치학』 III, 1284b 37-40.

이다.

그러므로 통치권 제정 방식에 대해서는, 간단히 말해 선출이 절대적으로 우수하다는 것으로 결론을 내리도록 하자.[37]

---

37 1314년 작센하우젠에서 바이에른의 루트비히 4세는 신성로마제국 황제 하인리히 7세의 후계자로 선출되었다. 선한 정부와 악한 정부를 구별하는 기준은 윤리적인 것이 아니다. 선한 정부의 기준은 순전히 객관적이다. 다양한 정권 간의 차별성을 확립하는 것은 선출이다.

제 10 장

이 개념 법의 의미 구별과 확정 및
그것의 본래적, 우리가 의도한 의미에 대하여

§ 1. 우리가 통치권 제정에서 선출을 보다 완전하고 우수한 방식이라고
말한 후에는 선출의 작용적 원인을 탐구하는 것이 바람직하다. 즉 선출이
그 완전한 탁월성에서 비롯해야 하는 원인 말이다. 왜냐하면 여기서부터
또한 선출된 통치의 원인, 그리고 유사하게 나머지 정치적 직무의 원인도
분명히 드러날 것이기 때문이다. 그러나 우리가 이 권의 제5장[1]에서 입증
한 것처럼 통치는 시민의 행동을 규제하되, 통치자의 형상이고 형상이어야
하는 기준에 따라 규제해야 하므로 이런 기준이 존재한다면, 그 기준이 무
엇인지, 무엇을 위해 있는지를 조사해야 한다. 어쩌면 그 기준의 작용적 원
인과 통치자의 기준은 같은 것이다.

§ 2. 우리는 사람들이 법규나 관습법 혹은 일반적 용어로 법이라 부르는

---

1 I, 5, 7 참조.

이 기준이 (마치 연역에 의해 그 자체를 통해서 알려진 것처럼) 모든 완전한 공동체 안에 존재한다고 가정하면서 먼저 그것이 무엇인지를 지시하고,[2] 그 다음으로 그것의 목적적 필요성을 확정하고,[3] 마지막으로 어떤 사람 혹은 어떤 사람들의 활동에 의해, 어떤 활동을 통해 이 기준이 정해져야 하는지를 증명을 통해 결정할 것이다.[4] 이것은 입법자나 법의 작용적 원인에 대해 연구하는 것이니, 우리는 이것과 정권의 선출도 연관된다고 생각하며 다음에서[5] 입증을 통해 이것을 보여 줄 것이다. 또한 여기서부터 앞에서 말한, 즉 우리가 법이라 칭한 기준의 질료 내지 밑바닥에 놓인 것[6]이 분명해질 것이다. 즉 이것은 통치자의 직무이니, 그것의 과제는 법에 따라 인간의 정치적 내지 시민적 행동을 규제한다.

§ 3. 그러므로 우리가 말한 것에 따라 진행할 때, 개념의 다의성 때문에 난관[7]이 생기지 않도록 이 법 개념의 의도[8] 내지 의미를 구별하는 것이 적절하다. 즉 이 말은 그것의 다양한 어법 가운데 첫 번째로 사도가 「로마서」 제7장에서 말한 것처럼 어떤 행동이나 일어난 일에 대한 자연적·감각적 경향을 의미한다. "그런데 나는 내 지체 안에 내 마음의 법과 싸우는 다른 법이 있음을 본다."[9] 그것의 두 번째 이해에서 이 법 개념은 모든 작위

---

2 I, 10, 3-7.

3 I, 11, 1-3.

4 I, 12, 3.

5 I, 15, 1-7.

6 subiectum: 'subicio'(밑에 놓다)의 파생어로, 여기서 'subject'가 유래하지만, 마르실리우스는 그것의 원래적 의미로 사용한다.

7 discolia: 그리스어로는 'δυσκολία'이다.

8 intentiones: 개념의 의도는 그것의 다양한 용법과 구별된다. 의도는 출발점을 표현한다.

9 「로마서」 7:23.

적 상태에 대해 사용되고, 보편적으로 정신 속에 존재하고, 거기에서 귀감이나 척도처럼 기술적인[10] 것들의 형상이 유래하는 모든 작위 가능한 사물의 형상에 대해 사용된다. 「에스겔서」 제43장에서 이렇게 말한다. "이것은 집의 법이니, 저것들은 제단의 척도이다."[11] 세 번째 방식으로 법은 미래 세계에서의 영광이나 고통에 비추어 지시되는 한에서, 지시된 인간 행동에 대한 훈계를 포함하는 기준으로 받아들여진다. 이런 의미에 따라 모세법은 그 일부분에 있어서[12] 법으로 불렸다. 이런 의미에서 복음의 법도 전체적으로 법이라 불린다.[13] 그러므로 사도는 이 두 법에 대해 「히브리서」에서 다음과 같이 말한다. "사제직이 바뀌면 법에도 반드시 변화가 생기기 마련이다."[14] 그러므로 또한 「야고보서」 제1장에서 복음의 가르침은 법이라 불린다. "그러나 자유의 완전한 법을 들여다보고 그 법에 머무는 자는 …… 그 행함에서 축복받을 것이다."[15] 이런 법 이해에서 모든 종파, 예를 들어 이슬람교와 페르시아 종교, 그 전체나 그 일부가 (여기에서 모세법과 복음의 법, 즉 기독교 법만이 진리를 포함하기는 하지만) 법이라고 말해진다. 아리스토텔레스도 『형이상학』 제2권에서 이렇게 종파들을 법이라고 불렀다. 그는 말한다. "법들은 관습적인 것이 어떤 힘을 가지고 있는지 보여 준다."[16]

---

10 artificiatum: 사전에는 없으나 'artificium'과 같은 의미로 사용했을 것으로 추정된다.

11 「에스겔서」 43:12-13.

12 모세법은 「출애굽기」, 「레위기」, 「민수기」, 「신명기」에 흩어져 있는 법을 총칭한다. 십계명 외에 제사법, 절기법, 도덕법, 사회법, 정결법, 음식법 등으로 구성된다. 그러므로 마르실리우스가 일부분이라고 한 것은 도덕법을 염두에 둔 것이다.

13 이것은 신법에 대한 최초의 정의이다.

14 「히브리서」 7:12.

15 「야고보서」 1:25.

16 아리스토텔레스, 『형이상학』 II, 995a 3-4. 아리스토텔레스가 원문에서 법으로 종교를 의미했는지는 불분명하다. 오히려 이 부분은 이븐 루시드와 알베르투스 마그누스의 주해에서 종교의 의미로 해석되었다.

그리고 같은 책 제12권에서 말한다. "나머지 가르침은 법과 유익에 대해 많은 사람을 설득하기 위해 신화적으로 추가되었다."[17] 네 번째로 이 법 개념은, 잘 알려진 의미에서, 시민적 삶에서 정의롭고 유익한 것과 그 반대의 것에 관한 지식이나 교훈이나 보편적 판단을 의미한다.

§ 4. 이렇게 이해할 때, 법은 두 가지 관점에서 고찰할 수 있다. 한 가지 방식으로 고찰할 수 있으니, 즉 그 자체를 통해 무엇이 정의롭거나 불의한지, 유익하거나 해로운지만이 지시되고, 그런 한에서 그것은 정의로움에 관한 지식 내지 교훈이라고 불린다.[18] 다른 방식으로 고찰될 수 있으니, 법의 준수에 대해 현재 세계에서 분배되어야 할 형벌이나 보상을 통해 강제하는 규정이 주어지는 한, 혹은 그것이 이런 규정의 방식에 의해 전해지는 한에서, 이런 방식으로 고찰되는 법이 본래적으로 법이라 불리는 법이다. 아리스토텔레스는 『니코마코스 윤리학』 마지막 권의 제8장[19]에서 법을 이런 의미로 이해해 다음과 같이 정의한다. "그러나 법은 강제력이 있고, 어떤 지혜와 지성에서 나오는 언어이다. 그러므로 법은 지혜나 지성, 즉 정치적 지성에서 나오는 어떤 언어 내지 진술, 즉 정치적 지혜를 통해 얻어진, 정의로운 것과 유익한 것에 대한 그리고 그 반대의 것에 대한, 강제력을 가진 명령이다. 즉 그것의 준수에 대해 누구나 준수하도록 강요되는 규정이 주어지거나, 혹은 그런 규정의 방식으로 지시되는 명령이 법이다."[20]

---

17 아리스토텔레스, 『형이상학』 XII, 1074b 3-5.

18 이런 것이 법의 질료이다. 법은 공적으로 옳고 유익한 것과 그것의 반대되는 것에 대한 판단 행위의 결과이다.

19 아리스토텔레스, 『니코마코스 윤리학』 X, 1180a 21-22.

20 강제력을 법의 본질 가운데 하나로 강조하는 것은 일반적으로 마르실리우스의 특징 중 하나로 받아들여진다. 당시의 지배적 견해, 특히 토마스 아퀴나스의 견해에 따르면, 법은 인간을 덕으로 인도하기 위해 강제력을 필요로 한다. 토마스 아퀴나스는 마르실리우스가 인용한 아리스토텔레스의 같은 글에 의지해 말한다. "개인은 다른 사람을 효과적으로 덕행으로 인도할 수 없다. 다만 충고할 따름이다. 그러나 충

§ 5. 그러므로 시민적 삶에서 의로운 것과 유익한 것에 대한 모든 참된 지식이 법은 아니니, 그것의 준수에 대해 강제적 규정이 주어져 있지 않은 한, 혹은 그런 규정을 통해 전달되지 않는 한, 설령 정의로운 것과 유익한 것에 대한 이 참된 지식이 필연적으로 완전한 법을 위해 요구될지라도 법은 아니다. 그러나 법의 준수에 관한 규정이 주어지거나 그것이 규정의 방식으로 전달될 때, 때로는 정의로운 것과 유익한 것에 관한 그릇된 인식이 법이 된다. 이런 일은 살인자가 그 범행에 대한 보상으로 어떤 유가물을 제공함으로써, 살인이 절대적으로 불의한 것일지라도 책임과 형벌에서 면제받는 것을 정당한 일처럼 준수하도록 만드는 어떤 야만인들의 나라에서 나타난다.[21] 따라서 그들의 법은 절대적으로 완전하지는 않다. 왜냐하면 이 법에는 필요한 형식, 즉 준수를 강제하는 규정은 있으나 필요한 조건, 즉 정의로운 것에 관한 필요하고 참된 명령이 빠져 있기 때문이다.[22]

고가 받아들여지지 않으면 강제력은 없다. 철학자가 그의 『니코마코스 윤리학』 제 10장에서 말한 것처럼 법은 효과적으로 덕행으로 인도하기 위해 강제력을 가져야 한다. 그런데 강제력을 가진 것은 다수이거나 아니면 형벌을 가하는 권한을 가진 공인이다 ……"(Thomas Aquinas, *Summa Theologica* Ia, IIae, q. 90, a. 3). 그러나 마르실리우스에게 법의 강제성은 사람들 간의 평화를 유지하기 위함이며, 개인을 덕행으로 인도하기 위함이 아니다. Brett, p. 54, 각주 11 참조.

21 'K 사본'에는 'barbarorum quorundam' 다음에 다음이 붙어 있다. "sicut etiam in partibus uallie modernis temporibus observatur"(근대에 계곡 지대 일부에서 준수되는 것처럼). 그러나 마르실리우스가 게르만 민족법의 살인 배상금 제도를 염두에 두고 있는지는 의심스럽다. 왜냐하면 이 제도는 이미 13세기의 법전에서 역사적 유물로 나타나기 때문이다. 여기서 'barbari'(야만인)는 C. W. 프레비테-오르통 (C. W. Previté-Orton)이 그녀의 책, p. 39, 각주 1에서 주장한 것과는 달리, 알프스 이북의 민족들을 표현하는 것은 아니다. Scholz, p. 51, 각주 1 참조.

22 마르실리우스는 법의 내용의 중요성을 강조한다. 즉 만일 법이 강제적이기 때문에 법이라고 할지라도, 법이 그 내용의 일정한 요구에 부응하지 않는다면 ─ 즉 정의롭지 않다면 ─ 그 법은 불완전하다. 마르실리우스는 법이 '욕망 없는 이성'이라고 말할 것이다(I, 11, 2). 그럼에도 불구하고 그는 왜 법의 강제적 성격을 견지하는가? 이것을 이해하기 위해서는 법과 통치의 관계에 관한 그의 일반적 입장을 알아야 한다. 그는 군주가 법과 입법자에게 복종해야 함을 단언한 후에, 군주를 '생명 있는 법'이

§ 6. 법의 이러한 이해 아래, 시민적 삶에서 정의로운 것과 유익한 것에 대한 모든 기준, 즉 인간적 권위에 의해 제정된 기준이 포함되는데 관습법과 성문법,[23] 국민 결정, 교령,[24] (이미 말한 것처럼) 인간적 권위에 근거한 모든 유사한 규정이 그것이다.[25]

§ 7. 그럼에도 불구하고 우리는 상이한 방식으로 전체적으로 혹은 부분적으로, 현재나 미래 시대의 상태에 대한 인간 행동과의 관계에서 고찰되고 비교된 모세법과 복음의 법이 (그리고 어쩌면 다른 종교도) ── 제2권 제8장과 제9장[26]에서 보다 분명하게 드러나게 될 것처럼 ── 때로는 법의 세 번째 의미 아래 들어가거나 지금까지 들어갔고 들어갈 것이고, 때로는 네 번째 의미에 들어가거나 들어갔고 들어갈 것이라는 것, 어떤 법은 진리에 부합하지만 어떤 법은 거짓 환상과 공허한 약속에 따르고 있다는 것을 간과해서는 안 된다. 그러므로 시민적 인간 행동에 대한 어떤 기준 내지 법이 있다는 것과 그것이 무엇이어야 하는가는 이미 말한 내용에서 분명하다.

라고 정의한다(I, 15; II, 8, 6 참조). 즉 법의 강제 권력은 군주에게만 엄격히 한정되어야 한다는 것이다. 이런 입장의 외적 동기는 마르실리우스가 모든 사제, 특히 교황의 법적 권한을 부정해야 하는 필연성에 있다.

23 statutum: 'statuo'(제정하다)의 파생어로 관습법의 반대 개념이다.

24 decretales: 사전적 의미는 '결정', '명령'이다. 그러나 특별히 가톨릭 종교회의의 결정에 대해 사용되었다.

25 이것이 법의 가장 포괄적 의미이다. 마르실리우스에게서 교회의 명령들은 법이 아니다. II, 25, 7 참조.

26 II, 8, 4-5; II, 9, 1-9.

제11장

본래적 의미에서 취해진 법 제정의 필요에 대하여;
통치자가 헌신적이고 정의로울지라도
법 없이 통치하는 것은 합당하지 않다

§ 1. 우리는 법 관념을 구분한 후에 그것의 궁극적이고 본래적인 의미에
따라 목적적 필요성을 지시하고자 한다. 즉 보다 주요한 필요성은 시민적
삶에서 정의로운 것과 공동의 유익이며, 부차적인 필요성[1]은 통치자, 특히
세습 가문에 의한 군주들의 어떤 안전과 지속적 통치이다. 우리는 첫 번째
필요성을 이렇게 입증한다. 즉 그것 없이는 국가적 판단이 절대 적법하게
이루어질 수 없으며, 그것을 통해 적법하게 판단이 집행되고 그것이 인간
행동으로 가능한 한, 실수로부터 보호받는, 그런 것을 국가에서 제정하
는 것이 필요하다. 법은 이런 것이니 통치자는 법에 따라 국가적 판단을
내리도록 정해져 있으므로 국가에서의 법 제정은 필요하다. 이 증명의
첫 번째 명제는 거의 자명하고 입증 불가능한 것에 가깝다. 이 책 제5장
제7절에서 이것의 확실성을 추론해야 하고 추론할 수 있다. 두 번째 명제

---

1 11, 5-8.

는 이것에서 분명해질 것이다. 즉 판단의 선함에 있어 완전하기 위해서는 판사의 정의로운 감정[2]과 판단되어야 할 대상에 대한 참된 지식이 요구된다. 그것의 반대는 국가적 판단을 부패시킨다. 왜냐하면 증오나 사랑, 혹은 탐욕 같은 판단하는 자의 왜곡된 감정은 그의 바람을 왜곡하기 때문이다. 판사나 통치자가 법에 따라 판단을 내리도록 정해져 있는 한, 이런 일은 판단에서 금지되어야 하고 그들로부터 보호되어야 한다. 왜냐하면 법에는 모든 왜곡된 감정이 없기 때문이다. 법은 유익하거나 해로운 친구나 원수를 위해서가 아니라 보편적으로 시민적 삶에서 선하거나 악하게 행동하는 자를 위해 만들어졌기 때문이다.[3] 다른 모든 것은 법에 우연적이고 법 밖에 있으되, 판사 밖에 있지는 않다. 왜냐하면 재판에 세워진 인간들은 판단하는 자의 친구나 원수일 수 있고, 어떤 것을 주거나 어떤 것을 약속함을 통해 유익하거나 해로울 수 있기 때문이다. 이것은 판사에게 판결을 왜곡하는 감정을 야기할 수 있는 다른 태도에서도 마찬가지이다. 그러므로 가능한 한 판결은 판단하는 자의 자의에 맡겨져서는 안 되고, 법에 의해 확정되고 법에 따라 선고되어야 한다.[4]

§ 2. 이것이 신성한 아리스토텔레스 『정치학』 제3권 제9장의 견해였으니, 여기서 그는 의도적으로 한 국가가 법 없이 최선의 남자에 의해 통치받는 것이 나은가, 아니면 최선의 법에 의해 통치받는 것이 나은가를 묻고[5] 이렇게 말한다. "어떤 열정적인 것, 즉 판단을 왜곡할 수 있는 감정이

---

2 affectio: 브렛의 주장에 따르면, 'affectio'는 어떤 원인의 결과로 마음이나 몸의 일시적 변화, 예를 들어 기쁨, 질투, 공포, 분노, 질병, 악함 등을 말한다. 키케로에서 이것은 'habitus'와 대립된다. Brett, p. xli 참조.

3 I, 10, 3 참조.

4 여기서 마르실리우스는 중세기 정치사상의 가장 공통적인 사상을 전개한다. 인간적 자의에 대한 법의 우위성(아리스토텔레스, 『정치학』 III, 1282b 1-7)이 그것이다.

5 아리스토텔레스, 『정치학』 III, 1286a 17-20. 이 문제는 『정치학』 제3권과 『니코마코

있지 않은 무엇이, 감정이 그의 본성에 본래 있는 무엇보다 판단함에 있어서 보다 강하다. 즉 우월하다. 법에는 열정이나 감정이 내재하지 않는다. 그러나 인간 영혼은 필연적으로 모든 감정을 가진다." 여기서 그는 '모든'이라고 말했으니 아무리 인간이 근면할지라도, 그 누구도 예외로 하지 않았다. 그는 이 견해를 『수사학』 제1권 제1장에서 되풀이하면서 말한다. "그러나 모든 것 중 가장 중대한 것", 즉 어떤 것도 판단을 위해 법 없이 판단하는 자의 재량에 맡겨져서는 안 된다는 명제가 요구된다. "왜냐하면 입법자의 판단", 즉 법이 "부분에 대하여", 즉 어떤 특별한 인간 때문에 선포된 것이 아니고 "미래의 일과 보편적인 일에 대하여" 선포되었기 때문이다.[6] "그러나 의장[7]과 판사는 이미 현재적이고 정의된 일에 대해 판단하니, 이런 일에는 사랑과 증오, 자신의 편의가 종종 결부되어 있으므로 그들은 진실을 충분히 분간할 수 없고 도리어 판단에 있어 자신에게 즐겁거나 슬픈 것에 주목한다." 그는 같은 책 제1권 제2장에서도 이렇게 말한다. "우리는 슬퍼

스 윤리학』 제5권에 대한 주해 문헌뿐만 아니라 정치철학 문헌에서 제기되었다. 예를 들어 마르실리우스의 동시대인 프란체스코 수도회 소속 수도사 파올리노(Paolino)의 논문, *Trattato de regimine rectoris di fra Paolino minorita* (ed. A. Mussafia, Vienna-Firenze, 1868), Part III, ch. 75에서 그의 입장은 마르실리우스의 입장과 유사하다. 『정치학』에 대한 피에르 도베르뉴의 질문을 참조하라. Pierre d'Auvergne, *Politica* III, q. 22, ed. C. Flüeler, *Rezeption und Interpretation der aristotelischen Politica im späten Mittelalter* (Amsterdam-Philadelphia 1992), I, pp. 216~19. 여기서 도베르뉴는 도시는 최선의 인물에 의해 통치되는 것이 낫다고 주장한다. 왜냐하면 그는 법에 비해 내적으로 정치적 지혜를 소유하고 있는 반면, 법은 그것을 제정한 자를 거쳐서만 정치적 지혜를 갖기 때문이다. "그러나 경우에 따라서 법에 의해 통치되는 것이 낫다. 그 이유는, 적어도 열정과 결부된 무엇에 의해서보다는 열정을 결핍한 것에 의해 통치되는 것이 낫기 때문이다. 최선의 인물은 열정에 개방되어 있다. 그러나 법은 그렇지 않다 ……"(같은 책, p. 218).

6 아리스토텔레스, 『수사학』 I, 1354b 4-11.

7 praefectus: 쿠쉬는 이것을 그리스어 'ἐκκλησιαστής'(집회 일원)와 동일한 의미로 보았다(Kusch, vol. 1, p. 102, 각주 190). 그러나 K. E. Georges, *Ausführliches lateinisch-deutsches Handwörterbuch* II, 1846, 'praefectus' 항에서 이런 의미는 보이지 않는다. 이 말은 정치적·군사적 직위의 칭호로 사용되었다.

하고 기뻐하면서, 사랑하거나 증오하면서 같은 판단을 내리지 않는다."[8]

§ 3. 또한 재판관들이 아무리 선한 감정이나 의도를 가질지라도 그들의 무지가 판단을 망친다. 또한 이 실수나 결함은 법을 통해 제거되고 보완된다. 왜냐하면 법에 인간의 시민적 개별 행동에 있어 무엇이 정의로운지 불의한지, 유익한지 해로운지가 거의 완전하게 확정되어 있기 때문이다. 이것은 그가 아무리 천재적일지라도, 개인에 의해서는 그렇게 만족스럽게 이루어질 수 없다. 왜냐하면 개인이나 어쩌면 한 시대의 모든 인간이 법에 규정되어 있는 시민적 행동을 발견하거나 주의할 수 없기 때문이다. 오히려 그것들에 대해 처음 법을 고안한 자와 같은 시대의 모든 인간, 곧 이런 법을 준수한 자들이 말한 것은 보잘것없고 불완전한 것이었다. 이것은 이후에 후대인들이 덧붙임으로써 보완되었다. 상이한 시대에 따라, 그리고 같은 시대 안에서 상이한 상황에 따라 때로 법에서 이루어지는 첨가와 삭제, 그리고 완전히 정반대로의 변경에 친숙한 경험은 이런 사실을 이해하기에 충분하다.[9]

아리스토텔레스는 『정치학』 제2권 제2장에서 이것을 증언한다. "많은 시간, 많은 세월을 주목해야 하는데, 그 기간 동안에 이런 것들이 잘 조정되었다면 이것들은 감추어져 있지 않았을 것이라는 점을 간과해서는 안 된다."[10] 즉 이것들은 법으로 규정되었어야 한다. 그는 『수사학』 제1권 제1장에서도 같은 말을 한다. "그다음으로 입법은 오랜 시간의 숙고를 거친 후 이루어진다."[11] 이것이 이성에 의해 확증된다. 왜냐하면 앞서 법의 서

---

8 아리스토텔레스, 『수사학』 I, 1356a 15-16.
9 숄츠는 여기서 마르실리우스가 당대 이탈리아 도시국가들의 상황, 혁명과 법령 변경을 염두에 둔 것으로 추정한다. Scholz, p. 54, 각주 2 참조.
10 아리스토텔레스, 『정치학』 II, 1264a 1-3.
11 아리스토텔레스, 『수사학』 I, 1354b 1-2.

술에서 나타난 것처럼 입법은 지혜를 필요로 하고, 지혜는 오랜 경험을, 경험은 많은 시간을 필요로 하기 때문이다. 그러므로 그는 『니코마코스 윤리학』 제6권에서 말한다. "말해진 것에 대한 증거는, 젊은이들이 기하학에서 교육을 받았고 이런 영역에서 영리해졌으나 지혜롭게 되지 않은 것으로 보인다. 그 이유는 지혜는 경험을 통해 인식되는 개별적인 것에 대한 것이기 때문인데, 젊은이는 경험이 없기 때문이다. 많은 시간이 경험을 만들 것이다."[12] 그러므로 한 개인이 시민적으로 정의롭고 유익한 것에 대한 지식에서뿐만 아니라 다른 지식에서 스스로 발견하고 알 수 있는 것은 미미하거나 없다. 또한 한 세대의 인간들이 [관찰한] 것은 여러 세대에서 관찰된 것에 비해 불완전하다. 그러므로 아리스토텔레스는 『형이상학』 제2권 제1장에서 각 기술과 학문에서의 진리의 발견에 대해 다루면서 이렇게 말한다. "개별자는", 즉 어떤 학문이나 기술이든 그것을 발견한 자는 "아무것도 혹은 거의 기여하지 않으니", 즉 스스로 그것에 대해 거의 아무것도 발견하지 못한다. "그러나 모든 것에서 합성된 것은 어떤 거대한 것이 된다."[13] 그런데 아랍어 번역에 따르면, 이 구절은 보다 분명하다. 거기에는 이렇게 되어 있다. "그들 각자, 즉 어떤 기술이나 학문이든 그것을 발견한 자는 진리에 대해 아무것도 파악하지 못하거나 작은 부분만 파악한다. 그러므로 [어떤 진리를] 파악한 모든 자로부터 합성되었을 때, 합성된 것은 어떤 양을 가질 것이다." 이것은 점성술에서 가장 분명히 드러난다.[14]

　그러므로 인간의 상호 도움을 통해, 그리고 후대 발견자들이 이전에 발견된 것에 추가함을 통해 모든 기술과 학문은 완전해졌다. 또한 아리스토텔레스는 같은 구절[15]에서 음악의 발견에 대해 비유적으로 설명한다. 그는

12　아리스토텔레스, 『니코마코스 윤리학』 VI, 1142a 11-15.
13　아리스토텔레스, 『형이상학』 II, 993b 2-4.
14　I, 9, 4; I, 13, 8 참조.
15　아리스토텔레스, 『형이상학』 II, 993b 15-16.

말했다. "티모테우스[16]가 없었다면, 우리는 다양한 멜로디를 갖지 못했을 것이다. 그런데 프뤼니스가 없었다면 티모테우스는 없었을 것이니", 즉 그가 먼저 프뤼니스가 발견한 것을 갖지 않았다면, 멜로디에서 완전하지 않았을 것이다. 아베로에스는 두 번째 주해에서 이 말을 설명했다. "그, 즉 아리스토텔레스가 이 장에서 말한 것은 명백하다. 아무도 스스로 행위적이거나 관찰적인, 즉 사변적인 기술을 보다 큰 부분으로 발견할 수 없다. 왜냐하면 그것들은 선배가 후배들에게 도움을 주지 않고서는 완전해지지 않기 때문이다."[17] 그는 『소피스트적 논박』 제2권의 결론 장에서 수사학 및 다른 모든 학문에 대해 같은 말을 한다.[18] ─그가 선배의 발견이나 도움 없이 자기 스스로 완성한 것으로 간주한 논리학의 발견의 경우가 무엇이든지 간에 말이다 ─ 여기서 그는 다른 사람들 가운데서 독보적이었던 것처럼 보인다. 그는 계속해서 『니코마코스 윤리학』 제8권 제1장[19]에서 이것을 말한다. "오는", 즉 함께 오는 "두 사람이 행동과 이해함에서 강하다". 한 사람보다, 그러므로 두 사람이면 ─ 동시에든지 연속적이든지 간에 ─ 한 사람이 혼자 할 때보다 둘 이상의 성과가 나온다. 그리고 이것은 그가 『정치학』 제3권 제9장[20]에서 이 주제에 대해 말한 것이다. "두 눈과 두 귀를 가지고 판단하는 한 사람이, 많은 사람이 많은 눈과 귀를 가지고 하는 것보다 잘 인지하고, 두 발과 두 손으로 일하는 자가, 많은 사람이 하는 것보다 많은 것을 행한다는 것은 어쩌면 적절치 않은 것처럼 보인다."[21] 그러므

---

16 티모테우스(Timotheus, 기원전 446?~기원전 357): 밀레토스 출신의 시인이자 음악가로, 주로 아테네에서 활동했다. 아리스토텔레스, 조대호 옮김, 『형이상학』, 도서출판 길, 2017, 84쪽, 각주 3 참조.

17 아리스토텔레스 작품의 아랍어 번역은 이븐 루시드의 주해와 더불어 발간되었다. *Opera Aristotelis cum Averrois commentariis*, Venezia 1562, vol. 8, fol. 29r.

18 아리스토텔레스, 『소피스트적 논박』 II, 183b 26ff.

19 아리스토텔레스, 『니코마코스 윤리학』 VIII, 1155a 15-16.

20 아리스토텔레스, 『정치학』 III, 1287b 26-29.

로 법은 많은 눈에서 비롯한 눈, 즉 시민적 판단에서 오류를 피하고 올바르게 판단하기 위해 다수의 파악자들이 검토한 결론이므로, 판단하는 자의 재량보다는 법에 따라 판결이 내려지는 것이 보다 확실하다. 그러므로 국가가 시민적 삶에서 정의롭고 유익한 것에 대해 최선으로 규제되어야 한다면 법을 제정할 필요가 있다. 즉 법을 통해 공적 판단이 판사들의 무지와 왜곡된 감정으로부터 보호받고, 이 감정에 의해 우리는 이 장의 처음부터[22] 법의 필요성을 확증하려 시도했으니, 이것은 입증의 소전제였다. 그러나 발생했고 확정되지 않은 분쟁이나 시민적 사건을 어떻게 법에 의해 결정하거나 판단해야 하는지에 대해서는 이 권의 제14장[23]에서 말할 것이다. 그러므로 판사들의 공적 판단이나 판결에서 악의와 오류를 배제하기 위해 법은 필수적이다.

§4. 그러므로 아리스토텔레스는 법이 결정할 수 있는 시민적 사안에 대해 법 없이 판단하거나 명령하는 권한을 판사나 통치자에게 맡기지 말라고 조언했다. 아리스토텔레스는 『니코마코스 윤리학』 제4권 제5장의 정의에 대한 논설에서 다음과 같이 말한다.[24] "그러므로 우리는 인간이 통치하도록 허용해서는 안 되고[25] 이성", 즉 법[26]에 따라 "통치하도록 허락한다". 여기서 그는 방금 언급한 이유, 즉 통치자에게 나타날 수 있는 왜곡된 감정을 그 이유로 내세운다. 그는 『정치학』 제3권 제6장[27]에서 이런 말로써

---

21 마르실리우스는 분명히 직전 구절과 연결해 이 구절을 이해하는 듯하다. 즉 모든 통치자는 법에 의해 형성되거나 교육받은 경우에 잘 판단한다고 말한다.

22 I, 11, 1 참조.

23 I, 14, 3-7.

24 아리스토텔레스, 『니코마코스 윤리학』 V, 1134a 35.

25 즉 인간이 자기 재량대로 통치하게 해서는 안 된다.

26 여기서 마르실리우스가 법을 이성과 동일시한 것을 주목하라.

27 아리스토텔레스, 『정치학』 III, 1282b 1-2.

같은 사실을 말한다. "처음에 언급된 의심은, 다름 아니라, 옳게 주어진 법이 지배해야 한다는 점을 분명하게 만든다." 즉 통치자는 법에 따라 다스려야 한다는 점 말이다. 그는 같은 생각을 같은 책 제9장[28]에서도 표현한다. "이성이 다스리기를 요구하는 자는, 신과 법이 다스리기를 요구하는 것처럼 보인다. 그러나 인간을, 즉 법 없이 자기 재량에 따라 다스리는 것을 요구하는 자는 한 짐승을 그 옆에 세우는 것이다."[29] 조금 뒤에 그는 이런 말로 그 이유를 말한다. "그러므로 법은 욕망 없는 이성이다."[30] 그는 법이 욕망, 즉 어떤 감정 없는 지성이나 인식이라고 말하는 듯하다. 그는 『수사학』 제1권 제1장에서 이 견해를 반복해 말한다.[31] "그러므로 옳게 주어진 법이, 발생하는 것을 무엇이든지 결정하고, 판단하는 자에게 최소한으로만 위임하는 것이 가장 적절하다." 여기서 그는 앞에서 인용된 이것의 이유가, 곧 (이전에 지시된 것처럼[32] 판사에게서 일어나는 것처럼) 법에서는 일어날 수 없는, 판사들의 악의와 무지를 공적 판결에서 배제하는 것임을 내세운다. 아리스토텔레스는 『정치학』 제4권 제4장에서 보다 분명하게 말한다.[33] "법이 지배하지 않는 곳에", 즉 통치자가 법에 따라 지배하지 않는 곳에 "국가는 없다". '조절된 국가'를 보충하라. 왜냐하면 법은 모든 것을 지배해야 하기 때문이다.

§ 5. 모든 통치자는 법에 따라 통치해야 하고, 이들 가운데 특히 그들의

---

28 아리스토텔레스, 『정치학』 III, 1287a 28-30.
29 이 구절에 대한 의미는, 군주의 권력은 신법과 자연법에 의해 제한되어야 한다는 것이다. 인간 지배에 대한 법의 지배의 우월성 명제는 이 글의 여러 곳에서 확인된다. I, 11, 7-8; I, 14, 8; I, 15, 4. 이 입장의 결론은 군주가 법에 종속되어 있다는 것이다.
30 아리스토텔레스, 『정치학』 III, 1287a 32.
31 아리스토텔레스, 『수사학』 I, 1354a 31-32.
32 I, 11, 1.
33 아리스토텔레스, 『정치학』 IV, 1292a 32-33.

모든 세습과 더불어 통치하는 군주들은 그들의 정권이 보다 안전하고 지속적이기 위해 법 없이는 지배하지 말아야 한다는 것을 지시하는 일이 남아 있다. 이것은 이 장(章)의 시작에서 법의 2차적 필요성처럼 확정되었다. 우리는 이것을 우선 이렇게 볼 수 있으니, 법에 따라 통치하는 일은 그것의 판단을 무지와 왜곡된 감정에서 나타나는 결함으로부터 보호하기 때문이다. 그러므로 그들이 자체적으로 그리고 예속된 시민들에게 맞추어져 조절되어 있다면, 자의대로 악하게 행동하는 자들에게서 일어나는 폭동을, 따라서 그들의 통치권의 해체를 덜 겪을 것이다. 이것은 아리스토텔레스가 『정치학』제5권 제5장에서 공공연히 말한 것과 같다. "왕국이 외부로부터 파괴되는 경우는 극히 드물다. 오히려 그 자체로부터 대부분 파괴가 일어난다. 왕국은 두 가지 방식으로 파괴되는데, 첫째로 정권에 참여한 자들이 분열을 일으킴으로써, 둘째로 그들이 법에 반해 보다 많은 것의 지배자가 되기를 요구함으로써 보다 전제적으로 지배하려 함으로써이다. 지금 왕국들은 생기지 않고, 만일 생긴다고 하면, 그것은 차라리 단독 통치와 전제적 통치이다."[34]

§6. 그러나 누군가는 최선의 인간은 무지와 왜곡된 감정에서 벗어나 있다고 항변할 것이다. 그러나 우리는 이런 경우는 극히 드물게 일어나니, 그럼에도 불구하고 법에서 일어나는 것처럼[35] 그 자신에게[36] 일어나지는 않는다고 말할 것이다. 이것은 우리가 아리스토텔레스로부터,[37] 이성으로부터 인지적 경험으로부터 추론한 것과 같으니, 왜냐하면 모든 영혼은 이것, 즉 때로 치유 불능한 감정을 가지고 있기 때문이다. 우리는 이것을 「다니

---

34 아리스토텔레스, 『정치학』 V, 1312b 38-1313a 5.
35 법이 무지와 왜곡된 감정에서 자유로운 것처럼.
36 최선의 인물에게.
37 I, 11, 2 이하.

엘서」제13장[38]에서 쉽게 믿을 수 있다. 즉 그곳에 다음과 같이 기록되어 있다. "두 명의 장로가 수산나를 죽이겠다는 악한 생각을 가득 품고서 왔다." 이 사람들은 그해에 장로이고 사제이고 백성의 판관이었다. 그럼에도 불구하고 그녀에게 불리한 거짓 증언을 내놓았으니, 왜냐하면 그녀가 그들의 불의한 정욕을 묵인하려 하지 않았기 때문이다. 그러므로 장로요 노인들이 육신적 정욕 때문에 타락했다면(그들은 그렇게 보이지 않을 것이다) 탐욕과 다른 것 때문에 얼마나 더 많이 그러할 것이며, 다른 사람에 대해 어떻게 생각해야 하겠는가? 확실히 어떤 사람도, 아무리 노력할지라도 법처럼 악한 정열과 무지에서 벗어날 수 없다. 그러므로 공적 판단이 법을 통해 통제되는 것이 (아무리 노력할지라도) 판단하는 자의 재량에 맡겨지는 것보다 안전하다.

§7. 그런 경우가 드물거나 불가능하기는 하지만, 그에게 정열이나 무지가 생기지 않은, 그런 영웅적인 통치자가 있다고 하자. 그들이 이 남자와 비슷하지 않으면서, 지나치게 자의대로 통치하고 이것으로 말미암아 통치권을 박탈당하는 자식들에 대해 뭐라고 말할 것인가? 아마도 아버지, 남자들 중 최선의 인물이 그들에게 정권을 이양하지 않을 것이라고 말하는 것이 아니라면 말이다. 이 말에 귀를 기울여서는 안 된다. 왜냐하면 아버지에게는 아들들을 이 승계에서 (이 승계에 의해 정권이 가문에 주어진다면) 제외할 권한이 없기 때문이고, 또한 그는 원하는 자에게 정권을 이양할 수 있는 것이 그 자신의 권한에 있다면, 아무리 악한 자식일지라도 여기서 배제하지 않을 것이기 때문이다. 그러므로 아리스토텔레스는『정치학』제3권 제9장[39]에서 이 항변에 다음과 같이 답변한다. "더구나 아버지가 아들을 정권에서 배제하는 것을 믿기는 힘들다. 그리고 인간 본성보다 큰 힘을 요

---

38 외경「수산나」;「다니엘서」13:28.
39 아리스토텔레스,『정치학』III, 1286b 26-27.

구한다." 그러므로 통치자에게는 자기 재량대로 공적 판단을 내리는 것보다 법에 의해 통제되고 결정하는 것이 적절하다. 왜냐하면 그들이 법에 의거하면 그릇되거나 비난받을 만한 일을 행하지 않을 것이니, 그러므로 그들의 정권이 보다 안전하고 지속될 것이기 때문이다.

§ 8. 이것이 모든 통치자에 대한 탁월한 아리스토텔레스의 조언이지만 사람들이 거의 주목하지 않는다. 아리스토텔레스는 『정치학』 제5권 제6장[40]에서 말한다. "그들이 지배하는 대상이 적을수록", 즉 법에서 덜 벗어날수록 "모든 통치는 오래 지속될 것이다. 왜냐하면 그들, 즉 통치자들은 덜 독재적이 되고, 품행에서 보다 공정해지고 신하들에 의해 덜 시기를 받기 때문이다."[41] 이어서 그는 테오폼포스(Theopompos)라는 매우 지혜로운 왕의 증언을 인용한다. 그는 자신에게 허용된 권력 중 일부를 자발적으로 포기했다. 그러므로 우리는 여기서 (수세기를 통해 다른 사람에게서 거의 발견하지 못한) 이 군주의 특이성과 탁월한 용기 때문에 아리스토텔레스의 구절을 인용하는 것이 적절하다고 판단했다. 아리스토텔레스는 말했다. "테오폼포스는 다시 조정했으니, 즉 어쩌면 과도하게 보였던 자신의 권력을 축소했고, 다른 것 가운데서 에포로스 직[42]을 세웠기 때문이다. 그는 권력, 즉 자신의 것 중에서 [일부를] 제함으로써 왕국을 시간과 더불어 번영케 했으니, 즉 보다 지속적으로 만들었고, 그러므로 어떤 방식으로 왕국을 보다 작게 만든 것이 아니라 보다 크게 만들었다."[43] 그는 이 말로써 "아내에게 답변했다고 한다. 즉 그의 아내는 이렇게 말했다. 그가 아버지로부터 물려받은

---

40 아리스토텔레스, 『정치학』 V, 1313a 20-27.

41 아리스토텔레스, 『정치학』 V, 1313a 20-23.

42 ephororum principatus: 그리스어로는 'ἔφορος'로 왕을 감독하는 스파르타의 관직이다. Quillet, p. 107, 각주 34 참조.

43 아리스토텔레스, 『정치학』 V, 1313a 26ff.

것보다 작은 왕국을 아들들에게 물려줌으로써, 아무렇지도, 즉 부끄럽지 않은지?" 이 말에 그는 이미 말한 것으로 답변했다. "이렇게 말해서는 안 된다. 왜냐하면 나는 보다 지속적으로 물려주기 때문이다." 오! 테오폼포스의 들어보지 못한 지혜로부터 나온 영웅적인 말이여, 그리고 법 없이 신하들에게 충만한 권력을 사용하고자 하는 자들이 얼마나 주목해야 하는가! 이 말을 주목하지 않았던 얼마나 많은 통치자들이 몰락했던가! 우리도 이렇게 주목하지 않았기 때문에 왕국들 중 가장 작지 않은 왕국이 현대에, 그 통치자가 신하들에게 익숙하지 않고 법에서 벗어난 세금을 부과하려 함으로써 거의 총체적으로 흔들리는 것을 보았다.[44] 그러므로 국가가 절대적으로 올바로 정돈되려면, 그리고 통치가 보다 오래 지속되려면, 국가에 법이 필요하다는 것이 앞의 진술들에서 분명해진다.

---

44 프랑스의 필리프 4세(1268~1314)를 가리킨다. 그는 통치 말기인 1314년에 플랑드르에서 전쟁이 종료되었음에도 불구하고 전쟁세를 징수하려고 함으로써, 이에 반발한 귀족 동맹의 폭동에 직면했다.

제 1 2 장

입증 가능한 인간법의 작용인과 또한
증명을 통해 확인될 수 없는 작용인에 대하여;
이것은 입법자에 대해 연구하는 것이다.
여기서 또한 투표를 통해 정해진 것은 다른 확인 없이,
투표에 의해서만 권위가 부여된다는 것이 분명해진다

§ 1. 이어서 우리가 증명할 수 있는 법의 작용인에 대해 말해야 한다. 즉
나는 여기서 신의 작용이나 신탁을 통해 직접적으로 인간의 판단 없이 일
어날 수 있거나 이미 일어난 제정에 대해(우리는 모세법의 제정을 이런 예로
언급했다[1]), 현 시대의 상태를 위해 그 안에 들어 있는 시민적 행동에 관한
명령에 대해서도, 확인하려 하지 않고 다만 법 제정과, 직접 인간 정신의
판단에서 나오는 통치의 제정에 대해서만 확인하려고 한다.

§ 2. 이것으로 넘어가면서 다음과 같이 말하고자 한다. 즉 거의 물질적
으로,[2] 그리고 세 번째 의미에 따라[3] 시민적으로 의롭고 유익한 것에 관한

---

1 I, 9, 2 참조.

2 아리스토텔레스의 『니코마코스 윤리학』 제10권에서의 법의 정의에 대한 알베르투
스 마그누스의 주해 *Super ethica commentum cum quaestionibus* ed. W. Kübel,
Münster: Aschendorff 1968-72, vol. II, p. 785 참조. "평민과 지혜로운 자는 질료
적 의미에서 법을 만들 수 있지만, 그 법은 군주의 확인 없이는 법의 형태와 강제력

지식으로서 이해된 법은 모든 시민에게 해당된다는 것을 발견할 수 있다.[4] 이 연구가 그들의 작업을 통해 삶에 필요한 것을 얻기 위해 노력해야 하는 기술자들의 고찰보다는 지혜로운 자라고 불리는 여가를 가질 수 있는 자들,[5] 곧 연장자이자 삶에서 경험 있는 자들[6]의 관찰에 의해 보다 적절하게 이루어지고 보다 잘 성취될 수 있지만 말이다. 그러나 법을 준수함에 관하여 강제적 명령이 선포되었거나 혹은 (그것의 권위에 의해 위반자는 제재되어야 하고 제재될 수 있는) 그에 의해[7] 이런 명령 방식을 통해 전달되지 않은 한, 정의로운 것과 유익한 것, 그리고 그 반대에 대한 참된 지식이나 발견은 궁극적인, 본래적 의미에서 법이 아니다(이런 의미에서 법은 인간 행동의 척도가 된다). 그러므로 이런 규정을 선포하고 그 위반자를 제재하는 권한이 누구에게 있는지를 말하는 것이 적절하다. 이것은 입법자 내지 법을 만든 자에 대해 묻는 것을 뜻한다.

§ 3. 그러나 우리는 진리에 따라 — 아리스토텔레스의 『정치학』 제3권 제6장의 조언에 따라 — 입법자[8] 내지 법의 일차적·본래적 작용인은 백성[9] 내지 시민 전체 혹은 그들 중 '보다 강한 쪽'이며, 그들은 그들의 투표

을 가질 수 없다."

3 I, 10, 4 참조.

4 이 문장의 주어는 문맥상 불특정인이다.

5 이것은 플라톤의 『국가』와 아리스토텔레스의 『정치학』에서 진술된 것처럼 여가를 가진 인간과 성찰과 통치에 시간을 낼 수 있는 인간, 그리고 보다 노예적 업무에 종사하는 수공인을 구별한 것을 차용한 것이다.

6 I, 13, 8 참조. 아리스토텔레스는 성공적 입법에서 정치적 경험의 필요를 역설한다. 아리스토텔레스, 『니코마코스 윤리학』 X, 1180b 28 – 1181b 12 참조.

7 ex eo: 이 지시대명사는 문맥상으로 볼 때, 입법자를 지시하는 듯하다.

8 legislator: 마르실리우스의 핵심 개념 가운데 하나이다. 이것은 아리스토텔레스가 『정치학』에서 자주 사용하는 'νομοθέτης'의 번역어이다.

9 populus: 거워스에 의하면, 마르실리우스는 로마법에서 이 개념을 차용했다

내지 시민들의 전체 모임[10]에서 말[11]로 표현된 의지를 통해 시민적 인간 행위에 대해 일시적 형벌이나 징계 아래에서 어떤 일이 이루어지거나 생략되도록 명령하거나 결정하는 자들이라고 말하고 싶다. 나는 법이 그들 위에 선포되는 저 공동체 내의 인간의 수와 질을 고려해 '보다 강한 쪽'이라고 말한다. ─ 앞에서 말한 시민 전체나 그들 중 '보다 강한 쪽'이 스스로 직접 이것을[12] 행하든지, 아니면 (절대적으로 입법자가 아니거나 될 수 없고 다만 어떤 것에 대해 때때로 첫 번째 입법자의 권위에 의해서만 그럴 수 있는) 어떤 사람 내지 몇 사람에게 [입법] 행위를 위임하든지 간에 말이다. 이와 연관해 나는 바로 동일한 일차적 권위[13]를 통해 법과 투표를 통해 제정된 다른 모든 사안은 필요한 승인을 받아야 한다고 말한다.[14] ─ 선택된 것들이 존재하기 위해서가 아니라 잘 있기 위해[15] 요구되는, 또한 그것이 행해지지 않음으로써 투표가 덜 유효하게 되지는 않는 어떤 의식이나 격식[16]에 관한 상황이 어떠하든지 간에 말이다. 또한 법과 투표를 통해 결정된 모든 것은

(Gewirth, vol. 1, p. 180, 각주 5). 여기에는 아리스토텔레스의 'δῆμος', 그리고 이탈리아 코뮌의 '포폴로'(popolo) 개념이 영향을 끼쳤다. 'Popolo'는 'comunancia', 즉 시민적 권리를 누리는 시민들의 집합이다.

10 universitas: 카시오도루스에게 이 개념은 정치 공동체의 집합을 나타낸다. 로마 법학자들에게는 법의 진정한 주체를 의미한다. 이 개념은 12세기 이후 북이탈리아에서 도시 혹은 시민 전체를 표현하기 위해 사용되었다. Quillet, p. 110, 각주 7 참조.

11 토론.

12 법의 결정.

13 앞에서 언급한 투표단.

14 마르실리우스는 황제 선출 절차를 염두에 두었다. 여기서 교황의 승인은 형식적 정확성의 궁극적 확인을 뜻한다. 루트비히가 교황의 대관을 무시하고 황제 칭호를 사용한 것은 요한 22세의 가장 큰 불만 가운데 하나였다.

15 투표로 결정된 사안이 유지될 뿐만 아니라 제대로 유지되기 위해서는 공적 의식 등이 필요하다.

16 마르실리우스가 말하는 의식은 황제 대관식이다. 그러나 의식을 거행하지 않는다고 해서 투표로 결정된 사안이 효력이 없는 것은 아니다.

시간이나 공간이나 다른 상황의 요구에 따라 같은 권위에 의해 첨가 혹은 삭제되거나 완전히 변경되고, 해석되고, 중지되어야 한다. 이를 통해 이런 조치들이 이런 일에 대해 공공의 유익을 위해 시기적절하게 될 것이다. 같은 권위에 의해 법은 제정된 후에 공개되거나 선포되어야 한다. 이것은 시민들이나 나그네가 그것을 위반했을 때 자신의 무지로써 변명하지 못하게 하려는 것이다.

§ 4. 나는 아리스토텔레스의 『정치학』 제3권 제1장, 제3장, 제7장에 따라 도시 공동체에서 통치직이나 의원직, 재판직에 참여하는 자들을 그들의 등급에 따라 시민이라고 칭한다.[17] 이런 서술을 통해 시민들로부터 (비록 상이한 방식일지라도) 남자아이, 노예, 나그네, 여자는 제외된다. 즉 시민들의 남자아이들은 다만 연령적 하자 때문에 미래의 잠재적 시민이다.[18] 그러나 국가[19]의 존경할 만한 관습에 따라 시민들 가운데 '보다 강한 쪽'을 주목해야 하고, 혹은 아리스토텔레스 『정치학』 제6권 제2장의 견해[20]에

---

17 아리스토텔레스, 『정치학』 III, 1275b 18-20, 1277b 34, 1283b 42. 마르실리우스의 시민 정의는 첫 번째 문장에서 취한 것이다. '등급에 따라서'는 아리스토텔레스의 텍스트에는 없다. 시민의 기초적 기준은 통치에 참여함이다.

18 『정치학』 제3권에서 시작하는 문장은 다른 가능한 범주를 제외함으로써 시민 정의에 도달한다. 노예나 나그네처럼 단순히 거주하는 자들, 그리고 시민이 아닌 소년과 노인 등(여자에 대한 언급은 없으나, 당시 여자가 시민이 아닌 것은 자명하다). 마르실리우스는 '단순히 말하는 시민'과 '어떤 의미의 시민'을 구별함으로써 아리스토텔레스의 범주를 당대 현실에 적용하려고 한다. 토마스 아퀴나스는 이 구절에 대해, 아리스토텔레스에 의해 제외된 모든 그룹은 '어떤 의미에서 시민들'이라고 주를 달았다. Thomas Aquinas, *In octo libros politicorum Aristotelis expositio* (ed. R. M. Spazzi, Torino: Marietti 1965), p. 120, n. 225. 반면에 마르실리우스에게는 통치에 참여하는 사람은 누구나 동등하게 완전한 의미의 시민이되, 등급에 따른 시민이다. 그러므로 생계를 위해 손으로 노동하는 자는 귀족층처럼 통치에 있어서 동일한 능동적 지도적 역할을 갖지 못한다.

19 politia: 이탈리아 도시국가의 공화정을 생각한다. Kunzmann·Kusch, vol. 1, p. 120, 각주 234.

따라 이것[21]을 결정해야 한다.

§ 5. 시민들과 그들 중 보다 강한 다수가 이렇게 정의되었으므로 우리는
제시된 계획으로 돌아가 입법의 인간적 권위가 오직 전체 시민 혹은 그들
중 강한 쪽에 속함을 증명하고자 한다. 우리는 이것을 먼저 이렇게 추론하
려 할 것이다. 즉 법을 결정하고 제정하는 인간적인 일차적 권한은 절대적
으로 그로부터만 최선의 법이 나올 수 있는 자에게만 있다. 이제 시민 전
체를 대표하는 것은 시민 전체 혹은 그들 중 '보다 강한 쪽'이다.[22] 모든 인
간이 한 의견으로 일치하는 것은 쉽지 않거나 불가능하니, 그것은 개인적
악함이나 무지로 말미암아 공동의 의견과 일치하지 않는 그들의 왜곡된[23]
천성 때문이다. 그들의 비이성적인 항변이나 반대 때문에 공공의 이익이
저해되거나 포기되어서는 안 된다. 그러므로 법을 결정하거나 제정하는 권
한은 오직 시민 전체 혹은 그들 중 '보다 강한 쪽'에 해당된다.

이 증명의 첫 번째 명제는 이 책의 제5장[24]에서 그것의 효력과 궁극적
확실성을 추론할 수 있지만 자명한 것에 매우 가깝다. 나는 ── 아리스토
텔레스의 『정치학』 제3권 제7장에서처럼 ── 시민들의 공동의 유익을 위

---

20 아리스토텔레스, 『정치학』 VII, 1318a 27-1318b 1. 여기서 아리스토텔레스는 공
   화정을 최선의 통치방식으로 표현하는데, 모든 시민은 선거권을 갖지만 피선거권은
   재산 평가에 달려 있다. 즉 직위가 높을수록 재산 평가가 더 높아야 한다.

21 valentior pars.

22 대표 사상이 'valentior pars'에 대한 마르실리우스의 이론을 이해하는 데서 핵심을
   이룬다.

23 natura orbata: 거워스는 'deformed nature'로 번역했다. 그에 의하면 'orbatio'(기
   형) 개념이 아리스토텔레스의 생물학에서 자주 등장한다(예: 『동물 발생론』 I, 18,
   724b 32). 아리스토텔레스의 번역자 기욤 드 뫼르베케(Guillaume de Moerbeke,
   1215~86)는 'πήρωσις', 'πήρωμα', 'ἀναπηρία'를 모두 'orbatio'로 번역했다. 이
   개념은 유기체 내의 비정상성과 불완전성을 의미한다. Gewirth, vol. 1, pp. 58~59
   참조.

24 I, 5, 7. 일부 사본은 제5장 대신에 제11장으로 되어 있다. 즉 I, 11, 3.

해 제정된 법이 최선이라고 전제함으로써, 백성 전체의 청문과 명령에 의해 최선의 법이 결정된다는 두 번째 명제를 증명할 수 있다. 그러므로 그는 말했다. "그러나 아마도 옳은 것은"—즉 법에서—"국가의 유익과 시민의 공통적인 일에 대한 것이다".[25] 그런데 나는 이것이 시민 전체 혹은 그들 중 보다 강한 쪽에 의해 가장 잘 이루어진다는 것을 (이것은 다른 것에 대해서도 같은 것으로 전제될 것이다) 이렇게 증명한다. 전체 시민들이 지성과 감성을 갖고 관심을 집중하는 것—바로 그것의 진실성은 보다 확실하게 판단되고 그것의 공공의 유익은 보다 신중하게 주목받기 때문이다. 즉 그들 중 일부 이상의 다수가 제정을 위해 제안된 법에 있어서의 결함에 주목할 수 있다. 왜냐하면 적어도 물체 전체는 그들 중 어떤 일부보다 부피와 힘에 있어서 크기 때문이다.[26] 이 밖에 전체 백성 가운데 법의 공공적 유익에 보다 많이 주목하니, 아무도 의식적으로 자신을 해롭게 하지 않기 때문이다.[27] 그러나 여기서 누구라도 제안된 법이 다른 사람들이나 공동체보다는 한 사람이나 몇 사람의 유익을 위해 기울어져 있는지를 조사할 수 있고 이의를 제기할 수 있다. 한 사람이나 혹은 공동체의 이익보다는 자신의 이익에 관심이 있는 한 사람 혹은 소수의 사람들을 통해 법 자체가 결정된다면, 이것은 이루어질 수 없을 것이다. 우리가 이 책의 제11장에서 법의 필요성에 대해 주장한 것이 이 견해를 충분히 뒷받침한다.

§ 6. 다시 주요 결론으로, 입법의 권한은 오직 그를 통해 결정된 법이 보다 잘 혹은 절대적으로 준수되는 그런 자에게 있다. 그런데 이것은 오로지

---

25 아리스토텔레스, 『정치학』 III, 1283b 40-42. 'rectum autem forte'가 아리스토텔레스 원문에는 'τὸ δ'ἴσως ὀρθὸν'(그러나 똑같이 옳은 것은)로 되어 있다.

26 이에 대한 자세한 해설은 Gewirth, vol. 1, pp. 212~19 참조.

27 아무도 의식적으로 자신을 해치지 않는다. 법적 공리. 아리스토텔레스는 『니코마코스 윤리학』 V, 1134b 11-12에서 아무도 자신을 해치는 것을 선택하지 않으므로 자기 자신에 대한 불의는 있을 수 없다고 말한다.

전체 시민이다. 그러므로 입법의 권한은 그들에게 있다. 이 증명의 첫 번째 명제는 자명한 것에 매우 가깝다. 왜냐하면 법이 준수되지 않으면 그것은 쓸모없기 때문이다. 그러므로 아리스토텔레스는 『정치학』 제4권 제7장에서 말했다. "법이 좋게 세워졌으나 복종하지 않는 것은 좋은 질서가 아니다."[28] 아리스토텔레스는 같은 책 제6권 제5장에서도 같은 말을 한다. "정의로운 것에 대한 판단이 이루어지고 목적을 얻지 못하는 것은 성공이 아니다."[29] 나는 두 번째 명제를 이렇게 증명한다. 즉 시민 가운데 법이 자신에게 부과한 것처럼 생각하는 시민이 법을 보다 잘 준수하기 때문이다. 전체 시민의 청문과 명령에 의해 정해진 법이 이런 것이다. 이 전(前) 삼단논법의 첫 번째 명제는 거의 자명하다. 『정치학』 제3권 제4장[30]에서처럼 국가는 자유로운 남자들의 공동체이므로 모든 시민은 자유로워야 하고 다른 사람의 전제, 즉 노예적 지배를 감수해서는 안 된다. 그러나 어떤 한 사람이나 소수의 시민들이 전체 시민에 대해 자기 권한으로 법을 정한다면, 이런 일이 일어나지 않을 것이다. 왜냐하면 그들이 이렇게 법을 정한다면, 그들은 다른 사람들의 지배자이기 때문이다. 따라서 나머지 시민들, 즉 그들 다수는 이런 법을 (그것이 아무리 좋을지라도) 마지못해 받아들이거나 결코 받아들이지 않고, 멸시당했으므로 그 법에 대해 항의할 것이고, 법 제정에 부름 받지 않았으므로 결코 준수하지 않을 것이다. 그러나 모든 백성이 청문하고 합의해 정한 법은 (그것이 덜 유용할지라도) 모든 시민이 쉽게 준수하고 감수할 것이니, 모든 시민이 이 법을 자신을 위해 제정했다고 생각하기 때문이다. 따라서 그 법에 대해 항변할 이유가 없고 도리어 평온한 마음으로 그것을 감수할 수 있다.[31] 또한 나는 첫 번째 삼단논법의 두 번째 명제

28 아리스토텔레스, 『정치학』 IV, 1294a 3-4. 'εὐνομία'는 '좋은 질서'를 의미한다.
29 아리스토텔레스, 『정치학』 VI, 1322a 5-6.
30 아리스토텔레스, 『정치학』 III, 1279a 21.
31 법의 객관적 유용성보다는 법이 자유로이 합의되었다는 사실에 마르실리우스가 역

를 다른 관점에서 이렇게 입증한다. 즉 법 준수에 대한 권력을 가진 자만이 위반자를 강제하는 권력을 가진다. 이것은 전체이거나 보다 강한 쪽이다. 그러므로 그들에게만 입법 권한이 속한다.

§ 7. 주요 결론에 대한 또 다른 증명: 이 삶에서 시민들의 공동적 여유로움이 대부분 그것의 의무적 제정에서 이루어지고 그것의 잘못된 제정에서 공공의 손해를 위협하는, 저 행동 규범[32]은 오직 전체 시민에 의해 제정되어야 한다. 이것이 법이다. 그러므로 법 제정은 오직 시민 전체에게 해당된다. 이 증명의 대(大)전제는 자명한 것에 매우 가깝고, 이 책의 제4장과 제5장[33]에 세워져 있는 직접적인 진리에 근거한다. 즉 인간들은 이익과 만족스러운 삶을 얻고 반대의 것을 피하기 위해 시민적 공동체로 모였다. 그러므로 이익을 얻고 그 반대의 것을 거부하기 위해 모든 사람은 무엇이 모든 사람의 이익과 불이익에 영향을 끼치는지 알고 청문해야 한다.[34] 소(小)전제에서 가정된 것처럼 이런 것이 법이다. 즉 전체적인 인간 공동적 만족스러운 삶의 대부분은 옳게 세워진 법에 근거하기 때문이다. 그러나 불의한 법 아래에서는 노예제와 억압과 비참, 시민들이 견딜 수 없는 상황이 있으며, 여기서부터 결국 국가의 해체가 일어난다.

점을 둔다는 점을 주목해야 한다. 다른 한편으로 아무도 고의적으로 자신을 해칠 수 없으므로 합의는 유용성과 조화를 이룸으로써 존재할 따름이다. 법의 형식과 내용 사이에는 모순이 있을 수 없다.

32 illud agibile: 문자적 의미는 '행동 가능한 그것'이다.

33 I, 4, 2-5; I, 5, 2와 7.

34 마르실리우스는 여기서 로마법의 원리인 "quod omnes similiter tangit, ab omnibus comprobetur"(모든 사람에게 똑같이 영향을 끼치는 것은 모든 사람에 의해 승인받아야 한다: 로마법, 5, 49, 5)를 인용한다. 이 원리는 교회법전(*Liber sextus*) 내의 법의 원칙(Regulae iuris)에 편입되었다(Book. V, tit. 12, reg. 29, CIC II, col. 1122). Brett, p. 71, 각주 14 참조.

§ 8. 다시, 그리고 이것은 이전 증명을 축약한 것이고 요약한 것과 같다. 우리의 말처럼 입법 권한은 오직 시민 전체에게 속하거나 혹은 한 사람, 혹은 소수에게만 속한다. 그러나 단 한 사람에게는 속할 수 없으니, 이 책의 제11장과 우리가 이 장[35]에서 소개한 첫 번째 증명에서 언급된 이유 때문이다. 그는 공공의 유익보다는 자신의 유익을 염두에 두면서 무지나 악의에서 혹은 양자 때문에 악한 법을 정할 수 있다. 따라서 그것은 전제적 법이 될 것이다. 같은 이유로 인해 입법은 소수의 사람들에게 속하지 않는다. 앞에서 말한 것처럼 그들은 (그러므로 과두정치에서 볼 수 있는 것처럼) 공공의 유익을 위해서가 아니라 어떤 사람들, 즉 소수 사람들의 유익을 위해 법을 정함에 있어 실수를 범할 수 있기 때문이다.[36] 그러므로 법 제정의 권한은 시민 전체 혹은 그들 중 보다 강한 쪽에 속하는데, 여기에는 또 다른 상반된 이유가 있다. 즉 모든 시민은 법에 의해 정당한 비율에 따라 평가되어야 하고, 아무도 의식적으로 자신을 해치거나 자신에게 불의한 일을 바라지 않으므로, 모든 사람 혹은 대다수의 사람들은 시민들의 공동의 유익에 합당한 법을 바라기 때문이다.

§ 9. 같은 증명에 의해 법의 승인,[37] 해석, 정지, 그리고 이 장의 제3절에서 진술된 다른 것들이 오로지 입법자의 권한에 속한다는 것이 확인된다. 모든 투표를 통해 정해진 모든 것에 대해 똑같이 생각해야 한다. 즉 선택에 관한 일차적 권한을 가진 자는 승인하거나 거부하고, 혹은 선택에 관한 권한이 허용되어 있는 자가 이렇게 한다.[38] 왜냐하면 그렇지 않으면 그

---

35 I, 12, 5.
36 이 경우를 마르실리우스는 특히 교황청의 과두정에 해당한다고 본다. 그는 교령(教令)을 과두정적 법으로 평가한다.
37 전체 모임에서 채택된 법이 다른 기관에 의해 승인되는 일은 없다.
38 이것은 권한의 용인에 관한 이론을 암시한다.

가 자기 권한으로 전체를 통해 결정된 것을 폐기할 수 있다면, 부분이 전체보다 크고 혹은 적어도 그것과 동등하기 때문이다. 그러나 법 제정을 위해 모이는 방식은 다음 장에서 서술할 것이다.

제 1 3 장

🌿＿🌿

앞 장의 진술에 대한 어떤 이의와 그것의 해결, 명제에 대한 보다 확실한 해명

§ 1. 그러나 어떤 사람은 우리의 진술을 의심하면서 법 제정 권한이 시민 전체에게 속하지 않는다고 이의를 제기할 것이다. 첫 번째로, 대부분의 일에서 악하고 무분별한[1] 것은 법을 결정해서는 안 된다. 즉 이 두 가지 결점 — 즉 악의와 무지 — 은 입법자에게서 배제되어야 하기 때문이다. 우리는 판단에서 이것들을 피하기 위해 이 책의 제11장에서 법의 필요성을 인정했다. 이제 백성 혹은 시민 전체는 이렇다. 인간은 대부분의 경우에 악하고 어리석게 보인다. 「전도서」 제1장에서처럼 바보들의 수는 무한하다.[2] 또

---

1 indiscretum: 문자적 의미는 '구별이 없음', '어느 쪽이든 무관함'이다.

2 「전도서」 1:15. 마르실리우스는 불가타 라틴어 성서 텍스트를 인용했다. 그러나 주목해야 할 사실은 그리스어 성서(일명 70인역) 및 다른 언어 성서에서 이 구절은 전혀 다르다는 것이다. 예: "없는 것은 셀 수 없다"(표준 새번역성서). 그 이유는 다음과 같다. 히브리어 원문에서 'khesron'은 오직 이 구절에서 한 번 사용된 어휘로서, 이 말은 양적으로 부족한 것을 의미하는 'khasar' 동사에서 파생되었다. 히에로니무스(Hieronymus, 347?~419?)는 388~389년경 「전도서」에 대한 주해를 썼는데, 이 구절을 'imminutio non poterit numerari'로 번역했다. 당시 그는 문자적 의미에 충

한 다수의 악하고 어리석은 사람들의 의견을 일치시키기란 매우 어렵거나 불가능하다. 이런 일은 소수의 신중한 사람들에게는 일어나지 않는다. 그러므로 시민 전체나 그들 중 불필요한 다수보다는 소수에 의해 법이 정해지는 것이 보다 유용하다. 또한 어떤 시민 공동체에도 나머지 교육받지 못한 다수에 비해 소수의 지혜롭고 학식 있는 자들이 있다. 그러므로 무식하고 거친 인간보다는 지혜롭고 학식 있는 자들에 의해 법이 유용하게 제정되기 때문에, 법 제정 권한은 다수나 전체가 아니라 소수에게 속하는 듯하다. 마지막으로 소수에 의해 이루어질 수 있는 일에 대해 보다 많은 사람에 의해 이루어지는 것은 무익하다. 그러므로 이미 말한 것처럼 소수의 지혜로운 자들을 통해 법을 정할 수 있으므로 전체 백성이나 그들의 다수가 이 일에 관여해야 할 이유가 없다. 그러므로 입법 권한은 전체나 그들 중 보다 강한 쪽에 속하지 않는다.

§ 2. 이전에 우리에게 전제된 것으로 이 책에서 증명하고자 하는 모든 것의 원칙, 즉 모든 인간은 만족스러운 삶을 추구하고 그 반대를 거부한다는[3] 원칙에서부터 우리는 이 책의 제4장에서의 증명을 통해 그들의 시민적 참여[4]를 추론했다. 왜냐하면 그들은 오직 참여를 통해서만 만족스러

실하기 위해 노력한 듯하다. 그러나 그는 398년경 「전도서」를 라틴어로 번역하면서 (그의 번역이 후일 가톨릭교회가 공인한 불가타 성서의 토대가 된다) 문자적 의미보다는 문맥의 유려성을 중시하면서 'stultorum infinitus est numerus'로 번역했다. 박철우, 「히에로니무스의 전도서 1:1-11 번역과 주석에 관한 연구」, 『구약 논단』 17/1, 2011, 108~29쪽 참조.

3　I, 4, 2; I, 13, 7; 아리스토텔레스, 『정치학』 I, 1253a 29-30 참조. 여기에 마르실리우스의 핵심적 논리가 있다. 즉 인간은 사회적 삶에 대한 자연적 욕망을 가지고 있다. 그러나 모든 인간이 같은 본성을 가지므로 국가가 존재하는 것은 논리적이고 필연적이다. 왜냐하면 국가는 모든 인간에 의해 희구된 것이기 때문이다.

4　communicatio: 이 말은 그리스어 ἀνακοίνωσις를 라틴어로 옮긴 것으로, 그 의미는 '청중이 토론에 참여하도록 하기 위해 생각을 전달하고 공유함'이다. 여기서 시민적 사안을 공유하는 것을 가리킨다.

운 삶을 얻고 그것 없이는 결코 얻을 수 없기 때문이다. 그러므로 아리스토텔레스는 『정치학』 제1권 제1장에서 다음과 같이 말한다. "그러므로 천성적으로 모든 사람에게는 이런 공동체", 즉 시민 "공동체에 대한 욕구가 있다."[5] 이런 진리에서부터 필연적으로 『정치학』 제4권 제10장에서 진술된 또 다른 진리가 나온다. "시민들 중 정권이 존속하기를 바라는 쪽이 바라지 않는 쪽보다 강해야 한다."[6] 왜냐하면 동일한 자연 존재는 대부분 그리고 직접적으로 그들의 파괴와 동시에 아무것도 바라지 않기 때문이다. 즉 이런 바람은 무의미할 것이다. 반대로[7] 정권이 존속하기를 바라지 않는 자는 어떤 나그네들처럼 시민이 아니라 노예로 간주된다. 그러므로 아리스토텔레스는 정치학 제7권 제12장에서 "지역에 사는 모든 주민은 피지배자들과 함께 반란을 일으키려고 한다"라고 말했다. 덧붙여 "그리고 통치 행위[8]에 있는 자들", 그러니까 반역적인 자들 내지 시민적으로 사는 것을 상관하지 않는 자들이 "수적으로 많아 그들이 이 모든 자", 즉 시민적 삶을 살기 원하는 "자들보다 우세하다는 것은 불가능한 일 중 하나이다."[9] 그런

---

5   아리스토텔레스, 『정치학』 I, 1253a 29-30.

6   아리스토텔레스, 『정치학』 IV, 1296b 15-16.

7   quinimo: 마르실리우스가 자주 사용하는 표현이다. 때로는 앞의 진술에 대립하는 의미로, 때로는 앞의 진술을 강조하는 의미로 사용된다.

8   politemata: 그리스어로는 'πολίτευμα'이다.

9   아리스토텔레스, 『정치학』 VII, 1332b 29-33. 원문과는 현저한 차이를 보인다. 원문은 마르실리우스의 주해 때문에 전혀 다른 의미로 바뀌었다. 즉 아리스토텔레스의 해당 텍스트는 다음과 같다. "왜냐하면 지배받는 사람들과 더불어 지역에 흩어져 사는 모든 사람은 반란을 꾀하려고 하고 또 한 가지 불가능한 것은 정부에 포함된 사람들의 숫자가 이들 모두보다 더 강할 정도로 그만큼 커야만 한다는 것이기 때문이다"(아리스토텔레스, 김재홍 옮김, 『정치학』, 도서출판 길, 2017, 541쪽). 여기서 마르실리우스는 '통치 행위에 있는 자들'을 '반역적인 자 내지 시민적으로 사는 것을 상관하지 않는 자'로, 또한 '이 모든 자'를 '시민적 삶을 살기(politizare) 바라는 자들'로 주해했다. 'politizare'은 'πολίτευω'의 직역으로 이해된다. 그의 주해에 따르면, 반역적인 사람들이 통치자를 능가할 정도로 수적으로 많은 것은 불가능하다. 마르실리우스가 원래 텍스트의 의미를 바꾼 목적은 천성적으로 정권의 존속을 바라지 않

데 이것이 왜 불가능한가는 명백한데, 이것은 자연이 실수를 범하거나 대부분의 경우처럼 결함이 있음을 뜻한다. 그러므로 인간 가운데 보다 강한 다수는 정권이 존속하기 바란다면, ─ 이것은 잘 말해진 것으로 보이는데 ─ 또한 그것 없이 정권이 존속할 수 없는 그것을 바란다. 이것은 명령과 더불어 정해진 정의롭고 유익한 것에 대한 기준으로 이른바 법이니, 왜냐하면 『정치학』 제4권 제7장에 기록되어 있고,[10] 우리가 이 책의 제11장에서 입증한 것처럼 귀족정치를 하는,[11] 즉 능력에 따라 통제된 국가가 법에 의해 잘 정돈되지 않는 것은 불가능하기 때문이다. 그러므로 국가의 보다 강한 다수는 법을 원하거나 아니면 자연과 기술[12]에서 대부분의[13] 사람에게서 맹목이 일어난 것이다. 이것은 자연적 지식의 관점에서 불가능한 것으로 추정된다.

또한 나는 앞에 언급된 명백한 진리와 함께 정신의 보편적인 통찰을 받아들인다. 즉 "모든 전체는 그 일부보다 크고", 이것은 크기나 부피뿐만 아니라 작용하는 힘과 행위에서도 참이다. 그러므로 필연적으로 충분히 명백하게 추론할 수 있다. 즉 시민 전체 혹은 그들 중 보다 강한 다수는 ─ 양자는 동일한 것으로 이해될 수 있다 ─ 그들 가운데 분리된 어떤 일부보다 무엇을 선택하고 무엇을 거부할지에 대해 더 잘 판단할 수 있다.

§ 3. 이것을 공공연한 진리로 전제할 때, 입법은 시민 전체나 그들 가운

는 자는 없다는 진술을 일관되게 주장하기 위함이다. Gewirth, vol. 2, Appendix, pp. 433~34 참조.

10 아리스토텔레스, 『정치학』 IV, 1294a 1f.

11 aristocratizans.

12 ars: '사본 L'에는 'ars'가 없다. '기술'을 생략하면 문맥이 더 잘 통한다. 대다수 주민은 법을 원하며, 만일 그렇지 않다면 앞에서 언급한 것처럼 자연이 착각한 것이다. 즉 인간 본성에 반하는 것이다.

13 plurimum: 앞의 'multitudo'를 지시한다.

데 보다 강한 다수에게 속하는 것이 아니고 어떤 소수의 사람들에게 속한다는 것을 증명하려는 시도를 거부하는 것은 쉽다. 그러므로 첫 번째로, 입법의 권한은 악하고 대부분의 사안에서 무분별한 것에 속하지 않는다고 말했다면 이것은 인정된다. 그러나 시민 전체가 그렇다고 덧붙인다면 이것은 거부되어야 한다. 왜냐하면 시민 대부분은 다수의 전제된 자들[14]에 있어서 그리고 대부분의 시간에 악하지도 무분별하지도 않기 때문이다. 즉 앞에서 증명한 것처럼[15] 건전한 정신과 이성을 지닌 모든 혹은 대부분의 인간은 통치와 그것의 존립을 위해 필요한 것, 즉 법과 다른 성문법 내지 관습법에 대한 올바른 욕구를 가지고 있기 때문이다. 시민 가운데 누구도 혹은 대다수는 법을 고안한 자는 아닐지라도, 각자는 다른 사람이 고안한 법과 자신에게 제안된 법안에 대해 판단할 수 있으며, 첨가되거나 삭제되어야 할 것, 혹은 변경되어야 할 것을 구별할 수 있다. 그러므로 대전제에서 '무분별하다고 말해지는 것'이 스스로 법을 고안할 수 없는 것은 (대부분의 시민들이나 전제된 자들에게서) 법을 제정해서는 안 된다는 뜻으로 이해된다면, 대전제는 분명히 그릇된 것으로 부정되어야 한다. 이성적 귀납추리와 아리스토텔레스의 『정치학』 제3권 제6장[16]이 그 증인이다. 귀납추리를 통해[17] 많은 사람들이 그것을 고안할 수 없음에도 불구하고, 그림이나 집, 선박과 다른 인공적 작품의 질에 대해 올바르게 판단한다는 것을 증명할 수 있다. 아리스토텔레스는 위에 언급된 구절에서 이것의 증인이니, 그는 앞에 제시된 항변에 대해 이런 말로 답변해 증언한다. "여러 사물에 대해 그것을 만든 자가 유일하게 판단하거나 혹은 가장 잘 판단할 수 없다."

---

14 pluralitatem suppositorum: 쿤츠만/쿠쉬와 브렛은 이 말이 주어 'civium pluralitas'를 지시하는 것으로 이해해 각각 'Mehrzahl ihrer Indivuduen'와 'most individuals'로 번역했다.

15 I, 13, 2.

16 아리스토텔레스, 『정치학』 III, 1282a 17-18.

17 agibilia statuenda.

그는 여러 가지 종류의 기술에서 추리하고 나머지에 대해서도 똑같이 이해하게 만든다.

§ 4. 소수인 지혜로운 자들이 제정되어야 할 행동 규범을 나머지 다수보다 잘 판단할 수 있다고 말하는 것은 방해되지 않는다. 왜냐하면 이것이 아무리 진실이라고 해도, 이로부터 지혜로운 자들이 전체 백성보다 (그 안에는 그들 자신도 나머지 덜 교육받은 자들과 함께 포함되어 있다) 제정되어야 할 규범을 잘 판단할 수 있다고 추론할 수 없기 때문이다. 왜냐하면 모든 전체는 행동하고 판단함에 있어 그것의 일부보다 크기 때문이다. 이것은 의심할 여지없이 아리스토텔레스의 『정치학』 제3권 제6장에서의 판단이었다.[18] "그러므로 백성은 보다 큰 일의 주인이 되는 것이 옳다." 그가 백성이라는 말로 표현한 무리, 또는 시민 전체나 그들 가운데 보다 강한 쪽이 보다 큰 일에 대해 주인이 되는 것이 옳다. 그는 그 이유를 이렇게 내세운다. "왜냐하면 백성과 의회, 법정과 고위층은 많은 사람들로 구성되지만, 이 모든 사람들의 [평가 재산은] (개별적으로든 소수로서든 간에) 큰 직위로써 통치하는 자들의 그것보다 더 크기 때문이다."[19] 그는 국가나 도시의 합쳐진 모든 집단의 무리 내지 백성이 보다 크고, 따라서 [무리의] 판단이 어떤 분리된 부분의 판단보다 확실하다고 말하고자 한다. 즉 이 부분이 그가 여기서 의회라고 표현한 농부와 수공업자 등의 무리이거나, 법정, 즉 법원에서 통치자를 섬기는 변호사나 법 전문가나 서기와 같은 공직자이거나, 귀

---

18 아리스토텔레스, 『정치학』 III, 1282a 38.

19 이 부분은 그리스어 텍스트와 현저한 차이를 보인다. 거워스는 그 이유에 대해 마르실리우스가 동시대인들처럼 뫼르베케가 아리스토텔레스의 'τὸ τίμημα'를 'honorabilitas'로 번역한 것을 따랐기 때문으로 본다. 이 그리스어는 '재산적 자격'을 의미한다. 그러므로 여기서 마르실리우스는 성직자를 소수인 'honorabilitas'에 속한다고 보았다. Gewirth, vol. 1, p. 180 참조. 그는 뒤를 이어서 이 난해한 문장을 "vult dicere, quod ……"로 해설한다.

족층, 즉 소수이고 오직 최고위 통치자로 선출됨이 합당한 최선의 집단이거나, 국가의 여하한 다른 집단이거나 간에 말이다.[20] 또한 교육을 덜 받은 자들이 제정되어야 할 법에 대해 혹은 다른 행동 규범에 대해 교육을 받은 자들처럼 똑같이 잘 판단할 수 없는 것 같다고 하자(이것이 진리에 부합하는 것처럼). 그럼에도 불구하고 교육을 덜 받은 자들의 수가 증가해 그들이 소수의 교육받은 자들만큼 잘 혹은 그들보다 잘 판단할 수 있다. 아리스토텔레스는 분명히 앞에서 이 판단을 확증하기 바라면서 이렇게 말했다. "무리가 지나치게 열등하지 않다면", "각자는 아는 자보다 나쁜 심판자가 될 것이지만, 합쳐진 모든 사람은 더 낫거나 적어도 나쁘지는 않을 것이다."[21]

「전도서」 제1장에서 언급된바 "어리석은 자들의 수는 무한하다"라는 말에 대해서는 이렇게 말해야 한다. '어리석은 자들'은 덜 교육받은 자, 혹은 고상한 노동[22]을 할 여유는 없으나 행동 규범에 대한 이해와 판단에 참여하는 자들로 (똑같이 한가하지는 않지만) 이해된다. 혹은 아마도 거기서 지혜로운 자는 '어리석은 자들'이란 말로써 불신자를 의미한 듯하다. 즉 (히에로니무스가 같은 구절에서 말한 것처럼[23]) 세상적 지식을 아무리 많이 알지라도,

---

20 마르실리우스는 당시의 이탈리아 코뮌의 사실적 구조에서 영감을 받은 사회구조를 서술하고 있다. 이처럼 그는 'popolo minuto'와 'popolo grosso'를 구별한다. 전자는 'vulgus'(하층민으로 수공인과 농민 등)를, 후자는 'honorabilitas'를 나타낸다.

21 아리스토텔레스, 『정치학』 III, 1282a 15-17.

22 liberales opera: '고상한 노동'은 정신적·지적 노동을 의미한다.

23 마르실리우스가 착각한 듯하다. 히에로니무스는 「전도서」 1:15 주해에서 'stultos'라는 말을 사용하지 않았다. 그의 「전도서」 주해에는 불가타 라틴어 성서와는 다른 텍스트가 제시된다. 그는 이 텍스트를 다음과 같이 해석했다. '비뚤어진 것은 장식할 수 없고, 감축된 것은 셀 수 없다'(Perversus non poterit adornari, et imminutio non poterit numerari). 비뚤어진 것은 고치기 전에는 장식할 수 없다. 올바른 것은 장식을 받고, 구부러진 것은 고침을 받는다. 올바른 것이 왜곡되지 않는 한 비뚤어졌다고 말할 수 없다. 이것은 건강하지 못한 어떤 본성을 도입한 이단자들에 적대한 말이다. 그리고 감축됨은 곧 없는 것이니, 셀 수 없다. 그러므로 오

절대적으로 어리석은 자들이다. 이것은 「고린도 전서」 제3장에서 사도가 말한 것과 같다. "이 세상의 지혜는 신에게는 어리석음이다."[24]

§ 5. 두 번째 이의는 별로 설득력이 없다. 왜냐하면 여러 사람의 의견보다 소수의 의견을 일치시키는 것이 쉬울지라도, 여기서부터 소수 혹은 일부의 의견이 전체 백성의―소수는 그들 가운데 일부이다―그것보다 탁월하다고 결론지어서는 안 된다. 왜냐하면 이 소수의 사람들은 시민 전체처럼 똑같이 잘 판단하지 않거나 공공의 유익을 원하지 않을 것이기 때문이다. 오히려 앞에서 말한 것에서부터 분명한 것처럼 소수의 판단에 입법을 위임하는 것은 안전하지 못할 것이다. 즉 그들은 공공의 유익보다는 개인으로서 혹은 어떤 집단으로서의 자기 유익에 주목할 것이니, 이것은 성직자들의 교령[25]을 선포한 자들에게서 분명히 드러나는 것이다. 우리는 제2권 제28장에서 또한 충분히 밝힐 것이다. 이것에 의해 과두 통치로의 길이 열릴 것이니, 제1권 제11장 제4절에서 아리스토텔레스의 『니코마코스 윤리학』 제4권, 즉 정의에 관한 논설에서 인용한 것처럼, 이것은 한 사람에게만 입법권을 부여함으로써 전제 통치에 여지를 주는 것과 같다.

§ 6. 세 번째 이의는 방금 언급한 이유 때문에 쉽게 물리칠 수 있다. 즉 지혜로운 자가 덜 교육받은 자보다 법을 잘 정할 수 있을지라도, 지혜로운 자만이 (그들 안에 앞에서 언급한 지혜로운 자도 포함되어 있는) 시민 전체보다

직 이스라엘의 처음 태어난 것만이 계산되었다. 그러나 여자와 노예, 그리고 어린아이들과 이집트에서 온 백성은 결코 온전한 것이 아니고 감축된 무리이므로 계산 없이 간과되었다 ……." Hieronymus, *Commentarius in Ecclesiasten*, in: MPL, 23, col. 1022.

24 「고린도 전서」 3:19.

25 decretales: 10세기 이후의 교회 결정을 수집한 교회 법전이다. 여기에는 교회정치 및 세속권력과의 관계에서 교회권력에 대한 결정과 명령이 포함되어 있다.

법을 잘 정할 수 있다고 결론지어서는 안 되기 때문이다. 이 모든 사람의 모임인 백성은 전체의 어떤 분리된 일부보다 (그들이 아무리 지혜로울지라도) 공공에 정의롭고 유익한 것을 잘 판단하고 보다 많이 바랄 수 있다.

§ 7. 그러므로 덜 교육받은 무리가 참되고 공공에 선한 것을 선택하고 인정하는 것을 방해한다고 말하는 자는 진리를 말하는 것이 아니다. 오히려 그들이 보다 교육받은 자와 경험 많은 자들과 연합했을 때, 이것에 도움을 준다. 왜냐하면 그들이 스스로 정해야 할 옳고 유익한 것을 고안할 수는 없을지라도 다른 자들이 고안한 것과 자신에게 제시된 것을 분별할 수 있고, 제시된 것에서 무엇을 첨가하거나 삭제하거나 완전히 변경하거나 물리쳐야 하는지를 판단할 수 있기 때문이다. 왜냐하면 인간은 다른 사람의 말을 들은 후에 많은 것을 파악하고, 스스로는 그것의 시작이나 발견에 도달할 수 없지만 그런 많은 일을 완성함을 위해 기여할 수 있기 때문이다. 일의 시작은 발견하기 매우 어렵다. 그래서 아리스토텔레스는 『소피스트적 논박』 제2권의 결론 장에서 다음과 같이 말한다. 시작, 즉 각각의 학문에서 특별한 "진리의 시작이 인지되는 것은 매우 어렵다".[26] 그러나 이것이 발견되었다면 첨가하거나 나머지를 확장하는 것은 쉽다. 왜냐하면 지식과 기술과 다른 전통의 원리를 발견하는 일은 오직 최선의 통찰력 있는 정신에게만 있기 때문이다. 그러나 보다 범상한 정신의 인간도 발견된 것에 첨가할 수 있다. 그들이 스스로 그런 것을 발견할 수는 없을지라도 무분별하다고 부릴 수 없고, 오히려 그들을 선한 자로 간주해야 한다. 그래서 아리스토텔레스는 『니코마코스 윤리학』 제1권 제2장[27]에서 말했다. "스스로 모든 것을 사유하는 자가 최선의 인간이다. 그러나 또한 잘 말하는 가진 자에게 복종하는 자", 즉 그의 말에 귀를 기울이고 이유 없이는 그에게 반대하지

---

26 아리스토텔레스, 『소피스트적 논박』 II, 183b 24.

27 아리스토텔레스, 『니코마코스 윤리학』 I, 1095b 10-11. 헤시오도스에서 인용.

않는 자는 "선하다".

§ 8. 그러므로 시민 전체가 시민적 삶에서 정의롭고 유익한 것, 불편한 것이나 공공의 부담과 나머지 유사한 것들에 대한 기준, 미래의 법 내지 성문법을 찾고 고안하고 검증하는 일을 지혜롭고 경험 많은 자들에게 위임하는 것이 편리하고 유용할 것이다. 제1권 제5장 제1절에서 언급된바, 국가의 첫 번째 직무[28] 가운데 각각의 직무에서 몇 사람이 각각의 비중에 따라 선출되거나 전체 시민의 모임이 앞에서 언급된 모든 경험 많거나 지혜로운 사람들을 선출하는 것이 적절하고 유용할 것이다. 이것은 나머지 주민, 즉 덜 교육받은 자들에게 손해가 됨이 없이 법을 발견하기 위해 모이는 편리하고 유익한 방식일 것이다. 그들은 이런 기준을 찾음에 있어 도움이 되지 않을 것이며 자신들과 다른 자들을 위해 필요한 나머지 일 때문에 방해받을 것인데, 이것은 개인이나 전체로나 부담스러울 것이다.[29] 발견되고 신중하게 검토된 이런 기준들, 미래의 법은 시민 전체의 모임에서 승인이나 기각을 위해 제출되어야 하는데, 이것은 그것에 첨가하거나 삭제, 축소하거나 변경하거나 완전히 거부할 필요가 있다고 보이면, 각 시민은 그것을 말할 수 있다. 이것으로써 법을 보다 유용하게 정리할 수 있기 때문이다. 이미 말한 것처럼 덜 교육받은 시민들은 법 자체를 결코 발견할 수 없을지라도, 때때로 제안된 법에서 뭔가 수정이 필요하다고 느낄 수 있다. 이렇게 백성 전체의 청문과 합의를 통해 제정된 법은 보다 잘 준수될 것이므로 아무도 그것에 대해 이의를 제기할 이유가 없을 것이다.

앞에 언급한 기준, 미래의 법이 공포되었을 때, 그리고 시민 전체의 모임

---

28 즉 사제직, 군사직, 재판직을 말한다.
29 마르실리우스는 전통에 충실하여 소수의 지혜롭고 경험 많은 인간들에게 법을 연구하고 고안하는 일을 위임할 것을 제안한다. 이런 계획이 효과적이기 위해서는 다수의 승인을 받아야 한다.

에서 그것에 대해 이성적으로 말하고자 원하는 시민들의 말을 들었을 때, 우리가 앞에서 언급한 것과 같은 그런 남자들을 그런 방식에 따라 다시 선출해야 하거나, 혹은 앞에서 언급된 자들을 확인해야 한다. 그들은 전체 시민을 대신해 그들의 권한을 대표하는 자들로서 앞에 언급되고 요구된, 제출된 기준을 전체적으로 혹은 부분적으로 승인하거나 거부할 것이다. 혹은 원한다면 시민 전체나 그들 가운데 보다 강한 쪽이 이것을 할 것이다.[30] 이런 승인 후에 앞에서 언급된 기준은 법이 되고 이렇게 불릴 자격을 얻지만, 그 전에는 아니다. 이것은 공포 내지 선포 후에 유일한 인간적 명령으로서, 위반자들을 시민적 책임과 징벌로써 구속한다.

그러므로 입법이나 법 제정, 그리고 그것의 준수에 대해 강제적 명령을 선포할 권한은 오직 시민 전체나 그들 가운데 보다 강한 쪽에게 작용인으로서 속하거나, 이미 언급한 전체가 이 권한을 위임한 자 혹은 자들에게 속한다는 점을 위의 말로써 충분히 입증했다고 생각하자.

---

30 이탈리아 도시 정부의 관행이 배경에 있는 듯하다. 예를 들어 파도바에서 법의 세부적 초안은 'consilio maggiore'(대의회)에서 비준을 받기 전에 'statutarii'(법제 위원들)에게 위임되었다.

제 14 장

통치를 위임받아야 할 인간이
어떤 인간이어야 하는지 알기 위하여,
완전한 통치자의 자격 혹은 자질에 대하여;
여기서부터 또한 인간적 법의 합당한 질료 혹은
기초가 분명히 드러난다

§ 1. 이것 이후에 통치적 직무의 작용적 원인에 대해 말해야 한다. 이것
은 그를 선출하고 이어서 국가의 나머지 직무를 지명할 권한을 가지는지
에 대한 입증을 통해 지시하는 것이다. 선출되지 않은 통치직의 지명에 대
해서는 제1권 제9장 제5절에서 충분히 진술했다. 우선, 통치를 위해 합당
하게 선출하거나 승진해야 할 인간은 어떤 인간이어야 하는지를 확정하는
것으로부터 시작하자. 여기서부터 우리는 보다 안전하게 그를 선출하거나
지명하는 데 영향을 끼치는 권위로 넘어갈 수 있을 것이다.[1]

---

1 마르실리우스는 문제의 두 국면을 다룰 것이다. 그는 먼저 제14장 전체가 집중하는
주관적 국면인 군주의 인격적 자질을 논할 것이다. 두 번째 국면은 객관적 자격에 관
한 것이다. 이 문제는 제15장에서 다루어질 것이다. 마르실리우스의 항구적 명제는
정부 제정의 작용인의 중요성을 강조하는 것이다. 군주의 자격은 군주를 임명하는
정당한 권위의 문제에 비해 중요하지 않다.

§ 2. 미래의 완전한[2] 통치자에게는 두 가지 내면적 소질이 있는데, 그것은 존재에 있어 분리를 수용하지 않으니, 즉 지혜와 윤리적 덕, 특별히 정의이다.[3] 통치자의 이성을 인도하기 위한 한 가지가 곧 지혜이다. 그러므로 『정치학』 제3권 제2장에서 다음과 같이 말한다. "지혜는 군주의 고유한 덕이다. 왜냐하면 다른 것들은 신하들과 군주에게 공통적인 것처럼 보이기 때문이다."[4] 다른 소질은, 그것으로부터 그의 올바른 감정이 나오는 것, 즉 도덕적 능력, 무엇보다 정의이다. 그러므로 아리스토텔레스는 『니코마코스 윤리학』 제4권의 정의에 관한 논설에서 말한다. "군주는 정의의 수호자이다."[5]

§ 3. 그러므로 미래의 군주에게 지혜는 필수적이니, 왜냐하면 그는 그것을 통해 그의 고유한 업무, 즉 국가적으로 유익하고 정의로운 것에 대해 판단할 수 있기 때문이다. 통치자는 판단하고 실행함에 있어, 인간의 행위 자체나 방법이 법에 의해 확정되어 있지 않은 그런 시민적 행위에서 행위나 방식 혹은 양자에 대해 지혜에 의해 인도되며, 여기에서 그는 지혜가 없으면 실수할 수 있다. 살루스티우스의 『카틸리나의 전쟁』에 기록된 것처럼[6] 총독 키케로가 카틸리나의 공모자들, 로마 시민이자 권세가들, 공

---

2 이 말은 입법자에 의해 권력이 부여되었음에도 불구하고 불완전한 통치자가 있을 수 있음을 암시한다. 이 입장은 법의 경우와 유사하다. 여기서 법은 강제라는 기준에 부응하는 한 법이다. 그리고 법이 동시에 정의의 규범이라면 완전한 법이다. 그러나 이 것은 필요조건이지 충분조건은 아니다.

3 군주에게 필요한 덕의 문제는 이탈리아의 인문주의 이전 도시 정치에 관한 문헌에서 폭넓게 논의되었다. 널리 추종된 키케로의 핵심적 네 가지 덕의 도식은 지혜와 정의를 절제와 용맹 앞에 두었다. 그러나 이것은 아리스토텔레스의 『니코마코스 윤리학』에서 말한 가장 탁월한 덕이기도 하다. 마르실리우스가 지혜는 모든 덕을 포함한다고 제안하기는 하지만, 그가 지혜와 정의만을 언급한다는 사실은 그의 논리가 매우 정치적임을 보여 준다.

4 아리스토텔레스, 『정치학』 III, 1277b 25-27.

5 아리스토텔레스, 『니코마코스 윤리학』 V, 1134b 1-2.

화국에[6] 대한 반역자들, 그러므로 죽어 마땅한 죄인들을 법에 따라 관습적 공간과 시간에, 관습적 방식으로 처벌했다면, 언급한 음모자들이 총독과 나머지 통치자들에 대항하여 백성을 선동한 반란 때문에, 아마도 국가를 해체시킬 내란이 일어났을 것이다. 도시의 총독 내지 통치자인 키케로는 고문하는 자들에게 언급된 피고들을 넘기면서 감옥에서 살해하도록 명령함으로써 지혜롭게 이 위험을 피했다. 따라서 이 장소는 '툴리아눔'(Tulliánum)[7]이라 불린다.

§ 4. 그러므로 지혜는 행할 일에 대한 계획을 인도한다. 그러므로 아리스토텔레스는 『니코마코스 윤리학』 제6권 제4장에서 말했다. 지혜는 (그가 인간인 한에서) "인간의 선함과 악함에 있어서 이성을 동반한 참된 능동적 소질"[8]이다. 이것의 원인은 인간적 법이 (이 법에 따라 통치자는 인간의 시민적 행동을 정리해야 한다) 대부분 행동 가능한 것에 관한 것이기 때문이다. 행동의 모든 방식이나 행동이 연루되는 상황을 언제나 법을 통해 결정하는 것은 공간과 시간에 따른 다양성과 차이 때문에 불가능한 것처럼 보인다. 경험은 분명히 이것을 가르치고, 아리스토텔레스가 『니코마코스 윤리학』 제1권 제1장에서 다음과 같이 증언한다. "통치 기술이 주목하는 선함과 정의로움은 너무나 큰 이성과 오류를 가지므로, 그것은 자연에 의해서가 아니라 오직 법에 의해서만 존재하는 것처럼 보인다."[9] 즉 인간이 그것들에 대해 그렇게 정의하고자 하기 때문이며, 행동 가능한 것들 자체의 본성이 정해져 있기 때문이 아니다. 즉 이것은 정의롭고 저것은 불의하다는

---

6 Gaius Sallustius, *Bellum Catilinae* 55.
7 마르쿠스 툴리우스 키케로(Marcus Tullius Cicero)의 중간 이름 '툴리우스'에서 유래했다.
8 아리스토텔레스, 『니코마코스 윤리학』 VI, 1140b 5-6.
9 아리스토텔레스, 『니코마코스 윤리학』 I, 1094b 14-16.

식으로 정해져 있지 않다.[10] 그는 같은 것을 『정치학』 제3권 제9장[11]에서 보다 상세하게 표현한다. "어떤 것은 법에 포함되고, 어떤 것은 불가능하기 때문에, 이것이 통치함에 있어서 최선의 인간보다는 최선의 법을 선택하는 것이 나은가를 의심하고 묻게 만드는 것이다. 그들이 상담하는 대상", 즉 인간은 ('모든 것'을 보완하라) "법에 의해 정해짐이 불가능한 것에 속한다".

§ 5. 그러므로 인간의 시민적 행위에서 발생하는 경우, 즉 그 자체로서 혹은 어떤 방식이나 상황에서 법에 의해 정의되지 않은 것들은 판단을 위해 통치자들의 재량에 맡겨야 했다. 왜냐하면 법에 의해 정의된 경우에 통치자는 법적 결정을 따르는 것이 당연하기 때문이다. 이것이 아리스토텔레스의 『정치학』 제3권 제6장의 의견이니,[12] 그는 다음과 같이 말한다. "그러나 군주는, 한 사람이든 여러 사람이든 간에, 법이 확실하게 말할 수 없는 모든 것에 대해 지배자가 되어야 한다. 왜냐하면 모든 것에 대해 보편적으로 결정하기가 쉽지 않기 때문이다." 그는 같은 책 제9장에서 이 견해를 반복해 말한다. "그러나 또한 지금 통치자와 지배자는 판사처럼 법이 그것을 결정할 수 없는 경우에도 판단할 수 있다. 왜냐하면 이것이 가능했던 경우에 대해,[13] 법이 최선으로 규정할 수 없는 것처럼 의심할 수 없기 때문이다."[14] 그러므로 법에 의해 결정될 수 없는 그런 것을 판단하기 위해 통치자의 지혜가 필요하다. 그것에 대해 관심 있는 자는 아리스토텔레스의

10 마르실리우스는 행동과 실제에 대해 아리스토텔레스의 이른바 개연론을 수용한다. 법은 올바른 것과 옳지 못한 것에 대한 명령이며, 정치적 지혜에서 나온다(I, 10, 4 참조). 법은 올바름과 옳지 못함에 관한 일정한 근접이다. 왜냐하면 법을 근본적으로 결정하는 것은 형식적 기준, 즉 강제의 기준일 뿐이기 때문이다.

11 아리스토텔레스, 『정치학』 III, 1287b 19-23.

12 아리스토텔레스, 『정치학』 III, 1282b 3-6.

13 법에 의해 확실하게 정의될 수 있는 사건의 경우를 말한다.

14 아리스토텔레스, 『정치학』 III, 1287b 15-18.

이 자명한 의견을 증명을 통해, 제1권 제11장에서 말한 것[15]을 통해 확인할 수 있다.

§ 6. 또한 도덕적 선함, 즉 덕, 모든 덕 중에서 특히 정의는 통치자에게 필수적이다. 왜냐하면 그가 행실에서 그릇되었다면, 국가는 아무리 법에 의해 형성되어 있을지라도 그로 말미암아 심히 손상을 받기 때문이다. 즉 우리는 이미 모든 것을 동시에 법에 의해 결정하는 것이 쉽지 않거나 불가능하고 어떤 경우에는 통치자의 판단에 위임되어야 한다고 말했으니, 이 경우에 그가 그릇된 감정을 가진다면 국가를 해칠 수 있다. 이것이 아리스토텔레스가 『정치학』 제2권 제8장에서 말한 견해이니[16] 여기서 그는 말한다. "큰일의 군주로 세워진 자들이 비열하다면, 즉 행실에 있어 왜곡되었다면 심히 해를 끼친다. 그리고 이미 칼케돈인의 도시에 해를 끼쳤다." 국가는 도덕적 능력, 특히 정의에 의해 이런 해악으로부터 보호받기 때문에 필수적인 것을 적절하다고 말할 수 있다면, 장차 통치할 어떤 자라도 도덕적 능력, 모든 것 중 특히 정의를 결핍하지 않는 것이 적절하다.

§ 7. 이외에 미래의 통치자에게는 '에피에이케이아'(epieikeia)[17]라 불리는 어떤 덕을 얻는 것이 적절하다. 재판관은 법이 부족한 경우에,[18] 특히 그의 감정에 있어 이 덕에 의해 인도를 받는다. 그러므로 아리스토텔레스는 『니코마코스 윤리학』 제4권의 정의에 관한 논설에서 다음과 같이 말한다. "그리고 이것이 '에피에이케이아'의 본질이니, 법이 특수한 경우 때문에 부족

---

15 I, 11, 3-4.
16 아리스토텔레스, 『정치학』 II, 1272b 41-1273a 2. 아리스토텔레스는 실제로 라케다이모니아인, 즉 스파르타인을 언급했다.
17 ἐπιείκεια: 이성, 합리성, 공정성, 관용 등 여러 의미를 갖는다.
18 법에 의해 정의되지 않는 사건을 말한다.

할 때, 법을 인도하는 것[19]이다."[20] 법률가들은 이것을 '공정성'(aequitas)으로 부르고자 한다. 이것은, 일반적으로 법이 보편적 엄격성 아래 파악하는 경우, 그리고 법이 그 경우를 기준에서 제외하지 않는 한에서 법이 결함이 있다고 말해지는 경우, 그럼에도 불구하고 법이 그런 일이 있을 것을 예상했더라면, 보편적 기준에서부터 어느 정도 경감을 통해 혹은 전적으로 제외했을 경우에 있어서, 법을 관대하게 해석하거나 완화하는 것이다. 또한 이것과 더불어 국가와 시민에 대한 미래의 통치자의 특별한 사랑이나 호의가 요구된다. 왜냐하면 이것으로부터 통치자의 행동이 배려와 선함 속에 공공 및 개인의 유익을 지향하기 때문이다.

§ 8. 이미 언급한 기질과 소질 외에 통치자에게는 어떤 외적 도구, 즉 일정한 수의 무장한 사람을 필요로 한다. 이것은 그가 반란자와 불복종하는 자들에 대한 공적 판결을 강제력을 통해 집행할 수 있기 위함이다. 그러므로 아리스토텔레스는 『정치학』 제7권 제6장에서 다음과 같이 말한다.[21] "그러나 함께 관여하는 자들은"('시민적으로'를 보완하라) "무기를 갖는 것이 필수적이다", 즉 "통치자에게 불복종하는 자들 때문에", 즉 통치자에게 불복종하는 자들을 제어하기 위해 일정한 수의 무장한 자들이 필요하다. 즉 그렇지 않다면, 법과 공적 결정은, 그것의 집행이 관철될 수 없다면, 무의미할 것이다. 그러나 통치자의 무장된 병력은 나머지 공적 권력처럼 입법자를 통해 결정되어야 한다. 즉 그 무력이 시민 각자나 동시에 몇몇 시민의 힘을 능가하되, 동시에 모든 사람이나 혹은 보다 많은 쪽의 힘

---

19 directio: 'dirigo'에서 파생된 명사로, 'dirigo'는 '굽은 것을 똑바로 만들다', '이끌다'의 의미가 있다. 쿤츠만/쿠쉬는 전자의 의미로 번역했으나, 후자의 의미가 보다 타당한 듯하다.

20 아리스토텔레스, 『니코마코스 윤리학』 V, 1137b 26-27.

21 아리스토텔레스, 『정치학』 VII, 1328b 7-9.

을 능가할 정도로 강해서는 안 된다. 이것은 통치자가 자신을 예외로 하거나 법을 손상하고 법 없이, 법에 반하여 독재적으로 통치하지 않기 위함이다. 그러므로 아리스토텔레스는 『정치학』 제3권 제9장에서 말한다.[22] "그는 권력을 가지되, 각자의 (한 사람과 동시적 다수) 힘보다 크지만, 백성의 그것보다는 작은 권력을 가져야 한다." 그런데 'plurimum simul'(동시에 다수)을 비교급의 의미로, 즉 '보다 큰 부분'으로 이해해서는 안 되고 '다수'의 (이 말이 어떤 다수에서, 즉 시민 가운데 보다 강한 쪽에서가 아니라 어떤 무리에서 파생된 한에서) 소유격으로 이해해야 한다. 이렇게 이해하지 않으면 그의 말에 모순이 생길 것이다.[23] 그런데 장차 통치할 자는 자신이 통치자로 선출되기 전에는, 우리가 앞에서 말한 그의 내면적 소질과는 달리, 이 강제력을 가질 필요는 없다. 왜냐하면 열성적인 빈자들은 통치를 위해 결코 지명되지 않을 것이기 때문이다.[24] 아리스토텔레스는 『정치학』 제2권 제8장에서 그 반대를 소망했다. "처음부터, 최선의 인간이 여가를 가질 수 있고 결코 치욕을 당하지 않을 수 있는지를 ─ 군주로서뿐만 아니라 사인(私人)으로서 ─ 살피는 것이 필요하다."[25]

§ 9. 그러나 우리는 통치자의 소질과 그들에게 필요한 다른 것에 대해 진술한 것을 요약해 말하고자 한다. 즉 지혜와 윤리적 덕은 장차 선출될 통치자, 혹은 귀족 정치에서처럼 다수 통치자가 있을 경우, 미래의 통치자들

---

22 아리스토텔레스, 『정치학』 III, 1286b 35-37.
23 '동시에 다수'를 백성과 같은 것으로 간주한다면 모순이 생길 것이다. 그러나 '동시에 다수'는 '보다 큰 부분'과 대등한 다수의 의미로 이해되어야 한다. 다수는 크거나 작을 수 있다. 이것은 일정한 수의 개체의 합이기 때문이다.
24 부자들은 개인적으로 병력을 가질 수는 있지만, 병력이 통치자가 되는 조건이 되어서는 안 된다.
25 아리스토텔레스, 『정치학』 II, 1273a 32-34. 관직에서 물러난 사람이 그의 경력에 걸맞지 않는 일로 괴로워하지 않도록 보살피는 것을 말한다.

에게 선출 전에 필요하다. 그런데 무장된 병력은 도시나 왕국의 최고위직을 가진 자에게 자신의 판단을 법에 따라 집행하기 위한 수단 혹은 외적 도구처럼 필요하다. 그럼에도 불구하고 그는 이 권력을 선출에서 가져서는 안 되고 통치와 동시에 받아야 한다. 그런데 국가와 시민들에 대한 각별한 애정 내지 호의는 그의 공적 행위의 선함과 배려에 보탬을 뜻한다.[26] 그것이 앞에서 말한 것과 동등하게 필수적으로 요구되지는 않을지라도 말이다.

§ 10. 아리스토텔레스는『정치학』제5권 제4장에서 이에 대해 증언하여 말했다.[27] "장차 중요 직책을 가질 자는 세 가지를 지녀야 한다. 첫 번째로 기존 국가에 대한 애정, 그다음으로 통치의 최고 과제에 대한 능력, 세 번째로 덕과 정의." 그는 덕으로서 모든 덕의 끈이요 교사인 지혜를 이해한다. 그러므로 그는『니코마코스 윤리학』제6권 결론 장에서 다음과 같이 말한다. "한 가지 덕, 지혜가 존재함으로써 동시에 다른 모든 것이 내재할 것이다."[28] 그런데 아리스토텔레스는 언급한 부분의 같은 장 속에 지혜와 윤리적 덕을 집어넣었으니, 이것이 그가 같은 책의 같은 장에서 말할 때 믿었던 것처럼 양자가 존재에 있어 분리되지 않기 때문이다. "그러므로 앞의 진술에서, 본래적으로[29] 지혜 없이 선할 수 없고, 윤리적 덕 없이는 지혜로울 수 없다는 것이 분명하다."[30] 그러나 아리스토텔레스는『정치학』제5권, 앞에서 언급된 장에서, 우리가 미래의 통치자에게 적절하다고 말한

---

26 addere: '보태다', '덧붙이다'라는 의미의 타동사이지만, 여기서는 목적어가 없다. I, 13, 7에 유사한 어법이 있다.

27 아리스토텔레스,『정치학』V, 1309a 33-36.

28 아리스토텔레스,『니코마코스 윤리학』VI, 1145a 1-2.

29 principaliter: 문자적 의미는 '주로'이다.

30 아리스토텔레스,『니코마코스 윤리학』VI, 1144b 30-32.

것들을, 아마도 그것들의 필요성의 역순으로 언급했다.[31] 그러므로 앞의 진술에서 인간법의 고유한 토대 내지 질료가 드러난다. 즉 이것은 통치자이니 그가 지혜와 윤리적 덕, 특히 정의에 의해 충분히 준비되어 있을 경우이다. 그러므로 도시나 왕국의 미래의 통치자가 어떤 자질을 가져야 하는지, 그에게 무엇이 필요하고 적절한지는 이런 방식으로 정의되었다.

---

31 마르실리우스는 앞 절에서 신하들에 대한 군주의 사랑의 보조적 성격에 대해 설명했다. 즉 그는 군주의 자격 가운데 지혜와 도덕적 덕성을 강조했다. 그러나 이런 것은 그에게는 정부의 정당성의 객관적 기준, 즉 시민 전체에 의한 그의 선출에 비해 이차적 중요성을 가질 따름이다. 그렇기 때문에 그는 아리스토텔레스가 군주 자격으로 열거한 순서를 뒤집어 놓았다. 군주는 아리스토텔레스적 전통에서는 모든 덕에서 신하들보다 탁월해야 한다. 반면에 마르실리우스는 인격적·비정치적 덕성은 군주의 기능과는 무관하다. 그는 아리스토텔레스의 자격 목록을 취하기는 하지만, 모든 윤리적 덕성은 군주에게 이차적이다. Gewirth, vol. 1, pp. 243~44 참조. 마르실리우스는 인간 통치보다는 법의 통치를 선호하며(I, 11, 4-7 참조) 지혜가 보편적 규범, 즉 법에 부합하는 한에서만 지혜에 호소한다. Quillet, p. 129, 각주 24 참조.

제 15 장

정부를 보다 낮게 제정함의 작용인에 대하여;
여기서부터 또한 국가의 나머지 기능의 작용인이 나타난다

§ 1. 앞에서 말한 것에 이어서, 그것을 통해서 선출을 통해 지정된 통치 권한이 한 사람 혹은 여러 사람에게 부여되는 통치직의 작용인을 지시하는 과제가 남아 있다. 법 지식이나 지혜나 윤리적 덕을 통해서가 아니라(이것이 완전한 통치자의 자질이기는 하지만) 이 권한을 통해 실제적으로 군주가 된다.[1] 왜냐하면 많은 사람이 이런 것들을 가지고 있지만, 그들은 이 권한이 없으므로 (어쩌면 잠재적으로[2] 그렇지 않은 한) 군주가 아니기 때문이다.

§ 2. 그러므로 우리 질문으로 돌아가 진리에 따라, 그리고 아리스토텔레

---

1 이로써 군주의 주관적 자격에 관한 앞 장(章)의 고찰을 보완할 것이다. 정부의 제정은 마지막 분석에 의하면, 오직 선출에 달려 있다. 그는 아리스토텔레스의 네 가지 원인론에 따라서 철학적 입증을 시도할 것이다.
2 propinqua potentia: 문자적 의미는 '근사적 가능성'이다.

스의 『정치학』 제3권 제6장[3]의 견해에 따라 말하자. 정부 제정 내지 그것의 선출의 사실적 권력은 — 우리가 제3권 제12장[4]에서 입법이 같은 주체에 속한다고 말한 것처럼 — 입법자나 시민 전체에 속한다. 또한 통치직에 대한 모든 비난과 심지어 해임도 — 그것이 공공의 유익을 위해 적절하다면 — 마찬가지로 그들에게 속한다. 왜냐하면 이것은 우리가 제1권 제13장 제4절에서 아리스토텔레스의 『정치학』 제3권 제6장의 말에 의거해 결론지은 것처럼 시민 전체에 속하는 보다 중요한 정치적 과제 가운데 하나이기 때문이다.[5] 즉 같은 곳에서 말한 것처럼 "백성은 보다 중요한 일에 있어서 주도적이다". 그러나 앞에서 언급한 제정이나 선출을 위해 모이는 방식은 아마도 지역의 차이에 따라 변한다.[6] 그러나 그 방식이 아무리 상이할지라도 이러한 선출이나 제정은 언제나 입법자의 권위에 의해 이루어진다는 점에 주목해야 한다. 우리는 시민 전체나 그들 중 보다 강한 쪽을 종종 입법자라고 표현했다. 그런데 이 명제는 그것을 통해 우리가 제1권 제12장에서 법 제정과 변경, 그리고 같은 것에 관한 나머지 문제가 시민 전체에 속한다고 결론지은바, 동일한 증명에 의해 확증될 수 있고 확증되어야 한다. 그럼에도 불구하고 이 증명들 가운데 덜 중요한 개념[7]만을 변경함으로써, 곧 '법' 개념을 '통치자' 개념으로 대치한다.

---

3 아리스토텔레스, 『정치학』 III, 1281b 31ff.

4 I, 12, 3.

5 법을 만들고 정부를 선출하는 것은 시민 전체이다. 모든 기본적인 정치적 기능은 적어도 이론상으로 그 안에 모여 있다.

6 마르실리우스는 이 선출의 구체적 절차에 대해 무관심하다. 그는 오히려 기본적 원리를 확립하고자 한다.

7 minor extremitas: 문자적 의미는 '덜 중요한 극단'이다. 논리학에서 양극은 상통한다고 한다. 마르실리우스는, 먼저 통치자 제정 권한은 시민 전체에 속한다고 주장하고, 그다음으로 법 제정 권한은 시민 전체에 속한다고 주장한다. 그러므로 '통치자' 개념은 '법' 개념으로 대치된다. 앞의 두 명제에서 '통치자'와 '법'은 논리적 양극이다.

§ 3. 그러나 자체의 진실성과 더불어 필연적인 것을 개연적이라고 부른다면, 매우 개연적이다. 왜냐하면 어떤 형상을 만들어야 하는 자는 모든 기술적 작업에서 볼 수 있는 것처럼 또한 그것의 질료[8]를 결정해야 한다.[9] 그러므로 아리스토텔레스는 『자연학』 제2권 제4장에서 말한다.[10] "동일한 학문의 과제는 의사가 건강과 (거기에 건강이 근거하는) 담즙과 가래를 아는 것처럼 형상과 질료를 인식하는 것이다. 마찬가지로 집을 짓는 자의 과제는 집의 형상과 질료, 즉 벽돌과 목재를 아는 것이다." 이것은 나머지 기술적·자연적 작품에서도 명백한 귀납적 추리에 의해 분명해진다. 이것의 원인은 같은 책 같은 장에서처럼[11] 형상과 그 작용은 그것 때문에 질료가 존재하거나 생성되는 목적이기 때문이다. 그러므로 그것에 따라 모든 시민적 행동이 규제되어야 하는 형상, 즉 법을 만드는 것은 시민 전체에 속하므로 이 형상의 질료 내지 기체, 곧 이 형상에 따라 인간의 시민적 행동을 정돈하는 것은 그의 과제인 통치적 부분을 정하는, 즉 시민 전체의 과제인 것처럼 보인다. 법은 시민 공동체의 최선의 형상이므로 법을 위해 그 소질에 있어서 최선의 기체를 정해야 한다. 또한 우리는 앞 장에서 개연적 추리를 통해 이것을 추론했다. 여기서부터 보다 나은 국가를 위해 가문 승계 없이 선출된 통치자를 절대적으로 선출되지 않거나, 혹은 가문 승계와 더불어 세워진 자보다 선호한다고 추론하는 것이 합당한 듯 보인다.

---

8 subiectum: 문자적 의미는 밑에 놓여 있는 것, 즉 기체(基體)를 말한다.

9 마르실리우스는 'generare'(생산하다)와 'determinare'(판단, 결정하다)를 구별하지 않는 듯하다. 백성은 형상(즉 법)과 질료(즉 정부)를 동시에 생산한다. 그러나 건축가는 질료(기와와 목재)를 생산하지 않는다. 그는 다만 결정할 따름이다. 질료는 행위 이전에 존재하지 않는다. 마찬가지로 의사는 혈액을 생산할 수 없다. 그는 다만 인식할 따름이다.

10 아리스토텔레스, 『자연학』 II, 194a 22-25.

11 아리스토텔레스, 『자연학』 II, 194a 27-194b 8.

§ 4. 우리가 이 부분의 작용인을 지시한 후에, 종종 언급한 계획에 따라[12] 도시의 나머지 직위 내지 부분을 정하는 작용인을 말해야 한다. 우리는 이 일차적 원인을 입법자라고 부르고, 두 번째 원인을 입법자에 의해 그에게 위임된 권위를 통해 (입법자에 의해 그에게 부여된 형상, 즉 법에 따라) 통치하는 직위, 즉 도구적 내지 집행적 직위라고 말한다. 앞 장에서 지시한 것처럼[13] 그는 법에 따라 언제나 가능한 한 공적 행동을 행하고 정돈해야 한다. 왜냐하면 입법자는 일차적·본래적[14] 원인처럼 국가에서 누가 어떠한 직무를 수행해야 하는지를 결정해야 하지만, 통치직은 이런 결정의 집행과 나머지 법적 규정의 집행을 명령하고 필요시에 저지해야 하기 때문이다. 즉 시민 전체를 통해서보다는 통치자를 통해 법적 규정을 집행하는 것이 보다 합당할 것이다.[15] 왜냐하면 한 명 내지 소수의 통치자로 충분한 일에서 전체 공동체가 헛되이 종사하기 때문이다 —그들은 다른 필요한 업무로부터 방해받을 것이다. 즉 통치자들이 이것을 함으로써 전체 공동체가 이것을 하는 것이다. 왜냐하면 통치자들은 공동체의 규정, 즉 법적 규정에 따라 이것을 하기 때문이다. 그들은 소수이든지 한 명이든지 간에 법적 업무를 보다 용이하게 실행한다.

§ 5. 여기서 인간적 배려는 적절하게 자연을 모방했다. 왜냐하면 합리적으로 조직되어 있는 국가와 그 부분들은 — 아리스토텔레스의 『정치학』

---

12 I, 8, 1.

13 I, 14, 5.

14 appropriata: 문자적 의미는 '자신의 것으로 만들어진'이다.

15 이것은 거워스가 '마르실리우스의 면도날'이라고 부른 것이다. 이 원리는 법은 지혜로운 소수의 인간에 의해 고안되어야 한다는 마르실리우스의 명제에 영감을 준 듯하다. 왜냐하면 시민 전체가 입법에 종사하는 것은 그들로 하여금 필요한 활동에서 무익하게 벗어나게 하는 것이기 때문이다. 이것은 다만 방법론적 원리이며, 정치적 자유의 절대 필수적 조건은 아니다. 그러나 이 원리를 준수하지 않는 경우에 있어 실제적 해악을 지적한다. Gewirth, vol. 1, p. 235 참조.

제1권 제2장과 제5권 제2장에서 드러난 것처럼[16] — 생물 및 그 (자연에 따라 완전히 형성되어 있는) 부분들과 유사하다. 그러므로 자연의 활동이 생물의 완전한 형성에 있는 것처럼 인간 정신의 활동은 국가 및 그 부분들의 합당한 조직에 맞춰져 있다. 거기서부터 국가의 부분들의 작용과 결정이 보다 분명히 드러나게 될, 이 유비를 서술하기 위해 우리는 아리스토텔레스의 『동물 부분론』 제16장에서처럼[17] 갈레노스의 어떤 책, 『생물의 생성론』의 견해와는 달리,[18] 그리고 후대의 보다 경험 많은 자들처럼 가정하고자 한다. 즉 어떤 움직이는 원리[19] 혹은 동인(動因)에 의해 — 이것이 질료의 형상이거나 분리된 형상이거나 생물 및 그 일부를 생산하는 능력을 지닌 어떤 다른 것일지라도 — 우선 이 생물의 어떤 유기적 부분이 시간과 본성에 따라 형성되고, 그 안에서 어떤 열을 지닌 자연적 힘이나 능력[20]이 (나는 보편적인 힘과 열이라고 말한다) 작용 원리처럼 생물의 다른 부분을 형성하고 구별함에 있어 작용적 원인에 의해 형성된다. 아리스토텔레스가 앞의 구절에서 말했고 보다 경험 많은 철학자들이 말한 것처럼[21][22] 먼저 형

---

16 아리스토텔레스, 『정치학』 I, 1253a 19-25; V, 1302b 34-1303a 2.

17 아리스토텔레스, 『동물 부분론』 III, 665b 10-667b 14.

18 Galenos, *De foetuum formatione* (Περὶ κυουμένων διαπλάσεως, 태아의 형성에 대하여), cap. 4. 여기서 갈레노스는 심장이 먼저 형성된 기관이라고 주장하는 자들의 견해를 반대하면서, 간이 먼저 창조되어야 한다고 주장한다. 마르실리우스 당시에는 이 책의 제목이 "*De Zogonia*"로 알려진 듯하다.

19 움직이는 원리는 공동체 혹은 입법자의 영혼이다. 심장은 통치자이고, 형상, 혹은 힘, 혹은 심장의 열은 법이다. 열이 심장에 작용하듯이, 법은 통치자에게 작용한다. 심장의 능동적 힘은 두 번째 열(= πνεῦμα, 영)을 통해 몸 전체를 형성하고 이끈다. 마찬가지로 통치자의 능동적 힘은 법을 통해 여러 가지 국가적 업무를 지도한다.

20 virtus: 윤리적 덕이 아니라 생기(生氣)를 말한다. 중세 당시의 의학 문헌에서 모든 유기체 기관은 자체의 특별한 생기를 가진 것으로 간주되었다.

21 아리스토텔레스는 『동물 부분론』 III, 666a 19-21에서 "태아의 지체 중에서 심장은 분명히 바로 작동한다"라고 말했고, 이 입장은 이븐 시나(Ibn Sina)에 의해 수용되었다. 마르실리우스와 동시대인이었던 파도바의 의사 디노 델 가르보(Dino del Garbo)는 심장이 형성되기 전에, 지체들은 심장과 유사한 어떤 것, 즉 생산적인 영

성된 부분이 심장 내지 심장과 유사한 기관이다. 그들의 경험 때문에 그들을 믿어야 하고 검증 없이 전제해야 한다. 이것을 증명하는 것은 현재 연구의 과제가 아니기 때문이다. 먼저 형성된 이 부분은 생물의 나머지 부분보다 그 자질과 기질에서 귀하고 완전하다. 즉 이 부분에서 생산적 본성은 힘과 도구를 설정했으니, 이것을 통해 생물의 나머지 부분들이 적합한 질료로부터 형성되고, 분리되고, 구별되고, 상호 정돈되고, 그 성질에서 보존되고, 자연이 허락하는 한 손상에서 보호된다. 그러나 그것이 질병이나 다른 장애 때문에 자기 본성에서 벗어났다면, 이 부분의 힘에 의해 회복된다.

§ 6. 이것에서 유추해 이성에 따라 적절하게 조직된 국가에 대해 고찰해야 한다. 즉 시민 전체나 혹은 그들 가운데 보다 강한 쪽의 영혼[23]에 의해 국가에서 먼저 심장과 유사한 한 부분이 형성되거나 형성되어야 한다. 영혼은 이 부분에 국가의 나머지 부분을 조직할 수 있는 능동적 힘이나 권한을 지닌 어떤 힘이나 형상을 설정했다. 그런데 이 부분이 통치직이다. 그것의 (인과관계에서 보편적인) 힘이 법이고, 그것의 능동적 권력이 판단하고,

---

에 의존한다고 말했다. *Expositio Jacobi supra capitulum de generatione embrionis cum questionibus eiusdem* (Venezia 1518), fol. 24v-25r. 아리스토텔레스의 관련 구절에 대한 이븐 루시드의 주해(*Aristotelis opera cum Averrois commentariis*, vol. VI, fol. 157v-163r)는 영양과 생성, 성장의 힘의 원리를 간(肝) 대신 심장에 위치시킴으로써 갈레노스에 반대하고 아리스토텔레스를 지지했다.

22 보다 유능한 철학자들은 누구인가? 자닌 키예(Jeannine Quillet)의 주장에 의하면, 여기서 마르실리우스의 스승이었던 피에트로 다바노를 생각할 수 있다. 그는 유기체와 국가 간의 유비 관계 사상에 영감을 주었을 가능성이 있다. Quillet, p. 134, 각주 18 참조.

23 즉 법, 혹은 원리 내지 동인을 의미한다. 자연의 행위에 유사한 인간의 정신 행위는 시민 전체 혹은 그보다 강한 쪽의 영혼의 매개를 통해, 혹은 동일한 본성을 가진 모든 인간의 단일한 영혼을 통해 이루어진다. 국가는 일종의 유기체이니, 인간의 본성 및 충족한 삶에 대한 자연적 욕망의 동일성으로 말미암아, 그것의 영혼은 단일하다. 이 단일한 영혼의 몸은, 유기체 내의 영혼에 상응하는 통치직에 종속된 국가의 부분 내지 직무이다.

명령하고 시민적 삶에서 유익하고 정의로운 것에 대한 결정을 집행하는 권한이다. 그러므로 아리스토텔레스는『정치학』제7권 제6장[24]에서 이 부분을 국가에서 "모든 다른 것 중 가장 필요한 것"이라고 말했다. 그 이유는, 백성들이 국가의 나머지 부분들 내지 직무들을 통해 얻는 만족스러운 삶은, 만일 그것이 내재하지 않는다면, 선박이나 다른 수입처럼 (그렇게 쉽지는 않을지라도) 다른 데로부터 충분히 얻을 수 있기 때문이다. 그러나 국가 공동체의 존립은 통치직 없이는 지속할 수 없고 적어도 오래 지속할 수 없다.[25] 왜냐하면「마태복음」에서처럼 "남을 죄짓게 하는 일이 일어나기" 때문이다.[26] 그런데 이것은 인간 상호 간의 다툼과 불법이다. 이런 것들이 정의로움의 기준, 즉 법을 통해 그리고 법에 따라 이런 것을 조정해야 하는 통치자에[27] 의해 처벌되고 조정되지 않으면, 여기서부터 단합된 인간 간의 다툼과 분열이 생기며, 결국 국가의 몰락과 만족스러운 삶이 상실된다.

§ 7. 국가의 이 부분은 그 성질, 즉 지혜와 윤리적 덕에서 국가의 나머지 부분들보다 고귀하고 완전해야 한다.[28] 그러므로 아리스토텔레스는『정치학』제7권 제12장에서 다음과 같이 말했다.[29] "우리가 신과 영웅들이 인간과 다르다고 생각하는 것처럼(신과 영웅들은 먼저 육신적으로 탁월할 뿐만 아

---

24 아리스토텔레스,『정치학』VII, 1328b 13-15.
25 I, 5, 7/11 참조. 통치직은 충족한 삶을 위한 근본적 조건이다. 왜냐하면 이것이 모든 사람에게 공평한 정의의 규범을 수립함으로써 평화가 유지될 수 있기 때문이다. 정의의 규범은 국가의 부분 및 개인 간의 평정을 회복하기 위한 것이다. 통치직 없이는 시민적 행복은 불가능하다. 그렇기 때문에 군주는 마르실리우스의 정치 체계에서 중심적 역할을 한다.
26 「마태복음」18:7. scandalum(σκάνδαλον): '걸려 넘어지게 만드는 덫'을 말한다.
27 군주의 다른 근본적 권한은 법을 존중하게 하는 것이다. 정의를 세우는 것은 오직 군주의 권한이다. I, 10, 4 참조.
28 통치직은 유기체 안의 심장처럼 국가에서 중심적 위치를 차지한다.
29 아리스토텔레스,『정치학』VII, 1332b 16-23.

니라 영혼적으로도 그러하다) 어떤 것이 다른 어떤 것과 상이하다면, 신하들에 대한 통치자의 탁월성은 의심할 수 없고 분명하다. 따라서 그들에게는 어떤 사람들은 통치하고, 어떤 사람들은 한 번", 즉 평생토록 "예속되는 것이 낫다는 것이 분명하다". 국가의 작용 원리 ─ 즉 전체의 영혼 ─ 는 이 첫 번째 부분에서도 어떤 (원인에 있어 보편적인) 힘, 즉 법을 정했다. 또한 바로 법에 따라 공적 판단을 행하고 명령하고 집행할 수 있는 권위와 권능을 정했다. 기체(基體)로서의 (그것을 통해 심장 내지 그 형상이 모든 행동을 성취하는) 심장의 내재적 온기[30]가 활동에 있어 심장의 형상이나 힘을 통해 인도되고 조정되는 것처럼(그렇지 않다면 그것은 정해진 목적을 위해 작용하지 않을 것이다) 말이다. 또한 '스피리투스'(spiritus)[31]라 불리는 열이 활동을 성취하기 위한 도구로서 몸 전체에 걸쳐 같은 힘에 의해 지배받는 것처럼(그렇지 않다면 이 두 가지의 열 가운데 어떤 것도 정해진 목적을 위해 작용하지 않을 것이다. 왜냐하면 『생성론』과 『영혼론』에 기록된 것처럼[32] 불은 도구보다 열등하게 작

---

30 아리스토텔레스는 『동물 부분론』에서 심장에 대해 논의할 때 특별히 내재적 열을 언급하지는 않았지만, 심장의 피와 심장 자체 내에 있는 열을 암시하고, 열의 원천을 심장에 있는 것으로 보았다. 아베로에스는 그의 주해에서 심장 내의 '자연적 열'을 말한다. 갈레노스는 심장은 생물이 그것에 의해 지배되는 내재적 열의 근원이라고 주장한다. Galenos, *On the usefulness of the parts of the body*, NY: Ithaca 1968, p. 292.

31 중세 당시 의학의 갈레노스적 전통에서 '스피리투스'는 심장에 자리 잡은 활력의 도구로 이해되었다. 심장은 혈관을 통해 그 활력을 몸 전체에 걸쳐 확산시킨다. 그러나 그것을 보통 열로 보지는 않았다. 아베로에스는 심장이 혈관을 통해 지체들에 자연적 열을 보낸다고 말했다. 하지만 그는 스피리투스가 열이라고 말하지는 않았다. 그러나 키예의 주장에 의하면, 아베로이스트 피에트로 다바노는 심장이 열의 원리임을 입증했다. 마르실리우스는 열을 '스피리투스'라고 규정할 때 그로부터 영향을 받은 듯하다. 왜냐하면 다바노는 같은 주제에 대해 유사한 용어로 표현했기 때문이다. 그는 열 혹은 스피리투스를 미세한 물체로 생각했다. Quillet, p. 136, 각주 28 참조.

32 아리스토텔레스, 『생성·소멸론』(*De generatione et corruptione*) II, 336a 13. 『영혼론』은 아마도 아리스토텔레스, 『영혼론』 II, 416a 10-18을 지시하는 듯하다. 여기서 아리스토텔레스는 불 자체가 영양과 성장의 원리가 될 수 있다는 견해에 반대한

용하기 때문이다) 또한 어떤 인간에게 부여된 통치 권한은 기체로서의 심장의 열과 유사하다. 그러므로 '스피리투스'라 불리는 열과 유사한, 무장되거나 내지 강제적인 그의 도구적 권력은 시민적으로 정의롭고 유용한 것에 대해 판단하고 명령하고 집행함에 있어 법에 의해 제어되어야 한다. 그렇지 않다면 제1권 제11장에서 지시한 것처럼 통치자는 정해진 목적, 즉 국가의 유지를 위해 일하지 않는다.[33]

§8. 또한 통치자는 이미 언급된 힘, 즉 법과 자신에 부여된 권한에 따라 국가의 부분과 직무를 구분해야 하고, 아울러 거기에 알맞은 질료, 즉 직무에 적합한 기술이나 소질을 가진 인간들로부터 제정해야 한다.[34] 제1권 제7장에서 언급한 것처럼 이런 인간들은 국가의 부분에 가장 가까운 재료이다. 이것이 잘 조직된 국가의 기준 내지 법이니, 적합한 업무적 소질을 갖춘 인간을 국가의 직무에 배치하고, 그런 소질을 갖추지 못한 인간, 즉 젊은이로 하여금, 차라리 천성적으로 거기에 기울어져 있는 직무를 배우도록 조정하는 것이다. 이것이 여기서 탁월한 아리스토텔레스의 견해이니, 그는 『니코마코스 윤리학』 제1권 제1장에서 말했다.[35] 정치적, 즉 입

다. 불은 기여하지만, 그 운동은 제한이 없으므로, 영혼에 의해 제한될 필요가 있다.

33 여기서 생물과 국가의 비교를 표로 제시하면 다음과 같다.

생물	국가
자연	인간적 염려
자연적 행위	인간의 정신 행위
원리 내지 동인	시민 전체의 영혼
생물과 그 일부의 생산력	어떤 능력 내지 형상
생물의 유기적 부분	통치하는 부분
열을 가진 자연적 능력	법; 능동적 능력
심장은 모든 것 중 고귀한 부분	통치직은 모든 것 중 고귀하고 으뜸
열 내지 스피리투스	법에 따라서 공적 판단을 행하는 권위 내지 권능

34 인적 자원을 가지고 국가의 여러 가지 기능을 정한다.

법적 지혜, 따라서[35] 법에 따라서 국가를 관리하는 자, 즉 통치자는 "이것을, 국가에 어떤 교육이 있어야 하는지, 그리고 각 사람이 어느 것을, 어느 정도까지 배워야 하는지를 미리 정한다". 그는 또한 『정치학』 제7권 제13장[36]에서 말했다. "그러므로 정치적 인간은 모든 것을 주목함으로써 영혼의 부분 및 그것에 닥친 일[37]에 따라서 법을 제정해야 한다." 그는 같은 책 제8권 제1장에서도 같은 점을 말한다.[38] "입법자가 살아 있는 자[39]의 훈육을 위해 노력해야 한다는 것은 의심할 수 없다. 왜냐하면 이것이 행해지지 않을 때, 국가는 손상을 받기 때문이다." 그러므로 앞에서 말한 것에서부터 분명한 사실은 국가의 직무와 부분들을 결정하고 조직하는 일은 입법자에게 속하고, 또한 이러한 결정을 판단하고 명령하고 집행하는 일은 법에 따라 통치하는 자에게 속한다는 것이다.

§ 9. 이 점은 우리가 이 권의 제12장에서와 앞에서 입법과 정부 제정에 사용한 같은 증명에 의해, 다만 삼단논법 가운데 덜 중요한 개념을 변경함으로써 확인할 수 있다.

§ 10. 그렇기 때문에 자의적으로 국가에서 직무를 찾는 것은 개인에게 허용되지 않으며, 특히 외국인에게 그렇다.[40] 합리적으로 각 사람은 자기

---

35 아리스토텔레스, 『니코마코스 윤리학』 I, 1094a 28-1094b 2.

36 아리스토텔레스, 『정치학』 VII, 1333a 37-38.

37 passiones: 그리스어로는 'πράξεις'(행위)이며, 기욤 드 뫼르베케는 'actiones'로 번역했다.

38 아리스토텔레스, 『정치학』 VIII, 1337a 11-13. 원문에서는 '살아 있는 자' 대신 '젊은이'(τῶν νέων)라고 실려 있다.

39 iuventum: 문자적으로는 '젊은이'를 뜻하지만, 'viventium'으로 이해해야 한다.

40 여기서 당시 이탈리아 코뮌에서 유행하던 제도의 흔적을 발견할 수 있다. 'comunancia'에 참여하기 위해서는 여러 세대에 걸쳐서 시민이어야 하고 일정한 기간 동안 도시에 거주한 것을 입증해야 한다. 마르실리우스의 주장은 성직자들을 염두에 둔 것이

희망대로 군사직이나 사제직을 수행할 수 없고 해서도 안 된다. 또한 통치자는 이것을 허용해서는 안 된다. 왜냐하면 이로 말미암아 다른 직무를 통해 행해져야 할 것이 불충분하게 국가에 행해지기 때문이다. 오히려 통치자는 이런 직무에 대해 사람들을 지정해야 하고, 또한 그들의 부분 내지 직무의 질과 양을 수와 권력 및 다른 관점에 따라 정해야 한다. 이것은 국가가 그것들의 상호 조절되지 않은 과도함 때문에 해체되지 않도록 하기 위함이다. 그러므로 아리스토텔레스는 『정치학』 제5권 제2장에서 말했다.[41] "또한 불균형적인 성장 때문에 국가의 변화가 일어난다. 즉 한 몸이 지체들로 구성되고 대칭을 유지하기 위해 비례적으로 성장해야 하지만, 그렇지 않으면 파괴되는 것처럼 말이다. 즉 몸이 양적으로뿐만 아니라 질적으로 불균형적으로 성장하는 것처럼 국가도 그러한 부분들로 구성되는데, 그들 중 어떤 것은 은밀히 지나치게 성장한다. 민주정에서 가난한 자들의 무리"와 그리스도인의 법에서 사제직처럼[42] 말이다. 그는 『정치학』 제3권 제7장에서 같은 말을 하지만,[43] 나는 진술을 단축하기 위해 그 문구를 생략한다.

§ 11. 또한 이 부분, 즉 통치자는 권한에 의해 법에 따라 정의롭고 고상한 것을 명령하고 그것에 반대되는 것을 금지해야 한다. 행위와 말을 통해 법적 규정을 준수하는 자들의 공로를 보상하거나 그 위반자들의 잘못을 처벌함을 통해 말이다. 이런 방식으로 그는 국가의 각 부분을 정해진 존재에서 보존하고 피해와 불법에서 보호할 것이다. 그러나 그들 중 어떤 부분이 불법을 당하거나 행하면 그것은 통치자의 행위를 통해 치유되어야 하

니, 그들도 도시의 다른 부분처럼 통치자에게 엄격히 예속되어야 한다.

41 아리스토텔레스, 『정치학』 V, 1302b 33-1303a 2.

42 I, 17, 13 참조.

43 아리스토텔레스, 『정치학』 III, 1282b 14ff.

고, 불법을 가하는 자는 처벌을 받음으로써 치유되어야 한다. 즉 처벌은 과실에 대한 치료제와 같기 때문이다. 그러므로 아리스토텔레스는 『니코마코스 윤리학』 제2권 제2장[44]에서 말한다. "그것 때문에", 즉 악을 행할 때 느끼는 쾌감 때문에 "행해지는 형벌은 이것을 지시한다". "즉 형벌은 일종의 치료제이다." 그러나 불의를 당한 자는 보상을 받음으로써 치유되고, 이런 방식으로 모든 것은 다시 적절한 균형 내지 비례로 환원된다.

§ 12. 또한 이 부분은 국가의 나머지 부분을 보존하고, 그들을 고유한 과제뿐만 아니라 공통적인 과제 ─그들의 고유한 직무에서 유래하는 고유한 과제와 그들 상호 간의 공유에 의해 발생하는 공통적 과제 ─ 를 수행함에 있어 지원한다. 통치자의 활동이 폭력적인 자들의 교정에 있어서 중단될 때, 두 종류는 혼란에 빠질 것이다.

§ 13. 그러므로 생물에서 심장의 활동이 중단되어서는 안 되듯이, 국가에서 통치자의 활동은 결코 중단되어서는 안 된다. 국가의 다른 부분들의 활동이 개인이나 단체, 혹은 공동체에 해를 끼침 없이도 일시적으로 중단될 수 있지만(평화 시 군대의 활동, 유사하게 나머지 부분들의 활동처럼), 이 부분과 그의 힘[45]의 일차적 활동은 해를 끼침 없이는 결코 중단될 수 없다. 왜냐하면 명령을 비롯해 법적으로 허용된 것과 금지된 것에 대한 일반적 감독은 어떤 때나 순간에도 지속되어야 하며, 허용되지 않은 것이나 불의한 일이 발생하는 한, 통치자는 이런 것을 완전히 제어해야 하고 혹은 이런 일을 제어하기 위해 준비되어 있는 조치를 취해야 하기 때문이다.

§ 14. 앞에서 언급한 것에서부터 국가의 부분들의 상호 서열이 충분히

---

44 아리스토텔레스, 『니코마코스 윤리학』 II, 1104b 16-17.
45 즉 그의 권위.

분명해질 수 있다. 왜냐하면 모든 부분은 통치자로 말미암아 그를 향해 (모든 부분 중 첫 번째인 것처럼) 현재 시대 상태를 위해 정돈되기 때문이다.[46] 즉 이 부분은 국가 공동체에서 첫 번째 부분이니, 현재 시대의 상태에서, 그 상태를 위해 혹은 국가적 목적을 위해 나머지 부분들을 조직하고 결정하고 보존해야 한다. 그러나 우리가 개연적이고 입증적[47] 논리로 추론한 것처럼 이것은 인간법에 따라 통치하는 부분이다. 그러므로 이 부분은 모든 다른 것의 첫 번째이고, 나머지 부분들은 그를 향해 정돈된다. 그러므로 통치직의 선출의 작용인에 대해, 마찬가지로 또한 국가의 나머지 부분들의 제정에 대해, 그들의 상호 서열에 대해 이런 방식으로 결정된 것으로 한다.[48]

---

46 이 세상에서 성직자가 군주에게 예속되어 있음을 이보다 분명히 표현할 수는 없을 것이다. 이것은 이 책 제2권의 이해를 위해 중요한 결론이다.

47 개연적 논리는 제3절, 제5~8절, 입증적 논리는 제2절과 제9절 참조.

48 이 장은 국가 내의 통치직의 근본적 역할에 특히 역점을 두었다. 마르실리우스는 점진적으로 시민 전체의 권위를 군주의 권위로 대치할 것이다.

제 16 장

━━❦──

모든 군주를 매번 선출을 통해 채택하는 것과 가문 세습이라고 부르는 그의 모든 후손과 함께 어떤 사람을 선출하는 것 중에서 어느 것이 국가에 유리한가

§ 1. 앞에서 말한 것에 의문이 연결되어 있다. 즉 시민적으로 살면서 선출을 통해 군주를 세우는 자들에게는, 가문 세습이라 부르는 그의 모든 후손과 함께 통치할 자를 제정하는 것과 한 사람만 종신 통치하도록 선택하는 것, 그러나 그가 부패했거나 혹은 그렇지 않다면 정당하게 통치권을 상실함으로써, 매번 미래의 군주에 대해 새로운 선출을 행하는 것 중 어느 것이 보다 유리한가?[1] 어떤 사람들[2]에게는 첫 번째 제정 방식이 어떤 외형 때문에 낫다고 보였다. 즉 첫 번째로, 가문으로부터 계승한 군주는 국가를

---

1 최선의 법과 최선의 인간 중 어느 쪽이 지배해야 하는가(I, 11, 2)와 같은 질문처럼 『정치학』 제2권에 관한 다른 유명한 질문이다. 마르실리우스는 한쪽에 대한 이의, 그 다음에는 다른 쪽에 대한 이의, 그다음에 이의에 대한 해결을 제시하는 식으로 논리를 전개한다.

2 '어떤 사람'은 누구를 지시하는가? 키예의 주장에 의하면, 마르실리우스의 적대자 Aegidius Romanus, *De regimine principum* III, 2, 5일 가능성이 크다. 에기디우스 로마누스(Aegidius Romanus, 1243?~1316)는 세습적 군주정의 제정을 선호했다. Quillet, p. 141, 각주 1 참조.

자신의 유산처럼 보다 잘 보살필 것이지만,[3] 자신의 후손이 통치하게 될지 확실치 않은 군주는 그렇지 않기 때문이다. 그러므로 아리스토텔레스는 『정치학』 제2권 제1장 중간에서 말한다.[4] "대부분 공동 소유인 자신은 거의 돌봄을 받지 못한다. 왜냐하면 인간은 각자 자신의 것을 가장 많이 염려하고, 공동 소유에 대해서는 각자에게 해당되는 몫보다 덜 염려하기 때문이다." 그리고 그는 같은 장 끝에서 말한다. "두 가지 일이 인간들로 하여금 크게 염려하고 사랑하게 만든다. 자신의 것과 사랑받는 것."[5] 그는 계속해서 같은 책 제2장에서 말한다. "그러나 또한 쾌락을 위해, 어떤 것이 자신의 것이라고 생각하는 것이 얼마나 큰 차이가 있는지 말로는 표현할 수 없다."[6]

그러나 다시 주 질문으로 돌아가 세습 군주들은 근래에 선출된 군주들보다 신하들에 대해 덜 독재적으로 지배하는 것으로 보일 것이니, 통치에 익숙해져 있고 새로운 일이 자신에게 생길 거라고 생각하지 않기 때문이고, 그러므로 그들은 오만해지고 신하들을 멸시할 것이 분명하기 때문이다. 그러나 새로이 선출된 자들은 신흥 부자들처럼 대부분 오만하다.[7] 그러므로 『수사학』 제2권 제24장에서 말한다. "부자들에게 어떤 행동이 일어나는지 모든 사람에게 쉽게 드러날 수 있다. 즉 그들은 부의 소유로부터 어떤 영향을 받아 비열하고 우쭐해 있다. 마치 모든 좋은 것을 가진 것처럼 처신한다."[8]

---

3 이것은 마르실리우스가 적대자의 견해로 인용한 첫 번째 논거이며, I, 16, 14에서 반박할 것이다.

4 아리스토텔레스, 『정치학』 II, 1261b 33-35.

5 아리스토텔레스, 『정치학』 II, 1262b 22-23.

6 아리스토텔레스, 『정치학』 II, 1263a 40-41.

7 Aegidius Romanus, *De regimine principum* III, 2, 5. 신흥 부자가 부에 대한 습관 결핍 때문에 매우 쉽게 도덕적으로 부패하는 것처럼 선출된 군주는 보다 쉽게 독재자가 될 수 있다. 마르실리우스는 이 논거를 I, 16, 15에서 반박한다.

§ 2. 계속해서 같은 문제에 대해: 선임자에게 순종하는 습득된 관습 때문에 예속된 백성들은 가문으로부터 통치를 승계한 군주에게 순종한다.[9] 그러므로 아리스토텔레스는 『형이상학』 제2권의 결론 장에서 말한다.[10] "우리가 익숙한 것처럼 우리는 평가한다." 그리고 『정치학』 제2권 제5장 끝 부분에서 말한다.[11] "바꾸는 자는 도움을 주기보다는 해를 끼칠 것이니, 군주들에게 반항하는 것에 익숙해 있기 때문이다." 제1권 제18장 제6절에서 관습에 대해 말한 다른 진술들과 함께.

§ 3. 같은 질문에 대해 계속해서: 또한 어떤 가문이 나머지 백성에게 많은 선행을 베풀었거나, 아니면 능력 면에서 다른 시민을 능가했거나 두 가지 이유에서 탁월하므로, 언제나 통치함이 합당하고 예속됨이 결코 합당하지 않다. 그러므로 아리스토텔레스는 『정치학』 제3권 제8장에서 이런 군주에 대해 말한다.[12] "왕의 단독 통치의 네 번째 형태는 영웅시대에 세습적이고 법에 따라 만들어진 형태이다. 즉 그들은 기술에 있어서나 혹은 전쟁에 있어서 처음으로 백성에게 선행을 베푼 자들이기 때문에, 혹은 그들은 주민들을 단합시켰거나 땅을 공급했으므로,[13] 그들은 자발적으로 원하는 자들의 왕이 되었고, 세습적으로 아버지의 것을 취하는 자들에게도[14] 그러했다." 그는 같은 책 제9장에서 보다 분명하게 진술한다.[15] "어떤 가문 전

---

8 아리스토텔레스, 『수사학』 II, 1390b 32-34.

9 Aegidius Romanus, *De regimine principum* III, 2, 5. 이 논거는 I, 16, 16에서 반박될 것이다.

10 아리스토텔레스, 『형이상학』 II, 994b 32-995a 21.

11 아리스토텔레스, 『정치학』 II, 1269a, 17-18.

12 아리스토텔레스, 『정치학』 III, 1285b 4--9.

13 emerunt: 그리스어로는 'πορίσαι'으로, '공급하다', '제공하다'의 의미이다.

14 successive sumentibus patriae: 그리스어 'τοῖς παραλαμβάνουσι πάτριοι'을 직역한 것이다.

체나 여러 사람 중 한 사람이[16] 능력 면에서 남달라서, 그의 능력이 다른 모든 자를 능가한다면, 이 가문이 왕가가 되고 모든 자의 지배자가 되고 이 한 사람이 왕이 되는 것은 옳다." 그러므로 또한 그는 『정치학』 제5권 제5장에서 같은 사실을 반복하여 말한다.[17] "왕정은 백성 가운데서[18] 고귀한 자들을[19] 돕기 위해 세워졌다. 그리고 왕은 고귀한 자 가운데 그 탁월한 능력이나 능력에서 나온 행위에 의해, 혹은 이런 가문의 탁월한 능력 때문에 세워진다."

§ 4. 또한 세습을 통해 보다 좋은 군주를 세울 수 있다. 왜냐하면 그들은 보다 덕에 기울어 있기 때문이고, 그들은 대부분 유능한 부모로부터 나오기 때문이다. 그러므로 아리스토텔레스는 『정치학』 제2권에서 시인 테오덱테스(Theodektes)[20]가 『헬레네』에서 발언한 것을 인용한다.[21] "누가 양쪽의 신적 뿌리로부터 유래한 나를 종이라고 부름이 합당하다고 생각하겠는가?"[22] 그리고 조금 아래에 덧붙인다.[23] "인간들에서 한 인간이, 짐승들에서 한 짐승이 나오듯이, 선한 것들에서 선한 것이 나오는 것이 합당하다고 생각한다." 그리고 또한 이러한 자는 대개 보다 좋은 관습에 의해 이끌리

---

15 아리스토텔레스, 『정치학』 III, 1288a 15-19.

16 aliorum unum: 문자적 의미로는 '다른 사람들 중 한 사람'을 뜻한다.

17 아리스토텔레스, 『정치학』 V, 1310b 9-12.

18 a populo: 그리스어로는 'ἀπὸ τοῦ δήμου'이다. 그러나 많은 사본은 'ἐπὶ τὸν δήμου'(백성에 맞서)로 읽는다. 아리스토텔레스, 김재홍 옮김, 『정치학』, 도서출판 길, 2017, 400쪽, 각주 399 참조.

19 ἐπιεικέσι: 문자적 의미로는 '유능한', '고귀한'이다.

20 파셀리스의 테오덱테스는 기원전 4세기의 비극 시인이다. 원문의 '헬레네'는 라틴어 텍스트에서 'eloga'(시 선집)로 변질되었다.

21 아리스토텔레스, 『정치학』 I, 1255a 36-37.

22 원문의 'προσειπεῖν'(이름 부르다)가 'adducere'로 잘못 번역되었다.

23 아리스토텔레스, 『정치학』 I, 1255b 1-2.

기 때문이다. 그러므로 아리스토텔레스는 『수사학』 제1권 제13장에서 말한다. "선한 자들에서 선한 자가 나오고, 이렇게 양육된 자가 이런 자가 되는 것이 개연적이다."[24]

§ 5. 계속해서 첫 번째 질문에 대해: 가문으로부터 세습한 자의 통치는 근래에 선출된 군주가 겪는 것과 같은 어려움을 겪지 않는다. 왜냐하면 새로이 선출된 군주의 경우에는 우호적인 선거인들을 (이런 자들을 갖는 것은 좋은 선출을 위해 필수적이다) 가져야 하는 어려움이 발생하는데, 이것은 어렵다. 더구나 찾아낸 선거인들이 서로 대립하지 않기는 어렵다. 즉 새로운 로마인의 제후 선출에서의 경험이 보여 주듯이,[25] 서로 대립함으로써 온 나라를 내란으로 몰아갈 위험이 있다.[26] 또한 인간의 사고는 대개 악에 기우는 경향이 있다. 그러므로 선거인들은 애정이나 증오에 의해, 부탁이나 보상에 의해, 혹은 다른 편안함이나 쾌락에 대한 기대에 의해 보다 좋은 통치자를 언제나 택하는 것은 아니다. 오히려 어쩌면 드물다.

§ 6. 계속해서 첫 번째 질문에 대해: 가문으로부터 세습하는 군주의 성격은 새로 선출되어야 할 군주의 (그는 아직 확정되지 않았다) 성격보다 시민과 자문관들[27]에 의해 보다 쉽게 인식될 수 있으니, 그는 유일하고 확정된 인물이기 때문이다. 즉 선출을 통해 통치직으로 택해질 수 있는 시민들은

---

24 아리스토텔레스, 『수사학』 I, 1367b 31-32.

25 이것은 루트비히 4세와 프리드리히 3세의 이중 황제 선출 이후의 내란을 지시하는 듯하다. 뮐도르프 전투에 의해 타결되었음에도 불구하고 오히려 승리자 루트비히와 요한 22세 간의 분쟁의 발단이 되었다.

26 이 논거는 Pierre d'Auvergne, *In libros politicorum* III, lect. 14, p. 176에서 발견된다. 이것은 I, 16, 19에서 반박될 것이다.

27 consules: 13세기 도시국가의 행정 관리였다. 파도바에는 열두 명의 콘술(consul)이 선출되었다. 그들의 공식 서약에는, 필요한 경우 '시장'(podesta)에 대한 자문의 의무가 포함되었다. 그러므로 '콘술'은 '자문관'으로 이해해야 한다.

매우 많기 때문이다. 그러나 여러 사람의 성격보다는 한 사람의 성격을 알기는 쉽다. 그런데 의회를 통해 무엇을 자문받아야 하고 인도받아야 하는 군주의 (그가 아무리 지혜로울지라도) 성격을 아는 것은 유리하다. 그러므로 아리스토텔레스는 『수사학』 제1권 제11장에서 말한다. "강한 설득력을 지닌 각 사람의 성격."[28]

§ 7. 다시금 세습을 통해 군주를 택하는 것은 신하들의 야망이나 무모함, 오만함, 그리고 반란 선동을 배제하는 듯하다. 신하들은 자신들에게 통치직이 주어지지 않을 것과 합리적으로 그것에 도달할 수 없다는 것을 알기 때문에, 그것을 결코 갈망하지 않을 것이고 그것을 얻기 위해 어떤 음흉한 일을 꾸미지 않을 것이다. 그러나 새로운 군주가 번갈아 선출되는 경우에 언제나 일어나는 것처럼 합리적으로 통치직에 도달할 수 있다고 믿는 자는 이런 일을 충분히 한다. 그러므로 툴리우스 [키케로]는 『의무론』 제1권에서 말한다. "가장 위대한 영혼과 찬란한 정신 속에 대개 명예, 지배, 권력, 영광에 대한 욕망이 있는 것은 고통스럽다."[29] 이들이 어떤 탁월한 선함 때문에 자신이 통치직에 합당하다고 간주하기 때문에, 그들은 청탁이나 돈이나 어떤 것이든 다른 허용되지 않은 방법을 통해 선거인의 표를 얻는다.[30]

---

28 아리스토텔레스, 『수사학』 I, 1366a 13.

29 Cicero, *De Officiis* I, 8, 26.

30 1313년 8월 신성로마제국 황제 하인리히 7세가 사망하자, 후계자 선출이 필요하게 되었다. 이때 하인리히의 전임자인 합스부르크 가문의 알브레히트 1세의 아들 프리드리히 미남왕(美男王)이 물망에 오르자, 선제후 가운데 프리드리히의 선출을 저지하기 위해 바이에른의 루트비히를 후보로 내세웠다. 1314년 10월 쾰른(Köln) 대주교 하인리히 2세는 작센하우젠에 선제후들을 소집했다. 참석자는 루트비히의 형 루돌프 1세(그는 동생의 선출을 반대했다) 등 네 명이었는데, 그들은 프리드리히를 황제로 선출했다. 이 선거 결과를 수용하지 않은 룩셈부르크파는 그다음 날 프랑크푸르트에서 선거를 치렀다. 마인츠(Mainz) 대주교 페트루스를 위시한 다섯 명의 선

§ 8. 또한 선출된 군주는 통치권을 후손에 전달하지 않기 때문에, 권력자가 아무리 법을 위반할지라도 감히 그들을 사형에 처하거나 달리 신체적으로 처벌함으로써 정의를 행사하지는 않을 것이다. —그것은 장차 통치할 수 없는 자기 후손에게 혹시 증오나 심한 적개심과 불법이 생길 것을 두려워하기 때문이다. 그러나 가문으로 세습하는 군주는 이런 것을 의심할 필요가 없다. 그렇기 때문에 그는 안전하면서도 완전하게 어떠한 법 위반자에 대해서도 정의를 행사할 것이다.

§ 9. 또한 군주를 정하는 방식은 보다 많은 나라와 보다 많은 백성에게서 보다 오랫동안 일어날수록 보다 완전하다. 왜냐하면 보다 자연스러운 것이 보다 완전하지만, 보다 다수에게서 존재하는 것이 보다 자연스럽기 때문이다.[31] 『천체론』 제3권과 『자연학』 제2권에 나와 있으며[32] 귀납적 추리를 통해 분명한 것처럼 "사물의 본성은 보다 많은 것 안에, 보다 많은 시간 동안" 내재한다.[33] 귀납적 추리가 다수의 군주정과 지역, 백성에게서 지시하고, 시간의 진행 속에서 역사가들이 서술한 사건들이 입증하듯이, 가문 세습을 통해 군주를 택하는 방식은 언제나 새로운 선출을 통해 미래 군주를 택하는 방식에 비해 그러하다.

제후는 루트비히를 황제로 선출했다. 이중 선거에 뒤이어서 이중 대관식이 거행되었으니, 루트비히는 마인츠에서 마인츠 대주교로부터 왕관을 받았고, 프리드리히는 본(Bonn)에서 쾰른 대주교로부터 관을 받았다. 그 후 양측 간의 혈전이 발발했고, 1322년 9월 뮐도르프 전투에서 루트비히 군대는 결정적인 승리를 거두었다. 이 전투에서 프리드리히는 포로가 되었다. 교황의 파문 때문에 루트비히는 1325년 3월 협약에서 프리드리히를 석방했다. 대신 프리드리히는 루트비히를 합법적 황제로 인정했다.

31 이것은 자연에 대한 아리스토텔레스의 정의다. 『자연학』 II, 198b 35. 세습적 군주정은, 많은 경우에 존재하기 때문에, 자연에 보다 부합한다.

32 아리스토텔레스, 『천체론』 III, 301a 8; 『자연학』 II, 198b 35.

33 quae pluribus et plurimo tempore inest: 여기서 'inest'는 마르실리우스가 덧붙인다. 그는 'quae'를 'natura'로, 지시하는 관계대명사로 이해했다.

§ 10. 마지막으로 가문으로부터 세습하는 군주의 통치는 우주의 인도 내지 통치와 유사하다. 왜냐하면 아리스토텔레스가 『형이상학』 제12권 마지막 장에서 말한 것처럼 우주에는 언제나 유일한 통치가 불변적으로 존재하기 때문이다. "그러므로 하나의 통치자가 존재하니, 존재들은 나쁘게 통치받기를 원치 않기 때문이다."[34] 그런데 아들이 통치에 있어 아버지를 계승할 때 가문의 통일성 때문에, 그리고 아버지는 거의 아들과 동일 인물로 간주되기 때문에 이런 일이 일어나는 듯하다.[35]

§ 11. 그러나 제1권 제14장에서 우리가 결정한 것, 즉 모든 미래의 군주는 지혜로워야 하고 윤리적 덕에 (특히 정의에) 있어 선해야 하고 다른 시민들에 비해 거의 탁월하게 그래야 한다는 전제를 받아들이면서, 또한 이것과 더불어 제1권 제9장 제10절에서 여러 민족과 지역에 있어 다양한 통치에 대한 상이한 경향과 기질에 대해 말한 것을 받아들인다면, 국가의 시민적 생활의 만족스러움을 위해 절대적으로 새로운 선출을 통해 미래의 군주를 정하는 것이 가문 세습을 통해 군주를 택하는 것보다 낫다고 믿어야 한다고 본다.[36] 왜냐하면 우리가 낫다고 말한, 군주의 제정 방식에 따르면, 최선의 인물 혹은 적어도 만족스럽거나 완전한 인물을 택하는 것이 언제나 가능할 것이고 혹은 드물게 하자가 있을 것이다.[37] 왜냐하면 이 권의 제13장에서처럼 인간적 입법자의 선출에 의해 거의 언제나 드물게 하자가

---

34 아리스토텔레스, 『형이상학』 XIII, 1076a 3.

35 여기서 적대자들의 논거에 대한 진술이 끝난다. 마르실리우스는 이것을 하나씩 반박할 것이다. 그에 앞서 제11, 12, 13절에서 반박을 위한 기준을 상기시킬 것이다.

36 이것이 마르실리우스가 확립하고자 하는 근본적 명제이다. 선출된 군주정의 절대적 우월성.

37 semper aut raro deficiens erit: 난해한 문구로, 쿤츠만/쿠쉬, 키예, 브렛은 'semper' 다음에 원문에 없는 '가능하다'를 넣어 번역했다. 문맥상 의미가 통하므로 그 번역을 따르기로 한다.

있지만, 시민들의 공공적 유익이 추구되고 성취되기 때문이다. 그 가운데 가장 중요한 것은 경험이 가르치고 이 권의 제14장[38]에서 이성에 의해 추리된 것처럼 만족스러운 군주이다. 그러나 이렇게 군주를 받아들인 개별 왕국으로부터의 추리를 통해 분명히 드러난 것처럼 출생에 따른 우연적 계승은 대부분 이러한 군주를 확실히 내놓을 수 없다.

§ 12. 또한 새로운 선출은 거의 언제나 군주에게서 절대적으로 필수적인 모든 장점, 즉 가문 내지 출생적 계승이 주는 모든 장점을 제공할 것이지만 그 반대는 아니다. 왜냐하면 시민들은 이전 군주의 상속인이자 후계자를, 만일 그가 신중하고 지혜롭다면, 선거를 통해 택할 수 있기 때문이다. 그가 그런 자질이 없다면 새로운 선거는 다른 신중하고 지혜로운 자를 내놓을 것이다. 그러나 가문 승계는 이런 인물을 내놓을 수 없다.

§ 13. 또한 미래의 군주에 대한 새로운 선출을 고려하기 때문에 현재의 군주가 국가의 일반적인 인물 및 사물의 감독에 대해 보다 양심적이 된다. 우선 그의 능력 때문이다(선거로부터 이 군주가 그런 인물임을 전제하기 때문이다). 그다음으로 장래 군주를 통한 비난에 대한 두려움 때문이다. 더 나아가 그는 자신의 후계자들이 장차 선출될 만한 일을 하기 위함이다. 이런 이유에서 그는 그들을 단련을 받고 근면해지도록 더욱더 보살필 것이고, 그들 자신도 이것을 기대하면서 보다 많은 노력을 통해 능력과 덕행에 관심을 기울일 것이다. 그러므로 능력 면에서 아버지와 비슷하게 된 자들이 (또한 아버지의 공로와 그에게 관습적으로 순종함 때문에) 새로운 선거를 통해 그들이 유능한 한, 통치자로 선택받는 것이 개연적이다. 우리가 여기서 말한 견해는 또한 철학자의 『정치학』 제1권, 제2권, 제3권, 제7권, 그리

---

38 I, 14는 통치자의 자질을 다룬다. 오히려 I, 15, 5/7을 참조.

고 제9장, 제8장, 제2장과 제9장, 그리고 제12장의 견해이기도 하다.[39]

§ 14. 이제 우리가 이것들에 대한 반대 명제를 무력하게 만들고자 할 때, 즉 가문 세습을 통해 취해진 군주는 공공의 유익 내지 국가를 재산이나 상속물처럼 보다 잘 돌볼 것이라고 처음에 추리한 명제에 대해서는 이렇게 말해야 한다.[40] 새로운 선거에 의해 항상 선출된 군주는 이렇게 행할 개연성이 보다 높다. 왜냐하면 귀납적 추리에 의해 분명하듯이, 그는 보다 종종 지혜롭고 선한 인간일 것이기 때문이다. 선거는 승계에 의해 배출되는 신중한 통치자를 세울 수 있지만, 그 반대는 아니기 때문이다. 선출된 군주는 그의 개인적·정치적 능력에 따라 이 세상에서 최선의 목적을 위해, 즉 윤리적 행위를 위해, 그리고 자신과 자신에 대한 기억과 후손을 위해[41] 외적 명예와 영광을 획득하기 위해 행동하면서 세습 군주만큼 혹은 보다 많이 국가나 공공의 유익을 돌볼 것이다. 그는 그의 후손이 통치직을 계승할 것을 미리 알고 있기 때문에 그가 헌신적이지 않다면, 대개 그런 목표를 향해 애쓰지 않을 것이며, 그가 실수하더라도 자신에 대한 비난을 덜 두려워할 것이다.

§ 15. 덧붙여 가문 세습을 통한 미래의 군주는 새로운 선출을 통해 매번

---

39 아마도 1, 9; II, 8; III, 2, 9; VI, 12인 듯하다.

40 여기서부터 적대자들의 논거에 대한 반박이 시작된다. 마르실리우스는 여기서 이 장의 제1절에서 소개된 논거를 반박한다.

41 아리스토텔레스주의자들은 이 삶의 행복은 미래의 삶보다 열등하고 그것에 종속되어야 한다고 주장하면서도 무시하지는 않았다. 현재 삶에 불완전하지만 행복이 있을 수 있다고 주장한다. 반면에 마르실리우스는 현재 삶의 행복은 피안적 삶에 종속되거나 그것에 의해 완성되어야 한다고 말하지 않는다. 그는 현재 삶과 미래 삶의 행복을 같은 자연스러운 욕망에서 나온 동등한 가치를 가진 것으로 본다. 현세의 충족된 삶을 인간이 이 세상에서 도달하는 최선의 목표로 본다. 여기서 그의 정치적 가치관이 분명해진다. Gewirth, vol. 1, p. 78 참조.

선택되는 군주보다 덜 독재적일 거라고 말한 것은 어떻든 거부되어야 한다. 즉 독재적 경향은 정치권력을 행사해야 할 자에게 어리석음이나 악함 혹은 둘 다 때문에 생긴다. 여기에 처벌 없이 악을 행할 수 있기를 바랄 때를 덧붙일 수 있다. 그러나 새로운 선거를 통해 선택된 군주는 가문 세습을 통해 선택된 군주보다 대부분 지혜롭고 선하다. 그러므로 그는 덕성 때문에 자신을 악으로부터 지킬 것이다. 또한 그는 (그의 후손이 통치에서 계승하도록 정해진) 군주보다 처벌 없이 악을 행할 수 없고 보다 쉽게 교정될 수 있다.

새로운 부자에 대해 인용된 사례는 이 논리에 대해 아무런 반증이 아닌 듯하다. 왜냐하면 부(富)는 그 본성에 있어 선함과 이 세상의 만족스러운 삶을 위해 ─ 그 반대보다는 ─ 정해져 있음에도 불구하고 새로운 부자들은 무지하고 도덕적으로 비뚤어짐으로써, 그들의 악함에 따라 행위를 성취할 수 있는 수단, 즉 많은 부가 들어올 때 다른 자들에 대한 오만이나 경멸의 악을 겪는다. 이것은 『정치학』 제1권의 제6장, 제7장, 제8장[42]에서 분명히 드러나는 바이다. 통치직도 마찬가지이다. 그러므로 이 수단이 지혜롭고 신중한 남자들에게 (종종 출생적 계승보다는 새로운 선출이 이런 인물을 내놓는다) 주어질 때, 여기서부터 독재나 오만이 생기는 것이 아니라 칭송할 만한 행위가 나온다. 반면에 그들이 이 수단을 갖지 않은 한, 그런 행위에서 헌신적일 수 없었다. 그러나 우리는 반대하는 자들에게, 예속된 백성이 처음 선출된 자로부터, 그의 승계와 함께 선출되었음에도 불구하고, 독재를 겪음을 인정해야 한다. 왜냐하면 그 자신은 새로이 선출된 자로서 조상으로부터 통치를 얻은 것이 아니므로, 반대하는 자들의 논리에 따르

---

42 아리스토텔레스, 『정치학』 I, 1256a 1ff; 1256b 40; 1258a 27ff; 1258b 12ff. 거워스는 아베로이즘에서의 이성과 신앙의 대립처럼 마르실리우스는 제1권에서 부의 적극적 가치와 유용성을 진술하는 반면, 제2권에서는 복음적 청빈을 변증하며, 양자를 조화시키기를 시도하지 않는다는 것을 지적한다. Gewirth, vol. 1, pp. 80~81 참조.

면, 새로운 부자들이 경험하는 새로운 사물의 발생 때문에 오만함과 신하에 대한 멸시를 경험한다. 그러나 반대자는 진리에 따라 그것의 정반대 주장을 말함이 적절하다. 왜냐하면 이 첫 번째 선출된 자의 탁월한 능력이나 나머지 백성에게 베풀어진 선행 때문에 이후 승계자들에게 통치권이 (마치 그 때문에 그들이 헌신적인 것처럼) 인정된다. 그러므로 그 자신이 그들보다 헌신적이다. 왜냐하면 현명한 이교도의 발언에 따르면, "언제나 모든 사물이 그것으로 말미암아 존재하는 그 자체가 보다 큰 법이기 때문이다".[43]

§ 16. 신하들의 복종에 대해 추리한 것[44]은 특히 주목할 만하지만, 새로이 선출된 미래의 군주가 가문 세습을 통해 채택된 군주보다 언제나 덜 탁월하다는 것을 양보하도록 강요하지는 않는다. 왜냐하면 관습에 의해 복종이 확고해질지라도, 우리는 [인물의] 새로움으로 말미암아 ── 특히 새로운 선거에 의해 다른 지역이나 지방 출신의 군주가 선택되는 경우에[45] ──보다 큰 경탄과 경외를 보기 때문이다. 더구나 법과 통치직에 대한 관계에서 관습적인 복종이 절대적으로 행해지기 때문에 통치자의 인격에 대한 복종은 이차적이다. 그러므로 우리는 언제나 모든 사람이 마음과 행위로 통치직과 법을 경외하는 것을 본다. 그들이 때로는 마음속으로 통치자의 인격을 그 부족함 때문에 멸시할지라도 말이다. 그러나 그 반대는 일어나지 않는다. 그렇기 때문에 거의 어디서나 예속된 백성이 법과 통치직에 복종하는 관습이 있으므로, 새로운 선거에서 선택된 자의 충분한 자격이 (그의 능력 때문에 존중받음에서부터 통치직과 법에 대한 복종이 늘어난다)

---

43 아리스토텔레스, 『분석론 후서』 I, 72a 29-30. 왕조 창시자의 능력 때문에 그 후손들이 유능하다고 간주하면, 그 창시자는 후손보다 유능하다.

44 I, 16, 2 참조. 이것은 에기디우스의 논거이다. 마르실리우스는 선제후 사이에 일어날 수 있는 불일치에 대한 이 논거에 답변할 것이다.

45 이 언급의 배경은 아마도 타 지역 출신자를 시장(podesta)으로 선출하는 이탈리아 도시국가의 관습에 따른 듯하다.

도움이 되는 것만큼 가문에 따른 통치자의 인물 교체는 그다지 해롭지 않다. 통치직과 법에 대한 복종이 충분하다는 것에 대한 증거는 우리가 로마 교황에 대한 교회 경영에서 보는 바와 같다. 즉 예속된 무리는 교황에게 거의 언제나 의무적 복종과 그 이상을 표시한다.[46] 우리는 이것의 원인을 제2권 제1장 제1절에 할애했다. 몇몇 언급된 주교에게서 분명히 나타났음을 보는 것처럼 이런 넘치는 복종 덕분에 때때로 통치자는 처벌받지 않기를 기대하기 때문에 독재적 경향을 갖게 된다. 아리스토텔레스가 『정치학』 제2권에서 "고치는 자는 그만한 도움을 주지 않을 것"[47]이라고 말한 것은 아무리 사소한 계기에서도 법이나 군주를 바꾸려는 자들을 염두에 둔 것이다.

§ 17. 아리스토텔레스가 『정치학』 제3권 제9장에서 "능력이나 선행에서 나머지 백성에 비해 탁월한, 그러므로 예속되는 것이 아니라 통치자가 될 만한 자격이 있는 어떤 가문을 발견하게 된다"는 말에 대해[48] 논해 보자. 이런 일은 아마도 어느 시기, 어디서든지 일어날 수 있지만, 어디서나 이런 일을 발견할 수 있는 것은 아니다.

그러므로 아리스토텔레스는 『수사학』 제2권 제24장[49]에서 말한다. "그러나 본성에서 변질되지 않은 한에서 고귀하였다. 이런 일은 대부분의 귀족에게는 일어나지 않는다. 그러나 다수의 후손[50]은 열등하다. 즉 비옥함이 지역에서 만들어지는 산물에 있는 것처럼 인간 가문에 있기 때문

---

46 마르실리우스는 반어적 표현을 써서 로마교황에 대한 신도들의 복종을 비판한다.

47 아리스토텔레스, 『정치학』 II, 1269a 17ff.

48 아리스토텔레스, 『정치학』 III, 1285b 4ff. 이 문구는 I, 16, 3에서 이미 인용되었지만, 마르실리우스는 적대자의 해석을 반박하기 위해 다시 인용한다.

49 아리스토텔레스, 『수사학』 II, 1390b 22-29.

50 multi: 쿤츠만/쿠쉬는 '다수의' 다음에 '후손'을 덧붙였다. 이것이 문맥상 의미가 통하는 듯하다.

이다. 때로 가문이 훌륭하다면 넘치는 남자들, 즉 능력에서 탁월한 자들이 한동안 나오지만, 결국 다시 정지된다", 즉 실패한다. "즉 알키비아데스(Alkibiades)의 후손들과 첫 번째 디오니시우스(Dionysius)의 후손들처럼 좋은 가문에서 태어난 사람들이 미친 행동으로 인해 변질된다. 알키비아데스와 첫 번째 디오니시우스로부터 유래한 자들은 [그 조상의] 탁월함에도 불구하고 변질되었다. 그러므로 오직 이 가문으로부터만, 그 가문의 고귀성의 비옥함이 지속되고 입법자에게 유익하게 보이는 한, 선거를 통해 매번 새로운 군주를 택하도록 합리적으로 규정 내지 확정할 수 있다고 말해야 한다. 전임자가 사망할 때마다 같은 가문에서 보다 좋은 인물을 얻기 위함이다. 왜냐하면 군주의 아들들, 그리고 특히 장남이 (사람들은 거의 어디서나 승계에 따라 장남을 통치자로 받아들여 택하곤 한다) 어떤 인간이 될지 확실하지 않기 때문이다.

또한 이런 탁월한 인물들의 가문이 때로는 여러 지방에 있다고 하더라도, 그 가문의 기원에 있어서 지혜롭고 신중한 인물들, 선거인들, 그리고 피선거인들이 부족하기 때문에, 우리는 이런 일이 언제나 일어나는 것이 아님을 안다. 오히려 로마인의 공동체처럼 어떤 공동체가 극도로 완전하게 발전하면 어떤 미래의 통치자이든지 간에, 그는 보다 확실하고 보다 완전한 기준으로서의 새로운 선거를 통해 선택되어야 한다. 가문 세습을 통해 택해진 통치자가 어떤 지역들, 대부분의 지역에서 적절한 듯 보이지만, 이 제정 형식은 그렇기 때문에 매번 새로운 선거에 의한 군주보다 완전하지 않다. 이것은 기술자의 기질이, 보다 많은 지역이나 개인에게서 발견될지라도, 의사의 기질보다 완전한 것은 아닌 것과 같다.

§ 18. 건강한 조상에게서 유래한 자가 종종 보다 많이 덕행에 기울고 보다 선한 관습에 이끌려 산다는 전제를 용인한다면, 출생적 계승보다는 새로운 선거가 새로운 군주의 성향에 있어서 이것보다 많은 것을 줄 수 있다고 말해야 한다. 왜냐하면 선거는, 지혜와 덕의 경향을 보일 뿐 아니라 (출

생에 의한 세습도 이런 자를 배출한다), 또한 완전하고 실제로 덕에 따라서 행동하는 자를 배출하기 때문이다. 그런 인물을 통치직으로 받아들이는 것이 낫다. 그러나 가문 세습은 그렇게 종종 행위적 잠재성과 현실에서는 이런 인물을 배출하지는 못한다.

§ 19. 우리가 새로운 선출에 대해 보다 특별히 두려워해야 하고 경계해야 할 것 가운데 제시한 것, 즉 그것이 열성적인 선거인들[51]의 (이들을 통해서만 선거는 치러져야 한다) 부족으로부터 겪는 난점뿐만 아니라, 선거인들의 불일치(이 때문에 분열의 위험이 국가 내지 도시를 위협한다), 그리고 또한 그들의 왜곡된 생각(어떤 동기에서든지 간에, 그들이 일치해서 혹은 그들 중 강한 쪽이 악한 군주를 선출할 수 있다). 이것에 대해 어쨌든 이렇게 말해야 한다. 군주를 그의 모든 후손과 함께 혹은 후손의 승계와 함께 통치직으로 선택하는 선거는, 모든 미래의 군주를 매번 선출하는 것보다 언급된 첫 번째 난점을 더욱 많이 경험한다. 왜냐하면 국가의 탄생기에 있어 지혜로운 자들의 수가 적기 때문이다.[52] 선거를 함에 있어서 그들의 취약성 때문에 오류가 발생함으로써, 국가를 심히 손상할 수 있고, 그것이 오래도록 해를 끼치기 때문이다. 그러나 [선거인들의] 분열에 대한 우려는, 모든 다른 항변에 앞서서 주목해야 하지만, 미래 군주의 새로운 선출이 그의 모든 후손과 함께 미래의 통치자를 일회적 선출로써 택하는 것보다 덜 좋다고 설득할 수 없다. 왜냐하면 이 권의 제13장에서 입증된 것처럼 선거는 대부분 거의 언제나 인간 입법자가 원하고 성취하는 공동의 유익을 위해 이루어지기 때문이다. 이 권의 제12장과 그 앞 장에서 확인된 것처럼 이 입법자에게는 선거에 대한 권한이 있다. 또한 다투는 자와 함께, 이 선거는 지혜롭고 신

---

51 studiosorum: '열성적인 자'들은 선거인을 의미한다.

52 이것은 마르실리우스가 자주 언급하는 명제이다. 그것을 이미 I, 3, 4에서 사용했고, II, 17, 7; I, 22, 15에서 사용할 것이다.

중한 자들에게만 속하는 것으로 하자. 그러므로 그들이 대부분의 경우에 서로 불일치한다는 것은 개연적이지도 진실하지도 않고 (그들은 지혜로우므로), 또한 그들의 생각이 부패되었다는 것도 개연적이지도 진실하지도 않으니, 그들은 신중하기 때문이다. 이 언급된 세 번째 난점은 여전히 남아 있다.

모든 미래 군주를 위해 새로운 선거가 항상 이루어짐으로써 제국이 겪은 난점 때문에 우리가 인용한 로마제국의 예에 대해 말해야 한다. 이 난점은 선거로부터 (자체 원인인 것처럼) 비롯하는 것이 아니다. 도리어 이 난점은 앞서 언급된 통치자의 선출과 승진을 방해하는 어떤 사람들의 악함이나 무지 혹은 양자로부터 생긴다. 우리는 여기서 이 사람들을 간과한다. 왜냐하면 그들과 그들의 행위에, 그들이 그것을 지금까지 했고, 행하고 행하게 될 방식에 대해, 그리고 그 동기에 대해서는 이 권의 제19장, 그리고 제2권 제23장, 제24장, 제25장, 제26장에서 진지하게 논할 것이기 때문이다.[53]

§ 20. 가문으로부터 세습한 군주는 좋은 자문을 받음으로써, 언제나 새로운 선거를 통해 매번 선출되는 군주보다 쉽고 안전하게 지도받는다는 이의는 소박한 환상을 갖고 있다. 왜냐하면 군주에게 왜곡된 성격이 있다면, 자문관들은 그의 성격에 부합하는 것 혹은 그가 바라는 것을 추천해야 하는 것이 아니라, 오히려 그 반대를 추천해야 한다. 그러나 우리가 참된 검증에서 적합하다고 말한 군주를 가정할 때, 지혜롭고 신중한 사람들은 (논쟁자는 우리와 함께 이런 사람들을 통치자의 자문관으로 전제한다) 그에게

---

53 이들 장(章)에서 교황의 권세 충만 이론을 반박할 것이다. 마르실리우스에게는 선출 방법에 제국의 난점의 원인이 있는 것이 아니다. 왜냐하면 그는 이것을 군주정 확립의 최선의 방법으로 간주하기 때문이다. 그는 교황이 권세 충만의 이름으로 제국사에 간섭하는 것을 폭로하려고 한다.

국가나 공공에 도움을 주는 것을 절대적으로 추천해야 한다. 그들이 그의 성격을 모른다면, 아마도 보다 유리하다고 말할 수 있으니, 이것은 그들이 그의 은총이나 호감을 구하기 위해, 그의 허용되지 않는 쾌락에 부합하여 추천하는 것이 아니라 참되고 공공에 유익한 것을 추천하기 위함이다. 그 러나 정치적 지혜를 가진 자들은 이것을 충분히 안다. 그러므로 군주의 성 격이 어떠하든지 간에, 이 문제와 상관이 없다. 즉 그들은 군주에게 언제 나 국가를 위해 보다 유익한 것을 추천해야 하기 때문이다.

더 나아가 군주의 성향에 대한 지식은, 그를 보다 확실하게 지도하기 위 해 자문관들에게 어떤 도움을 준다고 가정하자. 그럼에도 불구하고 말해 야 한다. 이 지식은, 거의 언제나 열성적이고 현명한 군주를 가진다는 확신 을 통해서만큼 도움을 주지 못한다고 말해야 한다. 지혜로운 자문관이라 면 누구든지, 자문을 통해 인도되어야 할 이 군주의 성격을 (그 성격은 자 체를 통해서 주목받아야 한다) 이것을 통해[54] 충분히 인식할 수 있다. 우리가 종종 말한 것처럼 매번 새로운 선거는 출생적 세습보다 확실하게 이런 군 주를 배출한다. 그러므로 조력자들이나 자문관들이 때로는 왜곡된 가문 을 통해 세습한 군주에게 차라리 굴복하고 질책하지 않거나 교정을 시도 조차 하지 않음에 주목해야 한다. 그의 후손들이 장차 통치할 것이기 때 문이다. 아리스토텔레스가 『수사학』 제1권에서 "각 사람의 성격은 각자에 게 강력한 설득력을 갖는다"라고 말한 것은,[55] 진실하다. 그러므로 각 사람 은 자신의 성격이나 경향에 따라서 소망한다고 설득하는 자를 보다 열렬 히, 보다 쉽게 믿는다. 그러나 그가 왜곡된 것을 추구한다면, 우리가 이미 말한 것처럼 이것은 그에게 추천되어서는 안 된다. 또한 — 묵인해서도 안 되는데 — 군주가 신중하지 않다면, 대체로 헌신적인 자들보다는 부패한

---

54 hoc ipso: 자문할 때의 경험을 통해서.

55 아리스토텔레스, 『수사학』 I, 1366a 12. 마르실리우스는 이 문구를 I, 16, 6에서 이 미 인용했지만, 반박에서 이것을 사용한다.

자들의 조언을 따르는 경우를 종종 본다. 그렇기 때문에 군주는 새로운 선출을 통해 세워져야 하는데, 그가 헌신적이라는 것이 보다 확실하기 때문이다.

§ 21. 가문을 통한 세습 군주정으로부터, 시민들의 야망이나 무모함, 혹은 부적절한 오만과 통치권에 대한 야망이 오히려 제거된다고 가정하는 것에 대해서는 이렇게 말해야 한다. 마땅하지 않은 것뿐 아니라, 또한 이성적으로 그래야 하는 것도 시민들에게서 제거된다. 그러므로 그들에게 폭동을 일으킬 계기가 주어진다. 즉 대부분의 시민들은, 빈번히 덕에 있어서 덜 합당한 군주가 자신들 위에 군림하고 자신은 언제나 통치에서 배제되는 것에 주목하면서, 통치에 합당한 덕을 위해 헌신하지 않거나, 아니면 덕을 위해 지속적으로 헌신하지만, 그들에게 때로 마땅히 주어져야 할 통치에서 배제되어 있기 때문에, 정당하게 폭동을 일으킬 것이다. 그들이 마땅한 때에 선거를 통해 통치자로 선택받는다는 희망을 가지고 있다면, 그들은 폭동을 일으키기를 결코 시도하지 않을 것이다. 더구나 그들은 현명하고 헌신적인 자들로서 중대한 불의 없이는[56] 폭동을 일으키려 하지 않을 것이다. 그러나 입법자 내지 신중한 통치자[57]는 (새로운 선거를 통해 선출된 자들은 언제나 이러할 것이니) 그들에게 이런 불의를 가하지 않을 것이다. 이 권의 제13장과 제14장에서처럼 대부분의 헌신적인 통치자와 입법자는 정의로운 것을 위해 노력한다. 그러나 반대하는 자가 "시민들이 통치직을 추구함은 야망이나 오만불손"이라고 주장한다면, 옳게 말한 것이 아니다. 왜냐하면 헌신적인 인간, 그러므로 자격 있는 자가 통치직을 바라는 것은 올바른 때에는 야망이나 자만, 오만불손이 아니라 대범함과 정치적 덕행을

---

56 즉 중대한 불의를 겪지 않는 한.
57 여기서 마르실리우스는 처음으로 입법자와 지혜로운 군주를 동일시한다. 제2권에서는 이것을 자주 강조할 것이고, 한결같이 양자를 동일시할 것이다.

추구하는 것이기 때문이다. 그러므로 아리스토텔레스는 『니코마코스 윤리학』 제4권에서 대범한 자는 합당치 않거나 덕에 반하여 높은 명예를 추구하는 것이 아니라고 증언한다.[58] 툴리우스 [키케로]가 『의무론』 제1권에서 "위대한 영혼 …… 고통스럽다"라고 말한 것은,[59] 그가 진실을 말했다면, 그런 자들이 어떠한 방식으로든지 불합당하게, 이성의 규범과 기준에 반하여 그런 것을 바라는 한, 진실성을 갖는다.

§ 22. 그런데 이것 다음에 통치권을 상속인에게 물려주지 않는 군주는 권력가들을 정의롭게 다루거나, 적어도 개인적으로, 극형으로써 처벌하기를 감행하지 못할 것이라고 (자신의 자식에 대한 그들의 악한 생각을 두려워하기 때문에) 주장하는 것에 대하여, 그런 선출된 군주는 강한 정신의 소유자이기 때문에, 두려워하지 않는다고 말해야 한다. 그리고 정의롭게 다루어진 권력가들은 법과 그들의 잘못에 따라서 처벌을 받았다면, 군주와 그 자식에 대해 증오를 느끼지 않거나 혹은 복수를 바라지 않고 약한 증오만 느끼기 때문이다. 즉 그들은, 그나 다른 통치자를 통해 정의가 이루어져야 함을 알기 때문이다. 그럼에도 불구하고 그들이 무지나 악함, 혹은 양자 때문에 복수심과 함께 증오심을 품었다면, 그들은 입법자와 미래의 군주에 대한 두려움 때문에 복수를 향해 돌진하기를 감행하지 못할 것이다. 전임

---

58 아리스토텔레스, 『니코마코스 윤리학』 IV, 1123a 34-1123b 24. '대범함' (magnanimitas)에 대한 찬양은 아리스토텔레스 정신에 부합한다. 아리스토텔레스는 대범한 자를 존경받을 만한 인물로 판단한다. 그는 인간 중 가장 완전한 자이다. 권력가와 부자는 대범하다. 왜냐하면 그들은 수단이 있기 때문이다. 가난하고 자원이 없는 인간이 대범할 수 있다고는 상상할 수 없다. 마르실리우스는 지혜로운 군주는 대범해야 한다고 본다. 왜냐하면 그는 선출에 의해 선택되었고 통치직은 국가의 다른 직무보다 고귀하고 완전하기 때문에, 국가에서 가장 완전한 인간이기 때문이다. 이런 입장은 이 세상에서 부의 선한 사용에 대해 말한 것과 같은 맥락에 있다.

59 I, 16, 7 참조. 마르실리우스는 이 문구를 적대자의 논거로 인용했다. 분명히 키케로는 스토아주의의 영향 아래에서 영광과 명예에 대해 아리스토텔레스와 같은 의견을 가질 수 없었다.

자처럼 그로부터 다시금 처벌받을 가능성이 크다고 의심할 것이다.

§ 23. 대부분의 나라에서 많은 시간에 걸쳐서 군주는 가문 세습과 더불어 선출을 통해 받아들여진 것으로 보인다는 논란에 대해서: '많은 시간에 걸쳐서'는 아마도 진실에 부합하지 않는다고 보아야 한다. 그럼에도 불구하고 논쟁자들의 가정처럼 그렇다고 하자. 그러나 그가 이 통치는 그렇기 때문에 보다 자연스럽고 보다 완전하다고 덧붙이는 것은 부정되어야 한다. 그가 아리스토텔레스의 『천체론』 제3권과 『자연학』 제2권에서 "사물의 본질은 대부분의 사물에 대부분의 시간에" 내재하는 것으로 보인다는 증언을 인용한다면,[60] 어쨌든 이렇게 말해야 한다. 동일한 종(種)에서, 이렇게 존재하는 무엇이 그것의 박탈 내지 결핍보다는 자연스럽다는 것은 참되지만, 그러나 종에 있어서 상이한 다른 것보다 더 자연스럽거나 더 완전하지는 않다. 즉 그렇다면 기술자가 제1철학자보다 완전할 것이고 기술적인 것이 제1철학[61]이나 다른 사변적인 것보다 완전할 것이다. 그러나 이런 것은, 앞에서 말한 것처럼 필연적이지도 않고 참되지도 않다. 이제 그러나 언제나 새로이 선출되는 군주정은 가문 승계 군주정의 배제가 아니며, 그 반대도 아니다.[62] 그러나 양자는 상이한 종들로서 동시에 같은 영역에서

---

60 I, 16, 9의 각주 32 참조.

61 아리스토텔레스는 '형이상학'이라는 말을 사용한 적이 없다. 후대인들이 그의 작품을 정리하면서 『자연학』 다음에 있는 글을 묶어 편집하고 'ta meta ta physika'(자연학 다음에 있는 것들)이라고 불렀다. 아리스토텔레스는 존재 자체를 다루는 학문을 '제1철학'이라고 칭했다. 아리스토텔레스, 조대호 옮김, 『형이상학』, 도서출판 길, 2017, 581쪽 이하 참조.

62 이상의 논리를 정리하면, 논적은 선출 군주정이 세습이 빠진 세습 군주정이라고 가정하고, 한 특정의 결핍에서 선출 군주가 열등하다고 결론짓는다. 이에 대해 마르실리우스는 반박한다. 적이 인용한 아리스토텔레스의 명제는 동일 종에서 유효하다. 그러나 선출 군주정과 세습 군주정은 상이한 종이다. 그러므로 그 명제는 여기에 해당되지 않는다. 그렇지 않다면 기술자가 철학자보다 완전할 것이다. 왜냐하면 기술자는 철학자보다 많고 보다 오랫동안 존재했기 때문이다.

동일한 종속된 백성 내지 공동체와의 관계에서 공존할 수 없다. 그런데 아마도 언급된 주장에 다른 실수들이 있을 것이지만, 우리는 숙고하는 자에게 이것을 맡기고, 토론을 단축하기 위해 생략한다.

§ 24. 모든 후손을 포함하여 선출된 군주는, 우주의 지배자와 통일성에 있어서 보다 큰 유사성을[63] 가지기 때문에, 탁월하다는 가장 마지막 이의에 대해 이렇게 말해야 한다. 우리는 이 통일성의 유사성에 (이 표현이 모호하기는 하지만) 주목할 것이 아니고[64] 차라리 영혼 내지 영혼의 소질에 있어서 완전함에 부합하는지 주목해야 한다. 왜냐하면 왜 어떤 사람이 통치자로 선택되어야 하는지 특별한 이유는, [통치자] 가문의 유사성이 아니다. 이 유사성에 따르면 오직 신체적 기질의 통일성만을 주목하고 영혼의 성향은 주목하지 않는다. 바로 이것 때문에 누군가에게 통치직이 주어진다.[65] 이전의 진술에서 분명히 드러나는 것처럼 이 완전함의 통일성 내지 유사성에 있어, 자기 자신에 근거해 매번 선출되는 모든 군주는 다만 가문으로부터 그리고 다른 자[66]의 선출 덕분에 승계한 군주보다는 자신의 전임자, 헌신적인 군주, 일차적 존재 혹은 존재 전체의 지배자와 비슷하다.

63　이 정치적 통일성의 중요한 문제는 다음 장에서 상세히 다루어질 것이다.

64　세습 군주에 있어 신체적 특성의 통일성, 혹은 선출 군주에 있어서 성격적 탁월함의 통일성이라는 것이 매우 모호하기 때문에, 유사성을 근거로 해서 어떤 군주정이 보다 우수하다고 말할 수 없다.

65　세습 군주의 통일성과 우주의 지배자(신정론자들에 의해 교황은 종종 우주의 지배자와 비교되었다) 사이의 유사성은 마르실리우스에게는 모호하다. 그는 철학적, 즉 아리스토텔레스의 관점에서 명제를 비판한다. 선출된 군주에 의해 실현된 통일은 완전성의 통일이다. 세습 군주정에서 전달되는 것은 한 종족이나 가문의 특성을 이루는 육체적 체질이다. 그러나 덕이나 지혜 같은 영혼의 성향은 전달될 수 없는데, 왜냐하면 그것은 영혼의 질이므로 덕스러운 군주의 경우에 입법자에 의한 선출로 결정되기 때문이다. 선출에 의한 군주정의 통일성과 우주 지배자의 상응은 완전성의 상응이다.

66　왕조의 창시자.

§ 25. 아마도 의견이 수없이 나타날 것이고, 국가를 위해 개별적 사안에서 무엇이 좋고 무엇이 나쁜가를 숙고하고자 하는 자에게는 이미 분명하다. 그러나 우리가 보다 주목할 만한 것으로 간주한 것들을 앞의 진술에서 인용했다. 그러므로 군주 제정의 완전한 방식에 대해 이렇게 섭렵하는 것으로 만족하자.[67]

---

67 이 장으로 국가론에 관한 본질적 진술은 종결된다.

제 17 장

※ __ ※

도시나 왕국의 최고 통치직의 수적 일원성과
이 일원성의 필요에 대하여;
여기서부터 도시나 왕국의 통일성,
도시나 왕국의 각 일차적 부분이나
직무의 수적 일원성이 명백하다

§ 1. 여기에서 통치하는 자 내지 통치직의 일원성에 대해 말해야 한다.[1] 우리는 이 주제를 시작하면서, 단일 도시나 단일 왕국에서 단일 통치직만 있어야 한다고 말하고자 한다. 혹은 수와 방식에서 다수의 통치직이 있다면, (이것은 대도시에, 특히 첫 번째 의미에서 이해된 왕국[2]에 적합한 듯 보인다) 수적으로 한 통치직이 그들 가운데서 가장 최고의 통치직이어야 하고, 나머지는 이것으로 환원되어야 하고, 이것을 통해 규제되고, 그들에게서 발생

---

1 정부의 통일성의 필요성은 중세 정치사상의 공통 주제였다. 토마스 아퀴나스는 "함께 연합한 무리의 안녕은 그 통일성을 보존하는 데 있다. 이것이 평화라 불린다"라고 말했다. Thomas Aquinas, *De regimine principum*, tr. R. W. Dyson, in: *Aquinas, Political Writings*, Cambridge 2002, pp. 6, 10. 단테는 군주론에서 통일성에 대한 주장을 진술했다. Dante Alighieri, *Monarchy*, ed. and tr. P. Shaw, Cambridge 1996, pp. 10, 13, 24~27. 그들이 정부의 통일성의 근거를 통치자의 단일성을 위한 근거로 본 반면, 마르실리우스는 이것은 전혀 상이한 논거임을 분명히 한다. 통치직이 단일한 한에서, 동시에 다수가 통치 기능을 행사할 수 있다.

2 한 왕조 아래 포함된 다수의 도시나 지역들. I, 2, 2 참조.

하는 오류들이 이것을 통해 교정되어야 한다.[3]

§2. 왕국이나 도시가 질서가 잘 잡히려면, 이 통치직, 즉 최고의 통치권은 반드시 수적으로 하나이어야 하고 여러 개가 있을 수 없다.[4] 나는, 인간 종의 개인에 있어서가 아니라 직무상 수적으로 하나인 군주의 기능을 행사하는 통치권에 대해 같은 말을 한다. 즉 우리가 이 권의 제8장[5]에서 말한바, 귀족정과 민주정처럼 수적으로 단일한 최고의, 그리고 잘 조절된 통치권이 있으니, 그에 따르면 한 명이 아닌 다수가 통치한다. 그러나 이 다수는 그들에게서 나오는 어떠한 행위든지, 판결이나 판단 혹은 명령의 수적 통일성 때문에, 직무에 있어서 수적으로 하나인 통치권이다. 이런 행위는 그들 중 누군가로부터 별도로 나올 수 없고, 그들 가운데 제정된 법에 따라서 그들의, 혹은 보다 강한 부분의 공동의 결정과 합의에서만 나올 수 있다. 그들에게서 나오는 이런 행위의 수적 통일성 때문에, 한 사람이 통치하든 혹은 여러 사람이 통치하든 간에, 통치직은 하나이고 하나라고 말해진다. 그러나 이런 행위의 통일은 국가의 나머지 직무나 기능 중 하나에 있어서 요구되지 않는다. 즉 그 직무나 기능의 각각에는 종에 있어서 유사하거나 상이한 여러 가지 행위가 그들 가운데서 상이한 개인으로부터 각각 나올 수 있다. 그들 가운데서 이런 행동의 통일성은 공동체와 그리고 개인

---

3 '하나로 환원된다'는 어법은 당시의 정치 및 교회 문헌에서 유행되었다. 그 근원은 궁극적으로 위(僞)디오니시우스(Pseudo-Dionysius)의 서열제에 관한 글이다. 이 어법은 교황 수위성의 논거로 널리 사용되었다. 한 전형적 예를 익명의 저자의 *Quaestio in utraquem partem*, ed. and tr. R. W. Dyson, in: *Three Royalist Tracts, 1296-1302*, Bristol 1999, pp. 86f에서 발견할 수 있다. "모든 다수가 하나로부터 나오듯이 하나로 환원된다." 그러므로 성직자와 군주 다수는 한 최고의 인물로 환원된다. 이것이 바로 교황이다.

4 정부의 일원성의 필요성 명제는 독창적인 것은 아니다. 마르실리우스의 선배와 동시대인들이 특히 주장했다.

5 I, 8, 3.

을 위해 견딜 수 없고 해로울 것이다.

§ 3. 통치직이나 통치자의 수적 통일성을 이해했으므로, 이제 도시나 왕국에 수적으로 단일한 통치직 내지 통치자가 있거나, 혹은 여러 개가 있다면, 모든 것 중 최고의 통치권은 여럿이 아니라 수적으로 하나라는 것을 확증하고자 한다. 그러나 우리는 먼저 이 사실을 지시할 것이다. 도시나 왕국에 여러 개의 통치직이 있다면, 그리고 그것이 최고의 통치직에 환원되거나 종속되어 있지 않다면, 유익하고 정의로운 판단과 명령, 실행은 실패할 것이고, 인간의 불법이 응징되지 않기 때문에, 여기서부터 싸움과 분열, 결국 도시나 왕국의 몰락을 가져온다. 이 결과는 부적합하고 반드시 피해야 한다. 이것이 주어진 전제, 즉 다수의 통치직에서 비롯한다는 것은 분명하게 입증될 수 있다. 첫 번째로, 문제를 조사하거나 제기된 비난을 검증하기 위해 법 위반자를 통치자 앞에 소환할 때만, 그를 합리적으로 정의롭게 다룰 수 있기 때문이다. 그러나 논적이 말하듯이, 단일한 최고 통치직으로 환원되지 않은 다수의 통치직을 전제한다면, 통치자 앞에 소환당한 누구도 만족스럽게 나타날 수 없을 것이다. 종종 일어나는 것처럼 어떤 법 위반 때문에 어떤 사람이, 상호 종속되어 있지 않은 여러 통치자에 의해 같은 시간에 답변하기 위해 소환된다고 가정하자. 한 통치자는 다른 통치자와 같은 이유로 고발된 자를 부르거나 소환할 의무와 권한을 가진다. 또한 같은 이유로 소환된 자는 한 통치자 앞에서 답변할 의무가 있으니, 고집스럽다고 여겨지지 않기 위해서다. 같은 이유로 그는 다른 통치자 내지 통치자들 (만일 둘 이상이 있다면) 앞에서도 그래야 한다. 그러므로 그는 동시에 모든 정부 앞에 나타나거나, 그들 중 누구 앞에도 나타나지 않을 것이다. 그들 중 한 사람 앞에는 나타나고, 다른 자 내지 다른 자들 앞에는 나타나지 않을 것이다.

그러나 그는 모든 통치자 앞에 동시에, 같은 시간에 나타나지 않을 것이니, 이것은 자연에 있어서나 방법에 있어서 불가능하기 때문이다. 즉 같은 몸이 동시에 여러 곳에 있을 수 없거나 혹은 여러 통치자에게 동시에 말하거나 답변할 수 없다 ―그들은 아마도 동시에 상이한 것을 질문할 것이다. 두 번째로, (불가능하겠지만) 소환된 자가 여러 통치자 앞에 나타나고 동시에 상이한 것에 침묵하거나 답변한다고 가정하자. 그러나 그는 한 통치자에 의해 아마도 같은 범죄에 대해 유죄판결을 받을 것이고, 다른 자들에 의해 아마도 무죄석방될 것이다. 혹은 양자에 의해서 유죄판결을 받았다면, 양자에 의해 동등하게 유죄판결을 받은 것은 아닐 것이다. 그렇기 때문에 그는 잘못을 바로잡을 책임이 있는 동시에 책임이 없을 것이고, 혹은 책임이 있다면, 이것이 상당한 액수에 대해서일 것이고, 이 액수는 보다 많거나 적을 것이고,[6] 이렇게 그는 상당한 액수에 대해 책임이 있는 동시에 책임이 없을 것이다. 그러므로 그는 동시에 모순되는 일을 행할 것이고, 아니면 전혀 잘못을 바로잡지 않을 것이다. 즉 그는 같은 이유로 한 통치자의 명령과 다른 자의 명령을 준수해야 하기 때문이다. 그는 다른 통치자 내지 통치자들보다 차라리 한 통치자 앞에 나타날 이유가 없다. 그러나 그가 다른 통치자들을 멸시함으로써 한 통치자 앞에만 나타나고, 그에 의해 아마도 공적 책임과 처벌에서 면제받을지라도, 그의 불순종 때문에 다른 자들에 의해 유죄판결을 받을 것이다. 그러므로 부름을 받거나 소환된 자는 모든 통치자 앞에 동시에 나타나지 않을 것이고, 또한 그는 어떤 통치자 앞에는 나타나고, 어떤 통치자 앞에는 나타나지 않음은 타당하지 않을 것이다. 그러므로 남는 것은, 부름이나 소환받은 자는 통치자 앞에 나타날 필요가 없는 것이다. 그러므로 그는 정의롭게 다루어질 수 없다. 그러므로 한 도시나 왕국에서, 시민적 정의와 유익한 것이 보존되어야 한다면, 다수의 이런 상호 종속되지 않은 통치직은 불가능하다.

---

6 상이한 판결에 따라서.

§ 4. 이런 다수의 통치자를 가정할 때 모든 공동적 유익은 저해받을 것이다. 즉 통치자들은 공동적 유익을 조사하고 결정하기 위해 손해와 닥치는 위험, 즉 내부 혹은 외부로부터 공동의 자유를 억압하려는 자들의 위험을 피하기 위해 빈번히 시민들, 특히 여유 있는 자들의 모임을 소환해야 하기 때문이다. 같은 이유에서 시민들이나 신하들은 소환받았을 때, 한 통치자가 정한 장소와 시간, 명령에 부합할 의무가 있고, 같은 이유에서 그들은 다른 통치자가 정한 장소와 시간, 명령에 부합할 의무가 있다. 시간이 같아도 장소는 다를 수 있다. 그리고 한 통치자가 제안하고자 하는 것과 다른 것을 다른 통치자가 제안하고자 할 것이다. 그러나 동시에 상이한 장소에 있고, 동시에 상이한 일에 종사하는 것은 불가능한 것처럼 보인다.[7]

§ 5. 뿐만 아니라 시민 중 어떤 사람들은 한 통치자에게 순종하고, 다른 사람들은 다른 통치자에게 순종한다면, 여기서부터 파당과 대립, 싸움과 분열이 생길 것이고, 결국 국가가 몰락할 것이다. 또한 통치자들 상호 간에도 싸움이 생길 것이니, 왜냐하면 그들이 누구나 다른 편을 압도하려 하기 때문이다. 또한 통치자들과 자신에게 순종하기를 거부하는 시민들 간에 다툼이 생길 것이다. 또한 통치자들이 상호 대립하거나 서로 싸우고 최고 판정관이 없다면, 앞에서 말한 추문이 나돌 것이다.

§ 6. 뿐만 아니라 다수의 통치직을 가정할 경우, 이성과 기술에 있어서 극도로 한가롭고 불필요한 일이 생길 것이다. 왜냐하면 다수의 통치자로

---

7 여기에서 마르실리우스는 이탈리아 도시들의 정치적 상황에서 영감을 받았을 가능성이 크다. 단일한 권력의 부재는 지속적 혼란과 무정부 상태를 초래했다. 이 상태는 코뮌을 전제정으로 넘어가도록 조장했다. 권력은 1년 임기로 지명된 시뇨레(signore)에게 집중되었다. 1318년에 파도바는 칸그란데 델라 스칼라(Cangrande della Scala)로부터 위협을 받게 되자, 야코포 다 카라라(Jacopo da Carara)를 시뇨레로 선출했다. Quillet, p. 158, 각주 10.

부터 가지는 모든 공공적 유익을 단일한 통치직 혹은 최고의 단일한 통치 직을 통해 완전하게 소유할 수 있고, 다수의 통치자에서 비롯하는 손해도 없기 때문이다.

§ 7. 또한 다수의 통치직을 이런 의미에서 가정했을 때, 어떤 왕국과 도 시도 하나가 아닐 것이다. 국가의 모든 나머지 부분이 그것을 향해, 그것을 위해 정돈되는, 단일한 통치직 때문에, 왕국 내지 도시는 하나이고 하나라 불린다. 또한 도시나 왕국의 부분들이 첫 번째 부분을 향해 정돈되어 있 지 않다면, 질서가 없을 것이니,[8] 이전의 고찰에서 분명히 나타난 것처럼 그들은 어떤 부분에도 종속할 의무가 없다. 그리고 그들 모두와 국가 전체 의 혼란이 있을 것이다. 즉 각자는 자신이 원하는 직무를 택하되, 조정하 거나 이런 직무를 구분하는 사람이 없기 때문에 하나 혹은 여러 개를 택 할 것이다. 많은 불편이 뒤따를 것이니, 그것을 헤아리기가 쉽거나 가능하 지 않을 것이다.

§ 8. 또한 『동물 운동론』[9]에서 나타나는 것처럼 합성된 생물에서 지도하 고 공간적 운동[10]에서 자체를 움직이는 제1원리는 하나이다. 왜냐하면 이 원리들이 다수 존재한다면, 그리고 대립되고 상이한 것을 동시에 명령한다 면, 필연적으로 생물은 상반된 방향으로 움직여지거나 혹은 완전히 정지

---

8 이 문구는 엄격히 서열적이어야 하고 군주의 일원성에 대해 정돈되어 있어야 하는 국가의 직무를 통제하고 분배하는 일에 있어서 통치직의 권한을 지시한다. 군주가 이 권한을 행사함으로써 직무의 서열을 보존하고 혼란과 무질서를 피할 수 있다. 이 문구는 또한 성직자를 염두에 두었다. 그들은 그 숫자를 지나치게 늘리지 않기 위해 군주에 의해 엄격히 통제되어야 한다.

9 아리스토텔레스, 『동물 운동론』, 701b 21-22.

10 motus secundum locum: 아리스토텔레스는 공간적 운동과 변화(ἀλλοίωσις)를 구별한다.

하거나, 운동을 통해 획득하는바 자신에게 필연적이고 유익한 것을 결핍할 것이기 때문이다. 또한 우리가 이 권의 제15장[11]에서 말한 것처럼 본성적으로 잘 형성된 생물에 상응하는, 적절하게 정돈된 국가에서도 마찬가지이다.[12] 그러므로 생물에서 이런 다수의 원리가 한가롭고 심지어 해로운 것처럼 국가에서도 마찬가지라는 것을 확고히 믿어야 한다. 공간에 있어서 움직임에 대해, 그리고 움직이게 하는 것과 움직여지는 것의 전체 질서에서 볼 수 있는 것처럼 생물에서 변화의 일차적 [원리]를 주시하는 자는 같은 것을 볼 수 있다. 그러나 이 문제는 자연과학 업무에 속하기 때문에 고려되지 말아야 한다. 우리가 이것에 대해 말한 것은 현재의 고찰에서 충분하다.

§ 9. 또한 『자연학』 제2권[13]에서처럼 기술은 자연이 행할 수 없는 어떤 것을 성취하고, 그러나 다른 것은 모방한다. 존재의 자연에서 수적으로 단일한 통치적 제일 원리가 있고, 여러 원리가 있지 않기 때문에 (『제1철학』 제12권[14]에서처럼 존재들은 나쁘게 정돈되기를 원하지 않으므로), 그러므로 다만 인간의 이성과 기술에 따라서 제정된 수적으로 단일한 일차적 통치직이 있을 것이다. 그런데 언급된 이유와 더불어, 이것이 참으로 적합하고 필연적이라는 것은, 모든 사람에게 자명한 경험에서 인식할 수 있다. 왜냐하면 우리가 말한 것처럼 통치직의 통일성이 없는 지역 내지 지방이나 인간 모임에서는 이들이 잘 정돈되는 것이 불가능하게 보이기 때문이다. 이것은 로마 왕국의 경우에 대해 거의 모든 사람에게 분명하게 나타났고, 서론에

---

11 I, 15, 5-7.
12 이런 의학적 유비는 널리 유포되어 있었다. 예를 들어 토마스 아퀴나스의 *De regno* I, 1: "몸의 지체 가운데는 모든 다른 것을 움직이는 한 원리, 심장이거나 머리가 있다"(tr. R. W. Dyson, 2002, p. 8).
13 아리스토텔레스, 『자연학』 II, 199a 15-16.
14 아리스토텔레스, 『형이상학』 XII, 1076a 3.

서 말한 것에서 어느 정도 지시된 것과 같다.[15]

§ 10. 시민적으로 살아가는 모든 인류에게, 그리고 모든 지상에서 수적으로 단일한, 모든 것 중 최고의 통치직을 갖는 것이 적합한가, 혹은 어떤 시기에 지리적 위치 때문에 거의 필연적으로 분리되어 있고, 특히 소통되지 않는 언어나 도덕 그리고 관습에 있어서 매우 상이한 세상의 다양한 지역에서 이런 통치직을 갖는 것이 적절한가.[16] (이것은 아마도 인류의 과도한 번식이 일어나지 않도록 작용하는 천상적 원인[17]에 의해 생기는 듯하다.)[18] 이 문제는 이성적 고찰, 그러나 현재의 의도와는 다른 고찰을 요구할 것이다. 즉 아마도 자연이 전쟁[19]과 역병을 통해 인간 및 다른 생물들의 증식을 조절함으로써, 땅이 그들을 먹여 살리기에 충분한 듯이 보인다. 이런 견해에서

---

15 로마제국 상황을 언급한 것은, 마르실리우스가 무엇보다 교황권이 제국사에 간섭함으로써 야기된 무질서와 혼란을 생각한다는 것을 확증한다.

16 거워스의 주장에 의하면, 이 문구는 마르실리우스의 국지주의를 대변한다. 군주의 통일성 주장에도 불구하고 그는 중세적 보편주의와는 거리가 멀다. 이것은 독립을 향한 이탈리아 도시국가들의 염원을 반영한 것일 수 있다. 또한 교황의 권세 충만이 보편적 국가에 대한 그의 부정적 견해를 설명해 준다. 또 그의 국지주의의 다른 요인은, 그가 정치 권위에 필수적이라고 간주하는 공화주의적 틀이다. 그럼에도 불구하고 거워스는 마르실리우스에게, 그의 한 보편적 교회, 한 신앙, 총회 개념으로 말미암아, 보편주의의 흔적이 없지 않다고 인정한다. 보편적 국가 문제에 대한 이런 애매성은 그의 모든 이론의 모순성을 반영한다고 생각한다. Gewirth, vol. 1, pp. 126~29 참조. 반면에 키예는 거워스의 견해에 대해 부정적이다. 그녀의 주장에 의하면, 다수의 제후국과 상위 왕국이 양립할 수 없는 것은 아니다. 이런 공존은 시대의 현실과 일치한다. 독자적 제후국(Signoria)들은 제국의 일부를 이루며, 그들은 최고 사법권을 인정한다. 보편주의와 국지주의를 가르는 것은 문제를 그릇 제기하는 것이다. 마르실리우스의 보편주의는 제국에 국한된 것이고, 그의 국지주의는, 제국의 한계에 대한 의식이다. Quillet, p. 160, 각주 22 참조.

17 별자리가 지상적 존재에 영향을 끼친다는 아베로이즘의 이론을 암시한다.

18 많은 왕국의 존재는 전쟁을 야기하고, 인류의 과도한 증가세를 막는다. 과잉 인구에 관한 견해는 토머스 맬서스(Thomas Malthus)의 인구론을 연상케 한다.

19 마르실리우스는 이미 I, 14, 5에서 정당한 전쟁에 대해 언급했다. 이 문구에서 그는 전쟁의 적극적 역할을 인정한다.

영원한 창조를 말하는 자들이 특별히 지지받는다.[20]

§ 11. 우리가 제시한 의도로 돌아가 말하고자 한다. 앞에서 말한 것에서, 한 도시 내지 왕국의 수적 통일성이 무엇인지 어느 정도 분명하다. 왜냐하면 이것은 질서의 하나됨이며 단순히 하나됨이 아니라 어떤 다수가 하나라고 불리는 것, 혹은 수적으로 하나라고 불리는 것이기 때문이다.[21] 이것은 그것들이 형식적으로 어떤 형태를 통해 수적으로 하나이기 때문이 아니라 수적으로 하나인 것을 향해서, 그것을 위해서 정돈되고 지배받는 것, 즉 통치직과의 관계에서 존재하고 말해지기 때문에 수적으로 하나라고 진실로 말해진다. 즉 도시 내지 왕국은, 어떤 자연적 단일한 형상을 통해서 (합성이나 혼합의 개체처럼)[22] 형성된 개체에 속하지 않는다. 왜냐하면 그것의 부분들이나 직무, 그리고 이것들의 하위 부분들은 실제로 많고 형상적으로 (공간과 주체에 따라서 분리되어 있으므로[23]) 수적으로 상호 분리되어 있기 때문이다. 그러므로 그것들은, 형상적으로 내재하는 어떤 하나에 의한 하나도 아니고, 그것들 모두를 접하거나 벽처럼 에워싸는 어떤 하나에 의한 하나도 아니다. 로마는 마인츠(Mainz)와 나머지 공동체와 함께 수적으

---

20 영원한 창조에 관한 이론은 아베로이즘의 기본 이론 중 하나이다. 종들은 개체들이 동시에 존재하지 않음으로써 시간 안에서 지속된다. 그러나 영원한 창조가 개체를 파괴함이 없이 생산한다면, 개체의 숫자는 증가할 것이다. 그러나 전쟁과 질병의 영향 아래 종의 일정한 수는 유지된다. 마르실리우스는 I, 9, 7에서 인류의 영원성을 암시했다. 영원한 창조론은 기독교 창조론 및 종말론과 배치되기 때문에 1277년 파리 주교 에티엔 탕피에(Etienne Tempier)에 의해 유죄판결을 받았다.

21 거워스는 이것을 유명론적 입장으로 본다. Gewirth, vol. 1, p. 116 참조.

22 예를 들어 인간의 몸은 다양한 지체로 구성되어 있지만 한 몸이니, 그것은 단일한 자연적 형상, 즉 영혼을 갖고 있기 때문이다. 아리스토텔레스적 원리에 의해 개별적 존재를 가지는 모든 사물은 그의 구성요소를 조직하는 자신의 형상을 가져야 한다.

23 각각의 직무는 자기 형상을 갖는다. 그러므로 직무의 형상에서부터 국가의 통일성을 도출할 수 없다. 주거 지역에 따라서 직무를 분리한 것은 중세기의 질서에 부합한다.

로 한 왕국 내지 제국이지만, 이것은 다름 아니라 각각의 도시가 그들의 의지에 의해 수적으로 한 최고 통치권에 예속되어 있기 때문이다.[24] 세계도 거의 같은 방식으로 수적으로 하나라 말해지며, 많은 세계가 아니니, 형상적으로 모든 존재자에 내재하는 수적으로 단일한 형상[25] 때문이 아니라 첫 번째 존재자[26]의 수적으로 하나이기 때문에 모든 존재자는 수적으로 하나의 세계라 불린다. 왜냐하면 모든 존재자는 본성적으로 첫 번째 존재자에 기울어 있고 그것에 의존하기 때문이다. 그러므로 모든 존재자가 수적으로 하나의 세계라는 서술은, 형태적으로 모든 것 내의 어떤 통일성에 대한 것도 아니고, 하나에 의해 말해지는 어떤 보편적인 것에 대한 것도 아니다. 차라리 어떤 존재들의 다수가 하나라고 말해짐은 그들이 일자를 향해, 일자를 위해 존재하기 때문이다. 이처럼 한 도시 내지 지역의 인간들은 한 도시 내지 왕국이라 말해지니, 그들이 수적으로 하나의 통치직을 원하기 때문이다.

§ 12. 그럼에도 불구하고 이것 때문에 도시의 한 부분이 한 제국 내지 한 도시는 아니다. 왜냐하면 이런 부분들이 단일한 통치직을 바랄지라도—그러므로 그들은 한 도시 내지 왕국이라 불린다—그들은 이 일자를 향해 상이한 능동적·수동적 지시를 통해 관계되어 있기 때문이다. 이것은 다름 아니라 그들에게 전달되는 통치자의 다양한 명령이니, 이것을 통해 그들은 다양한 직무로 배정된다. 이 명령의 다양성에서부터 그들은 형상적으로도 국가의 다양한 부분과 직무들이 된다. 그런데 어떠한 직무든지, 거기에 속한 다수의 개인들에도 불구하고, 도시의 하나 혹은 한 부분이라 불린다. 이것은 그것에 내재하는 수적 하나 때문이 아니라, 그것들이 법적

---

24 제국의 통일은 순수하게 명목상 통일이다.
25 단일한 형상은 사물에 내재하는 형상을 의미한다.
26 철학적 전통을 따라서 신 대신에 제1존재라고 말한다.

결정에 따라서 행하는 통치하는 자의 하나의 능동적 명령에 관계되기 때문이다.

§ 13. 이 장의 제9절, 제12절, 제13절, 제15절에서부터 명백한 증명으로써 결론지을 수 있다. 신적 내지 인간적 입법자가 직접적으로 그에게 그런 권위를 위임하지 않은 한, 어떤 개인이나 (그가 어떤 지위나 신분에 처해 있든지 간에) 어떤 집단에도 이 세상의 어느 누구에 대한 통치권이나 강제적 법적 판결 권한이 없다.[27]

그러므로 통치직의 일원성이 어떠해야 하는지, 또한 도시 내지 왕국의 하나됨이 어떤 것인지, 또 무엇 때문에 이것들 모두가 이런 수적으로 하나라고 말해지는지에 대해, 더 나아가 도시의 부분들 내지 직무들이 수적으로 특별히 하나됨에 대해서, 그것들의 질서, 구별, 구분에 대해 충분히 말한 것으로 하자.

27 이 결론은 세속사에 대한 교황청의 간섭 시도를 겨냥한 것이다. 정치권력은 단일하고 분할될 수 없다. 그런 것으로서 권력은 평화의 최선의 보증이다. 마르실리우스는 순수 이론적 논의를 바야흐로 종결하면서, 제2권에서 교황의 권세 충만 이론과 그것에서 비롯한 폐단을 공격할 것이다.

제 18 장

통치자의 견책에 대하여: 어떤 이유에서, 어떻게,
누구에 의해 법을 위반한 자가 제재받아야 하는가

§ 1. 우리는 앞의 글에서 통치직에 대한 견책이나 총체적 변경은 그 제
정과 마찬가지로 입법자에게 속한다고 말했다.[1] 이 문제에 대해, 즉 통치자
를 재판과 강제적 권력을 통해 바로잡는 것이 적절한지, 그리고 적절하다
면, 모든 일탈 행위를 (그것이 어떠한 것이든) 처벌함이 합당한지, 혹은 다
만 일정한 경우에만 처벌하고 다른 경우에는 처벌하지 않음이 합당한지에
대해, 또한 이런 판단을 내리고 강제적 권력을 통해 판결을 집행할 권한이
누구에게 있는지에 대해 염려하는 것이 당연하다. 그런데 앞의 진술에서,
공적 판단을 내리고 법 위반자를 강제적 권력으로 제재하는 것은 오직 통
치자들에게만 속한다고 말했다.

---

1 백성이 선출하고 바로잡는 권력을 가진다는 사상은 중세기 정치학 문헌에서 잘 알려
   져 있고, 아리스토텔레스, 『정치학』 III, 1281b 32-34에서 유래한다. 그러나 이 장
   (章)에서는 이탈리아 도시국가의 'syndicatus'(신디카투스) 제도를 분명히 언급하고
   있다. 이것은 'podesta'(시장)의 직무가 종료될 때 직무 기간 동안에 행한 어떤 불의
   에 대해 책임을 물을 수 있는 절차이다.

§2. 그러나 우리는 말하고자 한다. 통치자는 법에 준한 행동을 통해, 그리고 자신에게 부여된 권한을 통해, 이 권의 제15장에서 충분히 지시한바 우리 몸의 심장처럼 모든 시민적 행동의 기준과 척도가 된다. 통치자가 법과, 법에 따라 행동하는 권위와 그런 소망 외의 다른 형태를 받아들이지 않았다면, 그는 결코 다른 사람으로부터 견책받거나 판단받아야 할 행동을 하지 않을 것이다. 그러므로 그와 그의 행동은 이렇게 그 외의 다른 자들의 모든 시민적 행동의 척도가 될 것이므로 그 자신은 다른 자들에 의해 평가받지 않을 것이다. 이것은 우리 몸의 잘 만들어진 심장이 자체의 능력과 자연적 온기에서 나오는 활동에 상반된 활동의 경향으로 기울게 만드는 형상을 받아들이지 않으므로, 심장이 언제나 그것에 적절한 활동을 자연스럽게 행하고, 결코 본성에 반하는 활동을 하지 않는 것과 같다. 그러므로 심장은 이처럼 자신의 영향 내지 활동을 통해 생물의 부분들을 조정하고 평가하며, 그들로부터 결코 조정받거나 그들로부터 영향을 받지 않는다.

§3. 그러나 통치자는 인간이므로 그릇된 견해나 왜곡된 욕망 혹은 양자와 같은 다른 형상을 취할 수 있는 지성과 욕구를 가진다. 그가 이것들을 따를 경우 그는 법에서 결정된 것에 반한 행동을 할 수 있다. 그러므로 통치자는 이 행위들에 준해 자신 내지 법을 위반한 자신의 행위를 법에 따라 평가하거나 규제할 권한이 있는 다른 사람에 의해 판단받을 수 있게 된다.

그렇지 않다면, 모든 통치직은 독재적이 될 것이고, 시민들의 삶은 노예적이고 불만족스럽게 될 것이다. 이 부적절함은, 이 권의 제5장과 제11장에서 우리가 확정한 것에서 분명히 나타난 것처럼 피해야 할 것이다.

그런데 이 권의 제12장과 제15장에서 지시한 것처럼 통치자에 대한 모든 견책의 판단, 명령, 실행은 그의 비행이나 위반에 따라서 입법자를 통해, 혹은 입법자의 권위로써 이 일을 위해 위임받은 어떤 사람 혹은 몇 사람을 통해 이루어져야 한다.[2] 견책받아야 할 통치자의 직무를 당분간 정지하는 것이, 그의 위반에 대해 판단해야 할 자를 위해 특별히 적절하다. 이것은 공동체 내의 다수의 통치직 때문에 분열과 소요, 싸움이 발생하지 않게 하기 위함이며, 그는 통치자가 아니라 법을 위반한 신하로서 바로잡아지지 않기 때문이다.

§ 4. 우리는 제기된 우려에 접근하면서 다음을 말하고자 한다. 통치자의 일탈은 중하거나 사소하다. 또한 자주 발생하거나 다만 드물게 일어날 수 있는 일에 관한 것이다. 또한 법적으로 정해진 일에 관한 것이거나 아닌 것이다. 통치자의 일탈이 국가나 탁월한 인물, 혹은 다만 어떤 다른 인물에 대해 중하다면, 이것 때문에 견책을 포기할 경우 아마도 추문이나 민중소요가 일어날 수 있다면 — 자주 일어나든지 드물게 일어나든지 간에 — 통치자는 그것 때문에 견책받아야 한다. 왜냐하면 그것을 처벌하지 않음으로써, 백성 가운데 폭동과 국가적 혼란과 붕괴가 가능할 것이기 때문이다. 범행이 확정되었다면, 그는 법에 따라서 견책받아야 하고, 그렇지 않다면 입법자의 판단에 따라야 한다. 우리가 이 권의 제11장에 지시한 것처럼 그것이 어느 정도 가능한지 법에 의해 결정해야 한다.

§ 5. 그러나 통치자의 일탈이 사소하다면, 드물게 일어나는 것이고 통치자에 의해 드물게 자행된 것이거나, 아니면 자주 일어날 수 있는 것이고 통치자 자신에 의해 자행된 것이다. 통치자가 일탈을 드물게 자행하거나 자행할 수 있다면, 그것 때문에 통치자를 견책하기보다는 차라리 은폐 아래

---

2 파도바의 법에서 퇴임하는 시장은 20일간 도시에 머물러야 한다고 규정하고 있다. 그리고 신임 시장은 직무 첫 날에 네 구역에서 한 명씩 모두 네 명의 평의원을 선출하도록 조치해야 한다. 즉 판사 한 명, 기사 한 명, 그리고 포폴로(popolo) 중 두 명이 'consilio maggiore'를 구성한다.

넘어갈 수 있다. 왜냐하면 통치자가 모든 드물게 일어나거나 작은 일탈 때문에 견책받는다면, 그는 멸시받을 수 있고, 이것은 공동체에 작지 않은 피해를 초래하게 되는데, 시민들은 이것으로 말미암아 법과 통치자에게 존경과 순종을 덜 보일 것이기 때문이다. 또한 통치자가 사소한 일탈에 대해 견책받기를 거부한다면, (왜냐하면 자신에 대한 비하[3]로 간주하기 때문에) 여기서부터 심각한 추문이 일어날 수 있다. 왜냐하면 공동체에서 유익이 생길 수 없고 차라리 피해만 생길 수 있는 그런 일은 다시 건드려서는 안 되기 때문이다.

§ 6. 그런데 이것은 아리스토텔레스 『정치학』 제2권 제4장[4]에서 밝힌 견해였으니, 그는 말했다. "입법자와 통치자의 어떤 실수를 허용해야 함은 명백하다. 왜냐하면 [법을] 바꾸는 자[5]는 통치자에게 반항하는데 습관적이므로, 해를 주는 만큼 유익을 주지 않기 때문이다." 여기서 그는 입법자를 제정된 법, 사람들이 법을 준수하는 데 익숙하다면, 사소한 점 때문에 고쳐서는 안 되고 오히려 허용해야 할 법으로 이해한다. 왜냐하면 법을 자주 바꾸면 법의 강점, 즉 법에서 규정하는 것에 복종하고 준수하는 관습을 약화시키기 때문이다. 그러므로 그는 같은 책, 같은 장에서 말한다. "법은 관습 외에는 설득할 수 있는 힘이 없다." 신하들이 법에 복종하기 위해서는, 관습이 가장 중요하다. 여기에서 통치자에 대한 존경과 복종은 유사성이 있다.

§ 7. 그러나 통치자의 일탈이 크기에 있어 사소하고 자주 일어날 수 있다면, 법에서 그것을 확정해야 하고, 통치자가 여기서 종종 실수한다면, 적절

---

3 parvipensio: 'parvus'(작다)와 'pensio'(평가하다)의 합성어이다.
4 아리스토텔레스, 『정치학』 II, 1269a 16-18.
5 백성의 모임을 통해 법 개정을 표결하는 시민을 말한다.

한 처벌로 제재받아야 한다. 왜냐하면 이런 일탈은, 아무리 사소할지라도, 자주 자행된다면, 국가를 현저히 해칠 것이기 때문이다. 이것은 작은 지출이, 자주 행해진다면, 재산, 즉 부를 탕진하는 것과 같다. 왜냐하면 『정치학』 제5권 제4장에 기록된 것처럼 "전체와 모든 것은 작지 않으나, 작은 것들로 구성되기" 때문이다.[6]

그러므로 통치자들의 견책에 관하여, 누구를 통해 그리고 어떠한 이유에서 이루어져야 하는지는 이런 식으로 결정된 것으로 하자.

---

6 아리스토텔레스, 『정치학』 V, 1307b 33-34; 1307b 38.

제 19 장

도시와 왕국의 평온과 불안의 작용적 원인에 대하여,
일상적 방식을 넘어서 특별히 왕국을 혼란스럽게
만드는 원인에 대하여,
그리고 제1권에서 제2권으로의 연결에 대하여

§ 1. 이 책의 나머지, 마지막 과제는, 이전의 결과에서 도시 내지 왕국
의 평온과 그 반대의 원인을 추론하는 것이다. 즉 이것은, 우리가 처음부
터 설정한 의도에 따른 주요 문제이다. 우리는 관습적으로 일어나는 원인
의 개별적 정의를 아리스토텔레스의 『정치학』제5권의 내용에서부터 전제
하면서, 우선 그 원인들을 일반적 존재에서 증명할 것이다.[1] 이에 연계해서
우리는 국가 통치의 불화 내지 불안의 비상한 원인에 대해 확정적 진술을
할 것이니, 우리는 서론에서, 이 원인이 이탈리아 왕국을 오랫동안 혼란스
럽게 했고 지속적으로 괴롭히고 혼란스럽게 한다고 말했다.

---

1 『정치학』제5권은 폭동의 일반적 원인들, 여러 종류의 정부 안에서 특별한 원인을 분
  석하고 모든 폭동을 예방할 수 있는 방법을 예측한다. 아리스토텔레스의 이 분석에
  입각해 마르실리우스는 아리스토텔레스가 알 수 없었던 특별한 원인을 탐구하려고
  한다.

§ 2. 그런데 이것을 위해 이 권의 제2장[2]에서 언급한 평온과 그 반대에 대한 서술을 반복해야 한다. 즉 평온은 도시 내지 왕국의 '좋은 상태'이니, 여기서 그것의 모든 부분은 이성과 국가 조직[3]에 따라서 자신에게 적합한 업무를 이행할 수 있다. 이런 서술에서 평온의 본성이 분명해진다. '좋은 상태'라고 말함으로써 이 말의 내적 일반적 본질[4]이 드러난다. 도시의 모든 부분이 그것을 통해[5] 자신에게 적합한 업무를 이행할 수 있다고 말한 것에서, 그것의 목적이 표현되는데, 이 목적이 또한 그 자체의 고유한 본질 내지 차이를 납득할 수 있게 만든다. 그런데 평온은 도시 내지 왕국의 어떤 형상 내지 상태이고, 우리가 이 권의 제17장 제11절과 제12절에서 말한 것처럼, 왕국과 도시처럼 단일하기 때문에 그것은 형상적 원인을 갖지 않는다. 왜냐하면 이것은 합성된 사물의 속성이기 때문이다.[6] 그러나 우리는 그것의 작위적 내지 작용적 원인을 이 권의 제15장에서 말한 것에 근거해, 그리고 도시 내지 왕국에서 필연적으로 평온에 뒤따르는 다른 일들에 근거해 파악할 수 있다. 즉 이것들은 시민들의 상호 교통, 그들 자신의 일의 상호 공유, 상호 부조와 지원, 외부로부터 지장받지 않고 그들의 고유한 일과 공동적 일을 실행할 수 있는 능력, 각자에게 적합한 정도에 따라서 공동적 이익과 부담에 참여함, 그리고 우리가 이 책 서두에서 언급한 카시오도루스의 표현처럼 나머지 편리하고 바람직한 일이다. 이 모든 것이나 특별히 중요한 몇 가지 것에 반대되는 현상이 그것에 대립되는 불안 내지 불화를 뒤따른다.[7]

---

2 I, 2, 3.
3 institutio: 일정한 과제를 배정하는 조직 및 제도를 말한다.
4 quidditas: 'quid'(무엇)에서 만들어진 신조어로, 문자적으로 표현한다면 '무엇인 것'이다.
5 즉 평온한 상태.
6 I, 15, 11-14.
7 이 절은 평온의 성격을 요약한다. 평온의 본질은 국가 내지 왕국의 좋은 상태이다. 국

§ 3. 그러므로 우리가 이 권의 제15장 제11절과 제12절에서 지시한 것처럼 통치자의 합당한 행동이 앞에서 언급된 모든 시민적 편의를 위해 작용하고 보존하는 원인이므로, 그것은 평온의 작용적 원인이 될 것이다. 사도가 「디모데 전서」 제2장에서 쓰면서, 의심할 여지없이 이것을 생각했을 것이다. "그러므로 먼저 여러분에게 간구하니, 왕들과 모든 높은 지위에 있는 자들을 위해 끊임없이 기도하라. 이것은 우리가 조용하고 평온한 삶을 영위하기 위함이다."[8] 그런데 이 부분의 행동을 자체적으로 저해하는 것이 작용적 원인으로서, 여기에서부터 도시의 불안 내지 불화가 생길 것이다. 이 원인은 종으로 고찰할 때 여러 종류와 방식으로 변형되기는 하지만, 아리스토텔레스는 일상적 행동에서 유래하는 그 원인들에 대해 우리가 『정치학』이라 부른 시민 지식 제5권에서 충분한 정보를 제공했다. 그러나 도시 내지 왕국의 불안 내지 불화의 어떤 비상한 원인이 있으니, 신적 원인에 의해 산출된, 사물 내의 모든 관습적 활동 너머에서의 작용[9]을 (우리가 서론에서 스치듯이 언급한 것처럼 아리스토텔레스도 그의 시대 혹은 이전 시대의 다른 철학하는 자들도 간과할 수 없었던 작용) 계기로 해서 발생한 것들이다.[10]

§ 4. 오래전부터 오늘날까지, 지금도 이탈리아 왕국에서 통치자의 마땅한 행동을 끊임없이 저해하는 이 원인은, 왕국으로부터 평화 내지 평온과 다른 수반하는 것들, 그리고 이미 말한 안락함을 박탈했고 여전히 박탈하며, 왕국을 모든 불행으로 괴롭혔고 여전히 괴롭히며, 거의 모든 종류의

가의 각 부분은 평온을 염두에 두면서 고유한 기능을 수행할 수 있다. 시민들의 상호 협력에 의해 평온은 얻어진다.

8 「디모데 전서」 2:1-2.

9 예수 그리스도를 암시한다.

10 「마태복음」 10:34 이하에 따르면, 그리스도는 온갖 불화의 원인이다. 이것은 역사적 아이러니이니, 이탈리아는 기독교가 초기에 선교되었지만, 로마제국의 몰락과 그에 뒤따른 어두운 중세기를 겪었고, 그 후의 역사는 온갖 불행의 연속이었다.

비참과 불의로 채웠다.[11]

우리가 숨겨진 사악함의 관습 때문에 특별히 저해하는 원인의 본질을 우리가 처음부터 전제한 의도에 따라서 정의해야 한다면, 이 권의 제6장에서 말한 것을 기억해야 한다. 세 신적 인격 중 하나요 신의 아들인 참된 신이, 첫 번째 부모의 위반[12]의 실수와 따라서 전체 인류의 타락을 회복하기 위해서, 아리스토텔레스 시대로부터 오랜 시간 후에 참된 인간이 되었고 동시에 신으로 존재함으로써, 인간성을 취했으니, 신실한 그리스도인들은 예수 그리스도라 칭해진 그를 경배한다. 칭송받는 신의 아들, 동시에 동일한 본성[13]으로 존재하는 신과 인간인 이 그리스도가 유대 백성 인간들로부터 육신적으로 기원했으니, 그들 가운데서 살았다. 그는 인간들이 영원한 생명을 얻고 비참을 피하기 위해 믿고 행하고 피해야 할 진리를 가르쳤다. 그렇기 때문에 그는 결국 유대인의 사악함과 분노 때문에 카이사르의 대행자인 폰티우스 필라투스(Pontius Pilatus) 아래서 고난받고 죽었고 죽은 지 셋째 날에 죽은 자들 가운데서 부활했고, 그 후 하늘로 올라갔다. 그러나 그는 전에, 사멸적 삶을 사는 동안, 인류의 구원을 위해 몇 사람을 진리를 가르치는 사역을 위한 동역자, 이른바 사도로 선택했고, 그가 가르쳤고 지도한 진리를 온 세상에 설교하도록 명령했다. 그러므로 그는 「마태복음」 제28장과 마지막에서 그의 부활 후 그 사람들에게 말했다. "그러므로 가서 모든 민족을 제자로 삼아 아버지와 아들과 성령의 이름으로 세례를 주고 내가 너희에게 명령한 것을 모두 지키라고 가르쳐라."[14] 그리스

---

11 이 구절은 이 책의 동기와 목적을 분명히 언급하며, 저자의 정신을 잘 드러낸다.

12 에덴동산 한가운데 있는 나무 열매를 따먹지 말라는 명령을 위반한 것이다. 「창세기」 제3장 참조.

13 suppositum: 문자적 의미는 밑에 놓인 토대를 뜻한다. 신학에서는 그리스도의 인격에 대해 그리스어 'hypostasis'를 사용하며, 라틴어로는 'suppositum'이다. 한 인격으로서 동시에 신이자 인간인 존재를 표현한다.

14 「마태복음」 28:19-20.

도는, 그들의 이름이 신실한 그리스도인들에게 충분히 알려져 있는 이 사도들과 다른 어떤 사람들을 통해 복음적 법이 기록되기를 원했고, 그들의 구술을 통해 기록되었으니, 직접적 신적 능력에 의해 움직여지고 인도받은 도구를 통해서인 것처럼 기록되었다. 우리는 이 법을 통해 그리스도와 사도들, 복음 기자들이 없는 동안에 영원한 구원을 위한 가르침과 조언을 이해할 수 있다. 그는 법에서, 법에 따라서 또한 원죄와 실행 죄의 정화의 성례전,[15] 신적 은총의 산출 및 유지의 성례전,[16] 저 상실된 은총의 복구의 성례전,[17] 이 법의 일꾼 제정에 관한 성례전[18]을 지시했고 제정했다.

§ 5. 그리스도는 먼저 이미 말한 사도들에게 성령을 통해 이 사역에 대한 권위를 수여함으로써, 이 법의 교사요 법에 따른 성례전의 일꾼으로 세웠으며, 이 권위를 신실한 그리스도인들은 사제적 권위라고 칭한다. 이 권위를 통하여 그리스도는 사도들과 그들의 직무적 후계자들에게 (다른 자들에게가 아니라) 그들 각자가 발언하는 일정한 말의 공식 아래 빵과 포도주를 자신의 참몸과 참피로 변화시킬 수 있는 권위를 부여했다.[19] 그는 이것과 함께 인간들을 죄로부터 풀고 묶는 권한과 (사람들은 이것을 열쇠의 권능[20]이라 부르곤 한다) 또한 그들 대신에 다른 사람을 동일한 권위로써 세우는 권능도 허용했다.[21] 사도들도 몇몇 사람에게 이 권한을 수여했으니, 즉

---

15 세례.

16 성만찬과 견신례.

17 고해.

18 사제 서품.

19 성찬을 언급한 희귀한 구절 중 하나이다. 반면에 고해성사에 대한 언급은 빈번한 편이다.

20 열쇠의 권능에 대해서는 제2권 제5장에서 상세히 논할 것이다.

21 마르실리우스는 제2권에서 고해성사에 대해 길게 언급할 것이고, 그것에 대한 신정론적 해석을 반박할 것이다.

신은 기도하고 다른 사람에게 안수하는 사도들을 통해 이 권한을 수여했다. 이처럼 또한 다른 사람들도 이렇게 할 수 있는 권능을 받았고 이에 따라서 행했고, 세상 종말까지 행하고 행할 것이다. 사도 바울은 이런 식으로 디모데, 디도, 그리고 많은 사람들을 세웠고, 다른 사람들을 세우라고 가르쳤다. 그러므로 그는 「디모데 전서」 제4장에서 말했다. "네 안에 있는 은총을 소홀히 하지 말라, 그 은총은 장로의 안수와 더불어 예언을 통해 너에게 주어진 것이다."[22] 또한 「디도서」 제1장에서 말했다. "내가 너를 크레타에 남겨둔 이유는, 부족한 것을 바로잡고, 내가 너에게 지시한 것처럼 도성마다 장로들을 세우기 위함이다."[23] 이 사제의 열쇠 권위는, 그것이 단일한 것이든 여러 가지이든, 신의 직접적 작용을 통해 영혼에 각인된 어떤 품격[24] 내지 형상이다.

§ 6. 이 밖에, 사제의 수가 증가함에 따라서, 인간들의 용인에 의해 사제들에게 부여된 다른 권위가 있으니, 이 권위는 추문을 피하기 위한 것이다. 그리고 이 권위는 사제들 가운데 다른 사제들이 성전에서 예배를 위해 마땅히 행해야 할 일과, 앞서 말한 사역자들의 용도를 위해 정해져 있는 세속적인 것[25]을 배정하거나 분배하는 일을 감독함에 있어서 한 사제의 탁월함[26]이다. 이 권한의 실행적 능력에 대해서, 그것이 어디서 나오는가에 대해서는 제2권 제15장과 제17장에서 충분히 언급할 것이다. 왜냐하면 이

---

22 「디모데 전서」 4:14. 장로와 사제는 동의어로 이해된다.

23 「디도서」 1:5.

24 가톨릭교회는 사제의 '파괴될 수 없는 품격'(character indelebilis)을 말한다.

25 temporalia: 문자적 의미는 '일시적인 것'으로서 사제들의 생계를 위해 필요한 성직록을 말한다. 중세기에서는 교회가 소유한 토지가 가장 중요한 성직록이었다. 그 밖에 십일조 헌금도 여기에 속한다.

26 주교직. 마르실리우스에 의하면, 주교의 주요 임무는 사제들의 예배(성례전 포함)를 감독하고, 사제들에게 성직록을 배분하는 것이다.

직무는 신을 통해 직접적으로 주어진 것이 아니라 도시의 다른 직무처럼 인간의 의지와 생각을 통해 만들어지기 때문이다.

§ 7. 우리가 그러므로 교회 일꾼의 기원과 그들의 직무의 실행적 권세에 대해 이렇게 기억하고 어느 정도 설명했으므로, 우리가 나아가 앞에서 언급한 그리스도의 사도 가운데 베드로라는 별명의 시몬이라는 사람이 있었고, 그는 그리스도로부터 처음으로 열쇠 권세의 약속을 받았음을 주목해야 한다. 이것은 아우구스티누스가 「마태복음」 제16장에서의 그리스도의 말씀,[27] 즉 "내가 너에게 하늘 왕국의 열쇠를 줄 것이다"에 대한 주해에서 말한 것과 같다. "다른 사람들에 앞서 고백한 자", 즉 예수 그리스도가 신의 참된 아들이라는 것을 고백한 자는 "다른 사람들에 앞서", 즉 다른 사람보다 먼저 "열쇠가 부여된다".[28] 이 사도는 그리스도의 고난, 부활, 승천 후에 안티오크로 갔고, 그의 역사에서 분명한 것처럼 그곳 백성이 그를 주교로 세웠다. 역사의 이야기처럼 그는 거기서 로마로 갔다(그 이유는 생략했는데, 이에 대해 의견이 상이하기 때문이다). 그리고 그곳에서 주교로서 그리스도의 신도들을 인도했다. 마침내 그는 그리스도를 고백함과 그의 선포를 고백함 때문에 참수되었고, 그와 함께 같은 시간, 같은 장소에서 사도 바울은 앞에 언급한 역사에 따라 죽었다.[29]

---

27 「마태복음」 16:19.

28 마르실리우스가 여기서 'prae'(앞서)를 공간적 의미 대신에 시간적 의미의 'ante'(이전)와 동의어로 이해한 것은 베드로가 '앞서', '선두에' 있다는 수위적 뉘앙스를 부정하기 위함이다. 다른 한편으로 이른바 이 아우구스티누스의 주해가 과연 아우구스티누스의 것인지는 불분명하다. Bede Venerabilis, *Homiliae* II, 16, in: MPL, 94, p. 222 참조.

29 이 전설에 대한 마르실리우스의 분석은 제2권 제16장 제16절과 제19절 참조. 베드로가 바울과 동시에 참수되었다는 전설의 출처는 위(僞)이시도루스(Pseudo-Isidorus)이다(Gelasius, "Decretum cum septuaginta episcopis habitum de apocryphis scripturis", in: MPL, 130, col. 984 참조).

§ 8. 이 제자 내지 사도가 다른 제자들에 대해 가진 것으로 보인 이 특권에 근거해—그는 다른 자들에 앞서 열쇠를 부여받았으므로, 앞에서 언급한 성서 말씀과 그리스도에 의해 특별히 자신에게 말해진 다른 구절 때문에 (이것은 또한 이하에서 인용될 것인데)—그 이후 로마의 사도 내지 주교좌에 앉은 몇몇 주교는 특별히 로마 황제 콘스탄티누스[30] 시대 후에, 자신들이 세상의 모든 다른 주교와 사제들에 대해, 포괄적 사법권에 관한 한 수위권을 가진다고 주장했다.[31] 그 주교들 중 근래의 몇 사람은, 이들뿐만 아니라 세상의 모든 제후는 공동체와 개인에 대해서도 그렇다고 주장했다.[32] 그들이 이것을 황제라고 불린 로마인의 군주와 그의 예하에 있는 모든 나라와 도시와 모든 사람에 대해 똑같이 표현하고 분명히 말하지는 않을지라도 말이다. 그런데 진실로 이 군주에 대한 지배권 내지 강제적 사법권에 관한 특별한 표현은, 콘스탄티누스가 로마 주교인 복된 실베스테르(재위 314~335)에게 행했다고 어떤 자들이 말하는 어떤 칙령과 증여에서 첫 번째로 면모를 갖추었고 유래한 듯하다.[33]

---

30 콘스탄티누스 1세(280~337)는 기독교로 개종했고, 이전까지 이단으로 간주되었던 기독교를 합법적 종교(religio licita)로 인정했다. 그는 330년경에 수도를 로마에서 비잔티움으로 이전하면서 콘스탄티노폴리스(현재의 이스탄불)로 개칭했다.

31 로마 주교가 나머지 모든 주교 위에 있다는 주장, 이른바 수장권 주장은 교회 정치의 복잡한 역사를 거쳐 서서히 형성되었으며, 「마태복음」 제16장 제19절의 열쇠에 대한 구절은 후대 교황의 수장권 주장을 위해 견강부회 식으로 해석된 것이다.

32 교황 그레고리우스 7세(1020~85)가 로마 황제 하인리히 4세(1050~1106)를 회개하도록 만든 카노사의 굴욕 사건(1077)을 기점으로 로마교황은 세속 권력에 대한 우위성을 주장하기 시작했고, 보니파키우스 8세(1235~1303)의 이른바 '양검론'(兩檢論)에서 그 절정에 이른다. 1307년 로마교황은 교령 '우남 상크탐'(Unam sanctam)에서 두 개의 칼, 즉 교회 권세와 세속 권세가 모두 교황 아래 있다고 선포했다.

33 이것이 유명한 '콘스탄티누스의 증여'이다. 로마 주교 실베스테르가 콘스탄티누스 대제의 지병을 치유해 준 보답으로 황제가 서유럽을 로마 주교에게 증여하고 자신은 비잔티움으로 천도한다는 내용이다. 이것은 위(僞)이시도루스의 칙령집 속에 들어 있었고, 일부가 Gratianus, *Corpus juris canonici*, I, dist. 96, cap. 13~14에 편

§ 9. 그러나 이 증여 내지 특권이 분명하게 이것[34]을 갖고 있지 않기 때문에, 혹은 이 특권이 어쩌면 후대의 행위로 말미암아 소멸되었기 때문에, 혹은 이 특권이 유효하기는 하지만 이 특권 내지 증여의 능력이 세계의 나머지 정부나 모든 지역에 있는 로마인들의 통치자에게까지 미치지 않기 때문에, 근래의 로마 주교들은 온 세계에 대한 보편적·강제적 사법권을, 모든 것을 포괄하는[35] 어떤 다른 칭호, 즉 '권세 충만' 아래 주장했으니, 이것이 그리스도에 의해 복된 베드로와 로마 주교좌에 앉은 그의 후계자에게 그리스도의 대리인처럼 용인되었다고 단언했다. 즉 그들이 말한 것처럼 그리스도는 진실로 "왕들의 왕이요 모든 지배자", 모든 개인과 사물의 주였다.[36] 그러나 다음 내용에서 확실히 드러나게 될 것처럼 그들이 추론하고자 하는 것은 여기서부터 나올 수 없다. 로마 주교에게 이 칭호의 의미는, 그리스도가 모든 왕, 제후들, 공동체들, 집단과 개인에 대한 온전한 권능과 사법권을 가진 것처럼 스스로를 그리스도와 복된 베드로의 대리자라고 칭하는 그들도 이 강제적 권력의 충만을 인간법에 의한 정의 없이 가진다는 것이다.

§ 10. 우리가 말한 바대로, 로마 주교들이 이 칭호의 표시, 곧 권능의 충만이라는 의미를 염두에 두었다는 것은 분명한 사실이니, 로마 주교 클레멘스 5세가, 거룩한 기억의 하인리히 7세, 로마인의 마지막 황제에게 고한

입되었다. 여기서 '어떤 사람들'은 교황청의 신정론자들이다. 그들은 이 칙령을 교황 수장권을 옹호하는 일차적 논거로 삼았다. 그러나 이 칙령은 15세기에 로렌초 발라(Lorenzo Valla)에 의해 위작으로 밝혀졌다.

34 즉 세계 지배에 대한 권한.

35 omnes comprehendente: 세계 지배를 지시한다.

36 「요한 계시록」 19:16. 그리스도의 왕권 주제는 교황의 권세 충만을 옹호하는 논증 속에서 중요한 역할을 한다. 마르실리우스는 II, 25, 17에서 이 해석을 반박할 것이다.

칙령 내지 교령 "판단과 판결 사건, 제7권"[37]에서, 즉 교황이 복된 하인리히에 대한 어떤 판결을 철회하면서 여러 문구 가운데에서 이전에 언급한 칭호에 관한 (우리가 말한바) 그들의 생각을 표현하는 문구를 공표하면서 이 칭호를 사용한다.[38] 우리가 여기서 이 문구를 생략한 이유는, 사안이 잘 알려져 있고 서술의 단축 때문이며, 우리가 제2권 제25장 제17절에서 이 주제에 대해 보다 많이 소개할 것이기 때문이다. 그리스도는 모든 다른 왕이나 제후뿐만 아니라 로마 황제의 왕, 주가 아니고 아니었고, 차라리 그 이상이었으니, 왜냐하면 그리스도 시대에 로마 황제는 지상 어디서나 통치했기 때문에, 이 칭호의 의미는 그것의 근본적 능력에서부터 모든 통치자에까지 미치는 것이 분명하다. 분명히 기억해야 할 프랑스의 필리프 미남 왕에 대한 로마 주교[39] 보니파키우스 8세의 열정적인 공격, 그리고 제2권 제20장 제8절에서 인용된 같은 보니파키우스의 다음 교령은, 우리에게 로마의 주교들이 이 칭호로써 이런 의미를 염두에 두었다는 것을 분명히 가르친다. 그는 이 교령[40]을 통해 "모든 인간 피조물은 로마교황"의 강제적 사법권 아래 있다는 것을 "영원한 구원을 위해 필요한 것으로" 믿어야 한다고 정의한다.

§ 11. 그러므로 로마 주교들은 다음 식으로 이 [목표를] 향해 나아감에 있어서 먼저 기독교 신도들 사이에 평화를 추구하는 듯한 외형 아래, 자신

---

37 Gratianus, *Corpus juris canonici*, Clementines, II, tit. 2, ch. 2.

38 이탈리아 도시들에 대한 신성로마제국 황제 하인리히 7세(1298~1313)의 야욕 때문에 교황 클레멘스 5세(1305~14)와 갈등이 생겼다. 교황 교령 'Pastoralis cura'에 대해 마르실리우스는 II, 23, 11-12에서 자세히 다룬다.

39 마르실리우스가 '로마교황'(pontifex. 대사제) 대신에 '로마 주교'라는 칭호를 사용한 것은 고의적인 것으로 보인다. 즉 저변에는 로마 주교도 다른 지역 주교들과 동등하다는 견해가 깔려 있다.

40 프랑스 교회에 대한 왕의 통제권 때문에 보니파키우스 8세와 필리프 4세(1285~1314)는 심한 갈등이 있었다. 교령 'Unam sanctam'에 대해서는 II, 20, 8 참조.

들의 판단에 복종하려 하지 않는 몇 사람을 파문했고, 그다음으로 그들에 대해 물적(物的)·인격적 판결을 선고했으니,[41] 즉 자신들의 권세에 덜 반항할 것 같은 자들, 예를 들어 이탈리아의 개인과 공동체들에 대해서는 (그들의 왕국은 거의 갈가리 분열되고 찢겨져서 보다 쉽게 제압될 수 있었다) 보다 분명하게, 그러나 그들의 반항과 강제적 권세가 두려움의 대상인 몇 명의 왕과 제후들에 대해서는 보다 부드럽게 판결을 선고했다. 어쨌든 그들은 이들을 향해 점차적으로 다가가고 계속해서 그들의 사법권을 빼앗기 위하여 다가가려 시도했고, 동시에 전체를 공략하려고 감행하지 않았다. 그렇기 때문에 그들의 은밀히 행해지는 월권행위는 로마인의 군주와 백성에게 지금까지 감추어져 있었다. 즉 로마 주교들은 점차적으로 사법권을 점유했으니, 특히 황제 자리가 공석일 때 그러했고, 마침내 그들은 자신이 같은 군주에 대해 총체적으로 강제적·세속적 사법권을 가진다고 주장하게 되었다. 앞에서 언급한 주교 중 최근의 주교[42]는 아주 근래에, 아주 분명히 이탈리아인뿐만 아니라 독일인의 지역에서 로마인의 군주를 향하여,[43] 또한 앞에서 언급한 지역들의 모든 하위 제후와 공동체들, 단체들, 개인들을 — 그들이 어떤 지위와 조건에 있든지 간에 — 향하여, 그리고 모든 그들의 봉토와 나머지 세속적 재물에 대해 최고의 사법권을 가진다고 썼다. 뿐만 아니라 이 주교가 칙령 내지 판결이라 칭하는 문서에서 분명히 인식할 수 있듯이 봉토 및 세속적 재물에 대한 통치권을 수여하고 이전할 수 있는 권세

41 마르실리우스는 당대의 사건, 특히 투스키아(Tuscia, 지금의 토스카나) 기베린파의 우두머리인 칸그란데 델라 스칼라와 마테오 비스콘티에 대한 파문을 암시하는 듯하다. 이들은 각각 베로나와 밀라노의 황제 대리인이었는데, 교황 특사 베르트랑 뒤 푸제(Bertrand du Pouget)에게 복종하기를 거부함에 따라서 파문당했다.
42 요한 22세(1316~34). 마르실리우스는 철저히 그의 합법성을 인정하기를 거부했다. 여기서는 1323년 10월 8일에 요한 22세가 루트비히에게 보낸 'Monitorium'(경고)와 1324년 3월 23일의 파문을 암시하는 듯하다.
43 로마인의 군주는 신성로마제국 황제를 의미한다. 마르실리우스는 황제가 이탈리아인과 독일인을 포함한 제국의 황제임을 역설한다.

가 자신에게 있다고 공공연히 주장했다.[44]

§ 12. 어떤 로마 주교들의 이 옳지 않은 생각과 아마도 (그들의 주장에 따르면 그리스도가 그들에게 위임한 권세 충만에 근거하여 그들에게 부여된) 통치권에 대한 왜곡된 동경이 우리가 말한바 도시 내지 국가의 불안과 불화를 야기한 특별한 원인이다.[45] 즉 서론에서 밝힌 바와 같이,[46] 모든 왕국에 잠입하기 위해 준비 중인 이 원인은 적대적 행위를 통해 이미 오래전에 이탈리아 왕국을 흔들어 놓았고, 그것의 안정 내지 평화에 이르지 못하게 방해했고 방해하며, 계속해서 통치자, 즉 로마 황제의 등극이나 임명, 그리고 언급한 제국에서의 활동을 온갖 시도로 저지함으로써 방해한다. 그의 통치 행위, 즉 국가적 사법 행위가 결여되어 있기 때문에, 쉽사리 불법과 분쟁이 생긴다. 이것을 조정하는 자의 부재 때문에, 정의 내지 법의 기준에 따라서 조정되지 않는[47] 이것들은 싸움을 야기하고, 여기서부터, 이미 말한 것처럼 시민들 간에 분열이 일어나고 결국 이탈리아 정부 내지 공동체의 해체가 발생했다. 그러므로 로마 주교는 이런 견해 속에서, 그리고 아마도 우리가 언급한 통치권에 대한 동경 속에서, 로마인의 군주를 자신의 강제적 내지 세속적 판결에 예속시키려 하는데, 군주는 정당하게, 다음 내용에서 분명히 지시될 것처럼 이런 판단에 예속되어서는 안 되고, 그럴 용의도 없다. 그러므로 큰 분쟁과 불화가 발생했으니, 영혼과 몸에 큰 위험 없이는, 재물의 손실 없이는 종식될 수 없다.

제1권 제15장과 제17장에서 지시한 것처럼 로마 주교나 다른 주교, 어

---

44 루트비히에 대한 요한 22세의 1317년 7월 16일자, 1318년 3월 31일자, 1323년 10월 8일자, 1324년 3월 23일자 교령을 말한다. 결국 교황은 1324년 3월 23일 루트비히를 파문한다. MGH, *Constitutiones* V, nr. 4433.

45 I, 1, 3; I, 19, 3 참조.

46 I, 5, 5.

47 I, 15, 11 참조.

떤 사제나 영적 일꾼에게도 어떤 신분의 개인에게나, 공동체나 단체에 대한 강제적 통치직이 부합하지 않기 때문이다. 이것은 모든 법과 종파에서의 사제직에 대해 아리스토텔레스가 『정치학』 제4권에서 말한 바이다. "그러므로 선출된 자이거나 추첨된 자이거나 모든 사람이 군주로 간주되어서는 안 된다. 즉 먼저 사제가 있다. 왜냐하면 사제직은 정치적 통치직 밖의 것으로 간주되어야 하기 때문이다. 그러나 이것들은 정치적으로 돌보는 직무에 관한 것이다" 등. 그리고 덧붙인다. "다른 어떤 것은 경제에 관한 것이다."[48]

§ 13. 인간적 안식과 그의 모든 행복에 철저히 적대적인 이 해로운 역병은, 그 썩은 뿌리의 악 때문에 세상의 신실한 그리스도인들의 나머지 왕국을 심하게 중독시킬 수 있으므로, 서론에서 말한 것처럼 그 역병을 퇴치하는 것이 무엇보다 필요하다고 생각한다. 먼저 이미 언급한 견해[49]의 (이미 만들어진 장래의 악의 뿌리처럼) 껍질을 들춰냄으로써, 그다음으로 그 견해의 무지하고 불의한 수호자 내지 고안자, 그리고 고집스러운 옹호자를, 필요하다면 극단의 행동으로 제지함으로써. 이것은 그것에 대항할 줄 알고 능력이 있는 모든 자에게 주어진 의무이다. 이 의무를 어떤 핑계 아래 게을리하거나 간과하는 자는, 툴리우스 [키케로]가 『의무론』 제1권 제5장에서 증언한 것처럼 불의하다. "불의에는 두 종류가 있다. 불의를 행하는 자의 불의와, 불의를 당한 자로부터, 할 수 있는 경우에, 불의를 퇴치하지 않는 자의 불의."[50] 그러므로 보라. 키케로의 주목할 만한 견해에 따르면, 다른 자에게 불의를 가하는 자만이 악한 것이 아니다. 또한 다른 자에게 불의를

---

48 아리스토텔레스, 『정치학』 IV, 1299a 16-20; 1299a 23. 교회의 살림에 대한 언급은 I, 16, 16 참조. 마르실리우스는 교회가 정치적 조직이 아님을 역설하고자 한다.
49 권세 충만의 망상.
50 Cicero, *De Officiis* I, 23.

가하는 자를 막을 줄 알고 할 수 있으나 막지 않는 자도 악하다. 왜냐하면 모든 사람은 이웃에 대해 어떤 자연법에 의해, 즉 우정과 인간 사회에 대한 책임 때문에 그럴 의무가 있기 때문이다. 적어도 나 자신이 이 법을 고의적으로 위반하지 않기 위해, 이 역병을 그리스도의 신실한 형제들로부터 우선 교훈을 통해서, 그리고 할 수 있다면, 외적 행위로써 철저히 퇴치할 계획이다. 내가 의심의 여지없이 보는 것처럼 위로부터 나에게 궤변에 대한 지식과 그것을 폭로하는 능력이 주어졌기 때문이다. 지금까지 그리고 현재에도 일부 로마 주교들과 그들의 공모자들의 비뚤어진 견해와 앞에 언급한 추문의 근원인 왜곡된 동경이 지금까지 이 궤변에 근거를 두고 있었고 계속해서 그 궤변에 의지하려고 시도한다.

제 2 권

제 1 장

이 권에 포함되어 있는 진실의 세 가지 장애 내지 적대적 방식, 논설 목표와 진행 방법

§ 1. 그러므로 내가 중대한 과제에 접근하면서 진리에 대립하는 어떤 것도 방해된다고 의심하지는 않지만, 진리의 세 가지 위험한 적이 전쟁을 야기하는 것으로 안다. 첫 번째로 로마 주교들과 그의 공모자들의 폭력적 권세의 박해. 즉 그들은 이 일과 그 진리를 말하는 선포자들을 모든 힘으로써 파괴하려고 한다. 그들이 불의하게 세속적 재물을 획득하고 소유하려는 자신들의 의도와 통치에 대한 자신들의 뜨거운 욕망에 직접 반대한다는 것처럼 말이다. 진실한 진술을 통해 (그 말이 아무리 명백할지라도) 로마 주교들을 이런 의도와 욕망으로부터 돌이키게 하는 것은 어려울 것이다. 그럼에도 불구하고 자비로운 신이 은총으로 그들을 돌이키게 하기로 결심하기를, 신 자신이 그들의 폭력적 권세를 제지하기를, 그리고 신에게 신실한 자들이 모든 사람의 (통치자든 신하든 간에) 안식에 적대적인 그들을 제지하기를. 두 번째로 거의 모든 진리의 옛 원수가 이 일을 전쟁으로 위협한다. 곧 거짓을 듣고 이것을 믿는 관습, 즉 장로 내지 주교, 그리고 그들의 지지자들을 통해 오래전에 대부분의 단순한 그리스도의 신도들의 영

혼 속에 파종되었고 뿌리 내려진 거짓. 왜냐하면 이 사제들은 그들의 말과 글을 통해 인간 행동에 (사적이든 공적이든) 대한 신적·인간적 견해를 가능한 한 혼란스럽고 풀기 힘들게 만들어 은폐했다. 그들은 이러한 생각들의 은폐로부터 정당하진 않을지라도, 몇 가지 해석을 도출하고, 이를 수단 삼아 그들은 그리스도 신도에 대한 그들의 불의한 독재를 끌어들였다. 그 신도들은 단순함 속에서, 이 사제들의 어떤 기만과 어떤 영원한 저주의 위협 때문에, 신의 명령에 의해 이런 궤변적 말과 글을 준수할 책임이 있다고 믿는다. (여기서 이 때문에 종종 결론을 내릴 수 없는 곳에서 결론을 내리는 논리적 실수가 자행된다.)[1] 즉 (그것에 관해 묻고 다투는) 이 사안에 대한, 그리고 이것의 참된, 단순한 시작에 대한 참된 견해가 인간 정신에서 사라졌고, 그 대신에 이것에 대한 그릇된 견해가 점차로 제시됨으로써 지금 대부분의 사람에게는 참과 거짓의 분명한 구별이 감추어져 있다. 어떤 학문에서라도 거짓을 듣는 관습은 혼란을 일으키고 진리로부터 적지 않게 벗어나게 만든다. 증인은 아리스토텔레스의 『형이상학』 제2권 마지막 장[2]이다. 이 관습 때문에 처음부터 이 책의 독자들과 청중들, 특히 철학적으로 교육받지 않은 자들과 성서에 조예가 없는 자들은 이 책에서 말하고 있는 진리를 완전히 이해하고 믿는 데 지장을 초래한다. 진리의 세 번째, 남아 있는 위험한 원수는 이 교훈에 대해 큰 장애를 의미할 것이다. 우리가 진리를 말했다고 믿지만 그럼에도 불구하고 자신들에 앞서 이 참된 견해를 발전시킨 다른 자가 있다는 것을 알았기 때문에, 이것에 반대하는 자들의 시기심. 이것은 불타는 질투의 무가치한 정신으로 그들을 자극함으로써 비방하는 자의 감추어진 이빨로 혹은 오만의 소란스러운 소음을 내며 이 진리

---

1 in quibus non propter hoc accidere conclusiones saepe committitur: 이 관계문은 난해하다. 'L 사본'은 'committitur' 대신에 'comvincitur'로 되어 있다. 브렛이 "여기서 결론이 종종 전제에서 나오지 못한다"라고 번역한 것은 완전히 자의적이다.
2 아리스토텔레스, 『형이상학』 II, 994b 32-995a 1.

를 찢는다.

§ 2. 그러나 나는 부당하게 통치욕에 불타는 (이 글로써 대언하는) 사제들의 폭력적인 권세에 대한 두려움 때문에 내 계획을 포기하지 않을 것이다. 「시편」 기자는 "주님이 내 조력자이니, 나는 두렵지 않을 것이니, 사람이 나에게 무엇을 하리요?"[3]라고 말했기 때문이다. 또한 나는 반대하고 시기하고 비방하는 자들 때문에 드러낸다면 모든 사람에게 유익하고, 게을리한다면 방해가 될 수 있는 것을 진술하기를 포기하지 않을 것이다. 우구치오(Uguccio da Pisa, ?~1210)[4]가 잘 묘사한 것처럼 시기심은 그 행위자에게 되돌아가는 것이니, 그것은 다른 자의 선함 때문에 문드러지는 마음의 고통이기 때문이다. 그러나 내가 선언할 진리의 증거는 적대적 관습을 충분히 반박할 것이다.

§ 3. 나는 이 책의 두 번째 권에서 먼저 거룩한 교회법[5]의 권위들을 어떤 인간들의 날조되고 이상한 해석과 함께 인용할 것이니, 그들에게는 아마도 로마 주교에게 모든 강제적 사법권 중 최고의 권력 내지 그리스도인의 종교에 있어서의 통치권, 즉 로마인의 군주 및 다른 모든 통치직, 공동체, 단체, 개인, 또한 세속적인 인간뿐만 아니라 장로 내지 주교, 부제와 그들의 동료와 개인들에 (그들의 신분이 어떠하든지 간에) 대하여 통치권이 마땅히 주어져야 함을 확신할 수 있는 것처럼 보인다. 이것이 성서의 말씀의 능력에 의해 필연적으로—세속적 인간이거나 성직자이거나—이들 중

---

3 「시편」 117:6.

4 페라라의 주교이자 그라티아누스 법전의 주해자. 그러나 마르실리우스가 인용한 문장은 그의 작품에는 없다.

5 canon: 그리스어로 문자적 의미는 '기준'이지만, 중세 당시 교회에서 카논은 '교회법'을 지칭한다.

한 사람에 대해 결론지어질 수 있다면, 이것은 같은 필연성으로 나머지 모든 사람에게도 해당된다. 이에 따라 나는 앞에서 언급한 계획을 뒷받침하기 위해 어떤 유사-정치적인 논거[6]를 인용할 것인데, 이것은 모든 사람이 한결같이 참된 것으로 전제해야 하는 성서의 진리를 전제할 때 매우 명백하다. 내가 이 논리를 인용하는 것은 그것을 공공연히 무력화함으로써 아무도 이런 혹은 유사한 논리를 통해 기만당하지 않고, 또한 그것의 무력화를 통해 앞에서 언급한 견해의 약점이 보다 분명해지게 만들기 위함이다. 그들은 오래전부터 오늘까지도 이 견해에 그럴듯한 외관을 부여했다.

§ 4. 이후에 나는 이런 견해에 대립하여 거룩한 교회법의 진리를 그것[거룩한 교회법]의 거룩한 해석자들의 날조되지 않고, 낯설지 않고 혹은 거짓이 아닌 적절하고 본래적인 해석과 함께 인용할 것이다. 교회법의 진리 및 그것의 거룩한 해석자들의 해석은 분명히 교황이라고 불리는 로마 주교도, 또 다른 장로나 주교나 영적 일꾼도, 공동적으로나 개별적으로나, 개인이나 그들의 집단으로서, 장로나 주교나 어떤 부제 혹은 그들 집단에 대해 물적·인격적·강제적 사법권을 갖거나 가져서는 안 된다는 것을 증명한다. 더군다나 로마 주교 혹은 그중 한 사람은 공동적으로나 개별적으로나 어떤 군주나 한 통치직, 공동체, 집단이나 세속적 인간(그가 어떤 신분에 있든지 간에)에 대해 사법권을 갖지 않는다. 한 지역의 인간 입법자가 장로나 주교나 그들의 집단에게 이 사법권을 용인하지 않는 한 말이다. 이것을 입증하고 확인하기 위해 정치적 증명이 인용될 수 있고, 되어야 하는데, 그것의 고유한 원리는 제1권 제12장, 제15장, 제17장에 포함되어 있다.[7] 우리는 간

---

6 quasi-politicae rationes: 플라톤이나 아리스토텔레스적 사상에서 유래한 철학적 내지 관념적 성격의 논거들이다. 이것은 계시에 의거한 논거와는 무관하게 오직 이성의 토대 위에 세워진 논거이다. II, 3, 10-15 참조.

7 I, 12: 입법자는 오직 백성이다. I, 15: 통치직의 과제는 판단과 집행이다. I, 17: 국가 의지의 통일.

략하게 서술하기 위해 이상의 진술을 반복하려 하지 않았다. 이것에 이어서 그리스도에 의해 로마 주교와 모든 다른 사제에게 전달된 사제 권세 및 열쇠 권세가 어떤 것인지 지시할 것이다. 이의 증명에 많은 의혹의 해소가 달려 있기 때문이다. 이 해소는 진리와 우리가 얻고자 하는 목표에 도달하게 만들 것이다.

§ 5. 그다음으로 몇 가지 문제를 언급하는 것이 도움이 될 것이다. 이와 더불어 우리는 로마의 통치자들이 로마 주교들에게 용인했다는 특권에 대해서도 제기된 과제에 유익한 무언가를 말할 것이다. 왜냐하면 이 특권을 계기로 로마 주교들이 지금 자신의 권위에 전가하는 강제적 사법권을 부당하게 주장하거나 점취하거나 유보하는 관행이 기원했고, 특히 황제 자리가 비어 있을 때, 관습을 통해 보다 정확하게 오용을 통해 강화되었다. 왜냐하면 로마 주교들은 처음부터 다른 것이 아니라 바로 이 특권을 통해 강제적 사법권을 획득하고 보존함에 있어 지원을 받았기 때문이다. 그러나 그들은 과실 때문에 저 특권을 상실했거나 혹은 계기의 약점이나 혹은 그들이 부당하게 취한 사법권에 관한 진실이 드러나지 않게 하기 위해, 그리고 그들의 배은망덕을 은폐하기 위해, 혹은 아마도 우리가 제1권 마지막 장에서 지시한 것처럼 그들이 모든 나라에 대한 강제적 사법권의 점취를 의도했기 때문에 — 이 일을 위해 언급된 특권은 도움이 되지 않는다 — 그들은 이 특권을 사용하지 않고, 통치자들과 시민적으로 사는 모든 자를 자신에게 예속시키기 위해 앞에서 언급한 보편적인 칭호를 사용했다. 즉 권세의 충만. 모든 로마 주교들은 지금 베드로의 후계자로서 자신들이, 그리스도가 자신의 대리인으로서 복된 베드로에게 넘겨준 이 권세에 근거해 모든 인간과 나라에 대한 최고의 강제적 사법권을 가지고 있다고 주장한다.

이 권의 남은 과제는, 거룩한 교회법의 권위적 구절이 결코, 우리가 진리와 성서의 판단이라고 말한 것에 대항해 앞에 언급된 오류를 지원하는 것이 아니라 오히려 그에 반대한다는 것을 지시하는 것이다. 이것은 어떤 거룩한 [교부들]과 또한 다른 인정된 기독교 신앙의 교사들의 해석에서 분명히 드러나는 바이다. 이것을 통해 성서를 왜곡하여 앞에서 언급한 그릇된 견해를 뒷받침하려고 하는 어떤 자들의 해석, 정확히 말해 날조는 폭력적이고, 성서와 무관하고, 또한 왜곡되었으며 거룩한 교부들과 기독교 신앙에 조예가 깊은 교사들의 판단과 일치하지 않는다는 것이 드러날 것이다. 마지막으로 나는 거의 정치적이라고 말한, 그리고 자주 언급된 그릇된 견해를 어떤 식으로든 뒷받침하는 듯 보이는 논리를 반박할 것이다.

제 2 장

〜_〜

결정해야 할 문제들을 구성하는 용어
내지 표현의 구별에 대하여

§ 1. 그러나 우리가 주요 질문에서 사용할 용어의 다의성 때문에, 우리
가 밝히고자 하는 견해의 모호성이나 혼란이 생기지 않도록 하기 위해 제
기된 문제를 논하기 전에, 용어들의 의미를 구별할 것이다.[1] 즉 『소피스트
적 논박』 제1권에서 "말의 힘을 알지 못하는 자는 토론을 하고 다른 사람
의 말을 들을 때 잘못된 논리를 편다"[2]라고 말하기 때문이다. 우리가 그것
의 다의성을 구별하려 하는 용어 내지 표현은 다음과 같다. '에클레시아',
'판정자', '영적', '세속적.' 왜냐하면 우리가 계획한 연구에서, 로마 주교나
다른 주교 혹은 사제, 부제, 혹은 교회인들이라고 불리는 그들의 집단에
세속적인 것 혹은 영적인 것 혹은 양자에 대한 강제적 판정자가 되는 권
한이 있는지, 혹은 그들이 이 양자에 있어서 판정자가 아닌지 알고자 하기
때문이다.[3]

---

1 마르실리우스는 논의를 개시하기 전에 언제나 개념 정의를 확정한다.
2 아리스토텔레스, 『소피스트적 논박』 I, 165a 16-18.

§ 2. 그러므로 우리는 계속해서 말하려 한다. 이 말 '에클레시아'는 그리스인의 어법에서 나온 어휘로서 그들로부터 우리에게 도달한 글에서는 하나의 통치 아래 포함된 백성의 모임을 뜻한다. 아리스토텔레스는『정치학』제2권 제7장에서 "모든 사람이 모임에 참여했다"라고 말했을 때 이런 의미로 '에클레시아'를 받아들였다.⁴ 그러나 라틴인들에게서 이 어휘는 대중적인, 잘 알려진 표현에 따르면, 신도들이 공동으로 신을 종종 경배하고 숭배하는 신전 내지 집을 의미한다. 그래서 사도는「고린도 전서」제11장에서 '에클레시아'에 대해 말한다. "여러분은 먹고 마실 집이 없는가, 혹은 신의 교회를 멸시하는가?"⁵ 아우구스티누스는 이 구절에 대한 주해에서 말한다.⁶ "여러분이 신의 교회를 멸시하는가", 이것은 기도의 집을 뜻한다. 그는 조금 아래에서 덧붙인다. "이 일상적 관습은 존속되었으니, 따라서 같은 장소와 벽들 사이에 나타나거나 피하지 않는 한, '교회에 나타나다, 혹은 피하다'라고 말하지 않는다." 그러나 다른 의미에서 '에클레시아'는 모든 사제나 주교, 부제, 그리고 앞의 의미에 따라 말해진 신전이나 교회에서 봉사하는 나머지 사람을 의미한다. 성직자들이나 앞에서 말한 일꾼들만이 이 의도에 따라 일반적으로 교회적 사람들, 교회적 남자들이라고 말한다.⁷ 더 나아가 '에클레시아'는 다른 의미에서 근대인들⁸에게 특별히, (로마 시 교

---

3 마르실리우스는 교황과 교회인들 전체에 대해 세속적 권력뿐만 아니라 영적 권력도 거부한다. 교황은 영적 사안에 대해 사법권을 갖지 못한다.

4 아리스토텔레스,『정치학』II, 1272a 10-11. 마르실리우스가 '에클레시아' 개념의 역사적 뿌리를 확정하고 그것이 시민 전체의 모임이지 일부 당파의 모임이 아니라는 것을 강조하기 위해 이 개념의 이교적 기원으로 거슬러 올라가는 것에 주목하라.

5 「고린도 전서」11:22.

6 Petrus Lombardus, *Collectanea in epistolas Pauli*, in: MPL, 191, p. 1639.

7 그러므로 '에클레시아'는 사제직에 동화되었다. 여기서 마르실리우스는 아마도 교회를 교황이 그 수장이 되는 왕국이라고 생각하는 신정주의 이론을 생각한 듯하다. 그러므로 교회는 제도 속에 구체화된 하나의 사회이다.

8 '근대인'은 아마도 동시대인 알바로 펠라요(Alvaro Pelayo, 1280~1352) 같은 인물

회가 오래전에 획득한 것처럼) 메트로폴리탄[9] 교회 내지 모든 교회 중 으뜸인 교회에서 봉사하고 지도하는 저 일꾼, 장로 내지 주교와 부제들을 의미한다. 로마교황과 추기경들은 이 교회의 일꾼과 지도자들이니, 그들은 관습에 근거해 그들이 '교회'라 불리는 것과, 교회는 무언가를 했거나 받거나 어떤 것을 명령했을 때, '교회'가 뭔가를 행했다거나 받았다고 말해지는 상황을 부여받았다.[10]

§ 3. 또한 이 말 '에클레시아'는 다른 의미에 따르면, 그리고 모든 것 중 가장 참되고 본래적인 이 말의 첫 번째 형성에 따르면, 혹은 그것을 최초로 부여한 자들의 의도에 따르면, 그렇게 잘 알려져 있진 않을지라도 근대적 용법에 따르면, 그리스도의 이름을 믿고 부르는 신도 전체에 대해, 그리고 이 전체의 모든 부분에 — 어떤 공동체, 심지어 가정 공동체에서도 — 사용된다.[11] 처음 이렇게 이 표현에 의미를 부여했으니, 이런 의미로 사도

을 암시하는 듯하다.

9 metropolitana ecclesia: 그리스어 'metropolis'로서 수도(首都)에서 파생된 말이다. 교회사에서 메트로폴리탄 교회는 한 지역의 교회 중 으뜸이 되는 교회를 말한다. 예를 들어 이탈리아에서는 로마교회, 이집트에서는 알렉산드리아 교회, 소아시아에서는 콘스탄티노폴리스 교회, 북아프리카에서는 카르타고 교회가 메트로폴리탄 교회의 지위를 누렸다.

10 이런 교회 정의는 본질적으로 과두정적이다. 마르실리우스에게 교황은 언제나 한 집단의 머리에 있는 존재이며, 이 집단은 그의 인격과 분리되지 않는다. 또한 그는 교령을 항상 과두정적 법으로 규정한 것에 주목해야 한다. 그는 교황청을, 교회가 당하는 해악의 원천으로 간주한다. 교황 신정주의 옹호자 중 극단적인 자들은 교회와 교황을 완전히 동일시한다. A. Pelayo, *De statu et planctu ecclesiae*, Roma 1698~99, III, 1, art. 7. Quillet, p. 184, 각주 7 참조.

11 이것이 에클레시아에 대한 마르실리우스의 정의이다. 교회는 순수하게 영적인 공동체이자 세례 공동체이며, 그리스도의 몸이자 그리스도의 신부이다. 교회가 순수하게 영적 공동체라는 사실은 그것이 실제로 모든 정치적 공동체의 한 모습이라는 것을 가능하게 만든다. 교회는 각 공동체에 속한 신자 전체에 의해 구성되어 있다. 마르실리우스의 관심은 교회를 신앙의 순수한 통일체로 만드는 것이다.

들과 원시 교회에서 관습적으로 사용했다. 그러므로 사도는 「고린도 전서」 제1장에서 말한다. "그리스도 예수 안에서 거룩하게 된, 우리 주 예수 그리스도의 이름을 부르는 모든 자와 함께 부름받은 성도들의 고린도 교회에."[12] 여기서 암브로시우스(Ambrosius)의 주해는 이렇다. "세례에서, 그것도 그리스도 예수 안에서 거룩하게 만들어지고."[13] 사도는 「사도행전」 제20장에서 이런 의도에서 에페소스의 장로들에게 말했다. "여러분 자신과 온 양떼를 위해 조심해야 합니다. 성령이 여러분을 그들 가운데 감독으로 세웠으니, 이것은 여러분이, 신이 그의 피를 통해서 획득한 교회를 이끌기 위함입니다."[14] 그러므로 모든 그리스도를 믿는 신도들은 ─사제뿐만 아니라 비(非)사제도─ 이런 가장 참된, 본래적 의미에 따르면 교회의 사람들이며 그렇게 불려야 한다. 왜냐하면 그리스도가 그의 피의 값으로 모든 사람을 획득했고 속량했기[15] 때문이다.[16] 이것은 「누가복음」 제22장의 저 구절 "이것은 너희를 위해 주어진 내 몸이다"[17]에 대한 주해에서 분명히 말한 것과 같다. 주해는 덧붙이고 있다. "'너희를 위해'는 그리스도의 몸이 사도만을 위해 주어지고 그의 피가 흘려진 것이 아니라 전체 인간 자연을 위해서임을 의미한다."[18] 그러므로 그리스도의 피는 사도만을 위해 흘려진

---

12 「고린도 전서」 1:2.

13 Petrus Lombardus, *Collect.*, in: MPL, 191, p. 1535. 암브로시우스(339~397)는 밀라노의 대주교였다.

14 「사도행전」 20:28.

15 redimo: 값을 치르고 노예나 포로를 풀어주는 것을 뜻한다.

16 마르실리우스는 사제든 평신도든 간에, 모든 인간이 교회에 속한다는 것을 강조한다.

17 「누가복음」 22:19.

18 불가리아 오흐리드(Ochrid)의 대주교이자 성서 주해자인 테오필락투스(Theophylactus, 1055~1120)의 주해이다. Thomas Aquinas, *Catena aurea in quatuor evangelica*, 「누가복음」 22:19에 대한 주해 참조(토마스의 책은 4복음서 각 구절에 대한 교부들의 주해를 수집한 것으로서 현재 인터넷 검색을 통해 쉽게 접할 수 있다 ─옮긴이 주).

것이 아니었고, 그러므로 그들만이 그리스도에 의해 획득되었거나 획득되어 있는 것이 아니고, 따라서 모든 사제나 신전 봉사자들, 직무상 그들의 후계자만이 획득된 것이 아니다. 그러므로 그들만이, 그리스도가 그의 피로써 획득한 교회가 아니다. 같은 이유에서 저 일꾼들, 주교 내지 장로와 부제들이 홀로, 그리스도의 신부인 교회가 아니고, 그들도 이 신부의 일부이다. 그리스도는 이 신부를 위해 자신을 내주었다. 그러므로 사도는 「빌립보서」 제5장에서 말한다. "그리스도가 교회를 사랑했고 교회를 위해 자기 자신을 내어준 것처럼 남편들이여, 여러분의 아내를 사랑하라."[19] 이제 그런데 그리스도는 사도와 그들의 직무상 후계자, 주교 내지 장로와 부제를 위해서만 자신을 내어준 것이 아니라 오히려 전체 인간 자연을 위해 자신을 내어주었다. 그러므로 그들 내지 그들의 집단만이 그리스도의 신부가 아니니, 자신의 세속적 이익과 다른 사람의 불이익을 기만적으로 달성하기 위해 이 말을 오용하는 자들의 어떤 집단이 자신을 특별히 그리스도의 신부라고 칭할지라도 말이다. 「고린도 전서」의 마지막 장과 「데살로니가 전서」 제1장, 「골로새서」 제4장, 「빌레몬서」 제1장의 사도의 말에서 같은 견해를 배울 수 있다.[20] 사도는 이 모든 구절에서 교회를 우리가 그것의 본래적이고 가장 참된 의미라고 말한 그 의미에 따라 받아들인다.

§ 4. 이와 연관지어 이 용어를 구별해야 한다. '세속적'과 '영적.' 이들 중에서 우리에게 보다 잘 알려진 것부터[21] 시작해 말하고자 한다. '세속적'이

---

19 마르실리우스가 착각한 듯하다. 「빌립보서」는 제4장에서 끝난다. 「에베소서」 5:25 참조.

20 「고린도 전서」 16:1-19; 「데살로니가 전서」 1:1; 「데살로니가 후서」 1:1; 「골로새서」 4:15-16; 「빌레몬서」 2.

21 아리스토텔레스에게서 온 표현으로, 탐구는 우리 관점에서 보다 잘 알려진 것에서부터 시작해 실제로 보다 잘 알려진 것으로 나아가야 한다고 주장한다. 아리스토텔레스, 『분석론 후서』 I, 72a 1. 참조.

라는 용어는 하나의 보다 잘 알려진 의미에서 모든 물적(物的) (자연적이고 인공적인), 인간과는 다른 것들에 대해 사용된다. 이것들은 어떤 방식으로든 인간의 권세 안에 있으면서, 세속적 삶의 상태에서 그 상태를 위해 그의 용도와 부족함과 기쁨을 보완하기 위해 정해져 있는 것이다. 이런 방식으로 보다 보편적으로, 시간 속에서 시작하고 중지하는 모든 것이 또한 '세속적'이라고 불리곤 한다. 즉『자연학』제4권에서 논한 것처럼 이것은 본래 시간 속에 있고 시간 속에 있다고 말해지기 때문이다.[22]

다른 의미로 '세속적'이라는 말은 이 세상 내지 현재의 삶의 목적을 위해 자기 자신에게 혹은 다른 사람에게 행하는 인간의 모든 성질, 모든 행동, 모든 겪는 일에 대해 사용된다. 또한 덜 보편적으로 '세속적'이라는 말은 행위자와는 다른 사람의 이익이나 불이익을 위해서 간섭하는[23] 자발적인 인간적 행위 또는 겪는 일에 대해 사용된다. 특히 인간 입법자들이 이런 것에 관계한다.[24]

§ 5. 이제 나는 '영적'이라는 표현의 의미 내지 의도를 구별하고자 한다. 이것은 첫 번째 의미에서 모든 비(非)물적 본질과 그것의 행위에 대해 사용된다. 그러나 이것은 다른 의미에서 인간에게 내재하는 인식 능력 내지 욕구 능력의 모든 인간 행동이나 모든 겪은 일에 대해 사용된다. 이런 의도에 따라 생물의 감각에 대한 물체적 사물의 어떤 작용이 영적·비물질적

---

22 아리스토텔레스,『자연학』IV, 221a-b. 여기서 시간은 운동의 척도이므로 시간 속에 있음이 무엇인지를 논한다. 그에 의하면 영원히 존재하는 것은 시간 속에 있지 않다.

23 transeo: 1차적 의미는 '이행(移行)하다'이다. 한 주체에서 다른 주체로 이행한다는 것은 간섭을 의미한다. I, 5, 4 참조. 간섭하는 행위는 인간 입법자 내지 군주와 관계된다.

24 '세속적'의 세 번째 의미는, 사제든 평신도든 간에 공동체의 모든 일원이 행하는 모든 행위를 포괄한다. 이것에 근거해 마르실리우스는 사제들에게서 나오는 일정한 행위를 영적이라고 주장하는 자들의 명제를 비판할 것이다. II, 2, 5 참조.

이라고 말해지곤 한다. 영혼에게 어떤 방식으로든 인식의 근거가 되는 사물의 형상 내지 환상, 이념 같은 것.[25] 어떤 사람들은 이런 종류에 빛과 그와 유사한 것들의 산출 같은, 무생물적 본질 속에서의 감각적인 것의 활동을 집어넣기도 한다.

또한 전제된 것에 보다 관계되는데, 이 '영적'이라는 말은 신법에 대해, 이 법에 따른, 이 법을 통한 명령과 조언에 관한 교리와 훈육에 대해 사용된다. 또한 이런 의미 속에는 모든 교회 성례전과 그 작용, 모든 신적 은총, 모든 신학적 능력,[26] 그리고 우리를 영원한 생명을 위해 준비시키는 성령의 선물도 들어간다. 그러므로 사도는 이 표현을 본래적으로 「로마서」 제15장과 「고린도 전서」 제9장에서 사용한다.[27] 즉 그는 "우리가 영적인 것을 파종했다면, 우리가 여러분의 육적인 것을 거두는 것이 큰일인가"라고 말했다. 암브로시우스의 주해에 따르면, "영적인 것은 곧 여러분의 영을 살게 만드는 것, 혹은 성령에 의해 주어진 것, 곧 신의 말씀과 하늘나라의 신비이다".[28]

더 나아가 이 용어는 다른 의미로, 미래 세상의 행복한 삶을 얻기 위해 자기 자신이나 다른 자에 대해 행하는 모든 인간의 자발적인 행동이나 당하는 일에 대해 사용되곤 한다. 이런 것들은 신 명상, 신 사랑과 이웃 사

---

25 아리스토텔레스는 지성적 인식이 지각 가능한 사물의 비물질적 형상의 존재 없이는 이성적 영혼 속에서 일어날 수 없다고 주장한다. 아리스토텔레스, 『영혼에 대하여』 III, 432a 6-10.

26 신학적 능력은 믿음, 희망, 사랑을 말한다. 토마스 아퀴나스는 신학적 능력이 초자연적 목표인 신을 향해 있으며, 기질에 의해 획득되는 것이 아니라 신에 의해 주입된다고 말함으로써 도덕적 능력과 구별한다. Thomas Aquinas, *Summa Theologica* Ia, IIae, q. 63.

27 「로마서」 15:17; 「고린도 전서」 9:11.

28 Petrus Lombardus, *Collectanea in epistolas Pauli*, in: MPL, 191, p. 1609. 'a Spiritu Sancto data sunt'(성령에 의해 주어진 것)까지는 암브로시우스의 주해, 그 이하는 아우구스티누스의 주해로 간주된다.

랑, 금욕, 자비, 부드러움, 기도, 경건 내지 예배를 위한 헌납, 나그네 환대, 순례, 자기 육신적 고행, 세속적·육적 쾌락의 멸시 및 회피, 그리고 일반적으로 앞에서 말한 목적을 위해 행해지는 모든 유사한 것들이다.

또한 이 용어는 두 번째나 세 번째 의미처럼 본래적이지는 않지만 두 번째 의미의 신전이나 교회에 대해, 그리고 거기서 신적 제의를 위해 정해져 있는 모든 그릇이나 기구에 대해 사용된다.

그런데 최근 부적절하면서도 비본래적으로 어떤 사람이 이 용어를 확장해 장로 내지 주교와 부제 및 다른 신전 일꾼들이 자발적으로 간섭하는 (세속적 삶의 상태를 위해 다른 사람의 이익이나 불이익을 위해 행하는) 행위 및 그 행위의 중단을 표시했다.[29]

그들은 또한 같은 용어를 더욱 비본래적으로 영적인 것의 소유 및 세속적 재물 ── 유동적이든 부동적이든지 간에 ──그리고 세속적 재물에서 나오는 일정한 수입(이른바 십일조)에 대해서까지 확장한다. 이것은 그들이 영적인 것의 소유 및 세속적 재물, 그리고 세속적 재물에서 나오는 일정한 수입을 이 말의 핑계 아래 국가법과 통치자의 기준에서 제외하기 위함이다.[30]

§ 6. 그러나 실제로 그들은 공공연히 이 용어를 진리에 반해, 그리고 앞의 것들을 영적이 아니라 육적 혹은 세속적이라 말했던 사도와 거룩한 교부들[31]의 의도 및 용법에 반해 오용한다. 그러므로 사도는 「로마서」

---

29 대주교 에기디우스 로마누스는 이렇게 주장한다. "세속적 사물이 영적인 것이 되거나 그것이 영적 사물에 합병되거나, 혹은 거꾸로 영적인 사물이 세속적 사물에 합병된다면, 이 특별한 경우 때문에 교회는 특별한 사법권을 행사해야 한다"(*De potestate ecclesiastica* III, 5, tr. R. W. Dyson, Woodbridge: Boydell 1986, p. 164). 여기서 에기디우스는 어떤 세속적 사물은 영적 조건의 이유로 영적이라 불릴 수 있다고 주장한다(p. 165).

30 에기디우스의 말이다. "십일조는 영적인 것으로 간주된다. 왜냐하면 그것은 인간이 아니라 신에 의해 제정되었기 때문이다"(같은 책, p. 166).

31 sanctorum: 문자적으로는 '거룩한 자'들이지만, 문맥으로 볼 때 '교부'들을 의미

제15장에서 말한다. "이방인들[32]이 영적인 것에 몫을 얻게 되었으므로, 육적인 것에서도 그들을 섬겨야 한다."[33] 사도는 같은 생각을 보다 분명하게 「고린도 전서」 제9장에서 말한다. "우리가 여러분에게 영적인 것을 파종했다면, 우리가 여러분의 육적인 것을 거두는 것이 큰일이겠는가?"[34] 암브로시우스의 주해에 따르면,[35] "'우리가 여러분에게 영적인 것', 곧 여러분의 영을 살리게 하는 것, 혹은 성령에 의해 받은 것, 즉 신의 말씀과 하늘나라의 신비를 '파종했다면', 우리가 생계를 유지하기 위해서 '여러분의 육적인 것', 즉 육신의 삶과 필요를 위해 주어지는 세속적인 것을 거두는 것이 큰일이겠는가?" 사도와 암브로시우스가 복음 설교자들이 양식과 의복에 있어 부양받아야 하는 외적 재물에 대해 분명히 육적이고 세속적이라고 말한 것에 주목하라. 십일조이든 토지든, 소득이든 자선이든 헌금이든 간에, 진실로 육적이고 세속적인 것이다. 암브로시우스는 그것[십일조, 토지, 소득, 자선, 헌금]들이 '육신의 삶과 필요', 즉 사멸할 삶을 위해 '주어졌기' 때문이라고 그 이유를 말했다.

§ 7. 장로와 주교, 부제들의 행위에 대해서도 의심할 여지없이 똑같이 생각해야 한다. 왜냐하면 모든 행위가 영적인 것은 아니며 혹은 그렇게 불려서도 안 되고, 오히려 그런 행위들 중 많은 것이 시민적 분쟁에 속하고, 육적 혹은 세속적이기 때문이다. 즉 비(非)사제들의 자행처럼 그들 자신도 돈을 빌려주고 투자하고, 사고팔고, 상해하고, 살인하고, 훔치고, 간음하고, 강탈하고, 배신하고, 기만하고, 위증하고, 비방하고, 이단에 빠지고, 나머지

한다.

32 gentiles: 비유대인을 말한다. 원시 기독교의 추종자들은 대부분 유대인들이었다.

33 「로마서」 15:27.

34 「고린도 전서」 9:11.

35 앞의 주 28 참조.

악행과 범죄, 싸움을 저지른다. 그렇기 때문에 그들의 행위가 영적인 것인지, 혹은 건전한 정신을 소유한 인간에 의해 그렇게 말해져야 하는지 묻는 것이 합당하다. 확실한 것은 사제들의 행위들이 결코 영적이 아니고 오히려 육적·세속적이라는 것이다. 그러므로 사도는 「고린도 전서」 제3장에서 이런 행위에 대해 모두에게 차별 없이 말한다. "여러분 가운데 시기와 다툼이 지배한다면, 여러분은 육적이고 인간적 방식으로 행동하는 것이 아닌가?"[36] 그러므로 의심할 수 없는 경험이 사제들 상호 간에, 그리고 세속인들을 상대로 시기와 분쟁이 앞에서 언급한, 그리고 다른 유사한 행위 때문에 일어남을 입증하기 때문에 분명한 사실은, 사제와 주교들의 이런 행위는 육적 혹은 세속적이며 진실로 영적이라고 말해서는 안 된다는 것이다.

우리가 말한 것이 참되다는 증거는, 또한 사제들의 판단에 따르면, 이런 분쟁을 제거하기 위해 인간적 명령들, 이른바 교령들이 로마교황들에 의해 공표되었고 그전에 이런 분쟁들에 대해 로마 통치자들의 법들이 공표되었기 때문이다. 즉 부제와 장로 내지 주교들에 의해 의지적 행위들, 현재 삶의 상태를 위해서, 상태에 있어서 다른 사람의 이익이나 불이익, 손해를 위해서 간섭하는 행위들이 이루어지고, 이루어질 수 있기 때문이다. 그러므로 제1권 제15장에서 말한 것처럼[37] 이런 행위에 대한 기준은 인간적 법이어야 한다. 이 권의 제8장에서 이 명제에 대해 좀 더 자세하게 언급할 것이다.

§ 8. 그런데 이 용어들을 구별해야 한다. '판관'과 그의 행위를 나타내는 '판단'. 이들은, 문제를 정의함에 있어서 그 다의성 때문에 불명확과 장애를 초래하는 다의적 용어에 속한다. '판관'은 그 의미에서 특히 사변적 혹

---

36 「고린도 전서」 3:3.
37 I, 15, 4.

은 행동적 기질에 따라서 구별하거나 판단하는 모든 자에 대해 사용되고, '판단'은 이런 자들의 판단 내지 구별에 대해 사용된다. 이런 의미에서 기하학자는 판관이고 도형과 그 우연에 대해 판단하고, 의사는 건강한 자와 병자에 대해, 지혜로운 자는 행할 것과 피해야 할 것에 대해, 집짓는 자는 집을 어떻게 지을 것인가에 대해 판단한다. 이렇게 모든 아는 자 혹은 경험자는 판관이라 불리며, 자신이 알 수 있거나 수행할 수 있는 것에 대해 판단한다. 그리고 아리스토텔레스는 『니코마코스 윤리학』 제1권 제1장에서 이런 의미에 따라 이 용어들을 취해 말했다. "각자는, 자신이 아는 것을 잘 판단하고, 자신이 아는 것에 대한 좋은 판관이다."[38]

또한 용어 '판관'은 다른 의미에 따르면, 정치적 내지 시민법에 관한 지식을 가진 자, 또한 관습적 칭호로는 '변호사'라고 불리는 자에 대해 (많은 지역, 특히 이탈리아 지역에서 판사라고 불리기는 하지만) 사용된다.[39]

또한 '판관'은 통치자에 대해, '판단'은 통치자의 견해에 대해 사용된다. 그의 권한은, 법이나 관습에 따라서 정의로운 것과 유익한 것에 대해 판단하고 그가 내린 판단을 강제적 힘을 통해 명령하고 집행하는 것이다. 이런 의미에서 존재하는 거룩한 경전 내지 성서의 일정한 부분이 판관의 책[40]이라 불린다. 이런 의미에서 아리스토텔레스는 판관 내지 통치자에 대해서 『수사학』 제1권 제1장에서 말했다. "의장[41]과 판관은 현재적인 것과 결정된 것에 대해 판단한다." 그는 계속해서 또한 통치자의 판단을 의도하면서 말한다. "사랑과 증오와 자신의 유익이 이런 의장 내지 판관과 종종 결부되어 있어 그들은 진리를 더 이상 충분히 볼 수 없고 판단할 때 자신에게 즐겁거나 슬픈 것에 주목한다."[42]

---

38 아리스토텔레스, 『니코마코스 윤리학』 I, 1094b 28.

39 피렌체의 'giudici'(판사)와 'notai'(공증인) 길드를 염두에 둔 듯하다.

40 『구약성서』의 「여호수아서」 다음 책인 「사사기」를 말한다.

41 praefectus: 하지만 원문에서는 ἐκκλησιαστής(모임의 일원).

그런데 아마도 앞에 언급한 용어들의 다른 의미 또한 있을 것이다. 그러나 우리는 보다 잘 알려지고 계획된 연구에 보다 필요한 용어들을 확인했다고 생각한다.

---

42 아리스토텔레스, 『수사학』 I, 1354b 7-8.

제 3 장

❦_❦

정경의 말씀에 대해, 그리고 주교 내지 장로들에게 인간 입법자의 용인 없이도 이런 강제적 통치권이 귀속됨이 마땅하고, 로마 주교 내지 교황에게 이런 통치권 중 최고의 것이 귀속됨이 마땅하다는 주장이 입증되는 것처럼 보이게 만드는 몇 가지 다른 논거에 대하여

§ 1. 우리의 연구 대부분이 다루는 용어들의 의미를 이처럼 구별했으므로, 우리는 그 용어들부터 보다 안전하게 주요 명제에 접근하면서 우선 성서의 권위적 구절들을 인용할 것인데, 이 용어들에 의해 어떤 사람들에게는, 교황이라 불리는 로마 주교가 세상의 모든 주교 내지 장로들과 다른 교회 일꾼들 위에, 또한 이 세상의 모든 통치자, 공동체, 집단, 개인 (그가 어떤 신분에 있든지 간에) 위에 있는 최고의 판관(판관 혹은 판단의 세 번째 의미에 따라서)인 것처럼 보일 수 있다.

§ 2. 우리는 성서의 이들 구절 중 우선 「마태복음」 제16장에서 한 구절을 인용하고자 하는데, 여기서 그리스도는 복된 베드로에게 말한다. "내가 너에게 하늘나라의 열쇠를 줄 것이니, 네가 지상에서 무엇이든지 묶으면 하늘에서도 묶일 것이고, 네가 지상에서 무엇이든지 풀면 하늘에서도 풀릴 것이다." 즉 이 구절에 근거해 최고 사법의 권위가 자신에게 있다고 주장한 로마의 주교들도 있었다. 왜냐하면 그들은 그리스도가 복된 베드로

에게 넘겨준 열쇠를, (그리스도가 모든 왕과 군주들에 대해 권세를 가진 것처럼 복된 베드로와 로마좌에 앉은 그의 후계자들에게 이 세상에서의 그리스도의 총대리인으로서 용인하여 넘겨준) 온 인류의 통치를 위한 권세의 충만으로 이해하고자 하기 때문이다.

§ 3. 같은 명제를 뒷받침하기 위한 두 번째 성서 구절이 「마태복음」 제11장에서 취해지는데, 여기서 그리스도는 말한다. "모든 것이 내 아버지로부터 나에게 넘겨졌다." 그리고 또한 그는 「마태복음」 제28장에 따르며 말한다. "나에게 하늘과 땅의 모든 권세가 주어졌다."[2] 그러므로 복된 베드로와 그의 로마 주교좌에 앉은 후계자들이 그리스도의 대리인이었고 대리인이므로, 그들의 주장처럼 모든 권세 내지 권세의 충만은 그들에게 넘겨졌고 따라서 모든 사법적 권위도 넘겨진 듯이 보인다.

§ 4. 같은 명제에 대한 세 번째 구절은 「마태복음」 제8장과 「마가복음」 제5장에서 취해지는데, 여기서 말하기를 "악령들이 그", 즉 그리스도에게 "요구하여 말했다. 당신이 우리를 쫓아내려면 우리를 돼지떼 속으로 보내십시오. 그러자 그가 말했다. 가라! 그러자 그들이 나와서 돼지들 속으로 들어갔다. 그리고 보라, 온 떼가 미친 듯이 돌진하여 호수에 빠졌다. 그리고 물에서 죽었다."[3] 이 말에서 분명한 사실은 그리스도가 모든 세속적 사

---

1 「마태복음」 16:19 참조. II, 23, 5 참조. 마르실리우스는 이 장에서 교황의 권세 충만을 옹호하는 일련의 성서 구절에 대한 신정론적 해석을 소개할 것이다. 첫 번째 구절이 「마태복음」 제16장 제19절이다. 인노켄티우스 3세(1160?~1216)는 교령 'Novit'에서 이 구절을 인용했다(MPL, 215, pp. 325~28). 에기디우스도 이것을 인용한다. Aegidius Romanus, *De ecclesiastica potestate* II, 5. 보니파키우스 8세는 교령 'Unam sanctam'에서 이 구절을 인용한다.

2 「마태복음」 11:27; 28:18.

3 「마태복음」 8:31-32; 「마가복음」 5:12-13.

물을 자기 것처럼 처리한다는 것이다. 그렇지 않다면 그는 돼지떼를 말살함으로써 죄를 범한 것이기 때문이다. 그러나 그의 육신이 사멸을 보지 않은 그리스도가 죄를 범했다고 말하는 것은 불가하다. 그러므로 누군가 말하듯이, 복된 베드로와 그의 후계자들, 로마 주교들이 그리스도의 대리인이고 대리인이었다면, 그들은 세 번째 의미의 판관으로서 모든 세속적 재물에 대해 처리할 수 있고, 그리스도와 같이 권세와 주권의 충만을 가진다.

§ 5. 또한 이것은 「마태복음」 제21장, 「마가복음」 제11장, 「누가복음」 제19장에 의해 입증된다. 문구는 이렇다. "그때 그", 즉 예수는 "두 제자를 보내면서 말했다. 너희 앞에 있는 성으로 들어가라. 그리고 묶여 있는 암노새와 그 새끼", 혹은 (마가와 누가에서처럼) "어떤 인간도 타지 않은 노새의 새끼가 묶여 있는 것을 발견할 것이다. 그들을 풀어서 나에게 가져오라".[4] 이 말들에서 직전에 언급한 구절에서 추론된 것과 같은 것을 —그리고 같은 연역 방식으로— 추론할 수 있다.

§ 6. 또한 이런 문구가 있는 「누가복음」 제22장에서도 같은 것이 입증된다. 사도들이 그리스도에게 답변해 "여기에 두 개의 검이 있습니다"라고 말했다. "그러자 그", 즉 그리스도는 "대답했다. 충분하다".[5] 한 해설자의 해석에 따르면, 이 말은 현재 세계에서의 두 개의 통치권, 즉 하나는 교회적 혹은 영적 통치, 또 다른 하나는 세속적 혹은 세상적 통치로 이해되어야 한다. 그러므로 그리스도가 사도를 향해 "충분하다"라고 말했을 때 ('너희에게 이 두 개의 검으로'를 보완하라), 그는 두 개의 검이 그들의 권한에 속해야 하고 특히 그들의 보다 중요한 인물로서 복된 베드로에게 속해야 한다고 암

---

4 「마태복음」 21:1-2; 「마가복음」 11:1-2; 「누가복음」 19:29-30.

5 「누가복음」 22:38.

시하는 듯하다. 왜냐하면 그가 세속적 검이 그들에게 관계되기를 바라지 않았다면, 그는 불필요하다고 말했을 것이기 때문이다.[6]

§ 7. 또한 「요한복음」 제21장에 따르면, 같은 것을 믿어야 하는 듯하다. 여기서 그리스도는 복된 베드로에게 "내 양을 치라, 내 어린양을 치라, 내 양을 치라"[7] ─ 우리가 인용한 것처럼 세 번 같은 생각을 반복해 말했다. 이 말에서 어떤 사람들은, 복된 베드로와 그의 후계자들, 로마 주교들이 절대적으로 모든 양, 그리스도인들, 그들 중 특히 장로와 부제를 지도해야 한다는 의미로 받아들였다.[8]

§ 8. 또한 이것이 분명히 「고린도 전서」 제6장에서 복된 바울이 말했을 때의 생각인 듯하다. "여러분은 우리가 천사들을 심판할 것을 알지 못하는가? 하물며 세상적 재물이야?"[9] 그러므로 세 번째 의미의 세속적인 일에 대한 판단은 장로 내지 주교, 특히 로마 주교에게 속하는 듯하다. 또한 사도는 「고린도 전서」 제9장에서 이 말로써 같은 생각을 하는 듯하다. "우리가 먹을 권세가 없는가?"[10] 같은 생각이 「데살로니가 후서」 제3장에도 있다.[11] 그는 이 구절에서 분명히 자신에게 신으로부터 신도들의 세속적 재

---

6 그레고리우스 7세(1020~85)는 이미 이 구절을 인용했다(1081년 3월 15일자 메츠의 주교 헤르만에게 보낸 서신); 베르나르두스(Bernardus, 1090~1153)도 이 구절을 인용했다. *De Consideratione ad Eugenium papam tertium* I, 4, ch. 3, col. 776, in: MPL, 182, col. 464. 교령 'Unam sanctam'은 이 구절을 베르나르두스와 유사한 방식으로 이해한다. 에기디우스는 두 칼은 같은 인물 안에 있어야 한다고 주장한다. Aegidius Romanus, *De ecclesiastica potestate* I, 3, 4, 5.

7 「요한복음」 21:15-17.

8 이 구절에 대한 신정론적 해석은 II, 23, 5; II, 27, 2-11; II, 28, 8, 9, 22에서 반박될 것이다. 이 논거는 교황의 수장권을 옹호하는 논거로 자주 등장한다.

9 「고린도 전서」 6:3.

10 「고린도 전서」 9:4.

물에 대한 권세, 그리고 그들에 대한 사법권이 주어졌음을 의도하는 듯하다.

§ 9. 계속해서 같은 내용이 「디모데 전서」 제5장에서 입증될 수 있다. 사도가 디모데에게 말했다. "두세 명의 증인이 있지 않은 한, 장로에 대한 고발을 받지 말라."[12] 그러므로 이에 따르면 주교는 장로, 부제, 나머지 신전의 일꾼에 대한 고발을 듣는 권한이 그에게 있으므로, 적어도 그들에 대한 사법권을 갖는 듯하다. 우리는 『구약성서』에 제시된 결론 및 그 반대에 대한 증거의 인용을 포기한다. 그 이유는 제2권 제9장에서 언급할 것이다.[13]

그러므로 성서의 언급된 권위적 구절을 비롯해 다른 유사한 구절 및 이 구절에 대한 해석에 의해서 어떤 사람에게는, 로마 주교에게 최고의 통치권이 귀속되는 듯 보인다.

§ 10. 이와 연결해 정치적으로 들리는 몇 가지 논거를 인용하는 것이 적절하다. 이것이 어떤 사람들에게는 아마도 환상을 자아내고 앞에서 언급한 결론에 대한 신앙심을 유발할 수 있다. 이 논거들 중 첫 번째는 다음과

---

11 「데살로니가 후서」 3:8-9.

12 「디모데 전서」 5:19.

13 마르실리우스는 II, 9, 9에서 모세의 사제와 그리스도교 사제 간의 차이를 법적으로 논한다. 그의 주장은 전자로부터 후자를 추론하는 것이 유효하지 않다는 것이다. 반대 입장의 예로서 Ptolemy da Lucca, *Determinatio compendiosa de iurisdictione imperii*, ed. M. Krammer, in: MGH, *Fontes iuris germanici antiqui*, Hanover-Leipzig: Hahn 1909, ch. 5, p. 12. "그러나 교황의 탁월함은 세속적 주권에 있어서도 여러 가지 상이한 근거로 입증될 수 있으니, 우선 교회가 그 행위와 일을 모방하는 『구약성서』로부터 입증될 수 있다. 왜냐하면 사도가 「로마서」 제15장에서 말한 것처럼 그곳에 기록된 모든 것은 우리의 배움을 위해 기록된 것이기 때문이다."

같다. 인간의 몸과 영혼처럼 몸의 지배자와 영혼의 지배자의 관계도 같다. 통치에 있어 몸은 영혼에 예속된다. 그러므로 몸의 통치자, 즉 세속적 판관은 영혼의 판관 내지 수장의 지배 아래 있어야 하고, 특히 모든 수장 중 첫 번째인 로마교황 아래 있어야 한다.[14]

§ 11. 또한 거의 같은 뿌리에서: 육신적인 것과 영적인 것의 관계는 육신의 지배자와 영적 지배자의 관계와 같다. 그런데 확실한 것은 육신적인 것은 열등하며 그 본질에 따라서 영적인 것에 예속된다는 것이다. 그러므로 육신적인 것의 지배자, 세속적 판관은 교회의, 영적인 것의 판관에게 예속된다.

§ 12. 또한 목적과 목적, 법과 법, 입법자와 입법자의 관계는, 이들[목적, 법, 입법자] 중 하나에 따라 결정하는 판관이나 통치자와 앞의 것이 아닌 것에 따라 결정하는 판관 내지 지배자의 관계와 같다. 그런데 교회의 판관, 장로나 주교가 지향하는 목적과 그가 그것에 따라서 심판하는 법, 그리고 그것의 입법자는 세상적 판관이 지향하고, 그것에 따라서 심판하는 목적과 법, 입법자보다 높고 완전하다.[15] 그러므로 교회의 판관, 주교나 사제, 특히 첫 번째 주교는 모든 세속적 판관보다 우월하다. 즉 교회 판관이 지향하는 목적은 영원한 생명이고, 그가 그것에 따라 심판하는 법은 신법이고, 그것의 직접적 입법자는 신이기 때문이다(신에게는 오류도 악의도 있을 수 없다). 그런데 세속적 판관이 지향하고자 하는 목적은 이 세속적 삶의 만족스러운 형태이고, 그가 따르는 법은 인간적이고, 그것의 직접적 입법

---

14 이런 유비적 논리는 교황파의 입장에서 전형적인 것이다. 예로서 Aegidius Romanus, *De ecclesiastica potestate* I, ch. 3-4 참조.

15 이런 논리의 예로서 Thomas Aquinas, *De regno (De regimine principum)* I, ch. 15. "중간적 목적에 대해 책임 있는 자들은 궁극적 목적에 대해 책임 있는 자들에게 예속되어야 하고, 그의 명령에 따라야 한다"(tr. R. W. Dyson, 2002, p. 39).

자는 인간 내지 인간들이니, 인간에게는 오류와 악의가 발생한다. 그러므로 후자는 앞에서 언급한 자보다 열등하고 무가치하니, 즉 세속적 판관, 최고의 판관조차도 교회의, 최고 사제보다 무가치하다.

§ 13. 또한 그의 행위가 다른 사람의 행위보다 절대적으로 존경할 만하다면, 그는 다른 자보다 절대적으로 존경할 만하다. 주교 내지 장로의 행동은, 인간에 의해 현재 삶에서 이루어질 수 있는 것 중 가장 존경할 만하다. 즉 그리스도의 축복받은 몸의 축성. 그러므로 또한 모든 사제는 비(非)사제보다 가치 있다. 보다 가치 있는 자가 덜 가치 있는 자 아래 있을 수 없고, 그 위에 있어야 하므로, 세속적 판관은 사법권에 있어서 사제 위에 있는 것이 아니라 그 아래 있어야 하고, 특히 그들 가운데 첫 번째 사제인 로마 주교 아래 있어야 하는 듯하다.

§ 14. 같은 것이 특별히 황제라 불리는 로마인의 수장에 대해 입증된다. 왜냐하면 그[=로마교황]는 세 번째 의미에서의 판단에서 로마인의 수장 위에 있으니, 그의 권한은 이 통치권을 제정하고 그것을 백성에서 백성에게로 자의대로 이양할 수 있는 것이기 때문이다.[16] 로마교황은 자신이 이런 권한을 가진 자라고 말한다. 왜냐하면 그는 교령집 제7권의 'De iure iurando'(맹세에 대하여)[17]의 기록처럼 이 통치권을 그리스인으로부터 독일인에게로 이양했기 때문이다.[18] 현재 로마 주교라 불리는 자는 바이에른의 루트비히 공작, 선출된 로마인의 왕에게 보낸 한 칙령에서 같은 것을 말한다.[19]

---

16 제국의 이양을 암시한다.

17 Gratianus, *Corpus juris canonici*, Clementines, II, tit. 9.

18 클레멘스 5세의 교령 'Romani principes'을 말한다.

19 1323년 10월 8일자 요한 22세의 'Monitorium', in: MGH, *Constitutiones* V,

§ 15. 계속해서 같은 주제에 대해: 그리스도의 대리인인 로마 주교와 사도의 후계자인 다른 주교들이 세속적 제후의 판결에 굴복한다는 것은 아주 부적합한 듯하다. 그리고 세속적 제후는 신법과 인간법을 위반해 잘못할 수 있으므로 제1권 제18장에서 진술한 것처럼 그는 바로잡아져야 한다. 또한 모든 세속적 제후 중 가장 높은 그는 더 높거나 그와 동등한 자가 없으므로— 왜냐하면 다수의 통치직은 제1권 제17장에서 거부되었으므로—그에 대한 강제적 사법권이 로마 주교에게 속하는 듯 보이고 그 반대는 결코 아닌 듯하다.[20]

그러므로 주교들 내지 장로들이 강제적 사법권을 가지며 그들 중 최고인 로마교황에게 이 세상 만물에 대한 최고의 통치권이 마땅히 귀속된다는 것이 성서의 권위적 구절뿐만 아니라 인간적이고 정치적인 어떤 논거에 의해 입증될 수 있는 듯이 보이며, 충분히 뒷받침된 것으로 보인다.[21]

---

nr. 792, pp. 616~17. 앞의 것과 함께 이 교령은 카롤루스 대제를 통해 제국을 그리스인으로부터 독일인에게로 이양했다는 주장을 반복한다. 이로써 제국의 사법권 수행이 교황에게 달려 있다는 것을 암시한다.

20 마르실리우스는 여기서 분명히 제국을 지시하고 있다.

21 마르실리우스는 II, 28, 29, 30에서 신정주의자들의 논거를 반박할 것이다.

제 4 장

정경과 그리스도의 명령 혹은 조언과 모범에 대하여,
그리고 복음적 법의 거룩하고 인정된 학식 있는 해설자들의
모범에 대하여. 이를 통해 로마 주교도 어떤 주교, 혹은
장로, 혹은 어떤 성직자도 성서의 말씀에 의해 강제적
통치권이나 송사에 있어 사법권을 가질 수 없고, 하물며
성직자나 평신도에 대해 자신에게 최고의 권한이 있다고
주장하거나 돌릴 수 없다는 것이 분명히 입증된다. 그리고
전권을 가진 자가 그들에게 그것을 제공하거나 수여하는
경우에 그리스도의 조언과 모범에 따라 그들은 신도들의
공동체에서 통치권을 거절해야 한다. 또한 모든 주교와
구별 없이 지금 성직자라 불리는 자들[1]은 특히 이 신실한
인간 입법자의 권위에 의해 지배하는 자의 강제적 판단이나
통치에 예속해야 한다[2]

§ 1. 앞 장에서 열거한 신정주의자들의 논거들에 대립해 우리는 문자적
의미 및 신비적 의미에 있어 (거룩한 교부들의 해석과 기독교 신앙의 다른 인정
받은 교사들의 해설에 따르면) 분명히 지시하거나 조언하는 성서의 진리를 인
용하고자 한다. 교황이라고 불리는 로마 주교와 다른 주교 혹은 장로 혹은

---

1 마르실리우스는 II, 8, 9에서 오직 군주의 사법권을 피하려는 목적을 가진 수많은 평
  신도를 성직자들에 포함시킨 교황청의 관례를 비판할 것이다.
2 이 장(章)부터 시작해 제8장까지 사제직은 어떤 강제적·사법적 판단을 결정해서는
  안 된다는 것과 자신의 관점에서 열쇠 권한의 한계와 의미, 본질을 정의해서는 안 된
  다는 것을 입증할 것이다.

부제도 사제나 비(非)사제, 통치자, 공동체, 단체나 개인에 대해 (그가 어떤 신분에 있든지 간에) 강제적 통치권이나 판단이나 사법권을 가질 수 없고 가져서도 안 된다. 여기서 우리는 강제적 판단을, 우리가 이 권의 제2장에서 의도한 판관이나 판단의 세 번째 의미에 따라서 말한 것으로 이해한다.

§ 2. 그러나 우리는 이 의도를 보다 분명히 설명하기 위해 다음 사실을 감추어서는 안 된다. 이 연구에서 문제는, 참된 신이며 참된 인간이었던 그리스도가 이 세상에서 어떤 권세와 권위를 가졌는가도, 또한 그가 복된 베드로와 다른 사도들과 그들의 후계자, 주교나 장로에게 어떤 권세, 얼마나 많은 권세를 부여할 수 있었는가도 아니다. 왜냐하면 그리스도의 신도들은 이 문제에 대해 의심하지 않기 때문이다. 도리어 우리는 그리스도가 이 세상에서 그들에게 어떤 권세와 권위를 행사하도록 수여하고자 했고 실제로 수여했는지, 그리고 그가 조언이나 명령에 의해 그들을 그것에서 배제했고 금지했는지 연구하고자 하고 연구해야 한다. 왜냐하면 우리는 그런 권세와 권위가 그들에게 수여됐다는 것을 성서의 말씀을 통해 입증할 수 있다면 그들이 그러한 권세와 권위를 그리스도로부터 받았다고 믿을 의무가 있기 때문이다. 모든 그리스도의 신실한 자들에게 확실한 것은 참된 신이자 참된 인간이었던 그리스도는 사도뿐만 아니라 이 세상에서 지상의 모든 통치자 혹은 정부와 다른 모든 개인에 대한 강제적 사법권과 권세를 줄 수 있었다. 그리고 아마도 이보다 큰 권세, 예를 들어 존재를 창조하고, 하늘과 땅과 그 안에 있는 사물을 파괴하고 복구하고 심지어 천사에게 단순히 명령할 수 있는 권세를 줄 수도 있었다. 그럼에도 불구하고 그리스도는 그들에게 권세를 주지도 않았고 주기로 결정하지도 않았다. 그러므로 아우구스티누스는 「마태복음」에서 주님의 말씀에 대한 열 번째 설교에서 말한다. "너희는 나로부터 세상을 조성하는 것, 모든 가시적·불가시적인 것을 창조하는 것, 이 세상에서 기적을 행하고 죽은 자를 살리는 것을 배우지 말라. 오히려 나는 온순하고 마음이 겸손하기 때문이다."[3]

§ 3. 그러므로 현재의 의도에 따라 다음을 지시하는 것으로 충분하고, 나는 먼저 지시할 것이다. 그리스도 자신은 인간을 다스리거나 그들을 세 번째 의미의 판단에 따라 판단하거나 일시적으로 통치하기 위해서가 아니라 오히려 현재 세계의 상태에 따라 굴복하기 위해 세상에 왔다. 그는 계획에 따라 자기 자신과 그의 사도와 제자들을 이런 사법이나 통치에서 배제하고자 했고 배제했으며, 따라서 그의 모범을 통해, 그리고 말을 통한 조언이나 명령으로써 그들의 후계자인 주교나 장로들을 이런 모든 통치나 세상적, 즉 강제적 지배에서 배제했다. 나는 다음 사실을 지시할 것이다. 그리스도의 참된 모방자로서 탁월한 사도들도 같은 것을 행했고 그들의 후계자들에게 행하도록 가르쳤다. 또한 그리스도와 사도들 자신은 끊임없이 물적으로나 인적으로나 세상 제후들의 강제적 사법에 굴복하고자 했고 굴복했다. 그리고 그들이 진리의 법을 설교했고 그들의 글을 통해 훈계했던 모든 다른 자들에게도, 영원한 저주의 형벌 아래, 같은 일을 행하도록 가르쳤고 명령했다. 그러나 그다음으로 나는, 그리스도를 통해 사도들과 그들의 직무상 후계자인 주교 내지 장로들에게 이양된 열쇠의 권세 내지 권위에 대해 한 장을 쓸 것이다. 이것은 로마 주교뿐만 아니라 다른 주교들의 권세가 어떠한 것인지, 얼마나 큰 것인지를 분명히 하기 위함이다. 왜냐하면 오늘까지 이에 관한 무지가 존재하고, 이 권의 제1장에서 어느 정도 다룬 것처럼, 이것이 그리스도 신도들 사이에 현재 많은 문제와 해로운 분쟁의 근원이기 때문이다.

§ 4. 그러므로 우리는 문제를 추적함으로써 그리스도는 계획이나 의도, 말과 행실에 따라 자신과 사도들을 통치의 직무나 다툼의 여지가 있는 사법의 직무에서, 이 세상에서의 모든 통치나 강제적 판단의 직무에서 배제

---

3 Augustinus, *Sermones de Scripturis* 69 on Matthew. 11. 28-29, in: MPL, 38, p. 441.

하고자 했고 배제했다는 것을 지시하고자 한다. 이것은 의심할 여지없이 먼저 「요한복음」 제18장에서 분명해진다.[4] 즉 그리스도가 로마 황제의 유대 대리인 폰티우스 필라투스에게 자신을 유대인의 왕이라 칭했다는 혐의로 고발되었을 때, 필라투스가 정말 이렇게 말했는지 혹은 자신을 왕이라 칭했는지 필라투스가 심문하자 그는 필라투스의 질문에 다른 말 가운데서 다음과 같이 답했다. "내 나라는 이 세상에 속하지 않는다." 즉 세상 왕들이 지배하는 것처럼 세속적 통치나 주권으로 군림하기 위해서 오지 않았다. 그리스도는 다음과 같이 말함으로써 명백한 표시를 통해 증거를 덧붙인다. "내 나라가 이 세상에 속한다면 내가 유대인에게 넘겨지지 않도록 내 일꾼들이 싸울 것이다." 그리스도는 거의 이렇게 입증한다. 내가 세상적 혹은 강제적 정권으로써 지배하기 위해 이 세상에 왔다면, 다른 왕들이 가진 것처럼, 나는 이 정권의 일꾼들, 곧 병사들과 범법자들을 강제할 자들을 가질 것이다. 그러나 네가 분명히 알다시피, 나에게는 그런 일꾼이 없다. 그러므로 이 구절의 행간 방주는 말한다.[5] "아무도 그를 변호하지 않는 것이 분명하다." 이것은 그리스도가 또다시 요약하여 말한 것이다. "이제 그

---

4 「요한복음」 18:36.

5 불가타 라틴어 성서의 행간 방주는 다음을 참조하라. *Biblia Latina cum glossa ordinaria*, Facsimile reprint of the Editio princeps by A. Rusch of Strasbourg 1480/1481, 4 vols., Turnhout 1992. 한편 요한 22세는 교령 'Quia vir reprobus' (Etiènne Baluze, *Miscellanea* III, 1678~1715, p. 336)에서 "내 나라는 이 세상에 속하지 않는다"를 전혀 다르게 해석한다. "필라투스가 결론적으로 '그러므로 네가 왕인가'라고 묻자 예수는 대답했다. '내 나라는 이곳에 속하지(hinc) 않는다', 즉 여기에(hic) 있지 않다고 말한 것이 아니라 여기에 속하지 않는다고 말했다. 이것은 내가 나라를 이 세상으로부터가 아니라 (그는 그런 나라를 갖지 않은 것처럼) 신으로부터 가진 것이라고 말한 것과 같다. 이것은 천사가 예수의 부모에게 예언한 것과 같다(「누가복음」 1:33). 그는 나라를 이 세상으로부터 가진 것이 아니라 신으로부터 가졌다. 신이 예수를 만든 것은 그리스도를 왕으로 만들기 위함이다." 요한 22세에게는, 그리스도가 그의 나라는 이 세상에 속하지 않는다고 주장한 사실은, 그가 그 나라를 어떤 세상적 방식으로 가진 것이 아니라 오직 신만이 그에게 그 나라를 주었음을 의미한다. 이것은 그리스도가 왕 중의 왕, 주 중의 주라는 반박할 수 없는 증거이다.

러나 내 나라는 여기에 속한 것이 아니니, 그 나라에 대해 가르치기 위해서 내가 왔다."[6]

§ 5. 이 복음적 진리를 해석하면서 성인과 교사들, 그리고 먼저 복된 아우구스티누스는 이 말에 대해 이렇게 말한다.[7] "그가 필라투스의 질문에 대해 이렇게 대답했다면, 그는 유대인에게가 아니라 그에 대해 이렇게 생각한 비유대인들에게만 대답한 것처럼 보인다. 그러나 그가 필라투스에게 답변한 것에 따르면, 유대인과 비유대인들에게 보다 적합하게, 보다 적절하게 대답했으니, 마치 이렇게 말한 듯하다. '들어라, 유대인과 비유대인들아, 나는 이 세상에서 너희들의 통치를 방해하지 않는다. 너희는 그 이상 무엇을 원하는가? 와서, 이 세상에 속하지 않는 나라를 믿어라.' 그의 나라는 그를 믿는 자들과 무엇이 다른가?" 보라, 그는 이 나라에 대해 가르치고 정리하기 위해서 왔으니, 그것으로 영원한 나라에 도달하는 행동, 즉 믿음과 다른 신학적 미덕의 행위에 대해 가르치기 위해서 왔다. 그러나 아래에서 분명해지듯이 그는 누구에게도 이것을 강제하기 위해 오지 않았다. 왜냐하면 제1권 제17장에서 지시한 것처럼[8] 동일한 백성에 대해 두 개의 강제적인, 그리고 서로 예속되지 않은 주권은 상호 방해하기 때문이다.[9] 그러나

---

6 요한 22세는 교령 'Quia vir reprobus'에서 「요한복음」 제18장 제36절을 전혀 다르게 해석한다. 그리스도가 자신의 나라는 이 세상에 속하지 않는다고 주장한 사실은 세상적 방식으로 그 나라를 가진다는 것이 아니라 오직 신만이 그에게 그 나라를 수여했으며, 이것은 그리스도가 왕 중의 왕이고 주 중의 주라는 반박할 수 없는 증거임을 뜻한다. Quillet, p. 199, 각주 9 참조.

7 Thomas Aquinas, *Catena aurea*, vol. 12, p. 442에서의 「요한복음」 18:36에 대한 주해 참조.

8 마르실리우스는 이곳에서 영적 권세 및 그것의 자율 개념에 대해 논리적으로 반박했다. 만일 그것의 존재를 인정할 경우에 영적 권세는 세속적 권세를 무시할 것이다. 두 개의 권세는 분쟁의 위험 없이는 한 공동체 안에서 자신을 행사할 수 없다. 마르실리우스는 그리스도의 가르침이 이 세상의 모든 영적·강제적 지배에 대립한다는 것을 지적할 것이다. 이런 신학적 성격의 논거는 앞의 논거를 보완해 준다.

아우구스티누스의 말처럼 그리스도는 이런 주권들의 통치를 방해하기 위해 온 것이 아니었다. 그러므로 「요한복음」의 같은 구절[10] "네 백성과 네 대사제가 나에게 너를 넘겼다. 너는 뭘 했는가?"에 대해 아우구스티누스는 말한다.[11] "필라투스는 '네가 왕임을 부인한다면, 너는 나에게 넘겨지기 위해 무엇을 했는가?'라고 말한 것처럼 그리스도가 범죄 때문에 고발당했다는 것을 분명히 지시한다. 자신을 왕이라고 말한 그가 심판자에게 형벌을 위해 넘겨진다면, 그것이 놀라운 일이 아닌 것처럼 말이다." 그러므로 아우구스티누스에 따르면, 그리스도가 자신을 세상의 왕이라고 말했기 때문에, 특히 그가 신이라는 것을 모르는 사람들 앞에서 처벌받아야 했다면, 그것은 놀라운 일이 아니라는 것과 그가 자신은 왕이 아니고 더구나 법 위반자에 대한 강제적 권세를 가진 왕국이나 정권의 왕이 아니라고 선언했다는 것에 주목하라. 또한 「요한복음」의 같은 구절[12] "너는 너 스스로 이렇게 말하는가, 아니면 다른 사람들이 너에게 그렇게 말했는가?라고 그리스도가 필라투스에게 말했다"에 대해 테오필락투스는 말한다.[13] "그리스도는 필라투스에게, 네가 너 스스로 이렇게 말한 것이라면, 내 반란에 대한 증거를 제시하라. 그러나 그것을 다른 사람으로부터 들었다면, 정상적인 조사를 행하라고 말하는 듯하다." 그러나 테오필락투스가 말한 것을 그리스도는 말하지 않았어야 한다. 즉 필라투스는 그에 대해 정상적인 조사를

---

9   이것은 영적 권세 및 그것의 자율성에 대항하는 마르실리우스의 합리적 논거 중 하나이다. 만일 그것의 존재를 인정할 경우에 세속 권세를 방해할 것이며, 두 강제적 권세는 중대한 갈등의 위험 없이 같은 공동체 안에서 실행될 수 없다. 마르실리우스는 그리스도의 가르침이 이 세상에서의 모든 강제적·영적 지배에 상반된다는 것을 입증할 것이다.

10 「요한복음」18:35.

11 Thomas Aquinas, *Catena aurea*, vol. 12, p. 442에서의 해당 구절에 대한 주해 참조.

12 「요한복음」18:34.

13 Thomas Aquinas, *Catena aurea*, vol. 12, p. 442에서의 해당 구절에 대한 주해 참조.

행해야 한다는 것. 오히려 그리스도는, 이 조사는 자신과는 무관하다고 말했어야 한다. 왜냐하면 논적들의 견해에 따르면, 그는 강제적 사법 내지 재판에서 당연히 필라투스에게 예속되지 않았고 혹은 예속되려 하지 않았기 때문이다.[14]

또한 "내 나라는 이 세상에 속하지 않는다"라는 말에 대해 요하네스 크리소스토무스(Johannes Chrysostomus)는 말한다.[15] "그는 세상으로부터 섭리와 편애를 빼앗는 것이 아니라 그의 나라는 인간적이거나 사멸적이지 않다는 것을 지시한다." 누구나를 강제하는 이 세상의 모든 나라는 인간적이고 사멸적이다. 또한 「요한복음」 같은 구절의 저,[16] "너는, 내가 왕이라고 말했다"에 대해 아우구스티누스는 말한다.[17] "자신을 왕이라 인정하는 것이 두려웠기 때문이 아니고, 그는 신중하게 저울질하여 자신이 왕이라는 것을 부인하지도 않고, 사람들이 믿듯이 이 세상에 속한 그런 나라의 왕이라고 고백하지도 않았다." 왜냐하면 "네가 말했다"라고 말함으로써 '너는 육적 인간으로서 육적으로 말했다'라고 말하는 듯하기 때문이다. 곧 이 말 '세속적'의 세 번째 의미에 따라 세속적 행위, 다툼의 행위, 육적 행위에 대한 통치, 육적 통치에 대해 말하는 듯하다. 사도는 「고린도 전서」 제3장에서 이런 인간을 육적이라고 불렀다.[18]

---

14 마르실리우스는 논적을 모순의 오류에 빠지게 만든다. 그들의 견해가 옳다면, 그리스도는 정상적 조사에 굴복하는 것에 동의하지 말아야 할 것이다. 왜냐하면 그들에 따르면 그리스도는 세속적 의미에서도 왕이기 때문이다.

15 Thomas Aquinas, *Catena aurea*, vol. 12, p. 442에서의 해당 구절에 대한 주해 참조. 크리소스토무스는 콘스탄티노폴리스의 주교를 지낸 요하네스 크리소스토무스(347~407)를 말한다. 그는 명설교자로서 '황금의 입'(크리소스토무스)이라는 별명을 가졌다.

16 「요한복음」 18:37.

17 Thomas Aquinas, *Catena aurea*, vol. 12, p. 442에서의 해당 구절에 대한 주해 참조.

18 「고린도 전서」 3:1-3.

§6. 그러므로 앞에서 언급한 것으로부터 그리스도는 육적 혹은 세속적 정부나 강제적 심판에 대해 처리하기 위해서가 아니라 영적 혹은 천상적 나라에 대해 처리하기 위해 왔다는 것이 분명하다. 왜냐하면 그는 오직 이 나라에 대해 말했고, 복음서 구절에서 분명히 드러난 것처럼 거의 언제나 그 문자적 의미뿐만 아니라 신비적 의미에서 설교했기 때문이다. 그러므로 우리는 그가 하늘나라는 마치 …… 같다 등을 말한 것을 종종 읽는다. 그러나 우리는 그가 세상적 나라에 대해 거의 말하지 않았거나 그것을 멸시하라고 가르친 것을 안다. 그는 하늘나라에서 행위자의 공로나 책임에 따라 보상이나 형벌을 줄 것을 약속했으나, 이 세상에서는 자신이 그런 것을 행할 것을 약속하지 않았다. 그는 도리어 이 세상의 통치자에 대항해 행동한다. 왜냐하면 대부분 그는 이 세상에서 정의로운 자와 선을 행하는 자를 괴롭히거나 고통당하는 것을 허락하고, 이로써 그들이 자기 나라에서 보상을 받도록 인도하기 때문이다. 「유디트서」 제8장에서 말한 것처럼[19] 신의 마음에 든 모든 사람은 많은 환란을 통과했다. 그러나 이 세상의 통치자들 혹은 세상 나라의 판관들은 정의를 지키기 위해 반대로 행동하고, 그렇게 행동해야 한다. 왜냐하면 그들이 정의롭게 행동한다면, 이 세상에서 법을 준수하는 자들에게 보상을, 악을 행하는 자들에게 형벌을 내리기 때문이다. 그들이 반대를 행한다면, 그들은 인간법과 신법을 위해 잘못을 범하는 것이다.

§7. 또한 그리스도가 행위나 모범으로 보여 준 것을 통해서 주요 주제에 대해서, 즉 「요한복음」 제6장에서 "그들이 와서 그를 납치하여 왕으로 삼으려 한다는 것을 예수가 알았을 때, 또다시 산으로 혼자 피했다". 이 구절에 대해 행간 방주는 말한다. "그는 이 산에서 내려와 무리를 먹이고, 세

---

19 「유디트서」 8:20. 「유디트서」는 『구약성서』 외경에 속한다.

상의 행복을 피하고 그것에 대항해 기도하라고 가르쳤다." 그러므로 확실한 것은 그리스도는 세상적 통치를 피했다는 것이다. 그것이 아니라면 그가 모범을 통해 우리에게 가르친 것은 아무것도 없다. 복된 아우구스티누스의 해설이 이 견해를 뒷받침한다.[20] 그는 말한다. "신실한 그리스도인들이 때로는 보살펴지고 때로는 그리스도의 피를 통해 속량받는 그의 나라이다. 그가 행하는 심판 후에 그의 성도들의 영광이 드러날 때, 그의 나라가 나타날 것이다. 그러나 그의 제자들과 그를 믿는 무리는, 그가 지금 통치하기 위해 왔다고 믿었다." 거룩한 교부들은, 이 세상에서의 그리스도의 나라를 결코 세속적 지배나 다툼이 있는 행위에 대한 심판, 이 세상에서 법 위반자에 대한 강제적 힘을 통한 집행으로 이해하지 않았다는 것에 주목하라. 도리어 그들은 이 세상의 그의 나라를 신앙에 대한 교훈, 믿음에 따라 하늘나라에 이르도록 인도함으로 이해했다. 아우구스티누스는 이 나라는 그의 심판 후에 다른 세상에서 나타날 것이라고 말한다. 또한 그는, 무리가 상상했듯이, 그가 당시 통치할 것이라고 믿는 것은 그를 납치하는 것, 즉 그를 억지로 끌고 가서 그에 대해 부적절하게 생각하는[21] 것이라고 말한다. 또한 크리소스토무스는 말한다. "그리고 그, 즉 그리스도는 그들에게 이미 예언자였으니, 그들은 식도(食道)의 만족을 위해 그를 왕으로서 왕좌에 앉히려 했다. 그들이 그들을 먹였기 때문이다. 그러나 그리스도는 피함으로써, 우리에게 세상적 가치를 멸시하라고 가르쳤다."[22]

§ 8. 또한 같은 것이 「누가복음」 제12장에 기록된 그리스도의 말씀과 모범을 통해 아주 분명하게 입증된다. "그러나 무리 가운데 한 사람이 그에게 말했다. 선생님, 나와 함께 유산을 나누도록 내 형제에게 말해 주십시

---

20 Thomas Aquinas, *Catena aurea*, vol. 12, p. 330에서의 해당 구절에 대한 주해 참조.

21 indebite trahere ac de ipso extimare: 이 부분에 대한 키예의 번역 참조.

22 Thomas Aquinas, *Catena aurea*, vol. 12, p. 330에서의 해당 구절에 대한 주해 참조.

오. 그러자 그, 그리스도는 그에게 말했다. 인간아, 누가 나를 너희들의 판관이나 분배인으로 세웠는가?"[23] 이로써 그는 다음을 말하는 듯하다. 내가 이 직무를 수행하기 위해서 온 것이 아니고, 또한 판단을 통해 시민적 분쟁을 조정하기 위해 보내진 것이 아니다. 왜냐하면 이것은 의심할 여지없이 세상 통치자와 판관의 고유한 과제이기 때문이다. 진실로 복음서 구절이 우리 명제를 분명히 내포하고 거룩한 교부들의 주해보다 많은 것을 입증할지라도, (왜냐하면 이들은 이른바 문자적 의미를 자명한 것처럼 전제하면서 어디서나 차라리 알레고리적 내지 신비적 의미에 관심을 돌리기 때문에[24]) 우리는 지금 우리 명제를 보다 확증하기 위해, 또 우리가 성서를 경솔하게 해석한다는 말을 듣지 않기 위해 그들의 주해를 인용할 것이다.[25] 그러므로 복된 암브로시우스는 이 그리스도의 말씀을 해설하면서 말한다.[26] "그러므로 신적인 일을 위해 내려온 그는 지상적인 것을 올바르게도 거부했다. 그리고 산 자와 죽은 자에 대해 심판하고 그들의 공로를 판정하는 자는 분쟁의 판정관, 재물에 대한 조정관이 되는 것이 합당치 않다고 간주했다." 그는 조금 후에 덧붙인다. "그러므로 천상적인 것의 관리자를 썩을 것에 종사하게 만들기를 바란 이 형제를 거절한 것은 부당하지 않다." 암브로시우스가 이 세상에서 그리스도의 직무에 대해 생각한 것에 주목하라. 즉 그는 말한다. 신적인 일, 즉 영적인 것을 가르치고 관리하기 위해서 내려온 자가 지상적인 것, 즉 분쟁에 대한 판정을 내리는 것을 거부한 것은 옳다. 여기에

---

23 「누가복음」 12:13-14.

24 중세 당시에 성서 해석에 있어 성서 본문이 문자적 의미, 도덕적 의미, 신비적 내지 알레고리적 의미, 종말론적 의미 등 사중적 의미를 담고 있다고 보고 이를 해석하고자 하였다.

25 교부 전통의 존중은 마르실리우스에게서 매우 이례적이다. 그의 일반적 명제는 성서를 문자적으로 받아들여야 한다는 것이다. 이것이 그의 유일한 해석 방법이다. II, 16, 6; II, 28, 1 참조.

26 Thomas Aquinas, *Catena aurea*, vol. 12, p. 145에서의 해당 구절에 대한 주해 참조.

서 그는 자신의 직무 및 그의 후계자의 직무를 천상적인 혹은 영적인 것을 관리하는 것으로 표시했다. 그는 「고린도 전서」 제9장에서 영적인 것에 대해 같은 것을 말했고,[27] 우리는 이것을 앞에서 이 권의 제2장에서 영적인 것의 세 번째 의미로 인용했다.[28]

§ 9. 이제 논리적으로 그리스도 자신은 이 세상에 대한 통치 혹은 이 세상에서의 강제적 판정을 거부했으며, 이것을 위해 그의 사도들과 제자들 및 그들의 후계자들에게 행동의 모범을 보였을 뿐만 아니라 그의 말과 모범을 통해 모든 사람이 —사제뿐 아니라 비(非)사제도— 물적으로나 인적으로나 이 세상의 통치자들의 강제적 판정에 굴복해야 한다는 것을 가르쳤고 보였다는 것을 입증하는 것이 남아 있다. 그러므로 그리스도는 그의 말과 모범을 통해 우선 재물에 있어서[29] 「마태복음」 제22장의 기록을 통해 이것을 지시했다.[30] 유대인들이 그에게 "당신이 생각하는 것을 우리에게 말하라. 카이사르에게 인두세를 내는 것이 허용되는가 아닌가?"라고 물었을 때, 그리스도는 데나리우스와 그 위에 새겨진 이름[=명(銘)]을 살피고 답변했다. "그러므로 카이사르의 것은 카이사르에게, 신의 것은 신에게 돌리라." 이 구절에 대한 행간 방주는 이렇다. "이것은 세금과 돈이다." 그런데 암브로시우스는 "이것이 누구의 형상이고 명(銘)인가?"라는 구절에 대해 이렇게 말한다.[31] "카이사르가 그의 형상의 각인을 요구한 것처럼 신은

---

27 「고린도 전서」 9:11.

28 II, 2, 4.

29 이것은 마르실리우스가 성직자에 대해 면세 특권을 부정하기 위해 사용한 논거 중 하나이다. 다른 논거에 대해서는 II, 8, 9; II, 23, 8 참조. 그리스도가 세금 납부를 인정한 것은 추문을 피하기 위함이다. 마르실리우스의 견해는, 그리스도는 분명히 베드로가 세금 납부에 복종하고, 따라서 그의 후계자들도 그러하기를 바랐다는 것이다.

30 「마태복음」 22:17-21과 행간 방주.

그의 얼굴빛에 의해 각인된 영혼을 요구한다."[32] 그러므로 그리스도가 무엇을 요구하기 위해 세상에 왔는지에 주목하라. 크리소스토무스는 말한다.[33] "네가 카이사르의 것을 카이사르에게 돌리라는 말을 들으면, 그는 경건에 아무런 해가 되지 않는 것만을 말한다는 것을 알라. 왜냐하면 그것이 그런 것이라면, 그것은 카이사르의 것이 아니고 악마의 세금이기 때문이다." 그것이 경건, 즉 신에 대한 경배나 명령에 위배되지 않는 한 우리는 모든 일에서 카이사르에게 복종해야 한다는 것에 주목하라. 그러므로 재물에 관한 한 그리스도는 세상 지배자에게 굴복하고자 했다. 이것은 또한 분명히 복된 암브로시우스의 견해였다. 즉 그는 그리스도의 이 발언에 근거해 『백성에게』라는 표제의 발렌티니아누스 반박 서신에서 말했다.[34] "우리는 카이사르의 것을 카이사르에게, 신의 것을 신에게 갚는다. 세금은 카이사르의 것이며, 거부되어서는 안 된다."[35]

---

31 「마태복음」 22:20에 대한 *Glossa ordinaria*; Thomas Aquinas, *Catena aurea*, vol. 11, p. 410에서의 「마가복음」 12:17에 대한 히에로니무스의 주해 참조. 암브로시우스는 언급되지 않았다.

32 「시편」 4:7의 불가타 라틴어 성서에 의하면, "당신의 얼굴의 광채가 우리에게 새겨져 있나이다. 오, 주여!(어떻게 인간이 신의 형상으로 만들어졌는지를 설명하기 위해서 종종 사용된다). 마르실리우스가 암브로시우스의 것으로 간주한 인용문의 원문은 아우구스티누스의 『시편상해』(詩篇詳解, *Enarrationes in Psalmos*)에서 유래한다. 정확한 인용문은 「마태복음」 22:20에 대한 『표준 주석』(*Glossa ordinaria*)에서 발견할 수 있다. Zacharias Chrysopolitanus, *De concordia evangelicarum*, in: MPL, 186, c. 398A-B는 같은 인용문을 암브로시우스의 것으로 본다.

33 Thomas Aquinas, *Catena aurea*, vol. 11, p. 253에서의 해당 구절에 대한 주해 참조..

34 Ambrosius, *Sermo contra Auxentium de basilicis tradendis. Epistoli* 75a, CL. 160 3(M), *Cetedoc*, CSEL, 83, ed. M. Zelzer, Wien: Hölder, Pichler, Tempsky 1982, pp. 82~107; MPL, 16, c. 1018B.

35 이것은 간접적으로 세금 납부 의무가 신법에 위배되지 않음을 지시한다. 만일 신법이 재물에 있어 세속 군주에게 복종하는 것을 금지한다면, 그 대답은 달라질 것이다. 마르실리우스는 두 법 사이에 모순이 생길 경우 신법에 복종하는 것을 선택한다.

§ 10. 같은 것이 또한 「마태복음」 제17장에서도 입증될 수 있으니, 이렇게 기록되어 있다. "두 드라크마[36]를 받는 자들이 베드로에게 접근하여 말했다. 너희들의 선생은 두 드라크마를 내지 않는가?" 그러고 나서 몇 마디 말 뒤에 그리스도가 베드로에게 말한 것이 추가된다. "우리가 그들을 걸려 넘어지게 하면 안 되겠으니 가서 바다에 낚시를 던져 맨 먼저 올라오는 고기를 잡아 입을 열어 보면 은화를 발견할 것이다. 그것을 취하여 나와 너를 위해 내라." 주님은 다만 "그들에게 내라"고 말한 것이 아니라 "그들에게 나와 너를 위해 내라"고 말했다. 여기에 대해 히에로니무스는 말한다.[37] "우리 주는 육신적으로 다윗 지파에서 출생한 왕의 아들이었고, 혹은 영적으로 전능한 아버지의 말씀이었다. 그러므로 그는 왕들의 아들처럼 세금을 낼 필요가 없었다." 그리고 아래서 덧붙인다. "그러므로 그가 자유로웠음에도 불구하고 모든 정의를 이행해야 했으니, 육신의 비천함을 받아들였기 때문이다." 오리게네스(Origenes, 185?~254?)는 그리스도의 저 말 "우리가 그들을 걸려 넘어지게 하면 안 되겠으니"에 대해 명제 및 복음 기자의 견해에 보다 부합하여 말한다.[38] "그리스도의 말에서 이해하는 것이 논리적이다. 즉 불의하게 우리 지상적인 것을 빼앗는[39] 사람들이 일어날 때마다 이 땅의 왕들은 자신들의 몫을 우리에게 요구하기 위해 사람들을 파송한다. 그리고 주님은 자신의 모범을 통해 그런 사람들도 걸려 넘어지지 않도록 방지한다. 이것은 그들이 더 이상 죄를 짓지 않기 위함이거나 그들이

---

36 didragma: 그리스어로는 'δίδραχμα'이다. 마르틴 루터(Martin Luther)는 이것을 'Tempelgroschen'(성전세)로 번역했으며, 우리말 성서도 이를 따랐다. 예루살렘 성전 보수 등의 목적을 위해 2드라크마를 징수한 때문이다.

37 Thomas Aquinas, *Catena aurea*, vol. 11, p. 209에서의 해당 구절에 대한 주해 참조.

38 Thomas Aquinas, *Catena aurea*, vol. 11, p. 209에서의 해당 구절에 대한 주해 참조. 오리게네스는 고대 교부이자, 순교자로, 알렉산드리아에서 주로 활동했고 수많은 성서 주해와 설교집을 집필했다.

39 왕의 세금 징수인들은 납세 의무가 없는 자들에게서도 세금을 징수한다. 그러므로 불법적이다. 그럼에도 불구하고 그리스도는 기꺼이 납부하고자 했다.

구원받기 위함이다. 즉 종의 일[40]을 행하지 않은 신의 아들은 인간 때문에 취한 종의 형상을 지닌 것처럼 세금과 인두세를 납부했다."

그러므로 복음서의 말씀에 의해 어떻게 주교들과 장로들이 그것에서 면제될 수 있는가? 그들은 일반적으로 통치자들의 자비로운 용인이 없다면 그들의 사법적 판단에서 면제되어 있지 않다. 왜냐하면 그리스도와 베드로는 다른 자들에게 이런 모범을 보이면서 세금을 납부했기 때문이다. 그리스도가 육신적으로 왕의 가문 출신으로서 어쩌면 이렇게 할 의무가 없었을지라도, 베드로는 왕의 가문 출신이 아닌 자로서 이런 면제의 근거를 갖지 못했고 또한 그걸 가지려고도 하지 않았다. 그러나 그리스도가 자신의 미래의 후계자들이 사제직 직무에서 세금을 내고 그들의 세속적 재물을 세상 통치자들에게 예속시키는 것을 부당하다고 생각했다면 나쁜 모범을 보임 없이, 즉 사제직을 세상 통치자들의 사법권에 예속시킴 없이 저 두 드라크마 징수인들을 달리 정리하거나 처리했을 수도 있었다. 예를 들어 그런 것을 요구하는 그들의 의도를 좌절시킴으로써 혹은 다른 적절한 방식으로 처리할 수 있었다. 그러나 그는 이렇게 행동하는 것을 적절하다고 여기지 않고 오히려 세금을 내려고 했으니, 사도들 가운데 특히 베드로를 이 일에서 자신을 따르게 하였다. 그런데 베드로는, 제2권 제16장에서 말하게 될 것에 따르면, 교회의 탁월한 교사요 목자가 될 것이었으니, 다른 자들이 이 모범을 따라 행하기를 거부하지 못하게 하려는 것이다.

§ 11. 복된 암브로시우스는 「마태복음」 제17장에서 인용된 이 성서 구절을 우리가 앞에서 말한 것처럼 『바실리카를 양도함에 대하여』라는 표제의 서신에서 이렇게 이해하여 말한다.[41] "그, 즉 황제가 세금을 요구하면

---

40 자유인에 합당하지 않은.

41 Ambrosius, *Sermo contra Auxentium de basilicis tradendis*, c. 33ff., in: MPL, 16, c. 1060-61.

거부할 수 없다. 교회의 토지는 세금을 낸다." 그리고 몇 행 뒤에서 그는 명제에 대해 보다 분명하게 말한다. "우리는 카이사르에게 카이사르의 것을 내고, 신의 것을 신에게 낸다. 카이사르의 것은 거부할 수 없다." 복된 베르나르두스는 상스(Sens)의 대주교에게 보낸 서신에서 앞에서 다시 인용한 성서 구절의 의미를 (우리는 그런 의미라고 말했다) 보다 분명히 진술하면서 말한다.[42] "저들, 즉 상관에게 반항하라고 신하들을 사주하는 자들은 이렇게 한다. 반면에 그리스도는 다르게 명령했고 행동했다. 그는 카이사르의 것을 카이사르에게 주고, 신의 것을 신에게 주라고 말한다. 그가 입으로 말한 것은 곧 행위를 통해 현실이 되었다. 카이사르를 세운 자가 카이사르에게 세금을 납부하기를 주저하지 않았다. 즉 그는, 너희들도 그렇게 행하도록 모범을 보였다. 그런데 세속적 권세에 마땅한 존경을 표하게 만들었던 그가 언제 신의 사제들에게 그 존경을 거부했던가?"

베르나르두스가, 그리스도는 세속적 권세에 인두세를 납부케 하면서 스스로 그들에게 마땅한 존경을 보였다는 것, 그러므로 강요된 존경을 보이지 않았다는 것을 우리는 주목해야 한다. 왜냐하면 우리가 다음 장에서 사도의 「로마서」 제13장에서, 그리고 이 구절에 대한 거룩한 교부들과 교회 교사들의 주해에서 인용하게 될 것처럼 모든 사람은 군주들에게 인두세와 세금을 내야 하기 때문이다. 그럼에도 불구하고 아마도 모든 사람이 어디서나, 감독자나 징수인이 때로 사도들처럼 일부 단순한 주민들이나 토착민에게, 덜 마땅하게 요구하고 징수했을지라도, 주민이 낼 필요가 없는 통행세[43]처럼 모든 세금을 내야 하는 것은 아니다. 그렇기 때문에 나는, 내 견해에 의하면 이 구절에서 복음 기자의 의도를 히에로니무스보다 잘 이

---

42 Bernardus, *De moribus et officio episcoporum* (=*Epistola*, 42), c. 8, 30, in: MPL, 182, p. 829C. 베르나르두스는 시토회 수도사로, 클레르보 수도원을 세웠다. 교황의 본질과 의무에 관한 광범위한 그의 논설인 『고려에 대하여』(*De Consideratione*)는 교황 권력에 대한 14세기 논쟁에서 논쟁 참여 양측에게 중요한 권위가 되었다.

43 pedagium: 도보로 혹은 말을 타고 길을 통과할 때 납부하는 세금을 말한다.

해한 오리게네스와 일치되게, 주민이나 토착민이 아니라 이방인이 통행세를 내는 관습이 있었던 것으로 보이며 아마도 왕국들, 특히 유대에서 일반적으로 정해져 있었다고 말한다. 그러므로 그리스도는 베드로에게 말했다. "땅의 왕들은 누구에게서 세금을 받는가?"[44] 등. 여기서 그는 저 세금으로 두 드라크마 징수인이 거둔 저 통행세를 표시했다. 왜냐하면 세금이 모든 세금에 대한 일반적 표현인 한에서, 그리스도는 땅의 아들들, 즉 토착민들이 세금을 내야 한다는 것을 부정하지 않았기 때문이다. 오히려 그는 아무도 예외로 하지 않고, 후에 이런 세금에 대해 말했다. "카이사르의 것을 카이사르에게 주라." 사도도 그리스도와 일치되게 「로마서」 제13장에서 표현했다. "그러므로 여러분은 통치자에게 세금을 바쳐야 한다. 그들은 신의 일꾼이기 때문이다."[45] 그러므로 그리스도는 "아들"을 왕국의 아들들, 즉 혈통적으로 왕들의 아들이 아니라 그 나라에서 태어났거나 그곳 출신인 자들로 이해했다. 그렇지 않다면 그의 진술은 이 주제에 대한 것이 아닌 듯하다. 왜냐하면 그는 자기 자신과, 히에로니무스가 언급한 왕들의 아들이 아닌 것이 확실한 베드로에 대해 복수로 말했기 때문이다. 또한 그리스도가 육신적으로 다윗 지파 출신이라면, 아마도 베드로는 아니겠지만, 대부분의 유대인들도 그렇다. 또한 다윗도, 그의 혈통 중 한 사람이 아니라 카이사르가 당시 세금을 요구했는데, 왜 그리스도는 천상의 왕에 대해 아무 언급도 없이 "땅의 왕들 ……" "아들들은 자유롭다"라고 말했을까? 그러나 확실한 것은 그리스도도 베드로도, 육신적으로나 영적으로나 카이사르의 아들이 아니었다는 것이다. 또한 왜 그리스도는 위의 질문을 제기했는가? 모든 사람에게 확실한 것은 혈통상 왕들의 아들들은 부모에게 세금을 내지 않는 것이다. 그러므로 히에로니무스의 해석은 오리게네스의 해석처럼 성서에 부합하지 않는 듯 보인다. 그런데 그리스도는 차라리 앞에서 인용한 말씀

---

44 「마태복음」 17:25.
45 「로마서」 13:6.

에 따르면 어디서나 어느 때라도 부당하게 요구된 세금조차 내려 했고, 사도들과 그의 후계자들에게 세금 때문에 다투기보다는 내야 한다고 가르쳤다. 즉 이것이 그리스도가 취한 육신의 비천함 때문에 이행하고자 했고 이행하라고 가르치고자 했던 (명령이 아니라) 조언의 정의로움이었다. 사도도 그리스도처럼 이것을 가르쳤다. 그러므로 사도는 「고린도 전서」 제6장에서 말한다. 그가 앞에서 말한 것처럼 서로 다투기보다 "왜 여러분은 차라리 불의를 감수하지 않는가? 왜 여러분은 차라리 기만당하지 않는가?"[46]

§ 12. 또한 그리스도는 자신이 재물에 있어 세속 통치자의 강제적 사법권에 예속되어 있다는 것을 지시했을 뿐만 아니라 이것을 자신의 인격에서도 그렇다는 것을 지시했으니, 어떤 군주도 그 자신이나 다른 사람에 대해 이보다 더 큰 사법권을 가질 수 없다. 그렇기 때문에 이 사법권은 로마 입법자에 의해 '순수한 권력'[47]이라고 불린다. 이것은 분명히 「마태복음」 제27장에서 입증할 수 있다.[48] 즉 그곳에 기록되고 분명히 나타나는 것처럼 그리스도는 자신이 체포되었고 로마 황제의 대리인이었던 필라투스 장군의 사령부로 끌려갔고, 결국 강제적 권력의 심판자인 그를 통해 최고형으로 판결받고 넘겨지는 것을 감수했기 때문이다. 그는 정당하지 못한 판결을 받았음을 암시했을지라도, 필라투스를 심판자가 아닌 것처럼 거부하지 않았다. 확실한 것은 그가 만일 원했다면, 그리고 자신의 미래 후계자들이

---

46 「고린도 전서」 6:7.

47 merum imperium: 칼에 대한 권력, 즉 생사에 대한 결정권을 포함한 절대적 주권을 의미한다. Gratianus, *Corpus juris civilis Digestum* II, 1, 3 참조. 이 텍스트는 세속 권력, 특히 사법 행위에 대한 성직의 복종에 관한 입증에서 핵심적이다. 마르실리우스는 그리스도가 자발적으로 카이사르의 사법적 판단에 굴복했음을, 그의 말과 행위에 의해 입증했다. 이하 제13절에서도 사도들이 역시 사법적 판단에 굴복했음을 입증할 것이다.

48 「마태복음」 27:1.

세속적 통치자에게 굴복하고 그들에 의해 판결받는 것을 불합당하다고 간주했다면, 사제에 의한 판결과 처벌에 굴복할 수도 있었다는 것이다. 이런 생각이 「요한복음」 제19장[49]에 보다 분명히 드러나 있으므로, 나는 여기서 그곳에 기록된 것을 인용할 것이다. 즉 그리스도가 자신을 유대인의 왕이요 신의 아들이라고 칭했기 때문에 고발당해 로마 황제의 대리인이자 심판자로서 필라투스에게 끌려왔을 때, 필라투스가 예수에게 "너는 어디서 왔는가?"라고 물었으나 예수가 그에게 아무런 대답도 하지 않자 필라투스는 그에게 우리 명제에 해당되는 다음의 말을 진술한다. "그러므로 필라투스는 말했다. 나에게 말하지 않겠는가? 내가 너를 십자가에 매달 권세도, 너를 풀어줄 권세도 있다는 걸 모르는가? 예수가 대답했다. 위로부터 권세가 너에게 주어지지 않았다면, 너는 나에 대해 권세가 없을 것이다." 예수가 필라투스에게 자신을 심판하고 그에 대한 판결을 집행할 권한이 있음을 부정하지 않았다는 것에 주목하라. 또한 그는 그 권한이 정당하게 너에게 관계되는 것이 아니라 네가 그것을 실제로 행할 뿐이라고 말하지 않았다. 도리어 그리스도는 필라투스가 이 권세를 위로부터 받았다고 덧붙였다. 어떻게 위로부터인가? 아우구스티누스는 대답한다.[50] 우리는 그, 즉 그리스도가 말한 것, 또한 그가 사도에게 가르친 것, 곧 「로마서」 제13장에서 바울에게 가르친 것을 배우고자 한다.[51] 그리스도는 무엇을 말했나? 그는 사도에게 무엇을 가르쳤나? 권세는 어떤 것을 위해 남용할지라도 신으로부터 오지 않은 권세, 즉 사법권은 없다는 것, 그리고 다른 자의 보다 큰 권세에 대한 두려움 때문에 그를 죽인다면, 시기심 때문에 무고한 자를 살해하기 위해 권세에 넘기는 것이므로, 권세 자체보다 중한 죄를 짓는다는 것. 신은 이런 권세를 그, 필라투스에게 주었으니, 그 또한 카이사르의 권

---

49 「요한복음」 19:9 이하.

50 Thomas Aquinas, *Catena aurea*, vol. 12, p. 445에서의 해당 구절에 대한 주해 참조.

51 「로마서」 13:1-7.

세 아래 있도록 하기 위함이었다.

그러므로 그리스도가 솔직히 고백했고, 아우구스티누스가 공공연히 표현했던 것처럼 그리스도의 인격에 대한 필라투스의 강제적 사법권은 신으로부터 온 것이었다. 또한 베르나르두스는 상스 대주교에게 보낸 서신에서 분명히 말했다.[52] "그리스도는 필라투스의 권세와 이 성서 구절에 대해 말할 때, 자신에 대한 로마 총독의 권세도 하늘에 의해 정해진 것이라고 고백하였다." 그러므로 그리스도에 대한 필라투스의 강제적 사법권이 신으로부터 온 것이었다면, 그리스도가 뭔가를 소유했거나 가졌다면,[53] 그의 세속적·육신적 재물에 대해서는 더욱 그러할 것이다. 그런데 그리스도의 인격과 세속적 물질에 대한 권세가 있다면, 모든 사도와 그들의 후계자, 모든 주교 내지 장로들의 인격과 세속적 물질에 대해 더욱 그러할 것이다. 이것은 그리스도의 말씀을 통해 지시되었을 뿐만 아니라 행위의 완성을 통해 확증되었다. 즉 심판석에 앉은 동일한 필라투스는 그리스도에게 사형선고를 내렸고, 그의 권한에 의해 판결을 집행했다. 그러므로 「요한복음」에서는 이렇게 기록했다.[54] "그러므로 필라투스가 이 말을 들었을 때, 예수를 밖으로 끌어내고 심판석에 앉았다." 몇 행 다음에 덧붙인다. "그때 그는 그들에게 그, 예수를 넘겨주어 십자가에 매달게 하였다." 그러나 그리스도에 대해 「갈라디아서」 제3장에서 사도의 견해는 이렇다. "때의 충만이 왔을 때, 신은 자기 아들을 보내어 여인에게 태어나게 했고, 법 아래 있게 했다."[55] 그러므로 법에 따라 판결을 내리고 명령을 해야 하는, 그러나 주교나 장로가

---

52 Bernardus, *De moribus et officio episcoporum*, c. 9, 36, in: MPL, 182, c. 832C.

53 그러나 마르실리우스가 II, 12, 13, 14에서 주장한 것처럼 그리스도는 아무것도 소유하지 않았고 소유하려 하지 않았다. 마르실리우스는 그리스도의 무소유와 청빈을 추종한 프란체스코회 영성파를 지지했다.

54 「요한복음」 19:13; 19: 16.

55 마르실리우스가 착각한 듯하다. 「갈라디아서」 제4장이 올바르다. 「갈라디아서」 4:4 참조.

아닌 심판자 아래 있게 했다.[56]

§ 13. 그러나 그리스도는 자신을 세속적 통치나 강제적 사법 권력에서 제외하고자 한 것이 아니고, 또한 그의 사도들도 거기서 제외하려 하지 않았다. 그들 사이에서뿐만 아니라 다른 자들에 대해서도. 그러므로 「마태복음」 제20장과 「누가복음」 제22장에는 다음 구절이 있다.[57] "그들 사이에, 즉 사도들 사이에 그들 중 누가 더 큰가에 대한 싸움이 일어났다. 그러나 그, 그리스도는 그들에게 말했다. 백성들의 왕들은 그들을 지배하고, 그들에 대해 권력을 가진 자들은 자비로운 자라고 불린다." 「마태복음」에서 결론부는 이렇다. "그리고 보다 큰 자는 그들에 대해 권력을 행사하지만 너희들은 그렇게 해선 안 된다. 오히려 너희들 중 큰 자는 보다 어린 자 같아야 하고, 보다 높은 자가 종처럼 되어야 한다. 누가 더 큰가. 누운[58] 자인가, 아니면 시중드는 자인가? 누운 자가 아닌가? 그러나 나는 시중드는 자처럼 너희들 가운데 있다. 너희 가운데 보다 큰 자가 되려고 하는 자는 너희의 종이 되어야 한다. 너희 가운데 첫 번째가 되려 하는 자는 너희의 종이 되어야 한다. 인자가 섬김을 받기 위해서가 아니라 섬기려고, 즉 세속적인 일에서 종이 되기 위해서 왔고, 지배하거나 앞장서기 위해서 오지 않은 것처럼 말이다. 즉 그는 영적인 사역에서 사도들 가운데 제1인자였고 종이 아니었기 때문이다." 여기에 대해 오리게네스는 말한다.[59] "'너희들은, 백성들의 군주들이 그들을 지배한다는 것', 즉 자기 신하들을 오로지 지배하는 것만으로 만족하지 않고, 그들을 강제로 지배하려고, 즉 필요한 경우에

---

56 분명한 사실은 여기서 사도 바울이 세속법이 아니라 유대법을 염두에 두었다는 것이다. 반면에 마르실리우스에게 유대법은 신으로부터 직접 왔고 동시에 이 세상에서 강제성을 갖는다는 특수성을 가진다.

57 「마태복음」 20:25-28; 「누가복음」 22:24-27.

58 고대에는 식사할 때 눕는 관습이 있었다.

59 Thomas Aquinas, *Catena aurea*, vol. 11, p. 234에서의 해당 구절에 대한 주해 참조.

강제적 권력을 통해 지배하려고 한다는 것을 안다. 그러나 나의 사람들인 너희들 가운데서는 그래서는 안 된다. 왜냐하면 모든 육신적인 것이 필요에 근거하지만 영적인 것은 의지에 근거하는 것처럼 영적 군주가 되는 자들, 즉 성직자들의 통치는 두려움이 아니라 사랑에 근거해야 한다." 크리소스토무스는 다른 것 가운데 주제에 해당되는 말을 한다.[60] "세상의 군주들은 낮은 자들을 지배하고, 그들을 종살이하게 만들고 약탈하기 위해서 있고," (보완하라, 그들이 신세를 졌다면) "그들을 죽을 때까지 자신의, 즉 통치자의 유익과 영광을 위해 이용한다.[61] 그러나 교회의 높은 자들, 즉 성직자들은 자신보다 낮은 자들을 섬기고 그들에게 그리스도로부터 받은 것을 베풀고, 그들 자신의 유익을 소홀히 여기고 그들의 유익을 돌보고 보다 낮은 자들의 안녕을 위해 죽음을 거부하지 않기 위해서 있다. 교회의 수장직을 탐하는 것은 정의롭지도 유익하지도 않다. 왜냐하면 어떤 지혜로운 자가 자발적으로 종살이에, 교회 전체에 대해 답변해야 하는 그런 위험에 자신을 맡기겠는가? 신의 심판을 두려워하지 않고 자신의 교회 수장직을 세속적으로 오용함으로써 그것을 세속적인 것으로 바꾸지 않는 한 말이다." 그러므로 사제들이 세속적·강제적 판단에 대해 개입할 것이 무엇인가? 왜냐하면 그들은 세속적으로 군림해서는 안 되고, 그리스도의 모범과 명령에 따라 섬겨야 하기 때문이다. 그러므로 히에로니무스는 말한다.[62] "결국 그는", 즉 그리스도는 "자신의 모범을 제시했으니, 따라서 그들", 즉 사도들이 "말씀을", (보완해) 그의 말씀을 "멸시한다면, 행위에 대해서", 즉 세속적으로 군림하는 것에 대해 "부끄러워 해야 한다". 그러므로 오리게네스는 "많은 사람을 위해 자기 목숨을 속전으로 주다"[63]라는 구절에 대해 말한다.[64]

---

60 Thomas Aquinas, *Catena aurea*, vol. 11, p. 234에서의 해당 구절에 대한 주해 참조.

61 크리소스토무스는 세속적 통치의 불가피한 지배적 성격을 교회 통치와 대조했다. 후자는 그 반대가 되어야 함이 옳다. 마르실리우스는 이 점을 부각하려 한다.

62 Thomas Aquinas, *Catena aurea*, vol. 11, p. 234에서의 해당 구절에 대한 주해 참조.

"그러므로 교회 지도자들은 그들도 형제들에게 비슷하게 행동하기 위해 접근 가능하고, 여인들과 이야기하고, 아이들에게 안수하고, 제자들의 발을 씻은 그리스도를 모방해야 한다. 그러나 우리는"——그는 당시의 사제들에 대해 말한다——"세속 제후들의 오만을 넘어서는 듯 보일 정도이니, 그리스도의 명령을 이해하지 못하거나 아니면 우리가 그것을 경시한다. 그리고 우리는 왕처럼 탁월하고 두려운 군대를 요구한다." 이렇게 행하는 것은 그리스도의 명령을 멸시하거나 무시하는 것이므로, 고위 성직자들에게 우선 그들에게 어떤 권한이 합당한지에 대해——우리는 이것을 이 논설을 통해 지시할 것이다——훈계해야 한다. 다음으로 그들이 자신을 바로잡기를 경시한다면, 다른 자들의 도덕이 부패하지 않도록 하기 위해 세속 군주들이 그들을 압박하고 강제해야 한다. 그러므로 마태에 대해 이 정도로 말했다. 바실리우스(Basilius, 329?~379)는 누가에 대해 말한다.[65] "앞에 앉은 자는 또한 제자들의 발을 씻은 주님의 모범에 따라 육신적 순종을 제공함이 합당하다."

그러므로 그리스도는 말했다. "백성들의 군주들은 그들을 지배하지만 너희들", 사도들은 "그렇지 않다". 그러므로 그리스도, 왕들의 왕이요 주들의 주는 그들에게 군주들의 세속적 판단을 행사하는 권세를 주지 않았고 어떤 인간에 대한 강제적 권력을 주지 않았고, "그러므로 너희는 그렇지 않다"라고 말함으로써 그들에게 이것을 분명히 금지했다. 따라서 사도들의 모든 후계자, 주교 내지 장로에 대해 똑같이 생각해야 한다. 이것은 또한 복된 베르나르두스가 앞에서 언급한 그리스도의 말 "세상의 왕들은 그들을 지배하지만 ……"을 다루면서 『고려에 대하여』 제2권 제4장에서 에우게니우스[66]에게 분명히 말한 것이기도 하다.[67] 즉 그는 이렇게 말한다. "사

63 「마태복음」 20:28.
64 Thomas Aquinas, *Catena aurea*, vol. 11, p. 234에서의 해당 구절에 대한 주해 참조.
65 Thomas Aquinas, *Catena aurea*, vol. 11, p. 229에서의 해당 구절에 대한 주해 참조.

도, 즉 베드로는 자신이 가진 것을 주었다. 내가 말한 것처럼 교회에 대한 염려(solicitudo). 그러나 지배는 무엇인가? 그의 말을 들어라. 성직자를 지배하는 자가 아니라 양떼를 위한 모범이 되라."[68] 그리고 그대가 진실로 말한 것이 아니라 단순한 겸손에서 말한 것이라고 생각하지 않도록 주의 음성이 복음서에 실려 있다. "백성의 왕들은 그들을 지배하고, 그들에 대해 권력을 가진 자들은 자비롭다고 불린다." 그리고 그는 계속한다. "너희들은 그래서는 안 된다.' 분명한 것은 사도들에게 군림이 금지되었다는 것이다. 그러므로 가서 감히 할 수 있다면 주로서 사도직을 요구하거나 사도적 [군주]로서 주권을 요구하라. 분명히 그대는 양자를 거부당할 것이니, 그대가 양자를 동시에 가지려 한다면, 그대는 양자를 잃을 것이다. 그렇지 않다면, 그대가 신이 그들에 대해 탄식하는 자들에게서 제외되었다고 생각하지 마라. 그들은 왕으로 지배했으나 나를 통해 지배하지 않았다. 그들은 군주들이었으나, 나는 그들을 알지 못했다."[69] 그러므로 인용된 복음의 진리와 거룩한 교부들과 다른 인정받은 교회 교사들을 통한 복음의 해석에서 이제 모든 사람에게 분명해졌다. 그리스도는 말씀뿐만 아니라 행위를 통해 모든 지배나 통치, 모든 심판이나 강제적·세속적 권력에서 자신을 배제했거나 배제하려 했고, 강제적·사법적 판단에 있어 군주들과 세속적 권세에 굴복했다.[70]

---

66 교황 에우게니우스 3세(1145~53)를 말한다.

67 Bernardus, *De Consideratione ad Eugenium papam tertium* II, 6, 10-11, in: MPL, 182, c. 748B-C.

68 「베드로 전서」 5:3.

69 「호세아서」 8:4.

70 이 장(章)의 논술 목표는 그리스도의 삶과 말씀, 행위의 예를 증거로 성직의 강제적 권세를 반박하는 데 있다. 다음 장은 사도와 교부들의 말을 통해 같은 논증을 계속할 것이다. 마르실리우스가 교부 전통에 대해 갖고 있는 반감에도(II, 16, 11; II, 19, 1.2.5 등) 불구하고 이것을 무시할 수 없는 것으로 간주한다.

제 5 장

앞의 장에서처럼 같은 것을 분명히 입증하는 것을 통해 같은 것이 분명히 입증되는 사도들의 표준적 진술과 거룩한 교부들과 교회 교사들의 해석

§ 1. 같은 것이 또한 그리스도의 탁월한 사도들, 무엇보다 바울의 생각이요 교훈이라는 것을 보여 주는 일이 남아 있다. 그는 「디모데 후서」 제2장에서 사제나 장로로 세운 자에게 세상일에 간섭하지 말라고 훈계한다. 즉 그는 이렇게 말한다. "신을 위해 싸우는 자는 세상일에 얽매이지 않는다." 이에 대한 암브로시우스의 주해는 이렇다. "영적인 일에서 신을 위해 싸우는 자는 어떤 세상일에도 얽매이지 않는다. 아무도 두 주를 섬길 수 없는 것처럼 신은 상반된 두 종에 의해 나누일 수 없다."[1] 그는 아무것도 예외로 하지 않음으로써 '어떤'이라고 말했다. 모든 일 가운데 통치나 다툼이 있는 행위에 대한 강제적 판단이 가장 세속적이므로 — 제1권 제15장에서 드러난 것처럼 그것은 모든 세속적 일이나 인간의 시민적 내지 세속적 행위를 정돈하고 규제하기 때문이다 — 사도는, 신을 위해 싸워야 하는 자에게는, 영적인 것을 분배하면서 이런 것을 특별히 피해야 한다고 명령했으니, 모

---

1 Petrus Lombardus, *Collectanea, in epistolas Pauli*, in: MPL, 192, p. 367D.

든 주교와 사제는 그래야 한다.

§ 2. 「고린도 전서」 제6장의 한 구절이 우리가 사도의 것이라고 말한 견해를 분명히 보여 준다. "여러분이 세상적 송사가 있을 때, 교회에서 경멸할 만한 자들을 판단하도록 세운다."[2] 즉 여기서 사도는 모든 신도와 본래적 의미, 즉 마지막 의미에 따른 교회에 말한다.[3] 암브로시우스와 아우구스티누스에 따르면, 사도의 이 구절을 이렇게 주해한다.[4] "세상일이 있다면, 경멸할 만한 자들, 즉 지혜롭기는 하지만 자격이 덜한 자들을 ─ 보완하라. 장로와 복음 교사보다 ─ 심판자로 세운다." 그리고 왜 복음의 일꾼이 아닌지 이유를 설명한다. "두루 돌아다니는 사도들은 그런 일을 할 여가가 없었다. 그러므로 사도는 여기저기 복음 때문에 돌아다니는 자들이 아니라 한곳에 정주하면서 지혜롭고 신실하고 거룩한 사람들이 이런 일의 조사관이 되기를 바랐다." 그레고리우스는 『도덕론』에서 주해하면서 또 다른 이유를 설명하는데, 내 판단으로는 사도의 의도를 적절하게 설명한 것으로 보인다. 즉 주교나 사제가 아니고 '경멸할 만한 자들'이 왜 세속적 판단을 내리기 위해 세워져야 하는가? 그레고리우스는 말한다.[5] "바깥 일, 즉 세속적 내지 시민적 행위에 대한 지혜를 획득한 자들이 지상적 송사를 조사하기 위함이다. 그러나 영적 은사를 풍성히 받은 자는 지상적 업무에 얽매여서는 안 된다. 이것은 그가 천한 재물을 정리하도록 강요받음 없이 보다 높은 재물을 섬길 수 있기 위함이다." 사도와 거룩한 교부들의 명

---

2 「고린도 전서」 6:4.

3 II, 2, 3 참조.

4 Petrus Lombardus, *Collect.*, in: MPL, 191, p. 1577B/C.

5 Gregorius, *Moralia in librum Iob, l* 19, c. 25 (42), in: MPL, 76, p. 125C. 그러나 Petrus Lombardus, *Collect.*, in: MPL, 191, p. 1577C/D에서 인용한 듯하다. 그레고리우스 1세는 590년부터 604년까지 로마 주교였다(그는 문자 그대로 한 명의 주교일 뿐이었고, 다른 주교들 위에 군림하는 의미의 '교황'은 절대 아니었다).

백한 견해는, 사도가 사제들에게 직무를 금한 직무에 대해 우리가 말한 것임을 주목하라. 베르나르두스는 『고려에 대하여』 제1권 제5장에서 에우게니우스에 대해 이것을 표현했고 로마 주교와 나머지 주교들에게 이렇게 말한다.[6] "그러므로 여러분의 권력은 소유가 아니라 죄책에 대한 것이다. 여러분은 소유가 아니라 죄책 때문에 하늘나라의 열쇠를 받았으니, 소유자가 아니라 책임 위반자를 배제하기 위해서이다." 그는 계속해서 말한다. "여러분은 인자가 지상에서 죄를 용서할 권세가 있음을 안다."[7] 아래에서 그는 덧붙인다. "어떤 것이 여러분에게 보다 높은 권위와 권력이라고 보이는가, 죄를 용서하는 것 혹은 토지를 분배하는 것? 이 천하고 지상적인 일은 그것을 판단할 자, 지상의 왕들과 군주들이 있다. 왜 여러분은 타인의 경계를 침입하는가? 왜 여러분은 타인의 수확물에 여러분의 낫을 대는가?"[8] 그러므로 다툼이 있는 육신적 행위나 세속적인 일을 강제적 재판으로 판단하는 것은 주교나 장로의 직무에 속하지 않는다. 오히려 주교나 장로가 이런 일에 개입한다면, 그들은 타인의 경계를 침입하는 것, 즉 베르나르두스에 따르면, 타인의 직무를 방해하고 그들의 낫을 자신의 수확물에 대는 것이다. 그러므로 사도는 복음을 섬기도록 정해져 있지 않고 외적 사물, 즉 시민적 행위에 대한 지식을 획득한 자가 강제적 재판을 통해 판단하기를 바랐다. 악을 행한 자는 이런 재판에서 면제되어 있지 않으므로 사제뿐만 아니라 비(非)사제도 통치자의 강제적 재판에 예속됨이 분명하다.

---

6 Bernardus, *De Consideratione ad Eugenium papam tertium* I, c. 6, 7, in: MPL, 182, p. 736A/B. 마르실리우스가 '제6장'을 '제5장'으로 착각한 듯하다.

7 「마태복음」 9:6.

8 II, 28, 24에서 마르실리우스는 베르나르두스의 동일 명제를 인용하고 논한다. 베르나르두스의 텍스트를 이용해 교황이 세속적인 일을 판단해서는 안 됨을 입증할 뿐만 아니라 교황은 영적인 것과 세속적인 것에 대해 강제적 권력이 없다는 것을 지시함으로써 이를 정당화한다. 마르실리우스는 베르나르두스의 텍스트를 자신의 명제를 뒷받침하기 위해 이용하지만, 종종 또한 그를 반박하고 자신과 대립시키기를 주저하지 않는다. II, 27, 23, 24, 25; II, 28, 22 참조.

§ 3. 여기서 조심해서 주목해야 할 점은, 인사말에서 나타나듯이, 사도가 일반적으로 고린도의 믿는 자들에게 편지를 쓰면서 그가 경멸할 만한 자들, 즉 주해의 해석에 따르면 세속적인 자들을 교회의 일원으로 간주하므로 "나는 다른 자들이 아니라 경멸할 만한 자들을, 여러분이 가진 세속적 송사를 판단하기 위해서 세운다"라고 말하지도 않았고, 또한 그런 일을 판단하기 위해 혹은 그런 판정관을 세우기 위해 자기 대신 다른 사람을 남겨 두지도 않았다는 것이다. 그가 장로와 주교들에게 행한 것처럼 이것이 그의 직무와 권위에 속했다면, 그는 이렇게 했거나 했어야 한다. 즉 「디모데 전서」 제3장과 「디도서」 제1장에서 나타나는 것처럼[9] 그는 믿는 자들의 지역에 장로나 주교를 세웠고 그들, 즉 장로들에게 다른 자들을 세우라고 지시했거나 혹은 위임했다. 즉 그는 디도에게 말한다. "나는 너를 크레타에 남겨 두었으니, 이것은 네가 부족한 일을", 즉 주해에서처럼 "죄지은 자들에게서 악을 고치고, 선행을 장려하고, 도성마다 장로를 세우도록 하기 위함이다." 그러나 사도는 세속적 판관에 대해 이들은 우리가 제1권 제15장[10]에서 확립한 방식에 따라 인간 선출을 통해 세워져야 하므로, 모든 신도를 향해 "여러분이 세워라"고 말했다. 왜냐하면 이 권한이 그들에게 있기 때문이다.[11] 그는 어떤 주교나 사제에게 사제들의 경우처럼 "네가 세워라"고 말하지 않았다. 또한 그는 세속적 송사를 주교나 사제를 통해 판단하는 것을 지시하지 않았고 오히려 금지했다. 그러므로 베르나르두스는 앞에 인용된 구절에서 말한다. "사도가 그런 것에 대해 어떻게 생각하는지 들어라. 그는 여러분 가운데 형제 사이에서 판단할 수 없는 지혜로운 사람이 없는가"라고 말한다. 그리고 그는 계속해서 말한다. "나는 여러분

---

9 「디모데 전서」 3:1-15; 「디도서」 1:5.

10 I, 15, 2.

11 여기에서 마르실리우스는 바울의 말을 자신의 백성 주권 이론을 위한 근거로 사용한다.

을 부끄럽게 하기 위해 이것을 말한다. 여러분은, 교회에서 보다 경멸할 만한 자들을 심판관으로 세운다."[12] 그러므로 사도적인 사람인 그대는 사도의 견해에 따르면 무가치한 직무, 보다 경멸할 만한 지위를 걸맞지 않게 행사하는 것이다. 그러므로 주교, 즉 사도는 주교를 가르치면서 말했다. "신을 위해 싸우는 자는 세속적 일에 얽매여서는 안 된다." 그리고 베르나르두스는 덧붙인다.[13] "그대가, 지상적 유산 때문에 다투고 그대에게서 판단을 요구하는 인간들에게 '인간들아, 누가 나를 너희의 재판관으로 세웠는가?'라는 주님의 말씀으로 답변한다면, 이 시대가 감수할 것이라고 생각하는가? 그대는 어떤 평판에 이를 것인가? '거칠고 무지한 농부는 뭐라고 말하는가? 그대가 수장권을 인식하지 못하고, 높고 탁월한 자리를 치욕스럽게 만들고, 사도적 품위를 거부한다고?' 그러나 이렇게 주장하는 자는 언제 어디서 사도 가운데 누가 경계선 확정이나 토지분배 때문에 사람들의 심판관으로 앉았는지 입증하지 못할 것이라고 생각한다. 마지막으로 사도가 심판받기 위해 섰다는 것은 읽었지만 그들이 심판관으로 앉았다는 것은 읽어보지 못했다. 언젠가 그렇게 될 것이지만[14] 그런 적이 없었다. 종이 자기 주인보다 위대하고자 하지 않는다면, 제자가 그를 보낸 자보다 위대하고자 하지 않는다면, 아들이 자기 조상들이 정한 경계선을 넘지 않는다면,[15] 그가 자신의 품위를 축소하는 자인가? 저 스승과 주인이 '누가 나를 심판관으로 세웠는가?'라고 말했다. 그리고 그 종과 제자가 온 인류에 대한 심판관이 되지 않으면, 그가 정의롭지 못한가?" 그러므로 베르나르두스는 사도 후계자가 심판직을 요구하는 것은 자신에게 적절하지 않다고 말했다. 그리

---

12 「고린도 전서」 6:4-5.

13 Bernardus, *De Consideratione ad Eugenium papam tertium* I, c. 6, 7, in: MPL, 182, pp. 735C~736A.

14 최후 심판에서.

15 종, 제자, 아들은 에우게니우스 3세를 가리킨다.

고 그는 계속해서 다음을 덧붙인다. "그러나 사도나 사도적 사람들이 그런
일에 대해 판단하지 않는 것이 그들에게 합당하지 않다고 여기는 자는, 나
에게는 사태를 선하게 판단하는 자로 보이지 않는다. 그들에게는 보다 큰
일에 대한 직무가 주어져 있기 때문이다. 천상적 일에 대해, 천사들을 판
단할 그들이 왜 인간들의 지상적 소유에 대해 판단하는 것을 멸시하지 않
겠는가?"

§ 4. 또한 거룩한 사도는 모든 사람이 차별 없이, 예외 없이, 주교나 사제
이거나 부제이거나, 강제적 재판에 있어 세속적 재판관이나 통치자에게 굴
복해야 하고, 이들이 영원한 구원의 법에 위배되는 것을 하라고 명령하지
않는 한 그들에게 저항해서는 안 된다고 명령했다.[16] 그러므로 그는 「로마
서」 제13장에서 말한다. "모든 영혼은 높은 권세에 굴복해야 한다. 신으로
부터 오지 않은 권세가 없기 때문이다. 권세는 신에 의해 세워진[17] 것이다.
그러므로 권세에 저항하는 자는 신의 질서에 저항하는 것이다. 저항하는
자는 스스로 저주를 얻는 것이다. 군주는 선한 행위가 아니라 악한 행위에
대해 두려워하기 때문이다. 그런데 그대는 권세를 두려워하지 않은가? 그
렇다면 선을 행하라, 그러면 권세로부터 칭찬을 얻을 것이다. 권세는 그대
의 유익을 위한 신의 일꾼이기 때문이다. 그대가 악을 행한다면 두려워하
라. 그들은 칼을 이유 없이 지니지 않기 때문이다. 권세는 신의 일꾼, 악을
행하는 자에게는 진노의 복수자이기 때문이다.[18] 그러므로 여러분은 진노
의 심판 때문만이 아니라 양심 때문에 권세에 굴복할 필요가 있다. 그러므

---

16 여기서 마르실리우스는 인간법과 신법 간의 관계 문제에 접근한다. 그는 이 문제를
    제6장에서 제9장까지 다룰 것이다.

17 ordinatus: 'ordino'의 원래 의미는 '질서에 맞게 배열되다', '세워지다'이다.

18 vindex in iram et qui malum agit: 'et' 대신에 'ei'가 되어야 의미가 통한다. 마르
    실리우스가 이 구절을 인용하면서 실수한 듯 보인다.

로 여러분은 세금을 내야 한다. 그들은 이것을 위해 봉사하는 신의 일꾼들이기 때문이다. 여러분은 모든 사람에게 의무를 다해야 한다. 조공을 바쳐야 할 자에게는 조공을, 세금을 바쳐야 할 자에게는 세금을, 두려워해야 할 자에게는 두려움을, 존경해야 할 자에게는 존경을 표해야 한다."[19]

나는 이 사도의 주목할 만한 구절에 거룩한 교부와 가톨릭 교사들의 주해를 인용하고자 하였다. 사도와 주해자들의 말을 통해 우리 명제가 옳다는 것이 분명히 입증됨으로써 맑은 정신을 가진 인간은 그들의 말을 살펴본 후에 더 이상 의심할 필요가 없기 때문이다. 그러므로 사도는 아무도 제외함이 없이 "모든 영혼은 ……"이라고 말했다. 여기에 대해 주해(처음에는 아우구스티누스, 그리고 다른 곳에서는 암브로시우스의)는 이렇게 말한다.[20] "그리고 여기서 그는 겸손을 권고한다. 즉 어떤 사람들에게는, 악한 군주와 특히 불신적 군주들이 신자들을 지배해서는 안 되며, 군주가 선한 신자라면 그들은 다른 선한 신자와 똑같아야 하는 것처럼 보이기 때문이다. 그러나 사도는 여기서 높은 부분, 즉 (전체 인간을 표시한) 영혼에서 이런 오만을 배제한다. 모든 영혼은 모든 인간 말고 무엇을 의미하는가? 마치 그

---

19 「로마서」 13:1-7. 마르실리우스는 이 텍스트를 이용해 세속적 권세가 신의 질서 위에 기초하며, 이 권세를 이 세상에서 그리스도의 대행자로 간주한다. 세속 권세가 직접 신에게서 온 것이라면 그것은 완전히 독자적이다. 다른 한편으로 그것은 모든 피조물 위에 신분의 차별 없이 군림한다. 마르실리우스가 I, 19, 2에서 신을 권력의 원인(遠因)으로만 간주한 것을 고려할 때, 세속 권세의 기원을 신의 의지에서 직접적으로 도출한 것은 매우 이례적이다. 그러나 제1권에서는 권력의 동인을 'universitas civium'(시민 전체)로 확정한 반면, 여기서는 특별히 세속 권세를 영적 권세의 통제 아래 있는 파생된 권세로 간주한 교황의 'plenitudo potestatis'(권세 충만) 교리에 대항하여 세속 권세의 기원을 조명하고자 한다. 마르실리우스의 견해는 단테의 견해에 비해 급진적이다. 즉 단테는 세속 권세의 신적 기원을 인정하면서도 영적 권세와 교황의 권위를 우월한 것으로 간주한다. 반면에 마르실리우스는 세속적 권세와 영적 권세는 똑같이 신에게서 기원하지만 양자는 신실한 인간 입법자의 손에서 합병된 것으로 본다. 더 이상 두 권세 사이에는 평형이나 대등의 흔적이 없다. Dante Alighieri, *De Monarchia* III, 4; XIII, 10; XIV 참조.

20 Petrus Lombardus, *Collect.*, in: MPL, 191, pp. 1503D~1504A/B.

는 이렇게 말하는 듯하다. '내가 이전에 말한 모든 것을 여러분은 행해야 한다. 그리고 여러분이 그리스도의 몸의 지체로서 완전할지라도 모든 영혼은, 즉 모든 인간은 복종해야 한다. 인간을 영혼으로 표현한 것은 여러분이 몸뿐만 아니라 의지로도 복종하게 하려는 것이다.' 그러므로 모든 영혼은 굴복해야 한다. 이것은 인간이 의지로도 선하거나 악하거나 간에 세속 권세에 복종하기 위함이다. 왕, 군주, 호민관, 백부장, 이런 부류의 다른 인간들." 그러므로 사도가 높은 권세를 어떻게 이해했는지 보라. 세속적 통치자. 그다음에 주해는 덧붙인다. "그대의 지도자가 선하다면 그는 그대의 양육자이다. 그가 악하다면 그는 그대의 유혹자이다. 양식을 기꺼이 받아라. 그리고 유혹 속에서 자신을 단련하라. 그러므로 황금이 되어라. 저 세상을 금세공인의 가마[爐]처럼 기대하라. 그러므로 모든 영혼은 높은 권세에, 즉 그 권세가 높은 곳에서, 즉 세속적인 일에서 복종하라. 아니면 그가 '보다 높은'이라고 말할 때, 보다 높은 이유에 주목하라. '없기 때문이다'는, 그들이 이런 의미에서 복종해야 함을 입증한다. 모든 권세는 신으로부터 오기 때문에. '그러나 권세는 신에 의해 세워진 것이니', 권세를 가진 자는 누구나 신의 질서를 가졌다. 그러므로 권세에 반항하는 자는 신의 질서에 반항하는 것이다. 그리고 이것이 바울이 의도하는 바이다. 즉 오직 신만이 ─ 선하거나 악하거나 ─ 인간에게 권세를 부여했기 때문에 그들은 복종해야 한다. 그러므로 주님은 필라투스에게 말한다. '위로부터 너에게 주어지지 않았다면 너는 나에 대해 권세가 없을 것이다.'" 베르나르두스는 상스의 주교에게 보낸 서신에서 같은 말을 반복한다.[21] "주님의 판결을 받기 위해 그 앞에 섰던 필라투스보다 더 세속적인 인간은 없었다. 주님은 '위로부터 너에게 주어지지 않았다면 너는 나에 대해 권세가 없었을 것'이라고 말한다. 또한 그는 당시 자신을 위해 말했고, 이후에 사도를 통해 교회들에 크게

---

21 Bernardus, *De moribus et officio episcoporum* c. 9, 35, in: MPL, 182, p. 832B/C.

선포케 한 것을 스스로 체험했다. '신에게서 오지 않은 권세가 없다. 그리고 권세에 반항하는 자는 신의 질서에 반항하는 것이다.'" 조금 아래에서 그는 덧붙인다. "그리스도는 자신에 대한 로마 총독의 권세가 하늘로부터 정해진 것이라고 고백한다."

주해는 이렇게 이어진다.[22] "그러나 신에 의해 세워진 것은, 즉 그에 의해 합리적으로 조정된 것이다. 그러므로 힘이나 계교로써 권세에, 즉 권세에 속하는 것, 예를 들어 세금과 같은 것에서 권세를 가진 인간에게 반항하는 자는 신의 질서를 통해 권세를 가진 자에게 반항하는 것이고, 그러므로 신의 질서에 따라 행동하지 않는 것이다. 선한 권세에 대해서는 신이 합리적으로 권세로 세웠다는 것이 분명하다. 반면에 악한 권세에 대해서는 선한 자들이 그것을 통해 정화되고, 악한 자들이 저주받고 그들 스스로 신속히 멸망할 때도 나타나는 듯하다. 권세를 때로는 신에 의해 주어진 권세 자체, 때로는 권세를 가진 인간으로 이해한다는 것에 주목하라. 주의 깊은 독자는 이 점을 구별할 것이다. '그러나' 권세에 반항하는 자는 신의 질서에 반항하는 것이다. 이것은 너무나 중대하니 권세에 반항하는 자는 저주를 자초하는 것이다. 그러므로 아무도 반항해서는 안 되고 굴복해야 한다. 그러나 권세가 그대가 행해서는 안 되는 것을 명령한다면, 물론 보다 높은 권세에 대한 두려움에서 이 권세를 멸시하라. 인간사(事)에서의 이 등급을 주목하라. 감독관[23]이 명령한다면, 그것이 전(前) 집정관에 반해 명령했다면, 그것을 행해야 하지 않겠는가? 또한 전 집정관 자신이 뭔가를 명령하고 황제가 다른 것을 명령한다면 전자, 즉 전 집정관을 무시하고 황

---

22 Petrus Lombardus, *Collect.*, in: MPL, 191, pp. 1504D~1505C. 아우구스티누스의 선(善)의 본성(*De natura boni*)에서 인용, 그러나 'diposita sunt'와 'itaque qui resistit' 사이에는 그레고리우스의 인용, 'Iob ait …… prava damnatur'가 생략되어 있다.

23 curator/proconsul: 전자는 국가로부터 전권을 위임받은 감독관, 후자는 집정관 임기를 마치고 지방 총독이 된 사람을 말한다.

제에게 봉사해야 한다고 생각하지 않겠는가? 그러므로 황제가 어떤 것을, 신이 다른 것을 명령한다면, 황제를 무시하고 신께 복종해야 한다". 그러나 아우구스티누스는 "황제는 어떤 것을, 주교나 교황은 다른 것을 명령한다면"이라고 말하지 않았다. 그러나 교황이 사법적 등급에서 보다 높다면 그는 이렇게 말해야 했을 것이다.[24] 그러나 아우구스티누스는 황제가 영원한 구원의 법과 신의 직접적 명령에 위배되는 명령을 내리면 여기서는 황제에게 복종해서는 안 된다는 것을 주장하려 했다.[25] 여기서 교황이 이 세상에서 누구를 강요할 수도 강요해서도 안 되지만 신법에 위배되는 명령을 내리는 황제보다는 이 법, 즉 신법에 따라 명령하는 교황에게 복종해야 할 것이다. 그러나 교황이 자신의 교령에 따라 다른 것을 명령한다면, 여기서와 제2권 제9장에서 보다 상세히 추론할 것처럼[26] 황제법이나 그의 명령

---

24 아우구스티누스의 견해에 따르면, 신과 황제가 각각 명령을 내릴 경우, 인간은 신에게 복종하는 것이 당연하다. 반면에 아우구스티누스는 황제와 교황을 비교하지 않았다. 마르실리우스의 견해로는, 누가 신법에 따라 명령하는가가 복종의 기준이 된다.

25 이 텍스트는 인간법에 대한 신법의 절대적 우위성을 제시한다. 인간법보다는 신법에 복종해야 한다. 특히 전자가 후자에 반하는 것을 명령하는 경우에. 이것으로부터 세속적인 것에 대한 영적인 것의 우위성을 추론할 가능성은 없을까? 이것으로써 마르실리우스는 자신의 이전 주장에 대해 모순에 빠진 것은 아닌가? 전혀 그렇지 않다. 왜냐하면 신법과 인간법은 그의 정신 속에서 실제적으로 동일시되기는커녕, 둘은 그 내용과 목표에서 전혀 다르기 때문이다. 실제로 인간법은 타동적 행위에 대해서만 의미가 있는 반면, 신법은 내재적 행위에 관계된다. 이것이, 신법의 명령을 위반한 자는 필연적으로 인간법을 위반하게 되는 이유이다. 반면에 그 역(逆)은 사실이 아니다. 이런 입장은, 마르실리우스에게 정치 공동체는 또한 신자 공동체라는 사실을 고려할 때만, 그리고 인간 입법자는 또한 신자라는 사실, 즉 공동체에 중대한 결과를 초래함 없이는 신법을 위반할 수 없는 점을 고려할 때만 이해가 된다. 이것이, 황제가 신법에 반하는 어떤 것을 명령하는 경우 황제에게 복종해서는 안 되는 이유이다. 이 경우 황제는 자기 자신과도 모순이 된다. 왜냐하면 그가 신의 대리인, 신의 진노의 복수자인 한에서, 영적 사안에 있어 자신의 사명에 반하는 것이기 때문이다. 이런 황제는 술어적 모순이요, 부조리한 불가능이 된다. Quillet, p. 216, 각주 22 참조.

26 II, 9, 7-9.

에 반해 교황에게 결코 복종해서는 안 된다.

여기서 주해는 말한다.[27] "그들은 당연히 저주를 자초한 듯하다. 즉 선하든 악하든 통치자는 선행에 대해서가 아니라 악행에 대한 두려움이기 때문이다. 즉 그들은 선하게 행동하는 자가 아니라 악하게 행동하는 자에게 두려움을 불러일으키기 위해 있다. 즉 통치자가 선하면 그는 선하게 행동하는 자를 처벌하지 않고 그를 사랑하기 때문이다. 그러나 그가 악하다면 그는 선한 자를 해치는 것이 아니라 그를 정화한다. 그러나 통치자는 악을 처벌하기 위해 세워졌으므로 악한 자는 두려워해야 한다. 통치자는 행실을 개선하기 위해, 정반대 것을 방지하기 위해 선출되는 자, 즉 나머지 사람들이 한 사람 아래 있도록 신의 형상을 지닌 자를 말한다. '그대는 ⋯⋯ 하려 하는가'라는 그가 악하게 행동하는 자에게 두려움이 된다는 것과 같다. 그러나 그대는 권세에 대해, 그가 선하든 악하든 간에, 두려움을 갖지 않으려 하는가? 선을 행하라. 그러면 두려워 할 이유가 없다. 오히려 권세가 악할지라도, '그대는 권세로부터 칭찬을 받을 것이다.' 권세는 그대에게 보다 큰 영광의 원인[28]이기 때문이다. 그러나 권세가 의롭다면 '그대는 권세로부터 칭찬을 얻을 것이고' 권세도 그대를 칭송한다. 권세가 불의하다면, 권세가 그대를 칭찬하지 않을지라도, '그대는 권세로부터 칭찬을 얻을 것이다.' 그러나 권세가 그대에게 칭찬할 기회를 제공함으로써 실제로 그대는 권세로부터 칭찬을 얻을 것이다. '왜냐하면 권세는 그대의 유익을 위한 신의 일꾼이기 때문이다.' 즉 그는 선하든지 악하든지 간에 그대에게 선을 행하는 것이니, 왜냐하면 그는 그대와 그대의 것을 보호하기 위해 권세를 행사하거나 그것은 그대의 이익을 위해 신에 의해 주어졌기 때문이다. 분명한 것은 선한 자들에게 악한 일이 일어나지 않도록 지도자가 신에 의해

---

27 Petrus Lombardus, *Collect.*, in: MPL, 190, pp. 1505C~1506C. 앞의 아우구스티누스의 인용.

28 causa maioris coronae: 직역하면 보다 큰 왕관의 원인.

주어졌다는 것이다. '그러나 만일 ……'은 선한 자는 두려워할 필요가 없다는 것과 같다. '그러나 그대가 악을 행한다면, 두려워하라.' 그리고 두려워해야 하는 이유는, 그가 칼, 즉 사법적 권력을 이유 없이 가진 것이 아니라 악한 자를 처벌하기 위함이기 때문이다. 그리고 바울은 '그는 신의 일꾼'이라고 덧붙임으로써 이것을 입증한다. 즉 그는 신을 대신해 보복하기 때문이다. 그는 '신의 진노를 위한 복수자'이니, 즉 신이 받은 모욕을 복수하기 위해 있는 자, 혹은 '신의 진노를 위한 복수자', 즉 미래의 진노를 드러내기 위한, 즉 신의 미래의 복수를 나타내기 위한 자이다. 왜냐하면 이 징벌은 악을 고집하는 자를 중하게 처벌함으로써 심판하기 때문이다. 나는 말한다. 그는 보복자이고 실로 악을 행하는 자를 위하는 자이니, 즉 그를 정죄하고 견책하기 위함이고 신의 일꾼이기 때문이다. '그러므로 여러분은 그에게 복종해야 한다.' 이것은 필연적으로 혹은 필연적 질서에 따라서 복종해야 한다고 말하는 것과 같다. 그리고 이것은 통치자 혹은 신의 진노를 피하기 위해서뿐만 아니라 양심을 위해, 즉 신에 의해 높이 세워진 자에 대한, 즉 신의 질서를 통해 이런 높은 지위를 가진 자를 사랑함으로써 여러분의 마음이 깨끗해지기 위함이다. 사도들은 모든 신도가 믿는 자인 한에서, 그리스도 안에서 하나일지라도―그 믿음에 있어 유대인과 그리스인, 주와 종 등의 차이가 없다―죽을 인간들의 관계에는 차이가 있고, 이 삶의 길에서 관계의 질서는 지켜져야 한다고 명령한다. 즉 주의 이름과 교훈이 모독당하지 않기 위해 우리가 믿음의 일치 안에서 구별 없이 추종하는 것과 우리가 이 삶의 질서를 길에서 준수하는 것은 다르기 때문이다. '그러므로 ……'는 여러분이 굴복해야 하는 종속에 대한 근거를 설명한다. 여러분은 이 종속을 나타내기 위해 종속의 표시인 세금을 납부하기 때문이다. 그는 여러분이 '계산한다'고 말하지 않고, 갚는 것처럼 '납부한다'고 말한다.[29] 왜냐하면 방어에 있어 조국을 위해 싸움으로써, 재판을 행함으로써, 봉사를 통해 갚기 때문이다. '여러분은 세금을 낸다.' 여러분은, 이 일을 위해 신을 섬기는 자들, 즉 그들에게 세금 납부를 통해 신을 섬기는 자들을 말한다. 실제로 여러분은 그것을 통해 신을 섬긴다. 왜냐하면 그들은 신의 일꾼이고, 선한 자를 칭찬하고 악한 자를 처벌하기 위해 세워졌기 때문이다. 혹은 일꾼은 ──그들이 신의 일꾼이기 때문에 여러분은 세금을 납부해야 하는데 ──조국을 방어함으로써 여러분에게 봉사한다. 그들은 이것을 위해, 즉 세금 때문에, 조국의 방어를 위해, 그리고 그들이 신의 일꾼이므로 여러분에게 봉사한다".

§ 5. 그러므로 사도의 이 구절과 앞에서 인용한 거룩한 교부들의 해석에 근거해 주의 이름과 그의 교훈이 (마치 그것이 불의하고 국가의 법에 반해 설교하는 것처럼) 모독당하길 바라지 않는 모든 사람은 여기서 아우구스티누스의 주해와 「디모데 전서」 제6장[30]에서처럼 아무 의심 없이 다음 사실을 확립해야 한다. 모든 인간은 신분이나 상황에 관계없이 인격과 사물에 있어 세속 통치자들의 사법권에 예속해야 하고, 특히 그것이 인간법이나 올바르고 인정받은 관습에 따라 영원한 구원의 법에 위배되지 않는 모든 일에서 그들에게 순종해야 한다. 사도는 "모든 영혼은 복종해야 한다" 등 그리고 "그들은 이유 없이 칼을 지니지 않는다"라고 말할 때, 그리고 거룩한 교부들의 해석에 따르면, 그가 조국의 방어뿐만 아니라 세금 납부에 대해 진술한 다른 구절에서 통치자에 대해 분명히 말한다. 그러나 사도는 결코 어떤 주교나 장로에 대해 이렇게 말하지 않았다. 왜냐하면 우리가 강제적 사법 행위에 있어 순종할 의무가 있는 군주들은 무장한 권력으로 조국을 방어해야 하는 자들이며, 주교나 장로에게 적합하지 않기 때문이다. 그러므로 복된 암브로시우스는 「백성에게」라는 표제의 발렌티니아누스에게 보낸 서신의 제2장에서 말한다.[31] "나는 슬퍼할 수 있을 것이고, 울 수 있을

---

29 solvere: 채무 변제나 급여 지급을 말한다. praestare: 반대급부의 이행을 말한다.

30 「디모데 전서」 6:1

31 Ambrosius, *Sermo contra Auxentium de basilicis tradendis*, c. 2, in: MPL, 16,

것이고, 탄식할 수 있을 것이다. 무기와 군사와 고트인에 대항해 내 눈물이 내 무기이다. 그것이 사제의 보루이기 때문이다. 그렇지 않다면 저항해서도 안 되고 저항할 수도 없을 것이다." 또한 우리가 이런 식으로 복종해야 할 의무가 있는 이런 군주는 주해가 처음에 말한 것처럼 불신자일 수 있다.[32] 그러나 주교들은 그렇지 않고 그럴 수도 없다. 그러므로 아우구스티누스가 말한 것처럼 사도는 장로나 주교에 대해 말한 것이 아니라 왕과 군주에 대해 말한 것이 모든 사람에게 분명하다. 사도는 '모든 영혼은'이라고 말함으로써 이 예속에서 아무도 제외하지 않는다. 그러므로 이런 권세에 (불신자이고 악할지라도) 반항하는 자는 영원한 저주를 자초하는 것이라면, 신과 사도들의 교훈을 멸시하고 신실한 왕과 군주들, 특히 로마인의 지배자를 변명의 여지없이 오랫동안 방해했고 여전히 방해하는 자는 전능한 신과 사도 바울과 베드로의 분노를 얼마나 더욱 자초하는 것인가?[33] 사도의 말처럼 통치자들은 신의 일꾼이기 때문이다. 그리고 그는 그들이 우리의 일꾼, 혹은 게바[34]나 다른 사도들의 일꾼이라고 말하지 않았다. 그러므로 그들은 또한 강제적 판단에서 주교나 장로에게 예속되지 않고 오히려 그 반대이다. 아우구스티누스도 주해에 따라, "그러므로 황제가 어떤 것을, 신이 다른 것을 명령한다면 ……"이라고 말함으로써 이것을 설명한다. 여기

---

p. 1050.

32 당시 고대 교회의 상황으로 기독교는 이교(異敎) 사회 내에서 소수 세력에 불과했다. 그리스도인은 신법 준수에 위배되지 않은 한에서 세속 권세에 복종해야 했다.

33 여기서 마르실리우스는 교황 요한 22세와 바이에른의 루트비히 간의 갈등을 직접 암시하고 있다. 요한 22세는 한 교령에서 루트비히가 로마 왕을 참칭했다고 비난하면서 모든 황제권 행사를 중단하라고 독촉한 후에, 1327년 10월 22일 그를 파문하였다. 마르실리우스가 이 글을 쓰는 순간에 갈등은 최고조에 달했다. 세속 권세의 신적 기원에 대한 입증은 황제를 변호하고 제국의 독립을 지지하기 위함뿐만 아니라 교황의 권위에 대항해 보다 근본적인 신의 명령에 순응하지 않음으로써 신의 진노를 자초할 수 있다고 비난하기 위함이었다.

34 베드로를 말한다.

서 주교나 대주교, 총대주교를 이런 사법권을 가진 자로 언급하지 않았다. 실제로는 그리스도의 신자들이 전혀 복종할 의무가 없는 소수 지배자들의 명령에 지나지 않는 교령에서 그들이 날조한 것처럼 왕들의 왕, 주들의 주인 그리스도가 황제에 대한 이런 권력을 자신에게 용인했다면, 그들은 이렇게 했거나 했어야 했을 것이다. 이것은 제1권 제12장[35]에서 이미 입증되었으며 다음 장에서 보다 분명하게 드러날 것이다.[36]

§ 6. 그러나 우리는 여기서부터 교회의 교사나 목자가 복음의 법에 따라 준수해야 할 것을 명령하거나 가르치는 한에서 그에게 존경과 순종의 의무가 없다고 주장하려는 것은 아니다.[37] 우리는 「마태복음」 제23장[38]에서, 그리고 이 구절에 대한 히에로니무스의 주해에서 분명히 드러나는 것처럼[39] 우리는 달리 생각하거나 반대로 생각하지 않는다. 그러나 교회의 교사나 목자는 이 세상 누구에게도 물적·인격적 처벌을 통해 명령의 준수를 강요할 수 없고 강요해서도 안 된다. 왜냐하면 우리는 이 세상에서 모든 사람을 강제하고 지배하는 이런 권세가 복음서에 의해 그 자신에게 용

---

35 I, 12, 3; II, 28, 29.

36 I, 10, 4/6; I, 12, 3 참조. I, 10, 6에서 마르실리우스는 법에 공통적으로 적용되는 기준의 예를 들기 위해 '교령'(decretales)을 'consuetudines, statuta, plebiscita'(관습법, 성문법, 국민 결정)와 등등한 수준에 놓았다. 그의 눈에는 한편으로 이들 인간법이 신적 기원을 가진 복음적 교훈과 같은 수준에 놓인 것처럼 취급됨으로써 다른 한편으로는 전체를 희생하고 소수 인간의 이익을 위해 있음으로써 이중적으로 불합리해 보인다. 그것들은 엄밀한 의미에서 법으로 간주될 수 없으니, 왜냐하면 모든 유효한 인간법처럼 시민 전체로부터 나온 것이 아니기 때문이다.

37 즉 그들의 명령이 복음의 법에 따르는 한에서만 교회 목자나 교사를 존중하고 순종해야 한다는 말이다. 여기서 교령 같은 교회의 인간적 규정에 대한 마르실리우스의 경멸감을 발견한다.

38 「마태복음」 23:3.

39 Glossa ordinaria, 히에로니무스의 주해; Thomas Aquinas, Catena aurea, vol. 11, p. 259에서의 해당 구절에 대한 크리소스토무스의 주해 참조.

인되었다는 것을 읽지 못하며, 오히려 이 장과 앞의 장에서 분명히 드러나는 것처럼 조언과 명령을 통해 금지되었다는 것을 읽는다. 왜냐하면 이 세상에서 법이나 인간 입법자가 이런 권세를 주기 때문이다. 그러나 이 권세가 인간들에게 신법의 준수를 강요하기 위해 주교나 장로에게 주어졌다면 그것은 무익할 것이다. 왜냐하면 그런 것이 강제된다면 아무에게도 영원한 구원을 위해 유익하지 않을 것이기 때문이다.[40] 이것은 분명히 「고린도 후서」 제1장에서 사도가 말했을 때 그의 생각이었다. "하지만 나는 여러분을 아끼는 마음에서 다시 고린도로 오지 않았다는 사실에 대해 신을 내 영혼에 반하여 증인으로 부른다. 우리가 여러분의 신앙을 지배하려는 것이 아니라 여러분의 기쁨의 동역자이기 때문이다. 여러분은 믿음에 서 있기 때문이다."[41] 여기에 대해 암브로시우스의 주해는 다음과 같다.[42] "만일 내가 '고린도에 다시 오지 않았다', 즉 내가 여러분을 떠난 후라고 말한 것에서 거짓말이 있다면, 나는 몸뿐만 아니라 내 영혼에도 반해, 즉 적대해 '신을 증인으로 부른다'. 그리고 나는 여러분을 아끼는 마음에서, 즉 많은 사람을 신랄하게 견책함으로써 슬프게 하지 않기 위해 이렇게 했다. 그가 보다

---

40 키예는 영원한 구원에 있어 강제의 무익함의 주제는 신앙의 자유를 위한 중요한 논거가 될 수 있는가에 대해 의문을 제기한다. 그녀의 주장에 의하면, 신앙에 대한 모든 것은 내적 자유의 질서에 속하며, 어떤 강제도 여기에 힘을 행사할 수 없다. 반면 이 자유의 결과가 정치 공동체에 유해하다는 것이 확증되는 한에서 정치적 강제가 행사되는 것은 정당하다. 그렇다면 군주가 이단자를 처벌할 권리를 인정해야 할 것이다. 반면에 신법의 도덕적 성격을 근거로 해서 군주에게 강제하는 권능을 부여하는 것은 불가능한가? 강제는 이런 신법에 위배된다. 왜냐하면 강제는 본질적으로 도덕적 성격을 지니고 어떤 강제도 신앙 영역에서 행사되어서는 안 되기 때문이다. 이 세상에서 순전히 외적·법적 관점에서 인간 활동에 관여하는 인간법의 성격은 전혀 다르다. 그러므로 마르실리우스가 종교적 자유의 선구자라고 주장하는 것은 오해이다. 그는 이단자들을 처벌할 필요가 있고, 이것은 군주의 책임이라고 반복해 말할 것이다. Quillet, p. 220, 각주 32.

41 「고린도 후서」 1:23.

42 Petrus Lombardus, *Collect.*, in: MPL, 192, pp. 16D~17A.

신랄함으로써 그들이 폭동을 일으키지 않도록 그들을 아꼈다. 그러므로 그는 그들이 우선 진정하기를 바라고, 그러므로 그는 경솔하게 혹은 육신적 생각에서, 자신이 계획한 것을 이행하지 않았다. 왜냐하면 영적 인간은 구원을 위한 어떤 일을 보다 조심스럽게 염두에 둘 때, 자기 계획을 이행하지 않기 때문이다. 그가 '여러분을 아끼는 마음에서 가지 않았다'라고 말함으로써 마치 주인처럼 행세하는 것에 대해 그들이 분개하지 않도록 그는 덧붙인다. '우리가 여러분의 신앙을 지배하기 때문에', 즉 여러분의 신앙이 지배와 강요를 받기 때문에, (신앙은 의지에 관계되며 강제에 관계되지 않는다) '아끼는 마음에서'라고 말한 것이 아니다. 오히려 여러분이 협조하고자 한다면 우리는 여러분의 영원한 기쁨, 혹은 여러분의 개선에 대한 기쁨의 조력자이기 때문에 (개선된 자는 기뻐하기 때문에) 이렇게 말했다. 나는 여러분의 신앙을 축복했다. 왜냐하면 여러분은 사랑을 통해 행하는 신앙에 서 있고, 지배에 서 있지 않기 때문이다." 복된 크리소스토무스는 사도의 위에 인용된 말에서 같은 견해를 취해 『사제의 권위에 대하여』라는 표제의 『대화편』 제2권 제3장에서 모든 사람에게 분명히 표현했다. 즉 그는 거기서 사도의 저 말을 인용한 후에 진술한다. "우리는 여러분의 신앙의 지배자가 아니라 조력자이다 등. 밖에서 심판하는 자, 즉 세속적인 판관은 모든 악한 자들을 굴복시킬 때, 그들은 그들에게서 자신의 최고 권력을 과시하고 그들의 의지에 반하여 이전의 악한 삶에서 그들을 구속한다. 그러나 교회에서 강요함으로써가 아니라 진정함으로써 나은 쪽으로 변해야 한다. 왜냐하면 우리가 판단의 권위에 의해 사람들의 잘못을 억제할 수 있는 그런 권력이 법에 의해 우리에게 주어지지 않았기 때문이다." 그는 왜 사제들이 아무도 강요할 수 없는지 이미 언급한 이유를 첫 번째 이유로 말할 때, 모든 사제의 이름으로 말한다. 그들은 이 세상에서 누구에게도 강제적 권력을 갖지 않는다. 왜냐하면 법, 즉 입법자는 그 시대에 혹은 그곳이나 지방에서 그들에게 그런 권력을 주지 않았기 때문이다. 그다음으로 그는 두 번째 이유를 확립하고 덧붙인다. "이런 권력이 주어졌다고 하더라도 우리, 즉 주교나 장로는 이런 권력을 행사하지 않을 것이다. 왜냐하면 우리 주 그리스도는 강제로, 즉 힘으로 죄에서 멀어진 자들이 아니라 자발적으로 죄를 자제하는 자들에게 보상할 것이기 때문이다."[43]

§7. 그러나 우리는 이로써 이단자나 다른 불신자들을 강제하는 것이 부당하다고 말하려는 것이 아니다. 도리어 그것이 허용된다면[44] 오직 인간 입법자만이 그에 대해 권한이 있다는 것을 말하려고 한다. 그러므로 사제나 주교에게는 강제적 권한이 적절하지 않고, 이미 말한 것처럼 그들은 다른 사람처럼 이 문제에 있어 세속 심판관에게 굴복해야 한다. 그러므로 사도는 다시 「디모데 전서」 제2장에서 말했다. "나는 그러므로 먼저 모든 인간을 위해, 왕들을 위해, 고위직에 있는 모든 자를 위해서 간구하고, 기도하고, 대도하고, 감사하라고 훈계한다. 이것은 우리가 조용하고 평온한 삶을 누리기 위함이다."[45] 여기에 대한 주해, "그가 디모데에게 이렇게 말함으

---

43 Johannes Chrysostomus, *De Sacerdotio* II, c. 3, in: MPG, 48, p. 634.

44 si liceat hoc fieri: E. Ruffini-Avundo, "Il Defensor Pacis di Marsilio da Padova", *Rivista storica italiana*, 41/1924, pp. 113~36에 의하면, 문제의 표현은 1532년에 개신교도에 의해 출판된 초판에서는 사라졌을 것으로 본다. 이 표현은 신앙의 자유 문제를 제기하고 이단에 대한 마르실리우스의 입장, 곧 이 표현은 이단자 처벌에 대한 마르실리우스의 유보적 자세를 나타낸 듯 보인다. 따라서 마르실리우스가 종교적 자유의 수호자를 지시하는 듯하다. 그러나 키예는 이것을 마르실리우스에 대한 완전한 오해라고 본다. 문제의 표현은 순수 제한적 의미를 가진다. 즉 인간 입법자만이 이단자를 처벌함이 합당하다는 것이며, 교회가 처벌해선 안 된다는 것이다. 가장 좋은 증거는 마르실리우스의 『작은 수호자』(*Defensor Minor*) 10, 2; 15, 6에 있다. 그는 파문의 의미에 대한 자신의 입장을 정리하면서 영적 파문을 신법과 부합하지 않는 것으로 판단한 반면, 세속적 파문을 인정한다. 그가 말하려는 것은 어떤 경우에도 이단자의 파문과 처벌은 교회나 그 일꾼의 행위가 되어서는 안 된다는 것이다. 그는 교회가 이단자를 처벌하는 것을 인정하지 않고 그것을 군주의 일이라고 주장한다. 이단자의 처벌은 전문가의 판단에 일임해야 하는 군주의 평가에 맡겨진다. 그만이 처벌을 결정할 자격이 있다. Quillet, p. 221, 각주 36.

45 「디모데 전서」 2:1-2.

로써, 온 교회에 본보기를 준 것이다".[46] 그다음에 아우구스티누스에 따르면 주해는 이렇게 덧붙인다.[47] "'모든 인간을 위해', 즉 모든 종류의 인간과 특별히 악할지라도 '왕들을 위해', 그리고 악할지라도 공작과 백작처럼 '고위직에 세워진 모든 자를 위해.'" 여기서 사도나 아우구스티누스는 고위직에 세워진 자나 이런 심판 권한을 부여받은 자 가운데 주교나 사제가 아니라 언제나 세속적 통치자만 언급했다.[48] 아우구스티누스는 말한다. "그, 즉 사도가 왕들과 고위직에 있는 자들이 악할지라도, 그들을 위해 기도하기를 바란 이유를 이렇게 덧붙여 제시한다. 왜냐하면 우리가 조용한 삶, 즉 박해에서 벗어난 조용한 삶, 즉 어떤 불안도 없는 삶을 살기 위해 이것이 우리에게 유익할 것이기 때문이다. 우리가 제1권 마지막 장[49]에서 말한 것, 즉 평온의 실행적·보존적 원인은 통치자의 의무적, 방해받지 않는 행위라는 것에 대한 증언에 주목하라. 그다음으로 아우구스티누스는 주제와 밀접한 관계가 있는 것을 덧붙여 말한다.[50] "그러므로 사도는 왕들과 모든 고위직에 세워진 자들을 위해 기도하라고 교회에 훈계했다. 여기서 그는 바빌론에 있는 유대인들에게 서신을 보내 그들이 느부갓네살 왕과 그의 아들들의 생명을 위해, 그리고 국가의 평화를 위해 기도해야 한다고 말한 예레미야처럼 성령에 가득 차 있었다. 그리고 사도는 말한다. '그들의 평화 속에 여러분의 평화가 있을 것이기 때문이다.' 이것은 교회와 천상의 예루살렘의 시민들인 그 성도들이 이 세상의 왕들 아래 봉사해야 한다는 것을 비유적으로 표현한다. 그러므로 사도는 교회에 평온한 삶을 누리기 위해, 왕들을 위해 기도하라고 훈계한다." 교회 내지 그리스도의 신자들은 모

---

46 Petrus Lombardus, *Collect.*, in: MPL, 192, pp. 335D~336A.

47 Petrus Lombardus, *Collect.*, in: MPL, 192, p. 336C/D.

48 Petrus Lombardus, *Collect.*, in: MPL, 192, p. 336D.

49 I, 19, 3.

50 Petrus Lombardus, *Collect.*, in: MPL, 192, p. 337A.

두 세속 통치자에게, 특히 믿는 통치자에게 굴복하고[51] 영원한 구원의 법에 위배되지 않는 그들의 명령에 순종해야 한다는 것이 의심의 여지없이 사도와 아우구스티누스의 견해였음에 주목하라. 그러나 사도가 이 명제를, 주교나 사제들이 주권을 행사하고 인간을 현재적 삶의 상태를 위해 물적으로나 인격적으로나 강제적 심판을 통해 판단해야 한다는 의미로 이해했다면, 그가 주교로 세운 디모데에게 "바라건대, 왕들과 고위직에 있는 모든 주교를 위해 ……"라고 말했을 것이다.

§ 8. 또한 사도는 「디도서」 제3장에서 말했다. "그들", 즉 그대가 설교하는 자들에게 "군주와 권세에 굴복하라고 훈계하라".[52] 사도는 다만 세속적인 자들을 훈계하라고 말하지 않았고, 또한 우리와 군주들에게 굴복하라고 훈계하지도 않았다. 즉 사도는 자신이나 다른 장로나 주교도 주권을 행사하거나 세속적 사건의 분쟁적 심판에서 다른 자들을 판단해서는 안 된다는 것을 잘 알았으며, 오히려 「디모데 후서」 제2장에서 "신을 위해 싸우는 자는 세속적 업무에 얽매이지 않는다"라고 말함으로써[53] 그들을 모든 세속적 업무나 통치나 이런 일에 대한 판단으로부터 제한했다. 그러므로 암브로시우스는 말한다.[54] "'훈계하라'는 그대가 영적 주권, 즉 영적인 것에 대한 규정을 명령할 권한이 있을지라도 그들이 군주들, 즉 왕과 제후들과 낮은 권세에게 굴복하라고 훈계하라는 것과 같다. 왜냐하면 그리스도교는

---

51 이 경우에 인간 입법자는 그리스도인이기 때문에 당연하다. 그러나 마르실리우스의 주장대로 군주에게 영적 질서의 기능이 부여되어 있고, 이단자 처벌에 있어 강제적 권한이 위임되어 있고, 더 나아가 군주가 사제를 지명해야 한다면, 반대로 비기독교인 군주도 이런 권한을 갖는가 하는 의문이 제기된다. 제1권에서 진술된 마르실리우스의 입장에 따르면, 불신자라 할지라도 군주만이 모든 경우에 강제적 권한을 부여받았다고 할 것이다.

52 「디도서」 3:1.

53 「디모데 후서」 2:4.

54 Petrus Lombardus, *Collect.*, in: MPL, 192, p. 392C.

아무에게도 권한을 빼앗지 않기 때문이다."[55] 암브로시우스가 이렇게 말한 것은 사도가 「디모데 전서」 마지막 장에서 "멍에 아래 있는 모든 노예들은 ……"라고 말한 것처럼[56] 신자들이 또한 불신적이거나 악한 주인과 통치자들에게 굴복하기를 바랐고 굴복해야 한다고 가르쳤기 때문이다. 여기에 대한 주해는 아우구스티누스에 의하면 이렇다.[57] "그리스도 안에서 모든 사람에게 공통적인 자유가 있다는 것을 설교했다는 것을 알아야 한다. 이것은 저들이 생각하는 것처럼 영적 자유에 대해서는 옳지만 육적 자유에 대해서는 그렇지 않다. 그러므로 사도는 여기서 저들에 반대해 노예들에게 그들의 주인에게 복종하라고 명령한다. 그러므로 그리스도인 노예들은 히브리인들이 말한 것, 즉 6년을 섬기고 그다음에 거저 자유인으로 해방되는 것을[58] 요구해서는 안 된다. 이것은 신비스럽다. 사도는 왜 이렇게 명령하는지를 설명한다. 그가 타인의 권리에 간섭하는 것처럼 '주의 이름이 모독당하지 않기 위해', '그리고 기독교적 교훈이' 불의한 것, 법에 반하는 것, 즉 공적 법에 반해 설교하는 것처럼 보이지 않기 위해서이다."

그러므로 신 앞에서 어떤 방식으로, 어떤 양심을 가지고 사제는, 그가 누구든지 간에, 신하들을, (그것으로써 그들이 신실한 주에게 속박되는) 서약에서 해제하기를 바라는가?[59] 다음에서[60] 더욱 분명해지는 바와 같이, 이것

---

55 밑줄 그은 부분은 MPL에는 들어 있지 않다. 그런데 윌리엄 오컴(William Ockham, 1285?~1349?)은 『황제와 교황의 권력에 대하여』(De imperatorum et pontificum potestate) 제4장에서 이 말을 「디도서」의 같은 구절에 대한 암브로시우스의 주해로 인용한다. 따라서 오컴이 마르실리우스로부터 인용했거나 양자가 다른 동일한 출처에서 인용한 듯하다. 그러나 II, 9, 8에서 마르실리우스는 이 말을 암브로시우스의 것으로 돌린다.

56 「디모데 전서」 6:1.

57 Petrus Lombardus, Collect., in: MPL, 192, p. 357C.

58 「출애굽기」 21:2; 「신명기」 15:12 참조.

59 1323년 10월 9일과 1324년 3월 23일, 그리고 7월 11일자 요한 22세의 교령을 암시한다. 여기서 교황은 바이에른의 루트비히를 파문하면서 그의 통치권 아래 있는

은 분명한 이단이기 때문이다. 그러므로 사도는 말했다. "그들이 통치자들에게 굴복하라고 훈계하라." 그는 평신도들만이 아니라 구별 없이 모든 사람을 말한 것이니, 그의 견해에 따르면 모든 영혼은 강제적 내지 분쟁적 판단에서 그들에게 예속되기 때문이다. 나에게 말하라. 그렇지 않다면 그는 어떤 의미에서 '모든 영혼이 굴복해야 한다 ……'라고 말했는가? 그들이 이 일에서 디모데와 디도에게 굴복했어야 했다면, '그들을 훈계하라 ……'라고 말한 것이 쓸데없었을 것이다. 또한 그가 어떤 사람들은 세속적 권세에 굴복하라는 훈계를 받기 바랐지만, 다른 사람들에 대해서는 바라지 않았다면, 그는 충분하지 않게 말한 것이다. 왜냐하면 그는 그의 말에서 이것을 구별하지 않았고, 또한 그의 글에서도 이 구별은 발견되지 않고 오히려 정반대가 발견되기 때문이다. 즉 그는 "모든 영혼은 …… 굴복해야 한다"라고 말했기 때문이다. 누군가 이런 예속에서 제외되었다면, 사도는 부적절하고 거짓되게 말한 것이다.

이것은 또한 복된 사도 베드로의 견해와 교훈이기도 하였다. 그는 자신의 정경적 제1서신 제2장에서 이렇게 말했다. "신을 위해", 통치를 위해 세워져 있는 "모든 인간 피조물에게 굴복하라".[61] 그는 분명히 직접 덧붙여진 예를 통해 통치를 이렇게 이해했다. "악을 행하는 자를 처벌하고 선한 자를 칭찬하기 위한 상관으로서의 왕이나 그에 의해 파견된 자로서의 제후에게, 이것이 신의 뜻이기 때문이다." 나는 이 구절에 대한 거룩한 교부들의 주해를 인용하지 않았다. 왜냐하면 그들이 여기서 말한 모든 것이, 우리가 앞에서[62] 「로마서」 제13장에 대해 인용한 주해에 포함되어 있기 때문

백성들을 군주에 대한 충성 서약으로부터 해방했다. 이에 루트비히는 '작센하우젠 호소'로 응수했으니, 여기서 그는 교황을 이단죄로 고발하였다.

60 II, 26, 13.

61 「베드로 전서」 2:13-14.

62 II, 5, 4.

이다. 주목하라. 복된 베드로와 복된 바울은 일치하여 왕과 제후들은 신에 의해 악을 행하는 자들을 처벌하기 위해, 즉 이 세상에서 강제적 권력을 통해 그들에 대한 처벌을 집행하기 위해 보내졌다고 말한다. 그러나 그들 자신이나 그들의 발언에 대한 거룩한 해석자들은 어디에서도 주교나 장로들이 이 일을 위해 보내졌다고 말하지 않았으며, 오히려 특히 크리소스토무스의 말에서 분명히 드러나는 것처럼 정반대를 말했다. 그러므로 사제나 비(非)사제나 우리가 이 권의 제2장[63]에서 열거한 온갖 위반 행위에 따라 악행자가 될 수 있으므로, 반드시 그들은 왕이나 제후나 우리가 제1권 제15장[64]에서 지시한 것처럼 인간 입법자의 권위에 의해 세워진 다른 세속 통치자의 강제적 판단에 예속되어야 한다.[65] 즉 복된 베드로가 말한 것처럼 신은 이들을 악을 행한 자를 처벌하고 선한 자를 칭찬하기 위해 보냈기 때문이다. 그가 같은 곳에서 말한 것처럼 그들에게 복종하는 것이 신의 뜻이다.

§ 9. 또한 복된 사도 바울의 말과 행위의 분명한 예가 이것을 확증한다. 우리는 「사도행전」 제25장에서 이렇게 읽는다. 그는 사제들의 강제적 심판을 기피하면서 분명히 말했다. "나는 카이사르에게 항소한다", 그리고 또한

---

63 II, 2, 7.

64 I, 15, 1-6.

65 사제들은 강제적 재판에 대한 권한을 갖지 못할 뿐만 아니라 그들 스스로 세속적 권세에 종속되어야 한다는 명제는 여러 차례, 그리고 특히 II, 26, 13: 25, 1, 4, 6, 7, 13에서 재확인되었다. 그럼에도 불구하고 성직자들은 신법의 규정에 위배되지 않는 범위에서만 세속 권세에 복종해야 한다. 이 제약은 평신도에게도 유효하다. 마르실리우스는 II, 4, 12에서 성서를 통해 그리스도가 자발적으로 카이사르의 재판에 굴복했음을 지시함으로써 세속 권세에 대한 교회 순종의 명제를 확립했다. 이것은 1327년 10월 요한 22세의 교령 'Licet iuxta doctrinam'에서 정죄된 명제 중 하나이다. A. Pelayo, *Collyrium adversus haereses novas*, in: R. Scholz, *Unbekannte* II, pp. 491~514 참조. 펠라요는 마르실리우스의 명제들을 반박하면서 성직자들은 신과 교황에 의해 세속적 재판에서 면제되어 있다고 주장했다(p. 506).

"나는 카이사르의 심판대 앞에 설 것이니, 거기서 심판을 받아야 한다".[66] 여기에 대해 행간 주해는 말한다. "이곳이 재판 장소이기 때문이다." 그러므로 그는 사제들의 심판을 기피하면서 카이사르의 강제적 재판에 종속되어 있다고 고백했다. 그러나 사도가 죽음에 대한 두려움 때문에 "내가 판단을 받아야 할 곳에서", 즉 카이사르 앞에서라고 기만적으로 말했다고 생각해서는 안 된다. 왜냐하면 「사도행전」 제21장에서 분명히 드러난 것처럼 그는 진리를 위해 죽기로 이미 선택했고 결심했기 때문이다. 그는 말했다. "나는 묶일 뿐만 아니라 예루살렘에서 우리 주 예수 그리스도의 이름으로 죽을 각오가 되어 있다."[67] 사도가 자신의 생명을 연장하기 위해 그의 발언을 통해, 사제직 전체를 그의 모범과 그의 교훈을 통해 세속적 통치자의 사법에 부당하게 종속시키는 (이것이 부적절하고 합당하지 않다고 생각했다면) 중죄를 저질렀다고 믿을 정도로 미쳤는가? 왜냐하면 예루살렘으로 올라가고 자기 자신과 이웃에 대해 거짓말하는 것보다는 올라가지 않는 것이 ─ 아무도 그에게 강요하지 않았다 ─그에게 나았을 것이기 때문이다. 그에 대해 이렇게 생각하는 것은 불가능하므로 그가 입으로 선언한 그대로 마음으로 생각했고, 그가 능가하려고 하지 않은 자기 스승 그리스도를 모방함으로써 이렇게 생각한 것이 분명하다. 그리스도는 카이사르는 물론이고 그의 대리인 필라투스도 자신의 세속적 심판자로 인정했다. 그리스도는 「요한복음」 제19장에서 말했다. "그 권세가 위로부터", 즉 신의 천상적 질서에 의해 "주어지지 않았다면 너는 나에 대해 권세를 갖지 못할 것이다."[68] 아우구스티누스는 「로마서」 제13장에 대해 말했다. "권세는 신에 의해서가 아니고는 선하거나 악하거나 어떤 인간에게 주어지지 않았으므로." 베르나르두스도 상스의 대주교에게 보낸 서신에서 상세하게 이에 대해

---

66 「사도행전」 25:10-11.
67 「사도행전」 21:13.
68 「요한복음」 19:11.

진술했고, 우리는 앞의 제4절에서 그것을 인용했다.

§ 10. 그러므로 주교에게는 이 세상 어느 누구에 대해서도 사법이나 강제적 권세가 신법을 통해 용인되어 있지 않고, 오히려 이 장과 앞의 장에서 명백히 지시한 것처럼 조언과 명령을 통해 금지되어 있고, 또한 이런 권세가 주교나 사제에게 (그들이 주교인 한에서) 아버지나 조상의 세습을 통해 성립하지 않기 때문에 사도 베드로와 바울, 그리고 다른 거룩한 교부들의 말에서 분명히 드러난 것처럼, 그리고 제1권 제15장과 제17장[69]의 진술에 의해 지시적 추론으로써 입증할 수 있는 것처럼 그들은 이 일에서 세속적 재판관에 필연적으로 종속되어 있다. 또한 그 권세가 그에게 인간 입법자에 의해 용인되지 않는 한, 주교나 교황도 사제나 비(非)사제에 대해 강제적 사법권을 갖지 못한다. 이성적 근거가 생긴다면 그들에게서 그 권세를 취소하는 것이 인간 입법자의 권한에 항상 있다. 그것에 대한 온전한 결정은 특히 믿는 자의 공동체에서 동일한 입법자에게 속한다는 것을 인식해야 한다.

그러므로 그리스도가 이 세상에서 통치나 누구에 대한 강제적 사법을 포기했고 자기 사도와 사도의 후계자, 주교 내지 장로들에게 조언이나 명령을 통해 그것을 금지한 것, 그가 그 자신과 이 사도들을 세속 통치자의 강제적 사법에 예속되기를 원했다는 것, 그리고 그가 이것을 준수하도록 가르쳤고 그의 탁월한 사도 베드로와 바울을 행위와 말을 통해서 가르쳤다는 것은 복음적 진리와 영원한 증언을 통해 거룩한 교부들과 기독교 신앙의 나머지 인정받은 교사들의 해석이나 주해를 통해 분명히 입증되었다고 우리는 믿는다.[70]

---

69 I, 15, 11; 1, 17, 1-9.

70 성직에 대해 전면적으로, 그리고 특별히 교황에 대해 영적으로나 세속적으로나 강제적 사법권을 거부하고 모든 성직을 세속 권세에 예속시키는 이 급진적인 장 다음

에는 보다 덜 공격적 성격의 장(제6장부터 제10장까지)들이 뒤따를 것이다. 여기서
는 보다 객관적으로 성직의 실제적 권한을 검증할 것이다. 성직자의 권한은 본질적
으로 성례전 집행에 있다.

제 6 장

사제적 열쇠의 권위에 대하여,
그리고 사제나 주교가 파문에서 어떤 권한이 있는가

§ 1. 앞서 말한 것과 연결해 그리스도가 같은 사도들과 그들의 후계자에게 어떤 권세와 권위를, 그리고 신자들에 대한 어떤 재판권을 성서의 말씀에 의거해 용인하려 했고 실제로 용인했는지를 지시해야 한다.[1] 이것에 대해 보다 분명한 의미를 가진 듯 보이는 말 가운데, 그리스도가 「마태복음」 제16장에서 베드로에게 선포한 것이 있다. "나는 너에게 하늘나라의 열쇠를 줄 것이다."[2] 그리고 그리스도는 「마태복음」 제18장과 「요한복음」 제20장에서 모든 사도에게 비슷하게 말했다. "너희가 땅 위에서 매려는 것은 하늘에서도 매일 것이다."[3] 그리고 "너희가 그들의 죄를 용서한 자들은, 용서받는다 ……".[4] 로마 주교가 자신에게 속한다고 주장하는 권세 충만

---

1 앞 장(章)의 신랄한 비판 뒤에, 마르실리우스가 사제의 실제적 권한에 대해 묻는 것은 놀라운 일이다.
2 「마태복음」 16:19.
3 「마태복음」 18:18.

에 대한 견해와 칭호는 무엇보다 이 말들에서 기원한다.[5]

§ 2. 이 말들의 의미와 지식을 보다 확실히 얻기 위해 우리는 제1권 마지막 장[6]에서 언급한 것을 기억할 필요가 있다. 「요한복음」 제18장에서 말한 것처럼 "참된 신이며 참된 인간인 그리스도는 진리에 관해 증언하기 위해 이 세상에 왔다."[7] 즉 인류가 영원한 구원을 얻기 위해 믿고 행하고 거부해야 할 것에 대한 진리이다. 그리스도는 이 진리를 그의 말을 통해 가르쳤고, 그의 모범을 통해 지시했고, 마지막으로 그의 복음 기자와 사도들의 기록을 통해 문서적으로 전달했다. 이것은 우리가 이런 문서를 통해 그 자신과 그의 사도들이 없는 동안 영원한 구원에 관한 것에서 인도받을 수 있게 하려는 것이다. 그리고 이것은 그가 그들에게 자신의 부활 후에 거의 마지막으로 「마태복음」의 마지막 제28장에서 저 말을 하면서 자기 후

---

4 「요한복음」 20:23.
5 II, 23, 5; II, 28, 6 참조. 마르실리우스가 말한 것처럼 열쇠 권능은 영적 사안과 세속 사안에 있어서의 사법권에 대한 교황의 주장을 뒷받침하기 위해 인용되었다. 마르실리우스가 첫 번째 텍스트를 기초적인 것으로 간주하는 것은 당연하다. 왜냐하면 교황청 문헌들이 이 텍스트에 의거해 충분하게 논리를 전개한 사실을 고려할 때, 이 텍스트는 교황의 권세 충만 입장을 지지하는 열쇠라는 것을 확인할 수 있다. 인노켄티우스 3세는 이미 교령 'Novit'(MPL, 215, col. 325~328)에서 이 텍스트를 인용한다. 에기디우스 로마누스는 De ecclesiastica potestate II, 5에서 말한다. "교회가 이 하늘나라의 열쇠를 가지고 있다면, 교회의 정상에 있는 최고 대사제는 그것을 가질 것이다." 보니파키우스 8세는 교령 'Unam sanctam'에서 이 텍스트를 광범위하게 사용했다. 14세기 에기디우스 스피리탈리스(Aegidius Spiritalis de Perusio)는 말했다. "그리스도는 베드로와 그의 후계자들에게 신의 교회 통치에 필요한 모든 권세를 정당하게 위임했다. 그러나 확실한 것은 세속적 사법권이 신의 교회의 올바른 통치를 위해 필수적이라는 것이다. 그러므로 그리스도는 베드로에게 이 권세를 필연적으로 위임했다. 이것은 그리스도가 베드로에게 '네가 무엇이든지 매면'이라고 말했기 때문에 더욱 명백하다. 그가 '무엇이든지'라고 말하므로 아무것도 제외하지 않는다." Quillet, p. 227, 각주 5.
6 I, 19, 4.
7 「요한복음」 18:37.

계자와 사도들에게 위임한 직무이다. "그러므로 가서 모든 민족을 제자 삼아 아버지와 아들과 성령의 이름으로 세례를 주고, 내가 너희에게 명령한 모든 것을 지키도록 가르쳐라."[8] 그런데 그리스도가 사도들에게 세례 집행을 통해 그는 또한 그가 인류의 영원한 구원을 위해 제정한 그 밖의 다른 성례전 집행을 사도들이 이해하도록 했으니, 그 가운데 고해성사가 있다.[9] 이것을 통해 죽음을 가져올 수 있고 용서받을 수 있는, 인간 영혼의 행위적 죄책[10]이 삭제되고 여기서 죄책 때문에 파괴된 신의 은총이 회복된다. 신의 은총이 없다면 인간의 행위는 이런 신의 질서에 따라 영원한 생명에 합당하지 않을 것이다. 그러므로 「로마서」 제6장에서 이렇게 말한다. "신의 은총은 영원한 생명."[11]

§ 3. 이 성례전들과 나머지 것의 일꾼은 그리스도 사도의 후계자로서 사제 내지 성직자들이니, 그들 모두에게 베드로와 다른 사도들의 인격 안에서 열쇠의 권세나 고해성사를 수여하는 권세, 즉 인간을 죄에서 풀어주거나 매는 (이것은 같은 일이다) 권세가 위임되었다는 것이 이전에 인용된 성서 구절을 통해 입증된다. 그러므로 히에로니무스는 "내가 너에게 하늘나라의 열쇠를 줄 것"이라는 「마태복음」 제16장[12]의 말에 대해 이렇게 말한다.[13] "다른 사도들은, 그가 부활 후 그들에게 '성령을 받아라'고 말한 바와

---

8 「마태복음」 28:19-20.

9 마르실리우스가 가톨릭교회의 7성사 가운데 특별히 고해성사를 언급한 이유는 교황의 권세 충만 수호자들이 고해성사를 많이 언급하기 때문이다.

10 culpa: 죄에 대한 책임을 말하며, 'poena'(죄에 대한 벌)과는 구별해야 한다.

11 「로마서」 6:23.

12 「마태복음」 16:19.

13 이 구절에 대한 *Glossa ordinaria*; Petrus Lombardus, *Libri Sententiarum* IV, dist. 19, c. 3, in: MPL, 192, p. 890; Thomas Aquinas, *Catena aurea*, vol. 11, p. 199에서의 해당 구절에 대한 주해 참조.

같은 판단적 권세를 가지고 있다. 너희가 그들의 죄를 용서하는 자들의 죄는 용서받고, 너희가 그들의 죄를 유보하는 자들의 죄는 유보된다. 온 교회는 이 권세를 사제와 주교 안에서 가지고 있으나, 베드로가 특별히 그것을 받았으니, 이것은 모든 사람이, 누구든지 신앙의 일치와 신앙 공동체로부터 분리되는 자는 죄로부터 해방되거나 하늘에 들어갈 수 없다는 것을 알게 하려는 것이다." 그리고 히에로니무스는 "신앙의 일치에서"라고 말했지, 베드로나 로마 주교의 일치에서라고 말하지 않았다. 왜냐하면 그들 중 어떤 자[14]는 이단자이거나 그렇지 않다면 왜곡되었을 수도 있기 때문이고, 실제로 그런 자들을 이미 경험했다. 그러나 이 판단적 권세는 이 구절에 대한 히에로니무스와 아우구스티누스의 견해에 따르면, 열쇠의 권세이다. 여기에 대해 아우구스티누스는 말한다.[15] "열쇠는 구별하는 지식과 권능이니,[16] 이것에 의해 그", 즉 사제는 "자격 있는 자들을 받아들이고 자격 없는 자들을 하늘나라에서 배제해야 한다". 그런데 그가 어떻게 받아들이고 어떻게 배제할 수 있는지는 다음에서 분명해진다. 즉 그리스도가 베드로와 사도들에게 용인한 이 열쇠가 무엇인가에서 드러난다.

§ 4. 우선 주목해야 할 것은 죽을죄를 범한 자의 영혼에서 죄책감이 만들어지고 앞서 그에게 수여된 신의 은총이 파괴된다는 것이다. 죄인은 이 죄책감을 통해 미래 세계의 상태에 있어 영원한 저주를 받아 마땅하다. 그가 이 죄책에서 계속 고집을 부림으로써 그리스도인들 사이에 '파문'이라

---

14 요한 22세를 암시한다.

15 이 구절에 대한 *Glossa ordinaria*; Petrus Lombardus, *Libri Sententiarum* IV, dist. 19, c. 3, in: MPL, 192, p. 890. 그러나 아우구스티누스는 언급되지 않는다. Thomas Aquinas, *Catena aurea*, vol. 11, p. 199에서의 해당 구절에 대한 주해 참조.

16 요한 22세는 교령 'Quia quorundam'에서 열쇠로 대표되는 지식과 권능을 구별한다.

고 불리는 어떤 견책을 통해 이 세상의 신자 공동체에서 배제된다. 반면에 우리는 다음을 주목해야 한다. 죄인은 자신의 실수에 대한 슬픔과 사제 앞에서의 외적 고해를 (이 양자에 대해서 동시에, 그리고 각각 '고해'라는 표현이 사용된다) 통해 삼중적 은총을 얻는다. 첫째, 그는 내적 죄책에서 정화되고 신의 은총이 그 안에서 회복된다. 둘째, 그가 자기 죄책 때문에 마땅히 받아야 했던 영원한 저주에서 사면을 받는다. 셋째, 그는 교회와 다시 화해한다. 즉 그는 신자 공동체와 다시 통합되거나 혹은 다시 통합되어야 한다. 그러므로 죄인에게 이것을 행하는 것, 즉 죄책과 영원한 저주의 책임에서 풀거나 매는 것이 — 이것은 아래에서[17] 진술될 것처럼 사제에게 용인된 열쇠 권한을 통해 이루어져야 한다 — 고해성사를 베푸는 것이다.

§ 5. 그러므로 이렇게 전제한 후에 우리는 명제에 접근하면서 명제집 교사의 정신에 따라, 혹은 차라리 성서와 거룩한 교부들의 정신에 따라(그들의 권위에 의해 제4권 제18부에서 말하는데[18]), 그리고 '사제의 열쇠 권세에 대하여'라고 표제를 붙인 한 소책자에서의 리카르두스[19]의 생각에 따라 말하고자 한다. 참된 참회 내지 고해성사를 받으려면 먼저 죄인의 내적 통회 내지 행위 내지 잘못에 대한 슬픔이 요구된다. 두 번째로 잘못을 고백할 의도와 행위가 요구되는데, 사제를 찾을 가능성이 있는 경우에 사제에게 그 의도를 말로써 표현하거나 표시한다. 만일 가능성이 없다면 뉘우치거나

---

17 II, 6, 7.

18 페트루스 롬바르두스(Petrus Lombardus, 1096~1160)는 『명제집』(*Libri Sententiarum*)을 편집했는데, 이 책은 네 권으로 구성되어 있으며 신학 명제들을 주제별로 모아놓았다. 이 책은 16세기까지 신학의 표준 교과서가 되었으며, 이 책에 대한 수많은 주해서가 집필되었다. 명제집 제4권은 성례전을 다룬다. IV, dist. 18, c. 2: *De remissione sacerdotis*, in: MPL, 192, col. 885~89.

19 Ricardus de Saint Victor, *Tractatus de potestate ligandi et solvendi*, in: MPL, 196, pp. 1159~78. 생 빅토르의 리카르두스(?~1173)는 파리 부근 생 빅토르 수도원의 수도사였다.

통회하는 죄인이 사제에게 (그 가능성이 존재했을 때) 잘못을 고백할 확고한 의도를 가지는 것으로 충분하다.[20]

§ 6. 따라서 그들은 참으로 뉘우치는 죄인, 즉 통회하는, 고백할 의도가 있는 죄인에게서 고백과 사제 쪽에서의 모든 행위에 앞서 오직 신만이 어떤 작용을 한다고 생각한다.[21] 이것은 죄책의 말살과 은총의 회복, 영원한 저주의 빚의 사면이다. 그런데 명제집 교사는 제4권 제18부 제4장[22]에서 성서와 거룩한 교부들의 권위적 구절을 통해 그리스도만이 방금 말한 것을 이룬다는 것을 증명한다. 첫째로 "나만이 백성의 불의와 죄를 지운다"라고 신의 이름으로 말하는 예언자[23]의 권위를 통해 증명되었다. 그다음으로는 "죄를 용서하는 것은 신의 말씀이고, 사제는 판관이다. 사제는 자기 직무를 행하지만, 그는 권세에 대한 권리를 행사하지 않는다"라고 말하는 암브로시우스의 권위에 의해 증명된다.[24] 또한 같은 암브로시우스는 말한다. "우리 죄를 위해 죽은 자만이 죄를 용서한다."[25] 또한 "아무도 세상 죄를 제

---

20 마르실리우스는 사제 앞에서의 고백이 필수적이 아니라고 생각하는 듯 보이는데, 이 것은 카타리파의 입장과 유사하다. 일명 알비파라고도 불린 카타리파(12~14세기)에 의하면, 사제는 성례전 집행에서 필요치 않으며, 또한 고백은 무익하다. 마르실리우스는 『작은 수호자』 V, 8에서 죄를 신께 고백하는 것으로 충분하다고 주장한다. 그러나 그는 "성서의 명령이 아니라 조언처럼 고백은 유익하고 아마도 적절하다. 그러나 신에게 죄를 고백하는 것만으로 충분하다"라고 덧붙인다. 반면에 그는 V, 19에서 입으로 하는 고백은 의무적이니, 그것은 앞에서 말한 공의회를 통해 취소되지 않은 한 공의회에서 요구되었기 때문이라고 정의한다. 결국 그는 V, 21에서 다음과 같이 결론을 내린다. "고백은 신의 명령과는 무관하다. 그것은 인간적 제도이다."

21 신만이 죄를 용서한다는 것이 마르실리우스의 입장이다.

22 Petrus Lombardus, *Libri Sententiarum* IV, dist. 18, c. 4, in: MPL, 192, p. 886.

23 「이사야서」 43:25. 그러나 대부분 필사본, psalmistae(시편 기자), 'Q 사본'만, prophetae(예언자).

24 Petrus Lombardus, *Libri Sententiarum* IV, dist. 18, c. 4, in: MPL, 192, p. 886.

25 이 말은 Petrus Lombardus, *Libri Sententiarum* IV, dist. 18, c. 4, in: MPL, 192, p. 886에는 없다.

거한 어린양 그리스도를 제외하고 아무도 죄를 제거하지 못한다"라고 말
하는 아우구스티누스의 권위에 의해 증명된다.[26] 「시편」 기자의 저 구절,
"그들의 죄가 가려진 자들"[27]에 대한 아우구스티누스의 말에서부터 명제집
교사는 신은 사제의 모든 개입 이전에 이룬다는 생각을 도출한다. 교사는
말한다.[28] "이것으로써 신 자신이 뉘우치는 자를 형벌의 채무에서 풀어준
다는 것이 분명히 입증된다. 그리고 실로 신이 그에게 마음의 진정한 통회
를 주입함으로써, 내적으로 조명할 때 그를 풀어준다. 이성은 이 견해를 뒷
받침하고 권위는 이것을 증언한다. 즉 오직 사랑 안에서 통회하는 겸손한
마음을 갖지 않는 한, 아무도 자신의 죄에 대해 지금 양심의 가책을 느끼
지 못하기 때문이다. 그러나 사랑을 가지는 자는 삶을 살 자격이 있다. 그
런데 아무도 동시에 삶과 죽음에 대한 자격이 없다. 그러므로 그는 영원한
죽음의 빚에 매여 있지 않으니, 왜냐하면 그는 사랑하고 뉘우치기 시작한
이후에 진노의 자식이기를 포기했기 때문이다. 그러므로 그는 그리스도를
믿는 자 위에 남아 있지 않은 진노에서 풀려나 있다. 그러므로 그는 추후
에 그의 고백을 듣는 사제를 통해 영원한 진노에서 풀리는 것이 아니라 오
히려 '내가 고백하고자 한다'라고 말한 이후에 주를 통해 이미 그 진노에
서 해방되어 있다. 신만이 인간을 죄의 더러움에서 내적으로 정화하고 그
를 영원한 형벌의 채무에서부터 풀어준다." 명제집 교사는 앞에서 인용한
「시편」 기자와 거룩한 교부들의 권위적 구절을 계속해서 반복한다. 그리고
그다음에 결론적으로 말한다. "이것과 많은 다른 증언들은 신이 홀로 죄인
을 용서한다는 것을 가르친다. 그리고 그가 어떤 자들을 용서하는 것처럼
또한 다른 자들의 죄를 유보한다."

---

26 Petrus Lombardus, *Libri Sententiarum* IV, dist. 18, c. 4, in: MPL, 192, p. 886.
27 「시편」 32:1.
28 Petrus Lombardus, *Libri Sententiarum* IV, dist. 18, c. 4, in: MPL, 192,
    pp. 886~87.

§ 7. 그러나 교사가 제4권 제17부 제4장에서 말한 것처럼, 앞에서 말한 것처럼, 신은 뉘우치는 자에게, 먼저 사제를 찾을 가능성이 있을 때, 사제에게 잘못을 고백할 것을 요구한다. 거기서[29] 그는 "신에게 죄를 고백하는 것으로 충분한가"라는 물음을 제기하고, 성서의 권위적 구절을 통해, 사제를 찾을 가능성이 있다면, 이것으로 충분하지 않다고 결정한다. 그러나 그렇지 않다면 신에게 고백한 것으로 충분하지만, 그럼에도 불구하고 할 수 있는 한 언제나 고백할 의도를 가지고 있어야 한다. 리카르두스[30]는 명제집 교사와 일치되게 앞에서 언급한 소책자에서 이렇게 생각했다. 그는 여러 장에서 결정된 것에서부터 다음처럼 추론한다. "신은 사제의 모든 봉사에 앞서 참으로 뉘우치는", 즉 자신의 죄에 대해 통회하는 "인간으로부터, 사제를 찾을 가능성이 있는 한, 그가 사제에게 추후 잘못을 고백해야 한다는 조건 아래 죄를 제거하고 영원한 죽음의 빚을 풀어준다". 교사는 이 조건을 사제를 찾을 가능성이 있을 경우에 잘못을 고백하는 '확고한 의도' 라고 칭했다.[31] 명제집 교사는 이 견해를 같은 책 제4권 제18부, 제5장과 제6장에서 결론 내리면서, 동시에 이런 이성적인 질문에 답변한다. 신만이 사제의 모든 사역에 앞서 죄책을 제거하고 영원한 저주의 빚을 풀어준다면, 고해에서 사제의 직무나 행위가 무엇을 위해 요구되는가 하는 의심을 가질 수 있다. 명제집 교사는 말한다.[32] "커다란 견해 차이 속에서"— 즉 여기에 대해서 거룩한 교부들과 교회 교사들은 실제로는 견해가 불일치하지 않지만 불일치하는 듯 보인다 —"우리는 무엇을 지지해야 할까? 우리는 신만이 죄를 용서하고 유보한다고 말할 수 있고 생각할 수 있다. 그럼에도 불구하고 신은 교회에, 즉 어떤 의미에서 교회라고 불릴 수 있는 사제

29 Petrus Lombardus, *Libri Sententiarum* IV, dist. 18, c. 4, in: MPL, 192, pp. 881f.

30 Ricardus, *De potestate ligandi et solvendi*, c. 6~8, in: MPL, 196, pp. 1163~65.

31 Ricardus, *De potestate ligandi et solvendi*, c. 6~8, in: MPL, 196, p. 1165.

32 Petrus Lombardus, *Libri Sententiarum* IV, dist. 18, c. 5, 6, in: MPL, 192, p. 887.

들에게 이 권의 제2장에서 드러난 것처럼 매고 푸는 권세를 수여했다. 그러나 신이 풀고 매는 것과 교회, 즉 사제들이 풀고 매는 것은 다르다. 즉 신은 영혼을 내적 오염에서 정화하고 영원한 죽음의 빚에서 풀어주는 한에서 죄를 용서한다. 그러나 신은 사제에게 이것을 용인하지 않았다. 그러나 그는 그들에게 매고 푸는 권세, 즉 인간들이 풀리고 매임을 선언하는 권세를 부여했다." 여기서 명제집 교사는 고해에서 사제의 직무 내지 봉사가 무엇을 위해 요구되는가를 표현한다. 그리고 이것을 설명하면서 말했다.[33] "여기서 주는 먼저 다만 나병환자에게 건강을 회복시켜 주었고, 그다음으로 사제들의 판단을 통해 정화되었음이 선언되도록 하기 위해 그를 사제에게 보냈다. 이렇게 주는 또한 이미 소생한 나사로를 풀어주기 위해[34] 자기 제자들에게 넘겨주었으니, 이것은 어떤 사람이 신 앞에서 풀렸을지라도 그는 교회 앞에서, 즉 교회의 판단에 있어 오직 사제의 판단을 통해서만 풀린 것으로 간주되기 때문이다. 그러므로 한때 율법의 사제[35]가 죄를 나타내는 나병으로 더러워진 자들에게 행한 것처럼 교회의 사제가 죄책의 매고 풀음에 있어 작용하고 결정한다." 그는 이 견해를 제6장 말미에서 반복하고 히에로니무스의 권위를 통해 확증한다.[36] 히에로니무스는 「마태복음」 제16장의 '내가 너에게 하늘나라 열쇠를 주겠다'에 대해 말한다. "복음의 사제는 한때 율법 아래 율법의 사제가 나병환자들을 돌봄에 있어 가졌던 권한과 직무를 가지고 있다. 그러므로 이들은 죄가 신에 의해 용서되었거나 유보되었음을 판단하고 선언함으로써, 죄를 용서하거나 유보했다." 그러므로 "「레위기」[37]에서 나병환자들에게 사제에게 보이라고 명령한다. 사제

---

33 Petrus Lombardus, *Libri Sententiarum* IV, dist. 18, c. 6, in: MPL, 192, pp. 887f.
34 「요한복음」 11:34-44. 시신을 감쌌던 천을 풀기 위해서.
35 『구약성서』의 사제.
36 Petrus Lombardus, *Libri Sententiarum* IV, dist. 18, c. 6, in: MPL, 192, pp. 887f.
37 「레위기」 14:1-2.

들은 그들을 나병환자로 만들거나 깨끗하게 만드는 것이 아니라 누가 정결한지, 불결한지를 판단한다". 그러므로 뉘우치는 자에게는 앞에서 말한 이유 때문에 사제의 직무가 요구된다. 즉 신에 의해 그의 죄가 유보되거나 용서받은 자가 공동체 앞에서 선언받기 위해.

§ 8. 그리고 신이 죄인에게 작용하는 또 다른 일은 같은 교사와 리카르두스의 생각처럼[38] 사제의 봉사 없이 이루어지지는 않는다. 그것은 죄인이 아무리 정직하게 뉘우치고 고백했을지라도, 자신의 잘못에 대해 겪었어야 할 연옥의 일시적 형벌[39]을 기도나 자선, 순례나 유사한 것과 같은 이 세상에서의 보속 행위로 변경하는 일이다.[40] 그러므로 명제집 교사는 제18부 제7장[41]에서 말한다. "또 다른 방식의 매고 푸는 일이 있으니, 사제가 고해의 보속에 의해 매는 자들을 같은 것에 의해 풀린 것으로 선언하기 때문이고, 사제가 정직하게 뉘우치는 죄인으로 간주하는 자에게만 고해의 보속이 부과되기 때문이다. 그는 다른 자에게는 보속을 부과하지 않으며, 그것을 통해 죄가 신에 의해 유보된다고 판단한다." 그리고 사제는 죄인이 받아 마땅한 연옥의 형벌을 이 세상의 어떤 보속 행위로 변경할 뿐만 아니라 그 후에 죄인을 다시 교회, 즉 신자 공동체와 화해시킨다. 여기서 사제는 구별한 것에 따라[42] 행동한다면, 죄인에 대해 비슷하게 권세를

---

38 Ricardus, *De potestate ligandi et solvendi* c. 8, 24, in: MPL, 196, pp. 1165, 1176.

39 연옥(purgatorium)은 육신적 사망 후의 중간 상태를 의미한다. 가톨릭교회는 죽은 자의 죄가 연옥의 불을 통해 정화되어야 한다고 가르쳤다. 「고린도 전서」 3:13-15를 그 근거 구절로 삼았다. 1245년 제1차 리옹 공의회와 1274년 제2차 리옹 공의회에서 교리화되었다.

40 사제는 이 기능에 있어 필수적이다. 그럼에도 불구하고 마르실리우스는 『작은 수호자』에서 영원한 형벌의 사면을 위해 이 세상에서 일시적 형벌의 형태로 속죄하는 것은 필수적이 아니라고 주장한다. 이 세상에서 참회하는 것은 명령이 아니고 조언할 사안이다(VI, 1 참조). 또한 II, 7, 3-5 참조.

41 Petrus Lombardus, *Libri Sententiarum* IV, dist. 18, c. 7, in: MPL, 192, p. 888.

행사하는 것이다. 그러므로 명제집 교사는 앞에 인용된 구절에서 말한다.[43] "사제는 고백하는 자에게 고해의 보속 행위를 부과할 때 매는 것이다. 그들이 보속 행위에서 뭔가를 면제하거나 보속을 통해 정화된 자들을 성례전의 친교에 참여하도록 허용할 때, 푸는 것이다. 교황 레오[44]는 이 방식, 즉매거나 푸는 방식을 위에서 인지했고, 사제는 이런 방식에 따라 죄를 용서하거나 유보한다고 말한다. 그러므로 아우구스티누스는 앞에서 말했다. 그들이 용서하는 자들을 신은 용서한다 등. 즉 그들은 죄인들을 정의로운 형벌에 의해 맬 때, 그들에게 정의의 일을 행하는 것이다. 그들이 보속 행위에서 뭔가를 면제하거나 그들을 성례전의 공동체와 화해시킴으로써 자비의 행위를 행하는 것이다. 그들은 다른 행위를 죄인에게 행사할 수 없다." 여기서 분명해지는 것은 로마 주교는 모든 다른 사제보다 뉘우치는 자의 공로에 따라 더 많이 죄책이나 형벌을 면제할 수는 없다는 것이다.

§ 9. 거룩한 교부들과 명제집 교사, 그리고 리카르두스의 인용된 권위에서 다음이 분명해진다. 앞에서 지시한 것처럼 오직 신만이 진실로 뉘우치는 죄인의 죄책과 영원한 저주의 빚을 사제의 선행하는 혹은 동시에 개입하는 행위 없이 면제한다. 나는 이것에 대한 속일 수 없는 증거를 성서에 의해, 거룩한 교부와 교회 교사들의 진술에 의해 제시하고자 한다. 오직 신만이 누구의 죄를 용서하고 누구의 죄를 유보할 것인지에 대해 모를 수 없고, 신만이 그릇된 감정에 의해 움직여지거나 어떤 사람도 불의하게 판단하지 않는 자이기 때문이다. 그러나 교회나 사제는 그가 누구든지 간에 (로마 주교라도) 그렇지 않다. 그들 중 누구라도 때로는 착각할 수 있고, 그릇된 감정에 의해 혹은 양자에 의해 기울어질 수 있다. 그렇기 때문에 사

---

42 진정으로 뉘우치는 자와 그렇지 않은 자를 구별하는 일.
43 Petrus Lombardus, *Libri Sententiarum* IV, dist. 18, c. 7, in: MPL, 192, p. 888.
44 교황 레오 1세(재위 440~461)를 말한다.

제가 무지나 악함이나 양자에 의해 흔들림으로써 마땅한 의도나 뒤따르는 고백 행위를 가진 진실로 뉘우치는 죄인에게 죄나 죄책이나 영원한 저주의 빚을 면제하지 않는다면, 선한 자에게 영원한 영광의 보상을, 악한 자에게 지옥의 형벌을 준다는 그리스도의 신실한 복음적 약속은 지켜지지 않을 것이다. 따라서 종종 일어날 수 있는 것처럼 죄인이 겉으로만 그리고 적절치 않게 자신의 잘못을 고백했고, 사제의 무지나 악함, 혹은 양자 때문에 면죄를 받고 축복을 받았다고 가정하자. 또 다른 사람이 충분하고 적절하게 사제에게 죄를 고백했지만 사제가 무지나 악함이나 양자 때문에 그에게 사면과 축복을 거부했다고 가정하자. 겉으로만 고백한 첫 번째 사람의 죄는 용서를 받았고 두 번째 사람, 즉 진실로 뉘우친 죄인의 죄는 유보되었는가? 의심할 여지없이 전혀 그렇지 않다고 생각해야 한다. 그러므로 크리소스토무스는 「요한복음」 제20장의 "성령을 받아라, 그리고 너희가 그들의 죄를 용서하는 자에게 ……"에[45] 대해 말한다.[46] "사제도, 천사도, 대천사도 신에 의해 주어진 것에 어떤 작용도 할 수 없다. 그러나 사제는 축복과 안수를 베푼다. 왜냐하면 믿음에 이르는 자가 다른 자의 악함 때문에 우리 구원의 상징[47]에서 상처받는 것은 옳지 않기 때문이다." 히에로니무스도 「마태복음」 제16장의 저 구절 "내가 너에게 하늘나라 열쇠를 주려고 한다"에 대해 말한다.[48] "이 구절을 이해함이 없이, 사람들은 바리새인의 오만에서 뭔가를 취한다. 따라서 그들은 죄 없는 자를 저주하고 죄 있는 자를 풀어줄 수 있다고 생각한다. 반면에 신 앞에서는 사제의 의견이 아니라 고발당한 자의 삶에 대해 묻는다." 명제집 교사는 제18부 제6장에서 이 말에 다음의 주목할 만한 구절을 덧붙인다.[49] "여기서 분명히 입증할 수 있

45 「요한복음」 20:22-23.

46 Thomas Aquinas, *Catena aurea*, vol. 12, p. 457에서의 해당 구절에 대한 주해 참조.

47 성례전, 특히 고해성사를 지시한다.

48 Petrus Lombardus, *Libri Sententiarum* IV, dist. 18, c. 6, in: MPL, 192, p. 887.

는 것은, 신은 때로는 기만과 무지에 의해 판단하는 교회", 즉 교회 사제들의 "판단을 언제나 따르지는 않는다는 것이다". 그리고 제18부 제8장에서 다음을 덧붙인다. "때로는 밖으로 보내진 자, 즉 사제에 의해 교회 밖에 있는 것으로 판단되는 자가 안에 있고, 진실로 밖에 있는 자가 안에 있는 듯하다. 즉 사제의 그릇된 판단에 의해 유보되는 듯하다."[50]

§ 10. 명제집 교사는 제4권 제18부 제8장에서 우리가 방금 거룩한 교부들과 교회 교사들의 진술에서 취해 진술한 사제의 열쇠 권한에 대한 이런 의견을 요약하여 말한다.[51] "사제들이 죄를 어떤 의미에서 용서하거나 유보하는지 이미 밝혀졌다. 그럼에도 불구하고 신은 자신에게 용서하거나 유보하는 특별한 권한을 유보했다. 왜냐하면 그 홀로 영원한 죽음의 빚을 풀고 영혼을 내적으로 정화하기 때문이다". 그는 제18부 제9장과 결론 장에서 같은 말을 한다.[52] "그러므로 죄를 통해 영혼에 내재하는 닮지 않음[53]과 신으로부터 멀어짐은 영혼의 흠결로 이해된다. 영혼은 뉘우침에 의해 이 흠결에서 정화된다. 그러나 그 홀로 영혼을 일깨우고 조명하는 신만이 이것을 행한다. 사제들은 영혼의 의사이기는 하지만 이것을 할 수 없다."

§ 11. 그런데 비슷하게 사제의 활동이 요구되는 "매고 푸는 다른 방식이

---

49 Petrus Lombardus, *Libri Sententiarum* IV, dist. 18, c. 6, in: MPL, 192, p. 887.

50 Petrus Lombardus, *Libri Sententiarum* IV, dist. 18, c. 8, in: MPL, 192, p. 888. 교회 밖으로 보내짐은 출교, 즉 파문당함을 의미하는데 요한 22세가 루트비히에게 내린 파문을 염두에 두고 있는 듯하다. 이로써 마르실리우스는 로마교황의 판단 무오성 주장에 도전한다.

51 Petrus Lombardus, *Libri Sententiarum* IV, dist. 18, c. 8, in: MPL, 192, pp. 888f.

52 Petrus Lombardus, *Libri Sententiarum* IV, dist. 18, c. 9, in: MPL, 192, p. 889.

53 dissimilitudo: 'similitudo'(닮음)의 반대말. Augustinus, *De civitate Dei* IX, 17, 9 참조. "각 사람은 신에게 가까울수록 신과 닮고, 신으로부터 멀어짐은 그와 닮지 않음과 다름이 아니다."

있으니", 즉 파문의 방식이다.[54] 명제집 교사가 제4권 제18부 제7장에서 말한 것처럼 "교회법상 징계 절차에 따라 세 번째로[55] 명백한 잘못을 교정하기 위해 부름을 받고도 보속을 행함이 불필요하다고 생각하는 자가 교회의 판단에 의해 그가 수치스럽게 되고 자신의 범죄에 대한 수치심 때문에 회개해 뉘우치고 그의 영혼이 구원받도록 하기 위해 기도 장소에서, 성례전 참여에서, 그리고 신자 공동체로부터 배제될 때에 이 방식이 행해진다. 그러나 그가 후회를 선언하고 제정신으로 돌아온다면 그는 거부되었던 성례전 참여를 허락받고 교회와 다시 화해한다. 그런데 교회의 이 저주는 합당하게 내쳐진 자에 대해 이 벌을 가한다. 왜냐하면 신의 은총과 보호가 그들에게서 박탈될 것이고, 그들은 죄의 멸망으로 떨어지는 것이 자유롭도록 자신에게 내맡겨지기 때문이다. 그들에 대해 또한 악마에게도 보다 큰 권세를 행하도록 허용된다. 또한 교회의 축복과 공로의 도움이 그들에게 도움이 되지 않는 것으로 간주된다".[56]

§ 12. 파문할 수 있는 권한이 누구에게 있고 어떤 방식에 따라 그러한지를 알기 위해, 앞에서 말한 것에서 파문에 있어 고발당한 자는 미래 세상의 상태에 대해서 (제2권 제9장[57]에서 분명히 언급하게 될) 어떤 판단에 의해 유죄로 판단되어야 한다는 것, 그리고 어떤 중한 벌이 또한 현재 세상의 상태에 대해 그에게 부과됨으로써, 그가 공개적으로 치욕을 당하고 다

---

54 그러나 제12절에서 보게 될 것처럼 파문권은 사제에게 귀속되는 것이 아니라 총회에 귀속되며, 좀 더 정확히 말하면 신실한 인간 입법자에게 귀속된다.

55 「마태복음」 18:15-17에 의하면, 형제가 죄를 지었을 경우에 1) 단 둘이 있는 데서 충고하고, 2) 그가 듣지 않으면 두세 증인의 입으로 모든 사실이 확증되도록 한다. 3) 그가 그들의 말도 듣지 않으면 교회에 말하고, 4) 교회의 말도 듣지 않으면 그를 이방인처럼 간주하라고 하였다.

56 Petrus Lombardus, *Libri Sententiarum* IV, dist. 18, c. 7, in: MPL, 192, p. 888.

57 II, 9, 1.

른 사람과의 교제가 금지된다는 것에 주목해야 한다. 따라서 그는 시민적 교제와 그 이익을 박탈당한다. 사제에 의해 부당하게 내쳐진 자에게 내려지는 일차적[58] 벌의 선고가 미래 세계의 상태에 대해 아무런 해를 끼치지 않을지라도 (이전에 충분히 지시한 것처럼 그들이 누군가를 불의하게 판단할지라도 신은 언제나 교회, 즉 사제의 판단을 따르지 않기 때문), 그럼에도 불구하고 사제에 의해 불의하게 내쳐진 자는 현재 삶의 상태에 대해 심하게 불이익을 당한다. 왜냐하면 그는 치욕을 당하고 시민적 교제를 박탈당하기 때문이다. 그렇기 때문에 이런 판결의 선포를 위해 사제의 음성과 행동이 요구되기는 하지만, 그럼에도 불구하고 파문이나 사면에 대한 강제적 판결과 명령을 선포하는 것은 어떤 사제나 사제 집단의 직무가 아니라는 것을 말해야 한다. 오히려 고발당한 자를 소환하고 신문하고 판단하고 사면하거나 이런 공개적인 치욕을 당하거나 신자 공동체로부터 퇴출당하도록 판결하는 과제를 맡을 재판관을 세우는 권한은, 거기서 누구든지 이런 심판을 통해 정죄되어야 하는 공동체 내의 신자 전체나 혹은 이것보다 상위 공동체[59] 혹은 총회에 속한다. 그럼에도 불구하고 사제 집단이나 그들 중 수적으로 제한된 전문가들의 모임[60]을 가짐으로써, 기존의 법이나 관습에 따라 어떤 잘못이 있다면 그 때문에 누군가를 파문해야 하는지 여부를 검증

---

58 최후의 심판에서 죄인에게 내려지는 벌을 최종적이라고 전제할 경우에 현세에서 내려지는 벌은 일차적이라고 표현할 수 있다.

59 ad ipsius superiorem vel ad concilium generale: 번역자는 여기서 쿤츠만/쿠쉬의 번역을 따랐다. 키예는 'superiorem'을 그 공동체의 '상위자'(supérieur), 즉 상위 심판관으로 이해하면서 교황을 모든 군주의 상위 심판관으로 보는 교회법 이론을 수용했다. 키예는 마르실리우스가 상위 심판관으로써 황제를 암시하는 것으로 추정한다. Quillet, p. 236, 각주 40 참조. 그러나 전체 문맥으로 볼 때, 마르실리우스가 심판관을 세우는 권한은 어떤 사제나 사제 집단도 아니고 신자 전체 내지 총회에 있다고 진술한 것을 감안할 때 상위 공동체, 즉 그 신자 공동체가 속해 있는 종교 공동체를 지시하는 것으로 보아야 한다.

60 여기서 볼 수 있듯이 파문에서 사제의 역할은 전문가로서의 판단이며, 강제적 권한은 그들에게 없다. 강제적 집행은 공동체의 실정법에 따라 집행되어야 한다.

할 수 있다.

즉 사제들은 첫 번째 의미에서의 판단을 통해, 복음적 법에 따르면 그 때문에 어떤 사람이 다른 사람을 오염시키지 않도록 신자 공동체에서 퇴출되어야 하는 그런 잘못을 판단하거나 구별해야 한다. 이것은 의사나 의사 집단이 첫 번째 의미의 판단을 통해, 그 때문에 나병환자가 다른 사람들을 감염시키지 않도록 다른 사람과의 교제에서 분리되어야 하는 그런 육신적 질병에 대해 판단해야 하는 것과 같다. 또한 잘못은 누군가 자행했다는 것이 확실한 증언을 통해 입증 가능해야 한다. 그러므로 나병환자를 배제하는 강제적 권한을 가진 법정 내지 판관을 세우는 일은 의사나 그들의 집단에만 속하는 것이 아니라 제1권 제15장[61]에서 입증된 바와 같이, 신실한 시민 전체나 그들 중 강한 편에 속하는 것처럼, 악명 높은 잘못 같은 영혼의 질병 때문에 공동체의 교제로부터 퇴출되어야 할 자에 대한 강제적 권한을 갖는 법정 내지 판관을 세우는 것은 다만 사제나 그들의 집단에게만 속하는 것이 아니다. 물론 이런 판단은 그들의 조언에 근거해 진행되어야 한다. 왜냐하면 그들은 그것 때문에 어떤 죄 있는 자가 죄 없는 신자들과의 교제가 금지되어야 하는, 그런 실수가 규정되어 있는 신법을 알아야 할 의무가 있기 때문이다. 왜냐하면 「말라기서」 제2장에서 말한 것처럼 "사제들의 입술은 지식을 보존하고, 사람들은 그의 입술에서 법을 요구하기" 때문이다.[62]

그러나 주교나 사제만이 잘못의 책임이 있는 자가 과연 그런 잘못을 저질렀는지를 판단해서는 안 되고, 우리가 말한 것처럼 저 공동체 내의 신자 전체나 이것의 상위 공동체,[63] 혹은 이 일을 위해 같은 공동체에 의해 세워진 판관이 — 사제이거나 비(非)사제이거나 — 제시된 증거에 따라 판

---

61 I, 15, 2.
62 「말라기서」 2:7.
63 앞에서 말한 것처럼 상위 공동체는 총회를 지시한다.

단해야 한다. 고발당한 자가 증인을 통해 유죄임이 확증되었고, 그가 그것 때문에 출교되어야 하는 잘못이 (이것은 사제 집단이나 그들 중 건전한 쪽의 판단에 의해 확정되어야 한다) 있다면, 저 지역이나 나라의 신자 전체가 그 일을 위해 세운 앞에 언급된 판관은 이런 죄인의 출교를 판결을 통해 선포해야 한다. 그리고 이 판결은 판관의 지시에 따라, 그리고 그것이 고발당한 자에게 미래 세상의 상태에 대해서도 해당되는 한 사제의 음성을 통해 집행되어야 한다.[64]

§ 13. 성서는 우리가 말한 것이 참되다는 것을 보여 주는데, 성서에서 이런 종류의 비난이 기원한 듯하다. 「마태복음」 제18장에서 그리스도는 말했다. "네 형제가 너에 대해 죄를 지었다면, 가서 단 둘이 있는 데서 그를 바로잡아라. 그가 네 말을 듣는다면, 네 형제를 얻은 것이다. 그러나 그가 네 말을 듣지 않는다면, 한두 사람의 증인을 불러서, 두세 명의 증인의 입으로 모든 말을 확실히 하라. 그가 그들의 말을 듣지 않으면, 교회에 말하라. 그러나 그가 교회의 말을 듣지 않으면, 그는 너에게 이방인이나 세리와 같을 것이다."[65] 그러므로 그리스도는 '교회에 말하라'고 했지, 사도나 주교나 사제나 사제 집단에게만 말하라고 하지 않았다. 여기서 그리스도는 교회를 믿는 자들의 무리, 혹은 이 일을 위해 무리의 권위로 세워진 판관으로 이해했다. 이 권의 제2장[66]에서 분명히 입증한 바와 같이 사도들과 초

---

64 거워스는 파문의 세속적 결과의 위험을 고발하는 것을 종교적 자유의 침해에 대한 항거의 표시로 보았다. Gewirth, vol. 1, pp. 158~60. 반면에 키예는 마르실리우스가 파문의 세속적 결과에 역점을 둠으로써 전통적 개념을 초월하지는 못했다고 본다. 즉 그에게 파문은 시민적 권리를 박탈하는 것이다. 신법의 위반은 이 세상에서 처벌되지 않을 수 없다. 반면에 근대인들에게는 영적인 것에 불과한 처벌이 현재의 삶에 끼치는 영향은 문제가 될 수 없을 것이다. Quillet, p. 237, 각주 46.

65 「마태복음」 18:15-17.

66 II, 2, 3.

대교회는 이런 의미로 이 용어를 사용했다. 나는 그리스도가 교회를 이렇게, 즉 믿는 자 내지 신자 전체로 이해했다는 것과 이런 판관을 세우거나 고집 센 자들에 대해 혹은 이런 식으로 죄지은 자에 대해 이런 판단을 내리는 권한이 이들에게 있다는 것을 「고린도 전서」 제5장의 사도의 진술을 통해 입증한다.[67] 여기서 사도는 이런 판단을 내려야 하는 원인과 형식, 양태, 그리고 어떤 자들을 통해서 해야 하는지를 분명히 그리스도의 말씀에 의거해 가르치며, 다음과 같은 말로써 자신의 견해를 설명한다. "나는 육신적으로는 부재하지만 영적으로는 현재하면서 마치 현재하는 것처럼 그렇게 행동한 자를, 우리 주 예수 그리스도의 이름으로 판단했으니, 여러분과 내 영이 함께 모여 우리 주 예수의 능력으로써 이런 인간", 즉 자기 아버지의 아내를 육신적으로 범한 죄인을 "사탄에게 넘겨주었다". 여기서 아우구스티누스의 주해는 이렇다. "나는 이런 식으로 판단했으니, 즉 여러분은 한곳에 모여 어떤 의견의 불일치 없이, 내 권위와 그리스도의 능력이 협력함으로써, 이런 인간을 사탄에게 넘겨주어야 한다."[68] 그러므로 사도의 견해와 가르침에 따라 무엇 때문에, 누구에 의해, 어떤 방식으로 어떤 사람이 파문되어야 하는지를 주목하라. 그는 이 훈계에서 아마도 신법에 따른 명령보다는 차라리 조언을 주목해야 한다.[69] 왜냐하면 그들이 인내하기 때문에 저 죄인을 자신들 가운데 교제하게 했다고 하자.[70] 어쩌면 말썽이나 여러 사람을 물들게 할 위험이 없지 않을지라도, 그들은 구원받을 수 있고 보상받을 행위를 행할 수 있을 것이기 때문이다.

더 나아가 사도의 훈계가 엄밀히 따져 신법의 의미에서의 명령이었다

---

67 「고린도 전서」 5:3-5.
68 Petrus Lombardus, *Collect.*, in: MPL, 191, p. 1571D. 아우구스티누스는 언급되어 있지 않다.
69 attenditur.
70 이 경우를 전제할 때, 사도의 훈계는 구속력이 없다.

고 가정하자. 그럼에도 불구하고 명령은, 이것이[71] 오직 사제나 주교나 그들의 집단을 통해서만 이루어져야 한다는 의미는 아니다. 그러므로 사도가 "나는 육신적으로는 부재하지만 영적으로는 현재하면서 …… 판단했으니 ……"라고 말했을 때, 그가 덧붙인 "여러분과 내 영이 함께 모여서"라는 말 때문에 세 번째가 아니라 첫 번째 의미의 판단으로[72] 이해해야 한다. 그러므로 그는 그들에게 그들 가운데 그것에 입각해 여기서 분쟁이 일어나지 않도록 하는 그런 형식을 가르쳤다. 왜냐하면 그들이 한곳에 모임으로써 특별히 강제적 심판 형식으로 이 일이 이루어져야 했기 때문이다.[73] 그렇기 때문에 아우구스티누스는 말했다. "여러분이 한곳에 모여서 어떤 의견의 불일치 없이", 즉 여러분을 통해 혹은 이 일을 위해 여러분에 의해 전체적 합의에 의해 세워진 판관을 통해 전체적 합의에 이르는 것은 동일한 것이다. 그렇기 때문에 사도는 사제가 이것을 행해야 한다고 지시하지도 않았고, 또한 이것을 행해야 한다고 사제나 주교에게 쓰지 않았다. 「고린도전서」 제4장[74]에서처럼 그가 당시 주교였던 디모데를 그들에게 보냈지만 말이다. 이 판단이 오직 사제의 권한에 속한다는 것을 알았다면, 그는 다른 경우에서처럼 이렇게 했을 것이다. 우리는 앞의 장[75]에서 이것을 「디모데 전서」 제3장에서와 「디도서」 제1장[76]에서 인용했다.

우리가 주장한바, 이미 개연성을 가지고 진술한 견해는 성서에 따라 이성적으로 확립할 수 있다. 왜냐하면 우리가 말한 것처럼 이런 판단은 한 사제나 사제 집단만의 의지를 통해서보다는 확실하게 의심 없이 이루어지

---

71 사탄에게 넘겨주는 일.
72 II, 2, 8 참조.
73 전문가로서 사제의 소견을 청취하기 위해 모임이 소집되어야 한다.
74 「고린도 전서」 4:17.
75 II, 5, 3.
76 「디모데 전서」 3:1-13; 「디도서」 1:5.

기 때문이다. 그의 혹은 그들의 판단은 신자 전체의 판단보다는 (우리는 언제라도 이 판단에 호소할 수 있다) 애정이나 증오나 자신의 유익을 고려함으로써 보다 빠르게 왜곡될 수 있다. 이미 말한 것처럼 사제는 이런 판결은 집행해야 하지만, 이 일에서 인간 권세에 의해 부과될 수 없는 죄인에 대한 (악령의 괴롭힘 같은) 어떤 벌을 이 세상에서 선고하기 위해 신의 능력에 호소한다. 그리고 죄인은 미래 세계에 대해 비슷하게 어떤 벌에 대해 선고를 받는다. 그리고 죄인은 교회의 대도(代禱)를 잃는데, 이것은 아마도 신이 오직 사제의 행위를 통해서만 이루어지도록 정했다.[77] 더 나아가 신자 전체의 동의 없이 누구든지 파문하는 것이 모든 주교나 사제나 혹은 성직자 집단과 더불어 그들의 권한에 속한다면, 여기서부터 사제나 그들 집단은 왕국과 통치권을 소유한 왕이나 군주로부터 왕국과 통치권을 빼앗을 수 있다는 결론이 나올 것이다. 왜냐하면 한 통치자가 파문되었는데도 예속된 백성이 파문당한 군주에게 복종하려 한다면, 그들도 파문당할 것이기 때문이다. 그러므로 모든 군주의 권세는 공허할 것이다. 이교도들의 교사[78]가 「로마서」 제13장과 「디모데 전서」 제6장에서 정반대의 것을 바랐다고 이 권의 제5장 제7~8절에서 인용한 것처럼, 아우구스티누스도 이 구절에 대한 주해에서 마찬가지였다. 그러나 이 결과에 대해 분명히 제시할 수 있는 항변은 이 권의 제9장, 제10장, 제14장, 제17장에서 말하는 것에 의해 쉽게 반박될 것이다.

§ 14. 더 나아가 사제가 어떤 말을 선포한 후에, 빵과 포도주의 본질을 사제의 기도에 따라 그리스도의 축복받는 몸으로 변화시키는 권한이 있

---

77 II, 12, 6; II, 23, 4 참조. 사제는 파문 선고에 있어 불가결한 역할을 담당한다. 왜냐하면 사제만이 그의 선포를 통해 죄인을 사탄에 넘겨주고 그에게서 교회의 대도를 빼앗는 권한을 갖기 때문이다.

78 사도 바울을 말한다.

다. 그런데 이 권한은 열쇠 권한처럼 영혼의 품격이며, 성찬의 성례전을 집행할 수 있는 권세라 불린다. 이 권세는 일부 신학자들의 주장에 따르면 열쇠 권한과 동일한 품격에서 기원하는데, 이 권한에 대해 이전에 언급했다. 그런데 다른 자들의 말에 따르면, 다른 시대에 그리스도의 다른 말씀을 (즉 그가 사도들에게 「마태복음」 제26장, 「마가복음」 제14장, 「누가복음」 제22장[79]에서 선포한 말씀처럼) 통해 사도들에게 수여된 상이한 품격에서 기원한다. "이것은 너희를 위해 내어준 내 몸이니, 이것을 행하여 나를 기념하라." "이것을 행하라"는 너희에게 이것을 행할 권한을 가지라는 뜻이다. 그러나 이 이견에 대해 진실이 어떠한 것이든 간에, 우리 고찰과는 상관이 없다. 성서에 의해 입증될 수 있는 한 그리스도에 의해 장로나 주교들에게[80] 수여된 권위 내지 권세에 대한 명제에 대해 충분히 상기시켰다고 믿는다.

---

79 「누가복음」 22:19에서 인용, 「마태복음」 26:26; 「마가복음」 14:22 참조.
80 마르실리우스는 초대교회를 염두에 두었다.

제 7 장

앞의 장에서 말한 내용 요약, 그리고 그 해설 및 확인

§ 1. 우리는 그리스도가 사도들에게 넘겨준 사제들의 열쇠 권능 내지 권한에 대해 요약하고자 한다. 신만이 정직하게 뉘우치는 죄인, 즉 지은 죄에 대해 고통을 느끼는 자에게, 사제의 어떤 선행하는 사역 없이, 마음을 조명하고, 죄책 혹은 죄의 흠을 정화하고, 영원한 저주를 면제해 준다. 그러나 신이 홀로 같은 죄인에게 작용하지 않고 사제의 사역을 통해 행하는 다른 일, 예를 들어 공동체 앞에서 누가 이 세상에서 죄에서 풀린 자 혹은 매인 자이고, 다른 세상에서 매여야 할 자나 풀려야 할 자로 간주해야 하는지, 즉 신이 누구의 죄를 유보했는지 혹은 누구를 용서했는지 알려야 한다. 더 나아가 신이 죄인에게 사제의 사역을 통해 작용하는 또 다른 것이 있으니, 즉 죄인이 미래 세상의 상태에 있어 받아 마땅한 연옥의 벌을 일시적 내지 이 세상에서의 보속 행위로 변경해야 한다. 즉 사제는 이 연옥의 벌을 부과된 보속 행위에 따라, 그리고 뉘우치는 자의 조건에 따라 부분적으로 혹은 전체적으로 면제한다. 사제는 구별함에 따라 열쇠 권능을 가지고 이 모든 일을 실행해야 한다. 앞의 장 말미에서 말한 것처럼[1] 이처

럼 사제는 고집 센 자를 성례전 참여에서 배제하고 뉘우치는 자에게는 참여를 허용한다.

§ 2. 이것은 명제집 교사가 제4권 제18부 제8장에서 다음과 같이 말했을 때의 견해였다.[2] "이런 매고 푸는 방식에 따르자면, '네가 땅에서 풀면 하늘에서도 풀릴 것이고, 내가 땅에서 매면 하늘에서도 매일 것이다'라고 말한 것이 어떤 의미에서 옳은가? 왜냐하면 그, 즉 사제는 때로는 신 곁에 있지 않은 자들을 풀리거나 매인 자로 인정하고, 때로는 합당치 않은 자를 보속의 벌로 매거나 풀고, 합당치 않은 자들을 성례전에 허용하고 합당한 자들을 성례전에 허용하지 않는다. 그러나 그들의 공로가 풀림이나 매임을 요구하는 자들을 고려해 그들의 말을 이해해야 한다. 그러므로 그들이 구별의 열쇠를 사용해 고발당한 자의 공로에 따라 풀거나 매는 자들은 모두 하늘에서, 즉 신 앞에서 풀리거나 매이니, 왜냐하면 이러한 사제의 판단은 신의 판단에 의해 승인되고 확증되기 때문이다." 그다음에 교사는 에필로그처럼 말한다. "사도적 열쇠의 용도가 어떠한지, 얼마나 큰지 보라."

§ 3. 이 견해가 보다 큰 명료성을 얻기 위해, 우리는 그리스도와 거룩한 교부들의 말과 생각(그들의 권위적 구절을 이전에 인용했다), 특히 암브로시우스의 말과 생각으로 보이는 예 혹은 그것의 친숙한 비유를 인용하고자 한다. 즉 암브로시우스는 말했다.[3] "신의 말씀은 죄를 용서하고, 사제는 또한 심판자이다. 사제는 그의 직무를 수행하지만, 권세에 대한 권리를 행사하지 않는다." 그러므로 사제가 권세에 대한 권리를 행사하지 않는다면, 어떤

---

1 II, 6, 12-13.

2 Petrus Lombardus, *Libri Sententiarum* IV, dist. 18, c. 8, in: MPL, 192, p. 888.

3 Petrus Lombardus, *Libri Sententiarum* IV, dist. 18, c. 8, in: MPL, 192, p. 886; II, 6, 6 참조.

방식으로 사제는 죄를 용서하는가?[4] 그러나 우리는 말하고자 한다. 사제는 하늘 심판자의 열쇠지기[5]로서 세상 심판자의 열쇠지기처럼 죄인을 자유롭게 한다. 왜냐하면 이 세상 심판자, 즉 통치자의 말 내지 의견에 의해 고발당한 자가 유죄판결을 받거나 죄책과 형벌에서 사면되듯이 신의 말씀에 의해 한 인간이 단순히 미래 세상에 대해 유죄판결 내지 벌의 책임과 빚에서 풀리거나 매이기 때문이다. 그리고 세상 통치자의 열쇠지기의 행동을 통해 아무도 공적 책임이나 형벌에서 풀리거나 유죄판결을 받지는 않지만, 감옥문을 열고 닫는 그의 행위를 통해 고발당한 자가 사면되거나 저주받은 것으로 드러나듯이, 사제의 행동을 통해 아무도 영원한 저주의 책임과 빚에서 풀리거나 매이는 것이 아니라 우리가 앞 장 말미에서 말한 것처럼 누군가 사제의 축복을 받고 성례전의 참여가 허용된다면, 누가 신에 의해 풀리거나 매이는 자로 간주되어야 하는지가 교회 앞에서 드러난다. 세상 심판자의 열쇠지기는 감옥문을 열고 닫음을 통해 자기 직무를 수행하지만 사면하거나 유죄판결을 내리는 심판자로서의 권세에 대한 권리를 행사하지 않는다. 그가 심판관에 의해 무죄판결을 받지 않은 피고에게 실제로 감옥문을 열고, 백성에게 그를 무죄판결을 받은 자라고 그의 음성으로 선포한다고 할지라도, 그 때문에 저 피고가 공적 형벌이나 책임에서 풀린 것이 아니다. 오히려 그가, 심판관이 그의 선고를 통해 진실로 무죄판결한 자에게 감옥문을 열기를 거부하고, 그를 무죄판결을 받지 않았다고 그의 음성을 통해 선포한다고 할지라도, 그렇기 때문에 저 인간이 공적 책임이나 형벌의 채무자가 되는 것은 아니다. 이에 상응해 사제, 곧 하늘 심판자의 열쇠지기는 무죄판결이나 매임 내지 저주를 말로써 선포함으로써 자

---

4 밑줄 친 문장은 프레비테-오르통(C. W. Prévité-Orton)이 출판한 *Defensor Pacis* 텍스트와 거위스의 영어판에는 나오지 않는다. 사제는 어떤 권세에 대한 권리를 행사하지 않는다.

5 claviger: 'clavis'(열쇠)와 'gero'(지니다)의 합성어이다.

기 직무를 수행한다. 그러나 사제가 천상의 심판자에 의해 진실로 유죄판결을 받아야 할 자 혹은 이미 유죄판결을 받은 자들을 무지나 계략 때문에, 혹은 양자 때문에 무죄판결을 받아야 할 자 혹은 이미 무죄판결을 받은 자로 선포하려 하거나 거꾸로 풀린 자를 반대로 하고자 할지라도, 그렇기 때문에 전자의 경우 무죄판결을 받는 것은 아니며, 후자의 경우 유죄판결을 받은 것이 아니다. 왜냐하면 그는 피고의 공로에 따라 구별하는 능력을 갖고 열쇠 내지 열쇠들을 사용하지 않았기 때문이다. 그렇기 때문에 암브로시우스의 말처럼 사제는 자기 직무를 행하지만 권세의 권리를 행사하지 않는다. 왜냐하면 우리가 앞에서 거룩한 교부들의 권위와 명제집 교사의 제4권 제18부 제8장에 의거해 말한 것처럼 사제들은 진실로 신에 의해 풀린 자 내지 풀려야 할 자들을 때로는 교회 앞에서 미래 세상에 대해 매이거나 매여야 할 자로 선포하고 그 반대의 경우도 그러하기 때문이다. 그러므로 사제는 권세에 대한 권리를 행사하지 않는다. 그렇지 않다면 때로는 신의 정의와 약속은 파괴될 것이기 때문이다.

§ 4. 그러므로 인간의 생각과 행위에 대해 착각할 수 없는 자만이 권세에 대한 권리를 행사하고 강제적 권세를 가진 심판자이다. 왜냐하면 「히브리서」[6] 제4장에서 "모든 것이 벌거숭이요 그의 눈에 드러나 있기 때문이다".[7] 그리고 그만이 악을 원하지 않으니, 왜냐하면 "당신은 정의롭고, 주여, 당신의 모든 판단은 정의롭고 모든 당신의 길이 자비와 진리와 정의이기 때문이다".[8] 그러므로 그만이 유일한 심판자이다. 그러므로 「야고보서」 제4장에서는 다음과 같이 말한다. "파괴하고 자유롭게 할 수 있는 입법자와 심판자는 한 분이다."[9] 야고보는 (사도가 「갈라디아서」 제2장[10]에서 말한 것

---

6 원문에는 「로마서」로 잘못 쓰여 있다.

7 「히브리서」 4:13.

8 「토비트서」 3:2.

처럼) 교회의 기둥으로 간주되었던 세 사람 가운데 한 사람이었음에도 불구하고, 자기 자신이나 사도들 중 한 사람에게 이것을 주장하지 않았다. 그리스도는, 다른 세상에서 내렸거나 내려야 할 이런 판결이 사제를 통해 첫 번째 의미[11]의 판단으로서 예고되기를 원했으니, 이것은 이로써 이 세상에서 죄인이 겁을 먹고서 악행과 범죄로부터 돌이켜 회개하도록 하기 위함이었고 사제의 직무는 이 일을 위해 필요하고도 효과적이다.[12] 의사에게는 인간 심판자나 입법자를 통해 임명됨에 의해 의술에 따라 가르치고 일하는 권한이 주어지는데, 의사가 육신적 질병에 대해, 장차 건강하게 될지 아니면 죽을 것인지에 대한 판단을 그의 의학적 지식에 따라 백성 가운데 유포한다면, 이것은 이에 근거해 인간들이 육신적 건강을 보존하거나 얻기 위해 절도 있는 삶을 살고 무절제한 삶을 포기하도록 하기 위함이다. 또한 그가 그것에 대한 지시나 교훈을 준다면, 그런 것을 준수하도록 지시한다면, 그리고 그것을 준수하는 자는 건강할 것이고 이를 위반하는 자는 병들거나 심지어 죽을 것이라고 판단할지라도, 원칙적으로 인간들을 치유하거나 병들게 만들 수 없으니, 이것은 인간 본성의 작용이다. 그럼에도 불구하고 의사는 어떤 봉사를 수행한 것이다. 더 나아가 의사는 그의 권위를 통해 건강하거나 병든 자를 이런 행위를 (아무리 그것이 육신적 건강에 유익할지라도) 강요할 수 없고, 다만 첫 번째 의미의 판단과 예측을 통해 그들에게 어떤 것을 준수할 때 건강을 위반할 때 죽거나 병들 수 있음을 예고함으로써, 훈계하고 가르치고 겁을 줄 따름이다. 역시 영혼의 의사인 사제는 이에 상응해 미래 세상 상태에 대해 영혼의 영원한 건강이나 영원한 죽음

---

9 「야고보서」 4:12.

10 「갈라디아서」 2:9.

11 II, 2, 8 참조.

12 사제는 무시할 수 없는 역할을 담당한다. 왜냐하면 사제는 그의 위협을 통해 강제적 권위를 행사함이 없이도 죄인에게 겁을 줄 수 있기 때문이다.

혹은 일시적 벌로 이끌게 될 것에 대해 판단하고 훈계한다.[13] 그러나 여기서 그는 아무도 이 세상에서 강제적 심판을 통해 처벌할 수 없고, 해서도 안 된다. 우리는 이것을 사도와 암브로시우스의 권위를 통해 「고린도 후서」 제1장에서 입증했다.[14] 또한 우리는 이 권의 제5장 제6절에서 이 구절과 함께 크리소스토무스의 분명한 견해를 인용했다.[15]

§ 5. 그렇기 때문에 사제는 그의 직무에 의해 비유적으로 세 번째 의미의 판관과 비교할 수는 없고 첫 번째 의미의 판관, 즉 의사처럼 가르치고 일하지만 누군가에 대해 강제적 권력으로 다룰 수 있는 권한을 가진 자와 비교할 수 있다. 이런 의미에서 그리스도는 「누가복음」 제5장에 의하면, 자신에 대해 말할 때에 자신을 통치자가 아니라 의사라고 불렀다. "건강한 자가 아니라 아픈 자가 의사를 필요로 한다."[16] 그는 심판관을 필요로 한다고 말하지 않았다. 왜냐하면 우리가 이 권의 제4장 제8절에서 「누가복음」 제12장[17]을 인용한 것처럼 그는 다투는 당파들에 대해 강제적 심판을 행하기 위해 세상에 오지 않았기 때문이다. 도리어 그는 이런 심판을 통해 산 자와 죽은 자를 심판할 것이니, 사도는 「디모데 후서」의 마지막 장에서 그 심판에 대해 말했다. "곧 정의의 관(冠)이 나를 기다리고 있으니, 정의로운 심판자인 주님은 나에게 그것을 저 날에 주실 것이다."[18] 그때 그는 그에 의해 직접 주어진 법을 이 세상에서 위반한 자들에 대해 강제적 심판

---

13 사제의 권한은 구별과 평가하는 일에 국한된다. 이로써 사제는 이단과 파문에 대한 사안에 있어 무시할 수 없는 역할을 담당한다. 그러나 그의 권한은 어떤 경우에도 강제적 사법 행위에 이르러서는 안 된다.

14 「고린도 후서」 1:23; II, 5, 6 참조.

15 이런 것이 고해성사에 있어 사제의 역할에 대한 마르실리우스의 입장이다.

16 「누가복음」 5:31.

17 「누가복음」 12:13-14.

18 「디모데 후서」 4:8.

을 통해 벌을 내릴 것이다. 그러므로 그리스도는 각별히 베드로에게 말했다. "나는 너에게 하늘나라 열쇠를 줄 것이다"라고 말했지, 너에게 하늘나라의 심판을 줄 것이라고 말하지 않았다. 그러므로 우리는 이미 말했다. 세상 심판자나 천상적 심판자의 열쇠지기는 우리가 세 번째 의미의 판단이라고 칭하는 강제적 판단 권한이 없으니, 왜냐하면 암브로시우스가 사제에 대해 분명히 말했고, 또 나머지 거룩한 교부들의 권위를 통해 충분히 입증된 것처럼 그 누구도 이런 권세에 대한 권한을 행사하지 않기 때문이다.

그러므로 사제나 주교의 권한에 대해, 그리고 그리스도를 통해 용인된 그들에게 사도적 열쇠의 권세에 대해 이런 식으로 결정된 것으로 하자.[19]

---

19 이 장(章)은 어떤 의미에서 단순하고도 상징적 가치를 통해 확신을 주는 친숙한 논거를 사용함으로써 앞 장을 마무리짓는다.

제 8 장

인간적 행위의 구분 및
그것이 인간의 법과 이 세상의 심판관과
어떻게 관계되는지에 대하여

§ 1. 모든 강제적 판단은 법이나 관습에 따라 인간의 자발적 행위와 (이들 행위가 이 세상의 목적, 즉 세상적 삶의 만족에 따라 정돈될 수 있는 한에서, 아니면 우리가 영원한 삶이나 영원한 영광이라 칭하는 미래 세상의 목적에 따라 정돈될 수 있는 한에서[1]) 관계되는 것이므로, 심판관 내지 판단해야 할 자들의 차이가 보다 분명히 드러나도록 하기 위해 어떤 법과 판단에 의해, 그리고 어떤 방식으로 판단하는지를 그들의 행위의 차이에 대해 논해 보자. 이전의 의심을 불식하기 위해 이의 해결은 적잖이 도움이 될 것이기 때문이다.[2]

---

1 I, 4, 3 참조. 여기서 마르실리우스는 인간이 도달하고자 하는 두 가지 목적 — 첫째, 시민 공동체 내에서 만족한 삶에 의한 이 세상에서의 행복, 둘째, 피안에서의 영원한 행복 — 을 구별했다.

2 이하의 논의는 I, 5, 4에서 이루어진 인간 행위 및 인간에게 닥치는 일에 대한 구별을 이어받는 것이다. 마르실리우스는 제1권에서 자연적 힘과 인간의 행위 사이의 구별과 양자를 어떻게 조절하는지에 관심을 가졌다. 여기서 그는 처음으로 인간의 자유 문제와 인간 행위에 관련해 법이나 규정의 문제를 소개한다.

§ 2. 그러므로 우리는, 인식과 욕구에서 나오는 인간 행위 중 일부는 인간 정신의 명령 없이, 일부는 정신의 명령을 통해 나온다는 것을 말하고자 한다. 전자에 속하는 것은 우리로부터 그리고 우리 안에서 지성이나 욕망의 명령이나 지시 없이 생기는 의식, 욕구, 애정, 쾌락이다. 우리가 잠에서 깨어날 때, 우리가 도달하는 의식과 감정, 혹은 그렇지 않으면 우리 안에서 우리 정신의 명령 없이 만들어지는 의식과 감정이 이런 것이다. 이 행위 다음으로—재기억을 통해 이루어지는 행위의 경우처럼—이전 행위를 계속하려는 혹은 이전 행위에 대해 질문하고 파악하려는 어떤 의식, 합의와 감정이 뒤따른다. 그리고 이것은 정신의 명령이나 지시라고 불리는데, 왜냐하면 그 행위들이 우리의 명령을 통해 이루어지거나 초래되기 때문이고, 혹은 추구와 회피와 같은 다른 행위가 같은 명령을 통해 이루어지거나 초래되기 때문이다.[3]

§ 3. 그러나 우리가 이전에 언급한 관점에 의해 명령받은 행위와 명령받지 않은 행위 간에는 차이가 있다. 즉 명령받지 않은 행위[4]에 대해서는, 그 행위를 이루거나 이루지 않는 것에 대한 자유나 권한이 전적으로 우리에게 있는 것은 아니다. 반면에 명령받은 행위에 대해서는 기독교에 따르면, 우리 안에 능력이 있다. 그리고 나는 첫 번째 종류의 행위에 대한 권한은 전적으로 우리 안에 있지는 않다고 말했다. 왜냐하면 그것의 발생을 막는

---

3 마르실리우스는 제1권에서 이미 인간 행위에 대해 다루었다(I, 5, 4; 6, 1, 9; 10, 5). 내재적 행위와 이행적 행위의 구별은 이미 I, 5, 4에서 확립되었다. 도시의 일부로서 성직의 확립(I, 6, 1)은 직접 이 행위의 존재와 연관되어 있으니, 왜냐하면 성직의 목적인은 의식과 경향에 의해 명령된 내재적·이행적 인간 행위의 조정이기 때문이다. 이 조정은 원죄의 발생 사실에서 필연적으로 되었으니, 신은 신법의 명령 아래 그것의 명령을 선포함으로써 이것을 치유하고자 하였다(I, 6, 4). 종교와 인간 행위 사이의 연관성은 필연적이다. 종교는 내재적 인간 행위뿐만 아니라 이행적 행위를 고려해야 한다.
4 자발적이고 즉흥적인 행위를 말한다.

것이 완전히 우리 능력 안에 있지 않기 때문이다. 그러나 우리는 명령이라 불리는 두 번째 종류의 행위에 의해, 그리고 그것에 뒤따르는 행위에 의해, 첫 번째 종류의 행위를 행하거나 받아들이는 것이 쉽지 않도록 영혼을 준비시킨다. 즉 인간이 이 행위에 반대되는 것을 자신에게 명령하고, 사랑하고, 고려하는 데 익숙해 있을 때 말이다.

명령받은 행위 중 어떤 것은 순수 내재적이고 내재적이라 말해지며, 다른 것은 이행적이다. 명령받은 의식과 감정, 그리고 인간 마음에 의해 만들어진 상태는 순수 내재적이다. 왜냐하면 그것은 행위자 자신으로부터 다른 주체로 이행하지 않기 때문이다. 그러나 모든 욕구의 실천과 그것의 포기(결핍처럼), 그리고 모든 신체의 외적 기관, 특히 공간적으로 움직이는 기관에 의해 행해지는 모든 운동은 이행적이며, 이행적이라고 말한다. 또한 이행적 행위 중에서 어떤 것은 개인이나 집단, 공동체가 다른 행위자에 의해 침해를 받거나 불의를 당함 없이 이루어진다. 예를 들어 행할 수 있는 모든 종류의 제작, 돈 지불, 순례, 채찍질이나 구타나 어떤 다른 방식에 의한 자기 신체의 단련. 이행적 행위 중 다른 것은 반대 상황 아래, 즉 한 행위자가 다른 자를 침해하거나 불의를 가함으로써 이루어진다. 예를 들어 구타, 강도, 절도, 위증, 그리고 이외의 다양한 종류의 행위들.[5]

§ 4. 인간 정신에서 나오는, 모든 지금까지 언급된 행위, 특히 명령받은 행위에 대해 어떤 규범이나 척도, 형상[6]이 고안되었으니, 그것에 의해 적절한 방식으로 적합하게 이 세상의 만족스러운 삶뿐만 아니라 미래 세상의 삶을 얻기 위해 행위가 이루어져야 한다. 그런데 이런 형상이나 규범 중에

---

5 내재적 행위 가운데 어떤 것은 비자발적이고 다른 것은 자발적이다. 반면에 모든 이행적 행위는 자발적이다. 즉 우리의 의지, 자유에 의존적이다.

6 habitus: 본래 육체의 상태와 자세를 의미하지만, 육체적 상태에 따른 외형과 외모를 의미한다.

서 그것에 따라 인간 정신의 행위가 (순수 내재적이거나 이행적이거나) 행함이나 포기함에서, 타자에 의해 행하는 자나 포기하는 자에게 강제적 권력을 통해 분배되어야 할 징벌이나 보상 없이 지시되고 규제되는 것이 있다. 능동적이고 생산적인 작업 행위[7]의 대부분이 이렇다. 그러나 언급한 규칙 가운데는 타자의 강제적 권력에 의해 행동하는 자 내지 포기하는 자에게 분배되어야 하는 징벌이나 보상 아래, 이런 종류의 행동이 수행되거나 포기되도록 명령하는 다른 규칙들이 있다. 그런데 또한 이 강제적 규칙 중에는, 그것에 따라 규칙을 준수하거나 위반하는 자가 현재 세상의 상태에서, 현재 세상의 상태에 대해 징벌이나 보상을 받게 되는 규칙이 있다. 모든 시민법과 인간 관습이 그렇다. 그러나 이런 규칙 가운데는 그것에 따라 행위자가 다만 미래 세상의 상태에 대해, 상태에서 처벌받거나 보상받게 되는 규칙이 있다. 종파[8]라는 공통적 이름으로 불리는 신법이 대부분 그렇다. 이들 가운데는 우리가 제1권 제6장[9]에서 말한 것처럼, 기독교의 법만이 오직 미래 세상에 대해 기대해야 할 것에 대한 진리와 충분성을 포함한다.

§ 5. 그러므로 이 세상에서 만족스러운 삶 내지 존재를 위해 인간의 명령받은 이행적 행위(그 행위는 행위자에 의해 타자에게 이익 혹은 불이익, 권리 혹은 불의를 가져올 가능성이 있는데)에 대한 규칙이 주어져 있으니, 현재 세상의 상태에 대해서만 위반자들에게 고통이나 벌을 명령하고 강제하는 규칙이다.[10] 우리는 이런 법을 제1권 제10장[11]의 일반적 표현을 써서 인간법

---

7 disciplina: 규율, 훈련, 분야 등 다양한 의미가 있으나 여기서는 문맥상 작업 행위로 이해된다.
8 sectae: 신법은 강제적이지만, 이 강제는 미래 삶에 대해서만 행사할 수 있다. 이 법의 심판관은 그리스도이다. 신법은 미래 세상에서 내재적 행위와 이행적 행위를 판단해야 하는 반면, 인간법은 이행적 행위에 대해서만 판단한다.
9 I, 6, 4.

이라 불렀다. 또한 우리는 제1권 제11장, 제12장, 제13장[12]에서 그 목적적 필요와 작용 원인을 서술했다.

그리스도는 이 세상에서의 삶 내지 존재를 위해, 그리고 미래 세상의 상태에 대해 법을 전해 주었다. 이 법은 우리 정신의 능동적 능력 안에 있는 명령받은 인간 행위에 대한 규칙이다. 그 행위들은 이 세상에서 정당하게 혹은 부당하게 행해지거나 포기될 수 있는 한에서 내재적이고 이행적인 행위이다. 그럼에도 불구하고 이 법은 미래 세상의 상태 내지 목적을 위해 벌이나 보상을 강제하고 분배하는 법이며, 현재 삶에서 이 법을 준수하거나 위반하는 자의 공로나 잘못에 따라 이 현재 세상에서가 아니라 미래 세상에서만 이 벌이나 보상을 부과한다.

§ 6. 그런데 이 강제적 법은 — 신법뿐만 아니라 인간법 — 영혼이 없고 판단하고 실행하는 운동 원리를 가지고 있지 않기 때문에, 법은 그에 따라 인간 행위를 명령하거나 규제하고 판단하고 또한 판단을 집행하고 법 위반자를 제재할 주체나 어떤 영혼을 가진 원리를 가질 필요가 있다. 이 주체나 원리는 이 권의 제2장[13]에서 세 번째 의미로 말한 심판자라 불린다. 그러므로 『니코마코스 윤리학』 제4권 정의에 대한 논설[14]에서 이렇게 말한다. "심판자는 영혼이 있는 정의로움과 같다." 그러므로 인간법에 따라 이미 서술한 대로 세 번째 의미의 판단을 통해 인간의 분쟁적 사건에 대해 판단하고, 판단을 집행하고 법을 위반하는 모든 자를 강제적 힘으로 제재하

---

10 법에 대한 이 새로운 정의는 이전의 정의의 종합이다(I, 10, 3-4). 법은 그것의 목적성에 의해 정의되었다. 그것은 만족한 삶을 그 목적으로 가진다. 형식에 있어 법은 강제적 원칙이다. 법은 인간의 이행적 행위를 질료로 한다.

11 I, 10, 2.

12 I, 11, 1-3; 12, 3; 13, 1-7.

13 II, 2, 8.

14 아리스토텔레스, 『니코마코스 윤리학』 V, 1132a 21-22.

는 권한을 가진 심판자가 있어야 한다. 사도가 「로마서」 제13장에서 말한 것처럼, 이 심판자는 신의 일꾼이며 악을 행하는 자에게는 진노의 심판을 위한 복수자이며,[15] 「베드로 전서」 제2장에서 말한 것처럼, 이 일을 위해 신에 의해 파송되었다.[16]

§ 7. 사도는 "악을 행하는 자"라고 말했으니, 즉 누구든지, 이것을 모든 사람에 대해서 무차별적으로 이해했다. 사제 내지 주교, 그리고 일반적으로 '성직자'라는 공통적 이름으로 불리는 성전의 모든 일꾼이 행함이나 포기함을 통해 악을 행할 수 있고, 그들 중에는 —대부분은 그렇지 않기를!—실제로 때로 악을 행하여 다른 사람에게 피해나 불의를 가하는 사람들이 있으므로, 그런 성직자들도, 인간법 위반자를 처벌하는 강제적 권한을 가진 심판자의 처벌이나 사법권 아래 있다. 사도도 이것을 「로마서」 제13장에서 분명하게 표현했다. 그는 말했다. "모든 영혼은 높은 권세에", 거룩한 교부의 해석에 따르면, 즉 왕과 군주와 집정관에 "예속되어 있다". 즉 같은 고유한 질료는, 『자연학』 제2권[17]에 분명히 나와 있는 것처럼, 적합한 목적을 위해 행하도록 태어났고 정해져 있는 동일한 행위자의 행동을 받아들여야 한다. 즉 같은 곳에서 말한 것처럼, 모든 사물은 작동하도록 태어난 대로 작동하며, 또한 그 반대이다. 그런데 법 위반자는 질료 내지 기체(基體)이니, 심판자나 통치자는 그에 대해, 인간의 평화나 안식, 공생(共生)이나 공동체를 유지하기 위하여, 인간 삶의 만족스러움을 위해서, 평등과 균형을 이루기 위해서 정의를 행하도록 태어났고 정해져 있다.[18] 그

---

15 「로마서」 13:4.

16 「베드로 전서」 2:14.

17 아리스토텔레스, 『자연학』 II, 199a 9ff.

18 평화는 군주의 강제적 행위에 의해 유지되는 평형의 결과가 아니다. 평화는 정의와 충분한 삶의 실현을 위한 기초적 조건이다.

러므로 심판자는 이런 질료나 기체가 자기 판단 영역 안에 있는 한, 어디서나 그들에 대해 정의를 행해야 한다. 그러므로 사제가 자체적으로 독특한 질료, 즉 인간법 위반자일 수 있으므로, 그의 판단에 예속되어야 한다. 즉 사제이거나 사제가 아니거나 간에, 법 위반자는 심판자에 대한 관계에 있어서, 농부나 건축가가 음악적이든 음악적이지 않든 간에, 의사에 대한 관계에서 치유될 수 있거나 환자일 수 있는 것과 마찬가지이다. 그 자체로써 존재하는 것은 제거되지 않고, 또한 우발적인 것을 통해 변경되지 않기 때문이다. 그렇지 않다면 심판관과 의사의 종류는 무한할 것이다.[19]

그러므로 인간법을 위반한 모든 사제나 주교는, 이 세상에서 인간법 위반자에 대해 강제적 권세를 가진 심판관에 의해 정의롭게 다루어져야 하고 제재되어야 한다. 그런데 제1권 제15장과 제17장, 이 권 제4장과 제5장[20]에서 지시한 것처럼, 이 심판관은 사제나 주교가 아니라 세상 통치자이다. 그러므로 사제나 주교가 인간법을 위반한 경우, 통치자에 의해 제재되어야 한다. 그리고 사제나 교회의 다른 일꾼은 세속인과 같이 위반 때문에 처벌받아야 할 뿐 아니라, 그들의 죄가 중하고 합당치 않을수록 더욱 그러하다. 왜냐하면 피해야 하고 행해야 할 것에 대한 계명을 보다 분명히 알아야 하는 자는, 보다 잘 알고 보다 잘 선택하기 때문이다. 또한 가르침을 받는 자보다 가르쳐야 하는 자의 죄가 보다 추하다.[21] 사제의 죄는 사제가 아닌 자의 죄에 비해서 보다 신랄한 판단을 받을 만하다. 그러므로 사제의 죄는 보다 중하고, 그러므로 더 가혹하게 처벌받아야 한다.

§ 8. 사제에 의해 누구에게나 가해지는 언어적 불법과 — 인격적이든 물적이든 간에 — 법에 의해 금지된 다른 인간적 행위가 영적 행위이고, 그러

---

19 즉 사제 아닌 자를 위한 심판관과는 별도로 사제를 위한 심판관이 있어야 할 것이다.
20 I, 15, 4와 11; I, 17, 1-9; II, 4-5.
21 아리스토텔레스, 『니코마코스 윤리학』 III, 1109b 26 참조.

므로 사제의 행위를 응징하는 것은 세속적 통치자에게 해당되지 않는다
는 항변을 받아들여서는 안 된다. 왜냐하면 경험에서 잘 알려져 있고, 우
리가 앞에서 이 권의 제2장[22]에서 사도에 의해 (「고린도 전서」 제3장과 제9장,
「로마서」 제15장에서) 입증된 것처럼 사제에 의해 자행된 간음, 신체 폭행, 살
인, 절도, 강도, 모욕, 중상, 배신, 기만, 이단 및 유사한 다른 일들과 법에
의해 금지된 이런 범죄들은 육신적이고 세속적이기 때문이다. 여기서 사제
나 주교가 자신이 그런 죄에서 억제해야 하는 자들보다 더 중하고 추하게
범죄를 저지를수록 이런 행위는 더욱 육신적이고 세속적인 것으로 판단되
어야 한다. 왜냐하면 그는 자신의 잘못된 모범을 통해 잘못을 부추기고 쉽
게 만들기 때문이다.

§ 9. 그러므로 모든 사제나 주교는 인간법에 의해 준수하도록 규정되어
있는 것에 있어 다른 세속인들처럼 군주들의 사법권 아래 있고, 그 아래
있어야 한다. 그는 이런 일들에 있어 강제적 심판에서 면제되지 않고 그는
다른 자들을 자신의 권세로써 예외로 만들 수 없다. 나는 제1권 제17장에
서 말한 것에 덧붙여 반대하는 자를 명백한 부조리로 유도함으로써 이것
을 입증한다.[23] 즉 로마 주교나 어떤 다른 사제라도 이렇게 면제받음으로
써, 통치자의 강제적 심판 아래 있지 않고, 이런 심판관이 인간 입법자에
의한 권한이 없다면, 그리고 로마 주교가 성직자라는 공통적 이름으로 부
르는 교회의 모든 일을 근대에 로마교황들이 행한 것처럼 군주들의 사법
에서 분리시켜 자신에게 예속시킬 수 있다면, 필연적 결과는 세속 통치자
의 사법권은 완전히 폐기되는 것과 같다는 것이다. 나는 이것을 모든 통
치자와 공동체에 해당되는 중대한 부조리로 간주한다. 왜냐하면 「디도서」

---

22 II, 2, 5.
23 I, 17, 3, 4, 5, 6, 7, 8, 13. 이것은 정부와 강제적 사법의 절대적 일원성에 대한 논증
    이다.

제3장의 "통치자와 권세에 굴복하라고 훈계하라"라는 말에 대한 암브로시우스의 주해[24]처럼, 그리고 우리가 이 권의 제5장에서의 진술처럼 기독교는 누구에게서도 권리를 빼앗지 않기 때문이다.

나는 이 부조리의 결과를 지시한다. 왜냐하면 신법에는 아내가 있는 자가 장로나 주교로 금지되었거나 용인되지 않는다는 말은 없다. 특히 「디모데 전서」 제3장[25]에서처럼 그가 한 아내의 충실한 남편인 한에서 말이다. 그러나 인간법이나 제도를 통해 확정된 것은 같은 권위에 의해 이런 식으로 철회될 수 있다. 그러므로 자신을 입법자로 만들거나 자신의 권세 충만에서 행동하는 로마 주교는──누군가 그에게 이것이 있다고 인정할 경우에──모든 사제, 부제, 그리고 차부제에게 아내를 허용할 뿐만 아니라 사제나 부제로 서품되지 않았거나 그 밖에 축성되지 않고 단순히 삭발한 성직자라 불리는 다른 자들에게 아내를 보다 정당하게 허용할 수 있을 것이다. 이것은 자신의 세속적 권세를 높이기 위해 실제로 보니파키우스 8세가 행한 것으로 보인다.[26] 즉 그는 처녀와 결혼했고 그것을 바란 자들을 모두 성직자 그룹에 등록했고, '교령'이라 부르는 그의 명령[27]을 통해 이들을 등록하도록 결정했다. 또한 그들은 이 한계에 제약받지 않고 이탈리아에서 '기뻐하는 형제들',[28] 다른 곳에서는 '베긴파(派)'[29]라고 불리는 평신도들을 유

---

24 II, 5, 8.

25 「디모데 전서」 3:2/12.

26 Gratianus, *Corpus juris canonici* VI, lib. 3, tit. 2, cap. 1. 'De clericis conjugatis' (혼인한 성직자에 대하여). 여기서 보니파키우스 8세는 삭발하고 사제복을 입고 혼인한 성직자들을 세속적 사법에서 면제했다.

27 마르실리우스는 보니파키우스 8세가 세속적 권세를 영적 권세에 흡수하려 했고, 이로써 군주들을 무능하게 위축시켰다고 종종 비난한다. 그는 I, 19, 10에서 보니파키우스의 교령 'Unam sanctam'을 비판했다. 그는 II, 20, 8; 21, 9, 13에서 공격을 반복한다.

28 'Frati gaudenti'(기뻐하는 형제들) 혹은 'Cavalieri delle Vergine'(동정녀의 기사들)는 1261년 볼로냐에 세운 종교 공동체이다. 그들은 14세기 말에 탄압을 받았다.

사하게, 정당하게 제정된 인간 시민법에서 제외했다. 또한 성전 기사단, 병원 기사단[30] 형제들, 그리고 대부분의 이러한 다른 종교 단체들, 그리고 비슷하게 알토파쇼(Altopascio)[31] 형제들도 자의대로 같은 이유에서 제외할 수 있었다. 그러나 모든 종류의 사람들이 이로써, 이렇게 면제받은 자들에게 또한 공적 혹은 시민적 부담에서 일정한 면제를 부여하는 그들의 교령에 따라 통치자의 사법권에서 면제되어 있다면, 대부분의 인간이 이런 집단에 관심을 가지는 경향이 있다는 것이 상당히 개연적인 듯 보인다. 왜냐하면 특히 이 집단들이 교육받은 자나 무식한 자를 무차별적으로 받아들이기 때문이다. 즉 모든 자가 자신의 유익을 추구하고 불이익을 피할 준비가 되어 있기 때문이다. 그러나 대다수가 이 종교 집단에 기울어진다면 통치자의 사법권이나 강제적 권력이 무력해질 것이고, 공적 부담을 짊어져야 하는 사람들의 수는 거의 0이 될 것이다. 이것은 중대한 부조리이며 국가의 파멸이다. 즉 시민으로서의 명예와 유익, 인간적 입법자에 의한 평화와 보호를 누리는 자는 같은 입법자의 결정 없이는 부담과 사법에서 면제되어서는 안 된다. 그러므로 사도는 「로마서」 제13장에서 말한다. 이 때문에 여러분은 "세금을 납부하라."[32]

그리고 이것을 피하기 위해 통치자는 입법자의 권위에 따라 주교나 사

---

29 베긴파는 12세기 네덜란드에서 시작되어 프랑스와 독일 등지로 퍼져 나간 평신도 운동을 말한다. 서약을 하지는 않았지만 경건과 청빈에 헌신했다. 프랑스의 베긴파는 프란체스코 수도회의 영성파와 연대했다.

30 양자는 12세기 성지순례자 호송과 부상자 치료를 목적으로 설립된 평신도 기사단이다. 1307년 프랑스 왕 필리프 4세는 이단 혐의로 모든 성전 기사의 체포를 명령했다. 마르실리우스가 교황청이 이 평신도 단체를 옹호한다고 비난한 것은 착각에서 비롯된 것이다. 교황청은 필리프 4세의 조치를 반대하지 않았다. 또한 1311년 교황 클레멘스 5세에 의해 해체되었다. 비엔공의회(Council of Vienne, 1312)는 베긴파를 불법 단체로 규정했다.

31 이탈리아 루카에서 순례자와 병자 구호를 위해 설립된 기사단을 말한다.

32 「로마서」 13:6.

제, 그리고 모든 성직자에 대한 사법권을 가짐을 진실로 인정해야 한다. 이것은 제1권 제17장에서 확정된 것처럼 국가가 무질서한 다수의 정부를 통해 해체되지 않기 위함이다. 또한 통치자는 자신에게 예속된 지역에서 다른 직무의 인원에 대해서와 마찬가지로 성직자들의 일정한 수를 정해야 한다. 이것은 그들이 과도한 증가로 말미암아 통치자의 강제적 권력에 반항할 정도로 강해질 수 있고, 혹은 그렇지 않다면 국가를 혼란에 빠지게 하거나 우리가 제1권 제15장[33]에서 『정치학』 제5권 제2장에서 인용한 것처럼 그들의 오만과 태만으로써 도시나 왕국의 유익을 위해 필요한 부담을 빼앗을 수 있기 때문이다.

그러므로 인간법과 세 번째 의미의 인간 심판자는 행위자 이외의 다른 자에게 간섭해 이익이나 불이익, 권리 혹은 불의를 초래하는 인간 행동을 규제해야 한다. 모든 세속인과 성직자는 이 강제적 사법권에 굴복해야 한다.[34] 그러나 인간법에 따른 다른 심판관 가운데 첫 번째와 두 번째 의미의 심판관, 예를 들어 법의 교사들이 있는데, 이들은 강제적 권한이 없다. 어떤 공동체든지 한 심판관이 다른 자에게 종속됨이 없이, 이런 자들이 다수 있는 것을 금하지 않는다.[35]

---

33 I, 15, 10.

34 13세기와 14세기 전반기에 성직자와 파도바 시 사이에 분쟁이 있었는데, 시 공동체의 본질적 요구 중 하나였다. 1258년에 공동체는 파문 위협을 고려함이 없이 공동체의 관할 조직 밖에서 인간을 어떤 이유(세속적이든 종교적이든)에서든 간에 고소를 금지하는 법령을 공포했다. 'De clericorum maleficis'(성직자들의 악행에 대하여)라는 제목이 붙은 이 법령(1270)은 교회인에 의해 자행된 범죄를 처벌하지 않은 주교의 처사에 대한 응답이었다. 어떤 성직자가 파도바 시민에 대한 죄를 범하면, 그는 시장에 의해 고발되어야 하고 심판할 의무가 있는 주교에게 이송되어야 한다. 40일 후에 정의가 이루어지지 않을 경우, 공동체는 위반자를 법의 보호를 받지 못하도록 요구한다. 이 법령의 공포에 의해 야기된 분쟁의 결과, 도시 공동체는 준(準)종교단체가 세금 납부 의무를 준수해야 한다는 양보를 얻어냈다.

35 I, 17, 12.

제 9 장

〰 ⚘ 〰

인간 행동과 신법 및 다른 세계의 심판자, 즉 그리스도와의 관계, 또한 인간 행동과 이 세상에서 같은 법의 교사인 주교나 사제와의 관계

§ 1. 그러므로 이 원리에 따른다면, 우리가 인간 행동에 ─ 순수 내재적이고 이행적인 ─ 대한 강제적 규칙이라고 말한 신법의 위반자에 대해 강제적 권한을 가진 심판자도 있다. 이 심판자는 한 분, 그리스도뿐이고 다른 자는 없다. 그러므로 「야고보서」 제4장에서 이렇게 말한다. "멸망시키고 구원할 수 있는 입법자와 심판자는 한 분이다."[1] 그런데 이 심판자의 강제적 권세는 그에 의해 직접 주어진, 우리가 종종 복음적 법이라 칭하는 법을 위반하거나 준수하는 자들에게 징벌이나 형벌, 혹은 보상을 분배하기 위해 이 세상에서 누구에게도 자행되지 않는다. 즉 성서의 권위에 도움을 받아 다음에 입증되어야 할 것처럼 그리스도는 그의 자비로 말미암아 모든 사람에게 살아생전에 공로를 세우고 그의 법에 대해 자행한 잘못을 뉘우칠 수 있는 기회를 허락하고자 했다.

---

1 「야고보서」 4:12.

§ 2. 복음적 성서에 따르면, 또 다른 심판자, 인간법에서처럼 첫 번째 의미의 심판자가 있으니, 즉 이 세상에서 신법의 교사이며 인간이 영원한 생명을 얻고 신법의 명령에 따른 영원한 벌에서 벗어나기 위해 행해야 하고 피해야 할 바를 가르치는 사제이다. 그러나 그는 이 세상에서 누구에게도 이 법의 명령을 준수하도록 강요할 강제적 권세를 갖지 않는다. 즉 그가 누군가에게 그것을 강요하려 함은 헛된 일이기 때문이다. 왜냐하면 우리가 제2권 제5장 제6절에서 크리소스토무스를 원용하거나 사도를 원용함으로써 분명히 입증한 것처럼 강요 아래 이런 법을 준수한 행동은 영원한 구원에 도움이 되지 않을 것이기 때문이다.[2] 그러므로 이 심판관은 적절히 의사와 비교될 수 있으니, 그에게는 신체상 건강을 얻고 죽음이나 질병을 피하기 위해 무엇을 하거나 하지 않는 것이 유익한지에 대해 가르치고 지시하고 진단하고 혹은 판단하는 권한이 주어져 있다. 그러므로 그리스도는 현재 삶의 상태 속에서, 현재 삶의 상태를 위해 자신을 통치자나 심판자가 아니라 의사라고 불렀다. 그러므로 「누가복음」 제5장에서 그는 ─ 우리는 이 구절을 앞의 장[3]에서 인용했다 ─ 바리새인들에게 자신에 대해 말했다. "건강한 사람이 아니라 병자가 의사를 필요로 한다."[4] 즉 그리스도는 이 세상에서 누군가에게 자신의 법을 준수하도록 강요하라고 명령하지 않았으며, 따라서 그는 이 세상에서 이 법의 위반자에게 강요하도록 강제적 권세를 가진 심판자를 세우지 않았다.

---

2 II, 9, 1. 여기에는 강제가 있을 수 없다. 우리는 삶의 최후 순간까지 이 세상에서 속죄하고 후회할 자유가 있다. 또한 신법의 명령 준수는 영원한 구원을 얻는 것에서 제한적 역할을 가질 뿐이다. 왜냐하면 공로는 거저 주어지는 은총과 연결되기 때문이다. 그러므로 누군가에게 이 명령을 준수하도록 강요하는 것은 무의미하다. 모든 기독교인에게는 누구에게도 구원을 강요할 수 없다. 죄인이 처벌을 받는다면, 그것은 그에게 강요 아래 고백을 얻어내기 위함이 아니라 그의 잘못을 처벌하기 위한 것이다.

3 II, 7, 5.

4 「누가복음」 5:31.

§ 3. 그러므로 복음적 법이 이중적 의미에서 그리스도가 그것을 그들을 위해 부여한 인간과 관계될 수 있다는 것을 주목해야 한다. 첫째, 현재 세상의 상태 안에서와 그 상태를 위해 그들을 위해 법을 정했다. 그래서 그것은 본래적·궁극적 의미에서의 법의 성격보다는 사변적이거나 실천적 혹은 양자의 교훈적 성격을 가진다. 물론 그것은 법의 다른 의미에서 법, 즉 우리가 제1권 제10장[5]에서 말한 것처럼 두 번째, 세 번째 의미의 법으로 불릴 수 있다. 그 이유는 법은 궁극적·본래적 의미에서 강제적 규칙, 즉 그에 따라 위반자가, 그에 따라서 심판해야 하는 자에게 주어진 강제적 권세에 의해 처벌받는 규칙에 의해 사용되기 때문이다. 그런데 복음적 법 혹은 그 입법자는 이 세상에서 아무에게도 인간이 행하거나 하지 말라고 명령한 것을 준수하라고 강요하지 않는다. 그렇기 때문에 이 세상에서, 이 세상을 위해 인간 상태와의 관계에서 언급된 의미에서가 아니라면 법이 아니라 교훈이라고 해야 한다. 이것이 「디모데 후서」 제3장에서의 사도의 의견이다. 즉 그는 말했다. "신으로부터 영감을 받은 모든 성서는 가르치고, 논증하고, 바로잡고, 정의롭게 살도록 교육하는 데 유익하다."[6] 그러나 사도는 어디에서도 이 세상에서 강제하거나 벌하기 위해서라고 말하지 않았다. 그러므로 그는 「고린도 후서」 제1장에서 말한다. "우리가 여러분의 주가 되려는 것이 아니다. 아니, 우리는 여러분의 기쁨을 위해 함께 일하는 조력자이다. 왜냐하면 여러분이 믿음에 굳게 서 있기 때문이다."[7] 이에 대해 암브로시우스는 말한다 ― 우리는 이 구절을 앞에서 이 권의 제5장에서 인용했고 자주 되풀이한다 ― "그리고 그들, 즉 고린도인들이, 그가 그들의 주인처럼 행세하는 것을 마땅치 않게 여기지 않도록 사도는 '여러분을 아끼는 마음에서 [고린도로 다시] 오지 않았다'라고 말하고, 그는 덧붙인다. 그러

---

5 I, 10, 3.
6 「디모데 후서」 3:16.
7 「고린도 후서」 1:23.

므로 우리가 여러분의 신앙을 지배하기 때문에, 즉 여러분의 신앙은 지배와 강제를 당하기 때문에 (신앙은 의지의 일이며 강제의 일이 아니다) '아끼는 마음에서'라고 말하지 않고 도리어 '여러분이 협력하고자 한다면 우리는 조력자이기' 때문이라고 말한다." 조력자, 즉 교훈을 통한, 그리고 여러분이 협력하고자 한다면, 조력자임을 주목하라. "왜냐하면 여러분은 지배를 통해서가 아니라 사랑을 통해 일하는 신앙에 서 있기 때문이다."[8] 복음적 성서 혹은 복음적 법은 두 번째 의미에서 다른 세상에서의 그들의 상태에 대해 인간과 관계될 수 있으니, 이 세상이 아니라 저 세상에서만 법을 현재 세상에서 위반한 자는 벌이나 고통을 통해 제재되어야 한다. 그리고 이것은 본래적 의미의 법이란 이름을 얻으니, 그것에 따라 심판할 자는 본래적 의미의 심판자, 강제적 권세를 가진 세 번째 의미의 심판자이다. 그러나 사제나 주교는 ─그가 누구든지 간에 ─인간을 이 법에 따라 현재 삶의 상태에서 준비시키고 규제하기 때문에 ─미래 삶에 대해서이기는 하지만 ─그리고 그가 그것의 직접적 입법자, 즉 그리스도로부터 이 법에 따라 이 세상에서 한 사람을 강제하고 처벌할 허락을 받지 않는다면, 그는 (세 번째 의미의 강제적 권세를 가진 심판자처럼) 본래적 의미의 심판자로 칭해지지 않는다. 그는 아무도 이 세상에서 사물이나 인격을 제재하는 이런 판단에 따라서 처벌할 수 없다. 이런 상응하는 의미에서 의사가 우리가 이 장의 서두에서 말한 것처럼 누군가에게 강제적 권세를 행함이 없이 인간의 신체상의 건강에 대해 판단하는 것처럼 행동하는 교사도 자신을 그렇게 생각해야 한다.

§4. 이것은 요하네스 크리소스토무스가 사도적 정신에 따라서 분명히 ─ 「고린도 후서」 제1장을 보라 ─ 『사제의 품위에 대하여』라는 제목의 대화

---

8 II, 5, 6 참조.

편 제2권 제3장에서 말한 견해이기도 하다. 우리가 이 권의 제5장 제6절에서 인용한 문구의 진술을 단축하기 위해 여기서 반복하지는 않겠다.

그러나 그가 위의 구절에 덧붙인 것을 여기서 덧붙인다. 크리소스토무스는 말한다.[9] "그러므로 이것 때문에 인간을 설득하고, 그들이 병들었을 때 그들이 사제의 치료에 자신을 맡길 뿐만 아니라 치료에 대해 순종하기 위해 많은 기술적 도움이 필요하다. 왜냐하면 어떤 매인 사람이 붕대를 풀려고 한다면 ―그는 그럴 자유로운 능력이 있다 ―그는 자신의 악을 악화시킬 것이다. 혹은 그가 쇠(鐵) 대신에 붕대가 유익하다는 말을 거부한다면, 그는 이 멸시 때문에 자신에게 또 다른 상처를 추가할 것이니, 치유할 기회는 치명적 질병의 수단이 된다. 왜냐하면 아무도 원하지 않는 자를 치료할 수 없기 때문이다." 그다음으로 그는 몇 줄 뒤에, 영혼의 목자가 강제하는 것이 아니라 바로잡는 과제에서 주목해야 할 것을 추가한다. "인간이 올바른 신앙에서 벗어났을 때 사제는 많은 훈계와 노력, 인내 앞에 있으니, 왜냐하면 그는 길을 헤매는 자를 힘으로써 [올바른] 길로 돌아오게 할 수 없고, 도리어 그가 거기에서 처음에 이탈한 올바른 신앙으로 돌아오도록 설득하려 시도할 것이기 때문이다." 저 거룩한 교부가 어떤 의미에서 사제들의 판단을 통치자의 판단과 구별하는지 주목하라. 사제의 판단은 강제적이 아니며, 또한 강제적이어서도 안 된다. 그는 우리가 종종 말한 이유를 제시한다. 첫째, 강제적 권세는 법이나 입법자에게서 나오고, 그것은 그의 시대에, 그의 지역에서 사제들에게 용인되지 않았기 때문이다. 둘째, 그것이 그들에게 용인되었다고 하더라도, 어쨌든 그것에 따라 아래에 있는 자들을 대하는 것은 무의미할 것이다. 왜냐하면 영적인 것은 강제 아래에서는 영원한 구원에 도움이 되지 않기 때문이다.[10] 그는 「누가복음」 제9장의 "누구든지 나를 따르려거든 자기 자신을 부인하라"에 대해 같은 말을 했

9 Johannes Chrysostomus, *De Sacerdotio* II, c. 3/4, in: MPG, 48, pp. 634f.
10 II, 9, 2 참조. 우리가 본 것처럼 영적 영역에서 강제는 아무 효과가 없다.

다. 나는 우리가 말한 것이 충분하기 때문에 진술을 단축하기 위해 인용을 생략했다.[11]

§ 5. 또한 이것은 복된 힐라리우스(Hilarius)[12]의 서신인 '황제 콘스탄티우스에게'의 견해이기도 하다. 그는 이 서신에서 황제에게 이렇게 썼다.[13] "신은 자신의 지식을 요구하기보다는 가르쳤다. 그리고 자신의 천상적 행위에 대한 경탄을 자신의 계명과 연결하면서 자신에 대한 고백을 강요하는 권세를 거부했다." 신은 인간이 그의 인식과 그에 대한 고백에 있어, 즉 신앙에 의해 가르침을 받기를 원한다는 것을 주목하라. 그러나 강요하는 것이 아니라 오히려 거부한다. 그는 또한 같은 것을 조금 아래에서 다음과 같은 말로 반복한다. "신은 강요된 고백을 요구하지 않는다." 그는 또한 아래에서 같은 것을 모든 사제의 이름으로 이렇게 표현한다. "나는 원하는 자만을 받아들이고, 기도하는 자만의 말을 들을 수 있고, 고백하는 자만을 축복할 따름이다." 그러므로 신은 자신에 대한 강요된 고백을 원하지 않고, 어떤 사람이 폭력적 행위를 통해 혹은 강압을 통해 고백하기를 원하지 않는다. 그러므로 힐라리우스는 아리우스[14]주의자로 간주된 밀라노의 주교 '아욱센티우스 반박'이라는 글에서 같은 말을 한다. 아욱센티우스(Auxentius)는 무장 세력을 통해 사람들에게 가톨릭 신앙에 대한 자신의 견해, 혹은 그가 주장한 것처럼 — 정확히 말해 — 가톨릭 신앙에 반하는 것을 고백하도록 강요했다 — 설령 그가 진리를 가르쳤을지라도 — 힐라리

---

11 Thomas Aquinas, *Catena aurea*, vol. 12, p. 104에서의 해당 구절에 대한 주해 참조.
12 4세기 프랑스 푸아티에(Poitiers)의 주교이다.
13 Hilarius, *Ad Constantium Augustum* I, c. 6, in: MPL, 10, p. 561.
14 알렉산드리아의 장로 아리우스(Arius, 250?~336)는 4세기에 성자는 성부보다 신성에 있어서 열등한, 즉 신과 인간 사이의 중간 존재라고 주장해 삼위일체론을 부정했다. 325년에 아리우스주의는 니케아 종교회의에서 이단으로 정죄되었으며, 아리우스는 유배형에 처해졌다.

우스는 다음 말로써 그를 반박한다. "우선 우리 시대의 무정함을 불쌍하게 여기며, 인간적 수단이 신을 도울 수 있다고 믿고, 그리스도 교회를 세속적 야망으로 보호하려 애쓰는 현 시대의 어리석은 견해에 대해 통탄한다."[15] 또한 그는 같은 곳에서 그에게 썼다. "그러나 지금, 오 고통이여, 지상적 논리가 신에 대한 신앙을 추천하고, 그리스도는 권능을 박탈당한 채 변증되는[16] 동안에 인간적 야망이 그리스도의 이름과 결합된다. 교회는 유형과 감옥으로 겁을 주고, 한때 추방과 감옥 아래[17] 신봉되었던 것을 믿도록 강요한다."[18] 그는 교회를 사제 내지 주교 집단, 그리고 성직자라 부르는 나머지 성전 일꾼의 의미로 말한다.

§ 6. 암브로시우스는 발렌티니아누스 황제에게 보낸 「백성에게」라는 두 번째 서신에서 이렇게 썼다.[19] "나는 슬퍼할 수 있고, 울 수 있고, 탄식할 수 있을 것이다. 무기와 군대와 고트족에 대항해 내 눈물은 무기이다. 즉 사제의 방어 수단은 그런 것이다. 나는 다른 식으로는 저항할 수 없고 저항해서도 안 된다." 사제는 할 수 있다고 해도, 무기나 강제적 권력을 누구에게 대항해 움직여서도 안 되고 움직이도록 명령해서도 안 되고, 특히 그리스도인에 대항해 그렇게 권유해서도 안 된다. 비록 이 세계 전체가 거룩한 경전과 교부들의 견해에 맞서 어떤 사제들에게서 그것과 반대의 일을 경험할 수 있다 하더라도 그렇다.

---

15 Hilarius, *Contra Auxentium*, c. 3, in: MPL, 10, p. 610.

16 그리스도의 신성이 반신반인(半神半人)적 존재로 격하됨으로써.

17 전자의 교회는 아리우스파 교회를 의미한다. 한때 아리우스주의자들이 유배형에 처해졌으나, 전세가 역전되어 콘스탄티누스 대제의 아들 콘스탄티우스 황제가 아리우스주의를 지지함에 따라 오히려 삼위일체론을 옹호하는 자들이 유배형에 처해졌다. 그 대표적인 인물이 알렉산드리아 주교 아타나시우스이다.

18 Hilarius, *Contra Auxentium*, c. 3, in: MPL, 10, p. 610.

19 Hilarius, *Contra Auxentium*, c. 4, in: MPL, 10, p. 611.

§ 7. 그러므로 진리 및 사도와 (다른 자들을 위한 교회나 신앙의 탁월한 교사들이었던) 거룩한 교부들의 분명한 견해에 따르면, 신자뿐만 아니라 불신자라도 이 세상에서 형벌이나 고통을 통해 복음적 법의 계명을 준수하도록 강요해서는 안 되고, 특히 사제를 통해 강요해서는 안 된다는 규정이 있다.[20] 그리고 이 법의 일꾼인 주교나 사제들은 이 세상에서 어떤 사람을 세 번째 의미의 판단을 통해 판단해서도 안 되고 판단할 수도 없고, 어떤 사람을 자기 의지에 반해 형벌이나 고통을 통해 신법의 계명을 준수하도록 강요해서도 안 되고, 특히 인간 입법자의 권한 없이 해서는 안 된다. 왜냐하면 이 세상에서 신법에 따르는 이런 심판은 행해져서도 안 되고, 이런 심판을 집행해서도 안 된다. 오직 미래 세상에서만 가능하다. 그러므로 「마태복음」 제19장[21]에서 이렇게 말한다. "그러나 예수는 그들에게", 즉 사도들에게 "말했다. 진실로 너희에게 말한다. 나를 따른 너희는 거듭 태어날 때, 인자가 그의 영광의 보좌에 앉을 때, 역시 12보좌에 앉아 이스라엘의 열두 지파를 심판할 것이다". 언제 사도들이 그리스도와 함께 세 번째 의미의 공동 심판자로서 앉게 될 것인지 주목하라. 즉 이 세상이 아니라 다른 세상에서. 이에 대한 주해는 말한다. "다시 태어날 때, 즉 죽은 자들이 썩지 않고 다시 일어날 때."[22] 그러므로 주해에 따르면, "두 가지 다시 태어남이 있으니, 첫 번째 것은 물과 성령으로 다시 태어남이고, 두 번째는 부활에서다."[23] "너희는 앉게 될 것이다"라는 말에 대해 아우구스티누스의 주해는 이렇다. "심판받은 종의 형상", 즉 이 세상에서 강제적 심판을 통해 심판받았고, 심판하지 않은 그리스도는 "그의 심판적 권력을 행사한다면", 즉

---

20 Ambrosius, *Sermo contra Auxentium de basilicis tradendis*, c. 2, in: MPL, 16, p. 1050.

21 「마태복음」 19:28.

22 *Glossa Interlinearis*, 해당 구절 참조.

23 *Glossa Interlinearis*, 해당 구절 참조.

부활 때, "너희들도 나와 함께 심판자가 될 것이다."[24] 그러므로 주목하라. 복음서에서 그리스도의 말씀과 거룩한 교부들의 해석에 의하면, 그리스도는 이 세상에서 심판적 권세, 세 번째 의미에서의 강제적 권세를 행사하지 않았다. 오히려 그는 종의 형상으로 다른 자에 의해 이런 심판에서 판단을 받았다. 그리고 그가 이런 강제적 판단 권세를 다른 세상에서 행사할 때, 사도들은 그와 함께 이런 심판에서 심판자로서 앉을 것이며, 그 전에는 아니다.

§ 8. 그러므로 주교나 사제가, 그 누구이든지 간에, 어떻게 그리스도나 그의 사도들이 이 세상에서 갖고자 한 것보다 큰 혹은 다른 권위를 주장하는지 심히 놀랄 만하다. 왜냐하면 사도들은 세상 통치자에 의해 종의 형상으로 심판받았기 때문이다. 그러나 그들의 후계자인 사제들은 그리스도와 사도의 모범과 명령에 반해 통치자에게 굴복하기를 거부할 뿐만 아니라 심지어 자신이 강제적 사법권으로 통치자들과 최고의 권세에 앞서 있다고 주장한다. 그럼에도 불구하고 그리스도는 「마태복음」 제10장[25]에서 "그리고 사람들이 너희를 나 때문에 왕들과 행정관 앞으로 데려갈 것"이라고 말했으며, 너희들이 행정관이나 왕들이 될 것이라고 말하지 않았다. 그리고 그 아래 덧붙인다. "제자는 스승보다 높지 않으며, 종이 자기 주인보다 높지 않다."[26] 그러므로 사제나 주교 자신은 이 세상에서 강제적 심판이나 통치나 지배를 행사할 수 없고 행사해서도 안 된다. 이것은 또한 분명히 유명한 철학자가 『정치학』 제4권 제12장에서 말한 견해이기도 하다. 즉 그는 말한다. "그러므로 모든 선택된 자나 추첨으로 관직에 오른 자는 관직자로 간주되지 않는다. 예를 들어 먼저 사제가 있다. 사제직은 정치

---

24 *Glossa Interlinearis*, 해당 구절 참조.

25 「마태복음」 10:18.

26 「마태복음」 10:24.

적 관직 옆의 어떤 다른 것으로 간주되어야 하고, 게다가 극장의 후원자 (choregos)[27]와 전령도 선출되고, 사절도 선출된다. 그러나 정치적인 사람들도 있는데, 어떤 활동에 관계된 모든 시민과 관련되어 있다." 그리고 그는 또한 아래 덧붙인다. "다른 사람들은 경제와 관련되어 있다."[28]

§ 9. 앞에서 말한 것에 대해 증언한다. 그리스도가 새로운 법의 사제들이 세 번째 의미의 법에 따라, 즉 강제적 심판에 의해 이 세상에서 인간의 송사에 있어 이런 판결을 결정하는 것을 바랐다면, 그는 확실히 이런 법에서 모세가 옛법에서 행했던 것처럼 이런 것에 대한 특별한 규정을 가르쳤을 것이다. 「사도행전」 제7장[29]에 의하면, 신은 모세를 인간을 통해서가 아니라 자신의 신탁을 통해 유대인들의 지도자와 강제적 심판자로 세웠다. 그렇기 때문에 신은 그에게 현재 삶의 상태에서, 그 상태를 위해 인간 사이의 다툼을 조정하기 위해 준수해야 할 것에 대한 법을 넘겨주었으니, 그 것에 대한 개별 규정을 내포하는 적어도 일정 부분에 있어 인간법에 상응하는 법을 넘겨주었다. 인간들은 그것을 준수하기 위해 이 세상에서 「출애굽기」 제18장[30]에서 분명히 나타난 것처럼 사제에 의해서가 아니라 모세 및 그를 대신해 세워진 강제적 판관에 의해 형벌과 고통을 통해 강제되었고 제재되었다. 그러나 그리스도는 복음적 법에서 그런 계명을 주지 않았고 도리어 그것이 인간법에서 주어졌거나 주어져야 함을 전제했다. 그는 모든 인간 영혼에게 이 계명을 준수하고 그것에 따라 통치하는 인간들에게 복종하도록 명령했으니, 적어도 영원한 구원의 법에 모순되지 않는

---

27 아테네에서 축제에 참가할 합창단 훈련에 필요한 비용을 부자에게 부담시켰는데, 이를 위해 임명된 자들을 코레고스라고 불렀다.

28 아리스토텔레스, 『정치학』 IV, 1299a 16ff.

29 「사도행전」 7:35.

30 「출애굽기」 18:13-26.

한에서 그렇게 했다.[31] 그러므로 그는 「마태복음」 제22장[32]과 「마가복음」 제11장[33]에서 "카이사르에게 카이사르의 것을 주라"고 말한다. 여기서 그는 카이사르로서 모든 통치자를 의미한다. 또한 사도는 「로마서」 제13장[34]에서 말하며, 우리는 그것을 기꺼이 반복한다. "모든 영혼은 높은 권세 아래 있어야 한다." 또한 그는 「디모데 전서」 마지막 장에서 "믿지 않는 주인에게도" 복종하라고 말한다.[35] 그리고 우리는 이 권의 제5장 제8절에서 이 구절에 대한 아우구스티누스의 주해를 인용했다.[36] 그러므로 분명한 사실은, 모든 인간이 인간법과 그에 따라 판단하는 판관 아래 있어야 한다는 것이 그리스도와 사도와 거룩한 교부들의 견해이다.

§ 10. 또한 여기서 그리스도 신자들은 옛법이나 『구약성서』에 나와 있듯이 유대 백성이 준수하도록 조언했거나 규정했던 모든 것을 준수해야 할 의무가 있지는 않다는 것이 분명하다. 오히려 사도가 「로마서」 제3장과 제7장, 「갈라디아서」 제2장, 제3장, 제5장, 「에베소서」 제2장과 「히브리서」 제7장과 제10장에서 가르친 것처럼, 그들에게는 어떤 규정의 준수, 예를 들어 일정한 종교적 의식의 준수는 영원한 멸망의 벌로써 금지되었다. 사도의 견해에 연계해 복된 히에로니무스와 아우구스티누스는 그들 상호 간의 서신 11과 서신 13에서 일치되도록 여기에 대해 말하기를, 복음적 법의 선포 이후 그런 제의를 준수하는 자는 진심에서든 혹은 위장된 것이든

---

31 신법은 인간법을 포함하고 능가한다. 왜냐하면 신법에 위배되지 않는 한에서만 인간법을 준수할 수 있을 따름이기 때문이다.

32 「마태복음」 22:17, 20-21.

33 마르실리우스가 '제12장'을 '제11장'으로 착각한 듯하다. 「마가복음」 12:13-17 참조.

34 「로마서」 13:1.

35 「디모데 전서」 6:1-2.

36 Hieronymus, *Epistola*, 112, c. 14, in: MPL, 22, pp. 916~31; *Epistola*, 116(아우구스티누스의 답신), in: MPL, 22, pp. 936~53.

지 간에 악마의 심연에 내던져져야 한다고 장담한다.[37] 앞에서 인용한 사도의 「디모데 전서」 마지막 장의 인용 구절 및 이에 대한 아우구스티누스의 주해에서 드러나듯이, 그리스도 신자들은 마찬가지로 율법 규정을 준수해야 할 의무가 없다. "그러므로 그리스도인 종들은 요구해서는 안 된다. 즉 그들은 히브리인들에 대해 언급한 것을 요구할 수 없다" 등.[38] 그러므로 은총의 법에는 이 세상에서 인간들의 다툼에 대한 조정을 위한 규정이 특별히 정해져 있지 않으므로 인간 입법자로부터 그 권한을 가진 인간법과 판관만이 결정한다.

§ 11. 미래 세상의 상태를 위해 준수해야 할 또 다른 규정, 제사나 희생 제물 혹은 죄의 속량을 위한, 특히 내적 행동을 통해 자행된 감추어진 죄에 대한 속량을 위한 제물에 관한 규정이 모세법에 있다. 그 누구도 그것을 이행하도록 형벌이나 고통을 통해 현재 세상에서 강요받지 않았다. 새로운 법의 모든 계명과 조언은 이에 상응한다. 왜냐하면 그리스도는 그 누구도 이 세상에서 이런 계명들을 준수하도록 강요받기를 원하지도, 명령하지도 않았기 때문이다. 비록 그가 다른 세상에서 위반자에 대한 징벌이나 고통을 경고하는 가운데 일반적 훈계로써 인간법의 규정을 준수하도록 명령할지라도 말이다. 그러므로 인간법을 위반하는 자는 많은 경우 신법을 위반하는 것에 다름 아니다. 그 반대는 그렇지 않을지라도 말이다. 왜냐하면 인간이 행함이나 행하지 않음을 통해, 신법을 위반하는 다양한 행동이 있기 때문이다. 신법은 인간 행동에 대해 규정하며, 인간법의 규정들은 이것에 관한 한 무의미할 것이다. 이런 행동은 우리가 이전에 내적이라 칭한

---

37 II, 8, 5. 이렇게 신법은 인간법의 권위를 보증한다. 그러므로 신법과 인간법이 모순될 경우에 인간법보다는 신법에 복종해야 한다. 신법은 인간법의 토대를 이룬다고 말할 수 있다. 이것이 인간법과 신법의 관계에 대한 마르실리우스의 사상을 이해하기 위한 주요 포인트이다.

38 Petrus Lombardus, *Collect.*, in: MPL, 192, p. 375C.

것들이니, 그 행동이 어디선가 존재하거나 부재하는 것은 입증될 수 없지만[39] 그것은 신에게 감추어져 있을 수 없다. 그러므로 이런 행해지거나 행해져서는 안 될 행동에 대해 현재 세상에서뿐만 아니라 미래 세상에서 인간들을 개선하기 위해 신법이 제정되어 있는 것은 합목적적이다.

§ 12. 복음적 법이 ─ 우리가 말한 것처럼 ─ 현재 세상의 상태를 위해서, 현 상태에서 인간들의 다툼을 충분히 규제할 수 없다면, 누군가는 그것의 불완전성을 비난할 것이다. 그러나 우리는 말하고자 한다. 우리는 현재 삶에서 행하거나 피해야 할 것에 있어, 또한 미래 세상의 상태를 위해 혹은 영원한 구원을 얻고 형벌을 피하는 것을 위해 복음적 법을 통해 충분히 인도받는다. 복음적 법은 이것을 위해 제정되었으며, 인간들의 다툼을 공적으로 현재 삶의 상태나 만족스러운 형태를 위해 마땅한 평형이나 균형으로 되돌려 놓기 위해 제정된 것이 아니다. 왜냐하면 그리스도는 현재 삶을 위해 이런 것을 조정하기 위해서가 아니라 다만 미래 삶을 위해 이 세상에 왔기 때문이다. 그러므로 세속적·인간적 행동에 대한 두 규칙은 상이하다. 그것은 상이한 방식으로 이 목표로 인도한다. 즉 첫째, 신적 규칙은 재판에서 어떻게 다투어야 하는지, 반환 요구를 해야 하는지를 (이것이 금지되어 있지 않는 한) 가르치지 않는다. 그러므로 우리가 말한 것처럼 이에 대한 특별한 규정을 가르치지 않는다. 둘째, 인간 행동에 대한 규칙, 즉 인간법은 이것을 가르치며 위반자를 제재하라고 명령한다. 그러므로 그리스도는 「누가복음」 제12장에서 자신에게 형제들 사이의 인간적 판단을 요구한 사람에게 답변했다. "인간아, 누가 나를 너희들의 심판자 혹은 유산 분배인으로 세웠는가?"[40] 그는 이런 심판을 행하기 위해 오지는 않았다고 말하는 듯했다. 그러므로 주해는 말한다. "산 자와 죽은 자를 심판하고 그

---

39 I, 5, 11 참조.
40 「누가복음」 12:14.

들의 공로를 판정하는 그는 재산 분쟁의 심판관, 판정관이 되는 것이 자신에게 합당하지 않다고 생각한다."[41] 그러므로 인간 행위는 복음적 법을 통해 현재 세상의 목적을 위해서 충분히 균형으로 되돌려질 수 없다. 왜냐하면 이런 다툼을 인간이 원하는 올바른 균형으로 합법적으로 되돌려 놓는 규칙은 현재 삶의 상태를 위해 복음적 법에 주어져 있지 않고, 도리어 그 규칙들은 인간법을 통해 이미 전해졌거나 전해져야 하는 것으로 전제되기 때문이다. 이런 규칙 없이는 정의가 부족하기 때문에 인간들의 추문 혹은 다툼에서부터 싸움과 분열, 그리고 세속적 인간 삶의 불만족스러운 상태가 생길 수 있으니, 거의 모든 사람이 본성적으로 이것을 기피한다.

§ 13. 이렇기 때문에 진실로 복음적 법이나 교훈을 불완전하다고 말할 수 없다. 왜냐하면 복음적 법은 가져서는 안 될 완전성을 갖기 위해 만들어진 것이 아니기 때문이다. 즉 복음적 법은 우리가 그것을 통해 직접적으로 인간이 영원한 구원을 얻고 영원한 비참함에서 벗어나기 위해 해야 할 바에 대해 지침을 얻기 위해 제정되었다. 그리고 이 점에서 그 법은 매우 충분하고 완전하다. 그러나 그 법은 인간들이 합법적으로 세속적 삶에서 원하는 목적을 위해 민사적 분쟁 사건을 조정하기 위해 제정되지 않았고 그것을 위해 있지 않다. 즉 이 법을 이런 이유에서 불완전하다고 말한다면, 또한 우리가 이것을 통해 육신적 질병을 치유할 수 없거나 대양의 크기를 측정하거나 대양을 항해할 수 없기 때문에 불완전하다고 말하는 것이 적절할 것이다. 물론 이것을 인정할 수 있다. 그 법은 절대적으로 완전하지 않다. 단 한 분, 신 자신을 제외하고 어떤 존재도 완전하지 않기 때문이다. 「고린도 전서」 제6장의 "나는 여러분을 부끄럽게 하기 위해 이것을 말한다"[42]에 대한 그레고리우스의 주해는 이 명제의 의심할 수 없는 진

---

41 Thomas Aquinas, *Catena aurea*, vol. 12, p. 145에서의 해당 구절에 대한 주해 참조. 부정확한 기억에 의한 인용.

리를 증언한다. "즉 외적 사물에 대한 지혜를 획득한 자들은 지상적 사안을 조사하기 위함이다. 그러나 영적 선물을 부여받은 자들은 지상적 업무에 연루되어서는 안 된다."[43] 그가 외적 사물이나 지상적 업무, 혹은 분쟁에 대한 지혜를 성서로 이해했다면 그는 "영적 선물을 부여받은 자", 즉 성서에 대한 지식을 부여받은 자는 "지상적 업무에 연루되지 말아야 한다"라고 말하지 않았을 것이다. 그리고 그는 이런 심판관을 이 가르침에 따라 상호 분리하지 않았을 것이다. 왜냐하면 사도와 거룩한 교부들은 한 해석에 따르면, 이런 지혜를 가진 자들, 외적 사물에 대한 지식을 가진 자들을 앞에서 "공동체에서 덜 존중받은 자들"이라고 말했기 때문이다. 그러나 사도나 거룩한 교부들은 이 구절을 해석하면서 성서 전문가들을 의미한 것이 아니다.

인간의 법적 행위가 어떤 것이며 어떤 종류인지, 어떤 법과 심판관에 의해, 어떤 의미에서 언제, 누구에 의해 조정되고 교정되어야 하는지, 우리는 제시된 의도에 맞게 충분히 지시했다고 믿는다.

---

42 「고린도 전서」 6:4.

43 Gregorius, *Moralia in librum Iob*, l. 19, c. 25: Petrus Lombardus, *Collect.*, in: MPL, 191, p. 1577.

제 10 장

❧━❧

이 세상에서 이단자들을 심판하고 제재하고 재산과 인간에 대한 벌을 내리고 벌을 집행하도록 요구하는 강제적 심판관에 대하여

§ 1. 그러나 우리가 말한 것에 대해 당연히 의심이 제기된다. 즉 앞에서 말한 것처럼 현재 삶에서 강제적 심판과 재산이나 인신에 대한 형벌을 선고하고 집행함을 통해 처벌받을 모든 자에 대한 사법적 권한이 오직 입법자의 권한에 의해 통치자에게만 있다면, 이단자[1]나 다른 불신자[2]나 분파자[3]에 대한 강제적 심판과 물적·인격적 형벌의 선고와 집행은 이런 통치자에게 속한 일일 것이다. 그러나 이것은 이론의 여지가 있는 듯하다. 왜냐하면 분명히 잘못을 판정하고 판결하고 바로잡는 것은 동일한 법정의 사안이지만, 이단죄를 판별하는 것은 다른 사람이 아니라 성직자와 사제나

---

1 haereticus: 'haeresis'(학파, 종파, 당파 등)의 파생어로, 원래는 중립적 의미였으나, 중세에 들어와 가톨릭 신앙을 옹호하지 않는 인간을 폄하하는 말로 사용되었다.
2 마르실리우스는 유대인들을 염두에 두었다.
3 schismaticus: 'schisma'(분열)의 파생어로, 교회 안에서 분파를 조성하는 자를 말한다.

주교의 업무이므로 이런 범죄 및 유사 범죄에 대한 강제적 심판이나 교정은 사제나 주교의 업무에 속할 것이기 때문이다. 게다가 A가 B에 대해 잘못을 저지르거나 B의 법을 어겼을 경우에 전자의 잘못에 대한 판단과 형벌 선고는 후자의 임무에 속하는 듯하다. 그런데 후자는 사제나 주교이다. 왜냐하면 그는 신법의 일꾼과 심판자이기 때문이다. 오직 이단자나 분파자, 혹은 다른 불신자들만이 신법에 대해 잘못을 저지른다 — 죄인은 집단이거나 개인일 수도 있다. 그러므로 이 판단은 오직 사제에게 속하고 통치자에게 속하지 않는다는 사실만 남는다. 이것이 분명히 황제 발렌티니아누스에게 보낸 제1서신에서 복된 암브로시우스가 밝힌 견해인 듯하다.[4] 그리고 거의 전 서신에 걸쳐 이 견해가 분명히 드러나므로 나는 지면상 인용하지 않겠다.

§ 2. 그런데 우리는 이전의 확정된 사실에 따라 신법에 대해 죄지은 모든 자는 그에 따라 판단받고, 교정받고 제재받아야 한다. 그러나 신법에 따르면, 두 종류의 심판관이 있다. 하나는 세 번째 의미의, 즉 이 법의 위반자를 제재하고 형벌을 요구하는 강제적 권한을 가진 자, 그리고 이것은 우리가 앞 장[5]에서 「야고보서」제4장에서 인용한 것처럼 단 한 분, 즉 그리스도이다. 그러나 앞 장에서 충분하고도 분명히 말한 것처럼 그리스도는 이 법의 위반자가 이 세상에서가 아니라 미래의 세상에서 강제적 심판을 통해 심판받고 미래 세상에서만 형벌이나 고통으로 처벌받기를 바랐고 명령했다. 그러나 이 법에 따라 결정하는 두 번째 심판관이 있으니, 즉 사제나 주교이다. 그는 세 번째 의미의 심판관이 아니다. 따라서 이 권의 제5장[6]과 앞 장[7]에서 사도와 거룩한 교부들의 권위를 통해, 그리고 그

---

4 Ambrosius, *Epistola* 21, in: MPL, 16, pp. 1045~49.

5 II, 9, 1.

6 II, 5, 1-2.

들의 반박될 수 없는 논리를 통해 분명히 입증된 것처럼 이 법의 모든 위반자를 이 세상에서 제재하고, 그에게 강제적 권능을 통해 형벌이나 고통을 요구하는 것이 그의 임무이다. 그러나 주교는 첫 번째 의미의 심판관이다. 그의 임무는 죄인 내지 이 법의 위반자를 가르치고, 훈계하고, 죄를 입증하고, 질책하고, 그들을 미래 세상에 있어 강제적 심판관, 즉 그리스도에 의한 저주와 형벌 선고를 통해 겁을 주는 것이다.[8] 우리는 이 권의 제6장과 제7장[9]에서(여기서 사제의 열쇠 권세에 대해 언급했다), 그리고 앞 장[10]에서 이것을 진술했다.[11] 거기서 우리는 아우구스티누스가 예언자의 권위에 근

---

7 II, 9, 2.

8 사제의 역할은 다양하다. 그는 첫 번째 의미와 두 번째 의미에서 판단할 뿐만 아니라 견책하고 겁을 줄 수도 있다.

9 II, 6, 1-13; II, 7.

10 II, 9, 1-9.

11 이 문장은 이 장의 핵심을 이루며, 이단자를 처벌할 수 있는가라는 질문에 대해 간접적으로 답변한다. 마르실리우스 논리의 기초를 이루는 진정한 문제는 신법과 인간법의 관계 문제이다. 인간법이 이단자 처벌 문제에 있어 신법과 부합한다면, 이단자는 처벌받아야 한다. 그러나 다른 가능성은 없는가? 인간법이 이단자의 처벌을 금지한다면, 아무도 그를 처벌할 권리가 없다. 그러나 인간법이 신법과 부합하지 않을 경우에 인간법보다는 신법에 복종해야 한다. 다른 한편으로 결국 무오(無誤)한 진리의 근원으로 간주되는 신법에 비추어 정통 신앙을 보증하는 자는 인간 입법자 내지 군주이다. 이런 조건에서 인간법이 어떻게 신법에 이 세상에서 이단자를 처벌하지 말라고 지시할 수 없는지 알 수 없다. 또한 인간법은 이단자 처벌을 명령해야 한다. 왜냐하면 신법은 이 세상에서 강제적 성격을 지니지 않고 지녀서도 안 되기 때문이다. 결국 인간법은 도시를 말썽과 오염에서 보존해야 하고, 따라서 모든 다른 영역에서뿐만 아니라 종교 문제에서 문제를 야기하는 자들을 제거해야 한다. 그러나 마르실리우스는 거짓된 종교적 자유를 수호하고자 하지 않고, 도리어 정통 신앙을 수호하는 임무는 군주에게 속한다고 강조한다. 그는 이단자를 관용해야 하는가라는 문제를 제기하지 않는다. 이것은 그에게는 불가능하다. 그를 사로잡은 문제는 권한의 문제이다. 오직 입법자 내지 군주만이 이단자 처벌의 권한을 가진다. 단 재판 절차에서 사제가 맡은 역할을 고려했다. 마르실리우스는 이단자 처벌 문제에 대해 매우 분명하다. 제2권 제6장 제12절에서 그는 이단자는 이 세상에서 중벌을 받아야 한다고 분명히 말한다. 이단자는 공적으로 치욕을 당하고 시민 공동체에서 추방되어야 한다. 제2권 제21장 제9절에서도 같은 말을 반복할 것이다. 여기서 거워

거해 말했으며, 명제집 교사는 『명제집』 제4권 제18부 제9장[12]에서 이것을 인용한 것처럼 영혼의 의사인 사제를 육체의 의사와 비교했다. 그러므로 이단자나 분파자 혹은 모든 다른 불신자는 복음적 법의 위반자이므로, 그는 이 범죄를 고집하는 한, 신법의 위반자를 제재하는 것이 (그가 재판을 실시할 경우) 그의 임무인 심판관에 의해 처벌받을 것이다. 그러나 이 심판관은 이 세상에서가 아니라 미래 세상에서 산 자와 죽은 자, 그리고 죽을 자를 심판할 그리스도이다. 왜냐하면 그는 이 세상을 떠나는 마지막 순간, 즉 죽음의 순간까지 자비롭게 죄인들에게 공로를 쌓고 뉘우칠 수 있는 기회를 허락했기 때문이다. 그러나 다른 심판관, 즉 목자, 주교나 사제는 현재의 삶에서 인간을 가르치고 훈계하고, 죄를 입증하고, 죄인으로서 질책하고 심판이나 혹은 미래의 영광이나 영원한 저주의 예고를 통해 겁을 주어야 하지만 앞 장에서처럼 결코 강요해서는 안 된다.

§ 3. 인간법이 이단자나 다른 불신자로 판명된 자가 지역에 머무는 것을 금지한다면, 그는 인간법의 위반자로서 이 세상에서 심판관에 의해 같은 법이 위반에 대해 정한 형벌이나 고통을 통해 제재되어야 한다. 그는 우리가 제1권 제15장[13]에서 지시한 것처럼 입법자를 통한 권위에 의해 인간법의 수호자이다.[14] 그러나 인간법이 이단자나 다른 불신자가 신자들과 같은 지역에 머무는 것을 금지하지 않는다면 ─기독교인 백성과 통치자와 교

스는 상반된 입장을 가진다(Gewirth, vol. 1, pp. 164~66). 그는 제2권 제28장 제17절에 근거해 마르실리우스가 양심의 자유와 종교적 관용 내지 무관심의 길을 열어주었다고 본다. Quillet, p. 266, 각주 5 참조.

12 Petrus Lombardus, *Libri Sententiarum* IV, dist. 18, c. 9, in: MPL, 192, p. 889.

13 I, 15, 11.

14 이것은 신법과 상충되는 경우가 아니다. 인간법이 술 취함을 금지하지 않고 신법이 금지한다면, 술주정뱅이는 이 세상에서 처벌받지 않을 것이다. 그러나 신법도 이것을 금지한다.

황 시대에도 인간법은 이단자들과 유대인 자손들에게 이미 이것을 허용했다 — 이단자나 다른 불신자를 심판하거나 현재적 삶의 상태에 대해 물적 혹은 인격적 벌로 제재하는 것은 허용되어 있지 않다. 그 일반적 이유는 어떤 인간도 이론적·행동적 규율을 위반할지라도, 그런 한에서 이 세상에서 처벌받거나 제재받지 않고 도리어 인간법의 규정을 위반하는 한에서만 처벌받고 제재받기 때문이다. 즉 누구든지 의술을 행하고 가르치고 다른 비슷한 직업의 행위를 마음대로 행사할 수 있고 행사하기를 바라는 것처럼 인간법이 술 취하거나 모든 종류의 신발을 제조하고 판매[15]하는 것을 금지하지 않는다면, 술주정뱅이나 그 밖의 행위에서 잘못을 저지르는 자는 결코 제재받지 않을 것이다.[16]

§ 4. 그렇기 때문에 다음을 주목해야 한다. 이 세상의 모든 강제적 심판에서 무죄판결이나 유죄판결이 내려지기 전에 제기된 사건에 대해 절차에 따라 몇 가지를 조사해야 한다. 첫째, 고발된 자에게 혐의로 씌워진 진술이나 행위가 사람들이 말하는 그런 것인지 여부, 이것은 먼저 그가 범했다고 말해지는 일이 무엇인지 먼저 아는 것을 의미한다. 둘째, 인간법이 그런 것을 금지하는지 여부. 셋째, 고발된 자가 그 일을 행했는지 여부. 그다음에 고발된 자에 대한 판단 혹은 무죄판결이나 유죄판결이 뒤따른다. 예를 들어 어떤 사람이 이단자나 금이나 다른 금속 그릇을 위조한 자로 고발되었다고 하자. 그가 강제적 판단을 통해 유죄판결을 받거나 무죄판결을 받기

---

15 중세 유럽에서 하층민과 빈민들은 신발을 신지 못했다. 신발은 의상의 한 부분으로 간주되어 신분을 상징했다. 특히 15세기 베네치아에서 높은 굽의 신발이 유행했는데, 이것은 부귀와 사회적 신분을 나타냈다. 16세기에는 하이힐이 귀족 사이에 유행했는데, 이것은 실물보다 높게 보이는 효과 때문이었다. 하이힐은 고위층의 상징물이었으며, 남녀를 막론하고 귀족들은 즐겨 신었다.

16 사제는 이단자와 아닌 자를 판별하는 임무를 가진다. 그는 직접 처벌하지는 않지만 세속 법정에 이단자를 적시한다. 이것은 엄청난 권한을 의미한다.

전에 그에게 혐의로 씌워진 진술이나 행위가 이단적인지 여부를 조사해야 한다. 두 번째로 인간법이 그런 것을 말하고 행하고 가르치는 것을 금지하는지 여부. 세 번째로 범죄 혐의를 받고 있는 자가 그런 범죄를 자행했는지 여부. 마지막으로 그다음에 강제적 무죄판결이나 유죄판결이 뒤따른다.

§5. 이 문제의 첫 번째에 대해 통치자는 해당 분야의 전문가를 통해 (그들의 과제는 고발된 자에게 혐의로 씌워진 진술이나 행위의 본질이나 본성을 고려하는 것이다) 확증을 받아야 한다. 왜냐하면 이들은 우리가 이 권의 제2장[17]에서 말한 것처럼 그런 일에 대한 첫 번째 의미의 심판관이기 때문이다. 그리고 그들은 그런 일의 본질을 알아야 할 의무가 있다. 통치자는 그들에게 이런 일을 나라에서 가르치거나 수행하는 권한을 주었기 때문이다. 이 권한은 학문적 분야에서 관습적 용어로 '면허'라고 칭해진다. 제1권 제15장[18]에서 지시한 것처럼 이것은 다른 실천적·기술적 직업에서도 마찬가지이다. 그러므로 의사는 나병환자의 여부를 그들의 신체적 상태에 의해 알아야 한다. 그러므로 사제는 이단적 진술이나 가르침과 정통적[19] 가르침을 알아야 한다. 또한 금세공인이나 은세공인은 금속을 알아야 한다. 또한 법 전문가 혹은 법 교사는 상호 대여나 저축 등 시민생활의 다른 유사한 행위를 알아야 한다. 통치자 자신은 이런 일을 알아야 할 의무는 없다. 그러나 그는 입법을 통해 법이 완전하다면 전문 분야의 교사나 실천가를 통해 진술과 물건, 행위의 본질에 대해 확증을 얻어야 한다.[20]

17　II, 2, 8.

18　I, 15, 8-12.

19　catholicam: '가톨릭'은 본래 '보편적'을 뜻한다. 그러나 이 용어는 종종 '이단적'에 대립되는 개념으로 사용되면서 '가톨릭=정통적' 등식이 성립했다.

20　이탈리아 도시들의 사법 절차와 같았다.

§6. 또한 제시된 문제에 대해 말한다. 성서의 모든 교사는 (모든 사제는 이런 교사이고, 이런 교사가 되어야 한다) 어떤 사람에게 혐의로 씌워진 범행이 이단인지 여부를 첫 번째 의미의 판단을 통해 판단할 수 있고, 해야 한다. 그러므로 「말라기서」 제2장[21]에서 말한다. "사제의 입술은 지식을 지키고 사람들은 법, 즉 신법을 그의 입술에서 요구한다." 사도의 후계자들, 사제나 주교는 이런 교사가 되어야 한다. 그리스도는 그들에게 「마태복음」 제28장[22]에서 말했다. "그러므로 가서 모든 민족을 제자로 삼아라. …… 그리고 내가 너희에게 명령한 모든 것을 지키도록 가르쳐라." 또한 「디모데 전서」 제3장에서도 말한다. 그는 다른 것 가운데 "교사가", 즉 성서의 교사가 "되어야 한다".[23] 또한 「디도서」 제1장에서 말한다. "주교는 가르침에 따른 신실한 말씀을 확고히 붙잡아야 한다. 이것은 그가 거룩한 가르침으로 훈계하고 반대하는 자들을 설득하기 위함이다. 왜냐하면 반박해야 할 많은 유혹하는 자들이 있기 때문이다."[24] 통치자는 마지막인 본래적 의미의 법에서부터 (이 법에 따라 입법자의 권위에 의해 통치해야 한다) 두 번째 문제, 즉 법이 이런 잘못을 금지하는가 여부를 알아야 한다. 그가 세 번째로 알아야 할 것은 혐의가 씌워진 자가 이단적 진술이나 행위의 범죄를 말했는지 내지 행했는지 여부이다. 그에 대한 판단은 '증인'이라고 불리곤 하는 교육받은 자와 무식한 자에 의해 외적·내적 감각[25]의 도움으로 철저히 내려질 수 있다. 이후에 통치자는 유죄판결이나 무죄판결을 내려야 한다. 또한 범행 때문에 고발된 자에게 형벌이나 처형을 집행하거나 감경해야 한다.

---

21 「말라기서」 2:7.
22 「마태복음」 28:19-20.
23 「디모데 전서」 3:2.
24 「디도서」 1:7-11.
25 외적 감각은 다섯 가지 감각을 말하며, 내적 감각은 외적 감각을 통해 인지된 사물을 처리하고 저장하는 기억·사고·상상 등이다.

§ 7. 어떤 사람이 전적으로 신법을 위반했기 때문에 통치자에 의해 처벌받는 것은 아니다. 신법을 위반하는 많은 죽을죄가 있으니, 예를 들어 인간 입법자는 알면서도 허용하고 강제적 권력으로 금지하지 않고 또한 주교나 사제도 강제적 권력으로 금지할 수 없거나 금지해서는 안 되는 간음죄가 있다. 도리어 신법을 위반한 자, 즉 이단자는 인간법이 그런 죄를 금지하는 경우에 인간법을 위반하는 한에서 이 세상에서 처벌받는 것이다. 이것이 어떤 사람이 현재 세상에서 형벌이나 처형으로 제재되는 정확한 원인 내지 일차적 원인이다. 원인이 있음으로써 결과가 생기고, 원인이 제거됨으로써 결과도 제거되기 때문이다. 반대의 경우에도 마찬가지로 인간법을 위반하는 자는 다른 세상에서 인간법이 아니라 신법을 위반한 한에서 처벌받을 것이다. 신법에서 허용되는 많은 것이 인간법에 의해 금지된다. 예를 들어 어떤 사람이 대여금을 무능력 때문에, 우발적 사건이나 질병, 망각, 혹은 어떤 다른 장애 때문에 정해진 기한에 반환하지 못한 경우에 다른 세상에서 강제적 심판관에 의해 신법에 따라 처벌받지는 않을 것이다. 그러나 그는 이 세상에서 인간법에 따라서 강제적 심판관에 의해 합법적으로 처벌받을 것이다. 그러나 인간법에 의해 허용되는 어떤 행동, 예를 들어 간음으로써 신법을 위반한 자는 다른 세상에서 처벌받을 것이다. 그러므로 신법에 대한 위반 자체는, 철학에서 원인 자체라고 칭하는 일차적 원인이다.[26] 왜냐하면 이 원인이 주어짐으로써 미래 세상의 상태를 위해, 미래 세상의 상태에 있어 형벌과 처형의 결과가 생기고, 그 원인이 제거됨으로써 결과가 제거되기 때문이다.[27]

---

26 아리스토텔레스, 『분석론 후서』 II, 98a 35.

27 이 세상에서 처벌받는 것은 신법에 대한 위반이 아니다. 신법 위반이 또한 인간법의 위반이 되는 경우에 한해 처벌받는다. 그런데 문제는 이단, 즉 신법 위반이 인간 입법자에 의해 인간법이 규정한 금지를 고려해 금지되어야 하는지를 아는 것이다. 이단이 인간법의 금지 대상에 들어간다면, 그것은 이 세상에서 처벌을 받는다. 이단은 이미 진술한 이유 때문에 처벌받지 않을 수 없다. 어쨌든 결정은 인간 입법자 내

§ 8. 그러므로 이단자나 분파자, 혹은 다른 불신자를 심판하고 그들을 제재하고 그들에게 다른 사람을 위해서가 아니라 자신이나 공동체를 위해 일시적 형벌이나 처형을 요구하고 적용하는 권한은 오직 인간 입법자의 권위에 의해 통치자에게만 있으며, 그들이 신법을 위반했다는 이유 때문에 사제나 주교에게 있지 않다. 신법은 현재 삶의 상태에서, 현 상태를 위해 인간을 위해 만들어진 법이니, 앞 장[28]과 이 권의 제5장[29]에서처럼 인간에 대해 이 세상에서 강제적 권한을 가지는 마지막 의미의 법은 아니다. 그러나 제1권 제10장[30]에서 분명히 드러난 것처럼 법은 세 번째 의미의 법이다. 이 법에 따르면 이 세상에서도 사제는 심판관이나 심판의 첫 번째 의미의 심판자이니, 그러므로 이 권의 제5장[31]과 앞의 장[32]에서 사도들, 암브로시우스, 힐라리우스, 크리소스토무스를 원용함으로써 입증된 것처럼 강

지 군주에게 귀속된다. 그만이 신법 위반이 인간법을 고려해 비난받아야 하는지를 결정할 수 있다. 이단자 처벌은 군주의 관할 영역이지, 사제의 관할 영역이 아니다. 사제는 결정할 권한이 없다. 마르실리우스는 이단자를 세속 권세에 넘겨줌으로써 중세 전통을 존중하는 것에 만족하지 않고, 이런 위반을 인간법의 금지 대상 속에 편입하는 관점을 가지고, 세속 권세에 신법 위반이 이 세상에서 처벌받아야 하는지를 결정하는 과제를 부여한다. 이로써 그는 결론적으로 사제에게서 이 사안을 판단하는 권한을 빼앗는다. 사제의 역할은 단지 사안에 대해 인지하고 군주에게 알리는 것에 국한된다. 군주만이 법을 적용하고 제재를 집행하는 권한을 갖는다. 이 절은 인간법과 신법의 관계 문제를 밝혀준다. 이단 문제에 있어 인간법이 신법과 조화를 이루어야 하는지를 결정하는 것은 군주의 몫이다. 신법의 규정을 — 필요하다면 — 이용하는 것은 실증법이다. 신법은 결코 인간법에 종속되지 않는다. 그리고 실증법은 신법에 기초하고 있다. 왜냐하면 군주는 그의 권세를 신으로부터 직접적으로 취하고, 따라서 신앙 문제에서조차 결정권을 취하기 때문이다. 이런 마르실리우스의 입장은 현실적으로 군주가 세속적 권세뿐만 아니라 종교적 권한을 부여받은 한에서만 지지받을 수 있다. Quillet, p. 270, 각주 17 참조.

28 II, 9, 1-3.
29 II, 5, 1-2.
30 I, 10, 3.
31 II, 5, 1-2.
32 I, 10, 3.

제적 권세가 없다. 그들이 교회의 가르침을 위반했기 때문에 이단자에 대해 집행권을 가진 심판관이나 통치자라면(그들은 이 가르침의 교사이며, 이 법에 따라 다른 자에 대해 어떤 행위를 한다), 또한 금세공인은 황금 조각품을 위조하는 자에 대한 강제적 심판관이나 통치자일 것이다 — 이것은 부조리하다. 그렇다면 의사도 의술에서 잘못 행동하는 자를 처벌할 수 있을 것이다. 국가의 여러 직업에서 위반하는 만큼 통치하는 자의 숫자도 많아질 것이다. 그러나 이것이 불가능하고 불필요하다는 것은 제1권 제17장[33]에서 지시했다. 왜냐하면 어떤 다른 것, 즉 입법자나 인간법의 규정이 개입하지 않는 한, 국가적 직무에서 잘못하는 자들이 그렇기 때문에 제재받거나 처벌받지 않기 때문이다. 이런 위반이 인간법에 의해 금지되지 않는 한, 그것을 범하는 자는 결코 처벌받지 않을 것이다.

§9. 우리가 말한 내용을 친숙한 예에서 볼 수 있다. 인간법에 의해 나병 환자와 다른 시민이 같이 생활하는 것이 금지되어 있다고 가정하자. 오직 그 질병을 자신의 지식에 따라 그들이 나병인지 여부를 판단할 수 있는 의사는, 첫 번째 의미의 판단을 통해 나병이라고 판단한 자들에게 강제적 힘을 통해 자신의 권위로써 의학적 지식의 교사로서, 다른 자들과의 교제나 함께 생활하는 것을 억제할 수 있는가? 결코 그럴 수 없다는 것이 확실하다. 도리어 강제적 인간법의 수호가 위임되어 있는 자, 즉 통치자만이 이것을 결정할 수 있다. 왜냐하면 어떤 사인(私人)이나 집단에게는 어떤 사람을 판단하거나 그를 제재하거나 처벌을 요구하는 것이 허용되지 않고 통치자에게만 허용되기 때문이다. 그러나 통치자는 자신에게 부과된 결함이나 범죄, 잘못에 대해 그리고 잘못의 본질에 대해 (법이 완전하다면 이것에 대해 언급할 텐데) 법의 규정에 따라 (이것이 법에서 누락되어 있다면) 자신의 지혜

---

33 I, 17, 3/13.

를 통해 이런 물건이나 행위나 진술의 본질을 다루는 분야의 전문가의 판단을 — 의사가 나병환자와 아닌 자를 판단하고, 신학자가 성서에서 나병환자를 통해 따라서 상징적으로 묘사되는 범죄자에 대해 성서 해석에 따라서 판단하는 것처럼 — 이용하고 신뢰해야 한다. 마찬가지로 통치자는 금속 그릇의 위조에 대해 금세공인을 신뢰해야 하고, 다른 종류의 물건과 행위에 있어 각 분야의 전문가를 신뢰해야 한다. 그러므로 영혼의 의사, 즉 사제는 이런 의미에서 이단자나 다른 불신자에 대해 첫 번째 의미의 판단으로써, 즉 이단적 진술과 행위와 비이단적인 것을 구별함으로써 판단해야 한다. 그러나 세 번째 의미의 판단으로써, 즉 고발당한 자를 일시적 형벌이나 사형으로 유죄판결하거나 무죄판결하고, 유죄판결을 받은 자를 이런 식으로 대가를 치르도록 강제하는 것은 오직 인간법에 의해 통치하는 자의 일이다. 또한 다른 범죄 때문에 요구되는 형벌처럼, 요구된 형벌을, 그것이 재산에 대한 것이라면, 입법자나 인간법의 규정에 따라 적용하는 것도 통치자의 일이다.

§ 10. 우리가 말한 것에 대해 성서는 「사도행전」 제25장에서 증언한다. 즉 사도가 유대인들에 의해 이단자로 — 물론 잘못되었지만 — 고발당했을 때, 다른 다툼이 있는 민사사건에서처럼 그 사건에 대한 조사와 송치, 항소, 판결이 인간 입법자의 권위를 통해 이 업무를 위해 세워진 심판관 앞에서 심판관에 의해 이루어졌다.

§ 11. 여기에 대한 이의를 무력화하는 것은 어렵지 않다. 왜냐하면 이단의 범죄를 판단하는 것이 그의 임무인 자에게 이단자에 대한 심판관으로서 심판이 귀속된다고 말했다면, 이 말은 심판관이나 판단이라는 용어의 다의성 때문에 구별되어야 한다. 어떤 의미에서 이 용어들을 그 첫 번째 의미에서 받아들인다면, 이 말은 옳다. 그러나 세 번째 의미로 받아들인다면, 이 말은 그르다. 그러므로 이 잘못된 추론에서부터 우리의 정의에 대

항해 아무런 결론이 나올 수 없다. 그러나 다른 항변, 즉 잘못한 자에 대한 심판과 형 집행 및 형벌이 재산에 대한 것이라면, 형벌의 적용은 잘못한 자가 어떤 인간 내지 그의 법을 위반한 경우에 그 인간에게 귀속된다는 이의에 대해 답변해야 한다. 이 말은 세 번째 의미의 심판관으로서의 그에 대해, 그리고 세 번째 의미, 즉 강제적 의미에서의 그 법에 대해 옳다. 이단자가 신법을 위반했다고 가정한다면, 이 항변은 용인되어야 한다. 그러므로 그는 신법에 따라 세 번째 의미의 심판관, 즉 그리스도에 의해 심판을 받되, 이 세상에서가 아니라 다만 다른 세상에서 같은 입법자의 규정에 따라 심판받을 것이다. 그는 신법의 계명과 조언을 준수했느냐 위반했느냐에 따라 같은 심판관에 의해 형벌이나 고통으로 제재를 받거나 보상을 받는다. 그런데 이 법, 즉 신법의 심판관은 어떤 주교나 사제가 아니고, 특히이 법이 현재 삶의 상태에서, 현 상태를 위해 인간과 관계되는 한, 주교나 사제는 전적으로 교사처럼 첫 번째 의미의 심판관이 된다. 또한 이 삼단논법의 대전제가 언급된 의미에서 참된 것으로 전제되었다면, 즉 위반자에 대한 심판이 강제적 심판관으로서 그에게 (위반자가 그에 대해서 혹은 그가 수호하는 법에 대해 잘못을 저지른 경우, 그리고 법이 전적으로 마지막 의미의 법이라면) 귀속된다는 것이 전제된다면, 다음의 참된 명제가 포함되어야 한다. 즉 이단자는 이 세상의 심판관(세 번째 의미의 심판관)과 그가 수호하는 법(세 번째, 본래적 의미의, 즉 전적으로 강제하는 의미의 법)에 대해 죄를 지은 것이고, 이 세상의 다른 강제적 법이나 심판관에 대해 죄를 지은 것이 아니다. 그러므로 이 법의 입법자가 그렇게 명령한다면, 이단자는 이 세상에서 이런 심판관을 통해 강제적 심판에 의해 판단을 받아야 한다. 또한 같은 심판관은 같은 위반자에게 벌을 요구해야 하고, 벌이 재물에 관한 것이라면 이 심판관은 인간 입법자가 법에서 적용하도록 규정한 벌을 그에게 적용해야 한다. 혹은 앞의 그릇된 논리에서처럼 대전제를 그 모호성 때문에 구별해야 한다.

§ 12. 그러므로 어떤 사람이 이단자로서 이 세상에서, 이 세상을 위해 강제적 심판에 의해 재산상으로나 인격적으로나 혹은 두 가지 방식으로 유죄판결을 받거나 판단을 받아야 하므로, 주교나 사제를 통해 판단받아야 한다고 필연적으로 추론해서는 안 된다. 아마도 첫 번째 의미의 심판에 의해서가 아니라면 말이다. 이렇기 때문에 또한 이단으로 유죄판결을 받은 자의 육적 혹은 세속적 재물(범죄에 대한 형벌이나 형벌의 일부로서 그에게 요구되는 재물)이 어떤 주교나 사제를 위해 사용되어야 한다고 추론할 수 없다. 마찬가지로 위조화폐의 제조자가 화폐 제조인에 의해 판단을 받아야 하는 것처럼 이단자도 그래야 한다고 추론할 수 없다. 아마도 세 번째, 즉 강제적 의미의 심판이 아니라 첫 번째 의미의 심판을 통해서가 아니라면 말이다. 또한 벌을 위해 그에게서 요구되는 세속적 재물이 화폐 제조인을 위해 ─ 집단이든지 사인이든지 간에 ─ 사용되어야 한다고 추론할 수 없다. 오히려 그는 통치자에 의해 강제적 심판을 통해 유죄판결을 받아야 하고, 형벌이 인간 입법자의 결정에 따라 적용되어야 한다.

§ 13. 복된 암브로시우스의 글[34]에 대해, 그는 이단자 내지 이단 범죄는 사제나 주교의 (세 번째 의미의 심판이 아니라) 첫 번째 의미의 심판에 속한 것으로 이해했다고 말해야 한다. 고대 교회 상태에서는 어떤 주교나 교황도 자기 권한으로 이런 심판을 행사하지 않았다. 물론 나중에 때때로 그들은 통치자의 어떤 용인에 의해 이런 실천에 도달했다. 그러므로 지금 오용의 결과, 효력과 합법성의 외관을 가지는 것처럼 보이는 이런 실천의 실제적 기원을 숙고하는 자에게는 꿈의 환상처럼 보일 것이다. 그러므로 불신자와 이단자에 대한 심판관의 판단과 강제적 권능에 대해 이렇게 결정한 것으로 하자.

---

34 II, 10, 1 참조.

제11장

❦

이 권의 제4장과 제5장, 제8장, 제9장, 제10장에서 주교 및
사제들의 신분에 대해 결정한 것의 진실성을 입증하는
성서 및 세속 문학의 어떤 증거와 증언과 예들,
그리고 왜 그리스도가 그들의 신분,
즉 빈곤의 신분을 통치자의 신분과 분리했나

§ 1. 우리가 이전의 논의[1]에서 성서의 권위적 구절 및 다른 준(準)정치적
인[2] 분명한 논거를 통해 주교나 사제나 다른 성직자에게 이 세상 누군가
에 대한 강제적 사법권이 없다는 것을 입증했으므로, 우리는 이제 이 결
과를 명백한 증거와 증언을 통해 더욱더 분명히 하고자 한다. 한 가지 분
명한 사실은, 우리는 그리스도나 그의 사도들 가운데 그 누구도 심판관이
나 그들의 대리인으로서 그런 통치나 심판을 행하기 위해 세워졌다는 것
을 읽지 못했다. 그러나 그나 그의 사도들이 인간의 삶에서 그렇게 필수적
인 것을 몰랐거나 소홀히 했을 것으로는 보이지 않는다. 그들이 이것이 자
신들의 직무에 속한다는 것을 알았다면, 그리고 그들이 이것이 자신들의
후계자인 주교나 사제들에게 속하기를 원했다면 그들은 여기에 대해 명령
이나 조언을 남겼을 것이다. 그런데 그들은 영적 일꾼, 주교와 장로, 부제를

---

1 II, 6-10.
2 교황의 관점에서 볼 때 정치적이다.

세우는 일에 대한 형식과 방식을 전했다. 그리고 이것이 그들의 직무에 속한다는 것은 사도의 「디모데 전서」 제3장, 「디도서」 제1장, 그리고 다른 성서 구절에 언급된 견해에서 충분히 알 수 있다.[3]

§ 2. 그런데 그리스도는 사제나 주교의 직무를 통치자의 직무와 분리했다. 그 자신이 원했더라면 스스로 통치자의 상태와 사제의 직무를 행할 수 있었고, 사도들도 같은 것을 유사하게 행할 것을 명령할 수도 있었음에도 그렇게 했다. 그러나 그는 이것을 원하지 않았고 오히려 모든 것을 절대적으로 보다 바람직하게 정돈한 그가 이 직무들이 인격과 본질에 따라 구별되기를 바랐으니, 이것이 보다 적절했기 때문이다. 즉 그리스도가 겸손과 이 세상의 멸시를 영원한 구원을 얻기 위한 길로 가르치고, 겸손과 세상 내지 세속적 사물의 멸시를 먼저 그의 모범을 통해, 또한 그의 말씀을 통해 가르치기 위해 왔기 때문이다. 그는 겸손과 세속적 사물에 대한 멸시 속에서 이 세상에 들어왔으며, 인간들이 말씀보다는 행위나 모범을 통해 덜이 아니라 더 많이 가르침을 받을 수 있다는 것을 알았다. 그러므로 세네카는 서신 9[4]에서 말한다. "행해야 할 것을 행위자로부터 배워야 한다." 그러므로 그리스도는 우리에게 말씀보다 먼저 모범을 통해 가르치기 위해 겸손과 세상 멸시 내지 청빈 속에 태어나기를 바랐다. 그러므로 「누가복

---

3 이 장(章)은 마르실리우스가 앞에서 사제의 권능과 권위에 대해 말한 것과 청빈에 대해 다룰 장 사이의 가교 역할을 한다. 마르실리우스는 이런 식으로 청빈의 문제를 소개한다. 그는 교부들의 권위에 호소한 후, 복음서 증언과 그리스도 자신의 말씀으로 돌아간다. 성서에서 사제에게 강제적 권한을 부여하는 텍스트를 하나라도 발견할 수 있을까? 마르실리우스가 먼저 그리스도의 삶과 그의 말씀에 대한 텍스트를 인용함으로써 사제는 강제적 판단의 권한이 없다는 것을 확립하는 증명에서 시작해 이전의 증명을 마무리짓고 그의 새로운 논쟁에 들어가기에 앞서 그리스도의 말씀으로 돌아간다. 그는 언제나 합리적 증명을 하는 동안 성서로 돌아가고, 반박의 여지가 없다고 간주하는 토대 위에서 입증하려고 노력한다.

4 Seneca, *Epistola*, 98, 17.

음」제2장[5]에서 말한다. "그녀, 복된 동정녀는 그를 강보에 싸서 구유에 뉘었다." 그곳은 가축을 위한 장소, 사료가 있는 곳이다. 어쩌면 타인의 강보에 싸였을 것이니, 이 복된 동정녀와 요셉은 그곳에서 나그네요 여행 중에 있었기 때문이다. 그는 가난하게 태어났고 가난 속에서 성장했다. 그러므로 그는 「마태복음」제8장과 「누가복음」제9장[6]에서 자신의 가난에 대해 말한다. "여우도 굴이 있고, 새들도 하늘 아래 둥지가 있지만, 인자는 자기 머리를 기댈 곳이 없다." 그리스도는 특히 그의 제자와 모방자가 되고자 하는 자들, 특히 그가 세상에 행하기 위해 왔던 직무에 있어 자신의 후계자들에게 이런 상태를 완전의 상태로서 — 나머지 계명과 조언을 마땅히 준수함 속에 — 선택하도록 가르쳤다. 그러므로 「마태복음」제19장과 「마가복음」제10장, 「누가복음」제18장[7]에 의하면, 그에게 "선한 선생님, 영원한 생명을 얻기 위해서 무엇을 해야 합니까"라고 물은 자에게 답했다. "너는 계명을 알고 있다. 죽이지 말라." 그러나 그는 다시 말했다. "유년 시절부터 이 계명을 모두 지켰습니다." 그러나 예수는 이것을 듣고서 그에게 말했다. "한 가지가 너에게 부족하다." 혹은 「마태복음」에 의하면, "네가 완전하기를 원하면, 네가 가진 모든 것을 팔아서 가난한 자들에게 주어라. 그러면 너는 하늘의 보물을 가질 것이다". 또한 그는 「누가복음」제14장[8]에서 제자들에게 말했다. "그러므로 너희들 중 누구도, 가진 것을 모두 포기하지 않는 자는 내 제자가 될 수 없다."

§ 3. 그러므로 주목하라. 빈곤과 세상 멸시의 상태는 모든 완전한 자, 무

---

5 「누가복음」2:7.

6 「마태복음」8:20; 「누가복음」9:58.

7 「마태복음」19:16-21; 「마가복음」10:17-21; 「누가복음」18:18-22. 여기는 「누가복음」에서 인용.

8 「누가복음」14:33.

엇보다 목자직에 있는 그리스도의 제자와 후계자에게 적합하며, 다른 자들에게 세상 멸시를 설득해야 하는 자가 교훈이나 설교로써 성공을 하고자 한다면, 이것은 필수적이다. 왜냐하면 자기 청중에게 이것을 멸시하라고 가르치는 자가 부를 소유하고 통치직을 구한다면, 그는 분명히 자신의 행위로써 자신의 말을 반박하는 것이기 때문이다. 그러므로 크리소스토무스는 이런 사람들에 대해 『마음의 쓰라림에 대하여』에서 말한다.[9] "말뿐이고 행동하지 않음은 유익이 없을 뿐만 아니라 중대한 해악이다. 왜냐하면 자기 말을 그럴싸하게 하고 삶을 소홀히 하는 자에게 중한 심판이 있기 때문이다." 철학자 가운데 탁월한 자는 『니코마코스 윤리학』 제10권 제1장[10]에서 다음과 같이 반영했다. "말이 감각에 의한 것, 즉 말하는 자의 감지된 행위와 조화를 이루지 않을 때 말은 표현하는 자",[11] 즉 말을 그럴싸하게 하는 자의 진실성을 파괴한다. 그다음에 그는 곧 덧붙인다. "말이 행위와 부합할 때 신뢰를 얻는다." 그러므로 어떻게 모든 것이 보다 적절하게 이루어져야 하는지를 아는 자, 즉 그리스도는 세상 경멸, 허망한 것과 육적 쾌락에 대한 멸시와 도피를 가르치는 자의 말이 믿을 만하게 만들기를 바람으로써 행위를 말과 일치시킬 것을 훈계했다. 그러므로 그는 「마태복음」 제5장에서 모든 미래의 교사에게 사도들의 인격으로 말했다. "너희 빛이 세상 사람들 앞에 이렇게 비추어야 한다", 즉 빛과 비교되는 교훈. "그러므로 그 빛이 비춤으로써 그들이 너희 선한 행위를 보도록 해야한다." 여기에 대한 주해는 이렇다. "나는 그 행위들이 보이기를 요구한다. 그래서 교훈이 확증되어야 한다."[12] 그렇지 않다면 말과 교훈을 믿지 않기 때문이다. 그러므로 「마태복음」 제10장의 저 구절에 대한 주해는 이렇다.

---

9 Johannes Chrysostomus, *De Compunctione* I, 10, in: MPG, 47, p. 410.

10 아리스토텔레스, 『니코마코스 윤리학』 X, 1172a 36-1172b 1.

11 condens. condo: 글을 쓰다, 작성하다, 표현하다, 묘사하다 등의 의미가 있다.

12 「마태복음」 5:16 및 주해 참조.

"너희는 금이나 은을 소유해서는 안 된다." 여기서 그 이유를 말한다. "너희가 이것을 가진다면, 너희가 구원을 위해서가 아니라 이득을 위해 설교하는 것으로 보일 것이기 때문이다."[13]

§ 4. 다른 자들의 것을 소유한 교사나 목자들은 그들의 설교로써 사람들의 신앙을 확증하기보다 훨씬 더 많이 그들의 모순된 행위와 모범을 통해 사람들의 신앙과 경건을 파괴할 것이다. 왜냐하면 사람들이 말보다 더 주목하는 그들의 행위가 말과 분명히 모순됨을 보기 때문이다. 그리고 그들이 결국 그들의 행위의 왜곡된 모범을 통해 신실한 백성으로 하여금 미래 세상에 대해 절망하도록 만들지 않을까 두려워해야 한다. 왜냐하면 교회의 거의 모든 일꾼, 주교나 사제들이 이렇게 행동하고, 나머지 성직자들이 따라서 행동하기 때문이다. 교회의 보다 높은 권좌에 앉은 자들이 가장 눈에 띄게 그렇게 행동한다. 그들은 다른 세상의 신의 미래 심판을 믿지 않는 것처럼 보일 정도이다. 왜냐하면 도대체 그들이 어떤 양심을 가지고 (그들이 말하기를 신의 이름으로 요구한다), 그리고 미래 세상에서 신의 정의로운 심판을 믿는다면, 영혼의 보살핌을 위해, 교회의 세속적 재물을 빈자들에게 분배하기 위해 임명된 로마교황과 그들의 추기경들과[14] 다른 장로나 주교들 대부분, 또한 거의 모든 나머지 부제와 성직자들이 모두 자기

---

13 「마태복음」 10:9 및 주해. 이들 인용문은 다음 장에서 보게 될 것처럼 그리스도가 청빈했고 제자들에게 그렇게 살 것을 조언했다는 것을 입증하기 위해 프란체스코 수도회 영성파들이 사용한 논거에서 따랐다.

14 1265년 클레멘스 4세는 교령 'Licet ecclesiarum'에서 모든 성직록은 전적으로 그리스도 자신이 교회의 머리로 세운 교황의 처분 아래 있다고 선언했다. 요한 22세는 교령 'Ex debito'에서 공석 중인 성직록 개념을 확대했으니, 유보권을 통해 한 지역이나 영주의 성직록이 교황의 수중에 들어가게 되었다. 아비뇽 교황들은 성직자들에게 성직록 기대 특혜를 수여할 수 있었다. 그런데 마르실리우스는 요한 22세의 통치 초기에 두 사람의 추기경의 중재로 파도바의 한 성직록 기대 특혜의 약속을 받은 일이 있다.

능력껏, 경건한 신자들이 복음 선포자들과 나머지 빈자들의 부양을 위해 기부하고 증여한 세속적 재물을 훔치고 강탈해 생시에 획득할 수 있는 만큼의 돈을 가난하지 않은 자기 혈족이나 마음 내키는 다른 자들에게 증여하거나 죽을 때 그들에게 유산으로 남기고 빈자들로부터 이런 재물을 의심의 여지없이 강탈할 수 있는가? 또한 기독교적 관점에서 어떤 양심을 가지고—그들이 말해야 한다고 요구한다! —세속적으로 살면서 복음을 위한 봉사를 위해 「디모데 전서」 마지막 장[15]에서 사도의 말에 따라 양식과 자기 몸을 보호하는 것으로 만족해야 하는 자들이 그렇게 많은 불필요한 것들, 말과 시종과 연회, 나머지 헛된 일과 공공연하고 은밀한 쾌락으로 빈자들의 재물을 낭비하는가?

§ 5. 교회의 직위와 성직록 혹은 세속적 재산을 분배할 때 일어나는 부적절한 일에 대해서는 언급하지 않겠다.[16] 왜냐하면 그 대부분이 세상 권세가들의 청탁이나 호의를 통해 얻을 수 있거나, 이렇게 말하는 것이 옳다면 분배인이나 중재자에게 (그들은 마술사 시몬[17]의 일꾼들이다) 대가를 제공함으로써 얻을 수 있기 때문이다. 그러므로 이런 것들은 무식한 자, 범죄자, 어린이, 익명의 인간, 혐오스러운 자, 명백한 백치들에게 수여되며, 이것을 온 세상이 안다. 그러나 사도는 「디모데 전서」 제3장[18]에서 교회의 직책자는 그의 삶, 혹은 도덕과 가르침에서 인정받고 완전한 남성으로서 인정받아야 한다고 규정한다. 그러므로 그는 앞에 인용된 구절에서 말한다.

---

15 「디모데 전서」 6:8.

16 추기경이나 주교 등 고위 성직자들은 호화 주택에서 살았기 때문에 1316년 10월에 요한 22세는 교령 'De honestate cardinalium'에서 일정한 비용 낭비를 제한하고 절제된 삶을 살기를 권고했다. 그러나 이런 권고는 준수되지 않은 듯하다.

17 「사도행전」 8:9 참조. 이 텍스트에서부터 '시모니'(성직을 돈을 주고 사는 행위)라는 용어가 유래한다. 성직 매매는 중세 교회의 악습이었다.

18 「디모데 전서」 3:7-10.

"그는, 즉 장로나 주교는 바깥사람들로부터 좋은 증언을 가져야 한다." 하물며 교회 안에 있는 자들로부터는 얼마나 그러하겠는가? 같은 구절 조금 아래에서 그는 말한다. "부제는 역시 깨끗해야 한다. 이들도 먼저 검증을 받아야 하고, 범죄가 없을 때 봉사해야 한다." 그렇지만 이렇게 말하는 것이 적절할 것이다. 그들 대부분은, 세상이 아는 대로, 얼마나 많이 대가를 제공하거나 청탁할 능력이 있는가를 검증받는다.

§ 6. 우리가 이 부적절한 사태의 세부적 내용을 열거하려 하지 않기 위해 —그것은 심히 불가능하고 어려울 것이다 —거의 모든 장로 내지 주교와 나머지 성전 일꾼의 행실에 대해 결론적으로, 우리가 거짓말을 한다면, 그리스도 앞에서 그의 심판을 받을 것을 서약하며 증언한다. 앞에 언급된 주교와 대부분의 다른 자들은 오늘날 그들이 복음적 교훈에 따라 다른 자들에게 준수하라고 설교하는 것과는 거의 정반대의 일을 자행한다. 왜냐하면 그들은 쾌락과 허영, 세속적 재물, 세속적 통치에 열을 올리고 온갖 시도로써 합법적으로가 아니라 은밀하고 공공연한 불법으로 그것들을 추구하고 차지하기 때문이다. 그러나 그리스도와 그의 진정한 모방자인 사도들은 이 모든 것을 멸시했고 멸시할 것을 가르치고 명령했으니, 특히 다른 자들에게 세상적인 것의 멸시를 선포해야 하는 자들에게 그렇게 가르치고 명령했다.

§ 7. 왜냐하면 그리스도가 바랐고 복음 선포자에게 유익하다고 여겼다면, 그는 이 세상에서 왕의 신분을 취했을 것이고 이 신분에서 비슷하게 고난을 받을 수 있었을 것이다. 그러나 우리가 이 권 제4장에서 「요한복음」 제6장[19]에서 인용한 것처럼 그는 이런 신분을 거부하고 그 거부를 가

---

19 「요한복음」 6:15.

르치기 위해 산으로 피신했다. 이런 신분의 멸시를 설교하는 자에게 이런 종류의 신분은 적합하지 않고, 오히려 그 자신과 그의 사도들이 이 세상에서 가졌던 것처럼 신하와 낮은 자의 신분이 적합하다. 거꾸로 외적 빈곤과 비천한 신분은 통치자에게 적합하지 않다. 왜냐하면 그에게는 선한 신하들이 경외하고 악한 자들이 두려워해야 하는 신분, 그리고 그것을 통해서 필요한 경우 법을 위반하는 반역자를 제재할 수 있는 신분이 유리하기 때문이다. 그가 가난하고 천한 신분을 가졌다면 이것을 적절하게 할 수 없을 것이다. 그렇기 때문에 그에게는 복음 선포자 직무가 적합하지 않다. 즉 통치자가 백성에게 빈곤과 천함의 신분을 충고한다면, 게다가 한쪽 뺨을 맞은 자가 때리는 자에게 다른 쪽 뺨을 내밀라고 충고하고, 또한 자신의 속옷을 빼앗은 자에게 재판으로 불법을 행하는 자에 대항해서 다투기보다는 겉옷을 주라고 충고한다면, 이런 말은 쉽게 신뢰받지 않을 것이다. 왜냐하면 이런 말은 그에게 적합한 신분, 그가 실제로 유지하는 신분과 모순될 것이기 때문이다. 더 나아가 그가 그렇게 행동하는 것은 부적절할 것이다. 불법을 행하는 자를 제재하는 것이 그에게 중요하므로 ― 불법을 당한 자가 요청하지 않는 경우에도 ―그가 불의는 용서해야 한다고 설교한다면, 불법을 행한 자와 악한 자에게 더욱 잘못할 수 있는 기회를 제공하고, 모욕을 당하거나 불법을 당한 자에게 정의를 회복할 수 있는가 하는 의심 내지 불신감을 주게 될 것이다. 그렇기 때문에 만사를 언제나 보다 나은 방식으로 정리한 그리스도는 통치자의 직무와 사제의 직무를 동일 인물에게서 통합되는 것을 원하지 않았고 오히려 분리하고자 했다. 이것은 분명히 복된 베르나르두스가 교황 에우게니우스에게 보낸 글『고려에 대하여』 제2권 제4장에서 밝힌 견해인 듯하다. 거기서 그는 말한다. "그러므로 가서 군주로서 사도직을, 아니면 사도의 후계자로서 통치권을 감히 참칭해 보라. 분명히 그대는 양자에 있어 저해받을 것이다. 그대가 양자를 동시에 갖고자 한다면, 그대는 양자를 잃을 것이다. 어쨌든 그대가 신이 그들을 가리켜 '그들은 왕으로서 통치했으나 나를 통해 통치하지 않았고, 그들은 군주었으나, 나는 그들을 알지 못했다'라고 탄식한 그런 자들의 숫자에서 제외되었다고 생각하지 말라."

§ 8. 로마교황의 모든 법령이나 역사도 우리가 진술한 것을 확증한다. 즉 그 가운데는 복된 로마교황 실베스테르에게 세상의 모든 교회 및 모든 나머지 장로 내지 주교들에 대한 강제적 사법권을 용인한 로마 황제 콘스탄티누스의 특별 명령이 기록되어 있음과 그 문서들에 의해 확인된 것이 발견된다.[20] 모든 로마교황과 더불어 나머지 장로나 주교들이 이 용인은 유효하다고 선언하기 때문에 그들은 같은 콘스탄티누스가 이 사법 내지 그에 대한 권세를 원래 가지고 있었다는 것을 인정해야 한다. 특히 성서의 말씀의 능력에 의해 그들에게 어떤 성직자나 평신도에 대한 이런 사법권이 없다는 것을 알기 때문이다. 이것은 복된 베르나르두스가 에우게니우스에게 보낸 글『고려에 대하여』제4권 제4장에서 분명히 말한 것이다.[21] 그는 거기서 이렇게 말한다. "이 베드로는, 한번도 보석이나 비단옷으로 치장하거나 금으로 장식하거나 백마에 앉아 병사들에 둘러싸이거나 시끌시끌한 시종들에 에워싸여 행진한 것을 알지 못하는 사람이다.[22] 그럼에도 불구하고 그는 이런 것 없이도, '네가 나를 사랑한다면, 내 양들을 먹이라'는 구원의 명령을 충분히 이행할 수 있다고 믿었다." 왜냐하면 "여기서", 즉 세속적 사치와 권세 속에서 "그대는 베드로를 계승한 것이 아니라 콘스탄티누

---

20 이른바 콘스탄티누스의 증여 문서는 위(僞)이시도루스 교회법전에 편입되었고, 그중 일부는 그라티아누스 교회법전, dist. 96, c. 13-14에 편입되었다. 교황 니콜라우스 3세(1277~80)는 교령 'Fundamenta militantis ecclesiae'(c. 17: De electione et electi potestate)에서 이 문서를 인용했다.

21 Bernardus, *De Consideratione ad Eugenium papam tertium* IV, c. 3/6, in: MPL, 182, p. 776.

22 정확히 말해 베르나르두스는 교회의 세속적 재물 소유를 부정하지 않았다. 그는 다만 재물을 탐하는 것을 금지했다.

스를 계승한 것이기 때문이다". 그러므로 통치자의 직무는 사제적 직무는
아니며 그 반대도 아니다. 양자의 차이에 대해서는 이런 식으로 다시 기억
한 것으로 하자.

제 12 장

최빈층의 신분에 대한 문제의 결정을 위해 필요한 표현의 구별에 대하여

§ 1. 이로써 우리는 그리스도와 사도들이 나그네로서 빈곤함과 비천함의 상태를 가르쳤고 지켰다는 것을 비유적으로 보여 주었다. 믿는 자들은 그리스도와 사도들의 모든 교훈 내지 조언이 영원한 생명을 위해 어떤 식으로든 도움이 되었음을 확실히 믿어야 한다. 그들의 빈곤의 본질이나 형태, 정도에 대해 묻는 것이 적절한 듯하다. 이것이 그들의 나그네적 삶을 모방하고자 하는 자들에게 감추어지지 않기 위함이다.

§ 2. 그러므로 우리가 이런 조사를 시도하면서 우선 빈곤이라는 것이 무엇인지, 그리고 얼마나 많은 형태로 빈곤 혹은 가난하다는 것, 또한 비슷하게 부유하다는 것을 이해해야 하는지 말해야 한다. 왜냐하면 이들 개념은 때로는 소유(habitus)와 결핍, 때로는 상반된 것처럼 서로 대립되는 듯하기 때문이다.[1] 그다음으로 우리는 이 두 개념을 그 형태에서 구별할 것이고 그것에 대한 서술을 덧붙일 것이니, 이것은 빈곤이 공로가 될 만하려면 그 형태에 있어 완전함의 어떤 서열이 있고, 그중 어떤 것이 최고 내지 첫

째인지가 우리에게 분명해지기 위함이다. 모든 사람이, 허용되었거나 합법적인 권력을 가졌거나, 사람들이 부(富)라고 칭하는 세속적 사물에 대한 지배권[2]이나 소유권을 개인적으로, 혹은 공동으로, 혹은 두 가지 방식으로 가진 자를 부유하다고 말하고, 반면에 거꾸로 이런 재물이 없는 자를 가난하다고 말한다. 그러므로 우리의 명제를 위해 사용하는 것이 필요한 이미 언급된 일부 개념의 상이한 용법 때문에, 우리가 전개하고자 하는 견해가 모호해지지 않기 위해 우리는 우선 그것의 의미나 형태를 구별하고자 한다. 이 개념들이 그런 것이다. ius, dominium, possessio, proprium, communis, 부유함과 가난함.

§ 3. 먼저 'ius'의 의미를 구별하는 것으로 시작하자. 왜냐하면 우리는 다른 개념들을 구별하고 확정할 때 이것이 필요하고, 거꾸로는 아니기 때문이다. 그러므로 'ius'는 그 세 번째와 마지막 의미의 '법'을 의미하는데,[3] 여기에 대해서는 제1권 제10장[4]에서 언급했다. 물론 두 가지 법이 있다. 하나는 인간법이고 나머지는 신법이니, 이것은 앞에서 말한 것처럼[5] 시간과 상황에 따라 법의 마지막 의미로 넘어간다. 우리는 이 권의 제8장과 제9장[6]에서 이들 법의 본성과 성질, 그 일치와 차이에 대해 충분히 말했

---

1 마르실리우스는 부유와 빈곤의 관계를 첫째, 'habitus'와 결핍의 관계로, 둘째, 상반된 관계로 본다. 아리스토텔레스는 『범주론』에서 네 가지 유형의 대립을 구별한다. 관계의 대립, 상반의 대립, 소유와 결핍의 대립, 긍정과 부정의 대립이 그것이다. 빈-부의 관계는 두 번째와 세 번째 대립에 들어간다. 아리스토텔레스, 『범주론』 911b 33 참조.

2 dominium: 엄밀히 말해 정당하게 재산을 주장할 수 있는 능력을 의미한다.

3 'ius'는 일차적으로 실증적 내지 객관적 법으로서 인간 상호 간의 행위에 대해 강제할 수 있으며, 구속력 있는 규정을 말한다. 법은 인간법뿐만 아니라 신법과 관계된다.

4 I, 10, 4.

5 I, 10, 7.

6 II, 8, 5; II, 9, 1-3.

다. 우리는 명제를 위해 법에 대해 짧게 요약하면서 두 법이 모두 인간 정신의 명령에서 유래하는 행위에 대한 명령 내지 금지 혹은 허용이라는 점에서 우선 양자의 일치를 말하고자 한다. 그러나 그것들은 첫 번째 인간법이 그 법을 위반하는 자들에게 이 세상에서 강제적이고 두 번째, 즉 신법은 그렇지 않고 미래 세상에서만 그렇다는 점에서 차이가 있다. 둘 다 '명령'이라고 불린다. 첫째, 능동적 방식으로 명령하는 자의 행위에 대해 말해진다. 우리는 명령은 왕이나 다른 통치자와 같이 명령하는 자의 분명한 의지라고 말하곤 한다. 둘째, 명령은 명령하는 자의 행위를 통해 의지된 것에 대해 말해진다. 종이 주인의 명령을 수행하는 것은 종이 주인의 행위인 명령을 행했기 때문이 아니고, 주인의 행위나 명령을 통해 의지된 것을 성취했기 때문이라고 말하는 것처럼 말이다. 그러므로 '명령'이라는 용어가 명령하는 자에게 관계된다면, 그것은 명령 행위와 같은 것이다. 그러나 그것이 예속된 자에게 관계된다면, 그것은 명령 행위를 통해 의지된 것과 동일하며, 따라서 수동적으로 말해진 것이다.

그러므로 '명령'이라는 용어는 능동적이고 일반적인 의미에서 입법자의 명령이나 결정에 대해 —위반자를 처벌해야 할 때— 적극적으로뿐만 아니라 소극적으로도 말해진다. 그러나 근대적 용법에 따르면 명령은 본래 적극적 결정으로 이해된다. 왜냐하면 적극적 결정은 어법에서 독자적 표현이 없고, 일반적 용어 '명령'을 유지했기 때문이다. 소극적 결정은 독자적 표현이 있으니, 금지라고 불리기 때문이다.

어떤 일이 일어나도록 명령하는 것을 적극적 결정이라고 부르고, 어떤 일이 일어나지 않도록 명령하는 것을 소극적 결정이라고 부르자. 적극적 명령이 위반자를 처벌해야 할 책임이 있다면, 그것은 명령이라 불린다. 그 소극적인 명령 역시 처벌해야 할 책임이 있다면, 그것은 금지라 불린다. 금지는 물론 이중적으로 말해진다. 명령처럼 능동적·수동적으로 말해진다. 처벌해야 할 의무가 있는 이 두 가지 명령은 대부분 법에서 특수한 형태로든 유사하거나 상응하는 형태로든 명시되어 있다. 다른 용법에서 '명령'은

(금지도 유사하게) 좁은 의미에서 신법에서 — 적극적으로든 소극적으로든 간에 — 영원한 형벌을 위협하는 결정에 대해서만 사용된다. 이것의 용법은 명령은 구원을 위해 필수적이라고, 즉 구원을 받고자 한다면 그것을 반드시 준수해야 한다고 말하는 신학자들에게서 일반적이다. 그러므로 「누가복음」 제18장에서 말한다. "생명으로 들어가고자 한다면 교훈, 즉 명령을 지켜라."[7]

§ 4. 그러나 법 속에는 같은 행위나 다른 행위에 대해 분명히 표현되었거나 이해된 적극적이고 소극적인[8] 다른 규정들이 있다. 이들 규정은 그것을 행하거나 행하지 않는 인간을 처벌해야 할 의무가 없다.[9] 예를 들어 자선 행위를 비롯해 다른 많은 행위들을 행하거나 행하지 않는 경우에 이런 것들은 본래 '법적 허용'이라고 불린다. '허용'이라는 말은 일반적으로 때로는 처벌해야 할 의무가 있는 결정에 대해 말해지기는 하지만 말이다. 왜냐하면 법에 의해 명령되는 모든 것은 행함이 허용되어 있다. 그 역은 아닐지라도 말이다.[10] 그러므로 법에 의해 금지되는 것은 법에 의해 행함이 허용되지 않는다.[11] 본래적 의미의 이 허용 중 일부는 다시 의무적이지 않으니, 즉 신법의 관점에서 칭찬받을 만한 것이고 충고라 불린다. 그러나 일부는 결코 칭찬받을 만하지 않으니, 절대적 용어로 '허용'이라고 불린다. 또한 이것은 본래적·이중적으로 금지와 명령처럼 능동적·수동적으로 사용된다. 그러나 금지와 명령은 대부분 법에서 특별히 표현되지 않으며, 특히 인

---

7 「누가복음」 18:18 이하. 「마태복음」 19:17과 비교.

8 뭔가를 행하거나 행하지 말라는 허용. 예를 들어 자선을 행함 같은 것을 말한다.

9 ordinatio: 'praeceptum'(명령)과 구별하기 위해 '규정'으로 번역한다.

10 즉 허용되는 모든 것이 다 명령된 것은 아니다.

11 허용은 일반적으로 말해 법의 명령과 금지, 허용과 일치해 일어나는 모든 것이니, '합법적인 것'(licitum)과 동일하다.

간법에서 그러하다. 왜냐하면 금지와 명령이 허다하고, 금지와 명령에 대한 일반적 규정이 이것을 위해 충분하기 때문이다. 즉 법이 명령하거나 금지하지 않는 모든 것은 입법자의 지시에 의해 허용되는 것으로 이해된다. 그러므로 법에 있어 명령은 본래적 의미에서 그 위반자를 처벌해야 할 의무가 있는 적극적 결정이다. 금지는 본래적 의미에서 처벌해야 할 의무가 있는 소극적 결정이다. 허용은 본래적 의미에서 누구에게도 처벌할 의무가 없는 입법자의 지시라 말해진다. 다음부터 우리는 이들 개념을 본래적 의미에서 사용해야 한다.

§ 5. 여기서부터 '합법적인 것'(licitum)[12]이라고 말해지는 것이 무엇인지가 적절히 드러난다. 즉 법의 명령이나 허용에 따라 행하거나 법의 금지나 허용에 따라 포기하는 모든 것은 합법적으로 행해지거나 포기되는 것이고 합법적인 것이라고 말해질 수 있기 때문이다. 그런데 그 반대 내지 대립은 불법적(illicitum)이라고 말해질 수 있다.

§ 6. 여기서부터 '가하다'(fas)[13]라고 불리는 것이 무엇인지 분명해진다. '가하다'는 어떤 의미에서 '합법적인 것'과 동일하고 거의 호환 가능하다. 그러나 '가하다'는 다른 의미에서 입법자가 어떤 경우에 합리적으로 그것을 허용했음을 전제한다. 이런 일이 절대적으로 혹은 규정에 따라 금지되어 있지만 말이다. 예를 들어 타인의 밭을 때때로 지나가거나 타인의 사물을 건드리는 것이 소유자의 명시적 동의 없이도 가한 것처럼 말이다 ─ 물론 이것이 언급된 의미에 따라 정상적으로 말해 권리는 아니지만 말이다.

---

12 licitum: 일반적 의미의 '허용된 것'(permissum)과 동일하다.

13 'fas'를 'licitum'과 구별하기 위해 '가하다'로 번역했다. 이 말은 종교적 의미에서 신법에 의해 허용됨을 의미하며, 반대어 'nefas'는 종교적·도덕적 의미에서의 불경건함이나 불가함을 의미한다.

왜냐하면 타인의 사물을 건드리는 것은 일반적으로 금지되어 있기 때문이다. 그럼에도 불구하고 사물의 소유자가 합리적으로 동의한 것으로 전제되는 경우에는, 그가 명시적으로 용인하지 않을지라도, 그것이 가하다. 그렇기 때문에 이런 경우에 때로는 '에피에이케이아'(공정성)가 필요하다.[14]

그러므로 'ius'는 어떤 의미에서 법(신법이든 인간법이든)과 동일하고, 혹은 이 법의 의미에서 명령되거나 금지된 것 혹은 허용된 것이다.

§ 7. 'ius', 본래적 의미에서의 인간법을 다르게 구분할 수 있으니, 본래적 의미에서 자연법과 시민법이 있다. 아리스토텔레스의 『니코마코스 윤리학』 제4권의 정의에 대한 논설에 의하면,[15] 자연법은 모든 사람이 선하고 준수해야 할 것으로 인정하는 그런 입법자의 결정이라 불린다. 예를 들어 신을 경외하고 부모를 존경해야 하고, 부모는 인간 후손을 일정한 시기까지 양육해야 하고, 누구에게도 불법을 행해서는 안 되고, 불법의 방어는 허용된다는 것 등이다. 이것이 인간 제정에 달려 있을지라도 이것은 전의적(轉意的)[16]으로 자연법이라 불린다. 왜냐하면 이것은 같은 방식으로 모든 지역에서 합법적인 것으로 간주되며, 그 반대는 불법적인 것으로 간주되기 때문이다. 예를 들어 계획을 갖지 않은 자연 활동은 (페르시아에서처럼 여기서도 '불'은 '타는' 것처럼) 모든 사람에게 똑같이 일어난다.[17]

§ 8. 그럼에도 불구하고 어떤 사람[18]들은 올바른 이성에 의한 행동 요

---

14 I, 14, 7 참조.
15 아리스토텔레스, 『니코마코스 윤리학』 V, 1137a 32ff.
16 transumptive: 그리스어 'μετάληψις'의 번역어이다. 이것은 환유(換喩), 곧 한 언어로써 어떤 사물을 대신하는 어법을 말한다. 마르실리우스가 의미하는 바는 어떤 법이 의미 전환에 의해 실제로는 그렇지 않지만 자연법이라 칭해지게 된다는 것이다.
17 자연법은 일차적 의미에서 보편적 성격을 지닌 인간법과 동일하다.

구[19]를 자연법이라 부르고 그것을 신법 아래 놓는다. 왜냐하면 신법에 따라 또한 올바른 이성의 조언에 따라서 행해지는 모든 것은 절대적으로 합법적이기 때문이다. 그럼에도 불구하고 인간법에 의해 행해지는 모든 것은 그렇지 않은데, 왜냐하면 여러 가지 점에서 올바른 이성이 결여되어 있기 때문이다. 그러나 '자연적'이란 말은 여기서와 앞에서 상이한 의미로 사용된다. 왜냐하면 올바른 이성의 요구에 따르면, 모든 사람에게 스스로 알려져 있지 않고 따라서 모든 사람에 의해 인정받지 못한, 그러므로 모든 민족에 의해 선한 것으로 용인되지 못한 다수가 있기 때문이다.[20] 그래서 또한 신법에 따르면, 이 점에서 인간법과 일치하지 않는 수많은 명령, 금지, 허용이 있다. 이것은 대부분의 경우에 알려져 있기 때문에 나는 지면상 예[21]를 생략한다.

§ 9. 그러므로 많은 일들이 신법에서는 합법적이지 않지만 인간법에 따라서는 합법적이고, 또한 그 반대이기도 하다. 그러나 합법적인지 불법적인지는 명령이나 금지, 허용에서 일치되지 않는 경우에 있어 절대적으로 인

---

18 예를 들어 Cicero, *De re publica* III, 22, 33; *Corp. jur. civ. Institutes*, I, 2, 11; Isidorus Hispalensis, *Etymologiae* 5, 2, 1, in: MPL, 82, p. 198; *Corp. iur. can. Decret. Gratiani*, Pars I, dist. 1; Thomas Aquinas, *Summa Theologica* IIa, IIae, q. 57, a 1, ad 2. 토마스 아퀴나스에게서 법은 자연에 포함된 탁월한 이치이다. 마르실리우스는 '자연적'이란 용어의 다의적 성격을 주장하면서 전통적 서열(신법 — 자연법 — 인간법)의 유효성을 거부함으로써 자연법의 두 가지 의미를 거부한다. 그에게서 신법과 인간법의 종속 관계는 없다. 첫 번째 경우에 양자는 모두 신 의지의 표현이다. 두 번째 경우에 시민 중 강한 편의 의지이다. 그러므로 그는 자연법의 매개를 거부한다. 다른 한편으로 신법과 인간법은 모두 성문법이지만, 자연법은 성문법이 아니기 때문이다. 마르실리우스에게서 신법과 인간법은 모두 실정법이다.
19 신의 의지로 이해된 신법과의 근사성과 더불어 '올바른 이성의 요구'로서의 자연법 이해는 둔스 스코투스(Duns Scotus, 1266?~1308)와 윌리엄 오컴에 이르는 프란체스코 수도회 전통과 연관되어 있다.
20 자연법의 두 번째 의미는 전통적 이론과 일치한다.
21 간음, 폭음 등을 말한다. II, 13, 2 참조.

간법보다는 신법에 따라 주목해야 한다.

§ 10. 'ius'[22]는 또한 두 번째 의미에 있어 [마음의] 명령을 받은[23] 모든 인간 행위나 능력이나 획득된 기질[24]에 대해 그것이 내적이거나 외적이거나, 내재적일 뿐만 아니라 어떤 외적 사물로 이행하거나 혹은 사물 속의 무엇으로 이행하는 행위, 즉 사용이나 용익(用益), 획득, 소유나 보존, 혹은 교환 및 유사한 행위이거나 간에 —그것이 첫 번째 의미로 말해진 'ius'(법)에 부합한다면— 사용된다.[25] 그러나 다른 합법적이고 법적으로 허용된 접촉과 더불어 어떤 사물에 대한 사용이나 용익이 무엇인가는 시민 행위에 대한 지식으로부터 알려진 것으로 지금부터 전제되어야 한다.

이런 의미에 따라 우리는 어떤 사람이 한 사물을 첫 번째 의미의 'ius'에 부합해 바라거나 접촉할 때, 그것을 누군가의 'ius'(권리)라고 말한다. 그러므로 이런 접촉이나 의지가 '권리'라고 말해진다. 왜냐하면 그것은 법이 명령하거나 금지하거나 허용하는 것에 있어 법과 일치하기 때문이다. 예를 들어 위치상으로 한 생물이 기둥의 오른쪽이나 왼쪽에 보다 가까이 있을 때, 그 기둥을 오른쪽 혹은 왼쪽 기둥이라고 표현한다.[26] 그러므로 이 두 번째 용법에서의 'ius'는 입법자의 능동적 명령이나 금지나 허용에 의해 의지된 것 이외의 다른 것이 아니며, 우리는 이것을 앞서 수동적 의미에서의

---

22 'ius'의 두 번째 의미는 주관적인 것으로, 구체적인 경우에 객관적 법으로부터 개별자를 위해 주어지는 구체적인 권리 요구를 말한다.

23 imperatum: 행위는 정신의 명령을 받기 때문에 원문에 없는 '정신'을 덧붙였다.

24 habitus: 훈련을 통해 획득되는 성질을 뜻한다.

25 이것이 'ius'의 두 번째 의미이다. 첫 번째 의미의 'ius', 즉 법의 획득에서 결과하는 주관적이고 합법적이고 구체적인, 의지와 자유에 근거한 요구이다.

26 오른쪽과 왼쪽은 물체에서 객관적으로 정해져 있다. 마찬가지로 객관적 법은 확립되어 있다. 개별적인 경우에 오른쪽과 왼쪽, 그리고 주관적 권리는 객관적으로 확립되어 있는 것에서 도출된다.

명령이나 금지, 허용이라고 말했다. 이것은 또한 우리가 이전에 합법적인 것으로 말한 것이기도 하다.[27]

§ 11. 그러나 'ius'는 또한 법에 따라 심판하는 자의 견해, 혹은 첫 번째 의미로 말해진 법에 따른 그들의 판단을 의미하기도 한다. 사람들은 이런 의미에서 말하곤 한다. 판관이나 통치자가 누군가를 법적 판단을 통해 유죄판결하거나 무죄판결할 경우에 "그 사람에게 정의를 행했다 또는 정의롭게 이루어주었다"[28]라고 말이다.

§ 12. 'ius'는 또한 특수한 정의의 행위나 성질에 대해 사용된다.[29] 이런 의미에서 우리는 교환이나 분배에서 동등한 것이나 균형적인 것을 원하는 자는 정의 또는 정의로운 것을 원한다고 말한다.

§ 13. 여기에 연결해 'dominium'(점유)[30]의 형태나 의미를 구분해야 한다. 이것은 엄밀히 말해 첫 번째 의미에서 말해진 법에 따라 획득된 사물

---

27 II, 12, 3/5.
28 'ius'의 세 번째 의미는 사법적 능력을 나타낸다.
29 아리스토텔레스, 『니코마코스 윤리학』 V, 1129a 34ff., 1130b 30ff. 마르실리우스는 여기서 아리스토텔레스의 정의 개념과 정의의 구분(분배적 정의와 교환적 정의)을 수용한다. 아리스토텔레스에 의하면, 정의에는 두 가지 종류가 있다. 하나는 일반적 혹은 법적 정의로서, 국가의 법에 복종함에 관련된 정의이다. 다른 하나의 정의, 즉 특수한 정의는 다른 사람과의 거래에서 상호 공평성을 확보함에 관련된 정의이다. 특수한 정의는 분배적 정의와 교환적 정의일 수 있는데, 분배적 정의는 보상의 분배에서 시행되는 정의, 교환적 정의는 개인 간의 관계에서 질서를 회복하는 정의를 말한다.
30 마르실리우스의 'dominium' 정의는 니콜라우스 3세의 교령 'Exiit qui seminat'의 정의에 근거한다. 이것은 또한 카잘레의 우베르티노(Ubertino da Casale, 1259~1329?)에게서 영향을 받았다. 1322년 종려주일에 그가 요한 22세에 보낸 답변, *Analecta Franciscana* II, pp. 150f. 참조.

을 주장할 수 있는 권한, 그가 이 사물을 알고 그것에 대해 이의를 제기하지 않는, 또한 소유자의 명시적 동의 없이 (그가 소유하는 동안) 그 사물을 만지는 것이 다른 자에게 허용되지 않기를 바라는 자의 권한을 의미한다.[31] 우리가 말한 것처럼 이 권한은 정당하게 획득된 사물을 소유하려는 현실적·관습적 의지 외의 다른 것이 아니다. 이 권한은 어떤 인간의 권리라고 불린다. 왜냐하면 그것은 첫 번째 의미의 'ius'에 일치하기 때문인데, 이 의미에 따르면 한 기둥이 어떤 생물의 오른쪽이나 왼쪽에 가까이 있는 경우에 우리는 기둥을 오른쪽이나 왼쪽 기둥이라고 말한다.[32]

§ 14. 이 용어는 또한 보다 일반적으로 방금 언급한 권한에 대해 사용된다―그것이 다만 사물에만 혹은 그 사용 내지 용익에만 혹은 이 모든 것에 동시에 적용될 수 있을지라도 말이다.

§ 15. 같은 용어는 또한 방금 언급한 권한에 사용되지만 인지하거나 의식하지 못하는 자, 혹은 명시적으로 이의를 제기하거나 포기하지 않는 자의 권한에 사용된다. 이런 의미에서 예를 들어 한 어린아이나 부재자나 그것에 대해 알지 못하지만 능력이 있는 임의의 타인이 한 사물이나 사물의 어떤 부분을 소유권과 더불어 혹은 그것을 빼앗거나 빼앗으려 하는 자에 대항해 자기 스스로 혹은 타인을 통해 강제적 판관 앞에서 그것을 주장하는 권한과 더불어 획득할 수 있다. 그런데 이것은 분명히 [소유에 대해]

---

31 소유권은 강제적 판관 앞에서 대상이 되는 사물에 대한 완전한 의식과 합의 속에 한 사물을 주장하는 권한이다. 법적 의미에서 소유권을 정의하기 위해 사물을 소유하는 것으로는 충분하지 않다. 또한 그것을 의식하고 의지해야 한다. 마르실리우스는 부유하고자 하는 부자의 의지, 혹은 가난하고자 하는 빈자의 의지를 강조한다. 이 모든 구별은 다음에 나올 가난에 대한 논의를 위한 기초가 된다.

32 오른쪽과 왼쪽의 결정은 주관적으로 인간 신체의 위치와 관계된다. 외부 물체는 내 몸과의 관계에서 오른쪽이나 왼쪽에 놓여 있다. 마찬가지로 인간 행위는 그것이 법에 일치하는 정도를 따라 옳다 내지 그르다고 말해진다.

이의를 제기하지 않는 자의 권한을 의미한다. 왜냐하면 분명히 이의를 제기하거나 한 사물이나 그 한 부분을 포기하는 자는 아직 소유권이나 그것을 주장하는 권한을 획득하지 못한 것이기 때문이다.[33] 즉 모든 사람은 인간법에 따라 합법적으로 자신을 위해 인정된 권리를 포기할 수 있고, 아무도 어떤 법에 따라 자신의 의지에 반해 법적 혜택을 강요당하지 않는다. 방금 언급한 소유권은 법적이다. 왜냐하면 그것은 법 내지 입법자의 명령에 따라 그리고 인간의 선택에 의해 획득되거나 획득 가능하기 때문이다.[34]

§ 16. 또한 'dominium'은 인간 의지에 대해, 혹은 어떤 장애 받음 없이 기관을 실행하거나 움직이는 능력과 결부된 자유 자체에 대해 사용된다. 이를 통해 우리는 어떤 행위와 그 반대에 대한 능력을 가진다. 그러므로 우리는 인간만이 다른 생물 가운데 자기 행위에 대한 주권을 가진다고 말한다. 이 주권은 인간에게 천성적으로 내재하며, 의지의 행위나 선택을 통해 획득된 것이 아니다.[35]

§ 17. 따라서 'possessio'(소유)를 구별해야 한다. 첫째, 소유는 넓은 의미에서 첫 번째나 두 번째나 세 번째 의미의 'dominium'과 같은 것을, 혹은

---

33 예를 들면 선물로 받은 빵에 대한 소유권에 이의를 제기하는 자를 위해 중요하다.

34 마르실리우스에게서 소유를 명시적으로 반대하거나 그것을 포기한 자는 소유자가 될 수 없다. 다음 장에서 보게 될 바와 같이, 이것이 프란체스코회 영성파의 경우이다. 이런 의미로 이해할 때, 소유는 사용과 분리 가능하다. II, 19, 20 참조. 이것은 윌리엄 오컴의 입장이기도 하다.

35 이것이 'dominium'의 세 번째 의미이다. 그러나 어떤 의미에서 첫 번째 의미이기도 하다. 왜냐하면 소유에 대한 마르실리우스 명제의 기초가 되는 의지와 자유로 돌아가게 만들기 때문이다. 인간이 자기 행위에 대한 주권을 가짐으로써 동물과 구별된다는 사상은 전통적인 신학적 입장이었다. 보나벤투라와 토마스 아퀴나스 같은 신학자들은, 이 주권이 합리적으로 자기 행위를 의지할 수 있는 능력이며 따라서 동물적 활동의 특징을 이루는 물질적 필요로부터 탈출할 수 있는 능력이라고 설명했다. 그러므로 이 개념은 인간의 자유 의지와 밀접한 관련이 있다.

'dominium'의 처음 두 가지 의미에서 서술된 것처럼 사물을 갖고 또 갖기 바라는 자와의 관계에서의 세속적 사물을 의미한다. 그러므로 「창세기」 제13장에서 말한다. "그는 금과 은을 소유하여 매우 부유했다."[36] 그리고 또한 제17장에서 "나는 너와 네 후손에게 가나안 땅을 영원한 소유로 줄 것이다."[37]

§ 18. 둘째, 소유는 보다 좁은 의미에서 현재나 과거에 실제적·육체적 접촉과 결부된바, 방금 언급한 'dominium'과 같은 것, 즉 사물의 이용이나 그 용익을 의미한다. 이 용어는 이런 의미에서 대부분 민법학에서 사용된다.

§ 19. 또한 이 용어는 자기 사물이나 타인의 사물에 대한 합법적인 구체적 접촉에 대해 사용된다. 예를 들어 「사도행전」 제4장에서 "그들 중 아무도 자기가 소유한 것을 자신의 것이라고 말하지 않았고, 모든 것이 그들에게 공동적이었다."[38]

§ 20. 또한 소유는 본래적이지는 않지만, 현재나 과거에 있어 어떤 사람 자신이나 타인에 의해 구체적으로 접촉된 사물의 불법적 보유에 대해 사용된다.

§ 21. 이제 'proprium'와 'communis'의 다양한 의미를 구별해 보자. 'proprium' 내지 'proprietas'는 첫 번째 의미의 'dominium'에 대해 사용된다. 이런 의미에서 이 용어는 민법학에서 사용된다.

---

36 「창세기」 13:2.
37 「창세기」 17:8.
38 「사도행전」 4:32.

§ 22. 또한 이 용어는 'dominium'의 첫 번째와 두 번째 의미에서 사용된다. 이 용어는 신학자들에게서, 그리고 종종 성서에서 이런 의미로 사용된다.[39]

§ 23. 또한 'proprium'와 'proprietas'는 보다 일반적으로 신학자들에게서 특별한 인간이나 사물에 대해, 혹은 다른 자가 아니라 한 개인에만 속하는 사물에 대해 사용된다. 세속적 재산을 다른 자들과 공동으로 가지는 것보다 세속적 재물을 자신을 위해 개별적으로 가지는 것이 보다 완전한지 혹은 영원한 삶을 누릴 만한지를 연구하는 자들은 이 용어를 'commune'의 반대로 구별해 사용한다.[40]

§ 24. 또한 'proprium'과 'proprietas'는 어떤 주체 자체에 내재하는 속성에 대해 사용된다. 철학자들은 이 용어를 이러한 의미에서 사용하는데, 속성은 주체와 호환될 수 있다는 의미에서 그렇다.[41]

---

39 즉 'proprius'의 두 번째 의미는 소유 및 한 재물의 이용과 동의어이다.

40 'proprius'는 여기서 'communis'(공동적)의 반대어이다. 가난에 관한 대논쟁의 한 주제는, 완전한 자는 공동으로 혹은 개인적으로 소유해야 하는지 소유할 수 있는지를 아는 것이었다. 프란체스코회의 작은 형제들(영성파)은 그리스도와 사도들은 아무것도 개인적으로도 공동으로도 소유하지 않았고, 어떤 것도 소유하려고 하지 않았다고 주장했다. 반면에 요한 22세와 교황청은, 그리스도와 사도들은 공동으로뿐 아니라 개인적으로도 소유했다고 주장했다. 중도적 입장은, 그리스도와 사도들이 개인적으로는 아무것도 소유하지 않았지만 공동으로 소유했음을 인정했다. 이 입장의 신학자 비탈 뒤 푸르(Vital du Four, 1260~1327) 추기경에 따르면, 공동으로 소유하는 것은 자연법이나 신법에 위배되지 않는 반면, 사유재산은 죄의 결과라고 보았다. 죄를 짓지 않은 그리스도는 자기 소유를 가질 수 있었다고 생각할 수 없다. 이 이론에 대해 요한 22세를 지지하는 추기경들은, 그리스도는 자신을 낮추어 인간의 상태를 취했고 이런 상태에서 자기 소유를 가질 수 있었다고 반박했다. F. Tocco, *La quisitione della poverita nel secolo XIV*, Napoli 1910 참조. 마르실리우스는 다음 장에서 소유를 'proprius'와 'communis'로 구별하는 문제로 돌아올 것이다.

§ 25. 용어 'commune'는 우리 명제와 관계되는 한에서 나중에 언급한 'proprius'의 두 의미의 대립으로 이해된다.

§ 26. 이제 우리에게는 용어 '가난함'과 '부유함'의 의미를 구별하는 것이 남아 있다. 그런데 이 용어 '부유함'은 잘 알려진 것처럼 부(富)라고 불리는 세속적 재물을 동시에 현재와 미래의 어느 시기에, 그리고 합법적으로 넘치게 가진 자에 대해 사용된다.

§ 27. 두 번째로 부유함은 합법적으로 앞에서 언급한 사물을 현재와 미래의 시간에 대해 동시에, 다만 충분하게 가지고 있는 자에 대해 표현된다.

§ 28. 또한 부유함은 이중적으로 보다 본래적 의미로 사용된다. 첫째, 방금 언급한 사물을 넘치게 소유한, 그리고 이미 말한 것처럼 이런 의미에서 그것을 가지려 하는 자에 대해 표현된다. 둘째, 방금 언급한 사물을 다만 충분히 가지고 있는 (두 번째 의미에서 말한 것처럼) 자에 대해, 그리고 이런 의미에서 가지려 하는 자에 대해 표현된다.

§ 29. 여기에 대립해 '가난함'은 처음 두 양태에 대한 결핍의 의미에서 표현된다. 첫째, 다만 넘침이 결핍된 형태에 대해, 둘째, 어느 시기에서도 동시에 충분함을 갖지 못한 형태에 대해 표현된다.

§ 30. 가난함은 세 번째 용법에서 부유함과는 반대이면서 거의 상반적

---

41 예를 들어 단단함은 돌에 내재하므로, 돌의 속성이다. 그러나 돌이 아니지만 단단한 사물이 있기 때문에, 단단함은 돌과 호환될 수 없다. 그러나 아리스토텔레스에 의하면, 문법을 배우는 능력은 인간의 속성이니, 모든 인간이 본래적으로 문법을 배울 능력이 있다. 그러므로 그것은 인간과 호환될 수 있다. 인간이 아닌 어떤 것도 문법을 배울 능력이 없기 때문이다. 아리스토텔레스, 『변증론』 I, 102a 17-19.

의미로, 첫 번째로, 자발적으로 어느 시기에서도 넘치게 가짐을 원하지 않는 자에 대해 표현된다.

§ 31. 가난함은 네 번째 용법에서, 모든 현재와 미래에 있어 충분한 재물을 갖고자 하지 않고 그것을 어느 순간에라도 자발적으로 결핍하고자 하는 자에 대해 표현된다. 그런데 우리는 '부유함'이 두 번째와 네 번째 의미에서, '가난함'의 첫 번째와 세 번째 의미와 같음에 주목해야 한다. 그러므로 가난 혹은 가난함의 모든 의미가 '부유함'의 모든 의미와 무차별하게 대립하지는 않는다.

§ 32. 그리고 자발적으로 가난한 자 가운데 세속적 재물을 좋은 목적을 위해, 그리고 적절한 방식으로 포기하는 자들이 있다는 사실을 간과해서는 안 된다. 그러나 다른 자들은 그런 것을 포기하지 않고 도리어 헛된 영광을 위해 혹은 어떤 다른 세속적 기만을 위해 포기하는 듯하다.

§ 33. 이외에 주목해야 할 것은 부(富)라고 불리는 세속적 사물 가운데에는 자체적으로, 그리고 인간적 제도 때문에 음식이나 음료, 의약품과 같이 어떤 단일한 행위나 사용을 통해 소비할 수 있는 것이 있다. 그러나 밭과 집, 도끼와 의복, 말과 종처럼 그 속성의 지속성 때문에 여러 가지 용도에 이용되도록 만들어진 것도 있다.[42]

---

42 여기서 마르실리우스는 요한 22세가 프란체스코 수도회의 영성파에 대한 공격에서 기초적 논거로 사용한 구별법을 상기시킨다. 한 사물이 단일한 사용에 의해 소비될 수 있다면 그 소유와 사용이 구별될 수 있다는 것을 어떻게 인정하겠는가? 그는 이 논거에 의해 전임자 니콜라우스 3세의 명제를 의심했다. 니콜라우스 3세는 작은 형제들에게 재물의 소유를 로마교회에 유보하면서 재물의 사용을 용인한 바 있다. 요한 22세는 1322년 12월의 교령 'Ad conditorem canonum'에서 'res usus consumptibiles'(사용에 의해 소비 가능한 물질)를 제외하고 니콜라우스 3세의 명제의 효력을 견지했다. 영성파가 말하는 이른바 'usus nudus'(비소유적 사용)는 요

아마도 앞에 언급한 용어들의 다른 의미도 있을 것이다. 그러나 보다 잘 알려진 것, 그리고 우리 주제에 보다 연관되는 의미를 열거했다고 믿는다. 이들을 구분하고 서술하고 혹은 본래적 의미로 정의하는 것은 여러 대가들의 다양한 어법, 심지어 동일한 사람들의 다양한 어법 때문에, 그리고 공간과 시간의 차이 때문에 어렵다. 즉『창조에 대하여』제1권에 기록된 것처럼 일반적으로 각각의 용어는 다양하게 표현되기 때문이다.[43]

한 22세에게는 수사학적이다. 소비 가능한 사물의 사용은 그것에 대한 온전한 소유권을 가진 자의 사용과 다르지 않다. 이런 반박에 대해 베르가모의 보나그라티아(Bonagratia da Bergamo)는 1323년 6월의『항변』에서 소비 가능한 사물의 단순한 실제적 사용은 법이나 이성에 어긋나지 않고 오히려 신법과 자연법, 교회법, 민법을 비롯해 모든 이치와 부합한다고 답변했다. 형제들이 사용에 의해 소비 가능한 사물을 취득할 수 있는 것이 사실이라면 청빈을 준수하는 것은 부조리할 것이다. 자연법이나 신법에 의해 만물은 누구나의 것이다. 어째서 사용에 의해 소비 가능한 사물이 특별한 소유의 대상이 될 것인가? 체제나의 미켈레(Michele da Cesena)는『대도 서신』(*Literae Deprecatoriae*)에서 요한 22세의 네 개의 교령에서 발췌한 12가지 오류를 나열하면서(이 서신의 수신자는 바이에른의 루트비히 황제였다) 요한 22세가 사용과 소유는 '사용에 의해 소비 가능한 사물'에 의해 분리될 수 없음을 주장했다고 비난했다. 미켈레에게는 사용과 소유는 완전히 분리 가능했다. 또한 윌리엄 오컴도 그 나름대로 요한 22세를 반박했다. "네 번째 명제는 사용에 의해 소비 가능한 사물에서 사용은 소유 내지 지배와 분리될 수 없다는 것이다. 여기서부터 나오는 결론은 형제들이 사용에 의해 소비 가능한 사물을 사용할 때마다 적어도 공동으로 그 사물의 소유 내지 지배권을 갖는다는 것이다." 오컴에게 이 명제는 성서와 자연적 이치와 확실한 경험에 명백히 위배된다. 같은 주장은『요한 반박 논설』(*Tractatus contra Johannem*) cap. 23에서 되풀이된다. Quillet, p. 290, 각주 27 참조.

43 아리스토텔레스,『생성·소멸론』I, 322b 30.

제 13 장

복음적 완전함이라고 칭하는
이미 언급한 가난의 상태에 대하여,
그리고 그리스도와 그의 사도들이
이 상태를 유지했다는 사실에 대하여[1]

§ 1. 언급한 용어들의 다양한 용법과 의미를 서로 구분한 후에 우리는 몇 가지 결론을 내리고자 한다. 첫째, 어떤 사람이 세속적 사물이나 (자신을 위해 혹은 공동으로 가진 것이든 타인의 것이든지 간에) 그에 대한 어떤 행위, 즉 사용이나 용익 등을 합법적인 권한 없이 만질 수 없고 내지는 사물이나 그 일부에 대해 첫 번째나 두 번째 의미의 'ius'를 갖지 못한다. 왜냐하면 법적으로 명령되었거나 허용되지 않은 모든 사실은 '합법적' 정의에서 누구에게나 분명히 나타난 것처럼 합법적이지 않기 때문이다. 이것을 증명

---

1 가난의 문제는 14세기 후반 이후 사라졌다. 왜냐하면 신학자들은 가난이 단지 소유의 부재에 불과하기 때문에 정치 질서에 유해하고 구원의 수단으로서도 효과가 없으며, 부자를 위한 공로의 기회가 된다고 생각했기 때문이다. 작은 소유는 인간에게 명상적 삶을 영위할 수 있게 한다. 그것은 정치적으로 국가를 위해 바람직하다. 자발적 빈자는 도와줄 가치가 없다. 그런 이유에서 이 장(章)과 다음 장은 1535년에 출판된 『평화의 수호자』 영어판에서는 보이지 않는다.

하기 위해 지체해서는 안 된다. 이 문제는 모든 사람에게 거의 잘 알려져 있기 때문이다.

§ 2. 둘째, 우리는 이미 말한 것에서 추론할 수 있다. 어떤 사람이 어떤 사물이나 그 일부를 만지는 것은 한 법, 즉 신법에 따르면 합법적이다. 그러나 다른 법, 즉 인간법에 따르면 불법적일 수 있다. 반대의 경우도 유사하다. 또한 양자에 따르면 동일한 것을 행하는 것이 합법적이거나 불법적일 수 있다. 이것을 보는 것은 어렵지 않다. 왜냐하면 명령과 금지, 허용은 때로는 이 법들에서 상이하고 어긋나고, 때로는 일치하기 때문이다. 그러므로 한 법의 명령이나 허용에 따라 행동하는 자는 이 법에 따르면 합법적으로 행하는 것이다. 그러나 그것이 다른 법에 따라 금지되어 있다면 같은 사람이 다른 법에 따르면 불법적으로 행하는 것이다. 그러나 그런 것이 양 법에 의해 허용되어 있다면, 그는 양 법에 따라 합법적으로 행동하는 것이다. 그러나 그것이 양 법에 의해 금지되어 있다면, 같은 사람은 양 법에 따르면 불법적으로 행동하는 것이다. 인간법에서 명령되었거나 금지되어 있는 것을 행하거나 행하지 않는 것이 (반대의 경우도 마찬가지이다) 신법에 따라 허용되어 있는지는 숙고해야 할 과제로 남겨두어야 한다. 왜냐하면 이것은 지금의 연구 대상이 아니기 때문이다. 확실한 것은 간음과 술취함, 그리고 신법이 금지하는 다른 여러 가지 죄가 인간법에 의해 허용되어 있다는 것이다.[2]

§ 3. 이것에 연결해 나는 다음을 지시하고자 한다. 어떤 사람이 'proprius'의 세 번째 의미에서[3] 어떤 사람에게 속하거나, 혹은 그가 타인 내지 타인과 함께 공동으로 가진 모든 세속적 사물이나 그 일부를 (단일한

---

2 II, 10, 7.
3 II, 12, 17-25.

사용에 의해 소비될 수 있든지 아니든지 간에) 자신의 것, 즉 자신을 위해 정당하게 획득한 사물, 혹은 타인의 사물이지만 그것을 첫 번째 의미의 'ius'[4]에 의해 획득한 자의 동의를 통해 획득한 사물 —— 이런 사물을 세 번째 의미의 'proprium'으로서 만질 수 있고 혹은 다른 사람과 공동으로 소유의 세 번째 의미에 따라 소유할 수 있고, 또한 이 사물 전체나 이 사물의 일부에 대한 첫 번째, 두 번째, 세 번째 의미의 'dominium' 없이도 그것을 합법적으로 파괴할 수 있다.[5]

---

4 II, 12, 3-10.

5 요한 22세는 영성파에 대항해 교령 'Ad conditorem canonum'(1322년 12월 8일)에서 사용권은 소유권과 분리되지 않으며, 특히 대체 가능한 사물에 있어 그렇다고 주장했다. 반면에 마르실리우스에게서는 사용과 'dominium'(점유)이 분리될 수 없다면, 점유가 소유를 의미한다는 의미에서가 아니라 어떤 사물을 갖고 사용하거나 소비하는 능력을 나타낸다는 의미에서 그렇다. 이런 점유는 법적 권리에 부합하지 않으니, 즉 사물을 가지고 있는 주체가 법정에서 자기 것으로 주장할 수 있는 권리가 없다는 의미에서 그렇다. 그러나 점유를 첫 번째 의미로 이해한다면(II, 12, 13 참조), 사용과 점유는 분리될 수 없다. 이런 의미에서 사용과 점유는 일치한다. 마르실리우스의 명제는 다음과 같다. 완전한 자는 사물에 대해 사용권만을 가진다. 이런 의미에서 그는 'dominus'(점유자)의 자격이 있다. 그러나 엄밀한 의미에서 사물의 소유자가 아니다. 즉 그는 법정에서 그것을 자신의 것으로 주장할 수 없다. 왜냐하면 그는 자발적으로 서약에 의해 모든 소유를 포기했기 때문이다. 그리고 법적 혜택이 그의 의지에 반해 부여될 수 없는 경우에 아무도 모든 소유를 포기한 것에 대해 그에게 법적으로 이의를 제기할 수 없다. 그러나 그는 자기 것으로 주장할 가능성을 포기했지만, 사용할 가능성을 포기한 것은 아니다. 혹자는 이것을 '사물의 단순한 사용'이라 칭한다. 마르실리우스는 이 '혹자'를 언급하면서 니콜라우스 3세의 교령 'Exiit qui seminat'를 분명히 상기시키고 있다. 다른 한편, 체제나의 미켈레는 요한 22세가 사용과 소유를 혼동했다고 비난한다(Litterae ad omnes fratres ordinis Minorum; Literae deprecatoriae Fratris Michaelis de Cesena). 요한 22세의 12번째 오류는 "사용에 의해 소비 가능한 사물에서 합법적 사용은 소유 및 점유와 분리될 수 없다는 것이다. 작은 형제들은 사용에 의해 소비 가능한 사물에 있어 소유 및 점유와 분리된 사용권을 가진다. …… 언급된 사물에 대한 사용은 특별한 소유 및 점유와 분리 가능하다. …… 그것의 사용은 그 본성상 공동 소유 및 점유와 분리 가능하다." 그러나 요한 22세가 교령 'Opus vir reprobus'를 통해 미켈레의 항변을 반박한 후에, 오컴은 『90일간의 작품』(Opus nonaginta dierum)에서 요한 22세의 명제들을 반박했다. Quillet, p. 294, 각주 3 참조.

나는 이것을 이렇게 입증한다. 어떤 사람이나 저 세속적 사물이나 그 일부를 자신의 것으로뿐만 아니라 공동의 것으로, 이미 언급한 'dominium'(점유) 없이 신법에 따라 혹은 인간법에 따라 혹은 양자에 따라 만지거나 소유하는 것으로서 모든 언급된 형태에 따라 이미 언급한 세 가지 의미의 'dominium' 없이도 합법적으로 다룰 수 있고 파괴할 수 있다. 그런데 한 사람이 사물이나 그 일부나 타인의 사물을 그 사물을 소유한 자가 동의함으로써, 법에 따라 점유권 없이, 그러므로 합법적으로 다룰 수 있다. 이 논법의 첫 번째 전제는 '합법적' 정의에 의해 자명하다.[6] 나는 귀납에서 취한 논리를 통해 두 번째 전제를 입증한다. 첫째, 자기 사물이나 어떤 사람이 자신의 혹은 타인의 행위를 통해 정당하게 획득한 사물, 자신의 것 혹은 타인과 함께 공동의 것 — 예를 들어 선물이나 유산을 통해, 사냥이나 어획(漁獲), 다른 자신의 노동이나 합법적 행동을 통해 획득한 사물에 대해, 한 사물이 이런 식으로 어떤 사람에 의해 획득되었다고 하자. 그러므로 그는 그것을 법에 따라 사용하고 만질 수 있는 것이 확실하다. 왜냐하면 귀납적 추리에서 분명히 드러난 것처럼 한 사물이 법에 따라 획득되기 때문이다. 또한 확실한 것은 모든 권한을 가진 자는 합법적으로 자신을 위해 만들어진 권리를 포기할 수 있다. 왜냐하면 법적 혜택은 자신의 의지에 반해 인간법과 신법에 따라 부여되지 않기 때문이다. 그러므로 한 사물에 대한 혹은 그 사용에 대한 점유를 자신의 행위나 타인의 행위를 통해 획득할 수 있는 자는 그런 점유를 포기할 수 있을 것이다. 그러므로 그가 원하면 같은 사물을 합법적으로 사용하는 권한뿐만 아니라 사물을 자기 것으로 주장하고 타인에게 그것을 금지하는 권한을 획득한다면, 그는 합법적으로 한 사물을 주장하거나 한 사물이나 그 일부를 타인에게 금지하는 권한을 포기할 수 있다. 이 권한은 처음 세 가지 법적 방식

---

6 II, 12, 5.

에 따라 이미 언급된 점유 말고 다른 것이 아니다. 사물이나 그 일부를 사용할 수 있는 권한을 포기함은 아니다. 이 마지막 권한은 'ius'의 두 번째 의미에 속한다. 일부 사람들은 이것을 '사용하는 권한 없이 물건에 대한 단순한 사용'이라고 칭한다. 즉 '사용하는 권한'을 이미 언급한 세 가지 의미 중 하나에서의 점유로 이해한다.[7]

§ 4. 또한 누구의 재산에 속하지 않는 물건은 법에 따라 합법적으로 사용할 수 있다. 어떤 자가 그것을 자기 것으로 주장하고 다른 자에게 금지

---

7 '물건의 단순한 사용'은 프란체스코 수도회 영성파가 실천한 가난을 이해하는 데 핵심이었다. 따라서 14세기 적대자들의 주요한 공격 목표였다. 13세기 프란체스코 수도회 수도사들은 물건에 대해 어떤 권리를 갖는 것은 ─ 심지어 사용권조차도 ─ 법의 눈에는 법적 상태 및 법정에서 그 권리를 방어할 수 있는 능력을 내포한다고 주장했다. 프란체스코 수도회 수도사들은 모든 권리는 어떤 종류의 점유(dominium)를 내포한다고 주장했다. 이에 니콜라우스 3세는 1279년 교령 'Exiit qui seminat'에서 만들어진 물질의 단순한 사용(simplex facti usus)을 사실상 프란체스코 수도회 수도사들에게 사물의 사용은 허용하되, 그 소유권은 교황청에 부여된 것처럼 이해했다. 영성파의 일관된 이론은 단순한 사용을 사용권(ius utendi)뿐만 아니라 소유 및 용익과도 분리하는 것이다. 이에 대해 14세기 요한 22세를 필두로 하는 영성파의 적대자들은 인간이 합법적으로 물건을 순수하게 아무 권리 없이 사용한다는 이념을 공격했다. 요한 22세의 자문을 받은 추기경 베르트랑 드 라 투르(Bertrand de la Tour)는 교령 'Cum inter nonnullos'를 공표하기 전에 이 문제에 답변했다. 물건의 단순한 사용은, 사용에 의해 소비되는 사물에 있어서도 소유와 용익 및 사용권과 분리될 수 있다. 그리고 점유는 사용 없이는 무익하다고 주장한다면, 그것은 진실이 아니라고 말해야 한다. 신을 위해서 빈자들에게 주어지는 물건(예: 음식)은 영생을 위한 공로가 될 수 있기 때문이다. 영성파에 호의적인 살레르노의 대주교는 점유의 두 가지 의미를 구별한다. 한편으로는 완전한 방식으로, 즉 소유의 의미로, 다른 한편으로는 불완전한 방식으로, 즉 단순한 사용의 의미로. 그는 그리스도와 사도들은 개인적으로 혹은 공동으로 가진 것을 사실상 단순히 사용했다고 믿는다. 다른 한편으로 비탈 뒤 푸르 추기경은 사용과 점유는 분리 가능하다고 주장했다. 왜냐하면 점유는 죄의 상태와 동시적이기 때문이다. 낙원의 아담은 타락 전에는 사물을 소유함 없이 사용할 수 있었다. 마르실리우스의 논리는 물건에 대한 권한을 갖는 것과 법정에서 자기 것으로 주장할 수 있는 권한(일종의 점유권)을 갖는 것 사이의 필수적 연결을 단절하는 것이다. 마르실리우스에게서 권한을 갖는 것은 단순히 인간법과의 어떤 관계 속에 있으며 부유하거나 가난함과는 무관하다.

하는 권한을 포기한 물건은 누구의 재산에도 속할 수 없다. 그러므로 누구라도 그 물건을 합법적으로 사용할 수 있다. 따라서 앞에 언급한 권한을 포기하는 자는 물건에 대해 앞서 언급한 점유권을 갖지 않으므로, 누구라도 어떤 물건을 법적 점유권 없이도 합법적으로 만지고 사용할 수 있다.[8]

§ 5. 또한 어떤 것은 합법적 서약을 통해 일정 기간 동안 포기할 수 있고 다른 것은 결코 포기할 수 없으므로, 두 종류의 물건을 상호 구별해야 한다. 이미 언급한 바와 같이, 어떤 사물에 대한 점유권, 혹은 세속적 사물이나 그 일부를 자기 것으로 주장하고 다른 자에게 금지하는 권한을 합법적 서약을 통해 일정 기간 동안 포기할 수 있다. 그러나 어떤 물건 혹은 그 단순한 사용을 합법적으로 소유하는 것을 합법적 서약을 통해 일정 기간 동안 포기할 수 없다.[9] 그러므로 이 물건들을 상호 구별하는 것이 적절하다. 이 연역의 첫 번째 전제는 '합법적' 정의에 따라 자명하다. 왜냐하면 같은 것은 같은 법에 따라 동시에 합법적이면서 불법적일 수 없기 때문이다. 나는 두 번째 전제를 부분별로 입증한다. 첫째, 서약을 통해 이미 언급한 점유를 포기함은 일정 기간 동안 합법적이다. 왜냐하면 그리스도의 조언에서 합법적 서약을 끌어낼 수 있기 때문이다. 그런데 이런 포기가 그

---

8 점유를 포기함으로써, 즉 법적으로 물건을 자기 것으로 주장하는 권리를 포기함으로써 누구의 것도 아닌 물건의 사용을 가능케 할 수 있다. 이 물건이 누구의 것도 아니라면, 누구라도 그것에 대한 점유권 없이 사용할 수 있다. 아무도 그 소유자에게 어떤 해를 끼치지 않는 것이고, 법정에서 자기 것으로 주장할 수 없기 때문이다.

9 마르실리우스는 두 경우를 구별한다. 한편으로 물건의 포기는 가능하다. 다른 한편으로는 그 포기는 불가능하다. 첫 번째 경우, 물건의 점유나 그것을 자기 것으로 주장할 수 있는 권한을 포기하는 것. 두 번째 경우: 사물의 단순한 사용을 포기하는 것. 마르실리우스는 이렇게 논리를 전개한다. 일반적으로 한 사물을 포기하고 동시에 그것을 포기하지 않는 것은 합법적일 수 없다. 첫 번째 경우, 사물의 점유를 포기할 수 있다. 그것은 그리스도의 명령에서 비롯한 것이므로. 두 번째 경우, 사물의 사용을 포기할 수 없다. 신법은 그것을 금지하고, 이 포기는 합법적 서약의 행위일 수 없으므로.

리스도의 조언이다. 그는 「마태복음」 제20장[10]에서 말했다. "내 이름을 위해 집과 밭을 버리는 자는 누구나 백 배로 받을 것이고 영원한 생명을 얻을 것이다." 같은 말이 「마태복음」 제5장과 「누가복음」 제6장에도 있다. 이에 따르면 그리스도는 다음과 같이 말했다. "너에게서 겉옷을 빼앗은 자에게 속옷을 거부하지 말라. 그리고 너와 함께 법정에서 다투고 네 속옷을 취하고자 하는 자에게 겉옷도 허락하라."[11] 여기에 대해 아우구스티누스는 말한다. "그가 필수적인 것에 대해 명령한다면, 즉 다투지 말라고 조언한다면, 하물며 더욱 불필요한 것에 대해서야!"[12] 사도도 그리스도의 이 생각에 따라 「고린도 전서」 제6장에서 말했다. "여러분이 서로 재판을 하는 것은 이미 여러분에게 잘못이다. 어째서 차라리 불의를 참지 못하는가? 왜 여러분은 차라리 속임을 당하지 않는가?"[13] 보충하라. 누군가에 대항해 세속적 사물에 대한 권리를 정당한 재판을 통해 다투는 것보다는. 여기서 아우구스티누스의 주해는 앞에서 언급한 복음서 구절을 인용하고 덧붙인다.[14] "사도는 이것", 즉 재판으로 다투는 것을 정당하게, "약자를 위한 배려에서 허용한다. 왜냐하면 교회에서 이런 재판이, 형제들이 판관이 되는 가운데[15] 형제들 사이에 일어나기 때문이다". 그다음에 주해는 아우구스티누스의 어떤 불분명한 언어 때문에 덧붙인다. "그러나 앞에 인용한 아우구스티누스의 '형제에 대항해 재판으로 다투는 것은 죄'라는 말을 이성적으로 이해하기 위해서는 그런 경우에 완전한 자들에게 무엇이 적합한지, 무엇이 그렇지 않은지, 무엇이 약한 자에게 허용되는지, 무엇이 그렇지 않은

---

10 인용이 정확하지 않다. 「마태복음」 19:29 참조.
11 「마태복음」 5:40과 「누가복음」 6:29. 인용이 정확하지 않다.
12 Thomas Aquinas, *Catena aurea*, vol. 11, p. 73에서의 해당 구절에 대한 주해 참조.
13 「고린도 전서」 6:7.
14 Petrus Lombardus, *Collect.*, in: MPL, 191, p. 1578C.
15 이교도가 판관이 되는 것이 아니라.

지를 말해야 한다. 그러므로 완전한 자에게는 자기 것을 단순히 되돌려줄 것을 요구하는 것이, 즉 송사 없이, 다툼 없이, 재판 없이 요구하는 것이 허용되어 있다. 그러나 그것 때문에 판관 앞에 고소를 제기하는 것은 그들에게 적합하지 않다. 그러나 약자는 판관 앞에서 송사를 제기함으로써, 이뿐만 아니라 형제에 대항해 재판을 가짐으로써 자기 것을 되돌려줄 것을 요구할 수 있다."[16] 그러므로 점유의 포기에 대해 합법적 서약을 표명할 수 있다. 그러나 완전한 자에게 강제적 권한을 가진 판관 앞에서 다투는 것이 허용되지 않았다면, 그들은 합법적으로 무엇을 자기 것으로 주장하는 권한도 없다. 이 권한은 이미 언급한 점유권이다. 왜냐하면 그들은 이런 권한을 서약을 통해 이미 포기했기 때문이다. 특별히 서약이 확고하면 이것에 반해 행동하는 것은 어느 순간에도 허용되지 않는다. 그러나 어떤 물건을 갖거나 그것을 합법적으로 사용하거나, 혹은 단순히 사실상 사용하는 것을 어느 때라도 포기할 수 없다는 것은 충분히 명백하다. 왜냐하면 신법이 금지하는 것은 합법적으로 서약 아래 들어갈 수 없기 때문이다. 그런데 신법은 그 포기를 금지한다. 왜냐하면 이것은 일종의 살인이기 때문이다.[17] 왜냐하면 이런 서약을 준수하고자 하는 자는 굶주림이나 추위, 혹은 갈증 때문에 고의적으로 자신을 파괴할 것이기 때문이다. 「마태복음」제19장과 「마가복음」제10장, 「누가복음」제18장에서 보듯이, 신법은 이것을 분명히 금지한다. 여기서 그리스도는 옛법의 일부 계명을 확인하면서 말한다. "살인하지 말라" 등.[18] 그러므로 어떤 사물의 단순한 사용 혹은 합법적 소유와 이미 언급한 모든 점유 내지 어떤 사물이나 그 일부를 자기 것으로 주장하고 타인에게 금지하는 권한을 구별해야 한다.

---

16 Petrus Lombardus, *Collect.*, in: MPL, 191, p. 1578C.

17 음식과 음료의 포기, 헐벗음을 예로 들 수 있다.

18 「마태복음」19:18; 「마가복음」10:19; 「누가복음」18:20.

§ 6. 여기서부터 필연적으로 분명히 앞서 언급한 점유권 없이 한 물건을 가지거나 그것을 사용할 수 없다고 주장한다면 미친 이단이라는 결론이 도출된다.[19] 즉 이렇게 말하는 자는 그리스도의 조언이 성취될 수 없다는 것 외에 다른 것을 생각하지 않는 것이다. 이것은 분명한 거짓말이며, 우리가 말한 것처럼 그릇된 것이고 이단적인 것으로서 피해야 한다.

§ 7. 서약을 통해 정당하게 송사를 포기하는 것은 가능하지만 하비투스, 즉 능동적인 법적 권한과 강제적 권한을 가진 판관 앞에서 한 사물을 자기 것으로 주장하고 타인에게 금지하는, (우리가 처음에 점유권이라고 말한) 능동적 법적 권한을 포기하는 것은 불가능하다고 말하는 자의 주장이 그릇되고 이단적이라는 것을 막을 수 없다. 즉 이것은 거짓이다. 왜냐하면 연역에 의해 서약 아래 이루어지는 모든 결정에서 분명히 드러나는 것처럼 모든 하비투스, 즉 모든 획득되었거나 획득 가능한 법적 권한은 (법적 권한의 활용은 합법적 서약을 통해 포기할 수 있다) 똑같이 포기 가능하기 때문이다.[20] 왜냐하면 정결이나 순종을 서약하는 자는 서약을 통해 행위를 포기할 뿐만 아니라 이런 행위에 대한 합법적 (첫 번째 의미의 'ius'에 의해 자신에게 귀속되는) 권한을 포기하기 때문이다. 또한 누군가 모든 사람에게 불법적인 행위에 대한 합법적 권한을 가진다고 주장하는 것은 진리와 모순된다. 왜냐하면 어떤 권한에서 나오는 혹은 나올 수 있는 합법적이거나 불법적

---

19 요한 22세는 1322년 12월의 교령 'Ad conditorem canonum'에서 사용에 의해 소비되는 물질의 사실상의 사용은 참된 점유와 동일하다고 선언했으며, 1323년 11월의 교령 'Cum inter nonnullos'에서는 그리스도와 사도들은 개인적으로나 공동으로 재산을 소유하지 않았다는 가르침을 이단적이라고 주장했다. 마르실리우스는 이에 대항해 사물과 그 점유를 분리하는 것이 불가능하다고 주장할 수 없으며, 이러한 주장을 이단적이라고 규정한다. 또한 이것은 바이에른의 루트비히의 '작센하우젠 호소'(1324년 5월)의 핵심 주장이었다. MGH, *Constitutiones* V, nr. 909, pp. 722~44 참조.

20 능동적으로 법적 권한 행사를 포기하는 것은 권한 자체의 포기를 의미한다.

행동에 근거해서만 그 권한이 합법적이거나 불법적이라고 말해질 수 있고, 양자의 차이가 인식될 따름이기 때문이다.[21] 그러므로 어떤 사람이 서약 이전에 가졌던 합법적 권한의 모든 행위가 서약 후에는 불법적이므로 그의 합법적 권한은 서약을 행한 자에게 남아 있지 않은 것이 분명하다.[22]

§ 8. 둘째,[23] 어떤 사람이 타인의 물건 내지 그 사용에 대한 합법적 권한,[24] 심지어 물건 자체를 소비하는 권한을 (점유자의 동의와 함께 이 물건에 대한 사용을 행사하는 경우) 점유 없이도 가질 수 있음을 지시한다. 왜냐하면 물건이 완전히 타인의 점유 내지 자기 것으로 주장하는 권한 속에 있다고 가정할 때 확실한 것은 점유자의 행위와 명시적 동의에 의해, 그리고 그에게 이런 물건 혹은 그 사용에 대한 점유권, 혹은 자기 것으로 주장하는 권한이 이전되어야 하는 그런 자가 이의를 제기하지 않는 한 점유권은 타인에게 이전되지 않는다. 그러므로 점유자가 물건에 대한 이런 점유 내지 그 사용을 타인에게 이전하려 하지 않는다고 가정하자. 또한 타인이 이런 점유에 대해 이의를 제기한다고 가정하자. 예를 들어 명시적 서약을 통해 모든 세속적 재산에 대한 점유를 포기한 사람(완전한 자에게 적합한 것처럼), 또한 점유자가, 어떤 완전한 자가 자기 물건을 사용하는 것에 동의하고 심지어 소비하는 것까지 동의한다고 가정하자. 또한 완전한 자 혹은 모든 물건

---

21 인용이 정확하지 않다. 「마태복음」 19:29 참조.

22 포기서약은 물건 점유에 대한 송사를 포기하는 것만이 아니라 그것을 자기 것으로 주장하는 권한을 포기하는 것을 의미한다. 다른 한편으로 그런 재판을 하는 것이 점유 포기에 근거해 불법적이므로, 재판을 하는 권한을 갖는 것은 합법적일 수 없다. 또한 행위가 불법적이며, 권한은 합법적일 수 없다. 그러나 점유 포기를 서약한 자는 그것을 자기 것으로 주장하는 것을 포기하는 서약을 한 것이다. 그럼에도 그가 자기 것으로 주장한다면, 그가 그렇게 행함에 있어서의 권한은 불법적이다.

23 첫째는 제13장 제3절 참조.

24 원문에는 'licitam usum'. 그러나 이미 앞에 'eius usu'가 있으므로 'potestatem licitam'을 잘못 쓴 듯하다.

에 대한 점유를 포기한 자가 점유자의 동의로써 이런 물건을 사용하기 원한다고 가정하자. 나는, 이렇게 저 물건을 사용하는 자는 그것을 합법적으로 사용하는 것이며, 그럼에도 불구하고 물건 내지 그 사용에 대해 점유권을 전혀 갖지 않는다고 말한다. 그런데 그가 그 물건 내지 그 사용에 대한 점유를 갖지 않는다는 것은 앞의 가정에서, 즉 점유권을 가진 자의 의지에서뿐만 아니라 물건의 사용권을 얻고자 하고 그런 점유권을 절대적으로 포기한 자의 상황에서도 분명히 드러난다. 그런데 그가 물건을 합법적으로 사용한다는 것은 '합법적' 정의에서 분명하다. 왜냐하면 법에 의해 모든 사람에게는 그 점유자의 명시적 동의가 주어진 경우에 타인의 물질을 심지어 소비할 때까지 사용하는 것이 허용되기 때문이다.[25]

§ 9. 그러나 'dominium'을 마지막 의미로, 즉 획득된 것이 아니라 우리에게 생래적으로 주어진 자연적 운동 능력[26]과 결부된 인간의 의지 내지 자유로 받아들인다면, 우리는 어떤 물건이나 그 일부를 합법적으로나 불법적으로도 점유 없이는 자유로이 만질 수 없고, 또한 이런 점유를 포기할 수 없다고 말한다. 이것은 그 자체로 모든 사람에게 자명하기 때문에— 즉 이런 능력 없이는 아무도 존재 안에 머물 수 없으므로—나는 진술을 단축하기 위해 다른 입증 없이 이것에 대해 생략한다.[27]

---

25 사람은 점유자로부터 권한을 받은 경우에 타인에게 속한 물건에 대한 점유권을 갖지 않고서도 물건에 대한 합법적 사용권을 가진다.

26 예를 들어 빵을 취하는 손동작.

27 이 절은 제2권 제12장 제16절과 직접 연결된다. 거기서 'dominium'을 자유의 의미로 정의했다. 자유의 의미로 이해된 'dominium'은 물건 사용의—그것이 합법적이든 불법적이든지 간에—첫 번째 조건이다. 우리는 이런 'dominium'을 포기할 수 없다. 왜냐하면 그것은 모든 행위의 기초이기 때문이다. 달리 말해 자유로운 인간만이 물건을 사용할 수 있다. 그것을 행할 수 있는 자가 자유롭기 때문이다.

§ 10. 여기서부터 일시적 사물이나 그 사용에 대한 모든 합법적인 내지 첫째나 둘째 의미에서 혹은 양자적 의미에서의 'ius'에 근거한 권한이 'dominium'은 아니라는 것이 분명하다. 반대로 어떤 사물이나 그 사용, 혹은 양자에 대한 세 가지 의미의 모든 합법적 'dominium'은 합법적인 권한 내지 'ius'에 근거한 권한일지라도 말이다. 그러므로 여기서부터 어떤 사물이나 그 사용에 대한 합법적이거나 정당한 권한이 있고, 따라서 어떤 사물이나 그 사용에 대한 합법적이거나 정당한 점유가 있다고 추론하는 자는 오류에 빠진 것이다. 즉 어떤 사람이 자신의 것으로서 혼자 혹은 공동으로뿐만 아니라 타인의 것으로서 어떤 사물을 (점유자나 그것을 합법적으로 획득한 자가 동의하는 가운데) 법적인 점유를 획득하지 않고서도 그것을 갖고 처리할 수 있다.[28]

§ 11. 우리가 이런 전제로 명제에 접근할 때, 나는 첫째로 가난 내지 가난함은 그 자체로써 자명한 개념 중 하나이며 성서에서 자주 발견된다고 말한다. 따라서 이것에 대해 모든 근거 구절 중 하나를 인용하는 것으로 충분하다. 「마가복음」 제12장에서 그리스도는 다음과 같이 말한다. "진실로 너희에게 말한다. 저 가난한 과부가 다른 모든 사람보다 헌금함에 더 많이 돈을 넣었다."[29]

§ 12. 그다음으로 나는 유사하게 성서를 통해 가난은 영원한 생명을 위

28　한 사물에 대한 권한을 가짐은 점유권을 구성하지 않는다. 반대로 한 사물에 대한 점유권을 가짐은 그것에 대한 모든 권한을 가짐을 의미한다. 그러나 여기서부터 한 사물에 대한 합법적 권한을 가진다면, 필연적으로 그것에 대한 점유권을 가진다고 결론을 내려서는 안 된다. 왜냐하면 이것은 오류 추리이기 때문이다. 점유와 사용의 구별을 확립하고 요한 22세의 논리를 반박하는 데 역점을 둔 제13장 전반부는 이 절로써 종결된다. 한 사물에 대한 사용권을 가짐은 그 사물에 대한 점유권을 가짐 없이 합법적 권한을 가짐을 의미한다.

29　「마가복음」 12:43.

해 보상받을 만하다는 것을 지시한다. 왜냐하면 진리는 「누가복음」 제6장에서 말했기 때문이다. "가난한 자들은 복이 있다. 신의 나라가 너희 것이기 때문이다."[30] 즉 그 나라를 받을 자격이 있다. 왜냐하면 그리스도 이외의 그 누구도 이 삶에서 축복받지 못하고, 축복받을 자격을 얻기 때문이다.

§ 13. 그러므로 필연적으로 가난은 이렇게 일시적 재물을 결여하고자 하는 자의 많은 활동으로부터 형성된 하비투스(기질)가 되었다면, 가난은 덕 혹은 덕의 생산적 행위, 혹은 덕에 의해 유발된 행위라는 결론이 나온다. 왜냐하면 모든 보상받을 만한 것은 덕이거나 덕의 행위이기 때문이다. 또한 그리스도의 모든 조언은 덕 자체와 관계된다. 「마태복음」 제5장과 제19장, 그리고 복음서의 다른 많은 구절에서 분명히 나타난 것처럼 가난은 이런 조언에 속한다.

§ 14. 여기서부터 필연적으로 이 가난은 가난의 세 번째, 네 번째 의미에서[31] 자발적 가난이라는 결론이 나온다. 왜냐하면 『니코마코스 윤리학』 제2권과 제3권[32]에서 충분하고도 분명히 나타난 것처럼 선택 없이 덕이나 덕의 행위가 없으며, [의지의] 동의 없이 선택은 없기 때문이다.[33] 그것에 대한 확증은 「마태복음」 제5장에서 취해질 수 있으니, 여기서 그리스도는 "영적으로 가난한 자는 복이 있다"라고 말한다.[34] 여기서 그는 영을 의지나 동의로 이해했다. 물론 거룩한 교부들은 영을 오만으로 해석하기도 한다.

---

30 「누가복음」 6:20.

31 II, 12, 29-30.

32 아리스토텔레스, 『니코마코스 윤리학』 II, 1109b 30-32.

33 이것을 통해 가난은 자발적이 된다.

34 「마태복음」 5:3-4; 이에 대한 요하네스 크리소스토무스와 아우구스티누스의 주해; Thomas Aquinas, *Catena aurea*, vol. 11, p. 55에서의 해당 구절에 대한 주해 참조.

그러나 이것은 우리의 명제에 큰 의미가 없다. 왜냐하면 같은 구절에서 직접적으로 덧붙이기 때문이다. "온순한 자는 복이 있다." 이 구절의 해석이 어떠하든지 간에, 거룩한 교부들의 견해에 따르면, 이 사실은 의심할 여지가 없다. 그리스도가 말한 것처럼 가난이 하늘나라를 위해 보상받을 만하려면 일차적으로 일시적 재물의 외적 결핍이 되어서는 안 되고, 그런 재물을 그리스도를 위해 자발적으로 결핍하고자 하는 정신의 내적 하비투스가 되어야 한다.[35] 그러므로 바실리우스는 「누가복음」 제6장의 구절인 "가난한 자들은 복 있다"[36] 등에 대해 다음과 같이 말한다. "가난에 짓눌리는 모든 사람이 복이 있는 것은 아니다. 왜냐하면 대부분의 사람은 물질적으로 빈곤하고, 매우 탐욕스럽기 때문이다. 이것은 가난을 복된 것으로 만들지 않고 욕망이 그들을 저주한다. 왜냐하면 비자발적인 것은 복되게 만들지 않으니, 모든 덕은 자유 의지를 통해 표현되기 때문이다."[37] 그러므로 가난은 보상받을 만한 덕이며 따라서 자발적이다. 그러나 외적 결핍 자체는 덕이 아니다. 왜냐하면 마땅한 마음의 자세 없이는 구원하지 못하기 때문이다. 즉 어떤 사람이 억지로, 자기 의지에 반하여 결핍할 수 있지만, 그럼에도 지나친 욕구 때문에 저주받을 수 있기 때문이다. 사도는 여기에 대해 「고린도 후서」 제8장에서 이렇게 말했다. "선한 의지가 준비되어 있다면, 그는 그가 가진 것의 정도에 따라서 받아들여질 것이니", 즉 공로로 인정받을 만하다.[38]

§ 15. 일시적 물건에 대한 결핍의 선택은, 그것이 보상받을 만하려면 그리스도를 위해 내려져야 한다. 그러므로 진리는 「마태복음」 제19장에서

35　II, 12, 30-31.

36　「누가복음」 6:20.

37　Thomas Aquinas, *Catena aurea*, vol. 12, p. 70에서의 해당 구절에 대한 주해 참조.

38　「고린도 후서」 8:12.

"그리고 내 이름을 위해 집 등을 버린 모든 자"라고 말한다.[39] 여기에 대해 히에로니무스는 말한다. "구원자를 위해 육신적인 것을 버린 자는 영적인 것을 얻을 것이니, 그의 작은 공로에 비해 그것의 작은 수에 비해 백 배로 얻을 것이다." 그는 그 아래에 이렇게 덧붙인다. "그리스도에 대한 믿음에서 복음을 선포하기 위해 모든 욕망, 부와 세상의 기쁨을 멸시하는 자는 백 배를 받을 것이고 영원한 생명을 가질 것이다."[40]

§ 16. 또한 탐욕에 반대되는 것은 그 자체로 보상받을 만하므로 본질적으로 덕이다. 그리스도를 위한 자발적 가난이 그렇다. 왜냐하면 탐욕은 악덕이기 때문이다. 다음[41]에서 분명히 드러나는 것처럼 이 덕은 그 목적에서 관대함과 상이하고 사물의 관점에서[42] 보다 완전할지라도, 도덕적 관대함과 유사한 점이 있다.[43] 그렇기 때문에 양자를 같은 나눌 수 없는 종류[44]

---

39 「마태복음」 19:29.

40 Thomas Aquinas, *Catena aurea*, vol. 11, p. 228에서의 해당 구절에 대한 주해 참조.

41 II, 13, 22.

42 아리스토텔레스, 『니코마코스 윤리학』 II, 1106a 26ff. 아리스토텔레스는 덕에 대해 분석하는 이곳에서 중간 개념을 도입한다. "나는 사물의 중간을 양극단에서 똑같은 거리에 있는 점으로 이해한다." 사물에서 중간은 수학적 방법에 의한 중간이다(2와 10의 중간은 6). 이것은 절대적 중간이다. 반면에 우리와의 관계에서 중간은 본질적으로 상대적이다. 덕은 우리에게 있어 중간에 있다.

43 아리스토텔레스, 『니코마코스 윤리학』 IV, 1119b 21ff. 객관적 관대함은 탐욕과 낭비의 중간이다. 관대함은 많은 것을 내주지만 가난은 모든 것을 내준다. 혹은 관대함은 아무것도 주지 않는 탐욕과 모든 것을 내주는 가난 사이의 중간에 있다. 주관적 관점에서 우리에게서 관대한 자는 부를 가장 잘 사용하는, 즉 실제로 부를 받기보다는 선한 의도로 내주는 덕을 가진 자이다.

44 atoma species: 아리스토텔레스, 『분석론 후서』 II, 96a 20ff.에 의하면 궁극적인, 더 이상 나눌 수 없는 종을 의미한다. 마르실리우스에게서 아리스토텔레스가 분석한 관대함은 공로로 인정받을 만한 가난과의 유사성을 나타낸다. 왜냐하면 관대함은 재물을 잘 사용하는 것이기 때문이다. 그럼에도 불구하고 이 두 덕의 목적은 상이하다. 왜냐하면 공로로 인정받을 만한 가난의 경우 모든 종류의 일시적 사물을 결핍하는 것이기 때문이다. 결국 사물에 관계된 관점에서 가난이 그 자체로 중간적

에 집어넣을 수 없다.

§ 17. 여기서부터 분명히 드러난다. 보상받을 만한 가난은 덕이니, 그것
에 의해 어떤 사람이 그리스도를 위해 부라고 불리고 그에게 충분한 것에
불필요한 모든 일시적 사물을 갖지 않고 결핍하려고 하는 것이다.

§ 18. 그러므로 또한 분명히 드러나는 것은 이 덕이 하비투스나 어떤 사
람들이 그런 것으로 생각하는 듯한 사랑의 행위가 아니다.[45] 왜냐하면 가
난은 하비투스나, 실제적이거나 관습적인 신 증오와 처음부터 대립되는 행
위가 아니기 때문이다. 왜냐하면 그럴 경우에 여러 가지 것이 한 가지 것
에 처음부터 대립할 것이기 때문이다. 즉 모든 신학적 덕에 반대되는 악덕
이 사랑과 대립함에도 불구하고 그 때문에 사랑이 모든 신학적 덕은 아니
다. 왜냐하면 악덕은 사랑과 대립하지 않기 때문이다.[46]

인 것이 아니다. 그것은 탐욕과 낭비의 중간으로서의 관대함처럼 수학적으로 중간
이 아니다. 아리스토텔레스의 정의에 따라 그것은 같은, 나눌 수 없는 종류 안에 집
어넣을 수 없다. 마르실리우스에게서 가난은 대상과의 관계에서 중간의 관점에서
도덕적 관대함보다 완전한 종류이다. 왜냐하면 가난은 모든 일시적 사물의 완전한
결핍이기 때문이다. 이 견해가 아리스토텔레스의 이론과 일치할 수 있는가? 아리스
토텔레스에게서 가난은 덕이 아니다. 아리스토텔레스의 분석과 공로로 인정받을 만
한 가난 이론은 충분히 대조적이다. 자발적 결핍, 즉 아리스토텔레스의 언어로 한
극단과 관대함의 중간 사이에 공통점이 없다.

45 요한 22세의 교령 'Quia nonnumquam'에 대한 답변으로 도미니크 수도회 수도사
에르베 드 네들렉(Hervé de Nédellec)은 『그리스도와 사도들의 가난에 대하여』(De
paupertate Christi et apostolorum)에서 인간 존재를 완전하게 하는 주요 덕은 사
랑이라고 주장한다. 그에 따르면 가난은 두 가지로 간주할 수 있는데, 영혼의 준비
로서 혹은 외적 결과로서이다. 영혼의 준비로서 이해된 가난은 사랑과 동일하다. 그
리고 그런 것으로서 인간의 완전에 본질적이다. 그러나 외적 결과로서의 가난은 그
렇지 않으니, 그것이 인간 영혼에 본질적이지 않기 때문이다.

46 신 사랑으로 향함은 신 증오로부터 벗어남과 동일하다. 공로로 인정받을 만한 가난
은 사랑과 동일하지 않고, 사랑의 필연적 결과이다. 일시적 사물의 포기는 공로로
인정받을 만한 가난으로부터 비롯한다. 그러므로 공로로 인정받을 만한 가난은 신

§ 19. 여기에서 본성적으로 같은 덕에 의해 우리가 사랑 때문에 신을 향해 매진하고, 이것에 의해 우리가 일시적 사물에 대한 지나친 욕망으로부터 돌아서는 것이 덕이라고 말하는 주장은 방해가 되지 않는다. 마찬가지로 본질적으로 같은 운동을 통해 어떤 것이 목표에서 벗어나 반대로 향한다. 그러므로 우리가 사랑 자체에 의해 신을 향하므로, 다른 덕에 의해서는 일시적 사물에 대한 사랑에서 벗어나지는 않는 듯하다.[47]

§ 20. 우리가 이미 행한 진술에서부터 이 추론의 약점을 분명히 알 수 있다. 왜냐하면 우리는 사랑 때문에 우선 사랑에 의해 신을 향하지만, 우리는 사랑에 의해 먼저 그 반대에서부터 벗어난다. 이것이 신 증오이고, 일시적 사물에 대한 불법적 사랑은 아니다. 그럼에도 불구하고 때로 사랑에 포기가 뒤따른다.[48] 왜냐하면 본질적으로 우선 일시적인 것들의 자발적 포기인 덕스러운 가난이 사랑을 뒤따르기 때문이다. 필연적으로 그 반대로부터의 벗어남, 그러므로 일시적 사물에 대한 불법적 사랑으로부터 벗어남이 사랑을 뒤따른다. 논쟁자의 진술이 진실을 추론한다면, 그는 진실에서 이렇게 결론을 내릴 것이다. 사랑은 거의 모든 덕이니, 왜냐하면 사랑에 믿음과 희망처럼 대부분의 덕이 필연적으로 뒤따르기 때문이다.[49] 이를 통해 우리는 우선 스스로 이단과 절망에서 벗어난다.[50]

증오와 대립하지 않는다.

47 적대자의 논리적 오류는 신 사랑 — 신 증오; 신 사랑 — 세상 사랑의 대립을 뒤섞어 놓은 것이다.

48 Augustinus, *De moribus ecclesiae catholicae et de moribus Manichaeorum*, 25.

49 공로로 인정받을 만한 가난은 여러 등급으로 가능하다. a) 개인은 소유가 없고 그의 공동체만 소유가 있다(제25절). b) 개인은 소유가 있지만 그 용익이 없다(제32절). c) 어떤 가난한 자들만이 나머지를 얻는다(제28절). d) 가난은 모든 소유를 배제한다(제22절). 다만 일시적 필요를 위해 양식과 의복을 받는 것을 허용한다. 그리고 나머지를 궁핍한 자들을 위한 것으로 정한다(제28절).

50 제18~20절에서 마르실리우스는 요한 22세가 교령 'Ad conditorem canonum'에

§ 21. 또한 사랑은 서약에 들어가지 않으니, 그것은 명령이기 때문이다. 이미 언급한 가난, 특히 네 번째 의미의 가난이 서약에 들어간다.[51] 그러므로 사랑은 본질적으로 의지적 가난이 아니며 그 역(逆)도 아니다. 대부분의 신학적 덕처럼 가난이 사랑을 뒤따를지라도 말이다.

§ 22. 이 덕의 최고 형태 내지 종류는 그리스도를 위해 모든 법적, 획득된 점유권 내지 부라고 칭하는 일시적 재산을 강제적 권한을 가진 판관 앞에서 자기 것으로 주장하고, 다른 자들에게 금지하는 권한을 포기함으로써 자신의 재산 및 공동의 재산을 갖지 않고 결핍하려는 순례자의 분명한 서약이라고 나는 말한다. 서약을 통해 그는 개인적 재물뿐만 아니라 공동의 재물에 있어 현재의 충분한 삶을 위해 양적·질적으로 불필요한 모든 권한과 소유, 접촉 내지 사용 권한을 갖지 않고 결핍하려 한다. 그 재물들

서 진술한 다음 명제를 반박했다. "그리스도인의 삶의 완성은 일차적으로, 본질적으로 사랑에 있다. …… 일시적 사물의 멸시를 통해 이 사랑에 이르는 길이 놓인다." 요한 22세는 니콜라우스 3세의 명제를 수용하면서 작은 형제들의 재산 소유권을 로마교회에 귀속시켰으며, 소유의 이런 유보는 완전 상태를 위해 어떤 유익도 없다는 것을 입증하려 했다. 그러므로 그는 그리스도인의 삶의 완성을 사랑에 의해 다음과 같이 정의한다. "그리스도 삶의 완성은 일차적으로, 본질적으로 사랑에 있으므로 ……" 이 세상 재물의 멸시는 효과적으로 완성으로의 길을 열어준다. 따라서 재산 수용(收用)은 이런 관점에서 의미를 갖는다. 그러나 이런 수용을 요구하지 않는 다른 탁발수도회도 역시 완전에 도달한다. 완전성의 기초는 사랑이다. 이에 대한 마르실리우스의 반박은 사랑과 자발적 가난을 대립시키는 데에 있다. 신 사랑에 직접 대립하는 것은 신 증오이다. 사랑과 가난은 상이한 것이다. 사랑은 증오와 대립한다. 가난은 일시적 사물에 대한 과도한 사랑과 대립한다. 이 두 가지 대립에서 논리적 순서를 주의해야 한다. 그렇지 않을 경우 요한 22세가 빠진 것과 같은 논리적 오류에 빠진다. 모든 덕을 구별 없이 한 가지로 혼동할 위험 아래 논리적 순서를 주목해야 한다. 여러 가지 것이 하나와 대립할 수 없다. 전혀 다른 성격이 가난과 사랑을 구분한다. 가난은 덕이고, 사랑은 명령이다.

51 이 장(章) 전체는 서약 분석에 집중한다. 서약은 인간의 자발적 약속이며, 조언에 속하고 명령이 아니다. 서약은 자발적이다. 그러나 일단 서약을 선언하면 아무도 그것에서 해제될 수 없다.

이 합법적으로 아무리 많이 자신에게 속할지라도 그는 미래의 필요나 궁핍을 만족시키기 위해 자기 자신만을 위해 혹은 다른 사람이나 혹은 정해진 어떤 사람들과 함께 공동으로 갖고자 하지 않으며, 도리어 단 한 번의 필요를 위해, 즉 직접적으로 시급한 거의 순간적인 양식과 의복의 필요를 위해서만 갖기를 바란다. 그럼에도 불구하고 적어도 서약을 행한 자는 연속적으로 매일매일 자신을 위해 이미 언급한 필요, 그러나 여러 번의 필요가 아니라 다만 일회적 필요를 만족시킬 수 있는 만큼의 일시적 재물을 바랄 수 있는 자리와 시간, 그리고 처지 속에 있을 것이라는 조건 아래에서 그렇다. 이런 형태와 종류의 가난이 보상받을 만한 가난의 상태이니, 이것은 복음적 완전함에 필요한 것이다. 또한 우리는 이미 언급한 형태의 보상받을 만한 가난의 형태, 혹은 아무것도 세 번째 의미의 자기 것으로 갖지 않고 혹은 다른 사람과 함께 이것에 상반된 의미에서 공동으로[52] 갖지 않은 인간의 방식을 다음에 단축해 '최고의 가난'으로 칭할 것이고, 그렇게 살고자 하는 자를 신학자들의 관습에 따라 '완전한 자'라고 칭할 것이다.[53]

§ 23. 이미 언급한 형태의 보상받을 만한 가난이 다른 것들 중 최고라는 것[54]은 그것에 의해 그리스도의 모든 보상받을 만한 조언이 가장 충실하게 준수된다는 것을 통해 입증될 수 있다. 왜냐하면 첫째로 순례자가 버릴 수 있는 모든 일시적 사물을 서약을 통해 포기하고, 둘째로 신 사랑의

---

52 II, 12, 23-25.

53 마르실리우스에게서 가난의 본질은 자발적 포기이니, 이것에 의해 완전한 자는 그의 생존을 보장하는 공동체에 극단적으로 의존하는 상태에 놓인다. 다른 한편으로 '완전하다'라는 용어의 사용은 프란체스코 수도회 수도사들의 삶의 방식에 대한 요한 22세의 공격 때문에 야기된바, 재속 성직자들과(이들은 탁발 수도사들의 상태보다 완전하다는 주장에 분개하며 공격했다) 도미니크 수도회 및 프란체스코 수도회 사이의 논쟁에서 주요 주제였다.

54 제23~26절의 주제.

대부분의 장애는 그런 서약을 행하는 자를 위해 제거되고,[55] 셋째로 그들은 대부분의 세상적 고난과 모욕과 감수해야 할 불편에 내맡겨지고,[56] 넷째로 대부분의 세상적 쾌락과 허영을 자발적으로 박탈당하기 때문이다. 한마디로 말해 그리스도의 명령과 조언을 준수하기 위해 극도로 준비 자세를 취한다.[57] 그러나 이런 서약을 행한 자가 일시적 사물을 전적으로 그리고 모든 순례자에게 가능하고 허용된 것을 포기하는 것은 일순간적이다. 왜냐하면 그는 오로지 현재의 혹은 거의 현재적 필요의 만족을 위해서만 필요한 것 외에는 아무것도 가지려 하지 않기 때문이다. 그러나 덜 가지는 것은 신실한 순례자에게는 허용되지 않는다. 왜냐하면 그가 자신을 위해 삶의 유지를 위해 필요한 것보다 덜 가지려 한다면 그는 의도적으로 본질적으로 살인자이니, 이것은 적어도 신법에 따르면 허용되지 않는다.[58] 그러므로 일시적 사물을, 그보다 덜 가져서는 안 되는 정도로만 가지고자 하는 자는 그것의 최소치를 바라는 것이다. 그리고 일시적 사물을 그 이상 포기해서는 안 되는 만큼만 포기하는 자는 최고치를 포기하는 것이다. 그러나 이미 언급한 형태의 보상받을 만한 가난의 형태, 우리가 최고의 가난이라 표현한 형태에서 지상에서 행하는 자는 이렇게 행동하는 것이다. 이것이 그리스도의 조언에 상응하는 것은 분명하다. 왜냐하면 이 서약 때문에 그는 「누가복음」 제14장에서 이렇게 조언한다. "너희 중에서 그가 가진 모든 것을 포기하지 않는 자는 아무도 내 제자가 될 수 없다."[59]

---

55 제24절의 주제.
56 제25절의 주제.
57 제26절의 주제.
58 마르실리우스의 이 논리는 영성파의 대적자들, 특히 요한 22세가 옹호한 명제와 유사성을 보여 준다. 그 자신은 토마스 아퀴나스에게서 영감을 받았다. *Summa Theologica* IIa, IIae, q. 188, a. 7.
59 「누가복음」 14:33.

§24. 그가 신 사랑의 대부분의 장애물을 제거한다는 것은 분명하다. 왜냐하면 사랑과 일시적 재물을 유지하려는 의지는 인간을 그것들로 향하게 하고, 따라서 신에 대한 사랑 내지 기쁨에서 보다 멀어지게 하기 때문이다. 그러므로 진리는 「마태복음」 제6장에서 말한다. "네 보물이 있는 곳에 네 마음도 있다."[60] 이 물건을 가진 자는 그것들에 사랑을 기울이지 않는다고 말하는 변명은 의미가 없다. 왜냐하면 「마태복음」 제13장과 「마가복음」 제4장에서의 그리스도의 말씀을 들어라. "부의 거짓은 말씀을 질식시킨다."[61] 여기에 대해 히에로니무스는 주해한다. "부는 유혹적이니, 약속한 것과는 다르게 행한다."[62] 그러므로 「누가복음」 제18장에 의하면, 그리스도는 완전하게 되고자 하는 자에게 이런 말로써 일시적 재물을 절대적으로 포기하라고 조언한다. "네가 가진 모든 것을 팔아서 가난한 자들에게 주라."[63] 여기에 대해 베다 베네라빌리스(Beda Venerabilis 673~735)[64]는 설명한다. "그러므로 완전하게 되고자 하는 자는 그가 가진 것을 아나니아스와 삽비라가 행한 것처럼 일부가 아니라 전체를 팔아야 한다."[65] 같은 구절에 대해 테오필락투스는 주제에 속한 말을 덧붙인다. "그는 최고의 가난을 조언한다. 왜냐하면 일시적 사물 중 어떤 것이 남아 있다면 그는 그것의 노예이기 때문이다."[66] (보완하라. 그런 재물을 자신을 위해 보존하는 자.) 즉 이런 물건은 그것을 보존하는 자의 욕망을 과도하게 부추기도록 만들어졌기 때문이다. 라바누스 마우루스(Rabanus Maurus, 780~856)[67]는 「마태

---

60 「마태복음」 6:21.
61 「마태복음」 13:22; 「마가복음」 4:19.
62 Thomas Aquinas, *Catena aurea*, vol. 11, p. 169에서의 해당 구절에 대한 주해 참조.
63 「누가복음」 18:22.
64 잉글랜드 베네딕트회 수도사. 저서에 『영국 교회사』가 있다.
65 Thomas Aquinas, *Catena aurea*, vol. 12, p. 198에서의 해당 구절에 대한 주해 참조.
66 Thomas Aquinas, *Catena aurea*, vol. 12, p. 198에서의 해당 구절에 대한 주해 참조.
67 프랑크 제국의 베네딕트회 수도사, 마인츠 대주교.

복음」제19장[68]에 나오는 그리스도의 같은 진술에 대한 같은 견해에, 우리 주제에 밀접한 관련이 있는 말을 덧붙인다. "돈을 가지는 것과 돈을 사랑하는 것 사이에는 일정한 거리가 있다. 그러나 부를 갖지도 않고 사랑하지도 않는 것이 보다 안전하다." 왜냐하면 히에로니무스가 덧붙인 것처럼 "부를 멸시하기란 어렵다". 왜냐하면 토마스 아퀴나스가 「누가복음」제18장[69]에서 그리스도의 같은 조언에 대해 말한 것처럼 "그것은 아교보다 더 끈끈하기 때문이다".[70] 그러므로 순례자에게 가능하고 허용되는 한에서 부를 포기하는 자는 사랑에 대한 대부분의 장애를 제거한다.

§ 25. 그는 대부분의 세상적 고난과 모욕, 불편에 자신을 내맡겼으며, 대부분의 세상적 쾌락과 편안함을 자발적으로 자신에게서 박탈한다. 이것이 경험상 자명할지라도 현자는 「전도서」제10장에서 말한다. "모든 것이 금에게", 즉 돈을 가진 자에게 "복종한다".[71] 반대로 「잠언서」제15장에서 말하기를 "가난한 자들의 날은 언제나 불행하다".[72] 왜냐하면 이 구절에 대한 주해처럼 "가난한 자에게는 환란이 닥칠 것이기 때문이다".[73] 또한 같은 책 제19장에서 말한다. "부유하면 친구가 많아지고 궁핍하면 있던 벗도 떨어져 나간다."[74] 그러나 그리스도를 위해 이 세상에서 슬픔을 감수하고 쾌락을 절제하는 것은 보상받을 만하고 권고되었다는 것은 「마태복음」제5장[75]과 제19장, 「누가복음」제6장[76]에서 분명하게 나타난다. 여기서부

---

68 「마태복음」 19:24.

69 「누가복음」 18:25.

70 Thomas Aquinas, *Catena aurea*, vol. 11, p. 225에서의 해당 구절에 대한 주해 참조.

71 「전도서」 10:19.

72 「잠언서」 15:15.

73 이 구절에 대한 *Glossa ordinaria* 참조.

74 「잠언서」 19:4.

75 「마태복음」 5:3, 5, 10.

터 같은 장에서 열거되는 다른 것들과 함께 슬픔을 감수함에 대한 말씀이 유래한다. "가난한 자들은 복이 있다. 슬퍼하는 자는 복이 있다. 박해를 겪는 자는 복이 있다. 굶주리는 너희는 복이 있다." 편안함과 절제함에 대해서는 이렇게 말한다. 그 밖에 같은 곳에서 열거된 것과 함께 "집이나 형제를 버린 자는 백 배로 받을 것이고 영원한 생명을 얻을 것이다".[77] 거룩한 교부들의 주해는 이 구절에 대해 같은 견해를 표명하지만, 나는 지 면상 생략했다. 이 일은 충분히 알려져 있기 때문이다. 이것은 또한 「로마서」 제8장에서 사도의 견해이기도 하다. "나는 이 시대의 고난은 우리에게 나타날 미래의 영광에 비해 아무 가치도 없다고 생각한다."[78] 그러므로 이 세상의 역경은 그것을 자발적으로 견디는 자에게는 보상받을 만하다. 같은 생각이 「고린도 후서」 제1장에 있다. 즉 그는 이렇게 말한다. "여러분이 고난에 동참한 것처럼 위로에도 동참할 것이다."[79] 암브로시우스는 여기에 대해 다음과 같이 말했다.[80] "여러분의 고난과 대등한 영광이 보상으로 주어질 것이다." 즉 상응하여 주어질 것이다. 일시적 사물에 대한 점유권을 공동으로 가진 인간의 단체는 이 세상의 환란과 고난을 감수할 준비가 되어 있지 않다. 즉 그들은 자신의 물건을 때로는 갖지만 그런 것을 다만 공동으로 소유하는 자들보다도 충분한 삶을 위해 필요한 것을 더 자주 결핍한 세상의 결혼한 많은 가난한 자들보다도 그런 준비가 덜 되어 있다.[81]

---

76 「누가복음」 6:21.

77 「마태복음」 19:29.

78 「로마서」 8:18.

79 「고린도 후서」 1:7.

80 Petrus Lombardus, *Collect.*, in: MPL, 192, c. 11.

81 이 문장에서 마르실리우스는 도미니크 수도회의 수도사들을 염두에 둔 듯하다. 그 들은 재물을 공동으로 소유하고 가난에 대해 요한 22세의 견해에 가까운 보다 온 건한 입장을 가졌다. 또한 우리는 교황청과 도미니크 수도회 간 긴밀한 관계를 안다. 그들은 이단 박해에서 중요한 역할을 담당했다.

§ 26. 그런데 우리가 다른 것 중 최고의 형태라고 표현한 이 보상받을 만한 가난의 형태에 있어 그리스도의 모든 명령과 조언을 아주 잘 준수할 수 있다는 것은 복음서 구절들, 특히 인용된 장들을 섭렵하는 자에게는 분명해진다. 즉 이런 가난을 선택한 자가 어째서 탐욕스럽거나 오만할 수 있으며, 어째서 무절제하거나 자제하지 않고, 야심이 많고, 무자비하고, 어째서 불의하고, 소심하고, 사악하거나 시기하며 또한 왜 거짓말하고, 인내심이 없고, 이웃에 대해 악의적일 수 있겠는가? 오히려 이렇게 모든 덕을 위해 준비되어 있는 자에게는 모든 명령과 조언을 침착하게 성취할 수 있는 문이 열려 있는 듯하다.

§ 27. 그러므로 이것이, 우리가 앞에서 서술한 최고 형태 내지 종류의 보상받을 만한 가난이다. 왜냐하면 이에 따라서 그리스도의 모든 명령과 보상받을 만한 조언을 보다 분명하게, 보다 확실하게 준수할 수 있기 때문이다. 이 서술에서 분명히 드러나는 것은, 첫 번째로, 완전한 자는 일시적 사물의 점유에 관한 한 분명한 서약을 통해 포기해야 하니, 우리가 「누가복음」 제14장[82]에서 인용한 것처럼, 이것은 그리스도의 조언이기 때문이고, 또한 그가 이것으로써 자신의 가난을 알림으로써 다른 사람들의 눈에 자신을 보다 경멸할 만하게 만들고, 보다 세상적 명예에서 벗어나기 때문이다. 그러므로 「누가복음」 제9장에서 말한다. "누구든지 나를 따르고자 하는 자는 자기 자신을 부인해야 한다."[83] 여기서부터 또한 다음을 추론할 수 있다. 그 누구도 이성을 완전히 사용하기 전에는 최고의 가난을 준수할 수 없다.[84] 이 서술에서 또한 추론할 수 있다. 완전한 자는 자신을 위해, 자신의 미래의 필요를 만족시키기 위해서, 직접적인, 거의 현재적 필요를 제

---

82 「누가복음」 14:33.
83 「누가복음」 9:23.
84 교회법상 수도원 서약을 할 수 있는 연령은 15세였다.

외하고는, 적어도 우리가 이전에 서술 중에 언급한 경우를 제외하고는, 아무것도 가지거나 혹은 획득하거나 보관해서는 안 된다. 그러므로 「마태복음」 제7장에서 말한다. "그러므로 내일에 대해 걱정하지 말라. 왜냐하면 내일 걱정은 내일이 할 것이기 때문이다."[85] 여기에 대해 주해는 말한다. "내일에 대해, 즉 미래에 대해, 현재에 대해서 그는 용인한다. 신적 질서가 염려하는 미래에 대해서 우리가 염려하는 것은 합당하지 않고, 우리는 현재의 일을 감사히 수용하면서, 불확실한 미래의 일에 대한 염려는 신에게 맡겨야 한다. 우리를 위해 염려함은 신의 일이다."[86] 같은 말이 같은 제7장[87]에 있으니, 그리스도는 제자들에게 말했다. "하늘 아래 새를 보라. 그들은 씨 뿌리지도 않고, 거두지도 않고, 창고에 모으지도 않는다. 그러면 하늘 아버지가 그들을 먹인다." 그리고 조금 아래 덧붙인다. "그러므로 너희들은 염려하며 무엇을 먹을까, 무엇을 마실까, 무엇을 입을까? 하고 말하지 말라. 왜냐하면 이교도들이 이 모든 것을 찾기 때문이다."

§ 28. 그런데 완전한 자에게는, 우리는 자신을 위해 내일에 대해 뭔가를 보관하는 것은 허용되지 않는다고 말했다. 여기서 우리는 물론 이 문장을 이렇게 이해하지 않는다. 즉 매일 허용되는 벌이에서 그에게 떨어지는 것 중에서 남은 것이 있다면, 그는 이것을 버려야 하고 결코 보관해서는 안 된다. 도리어 그는 모든 가난한 자들이나 자신과 만나는 가난한 자들, 혹은 그 자신보다 그것을 필요로 하는 가난한 자들에게 남은 것을 선사하고 분배하기로 (이것이 완전한 자에게 적절하다) 확고히 계획하지 않는 한, 자신을 위해 보관해서는 안 된다. 그러므로 그리스도는 「누가복음」 제3장에서 말한다. "겉옷 두 벌을 가진 자는 없는 자에게 그것을 주고, 음식을 가진 자

---

85 마르실리우스가 '제6장'을 '제7장'으로 착각한 듯하다. 「마태복음」 6:34 참조.
86 이 구절에 대한 *Glossa ordinaria* 참조.
87 인용은 부정확하다. 「마태복음」 6:26, 31-32 참조.

도 똑같이 하라." 여기서 그는 두 벌의 옷과 음식을 현재의 자신의 필요를 만족시키는 것에서 남은 것 혹은 그 일부로 이해한다. 그러나 남은 것은 모든 가난한 자에게 주어야 한다고 말했다. 왜냐하면 수도사들[88]과 참사회원들[89] 및 유사한 자들처럼 어떤 일정한 사람들을 위해서만 보관하거나 소유한 공동체는 완전한 공동체가 아니기 때문이다. 즉 그리스도와 사도들의 공동체처럼 완전한 공동체는, 「사도행전」 제4장[90]에서 나타난 것처럼 모든 신자에게 확대된다. 경우에 따라 불신자에게 확대된다면 아마도 그것은 「누가복음」 제6장[91]에 따라 보다 보상받을 만하다. 너희를 미워하는 자에게 선을 행하라.[92] 그런데 완전한 자는 합법적으로 남은 것을 보관할 수 있고 보관해야 하는데, 단 우리가 언급한 확고한 의도와 계획을 가지고 해야 한다. 그러므로 「요한복음」 제6장에서 말한다. "그것들이 없어지지 않도록 남은 빵 부스러기를 모아라. 그러자 그들이 모으니 12바구니를 빵 부스러기로 채웠다."[93] 「마태복음」 제18장[94]에 대한 주해도 이렇다. "저 은전을

---

88 예를 들어 도미니크회 수도사들은 공동 재산을 포기하지 않았다.

89 canonicus: 일정한 규율에 따라서 집단생활을 하며 물건을 공유하는 재속 성직자들.

90 「사도행전」 4:32/34-35.

91 「누가복음」 6:27.

92 여기에서 정의한 완전한 공동체와 제1권에서 아리스토텔레스의 『정치학』에서 영감을 받은 정의(I, 4, 1) 사이에는 현저한 차이가 있다. 그리스도와 사도들의 공동체가 완전한 이유는 아무것도 소유하지 않기 때문이다. 반면에 완전한 공동체에서 목표를 이루는 것은 충족된 삶(vita sufficiens)이다. 'sufficientia'(물질적인 면에서뿐만 아니라 영혼의 활동 수준에서 자족적이고 충만함)의 의미가 무엇이든지 간에, 그것은 인간의 충분한 유지에 필요한 모든 것을 나타낸다. 세속적 도시국가 수준에서 가장 완전한 인간은 군주이다. 반면에 복음적 가난의 수준에서 관점은 전도된다. 즉 완전함 내지 공로로 인정받을 만한 가난을 실천하는 자의 완전한 상태는 군주와는 정반대이다.

93 「요한복음」 6:12-13.

94 마르실리우스는 여기서 '제17장'을 '제18장'으로 착각한 듯하다. 오히려 「마태복음」 17:27 참조.

취하면서" 등의 주해는 말한다. "주님은 가난해서 세금을 지불할 돈이 없었다. 유다는 공동의 물건을 돈궤에 가지고 있었다. 그러나 가난한 자들의 물건을 자신들의 용도로 전환하는 것은 불법이라고 그는 말했다." 보관한 물건은 가난한 자들의 것, 즉 이런 의도에서 보관되었다는 것에 주목을 하라.[95]

§ 29. 여기서부터 가난한 자나 병든 자, 혹은 충분한 물자를 구할 능력이 없는 자들에게 분배하기 위해 어떤 것도 받지 않는다는 서약이 완전함에 해당한다고 주장하는 자는 오류에 빠진 것이 분명하다.[96] 왜냐하면 사도는 이런 돈벌이를 행했으니 「고린도 후서」 제8장과 제9장[97]에서 분명히 드러난 것처럼 의심할 여지 없이 합법적으로 보상받을 만하게 행했다. 또한 「요한복음」 제21장[98]의 저 말씀 "내 양들을 먹여라" 등에 대한 주해[99]에서도 분명히 드러난다. 사실이 명백하니 진술을 단축하기 위해 이 구절을

---

95 마르실리우스가 그들의 삶의 어느 순간에 그리스도와 사도들이 물건을 공유했다는 것을 인정한다면, 그들은 점유한 것이 아니라 기껏해야 단순히 사용했을 뿐이다. 왜냐하면 돈궤에 들어 있는 돈은 가난한 자들의 것이기 때문이다. 돈궤의 논리는 프란체스코회의 적대자들이 자주 사용한 것 중 하나이다. 즉 그들은 그리스도와 사도들이 적어도 공동으로 점유했다고 주장한다. 성서의 증언에 따르면, 유다가 돈궤를 맡았기 때문이다. 이에 반해 윌리엄 오컴이 참석한 프란체스코회의 페루자 총회(1322년)의 서신에 따르면, 그리스도와 사도들은 돈궤를 가졌다. 그러나 이 소유를 다음 방식으로 이해할 수 있다. 즉 사도들은 자신들을 위해 돈궤를 사용할 뿐만 아니라 다른 자들을 위해 분배하였다.

96 토마스 아퀴나스는 가난이 완전함을 위해 필수적인가의 문제를 제기하면서 자발적 가난은 자선을 베푸는 일을 배제한다고 확정했다. 왜냐하면 가난은 모든 소유의 포기를 의미하기 때문이다. 그는 보편자가 특수자와, 번제가 희생과 대비되듯이, 사유재산의 거부는 자선을 베푸는 것과 대비된다고 결론을 내린다. Thomas Aquinas, *Summa Theologica* IIa, IIae, q. 86, a. 3, 6 참조.

97 예루살렘 교회의 가난한 자들을 위한 모금 활동을 지시.

98 「요한복음」 21:15-17.

99 「요한복음」 21:15-17에 대한 *Glossa ordinaria*; Thomas Aquinas, *Catena aurea*, vol. 12, p. 462에서의 해당 구절에 대한 주해 참조.

생략한다.

§ 30. 앞에서 언급한 서술에서 필연적으로 다음이 추론된다. 즉 완전한 자는 자기 권한에 있는 집이나 밭 같은 부동산을 가능한 한 우선적으로 매각하거나 돈이나 가난한 자들에게 편리하게 직접 분배할 수 있는 다른 물건으로 교환하려는 확고한 계획이 없는 한, 보존하거나 유지해서는 안 되고, 보존하거나 유지할 수 없다.[100] 왜냐하면 집이나 밭을 쉽사리 가난한 자들에게 직접 분배할 수 없으니, 그런 일에 있어 과다함이나 부족함 때문에 실수할 수 있기 때문이다. 그런 경우에 그리스도의 조언을 주목해야 한다. 즉 그는 「마태복음」 제19장, 「누가복음」 제18장, 「마가복음」 제10장[101] 에서 말했다. "가서 팔아라." 그는 네가 가진 모든 것을 가난한 자들에게 주라고 말하지 않았고, 또한 네가 가진 모든 것을 썩게 내버려두라고 말하지도 않았다. 도리어 가서 팔라고 말했다. 왜냐하면 매각을 통해 분배가 보다 용이해질 수 있기 때문이다. 사도들도 그렇게 행하라고 조언했으며, 이 조언을 받은 자들도 가난한 자들에게 그들의 소유를 쉽게 분배하고자 했을 때 그렇게 행했다. 그러므로 「사도행전」 제4장에서 이렇게 말한다. "밭과 집의 소유자였던 모든 사람은 그것을 팔아 그 대금을 바쳤다. 그것은 각자에게 필요한 만큼 분배되었다."[102]

§ 31. 이미 말한 것에서 다음이 분명히 드러난다. 우리가 이전에 「마태복음」 제5장과 「누가복음」 제6장에서 입증한 것처럼 일시적 사물에 대한 획득된 점유(이미 언급한 첫 번째, 두 번째, 세 번째 의미의 점유[103])는 완전한 자에

---

100 교황 특사를 통한 부동산의 취득에 대해서는 교령 'Exiit qui seminat' 참조.
101 「마태복음」 19:21; 「누가복음」 18:22; 「마가복음」 10:21.
102 「사도행전」 4:34-35.
103 II, 12, 13-15 참조.

게 부합할 수 없다. 우리는 「고린도 전서」 제6장의 사도의 말을 통해 같은 사실을 확증했다. 또한 우리는 같은 것을 아우구스티누스와 그 주해를 통해 충분하고도 분명히 밝혔다.[104] 사실이 분명하기 때문에 진술을 단축하기 위해 우리는 이 구절을 인용하는 것을 생략했다.

§ 32. 완전한 자들이 부동산에서 나오는 연간 수입을 가난한 자들에게 분배하기 위해 부동산을 합법적으로 보유할 수 있다고 주장하는 자들의 말에 귀를 기울여서는 안 된다. 왜냐하면 그리스도에 대한 사랑과 이웃에 대한 자비 때문에 물건과 수입을 동시에 가난한 자들에게 분배하는 것이, 이 중 한 가지만 나누어주는 것보다 칭찬받을 만하며, 또한 물건에서 나오는 수입을 분배하는 것보다 물건을 분배하는 것이 칭찬할 만하기 때문이다. 왜냐하면 미래의 수입 이전에 어쩌면 궁핍 때문에 질병이나 죽음, 간음, 절도, 그 밖의 부적절한 일을 자행할 수 있는 가난한 자들을 보다 많이 도울 수 있기 때문이다. 또한 그것을 보관했으며 그것으로부터 보상받을 수 있는 공로를 행하지 않은 자가 사물로부터 나오는 미래의 수입 이전에 죽을 수도 있기 때문이다. 다른 자들과 함께 유보할 경우에도 유사하게 그것을 점유한 자의 욕망을 과도하게 자극하도록 만들어진 모든 동산에 대해서도 비슷하게 숙고해야 한다. 그럼에도 불구하고 이 덕[105]을 사랑이라고 믿는다면, (어떤 사람들이 생각하는 듯 보이는 것처럼)[106] 의심할 여지 없이 이전의 숙고에서 분명한 것처럼 최고의 가난과 결부된 이 형태의 사랑은 일시적 사물에 대한 점유권을 개인적 혹은 공동으로 가지는 것보다 완전하다.

---

104 II, 13, 5-7 참조.
105 즉 보상받을 만한 가난.
106 앞의 제18절 첫 문장 참조.

§ 33. 이제 우리는 중심 주제에 접근해[107] 순례자 그리스도는 최고 형태 내지 방식으로 보상받을 만한 가난을 지켰음을 지시하고자 한다.[108] 왜냐

---

107 이 긴 장(章)을 대략적으로 요약하자면, 마르실리우스는 가난, 부, 점유의 주요한 의미를 확립한 후에 가난을 덕으로 정의했으며, 그다음으로 보상받을 만한 덕으로 정의했다. 왜냐하면 가난은 서약의 결과이고 모든 (부동산뿐만 아니라 동산에 대한) 점유를 포기해야 하는 완전한 자의 주요 특징이기 때문이다. 그는 영성파들처럼 이것을 최고의 가난이라고 부른다. 이 장의 마지막 부분에서 그는 그리스도는 지금 확립된 의미에서 완전한 자였음을 입증할 것이고, 프란체스코회의 명제들을 약화시키기 위해 적대자들이 인용한 성서 구절에 대한 해석을 반박할 것이다.

108 이것은 영성파의 본질적 이론이다. 그리스도는 최고의 가난 상태에 부합해 살았고 아무것도 공동으로나 개인적으로 소유하지 않았다. 반면에 요한 22세에 따르면 (1323년 11월의 교령 'Cum inter nonnullos'), 이 명제는 절대적으로 이단적이니 성서와 모순되기 때문이다. 1322년 페루자에서 모인 영성파 총회의 서신에 따르면, 그리스도와 사도들은 아무것도 공동으로나 개인적으로 소유하지 않았다. 그리스도와 사도들이 아무것도 소유하지 않았다고 말하는 것은 그들이 최고의, 가장 완전한 가난을 지켰다고 말하는 것이다. 그리스도와 사도들이 소유자의 태도를 취했음을 말하는 것처럼 보이는 성서 구절에 대해 총회는 이런 유형의 태도 대신에 순수한 관리 행위로 해석한다. 베르가모의 보나그라티아의 『항변』(1323년 6월)에서 같은 명제를 반복하지만, 전임 교황들(그레고리우스 9세, 니콜라우스 3세, 클레멘스 5세, 그레고리우스 10세 등)에게서 그 근거를 취한다. 이후에 윌리엄 오컴은 그의 『요한 반박 논설』에서 교령 'Cum inter nonnullos'의 명제들, 특히 그리스도와 사도들이 소유하지도 않은 물건을 사용했다면 이 사용은 정당하지 않으며, 그리스도와 사도들에 대해 이렇게 단언하는 것은 불경건하다는 것을 입증하려 한 교황의 논리를 비판했다. 체제나의 미켈레는 같은 명제를 그의 『요한 22세의 오류 반박 논설』(Tractatus contra errores Johannis XXII)에서 다시 수용했다. 그는 요한 22세의 교령 'Quia vir reprobus'에 포함된 명제들을 비판했다. 여기서 교황은 이렇게 주장했다. "성서는 여러 구절에서 그리스도가 가난했고 궁핍했다고 증언한다는 주장에 대해 이렇게 말해야 한다. 즉 주님의 무소유가 그를 가난하고 궁핍하게 만든 것이 아니라 차라리 그가 그것의 주인이 되었던 사물들의 열매와 수입을 받지 않음이 그를 그렇게 만든 것이다. 왜냐하면 영원히 모든 편리한 사물을 받음에서 분리된 순전한 점유는 가진 자를 부유하게 만들지 못하기 때문이니, 그렇게 간주하는 것은 무익하다. 그러므로 이런 점유를 가지는 자는 궁핍하고 가난하다고 당연히 간주된다." 그러나 미켈레는 이 논리에 대해 다음과 같이 답변한다. "네가 완전하고자 하면, 가서 네가 가진 모든 것을 팔아서 가난한 자들에게 주라는 구원자의 말에서부터 분명히 나타난 사실은, 복음적 완전함을 위해 일시적인 사물의 열매와 수입뿐만 아니라 일시적인 사물의 점유에 대한 포기도 필요하다." 교황의 주장처럼 그리스도가 세속적인 것에 있어 참된 왕이요 주라면,

하면 첫 번째로 이것이 모든 관점에서 가장 큰 것이기 때문이다. 그리스도 는 새로운 법 아래서, 영원한 생명을 받을 자격이 있는 순례자 중 첫 번째 사람이다. 그러므로 완전함에서 다른 자들보다 위대했다. 그러므로 그는 일시적 사물에 대해 이런 상태를 지켰다. 왜냐하면 일반적 법에 따르면, 이 상태 없이는 최고의 공로에 도달하기란 불가능하기 때문이다. 두 번째로 그가 이 형태의 가난을 지키지 않았다면 다른 순례자가 있었을 것이며, 일 반적 법에 따르면 공로에 있어 그리스도보다 완전한 자가 있었거나 있을 수 있다. 이렇게 믿는 것은 부당할 것이다. 왜냐하면 이것은 공로의 완전함 에 필요하다고 그리스도가 보장했기 때문이다. 그는 앞에 인용한 구절에 서 말했다. "네가 완전하고자 한다면, 네가 무엇을 가졌든지 모든 것을 팔 아서 가난한 자들에게 주어라." 그리고 그는 사적인 것이나 공동 소유란 말을 덧붙이지 않았고 도리어 그는 이 명령을 보편적으로 이해했고, 그러 므로 또한 모든 보편적인 것을 이중적으로 표현했다. "무엇을 가졌든지 모 든 것." 왜냐하면 다른 한 사람이나 여러 사람과 공동으로 일시적 사물에 대한 점유나 유보권을 언급한 정도를 넘어서 가진 자는 일시적 사물에 대 한 모든 가능한 것을 포기하지 않은 것이고, 세상의 수많은 고난에 내맡겨 지지 않거나 일시적 사물을 이중적 형태로 포기하는 자처럼 많은 편안함 을 빼앗기지 않은 것이고, 또한 이렇게 그것에 대한 염려에서 벗어나지 않 은 것이며, 모든 관점에서 포기한 자처럼 그리스도의 모든 조언을 지키지 않는 것이기 때문이다.

그는 스스로 가난에 관한 자신의 조언을 따르지 않았다는 결과가 나온다. 이것 은 거짓이다. 그리스도는 진정으로 가난했고 모든 점유를 포기했다. 요한 22세의 'Cum inter nonnullos'는 이 모든 논쟁의 결과물이다. 마르실리우스는 그의 글에 서 (특히 제2권 제14장 도처에서) 이 교령에 대한 찬반양론을 여러 차례 구사했 다. 그리스도의 최고의 가난 문제는 요한 22세의 1324년 11월 10일의 교령 'Quia quorundam'에서 다시 제기되었는데, 그는 그리스도와 사도들이 아무것도 소유 하지 않았다고 주장하는 자들을 이단으로 간주한다고 결론을 내렸다. Quillet, p. 310, 각주 68 참조.

§ 34. 이다음으로, 그리스도는 최고의 가난을 지켰음에도 불구하고, 어떤 것을 개인적으로, 또한 다른 사람과 함께 공동으로 가졌다는 것을 지시하고자 한다. 「마가복음」 제2장[109]의 기록에 따라 세 번째 의미[110]에서의 자신의 것으로서, "그를 따르는 사람들이 많았다. 서기관과 바리새인들은 그가 세리들, 죄인들과 함께 식사하는 것을 보았다". 확실한 것은 그는 합법적으로, 그리고 그가 입으로 가져가서 먹은 것을 자신의 것으로서 개인적으로 가졌다는 것이다. 또한 「마태복음」 제27장, 「마가복음」 제15장, 「누가복음」 제23장, 「요한복음」 제19장에 충분히 나타난 것처럼 그는 의복도 자신의 것으로서 개인적으로 가졌다. 그러므로 위에 인용한 「마태복음」의 구절[111]에는 이렇게 기록되어 있다. "그들은 그의 외투를 벗겼고 그에게 자신의 옷을 입혔다." 또한 앞에 인용한 「요한복음」 구절에서는 "군인들이 그를 십자가에 매달았을 때, 그의 옷을 취했다".[112] 「마가복음」과 「누가복음」[113]에서도 그렇다. 그러나 진술을 단축하기 위해 그 문구를 생략한다. 그러므로 그리스도는 최고의 가난을 지켰음에도 불구하고 일시적 사물을 합법적으로 정당하게 자기 것으로 가졌고, 이런 가난을 갖기를 원했으며, 원해야 했다. 그렇지 않다면 그는 죽을죄를 범할 것이었으니, 왜냐하면 「마태복음」 제21장과 「마가복음」 제18장[114]에 나타난 것처럼 참된 인간으로서 굶주렸을 것이고 음식을 필요로 했기 때문이다. 그가 음식을 취할 수 있으면서도 음식을 취하지 않는다면, 굶주림에 의해 고의적으로 자기 목숨을 빼앗음으로써 중죄를 범했을 것이다.[115]

---

109 「마가복음」 2:15-16.

110 II, 12, 23.

111 「마태복음」 27:31.

112 「요한복음」 19:23.

113 「마가복음」 15:20; 「누가복음」 23:34.

114 「마태복음」 21:18; 「마가복음」 11:12.

§ 35. 또한 그리스도는 최고의 가난을 지키면서도 다른 자들과 공동으로 합법적으로 뭔가를 가졌다. 그러므로 「요한복음」 제12장[116]에서 말한다. "유다가 이것을 말한 이유는, 그에게 가난한 자들이 중요했기 때문이 아니라 그가 도둑이었고 돈궤를 가졌기 때문이다." 즉 이 돈궤는 그리스도와 사도들과 다른 가난한 자들을 위한 공동의 것이었다. 「마태복음」 제14장[117]에 충분히 나타난 것처럼 돈궤는 그리스도가 이것으로부터 굶주린 빈자의 무리에게 나누어주도록 지시한 데서 명백하다. 돈궤는, 그에게 주어진 자선금을 보관했던 상자였다. 「요한복음」 제14장에도 같은 구절이 있다. "어떤 자들은 유다가 돈궤를 가졌다고 생각했다."[118] 「마태복음」 제18장의 "이 은전을 취하여" 등에 대한 주해도 같은 해석을 한다. "유다는 공금을 돈궤에 가지고 있었다."[119] 또한 사도들도 그리스도의 부활 이후에 최고의 가난을 지키면서 서로 간에, 그리고 다른 가난한 자들과 공동으로 물건을 가졌다. 그러므로 「사도행전」 제4장에서는 다음과 같이 말한다. "그들은 모든 것을 공동으로 가졌다."[120] 그들은 개인적 물건을 비슷하게 가졌으니, 즉 그리스도처럼 그들이 개인적으로 사용한 양식과 옷을 가졌다.[121]

---

115 이것은 프란체스코회의 적대자들의 논리 중 하나로 토마스 아퀴나스에 의해 영감을 받았다. 미래를 고려해 일시적 사물을 염려하는 것은 정당하다. 우선 신과 대면할 경우, 그다음으로 인간이 먹지 않으면 존재하지 못하기 때문이다. 토마스 아퀴나스의 주장은 빵이나 포도주 같은 자연적 재화로 만족해야 한다는 것이다. Thomas Aquinas, *Summa Theologica* IIa-II, q. 188, a. 7, ad secund. 참조.

116 「요한복음」 12:6.

117 「마태복음」 14:14-19.

118 마르실리우스가 '제13장'을 '제14장'으로 착각한 듯하다. 「요한복음」 13:29 참조.

119 마르실리우스가 '제17장'을 '제18장'으로 착각한 듯하다. 「마태복음」 17:26에 대한 *Glossa ordinaria* 참조.

120 「사도행전」 4:32.

121 마르실리우스는 여기서 영성파의 적대자들이 그리스도의 소유를 옹호하면서 자주 사용한 논거 중 하나, 즉 그리스도와 사도들이 돈궤를 가졌다고 말하는 성서 구절에서 도출한 논거를 설명한다. 요한 22세에 의해 자문을 받은 일부 추기경은 이 논

§ 36. 그다음으로 나는 이 장과 앞의 장, 그리고 바로 다음에 오는 장에서 그 중요한 의도로서 그리스도는 순례자로서 최고의 완전을 특별히 보여 주면서 일시적 사물 및 그 사용에 대하여 첫 번째, 두 번째, 세 번째 의미에서[122] 획득한 점유를 —개인적으로나 다른 사람과 공동으로나— 갖지 않았음을 필연적으로 추론하고자 한다. 왜냐하면 그가 이런 점유를 자신을 위해 주장함으로써 모든 조언을, 그리고 무엇보다도 순례자에게 가능한 최고의 가난을 지키지 않은 것이기 때문이다. 그리스도는 순례자 중 가장 완전하게 이 조언을 따랐다. 그러므로 그리스도는 일시적 사물에 대한 이런 점유를 갖지 않았고, 또한 「누가복음」 제14장[123]에서처럼 성서가 종종 '소유'라고 칭한 것을 가지려고 하지 않았다. "자신이 가진 모든 것을 포기하지 않는 자." 또한 「마태복음」 제10장에서도 말한다. "너희들은 금이나 은이나 동전을 너희 허리띠에 가져서는 안 된다."[124] 즉 아마도 합법적일 경우에, 즉 우리가 이전에 언급한 의도와 필요한 경우, 예를 들어 바울처럼 능력 없는 가난한 자들을 위해, 혹은 시간이나 장소나 상황이 긴급한 경우를 제외하고, 너희들은 그것을 보관해서는 안 된다. 이에 대해서는 그다음 장[125]에서 보다 분명히 드러난다. 그러나 앞에서 언급한 경우에도 이미 언급한 점유를 가지는 것은 최고의 가난한 자에게는 허용되지 않는다. 왜냐하면 이런 점유는 필연적으로 최고의 가난에 관한 그리스도의 조언 준수를 배제하기 때문이다. 그러므로 그리스도는 일시적 사물에 대해 이미 언급한 점유를 갖지 않았고 그를 모방하는 자, 즉 최고의 가난을 준수하고자 하는 자는 그것을 가질 수 없다.

거를 사용했다.

122 II, 12, 13-15.
123 「누가복음」 14:33.
124 「마태복음」 10:9.
125 II, 14, 16.

§ 37. 이상의 진술로부터 그리스도가 약한 자들에게 자신을 낮추었을지라도 일시적 사물에 대해 이미 언급한 점유 내지 소유를 자기 것으로 혹은 다른 자들과 공동으로 가졌다는 것은 성서로부터 입증할 수 없다고 말한다. 어떤 거룩한 교부들이 그렇게 생각했다고 믿을지라도 말이다.[126] 왜

126　요한 22세의 교령 'Quia quorundam', c. 17, C. 12, qu. 1에서 약한 자들을 위해 그리스도가 자신을 낮춤에 관해 아우구스티누스를 원용한다. 여기에 영성파의 적대자들이 주장하는바, 그리스도의 소유를 옹호하는 논거 중 하나가 있다. 그리스도는 인간 존재를 위해 자신을 낮추었고, 인간 가운데 가장 약한 자 중 한 사람으로서 죄인의 인간적 조건을 수용함으로써 개인적으로, 공동으로 소유해야 했기 때문이다. 요한 22세는 최고의 가난을 옹호하는 바이에른의 루트비히에 대항해 영성파들이 니콜라우스 3세의 교령 'Exiit qui seminat'를 해석한 것을 거부했다. 요한 22세에 의하면, 니콜라우스 3세는 "그리스도와 사도들의 생계는 오로지 물질의 단순한, 순전한, 사실적 사용에 있었다"(sustentationem Christi et Apostolorum ejus in solo et nudu, et simplici consistere usu facti)라고 말하지 않았다. 반대로 그는 그리스도와 사도들이 공동으로 소유했음을 인정했다. 특히 그리스도의 행위는 언제나 완전했을지라도 때로는 약자들의 불완전함에 자신을 낮춤으로써, 완전의 길에서 벗어날 뿐만 아니라 약자들의 약함의 좁은 길을 저주하지 않았음을 인정할 수 있다. 그리스도가 이 약한 인간 존재로 자신을 낮춘 한에서 그는 돈궤를 소유했으며, 이 경우에 소유의 명목으로 돈궤를 갖지 않았다고 믿는 것은 불손한 것이다. 이런 논리에 대항해 체제나의 미켈레는 『총회장의 항변』(Appellatio generalis Ministri, 1328)에서 다음과 같이 말한다. "이단적 주장임을 변명할 수 없다. 왜냐하면 그 자신이 언급한 교령 'Quia quorundam'에서 그리스도도 점유에 관한 한 약자들에게 자신을 낮춤으로써 돈궤를 가졌다고 말했기 때문이다." 미켈레에 따르면, 그리스도는 자기 물건을 갖기 위해 양자 사이의 존재로 자신을 낮춘 것이 아니다. 그는 그 해석을 반박하기 위해 요한 22세가 사용한 아우구스티누스의 다음 텍스트를 인용했다. "주님은 신자들로부터 받은 헌금을 보관하는 돈궤를 가졌고 자신의 필요와 다른 궁핍한 사람들을 위해 지급했으니, 당시 처음으로 교회 기금 형식이 제정되었다"(Habebat Dominus loculos a fidelibus oblati conservans et suis necessitatibus et aliis indigentiis tribuebat, tunc primum Ecclesiae pecuniae forma instituta est)(Decretum, Causa II, quaest. I, c. 17). 그러나 프란체스코회 총회장은 이 말에 대해 그리스도는 가난한 자들에게 베푸는 자인 것으로 이해했다. 그는 아우구스티누스의 또 다른 텍스트를 다음과 같이 인용했다. "이 물질들은 우리 것이 아니라 가난한 자들의 것이다. 우리는 그 물질들을 관리하며, 저주받을 횡령에 의해 우리 것으로 주장하지 않는다"(illae res nostrae on sunt, sed pauperum, quorum procurationem gerimus, non proprietatem nobis in usurpatione damnabili vendicamus). Decretum, 23 qu. 7, C.

냐하면 유사한 논리로 그가 그런 것을 행하는 자들의 신분을 저주한 것처럼 보이지 않기 위해 모든 허용된 것을 행했다고 추론할 수 있기 때문이다. 그러므로 그는 세속적 통치나 송사에서 세상 재판을 받아들였을 것이고 행했을 것이다. 그러나 이 역(逆)이 이 권의 제4장에서 반박될 수 없게끔 입증되었다. 그렇다면 그는 또한 혼인을 받아들였을 것이고, 강제권한을 가진 판관 앞에서 재판 행위를, 그러므로 나머지 모든 허용된 것을 행했을 것이다. 그러나 그리스도가 이런 것을 수행했다는 것을 누구도 성서에서 입증할 수 없으며, 오히려 그 반대를 입증할 수 있다. 왜냐하면 그가 이런 일을 행하는, '약자'라고 불리는 자들의 신분을 저주하는 것처럼 보이지 않기 위해 이런 것을 행하는 것은 필요하지도 적절하지도 않기 때문이다. 왜냐하면 다음과 같이 추론해서는 안 되기 때문이다. 즉 그리스도는 결혼하지 않았다. 그래서 그는 혼인한 자들의 신분을 저주했던 것처럼 보이며, 다른 사례도 이와 유사했다. 왜냐하면 그 자신은 그것을 실행하거나 간과하는 것이 구원에 필요한 명령 내지 금지, 그리고 구원에 필요하지 않은 명령 내지 금지(거룩한 교부들 사이에서는 넘치는 공로의 명령 내지 금지라 불리는 것) 사이의 차이를 충분히 표현했기 때문이다. 즉 어떤 사람이 그에게 영원한 구원을 위해 무엇이 필요한가 하고 물었을 때, 그리스도는 다음과 같이 대답했다. "네가 생명에 들어가기 원한다면 명령을 지켜라." 그러나 그가 계속해서 넘치는 공로에 속한 것에 대해 물었을 때, 그리스도는 "생명으로 들어가기 원한다면"이라고 말하지 않고, 도리어 그에게 "네가 완전하기를 원한다면"이라고 말했다. 그리스도는 이 말로써 「마태복음」 제19장, 「누가복음」 제18장, 「마가복음」 제10장[127]에서 명령의 준수는 영원한 생명을 위해 충분하다는 것을 분명히 이해시켰다. 그것에 대해 묻는 자에게 "네가 생명에 들어가기 원한다면 명령을 지켜라"고만 답변했기 때문이다. 그러므

Quillet, p. 314, 각주 83 참조.

127 「마태복음」 19:17/21; 「누가복음」 18:18-22; 「마가복음」 10:19-21.

로 그리스도가 그런 것을 행한 자들의 신분을 저주한 것처럼 보이지 않기 위해 모든 허용된 것을 수행하는 것은 그에게 필요하지도 적절하지도 않았다. 그는 그들이 오직 훈계나 명령만으로 (그가 명령을 일반적으로 긍정적 의미와 부정적 의미로 받아들임으로써) 구원을 얻을 것임을 분명히 표현했기 때문이다. 도리어 그가 실제로 그렇게 행했고 말했다는 것을 우리가 성서에서 읽은 것처럼 다른 자들에게 보이기 위해 최고의 가난을 지키고 결혼을 포기하는 것처럼 조언을 실천하는 것이 그 자신에게 보다 적절했다. 왜냐하면 그는 「마태복음」 제8장과 「누가복음」 제9장[128]에서 자신의 가난에 대해 다음과 같이 말했기 때문이다. "여우도 굴이 있고, 하늘 아래 새들은 둥지를 가지고 있다. 그러나 인자는 머리를 기댈 곳이 없다." 이 구절에 대한 주해는 이렇다. "내가 너무나 가난해서 내 것이라고 할 만한 숙소를 갖지 못했다."[129] 「마태복음」 제18장[130]의 "저 은전을 취하여 나와 너를 위해 그것을 주라"에 대한 주해에 따르면, "주님은 너무나 가난해서 세금을 낼 수 있는 돈이 없었다". 그러나 그리스도가 성이나 밭이나 보물 더미를 가진 자들의 신분을 저주한 것처럼 보이지 않기 위해 그런 것을 가졌다는 것을 어디서도 읽지 못했다.

§ 38. 그럼에도 불구하고 그리스도가 허용된 것을 행했다면, 그는 역시 모든 조언을 똑같이 준수하는 가운데 이런 일을 행할 수 있었을 것이다. 왜냐하면 그는 입법자로서 그런 것을 행하는 자들의 신분을 부인하는 것처럼 보이지 않기 위해 그런 것을 행할 수 있었기 때문이다. 그러므로 자신의 이익을 위해 원하는 약자들이 원하는 것처럼 그는 그런 것을 단순히

---

128 「마태복음」 8:20; 「누가복음」 9:58.

129 「마태복음」 8:20에 대한 *Glossa ordinaria*; Thomas Aquinas, *Catena aurea*, vol. 11, p. 112에서의 해당 구절에 대한 히에로니무스의 주해 참조.

130 부정확하다. 오히려 「마태복음」 17:27.

원하지 않았을 것이며, 도리어 이것을 다른 이유 때문에, 어떤 의미에서 그 것을 원하지 않으면서 원했을 것이다. 왜냐하면 그는 자신을 위해서가 아니라 이미 언급한 이유 때문에 원했기 때문이다. 그러나 조언 전체를 준수하는 다른 자들이 이런 점유를 원하는 것은 그들에게는 결코 적절할 수가 없다. 그들은 다른 자들의 신분을 저주하는 것처럼 보이지 않기 위해 그것을 원할 수 없다. 왜냐하면 그들은 입법자가 아니었고, 아니고 아닐 것이므로, 한 신분을 인정하거나 저주하는 것은 그들과는 무관하기 때문이다. 그러므로 그들이 이런 점유를 원한다면 그들은 완전한 자로서가 아니라 약자들처럼 원하는 것이다. 그러므로 그리스도가 모든 조언을 준수하는 가운데 이 허용된 일을 행하기를 원했다면 그에게는 허용되었을 것이다. 그러나 이것은 이미 언급한 이유 때문에 그외의 다른 자들에게는 허용될 수 없다.

§ 39. 그러므로 누가 동시에 일시적 사물에 있어 현재나 임박한 장래, 현재의 필요를 위해 충분한 것만을 갖고자 할 정도로 완전할 수 있는가를 묻는다면, 그리스도와 비록 소수이지만 그것을 원하는 모든 다른 자들이라고 나는 답변할 것이다. 왜냐하면 「마태복음」 제7장[131]에 기록된 것처럼 이 길은 비좁고 힘들어 소수만이 그 길을 통과하기 때문이다. 나에게 답하라. 이 시대에 얼마나 많은 자발적인 순교자가 있고, 얼마나 많은 영웅적 인간, 얼마나 많은 카토[132]와 스키피오[133]와 파브리키우스[134] 같은 사람이

---

131 「마태복음」 7:14.

132 마르쿠스 포르치우스 카토(Marcus Porcius Cato, 기원전 95~기원전 46): 고대 로마 공화국의 정치가이자 웅변가, 스토아주의자로 강직함으로 유명했다. 도덕적 완벽주의자로서 뇌물을 거부하고 시대에 만연한 부패를 혐오했다. 율리우스 카이사르와의 전투에서 패배한 후, 카이사르가 통치하는 세계에서 살기를 거부하고 자살했다.

133 푸블리우스 코르넬리우스 스키피오(Publius Cornelius Scipio Africanus, 기원

있는가?

전 236~기원전 183): 제2차 페니키아 전쟁에서 카르타고의 한니발을 물리치고 승리한 것으로 유명하다. 역사상 가장 위대한 장군이자 전술가, 영웅적 인물로 평가받는다. 후일 그를 시기하는 정적들의 음모에 휘말려 뇌물죄 혐의를 받고 정계에서 은퇴했다.

134 가이우스 파브리키우스 루스키누스(Gaius Fabricius Luscinus, 기원전 3세기): 로마의 정치가로 그의 청렴과 강직함은 로마인의 덕의 모델로 간주된다. 그는 그리스 왕 피루스와의 협상에서 뇌물을 결코 받지 않은 것으로 유명하다. 마르실리우스는 카토를 자발적 순교자로, 스키피오와 파브리키우스를 영웅적 인물의 모범으로 언급했다.

제 1 4 장

앞 장에서 결정한 것에 대한 이의들 및 그 해소와 같은 장에서 말한 것의 확인에 대하여[1]

§ 1.[2] 어떤 사람은 우리가 앞 장에서 주장한 것에 대해 이의를 제기할 것

---

1 가난에 대한 고찰을 마무리짓는 이 장에서 마르실리우스는 그리스도와 사도들, 완전한 자들의 최고 가난의 명제에 반대하는 자들이 사용한 일련의 논거를 열거한다. 이 장의 제1절에서 제기된 문제, 즉 완전한 자에게 미래의 생계를 위해 물질을 보관하는 것이 허용되는가의 문제에 대해 토마스 아퀴나스는 말한다. "이 밖에 조언의 완성을 위해 인간은 세속적 염려에서 벗어나야 한다. …… 그러나 현재 삶의 염려에 대해 혹자는 미래를 위해 뭔가를 보관하는데, 주님은 제자들에게 「마태복음」 제6장 제34절에서 이런 염려를 금지한다. 내일 일을 염려하지 말라." 토마스 아퀴나스는 그리스도인의 완전에 위배되지 않는 미래의 필요에 대해 적당히 염려하는 것과 과도하게 염려하는 것을 구별한다. 왜냐하면 주님은 불필요하고 해로운 염려를 금지하기 때문이다. 즉 토마스 아퀴나스는 「요한복음」 제8장 제29절을 인용하는데, 마르실리우스는 제1절에서 이것을 사용한다. (그러나 그는 그 해석을 반박할 것이다). 유다가 돈궤를 가졌으므로 예수는 그에게 말했다. "축제일에 우리에게 필요한 것을 사라." 토마스 아퀴나스는, 이 텍스트는 예수가 돈을 보관했으며, 이것은 완전함에 부합한다는 것을 말하려 한다고 생각한다. 그는 "내일 일을 염려하지 말라"를, 미래에 대비해 아무것도 보관하지 말라는 의미로 이해해서는 안 된다고 본다. 그는 이것을 위험한 입장으로 본다. 그리스도는 미래에 필요한 물질을 (그것이 금은이나 보물이 아니라 빵과 포도주처럼 단순한 자연적 물질이라면) 공동으로 보관하는 것을 금지하지 않았다. 우리는

이다. 완전 상태를 준수하고자 하는 복음의 일꾼들, 주교와 사제들이 우리가 최고의 가난을 서술함에 있어 이미[3] 언급한 나머지 조건과 함께 확고한 계획을 갖고 그들이 처음 만나는 가난한 사람이나 가난한 사람들과 보다 궁핍한 자들에게 분배하고자 하지 않는 한, 그들의 미래의 필요를 충족하기 위해 어떤 것을 보관하는 것이 불법이라면 그들은 어떻게 신의 말씀을 선포하는 일과 불가피한 것으로 보이는 매일의 생계를 돌보는 일 모두에 집중할 수 있겠는가?[4] 이 두 가지를 동시에 행하는 것은 어렵거나 불가능한 듯 보이기 때문이다. 그러므로 「사도행전」 제6장에서 말한다. "우리가 신의 말씀을 내버려두고 식탁에서 봉사하는 것은 옳지 않다."[5] 사도들은 이 두 가지 일이 동시에 이루어질 수 없다는 것을 암시한다. 그러므로 완전한 자에게는 그들의 미래의 필요를 충족하기 위해 세속적 사물을 보관하는 것이 허용된다. 두 번째로 같은 것이 다른 관점에서 입증된다. 즉 「요한복음」 제14장의 "그가 돈궤를 가졌으므로,"[6] "그 안에 헌금이 보관되었다" 등에 대한 주해는 다음과 같다. "이것으로써 교회에 필요한 것을 보관하는 형식이 주어진다." 이 구절에서 '교회'라는 표현을 완전한 자들, 특히 사제나 주교로 이해한다면 미래의 필요한 것을 합법적으로 보관할 수

같은 해석을 영성파의 적대자인 추기경 고슬랭(Gaucelin)에게서 발견한다. 그리스도는 미래의 필요를 위해 물질을 얻고 가난한 삶을 위해 공동으로 가질 수 없다고 말하지 않았다. 고슬랭은 완전하기 위해 세상의 필요에 대한 염려에서 자유로워야 한다고 말한다. 한편 요한 22세는 돈궤가 그리스도와 사도들에게는 미래를 대비하기 위한 것이었다고 간주한다. 그는 가난 서약은 인간 삶이 반드시 필요로 하는, 혹은 인간 삶이 간과할 수 없는 물질에까지 확대되지 않는다고 생각한다. Quillet, p. 317, 각주 1 참조.

2   제1~5절: 이의들, 제6~10절: 근거 설정, 제11~24절: 반박.

3   II, 13, 22-32.

4   II, 13, 28.

5   「사도행전」 6:2.

6   마르실리우스가 '제13장'을 '제14장'으로 착각한 듯하다. 「요한복음」 13:29 참조.

있는 듯하다. 세 번째로 「마태복음」 제7장의 "내일을 염려하지 말라"에 대해 주해는 말한다.[7] "정의로운 인간 중 어떤 사람이 필요한 것을 자신과 자기 식구를 위해 얻는 것을 본다면, 아무도 그것을 언짢아해서는 안 된다. 그가 내일의 일을 생각한다고 판단해서는 안 된다. 왜냐하면 이 계명을 준 자, 천사들이 섬긴 자는 이 예를 주기 위해 돈궤를 가졌으니, 그것에서 사용을 위해 필요한 것을 조달했기 때문이다." 네 번째로 같은 것이 「요한복음」 제14장에 의해 확증되는데, 거기서는 이렇게 말한다. "유다가 돈궤를 가졌으므로 예수가 그에게 우리가 축제일에 필요로 하는 것을 사라고 말했다고 어떤 사람들은 생각했다."[8] 그러므로 그리스도와 사도들은 보관된 돈을 가졌으니, 그 돈에서 그런 것을 살 수 있었다. 다섯 번째, 같은 것은 다른 관점에서 입증될 수 있다. 「마태복음」 제6장의 "하늘 아래의 새를 보라" 등에 대한 주해는 말한다. "그는 미래 예측과 노동을 금지한 것이 아니라 우리의 모든 소망을 신에게 두기 위해 염려를 금지한 것이다."[9] 그러므로 완전한 자들은 미래에 자신에게 필요한 것에 대해 대비할 수 있다. 여섯 번째, 같은 것이 「마태복음」 제14장, 「마가복음」 제6장과 제8장, 그리고 「누가복음」 제10장[10]에서 입증된다. 즉 그리스도는 사도들에게 말했다. "너희들이 빵을 얼마나 가지고 있느냐?" 그들이 대답했다. "7개입니다." 그러나 그들은 현재 필요한 것 이상을 보관하지 않았다. 그러므로 완전한 자들에게는 미래를 위해 세속적 물질을 보관하는 것이 허용된다.

§ 2. 그다음 아래의 필연성이 입증된다. 즉 완전한 자들은 완전한 자로

---

7 마르실리우스가 '제6장'을 '제7장'으로 착각한 듯하다. 「마태복음」 6:34에 대한 *Glossa ordinaria* 참조.

8 요한 22세가 그리스도의 소유를 옹호하기 위해 교령 'Quia vir reprobus'에서 인용.

9 「마태복음」 6:26에 대한 *Glossa ordinaria* 참조.

10 「마태복음」 14:17; 「마가복음」 6:38; 8:5; 「누가복음」 9:13(마르실리우스가 '제9장'을 '제10장'으로 착각한 듯하다).

머물지라도 세속적 물질, 특히 한 번의 사용으로 소비할 수 있는 물질에 대해 첫 번째, 두 번째, 세 번째 의미의 점유[11] 내지 사용권을 개인적으로 혹은 다른 자 혹은 다른 자들과 함께 공동으로 갖거나 가질 수 있다.[12] 우

---

11 II, 12, 13-15.

12 요한 22세가 교령 'Ad conditorem canonum'에서 말한 명제이다. "점유와 분리된 물질의 사용이 성립된다고 말하는 것은 법과 이성에 위배된다. 우리 전임자의 의도도 로마교회에 이런 물질의 점유가 유보된다는 것은 아니었던 것 같다. 왜냐하면 건전한 정신의 소유자가, 그 의도가 그들의 형제들에게 종종 주어지는 양 한 마리나 치즈 한 조각, 혹은 빵 한 조각에 대한 점유권이 로마교회에 유보되어 있다는 것을 믿을 수 있겠는가? …… 이런 물질에 대한 사용이 성립될 수 있다고 하자. 그러나 단순한 사용을 결코 말할 수 없다. 왜냐하면 소비될 수 있는 물질의 사용은 완전한 점유권을 획득한 자의 사용과 다를 바가 없기 때문이다. 이것은 모든 물질의 사용은 그 물질을 총체적으로 수용하는 것이므로 명백하다." 이것은 또한 영성파에 적대적인 교황청의 다수 추기경의 견해이기도 하다. 피에르 데 프레(Pierre des Près) 추기경은 그리스도와 사도들이 처분할 수 있는 물질을 단순히 사용했다면, 실제 절도를 저지르지 않고서는 합법적으로 처리할 수는 없었을 것이라고 주장했다. 이것은 또한 추기경 베르트랑 드 몽파베(Bertrand de Monfavez), 피에르 다르블레이(Pierre d'Arreblay)의 입장이었다. 피에르 데 프레는 허다한 관련된 교회법 및 법조문을 인용하면서 "돈의 분배 처리는 점유자의 관할에 속한다"(disponere de dispensatione pecuniae)라고 말했다. 그는 'habere'(가지다)의 상이한 의미를 구별한다. 즉 물질의 점유자를 위한 가짐과 처분권자로서 물질을 실제로 자기 권한 안에 갖고 있는 자를 위한 가짐을 구별해야 한다. 두 번째 경우는 다시 다음과 같이 구별해야 한다. 1) 처분권자가 실제로 가진 물질을 점유자의 의지로 사용하며, 사용을 통해 돈이나 사용에 의해 소비되는 물질로 그에게로 이전되거나, 2) 점유자의 의지 없이 사용하고, 사용자는 절도를 자행한다. 데 프레의 모든 논리는 그리스도와 사도들이 사용권을 가졌다면 그들은 소유권을 가졌다는 것을 입증하는 데 있다. "그러므로 사용권을 가짐으로써 소유권을 가졌으니, 이것은 자체 속에 사용권을 내포하기 때문이라고 필연적으로 말해야 한다." 그는 다음과 같이 결론을 내린다. "이것에 대해 사용권을 용인함으로써 소유와 점유를 용인한 것처럼 보인다." 추기경 고슬랭도 유사하게 논증한다. 즉 사용이나 용익에 의해 소비 가능한 물질은 점유 없이는 존재할 수 없으니, 사용은 물질과 분리될 수 없기 때문이다. 그러나 사용권을 가진 자는 그를 점유자가 아닌 인간으로 간주한다면, 그럼에도 불구하고 물질에 대해 어떤 권리를, 혹은 어떤 방식으로든 이 물질에 대한 사용권을 가질 것이다. 어떤 경우이든 간에, 물질에 대한 단순한 사용을 말하는 것은 충분하지 않다. 게다가 토마스 아퀴나스는 공동으로 가지는 것은 완전의 상태를 감축하지 않았다고 주장했다(*Summa Theologica* IIa, IIae, q. 186, a. 2). 완전하기 위해 인간은 이 세상에서 자

선 이것은 「누가복음」 제22장에서 그리스도가 사도들에게 말했을 때 분명히 나타난다. "아무것도 갖지 않은 자는 겉옷을 팔아 칼을 사라."[13] 무엇을 사거나 파는 자는 물질 혹은 값에 대한 점유권을 다른 자에게 넘기는 것이다. 그러나 사람이 이전에 갖지 않은 것을 다른 자에게 이전하지 못한다. 그러므로 그리스도와 사도들은 앞서 언급한 점유권을 가졌다.[14]

§ 3. 그다음으로 같은 것을 다른 관점에서 입증한다.[15] 즉 어떤 물질에 대한 합법적 사용권을 가진 자는 ── 이 사용은 이미 언급한 점유와 분리될 수 없다 ── 필연적으로 물질에 대한 점유권을 가졌다. 그런데 그리스도와 사도들은 이런 물질에 대한 사용권을 가졌다. 그러므로 필연적으로 그것에 대한 점유권을 가졌다. 이 논법의 대전제는 잘 알려져 있다.[16] 그런데 소전제는 그리스도와 사도들이 가진 소비 가능한 물질의 사용에서 입증된다. 왜냐하면 그들은 그들의 물건에 대한 사용권을 합법적으로 가졌거나, 아니면 그들의 것이 아닌 물질에 대한 사용권을 합법적으로 가졌기 때문이다. 그러므로 그들의 물건에 대한 합법적 사용권이 있다면, 그들은 동시에 물질의 사용권과 점유권을 가졌다. 그러나 그들이 자신들의 것이 아닌 물건을 사용했다면, 타인의 물건을 사용했거나 아니면 그것을 사용하기

기 필요를 만족시켜야 하는 염려에서 면제되어야 한다. Quillet, p. 318, 각주 8 참조.

13 「누가복음」 22:36. 이 구절은 요한 22세의 교령 'Quia vir reprobus'에서 인용되었다. 교황은 이 구절을 인용함으로써 사도들이 물건의 점유권을 포기하지 않았음을 말하고자 했다.

14 추기경 시몽 다르시아크(Simon d'Archiac)는 다음과 같이 말했다. "주는 것은 받는 자를 만드는 것이다. 그리고 점유권이 받는 자에게 이전된다." 요한 22세는 교령 'Cum inter nonnullos'에서 그리스도와 사도들에게 "팔거나 주거나 …… 취득하는 권한"을 부인하는 것은 신성모독으로 간주한다. Quillet, p. 319, 각주 10 참조.

15 적대자의 견해를 자신의 것처럼 진술한다.

16 II, 13, 1-6 참조.

전에 주인이 없는 물건을 사용한 것이다. 그들이 주인 없는 물건을 사용했다면, 그것의 사용은 그 물건을 취득한 자에게 정당하게 용인되기 때문에 [그들은 점유자가 되었다]. 그런데 그리스도와 사도들은 필연적으로 이전에 혹은 사용과 동시에 물건을 취득했다. 그러므로 그들은 이전에 혹은 사용과 동시에 점유권을 가졌다. 이런 사용이 타인의 물건에 대해 이루어졌다면 그들은 물건 점유자가 용인함으로써, 혹은 용인하지 않는 가운데 사용한 것이다. 용인하지 않는다면(특히 물질을 소비하는 사용의 경우나 혹은 점유자가 정당하게 사용을 금지한 것으로 추정되는 다른 경우에) 이런 사용은 불법적이니, 이런 일을 그리스도와 사도들에 대해 주장하는 것은 죄일 것이다. 그러나 물질을 소비하는 이런 사용이 점유자가 용인함으로써 이루어졌다면, 그러므로 물건 점유자는 사용하는 자에게 점유 없이 사용만을 용인했거나 아니면 점유와 동시에 사용을 용인한 것이다. 점유 없이 사용을 용인했다면, 사용은 불법적이다. 왜냐하면 점유자는 이런 사용에 의해 물건에 대한 점유권을 빼앗기는 것이니, 이런 일은 합법적이거나 정당하게 이루어질 수 없기 때문이다. 그러나 점유자가 물건을 이렇게 사용하는 자에게 사용을 점유와 함께 용인했다면, 이렇게 사용한 자는 완전한 자로 있으면서도, 사용과 동시에 물건에 대한 점유권을 필연적으로 가졌다는 것이 분명하게 나타난다.[17]

§ 4. 그다음으로 완전한 자가 물질에 대한 점유권이 없다면, 그에게서 세속적 물질을 빼앗는 자는 완전한 자가 실제로 세속적 물질을 필요로 할지

---

17 이 절은 무엇보다 소전제의 입증에 집중되어 있다. 즉 그리스도와 사도들이 일련의 물질을 사용했다면, 그들은 또한 점유권도 가졌다는 것이다. 사용과 점유의 불가분리성의 명제는 요한 22세의 명제로서 이미 제2권 제13장 제1~6절에서 언급한 바 있다. 그러므로 그는 이 명제를 잘 알려진 것으로 간주하고 되돌아가지 않았다. 교황이 이 명제에 근거해 확립하고자 하는 것은 그리스도와 사도들이 점유권자라는 것이다.

라도 정당하게 빼앗는 것이니, 합법적으로 행하는 것이기 때문이다. 왜냐하면 누구의 소유도 아닌 물건은 누구에 의해서나 합법적 혹은 법적으로 취득될 수 있기 때문이다. 그런데 누구도 자기 것으로 주장할 수 없는 물질은 누구의 소유도 아니다. 그런데 앞의 진술에서 충분히 드러난 것처럼 완전한 자가 가진 것은 그런 것이다. 또한 손님을 접대해야 하는 자는 필연적으로 미래를 위해 대비해야 하고, 그러므로 어떤 물질에 대한 점유권을 가져야 한다. 사도들의 모든 후계자들, 즉 주교들은 손님을 접대할 의무가 있다. 그러므로 「디모데 전서」 제3장과 「디도서」 제1장[18]에서 다음과 같이 말한다. "주교는 손님 접대를 잘 해야 한다." 또한 거룩한 교부들이 주교들인 한에서 이것을 행한 듯하다. 즉 그들은 밭과 재산을 적어도 다른 주교들을 비롯해 사제들과 함께 공동으로 점유했기 때문이다. 그러므로 암브로시우스는 『바실리카를 양도함에 대하여』라는 서신에서 말한다. "교회의 밭은 세금을 해결한다."[19] 그러므로 교회라는 이름으로도 표현되거나 표현되어야 하는 완전한 자들, 특히 사제들은 밭과 부동산을 소유했다.

§ 5. 그런데 이것은 특별히 그리스도에 의해서도 입증된다. 우선 법 또한 인간법[20]에 따르면 어떤 사람을 죽음에서 속량한 자는 그의 주인이 되고, 따라서 그의 모든 일시적 사물의 주인이 된다. 그런데 그리스도는 우리를 죽음에서, 어떤 죽음이 아니라 영원한 죽음에서 속량했다. 그러므로 그는 우리의 몸과 세속적 물질에 대한 점유권을 취득했다.[21] 또한 「요한 계시록」 제19장[22]에 그리스도에 대해 기록되기를, 그는 옷에 이렇게 쓰여 있었

---

18 「디모데 전서」 3:2; 「디도서」 1:7
19 Ambrosius, *Sermo contra Auxentium de basilicis tradendis*, c. 33, in: MPL, 16, p. 1017B.
20 *Corpus juris civilis, Instit.*, 1, 3, 3; *Digest.*, 1, 5, 4.
21 Aegidius Romanus, *De ecclesiastica potestate* II, 10 참조.

다. "왕 중 왕, 주의 주." 여기에 대해 주해는 다음과 같이 설명한다. "옷에, 즉 인간성의 옷에." 따라서 왕과 주는 모든 것에 대한 점유권을 가지므로, 그리스도는 세속적 물질에 대한 점유권을 가진 것이 분명하다.[23]

§ 6. 최고의 가난 및 세속적 물질의 점유에 대한 우리의 이전 진술에 근거해 현재의 장에서 제기된 이의에 대해 그리스도와 사도의 견해에 따라 적절하게 답변할 수 있다. 우리는 우선 다음과 같이 덧붙인다. 복음의 일꾼들, 즉 사제나 주교 및 하급 성직자들이 완전 상태 내지 최고의 가난을 지키고자 한다면 매일의 양식과 필요한 옷으로 만족해야 한다. 그러므로 「디모데 전서」 마지막 장[24]에서 이렇게 말한다. "우리에게 식량과 옷이 있다면, 그것으로 만족하자."[25] 복음 선포를 받은 자들은, 적어도 신법에 따르면, 복음 선포자들에게는 이것을 제공할 책임이 있다. 즉 이것은 「신명기」 제25장[26]에 비유적으로 표현되어 있다. "타작 일을 하는 소에게 부리망을 씌워서는 안 된다." 바울은 이것을 「고린도 전서」 제9장[27]에서 다음의 말

---

22 「요한 계시록」 19:16.

23 그리스도의 왕권에 대한 논거는 교황의 신정(神政)을 옹호하는 자들, 특히 에기디우스 로마누스에 의해 무엇보다 교황의 권세 충만(plenitudo potestatis)과 관련해, 또한 최고의 가난 문제와 관련해 사용되었다. 그리스도는 영적 차원뿐만 아니라 세속적 차원에서도 왕 중 왕이다. 그는 이 세상의 모든 세속적 물질에 대해 당연히 점유권을 가진다. 이 계시록의 표현은 펠라요의 소책자 『왕들의 거울』(Speculum Regum)에서 다소 다른 형태로 다음과 같이 인용되었다. "그의 허리에 왕 가운데 지배하는 자들의 주라고 쓰여 있었다"(Scriptum in femore suo Rex Regum et Dominus dominantium). 그리스도의 절대적 왕권에 대한 명제는 역시 아우구스티누스 트리움푸스(Augustinus Triumphus)의 『교회의 권세에 관한 개요』(Summa de potestate ecclesiastica, 1324)에서 옹호되었다. 이 명제는 요한 22세의 교령 'Quia vir reprobus'에서 재발견된다.

24 「디모데 전서」 6:8.

25 아마도 프란체스코 수도회 수도사 카잘레의 우베르티노의 1322년 종려주일의 답변을 인용한 듯하다.

26 「신명기」 25:4.

로써 미래의 복음 교사 및 일꾼을 위해 설명한다. "신이 황소를 염려하겠는가? 혹은 전적으로 우리를 위해 말하지 않는가?" 같은 말이 「마태복음」 제10장[28]에도 나타난다. 즉 그리스도는 이 명제에 대해, 이 명제를 위해 다음과 같이 말했다. "일꾼은 자기 식량을 먹을 가치가 있다." 그러므로 복음을 받는 자는 그럴 수만 있다면, 복음 선포자에게 매일의 양식과 옷을 공급해야 한다. 복음 선포자들은 신법에 따라 당연하게 합법적으로 요구할 수 있다. ― 현재 세상의 강제적 심판을 통해서는 아닐지라도 말이다. 그리고 복음을 제공받는 자가 이것을 할 수 있음에도 불구하고 거부한다면, 그들은 신법을 위반하는 것이다. 「고린도 전서」 제9장에서 말한다. "그러므로 주님은 복음을 선포하는 자들에게, 양떼를 치고 양떼의 젖으로 먹고, 포도나무를 심고 그 열매를 먹는 자들처럼 복음으로 살 것을 명령했다."[29] 다른 한편으로 성서에 따르면, 믿는 자는 복음 선포자들에게 그의 수입의 10분의 1 혹은 일부분을 제공할 의무는 없다.[30]

§ 7. 그러나 복음을 제공받은 자가 너무 가난해 복음 선포자에게 충분한 식량과 옷을 제공할 수 없다면, 그들은 신법에 의해 그럴 의무가 있는 것이 아니다. 도리어 선포자 자신은 다른 곳에서부터, 예를 들어 그가 행할 수 있다면 가르침이나 노동 기술을 통해 혹은 다른 정직하고 적절한 방법을 통해 삶에 필요한 것을 얻어야 한다.[31] 즉 사도는 그가 복음을 선포한

---

27 「고린도 전서」 9:9-10.

28 「마태복음」 10:10.

29 「고린도 전서」 9:14/17.

30 이 마지막 부분은 마르실리우스가 교회 재산에 대해 진술할 것(17, 17-18; 24, 11; 25, 14 참조)을 앞당겨 말한 것이다. 그는 『작은 수호자』 III, 5에서 다음과 같이 말한다. "그리스도나 사도들의 후계자들, 즉 사제나 주교나 나머지 성전 일꾼들은 세속적 유동성 물건이나 부동산의 십분의 일이나 일부분을 자신의 것으로 간주하거나 주장할 수 없다." 마르실리우스는 여기서 교회의 십일조 부과에 대한 정부의 비판을 반영한 듯하다.

가난한 자들에게 짐이 되지 않기 위해서 이렇게 행했다. 그러므로 그는 「사도행전」 제20장[32]에서 자신에 대해 다음과 같이 말한다. "나는 누구의 금이나 은을 탐하지 않았다. 여러분은 그것을 안다. 나에게, 그리고 나와 함께 있는 자들에게 필요한 것을 위해 이 손이 수고했다." 그는 「데살로니가후서」 마지막 장에서도 말했다. "우리는 누구로부터도 빵을 거저 먹지 않았고, 여러분 중 누구에게도 짐이 되지 않기 위해 밤낮으로 수고하고 피곤하게 일했다."[33] 그러나 믿는 경건한 자들의 수가 특히 이 시대에 증가했으므로, 거룩한 가르침의 일꾼들은 손으로 일할 필요도 없고 구걸할 필요도 없다. 왜냐하면 신자들의 공동체에서 인간법의 입법자뿐만 아니라 어떤 개인들은 동산과 부동산으로부터의 일정한 수입을 복음의 일꾼들을 위해 지정했고 조치했으므로 그들은 그것으로 충분히, 심지어 풍성하게 부양받을 수 있다.

§ 8. 그러나 어떤 사람은 물을 것이다. 이 세속적 물질, 특히 부동산에 대해 이미 언급한 점유권이나 그것을 현재 세계에서 강제 권한을 가진 판관 앞에서 자기 것으로 주장할 수 있는 권한은 누구에게 혹은 누구들에게 있는가?[34] 왜냐하면 이런 점유권은 복음의 일꾼에게, 그가 완전한 자인 한에서 앞 장의 결정에 따르면 부합할 수 없기 때문이다. 그러나 우리는 다음과 같이 말할 것이다. 복음의 일꾼의 생계를 위해 정해져 있는 세

---

31 아시시의 프란체스코(d'Assisi Francesco, 1182~1226)의 규칙에 따르면, 수도자들은 자기 손으로 일해야 한다. 일거리를 찾을 수 없다면, 탁발해야 한다. 그러나 전통적 교리에 의하면 성직자는 제단에서 살아야 하고 손노동, 특히 상업을 피해야 한다.

32 「사도행전」 20:33-34.

33 「데살로니가 후서」 3:8.

34 이 질문은 프란체스코 수도회에 긴급한 것이었다. 인노켄티우스 4세는 두 개의 교령(1245년의 'Ordinem vestrum', 1247년의 'Quanto studiosius')에서 프란체스코 수도회가 사용한 물질이 교황 내지 로마 교구의 점유권에 속하다고 가정했다. 이 입장은 니콜라우스 3세의 1279년 교령 'Exiit qui seminat'에 의해 확인되었다.

속적 물질에 대한 점유권은 입법자에게 속하거나 입법자 내지 그런 것을 기부한 자를 통해 이 일을 위해 지정된 자 내지 지정된 자들에게 (만일 자신의 재산 중에서 앞에 언급한 일시적 물건을 앞에 언급한 목적을 위해 기부했고 지정한 것이 개인이었다면) 속한다. 교회의 세속적 물질을 방어하고 보호하기 위해 정해진 인물들은 '교회 후견인'이라고 불린다. 왜냐하면 옛날에 거룩하고 완전한 자들은 복음의 일꾼으로서 그리스도를 모방하고 법정에서 누구와도 다투려고 하지 않았다. 그러므로 그들은 세속적 물질을 자기 것으로 주장하지 않았고 도리어 자신의 현재적 삶과 도움을 받을 수 없는 가난한 자들의 생계를 위해 필요한 것을 사용했을 뿐이다. 즉 그들이 일시적인 부동산을 매각할 권한을 (점유권 혹은 그것을 자기 것으로 주장할 의도 없이) 가졌다면, 그리고 그들이 그것을 매각해 가난한 자들에게 즉시 분배하지 않았다면, 그들은 가서 "네가 가진 것을 모두 팔아 가난한 자들에게 주라"는 그리스도의 조언을 지키지 않은 셈이다. 그러므로 어떤 자들의 이단적 이론에 따라 그리스도가 인간으로서의 모든 세속적 물질에 대한 점유권을 가졌다고 가정하자. 그는 그것을 팔았거나, 아니면 그가 완전함을 위해 가르쳤던 조언을 지키지 않은 것이다. 그러므로 그가 그것들을 팔았다면 로마 주교나 다른 주교도, 어떤 사제 집단도 그리스도의 후계자로서 그것들을 자신의 것으로 주장할 수 없으니,[35] 그들이 그런 물질을 자기 것으

---

35 밑줄 친 부분은 숄츠에 의하면, 마르실리우스 자신이 나중에 덧붙인 듯하다. 이 부분은 1329년 11월 16일자 요한 22세의 교령 'Quia vir reprobus'에 대항하기 위한 것으로 보인다. 이 교령은 프란체스코 수도회 총장 체제나의 미켈레의 호소에 대항해 그리스도의 보편적 점유권을 다음과 같이 역설했다. "두 번째 문제는 그리스도가 어떤 세속적 물질에 대한 점유권을 과연 가졌는가, 그리고 어떠한 점유권을 가졌는가이다." 성서 전체는 이것을 증언한다. 왜냐하면 그리스도는 왕이며, "그가 인간인 한에서 신적 본성 안에 존재하면서 주(=점유자)요 왕이 되었다. …… 그러므로 십자가에 달린 자로서 왕과 주가 되었고, 인간으로서 십자가에 달렸으므로, 신은 인간으로서의 자신에게 왕권과 점유권을 용인했다는 결론이 나온다. …… 마찬가지로 구원자가 모든 세속적 물질의 주였던 것으로 보인다".

로 혹은 공동으로 가지고 있었을지라도 말이다. 그러나 우리가 그런 것을 자기 것으로 주장할 수 있는 권한을 가진 점유권자라고 말한 후견인들이 적어도 신법을 위반하고 또한 어쩌면 인간법을 위반함[36]이 없이, 그런 것을 매각하거나 혹은 다른 용도로 전환할 권한을 가졌다고 믿어서는 안 된다. 왜냐하면 점유권이 이런 일을 위해 그들에게 양도된 것이 아니라 오히려 다만 강제 권한을 가진 판관 앞에서 빼앗으려는 자들을 제지하고, 그것을 빼앗거나 달리 처분하려고 하는 자들에 대해 권한을 주장하기 위해서만 양도되었기 때문이다. 그렇기 때문에 입법자나 이런 권한이 주어진 개인이 어떤 완전한 자에게 수입의 보관 및 분배를 위임한다면, 나는 완전한 자는 최고의 가난을 유지하면서 합법적으로—심지어 보상받을 만하게—이웃에 대한 사랑과 자비를 행하기 위해 이런 염려를 떠맡을 수 있다고 말한다.[37]

§ 9. 그러나 다른 자는, 완전한 자는 내일 혹은 수많은 내일에 대해 염려한다고 말할 것이다.[38] 왜냐하면 그는 그에게 허용된 수입으로부터 1년

---

36 마르실리우스에 의하면, 복음의 일꾼들의 생계를 위해 정해져 있는 세속적 물질의 소유권은 신실한 인간 입법자에게 귀속된다. 그들은 이 재산을 매각함으로써 입법자에 의해 그들에게 용인된 것으로 보인 권한, 즉 점유의 단순한 법적 보장과 순수 형식적인 점유권을 위반한 것이다.

37 이 교회의 후견인은 단순한 점유권을 가지는 것처럼 보인다(완전한 자는 어떤 점유권도 가질 수 없으므로). 니콜라우스 3세는 교령 'Exiit qui seminat'에서 이런 점유권이 로마교회에 있음을 용인했다. 그러나 요한 22세는 교령 'Ad conditorem canonum'에서 이것의 부조리성을 지적했다. 니콜라우스 교령의 중심 명제는 완전한 자가 모든 소유를 명시적으로 포기함에 있는 것을 감안할 때, 마르실리우스가 완전한 자에게 이 재산에서 나오는 수입의 보관 및 분배를 위임한 것은 특별하다. 이렇게 소유를 포기한 완전한 자에 대해 이런 물질을 보관하고 분배하는 것이 보상받을 만하다고 하는 것은 모순적인 듯하다.

38 이것은 작은 형제들의 재산 포기에 대한 요한 22세의 반론이다. 즉 만일 프란체스코 수도회 수도사들이 내일을 계속해서 염려한다면, 그들의 가난을 유지하려는 가운데서 이런 허구가 무슨 소용이 있는가? 그리고 내일에 대한 염려는 완전함에 걸

간의 양식과 옷을 얻고 얻으려고 하기 때문이다. 여기에 대해 다음과 같이 말해야 한다. 이런 세속적 재산들은 이처럼 분배되도록 그에게 용인되니, 곧 그중에서 매일매일 적당한 양식과 옷을 위해 충분한 것이 복음 선포자에게 유보되어야 하고, 그 나머지는 가난한 자들에게 분배하도록 그에게 위임된 것이다. 완전한 자는 신자들의 공동 이익 때문에 영원한 구원을 위해 어떤 백성을 위해 어떤 정해진 장소에서 복음을 선포하기 위해 세워졌거나 선택되었으므로, 그가 복음 선포자로서 매일매일 하루에 충분한 양만을 (그는 그것을 받을 자격이 있다) 취하려는 것은 합당하다. 그러나 그가 매일의 수입을 위한 여가를 낼 수 있고 동시에 복음을 선포할 수 있다면, 같은 취득한 재산에서 며칠치 할당량을 동시에 혹은 잇달아서 취하려고 해서는 안 된다. 그러나 그가 동시에 그런 일을 할 여가를 낼 수 없으므로 같은 재산으로부터 며칠치의 충분한 할당량의 양식과 음료를 취할 수 있으되, 같은 재산으로부터 잇달아 취할 수 있다. 왜냐하면 그가 자신의 충분한 하루치 수요를 초과하는 것을 가난한 자들에게 분배한다면, 그 다음 날에 어디서 삶에 충분한 것을 얻어야 할지 알지 못할 것이기 때문이다. 그가 그것을 구하지 않는다면, 그는 위임받은 공동체에 대한 염려를 필연적으로 간과한 것이다. 그는 영혼에 일반적으로 피해를 야기함으로써, 또한 그런 재산을 그에게 분배하도록 위임한 자들의 의도와 무관하게, 오히려 그것에 반해 타인의 재산을 분배함으로써, 백성에 대해 죽을죄를 범할 것이다. 그러므로 처분할 권한이 있는 신자들[39]의 결정에 따라 특정한 공동체가 복음과 성례전의 특정한 일꾼을 (그는 그들에게 봉사해야 하므로 그들에 의해 부양되어야 한다) 갖는 것이 유리하게 보이므로,[40] 분배하는 것이

럼돌이 되지 않는가? 매일 생계에 대한 염려 때문에 정신이 분산되지 않기 위해 재산과 그것의 수입을 소유하는 것이 바람직하다. 이것은 또한 토마스 아퀴나스의 명제이기도 하다(Summa Theologica IIa, IIae, q. 188, a. 7). 그는 이런 이유에서 공동 재산 소유를 정당화했다.

39 입법권자들을 말한다.

그의 권한에 있는 어떤 것을, 자신을 위해 다음 날을 위해 보관한다면, 자신의 의지에 의해 보관하는 것이 아니다.[41] 또한 완전한 자는 이미 언급한 이유 때문에 나날의 생계를 위한 물질을 취득해야 하는 상태에 있지 않으므로 완전성을 지속하면서 그의 보호에 위탁된 재산에서 며칠치의 충분한 양을 취할 수 있다. 그럼에도 불구하고 만일 최고의 가난에 대해 서술한 것처럼 그가 미래의 나날의 양식을 취득할 능력이 있고 그럴 상태에 있다면,[42] 언제나 자신의 현재 삶에 충분한 것을 초과하는 것을 분배하려는 의도를 가지고 있어야 한다.

§ 10. 그러므로 복음의 일꾼에게는 매일의 양식과 옷이 충분해야 하고, 그의 봉사를 받는 자들은 그에게 이것을 제공할 의무가 있다. 그들은 신법에 따라 그에게 의무가 있다. 설령 이것이 인간법에 따라 규정되어 있다고 하더라도, 인간법에 따라 강제 권한을 가진 판관 앞에서 이것을 자기 것으로 주장해서는 안 되지만, 그가 이것을 합법적으로 요구할 수는 있다. 이것은 신법에 따르면 그에게 당연하다. 「디모데 후서」 제2장의 "신을 위한 전사"[43] 등에 대한 주해에서 아우구스티누스는 다음과 같이 설명한다.[44] "사도가 디모데에게 보낸 서신에서 이렇게 말한 것은 디모데가 궁핍했고 복음을 제공받은 자들로부터 매일의 양식으로 부양받기를 원하지 않았고 육체노동으로 수고할 수 없었으므로, 그의 정신적 의지를 혼란스럽게 만들 어떤 일을 구하지 못하도록 하기 위함이다." 그러므로 그에게는 구걸하

---

40 교회를 교구와 주교구로 조직하고 교구 사제와 주교, 대주교에 의해 관리를 받도록 하게 한 기원은 초대교회로 거슬러 올라간다. 그러나 이런 교회 조직은 13세기에 이르러서야 비로소 법적으로 확립되었다.

41 도리어 기부자의 결정에 따라서.

42 이것은 불가능한 것으로 전제된다.

43 「디모데 후서」 2:34.

44 Petrus Lombardus, *Collect.*, in: MPL, 192, pp. 367D~368A.

는 일만이 남았다. 그러므로 주목하라. 그들이 디모데에게 생계를 제공하려고 하지 않았다면, 그들을 강요해야 하거나, 디모데 자신이 강제 권한을 가진 판관 앞에서 이것을 요구해야 한다고 바울은 말하지 않았다. 왜냐하면 「마태복음」 제5장과 「누가복음」 제6장[45]의 그리스도의 조언에 따르면, 속옷을 취하는 자에게 법정에서 다투기보다는 겉옷도 주어야 하기 때문이다. 또한 사도는 「고린도 후서」 제8장과 제9장[46]에서 그들로부터 가난한 자들을 위해 구하면서 말했다. "나는 마치 명령하듯이 말하는 것이 아니다." 그리고 나중에 "이것으로써 나는 조언한다". 그는 이것을 '은혜'[47]라고 칭했고, 따라서 그것을 자발적인 것이라고 표현하며 다음과 같이 말했다. "그러나 각자는 그의 마음에 결심한 것에 따라 주어야 하고, 마지못해 억지로 주어서는 안 된다."[48]

§ 11. 이제 남은 것은 앞의 이의에 대해 각각 답변하는 것이다. 그러므로 먼저 「사도행전」 제6장에서 인용된 "우리가 신의 말씀을 소홀히 하는 것은 옳지 않다"[49] 등에 대해 말해야 한다. 사도들은 세속적 재산에서 어떤 것을 자신들의 미래를 위해 보관하기 위해 (최고의 가난에 대한 서술에서 이미 말한 의미에서가 아니라면) 취득하기를 원했기 때문이 아니라 어떤 사람들이 그들에게 현재 필요하거나 혹은 당장 임박한 것처럼 필요한 것을 충족할

---

45 「마태복음」 5:40; 「누가복음」 6:29.

46 「고린도 후서」 8:7-10; 9:7.

47 χάρις: 강요되지 않았기 때문.

48 완전한 자는 가난을 훼손함이 없이 신자들에 의해 그에게 부여된 물질을 합법적으로 사용할 수 있으며, 같은 규범에 따라 완전한 자로 남으면서 이 물질의 수입에서 자기 양식을 공제할 수 있으되, 어떤 방식으로든 그것을 자기 것으로 주장하는 권한은 없다. 왜냐하면 이 물질에 대한 처분권을 가진 것은 평신도들, 실제로는 군주이기 때문이다. 군주는 공동체의 대표이다. 그러므로 완전한 자는 자신을 위해 어떤 것도 요구해서는 안 된다.

49 「사도행전」 6:2.

것을 조달하기를 원했기 때문에 이렇게 말한 것이다. 왜냐하면 그들은 동시에 복음 선포에 헌신해야 하므로 스스로 할 수 없기 때문이다.

§ 12. 「요한복음」 제14장[50]에 대한 주해에서 인용된 두 번째 이의, "이것으로써 교회는 필요한 것을 보관하는 형식을 부여받았다" 등에 대해 다음과 같이 답변한다. 교회, 즉 완전한 인간들에게는 개인적으로나 공동적으로나, 선사되었거나 자신의 육체노동이나 수고를 통해 취득되는 경우처럼 어떤 남아도는 것이 합법적으로 그들에게 귀속된다면, 현재적 필요나 임박한 현재적 필요를 충족하고 남는 것을 보관하는 형식이 주어졌다. 이것은 완전한 자들에게 우리가 최고 가난의 서술에서 언급한 원인과 의도에서 볼 때 합법적이다. 그럼에도 불구하고 완전한 자들은 의도적으로 자신들을 위해 현재적 혹은 임박한 현재적 필요에서 불필요한 어떤 것을 취득해서는 안 된다. 그러나 그들은 그들에게 합법적으로 귀속되는 불필요한 것을 버리기보다는 보관하거나, 이 일을 위해 적임자로 그들이 인정하는 다른 자들에게 보관하고 분배하도록 위임해야 한다. 그러므로 히에로니무스는 「마태복음」 제10장[51]의 "일꾼은 자기 양식을 먹을 자격이 있다"에 대해 다음과 같이 말한다. "그러므로 필요한 것만을 취하라. 이것은 너희가 걱정 없이 영원한 것에 보다 잘 헌신하기 위함이다."[52] 또한 아우구스티누스는 같은 구절에 대해 말한다. "그, 즉 그리스도가 사도들에게 이렇게 말한 것은 그들이 걱정 없이 이 삶에 필요한 것을 큰 것도, 아주 작은 것도 소유하거나 지니지 않게 하기 위함이다. 그는 신자들이 불필요한 것을 요구하지 않는 그들의 일꾼들에게 모든 것을 빚지고 있음을 지시한다." 그러므로

---

50 마르실리우스가 '제13장'을 '제14장'으로 착각한 듯하다. 오히려 「요한복음」 13:29 참조.

51 「마태복음」 10:10.

52 「마태복음」 10:10에 대한 *Glossa ordinaria* 참조.

밭에서 수확한 열매의 십일조가 그들의 부양을 위해 필요하지 않다면, 복음의 일꾼들은 거기서 남아도는 열매를 성서의 말씀에 의해 전체적으로나 부분적으로도 결코 요구할 수 없고, 또한 그리스도의 신자들은 그것을 제공할 의무가 없다.

§ 13. 그러나 그리스도가 그들이 현재에 혹은 임박한 현재에 필요한 양식과 옷에 속한 것을 요구할 수 있다는 구절인 "그리고 두 벌 옷도"에 대한 해석에서 드러난다. 복된 히에로니무스는 말한다. "그는 두 벌 옷으로써 나에게 이중 옷을 지시한 듯하다. 어떤 사람이 얼음과 눈으로 덮인 스키티아 지방에서 한 벌 옷으로 만족해야 한다는 것이 아니라 겉옷을 옷으로 이해함으로써, 한 벌을 입고 두 번째 옷을 미래에 대한 염려에서 보관하지 말아야 한다는 것이다."[53] 그러므로 그는 두 개의 겉옷, 즉 이중 옷을 금지했다. 옷 한 벌만으로 현재에 충분하기 때문이다. 양식에 대해서도 성서의 결정과 이전에 언급한 거룩한 교부들의 해석에 따라 똑같이 이해해야 한다.

§ 14. 그러므로 완전한 자들, 그리스도와 사도들의 후계자들은 밭이나 도시, 혹은 성을 그들의 점유물로 보존하는 것은 합당하지 않으니, 그리스도나 사도들의 행동 혹은 모범을 통해 교회,[54] 즉 복음의 일꾼들에게 부동산에 대한 점유권이 주어지지 않았고, 미래를 위해 그들의 권한 속에 있지 않았다. 오히려 우리는 그 반대를 성서에서 그리스도의 조언인 "가서 팔아라", "너희는 황금을 가져서는 안 된다",[55] 또한 「사도행전」 제4장의 "그들은 그것을 팔아 그 값을 바쳤다"에서[56] 발견한다. 그러므로 교회에는 유동적

---

53 Thomas Aquinas, *Catena aurea*, vol. 11, p. 131에서의 해당 구절에 대한 주해 참조.
54 교회의 다양한 의미에 대해서는 II, 2, 2 참조.
55 「마태복음」 10:9.
56 「사도행전」 4:34-35.

재산을 앞서 언급한 이유에서 보관하는 형식이 주어졌으나, 그들의 점유 속에 혹은 매각의 절대적 권한이 있는 부동산을 보관하는 형식은 주어지지 않았으니, 오히려 이것은 가능한 한 빨리 매각을 통해 교환해야 한다.

§ 15. 이것은 또한 「누가복음」 제22장[57]의 "내가 너희들을 보따리 없이 파송할 때" 등에 대한 베다의 견해이기도 하다. 베다는 말한다. "그는 제자들에게 평화 시에 가르친 삶의 규칙을 박해 시에도 가르치지는 않는다. 즉 제자들이 설교를 위해 파송되었을 때, 그는 그들에게 도중에 아무것도 취하지 말라고, 즉 지니지 말라고[58] 명령하면서 복음을 선포하는 자는 복음으로 살아야 한다고 지시한다. 그러나 죽음의 순간이 임박하고 저 온 백성이 목자와 양떼를 동시에 박해할 때 그는 시대에 적절한 규칙을 정하고, 박해자의 광기가 진정되고 복음 선포의 때가 다시 올 때까지 생계를 위해 필요한 것을 보관하는 것을 허용한다."[59] 즉 이 시대에 그들은 미래를 위해 필요한 것을 보관하거나 지닐 필요가 없으니, 왜냐하면 그들은 복음을 받는 자들로부터 부양을 받아야 하고 합법적으로 그것을 매일 요구할 수 있기 때문이다. 그러므로 저 시대에 사도들과 그들의 후계자들에게 미래에 필요한 것을 위해 보관하는 것이 허용되었다면, 그들에게 평안의 시대에 대해 규칙을 정하고, 또 다른 경우에 박해의 시기를 위해 다른 규칙을 정하는 것은 헛되고 부적절할 것이다. 이것은 우리가 최고의 가난을 서술할 때 이미 말한 것이니, 완전한 자들이 매일의 양식을 계속해서 얻을 수 있는 장소와 시대, 상태에 있다면, 그들에게는 세속적 물질을 보관하는 것은 허용되지 않는다.

---

57 「누가복음」 22:35.
58 「누가복음」 10:4 이하 참조. 제자들은 집에서만 음식을 대접받아야 한다.
59 Thomas Aquinas, *Catena aurea*, vol. 12, p. 231에서의 해당 구절에 대한 주해 참조.

§ 16. 「마태복음」 제7장[60]의 "아무도 걸려 넘어져서는 안 된다"에 대한 주해에서 인용된 세 번째 이의에 대해 답변해야 한다. 즉 완전한 자는 임박한 혹은 거의 임박한 현재에 대해 자신과 자신의 사람들을 위해 필요한 것을 조달할 수 있으니, 그가 취득한 것에서 남은 것이 있다면 점유하려는 의도 없이 가난한 자들을 위해 보관하는 것이 허용된다. 그리고 그 남은 것을 썩도록 내버려두는 것보다 적절하며 보상을 받을 만하다. 왜냐하면 이것은 자비와 넘치는 공로의 행위이기 때문이며, 그러기에 「마태복음」 제5장에서는 "자비로운 자는 복이 있다"라고 말한다.[61]

같은 주해에서 그리스도는 거기서 필요한 것을 공급할 수 있는 돈궤가 있었다는 말을 추가한다면 확실히 이것을 용인해야 한다. 그러나 그는 돈궤에 그런 것을 보관케 했으니, 장소와 시대의 조건과 나머지 상황이 이것을 요구했거나 아니면 이것으로 그가 만난 가난한 자들을 돌보기 위해서였다. 이것은 「마태복음」 제18장의 "저 은화를 취하라" 등에 대한 주해에서 분명히 드러난다. "주님은 너무나 가난했으므로 세금을 낼 아무것도 없었다. 유다는 공동의 소유물을 돈궤에 가졌으나, 가난한 자들의 소유물을 자신의 용도로 전환하는 것은 불가하다고 말했다." 주목하라. 저 보관된 물질은 가난한 자들의 것이니, 즉 가난한 자들을 위한 것이었다. 그리고 가난한 자들을 오직 사도들로 이해해서는 안 되고 모든 다른 자들, 특히 그리스도 자신이 사도들과 함께 보관된 것에서 그들에게 먹을 것을 제공한 신자들로 이해해야 하니, 이것은 「마태복음」 제14장, 「마가복음」 제6장과 제8장, 「요한복음」 제6장에서 분명히 나타난다. 그러므로 그리스도는 다음과 같이 말한다. "그들에게 먹을 것을 주라." 같은 구절에서 보듯이 그는 또한 남은 것을 보관하게 했으니, 그것이 상하지 않기 위함이다. 그러므로 「요한복음」 제6장에서 "나머지 부스러기를 모으라, 그것이 상하지 않도록", 따

---

60 「마태복음」 6:34.
61 「마태복음」 5:7.

라서 그들, 즉 사도들이 모으니 부스러기로 열두 광주리를 채웠다.[62]

§ 17. 「마태복음」 제6장의 주해에서 인용된 다섯 번째 이의인 "그는 염려와 노동을 금지한다"와 「요한복음」 제14장의 "많은 사람들이 믿었다" 등의 주해에서 인용된 이의, 또한 「마태복음」 제14장, 「마가복음」 제6장과 제8장, 「누가복음」 제9장에서 그리스도가 사도들에게 "너희가 빵 몇 개를 가졌는가?" 등에 대한 주해에서 인용한 이의에 대해 바로 이전의 이의에 답변한 것과 똑같이 답변해야 한다.[63]

§ 18. 완전한 자는 최고의 가난을 유지하는 가운데서도 이미 언급한 세속적 물질에 대한 점유권을 개인적으로든 공동으로든 가질 수 있다는 주장이 도출된 이의에 대해 말해야 한다. 그러므로 「누가복음」 제22장[64]에서 출발한 첫 번째 이의, 즉 뭔가를 사거나 팔거나 살 수 있거나 팔 수 있는 자는 필연적으로 세속적 물질 및 그 값에 대한 점유권을 가진다는 것에 대해 나는 이것을 부정한다. 모든 구매자나 판매자가 물건이나 값에 대한 점유권을 이전하는 것임이 입증된다면, 나는 모든 완전한 인간에 대해 점유권을 이전하는 것을 부정한다. 왜냐하면 그들은 물건 자체[65]를 합법적으로 이전하고 물건을 값으로 교환하거나 그 반대로 하는 것이지만, 그렇

---

62 마르실리우스는 여기서 그가 이전에 제2권 제13장 제28절에서 말한 것을 반복한다. 즉 그는 거기서 같은 성서 인용을 통해 완전한 자가 그것을 가난한 자들에게 분배하려는 확고한 의도를 가지고 있다면, 쓰고 남은 것을 보관하는 것이 허용된다는 것을 입증했다. 여기에 그리스도의 돈궤를 정당화하려는 논거가 있다. 그리스도는 물질의 단순한 분배자였으며, 그에게는 결코 점유물이 없었다.

63 II, 14, 1 참조. 이 모든 이의는—마르실리우스가 이전 절에서 말한 것처럼—그리스도와 사도들이 보관한 것이 가난한 자들을 위한 것임을 인정하는 경우에 모조리 반박된다.

64 「누가복음」 22:36.

65 점유권 없이.

기 때문에 그들이 우연히 점유권을 우연성[66]으로서 이전한다고 말하지 않는 한에서 물건에 대한 점유권을 다른 사람에게 이전하지도 또는 그것을 넘겨받지도 않기 때문이다. 따라서 그들이 물건을 합법적으로 이전한다면 물건을 넘겨받은 자는 점유자가 되지만, 그럼에도 불구하고 아래에서 명백한 것처럼 그들은 다른 데서부터[67] 점유자가 된다. 그러나 완전한 자는 완전한 자로 남아 있으면서 점유권을 결코 넘겨받지 않으며, 또한 넘겨받을 수도 없다.[68]

그러나 논쟁자는 말할 것이다. 물건을 완전한 자에게서 사거나 파는 자는 다른 어떤 것이 아니라[69] 완전한 자에게서 이전되는 것을 넘겨받는 것이다. 또한 그 자신은 완전한 자에게 그가 가졌던 것을 이전하는 것이다. 구매자는 그가 산 물건에 대한 점유권을 넘겨받으며, 판매자는 완전한 자에게 판매한 물건의 점유권을 이전에 가졌고 이제는 점유권을 갖지 않기에 필연적으로 완전한 자는 그가 판매한 물건에 대한 점유권을 이전에 가졌거나 구매한 물건에 대해 점유권을 나중에 가진다는 결론이 나온다. '다른 어떤 것이 아니라'를 어떤 다른 물건이 아닌 것으로 이해한다면, 이 허위 논리의 대전제를 용인한다. 또한 유사하게 완전한 자는 다른 사람이 완

---

66 점유권은 모든 세속적 물질의 우연성이니, 누군가 점유를 위해 물건을 갖고자 하고 다른 자의 주장이 맞서지 않는 한에서 점유권이 생긴다. 이것은 주인 없는 물건의 경우에 명백하다.

67 완전한 자로부터가 아니라.

68 구매자에게는 점유권이 우연성으로 발생한다. 완전한 자는 이것을 부정하기 때문에 점유권이 발생하지 않는다. 완전한 자는 점유를 포기한다고 서약했는데, 즉 그는 점유권을 이전할 수 없으니 점유권을 갖지 않고 있기 때문이다. 그는 아리스토텔레스의 의미에서 우연성으로서 점유권을 이전할 따름이다. 완전한 자가 물건을 이전할 때, 그는 본질적으로 물건의 본질을 이전하는 것이다. 점유권은 본질의 양태일 뿐이다.

69 nihil aliud: 즉 누군가가 완전한 자에게 물건을 판매한다면, 그는 물건을 파는 것이지 점유권을 파는 것이 아니다. 논리의 핵심은 물건을 판매할 때나 구매할 때에 점유권을 이전하지는 않는다는 데 있다.

전한 자에게 물건을 판매할 경우에 이전하고 더 이상 갖지 않은 물건을 다른 자로부터 넘겨받는 것도 용인한다. 그러나 구매자가 물건의 점유권을 넘겨받음으로써 점유권이 완전한 자에게서 구매자에게 이전된다고 덧붙인다면 대화 형상의 궤변을 범하게 된다. 왜냐하면 물건에 대한 점유권 혹은 점유권을 가진 물건을 넘겨받는다는 것은 어떤 것, 즉 본질(quod)을 넘겨받는 것이 아니라 양태(quo modo)를 넘겨받는 것을 뜻하기 때문이다.[70] 그러므로 허위 추리는 아리스토텔레스가 『반박(소피스트적 논박)』 제2권[71]에서 대화 형상이라고 일컬은, 궤변적 문구에 대해 표현한 것과 유사하다. 그런데 이것은 다음과 같다. "네가 나에게 단지 1데나리온을 줬다. 네가 가진 것은 오직 1데나리온이었다. 그러므로 너는 갖지 않은 것을 나에게 주었다."[72] 그런데 이 추론은 현재의 추론에서 본질이 관계로 바뀌지만, 아리스토텔레스가 표현한 궤변에서는 거꾸로라는 점에서 다른 것과 다르다.[73] 그러나 문제를 보다 충분히 만족시키기 위해 ─ 질문자의 궤변은 해소되었으므로 ─, 그리고 궤변술에 대해 가르침을 받지 못한 자들을 위해 나는 다음과 같이 말한다. 완전한 자가 한 물건을 값으로 교환함으로써 판매한

---

70 figura diccionis: 문자적으로 대화의 형상이다. 달리 말해 물건 자체 없이 그 점유권을 가질 수 있거나 혹은 물건과 그 점유권을 가질 수 있다. 두 과정을 하나의 과정으로 동일시하면 궤변을 범하는 것이다. 아리스토텔레스는 대화 형상에 대한 궤변을 설명한다. 이것은 범주의 혼동에서 생긴다. 이 경우에는 본질과 그 양태의 혼동이다.

71 아리스토텔레스, 『소피스트적 논박』 II, 178a 29ff.

72 마르실리우스가 인용한 예는 아리스토텔레스에게서 가져온 것이다. 여기에는 본질적으로 범주의 혼동에서 비롯한 궤변이 있다. 이 예에서 본질과 관계의 혼동을 볼 수 있다. 아리스토텔레스에 의하면, 대화는 사람이 가진 'id quod'(본질)이 아니라 'quomodo'(어떻게) 가지고 있는지를 표현한다. 즉 어떤 다른 것과 함께 있는지, 혹은 다른 것 없이 있는지를 표현한다. 실제로 그가 준 것은 그가 갖지 않은 1데나리온을 준 것이 아니라 그가 1데나리온을 줌으로써 (양태, 관계) 그 돈(본질)을 갖지 않게 된 것이다. Quillet, p. 330, 각주 59 참조.

73 적대자들의 궤변에서 물건(본질)이 점유권(관계)과 혼동되었다.

다면 그는 물건을 합법적으로 다른 자에게 이전하는 것이니, 왜냐하면 그 물건은 그에 의해 정당하게 취득되었고 그에게 법에 의해 처분되도록 용인되었지만, 그가 결코 그것에 대해 점유권을 갖지 않았기 때문이다. 왜냐하면 앞 장에서 그는 그것에 대해, 그것의 사용에 대해, 혹은 양자에 대해 동시에 합법적인 내지 정당한 권한(첫 번째, 두 번째 의미에서)을 가지는 것이 합당하고, 심지어 종종 언급된 세 가지 의미에서의 모든 점유권 없이 부패 가능한 물건에 대해 권한을 가질 수 있다는 것을 지시했기 때문이다. 그러므로 그는 그가 정당하게 취득한 물건을 그것이 다른 자의 점유에 있지 않는 한에서 교환할 수 있는 합법적 권한을 가진다.[74] 그러나 그는 말할 것이다. 구매자는 물건에 대한 점유권을 어디서부터 취득하는가? 나는 말한다. 첫 번째 의미의 인간법과 신법의 허락에 의해서라고. 왜냐하면 누구의 물건도 아닌 것은 그것을 획득하고 점유물로 용인되기를 바라는 자의 것이기 때문이다. 그렇다면 어떤 방식으로, 즉 첫 번째와 두 번째 의미에서의 권한에 따라 (단 점유권 없이) 누군가에게 속한 물건이 그것을 용인하고 동의한, 그리고 이전한 완전한 자로부터 그것을 받고 취득하기를 원하는 자에 의해 어떻게 첫 번째 의미의 점유에 관한 한 우연성으로서 취득될 수 있는가! 그래서 나는 다음과 같이 거꾸로 말한다. 완전한 자가 어떤 물건을 산다면 그는 물건에 대한 합법적 권한을 얻으나, 본질로서도 우연성으로서도 점유권을 얻는 것은 아니다. 점유권이 판매자나 다른 누군가에게서 소멸될지라도 말이다.

§ 19. 그러나 그대는 말할 것이다.[75] 그러므로 판매 가능한 물건이나 다

---

74 II, 13, 3-4 참조. 달리 말하면 물건이 누구의 것도 아닌 경우에 인간은 물건에 대한 단순한 사용권을 가질 수 있다. 법적 점유권 없이, 인간은 법적으로 누구의 것도 아닌 물건을 합법적으로 사용할 수 있다. 완전한 자는 사용의 합법적 권한을 보유하지만, 그 권한은 법정에서 그것을 자신의 것으로 주장할 수 있는 권한은 아니다. 그 물건은 누구의 것도 아니므로 아무도 이 마지막 권한을 사용할 수 없다.

른 무엇이든지 완전한 자에게서 합법적으로 빼앗을 수 있고, 그가 현실적
으로 필요로 하는 경우에도 그럴 수 있으니, 왜냐하면 그 물건은 누구의
소유도 아니고 누군가의 점유물에 속하거나 그것을 자기 것으로 주장할
권한 안에 있지 않기 때문이다. 값이나 혹은 그것으로 구매한 물건도 마찬
가지이다. 이것은 부조리한 것으로 보인다. 여기에 대해 답해야 한다. 누구
의 것도 아닌 물건은 그것을 취득하는 자에게 정당하게 용인된다. 완전한
자가 갖거나 소지한 물건은 누구의 것도 아니라고 말한다면(왜냐하면 법, 특
히 인간법에 따라 누구의 점유에 속하지 않기 때문에) 논리적 오류를 범하는 것
이다. 왜냐하면 이 물건이 법적으로 누군가의 점유에 속하지 않으므로 그
것은 법적으로 누군가의 물건에 속하지 않는다고 추론해서는 안 되기 때
문이다. 즉 우리가 말한 것처럼 다른 사람이 어떤 것을 정당하게 (첫 번째
의미의 'ius') 점유권 없이도 취득할 수 있기 때문이다.[76] 그러나 인간법이
누군가의 (이미 언급한) 점유 속에 있지 않은 물건은 누구의 소유에 속하지
않은 것으로, 즉 주인 없는 것으로 이해하기를 허용하고 따라서 정당하게
그것을 취하는 자에게 용인되기를 허용한다면, 나는 말할 것이다. 그렇다
면 모든 능력 있는 자는 완전한 자에게 있는 모든 물건을 첫 번째 의미의
인간법에 따라 합법적으로 취할 수 있고 자기 것으로 만들 수 있다. 이것
은 '합법적' 정의[77]에서 분명하다. 그러나 신법에 따르면 그가 물건을 완전

---

75 II, 14, 4.

76 완전한 자는 합법적으로 물건에 대한 사용권을 가진다. 즉 그것을 가질 능력을 가진
    다. 이것은 그에게 허용된 합법적 능력이다. 어떤 물건은 합법적으로 완전한 자에 의
    해 취득될 수 있다 — 'ius'를 첫 번째와 두 번째 의미로 이해한다면. 그런데 법은 그
    것을 사용할 권한을 용인한다. 완전한 자가 처분하는 물건의 점유권은 그에게 있지
    않으니, 그 물건은 누구의 것도 아니기 때문이다. 그러나 그 물건을 완전한 자에게서
    빼앗을 수 없으니, 왜냐하면 그는 그것을 정당하게 가지고 있기 때문이다. 그 점유
    권이 그에게 용인되지 않으므로, 이 물건이 누군가에게도 속하지 않는다고 결론을
    내릴 수 없다.

77 II, 12, 5 참조.

한 자의 동의 없이, 특히 완전한 자가 이것을 필요로 하는 경우에 합법적으로 그것을 취하거나 그것을 자기 것으로 만드는 것은 불가하다. 오히려 그는 이것으로써 신법이 영원한 저주의 벌 아래 금지하는 일을 범함으로써, 죽을죄를 행하는 것이다. 그런데 우리가 앞 장에서 지시한 것처럼, 한 법에 따라 금지된 일이 동시에 다른 법에 허용될 수 있다.[78] 즉 보다 큰 불편을 피하기 위해 [결혼에] 매이지 않은 자의 음행이 인간법에 의해 허용되어 있다. 그러나 그것은 신법에 의해 이미 언급한 벌 아래 금지되어 있다.

§ 20. 다른 이의, 즉 어떤 물건에 대한 합법적 사용권을 ―그것의 점유권과 분리될 수 없다 ―가진 자는 필연적으로 그것에 대한 점유권을 가진다고 주장하는 것에 대해 말해야 한다. 만일 점유와 사용의 불가분리성이 사용하는 자의 인격에 관계된다면(점유가 능동적 의미로 사용되어 점유권이 모든 사용자에게 있는 것으로 추론되는 경우), 이 이의를 용인해야 한다. 그러나 이 불가분리성이 물건에 관계된다면(점유가 수동적 의미로 사용된다면), 같은 물건에 대해 사용과 점유는 있으나 그렇기 때문에 점유자와 사용자는 동일하지는 않다. 즉 앞 장[79]에서 분명히 나타난 것처럼 누구라도 자기 것이 아닌 물건을 물건의 점유자가 동의하면 합법적으로 사용할 수 있고, 이의는 이런 의미에서 반박 가능하다.[80]

그러므로 논쟁자가 의도한 것으로 보이는 대전제는 첫 번째 의미에 따

---

78 II, 13, 2; II, 10, 7 참조. 달리 말하면 완전한 자의 물건을 취하는 자는 인간법을 위반하는 것이 아니라 신법을 위반하는 것이다. 그는 다른 세상에서만 처벌을 받으니, 신법은 이 세상에서 강제적이 아니기 때문이다.

79 II, 13, 8.

80 마르실리우스는 능동적 점유, 즉 물건을 가지고 그것을 사용하거나 소비하는 권한과 ―이런 의미에서 사용과 점유는 분리될 수 없다 ―수동적 점유, 즉 물건 자체의 관점에서 바라본 점유를 구별한다. 두 번째 의미에서 사용과 점유는 분리될 수 있고 분리된다. 달리 말해 물건에 대한 점유권 없이 (수동적 의미에서) 물건을 사용할 수 있다.

라 용인되어야 한다. 그리스도와 사도들은 어떤 물건에 대해 합법적 사용권을 가졌고 이 물건에 대한 점유는 사용과 분리되지 않는다. 즉 사용자와 분리되지 않는다고 말하는 소전제에 대해 나는 'dominium'(점유)을 이미 언급한 세 가지 의미에 따라 이해하면서 이 명제를 이단적으로 부정한다.[81] 그들은 자신의 물건에 대한 사용권을 법적으로 가졌거나 아니면 그들의 것이 아닌 물건을 법적으로 가졌다고 덧붙인다면[82] 그들은 두 가지 사용, 즉 때로는 법적으로 자기 물건에 대한 사용, 때로는 점유자의 동의에 의한 타인의 물건의 사용을 가진다고 나는 말한다. 그들이 법에 의해 자신들의 물건에 대한 사용권을 가졌으므로 그 사용과 함께 점유를 가졌다고 말한다면, 우리가 이전에 언급한 것처럼 여기서 논리적 오류를 범하는 것이다.[83] 왜냐하면 어떤 물건이나 그 사용이 어떤 사람에 의해 법적으로 취득되었으므로 그것이 그의 점유라고 추론해서는 안 된다. 그러나 한 물건에 대한 점유나 그 사용에 대한 점유는 어떤 사람에 의해 법적으로 취득되었으므로, 물건이나 그 사용은 그의 것이거나 혹은 그에 의해 법적으로 취득되었다고 추론하는 것은 정당하다. 그리고 계속해서 그가 자기 것이 아닌 물건을(그러므로 타인의 물건이거나 주인이 없는 물건) 사용하는 것이라고 말한다면 양자를 동시에, 혹은 연달아 합법적으로 사용할 수 있다고 나는

---

81 요한 22세에게 그리스도와 사도들은 점유자이다.

82 요한 22세의 교령 'Quia quorundam'에서의 논리이다. "이것은 불가능하다. 즉 어떤 권리 없이 물질을 단순히 실제로 사용한 것"(quod est impossibile, scilicet usum facti simplicem absque iure aliquo). 그리스도와 사도들이 물질을 단순히 실제로 사용했다면 그것은 정당하지 않은 사용이다. 유일하게 정당한 사용은 사용권을 요구하는 것이다. 권리 없는 사용이 보다 정당하다는 것은 부조리하기 때문이다.

83 II, 14, 19. 누군가 정당하게 어떤 물건 혹은 그 사용을 취득했다면, 그렇다고 해서 점유를 얻는 것은 아니다. 그러나 반대로 누군가 정당하게 물건의 점유나 그 사용을 취득했다면 정당하게 물건이나 그 사용을 취득한 것이다. 사용은 점유라는 법적 관계를 내포하지는 않는다. 반대로 점유라는 법적 관계는 사용을 내포한다.

말한다.[84]

완전한 자는 사용에 앞서 혹은 사용과 동시에 물건 자체를 취득하고 그에 대한 점유권을 가지므로, 주인이 없는 물건을 점유권 없이 사용할 수 없다고 먼저 말함으로써, 이 논증의 두 부분이 파괴될 때에 완전한 자는 이런 물건을 먼저 취득한다고 나는 말한다. 그러므로 그가 그 점유자가 된다고 결론을 내린다면 이전처럼 이것은 논리적 오류이다. 즉 완전한 자는 물고기를 잡아서 먹되, 앞에 언급한 물고기나 어떤 일시적 사물을 강제 권한을 가진 판관 앞에서 재판을 통해 자기 것으로 주장하지 않는다고 분명히 먼저 서약했기 때문이다. 그대는, 어떤 물건을 취득하는 자에게 물건에 대한 점유권이 용인된다고 말할 것이다. 나는 그것을 원하는 자에게는 진실이지만, 원하지 않는 자에게는 그렇지 않다고 말한다. 왜냐하면 점유권을 거부하는 것은 앞 장[85]에서 분명히 나타난 것처럼, 신법과 인간법에 따라 누구에게나 허용되어 있기 때문이다.

그다음으로 논증의 다른 부분, 즉 타인의 물건에 대한 사용은 물건에 대해 이미 언급한 점유권 없이는 완전한 자에게 합당하지 않다. 왜냐하면 — 논쟁자는 말할 것이다 — 그러한 사용은 물건 소유자의 허락이나 동의에 의한 것이거나 그렇지 않은 것 둘 중 하나이기 때문이라는 부분이다. 이에 대해서는 소유자의 동의에 의해서 가능하다고 말해야 한다. 즉 그렇지 않다면 사용은 불법적이고, 특히 소유자가 묵시적으로 혹은 명시적으로 동의를 거부한 경우에 불법적이기 때문이다. 그러나 소유자의 동의에 의해서라면 — 논쟁자는 말할 것이다 — 소유자는 완전한 자에게 점유권을 용인하거나 용인하지 않거나이다. 나는 말할 것이다. 양자의 경우에 사

---

84 제2권 제14장 제18절의 진술에 따라 완전한 자는 합법적으로 누구에게도 속하지 않은 물건을 사용할 수 있다. 또한 그는 누군가의 것에 속하는 물건을 사용할 수 있다. 왜냐하면 이 물건은 완전한 자에게 그 사용을 허용하기로 동의한 누군가에게 법적으로 속해 있기 때문이다.

85　II, 13, 3.

용은 합법적이고, 심지어 한 번의 사용을 통해 소비될 수 있는 물건에서도 그렇다라고. 그러므로 완전한 자에게 용인된 물건에 대한 사용이 물건을 소비하는 사용이라고 가정하자. 그가 그에게 용인된 물건에 대한 점유권을 사용과 함께 이용한다면, 따라서 완전한 자는 사용과 더불어 이미 언급한 점유권을 가지는 것이다. 그러나 나는 이전처럼 여기서도 논리적 오류를 범한 것이라고 말한다. 왜냐하면 이 사람은 어떤 사람에게 물건에 대한 사용과 점유를 용인하고, 그러므로 용인받은 자는 물건의 점유자가 된다고 추론해서는 안 되기 때문이다. 왜냐하면 용인받은 자는 한 가지, 즉 물건을 사용할 합법적 권한을 받아들일 수 있고 다른 것, 즉 점유는 거부하거나 혹은 이미 오래전에 서약을 통해 거부했기 때문이다. 논쟁자는 다음과 같이 말할 것이다. 그렇다면 이 물건에 대한 점유권은 누구에게 있는가? 나는 [점유권을] 넘겨받기를 바라지 않는 완전한 자에게 분명하게 용인하기 전에 물건을 가졌던 소유자의 것이거나, 아니면 아무의 것도 아니라고 말한다. 소유자가 이런 명시적 용인을 통해 인간법에 따라 물건에 대한 점유권을 스스로 빼앗긴다면, 그럼에도 불구하고 완전한 자는 심지어 사용에 의해 소비되는 물건조차 그가 정당하게 취득한 물건으로서 합법적으로 사용할 수 있으니, 비록 그에 대한 점유는 누구의 소유에도 속하지 않을지라도 말이다. 그러나 물건의 소유자가 어떤 완전한 자에게 자기 물건의 점유 없이 소비를 용인했다고 말한다면, 그리스도와 그의 사도들과 모든 완전한 자는 최고의 가난 안에 머물면서 합법적으로 모든 물건에 대해 소비하고 파괴할 수 있다고 나는 말한다. 그가 소유자에게서 그의 행위 없이 그의 물건의 점유권을 빼앗기 때문에 불법적 사용이 된다고 말한다면, 여기서 한 번의 사용에 의해 소비되는 물건의 소유자가 완전한 자에게 사용을 용인하고, 물건이 존재하는 동안에 물건에 대한 점유를 자신에게 유보한다는 의도를 갖고 사용을 합법적으로 용인할 수 있음을 주목해야 한다. 그러나 물건이 — 점차적이든 한 번이든 간에 — 존재하기를 중지하는 순간에 그는 점유를 유지할 의도가 없고 도리어 지금부터 그것을 포기하지만, 그 순간부터이며[86] 그 이전에는 아니다. 완전한 자들에게 자선을 용인하는 자들도 이렇게 하니, 이것은 어떤 악한 자들이 그들에게서 그것을 빼앗지 않게 하기 위함이다. 왜냐하면 완전한 자들은 그런 것을 재판을 통해 혹은 강제 권한을 가진 판관 앞에서 반환 청구할 권한을 자발적이기는 하지만 스스로 빼앗았기 때문이다. 즉 물건의 소유자가 자기 물건에 대한 점유를 영원히 가지려고 의도했다면, 그는 미치지 않고서는 결코 완전한 자에게 그것을 파괴할 사용을 용인하지 않거나 용인해서는 안 될 것이다. 왜냐하면 아무도 존재하지 않은 물건의 소유자가 될 수 없기 때문이다. 마찬가지로 완전한 자도 그것이 소유자의 의도라는 것을 깨닫는다면, 이런 사용에 대한 용인을 받아들일 수 없을 것이다. 그러므로 물건이 소비되고 있거나 완전히 소비된 한에서, 물건의 소유자는 자신의 행위[87]를 통해 점차적으로 혹은 한 번에 물건에 대한 점유를 박탈당한다. 왜냐하면 그는 이렇게 박탈당하기를 바라고 이것을 표현하기 때문이고, 그러므로 불의를 당하지 않는다고 나는 말한다. 그렇기 때문에 완전한 자들이 타인의 물건을 사용하는 것도, 물건의 소유자가 그렇게 원한다면 결코 불법적이 아니고 오히려 거룩하고 숭고하다. 그리고 그들은 이렇게 그 물건을 합법적으로 이미 언급한 점유권 없이 사용한다.

§ 21. 나는 그다음의 이의를 마지막 부분의 첫 번째 이의[88]를 해결하면서 완전히 진술했다. 「디모테 전서」 제3장과 「디도서」 제1장, 즉 주교는 손님 환대를 좋아해야 한다는 것에서부터 출발해서 한 주교는 그리스도와 사도의 완전한 모방자가 되려면 언제 어디서나 최고로 가난하거나 완전해야 한다고 가정하는 다른 이의에 대해[89] 나는 다음과 같이 말한다. "주교

---

86 예를 들어 빵이 완전한 자의 입속으로 사라지는 순간.
87 사용의 용인.
88 II, 14, 4; II, 14, 19 참조.

는 …… 해야 한다'라는 말은 이중적으로 사도적 의미에서 이해해야 한다. 즉 한편으로는 단순히 절대적·필수적으로, 다른 한편으로는 조건적·필수적으로 말이다. 또한 내적 상태 내지 확고한 계획에 있어 혹은 내적 상태와 외적 결과에 있어서 말이다. 그러므로 절대적·필수적 의미에서 주교가 의지에 있어 손님 환대를 좋아해야 한다는 것으로 이해한다면 이것은 진실이므로 나는 사도가 그렇게 이해했다고 말한다. 그러나 주교는 외적 결과에 있어 그래야만 한다고 이해한다면, 그것은 절대적으로 그래야 하는 것이 아니라 조건적으로만 그래야 한다. 즉 그가 손님 환대를 행할 수 있는 자원을 가진 조건에서만 그렇다는 것을 나는 말한다. 주교가 외적 결과에 있어 손님 환대에 대한 필연적 의무가 절대적으로 있다면, 그는 필연적으로 세속적 물질을 가져야 하고 보존하려고 해야 하며, 따라서 법정에서 그에 대한 권리를 주장하고 그에 대한 점유권을 얻으려고 할 것이다. 그러나 그는 이것에 대해 절대적으로 의무가 있지 않고 조건적으로만 그렇다. 왜냐하면 사제 가운데 가장 높은 자는 외적 행위에 있어 때로 손님 환대를 지키지 않았다. 즉 그는 "인자는 머리 둘 곳이 없다"[90]라고 말했고, 또한 우리가 앞서 인용한 것처럼 "주님은 너무나 가난해, 그는 세금을 낼 돈이 없었다"[91] 그가 내적 의지에 있어 언제나 손님 환대를 지켰다고 할지라도, 그가 외적 결과에 있어 무엇으로 어디서부터 손님 환대를 지켰겠는가? 그러므로 논증의 대전제에 대해 이의를 제기해야 한다. 조건적으로 외적 손님 환대 혹은 절대적으로 내적 손님 환대 의무가 있는 자는 어떤 세속적 물질의 소유자가 될 필요는 없다. 그러나 「요한복음」 제21장의 "내 양들을 치라"[92]에 대한 주해에서 분명히 나타나듯이, 주교는 할 수 있는 한 미래를

---

89 II, 14, 4 참조. 「디모데 전서」 3:2; 「디도서」 1:7 참조.

90 「마태복음」 8:20.

91 「마태복음」 17:26의 주해 참조.

92 「요한복음」 21:15-17; Thomas Aquinas, *Catena aurea*, 해당 구절에 대한 주해 참조.

대비하는 자 혹은 보관하는 자가 되어야 하지만 자신을 위해서가 아니라 가난한 자들을 위해 그래야 한다.

§ 22. 복된 암브로시우스의 서신 『바실리카를 양도함에 대하여』에서 인용한 것처럼[93] 거룩한 주교들은 부동산에 대한 점유권을 가졌다는 이의에 대해 암브로시우스와 다른 거룩한 주교들은 밭과 그들이 그 밖에 교회의 것이라고 말한 것을, 그들은 밭과 기타 교회 재산에 대해 판매하거나 매각하는 점유권, 혹은 개인적으로 혹은 공동으로 소유했다고 주장하는 권한을 가졌기 때문에 —그들이 (우리가 현재에 가정하는) 최고 가난의 상태를 지켰다면, 밭과 기타 교회 재산은 종종 교회의 이름으로 표현된다 —교회의 것이라고 말한 것이 아니라고 나는 말한다. 도리어 다만 그것에서 나오는 수입이 입법자나 다른 기부자를 통해 예배와 복음과 성전의 일꾼의 생계를 위한 것으로 정해진 한에서만 교회의 밭이라고 불렸다. 즉 그들, 즉 이 장 앞에서 말한 것처럼 입법자의 손 안에 밭에 대한 점유권, 즉 그것을 달리 처분하려고 하는 모든 자로부터 방어하고 매각하는 권한이 있었다. 이것이 앞서 언급한 거룩한 교부들의 견해였다. 그러므로 암브로시우스는 같은 서신에서 이미 언급한 것에 덧붙여 다음과 같이 말한다. "황제가 밭을 원하면 그는 그것을 주장할 권한이 있다. 우리 중, 즉 사제나 주교들 중 아무도 간섭하지 않는다. 백성이 거둔 것은 가난한 자들에게 넘쳐 흘러갈 수 있다. 밭 때문에 시기를 야기해서는 안 된다. 원한다면 그것을 제거해야 한다. 나는 황제에게 그것을 선사하지 않고, 또한 거부하지도 않는다."[94] 그러나 오늘의 주교들은 이렇게 말하지 않을 것이다. 그러나 암브로시우스는

---

93 Ambrosius, *Sermo contra Auxentium de basilicis tradendis*, c. 33, in: MPL, 16, p. 1060.

94 Ambrosius, *Sermo contra Auxentium de basilicis tradendis*, c. 33, in: MPL, 16, p. 1060.

밭을 방어하지 않거나 황제에게 거부하지 않으면, 죽을죄를 범한다는 것을 알았다면, 그는 확실히 거부했을 것이니, 이스라엘의 교사[95]에 속하며 그런 것을 몰라서는 안 되고 아마도 모르지 않았고 그러나 신보다는 인간의 마음에 들려고 하는 자들[96]이 꿈꾸는 것처럼, 특히 그가 단순히 외적 손님 환대의 의무가 있었다면 말이다.

§ 23. 그러나 그리스도에 대해 특별히 입증된 것,[97] 즉 인간법에 따르면 어떤 인간을 죽음에서 속량한 자는 그 인간과 그의 세속적 물질의 주인이 되는데, 그리스도는 모든 인간을 죽음에서 속량했다는 것이다. 나는 대전제에 대해 다음과 같이 말한다. 이것은 일반적으로 진실하지 않다. 또한 국가법에 따라서도 아니니, '만일 원하면'을 추가하지 않는 한 그렇다. 즉 법에 따라 죽음에서 속량받은 자와 그의 세속적 물질의 주인이 되는 것이 속량자에게 허용되어 있다고 하자. 어떤 인간을 죽음에서 속량하는 자는 필연적으로 그의 주가 되지 않으니, 즉 그가 그것을 원하지 않고 그것을 포기한다면 그렇지 않다. 그렇기 때문에 인간법처럼 그리스도가 모든 인간을 죽음에서 속량했고, 따라서 그가 모든 인간의 주가 될 수 있다고 하자. 그럼에도 불구하고 나는 말한다. 그리스도는 완전한 자로서 세속적 물

---

95 「요한복음」 3:10.

96 요한 22세의 교령 'Ad conditorem canonum'를 맹신하고 방어하는 자들에 대한 비판 — 예를 들어 추기경 베렝가르 프레돌리(Berengar Fredoli), 비탈 뒤 푸르, 베르트랑 드 라 투르, 그리고 베르트랑 드 몽파베 — 이다. 특히 후자는 교황에게 다음과 같이 말했다. "그럼에도 불구하고 나는 그리스도가 항상 가졌다고 말하지 않는다. 도리어 성하와 그 거룩한 교황좌의 교정과 결정에 따라 그리스도가 물건을 단순히 가졌다고 말하고 믿는다. …… 하물며 성하는 그의 자문과 조언자들을 두렵게 만들었으니, 언젠가 그의 무신적, 가증스러운 오류에 대해 강하게 대항하고 비난했던 추기경 주교들과 신학부 교수들조차도 그의 진노를 두려워하며, 그들의 비난을 취하해 일시적 저주를 모면하려고 했고 소심해졌다"(Quillet, p. 336, 각주 79에서 번역).

97 II, 14, 5.

질의 주가 아니었으며, 그에게 인간에 대한 점유 내지 취득된 점유가 있지 않았으니, 이 권의 제4장과 바로 앞 장[98]에서 충분히 나타난 것처럼 그리스도는 인간 및 물건에 대한 점유를 포기했기 때문이다. 혹은 그리스도는 그가 우리를 죽음에서 속량한 상태를 위해, 즉 현세가 아니라 다른 세상을 위해 만물의 주가 된다고 말해야 한다. 왜냐하면 그는 우리를 이 세상의 죽음에서 속량한 것이 아니기 때문이니, 인간법도 그 죽음에 대해 말한다. 그러므로 그는 그의 속량을 통해 인간이나 그들의 세속적 물질에 대한 점유를 이 세상의 상태를 위해 취득한 것이 아니다. 그리스도가 모든 인간의 세속적 물질에 대한 주라면, 그가 자기 자신에 대해 「마태복음」 제8장과 「누가복음」 제9장[99]에서 "인자는 머리 둘 곳도 없다"라고 말함으로써 어떻게 진실을 말했겠는가? 그러므로 문제의 두 번째 해법에서 진술된 것처럼 그는 그런 점유를 취득하지 않았거나, 모든 완전한 자들이 행할 수 있는 것처럼 그가 그것을 취득할 수 있었지만 그것을 원하지 않았고 포기했거나, 아니면 그는 분명히 거짓말했을 것이지만 이것을 믿는 것은 불가능하다.[100]

§ 24. 「요한 계시록」 제19장[101]에서는 그리스도에 대해 "그는 그의 옷에

---

98 II, 13, 33.

99 「마태복음」 8:20; 「누가복음」 9:58.

100 여기서 평화의 수호자의 주요 명제가 있다. 즉 그리스도는 세속적 주가 아니었고, 결코 일시적 점유를 갖지 않았다. 마르실리우스는 교황청의 주장에 대항해 그리스도는 세속적 주권을 갖지 않았고, 오히려 이 세상의 권세에 굴복했음을 입증했다. 제2권 제11장에서 그리스도는 가난을 사제들에게 조언했음을 입증했다. 제13장과 제14장에서는 그리스도의 두 번째 형태의 포기를 확정했다. 첫 번째 포기, 즉 정치적 권한의 다른 관점에 불과한 것의 포기, 즉 일시적 물건의 점유 포기. 그리스도는 정치적 권한을 원하지 않았고, 자발적으로 일시적 물건을 포기했다. 그러므로 사제들, 특히 교황과 주교들은 모든 종류의 정치적 권위를 거부해야 하고 모든 점유를 포기해야 한다. 이것은 신정적(神政的) 이론의 완전한 반박이다. 이에 대한 토론은 제2권 제22장에서 전개될 것이다.

왕 중 왕이라고 기록되어 있었다"라고 했으며, 주해에 따르면 이 옷은 인간성의 옷인데, 여기서 인용된 이의에 대해 나는 다음과 같이 말한다.[102] 그리스도는 이 이름을 "인간성의 옷에 기록했으니", 왜냐하면 신의 말씀이 인간의 피부와 결합되어 있었기 때문이다. 이 때문에 저 주권이 그 자신에게 마땅히 귀속되어야 했다. 말씀이 양가죽 위에 기록된 것처럼 말이다. 양가죽은 학문이나 진리를 표현하는 한에서 존경할 만한 점을 갖기 때문이다. 혹은 거기서 복된 요한은 이런 점유, 즉 일시적 점유에 대해 생각하지 않았고 오히려 영원한 나라의 통치, 혹은 영원한 나라에 대해 생각했다고 말해야 한다. 그러므로 주해는 다음과 같이 덧붙인다. "왕 중 왕, 즉 모든 성도 위의 왕." [그런데 이들은 도중에 아니라 조국에 있다.][103]

§ 25. 그러므로 로마교황이나 다른 주교는 착각해서는 안 되고 다른 사람을 착각하게 만들어서도 안 된다. 왜냐하면 그가 세속적 물질을 소유하고자 하거나 그 점유자가 되려 한다면, 아마도 구원의 상태 안에서도 합법적으로 이것을 할 수 있겠지만 그가 그리스도와 사도들처럼 최고 가난이나 완전의 상태를 지키면서 그렇게 할 수는 없다.[104]

우리는 보상받을 만한 가난이 무엇인지 혹은 그 최고 형태, 즉 그것의

---

101 「요한 계시록」 19:13/16 및 행간 주해.

102 첫 번째 반박의 의미는 이런 듯하다. 그리스도에게서 신의 말씀, 즉 신과 인간의 피부, 즉 인간이 연합되어 있다. 그리스도는 신으로서가 아니라 인간으로서만 주권을 갖는다. 제25절에서는 그리스도의 지상적 주권을 어떤 형태로든 부정하는 두 번째 반박만 전제된다.

103 이 부분은 일부 사본에는 없다.

104 교황의 신정(神政) 옹호자들은 왕 중 왕의 표제가 인간성의 옷 위에 기록되어 있다는 사실으로부터 그리스도가 세속적 왕이며, 사도들의 후계자인 교황도 역시 그래야 한다고 결론을 내린다. 반면에 마르실리우스에게 이것은 영적 왕권을 나타내기 위해 인간의 피부에 새겨진 단순한 표지일 뿐이다. 양가죽, 즉 양피지가 교리와 진리를 기록하기 위해 이용된 것처럼 말이다.

완전한 방식, 그리고 그리스도와 그를 모방하는 사도들이 길에서(in via) 이것을 지켰다는 사실을 진술을 통해 충분히 확증했다고 믿는다.

제 15 장

사제직을 본질적인 것과 우연적인 것으로, 분리 가능한 것과
분리될 수 없는 권한으로 구분함에 대하여,
그리고 모든 사제는 본질적 권위에서 주교 아래 있지 않고
다만 우연적 권위에서만 그렇다는 사실[1]

§ 1. 여기에 연결해서 어렵고도 심히 고려할 필요가 있는 문제가 있다.
이미 우리는 제1권 제15장[2]에서 말했고, 이 권의 제8장 끝[3]에서 어느 정
도 상기시켰다. "인간 입법자는 자체적으로 혹은 통치하는 부분을 통해 국
가의 모든 직무 내지 구성요소의 제정을 위한 작용인이다." 이와 더불어

---

1 교구 사제와 주교의 차이는 교회 구조에 관한 탁발 수도사들과 재속 성직자 간의 논
   쟁의 핵심 요소였다. 탁발 수도사들은 주교와 수도사들은 완전의 상태에 있는 반면,
   교구 사제들은 그렇지 않다고 주장했다. 헨트의 헨리쿠스(Henricus de Gandavo,
   Henry of Ghent, 1217?~93)는 반대 관점에서, 제정에 의한 신분을 본질적인 것과
   우연적인 것(adventicius)으로 구별했다. 신자들 가운데 본질적 신분은 결혼한 자,
   독신자, 그리고 교구 사제(rector)이다. 교구 사제는 두 계급이 있으니, 사제와 주교인
   데, 그들은 똑같이 완전의 상태에 있다. 대조적으로 수도사들 간의 차이는 순전히 우
   연적이다. Henricus de Gandavo, *Quodlibet XII quaestiones 1-30*, Leuven 1987,
   pp. 197~203.

2 I, 15, 4/8.

3 II, 8, 9.

우리는 제1권 마지막 장[4]에서 새로운 법의 사제직 혹은 사제적 직무는 그리스도에 의해서만 제정되었음을 말했다고 기억하는데, 그런데 그는 모든 세속적 통치와 모든 세속적 물질에 대한 점유를 포기했다는 것을 우리는 이 권의 제4장과 제11장, 제13장과 제14장[5]에서 지시했으며, 제1권 제12장과 제13장[6]에서 그는 인간적 입법자가 아니었다고 지시했다. 그러므로 우리는 국가의 모든 직무의 제정자와 인간 입법자 혹은 통치자는 동일하지 않다고 말한 듯하다. 그러므로 어떤 사람은 이 때문에, 특히 신자 공동체에서 사제직을 제정하는 권한이 누구에게 있는지 당연히 의심하게 될 것이다. 왜냐하면 앞에서 그것에 대해 진술한 것이 서로 모순되는 듯하기 때문이다.

§ 2. 우리가 진술 간의 이 명백한 모순을 없애려 하면서, 우선 제1권 제6장과 제7장[7]에서 말한 것, 즉 국가 직무를 영혼의 하비투스(상태)라고 표현하는 한에서, 모든 직무의 원인이 다르고, 그것을 통해 필요를 만족시키기 위해서 국가의 구성요소들이 제정되어 있는 한에서, 그 원인이 다르다고 말한 것을 기억할 것이다. 우리는 국가의 나머지 직무에서처럼, 사제직에서도 이 점에 상응하여 고려해야 한다. 왜냐하면 그것이 성서 교사들

---

4 I, 19, 5.

5 II, 4, 3; II, 11, 3; II, 13, 33; II, 14, 23.

6 I, 12, 1; I, 13.

7 I, 6, 10; 1, 7, 1-3. 국가의 직무가 영혼의 하비투스인 한에서, 그 제정의 원인은 그것을 수행할 수 있는 인간의 적합성이다. 그것이 삶의 필요의 관점에서 제정된 한에서, 그 작용인은 군주이다. 사제에 있어서, 마르실리우스의 입장은 다음과 같다. 성례전의 권한은 신에 의해 제정된 것이다. 모든 사제에게는 지워질 수 없는 사제적 품격이 있으니, 그것은 그리스도 자신에 의해 사제에게 직접 수여되었다. 그러나 군주가 국가의 모든 직무의 작용인인 한에서, 이 직무를 수행할 인간을 지명하는 것은 군주의 몫이다. 마르실리우스는 사제의 공적 기능(군주에 의해 국가 삶의 필요한 부분으로서 제정된 것)과 영혼의 천성적 적합성을 (그리스도에 의해 부여된 품격) 엄밀히 구별한다.

이 '품격'이라고 부르는 영혼의 어떤 상태를 칭하는 한에서, 사제직의 직접 작용인과 유일한 창조자는 신이기 때문이다. 신은 이 품격을 영혼에 새겼으니, 여기서 인간의 어떤 선행하는 봉사는 예비적인 것과 같다. 이 봉사는 새로운 법에서 그리스도에게서 출발했다. 참된 신이며 참된 인간인 그는 인간 사제인 한에서 봉사를 실천했고, 지금 사제들은 그를 뒤따라서 실천한다. 그러나 그는 신인 한에서, 그가 사제로 제정한 자들의 영혼에 품격을 새겼다. 그는 먼저 사도들을 자신의 직접 후계자로서 제정한 것처럼, 그 다음으로 나머지 사제들을 모두, 그러나 사도들과 이 직무에서 그를 뒤따른 다른 자들의 봉사를 통해서 제정했다. 사도들이나 다른 사제들이 다른 자들에게 안수하고 이것에 덧붙여서 적절한 말이나 기도를 공언할 때, 그리스도는 신으로서 이것을 합당하게 받고자 하는 자들에게 이 상태 내지 사제적 품격을 새긴다.

그리고 나머지 직무의 수여에서도, 그것에 의해서 어떤 품격이 받는 자의 영혼에 새겨지는 과정을 비슷하게 생각해야 한다. 이 사제적 품격은, 하나이든 다수이든지 간에, 사제가 그것을 통해 일정한 말의 선언과 더불어 빵과 포도주를 그리스도의 축복받은 몸과 피로 봉헌하고 나머지 교회 성례전을 시행할 수 있는 권능이다. 그는 이 권능을 통하여 또한 인간을 죄로부터 풀고 맬 수 있다.

§ 3. 그리스도가 사도들에게 「마태복음」 제26장, 「마가복음」 제14장, 「누가복음」 제22장[8]에 기록되어 있는 것을 말했을 때, 그들은 몇 사람의 견해에 의하면 이런 품격이나 이 권능을 받았다. 「누가복음」의 문구가 보다 완전하게 드러나기 때문에 우리는 그것을 인용하고자 한다. "그리스도는 빵을 취하여, 감사하고, 쪼개어서 그들, 즉 사도들에게 주었다. 그리고 말

---

8 「마태복음」 26:26-28; 「마가복음」 14:22-24; 「누가복음」 22:19.

했다. 이것은 너희를 위해 주어지는 내 몸이다. 나를 기억하기 위해 이것을 행하라." 즉 너희는 이것을 행할 권한이 있다. 그러나 어떤 사람들은, 이 권한이 「요한복음」 제20장[9]에 기록되어 있는 말씀을 통해 사도들에게 주어졌다고 믿는다. 즉 그리스도는 그들에게 다음과 같이 말했다. "성령을 받아라! 그리고 너희가 그들의 죄를 용서하는 자의 죄가 용서되고, 너희가 그들의 죄를 유보하는 자의 죄는 유보된다." 다시금 다른 자들은 이것이 「마태복음」 제16장[10]에 기록되어 있는 말씀을 통해 행해졌다고 말한다. 즉 그리스도는 베드로의 인격을 통해 그들에게 말했다. "나는 너에게 하늘나라의 열쇠를 줄 것이다." 혹은 그리스도가 그들에게 같은 복음서 제18장[11]에서 말한 것을 통해 행해졌다고 말한다. "진실로 너희에게 말한다. 너희가 땅에서 매는 것은 하늘에서도 매일 것이고, 너희가 땅에서 푸는 것은 하늘에서도 풀릴 것이다." 반면에 다른 자들은 앞서 언급한 사제적 권한이나 권능은 두 가지라고 말했다. 하나는 성찬의 성례전을 집행할 수 있는 권한, 다른 하나는 인간을 매거나 죄로부터 푸는 권한이 그것이다. 이것들은 상이한 시기에 그리스도의 상이한 말을 통해 사도들에게 수여되었다고 그들은 말한다.[12] 그러나 둘 중 어떤 것이 개연적인지는 현재의 취지에서는 중요하지 않다. 왜냐하면 이 직무의 제정이 언제 어떻게 사도들에게 이루어졌든지 간에, 확실한 것은 그리스도가 그들에게 이 권능을 양도했다는 것, 따라서 이 권능은 사도들을 비롯해 그들 후계자의 사역에서 이 직무를 위해 선택된 다른 사람들에게 수여된다는 것이기 때문이다. 그러므로 「디모데 전서」 제4장에서는 다음과 같이 말한다. "그대 안의 은혜를 소홀히 여

---

9 「요한복음」 20:22-23.

10 「마태복음」 16:19.

11 「마태복음」 18:18.

12 Petrus Lombardus, *Libri Sententiarum* IV, dist. 8, 19, 24, in: MPL, 192, pp. 856~58, 88~92, 900~65; Thomas Aquinas, *Summa Theologica* Suppl. q. 17; IIIa, q. 82.

기지 말라. 그것은 장로의 안수를 통해, 예언을 통해 그대에게 주어졌다."[13] 그리고 부제들은 같은 형식으로 그들의 품격을 사제의 안수를 통해 일정한 품격을 받는다. 여기에 대해 「사도행전」 제6장에서 말한다. "그들은 이들, 즉 미래의 부제들을 사도들 앞에 소개했고 기도하면서 그들에게 안수했다."[14]

§ 4. 나에게는 모든 사제가 우리가 언급한 이 사제적 품격 — 하나이든지, 다수이든지 간에 —, 즉 성찬 혹은 그리스도의 몸과 피의 성례전을 실천하는 권한과 인간을 죄로부터 풀고 매는 권한, 그리고 우리가 다음에 본질적인 권위 혹은 사제로부터 (사제인 한에서) 분리될 수 없는 권위라고 칭할 품격을 아마도 똑같이 가진 것으로 보이며, 로마 주교나 어떤 다른 주교가, 모든 이른바 단순한 사제보다 더 큰 권위를 갖지 않은 듯 보인다.[15] 왜냐하면 히에로니무스, 차라리 사도의 증언에 따르면 이 권위에서 — 그것이 하나이든 다수이든지 간에 — 주교는 사제와 다르지 않기 때문이니, 그의 견해는 아래에서 드러나는 것처럼 명백하다. 즉 히에로니무스는 「마태복음」 제16장의 "네가 땅에서 매면" 등에 대해 다음과 같이 말한다.[16] "다른 사도들은 심판하는 같은 권한을 가진다." 베드로가 가졌던 권한을 보

---

13 「디모데 전서」 4:14. 불가타 라틴어 성서에서는 'per impositionem' 대신에 'cum impositione'으로 되어 있다.

14 「사도행전」 6:6.

15 Jean de Paris, *De potestate regia et papali*, c. 12. "주님이 만찬에서 제자들에게 빵의 형태 아래 자기 몸을 주면서 '나를 기억하기 위해 이것을 행하라'고 말했을 때, 수여한 성직의 품격 내지 권능이라고 불리는 서품의 권능이 하나이고, 성례전 집행의 권능, 특히 고해성사 집행의 권능이 또 다른 하나이다. 이것은 열쇠의 권능 내지 양심의 법정에서 영적 사법의 권능이며, 나병인지 아닌지를 구별하는 권위, 죄책으로부터 풀어줄 수 있는 권능, 영원한 형벌의 고발 상태를 일시적 형벌의 상태로 변경하는 권능에 있다 ……." 마르실리우스는 여기서 전통에 부합해 성직의 권한과 사법의 권한을 구별한다.

16 해당 구절에 대한 *Glossa ordinaria* 참조.

완하라. 즉 그리스도는 부활 후에 그들에게 말한다. "성령을 받아라! 너희가 그들의 죄를 사한 자의 죄는 사함을 받고" 등. 온 교회는 사제와 주교들 안에서 [이 권한을] 가지기 때문이다. 여기서 그는 사제를 앞세운다. 왜냐하면 이 권한은 사제인 한에서 사제에게 먼저 그런 것으로서 부여됨이 마땅하기 때문이다. 성찬의 성례전의 권위에 대해 아무도, 사제적 권위가 로마 교황의 권위와 같다는 것을 부인하지 않는다. 그러므로 몇 사람이 왜 로마 교황이 그리스도로부터 다른 사제들보다 더 큰 열쇠의 권능을 받았다고 (이것은 성서에 의해 입증될 수 없으며, 오히려 그 반대임에도 불구하고) 주장하고, 덜 이성적으로 고집스럽게 단언하는지,[17] 기이한 일이다.

§ 5. 이것을 보다 분명히 파악하기 위해 우리는 장로와 감독(=주교)[18]이라는 용어가 상이한 속성에 따라 동일한 인물에게 부여되기는 했지만, 초대교회에서 동의어였다는 사실을 깨달아야 한다.[19] 즉 장로는 연장자처럼 나이에 따라 부여된 용어이다. 그러나 주교는 감독처럼 품위 혹은 다른 자들을 위한 보살핌에 의해 부여된 용어이다. 그러므로 히에로니무스는 통상 '장로와 부제는 어떻게 다른가'라는 표제의 『에반드루스에게』에서 다음과 같이 말한다. "장로와 주교. 하나는 나이에 따른 표현이고, 다른 하나는 품위에 따른 표현이다. 그러므로 「디도서」와 「디모데 전서」에서 주교와 부

---

17 이들은 교황 신정론자들이다. 예를 들어 Bernardus, *De Consideratione ad Eugenium papam tertium* 2, c. 8, in: MPL, 182, pp. 751C~752C; Augustinus Triumphus, *Summa de potestate ecclesiastica*, qu. 1, 1, 4.

18 그리스어 'ἐπίσκοπος'는 'ἐπισκοπεῖν'(감독하다)의 파생어이다. 독일어 'Bischof', 영어 'bishop'은 'episcopos'의 'e'가 탈락하고, 'p'가 'b'로 변형된 형태이다. 문자적 의미는 감독하고 보호하는 자이며, 한국 가톨릭교회는 '감독' 대신에 '주교'로 통용한다.

19 토마스 아퀴나스처럼 장로와 주교의 본질적 차이를 주장하는 신학자조차도 『신약성서』에서 이 용어의 호환성을 입증한다. Thomas Aquinas, *Summa Theologica* IIa, IIae, q. 184, a. 6 참조.

제의 서품에 대해 언급하지만 장로에 대해서는 침묵한다. 왜냐하면 장로는 주교에 포함되어 있기 때문이다."[20] 이것은 「빌립보서」 제1장에서의 사도의 말에도 분명히 나타난다. "빌립보에 있는 그리스도 예수 안의 모든 성도와 감독들과 부제들에게."[21] 주목하라. 그는 사제들을 다름 아니라 감독(=주교)으로 표현했다. 확실한 것은 한 도시 안의 여러 주교가 여러 명의 사제를 의미한다는 것이다. 또한 같은 사실은 「디도서」 제1장에서 사도의 다음과 같은 말을 통해 분명해진다. "내가 그대를 크레타에 남겨둔 이유는 그대가 부족한 것을 완전히 수습하고, 내가 그대에게 위임한 것처럼 어떤 사람이 흠이 없다면 도시마다 장로들을 임명하기 위함이다."[22] 그가 직접 세워질 장로의 자질을 언급하면서 이어 말한다. "주교는 신의 관리인으로서 나무랄 데가 없어야 한다." 그는 세워질 장로를 단지 주교로 불렀다는 것에 주목하라. 그는 「사도행전」 제20장에서 단일 교회, 즉 에페소스 교회의 사제들에게 같은 말을 한다. "여러분 자신과 온 양떼를 주목하라. 성령은 여러분을 그가 자기 피로써 얻은 신의 교회를 다스릴 주교로 세웠다."[23] 사도는 한 도시, 즉 에페소스 교회에서 여러 사람을 주교로 칭한 것에 주목하라. 이것은 모두 주교로 불린 다수의 사제들 때문이다. 왜냐하면 그들은 백성을 위한 감독이 되어야 했기 때문이다. 그러나 이 표현은 후대 교회에서 나머지 사제들과 백성에 의해 같은 도시나 지역의 으뜸가는 사제직에 임명된 자에게만 유보되었다. 그런데 사도는 그들이 다른 신자들에 대해 가져야 하는 돌봄과 배려를 상기시키기 위해 그들을 장로보다는 감독(=주교)으로 칭한다. 그러나 「디모데 전서」 제4장[24]의 구절에서 분명히 나

20 Hieronymus, *Epistola*, 146, c. 2, in: MPL, 22, p. 1195.

21 「빌립보서」 1:1.

22 「디도서」 1:5-7.

23 「사도행전」 20:28.

24 「디모데 전서」 4:14.

타난 것처럼 사도는 겸손함 때문에 자신을 감독이 아니라 장로로 칭한다. 즉 그는 "은혜를 소홀히 여기지 말라"고 말했다. 베드로와 요한도 자신을 연장자, 즉 장로로 칭했으니, 왜냐하면 이 표현이 나이에 따라 부여되었기 때문이다. 그러므로 「베드로 전서」 제5장[25]에서 말한다. "그러므로 동료 장로요, 그리스도의 고난의 증인인 나는 여러분 가운데 장로들에게 맹세한다." 또 「요한2서」 제1장에서 "장로는 선택된 여주인과 그의 자녀들에게",[26] 또한 「요한3서」 제1장에서 "장로는 친애하는 가이우스에게".[27] 그러나 정경의 공통적 문서들[28]이 '장로' 혹은 '동료 장로'라고 기록한 곳에서 복된 히에로니무스는 앞에 언급한 서신 도처에서 장로 혹은 동료 장로라고 말한다. 왜냐하면 사도들이 이 표현들을 동의어로 사용했기 때문이다.

§ 6. 그러나 사도 시대 이후 사제들의 수가 현저히 증가했으므로, 사제들은 추문과 분열을 피하기 위해 그들 가운데에서 교회 직무와 예배를 수행함에 있어, 헌물의 분배에 있어, 그리고 다른 일을 보다 적절하게 처리함에 있어 다른 자들을 지도하고 정돈할 사람 한 명을 선택했으니, 이것은 모든 자가 이런 일을 자의대로 행하고 때로는 부당하게 행함으로써, 성전의 살림과 봉사가 상이한 경향 때문에 무질서해지지 않게 하기 위함이다. 선택된 사람은 다른 사제들에게 지침을 주기 위해 근래의 관습에 따라 감독하는 자로서 주교라는 용어를 자신에게만 유보했으니, 그는 믿는 백성(=평신도)을 감독하는 자일 뿐만 아니라 ─그 때문에 초대교회에서 사제들을 주교라고 불렀다 ─ 또한 자신의 다른 동료 사제들을 감독했기 때문이다. 그러므로 그런 사람은 안티오크에서 자신에게만 주교라는 용어를 유보했으

---

25 「베드로 전서」 5:1.
26 「요한2서」 1:1.
27 「요한3서」 1:1.
28 상이한 필사본 간의 일치를 의미한다.

며, 그 후 나머지 사람들은 단순히 사제라고 칭해졌다.

§ 7. 그러나 이미 언급한, 인간에 의해 이루어진 선출 내지 지명은 그렇게 선출된 자에게 보다 높은 본질적 공로, 혹은 사제적 권위나 앞서 언급한 권능을 부여한 것이 아니라 다만 신의 집 내지 성전에서 관리와 살림을 위한 권한, 다른 사제, 부제와 나머지 직무자를 지도하고 조정하는 권한만을 부여한다. 오늘날 수도원장에게 수도사들에 대한 권한이 부여된 것처럼 말이다. 이 권의 제4장과 제8장[29]에서 지시되었고 다음 장[30]에서 보다 분명히 나타날 것처럼 인간 입법자가 수도원장으로 선출된 자에게 이것을 용인한 경우가 아니라면[31] 다른 사람들에 대한 강제적 권한이 아니며, 그리고 어떤 다른 내적 권위나 권한이 아니다. 이런 방식으로 전사들은 전쟁에서 대장을 선출하고, 옛날에는 그를 지휘관이나 사령관 (imperator)[32]이라고 부르곤 했다. 물론 이 용어, 즉 'imperator'는 일종의 제왕적 군주정, 최고의 군주정으로 치환되었으니, 오늘날에는 통상 이런 식으로 사용된다. 이렇게 부제들도 그들 가운데 수석 부제를 선출하니, 이런 선출이 그에게 본질적 공로나 부제직보다 높은, 거룩한 신분을 부여하는 것이 아니라 다만 우리가 말한 다른 부제들을 지도하고 조정하는 일종의 인간적 권한만을 부여한다. 그러므로 복된 베드로가 나머지 사도들보다 높은 권한을 갖지 않은 것처럼 로마 주교는 모든 다른 사제보다 높은 본질적 사제적 권한을 갖지 않는다. 왜냐하면 모든 사제는 그리스도로

---

29 II, 4, 1; II, 8, 9.

30 II, 16.

31 주교는 인간 입법자에 의해 강제적 권한이 부여되지 않은 한, 그런 권한을 갖지 못한다. 그의 지명은 이미 순수 인간적 질서에 속한다. 즉 그의 권위는 세속 권세에 종속될 따름이다.

32 군사적 직위로서 'imperator'는 키케로의 글에 자주 나타난다. 예를 들어 Cicero, *De Officiis* II, 11, 40; III, 26, 99.

부터 같은 방식으로, 직접적으로 같은 권한을 받았기 때문이다.[33] 이전에 「마태복음」 제16장의 "내가 너에게 하늘나라 열쇠를 줄 것이다"라는 구절에 대해 히에로니무스의 권위에 의해 언급한 것처럼 말이다. 다음 장[34]에서 좀 더 자세히 설명할 것이다.

§ 8. 이것은 앞서 언급한 서신에 나타난 복된 히에로니무스의 견해이니, 그는 여기서 앞서 언급한 사도들의 많은 권위적 진술로부터 그리스도에 의해 부여된 본질적 권위에 있어 장로와 주교는 초대교회 내지 사도 시대에서 전적으로 동일했다는 것을 지시한 후에 주장의 근거를 설명하면서 다음과 같이 말한다.[35] "다른 자들 위에 세워질 한 사람이 선출된 것은 분열을 치유하기 위함이니, 이것은 각자가 그리스도의 교회를 자신에게 끌어들여서 파괴하지 않게 하기 위함이다. 즉 알렉산드리아에서도 사제들은 복음 기자 마가로부터 주교 헤레이다와 디오니시우스까지 언제나 그들 가운데 한 사람을 선출했고, 보다 높은 지위에 앉혔고, 그를 주교라고 불렀다." 군대가 한 사람을 사령관, 즉 오늘날의 어법으로 지휘관이나 대장으로 만든 것처럼 말이다(그러나 오늘날의 어법처럼 'imperator'가 일종의 군주를 일컫는 그런 의미로는 아니다). "혹은 부제들이 그들 가운데 활동적임을 알고 수

---

33 이것은 1327년의 교령 'Licet juxta doctrinam'에서 유죄판결을 받은 명제 중 하나이다. "저 허풍쟁이들은 모든 사제, 즉 교황이든, 대주교든, 단순한 사제든 간에 그리스도의 제정에 의해 같은 권위와 사법권을 가진다고 주장한다." 같은 교령에 의하면 이것은 오류이니, 왜냐하면 『구약성서』의 증언에 따르면, 아론은 대사제였고, 그의 아들들은 단순한 사제들이었으며, 『신약성서』에 의하면 그리스도는 12사도와 62명의 제자가 있었으니, "대사제는 전자의 유형을, 단순한 사제들은 후자의 유형을 행한다." 성직 서열제는 그리스도 자신에 의해 제정되었다. "여기서부터, 사도적 권위에 있어 황제와 구별할 수 없음이 분명히 결론지어진다." 그 밖에 권위는 사도와 단순한 사제들에게 동등하지 않으니, 왜냐하면 교황은 모든 다른 사제를 매고 푸는 권한을 갖기 때문이다. 반면에 다른 사제들은 교황에 대한 권한이 없다.

34 II, 16, 1-13.

35 Hieronymus, *Epistola*, 146, c. 1, in: MPL, 22, p. 1194.

석 부제라고 부르는 한 사람을 선출하는 것처럼 말이다. 주교는 서품을 제외하고 장로들이 하지 않은 무엇을 행하는가?" 즉 본질적 권위의 행위라는 면에서 말이다. 왜냐하면 히에로니무스는 여기서 서품을 거룩한 직분을 부여하는 권한이나 그 직분을 부여하는 것으로 이해하지 않았는데, 이외에는 그의 시대에도 주교들은 사제들이 행하지 않은 여러 가지 일을 행하고 행했기 때문이다. 비록 모든 사제가 주교처럼 신적 권위를 통해 모든 성례전 집행을 위한 권한이 있었을지라도 말이다. 오히려 그는 여기서 서품을 앞서 언급한, 그리고 한 인간이나 인간들이 그에게 직접 수여한 살림살이 권한(potestatem yconomicam)으로 이해했다. 나는 이것을 같은 히에로니무스의 권위와 더불어 이성에 의해 확증한다. 즉 복된 클레멘스, 복된 그레고리우스, 복된 니콜라우스, 다른 성인들처럼 많은 주교들이 이미 온 백성(=평신도)에 의해 선출되었기 때문이다. 확실한 사실은 백성이나 그 동료 사제들을 통해 이들에게 보다 높은 거룩한 직분이 수여된 것도 아니고, 혹은 어떤 내적 품격이 부여된 것이 아니라 다만 교회 의식을 규제하고, 성전 내지 신의 집에서 예배를 수행함에 대해 인원을 조정할 권한이 부여되었을 따름이란 것이다. 또한 그렇기 때문에 성전 내 다른 사제들을 지도하고 백성에게 신앙에 대한 문제를 가르치기 위해 선출된 자들, 이른바 감독은 고대 입법자에 의해 (유스티니아누스와 로마 백성에 의해) 당시 존경할 만한 관리인이라고 불렸으며, 그들 중 최고 인물은 심지어 가장 존경할 만한 관리인이라고 불렸다.[36]

히에로니무스는 이미 언급한 서신에서 주교의 본질적 권위는 사제의 권위와 다르지 않고, 또한 주교나 사제의 권위는 상호 큰 차이가 없다는 것을 다음과 같이 표현했다. "로마 시의 교회가 온 세상의 교회와 다르다고 생각해서는 안 된다. 갈리아, 브리타니아, 아프리카, 페르시아와 동양, 인도

---

36 마르실리우스는 여기서 주교를 'oeconomus', 즉 교회 재산의 관리인과 혼동한 듯하다. *Corpus iuris civilis, codex Justinianus*, lib. 1, tit. III, c. 25, 41 참조.

와 모든 야만인 민족은 그리스도를 경배하고 진리의 한 규범을 지킨다. 권위를 구한다면 세계는 [로마] 시보다 크다. 주교가 있는 어느 곳에서나 —— 로마든, 에우고비우스든, 콘스탄티노폴리스든, 레기움이든, 알렉산드리아든, 라타니스든 간에 ——그들은 같은 공로와 같은 사제직을 가진다. 부의 권세나 가난의 비천함이 주교를 보다 높게 혹은 보다 낮게 만든다. 그들 모두 사도의 후계자들이다."[37]

§ 9. 그러나 사제직을 제정하는 데 다른 비본질적인 형태가 있다. 앞서 언급한 선출을 그런 것으로 말했는데, 그것을 통해 그들 중 한 사람이 예배 문제에 있어 다른 자들을 조정하거나 지도하도록 임명된다. 어떤 신도들을 위해, 그리고 일정하게 크거나 작은 구역에서 그들 중 몇 사람을 교사와 훈육자, 새로운 법의 성례전을 집행하기 위해, 또한 일정한 지역이나 공동체에 있는 가난한 복음 선포자의 부양을 위해 입법자나 개인에 의해 제정되었고 배정된 세속적 재산을 자신과 다른 가난한 자들을 위해,[38] 그리고 나이 혹은 질병이나 다른 원인으로 인해 자신을 충분히 돌볼 수 없는 가난한 자들을 위해, 그러나 복음 선포자의 필요를 충족하고 남은 것을 분배하기 위해 그들 중 어떤 자들을 선출하고 제정하는 것도 그런 것이다. 이렇게 제정된 세속적 재산은 오늘날의 어법에서 '교회 성직록'이라고 불리는데, 이에 대해서는 이 권의 제14장[39]에서 다루었다. 즉 이것은 앞서 언급한 용도를 위해 관리하도록 성전 일꾼들에게 위임된다. 곧 일정한 지역에서 이 일을 위해 제정되고 선출되고 배정된 일꾼들 말이다. 그들은 그

---

37 Hieronymus, *Epistola*, 146, c. 1, in: MPL, 22, p. 1194. 단 '라타니스' 대신에 '타니스'로 되어 있다.

38 마르실리우스에게 성직록의 수여는 기부자 내지 수여자, 간접적으로는 입법자의 몫이다. 그러므로 입법자는 성직록을 수여하거나 취소할 권한이 있다. 그는 가난한 자와 교회의 일꾼을 부양하기 위해 물건 분배를 조정할 권한을 갖는다.

39 II, 14, 7-8.

것에 의해 사도의 후계자가 되는 그런 본질적 권위에 의해 한 지역이나 한 평신도 무리만을 교육하고 새 법의 성례전을 시행하도록 임명된 것이 아니라 다른 평신도들을 위해서도 임명된다. 즉 사도들도 전적으로 한 지역만을 위해 임명되지 않은 것처럼 말이다. 그리스도는 사도들에게 「마태복음」 마지막 장에서 다음과 같이 말했다. "그러므로 가서 모든 민족을 제자로 삼아라."[40] 여기서 그는 그들을 개별 지역에 대해 지정한 것이 아니다. 도리어 이후에 그들끼리 그들이 신의 말씀이나 복음의 법을 선포하고자 하는 민족과 지역을 분배했고, 때로는 신적 계시에 의해 또한 이것을 경험했다. 그러므로 「갈라디아서」 제2장[41]에서 말한다. 그들, 즉 야고보와 게바와 요한은 "나와 바나바에게 친교의 [표시로] 오른손을 내밀었으니, 그래서 우리는 이교도들에게, 그들 자신은 할례받은 자들에게 가게 되었다".

§ 10. 이에 따라 지금까지의 진술에서 그것이 영혼의 상태나 품격을 나타내는 한에서, 사제직 그리고 거룩하다고 말하는 다른 직분의 제정이 누구로부터 기원하는지가 분명히 드러나는데, 신 내지 그리스도로부터 직접적으로 기원하기 때문이다. 물론 안수, 그리고 거기에 아무런 작용을 하지 않지만 일정한 합의 혹은 신적 질서에 의해 선행되는 말의 선언과 같은 인간의 어떤 예비적 행위[42]가 선행해야 하지만 말이다. 또한 이미 진술한 말에서 다른 인간적 제정이 존재한다는 것이 드러나는데, 이것에 의해 사제 중에 한 사람이 다른 자들 위에 세워지고, 이것에 의해 사제들이 또한 일정한 지역과 백성들에게 신법을 가르치고 훈육하고, 성례전을 시행하고 우

---

40 「마태복음」 28:19.

41 「갈라디아서」 2:9.

42 마이클 윌크스(Michael Wilks)에 의하면, 이것은 유명론적 성례전 이해와 관계된다. 유명론에 따르면 성례전은 신이 행하기 바라는 것을 지시하는 단순한 표시일 뿐이며, 실제적으로 아무런 영향을 끼치지 못한다. Michael Wilks, *The problems of sovereignty in the Later Middle-Ages*, Cambridge 1963, p. 90, n. 2 참조.

리가 성직록이라고 부른 세속적 재산을 분배하기 위해 세워진다.

또한 여기로부터 히에로니무스가 앞서 언급한 서신에서 말한 것처럼 우리가 처음에[43] 본질적이라고 표현한 일차적 권위에 있어 모든 사제가 공로와 사제직에 있어 동등하다는 것이 분명히 드러났다. 여기서 그는 모든 주교가 사도들의 후계자라는 것을 그 이유로 언급했다. 이로써 그는 모든 사도가 같은 권위를 가졌으며, 따라서 그들 중 아무도 특별히 다른 자에 대해, 다른 자 혹은 다른 자들 위에 권위를 갖지 않았으니, 우리가 일차적이라고 부른 본질적 제정에 있어서도, 이차적 제정에 있어서도 그랬다는 것을 암시한 듯하다.

그러므로 그들 후계자의 상호 관계에 대해서도 비슷하게 생각해야 한다. 물론 우리가 이미 이차적이고 인간적 권위를 통해 만들어진 것이라고 말한 제정이 누구에게까지, 누구에게로 소급되고, 어디서부터 기원하는지, 혹은 이성적으로 그것의 작용인이 무엇인지 결정할 일이 남아 있다.

---

43 II, 15, 2.

제 16 장

그리스도가 사도들에게 직접 수여한 직무 내지
권위에 있어 그 동등함에 대하여
이것을 통해 앞 장에서 모든 후계자의
동등성에 대해 말한 것과
어떻게 모든 주교가 차별 없이
모든 사도의 후계자인지가 입증된다

§ 1. 그러므로 이전 장에서 출발해 우리는 여기서 먼저 그 어떤 사도도 다른 사도들에 대해 본질적 권위에 있어, 즉 사제적 권위에 있어 그리스도에 의해 수여된 우선권을 갖지 않았음을 입증할 것이다.[1] 또한 우리가 이 차적인 것으로 표현한 다른 제정에 있어서도 그러하며,[2] 그리스도에 의해 직접 수여된 강제적 사법권에 있어서는 더욱 그렇다.[3] 이 마지막 주제는 이 권의 제4장과 제5장에서 충분히 입증되었지만 말이다. 여기서부터 우리는 필연적으로 그들의 후계자인 주교 중 아무도 개인적으로 특별히 다른 동료 주교나 사제들에 대해 어떤 권위나 권한을 갖지 않는다는 결론을 내릴 것이고, 이것의 정반대는 성서의 말씀에 의해 입증될 수 없는 반면에 우리의 명제는 입증될 수 있다. 그러나 마지막으로 우리가 이 장(章)과 이

---

1 II, 16, 2-6.

2 II, 16, 7-10.

3 II, 16, 11-14.

전 장에서 결론적으로 의도한 것을 필연적으로 도출할 것이다. 즉 우리가 이차적인 것이라고 종종 칭한 이 제정 권한이 다른 국가 부분처럼 그 직무의 작용인으로서 신실한 인간 입법자에게 있다는 것을 말이다.

§ 2. 첫 번째 명제는 「누가복음」 제22장[4]에서 입증할 수 있다. 왜냐하면 그리스도가 사도들에게 성찬 성례전을 위한 권한을 부여하면서 그들에게 다음과 같이 말했기 때문이다. "이것은 너희를 위해 주어지는 내 몸이니, 나를 기억하기 위해 이것을 행하라." 즉 너희들은 이것을 행할 권한을 가지되, 이 행위를 해야 할 때 비슷한 말을 선포함으로써 권한을 가져야 한다. 즉 "이것은 내 몸이다." 그는 이 말을 다른 사도들보다 분명하게 복된 베드로에게 말하지는 않았다. 왜냐하면 그리스도는 이를 행하라(fac)[5]고 다른 사도들에게 이렇게 행할 권한을 수여하라고 말한 것이 아니라 이것을 행하라(facite)고 복수로 모든 사람에게 차별 없이 말했다. 열쇠 권한에 대해서도 전적으로 같은 것을 생각해야 한다. 이 권한이 이 같은 말로 사도들에게 주어졌거나 혹은 「요한복음」 제20장[6]에 있는 말처럼 다른 말로써, 혹은 다른 시기에 주어졌을 수도 있다. 즉 그리스도가 사도들에게 "아버지가 나를 보내신 것처럼 나도 너희를 보낸다. 그들에게 입김을 불며 말했다. 성령을 받아라! 너희가 용서한 자의 죄는 용서받고, 너희가 유보한 자의 죄는 유보된다". 그러므로 그리스도는 "아버지가 나를 보내신 것처럼 나도 너희를 보낸다"라고 말했으며, 그는 베드로나 다른 사도에게 특별히 아버지가 나를 보내신 것처럼 나는 너를 보낸다거나 너도 다른 자들을 보내라고 말하지 않았다. 또한 그리스도가 '그에게' 입김을 불었다고 말하지 않고, 도리어 한 사람을 통해 다른 사람이 아니라 '그들에게'라고 말한다. 그리고

---

4 「누가복음」 22:19.
5 단수 2인칭 명령법.
6 「요한복음」 20:21-2.

그리스도는 베드로에게 성령을 받아(accipe) 나중에 다른 자들에게 주라고 말하지 않았고, 복수로 모든 사람에게 차별 없이 "성령을 받아라"(accipite) 고 말했다. 이 구절은 「마태복음」 마지막 장[7]에 있으니, 거기서 그리스도는 그들에게 다음과 같이 말한다. "가서 모든 민족을 제자로 삼아라." 그는 복수로 차별 없이 "가라"고 말했지, 베드로에게 가서 다른 자들을 보내라고 말하지 않았다.[8]

§ 3. 사도는 이 문제를 결정하기 위해 보다 더욱 분명히 표현한다. 즉 그는 베드로에게서 다른 자들에 대한 특권을 분명히 제거함으로써 사도 중한 사람이 이런 특권 내지 권한을 가졌다고 믿지 않도록 했다. 베드로에게서라는 것은 그리스도가 그에게 특별히 말했기 때문에, 그리고 그는 다른 사람들보다 나이가 많았기 때문에 그일 개연성이 보다 높아서이다. 그리고 「갈라디아서」 제2장[9]에서 다음과 같이 말한다. "뭔가 있는 듯 보인 자들은 나에게 아무것도 부과하지 않았고, 반대로 베드로에게는 할례받은 자들을 위해 복음이 위임되었듯이, 나에게 할례받지 않은 자들을 위해 복음이 위임되었음을 알았을 때,—할례의 사도직에서 베드로에게 역사한 분이, 또한 이민족 사이에서 나에게 역사했다—그리고 그들이 나에게 수여된 은총을 알았을 때, 기둥들로 간주한 야고보와 게바와 요한은 나와 바나바에게 친교의 표시로 오른손을 내밀었다." 그러므로 베드로에게서 사도직을 위해 역사한 자가 또한 바울에게서도 역사했다. 이분이 그리스도였다. 그러므로 바울은 그런 직무를 베드로에게서 받지 않았고 다른 사도들도 마찬가지였다. 아우구스티누스에 따르면, 여기에 대한 주해는[10] 이것을 보다

---

7 「마태복음」 28:19.

8 그리스도는 베드로에게 특권을 주지 않았다. 이것이 마르실리우스가 교회의 수장권을 부인하기 위해 사용한 주요 논거 중 하나이다.

9 「갈라디아서」 2:6-9.

분명히 표현하여 말한다. "뭔가 있는 듯 보인 자들, 즉 베드로와, 주님과 함께 있었던 다른 자들은 나에게 아무것도 부과하지 않았으니, 즉 아무것도 나에게 추가하지 않았다. 여기서 내가 그들보다 열등하지 않음이 분명해졌으니, 주님에 의해 완전하게 되었으므로 [직무] 수여에 있어 내 완전함에 보탤 수 있는 것이 없었다." 바울은 베드로나 다른 자들보다 못하지 않음을 주목하라. 주해[11]는 이 의도를 위해 다음과 같이 덧붙인다. "베드로에게는 할례자들을 위해 복음이 위임되었듯이, 특별히 신실한 자로서 나에게 무할례자들을 위해 복음이 위임되었음을 알았을 때." 베드로처럼 특별히 바울이 보냄을 받았으며 베드로나 사도 중 한 사람에 의해서가 아니라 그리스도에 의해 직접 보냄을 받았음을 주목하라. 사도는 이것을 같은 서신의 제1장에서 이렇게 표현한다. "인간으로부터가 아니고 한 인간에 의해서가 아니라 예수 그리스도와 아버지 신을 통해 사도가 된 바울." 암브로시우스의 주해[12]에 따르면, "여러 사람이 주장하듯이, 사도 바울은 인간 아나니아스로부터 선출되거나 파송되었거나, 사도들에 의해 선출되고 파송된 것처럼 다른 자들에 의해 파송된 것이 아니다." 아우구스티누스에 의하면,[13] 주해는 조금 아래서 덧붙인다. "나머지 사도들은 더 위대한 듯 보였다. 그들은 먼저 사도가 된 자들이기 때문이고, 그는 가장 작은 자인 듯 보였으니, 가장 나중에 사도가 된 자였기 때문이다. 그러나 그는 더 자격이 있는 듯하다. 왜냐하면 그들은 그리스도가 아직 인간이었을 때, 즉 사멸할 인간이었을 때, 먼저 그리스도에 의해 세워졌기 때문이다. 그러나 가장 늦은 바울은 온전한 신, 즉 전적으로 불멸적 신인 그리스도, 그리고 아들을 통해 이것을 행한 아버지 신을 통해 사도가 되었다. 그가 왜 '인간을 통해

---

10 Petrus Lombardus, *Collect.*, in: MPL, 192, p. 107D.

11 Petrus Lombardus, *Collect.*, in: MPL, 192, p. 108A.

12 Petrus Lombardus, *Collect.*, in: MPL, 192, p. 95B.

13 Petrus Lombardus, *Collect.*, in: MPL, 192, p. 95C.

서가 아니라'고 말했는지를 분명하게 하기 위해 '죽은 자들로부터 그를 일으킨 자'라고 덧붙인다. 이렇게 신은 다른 자들을 사멸적 그리스도를 통해 세운 것보다 더 합당하게 불멸적 그리스도를 통해 나를 세웠다."

§ 4. 또한 사도는 이것을 같은 구절 아래에서 이렇게 확인한다. "형제들이여, 내가 전한 복음은 사람에 의한 것이 아니라는 것을 여러분에게 알리고자 한다. 그것은 내가 사람에게서 받았거나 사람에게서 배운 것이 아니라 예수 그리스도의 계시를 통해 받은 것이다."[14] 여기에 대해 아우구스티누스에 의한 주해는 다음과 같다. "형제들이여, 내가 전한 복음은 나를 가르치거나 보낸 사람에 의한 것이 아니라는 것을 여러분에게 알리고자 한다. 진실로 그것은 인간에게서 나온 것이 아니다. 그것은 내가 사람에게서 받았거나 배운 것이 아니다. 그러므로 어떤 인간이 나를 복음 선포를 위해 선택했거나 나에게 부과한 것이 아니다. 나를 가르친 인간으로부터 배운 것도 아니요, 예수 그리스도의 계시를 통해 받은 것이다."[15] 베드로나 다른 사도나 어떤 인간이 바울을 선택했거나 보냈거나 그에게 복음 사역을 부과한 것이 아니라는 점을 주목하라. 다른 사도들에 대해서도 동일하게 판단해야 한다. 그러므로 베드로가 직접 신으로부터 다른 사도들에 대해 권능이나 강제적 사법권을 갖지 않았으며, 또한 그들을 사제직에 세우거나 그들을 구별하거나 설교직으로 파송하는 권한을 갖지 않았다. 이 점을 용인할 수 있지 않는 한 말이다. 즉 그는 나이나 직위에서 다른 자들보다 앞에 있었으니, 이것은 어쩌면 시간적으로 혹은 그를 이 때문에 당연히 존중한 사도들의 선출 때문일 수는 있다. 그러나 아무도 이 선출을 성서에서 입증할 수 없다.

---

14 「갈라디아서」 1:11-12.
15 Petrus Lombardus, *Collect.*, in: MPL, 192, p. 99C/D.

§ 5. 우리가 말한 것이 진실함의 증거는 복된 베드로가 자신을 위해 특별히 다른 사도들에 대해 권위를 요구하지 않았음을 성서에서 발견하며, 오히려 그는 그들과 동등성을 유지했다는 사실 때문이다. 왜냐하면 그는 자신을 위해 복음 선포 때 교리에서 의심스러운 것을 결정하는 권한을 주장하지 않았고, 복음에서 의심스러운 것은 사도들과 다른 학식 있는 신자들의 공동적 숙고를 통해 결정했으며, 베드로나 다른 사도만의 결정을 통하지 않았기 때문이다. 그러므로 「사도행전」 제15장[16]에 의하면, 복음의 설교자들 사이에 할례받지 않은 신자들을 영원한 복을 얻기 위해 할례를 주는 것이 필요한지 이견이 생겼고 여러 사람이 그것이 필요하다고 말했고, 바울과 바나바는 이에 반대했을 때, "사도들과 장로들은 이 문제를 보기 위해 모였다." 여기에 대해 베드로와 야고보는 필요하지 않다고 말했으며, 장로들과 다른 사도들이 그들의 의견에 동의했다. 그러므로 더 아래 덧붙인다. "그때 사도들과 장로들이 온 교회와 함께, 남자들을 선택하고 그들의 손으로 편지를 써서 …… 안티오크로 보낼 것을 결정했다." 서신 내용은 결정된 내용과 일치하며 이러하다. "사도들과 장로 형제들은 안티오크, 시리아, 길리기아에 있는 이교도 출신 형제들에게 인사를." 같은 구절 아래에 연속되는 견해가 비슷하게 진술된다. "우리는 모여서 남자들을 선택해 여러분에게 보내기로 결정했다." 또한 같은 구절 아래 같은 말이 있다. "여러분에게 더 이상 짐을 부과하지 않는 것이 성령과 우리에게 좋게 보였다." 그러므로 베드로는 앞에 언급한 신앙에 관한 의심스러운 문제를, 어떤 몽상가들이 (그들은 이스라엘의 교사일지라도) 로마 주교가 가지고 있다고 말한 충만한 권세로 결정하지 않았다. 몽상가들은 기록되지 않은 교리에 있어서—베드로는 이것을 감히 하지 않았다—로마 주교가 신앙에 관해 의심스러운 문제를 홀로 결정할 수 있다고 선언했다.[17] 이것은 분명한 오류이

---

16 「사도행전」 15:6,22-25/28.

17 Augustinus Triumphus, *Summa de potestate ecclesiastica*, qu. 10-11; Aegidius

며 성서와 분명히 모순된다. 이 문제에 대해 다음 장과 제20장[18]에서 상세히 말할 것이다.

§ 6. 그러므로 학식 있는 신자들의 모임은 숙고하고, 문제를 결정하고, 선출하고 편지를 썼고, 그들의 권위를 통해 이런 결정을 하고 지시한 것이 효력을 얻었다. 왜냐하면 사도들의 모임은 베드로나 다른 사도 한 사람보다 높은 권위를 가졌기 때문이다. 그러므로 「사도행전」 제8장[19]에 나타난 것처럼 그 모임이 베드로를 사마리아로 보냈음을 우리는 읽는다. "그런데 예루살렘에 있는 사도들이 사마리아가 신의 말씀을 받아들였음을 들었을 때, 그들은 베드로와 요한을 그들에게 보냈다." 그러므로 왜, 그리고 어디서부터 어떤 신을 모독하는 아첨꾼들이 복된 베드로나 다른 사도는 행실이나 말로 이런 권력을 자신에게 귀속시키려고 하지 않은 반면, 각각의 주교가 그리스도로부터 평신도뿐만 아니라 성직자들에 대해서도 권세 충만을 받았다고 감히 주장하는가? 이것을 주장하는 자들은 신뢰가 아니라 조롱을 받아야 하며, 그들을 두려워할 필요가 없다. 왜냐하면 성서는 문자적으로, 즉 명백한 의미로 정반대를 외치기 때문이다. 즉 복된 베드로는 결코 사도들이나 다른 자들에 대해 이런 권세를 갖지 않았으며, 오히려 그리스도의 명령에 따라[20] 동등성을 유지했다. 그러므로 「마태복음」

Romanus, *De ecclesiastica potestate* I, c. 1.

18 II, 17, 1; II, 20, 4-12.

19 「사도행전」 8:14.

20 교황의 수장권을 부인하기 위해 사용된 또 하나의 논거는, 베드로는 자신에게 다른 사도들에 대한 어떤 우월성도 인정하지 않았다는 것이다. 왜 그의 후계자들은 그것을 사칭하는가? 마르실리우스는 "너는 베드로다", "내 양을 치라"의 구절을 신정적(神政的) 해석을 조직적으로 반박한다. 이것은 교령 'Licet juxta doctrinam'에서 정죄된 명제 중 하나이다. "저 베리알의 자식들은, 복된 베드로가 다른 사도들보다 큰 권위를 갖지 않았으며, 다른 사도들의 머리가 아니었다는 교리를 주장했다." 그러나 그리스도가 교회의 참된 토대라면, 베드로가 교회의 파생된 토대라는 것 역시

제23장[21]에서 "너희들은 랍비라고 불려서는 안 된다. 너희 선생은 한 분"인 그리스도이니, "너희들은 모두 형제다", 즉 동등하다. 그는 한 사람의 예외도 없이 '모두'라고 말했다. 이 견해는 사도에 의해 「갈라디아서」 제2장[22]에서 확증된다. 그는 이렇게 말한다. "나는 계시에 따라 올라갔고 내가 이 교도들 사이에 선포한 복음에 대해 그들과 상의했다." 아우구스티누스에 의한 주해는 다음과 같다.[23] "그리고 내가 그들이 더 위대한 자들인 것처럼 그들로부터", 즉 베드로나 다른 중요한 사도들로부터 "배운 것이 아니라"(그들에 대해서는 아래 언급될 것이다) "도리어 친구와 동등한 자들처럼 그들과 상의했다". 같은 말이 같은 구절 아래 있다. 즉 사도는 말했다. "그러나 게바가 안티오크에 왔을 때, 그는 비난받을 만했기 때문에, 나는 그와 대면했다." 이 구절에 대해 히에로니무스의 주해[24]에서는 "그들은 나에게 아무 것도 말하지 않았으니, 내가 베드로와 말했다"라고 한 후에 다음을 덧붙인다. "나는 그와 동등한 자로서 대면했다. 그가 자신이 동등하지 않은 것이 아님을 알지 못했다면 감히 이렇게 하지 못했을 것이다." 그러므로 베드로가 나이에서 연장자이고 시간적으로 먼저 영혼의 목자였다고 할지라도, 바울은 직무와 권위에서 베드로와 동등했고 열등하지 않았다는 것에 주목하라.

§ 7. 복된 베드로도 다른 사도도 다른 자들에 대해 우선권을 갖거나 초대교회에 바쳐진 세속적 재산을 분배함에 있어 권력을 갖지 않았다는 것

진실이다. 그는 다른 사도들보다 큰 권위를 가진다. "왜냐하면 확실한 것은 목자가 양떼보다 큰 권위를 갖기 때문이다. 그런데 베드로는 주님의 모든 양떼의 목자로 세워졌다." 교령에 의하면, 그리스도는 베드로에게 무한한 권위를 선사했다.

21 「마태복음」 23:8.
22 「갈라디아서」 2:11.
23 Petrus Lombardus, *Collect.*, in: MPL, 192, p. 103C.
24 Petrus Lombardus, *Collect.*, in: MPL, 192, p. 108D.

또한 분명하다. 그러므로 「사도행전」 제4장[25]에서는 다음과 같이 말한다. "밭과 집을 소유한 모든 자는 그것을 팔아 그 값을 가져왔고 사도들의 발 아래 놓았다. 그러나 그 값은 각 사람에게 필요한 만큼 분배되었다." 교회 에 바쳐진 세속적 재산의 분배는 사도들을 통해 공동적으로 이루어졌고 베드로에 의해서만 이루어지지 않았음에 주목하라. 그들은 그것을 베드로 의 발 아래 놓았다고 말하지 않고 사도들의 발 아래 놓았다고 말했기 때 문이다. 그리고 베드로가 분배했다고 말하지 않고 [그 값이] 분배되었다고 말한다.

§ 8. 그러므로 나에게 말하라. 어디서부터 그런 것을 원하는 대로 분배 하는 권한, 혹은 인간들의 유언장에서 경건한 목적을 위해 유증되어 보관 이나 분배를 위해 다른 자들에게만 위탁된 것이 마치 자신에게만 속한 것처 럼 반환 요구할 수 있는 권한이 로마 주교에게 왔는가? 왜냐하면 로마 주 교는 신법이나 인간법에 따라 유증자의 의지나 이렇게 처분하는 자의 의 지 같은 합리적인 법에 의해 다른 사람의 신뢰와 감독에 맡겨진 이런 물질 을 자신을 위해 혹은 다른 사람과 함께 요구하는 것이 허용되지 않기 때 문이다. 왜냐하면 다른 곳에 기록[26]된 것처럼 유증자가 자신의 것에 대해 말해야 한다면 그것이 곧 법이 될 것이기 때문이다. 왜냐하면 성서에서는 이 권한이 로마 주교나 다른 주교에게 있다는 것을 믿게 만드는 근거는 도 출될 수 없으며, 차라리 그 반대 근거는 도출될 수 있기 때문이다. 그러므 로 이 유증된 것이 일정한 교구의 교회에 분배를 위해 위탁되었다면, 이것 은 그렇게 정해진 교구를 지도하는 주교에게 해당하지, 결코 로마 주교에

---

25 「사도행전」 4:34.

26 *Corpus. iur. civ., Codex Justinianus*, lib. 6, tit. 43, l. 7에 대한 *Glossa ordinaria*: "유증자의 의지는 법에 앞서 준수된다". *Authent.* Coll. 4, tit, 1, De nuptiis (Nov. 22), c. 2에 대한 *Glossa ordinaria*: "그러므로 각 사람은 자신의 것을 합당하게 처 분할 수 있으니, 그의 의지가 법이 될 것이다."

게는 해당하지 않는다. 이유는, 로마 주교는 다른 동료 주교나 사제에 대해 그리스도로부터 직접 권세나 권위를 갖지 않기 때문이다. 이것은 이 장의 시작부터의 명제 중 하나였다. 왜냐하면 베드로가 다른 사도들에 대해 권세나 권위를 갖지 않은 것처럼 로마 주교좌에 앉은 베드로의 후계자들도 다른 사도들의 후계자에 대해 권세나 권위를 갖지 않기 때문이다. 베드로는 그들에게 사제직이나 사도직, 주교직을 수여하는 권한이 없었으니, 우리가 성서에서 분명히 입증한 것처럼 모든 자는 이 권세 내지 권한을 베드로의 사역을 통해서가 ─또한 반대로도─ 아니라 그리스도로부터 직접 받았기 때문이다. 아우구스티누스도 이것을 『신·구약성서의 문제에 대하여』 질문 94에서 다음과 같이 분명히 말했다.[27] "같은 날", 즉 성령강림절에 "성령이 제자들에게 부어지던 날에, 법이 주어졌으니, 이것은 그들이 복음의 법을 선포하는 권한을 받고 알기 위해서이다".

§ 9. 베드로가 안티오크에서 다수의 신자에 의해 다른 사도들의 확증이나 서품을 필요로 하지 않고 주교로 선출되었다고 읽는 것처럼[28] 다른 사도들도 다른 지역에서 베드로의 인지나 어떠한 임명이나 서품 없이 지도했다. 왜냐하면 그들은 그리스도에 의해 충분히 서품을 받았기 때문이다. 그러므로 이 사도들의 후계자들은 베드로의 후계자들에 의한 확증을 필요로 하지 않았다고 똑같이 생각해야 한다. 오히려 다른 사도들의 많은 후계자는 베드로의 후계자들에 의해 행해진 어떤 임명이나 확증 없이 합당하

---

27 Augustinus, *Quaestiones Veteris et Novi Testamenti*, qu. 95, in: MPL, 35, p. 2292. 마르실리우스가 '질문 95'를 '질문 94'로 착각한 듯하다.

28 아마도 마르실리우스는 마르티누스 폴로누스(Martinus Polonus, ?~1278)의 『연대기』(*Chronicon pontificum et imperatorum*)에서 인용한 듯하다. "Deinde venit Antiochyam anno 38, nativitatis Christi, ubi cathedram adeptus sedit annis 7" (그다음에 그는 그리스도의 탄생 후 38년에 안티오크에 왔으니, 거기에 도달해 7년간 자리에 앉았다). MGH, *SS*, XXII, p. 409.

게 주교로 선출되었거나 임명되었고, 그들의 지역을 거룩하게 통치했다. 이것은 콘스탄티누스 황제 시대까지 적법하게 준수되어 존속했다. 그는 로마인의 주교들과 교회에 세상의 다른 교회들, 주교들 내지 장로들에 대해 어떤 우선권과 권력을 부여했다.[29] 사도는 베드로와 사도들의 이런 동등성을 「갈라디아서」 제2장[30]에서 이런 말로 지시했다. 야고보와 베드로, 요한은 "친교의 오른손을 내밀었다. 그래서 우리는 이교도들에게, 그러나 그들은 할례받은 자들에게 가야 한다". 앞에서 아우구스티누스에 의한 주해[31]에서 충분히 지시된 것처럼 '친교의 오른손'은 그러므로 '동등함'의 표시였다. 그러나 여기서 사도의 발언은 너무나 분명하므로 주해가 필요하지는 않다. 우리는 이 견해를 앞에서 히에로니무스의 서신 『에반드루스에게』에서 인용했다.[32] 그는 모든 주교는 로마에 있든지 다른 곳에 있든지 간에, 같은 사제직과 같은 공로를 가지며,[33] 혹은 그리스도에 의해 직접 부여된 같은 권한을 갖는다고 말한다.

§ 10. 그럼에도 불구하고 어떤 거룩한 교부들이[34] 복된 베드로를 '사도들의 군주'라고 기록한다면, '군주'라는 표현은 넓은 의미에서 비본래적으로 사용된 것이다. 그렇지 않다면 그리스도의 견해와 발언에 분명히 모순될 것이다. 그리스도는 「마태복음」 제20장과 「누가복음」 제22장에서 다음과 같이 말한다. "민족들의 군주들은 그들을 다스리지만, 너희들은 그렇지 않다." 그러므로 이렇게 말해야 할 것이다. 거룩한 교부들이 그렇게 말한 이

---

29 콘스탄티누스의 증여 문서: Pseudo-Isidorus, *Collectio Decretalium*, in: MPL, 130, pp. 247~50.

30 「갈라디아서」 2:6-9.

31 Petrus Lombardus, *Collect.*, in: MPL, 192, p. 107B/C.

32 Hieronymus, *Epistola*, 146 *Ad Evandrum*, in: MPL, 22, p. 1194.

33 II, 15, 8.

34 예를 들어 Hieronymus, *De viris illustribus*, c. 1, in: MPL, 23, p. 607B.

유는, 그리스도가 베드로에게 사도들에 대한 어떤 권한을 직접 주었기 때문이 아니라 오히려 아마도 베드로가 연장자이거나 그가 먼저 그리스도를 신의 참된, 본성상 동일한 아들로 알았기 때문이거나, 혹은 아마도 그가 신앙에서 보다 정열적이고 보다 한결같았거나, 혹은 그가 그리스도와 교제했고, 상의를 하고 은밀한 만남을 위해 자주 부름을 받았기 때문이다. 그러므로 사도는 「갈라디아서」 제2장에서 말한다. "야고보와 게바, 즉 베드로와 요한은 기둥으로 간주되었다."[35] 이에 대해 암브로시우스의 주해는 다음과 같다. "그들이 사도 가운데 가장 존경을 받았으므로 그들이 언제나 은밀히 주님과 함께 있었으므로."[36] 이에 대한 적절한 예를 세속 통치자들에게서 취할 수 있다. 즉 그들은 권력에 있어 상호 우선권을 갖지 않았으니, 그들 중 한 사람이 사법권이나 권위에 있어 다른 자에게 종속되지 않고 모두가 직접 왕에게 종속되어 있는 동일 왕국의 공작들이었다. 그러나 때로는 그들 가운데 한 사람 혹은 여러 사람이 다른 자보다 더 높은 존경을 받았는데, 그것은 그들이 연장자이거나 어떤 능력 때문에 보다 탁월하거나 왕이나 왕국에 보다 헌신했기 때문이다. 그렇기 때문에 그들은 왕이나 백성에 의해 보다 사랑을 받거나 보다 높은 존경을 받는다. 우리는 사도들의 상호 관계 및 그리스도와의 관계에 대해서도 이런 방식으로 생각해야 한다. 즉 성서의 여러 곳에서 분명히 외치고 성서를 추종하는 거룩한 교부들이 외치는 것처럼 모든 사도가 그리스도의 권력과 권위 아래 있었고 직접 그리스도로부터 사제 및 사도로서의 임명을 받은 것이지, 서로에게서 임명받은 것이 아니기 때문이다. 그런데 복된 베드로는 그들 가운데 앞서 언급한 이유 때문에 보다 높은 존경을 받았지만, 그리스도에 의해 다른 사도들에 대해 그에게 부여된 권력 때문이 아니었다. 우리가 「마태복

---

35 「갈라디아서」 2:9.
36 Petrus Lombardus, *Collect.*, in: MPL, 192, p. 108B.

음」 제23장[37]에서 인용한 것처럼 그리스도는 그들에게 (지금 전제된 주제와 직접 관련해) "너희들은 랍비라고 불려서는 안 된다. 너희 선생은 한 분이며, 너희들은 모두 형제"라고 말했을 때, 그는 그들에게 상호 간의 이런 권력을 금했다.

§ 11. 베드로는 다른 사도들에 대해 강제적 사법권을 갖지 않았으며 그 반대도 아니었다. 따라서 그들의 후계자들도 서로에 대해 마찬가지였다. 왜냐하면 그리스도는 「마태복음」 제20장과 「누가복음」 제22장[38]에서 제시된 주제와 직접적으로 관련해 그들에게 이것을 철저히 금했기 때문이다. 즉 "그들 중 누가 더 큰가라는 언쟁이 일어났을 때, 그는", 즉 그리스도는 "그들에게 말했다. 백성들의 왕이나 제후들은 그들을 다스리고 보다 위대한 자들이 그들에 대해 권세를 행한다. 그러나 너희들은 그렇지 않다". 그리스도는 이에 대한 부정이 이보다 더 분명히 표현할 수 없었을 것이다. 그런데도 왜 어떤 사람이 이것에 대해 그리스도의 가장 분명한 진술보다 인간적 전통을 (그것이 거룩한 교부의 것이든 교부의 것이 아니든 간에) 더 믿어야 하겠는가? 왜냐하면 「마태복음」 제15장과 「마가복음」 제7장[39]에 따르면, 그리스도는 이런 전통에 반대하기 때문이다. 그는 여기서 현재의 주제와 직접적으로 관련해 다음과 같이 말했다. "그렇지만 그들은 인간적 교리와 계명을 가르치면서 헛되이 나를 숭배한다. 너희들은 신의 계명을 내버려두고 인간적 전통에 의지한다." 그리고 조금 아래에서 말한다. "너희들은 전통을 지키기 위해 신의 계명을 교묘하게 폐지한다." 일시적 사물에 (교회의 것뿐만 아니라 황제와 왕의 것까지도) 대한 권한과 점유권이 로마 주교에게 있다고 말하는 인간적 교령의 교사들은 이 권의 제14장[40]에서 입증된 것처

---

37 「마태복음」 23:8.
38 「마태복음」 20:25; 「누가복음」 22:24-26.
39 「마태복음」 15:3; 「마가복음」 7:7-9.

럼, 그리고 이 장에서 분명히 드러나는 것처럼 그들은 세속적 재산에 대한 그들의 전통을 자신에게 편리하게 지키기 위해 신의 계명을 무효화함으로써 이렇게 행한다.

§ 12. 그러나 사도들이 복된 베드로를 그의 나이와 획득된 탁월한 거룩함 때문에 주교나 지도자로 선출했다고 할지라도 — 이시도루스의 코덱스에 포함되어 있는 아나클레투스(Anacletus, ?~88) 교황의 명령에는 이렇게 기록되어 있다. "그런데 나머지 사도들은 그", 즉 베드로와 "똑같이 존경과 권세를 받았고 그를 자신들의 지도자로 바랐다"[41] —, 여기서부터 로마좌나 (그가 다른 곳의 주교였다면) 다른 좌에 있는 그의 후계자들이 다른 사도들의 후계자에 대해 이 우선권을 가진다고 추론할 수 없다. 그들이 다른 사도들의 후계자들에 의해 이를 위해 선출되지 않은 한 말이다. 왜냐하면 다른 사도들의 몇몇 후계자는 베드로의 어떤 후계자보다 능력에서 위대했기 때문이다. 본래 모든 주교는 차별 없이 직무에 있어 (장소에 있어서가 아니라) 모든 사도의 후계자이다. 또한 베드로가 여러 곳에서 주교였다면, 이 우선권이 안티오크나 예루살렘이나 다른 곳에 있는 그의 후계자보다 로마좌에 있는 자들에게 속해야 하는가?

§ 13. 또한 모든 주교는 내적인, 즉 분리될 수 없는 권위에 있어 차별 없이 모든 사도의 후계자이며, 앞에서 언급한 권위나 품격에 있어 동일한 공로나 완전성을 지녔다. 왜냐하면 모든 주교는 그들에게 안수한 자로부터가 아니라 그것을 이루거나 수여한 (수적으로) 한 분, 즉 그리스도로부터 직접 품격을 지녔기 때문이다. 사도들 중 누가 안수했는지는 중요하지 않다. 그러므로 「고린도 전서」 제3장[42]에서는 다음과 같이 말한다. "아무도 인간을

---

40 II, 14, 22.

41 Pseudo-Isidorus, *Collectio Decretalium*, in: MPL, 130, pp. 247~50.

자랑해서는 안 된다. 바울이든, 아폴로든, 게바든." 여러분에게 세례를 주었거나 혹은 달리 안수했을지라도, 중요하지 않다. 그러므로 그는 덧붙인다. "여러분은 그리스도의 것이니", 즉 여러분의 마음속에 그리스도로부터 받은 봉인을 지니고 있다. 여기에 대해 주해는 다음과 같다.[43] "여러분은 그리스도의 것이니", (보완하라. 성례전을 통해 이루어지는) "창조에서나 재창조에 있어서 인간의 것이 아니다."

§ 14. 또한 안수 때문에 로마 주교가 특별히 복된 베드로의 후계자는 아니며, 혹은 그렇게 불려서도 안 된다. 왜냐하면 복된 베드로가 간접적으로도, 직접적으로도 안수하지 않은 자가 로마 주교일 수도 있기 때문이다. 또한 그의 [주교]좌 때문이거나 장소의 결정 때문도 아니다. 우선 어떤 사도도 신법을 통해 어떤 백성이나 지역에 대해 지명되지 않았기 때문이다. 왜냐하면 「마태복음」 마지막 장[44]에서 모든 사도에게 "가서 모든 민족을 제자로 삼아라"고 말했기 때문이다. 그다음으로 복된 베드로는 로마에 앞서 안티오크에 있었다고 우리는 읽기 때문이다. 그다음으로 로마에 거주할 수 없게 된다면, 그런 이유로 베드로의 승계가 소멸되지는 않기 때문이다. 결국 일정한 지역이나 교구의 주교가 특별히 베드로나 다른 사도의 후계자라고 불려야 한다거나 후계자가 되어야 하며, 사도들이 권위에 있어 동등하지 않았을지라도 다른 사도들보다 앞서야 한다는 것이 그리스도나 어떤 사도나 그들의 집단에 의해서 확정되었다는 것은 신법에 의해서 입증될 수 없다. 오히려 복된 베드로나 다른 사도들의 후계자들은 어떤 방식으로든, 그들의 거룩한 삶과 행실에 보다 일치하여 사는 남자들이다. 복된 사도들이 이에 대해 질문을 받는다면 그들의 선생인 그리스도의 모범을 따

---

42 「고린도 전서」 3:21-23.

43 Petrus Lombardus, *Collect.*, in: MPL, 191, p. 1564A.

44 「마태복음」 28:19.

라 그런 남자들이 자신들의 후계자라고 답할 것이다. 그리스도는 「마태복음」 제12장[45]에서 그에게 "당신의 어머니와 당신의 형제들이 밖에 서서 당신을 찾고 있다"라고 말한 자에게 다음과 같이 답변한다. "누가 내 어머니요, 누가 내 형제들인가?" 그리고 그는 제자들에게 손을 뻗으면서 말한다. "보라, 내 어머니와 내 형제들이다. 왜냐하면 하늘에 계신 내 아버지의 뜻을 행하는 자가 내 형제와 자매, 어머니이기 때문이다." 그러므로 주교들이나 장로들 가운데 누가 사도들의 후계자로 불리기에 가장 합당한가? 확실히 품행과 행위에서 그들을 보다 잘 모방하는 자들이다.

그러나 로마의 성직자들이나 혹은 그들이 나머지 백성과 함께 어떤 사람을 주교로 선출했기 때문에, 어떤 주교가 특별히 일차적으로 복된 베드로의 후계자이고 또한 이 때문에(보다 국지적으로 로마와 관계됨에도 불구하고) 전체 교회의 주교가 된다고 말한다면, 이 주장은 여러 가지 비난을 받을 수 있지만 단 한 가지 방식을 통해 충분히 처리할 수 있다고 말해야 한다. 왜냐하면 이 주장은 성서에 의해 입증될 수 없으며, 오히려 앞서의 지시처럼, 그리고 바로 다음 장에서 더 많이 지시되는 것처럼 그 반대가 입증될 수 있기 때문이다. 그렇기 때문에 이 주장은 제기되는 것과 똑같이 혹은 비슷하게 용이하게 부인될 수 있다. 그럼에도 불구하고 어디서부터, 그리고 무엇 때문에 로마 주교와 교회에 다른 자들에 대한 수장권이 유래했는지와 과연 그래야 하는지는 이 권의 제22장에서 진지하게 다룰 것이다.[46]

§ 15. 사람들이 듣기에 익숙하지 않은, 이미 언급한 주장보다 놀라운 사실은 ─ 익숙하지 않은 것은 거짓이 아니라면 아마도 믿을 수 없는 것으로

---

46 II, 22, 8 참조. 마르실리우스는 전적으로 역사적 성격의 논거에 의해 특별히 로마제국의 수도였던 로마의 특권적 성격 덕분에 로마교회가 다른 교회에 대해 가진 특권을 고려한다. 로마교회에 영향을 끼친 것은 로마제국의 위세였다.

보일 것이므로——다음 사실이 성서의 일정한 증언을 통해 입증될 수 있다는 것이다. 즉 로마 주교들은 지역과 백성에 관한 한, 특히 로마 주교좌에 있어 베드로보다는 바울의 후계자들이다. 또한 방금 언급한 것보다 놀라운 사실은, 로마 주교들이 그들의 결정된 자리나 지역 때문에 특별히 복된 베드로의 후계자라는 것은 어떤 성서 구절을 통해서도 직접적으로 입증될 수 없다는 것이다. 오히려 이런 이유 때문에 안티오크의 주교좌에 앉았고 앉은 자들이 베드로의 후계자들이다. 지금 언급한 첫 번째 주장에 대한 증거는 다음에서 드러날 수 있다. 즉 복된 베드로는 나머지 사도들처럼 일반적으로 모든 민족에 보내졌다. 그러므로 「사도행전」 제9장[47]에 의하면, "이 사람은 내 이름을 백성들과 왕들, 그리고 이스라엘의 자손들 앞에 가져갈 선택된 그릇"이다. 그러나 베드로가 유대인의 사도인 것처럼 바울은 특별히 우선적으로 이교도들의 사도이다. 계시를 통해서뿐만 아니라 사도들의 상호 조정에 따라서 말이다. 그러므로 「갈라디아서」 제2장[48]에서는 다음과 같이 말한다. "그들은 오히려 베드로가 할례받은 이들에게 복음을 전하는 일을 위임받았듯이, 내가 할례받지 않은 이들에게 복음을 전하는 일을 위임받았다는 사실을 알게 되었을 때", 그리고 사도는 두 가지 관점에서 베드로뿐만 아니라 자신을 위해 의도한다. 우선적으로 왜냐하면 이유나 필요가 있을 경우에 베드로가 이교도들에게 설교할 수 있는 것처럼 바울도 유대인들에게 설교할 수 있었을 것이다. 아우구스티누스에 의한 주해[49]가 같은 구절에서 설명하는 것처럼 분배를 통해 이교도들의 경우에 우선권이 바울에게, 유대인의 경우에는 복된 베드로에게 있을지라도 말이다. 또한 「사도행전」 제22장에 의하면, 바울에게 나타난 계시를 통한 황홀경 속에 다음과 같이 들린다. "가라, 내가 너를 멀리 이민족들에게 보낼 것

---

47 「사도행전」 9:15.
48 「갈라디아서」 2:7.
49 Petrus Lombardus, *Collect.*, in: MPL, 192, p. 108.

이다." 또한 「사도행전」의 마지막 제28장[50]에서 말한다. "그래서 우리는 로마로 왔다." 그리고 사도는 조금 아래에서 로마에 있는 유대인들과 이야기하면서 말한다. "그러므로 신의 구원이 이교도들에게 보내졌음을 여러분이 알기를 바란다. 그리고 그들이 들을 것이다. 그는 자신의 셋집에서 만 2년 동안 머물며 자기를 찾아오는 모든 사람을 맞아들이면서 신의 나라를 설교했다."[51] 또한 그는 「로마서」 제11장에서 이것을 보다 특별하게 다음과 같이 증언한다. "내가 여러분, 이교도들에게 말한다. 내가 이교도들의 사도인 한, 어떤 식으로든 내 육이 질투하도록 자극할 수 있다면, 내 사역을 영광스럽게 생각할 것이다." 즉 때로 이 목적을 위해 유대인들에게 훈계할지라도, 나는 우선적으로 이교도들을 위한 사도이다. 또한 그는 「갈라디아서」 제2장[52]에서 말한다. "기둥으로 간주되는 야고보와 게바, 요한이 나와 바나바에게 친교의 오른손을 내밀었고 그래서 우리는 민족들, 즉 이교도들에게 가고, 그들 자신은 할례받은 자들, 즉 유대인에게 가서 복음을 선포하기로 했다." 마지막으로 「디모데 전서」 제2장과 「디모데 후서」 제1장[53]에도 같은 말이 나온다.

§ 16. 그러므로 바울이 2년간 로마에 머물렀고, 거기서 개종하고자 한 모든 이교도를 맞이해 그들에게 설교했다는 사실은 성서를 통해 반박의 여지가 없다. 또한 그가 특별히 로마 주교였다는 것도 확실하다. 왜냐하면 그는 로마에서 주교 내지 목자 직무를 행했으며, 그리스도로부터 이것의 권한을, 계시를 통해 임무를, 그리고 다른 사도들의 선택을 통해 동의를 얻었기 때문이다. 그런데 복된 베드로에 대해 — 이것으로 두 번째 명제가

---

50 「사도행전」 28:14.
51 「사도행전」 28:28-30.
52 「갈라디아서」 2:9.
53 「디모데 전서」 2:7; 「디모데 후서」 1:11.

분명해지는데 —그가 특별히 로마 주교였다는 것과 더구나 그가 로마에 있었다는 것[54]이 성서에서 직접적으로 입증될 수 없다고 나는 말한다. 잘 알려진 성인들에 관한 교회 전설에 따르면, 복된 베드로가 복된 바울보다 먼저 로마에서 신의 말씀을 설교하고 그 후에 체포되었다면, 또한 복된 바울이 로마에 도착했을 때 복된 베드로와 함께 마술사 시몬과 자주 충돌했고 그들이 동시에 황제들과 그들의 종들에 대항해 신앙을 위해 많이 싸웠다면, 마지막으로 같은 역사에 의하면 양자가 동시에 그리스도의 고백 때문에 단두되어 주님 안에서 잠들었고 그래서 로마교회를 봉헌했다면, 아주 이상스럽게 들린다. 「사도행전」을 썼다고 말해지는 복된 누가와 사도 바울이 복된 베드로를 전혀 언급하지 않았다는 사실도 이상한 일이다.[55]

§ 17. 또한 「사도행전」 마지막 장의 기록처럼 복된 베드로가 그들[56]에 앞서 로마에 오지 않았다는 점은 개연성이 있으므로 믿을 수 있다. 즉 바울이 도착해 먼저 유대인들과 이야기했을 때, 자신이 로마에 도착한 이유를 설명하고자 하여 다음과 같이 말했다. "유대인들이 [내 석방에] 반대했기 때문에, 나는 황제에게 항소하지 않을 수 없었다. 그러자 그들은 그에게 말했다. 우리는 당신에 관해 유대로부터 서신을 받지도 못했고, 또한 형제들 중

---

54 베드로가 로마에 있었는가에 대한 마르실리우스 이전의 회의에 대해서는 Moneta di Cremona, *Adversus Catharos et Valdenses*, 2, 1, ed. T. A. Ricchinius, Rome 1743, p. 411 참조.

55 마르실리우스가 언급한 베드로 전설은 위경(僞經)인 「베드로 행전」(Acta S. Petri) 인 듯하다. *Acta Sanctorum*, vol. 7, Paris/Roma 1867, pp. 387ff. 참조. 베드로와 바울이 함께 단두되었다는 진술은 위(僞)이시도루스의 글에 대한 오독에서 기인한 듯하다. "[바울은] — 이단자들이 떠드는 것처럼 — 다른 날이 아니라 같은 날에 성 베드로와 함께 네로 황제 치하에서 싸우다가 영광스러운 죽음으로 관을 받았다. 또한 나란히 거룩한 로마교회를 주 그리스도께 봉헌했다." MPL, 130, p. 984. 이 구절은 마르티누스 폴로누스에 의해 『연대기』에 인용되었다. MGH, *SS*, XXII, p. 409 참조.

56 바울과 그의 동행인들. 「사도행전」 28:11 이하 참조.

에서 도착한 사람이 당신에 관한 나쁜 소식을 전하지도, 이야기하지도 않았다. 그러나 우리는 당신이 생각하는 바를 당신에게서 듣기를 요청한다. 왜냐하면 도처에서 이 종파에 반대한다는 소문이 우리에게도 들리기 때문이다."[57] 싸움만을 바라는 자가 아니라 진실을 탐구하는 자라면 복된 베드로가 바울보다 먼저 로마에 왔고 형제들, 즉 거기 거주하는 유대인들(그는 특별히 우선적으로 그들의 사도였으니) 가운데 그리스도에 대한 신앙(유대인들이 바울과의 대화에서 종파라고 불렀던)에 관해 아무것도 선포하지 않았다는 것이 과연 개연성 있는 일인지 나에게 말해 주기 바란다. 더구나 바울이 그들을 불신앙 때문에 비난하는 자리에 게바가 같은 곳에 있었고 설교했다는 것을 알았다면, 그가 어떻게 「사도행전」 제3장[58]에서처럼 그리스도의 부활의 증인이었던 그를 이 일의 증인으로서 인용하지 않을 수 있었겠는가?

§ 18. 더구나 — 우리는 이미 그것에 대해 말했는데 — 바울이 2년 동안 그곳에서 살았다면, 복된 베드로와의 교제나 대화나 공동생활을 갖지 않았다는 것을 누가 믿겠는가? 그리고 그가 그런 것을 가졌다면 「사도행전」의 저자가 그를 전혀 언급하지 않았다는 것을 누가 믿겠는가? 바울은 다른 덜 유명한 장소에서 베드로를 만나는 동안에 그에 대해 언급했으니, 「고린도 전서」 제3장[59]에 따르면, 고린도에서 그와 교제했다. 아울러 「갈라디아서」 제2장[60]에 따르면 안티오크에서 교제했고, 이것은 다른 많은 장소에서도 그랬을 것이다. 만약 그가 로마, 모든 도시 중 가장 유명한 도시이며, 방금 언급한 역사에 의하면 복된 베드로가 주교로서 거기서 지도

---

57 「사도행전」 28:19/21-22.
58 「사도행전」 3:15.
59 「고린도 전서」 3:22.
60 「갈라디아서」 2:11-14.

했던 도시에서 그를 발견했다면, 어떻게 그를 언급하지 않았겠는가? 이것
은 거의 믿을 수 없다. 그러므로 전(全) 역사 내지 전설을 이 부분에서 개
연성 있는 것으로 받아들일 수 없고 위경(僞經)[61]으로 간주해야 한다. 오히
려 성서에 따라 의심할 수 없이 복된 바울이 로마 주교였다고 생각해야 한
다. 다른 자가 그와 함께 로마에 있었다고 할지라도 바울은 특별히 우선적
으로 이미 언급한 이유에서 로마 주교였으며, 「갈라디아서」 제2장에서처럼
복된 베드로는 안티오크에 있었다. 그러나 나는 베드로가 로마에 있었다
는 것을 부인하지 않는다. 다만 그는 바울보다 먼저 오지 않았고, 오히려
거꾸로였다는 것이 개연성이 있다고 나는 생각한다.

§ 19. 그러나 주요 명제 때문에 특히 주목해야 할 점이 있다. 즉 특별히
복된 베드로의 후계자라고 불렸고 무엇보다 로마 주교좌에 있었던 자들이
다른 사도들의 후계자들보다 존중받은 것처럼 보이는, 어떤 일치하는 근거
가 있다고 할지라도, 이미 언급한 어떤 권세에 있어 다른 사도들의 후계자
들이 그들 아래 있었다고 믿어야 한다는 것을 성서는 필연적으로 호소하
지 않는다. 사도들이 권위에 있어 같지 않았다고 하자. 그러므로 복된 베
드로나 다른 사도는 성서의 말씀에 의해 다른 자들을 임명하거나 해임하
는 권한도, 우리가 본질적이라고 말한[62] 그들의 사제적 권위에서도, 또한
어떤 지역이나 민족에게로 그들을 파송하거나 배정함에서도, 또한 성서나
가톨릭 신앙의 해석에서도, 또 이 세상 누구에 대한 강제적 사법 행위에
서도, 또 거꾸로도 다른 자들에 대해 권한을 갖지 않았다. 여기서부터 분
명히 필연적으로 성서 말씀에 의해 그들의 후계자도, 그가 특별히 어떤 사
도의 후계자로 불릴지라도, 나머지 사도들의 후계자에 대해 앞서[63] 언급한

---

61 진정성 없는 문서를 말한다.

62 II, 16, 5.

63 II, 15, 8.

어떤 권세를 갖지 않는다는 것이 귀결되는 듯하다. 이것은 분명히 우리가 앞 장의 제8절 끝부분에서 히에로니무스의 서신 『에반드루스에게』로부터[64] 인용한 그의 권위를 통해 뒷받침된다.

---

[64] Hieronymus, *Epistola*, 146, c. 1, *Ad Evandrum*, in: MPL, 22, p. 1194.

제 17 장

분리 가능하거나 분리 가능하지 않은 권한과 직무에 있어 임명하는 주교와 다른 목회자들과 교회의 다른 일꾼의 권한에 대하여

§ 1. 우리는 본질적이라고 말한 첫 번째 사제적 권한의 작용인에 대해 이미 말했다. 그중 누가 일정한 지역이나 장소에서 일정한 사제들이나 백성 내지 양자에 대한 감독권을 부여받는 나머지 권한에 대해 말해야 한다.[1] 또한 우리는 일정한 세속적 재산, 이미 언급한 교회 성직록을 분배하는 권한이 어떻게 그들에게 있는지,[2] 또한 그중 누구에게 강제적 사법권이 부여되었는지,[3] 또한 특히 구원의 필요에 관한 것에서 성서의 의심스러운 구절의 의미를 결정하는 권한이 누구에게 그리고 어떤 방식으로 보다 적절하게 속하는지[4] 결정해야 한다. 이것이 충분히 해명될 때, 그것을 해명하는 것이 이 작품의 처음부터 우리의 주제였음이 분명히 드러날 것이다.

---

1 II, 17, 5-15.

2 II, 17, 16-19.

3 II, 18, 1-2.

4 II, 20.

§ 2. 그러나 우리가 여기 제기된 문제들을 개별적으로 추적하기 전에 우선 고대 교회의 상태와 초기에 주교나 장로들이 결정되고 임명된 방식을 (거기서부터 나머지가 이후에 파생되었으므로) 언급하는 것이 적절할 것이다. 「에베소서」 제4장과 제5장, 「고린도 전서」 제10장[5]의 사도의 말씀에 따르면, 이 모든 것의 시초는 가톨릭교회가 그 위에 기초하는 반석이며 머리인 그리스도에게로 거슬러 올라간다고 생각해야 한다. 「마태복음」 제16장의 "내가 이 반석 위에 내 교회를 세울 것이다"에 대한 주해도 이렇다. 이 "교회의 머리, 반석과 기초", 즉 그리스도가 사도들에게 사제직과 모든 민족과 백성에 대한 감독적 권위를 부여했으며, 누구라도 아무 지역에서 마음대로 설교할 수 없도록 특별히 어떤 사람을 일정한 지역이나 백성에 대해 결정한 것은 아니었다. 물론 그들 상호 간의 조정이나 성령에 의한 조정에 따라 이교도들에게로, 다른 사람들은 할례받은 자들에게로 사람들이 파송되기는 했지만 말이다. 「갈라디아서」 제2장[6]의 "그들이 나에게 이교도들을 위한 사도직이 부여된 은총을 알았을 때"에 대한 주해도 이를 의도하는 듯하다. 즉 주해는 다음과 같다. "베드로에게 유대인들을 섬기는 임무를 주었던 그리스도는 바울에게는 이교도들을 섬기는 임무를 주었다. 그러나 베드로가 계기가 있을 때마다 이교도들에게 설교해야 하는 것처럼 바울도 유대인에게 설교한다는 식으로 그들 사이에 과제가 나누어져 있었다."[7] 사도는 「로마서」 제11장[8]에서 이것을 의도한 듯하다. 즉 같은 구절에 대한 주해[9]에 의하면 사도는 다음과 같이 말했다. "나는 내 살, 즉 그가 육적으로 거기서 출생한 유대인들을 어떤 식으로든 질투하도록 자극할 수 있다

---

5 「에베소서」 4:15; 5:23; 「고린도 전서」 10:4.
6 「갈라디아서」 2:8-9.
7 Petrus Lombardus, *Collect.*, in: MPL, 192, p. 108.
8 「로마서」 11:13-14.
9 Petrus Lombardus, *Collect.*, in: MPL, 191, p. 1485D.

면, 내 사역을 자랑스러워할 것이다." 이 말에서 그것에 의해 어떤 사람이 사제로 임명되는 권세나 품격을 통해 모든 사제는 차별 없이 어디서나 모든 백성에 대해 자기 직무를 수행하는 권세를 가진다고 생각해야 한다. 물론 특히 오늘날 신적 계시나 혹은 모종의 인간적 결정을 통해 어떤 사람이 다른 지역이나 백성보다 배정되기는 하지만 말이다.

§ 3. 이것은 성서 및 이성과 조화를 이루는 듯하다. 왜냐하면 그리스도가 각 사도에게 일반적 과제를 주었을 때, 「마태복음」 제28장[10]에 의하면, 사도들에게 차별 없이 어떤 사람을 특정 지역이나 백성에게로 배정함 없이 "가서 모든 민족을 제자로 삼아라"고 말했기 때문이다. 그러나 그들은 때로는 신적 계시에 의해 특별한 민족이나 백성에게 배정된 듯하다. 즉 사도는 「사도행전」 제22장[11]에서 자신에 대해 "내가 예루살렘으로 돌아와서 성전에서 기도했을 때, 나는 황홀경에 빠져 그리스도를 보았는데, 그는 나에게 말했다. 서둘러 예루살렘을 떠나라. 그들이 나에 관한 네 증언을 받아들이지 않을 것이다"라고 말했다. 그리고 조금 아래 덧붙인다. 그리스도가 그에게 말했다. "가라. 내가 너를 멀리 이교도들에게 보낼 것이다." 바울이 계시를 통해 언젠가 지역과 백성에 대한 모종의 결정을 받았음을 주목하라. 그는 또한 다른 사도들과 함께 모종의 인간적 조정을 통해 똑같은 결정을 받았다. 그러므로 그는 「갈라디아서」 제2장[12]에서 다음과 같이 말했다. "그들은", 즉 야고보, 게바, 요한은 "나와 바나바에게 친교의 오른손을 내밀었다. 우리는 이교도들에게, 그들 자신은 할례받은 자들에게 가기로 했다." 사도들을 일정한 백성이나 지역에 배정하는 것은 인간적 조정을 통해 직접적으로 이루어졌음을 주목하라. 그러나 확실한 것은, 그들은 이

---

10 「마태복음」 28:19.
11 「사도행전」 22:17-18/21.
12 「갈라디아서」 2:9.

런 결정에서부터 그것이 신의 직접적 계시에 의해서든 상호 조정에 의해서든지 간에, 그들이 이전에 갖지 못했던 완전성을 성령에 의해 받지는 않았다는 것이다.

§ 4. 이것은 이성적 숙고를 통해 명백해진다. 어떤 지역이나 백성에 대해 결정된 일정한 주교나 다른 목회자가 그에게 위임된 지역을 떠났다고 가정하자(우리가 이런 일이 필요 이상으로 종종 일어나는 것을 보는 것처럼). 그런데 그는 (우연에 의해 혹은 의도적으로) 그나 다른 사람에 의해 세례받기를 원하는 불신자, 세례받지 않은 자를 만날 수 있다. 그가 이 사람에게 성례전의 형식을 준수해 세례를 주었다면, 이 사람은 진정으로 세례받은 것이 확실하다. 물론 그에게 속하지 않거나 위임되지 않은 지역에서 세례 준 자는 아마도 죽을죄를 지은 것이지만 말이다. 그러므로 누구든지 우리가 본질적이라고 말한 주교적 내지 사제적 권한에 의해 어떤 지역이나 백성에 대해 배정되어 있는 것이 아니고, 차별 없이 모든 사람과 관계한다. 그러나 같은 결정은 초대교회에서처럼 때로는 신적 계시에 의해 이루어지지만, 특히 오늘날에는 인간적 조정을 통해 이루어진다. 그리고 이것은 주교들과 사제들 상호 간의 추문을 피하기 위해서이다.

§ 5. 이러한 전제 아래, 우리는 이 장 첫머리에서 제기한 문제에 개별적으로 접근하면서 먼저 백성과 지역에 사도들을 정해 임명함에 있어 가장 보다 타당한 작용인은 그리스도의 직접적 계시 혹은 그들 가운데 상호 일치된 조정이었다는 것을 보여 줄 것이다.[13] 그다음으로 모든 혹은 여러 사도가 사제나 주교를 임명해야 했던 장소나 지역에 동시에 있었거나, 혹은 장소나 백성, 시간적 상황에 따라 사도들 가운데 단 한 명만이 있었다면,

---

13 각주 13부터 15까지는 제2권 제17장 제5절부터 제15절까지의 내용 구성을 말한다.
그리스도와 사도들의 시대: 제5절 참조.

그들의 첫 번째 후계자들을 백성의 개종 이전에 정해 임명한 직접적 작용인은 모든 혹은 여러 사도의 분명한 의지였다.[14] 마지막으로 사도들의 죽음 이후나 그들의 부재 시에 주교와 다른 교회의 영적 일꾼들의 이차적 임명은 인간적 교제를 위해 가능한 한 적절한 형식으로, 즉 특별한 집단이나 개인에 의해서가 아니라 장소나 지역 내의 전체 신자에 의해 이루어졌다.[15] 그 나머지는 나중에 지시할 것이다.

이들 주제 중 먼저 이것이 분명히 드러날 수 있다. 신적 계시나 사도들의 공동적 상의 외에는 이런 결정의 다른 적절한 원인은 확정할 수 없다. 왜냐하면 이런 결정에 오류나 악의가 개입하지 않은 듯하기 때문이다. 신적 계시에 있어서는 의심할 수 없으나, 사도들의 선택에 있어서는 우리가 이전에 「요한복음」 제20장에서 인용한 것처럼 그들이 성령에 충만했다는 것을 개연적으로 믿어야 하는 듯하다.[16]

§ 6. 그다음으로 나는 말한다. 특히 백성들의 개종 이전에 그들의 첫 번째 후계자들의 이차적 임명 내지 결정의 직접적 작용인은 앞서 언급한 방식에 따라 모든, 혹은 여러 사도들, 혹은 단 한 명의 사도였다. 만일 사도들 중에 모든 혹은 여러 명이 동시에 혹은 단 한 명이 같은 장소에 있었다면 그들이어야 했다. 이것은 우선 성서에 의해 입증될 것이다. 즉 우리가 「사도행전」 제6장[17]에서처럼 그들은 집사들의 임명 때 그렇게 행했으니, 우

---

14 사도들의 첫 번째 후계자들의 시대: 제6~7절 참조.

15 사도들과 그 후계자(일명 사도적 교부들)의 사망 이후 시대: 제8~15절 참조.

16 II, 15, 3 및 「요한복음」 20:22-23 참조. 사제들의 이차적 임명은 인간적인 기원을 가지니, 그것의 원인은 초대교회에서는 사도들의 의지, 그 이후에는 신자 전체의 의지였다. 여기서 제1권에서 언급된 동일 절차가 재발견된다. 즉 군주정의 기초로서 시민 전체의 동의가 필요하다는 것. 교회에서도 인간적 조정이 유용하다. 그러나 세속 권세에 있어서처럼 신자 전체가 그들의 대표를 선출할 것이고, 결국 신자들 전체는 합법적으로 인간 입법자에 의해 대표될 것이다.

17 「사도행전」 6:6.

리가 이미 본질적이라고 말한 일차적 권위에 있어 그러했다. 그러므로 "이들은 그들을 사도들 앞에 세웠고", 사도들은 "기도하면서 그들에게 안수했다". 그러므로 그들은 이 사람들을 베드로에게만 인도한 것이 아니라 사도들 앞에 인도했으며, 베드로만이 특별히 그들에게 안수하는 권한을 주장한 것이 아니라 사도들이 그들에게 안수했다.

이것은 이성과도 조화를 이룬다.[18] 왜냐하면 모든 혹은 여러 사도들이 한 인물을 사제직이나 다른 성직, 혹은 다른 이차적 직무에 임명하기 위해 상의하는 것이 그중 한 사람이 홀로 숙고하는 것보다 안전하고 실수하지 않을 것이 개연적이기 때문이다. 그래서 우리가 이전 장에서 인용한 것처럼 그들은 이런 이유에서 할례 문제에 있어 복음적 법에 대한 의심을 결정하기 위해 다른 장로들과 함께 모였다. 또한 이것을 통해 추문과 다툼에 관한 소지를 제거했다. 이것은 그들 중 한 사람이 다른 자들이 있는 자리에서 다른 자들에 대한 권한이나 우선권을 주장하고자 했다면, 그들 가운데 아마도 발생했을 것이다. 그리스도 살아생전에 이런 일이 그들 가운데 발생했을 때, 우리가 「마태복음」 제23장과 「누가복음」 제22장[19]에서 인용한 것처럼, 또한 앞 장[20]에서 사도와 또한 거룩한 교부들의 해석을 통해 상세히 입증한 것처럼, 그는 그들의 동등성을 표현함으로써 이것[그들의 동등성]을 결정했다. 또한 아래의 제9절[21]에서 「사도행전」 제6장에 대한 주해에서부터 지시할 것처럼, 이런 결정에 의해 모든 그들의 후계자로부터 다른 사도들에 대한 특권에 대한 주장을 제거하고 유사한 절차를 위한 모범을 제시하기 위해 이렇게 행하는 것이 보다 합리적이었다.

---

18 마르실리우스는 언제나 성서와 이성의 조화에 관심을 보인다. 그러므로 한쪽의 결론이 어떤 식으로 다른 쪽에 의해 입증되는지에 관심을 가진다.

19 「마태복음」 23:8-11; 「누가복음」 22:24-26.

20 II, 16, 2-12.

21 오히려 제10절이다.

§ 7. 그러나 모든 사람이나 여러 사람이 동시에 있지 않은 경우, 그리고 많은 신자를 보호하고 그들의 신앙을 보존하는 일을 주교에게 위임할 필요가 있는 경우에 그중 한 사람이 그렇게 할 수 있다. 특히 신자들이 소수이고 주교직을 위해 보다 적합한 인물을 분간하는 데 무지하고 경험이 없는 경우에, 그리고 특히 이 직무를 수행하기에 충분한 인물이 거의 없는 경우에 그렇게 할 수 있다고 말해야 한다. 「사도행전」과 디모데와 디도에게 보낸 그의 서신에서 분명히 나타난 것처럼, 이런 일은 이미 언급한 이유 때문에 바울과 그의 첫 번째 후계자들에게 종종 일어났다. 그러나 그중한 사람에 의해 합법적으로 이런 임명이 이루어질 수 있고 이루어져야 했다는 것은 입증될 수 있다. 즉 이것에 의해 보다 좋고 적합한 목자가 선택되었기 때문이다. 즉 스스로 복음 사역에 있어 다른 자들의 지도자가 되는 것이 각자의 소망에 따라 허용되었거나 아니면 이 결정은 다수 백성의 선택, 혹은 사도들 중 거기 참석한 사람의 선택에 의해 이루어져야 했다. 첫 번째 방식으로부터 추문과 잘못이 생길 수 있었을 것이다. 두세 명이 자신을 위해 이 권위를 요구하고자 한 경우에 추문이, 비슷하게 목자의 잘못이나 불충분함이 생길 수 있다. 왜냐하면 대부분 어리석은 자들이나 야망 있는 자들이 지도자직을 추구하고 유능하고 영리한 사람들보다 그것을 얻으려고 더 열심히 시도하기 때문이다. 두 번째 방식, 즉 저 백성의 선출을 통해 고위 성직자를 세우는 방식에서 아마도 양과 질의 관점에 있어 저 백성의 약함 때문에 실수와 불충분한 결과가 생길 수 있었다. 왜냐하면 「갈라디아서」 전체와 다른 많은 구절에서 분명히 드러난 것처럼 사람들은 처음부터 대부분의 지역에서, 특히 유대 밖에서 무지했고 쉽게 유혹당할 수 있었다. 그러므로 사도는 「고린도 전서」 제3장[22]에서 다음과 같이 말한다. "형제들아, 나는 여러분과 영적 인간처럼 이야기할 수 없고, 육

---

22 「고린도 전서」 3:1-2.

적 인간처럼 이야기할 따름이다. 나는 여러분에게 그리스도 안의 어린아이처럼 우유를 마시게 했다. 왜냐하면 여러분은 그렇게 할 수 없었고, 지금도 아직 할 수 없다. 왜냐하면 여러분은 여전히 육적이기 때문이다." 그러므로 이 임명이 어떤 사도의 선출이나 결정에 의해 이루어졌다면, 보다 안전하고 합리적이었다. 그가 성령을 가졌으므로 그의 삶과 지혜는 이런 무리에서 모든 사람을 합친 것보다 비중이 크고 많았기 때문이다. 물론 사도가 지도해야 할 자의 품행에 관해 무리에게 문의한 것이 적절했다는 것은 부인할 수 없을 것이다.

§ 8. 이에 따라 나는 지시하고자 한다. 사도와 직무에 있어 그들을 거의 직접 계승한 첫 번째 교부의 시대 이후, 특히 신자들의 완전한 공동체[23]에서 지도자(주교라고 부르는 고위 성직자이든, 목회적 사제라고 부르는 하위 성직자이든, 그리고 비슷하게 나머지 하위 성직자이든)의 임명이나 결정의 직접적 작용인[24]은 그들의 선출이나 분명한 의지를 통한 이 지역의 신자 전체, 혹은 방금 언급한 무리가 이 임명의 권한을 용인한 개인이나 집단이다. 방금 언급한 직무의 각 사람을 합법적으로 이러한 직무에서 제외하거나 해임하고, 또한 그것이 유익하다면 그 직무를 수행하도록 강요하는 것도 같은 권한에 속한다.

그러나 사제직으로 승진하기를 바라는 ─그가 누구든지 간에─ 다른 신자를 사제로 임명함으로써 사역의 수행은 실로 모든 사제의 권한에 속

---

23 신자들의 완전한 공동체는 신실한 인간 입법자의 대행을 통해 일하는 신실한 군주를 수장으로 하는 공동체이다. 이로써 공동체는 신법과 인간법에 복종할 수 있으며, 신앙과 평화의 통일성을 보존하기에 적절한 강제적 권한을 가질 수 있다.

24 마르실리우스는 형상적 원인과 작용인을 구별한다. 형상적 원인은 인간의 자연적 성향을 성취하는 형상인 한에서 인간 및 그들의 자연적 성질에 의해 구성된다. 작용인은 인간 입법자나 시민 전체나 그들 중 다수이다. 사제적 직무에 있어 작용인은 필연적으로 그들의 선출이나 분명한 의지의 매개를 통한 그 장소의 신자들이다. 완전한 공동체에서 신자 전체는 군주에 의해 유효하게 대표될 수 있다.

하기는 하지만, 여기서 사제 자신은 준비하는 자로서 봉사하는 것이고, 신이 절대적·직접적으로 본질적 사제적 권한 내지 품격을 각인한다. 그러나 신법이나 인간법에 의해 신자들의 완전한 공동체에서 자의적으로 사제가 아무에게나 사제직을 수여하는 것은 허용되지 않는다. 도리어 범죄자나 다른 부정을 저지른 인간과 협력하는 자는 신법과 인간법을 위반해 처벌받을 수 있음에 주목해야 한다. 그가 신법을 위반해 처벌받을 수 있다는 것은 「디모데 전서」 제3장과 「디도서」 제1장[25]에서 사도의 말을 통해 분명해진다. 즉 주교는 거기에 열거된 다른 요구된 능력 외에 "흠이 없어야 한다". 부제에 대해서도 같거나 상응함을 생각해야 한다. 그러므로 앞서 인용한 디모데에게 보낸 서신[26]에서는 이렇게 말한다. "부제들은 마찬가지로 존경을 받아야" 한다. 그러나 이렇게 불충분한 인간을 교회적 직분으로 승진시키는 자가 인간법을 위반해 처벌받을 수 있다는 것은 이 권의 제8장[27]에서 분명히 드러난다. 즉 다른 사람(남성이든 여성이든, 특히 여성의)의 삶과 도덕을 부패시킬 수 있고, 혹은 현재 세상이나 미래 세상의 상태에 도움이 되고 필요한 모든 일에서 인간의 도덕을 형성할 수 없는, 부제나 주교로서 불의하거나 혹은 다른 방식으로 부족한 사람을 공직으로 승진시킴으로써, 그는 현재 세상과 미래 세상의 상태에 대해 다른 인간에게 손해를 끼치는 일을 (비록 그가 부인할지라도, 자신에게 그 책임이 있다는 것을 입증할 수 있다) 자행하는 것이다.

§ 9. 여기서부터 나는 계속해서 다음을 필연적으로 추론하고자 한다. 신자들의 완전한 공동체에 교회 직분으로 승진되어야 할 인물을 선출하고 결정하고 소개하는 것은 오로지 인간 입법자나 승진되어야 할 일꾼이 감

---

25 「디모데 전서」 3:2; 「디도서」 1:7.
26 「디모데 전서」 3:8.
27 II, 8, 7.

독해야 하는 이 지역의 믿는 백성에게 속한다. 그리고 인간 입법자의 허락 혹은 입법자 자신의 권위로써 통치하는 자의 허락 없이 이런 직분을 받기 위해서 협력하는 것은 어떤 사제나 주교 개인에게, 혹은 그들 집단에 허용되지 않는다.[28]

§ 10. 나는 이것을 먼저 성서에서 입증할 것이고, 그다음으로 개연적 근거를 통해 확증할 것이다. 성서의 권위에 있어 이것은 「사도행전」 제6장[29]에서부터 드러난다. 즉 거룩한 사도들이 자신들의 사역과 백성을 위해 부제들을 필요로 했을 때, 그들은 이런 인물을 선출하고 결정하는 권한을 가진 무리로서 신자들에게 문의했다. 그러므로 앞서 인용한 구절에서 다음과 같이 말한다. "12사도는 모든 제자들", 즉 주해[30]에 쓰여 있는 대로 당시 모두 제자라고 불린 신자들을 "불러모았다. 그리고 말했다. 우리가 신의 말씀을 소홀히 하고 식탁에서 봉사하는 것은 옳지 않다. 그러므로 형제들아, 여러분 가운데 좋은 평판을 듣는, 성령과 지혜로 충만한 일곱 남자를 고려하라. 우리가 그들을 이 직분으로 세우고자 한다. 우리는 기도와 말씀 사역에 집중할 것이다. 그리고 이 말이 모든 무리 앞에서 박수를 받았다. 그래서 그들은 신앙과 성령으로 충만한 남자, 스데반, 그리고 빌립과 다른 자들을 선출했다". 그러므로 보다 적합한 자들을 보다 확실하게 선출하기 위해 — 왜냐하면 무리 전체는 학식 있는 개인이 종종 알지 못하는 개인의 행실과 삶에 대해 알 수 있기 때문에 — 사도들이 있는 자리에서 이런 선출이 덜 완전한 무리[31]에 위임되었다면, 하물며 부제보다 많은 덕

---

28 II, 24, 2; II, 17, 2 참조. 그가 도시의 직무, 모든 다른 직무처럼, 사제직의 작용인인 한에서, 교회 직분에 임명하는 것은 믿는 인간 입법자의 권한에 속한다. 마르실리우스가 권세 및 그 역사적 승계의 신적 기원을 의심하지 않는다면, 인간 입법자에게 지상적·세속적 국가 구조 속에 성직을 편입하는 권한을 부인하지 않는다.

29 「사도행전」 6:1-5.

30 해당 구절에 대한 *Glossa ordinaria* 참조.

과 지혜를 필요로 하는 사제의 선출은 더욱 그래야 한다. 신자들의 완전한 공동체에서 사도들과 같은 고위 성직자가 부재할 때, 선출은 공동체 전체에 위임되어야 한다. 이것은 승진해야 할 사제에 대해 보다 많고 확실한 증거를 갖기 위함이다. "그러므로 베드로만이 아니라 12사도가 불러모았다." 여기에 대해 주해는 말한다. "전체 동의를 통해 제자들 전체가." 여기에 대한 주해는 다음과 같다. "그들은 전체의 동의를 구했으니, 이것은 귀감으로 받아들여야 한다. 그들은 이 사람들을 세웠다." 여기에 대해 라바누스는 다음과 같이 설명한다. "서품에서 이 질서를 유지해야 한다. 백성이 선출하고, 주교가 서품을 주어야 한다." 이것은 또한 사도가 「디모데 전서」 제3장[32]에서 분명히 말한 것이다. "그런데 그", 즉 장로는 "밖에 있는 자들로부터", 즉 교회 밖으로부터 "좋은 증언을 가져야 한다", 그러므로 히에로니무스의 주해는 다음과 같다.[33] "믿는 자들로부터뿐만 아니라 믿지 않는 자들로부터도." 거기서 조금 아래에서 또한 부제에 대해서도 말한다. "또한 이들도 먼저 검증을 받고 일해야 한다."

§ 11. 필연적인 것을 개연적이라고 하는 것이 허용된다면, 개연적 논리로써 [먼저][34] 지시하고자 한다. 거룩한 신분으로 상승해야 할 모든 자의 선출과 승인은 세 번째 의미의 판관에게, 즉 신자들의 완전한 공동체 내[35]의 인간 입법자의 판단에 속한다. 그리고 이와 동시에 그것을 통해 어떤 믿는 백성을 위해 일정한 지역의 주교나 목회자로 세워질 자의 이차적 임명, 그

---

31 즉 사도 시대의 경우처럼 믿지 않는 입법자를 그 수장으로 하는 공동체를 말한다.

32 「디모데 전서」 3:7.

33 Petrus Lombardus, *Collect.*, in: MPL, 192, p. 345B.

34 II, 17, 11-15.

35 신자들의 완전한 공동체는 제1권에서 아리스토텔레스의 『정치학』 기준에 따라 진술된 완전한 도시의 성격에 상응한다. 통일, 계급 서열, 자율적 통치와 만족한 삶. 이 공동체는 그 시민들이 기독교인인 인간 사회이다.

리고 역시 다른 낮은 교회 직분에 있어서도 마찬가지이다. 또한 직분으로부터 해임 내지 박탈, 그리고 필요한 경우에 교회 일꾼에게 직분을 수행하도록 강요하는 권한. 그다음으로[36] 성직록이라 불리는 교회의 세속적 재산의 분배가 누구의 권한에 속하는지를 지시해야 할 것이다.

첫 번째 명제는 우리가 제1권 제12장과 제13장, 제15장[37]에서 입법과 통치자 제정이 시민 전체의 권한에 속한다고 지시한 것처럼 같은 혹은 비슷한 방식으로 입증될 수 있다. 증명에서 소개념만 변경함으로써, 즉 성직으로 승진되어야 할 인물의 선출이나 승인, 그리고 일정한 백성과 지역의 지도를 위해 그 인물을 임명하거나 배정하는 일, 그리고 실수나 다른 합리적 이유에서 그를 이 직분에서 해임이나 박탈하는 일을 법이나 통치자라는 용어 대신 사용해야 한다.[38]

여기서 입법자나 시민 전체를 통해 이런 결정이 이루어져야 할 필요는 인간법의 제정 내지 법에 따라 통치해야 하는 자의 제정의 경우보다 한 인물을 사제직이나 다른 교회 직분과 지도적 직무에 임명하는 경우에 실수는 보다 위험하기 때문에 더욱더 명백하다. 즉 윤리적으로 타락했거나 무지하거나, 또는 둘 다 부족한 어떤 자가 사제직으로 승진되어 믿는 백성을 돌보고 지도하기 위해 선택된다면, 이로부터 백성에게 영원한 죽음의 위험과 시민적 삶에서의 많은 불편함의 위험이 위협한다. 영원한 죽음의 위험이라 함은 사제의 과제가 영원한 구원에 필요한 것을 가르치고 지도하는 것이기 때문이다. 그러므로 「말라기서」 제2장[39]에서는 다음과 같이 말한

---

36 II, 17, 16-19.

37 I, 12, 13; I, 13, 1-8; I, 15, 1-3.

38 교회의 직분에 임명하는 일은 마르실리우스가 제1권에서 확정한 것과 동일한 원리, 즉 백성의 통치권에 기초해야 한다. 다수 민주주의의 원리는, 교회에 적용할 때 제1권에서 본 것처럼 왜곡될 것이니, 그러므로 사람을 직분에 임명하는 기능은 실제로는 군주에게, 좀 더 정확히 말해 신자 전체의 위임에 의해 군주에게 귀속되어야 한다.

다. "사제들의 입술은 지식을 보존하고, 사람들은 그의 입에서 법을 기대한다." 즉 그 안에 지켜야 할 것과 행하지 말아야 할 것에 대한 명령과 금지가 포함되어 있으며, 그 위반자는 사제의 무지나 악의로써 변명되지 않는 신법을 기대한다. 그러므로 백성은 어떤 목회자를 선택해야 하는지 분별해야 한다. 왜냐하면 그의 직무로부터 각자를 위해 유익이나 불이익, 그리고 위험이 생길 수 있기 때문이다. 믿는 백성은 이 분별 내지 신중함을 위해 권한을 가지며 합리적으로 그것을 가져야 한다. 그렇지 않으면 이런 불이익을 피할 수 없기 때문이다.

그런데 우리가 진술한 것은 아우구스티누스가 『회개에 대하여』에서 주장한 견해이며, 차라리 정확하게 그리스도의 견해이니, 아우구스티누스는 그가 말한 것을 그리스도의 권위에 의거해 말하고 확증한 것이다. 즉 그는 설명하고, 명제집 교사는 이것을 제4권 제17부 제6장에서 인용한다. "은총을 구하기 위해 죄를 고백하고자 하는 자는 매고 풀 수 있는 사제를 찾아야 한다. 이것은 그가 자신에 관해 소홀히 했을 때 그, 즉 그리스도에 의해 소홀히 여겨지지 않기 위함이니, 그는 그에게 자비롭게 훈계하고 바보가 피하려 하지 않은 구덩이에 사제와 고해하는 자 모두 떨어지지 않도록 간구한다."[40] 그러므로 명제집 교사가 같은 곳에서 말한 것과 같이 다른 성례전처럼 자신을 위해 고해성사의 적합한 사역자를 선택하는 것은 각자의 권한에 속하거나 속해야 한다. 그러므로 한 인간, 심지어 주교나 한 집단에 의한 선택보다는 신자 전체에 의한 선택이 더 바람직한 결과에 이르게 할 수 있으므로, 지도자의 선출이나 제정은 한 개인이나 한 집단보다는 전체의 권한에 속해야 한다.

---

39 「말라기서」 2:7.

40 Petrus Lombardus, *Libri Sententiarum* IV, dist. 17, c. 5, in: MPL, 192, p. 883 및 Augustinus, *De vera et falsa poenitentia* c. 10, in: MPL, 40, p. 1113 참조.

§ 12. 또한 이것은 시민생활에서 큰 불편을 야기할 수 있으니, 사제들이 고해의 핑계 아래 종종 여인과 은밀한 대화를 가지기 때문이다. 이들, 특히 젊은 여인들은 — 처녀뿐만 아니라 혼인한 여인들도 — 쉽게 유혹당할 수 있으므로(「창세기」 제3장에서처럼, 그리고 사도가 「디모데 전서」 제2장[41]에서 인용한 것처럼 "아담은 유혹을 당하지 않으나, 여인은 속아 넘어갔다"), 사제가 삐뚤어 짐으로써 그녀들의 도덕과 정결을 쉽게 타락시킬 수 있다. 오늘날 이런 일이 종종 사제의 자질 때문에 일어나는 것을 목도한다. 여기서 나오는 부적절한 결과를 고려할 때, 이런 일은 시민적 삶에 적지 않은 피해를 준다. 그러므로 아리스토텔레스는 『수사학』 제1권 제8장에서 다음과 같이 말한다. "스파르타인들처럼 아내와의 관계가 올바르지 않은 사람들은 모두 그들 삶의 절반이 행복하지 않다."[42] 왜냐하면 그의 『가정경영론』에서 분명히 나타난 것처럼 여자는 집안의 중심이기 때문이다.[43] 그러므로 입법자를 통해 국가의 나머지 직분에 승진해야 할 인물을 결정하고 심지어 통치자를 임명하거나 결정하는 것이 일시적 유익을 얻기 위해 적절하다면, (이것은 우리가 제1권 제15장[44]에서 입증했다고 믿는 것처럼 선출이 보다 좋은 결과를 얻기 위해, 그러므로 직무에 적합한 자를 선택하기 위해) 사제직에 승진해야 할 인물을 정하고 사제를 지도자로서의 직분에 임명하는 것은 같은 인간 입법자 내지 신자 전체의 권한에 더욱더 속한 일이다. 왜냐하면 악한 통치자가 세상에 중대한 손해, 즉 일시적 죽음을 가져올 수 있다면, 악한 사제와 교회의 목자 행위는 보다 심한 손해, 즉 영원한 죽음을 가져올 수 있기 때문이다.

그러므로 교회 일꾼은 위험 때문에 합리적으로 인간 입법자나 군주에 의해 세례처럼 (사람이 악해서 이것을 행하기를 거부할 경우에) 영원한 구원에

---

41 「창세기」 3:6; 「디모데 전서」 2:14.

42 아리스토텔레스, 『수사학』 I, 1361a 10-12.

43 위(僞)아리스토텔레스, 『가정경영론』 I, 1343a 20-22.

44 I, 15, 1-3.

필요한 성례전을 수행하고 베풀도록 강요당할 수 있다. 그러나 성직에 승진 시키는 일과 고위 성직이나 하급 목회자로 임명하는 일에 대해 앞에서 말한 것은 우리가 이 권의 제21장 제4절과 제5절에서 이시도루스의 코덱스에서 인용한 것으로 확증 가능하다.

§ 13. 유명하고 거룩한 교부들이 직분에 임명된 일이 우리의 진술을 뒷받침한다. 복된 그레고리우스를 비롯해 니콜라우스와 다른 많은 사람의 임명이 우리가 언급한 방식으로 이루어졌으니, 이런 사실은 그들의 전설과 인정받는 역사적 전승에서 분명히 나타난 것과 같다.[45]

§ 14. 사제와 그들 집단이 사제직과 목자직, 그리고 나머지 하위직으로 승진되어야 하는 자들의 적합성에 대해 보다 잘 판단할 수 있다는 주장은 입법자나 시민 전체가 임명을 결정하는 것에 방해가 되지 않는다. 제1권 제13장[46]의 인용처럼 이것에 의해 입법이나 통치자 임명은 시민 전체의 권한에 속하지 않는다는 것이 입증되었듯이 다른 유사한 이의도 마찬가지이다. 즉 거기에서처럼 이에 대해 비슷하게 답변할 수 있다. 왜냐하면 사제들이 나머지 시민들보다 그런 일에 보다 분명하고 확실하게 판단할 수 있을지라도(오늘날 대부분 착각하는 것인데), 여기서부터 사제 집단만이 승진해야 할 자들의 적합성에 대해, 그들이 그 일부가 되는 백성 전체보다 확실하게 판단할 수 있다고 추론할 수 없다. 그러므로 사제 집단이 나머지 백성과 단합되어 있다면, 특별히 사제 집단으로부터 보다 확실하고 신뢰할 만한 판단을 얻게 될 것이다. 왜냐하면 "모든 전체는 그 일부보다 크기 때문이다".

물론 우리는 잘 다듬어진 법이 신법에 상응해 통치자가 다른 영역에서

---

45 II, 15, 8 참조.
46 I, 13, 1-7.

승진해야 할 인물에 대해 교육과 행실의 검증에 있어 경험이 풍부하고 인정받은 사람들의 판단에 의거하는 것처럼 이 사안에 대해 사제나 신법의 교사와 다른 존경할 만한 인물의 판단을 신뢰하도록 규정해야 한다고 분명히 주장해야 한다. 나는 판관 혹은 판단의 첫 번째 의미에서의 '전문가의 판단'을 말한다. 왜냐하면 제1권 제15장[47]에서처럼 통치자는 세 번째 의미의 판단에 의해 입법자의 권한으로써 인물을 승인하거나 거부하거나 임명하거나 직무 수행에서 배제해야 하기 때문이다. 그렇지 않다면 한 공동체 내에 첫 번째 의미의 판단에 의해 모든 국가 직무에 대해서, 어떤 사람이 적합한지 부족한지에 대해 판단하는 사람의 수만큼 고위 통치자가 있어야 할 것이다. 이 권의 제10장과 제1권의 제17장[48]에서 입증된 것처럼 국가가 유지되고 올바로 관리되려면 이런 일은 불편하고 불가능하다.

§ 15. 그러므로 입법자나 혹은 그의 권위를 통해 통치하는 자에게는 세 번째 의미의 결정이나 판단으로 교회 성직자로 승진해야 할 대상자를 승인하거나 거부하는 일, 그들을 목회 혹은 크거나 작은 지도적 지위에 임명하거나 그 지위에서 배제하는 일, 혹은 그들이 만약 악의 때문에 직무 수행을 중단함으로써 세례나 다른 성례전의 결함에 따른 결과처럼 그들의 왜곡 때문에 누군가 영원한 죽음의 위험에 처할 경우 그들로 하여금 직무 수행을 강제하는 일 등이 속한다.[49] 물론 이것은 신자들의 완전한 공동체에서 이해해야 한다. 왜냐하면 그 대신에 믿지 않는 입법자와 그의 권한으로 통치하는 불신자가 존재하는 경우에(초대교회 대부분의, 거의 모든 공동체에서 그랬던 것처럼), 거기서 성직으로 승진되어야 할 인물의 승인이나 거부

---

47 I, 15, 8-10.

48 II, 10, 8-9; I, 17, 1-9.

49 II, 15, 7 참조. 사제를 임명하고 승인하고 해임하는 것은 황제나 군주라는 명제는 요한 22세의 교령 'Licet juxta doctrinam'에서 정죄받은 것 중 하나다.

는 (이미 언급한 나머지 직무 임명과 직무 수행과 더불어) 그곳에 있는 신자 무리의 보다 강한 일부와 더불어 사제나 주교에게, 혹은 그가 유일한 사람인 경우에 이 권한은 통치자의 승인이나 인지 없이 오직 그에게만 속할 것이다. 이것은 고위 성직자의 이런 승진이나 목회자의 임명에 의해 그리스도 신앙과 구원의 교리가 유포되도록 하기 위함이다. 이것은 믿지 않는 입법자나 법 수호자의 권위나 노력, 명령에 의해 이루어지는 것이 아니라 오히려 금지될 것이다. 사도들은 초대 그리스도 교회에 이런 식으로 신앙을 선교했다. 즉 그들은 신의 명령에 의해 이렇게 할 의무를 졌으며, 입법자가 결함이 있는 경우 그들의 후계자가 그 의무를 졌다. 그러므로 사도는 「고린도 전서」 제9장에서 다음과 같이 말한다. "내가 복음을 선포한다면 그것은 나에게 자랑거리가 아니다. 나에게 필연적이기 때문이다. 내가 복음을 선포하지 않으면 나에게 화가 있을지라!"[50] 그러나 믿는 입법자와 법의 수호자가 이런 과제를 성취하기를 원한다면, 이미 언급한 방식에 따라 확정된 근거와 증거에 의해, 즉 성서적 근거와 인간적인, 개연적이고 필연적인 근거에 의해 그들에게 이런 권한이 속한다.[51]

§ 16. 그런데 교회 성직록이라고 불리곤 하는 세속적 물질의 분배에 대해 먼저 알아야 한다. 입법자는 이런 세속적 물질을 복음의 일꾼과 다른 가난한 사람들의 부양을 위해 처분했거나(이에 대해서는 이 권의 제14장과 제15장[52]에서 말했다), 아니면 개인이나 집단이 그것을 이런 용도를 위해 처분했다. 이런 세속적 물질이 증여나 입법자의 명령에 의해 제정되어 있었다면, 그는 자신이 원하는 사람에게 원하는 때에 그 분배에 관한 권한을

---

50 「고린도 전서」 9:16.

51 이렇게 사제를 임명함에 있어서 마르실리우스가 권장한 조치는 신자들의 완전한 공동체, 즉 그 입법자가 기독교 신자인 공동체에서만 의미가 있다.

52 II, 14, 7/22; II, 15, 9.

신법에 따라 합법적으로 위임할 수 있다. 그가 원할 경우에 어떤 이유에서 그가 그 권한을 위임한 자나 자들에게서 (개인이든 집단이든) 다시 권한을 철회할 수 있다. 그리고 그 정반대가 아니라 오히려 우리의 명제가 성서에 의해 입증될 수 있다. 이것은 우리가 이 권의 제14장에서 암브로시우스의 서신『바실리카를 양도함에 대하여』[53]에서 인용한 바와 같다. 믿는 입법자는 이런 세속적 물질의 분배에 대한 권한을, 그가 권한을 위임한 자 내지 자들에게서 신법에 따라 합법적으로 철회할 수 있을 뿐만 아니라 그것을 팔거나 발생하는 합리적 근거에서 다른 방식으로 매각할 수 있다. 왜냐하면 그가 아마도 이 물질을 단순히 혹은 점유권과 함께 다른 집단이나 개인의 권한으로 이전하지 않은 한에서 그것들은 그의 것이고 언제나 합법적으로 그의 권한에 속하기 때문이다. 그러나 어떤 상황에서라도 믿는 백성은 신법에 의해 그들에게 그럴 능력이 있다면, 복음의 일꾼에게 그들이 만족할 수 있는 적절한 식량과 의복을 공급할 의무가 있다는 것을 언제나 덧붙여야 한다. 이 권의 제14장[54]과 「디모데 전서」의 마지막 장[55]에서 지시한 것처럼 말이다. 반면에 이런 세속적 물질이 개인이나 혹은 개인들의 증여나 유증에 의해 경건한 행위를 위해 기부되었다면, 기부자나 유증자의 의도에 따라 보존되고 수호되고 분배되어야 한다. 그러나 분배자에게서 교정을 필요로 하는 잘못이 나타난다면, 인간 입법자 혹은 그의 권위에 의해 통치자는 기부자나 유증자의 의도에 따라서 그런 잘못을 바로잡아야 한다. 그가 알고 할 수 있으면서도 행하지 않는다면 그는 죄를 범하는 것이다. 왜냐하면 기부자나 유증자가 이런 사람들에 대한 교정을 어떤 개인이나 집단에 위임하는 경우를 제외하고서는 이것은 집단이나 다른 개인에

---

53 Ambrosius, *Sermo contra Auxentium de basilicis tradendis*, c. 33, in: MPL, 16, p. 1060.

54 II, 14, 6.

55 「디모데 전서」 6:8.

게 (그의 지위를 막론하고) 해당되는 것이 아니며, 또한 그들을 통해 이루어져서는 안 되기 때문이다. 그들에게 어떤 잘못이 생길 경우에 결국 그것은 통치자에 의해 교정되어야 한다. 어떤 개인이나 집단은 입법자의 용인 없이는 앞에서 확정한 이유 때문에 바실리카를 세우고 거기에 복음적 법의 일꾼을 임명해서는 안 된다.

§ 17. 또한 나는 프랑스 가톨릭 왕들의 권위에 의해 교회 일꾼의 임명과 세속적 물질 내지 성직록의 분배와 수여에 관한 내 명제가 거부될 수 없고 오히려 주목받아야 한다는 것을 증명하고자 한다.[56] 즉 그들은 합법적으로 (그들은 실제로 오늘까지 이 권한을 원하며 변함없이 지켜지기를 바란다) 일부 교회 직위를 임명하고 교회의 세속적 물질 내지 성직록을 제정하고 분배하는 권한이 자신들에게 있고, 이 권한이 필멸의 인간이나 집단으로부터 (그의 신분이 어떠하든지 간에) 그들에게 파생되는 것이 아니라고 단언한다. 왜냐하면 입법자나 통치자가 성직자를 임명하고 세속적 물질을 수여하거나 분배하는 것이 신법에 의해 금지되어 있지 않기 때문이다. 오히려 이 권한은 합법적이고 사제 개인이나 집단을 위해 기만적으로 찬탈되지 않은 한, 신자들의 완전한 공동체에서 입법자의 용인에 의해 파생되기 때문이다. 그러므로 로마 통치자의 법과 앞서의 제11장과 제12장에서 언급한 이차적 임명에 관해 주교와 목회자, 부제, 그리고 나머지 교회 일꾼들의 선출 내지 임명 방식과 형식이 확립되어 있으며, 또한 그들의 숫자도 정해져 있고 미리 확정되어 있다.[57] 이 권의 제8장과 제1권 제15장[58]에서의 지시처럼, 이것은 인간 입법자와 통치자의 권한에 속하기 때문이다. 그러므로 또

---

56 마르실리우스는 성직록 수여에 있어 프랑스 국왕들, 특히 필리프 미남왕이 사용한 방법을 직접 언급한다.

57 *Codex Iustinianus*, lib. 1, tit. 3, c. 41; lib. 12, tit. 26.

58 II, 8, 7-9; I, 15, 8-10.

한 교회의 세속적 물질 내지 성직록의 취급 방식과 사제들 상호 간 내지 다른 시민들과의 송사를 취급하는 방식에 관해서도 이미 법에 정해져 있다.[59] 이 법에 대해 로마교회의 최초의 대사제들, 즉 거룩하고 자신의 자유를 의식하고 무지하지 않은 인간들은 결코 이의를 제기하지 않았으며, 오히려 이 권의 제21장 제2~8절에서 보다 상세히 진술하게 될 것처럼, 마땅히 그래야 했던 것처럼 이 법에 자발적으로 복종했고 복종하고자 했다. 그런데 어디서부터 사제 집단이 자신들은 세속 통치자들의 법과 관습에서부터 제외되어 있다고 주장할 뿐 아니라 이미 그들에 대해 자신을 입법자로 정하고 이것을 고집스럽게 주장하고 방어하게 되었는지는 나중에 말할 것이다.[60]

§ 18. 또한 우리는 지금까지의 논의에서 다음을 간과해서는 안 된다. 즉 인간 입법자 혹은 그의 권위에 의해 통치하는 자는 교회의 세속적 물질 가운데 특히 우리가 성직록이라 칭하는 부동산으로부터의 수입에 대해 복음의 일꾼을 충분히 부양하고 잉여분이 있는 경우에, 인간법과 신법에 따라 합법적으로 세금과 수확을 징수할 수 있다. 이것은 조국의 수호와 신앙의 순종에서 감금된 자들의 속량을 위해, 그리고 공적 부담의 완화와 믿는 입법자가 정한 다른 합리적 목적을 위해 그러하다. 왜냐하면 이런 세속적 물질을 유증이나 증여를 통해 경건한 목적을 위해 기부했고 대중을 위해 분배하도록 위임한 자는 그 권한이 있는 한 그들이 가졌던 것보다 큰 면세 특권과 함께 그것을 집단이나 개인에게 위임할 수는 없었기 때문이다. 오히려 그것들은 당시 공적 부담에서 면제되어 있지 않았다. 그러므로 그것들은 증여자나 기부자에 의해 어떤 다른 자의 권한으로 이전된 후에도 면제되지 않았다.

---

59 *Codex Iustinianus*, lib. 1, tit. 2-4.
60 II, 22, 20 참조.

§ 19. 이에 대해 암브로시우스는 서신『바실리카를 양도함에 대하여』[61] 에서 이런 말로써 증언한다. "우리는 황제의 것을 황제에게 내고, 신의 것은 신에게 낸다. 세금은 황제의 것이며, 부정되지 않는다." 또한 같은 곳에서 "그(황제)가 세금을 요구하면, 우리는 거부하지 않는다. 교회 토지는 세금을 낸다". 그러나 그가 이것[=세금 징수]이 합법적으로 황제의 권한에 속하지 않는다고 생각했다면, 황제에게는 거부했을 것이다. 황제가 백성의 생각과는 반대로 아리우스주의자들에게 기울어 있는 것처럼 보였기 때문에, 그가 황제에게 성전의 [양도]를 거부했거나 사제 서임권을 거부했던 것처럼 말이다. 이것에 대해서는 다음 장[62]에서 보다 상세하게 말할 것이다. 위고 드 생 빅토르도『성례전에 대하여』라는 책에서 이렇게 생각했다. "교회가 지상적 재산의 열매를 사용하기 위해 받을지라도, 교회 인물이나 세속적 법정을 통해 사법적 권세를 행사할 수는 없다. 그러나 교회는 평신도 일꾼을 가질 수 있으니, 그들을 통해 지상적 권한에 관계되는 권리와 판단이 법 취지와 지상적 법의 요구에 따라 행사되어야 한다. 여기서 교회는 권력으로 소유한 것을 지상적 군주로부터 가졌음을 의식해야 한다. 또한 이 소유물을 왕의 권세로부터 떼어놓을 수 없다는 것을 알아야 하니, 이성과 필요가 그것을 요구하는 한에서 한편으로는 왕의 권세가 그들을 보호할 의무가 있고, 다른 한편으로는 이 소유는 필요시 이 권세에 복종할 의무가 있다. 즉 왕의 권세는 타자에게 의무가 있는 보호를 제공하지 않을 수 없는 것처럼 교회의 인간들이 획득한 이 소유는 보호 때문에 왕의 권세에 대해 빚지고 있는 순종을 당연히 거부할 수 없다."[63]

---

61 Ambrosius, *Sermo contra Auxentium de basilicis tradendis*, c. 33ff., in: MPL, 16, pp. 1060f.

62 II, 28, 18.

63 Hugo de St. Victor, *De Sacramentis*, lib. 2, pars 2, c. 7, in: MPL, 176, p. 420B/C.

제 18 장

그리스도 교회의 기원과 처음 상태에 대하여, 또한 로마 주교와 로마교회는 앞에 언급한 권위와 다른 교회에 대한 일정한 우선권을 어디서 획득했는가

§ 1. 이제 제기된 명제 중에서 입증해야 할 것이 남아 있다. 즉 강제적 사법권과 모든 (본질적이라고 불리지 않는) 이차적 사제 임명, 그리고 교회의 모든 세속적 물질의 분배에 대한 권한이 주교나 사제의 권한에 속하게 된 기원과 시작 말이다. 로마 주교는 어디서부터 이런 최고 권한을 자신의 것으로 전가했는가? 이에 더해 의심스러운 의미의 성서 구절을 해석하고 해석된 것을 신자들이 믿고 준수하도록 전하고 규정하는 정당한 권한 이 누구에게 속하는지를 덧붙여야 한다. 그러므로 우리가 제1권 제15장 과 제17장, 그리고 이 권의 제4장, 제5장, 제8장, 제9장, 제10장에서 서술 한 것에 근거해 이 세상의 누구에 대해 어떤 강제적 사법권이 주교나 장로 나 교회의 일꾼에게 속하지 않는다고 전제하는 자, 또한 이 권의 제15장, 제16장, 제17장에서 충분히 입증한 것처럼 어떤 주교나 장로도 그리스도 의 직접적 명령에 의해 이미 언급한 어떤 본질적이거나 비본질적인 사제적 권한에 있어 다른 주교나 사제에 예속하지 않는다고 전제하는 자, 또한 우

리가 교회의 세속적 물질 분배에 대해 앞 장에서 이미 말한 것을 통찰하는 자에게는 문제의 해결이 충분히 명백할 것이다. 그러나 우리는 문제의 해결을 위해 이런 일에 조예가 없는 자들의 우둔함 때문에 차라리 개별적으로 접근하고자 한다.

§ 2. 그러므로 우리가 제기된 물음에 답변하려 시도한다면, 우리는 그에 주목해야 할 것이다. 첫째, 어떻게 이런 관계가 실제로 발전했고 그 기원에 있어서 어떠했는지. 그다음으로 그것들이 신법과 인간법, 그리고 올바른 사고와 어느 정도 부합했는지, 혹은 그것들이 그래야 했는지? 어떤 것들이 그것들과 반대되고 모순되는지? 따라서 결국 우리는 부합하는 것은 인정해야 하고 준수해야 할 것으로, 모순되는 것은 세상과 신자들의 안식에 유해한 것으로서 정당하게 혐오하고 거부할 것으로 인식할 것이다. 우리는 그것들이 어느 정도 법적·실제적으로 발전했는지에 대해 거룩한 경전에서부터 출발점을 구해야 한다. 우리는 그다음 시기에 대해 인정받은 역사적 전승에서 (그중에서 특히 앞에 언급한 이시도루스의 코덱스에서) 결론을 내릴 수 있고, 마지막으로 학문적 경험이 교사로서 우리에게 가르친 몇 가지를 인용할 것이다.

§ 3. 우리가 추구하는 진실의 근원으로서 거룩한 경전에서 출발함으로써 「요한복음」 제20장의 그리스도의 발언을 인용할 것인데, 여기서 그는 사도들에게 사제적 권위와 열쇠 권한 내지 양자를 차별 없이 부여했다. 그는 그들에게 입김을 불어넣으면서 말했다. "성령을 받아라. 너희가 그들의 죄를 사하면, 그들은 사함을 받을 것이다."[1] 그리고 우리는 여기에 그의 명령을 덧붙인다. 그는 「마태복음」 마지막 장에서 그들에게 "가서 모든 백성

---

1 「요한복음」 20:22-23.

을 가르쳐라"[2]고 말함으로써 그들에게 차별 없이 온 세상에 복음을 설교하도록 위임했다. 「사도행전」 제9장에서 충분히 나타나는 것처럼 그리스도는 나중에 직접적 부름을 통해 그들에게 바울을 선택된 그릇, 즉 성령의 그릇으로 추가한다. 이 사람과 다른 사도들은 언급된 그리스도의 임무를 수행했으니, 「사도행전」과 그들의 서신에 나타난 것처럼 먼저 유대에서 복음 내지 기독교 신앙을 선포하고 가르쳤으며, 거기서 또한 많은 사람을 기독교 신앙으로 개종시켰다. 그다음에 몇 사람은 신적 계시와 그들 상호 간의 조정에 따라 유대에 남았으나, 다른 사람들은 나뉘어서 백성들과 다양한 지역으로 옮아갔다. 그들이 거기에서 신실하고 굳세게 복음을 선포함으로써, 그들의 전설이나 인정받은 역사적 전승에서 이야기되는 것처럼 각자가 할 수 있는 한, 그리고 신의 마음에 드는 한, 양성의 인간을 개종시킴에 있어 발전했다. 그러나 그 가운데 두 사람, 즉 복된 베드로와 복된 바울은 그들의 선포에서 다른 사람들 가운데서도 괄목할 만한 발전을 이룩했다. 「사도행전」 제9장[3]에 나타난 것처럼, 그리고 이 권의 제16장[4]에서 거룩한 주해가들의 말과 더불어 「갈라디아서」 제2장에서 충분히 입증된 것처럼 바울은 12사도에 속하지는 않지만 다른 사도들과 마찬가지로 그리스도에 의해 직접 원래적으로 부름을 받고 파송되었다.

§ 4. 이 두 사도인 베드로와 바울로부터, 특히 경전의 문구에 따르면 보다 분명히 바울로부터이기는 하지만 ─그리고 특히 이교도들에 대해서는─기독교 교회 의식(儀式)이 유래했다. 왜냐하면 「갈라디아서」 제2장과 「로마서」 제11장, 또한 이에 대한 거룩한 교부들의 주해[5]와 많은 다른 성서

---

2 「마태복음」 28:19.
3 「사도행전」 9:15.
4 II, 16, 3-4.
5 II, 6, 15.

구절에 나타난 것처럼 베드로가 할례받은 자들을 위한 사도였던 것과 같이 바울 역시 무엇보다 백성들 내지 이교도들 혹은 할례받지 않은 자들을 위한 일차적 사도였기 때문이다.

§ 5. 이 권의 제4장과 제5장[6]에서 분명히 입증된 것처럼 이 두 사도는 다른 나머지 사도들처럼 그들의 스승, 즉 그리스도를 모방해 세속 통치자들의 강제적 사법 아래 살았고 다른 사람들에게 그렇게 살라고 가르쳤다. 앞서 언급한 이시도루스 코덱스에서 충분히 나타난 것처럼 그들의 후계자들, 즉 장로나 주교들은 그들의 부제와 다른 복음의 일꾼들과 함께 로마 황제 콘스탄티누스 1세 시대까지 계속해서 이렇게 살았다. 그러므로 주교는 시대 전체를 통해 다른 주교들에 대해 강제적 사법권을 행사하지 않았다. 그러나[7] 다른 나라의 대부분의 주교는 성서와 교회 의식의 의심스러운 문제에 관해 공개적으로 모이려고 감행하지 않았기 때문에 로마의 주교와 신자들의 교회에 문의했다. 그곳의 신자 수가 많고 경험이 많았기 때문이며, 또한 당시 로마에는 모든 학문의 연구가 번성했기 때문이다. 그러므로 로마의 주교와 사제들은 경험이 많았으며, 그들의 교회는 다른 교회보다 그런 인물들이 많았다. 그들은 또한 존경할 만했으니, 복된 베드로가 사도 가운데 연장자로 공로에 있어 보다 완전하고 보다 존경할 만한 사도로서 그곳에서 주교로서 거주했다고 알려졌으며, 복된 바울도(그에 관해서는 이 권의 제16장[8]에 나타난 것처럼 보다 확실한데) 그와 비슷했기 때문이다. 더불어 로마 시는 세상의 다른 지역에 비해 으뜸가고 보다 유명했기 때문이다. 그

---

6 II, 4, 13; II, 5, 4-5.
7 여기서부터 제6절까지, 1433년 3월 10일 바젤 종교회의에서 라구사의 스토이코비치(Ivan Stojkovic aus Ragusa)의 질문에 대한 요하네스 로키카나(Johannes Rokycana)의 답변에서 문자적으로 인용되었다.
8 II, 16, 15-18.

러므로 또한 다른 지역의 신자들이 적합한 인물이 없는 경우에는 로마 주교와 신자들의 교회로부터 그들 교회의 통치를 위해 주교직으로 임명할 인물을 요청했으니, 로마의 신자 교회는 이런 인물들이 이미 말한 것처럼 풍부했기 때문이다. 그런데 로마의 주교와 교회들이 신앙에 관해, 교회 의식에 관해, 그리고 인물 조달에 관해 이렇게 조언과 도움을 요구받았을 때, 그들을 필요로 하고 요청하는 자들에게 사랑으로써 형제답게 도움을 주었으니, 즉 그들에게 주교들을 보냈다. 물론 수락하려는 자들은 거의 발견하지 못했다. 또한 그들이 교회 의식을 위해 만들었던 질서를 친절하게 다른 지역과도 공유했으며, 때로는 그들이 다른 지역에서 신자들 상호 간의 싸움이나 분열에 대해 들었을 때 사랑으로써 훈계했다.

§ 6. 어떤 역사적 전승과 앞서 언급한 코덱스 문구에서 충분히 나타난 것처럼 그곳에서 베드로나 바울, 혹은 양자를 계승한 첫 번째 주교로 언급되는 교황 클레멘스에서부터 이미 언급한 콘스탄티누스 시대까지 다른 지역의 교회들은 이것을 감사히 받아들였다. 로마 백성은 이런 혹은 유사한 방식으로 그리스인들로부터 억지로가 아니라 자발적으로 이른바 12표법(十二表法, Lex Duodecim Tabularum)[9]을 받아들였으니, 이것으로부터 로마 백성의 나머지 법이 유래했다.[10] 그럼에도 불구하고 확실한 것은, 로마 백성은 이 법 때문에 사법이나 권위 면에서 그리스인에 예속되어 있지 않았다는 것이다. 또한 이 책을 빛으로 끌어낸 사람은 오를레앙 대학의 학생들이 그들의 전령과 서신을 통해 보다 유명하고 존경할 만한 파리 대학에 그 대학의 규칙, 특권, 정관을 얻기 위해 요구하고 간청했음을 보았고, 들었고, 알았다.[11] 그렇지만 오를레앙 대학은 이전이나 이후에나, 그리고 어떤

---

9 기원전 451년에서 기원전 450년경 고대 로마에서 만들어진 로마 최고의 성문법으로, 12동판법(十二銅版法)이라고도 한다.

10 Gratianus, *Corpus juris canonici* I, dist. 7, cap. 1.

권위나 사법 행위에서도 파리 대학에 예속되어 있지 않다.

§ 7. 로마 주교들은 거의 관습적인, 즉 다른 교회들의 자발적 동의에 근거한 (이미 언급한) 우선권에 의해 그들의 영향력이 처음부터 발전함에 따라 콘스탄티누스 시대까지 전체 교회에 대해 교회 의식과 사제들의 행위에 대한 어떤 결정이나 명령 및 그 준수를 규정하는 보다 포괄적인 권한을 얻었다. 우리는 다음에[12] 로마 주교들이 그들의 권위에 의해서만 이것을 할 수 있었는지, 혹은 다른 교회들의 동의가 거기에 들어가야 했는지를 진술할 것이다. 그런데 앞서 언급한 콘스탄티누스는 (이시도루스[13]가 언급한 코덱스의 '초대교회와 니케아 종교회의에 대하여' 장에서 이야기하고 '주 콘스탄티누스 황제의 칙령'이라고 표제가 달린 칙령[14]에 똑같이 들어 있는 것처럼) 당시 로마 주교였던 복된 실베스테르의 사역에 의해 기독교 신앙을 공개적으로 받아들이고 사제직을 통치자의 강제적 사법 행위에서 면제한 것으로 보이는 첫 번째 황제였다. 또한 그는 앞에 언급한 칙령을 통해 로마교회와 그의 주교들에게 비슷한 방식으로 모든 다른 주교와 교회에 대한 권위와 권세를

---

11 마르실리우스가 말하는 사건은 아마도 1312년 마르실리우스가 파리 대학의 총장이었던 때, 필리프 4세 미남왕이 오를레앙 대학을 해체한 후에 일어난 듯하다. 필리프의 문서 중에서, "이렇게 고대 역사는, 로마인들은 그리스인들로부터 그의 학문 때문에 기록된 법과 관습을 처음부터 받아들였다고 확실히 전한다". M. Fournier, *Statuts et privilèges des universités françaises* I, Paris 1890-94, p. 37. 클레멘스 5세는 1306년에 이미 법인을 구성했고, 1307년에 새로운 정관이 파리 대학의 그것을 모델로 해서 제정되었다. 1316년에 학생들이 느베르(Nevers)로 이주했다. 1319~20년에 오를레앙 대학은 요한 22세와 필리프 4세에 의해 복구되었다. H. Denifle, *Die Entstehung der Universitäten des Mittelalters*, Berlin 1885, pp. 260ff. 참조.

12 II, 22, 1.

13 Pseudo-Isidorus, "De primitiva ecclesia et synodo Nicaena", *Collectio Decretalium*, in: MPL, 130, pp. 243~44.

14 콘스탄티누스의 증여 문서: Pseudo-Isidorus, *Collectio Decretalium*, in: MPL, 130, pp. 247~50.

부여했던 것으로 보인다. 우리가 제1권 제19장 제8절과 제9절에서 이야기한 것처럼, 지금 그들은 이 권세가 다른 근거에서 그들에게 속하게 되었다고 주장한다. 이것과 함께 또한 이 토지와 부동산 및 많은 소유에 대한 강제적 사법권과 앞서 언급한 칙령을 일별하는 자에게 분명히 드러나는 것처럼 일정한 지역에 대한 세속적 통치까지도 부여했다. 앞서 인용한 구절에서 읽을 수 있는 것처럼 이 사람은 그리스도인에게 공개적으로 모이고 성전 내지 교회를 건축하는 것을 용인한 첫 번째 황제로서, 그의 명령으로 첫 번째 종교회의가 니케아에서 열렸다.[15] 우리는 이 종교회의와 사도 시대로부터 현재까지 교회 발전에서 이루어진 나머지 사건에 대해 그것이 우리 주제와 상관 있는 한, 철저히 제자리에서 그 역사를 언급하고 인용할 것이다. 여기서 우리는 신법과 올바른 논리와 조화를 이루는 것은 받아들이고, 그와 일치하지 않는 것은 거부할 것이다. 아울러 우리는 이루어진 것이 어떻게 그랬어야 했는지를 거룩한 경전에 따라 분명히 밝힐 것이다.[16]

§ 8. 그러므로 우리는 이렇게 그 기원에서부터 정의해야 할 일의 발전을 어느 정도 진술했으며, 보다 상세히 이 문제의 해결에 접근하면서 사도와 함께 의심의 여지가 없는 사실을 전제할 것이다. 가톨릭 신앙은 하나이며 여러 가지가 아니다. 그러므로 「에베소서」 제4장에서는 이렇게 말한다. "주도 하나요, 믿음도 하나."[17] 이 신앙은 일치 속에, 즉 같은 생각에 따라 모든 신자에 의해 받아들여지고 고백되어야 한다고 사도는 앞서 인용한 구절에서 조금 후에 말한다. "우리 모두가 신앙의 일치에, 신의 아들에 대한 인식에 도달할 때까지."[18] 여기서부터 우리는 필연적으로 다음과 같은 결

---

15 Pseudo-Isidorus, *Collectio Decretalium*, in: MPL, 130.

16 II, 22, 16 참조.

17 「에베소서」 4:5.

론을 내릴 것이다. 우선[19] 신법, 특히 복음적 법의 의심스러운 의미와 견해를, 그리고 그런 것이 있는 경우에 복음적 법의 교사 간의 가능한 다툼과 논쟁을 (그리스도와 사도의 예언에 따르면, 어떤 사람의 무지 내지는 사악함 혹은 양자 때문에 이런 일이 일어났다고 우리는 읽는다) 종결하는 것이 유익하다. 이 점에 필연적으로 우리가 지시할 것처럼 다음이 뒤따른다. 즉 모든 신자의 총회 혹은 모든 신자의 위임을 받은 자들의 공의회에만 이 결정권이 속한다.[20]

둘째,[21] 나는 신법과 올바른 논리에 따라 종교회의를 소집하고 유익하다면 강제적 권한을 통해 모으는 것은 앞서 언급한 입법자가 그 권한을 그에게 혹은 그들에게 용인하지 않는 한, 어떤 개인이나 집단에 (그가 어떤 권위나 조건에 있든지 간에) 있는 것이 아니라 오직 자신 위에 더 높은 자가 없다는 것을 믿는 인간 입법자[22]의 권한에 속한다는 것을 지시하고자 한다.

셋째,[23] 종교회의나 최고의 인간 입법자만이 교회 의식과 인간 행위에 대해 (현재 혹은 미래 세계에 대해 형벌의 위협 아래 모든 인간으로 하여금 준수하도록 의무를 지우는) 명령을 직접적으로 혹은 이전에 그것에 의해 부여된 권한에 의해 결정할 수 있다는 것을 확실히 보여 줄 것이다. 또한 이것에 근거해 어떤 통치자나 어떤 나라, 공동체도 어떤 사제나 주교에 의해 (그가 누구든지 간에) 수찬 금지를 당하거나 출교될 수 없고 되어서도 안 된다

---

18 「에베소서」 4:13.

19 II, 20, 1-5.

20 이로써 마르실리우스는 종교회의주의, 즉 종교 문제에서 종교회의의 결정이 모든 것을, 심지어 교황의 명령보다 우선한다는 입장을 선포한다.

21 II, 20, 6-12; II, 21, 1-3.

22 이 표현은 세속의 최고기관을 지시한다. 그것은 종교회의 총회를 소집하고 총회의 결정을 집행할 책임이 있다. 각 공동체에는 신실한 입법자가 있으며, 각 입법자들은 황제에 예속된다. 그는 그 위에 더 높은 자가 없는 최고의 입법자이다. 총회는 입법자들에 의해 파견된 전문가들로 구성되며 최고 입법자, 즉 황제를 우두머리로 한다.

23 II, 21, 4-9.

는──신법이나 앞서 언급한 종교회의에 의해 명령되는 방식으로가 아닌 한──것을 입증할 것이다.[24]

넷째,[25] 어떤 단 한 명의 주교나 다른 한 개인, 혹은 단 하나의 특별 집단에 세상의 모든 교회 직분에 인물을 임명하거나 그들을 위해 성직록이라 불리는 교회의 세속적 물질을 분배하거나 그들에게 수여하는 권한이 있지 않으며, 오히려 이 권한은 오직 창설자나 기부자, 혹은 입법자로서 신자 전체 혹은 이 기부자나 입법자가 이 권한을 양도한 사람 혹은 사람들에게 있다는 것을 분명히 증명할 것이다.

다섯째,[26] 한 명의 주교와 한 교회를 다른 자들의 수장 내지 머리로 정하는 것이 적절함을 지시할 것이다. 또한 그들이 가져야 하는 자질이 어떤 것이며, 누구의 권위에 의해 이 주교가 이렇게 정해지는지를 지시할 것이다. 이 주교는 그의 교회와 함께 모든 나머지 주교와 교회들에 교회 의식이나 인간 행위에 관해 신자들의 공동 이익을 위해, 그리고 그들의 평화를 위해 종교회의에 의해 선포되었고 선포되어야 할 것으로 보이는 것을 촉구해야 할 것이다.

마지막으로[27] 우리는 여기서부터 필연적으로 다음과 같은 결론을 내릴 것이다. 총회의 나머지 결정과 더불어 성서와 가톨릭 신앙에 대해, 그리고 교회 의식에 대해 정해진 것은 어떤 특수 집단이나 한 개인이 아니라 총회의 권위에 의해서만 변경되거나 보완되고, 축소되거나 정지 또는 완전히 철회될 수 있다.

---

24 신법의 권세에 (마르실리우스에게 신법은 이 세상에서 강제성이 없다) 대한 해석과 이 구절에서 성사 정지나 출교와 같은 강제적 제재를 위해 신법을 원용하는 것 사이에는 모순이 있는 듯하다.

25 II, 21, 11-15.

26 II, 22, 1-11.

27 II, 22, 10.

이 모든 것을 통해 누구에게나 명백한 인식에 도달하게 될 것이다.[28] 로마 주교나 그의 교회, 그리고 모든 다른 주교나 그들의 교회 자체는 앞서 언급한 총회가 그들에게 절대적으로 혹은 일시적으로 용인하지 않은 한, 신법이나 인간법에 따라 다른 주교와 교회에 대해 앞서 언급한 권한이나 권세를 갖지 못한다. 그렇기 때문에 다음이 또한 분명해진다. 로마 주교나 모든 다른 주교는 자신에게 군주나 공동체나 어떤 개인에 대한 온전한 권세를 부여한다면, 성서와 인간적 증명의 판단에 부합하지 않는 한, 부적절하게 정당하지 않게, 그에 반해 행동하는 것이다. 인간 입법자나 그들의 위임에 의해 통치하는 자는, 이 주교와 그 다른 누구든지 간에, 이런 권한을 자신에게 부여하는 것을 경고와 필요한 경우에는 강제적 권력으로써 저지해야만 한다.[29]

---

28 II, 22, 5.

29 이 노골적 위협은 실행에 옮겨졌으니, 바이에른의 루트비히는 1328년 4월 18일 로마에서 대관식을 올린 후에 교황 요한 22세가 그의 직위에서 상실했다고 선언하고 황제의 세속적 사법권에 예속시켰다. 황제의 표현에 따르면, 교황은 적그리스도요 부친 살해자이다. 교황은 이단자로 선언되고 폐위되어야 한다. "그럼에도 불구하고 우리와 우리 전임자들에 의해 그들에게 용인되었던 모든 자유와 면제, 특권을 철회한다." 여기에서 마르실리우스 조언의 영향을 느낄 수 있는 듯하다.

제 19 장

이미 언급한 권위와 수장권에 대한 결정을 위한 예비 질문:
영원한 구원의 필요에 관해
진리의 어떤 말이나 어떤 글을 믿어야 하고
고백해야 하는가[1]

§ 1. 우리는 명제를 증명하기 전에, 다음에서 말하고자 하는 모든 것의
확실성을 위해 어떤 유익하고 필수적인 것에 주목해야 한다. 그것은 이것
이니, 우리는 정경(正經)이라고 불리는 글이나 그 필연적 결론, 혹은 의심스
러운 의미를 가지는 성서에 대해 신자들 내지 가톨릭교도의 총회에 의해
만들어진 해석이나 결정(특히 기독교 신조의 경우처럼 오류가 영원한 저주를 초
래하는 경우) 외에는 어떤 글도 영원한 구원의 필요에 관해 반박할 여지없
이 참된 것으로서 믿거나 고백할 의무가 없다.[2]

---

1 이 장(章)은 마르실리우스의 성서 해석 방법을 보여 준다. 첫째, 신앙 문제에서 진리
   의 유일한 근원은 성서 안에 계시된 것이다. 둘째, 성서는 절대적으로 문자적으로 해
   석해야 한다. 전통에 속하는 모든 것은 성서와 위반되지 않는 한에서만 받아들일 수
   있다. 그러나 성서의 의미가 난해한 경우에는 총회에 호소해야 한다.
2 여기에 신앙의 유일한 대상이 정의되어 있다. 즉 계시된 정경과 모든 교회 문서는 인
   간적 기원을 가지므로 편견을 포함한다.

§ 2. 성서의 진리를 확고히 믿고 그것을 고백해야 한다는 것은 당연한 것으로, 모든 그리스도인에 의해 전제된다. 이것은 성서의 권위에 의해서만 입증될 수 있으므로, 지면상 문구를 생략했다. 그러나 우리가 말한 것처럼 성서 해석이 그렇게 행해졌을 때, 역시 믿어야 한다는 것은 충분히 명백하다. 왜냐하면 같은 영에 의해 우리에게 계시된 해석을 경건하게 믿어야 하는 듯하기 때문이다. 또한 우리는 성서에서부터, 그리고 성서로부터 확고하면서도 오류 없는 연역을 통해 이것을 지시할 수 있다. 성서에서부터, 즉 진리가 「마태복음」 제28장과 마지막 장에서 다음과 같이 말한 것처럼 말이다. "그리고 보라. 내가 세상 종말까지 언제나 너희들과 함께 있다."[3] 라바누스는 여기에 대해 말한다. "여기서부터 신의 집에 거주하기에 합당한 사람들이 세상 끝날까지 지상에서 없지 않을 것을 알아야 한다."[4] 즉 성령은 신앙의 보존을 위해 언제나 그들 곁에 있다는 것을 경건하게 믿어야 한다. 그러므로 히에로니무스는 다음과 같이 썼다. "그러므로 그는 세상 끝날까지 제자들 곁에 있을 것을 약속하며, 그들이 언제나 살게 될 것과 자신이 믿는 자들로부터 물러나지 않을 것을 지시한다."[5] 같은 것은 「사도행전」 제15장에서 사도와 신자들의 모임이 불분명한 것에 대해 결정한 후에, "이것이 성령과 우리에게 보였다"[6]라고 말했을 때에 분명히 입증된다. 즉 그들이 보장했고, 성서는 신앙에 관한 의심에서 그들의 결정이 성령에 의해 내려졌다고 보장한다. 그러므로 신자들의 모임 내지 이를 뒤이은 종교회의 총회가 진정으로 성서의 의심스러운 의미에 대해 (특히 오류가 영원한 저주의 위험을 초래할 때) 결정했던 당시의 사도들과 장로들 및 나머지 신자들의 모임을 재현하므로, 인도하고 계시하는 성령의 능력이 총회의 토의와 함께하

---

3 「마태복음」 28:20.

4 Thomas Aquinas, *Catena aurea*, vol. 11, p. 334에서의 해당 구절에 대한 주해 참조.

5 Thomas Aquinas, *Catena aurea*, vol. 11, p. 334에서의 해당 구절에 대한 주해 참조.

6 「사도행전」 15:28.

는 것이 개연적이고 확실하다.[7]

§ 3. 이것은 성서에서 그 능력을 얻는 오류 없는 연역을 통해서도 명백해
진다. 즉 그리스도가 영원한 구원의 법의 진정한 이해를 (그리고 이것을 믿
는 것이 신자들에게 영원한 구원을 위해 필수적인데) 추구하고, 그 이해를 위해
그의 이름을 부르는 자들에게 그 이해를 보여 주지 않고 도리어 그 때문
에 다수의 믿는 자들을 헤매도록 허락한다면, 그 법을 준 것은 무의미할
것이다. 그런 법은 구원을 위해 무익할 뿐만 아니라 인간의 영원한 파멸을
위해 주어진 것처럼 보일 것이기 때문이다.[8] 그러므로 경건하게 다음을 신
봉해야 한다. 성서의 의심스러운 의미에 대한 총회의 결정은 성령으로부터
그 진리의 근원을 취하며, 인간 입법자로부터는 다음 장에 지시되는 것처
럼 고백에서 그 결정의 준수를 강제하는 권위, 사제들과 복음의 일꾼, 특
별히 최고의 기독교인 입법자나 총회가 이 중요한 일을 위해 정한 자에 의
한 보급과 가르침을 강제하는 권위를 취해야 한다.

§ 4. 반면에 인간 정신에 의해 계시되고 전해진 다른 글을 확고하게 믿
거나 진리를 고백해야 할 의무가 없다는 것은 명백하다. 왜냐하면 어떤 그
릇된 것을 나타낼 가능성이 있는 어떤 글을 확고히 믿거나 그것을 절대적
으로 참되다고 고백할 의무는 없기 때문이다. 개인이나 특수 집단의 인간
적 고안에 근거한 글은 이런 의심 아래 있다. 경험에서 알 수 있듯이, 그리

---

7 이것은 종교회의 총회의 무오성(無誤性)의 첫 번째 증거이니, 여기서 종교회의는 단
  순히 신자들의 모임으로 정의된다. 이 모임은 사도와 장로들, 신자들의 전체를 대표
  한다.
8 이것은 총회의 무오성의 두 번째 증거이다. 이 책 제1권에서 법의 보편성을 위해 제시
  한 증거를 종교적 관점에서 적용한 것으로 보인다. 즉 자연은 아무것도 이유 없이 행
  하지 않으므로, 자연은 모든 인간에게 그의 자연적 욕망을 만족시킬 가능성을 주었
  다. 마찬가지로 신은 법을 주면서 또한 이것을 정확히 해석할 권한이 있는 법정이 있
  도록 허락했다. 이 법정은 총회에 모인 다수의 신자이다.

고 「시편」 제115장에서처럼 그것들은 진리에서 벗어날 수 있다. "나는 분노 속에, 모든 인간은 거짓말쟁이라고 말했다."[9] 정경[10]은 그런 책이 아니다. 왜냐하면 그것은 인간의 고안에서 기원한 것이 아니라 직접 신의 영감에 의해 주어진 것이며, 신은 기만당하거나 기만하려 하지 않기 때문이다.

§ 5. 아우구스티누스는 인간의 책과 신의 책 둘 사이의 차이에 대해 이미 분명하게 언급한 견해를 히에로니무스에게 보낸 13번째 서신에서 다음과 같이 확인한다. "나는 그대의 애정을 인정한다. 정경이라 불리는 책에만 이런 존경과 경외를 보이는 것을 배웠으며, 성서 저자는 집필할 때 어떤 오류도 범하지 않았음을 확고히 믿는다. 그리고 성서에서 진리에 위배되는 것처럼 보이는 어떤 것이 나타난다면, 사본이 잘못되었거나 아니면 해석자가 의미된 바를 파악하지 못했거나 아니면 내가 전혀 이해하지 못했다는 것 외에는 달리 의심하지 않을 것이다. 그러나 다른 저자들을 읽으면서 그들이 거룩함과 학식에서 아무리 넘칠지라도, 그들이 그렇게 생각했기 때문이 아니라 그들이 저 정경의 저자들을 통해서나 개연적 논리를 통해 진리에서 벗어나지 않는다는 것을 내게 설득할 수 있었기 때문에 그들이 옳다고 생각한다."[11] 그는 『삼위일체론』 제3권 서문에서 다음과 같은 말로써 같은 것을 반복하고 훈계한다. "독자들이여, 정경처럼 내 책에 굴복하지 말라. 도리어 정경에 대해 당신이 발견할 때, 믿을 수 없는 것조차 주저 없이 믿어라. 그러나 내 책에서는 확실한 것을 이해하지 못하는 한, 확실하다고 생각하지 못하는 것은 확고히 믿지 마라."[12] 그는 서신 『포르투나티아누스에게』[13]에서와 다른 많은 책에서도 같은 말을 하지만, 나는 지면상 문구

---

9 마르실리우스가 '제116장'을 '제115장'으로 착각한 듯하다. 「시편」 116:11.

10 『신약성서』와 『구약성서』 66권을 말한다.

11 Augustinus, *Epistolae*, 82, in: MPL, 22, p. 937.

12 Augustinus, *De Trinitate*, lib. 3, prooemium, in: MPL, 42, p. 869.

를 생략한다. 히에로니무스도 『가톨릭 신앙의 해석에 대하여』에서 같은 것을 생각한 듯하다. 그는 다음과 같이 말했다. "우리는 『신약성서』와 『구약성서』를 거룩한 가톨릭교회의 권위를 전한 책으로 받아들였다."[14]

§ 6. 그러므로 복된 아우구스티누스는 정경을 다만 성서에 포함되어 있는 것만으로 이해했으며, 로마 주교와 추기경이라 부르는 성직자 집단의 교령과 명령, 또는 인간 행동이나 분쟁에 관해 인간 정신에 의해 고안된 어떤 인간적 결정으로 이해하지 않았다. 정경은 기준과 척도이니, 우리가 이전에 아우구스티누스에게서 인용한 것처럼 다른 것들 가운데 오직 성서에만 있는 것이 확실하기 때문에 척도가 된다. 그러므로 아우구스티누스는 자신의 글을 정경과 구분했으며, 높은 신성함과 권위, 지식을 지닌 그가 자신의 진술을 정경적이라고 부르기를 주장하지 않았다. 이것은 불경건하고 일종의 신성모독이다. 왜냐하면 말이나 글로 표현된 인간의 진술에는 오류와 거짓이 있을 수 있기 때문이다. 진리에 따라 말해진 정경이나, 우리가 말한 것처럼 총회를 통해 이루어진 정경에 대한 해석에서는 결코 일어날 수 없다.

§ 7. 그러므로 제3차 카르타고 종교회의 결정 가운데 매우 합리적으로, 즉 정경의 이름 아래 그 어떤 다른 책을 읽지 않도록 하는 결정이 발견된다. 그러므로 같은 곳에 다음과 같은 문장이 실려 있으며, 또한 이전에 언급한 이시도루스 코덱스에도 실려 있다. "또한 정경 문서 외에는 아무것도 교회에서 성서의 이름 아래 낭독되어서는 안 된다고 결정되었다. 정경 문

---

13 Augustinus, "Acta seu disputatio contra Fortunatum Manichaeum", in: MPL, 42, pp. 111ff.

14 Pseudo-Hieronymus, *Symboli explanatio ad Damasum*, Opera V, Paris 1706, p. 124. 이 작품은 처음에는 아우구스티누스의 반(反)펠라기우스 작품으로 알려졌으나, 후에 히에로니무스의 글로 여겨졌다.

서들은 「창세기」와 같은 곳에서 열거된 성서의 나머지 책들이다."[15]

§ 8. 이것은 아우구스티누스가 『마니교도들의 기초 서신에 대한 반박』[16] 에서 말한 것과 대립하지 않는다. 즉 그는 거기서 다음과 같이 말한다. "가 톨릭교회의 권위가 나로 하여금 그것을 믿도록 만들지 않았다면, 나는 개 인적으로 복음을 믿지 않을 것이다." 여기서 그는 인간적 권위를 성서의 권 위 위에 두는 듯하다. 즉 각 사물이 그것에 의해 존재하는 그 원인이 언제 나 더 크기 때문이다.[17] 그러나 우리는 말하려 한다. 말이나 글이 누군가 에 의해 전해졌거나 만들어졌음을 믿는 것과 그것이 참되고 유익하거나 해롭고 준수되어야 하거나 무시되어야 한다고 믿는 것은 별개의 문제이다. 우리는 첫 번째 것을 두 번째 것 없이 인간의 증언에서 받아들일 수 있고, 거꾸로도 할 수 있고, 또한 양자를 때로는 유사하게 할 수 있다. 예를 들 어 사람들은 주민의 공통적 증언에 따라 그에게 제시되고 현존하는 책이

---

15 Pseudo-Isidorus, *Collectio Decretalium*, Concilium Carthagense III, can 47, in: MPL, 130, p. 338. 이것을 마르실리우스의 성서주의라고 칭할 수 있다. 신앙의 유일한 근원은 성서에 들어 있다. 그는 계시된 말씀의 문자적 의미만을 고려해야 한 다고 말했다. II, 4, 6-8; II, 16, 6 참조.

16 Augustinus, *Contra epistolam Manichaei quam vocant Fundamenti*, c. 5, in: MPL, 42, p. 176. 이 구절은 요한 22세의 1322년 7월 교령인 'Quia nonnumquam'에 대항해 페루자에서 열린 프란체스코회 총회에서 채택된 항의문에서도 인용된다. 그 러나 다른 맥락에서이니, 즉 가난의 문제에 관련해서이다. 그리스도가 전혀 소유하 지 않았다고 말하는 것은 이단적이 아니다. 이런 맥락에서 항의문은 이단적 명제를 다음과 같이 정의한다. "거룩한 로마교회의 결정과 확인에 기초한 주장은 이단적이 아니다." 그런데 그리스도의 가난에 대한 단언은 교회에 의해 확인되었다.

17 아리스토텔레스, 『분석론 후서』 I, 72a 28. 이것은 삼단논법에서 전제에 대한 인식 을 먼저 획득하지 않고서는 결론의 인식이 가능하지 않다는 것을 확립하는 것이다. 이 아리스토텔레스적 논법에 따르면, 복음에 대한 신앙의 원인은 가톨릭교회의 권 위이다. 가톨릭교회의 권위가 복음의 진리를 증언한다면, 이것은 이 권위에 의해서 가 아니라 도리어 복음이 참되기 때문이고 그렇기 때문에 가톨릭교회는 복음의 진 리를 증언한다. 한편으로 여기서 교회는 교황을 수장으로 하는 기독교를 말하는 것 이 아니라 교회의 마지막 의미, 즉 보편적 교회 내지 신자 전체를 의미한다.

조상으로부터 물려받은 법이라고 믿을 것이다. 그럼에도 불구하고 이 법이 참되다는 것과 그것이 준수되어야 하고 위반되어서는 안 된다는 것을, 예를 들어 그가 위반자에게 내려지는 것을 보는 형벌처럼 감각적으로 인지 가능한 증거를 통해, 혹은 인간의 설득이나 말을 제외하고 올바른 이성적 사고를 통해 배울 수 있다. 또한 거꾸로 그가 어떤 인간이 책이나 집이나 어떤 다른 것을 만드는 것을 본다면, 그는 스스로 인간의 증언 없이도 책이나 집이 인간에 의해 만들어졌다는 것을 믿을 것이다. 그러나 그는 책에 참되거나 거짓된 것, 유익하거나 해로운 것, 따라야 할 것이나 피해야 할 것이 포함되어 있다는 것을 인간의 증언, 특히 믿을 만한 사람의 증언에 따라 믿을 수 있다. 또한 어떤 사람은 양자를 때로는 인간의 증언에서 받아들일 수 있다. 따라서 결코 히포크라테스(Hippocrates)를 보지 못한 자는 인간의 증언에 의해 이것이 히포크라테스의 책과 교훈이라고 믿을 것이다. 그러나 거기에 참되거나 거짓된 것, 건강을 유지하기 위해, 혹은 질병을 피하기 위해 준수해야 할 것이나 하지 말아야 할 것이 들어 있고 기록되어 있다는 것을 전문가의 증언으로부터 받아들일 것이다.

§ 9. 그리스도를 보지도 듣지도, 또한 다른 외적 감각을 통해 인지하지도 못한 사람이 같은 혹은 비슷한 방법으로 신자들 혹은 가톨릭교회의 공통적 증언에 따라 성서에 실려 있는 내용을 신적 교훈 혹은 그리스도에 의해 주어지고 말해진 법으로 받아들일 수 있다. 그는 이 글을 신앙에서 혹은 감각적으로 인지 가능한 표적, 즉 기적 때문에 어떤 증언 없이 참되거나 준수해야 할 것으로 믿는다. 그렇기 때문에 박해한 선포자들의 증언에 의해 자신이 이전에 박해한 법이 그리스도의 교훈이었음을 믿은 바울이 그 진리를 포함한다는 것을 믿지 않은 것처럼 말이다. 그러나 그는 나중에 처음에는 감각적으로 인지 가능했던 기적 때문에, 그다음으로는 그가 가지게 된 믿음에 의해 그것이 진리임을 믿었다. 비슷한 방법으로 양자는 때로는 인간의 증언에서 받아들여졌다. 그러므로 이 글은 그리스도에

의해 전해지고 주어진 법이다. 그 안에는 진리가 들어 있고 영원한 구원을 얻고 고통을 피하기 위해 그것을 준수해야 한다는 것은, 그리스도를 보지 못했고 외적 감각으로 인지하지도 못했고 어떤 기적이나 이에 관한 감각적 표시를 인지하지 못한 많은 자에 의해 받아들이고 받아들여졌다.

§ 10. 그러므로 복된 아우구스티누스가 "나는 복음을 믿지 않을 것"이라고 말한 것은, 방금 언급한 것에 따르면, 이중적 의미를 가진다. 우선 저 글이 복음, 즉 그리스도의 교훈임을 가톨릭 내지 보편 교회의 증언에 따라 믿었다. 그러나 일차적으로 기적이나 계시를 통해 그리스도가 참된 신이며, 따라서 그의 모든 교훈이 참되고 준수해야 한다는 확신에 근거해 이 글 혹은 복음이 진리를 포함한다는 것을 믿었다. 그러나 앞서 인용한 아우구스티누스의 말은 또 다른 의미를 갖는다. 즉 그는 가톨릭교회의 증언을 통해 우선 양자를 받아들였고 믿었다. 그러나 분명히 첫 번째 의미는 「갈라디아서」 제1장[18]의 사도의 견해와 잘 부합하는 듯 보인다. 즉 그리스도 혹은 신의 말씀은 가톨릭교회가 그 말씀에 대해 참되다고 증언하기 때문에[19] 참된 것이 아니라 그리스도의 말씀의 진리 때문에 교회가 그 말씀을 참되다고 말하기 때문에 가톨릭교회의 증언은 참되다.[20] 그러므로 사도는 앞서 인용한 구절에서 다음과 같이 말했다. "우리나 하늘의 천사가 여러분에게 우리가 전한 것과 다른 복음을 전했다면, 그에게 저주가 있기를." 그의 말은 비슷하게 이해해야 한다. 교회 전체가 다른 복음, 즉 반대되는 복

---

18 「갈라디아서」 1:8.

19 'causaliter'는 '원인으로서'를 뜻한다. 교회가 참되다고 증언하는 이유 때문에 그리스도의 말씀이 참된 것이 아니라 그리스도의 말씀이 참되기 때문에 가톨릭교회의 증언이 참되다.

20 마르실리우스는 여기서 신앙과 권위, 진리와 전통의 관계 문제를 제기한다. 모든 전통은 아무리 존경받을 만하더라도, 오류에서 벗어날 수 없다. 왜냐하면 그것은 인간에게서 온 것이기 때문이다.

음을 전할지라도 그것이 참되지 않다. 그 이유는 저 복음이, 그 안에 그릇된 것이 있을 수 없는 그리스도의 말씀 내지 계시라는 것이 그에게 확실했기 때문이다. 그러나 필연적 논리에 의해 후험적으로 다음과 같이 추론할수 있다. 가톨릭교회는 "신은 인격에 있어 셋이다"라는 진술[21]을 참되다고 말하고, 따라서 그것은 참되고 혹은 그가 준수해야 한다고 주장하는 그리스도의 다른 말이나 명령에 대해 가톨릭 혹은 보편 교회의 말은 신앙에관한 교리에 있어 앞의 진술에서 분명한 것처럼 성령에 의해 직접적으로계시된 것이므로 경건하게 믿어야 하기 때문이다. 그러므로 이전에 인용한아우구스티누스의 말을 어떤 의미로 해석하든지 간에, 그것은 우리 견해와 모순되지 않는다. 왜냐하면 신앙의 교리에서 교회의 말을 믿는 것은 인간보다 성령을 믿는 것이기 때문이다. 그러므로 아우구스티누스는 가톨릭교회의 권위 때문에 복음을 믿는다고 말했으니, 그는 그것으로 신앙의 동기를 얻었기 때문이다(그는 신앙을 성령에 의해 인도받는 것으로 알았다). 신앙은 때로는 들음에서 시작된다. 그런데 이 권의 제2장[22]에서 말한 것처럼나는 가톨릭교회를, 교회의 마지막 의미에 따라 본래적이고 참되다고 불리는 교회, 즉 보편 교회라고 부른다.

---

[21] *Breviarium Romanum, Pars aestiva, Proprium de tempore, Dominica Trinitatis, Lectio V* (ed. Antverpiae, 1604, p. 122).

[22] II, 2, 3.

제 20 장

꧁꧂

성서의 의심스러운 구절의 의미를
해석하거나 결정하는 권한은
누구에게 있거나 있었나

§ 1. 우리가 이렇게 전제한 후에, 이미 제기된 문제들에 대한 결론을 내리기 위해 다시금 이미 제기되었거나 제기될 성서의 의심스러운 의미 혹은 견해, 특히 신조와 명령과 금지에 관한 의심스러운 견해를 (그런 것이 제기되었을 때) 결정하는 것은 유익하고도 필요하다는 것을 보여 주고자 한다.[1] 이것 없이는 신앙의 일치는 유지될 수 없고, 오히려 그리스도를 믿는 자 가운데 오류와 분열이 생길 수 있으므로 그러하다. 이것은 신법에 대한 어떤 교사들의 의심스러운, 때로는 대립하는 견해에 대해 결정하는 것이다. 즉 이미 언급한 이시도루스 코덱스의 "니케아 종교회의에 대한 서언이

---

1 성서 문구에 의심스러운 의미가 있다고 할 경우에, 정확한 의미를 결정하기 위해 어떤 법정에 호소해야 하는가? 전체가 소수보다 (비록 전문가들로 구성된 소수일지라도) 명석하다는 아리스토텔레스의 원리에 의거해 마르실리우스는 제1권에서 법의 제정에 있어 그랬던 것처럼 전체의 판단에 호소할 것이다. 이번에는 신자 전체가 총회에 모여 성서의 정확한 의미에 대한 결정을 위해 유일하게 유효한 법정을 구성한다.

시작된다"[2]라는 제목의 장에서 인용한 것처럼 이에 대한 견해 차이나 대립은 다양한 교회의 당파, 분열, 오류를 야기할 것이다. 왜냐하면 아리우스라는 이름의 알렉산드리아의 장로가 그리스도는 순수하게 피조물이며, 따라서 아버지 신과 동등하지 않고 열등하다는 의미에서 신의 아들이라고 주장했을 때, 이 오류로 인해 많은 그리스도인이 흔들렸기 때문이다. 이 점에서 성서의 참된 의미가 거짓으로부터 구별되지 않았다면, 흔들린 그리스도인들의 숫자는 보다 컸을 것이고 오류에서 헤어나지 못했을 것이기 때문이다. 그래서 많은 사람이 성령에 대해, 그리고 그리스도 안의 인격과 본질의 통일성 및 다원성에 끼친 견해를 진술했다. 이것을 참된 견해와 구별하면서 그것을 거부하고 저주하기 위해 처음으로 네 차례의 종교회의가 소집·개최되었다. 즉 니케아, 콘스탄티노폴리스, 에페소스, 칼케돈 종교회의가 그것이다. 그리스도는 「누가복음」제21장에서, 사도는 「디모데 전서」제4장과 「디모데 후서」제3장[3]에서 기독교 교사들 간의, 그리고 참된 신자와 위장된 신자들 간의 대립을 예언했다. 그 문구는 알려져 있으니, 여기서는 지면상 생략한다.

§ 2. 이와 관련해 나는 모든 기독교인이나 그들의 보다 유력한 일부 혹은 기독교인 전체가 이 권한을 위임한 자들의 총회만이 일차적으로, 간접적으로나 직접적으로나 이 결정 권한을 갖는다는 것을 보여 주겠다. 여기서 지상의 모든 나라나 공동체는 그들의 인간 입법자의 결정에 따라(한 명이든 여러 명이든지 간에), 그리고 인물의 숫자와 자질에서의 비율에 따라 신실한 남자를 선택하되 우선은 사제를, 그리고 그다음으로는 비(非)사제를 선택하되 적합한 인물, 즉 그의 행실에서 검증되었고 신법에 보다 조예가 있는 사람을 선택해야 한다.[4] 그들은 첫 번째 의미의 판관으로서 신자 전

---

2 MPL, 140, pp. 253~54.
3 「누가복음」21:8;「디모데 전서」4:1-3;「디모데 후서」3:2-9, 13.

체를 대표해야 하며, 이미 언급한 권한을 신자 전체로부터 위임받아 지상의 일정한 장소에 모이되, 다수의 결정에 따라 보다 적합한 장소에 모여야 한다. 거기에서 그들은 공동으로 신법에서 의심스러운 부분을 끝맺는 것이 유용하고 유익하고 필요한 것으로 정의하고, 신자들의 안식과 영혼의 평화를 위해 교회 의식이나 예배에 관한 나머지 문제를 정리해야 한다.[5] 경험 없는 신자들의 무리가 이 모임을 위해 모이는 것은 무익하고 무의미한데, 그것은 그들의 육신적 삶의 부양을 위해 필요한 일로부터 방해를 받게 됨으로써 무익한 것이다. 이것은 그들에게 번거롭거나 아마도 견딜 수 없을 것이다.

§ 3. 그러나 모든 신자는 신법에 의해 앞에서 말한 목적을 위해 상이한 이유에서일지라도 이 모임에 참가해야 한다. 즉 사제들은 법을 그 진정한 의미에 따라 가르치고 법의 순수성과 진리를 위해 도움이 될 수 있도록 돌보며, 반대되는 오류를 거부하고 훈계, 반박, 질책을 통해 인간을 그 오류로부터 돌아오게 만드는 것이 그들의 직무이기 때문이다. 그러므로 진리는 「마태복음」 마지막 장에서 모든 사제에게, 그러나 사도들의 인격으로 다음과 같이 말한다. "가서 모든 민족을 제자로 삼아라."[6] 그렇기 때문에 사도도 모든 사람의 인격으로 「고린도 전서」 제9장에서 말했다. "나에게 의무가 있으니, 내가 복음을 전하지 않으면 나에게 화가 있으리라."[7] 그런데 사

---

4 총회는 어떻게 구성해야 하는가? 세상의 모든 저명한 공동체가 대표되어야 하며, 거기에는 최초로 세계종교회의의 모범에 따라 그리스인들이 포함된다. 총회에서 저명한 인사들의 공동체는 신실한 입법자들 내지 군주들에 의한 선출 방법을 통해 대표되고, 그들에 의해 위임된다. 다시 말하면, 신자들의 모든 공동체의 군주들은 총회에서 자신을 대표하기 위해 전문가들(사제이든 평신도이든)을 임명한다.

5 성서의 의심스러운 의미를 결정하는 것과 교회 의식에 관한 문제를 결정하는 것이 종교회의 총회의 기능이다.

6 「마태복음」 28:19.

7 「고린도 전서」 9:16.

제들 다음으로 신법에 조예가 있는 자들이 나머지 백성들보다 많이 참석해야 할 의무가 있다. 즉 그들은 다른 사람들을 촉구해야 하고, 특히 그들이 충분히 그것을 위해 도움을 요청받거나 위임받은 경우에 사제들과 함께 모여야 한다. 왜냐하면 「야고보서」 제4장[8]에 기록한 대로 "선을 행할 줄 아는 자가 선을 행하지 않으면 그에게 죄가 있기" 때문이다. 신자들의 공동의 이익과 평화를 위해 도움이 되는 신법 밖의 나머지 일을 결정하기 위해서는 신실한 인간 입법자에 의해 이 일을 위해 임명된 자들이 총회에 참여할 수 있고, 또한 참여해야 한다. 그런데 입법자는 적합한 인물을 선택함으로써 총회를 완전하게 하고, 세속적 필요에 따라 그들을 배려하고 적합하게 선택했지만 가기를 거부하는 자들을 (사제이든 사제가 아니든) 공공의 이익을 위해 필요한 경우에 참석하도록 강제할 의무가 있다.

§ 4. 그러나 앞서 말한 총회만이 언급된 방식으로 결정하고 명령하는 권한을 갖되, 어떤 다른 개인이나 특별 집단은 갖지 못한다는 것이 유사한 증명과 성서의 권위를 통해 확인 가능하다. 우리가 제1권 제12장[9]과 이 권의 제17장[10]에서 입법과 교회의 이차적 직무의 임명이 누구에게 속하는지를 입증한 것처럼 말이다. 이 증명에서 오직 하위 개념을 변경함으로써, 즉 법 혹은 교회 직무의 이차적 임명 같은 개념 대신에 신법에 있어 의심스러운 것을 결정하고 정의하는 일을 교회 의식이나 예배, 신자들의 평화와 일치에 관해 정돈되어야 할 다른 문제들과 함께 넣어야 한다.[11] 여기서 법이

---

8 「야고보서」 4:17.

9 I, 12, 8.

10 II, 17, 8-15.

11 이것이 총회의 무오성의 세 번째 증거이다. 도시가 합법적으로 입법자인 시민들의 모임인 것처럼 총회는 정당하게 무오성의 보증인인 신자들의 모임이다. 여기서 하위 개념을 바꾸면, 같은 논리는 다른 경우에도 유효하다. 즉 법 대신에 신법의 의심스러운 의미의 결정을, 입법권 대신에 오류 없는 권위를 넣는다면 말이다.

나 신앙에 대해 모든 신자에게 유익하거나 해로울 수 있는 것을 보다 필연적으로 고려할수록 더욱 열심히 분별하고 주의해야 한다.

§ 5. 「사도행전」 제15장[12]에서처럼, 그리고 우리가 이 권의 제16장[13]에서 철저히 증명한 것처럼 이렇게 사도들은 장로들과 함께 복음 때문에 생긴 의심스러운 문제를 위해 함께 모였다. 즉 복된 베드로나 다른 사도는 독자적으로 혹은 개별적으로 할례에 대한 의문을 결정하지 못했고, 그렇기 때문에 모든 사도와 장로들이나 법 전문가들이 모였다. 우리가 말한 것이 참되다는 증거는 이것이다. 일차적으로 성서의 의심스러운 의미를 결정함에 있어 우리가 다음 장의 제2절에서 제8절까지 인용한, 즉 종종 언급된 이 시도루스의 코덱스 부분에서 충분히 드러난 것처럼 신실한 황제와 여황제들이 그들의 관리들과 함께 총회에 참석했다. 그러나 그 당시에 사제가 아닌 자들의 참석은 오늘날처럼 필요하지 않았다. 왜냐하면 오늘날 많은 사제와 주교들이 필요한 만큼 신법에 대해 알지 못하기 때문이다.[14] 그러므로 사제들이 서로 간에 영원한 구원을 위해 믿어야 할 것에 대해 불일치한다면, 신자들의 보다 강한 쪽이, 어떤 쪽이 보다 합리적인지 결정해야 한다. 그러나 사제들이 모두 의심스러운 듯 보이는 신앙 문제에서 일치한다면, 우리가 이 권의 제17장[15]에서 언급한 것처럼 성직으로 승진한, 앞서 언급한 자들을 믿어야 한다.

---

12 「사도행전」 15:6/22-25/28.

13 II, 16, 5-6.

14 황제에 의한 총회 소집은 4~5세기 세계종교회의에서 관행적이었다. 325년 니케아 종교회의는 콘스탄티누스 황제에 의해 소집되었다. 그 후의 황제들도 계속적으로 종교회의를 소집했다. 황제 마르키아누스(Marcianus, 재위 450~457)는 칼케돈 종교회의를 소집했으나, 이 소집은 교황의 동의와 더불어 진행되었다. 교황은 회의에 참석하지 않고 전권 대표를 파견했으며, 회의의 결정은 교황의 승인을 받았다.

15 II, 17, 8.

§ 6. 그러므로 나는 또한 이 결정이 로마 주교에게만, 또는 추기경 집단을 포함해 그에게만 있는 것이 아니라는 것을 보여 주고자 한다. 따라서 한 명의 다른 주교에게만, 혹은 그를 포함해 어떤 다른 특별한 집단에게만 있는 것도 아니다. 즉 때때로 일어나는 것처럼 어떤 이단자가 교황직으로 승진했다고 하자. 혹은 그전이 아니라면 그가 승진한 후에 교황이 무지에서 혹은 악의에서 혹은 양자 때문에 이런 오류에 빠졌다고 하자. 이런 자들이 로마 태생의 리베리우스(Liberius, ?~366)[16]처럼 교황으로 승진된 것을 읽는다. 이런 교황이 홀로 혹은 그의 추기경 집단과 함께 (그들은 아마도 그의 오류의 공범이 될 것이니, 왜냐하면 그들은 자신들이 원하는 것은 무엇이든지 간에, 누군가의 결정 없이 주장하고 또한 자신이 이렇게 주장할 수 있다고 말하기 때문이다) 성서에 관한 의심스러운 견해에 대해 결정해야 할 때, 우리는 이 주교 혹은 그를 포함한 그의 집단의 견해에 동조해야 할 것인가, 아니면 아마도 무지나 악함, 탐욕이나 야망이나 어떤 다른 해로운 감정에 의해 유혹당한 다수의 견해에 동조해야 할 것인가?

§ 7. 예를 자세히 들 것도 없이, 우리는 어느 로마교황에게 그런 일이 있었던 것을 안다. 그 자신이 독자적으로 혹은 추기경 집단과 함께 세속적 재산, 심지어 부동산의 점유권을 보유하고 세속적으로 통치하고자 하면서 그리스도의 최고 가난과 완전 상태를 포기한 것처럼 보이지 않기 위해 최고 가난 내지 완전 상태에 대한 교령[17]을 공포했으니, 우리가 이 권의 제13장과 제14장[18]에서 분명히 증명한 것처럼, 그 교령의 견해는 거짓된 해석 때문에 그리스도의 복음에 위배된다. 그러므로 건전한 의식을 가

---

16 Martinus Polonus, *Chronicon pontificum et imperatorum*, in: MHG, *SS*, XXII, p. 416 참조. 리베리우스 주교는 아리우스의 제자였다.

17 1323년 11월 12일자 요한 22세의 교령 'Cum inter nonnullos'를 말한다.

18 특히 II, 13, 6 참조.

진 모든 사람이 이미 말한 것에서, 그리고 말해야 할 것에서 깨달을 수 있듯이 이 권한이 어떤 주교에게든지 (그 홀로이든 아니면 그 성직자 집단을 포함해서든지 간에) 용인되었다면, 신자 전체는 신앙 문제에 있어 파멸할 위험에 노출될 것이다.

§ 8. 또한 오직 로마교황에게만, 혹은 다른 주교에게만 말한 것처럼 이런 권세가 있다면, 혹은 이시도루스에 따르면,[19] (앞서 언급한 코덱스에서 '다음 작품에 대한 이시도루스의 서언'이라는 부제가 붙은 장에서) 로마교황의 서신이나 명령이 권위에 있어 총회에서 결정되고 정의된 것과 동등하거나 다르지 않다면 모든 세속 정권, 왕국과 지방들, 그리고 개인은 어떤 지위나 특권, 신분에 있든지 간에 강제적 사법 행위에서 첫 번째 로마 수장에게 종속되어야 할 것이다. 로마교황 보니파키우스 8세는 '거룩한 가톨릭교회'로 시작하는 한 서신 혹은 칙령에서 이것을 결정했다.[20] 그 서신은 이렇게 끝난다. "또한 로마교황에게는 모든 인간 피조물이 예속되어 있으며, [이것을 믿는 것은] 영원한 구원을 위해 절대 필수적이라는 것을 우리는 선언하고 주장하고 결정한다." 그러므로 한번 합법적으로 소집되어 모이고, 당연한 형식에 따라 개최되고 종료된 총회에서 성서에 관해 결정된 것, 특히 참되고 영원한 구원을 위해 믿는 것이 필수적인 것은 이 권의 제19장 시작 부분[21] 에서의 지시처럼 변할 수 없고 무오한 진리이므로, 보니파키우스의 서신이 주장한 것은 확실하고 의심할 수 없고 취소될 수 없는 진리를 획득할 것

---

19 Pseudo-Isidorus, "Praefatio Isidori in sequens opus", *Collectio Decretalium*, in: MPL, 130, pp. 7ff.

20 보니파키우스 8세의 1302년 11월 18일자 교령 'Unam sanctam'. 보니파키우스 8세의 주장에 따르면, 모든 인간은 로마교황의 권세에 예속되어 있다. 이 교령은 마르실리우스가 공격하고자 하는 대상을 대변한다. 즉 교황의 권세 충만(plenitudo potestatis)을 말한다.

21 II, 19, 1-3.

이다. 그러나 처음부터 확실한 것은, 이 권의 제4장, 제5장, 제9장에서 의심의 여지없이 입증된 것처럼 그것은 그릇되고 잘못된 것이며, 시민적으로 살아가는 모든 자에게 생각할 수 있는 모든 거짓 중에서 가장 편파적이다.

§ 9. 이 서신이 거짓되고 또한 이시도루스의 주장[22] 역시 (아마도 경건한 해석을 통해 그것을 돕지 않는 한) 그렇다는 것을, 이 보니파키우스의 후계자인 클레멘스 5세의 서신 내지 명령이 분명히 증명한다.[23] 그것은 이렇게 시작한다. "우리의 친애하는 아들 필리프, 프랑스인의 저명한 왕의 공로였다." 그리고 이렇게 끝난다. "교회뿐만 아니라 앞서 언급한 왕과 그의 왕국에 관해." 앞서 언급한 클레멘스는 여기서 보니파키우스의 서신을 해석하면서 이전에 언급한 왕이나 그의 왕국에 어떤 해로운 결정을 내리지 않았다고 표현한다. 그러므로 앞서 언급한 왕도 그의 후계자나 신하 중 누구도 클레멘스의 양심 및 그와 모든 그리스도의 지식에 따르면, 보니파키우스의 서신이 모든 정권과 왕국을 자신에게 예속시킨 조항에 포함한 내용을 진리로 믿지 않았고 또는 진리로 믿지 않을 것이므로, 이 조항을 믿는 것이 구원을 위해 필수적이 아니라는 결론이 필연적으로 도출된다. 그렇지 않다면 그것을 믿지 않는 자에게는 해로울 것이기 때문이다.

§ 10. 또한 이런 서신이나 명령은 관찰자에게는 터무니없는 것으로 보일 것이다. 왜냐하면 보니파키우스의 서신이 진리를 담고 있다면, 그는 세상의 모든 통치자와 백성으로 하여금 그것을 믿게 해야 할 의무가 있기 때

---

22 문제의 텍스트는 이렇다. "거기서 사도좌의 정점에 비해 종교회의의 권위는 견줄 수 없다는 내용이 담긴 로마 대사제로부터 거룩한 그레고리우스까지의 칙령과 그들의 어떤 서신들"(decreta praesulum Romanorum usque ad sanctum Gregorium et quasdam epistolas ipsius, in quibus pro culmine sedis apostolicae non impar conciliorum exstat auctoritas)이다.

23 1306년 2월 1일자 클레멘스 5세의 교령 'Meruit'를 말한다.

문이다. 그러나 클레멘스의 서신은 그럴 의무가 없으니, 왜냐하면 프랑스의 군주와 그의 신하들은 이것을 믿어야 할 의무가 없기 때문이다. 그러므로 영혼의 필요를 위해 성서의 권위에 의해 어떤 것은 믿어야 하고, 어떤 것은 그렇지 않은 것이 있다. 그러므로 하나의 주님도, 하나의 신앙도 없고, 모든 사람이 그리스도를 신앙의 일치 속에서 만나야 할 의무도 없다. 이교도의 교사는 그 반대를 분명히 「에베소서」 제4장[24]에서 말한다.

§ 11. 또한 어떤 건전한 이성에 따라 프랑스 왕과 그의 신하들이 그들의 신앙 때문에 구원에 필요한 것을 믿어야 할 의무에서 마땅히 벗어날 수 있었는지 클레멘스에게 질문해야 한다. 그러므로 그들은 자신들의 신앙 때문에 이단자와 불신자가 됨이 마땅했거나, 아니면 보니파키우스의 서신에 분명한 거짓말이 포함된 것이다. 그러므로 아우구스티누스가 『신국론』 제7권 제16장[25]에서 말한 것처럼 진리에서 나오지 않은 것은 대부분 누가 움직이지 않을지라도 스스로 전복된다.

§ 12. 또한 다른 왕들과 백성들이 이를 이상하게 생각하는 것은 당연하며, 성서의 말씀이나 의미가 프랑스 왕만 제외하고 자신들을 사법에서 로마교황에게 예속시키는지 정당하게 물어야 한다. 혹은 왜 한편이 다른 편보다 더 이것이 자신의 구원을 위해 필수적이라고 믿어야 할 의무가 있는지 물어야 한다. 왜냐하면 이것은 날조와 비슷하게 보이고 조롱받을 만하며, 이를 주장하는 자의 야망과 세속적으로 통치하려는 열망, 그리고 앞서 말한 프랑스 왕에 대한 두려움에 기인하기 때문이다.[26]

---

24 「에베소서」 4:5/13.

25 Augustinus, *De civitate Dei* VII, 19, in: MPL, 41, p. 210. 마르실리우스가 '제19장'을 '제16장'으로 착각한 듯하다.

26 여기서 마르실리우스는 필리프 미남왕과 보니파키우스 8세의 충돌을 암시하고 있

§ 13. 그러나 우리가 앞에서 총회는 상의해야 할 문제에 있어 사제들과 더불어 적절하게 결정을 내리고 덧붙일 수 있는, 사제 아닌 자들에 의해서도 보완될 수 있다고 말한 것을 이시도루스 코텍스에서 '카논, 즉 교회법이 시작된다'라는 표제가 붙은 장에 근거해 입증할 것이다. 즉 여기서는 다음과 같은 구절이 들어 있다. "그다음으로 선출을 통해 총회에 참석할 자격을 얻은 평신도들이 들어와야 한다."[27] 그러므로 사제는 아닐지라도 교육을 받고 신법에서 경험 있는 자들이 더욱더 있어야 한다. 왜냐하면 우리가 이전에 인용한 것처럼 사도들과 장로들이 이렇게 했기 때문이다. 그러므로 초대교회와 고대에는, 특히 콘스탄티누스 대제 이전에는 사제들만이, 그리고 거의 모든 사제가 「말라기서」 제2장의 말씀에 따르면, 그들만이 의무가 있었고 그래야 했던 것처럼 신법의 교사들이었다는 점을 주목해야 한다. "사제들의 입술은 지식을 보존하고 법", 즉 신법을 "그의 입에서 구할 것이다."[28] 그러므로 사도도 「디모데 전서」 제3장과 「디도서」 제1장에서 다음과 같이 말한다. "주교", 즉 사제는 "교훈에 있어 신뢰할 만한 말씀을 수용하는 교사이어야 한다. 이것은 그가 건전한 교훈으로 훈계하고 반대하는 자들을 설복할 수 있기 위함이다". 그러므로 거의 이런 교사가 된 사제들끼리만 성서와 신앙에서 난해하고 의

다. 보니파키우스 8세의 후계자 베네딕투스 11세의 사망 후, 그를 승계한 클레멘스 5세는 왕에게 충성을 맹세했고 자신에게 가해진 압력에 저항할 수 없었다. 그의 교령 'Meruit'(1306)는, 보니파키우스 8세의 교령 'Unam sanctam'이 프랑스 왕이나 왕국에 피해를 가져올 수 없다고 선언했다. 이 교령은 프랑스 왕, 왕국, 그 주민을 더 이상 교회에 예속시키지 못했고, 프랑스에 특권을 인정했다. 1311년의 교령 'Rex Gloriae'는 1300년 이래 왕과 그의 왕국에 대해 선언된 교황의 모든 유죄판결을 철회했고, 이 판결문을 교황청 사무국의 기록에서 삭제하도록 명령했고, 모든 분쟁에서 필리프 미남왕의 태도는 옳고 정당했다고 선언했다.

27 Pseudo-Isidorus, "Incipit ordo de celebrando concilio", *Collectio Decretalium*, in: MPL, 130, p. 11.
28 「말라기서」 2:7.

심스러운 것을 해석하고 정의하기 위해 모였다. 그러나 오늘날 교회 통치의 부패 때문에 사제와 주교 대부분이 성서에 대해 거의 조예가 없으며, 더불어 이렇게 말할 수 있다면 지식이 불충분하니, 어떤 야망 있고 탐욕적이고 법을 왜곡하는 자[29]들이 직위를 통해 획득하는 성직록의 세속적 이득을 아첨이나 청탁이나 매수, 세속적 권력을 통해 얻고자 하고, 얻기 때문이다.

§ 14. 그리고 — 신과 신도 무리들이 증인이니 — 많은 사제와 수도원장, 고위 성직자들이 문법적으로 정확하게 표현할 수 없을 정도로 학식이 빈약한[30] 것을 보고 들었다고 기억한다. 더욱 끔찍한 일은 내가 예배에서 신법에 대해 거의 아무것도 이해하지 못하는 스무 살가량의 남자를 알았고 보았다는 것이다. 그럼에도 불구하고 유명하고 인구가 많은 도시에서 주교직에 임명된 그는 사제 서품을 받지 않았을 뿐만 아니라 부제직이나 차부제직의 서품도 받지 않았다. 로마 주교는 이것을 합법적으로 할 수 있다고 장담하는데, 그는 실제로 이뿐만 아니라 이와 유사한 불합리한 일을 종종 자행함으로써 권세가의 호의를 얻고, 또한 교회 직분의 임명 및 성직록 분배에 관해 자신이 그리스도의 대리인으로서 충만한 권세를 가지고 있다고 주장한다. 그에게 당연히 물어야 한다. 왜 이런 주교와 사제의 무리가 총회에 모여야 하는가? 그리고 어떻게 이 무리가 성서의 의심스러운 구절에 대해 참된 의미와 그릇된 의미를 구별할 수 있는가? 그들의 실수를 보완하기 위해 사제가 아닌, 즉 충분히 성서 교육을 받고 행실과 윤리 면에서 이런 주교와 사제보다 탁월한 인정을 받는 신실한 남자들이 신실한 입법자의 결정에 따라 이런 총회에 참석하고 다른 참석자들과의 숙고를 통해 신앙

---

29 'causidicus'는 돈을 밝히고 정의를 외면하는 변호사를 의미한다.

30 'diminutos'는 원래 '감축된'을 의미한다. 쿤츠만/쿠쉬의 번역인 'mit so dürftiger Bildung'을 따랐다.

및 다른 문제에 관한 의심을 결정하는 것은 유익하고 필요하다. 이는 신법
및 올바른 사고와 조화를 이룬다.

제 21 장
※ ─ ※

사제와 주교와 다른 신자들의 총회를 소집하는 강제적
권한은 누구에게 있고 지금까지 있었는가? 혹은 거기서
현재나 미래 세계에 대한 형벌이나 책임으로써 신자들에게
책임을 지우는 권한은 누구에게 있는가? 또한 이 세상에서
총회의 결정과 정의를 위반하는 모든 자를 제재하는 권한은
누구에게 있는가? 또한 총회나 인간 입법자나 양자가 이것을
결정하고 그에게 위임하지 않는 한, 어떤 주교나 사제도
군주를 출교하거나 백성에게 성사 정지를 부과할 수 없고
교회의 세속적 성직록이나 십일조나 교리교육을 허락하거나
어떤 시민적 직무를 수여할 수 없다[1]

§ 1. 이제 나는 보여 주고자 한다. 자신 위에 더 높은 자가 없는 신실한
인간 입법자에게만, 혹은 이미 언급한 입법자가 이 권한을 위임한 자 내지
위임한 자들에게만 총회를 소집하고, 거기에 적합한 인물을 결정하고, 총
회를 소집하고, 개최하고 마땅한 형식에 따라 종결하게 할 권한이 있다. 아
울러 모임에 모이기를 거부하고 이미 언급한, 필요하고 유익한 일을 실행하
기를 거부하는 자들, 언급한 총회에서 결정되고 명령된 것을 위반한 자들

---

1 이 장(章)은 마르실리우스의 '종교회의주의' 사상을 완성하는 장이다. 총회의 최고 권
위는 그 위에도 높은 자가 없는 신실한 인간 입법자, 즉 황제에게 귀속된다. 황제는
총회의 결정을 실행할 권한이 있다. 총회 일원은 전문가 자격으로 자문을 받는다. 그
러나 그들의 소리는 순전히 자문을 위한 것이다. 이 장을 통해 마르실리우스는 기독
교인 공동체의 영적·세속적 일치를 재확립한다. 그의 입장은 총회에 관해, 또한 신앙
문제에서 교황의 수장권 인정을 거부하는 한에서 콘스탄티누스 시대의 교회 상태로
회귀한다. 그의 이런 입장이 혁명적이라면 그것은 동시에 원시적 교회 조직으로의 회
귀이다.

에 대해, 사제이든 사제가 아니든, 성직자든 성직자가 아니든 간에, 정당하게 신법과 인간법에 따라 강제적 권한으로 제재할 권한이 있다. 이것은 제1권 제15장, 이 권의 제5장과 제9장, 제17장[2]에서 입증되었음에도 불구하고, 여기서 우리는 무차별하게 모든 사제와 사제 아닌 자들에 대한 사법 처리, 인물의 결정과 승인, 또한 모든 직분의 임명이 오직 신실한 인간 입법자의 권한에 속하지, 결코 오직 어떤 사제나 사제 집단의 권한에 있지 않음을 증명을 통해 보여 주고 성서의 권위를 통해 확인했다. 그러나 우리는 지금 언급된 이시도루스 코덱스를 통해 여러 구절, 특히 그가 신법과 이성적 사고와 조화를 이루는 사실을 언급한 구절에서 이것을 설득하고자 한다.[3]

§ 2. 첫 번째 사실은 '니케아 종교회의 서언'이라는 표제가 붙은 장에 기록되어 있다. 거기서 그는 말한다. "그리고 그", 즉 콘스탄티누스 황제는 "아리우스에게 318명이 참석한 주교 앞에 출두하라고 명령했고, 그들", 즉 주교들에게 "그의 명제에 대해 판단하라고 명령했다."[4] 입법자[5]의 명령에 따라 주교와 사제들이 앞에 언급한 총회에 모였다는 것에 주목하라. 같은 사실은 '630명 주교의 종교회의가 시작되다'라는 표제가 붙은 장에 기록되어 있다. 여기서 그는 다음과 같이 말한다. "신의 은총에 따라 가장 경건한 황제 발렌티니아누스와 마르키아누스의 결정에 의해 모인 거룩하고 위대하고 존경할 만한 노회."[6] 또한 '톨레도 제7차 종교회의의 종결과

---

2 I, 15, 8; II, 4, 1; II, 15, 1/10; II, 9, 2-3; II, 17, 8-13.

3 황제의 최고 강제권에 대해서는 이성적·성서적 차원에서 이미 입증되었다. 지금 마르실리우스는 세계적 종교회의를 언급함으로써 황제의 탁월성을 역사적으로 입증하고자 한다.

4 Pseudo-Isidorus, *Collectio Decretalium*, in: MPL, 130, pp. 251~54.

5 콘스탄티누스 황제를 말한다.

6 제4차 칼케돈 노회. Pseudo-Isidorus, *Collectio Decretalium*, in: MPL, 130, p. 305.

제8차 회의가 시작된다'라는 표제가 붙은 장에서 그는 말한다. "그러나 정통 신앙을 가진 영화롭고, 관대함의 참된 품성으로 탁월한 왕 레세스빈트(Recesvinth)[7]의 해에 신적 의지의 명령은 이 군주의 엄숙한 명령에 따라 우리로 하여금 거룩한 사도들의 바실리카에서 거룩한 노회로 모이도록 했다."[8] 또한 같은 사실은 '톨레도 제11차 종교회의 종결과 제12차 종교회의가 시작된다'라는 표제가 붙은 장에 있고,[9] 또한 '브라가 제1차 종교회의 종결과 제2차 종교회의가 시작된다'라는 표제가 붙은 장에,[10] 또한 로마교황 레오가 에페소스 노회에 보낸 서신에,[11] 또한 로마교황 레오가 황제 테오도시우스(Theodosius)에게 보낸 서신에,[12] 또한 주교 레오가 마르키아누스 아우구스투스에게 보낸 서신에 기록되어 있으니, 이 서신은 "나는 요청했다"로 시작된다.[13] 같은 사실이 또한 '마르키아누스 아우구스투스에게 보낸 서신'에 있으니, 이것은 "여러 가지가 나에게 모든 일에서 ……"로 시작된다.[14] 같은 사실은 많은 다른 구절과 앞에 언급한 코덱스의 서신에 기록

노회(synodus)는 총회(concilium generale)와는 달리, 지역의 주교들끼리 모이는 모임이다. 칼케돈 노회는 소아시아와 이집트 교회 주교들의 모임이었다.

7 스페인 반도의 서고트족의 왕으로 672년에 세상을 떠났다.

8 719년에 모인 노회. Pseudo-Isidorus, *Collectio Decretalium*, in: MPL, 130, pp. 499~500.

9 제11차 톨레도 노회는 713년에, 제12차 톨레도 노회는 719년에 소집되었다. Pseudo-Isidorus, *Collectio Decretalium* in: MPL, 130, pp. 547~48.

10 제1차 브라가 노회는 563년에, 제2차 브라가 노회는 572년에 소집되었다. Pseudo-Isidorus, *Collectio Decretalium*, in: MPL, 130, pp. 571~72.

11 에페소스 노회는 431년에 소집되었다. 노회의 목적은 네스토리우스주의를 해결하기 위해서였다. 황제 테오도시우스가 노회에 사절을 파견했다. Pseudo-Isidorus, *Collectio Decretalium*, in: MPL, 130, pp. 780~81.

12 Pseudo-Isidorus, *Collectio Decretalium*, in: MPL, 130, p. 776.

13 Pseudo-Isidorus, *Collectio Decretalium*, in: MPL, 130, pp. 795~96.

14 Pseudo-Isidorus, *Collectio Decretalium*, in: MPL, 130, pp. 808~09. 전체 문구는 II, 21, 6 참조.

되어 있다. 사실이 이미 알려져 있으니, 지면상 그 문구들을 생략했다.

§ 3. 로마 주교에게만 혹은 그의 추기경 집단과 더불어 그에게만 앞서 언급한 권한이 있지 않다는 것은, 앞에서 언급한 구절과 더불어 다음에 의해 입증 가능하다. 즉 로마 주교가 혹은 그와 그의 집단이 함께 어떤 범죄로 고발당했다면(그렇기 때문에 이런 총회를 소집하는 것이 적절하다), 그는 아마도 이런 모임을 가능한 한 연기하거나 규모를 최소할 것이다. 이것은 신자들에게 부담과 피해를 가져올 것이다. 그러나 이것은 신실한 입법자나 신자 전체에게는 일어날 수 없다. 왜냐하면 그들 혹은 그들 중 강한 편은 제1권 제13장[15]에서 지시한 것처럼 정치적 문제에서, 또한 이 권의 제19장과 제20장[16]에서 지시한 것처럼 영적 문제, 특히 신앙 문제에서 쉽게 유혹당할 수 없기 때문이다.

§ 4. 그러나 어떤 명령을 선포하거나 모든 이에게 차별 없이(사제나 사제 아닌 자들) 총회에서 첫 번째 의미의 판단을 통해 정의하거나 판단한 것, 그리고 나머지 결정한 것을 준수하도록 강요하고, 이 명령이나 결정을 위반한 자들에 대해 사물이나 인간 혹은 양자에 대한 처벌로써 제재하고, 또한 이 세상에서 위반자들에게 부과하도록 명령하거나 결정하는 것은, 자신 위에 더 높은 자가 없는 신실한 인간 입법자의 권한이라는 사실을 우리는 우선 이성적으로 이루어진 (이시도루스가 앞에 언급한 코덱스의 여러 구절에서 인용한) 행위에 근거해 입증하고자 한다. 즉 이것은 '칼케돈 종교회의의 확인에 관한 마르키아누스 황제의 칙령'이라는 표제가 붙은 장에서 분명히 볼 수 있다.[17] 여기에는 다음과 같은 구절이 들어 있다. "그러므로

15 I, 13, 5.

16 II, 19, 1; II, 20, 2-3.

17 Pseudo-Isidorus, *Collectio Decretalium*, in: MPL, 130, pp. 314~15.

아무도 성직자든 병사든, 어떤 다른 신분의 인간이든 간에, 공적으로 종결된 기독교 신앙에 대해 장차 모인 사람들과 청중 앞에서 다루려 함으로써 폭동과 배신의 기회를 구하고자 해서는 안 된다." 이 문장의 조금 아래에 다음의 구절이 추가된다. "이 법을 멸시하는 자에게 처벌이 없지 않을 것이기 때문이다." 또한 계속해서 "그러므로 성직자가 공개적으로 종교에 대해 감히 다루고자 한다면, 그는 성직자 사회에서 추방당해야 한다. 군사직을 부여받은 자라면, 병사의 혁대[18]를 박탈당해야 한다". 그리고 다른 신분에 대해서도 그렇게 정했다. 같은 사실은 또한 다음에 바로 연결된 다음의 표제가 붙은 장에도 나온다. "칼케돈 종교회의 이후 이 회의를 확인하고 이 단자들을 정죄함에 관한 황제 발렌티니아누스와 마르키아누스의 거룩한 명령이 시작된다." 여기에 다음 구절이 있다. "우리는 이 법을 통해 결정한다. 에우티케스(Eutyches)의 오류를 통해 기만당하고 아폴리나리우스주의 자들[19]의 예를 따르는 자들, 에우티케스를 따른 자들, 그리고 교부들의 존경할 만한 규정, 즉 교회법과 신성한 군주의 거룩한 명령에 의해 유죄판결을 받은 자들은 주교도, 사제도, 성직자로 선출되거나 임명되어서는 안 되며, 에우티케스 자신은 장로 이름을 부당하게 사용함으로써 박탈당했으니, 그 이름을 완전히 상실할 것이다. 그러나 누군가 우리의 결정을 어기고 주교와 장로, 그리고 다른 성직자를 이 [이단자들] 중에서 감히 임명하려 한다면, 그렇게 행하는 자뿐만 아니라 그렇게 임명된 자 혹은 자신에 대해 참칭[20]하는 자도 성직자 재산을 상실함과 더불어 종신 유배형으로 처벌받을 것을 명령한다." 이것으로부터 우리가 이 권의 제17장[21]에서 말한 대로,

---

18 'cingulum militiae'는 군인이 허리에 차는 혁대를 말한다.
19 4세기에 에우티케스와 아폴리나리우스는 그리스도의 완전한 인간성을 부인한 이유로 이단자로 유죄판결을 받았다.
20 성직자임을 참칭하는 것을 말한다.
21 II, 17, 8-13.

사제직 및 다른 직분으로 승진해야 할 자에 대한 것은 신실한 입법자 내지 군주의 권한에 속한 것이 옳다는 것이 분명해진다.

또한 같은 사실은 바로 연결되는 '같은 이단자에 대항하는 황제 마르키아누스의 다른 명령'[22]이라는 표제가 붙은 장과 '종교회의의 확인에 관한 황제의 칙령'[23]이라는 표제가 붙은 장에서도 드러난다. 여기에 추가로 다음이 포함되어 있다. "그러므로 어떤 성직자나 평신도가 이 결정에 순종하기를 거부한다면, 그가 만약 주교, 장로, 부제 혹은 성직자인 경우에는 전체 회의에 의해 출교로 제재되어야 한다. 그러나 고위직의 평신도인 경우에, 그는 자신의 재산의 절반을 상실하고 법적으로 국고에 귀속되어야 한다." 여기서 분명한 사실은, 우리가 이 권의 제10장[24]에서 말한 것처럼 통치자나 인간 입법자는 이단자에게 사물과 인간에 대한 처벌을 선고하고, 이것을 몰수하고 자신을 위해 사용하는 권한이 있고 실제로 그렇게 행했다. 이것은 또한 '제13차 톨레도 종교회의가 종결되다'라는 표제가 붙고 "사랑의 본능에서"로 시작하는 장[25]에서, 그리고 다른 구절에서도 드러난다. 지면상 생략하는데, 앞에서 인용한 것으로 충분하기 때문이다.

§ 5. 종교회의가 결정한 신앙의 명제의 준수에 대해 강제적 명령을 선포하는 권한뿐만 아니라 로마 사도좌를 임명하는, 즉 로마교황을 선출하는 형식과 방식을 정하는 권한도 인간 입법자 혹은 그의 위임을 받아 통치하는 자에게 있다.[26] 로마교황은 황제에게 이것을 긴급히 요청했고, 그것에

---

22 Pseudo-Isidorus, *Collectio Decretalium*, in: MPL, 130, pp. 317ff.

23 제3차 톨레도 회의에 대한 레카레두스(Reccaredus) 왕의 확인. Pseudo-Isidorus, *Collectio Decretalium*, in: MPL, 130, pp. 459~60.

24 II, 10, 8.

25 Pseudo-Isidorus, *Collectio Decretalium*, in: MPL, 130, p. 561.

26 군주의 특권 중 하나이다. 이로써 교황청이 군주의 권세에 완전히 종속됨을 확인할 수 있다. 군주는 세속적 권세뿐만 아니라 영적 권세까지도 보유한다. 마르실리우스

대해 이의를 제기하지 않았다는 것을 우리는 다음에서 읽는다. "교황 보니파키우스의 서신이 시작된다. 음모[27] 때문에 교황이 정해지지 않는 한, '군주가 로마 시에서 교황을 임명하기를 호노리우스 황제에게 청원하는 서신'[28]이라는 표제가 붙은 같은 코덱스의 장에서, 또한 바로 이어지는 '다시 로마에 두 명의 주교가 임명되었다면 양자는 시에서 추방되어야 한다는 보니파키우스 교황에 대한 콘스탄티누스 호노리우스 황제의 서신'이라는 장에서(이 장은 '승승장구하고 명성이 높고 언제나 아우구스투스인 호노리우스가 거룩하고 존경할 만한 로마 시 교황 보니파키우스에게 보내는 서신'으로 시작한다) 알 수 있는 것처럼 말이다." 언급한 황제는 이 서신에서 조금 아래에서 다음과 같이 덧붙인다. "그대 성하께서 교회 내지 백성의 소요 때문에 불안하다는 것은 우리의 경건을 충분히 기쁘게 했다는 것을 알라. 우리의 관대함은 이런 일이 어떤 이유로도 일어날 수 없도록 충분히 배려했다고 믿었다. 결국 복된 그대께서 선포함을 통해 이것이 모든 성직자에게 알려

는 황제가 교황을 임명할 뿐만 아니라 필요한 경우에 폐위 권한도 갖는다고 주장한다.

27 'ambitus'는 관직을 획득하기 위해 매수·청탁 등의 행위를 하는 것을 말한다.

28 Pseudo-Isidorus, *Collectio Decretalium*, in: MPL, 130, p. 745. 418년 12월, 로마 주교 조시무스(Zosimus)의 장례식 날에 에울랄리우스(Eulalius)의 지지자들은 그를 교황으로 선출했다. 그러나 에울랄리우스가 선출된 후에 다수의 사제가 보니파키우스 1세를 대립 주교로 선출했다. 로마 시의 총독 시마쿠스(Aurelius Anicius Symmachus)는 양측에 평화를 유지하도록 경고했으며, 황제 호노리우스에게 서신을 보내 에울랄리우스가 먼저 정당하게 선출되었음을 알렸다. 419년 1월 3일, 황제는 에울랄리우스를 합법적 주교로 인정한다는 답신을 보냈다. 그러자 보니파키우스의 지지자들은 황제에게 에울랄리우스의 선출에 문제가 있음을 주장하는 청원서를 보냈다. 같은 해 2월 8일, 황제는 이전 명령의 효력을 정지시키고 양측을 소환해 자신과 다른 이탈리아 주교들 앞에서 청문회를 열었다. 청문회 후에 황제는 6월에 스폴레토(Spoleto)에서 모일 예정인 노회 때까지 결정을 연기하면서 두 사람을 로마 밖에 머물도록 명령했다. 그러나 에울랄리우스는 자신의 정당성을 확신하면서 황제의 명령을 어기고 3월 18일에 로마에 입성했다. 그 결과 그는 황제의 지지를 잃었다. 황제는 예정된 스폴레토 노회를 취소했고, 4월 3일에 보니파키우스를 합법적 교황으로 인정했다.

지기를 바란다. 이것은 우리가 바라지 않은 어떤 일이 우연히 당신의 경건에 인간적 운명에 따라 일어난다면, 모든 자가 야망을 포기해야 함을 알게 하기 위함이다. 그리고 두 교황이 우연히 불법적으로 다투는 자들의 무사려함에 의해 임명되었다면 그들 중 누구도 사제, 즉 로마 주교가 되어서는 안 되며, 도리어 신의 판단과 전체의 합의에 의해 새로운 결정을 통해 성직자 가운데 선출된 자만이 사도좌에 머물러야 한다."[29] 여기서부터 우리가 이 권의 제17장[30]에서 말한 바와 같이, 크거나 작은 영혼의 목회를 위해 사제나 주교, 교회의 나머지 일꾼을 이차적으로 임명하는 권한이 신자 전체 내지 신실한 인간 입법자에게 있다는 것의 진실성이 분명해진다.

§ 6. 또한 우리는 우리의 명제를 '역시 그의 노력에 의해 칼케돈 종교회의를 통해 교회에 평화를 돌려준 것에 대해 감사하면서 황제 마르키아누스에게'라는 표제가 붙은 서신에 근거해 증명할 수 있다. 이 서신은 "주교 레오가 황제 마르키아누스에게. 관대한 폐하의 모든 서신이 나에게는 기쁨의 이유입니다"로 시작된다. 이 서신 말미에서 다음의 문구를 읽을 수 있다. "그러나 모든 방식으로 폐하의 경건과 헌신적인 의지에 순종해야 하므로, 나는 가톨릭 신앙의 확인과 이단자들의 저주에 관해 내 마음에 든 노회의 결정에 대해 기꺼이 내 의견을 첨언했습니다. 이 사실이 모든 사제와 교회에 알려지도록 명령하는 것이 폐하의 관대함에 합당할 것입니다."[31] 로마교황이 종교회의가 내린 결정에 대해 견해나 첫 번째 의미에서의 판단을 첨언하지만, 로마 황제가 교회와 사제들에게 그것을 준수하라는 명령을 내리기를 긴급히 요청하는 것에 주목하라. 이것이 황제의 권한이 아니었다면, 그는 이렇게 하지 않았을 것이다. 여기서부터 우리는 이 권의

---

29 Pseudo-Isidorus, *Collectio Decretalium*, in: MPL, 130, pp. 807~08.

30 II, 17, 8.

31 Pseudo-Isidorus, *Collectio Decretalium*, in: MPL, 130, pp. 807~08.

제4장과 제5장, 제9장[32]에서 사제나 사제 아닌 자에 대한 강제적 권한이 인간 입법자 내지 그의 위임에 의해 통치하는 자에게 속한다고 말한 것이 참됨이 분명해진다. 로마교황들은 고대 시대에는 이것에 대해 이의를 제기하지 않았고, 오히려 황제들이 그들에게 그런 명령이나 법을 주기를 긴급히 요청했다.

§ 7. 같은 입장은 "황제 테오도시우스와 발렌티니아누스"로 시작되는 장에서도 분명히 나타난다.[33] 여기서 조금 아래에 다음이 첨부된다. "그러므로 우리는 현재 갑자기 출현한 의심 속에서 일어나고 있는 것처럼 상이한 견해에 의해 공격받은 가톨릭의 사도적 교리 및 우리의 신앙을 (이것은 인간의 정신과 영혼을 혼란스럽게 하고 불안하게 한다) 수호하기 위해 이런 범죄를 무시하는 것은 참을 수 없다고 생각했다. 이것은 이런 나태함을 통해 신 자신에게 모욕을 가하는 것처럼 보이지 않기 위함이다. 그러므로 우리는 가톨릭 경건과 참된 신앙의 수호를 위해 높은 언변을 가진 거룩하고 신의 마음에 드는 인간이 한 장소에 모이기를 명령한다. 이것은 이런 보편적이고 헛된 의심이 이 주제에 대한 정확한 조사를 통해 해소되고, 참되고 신에게 사랑받는 가톨릭 신앙이 확립되기 위함이다. 그러므로 성하는 그대의 교구에 속한 열 명의 존경할 만한 대주교와 마찬가지로 언변과 행실에서 탁월하고 올바르고 흠 없는 신앙의 교리와 지식에 있어서 모든 세상 앞에서 탁월한 다른 열 명의 거룩한 주교를 선택해 지체없이 다음 8월 1일에 아시아 주의 수도 에페소스에서 모이기 위해 서두르기 바란다. 즉 앞서 언

---

32 II, 4, 1; II, 5, 4-5/7/9; II, 9, 3-5.

33 449년 테오도시우스 2세는 제2차 에페소스 노회를 소집했다. 알렉산드리아 총대주교인 디오스코루스(키릴의 후계자)의 사회로 노회는 네스토리우스를 두둔한 콘스탄티노폴리스의 대주교 플라비안을 해임하고, 플라비안에 의해 출교되었던 에우티케스를 복권했다. 로마교황 레오는 이 회의의 소식을 듣고 이 노회를 '강도' 노회라고 불렀다. 이 서신은 동로마 황제 테오도시우스 2세의 소집장의 일부 내용이다.

급한 인물 외에 다른 사람이 거룩한 노회를 성가시게 해서는 안 된다. 왜
냐하면 우리가 우리의 거룩한 서신을 통해 모이게 한 모든 거룩하고 복된
주교는 앞서 언급한 도성으로 서둘러 와서 정밀하게 조사하고 연구를 통
해 모든 상반된 오류가 제거되고, 우리 구원자 그리스도에 대한 정통 신앙
에[34] 완전히 부합하는 가톨릭 교리가 확립되고 습관대로 빛을 발해야 하
기 때문이다. 모든 사람은 앞으로 흔들림 없이, 그리고 (신의 자비에 의해)
흠 없이 수호해야 한다. 그러나 누군가 그렇게 필요하고 참으로 신이 기뻐
할 노회를 무시하고 모든 능력으로써 미리 언급된 시간에 미리 정해진 장
소에 오지 않는다면, 그는 신에게서나 우리의 경건함에서 변명을 찾지 못
할 것이다. 왜냐하면 악한 양심의 가책을 받은 자가 아니고서는 누구라도
사제들의 모임을 피하지 않기 때문이다. 우리는 이전에 시리아 도성의 주
교 테오도레투스(Theodoretus)[35]에게 오직 자신의 교회에만 헌신할 것을
명령했는데, 전체가 모이는 회의에 그가 함께 와서 동등하게 참여하는 것
을 기뻐하기까지는, 거룩한 노회에 참석하지 말라고 명령한다. 그러나 어
떤 이견이 그로 말미암아 나타난다면 거룩한 노회는 그 없이 모여야 하며,
명령된 사안을 정리할 것을 우리는 명령한다."[36] 주목하는 자에게는 이 칙
령에서부터 세 개의 이미 제시된 결론에 의도가 드러난다. 첫째, 신법에 대
한 의심스러운 점을 결정하는 것이 적절하다. 둘째, 이 결정은 개인이나 단
체의 권한이 아니라 전체 회의의 권한에 속한다. 셋째, 이런 총회를 소집하
거나 지시하는 것, 회의에 적합한 인물을 결정하고 임명하는 것, 회의를 통

---

34 당시의 동방 교회는 그리스도의, 즉 신성과 인간성의 관계에 관해 두 본성의 구별을
    강조한 네스토리우스 측(안티오크 학파)과 신성에 역점을 둔 키릴 측(알렉산드리아
    학파)의 대립으로 분열되어 있었다.

35 키로스의 주교(423~57)로서, 네스토리우스를 공격한 알렉산드리아의 대주교 키릴
    의 서신을 비판했으며, 개인적으로 네스토리우스를 동조했다.

36 J. D. Mansi, *Sacrorum conciliorum nova, et amplissima collectio* VI, Firence:
    Antonio Zatta 1761, pp. 587ff.

해 결정되고 명령된 것의 준수를 명령하는 것, 그리고 이 명령의 위반자를 현재 세계 상태에서, 현 상태에 대해 제재하는 권한은 오직 신실한 인간 입법자 내지 그의 위임을 받고 통치하는 자에게만 있다.

§ 8. 이에 따라 다음을 증명하는 것이 적절하다. 즉 총회를 통해 직접적으로 혹은 총회로부터 사전에 파생된 권위에 의해 첫 번째의 신실한 인간 입법자나 그의 위임에 의해 통치하는 자가 개입하는 칙령에 의해서가 아니라면 어떠한 개인도, 그의 품격이나 그의 신분이 어떠하든지 간에, 교회 의식에 관해 인간을 현재 혹은 미래의 세계 상태에 대해 처벌의 위협 아래 준수할 의무를 지우는 어떤 것도 정할 수 없다. 금식, 육식, 금욕, 시성(諡 聖), 성자숭배, 기계적 행위나 어떤 다른 행위의 금지 내지 해제, 일정한 친족 간의 혼인 같은 다른 인간 행동의 문제에 관한 어떤 것도 결정할 수 없으며, 또한 수도회나 종교 단체를 승인하거나 거부할 수 없고, 신법에서 합법적이거나 허용된 성사 정지나 출교, 다른 비슷한 크고 작은 처벌 같은 교회 제재의 위협 아래 정할 수도 없으며, 더구나 이미 언급한 입법자의 권한 없이는 사물이나 인간에 대한 처벌의 위협 아래 이것을 요구하도록 의무를 지울 수 없다. 제1권 제15장과 이 권의 제10장[37]에서 충분히 나타난 것처럼, 그만이 이런 처벌을 선고하고 집행할 합법적 권한을 가진다.[38]

§ 9. 그러나 이것은 같은 증명과 권위적 구절에 의해 (우리가 그것을 통해 앞서 신법의 의심스러운 구절의 의미를 확정하는 것은 앞에서 언급한 총회에서, 그

---

37 I, 15, 11; II, 10, 12.

38 여기서 우리는 인간 입법자를, 인간 입법자가 자신의 권위를 위임한 군주와 동일함을 재발견한다. 마르실리우스에게 인간 입법자는 구체적 현실이기보다는 정치적·법적 개념이다. 입법자는 백성 주권의 표현이다. 실제로 이 입법자는 자신의 권력을 군주에게 위임했다. 여기서 마르실리우스는 백성이 군주에게 권력을 이전 혹은 양보하는 로마의 정치 원리를 채용한다.

리고 교회 의식에 대한 다른 인간 행위를 강제적 명령을 통해 정리하는 권한은 오직 신실한 인간 입법자에게 있음을 입증했다) 입증되었다고 전제해야 한다. 우리는 증명의 하위 개념만 바꿀 필요가 있다. 또한 인간 입법자만이 신법이 허용한 것을 금지하거나 불법적인 것으로 만들 수 있다. 또한 어떤 주교도 이권의 제15장과 제16장[39]에서 입증된 것처럼 다른 주교에 대해 그리스도로부터 직접 권위를 가질 수 없으며, 또한 이 권의 제4장과 제5장, 제9장에서 먼저 입증된 것처럼 서로 간에 혹은 다른 자들에 대해 강제적 사법권을 가질 수 없다.

여기서부터 어떤 군주나 지방이나 다른 시민 공동체를 출교하거나 그들에게 종교적 행위의 사용을 금지하는 권한이 어떤 주교나 장로, 그리고 그들의 특수 집단이 아니라 이미 언급한 총회에서만 도출될 수 있고, 또한 그것이 적절하다. 왜냐하면 어떤 장로나 주교나 그들의 특수 집단이 무지 때문에, 혹은 불의하게 한 군주나 나라를 파문하거나 성사 정지를 내리고자 한다면, 여기서부터 모든 신자의 평화와 안식에 큰 추문이 일어날 수 있기 때문이다. 최근의 경험은 사물의 교사[40]로서 이것을 보여 주었으니, 로마교황 보니파키우스 8세가 기억해야 할 프랑스의 가톨릭 국왕인 필리프 미남왕을 출교시키려 했고 그의 왕국을 그의 추종자들과 더불어 종교적 행위 금지 아래 놓으려 했다. 즉 앞서 언급한 왕이 '거룩한 가톨릭교회'(Unam sanctam catholicam ecclesiam)로 시작하는 교령에 대해 이의를 제기했기 때문이다. 이 글은 이미 언급한 보니파키우스에 의해 혹은 그의 추기경 집단과 함께 선포되었는데, 다음의 주장을 내포하면서 세상의 모든 통치자와 공동체, 개인은 로마교황에게 강제적 사법권에서 굴복해

39 II, 15, 8; II, 16, 12-13.
40 제2권 제18장 제2절에서 같은 표현이 사용되었다. 이것은 교회법적 표현이다. "Experientia est efficax rerum magister"(경험은 사물의 효과적 교사이다). *Corpus iuris Canonicae, Sexte*, lib. I, tit. 6, cap. 6.

야 한다는 최종 결론을 내리고 있다.[41] 그러나 보니파키우스는 당시에 심지어 방금 선출된 통치자와 신하들, 추종자들에 대해 특별히 적대적으로 대했으며, ― 불멸적 진리와 대부분 살아 있는 자들의 기억이 증인이 될 것이다 ― 만일 그가 필멸의 인간의 운명에 의해 먼저 돌아가지 않았더라면, 나머지 신실한 통치자들과 백성들이 저 통치자에 대항해 폭동을 일으킬 수 있도록 계획했을 것이다. 그러나 신자들에게 큰 분열과 위험을 초래할 또 다른 사악한 선동과 비슷한 폭풍우는 ― 권력이라기보다 차라리 폭풍 ― 절대적으로 차단되어야 한다. 이런 형태의 성사 정지와 출교는 규제되어야 하며, 오직 그리스도인들의 총회에 위임되어야 한다. 그 판단은 성령에 의해 인도되므로 어떤 무지와 악의에 의해 왜곡될 수 없기 때문이다.

§ 10. 여기서부터 필연적으로 다음과 같은 결론이 도출된다. 총회가 신앙 혹은 복음적 법의 의미에 관해, 또는 교회 의식 내지 예배에 관해 정리하고 정의한 것, 그리고 직접적으로나 간접적으로, 묵시적으로나 명시적으로, 혹은 다른 방식으로 결정한 나머지 모든 것은 주교나 다른 특수 집단, 종교회의나 모임, 더구나 개인의 (그가 어떤 지위나 어떤 신분에 있든지 간에) 권한이나 명령을 통해 변경, 확장, 단축, 혹은 정지되거나 해석될 수 없으며 특히나 어려운 문제에 있어서는 전혀 철회될 수 없다. 이런 형식으로 정

---

41 *Corpus iuris Canonica, Sexte*, lib. I, tit. 8, cap. 1 참조. 이 교령은 1302년 11월 18일에 보니파키우스 8세에 의해 선포되었다. 이 교령은 신정주의적 이론의 대강령이다. "그러므로 누구든지 신에 의해 정돈된 이 권세에(「로마서」 13:1) 저항하는 자는, 마니처럼 두 원리가 있다고 생각하지 않는 한, 신의 질서에 저항하는 것이다. ······ 또한 우리는 모든 인간 피조물이 로마교황에게 예속되어 있다고 선언하며, 구원의 필요에 있어 절대적으로 그렇다고 주장하고 정의한다"(Quicumque igitur huic potestate a Deo sic ordinate resistit Dei oridinatione resistit, nisi duo sicut fingat esse principia... Porro subesse Romano Pontifici omni humane creature declaramus, dicimus et diffinimus omnino esse de necessitate salutis). 마르실리우스는 신의 일꾼인 군주의 권세에 저항하는 것은 신의 질서에 대항하는 것임을 입증하기 위해 「로마서」 제13장 제1절을 인용했다.

리된 것을 변경하거나 단순히 철회하기 위한 명백한 필요가 있다면, 앞서 언급된 소집된 총회를 통해 문제를 제기해야 한다. 이 명제는 같은 이성적 근거와 권위적 구절을 통해 입증될 수 있으니, 이미 언급된 총회를 통해서만 그런 것이 명령되고 정의되고 결정될 수 있다고 우리는 입증했다.

§ 11. 또한 같은 권위적 구절과 이성적 근거를 통해 증명될 수 있고 증명됨이 적절하다. 어떤 주교나 개인, 어떤 특수 집단에만 앞에서 언급한 총회나 신실한 인간 입법자의 결정 없이 세상의 어떤 교회 직위에 사람을 결정하거나 임명하거나 이 직무를 위해 성직록이라 불리는 교회의 세속적 재산을 분배하거나 이른바 교수 면허[42]나 공증직이나 그 밖의 공적·시민적 직무를, 앞서 언급한 위임 없이 수여하는 권한이 없다. 이것은 제1권 제15장과 이 권의 제17장[43]에서 어느 정도 적절하게 입증되었음에도 불구하고, 우리는 이 부분에서 바로 앞서 말한 것과 몇 가지 다른 개연성 증명을 통해 보다 상세하게 설명하고 확증하기로 결정했다. 왜냐하면 이것은 로마 주교나 다른 주교, 혹은 그를 포함한 성직자들의 특수 집단의 권한에 속하지 않고 속해서도 안 되기 때문이다. 이 때문에 모든 왕국과 모든 크고 작은 국가가 이단과 붕괴의 위험에 노출되어 있다. 그러나 로마 주교나 다른 주교에게만 보편적 입법자[44]나 총회의 명령 없이 이런 권한이 허용된다면, 다음과 같다. 앞서 이미 말한 것처럼 어떤 이단적이거나 마술사적 인간, 탐욕스럽고 오만하거나 그 밖에 범죄적인 인간이 (그런 인간들이 교황으로 승진되고 임명된 것을 우리는 읽는다) 있다고 가정하자.[45] 이 범죄적인 인간

---

42 중세 당시에 일반적으로 인정받은, 대학에 대한 교황의 권한에 대해 필리프 미남왕이 개입한 사건을 말한다. H. Denifle, *Die Entstehung der Universitäten*, Berlin 1885, pp. 260ff.

43 I, 15, 8; II, 17, 8-15.

44 universalis legislator: 황제 내지 로마제국을 지시하는 듯하다.

45 마르실리우스는 앞에서 이미 언급한 리베리우스의 사례(II, 20, 6) 외에도 무엇보다

이 총회와 필멸의 인간 입법자의 어떤 합법적인 결정 없이 모든 교회 직무에 그가 원하는 대로 인간을 임명하는 권한이 있다면, 아마도 그런 교황은 교회 직무, 특히 추기경직이나 주교직 같은 고위직에 자신의 범죄에 공모할 수 있고 자신의 악한 소망을 두둔할 것으로 믿는 자들을 선호할 것이다. 그러므로 이 권의 제11장[46]에서 이미 어느 정도 지시된 것처럼 전체 신자 무리가 신앙으로부터 벗어나는 위험에 노출될 것이다. 이것은 특히 우리가 이전에 이 권의 제20장[47]에서 진술했고, 현재의 인간의 기억과 두 사람의 주교[48]에 관한 관찰에 의해 분명해진 것처럼, 무지나 악함 때문에 이단에 떨어진 자가 신법을 해석하는 권한을 가지는 경우에 그렇다. 또한 로마 주교는 그 지역에서 어떤 인물이 적합하고 무엇이 이 지역에 적절한지 잘 알 수 있을지라도, 그에게 신법이나 인간법에 로마 주교좌의 후계자를 임명하는 권한이 허용되는 대신에 차라리 금지되는 것이 발견된다면, 왜 같은 주교에게 낯설고 먼 지역에서 (그 지역에 무엇이 유익한지, 어떤 인물이 그 지역에 적합한지 거의 알지 못하는데) 주교나 다른 고위 성직자, 목회자, 교회 일꾼을 위한 후계자를 임명하는 권세 내지 권한이 허용되겠는가?

§ 12. 또한 어떤 주교에게만 혹은 그를 포함한 성직자들의 특수 집단에게만 성직록이라 불리는 모든 세속적 교회 재산을 앞서 언급한 합법적 결정 없이, 혹은 총회나 인간 입법자나 신실한 통치자에 의해 용인된 권한 없이 자기 뜻대로 수여하는 권한이 있다면, 모든 왕국과 모든 크고 작은 나라는 붕괴의 위험에 노출될 것이다. 또한 이런 관행은 교회나 영혼의 관

보니파키우스 8세 및 그를 적대해 필리프 미남왕에 의해 행해진 이단 재판, 그리고 요한 22세를 생각하는 듯하다.

46 II, 11, 4.

47 II, 20, 6-12.

48 보니파키우스 8세와 요한 22세를 말한다.

리를 위해 부유하고 세속적 권력이나 총애에 있어 탁월한 자들을 (그들이 무지하고 행실에 있어 악할지라도) 가난하고 의롭고 비천한 자들보다 (그들이 아무리 학식이 있고 삶에 있어 현명할지라도) 선호하는 결과를 낳을 것이다. 그 러므로 로마 주교가 탐욕스럽고 오만하고, 그렇지 않다면 범죄적이고, 세 속적으로 통치하기를 원하고 있다고—오늘날 우리는 그런 자들이 그런 것을 추구하는 것을 얼마나 많이 보는가! —가정해 보자. 그렇다면 그는 이제 자신의 만족할 수 없는 탐욕과 이미 언급한 다른 소망을 만족시키기 위해, 그리고 그렇기 때문에 권세가들의 호의와 은총을 구하기 위해 교회 직위와 성직록을 매물로 내놓을 것이다. 또한 그는 그것을 힘 있고 폭력적 이고 호전적인 사람들에게, 혹은 청탁에 의해 친족과 이웃, 친구들에게 수 여할 것이며, 그들이 자신의 악한 소망을 충족하도록 도와줄 의지와 능력 을 가졌다고 생각할 것이다. 우리가 말한 것처럼 논거들은 이런 일이 일어 날 수 있다는 것을 입증할 뿐만 아니라, (거의 모든 신자에게 분명히 나타나는) 사물의 교사인 경험은 그런 일이 이미 오래전에 일어났고 끊임없이 일어난 다는 것을 가르쳐 준다.[49]

§ 13. 또한 그에게 직위를 임명하고 세속적 물질 내지 성직록을 분배하 는 등 일반적이고 제약 없는 권력이 허용되면 또한 그런 주교가 세속적 정 권을 자신에게 굴복시키려 하면, 모든 왕국에 붕괴나 큰 혼란의 위험이 가 해질 것이다. 왜냐하면 앞서 언급한[50] '교령'이라고 불리는 기록에 따르면, 보니파키우스 8세는 모든 정권은 강제적 사법 행위에서 어떠한 로마 주교 에게도 예속된다고 표현했으니, 그가 고집스럽게 주장한 것처럼 이것을 믿 는 것이 신자들에게 영원한 구원을 위해 필수적이기 때문이다. 로마 주교 라고 불리는 자는 바이에른의 공작에서 로마인의 왕으로 선출된 루트비히

49 마르실리우스는 요한 22세를 염두에 두고 말한다.
50 II, 21, 9.

에 대항해 선포한 칙령[51]에서 똑같은 주장을 암시했다. 그가 이 주장을 로마인의 왕국 내지 제국에 대항해서만 표현한 듯 보이지만, 그는 모든 정권을 하나의 칭호, 즉 권세 충만의 칭호를 통해 포괄했으니, 이 칭호에 의해 다른 논거와 결합해 권한 주장을 자신에게 돌리고 있다. 제1권의 마지막 장[52]에서 명백하게 지시된 것처럼 그는 이 칭호에 의거해 강제적 사법 행위에서 로마인의 통치자뿐만 아니라 다른 왕들 위에 있다.

그러므로 이 주교는 세속 군주들에 대한 사법권을 (최소한의 권한도 없음에도 불구하고) 추구하면서 세속적 물질 내지 성직록과 십일조의 (이것의 평가할 수 없는 일부는 마치 모든 왕국에 대해 의도를 가지고 있는 자의 소유처럼 되었다) 분배나 증여를 통해 우리가 다음 장에서 보다 진지하게 논할 것처럼 거대한 폭동을 선동할 수 있으며, 실제로 오늘까지 선동했다. 특히 로마인의 제국 전체에서 선동하고 있다.

§ 14. 그렇기 때문에 인간 입법자나 그의 권위에 의해 통치하는 자는 십일조나 다른 교회의 세속적 물질을 받거나 인수할 때, 그런 교회의 세속적 물질이 가난한 복음의 일꾼과 다른 능력 없는 가난한 자들의 생계를 위해 (그것을 위해 이런 것이 제정되었다) 충분하고도 남는지를 주목해야 한다. 또한 그는 국가를 방어하거나 달리 지지하기 위해 그런 물질이 필요한지, 혹은 이미 언급한 목적을 위해 필요로 하지 않는지 주목해야 한다. 입법자나 통치자는 이미 언급한 목적을 위해, 즉 교회 일꾼과 가난한 자들의 필요를 위해 충분하고도 남는 세속적 물질을 필요하다면 사용할 수 있는데, 이는 자신의 권한에 의해 정당하게 신법에 따라 취할 수 있으되 사제나 일꾼들의 반대가 장애가 될 수는 없다. 또한 십일조뿐만 아니라 1/4조와 1/3조

---

51 1323년 10월 8일에 'Attendentes quod dum errori'로부터 시작해 바이에른의 루트비히에 대항하는 요한 22세의 교령들이 공표되었다.

52 I, 19, 9.

도, 한마디로 말해 사제들과 무능력한 가난한 자들의 필요에 충분하고도 남는 모든 것을 취할 수 있다. 왜냐하면 사도가 「디모데 전서」 제6장[53]에서 말한 것처럼, 사제들은 식량과 [몸을] 덮을 정도로 만족해야 하기 때문이다. 그러나 통치자가 이런 물질을 앞서 말한 용도나 목적을 위해 필요로 하지 않을 경우에, 그것을 취하는 자와 자신에게 동조하는 자 혹은 그를 그렇게 유도하는 자는 죽을죄를 범하는 것이다.

그러므로 교회의 세속적 물질을 분배하는 권한이 로마 주교나 다른 주교에게만 허용되어서도 안 되고, 그를 포함한 사제 집단에게만 허용되어서도 안 된다. 이것은 그들이 이런 권한을 통해 통치자와 백성들에게 해롭게도 세상적 인기를 얻으려 애쓰고, 이를 통해 그리스도인 가운데 분쟁과 추문을 일으키지 않기 위함이다. 그들에게는 이미 언급한 권한이 이것을 위해서 약하지 않고 오히려 효과적인 도구가 된다. 왜냐하면 많은 사람이 비록 유혹을 받았을지라도, 로마 주교가 이런 물질을 자유로이 분배할 수 있고 그들은 그것을 정당하게 받을 수 있다고 믿음으로써 획득하고 받으려는 경향에 쉽게 빠지기 때문이다. 그러므로 총회와 인간 입법자는 저 주교와 어떤 다른 자에게서 신자들의 안식에 위험한 이 권한을 전적으로 박탈하거나 적절하게 제약해야 한다. 특히 그 권한이 신법에 의해 결코 그에게 부여되어서는 안 되며, 오히려 실제로 금지되어 있기 때문이다. 우리는 이것을 이 권의 제13장과 제14장, 제17장[54]에서 충분히 말했다.

§ 15. 그러므로 같은 이유에서 교수 허가를 수여하는 권한을 앞서 언급한 주교와 모든 다른 사제, 그리고 그들의 특수 집단으로부터 정당하게 박탈될 수 있고, 또한 박탈되어야만 한다.[55] 이것이 인간 입법자나 그의 권위

---

53 「디모데 전서」 6:8.

54 II, 13, 33; II, 14, 16; II, 17, 16-19.

55 이 장의 각주 42 참조.

로 통치하는 자의 직무이니, 왜냐하면 제1권 제15장[56]에서 지시한 것처럼 저 권한은 현재 세상의 상태에서 시민들에게 유리하거나 불리할 수 있기 때문이다.

마찬가지로 성인의 시성(諡聖)이나 성자숭배의 제정에 대해 생각해야 한다. 이것은 신실한 시민 공동체에 해로울 수도, 유용할 수도 있기 때문이다. 왜냐하면 악한 주교가 이 권력을 믿고 그들의 말이나 글을 통해 자신의 왜곡된 생각을 (타인에게 피해를 주면서) 뒷받침하기 위해 어떤 사람을 성자로 선언할 수 있다.[57] 그렇기 때문에 이 권한은 오직 신자들의 총회에 위임되어야 한다. 그래서 그레고리우스 4세는 황제 루트비히와 모든 주교의 동의를 얻어 만성절을 제정해 경축했다.[58] 그러므로 모든 비슷한 경우에 대해서도 비슷하게 생각해야 한다.

또한 시민 행위에 대한 지식[59]에서 분명히 나타난 것처럼 입법자는 고대 시대에 삶의 정결성과 학식의 충분성 때문에 주교들에게 이 권한을 위임했으나, 앞에 언급한 주교들은 오늘날에는 상반된 자질로 바뀌어 세상 통치자에게서 이 권한을 탈취해 자신에게 학자 집단을 예속시키고, 세상 통치자에 대항해 자신의 요구를 관철하고 방어하는 데 큰 도구로 사용한다. 학자들은 편의와 명성을 얻으려는 욕망 때문에 교수 칭호를 상실하고 싶어 하지 않거나 주저하며, 이것이 다른 곳이 아니라 바로 로마 주교나 다른 주교의 권위를 통해 부여되었다고 생각한다. 따라서 그들은 로마 주교나 다른 주교의 소원에 굴복하고, 주교들의 권위에 반대하는 세속 통치자와 그들의 신하에게 대립한다. 그러나 교수 면허를 부여하는 권한은 인간

---

56 I, 15, 8.

57 1323년 7월 18일 요한 22세가 토마스 아퀴나스를 시성(諡聖)한 것을 암시하는 듯하다.

58 Martinus Polonus, *Chronicon pontificum et imperatorum*, in: MGH, *SS*, XXII, p. 427 참조.

59 민법(Corpus iuris civilis)을 염두에 둔 듯하다.

입법자나 그의 권위로 통치하는 자에게 있다. 그러므로 학식 있고 지혜로운 인간의 호의를 상실하기 위해서가 아니라 모든 외적 보조보다 높이 평가되어야 할 그들의 호의를 (통치권과 나라를 공고히 하고 방어하기 위해) 획득하고 유지하기 위해 그들만이 정당하게 자신의 권한에 의해 이미 언급한 공증인 면허와 나머지 행정직 혹은 직위 칭호를 수여해야 하고 수여할 수 있다. 제1권 제15장과 제17장[60]에서 지시한 것처럼 개인이나 (그가 어떤 품격이나 지위에 있든지 간에) 특수 집단이 아니라 오직 통치자만이 이에 대한 권한을 가진다.[61]

---

60 I, 15, 14; I, 17, 1-13.

61 마르실리우스는 정치적 전술과 힘의 균형 때문에 이 권한을 교황으로부터 박탈해 세속 군주에게 부여하고자 한다.

제 2 2 장

⚜

로마 주교와 그의 교회는 어떤 의미에서 다른 주교들과 교회들의 머리이며 으뜸인가. 그리고 어떤 권위에 의해 이것이 그에게 적합한가[1]

§ 1. 이 문제를 결정한 후에 우리는 이어서 단 한 명의 주교와 한 교회, 혹은 단 하나의 사제 집단이 다른 자들의 머리와 으뜸으로 세워지는 것이 적합하고 유용하다는 것을 지시하고자 한다. 그러나 우리는 먼저 그중에서 적절한 것을 부적절한 것 내지 적합하지 않은 것과 구별하기 위해 단 하나의 교회 내지 한 명의 주교가 다른 모든 자의 머리로 이해할 수 있는 방식과 의미를 구별해야 한다. 첫째, 단 한 명의 주교나 하나의 교회가 모든 다른 자의 머리가 된다는 것은 이렇게 이해할 수 있다. 즉 세상의 모든 교회와 개인은 성서의 의미를 그들의 정의와 결정에 따라 의심스러운 경우에는, 특히 그것이 구원에 필수적이므로 믿고 준수해야 하는 데서는 받아들여야 하고, 교회 의식 내지 예배를 그들의 규정에 따라 준수해야 할 의

---

1 이 장(章)은 전적으로 로마교황의 수장권에 관한 논의 및 다른 교회와의 관계에서 로마교회의 위치에 대한 해명에 집중한다.

무가 있다는 것이다. 이런 의미나 방식에 따르면 어떤 지역의 주교나 어떤 교회도 이런 것인 한에서, 혹은 어떤 사제 집단도 신법에 따르면 다른 자들의 머리가 아니고, 또한 초대교회의 모범에 따르면, 하나의 교회가 그런 교회가 되는 것은 적절하지 않다. 마찬가지로 어떤 교회도 신실한 인간 입법자의 어떤 명령이나 칙령에 의해 머리가 되지 못한다. 그러므로 모든 통치자와 공동체의 백성들은 구원의 필요에 의해 거기서 나오는 다른 부적절한 것 외에도, 보니파키우스 8세의 정의나 결정에 따라 자신들이 로마교황에게 강제적 사법권에 있어 예속되어 있다는 것을 믿을 의무가 있다. 또한 로마교황이라 불리는 자의 결정에 따라 현재적인 필요를 위해 충분하고도 넘치는 세속적 물질을 공동으로나 사적으로나 소유 내지 점유하거나, 혹은 강제적 판관 앞에서 합법적으로 세속적 물질을 위해 다투거나 자신의 소유로 주장하는 권한을 경멸하고 포기하는 것은 그리스도의 조언이 아니라는 것을 믿을 의무가 있다.[2] 이 권의 제13장, 제14장, 제16장, 제20장, 제21장[3]에서 이전에 분명히 볼 수 있었던 것처럼 첫 번째 결정은 아주 끔찍스러운 오류이며, 두 번째 결정은 이단적인 것으로 거부되어야 한다.

§ 2. 둘째, 세상의 모든 성직자나 성직자 집단이 강제적 사법권에서 그들에게 예속되어 있는 것처럼 단 한 명의 주교나 하나의 교회 혹은 집단을 모든 다른 자의 머리나 으뜸으로 간주할 수 있다. 이것도 신법에 따르면 어떤 주교나 교회에도 적절하지 않고, 오히려 이 권의 제4장과 제5장, 제8장, 제9장, 제11장에서 충분히 지시된 것처럼 조언이나 명령에 의해 금지된다.

---

2 요한 22세의 교령 'Ad conditorem canonum'과 'Cum inter nonnullos'를 염두에 둔 듯하다.
3 II, 13, 6/33; II, 14, 3; II, 16, 8; II, 20, 7; II, 21, 12.

§ 3. 셋째, 이 우선권은 단 한 명의 주교나 하나의 교회, 하나의 집단에 모든 교회 직분자를 임명하고 교회의 세속적 물질 내지 성직록을 분배하고 해제하고 박탈하는 권한이 있다는 것으로 이해할 수 있다. 이 견해에서도 한 주교나 한 교회가 다른 자들에 대해 우선한다는 것이 신법에 의해 입증될 수는 없고, 오히려 그 정반대가 입증된다. 한마디로 말해 이 권의 제15장, 제16장, 제17장, 제20장⁴에서, 그리고 앞의 장에서 지시된 것처럼 한 주교나 한 교회가 어떤 권위나 권세에 있어 다른 주교나 다른 교회의 머리나 으뜸이라는 것이 성서의 말에 의해 입증될 수 없다.

§ 4. 그러므로 총회가 신실한 인간 입법자에 의해 다른 주교나 다른 백성에 대해 이 권위나 권세가 용인되어 있지 않는 한, 어떤 주교가 다른 주교를 출교시킬 수 없고 후자에게 위임된 백성이나 지역에서 거룩한 성례전이나 성무일도⁵를 금지할 수도 없으며, 그 반대의 경우도 마찬가지이다. 더불어 어떤 주교가 다른 주교에 대해, 혹은 후자에게 위임된 백성에 대해 권세를 가질 수 없고 그 반대의 경우도 마찬가지이다. 왜냐하면 우리가 이 권의 제15장⁶에서 히에로니무스의 서신인 「에반드루스에게」에서 인용한 것처럼 모든 주교는 주교로서 동등한 공로와 권위를 가지기 때문이다. 그리고 아무도 보다 완전하지 않고 완전하지 않았으니, 「고린도 전서」 제3장⁷에 분명히 드러난 것처럼, 보다 완전한 사도 내지 주교가 그에게 안수했기 때문이다. 사도는 "아무도 인간을 자랑해서는 안 된다"라고 말한다. "바울이든, 아폴로든, 게바든 모두 여러분의 것이다. 그러나 여러분은 그리스도의 것이다." 여기에 대한 주해는 다음과 같다. "여러분은 그리스도의

---

4 II, 15, 7-8; II, 16, 1; II, 17, 8-15; II, 20, 4.
5 divina officia: 성직자들이 매일 암송하는 기도로, 매일 그리고 절기마다 바뀐다.
6 II, 15, 8/10.
7 「고린도 전서」 3:21-23.

것이며, 창조에서나 거듭 태어남에서도 인간의 것이 아니다."[8] 그러므로 사제가 적어도 권한이 있다면, 보다 완전한 사제가 안수하느냐 덜 완전한 사제가 안수하는냐는 성례전에서 의미가 없다. 왜냐하면 신만이 성례전에 효과를 주기 때문이다. 그러므로 사도는 같은 서신의 같은 장[9]에서 이 의심에 대해 이렇게 해결하면서 말한다. "나는 심었고, 아폴로는 물을 주었고, 신은 자라나게 했다." 사도는 나무를 심거나 물을 주는 자가 아니라 식물이 자라도록 영혼을 주는 자가 싹트게 하고 생명의 기능을 행하도록 만드는 것으로 생각한다. 즉 물을 주는 자처럼 안수하거나 가르치거나 축복하는 자는 비록 도움을 줄지라도 그들이 공로적 행위를 부여하는 것은 아니다. 그것은 내적 품격이나 은총을 주는 자, 즉 신만이 그렇게 한다. 그리고 내적 권위와 동일한 종류의 품격과 은총을 주는 자는 수적으로 한 분, 즉 신 자신이므로 히에로니무스가 이해한 것처럼 모든 주교나 사제는 신에 의해 선사된 동등한 권위와 공로를 가진다.

§ 5. 그러므로 어떤 주교나 교회는 그 자체로서 성서의 말씀에 의해 다른 자들의 머리나 으뜸이 아니다. 왜냐하면 사도가 「에베소서」 제4장과 제5장, 「골로새서」 제1장, 「고린도 전서」 제10장에서 분명하게 말한 것처럼, 어떤 사도나 주교나 사제가 아니라 유일하게 그리스도 자신이 절대적으로 신이 직접적으로 창조한 질서에 의해 성서 내지 진리에 따라 교회의 머리와 신앙의 토대이기 때문이다. 그러므로 모든 사도와 예언자, 교사, 그리고 나머지 신자들은 그의 나머지 지체(肢體)로서 교회인 그리스도의 몸을 구성한다. 그러나 오직 그리스도 외에는 아무도 머리와 같지 않다. 그러므로 그는 「에베소서」 제4장에서 다음과 같이 말한다. "그리고 그 자신은 어떤 사람에게는 사도가, 다른 사람에게는 예언자가, 다른 자에게는 복음 선포

---

8 Petrus Lombardus, *Collect.*, in: MPL, 191, p. 1564.
9 「고린도 전서」 3:6.

자가, 다른 사람에게 목자와 교사가 되도록 허락했으니, 그것은 우리 모두가 신앙의 일치에 도달할 때까지 성도들로 하여금 봉사 행위를 완수하게 하고 그리스도의 몸을 세우기 위함이다."[10] 그리고 조금 아래에서 덧붙인다. "우리가 사랑에서 일치를 이루고, 모든 부분에서 자라서 머리인 그리스도에게로 이르도록 하자. 그로부터 온몸이 각각 그 분량에 따라 활동하는 대로 마디마다 공급을 받아 단단히 결합되고 서로 어울려 몸이 자라 사랑 안에서 몸을 세워가는 것이다."[11] 또한 그는 제5장에서 말한다. "그리스도가 교회의 머리인 것처럼 남편은 아내의 머리이기 때문이다. 그리스도 자신은 몸의 구원자이다. 교회가 그리스도에게 속한 것처럼 아내도 모든 일에서 남편에게 속해 있다."[12] 그러나 그리스도가 죽은 자들로부터 부활해 하늘로 올라간 후에 이것을 말했지만, 그는 결코 게바가 교회의 머리 또는 교회가 그의 머리로서 그에게 예속되어 있다고 말하지 않았다. 그러므로 사도는 같은 장의 조금 아래에서 신자들의 이름으로 다음과 같이 말한다. "아무도 자기 몸을 미워하지 않고, 오히려 자기 몸을 양육하고 보호하기를 그리스도가 교회를 양육하고 보호하듯 한다. 우리는 그리스도 몸의 지체이기 때문이다." 또한 「골로새서」 제1장에서 말한다. "그리고 그 자신은 몸인 교회의 머리이니, 그는 시작이고 죽은 자 가운데 처음 태어난 자이니, 이것은 그 자신이 만물에서 수장권을 갖기 위함이다."[13] 복된 베드로는 같은 생각을 분명히 그의 첫 번째 정경적 서신 제5장에서 다음과 같이 말했다. "목자의 우두머리인 그리스도가 나타날 때, 여러분은 시들지 않는 영광의 화관을 얻을 것이다."[14] 또한 그리스도만이 교회 내지 신앙의 토대요 반

---

10 「에베소서」 4:11-13.

11 「에베소서」 4:15-16.

12 「에베소서」 5:23-24.

13 「골로새서」 1:18.

14 「베드로 전서」 5:4.

석이다. 그러므로 「고린도 전서」 제3장에서 말한다. "놓인 것, 즉 예수 그리
스도 외에는 아무도 다른 토대를 놓을 수 없다."[15] 또한 그는 같은 서신
제10장에서 말한다. "그런데 반석은 그리스도였다."[16]

§ 6. 넷째, 총회나 신실한 인간 입법자의 권위에 근거해 주교나 교회가
다른 자들의 머리와 지도자가 되거나 혹은 그렇게 임명될 수 있는 가능성
은 다음과 같이 이해하는 것이 적절하다. 즉 신앙의 문제가 생겼거나 신자
들을 위한 명백한 필요성이 제기되었다면(그렇기 때문에 총회 소집이 전적으로
합리적으로 보인다), 그의 직무는 신실한 인간 입법자나 총회가 그 일을 위
해 합류시켜 주고자 하는 사제 집단[17]과 함께 선행되는 논의 후에 그 위에
더 높은 자가 없는 신실한 입법자에게 문제를 전달하고 알리는 것이다. 그
의 강제적 지시에 따라 총회가 우리가 말한 대로 모여야 한다. 그의 직무
는 언급된 총회에서 모든 주교와 성직자 가운데 첫 번째 좌석 내지 자리
를 차지해 논의해야 할 안건을 제시하고, 논의된 결과를 전체 총회 앞에서
요약하고, 협상을 서면으로 서기의 진정한 날인과 표시를 첨부해 작성하

---

15 「고린도 전서」 3:11.
16 「고린도 전서」 10:4. 니콜라우스 쿠자누스(Nicolaus Cusanus, 1401~64)의 주장
   에 의하면, 교황은 오직 상징적으로만 교회를 대표한다. "그러나 총회는 모든 가톨
   릭 지체의 모임 내지 교회이므로, 또한 보편적 교회를 대표한다. 그러므로 로마교
   황은 하나의 보편적 교회를 상징적으로 대표하는 역할을 수행함을 고려해야 한다."
   De Concordantia, ed. G. Kallen, Hamburg 1959, vol. 2, p. 18. 교회의 유일한
   머리는 그리스도이다. 이런 조건에서 "너는 베드로이니 ……"(「마태복음」 16:18)는
   다음과 같이 이해해야 한다. "시몬을 베드로로 만들었고, 베드로는 반석에서 나왔
   는데, 반석은 교회이다. 그러므로 베드로의 이름에서 교회가 상징된다."(「마태복음」
   16:18) 베드로는 반석에서 태어났다. 마찬가지로 그리스도가 그리스도인에게서 태
   어난 것이 아니라, 그리스도인이 그리스도에게서 태어났다. 반석은, 바로 그 기초 위
   에서 베드로가 세워진 교회를 나타낸다. 마르실리우스는 제2권 제28장 제5절에서
   반석과 그리스도를 동일시할 것이다. 그는 이로써 그리스도를 교회의 유일한 토대로
   만들 것이다.
17 그러므로 마르실리우스는 추기경 선출권을 교황에게서 박탈한다.

고, 그것을 복사하게 하고, 그것을 요구하는 모든 교회에 이런 결정을 통지하여 전달하고, 또한 알리고 가르치고 그것에 대해 답변하는 것이다. 또한 신앙과 교회 의식 내지 예배에 대해 결정하고, 그 밖에 신자들의 평화와 일치를 위해 결정된 것을 위반한 자들을 출교나 성사 정지나 다른 유사한 형벌 등의 교회의 징계로써 제재하되,[18] 그럼에도 총회의 지시나 권위에 의해서만 제재해야 한다. 그러나 결코 현재 세상의 상태와 그 상태 안에서 재물이나 인간에 대한 형벌을 부과하는 강제적 권한에 의해서는 안 된다. 또한 그의 직무는 입법자에 의해 그에게 합류되고 임명된 집단의 보다 강한 부분 내지 다수와 함께 상호 종속되어 있지 않은 주교와 교회들을 놓고 본래적 의미의, 즉 영적인 두 번째와 세 번째 의미의 (이 권의 제2장[19]에서 확정된 것처럼) 영적 분쟁에 관해 판단하는 것이다. 여기에는 총회의 결정에 따라 교회 의식에 관해 준수해야 할 사항도 포함된다. 그러나 그런 교회의 어떤 주교나 집단이 이런 직무에 관해, 다른 교회들의 분명하고 개연적이고 거의 공통적인 견해에 따르면, 너무나 그릇되거나 너무 태만한 것으로 드러난다면, [책임자가] 입법자 내지 그의 권위로써 통치하는 자에 의해 적절하게 교정받을 수 있다면 나머지 교회들은 신실한 인간 입법자에게 호소할 수 있거나 아니면 이 경우가 나머지 교회의 다수에 따라 그리고 입법자의 판단에 따라 이런 총회의 소집을 요청하는 경우에 총회를 요구할 수 있다. 그러므로 다만 이 마지막 방식에 있어 — 비록 이것은 신법에서는 명령되지 않았고, 또한 이것 없이도 신앙의 일치는 용이하지는 않지만 유지될 수 있는 — 이 일치를 보다 용이하고 적절하게 유지하기 위해 한 명의 주교나 한 교회를 강제적 사법권 없이 목회에 있어 다른 자들의 머리나 지도자로 세우는 것이 적절하다고 나는 말한다. 그다음으로 우리는 어떤 주교나 교회, 혹은 어떤 사제나 성직자 집단이, 그리고 어떤 교구

---

18 이 텍스트는 교황이 영적 차원에서 출교를 부과할 수 있음을 지시하는 듯하다.

19 II, 2, 5.

나 지역으로부터 다른 자들의 머리와 지도자로 세워지는 것이 보다 적절하고 유익한지를 지시해야 할 것이다. 마지막으로 그것이 유익하게 보인다면 이들을 임명하고 교정하고 해임하는 권한이 누구에게 있는지를 지시해야 한다.[20]

§ 7. 이 명제 중에서 첫 번째 것, 즉 교회 의식이나 신앙과 예배를 위해 앞서 언급한 유익 때문에 때로는 신자들과 사제들의 총회를 소집해야 할 필요성의 전제 아래, 이런 하나의 머리를 교회를 위해 세우는 것이 바람직한 것은 여러 주교나 교회가 단 한 명의 주교나 하나의 교회가 똑같이 적절히 수행하고 완수할 수 있는 직무에 종사하는 것이 무의미하다는 이유 때문에 설득력 있게 입증될 수 있다. 그러나 단 한 명의 주교가 앞서 언급한 총회에 대한 추천을 (우리가 교회의 수장의 직무에 속한다고 말한 것과 더불어) 여러 사람과 마찬가지로 잘, 혹은 여러 사람보다 더 적절하게 처리할 수 있다. 또한 이런 종류의 머리나 지도자를 주교들과 교회 위에 세움으로써 발생할 가능성이 있는 분쟁과 추문을 피할 수 있다. 왜냐하면 소집된 총회에서 다루어야 할 의제의 형식과 방식을 정해야 하기 때문이다. 그러나 누구나 차별 없이 이것을 명령하거나 지시를 내릴 수 있고 내리려 한다면, 그들 가운데 분명히 추문과 혼란, 싸움이 벌어질 것이다. 또한 소집된 총회에서 공간에서의 질서, 즉 앉고 서는 질서, 그리고 또한 언어의 질서, 즉 제안하고 논의할 때의 질서를 지켜야 하고, 때로는 지나친 잡담에 침묵을 요구하는 일처럼 어떤 것을 명령해야 할 필요가 있기 때문이다. 또한 총회의 논의 결과를 요약하고 서기를 통해 진정한 날인과 표시를 첨부해 확실한 문서로 작성케 해야 하기 때문에 한 사람이 다른 자들을 대표해 의장을 맡는 것이 적절하다. 그에게는 다른 자들을 정돈하고 총회의 적

---

20 교황은 최고 입법자의 위임에 의해 총회의 의장 역할을 맡을 수 있다. 이것은 유용성의 이유와 조직을 위해서이다.

법한 진행과 완수를 위해 유용한 그 밖의 일을 명령할 권한이 있으니, 이것은 이런 것에 대한 이견과 때로는 대립 때문에 신자들의 공동의 유익이 교란되거나 지연되지 않게 하기 위함이다. 또한 그리스도인의 교회가 여기에 익숙해 있고, 신앙의 일치가 이것에 의해 인식 가능한 표지를 통해 보다 분명히 드러나기 때문에 이것은 유용한 듯하다.[21]

§ 8. 어떤 주교와 교회, 그리고 어떤 지역이나 교구에 있는 교회가 다른 자들의 머리로 세워지는 것이 적절한가? 먼저 어떤 인물을 세우는가에 관해서는, 우리는 진실로 모든 다른 사람에 앞서 행실과 거룩한 학식에 있어 출중한 자를 말하고자 하며, 그에게서 선한 삶의 탁월성에 보다 주목해야 한다. 그러나 어떤 지역이나 나라의 교회를 다른 교회보다 선호해야 하는가? 그곳의 사제나 성직자 집단이 보다 정결한 삶을 살고 보다 거룩한 학식에 있어 탁월한 인물을 가능한 한 많이 가진 교회라고 말해야 한다. 그런데 로마 주교와 그의 교회는, 그 지역이 거주할 수 있는 한, 다른 비슷하거나 상이하지 않은 교회에 비해 많은 정황에 의해 선호될 만하다. 첫째, 그의 첫 번째 주교인 복된 베드로나 바울, 혹은 양자의 탁월한 신앙과 사랑, 명성, 그리고 다른 사도들이 그들에게 보인 존경 때문에 그렇다. 둘째, 로마 시의 장엄함 때문에, 그리고 오래전부터 다른 교회에 대해 우선권을 획득했기 때문에, 그리고 많은 유명하고 거룩한 남자와 초대교회부터 오랫동안 이룩한 기독교 신앙에 대해 학식이 풍부한 사람들 때문에, 그리고 다른 교회의 신앙을 고무하고 신앙의 일치를 유지함에 있어 열성적 노력을 보여 주었기 때문에 그렇다. 또한 세상의 모든 다른 통치자와 백성에 대한 그의 보편적 지배와 강제적 권위 때문에 그렇다. 신앙의 보존과 총회에 의해 결정된 신앙 교리의 준수에 관해 홀로 모든 교회에 강제적 명령을 내리

---

21 이것이 한 명의 주교에게 수장직을 맡기는 것을 선호하는 두 번째 이유이다. 관습.

고 그 위반자를 어디서나 제재할 수 있었던[22] 그 백성과 통치자는 이렇게 행동했고 교회를 작은 규모에서 크게 성장하도록 했다. 그러나 나중에 신자들이 몇몇 사제[23]의 악함 때문에 때로는 박해를 받았다. 마지막으로 로마 주교와 그의 교회에는 이 우선권이 관습 때문에 적합했다. 왜냐하면 모든 신자는 이 주교와 교회를 다른 자보다 존경하는 것과 그들의 권고와 훈계를 통해 덕행과 신을 경배하도록 격려받은 것, 그리고 그들의 비난과 질타, 영원한 저주의 위협을 통해 악행과 범죄로부터 돌이키는 것을 배웠거나 익숙해졌기 때문이다.[24]

§ 9. 그러나 누가 이 수장권을 정하는 권한을 가지고 있는가에 대해서는 총회 혹은 그 위에 더 높은 자가 없는 신실한 인간 입법자라고 말해야 한다.[25] 이들에게는 우선 저 최고 성직자 집단을 결정하는 권한도 있다. 이 방식에 따르면, 로마 시가 존재하고 그 백성이 이에 대해 빗장을 지르지 않는 한에서 복된 베드로와 복된 바울에 대한 존경심 때문에, 그리고 앞서 언급된 유익함 때문에 당연히 계속해서 주교와 교회에 있어 로마의 수장

---

22 마르실리우스는 여기서 제국적 정권과 그 보편성을 암시한다. 그는 그것을 총회 결정을 존중하도록 하고 집행하도록 하는 강제적 권위를 가진 유일한 기관으로 표현한다. 그 위에 더 높은 자가 없는 신실한 입법자가 그 권한을 위임한 자는 황제임을 분명히 알 수 있다. 그 위에 더 높은 자가 없는 신실한 입법자는 로마 백성 내지 기독교 백성이다.

23 이교 사제들을 말하는 듯하다.

24 로마 주교와 로마교회를 선택한 것은 다시 한 번 로마 중심주의를 집착함으로써 정당화된다. 로마제국의 영광은 역사적으로 그 광채를 공유한 로마교회에 어느 정도 반사되었다.

25 이 명제는 요한 22세의 교령 'Licet iuxta doctrinam'에서 정죄된 것이다. "세 번째로 저 베리알의 자식들은, 교황을 세우고 폐위하고 처벌하는 것은 황제의 권한임을 주장하기를 두려워하지 않는다. 이것을 당연히 반대하고 저항해야 한다"(Tertio isti filii Belial asserere non verentur, quod ad Imperatorem spectat, Papam instituere et destituere, ac punire; quae utique omni juri obviant, et repugnant).

권을 보존할 수 있고, 또한 그렇게 해야 한다.[26]

§ 10. 로마 황제 콘스탄티누스 1세의 한 칙령은 앞서 언급한 권력이 입법자에게 속한다는 것을 증언한다. 이것은 앞서 언급한 코덱스에 실려 있고[27] 다음 문구가 포함되어 있다. "그리고 우리, 즉 로마 황제는 이 칙령으로 명령한다. 로마교회는 안티오크, 알렉산드리아, 콘스탄티노폴리스, 그리고 예루살렘의 네 총대주교와 온 세상에 있는 신의 모든 교회에 대해 수장직을 가져야 한다. 또한 이 기간 동안에 거룩한 로마교회의 교황이 된 자는 온 세상의 모든 사제보다 높아야 하고 그들의 머리이어야 하며, 그의 판단에 따라 예배를 위해 혹은 신앙의 안정을 위해 배려해야 할 모든 것이 정리되어야 한다." 그가 "신앙, 즉 신법의 안정을 위해 배려해야 할" 것이라고 말한 것이 특별하다. 그는, 자신의 견해나 자신의 교회, 자신의 집단의 견해에 따라 결정해야 한다고 말하지 않았다. 왜냐하면 이전에 언급한 것처럼 분열과 다른 추문을 초래하고 신자들의 안식과 일치를 교란할 수 있는 성서와 신앙에 대해 출현하는 견해를 염려하고 조사하고, 신실한 입법자나 그의 권위로써 통치하는 자에게 그것에 관해 통지하고 그 문제들을 결정하기 위해 그리고 그것이 유익하다면 개선하기 위해 그에게 총회를 요구하는 것은, 앞에서 언급한 그의 직무의 특권에 속한다. 그러므로 이런 의미에서 콘스탄티누스는 로마인의 주교와 교회에 수장권을 부여했다. 이런 수장권과 더불어 경건 때문에 매우 많은 다른 권한과 또한 강제적 권한을 주었으니, 신법이나 인간법에 의해서는 그에게 이런 권한을 수여해야

---

26 그 위에 더 높은 자가 없는 인간 입법자를 최고 법정으로 선택했음은 세속의 역사를 통해 증명될 뿐만 아니라 그리스도와 그의 사도들이 로마제국의 권위에 굴복함으로써 이것을 확증한 한에서, 또한 거룩한 역사에 의해서도 증명된다. 이 권위는 정당하니, 이것에 굴복할 것을 지시한 그리스도의 명령에 따라 폭력에 근거한 것은 아니다.

27 콘스탄티누스의 증여(기증장)를 말한다.

할 의무가 전혀 없었다. 또한 아마도 콘스탄티누스의 한 후계자에 의해 로마 주교와 교회로부터 박탈당한 수장권을, 로마교황과 황제에 대한 마르티누스 폴로누스의 『연대기』에서 분명히 드러난 것처럼, [황제] 아우구스투스 포카스(Augustus Phocas)는 앞서 언급된 교회에 반환했다. 여기서 우리는 이것을 읽을 수 있다. "마르시(Marsi)에서 출생한 보니파키우스 4세", 그리고 조금 아래에 이어서 "이 사람은 황제 아우구스투스 포카스로부터 복된 사도 베드로의 교회는 모든 교회의 머리가 되어야 한다는 특권을 받았으니, 콘스탄티노폴리스 교회는 자신을 모든 교회 중 으뜸이라고 참칭했기 때문이다".[28]

§ 11. 총회의 결정에 따라 이런 제정의 권한이 신실한 인간 입법자나 그의 권위로써 통치하는 자에게 있다는 것은 또한 이성적 근거와 권위적 구절을 통해서도 입증할 수 있으니, 그것에 의해 이 권의 제21장[29]에서 같은 자에게 총회를 소집하고, 모임에 반대하는 모든 사제와 사제 아닌 자들, 그리고 총회의 결정을 위반하는 자들을 합법적으로 강제적 권력을 통해 제재하는 권한이 있다는 것을 입증했다. 단 증명에서 하위 개념을 변경할 필요가 있다. 이 동일한 전제로부터 필연적으로, 이성적으로 합당하다고 보인다면, 앞에서 언급한 최고 주교와 교회 내지 집단을 합법적으로 견책하고, 그들의 직무를 정지시키고, 그들의 직무를 박탈하거나 해임하는 것도 그의 권한에 속한다는 결론이 나온다.

§ 12. 그러나 다음을 묵과해서는 안 된다. 신실하지 않은 입법자나 그의 권위로써 통치하는 신실하지 않은 자 밑에서 성립된 신자들은 (신법에 익숙한 사제뿐만 아니라 사제가 아닌 자들도) 같은 신법에 의해 가능하다면 신법의

---

28 Martinus Polonus, *Chronicon*, in: MGH, *SS*, XXII, p. 422.
29 II, 21, 4/8-9.

의심스러운 의미를 정의하고 결정하고, 그 밖에 신앙과 신자들의 강화, 신앙의 일치와 공동의 유익을 위해 도움이 될 수 있는 것을 정리하기 위해 적절하게 모여야 할 의무가 있을 것이다. 그런데 사제들은 더욱더 이런 의무가 있으며, 그들은 다른 자들을 독려해야 한다. 왜냐하면 다른 자들을 가르치고 훈계하고 논쟁하고 필요한 경우에 질타하는 것이 그들의 직무이기 때문이다. 따라서 신법에 대한 지식을 가진 자는 의무가 있으니, 사제들을 통해 이 지식을 구해야 한다. 「야고보서」 제4장에 기록된 것처럼 "선을 행할 줄 알면서 행하지 않는 자에게 죄가 있기 때문이다". 병역을 위해 보병이나 기병에 배치된 자는 비상시에 인간법에 따라 국가의 안전을 위해 몸을 바쳐 방어해야 할 의무가 있을 뿐만 아니라 국가의 다른 직무에 속한 자들, 그리고 무엇보다 이 일을 위해 보다 적합한 자들이, 특히 군인이나 그들의 지휘관에 의해 요청받는 경우에 더욱 그러할 의무가 있다. 마찬가지로 사제들은 신법에 의해 신앙을 방어하고 해명하고 그 밖에 교회 의식을 정돈할 의무가 있을 뿐만 아니라 사제 아닌 자들도 신법에 조예가 있는 한, 특히 그들이 사제들로부터 요청받는 경우에 이것이 사제들의 본래적 직무이고, 그럴 의무가 있다.

§ 13. 그러나 사람들은 사제 집단과 나머지 적합한 신자들은 누구의 소집에 의해 모일 것인가라고 당연히 물을 것이니, 이전의 결정에 따르면 신법은 다른 사제들이나 나머지 신자들에게 우선권을 부여하지 않으며, 이는 인간법도 마찬가지이다. 왜냐하면 인간 입법자는 어디서나 불신자로 전제되기 때문이다. 그러나 우리는 성서적 의미에 따라 말하고자 한다. 다른 사제들과 주교들에 대해 권한을 가진 주교나 사제를 통해 아마도 앞서 언급한 다수의 신자들이 그런 권한을 한 사제에게 위임한 경우를 제외하고는, 앞서 말한 소집이나 모임이 이루어지지 않을 것이다. 그러므로 우리가 아무도 다수의 사제들이나 신자들에 의해 다른 자들의 앞에 세워져 있지 않지만, 그러나 한 사람에게 특권을 부여하거나 신앙과 교회 의식에 관한

다른 유용한 것을 정돈하는 것이 유익하다면, 혹은 각자가 깊은 사랑이 넘쳐 신앙의 유지와 신심을 위해 모두 함께 어려움 없이 모이는 것을 주저 없이 약속하고 동의하도록 다른 사람들을 독려한다면, 이 모임의 소집은 모든 사제로부터 나올 것이다. 하지만 모든 사람이 자신과 다른 사람들로 하여금 언급된 모임을 갖도록 독려할 만큼 큰 사랑이 넘치지 않는다면, 소집은 보다 강렬한 신에 대한 사랑으로 불타는 한 사람이나 몇 사람에게서 나올 것이다. 그러나 다른 사제들이나 사제 아닌 자들은 선하게 말하고 바르게 조언하는 자라는 확신 속에 그에게 복종할 것이다.[30]

언급된 두 가지 방식 중에서 한 가지 방식으로, 즉 「사도행전」 제15장[31]에 나타난 것처럼, 또한 사도와 장로들도 할례받지 않은 형제들에게 할례를 주는 것이 영원한 구원을 위해 필수적인지 보기 위해 모였다. 사도들 중 한 사람이 그의 권위에 의해 소집했기 때문에 다른 자들이 모였다는 것을 어디서도 읽을 수 없고, 도리어 다음 구절을 읽을 수 있다. "사도들과 장로들은 이 일에 대해 판단하기 위해 모였다." 그리고 "12명은 제자들의 무리를 소집했다."[32] 사도들 중 누가 처음으로 이 모임을 성사시키기 위해 촉구하거나 요청했는지는 성서에는 분명히 표현되어 있지 않다. 그러나 복된 베드로가 사랑이 넘쳤기 때문에 그랬다고 한다면, 그런 이유 때문에 여기서부터, 앞에서 이 권의 제15장과 제16장[33]에서 지시한 것처럼, 혹시 그들이 그에게 선출을 통해 부여했을 권위가 아니라면, 그가 다른 사도들에 대해 어떠한 권위를 가졌다고 결론내릴 수는 없다. 왜냐하면 수도원과 정치권에는, 그들의 칭찬받을 삶과 거룩한 지식에 있어 보다 완전하거나 정

---

30 입법자가 기독교인이 아닌 경우에, 총회 내지 모든 신자의 모임의 소집 문제는 모든 신자의 합의 원칙에 의해 해결된다.

31 「사도행전」 15:6.

32 「사도행전」 6:2.

33 II, 15, 10; II, 16, 10-12.

치적 능력에 있어 보다 탁월하지만, 그럼에도 불구하고 덜 완전한 자들의 머리나 수장이 아니라 대부분 그들에게 굴복하는 사람이 많기 때문이다. 이것은 사제적 직무에서—나는 모르거나 혹은 어쩌면 어떤 역병 때문인지 안다—이 시기에 빈번히 일어난다.

§14. 또한 시민들의 모임에서 동료 시민들이 보다 학식 있고, 보다 나이가 많고 보다 검증된 사람들에게 권위 면에서 그들에게 예속됨이 없이, 다만 능력과 나이 면에서 합당한 듯 보이는 존경심 때문에, 질서와 토론과 상의에서 우선권을 허용하고 그들에게 여러 가지 다른 점을 존중해 특권을 인정하는 것처럼 나머지 사도들은 아마도, 성서의 문구에 따르면, 베드로에게 언급한 이유 때문에 이런 특권을 인정했다. 왜냐하면 베드로는 먼저 다른 자 가운데 제안을 했다는 것을 읽을 수 있기 때문이다. 그러므로 아마도 여러 거룩한 교부들은 그를 "12명의 입과 머리"라고 불렀다.[34] 그러나 수도사들이 원장이나 분원장에게, 그리고 백성이 국가 수장에게 우선권을 부여하듯이, 우리가 앞에서[35] 언급한 사도들의 선출에 따라서만 그들이 그에게 자발적으로 우선권을 허용하려고 했을지라도, 권위 면에서 그에게 종속되어 있지는 않았다.

§15. 언급한 방식으로 신자들의 소집과 모임이 가능했다는 것은 납득할 만하다. 처음에 사람들은 (그들의 보다 강한 부분은 만족스러운 삶에 대한 점에서 의견이 일치했다) 시민 공동체와 법을 정리하기 위해 다른 자들에 대한 강제적 권한을 가진 개인이나 몇몇 사람에 의해서가 아니라 지혜롭고 달변인 사람들의 설득과 훈계에 의해 부름을 받고 모였다. 우리가

---

34 Thomas Aquinas, *Catena aurea*, vol. 12, p. 462에서의 「마태복음」 16:13-19 및 「요한복음」 21:15-17에 대한 요하네스 크리소스토무스의 주해 참조.

35 II, 22, 13 참조.

제1권 제3장, 제4장, 제7장, 제13장에서, 그리고 아리스토텔레스의 『정치학』 제1권 제1장, 제4권 제10장, 제7권 제12장에서 인용한 것처럼 자연은 다른 사람들 가운데 이러한 경향을 가진 사람들을 창조했으니, 그들은 나중에 자신의 노력을 통해 스스로 진화했고 다른 사람들을 점차로 혹은 갑자기 완전한 공동체의 형태로 이끌었으니, 천성적으로 이런 경향의 인간은 이 설득하는 자들에게 기꺼이 순종했다. 이에 상응해 성서적 문구에 따라 아마도 사랑으로 불타는 사도 한 사람이나 몇 사람이 설득을 했으며, 또한 나머지 백성이 성령의 은총을 통해 그리고 경향 때문에 쉽사리 순종했기 때문에 사도들과 신자들 전체가 모였다고 믿는 것이 합리적이다.

또한 사도 시대 이후에 믿지 않는 입법자나 통치자 아래, 아마도 그리스도와 이웃에 대한 사랑이 특별히 풍부하고 그리스도가 그들 곁에 "세상 끝까지"[36] 머무는 것을 「마태복음」 마지막 장의 마지막 구절에서 약속했던 주교나 사제 몇몇이 아마도 이런 식으로 행했다. 라바누스는 같은 구절에서 그들에 대해 "세상 끝까지 이런 사람들이 지상에서 없지 않을 것이니, 그들은 신의 체류와 거주에 합당하다"라고 말한 바 있다.[37] 그런데 모든 사제는 직무상 적절하게 할 수 있다면 그럴 의무가 있다. 왜냐하면 이 명령이 「마태복음」 마지막 장에서 사도의 이름으로 모든 사제에게 주어졌기 때문이니, 거기서 그리스도는 그들에게 이렇게 말했다. "그러므로 가서 모든 민족을 제자로 삼아라."[38] 이것을 고려하면서 사도는 「고린도 전서」 제9장에서 다음과 같이 말했다. "내가 복음을 전하지 않으면 나에게 화가 있을 것이다. 왜냐하면 나에게 필연적이기 때문이다."[39] 현재 로마교회의 목자들

---

36 「마태복음」 28:20.
37 Thomas Aquinas, *Catena aurea*, vol. 11, p. 334에서의 「마태복음」 28:20에 대한 라바누스의 주해 참조.
38 「마태복음」 28:19.
39 「고린도 전서」 9:16.

은 신앙을 고무하고 일치를 유지하기 위한 그의 모범과 염려, 노력을 거의 주목하지 않는 대신에, 그리스도 신자들을 보다 확실하게 (불법적이고 적절하지 않을지라도) 세속적으로 지배하기 위해 그들 상호 간에 다툼과 갈등을 부추긴다.

§ 16. 여러 차례 언급했듯이, 로마 주교와 그의 교회는 지금까지 다른 자들의 지도자와 머리였다는 것은 분명하다. 또한 로마 주교가 어디서 머리가 되어야 했고 머리이어야 하는지도 충분히 알렸다. 그러나 우리는 어디서부터 어떤 방식으로 이런 권위가 교회에 도달했는지, 그리고 어느 정도까지 그 권위가 실제로, 부적절하고 불법적일지라도, 모르는 사이에 신장되었는지를 요약해 말하고자 한다. 로마인의 주교와 교회는, 우리가 이 권의 제18장 제5~7절에서 증명한 것처럼, 그 시초부터 콘스탄티누스 황제의 시대까지 합법적으로 이 교회에 동의와 순종을 보여 준 다른 교회의 선출과 흡사한 것에 근거해 이 우선권을 주장했다. 그러나 이것은 그들이 권위 면에서 로마에 종속되었기 때문이 아니라 사도 베드로와 바울이 사랑에 있어 탁월하고 신앙 면에서 흔들리지 않았기 때문이며, 또한 로마에 정직과 학식에서 탁월한 인물이 많이 있었기 때문이다. 이 주교들은 그들의 무한한 사랑 때문에 다른 교회의 지도적 성직자와 다른 신자들을 가르치고 형제적으로 훈계하는 염려와 과제를 떠맡았다. 이들 교회는 그들의 훈계를 보다 학식 있는 자들의 것으로 받아들였을 뿐만 아니라 교회 의식에 관해서도 그들의 지시를 받아들였으니, 그것이 유용하고 올바르게 보였기 때문이다. 마지막으로 그들은 신자들의 일치를 유지하기 위해 출교나 성사 정지라는 교회 징계의 위협 아래 그들의 지시에 복종했다. 이 자발적 순종은 오랜 관습을 통해 어떤 선출의 능력을 얻었다. 그러므로 초대교회에서 나머지 주교들과 신자들의 교회는 신법이나 인간법에 의해 로마 주교나 교회의 지시나 명령에 복종해야 할 의무는 없었고, 그 반대의 경우도 마찬가지였다. 그러나 이 유익하고 이성적인 관습이 점차 강화되면서 (당시 신자들에

게는 질서를 정돈하고 일치를 유지하는 신실한 입법자가 없었으므로, 이 관습에 의해 신자들의 일치가 잘 유지되었다) 후대의 신자들은 신법에 의해 그들이 교회 의식에 관해 선출을 통해 주교나 교회를 자신들의 심판자로 세운 것처럼, 합법적이고 존중할 만한 일에서도 순종해야 할 의무를 졌으며, 이것은 특히 그들이 공적으로 모이고 교회의 상태에 관해 보다 완전하게 정돈할 수 있는 시기까지 그러했다.

§ 17. 그런데 다툼이 있는 행위에 관해서는 또 다른 이치가 있다. 사도는 (사제이든 사제가 아니든 간에) 신자들 사이에서 그 판단함에 있어, 우리가 이 권의 제9장[40]과 「고린도 전서」 제6장[41]으로부터 어느 정도 입증했고, 이 권의 제29장[42]에서 보다 상세히 설명하게 될 것처럼, 또 다른 조언을 주었다. 즉 사도의 말과 이 구절에 대한 거룩한 교부들의 해석에서 분명히 드러난 것처럼 사도는 이것이 어떤 사제나 주교나 그들의 집단만의 직무가 되기를 바라지 않았다.

§ 18. 이렇게 로마 주교와 그의 교회는 합법적으로 시작부터 어떤 사랑의 배려에 의해 우선권을 얻기 시작했다. 이 우선권은 나중에 관습적인 경건과 존경, 그리고 자발적 순종 때문에 선출에 의해 생긴 것 같은 힘을 얻게 되었다. 왜냐하면 성서 어디에서도 그리스도나 사도의 계명이나 조언에 의해 나머지 교회나 주교가 교회 의식에서 로마인의 교회나 주교에게 종속되어야 한다는 것은 추론할 수 없기 때문이다. 그러나 이것이 교회 의식에서뿐만 아니라 강제적 사법권에서도, 성직자들에 대해서뿐만 아니라 세속 정권에도 신자들의 영혼 구원을 위한 필수적 의무라면 (로마 주교들의 장

----

40 II, 9, 13.
41 「고린도 전서」 6:4.
42 II, 29, 6.

담처럼) 그리스도와 그의 사도들이 이것을 전하기를 지체했다는 것을 믿을 수 있겠는가? 그러나 그리스도와 그의 사도들은 분명히, 특히 강제적 사법권에 있어 그 반대의 것을 결정했으므로 (이 권의 제4장과 제5장, 제9장[43]에 분명히 드러난 것처럼) 이것을 주장하는 자들의 말은 허구적 우화로 간주되어야 한다.

§ 19. 그러나 앞서 언급된 이시도루스의 코덱스인 '초대교회에 관해, 니케아 노회에 관해'라는 장[44]에서 드러난 것처럼 온 세상 앞에서 그리스도의 신앙과 세례를 받아들인[45] 로마 황제 콘스탄티누스 1세 시대에, 처음으로 신자들은 공공연히 모이고 신앙에 관한 의심스러운 문제를 결정하고 교회 의식을 정리하기 시작했다. 로마인의 주교와 교회는 이 콘스탄티누스 황제로부터 앞서 언급한 칭송할 만하고 오래된 관습에 따른 황제 칙령을 통해 다른 자들에 대해 (자신에게 속함이 합당하다고 결정한) 우선권을 얻었으며, 이 우선권 이외에도 어떤 지역에 대한 소유권과 지배권을 얻었다. 그러나 이미 콘스탄티누스 황제 시대 이전에, 그리고 그 이후에도 어떤 로마 주교들은 그들의 서신이나 명령에서 통치자의 선출이나 조치를 통해 (다른 자들에 대해 그들에게 속함이 합당하다는 것을 입증한 것처럼) 우선권이 신법에 따라 특별히 그들에게만 — 신실한 인간 입법자나 집단 또는 개인의 (아무리 그의 지위나 권위가 탁월할지라도) 요구나 합의 없이도 — 있다는 것을 지시했다. 그러나 이의 반대는 앞의 장에서 충분히 입증되었다.

§ 20. 그러나 콘스탄티누스 1세 시대 이후, 특히 황제 위(位)가 공석이 되자 로마인의 주교들은 그들의 서신에서 때로는 신법에 의해, 때로는 통치

---

43 II, 4, 1; II, 5, 1; II, 9, 1-9.

44 Pseudo-Isidorus, *Collectio Decretalium*, in: MPL, 130, pp. 243~44.

45 실제로 콘스탄티누스 황제는 임종 직전에 세례를 받았다.

자의 용인에 의해 이 우선권이 자신들에게 속한다고 발언했다. 그들 중 많은 자가 이 우선권을 어떤 관계에서 어느 정도나 고려해야 하는지에 관해 복음적 법의 해석과 교회 의식의 질서, 예배뿐만 아니라 일꾼들의 제정에 관해, 그리고 본질적이라고 칭한 분리 불가능한 일차적인 제정과 이 권의 제15장에서 분리 가능하거나 우연적이라고 칭한 이차적 제정 및 그 해임에 관해 암시했고 어느 정도 발언했다. 그들은 신하들과 교회의 일꾼이나 고위 성직자에 대한 출교와 성무일도 금지, 그리고 앞서 언급한 신자들에 대한 저주 같은 모든 다른 유사한 교회 징계를 선고하는 권한에 이르기까지, 이러한 권한을 주교들과 교회, 백성, 개인들에게까지 확장했다. 그런데 이어서 그들 중 또 다른 사람들이 세상의 모든 교회 일꾼과 그들의 집단에 대한 모든 사법권 내지 강제적 권력에 대해 같은 확장을 추구했다. 로마인의 통치자가 힘이 있고 그의 왕국이 온전하고 왕좌가 채워져 있는 동안에는 통치자의 양보에 의해 권력이 자신들에게 주어진 것처럼 그들은 이 권세를 사용했다. 그러나 왕국이 폭동의 소용돌이 속에 있고 특별히 황제 위가 공석일 경우에 사람들은 이런 중간 시기에, 그 권력이 신법에 의해 그들에게 용인된 것처럼 이 권력을 신뢰했다. 우리는 다음 장에서 왜 이렇게 변하는지 말할 것이다.

그들은 이렇게 서신에서 교회의 모든 세속적 물질을 자의대로 관리하고 분배하는 권한이 어떤 집단이나 개인의 (어떤 직위나 권위를 가졌든지 간에) 요구나 합의 없이도 자신들에게 있다고 표현했다. 그들 중 근대인들은 지나친 요구에도 만족하지 못하고 그들의 서신이나 명령에서 세상의 모든 정권, 백성, 개인에 대한 최고 권력 내지 강제적 사법권이 신법에 의해 자신들에게 있다고 표현했다. 그래서 앞서 언급한 통치자 중 누구도 그들 자신이 '세속적 칼'이라고 칭한 이 강제적 사법권을 그들의 동의나 지시 없이 또는 동의나 지시에 반해 합법적으로 사용할 수 없게 되었다. 그들의 동의 없이 행동하거나 정반대로 행하는 통치자와 백성은 큰 소리로 선포되는 출교 내지 성사 정지의 판결에 굴복해야 했다. 그들은 홀로 세상에서 "왕들의 왕, 주들의 주"[46]인 그리스도의 대리자라고 장담했으며, 그들에게 마땅히 부여되었다고 말하는바, 권세 충만의 칭호에 의해 은밀하게 이것을 의도했다. 그렇기 때문에 당연히 세상의 모든 왕국과 정권을 모든 왕과 나머지 통치자들에게 합법적으로 수여하는 권한과 그들이 자신의 명령을 위반할 경우에 박탈할 수 있는 권한이 자신에게 있다고 주장했다. 이것이 진실로 불경건하고 종종 불법적일지라도 말이다. 다른 로마 주교들 가운데 보니파키우스 8세는 이것을 파렴치하고도 위험하게, 그리고 성서의 문자적 의미에 반해 알레고리적인 해석에 의지해 모든 사람이 이 권력이 로마 주교들에게 있다는 것을 영원한 구원을 위해 필수적인 것으로 믿고 고백해야 함을 결정했다고 표현했고 장담했다.[47] 그의 후계자들(클레멘스 5세와 클레멘스의 이른바 직접적 후계자[48])은 이 견해를 추종했으나, 그들은 로마인의 제국에 대해서만 이것을 분명히 말한 것처럼 보인다.[49] 그들이 그리스도가 자신들에게 부여한 바의 앞서 언급한 권세 충만의 칭호에 의지해 이렇게 장담했기 때문에, 의심할 여지없이 이 권세나 권위가 이 칭호에 근거해 그들에 속한다면, 우리가 제1권 제19장과 마지막 장[50]에서 충분히 진지하게 입증한 것처럼, 그런 권세는 그리스도의 권세와 마찬가지로 세상의 모든 왕국과 정권에 똑같이 해당한다.

---

46 「요한 계시록」 19:16.

47 보니파키우스 8세의 교령 'Unam sanctam'; II, 20, 8 참조.

48 요한 22세. 그의 이름을 직접 언급하지 않는다.

49 1317년 7월 16일에 요한 22세에 의해 확증되고 공표된 클레멘스 5세의 교령 'Pastoralis cura'; 요한 22세의 1317년 3월 31일자 교령 'Si fratrum et coepiscoporum'; 1323년 10월 8일에 요한 22세가 바이에른의 루트비히를 향해 선포한 'Monitorium'을 말한다. MGH, *Constitutiones* V, nr. 792, pp. 616ff. 참조.

50 I, 19, 7-11.

제 2 3 장

꽃__꽃

권세 충만의 방식에 대해 어떤 방식과 순서로
로마 주교는 이것을 취했는가.
요약하면 그는 어떻게 이것을 사용했고 사용하고 있는가[1]

§ 1. 사제의 권력 범위와 성질에 대해서는 이 권의 제6장, 제7장, 제9장,
그리고 제11장에서 결정했다. 또한 그들의 권력과 품격이 같은지 같지 않
은지에 대해 이 권의 제15장과 제16장에서 다루었다. 아울러 한 주교나
교회, 사제와 성직자 집단에 다른 모든 자에 대한 우선권 내지 수위권, 그
리고 이 시초와 발전의 유용성과 적절성에 대해 다루었다. 그러나 결국 그
것이 모르는 사이에 그것에 적절하지 않은 형식과 양태의 우선권으로 변
형되어 거의 거대하고 견딜 수 없을 정도로 과도하게 세속적 권세를 점유
하는 데까지, 그리고 지배에 대한 절제되지 않고 장차 관용될 수 없는 요
구를 소리 높이 발설하기까지 이르렀는지 — 이 모든 것은 앞의 장[2]에서

---

1 이 장(章)에서부터 제26장까지 권세 충만(plenitudo potestatis)과 그 용법이라고
  제목을 붙일 수 있는 새로운 부분이 시작된다. 제23장은 권세 충만의 의미를 상세히
  설명할 것이다. 제24장, 제25장, 제26장은 교황이 권세 충만을 교회에 대해, 평신도
  에 대해, 황제와 제국에 대해 남용한 것을 고발한다.

2 II, 22, 20.

어느 정도 다루었다.

§ 2. 모든 사람의 눈에 분명히 드러나는 것처럼 로마 주교들이 모든 노력을 다해 추구하는 세속 권세와 통치권을 이미 획득했고 획득해야 함에 있어 정당성은 없을지라도 저 궤변적인 구절, 즉 그들이 자신의 것으로 여기는 권세 충만(plenitudo potestatis)의 칭호[3]는 그들에게 사소하지 않은 요소였고, 요소이고, 요소일 것이다. 여기서부터 그들이 왕과 통치자들, 그리고 개인들이 강제적 사법권에서 그들에게 종속되어 있다는 것을 이것으로 입증하려는 한에서 허위적 결론이 유래했다. 그러므로 이러한 권세 충만에 대해 살펴보는 것이 바람직하다고 생각한다. 첫 번째, 그 방식을 분리 내지 구별해야 한다. 두 번째, 로마 주교나 다른 주교에게 어떤 한 가지 혹은 여러 가지 방식으로 권세 충만이 있는가를 물어야 한다. 세 번째, 로마

---

3 'plena potestas'(충만한 권세), 'plena auctoritas'(충만한 권위), 'plenaria potestas'(완전한 권세), 'plena et libera administratio'(충만하고 자유로운 관리) 등의 이 모든 용어는 선출에 의해 수여되는 관리적 권위를 표현하기 위해 일반적으로 사용된 1,200개의 칙령집에 들어 있다. 대사나 황제의 권한을 표현하기 위해 일반적으로 사용된 '권세 충만'이라는 용어는 12세기부터 특별한 의미를 갖게 되었다. 그래서 피사의 우구치오는 다음과 같이 말했다. "교황의 권위는 충만하다고 말한다. 권세 충만을 갖고 있기 때문이다"(auctoritas papae dicitur plena quia plenitudinem habet potestatis)(*Summa ad Dist.*, II, c., MS 172, fol. 123). 교회법 학자들에 의해 이 용어에 부여된 일반적 의미는 선출에 의해 공동체가 그 수장에게 부여한 권위이므로(황제는 자신을 선출한 백성에 의해 부여된 권세 충만을 가진다), 이것은 로마교회의 특별한 권위를 표현하기에 이른다. 교황 인노켄티우스 3세와 인노켄티우스 4세는 이 용어에 신정주의적 의미를 부여했다. 인노켄티우스 3세는 권세 충만이 교황을 모든 다른 성직자보다 높여주며, 또한 그를 법 위에 있게 만든다고 다음과 같이 선언했다. "우리는 권세 충만에 의해 법 위에, 법에 대해 관리할 수 있다"(secundum plenitudinem potestatis de jure possumus supra ius dispensare). 인노켄티우스 4세는 1245년의 교령 'Eger qui levia'에서 또한 다음과 같이 선언했다. "왕 중의 왕이 우리를 지상에서 보편적 대리인으로 세웠으며, 우리에게 사도들의 왕이요 지상에서 무엇이든지 매고 푸는 권한을 줌으로써 권세 충만을 부여했다"(*Acta imperii inedita* II, Insbruck 1885, nr. 1035).

주교는 어떤 의미에서 처음에 이 칭호를 획득했는가? 마지막으로 이 칭호가 처음의 의미에서 모든 통치자와 시민적으로 살아가는 신하에게 유해한 다른 의미로 (이것이 사기가 아니기를!) 변질되었는가? 그리고 그를 막지 않는 다면 어떤 방식으로, 어떤 의미에서 같은 주교[4]가 이 칭호를 사용했고 사용하며 사용할 것인가?

§ 3. 그러나 권세 충만이 광범위한 의미를 갖는 듯 보이고 자발적인 권세에 대해서만 집중하려 했으므로, 우리는 보편적인 자발적 권세를 구분하여 권세 충만의 상이한 방식을 구별해야 한다.

그러므로[5] 권세 충만은 진실로 언어적 의미 내지 힘에 따르면, 우선 어떠한 과장 없이 모든 가능한 행동과 일이 자발적으로 실행되는 권세로 이해될 수 있다. 이런 권세는 인간 그리스도에게만 부합하는 듯하다. 그러므로 「마태복음」의 마지막 장에서 다음과 같이 말한다. "나에게 하늘과 땅의 모든 권세가 주어졌다."[6]

두 번째로[7] 권세 충만은 주제에 보다 충실하게 모든 인간, 그것에 의해 인간이 모든 인간에 대해, 그리고 인간의 능력 안에 있거나 그의 사용을 위해 처분 가능한 모든 사람과 외적 사물에 대해 명령받은 모든 자발적 행위를 수행하는 것이 정당해지는 권세로 이해될 수 있다. 혹은 앞에서 언급한 모든 행위에 대해 가능한 권한이지만, 물론 모든 인간이나 인간의 권한

---

4 요한 22세를 말한다.

5 여기서부터 제4절 시작까지, 그리고 제5절 'fuisse commissam'까지, 제6절 끝까지(제12절을 제외하고) 문자적으로 Philippe de Mézière, *Somnium viridarii*, c. 82, 1376; Melchior Goldast, *Monarchia sacri Romani imperii* II, Hannover: Frankfurt 1612~14, pp. 87~88에서 인용했다.

6 「마태복음」28:18.

7 첫 번째로 제약 없는 권한, 두 번째로 대상에 있어 제약 있음, 세 번째로 주체에 있어 제약 있음을 말한다. 언급된 집단에서 어떤 제약이 없는 경우에 그 권세는 완전 충만하다.

아래 있는 사물에 대해서는 아니다. 혹은 모든 행위가 아니라 모든 인간과 인간의 권한 아래 있는 모든 사물에 대해 의지하는 자의 모든 욕구에 따라 결정된 행위를 행할 수 있는 권한으로 이해할 수 있다.

세 번째로 권세 충만은 세상의 모든 정권과 백성, 공동체, 집단, 개인에 대한, 혹은 그중 일부에 대한 (그러나 욕구에 의해) 최고의 강제적 사법권으로 이해할 수 있다.

네 번째로 권세 충만은 방금 언급했거나 이해된 것처럼 모든 성직자에 대해, 그리고 그들 모두를 교회 직분에 임명하고 해임하거나 파면하고 교회의 세속적 물질 내지 성직록을 분배하는 권한으로, 혹은 이미 언급된 방식에 따라[8] 이해할 수 있다.

다섯 번째로 권세 충만은 인간을 모든 방식으로 출교와 성사 정지의 책임과 징벌로 매거나 풀고 그들을 다시 교회와 화해시키는 권한으로 이해할 수 있다. 이에 대해서는 이 권의 제6장과 제7장에서 말했다.

여섯 번째로 권세 충만은 교회 서품을 받아야 하는 자에게 안수하고 교회 성례전을 베풀거나 거부하는 권한으로 이해할 수 있다. 이에 대해서는 이미 이 권의 제16장과 제17장에서 말했다.

일곱 번째로 권세 충만은 특히 영혼 구원에 필요한 일에서 성서의 의미를 해석하고 참된 의미를 거짓된 의미로부터, 건전한 의미를 불합리한 의미로부터 구별하고 결정하고, 모든 교회 의식을 정리하고, 일반적으로 준수를 강요하는 명령을 저주 아래 내리는 권한으로 이해할 수 있다.

마지막으로 우리 주제에 관한 한에서 권세 충만은 세상의 모든 백성과 지역에 대해 일반적으로 영혼을 목회적으로 돌보는 권한으로 이해할 수 있다. 이에 대해서는 이 권의 제9장과 제22장에서 말했다.

또한 권세 충만은 각각의 언급된 방식에서 법에 의해 결정되어 있지 않

---

8 즉 사법권으로.

은 권한으로 이해할 수 있다. 그러나 인간법이나 신법에 의해 한정되어 있는 권한은 충만하지 않을 것이다. 이런 권한 아래 또한 올바른 이성도 당연히 포함된다.[9]

§ 4. 그러나 어쩌면 권세 충만에 대한 다른 방식과 조합이 있을 것이다. 그러나 우리는 제기된 주제에 속한 모든 종류를 열거했다고 믿는다.

우리가 이렇게 충만한 권세의 구분을 일단 전제한 후에, 권세 충만은 처음 언급된 두 가지 방식에 따르면, 그리스도 내지 신을 제외하고는 로마 주교나 다른 사제 혹은 사제 아닌 자에게 부합하지 않는다고 나는 말한다. 이 사안의 명백성 때문에, 그리고 신적·인간적 지혜와 모든 윤리학을 통해 확실해졌기 때문에 지면상 생략하기로 한다.[10]

충만한 권세의 세 번째와 네 번째 방식에 관해서는 제1권 제15장에서 논리적 증명을 통해, 그리고 이 권의 제4장, 제5장, 제8장에서 성서의 틀림없는 증언을 통해 지시했다. 또한 이 권의 제15장, 제16장, 제17장에서 보다 분명히 확증했으며, 그리고 이 권의 제21장에서 신법에 따르면 성직자나 비(非)성직자에 대해 사제나 주교에게 절대적으로 부합하지 않음을 (하물며 어떤 권세 충만과 결합하더라도) 확립했다. 이런 권세 충만이 인간법을 통해 어떤 성직자, 주교 내지 사제 혹은 사제 아닌 자에게 용인되었는지

---

9 이것이 마르실리우스가 교황에게 부여한 권세 충만의 특징이다. 그것은 어떤 법, 심지어 신법에 의해서도 한정되지 않는 권능이다. 이런 해석에 대한 확증을 찾기 위해서는 신정주의 옹호자들을 찾을 필요가 있다. 그것은 아마도 Aegidius Romanus, *De ecclesiastica potestate*에서 발견할 수 있다.

10 권세 충만의 처음 두 의미는 그가 누구든지 간에, 어떤 인간의 권한으로서는 너무 광대한 의미를 함축한다. 그럼에도 불구하고 에기디우스 로마누스 같은 신정주의 옹호자들은 주저하지 않고 교황의 권세에 대해서 이렇게 단언했고, 마르실리우스는 적대자들의 생각을 이렇게 해석했다. 에기디우스 로마누스는 다음과 같이 말했다. "교회에서 권세 충만은 막대하니, 그 능력은 무게도, 수도, 양도 없을 정도이다"(Quod in Ecclesia est tanta potestatis plenitudo quod ejus posse est sine pondere, numnero et mensura)(Aegidius Romanus, *De eccl. potest.* III, 12).

는 —그것은 어떤 가능한 방식에 의해 용인되거나 인간 입법자의 이성적 판단에 의해 철회될 수 있다 — 인간법 및 이 입법자의 칙령이나 특권에 근거해 확립되어야 한다.[11]

그러나 권세 충만의 다섯 번째와 여섯 번째 방식에 관해서는 이 권의 제16장과 제17장에서 매고 책임과 징벌로부터 푸는 권세뿐만 아니라 누군가를 공공연히 저주하거나 출교하는 권세는 절대적으로 혹은 권세 충만과 함께 사제에게 허용되어 있지 않고 신법에 의해, 사제는 신 앞에서 무고한 자를 저주하거나 죄 있는 자를 풀 수 없다는 것이 결정되었음을 지시했다. 또한 이 권의 제6장, 제7장, 제21장에서 지시한 것처럼 누군가를, 특히 통치자를 공공연히 출교하거나 공동체에 성사 정지를 부과하는 권세는 인간적 명령을 통해 모든 주교와 사제에게 한정되어야 함이 적절하다. 또한 안수를 통해 교회 일꾼을 임명하고, 가르치고, 설교하고, 교회 성례전을 신자들의 공동체에서 베푸는 권세는 — 이것은 이 권의 제17장에서 지시되었다 — 신법과 인간법을 통해 그들에게 법에 따라 행동하는 올바른 방식이 규정되어 있지 않는 한에서 권세 충만과 함께 주교나 사제에게 있지 않다.[12]

충만한 권세의 마지막인 일곱 번째와 여덟 번째 방식에 관해서는 이 권의 제20장, 제21장, 제22장에서 그 권세가 온전히 주교나 사제에게 속하지 않고, 신법뿐만 아니라 인간법에 의해 한정됨으로써 그들에게 속함을 지시했다.[13] 그러므로 우리가 이 권의 제22장에서 지시한 것처럼 그들이

---

11 세 번째와 네 번째 의미는 강제적 사법권에 관계된다. 이것은 평신도 통치자에게만 그 권한을 부여하는 마르실리우스의 항구적 명제이다. 오직 입법자만이 권세 충만을 부여할 수 있다. 즉 그만이 완전하고도 전적으로 그 권세를 가진다.

12 II, 18, 5-6/8-9. 여기서 마르실리우스는 이들 기능이 인간 입법자의 권한에 속함을 확정했다.

13 II, 20, 2 참조. 성서의 참된 의미를 결정하는 과제는 총회에 속한다. 오직 인간 입법자만이 총회에서 내려진 결정에 관한 강제적 권한을 가진다.

혹시 권세 충만을 신실한 인간 입법자의 권위에 의해 모든 다른 교회에 대해 로마 주교와 그의 교회에 주어진 우선권이나 수장권이라고 주장하지 않는 한에서 권세 충만은 로마 주교나 다른 사제에게 부합하지 않는다.

§ 5. 로마 주교는 무엇으로부터, 어떤 의미에서 출발해 이 권세 충만의 칭호를 (이 칭호의 어떤 언급된 의미도 그에게 진실로 부합하지 않음에도 불구하고) 자신에게 돌리기 시작했는지를 다음에 서술해야 한다. 로마 주교는 먼저 이 칭호를 여덟 번째 의미에서 취한 듯하며, 어떤 가상적 부합의 기원은 「요한복음」 제21장[14]에서 그리스도가 복된 베드로를 향해 말한 "내 양을 치라", 또한 그리스도가 「마태복음」 제16장[15]에서 베드로에게 특별히 말한 "내가 너에게 하늘나라의 열쇠를 줄 것이다", 또한 「요한복음」 제18장[16]에서 "네 칼을 칼집에 도로 꽂으라", 마지막으로 제자들이 그리스도에게 답변한 "여기에 칼 두 자루가 있습니다"[17]에서 유래하는 듯하다. 여기서부터

---

14 「요한복음」 21:17.

15 「마태복음」 16:19. 마르실리우스는 이 구절을 강제적 권한에 의해 판단하는 권세가 교황에게 귀속됨을 입증하는 논거 중 하나로 인용한다. 실제로 교황청 문헌은 교황에게 보편적이고도 강제적인 사법권을 부여하기 위해서뿐만 아니라 거기서부터 권세 충만의 결론을 끌어내기 위해서라도 이 구절을 빈번히 이용했다. 인노켄티우스 3세는 교령 'Novit'에서, 보니파키우스 8세는 교령 'Unam sanctam'에서, 에기디우스는 De eccl. potest. II, 5에서 이 구절을 인용했다.

16 「요한복음」 18:11.

17 「누가복음」 22:38. 이 구절은 아주 풍성한 문헌을 산출했다. 아래의 베르나르두스의 글은 말할 것도 없고, 보니파키우스 8세는 교령 'Unam sanctam'에서 베르나르두스와 거의 동일한 용어를 사용한다. "여기, 즉 교회에 칼 두 개가 있다고 말하는 사도들에게 그리스도는 지나치다고 말하지 않고, 충분하다고 대답한다. 확실히 세속적 칼이 베드로의 권세 안에 있음을 부정하는 자는, '네 칼을 칼집에 도로 꽂으라'고 선언하는 주님의 말씀을 그릇되게 준수하는 것이다. 그러므로 영적인 칼과 세속적 칼 모두 교회의 권세 안에 있다"(Nam dicentibus Apostolis: Ecce gladii duo hic, in ecclesia scilicet, cum apostoli loquerentur, non respondit Dominus nimis esse, sed satis. Certe qui in potestate Petri temporalem gladium esse negat mali verbum attendit Domini proferentis: 'Converte gladium tuum in

어떤 사람들이 이 구절들의 해석에 있어 온 세상의 양 전체, 즉 그리스도교 신자들이 오로지 베드로에게, 이로써 복된 베드로의 유일한 대리인으로서 모든 로마교황에게 위임되었고, 그러나 나머지 사도들과 그 후계자 주교들에게는 온 세상의 양떼가 아니라 일정한 개별적 양떼와 지역이 통솔받도록 위임되었다고 이해하려고 한다. 그들 중에서 복된 베르나르두스는 앞서 언급한 그리스도의 말씀을 그렇게 이해해 로마교황 에우게니우스에게 보낸 서신『고려에 대하여』제2권에서 다음과 같이 말했다. "오직 그대만이 모든 양떼 가운데뿐만 아니라 모든 목자 가운데 유일하다. 내가 이것을 어디서 입증할 것인가라고 묻는가? 주님의 말씀으로부터라고 말한다. 모든 양떼가 (나는 주교 가운데라고 말하지 않는다) 사도 가운데 누구에게 절대적으로 차별 없이 맡겨졌는가? '베드로야, 네가 나를 사랑한다면, 내 양떼를 먹이라.' 아무것도 구별되지 않는 곳에서 아무것도 제외되지 않는다." 그는 조금 아래서 덧붙인다. "그러므로 충성의 약속을 아는 다른 사도들에게는 개별적 백성이 맡겨졌다. 마지막으로 교회의 한 기둥으로 보였던 야고보는 베드로에게 전체를 양보하면서 오직 예루살렘으로 만족했다." 이어서 그는 우리 명제를 제시하면서 말한다. "그러므로 그대의 교회법에 따라 어떤 자들은 목회를 위해, 그러나 그대는 권세 충만을 위해 부름받았다."[18] 그러므로 권세 충만은 처음에는 모든 영혼을 위한 일반적 관리나 돌

---

vaginam ……' Uterque ergo est in potestate Ecclesiae, spiritualis gladius et materialis). 에기디우스는 이 구절을 신정주의적 의미로 해석했다. 그는 영적 칼이 세속적 칼을 굴복시켜야 한다고 단언할 뿐만 아니라 두 칼이 동일 인물, 즉 교황에게 있어야 한다고 주장한다(Aegidius Romanus, *De eccl. potest.* I, 3, 4). 펠라요는 교황이 두 칼을 갖지 않았다고 주장하는 자는 이단적이라고 선언했다(*Collirium*, ed. Scholz, II, pp. 506f.). 아마도 그는 마르실리우스를 염두에 둔 듯하다. 왜냐하면 그의 글은 『평화의 수호자』의 오류를 고발하기 때문이다.

18 Bernardus, *De Consideratione ad Eugenium papam tertium* II, c. 8, in: MPL, 182, pp. 751~52. 그의 텍스트는 반대파에게 공격 무기로 이용되기도 하는 양면성을 지닌다. 마르실리우스가 인용한 텍스트는 교황에게 일반적 영혼 돌봄의 과제를 부여하는 것 이외에는 다른 의미를 갖지 않는다. 여기서 권세 충만은 고전적인 의미

봄으로 이해되었다.

§ 6. 그들이 이런 의미에 따라 자신에게 이 칭호를 공공연히 부여한 후에, 이 권의 제28장에서 충분히 지시하게 될 것처럼 성서의 참된 의미에 부합하지 않을지라도, 로마 주교는 아마도 다른 이득이나 유익을 위해 혹은 다른 자들에 대해 탁월한 지위를 획득하기 위해 하나의 주장에서 두 번째 주장으로 넘어갔다. 즉 그는 자신만이 개인적으로 특별히 죄인의 잘못에 따라 미래 세상의 상태를 위해 받거나 부과되어야 할 형벌로부터 자신의 말이나 이 세상에서 그가 마음대로 부과한 보속 행위를 통해 죄인들을 단순히 풀어주고 사면할 수 있다고 공공연히 선언했다.

§ 7. 그런데 그들이 이렇게 어떤 경건과 긍휼의 가면 아래에서 이 권세를 주장한 후에, (첫 번째로 그들이 사랑 때문에 모든 사람을 배려하고 염려하는 것처럼 보이기 위해, 두 번째로 그들이 모든 사람을 긍휼히 여길 수 있고 긍휼히 여기려 한다는 것을 믿게 만들기 위해) 로마 주교들은 군주들의 특권과 용인에 의거해, 특히 황제 위가 공석일 때, 이 칭호를 일관되게 확대했다. 첫째, 그들은 교회 의식에 관해 정리하기 위해 시작[19]부터 '명령'이라고 불리는 법을 성직자들에게 선포했다. 둘째, 복된 그레고리우스와 다른 성자들의 전설에서 충분히 드러난 것처럼, 인간이 전염병과 악천후로부터 벗어나려고 신의 도움과 자비를 요청하기 위해 그들은 요청이나 훈계 방식을 통해 평신도들에게 금식과 일정한 시기에 어떤 음식의 절제와 같은 지시를 추천했다.[20]

로 사용되었다. 그는 보편적 영혼 돌봄의 과제가 교황에게 있는 반면에, 다른 주교들은 '부분적 목회'(in partem sollicitudinis)에만 종사할 뿐임을 말하고자 한다.

19 콘스탄티누스 이전에 이미.

20 *Acta Sanctorum*, vol. 2, Paris/Rome 1867, pp. 131f.

§ 8. 평신도들이 이 명령을 자발적으로 받아들였고 경건심에서 준수함으로써, 그것에 대한 습관이 뿌리를 내렸을 때, 그들은 요청이라 칭해진 명령을 규정의 방식으로 선포하기 시작했다. 따라서 그들은 경건이나 신 경외의 가면 아래, 그 위반자들을 인간 입법자의 허락 없이[21] 그들의 저주나 출교의 위협으로 겁주었다.

§ 9. 그런데 그들의 통치권을 보다 확장하려는 욕구가 계속해서 늘어남에 따라 경건한 신자들이 용기 없음과 신법에 대한 무지 탓에 그런 말들에 의해 겁먹을 것을 기대하면서 — 신자들은 영원한 저주에 대한 두려움 속에서 사제들이 선포하는 것은 무엇이든 따를 의무가 있다고 믿었다 — 로마 주교들은 더 나아가 그들의 사제 도당과 함께 시민적 행위에 관한 어떤 칙령이나 명령을 결정하기를 감행했다. 여기서 그들은 자신들과 그들의 신분 내지 영적 직무는 —그들은 자기들 마음대로 순수한 평신도들도 포함시킨다 — 공적 부담에서 면제되었다고 선언했다. 그들은 공적 부담으로부터의 면제를 누릴 수 있음에 쉽게 유혹받는 기혼의 세속인들도 이 직무에 임명했다.[22] 그러므로 그들은 작지 않은 시민의 무리를 자신에게 예속했고, 그들을 통치 권력에서 벗어나게 했다. 또한 통치 권력에서 보다 많은 무리를 끌어내기 위해 성직자 집단의 것으로 간주된 것에 어떤 인사적 불의를 행하는 자는 저주의 징벌을 받을 것이라고 다른 칙령에서 선언했다. 이에 따라 그들은 성직자에게 불의를 끼치는 자들을 출교를 통해 성전에

---

21 마르실리우스에 의하면, 인간 입법자의 허락은 저주나 출교 선언에 있어 필수적이다. II, 10, 8 참조.

22 II, 8, 9: "그러므로 자신을 입법자로 만들거나 자신의 권세 충만에서 행동하는 로마 주교는 — 누군가 그에게 이것이 있다고 인정할 경우에 —모든 사제와 부제, 그리고 차부제에게 아내를 허용할 뿐 아니라 ……." 이 텍스트에서 마르실리우스는 보니파키우스 8세와 그의 교령 'De clericisi conjugatis'를 적시하고 있다. 혼인한 성직자는 세속적 사법권에 예속되지 않는다. 마르실리우스는 군주의 권위를 약화하는 이런 폐단을 피하기 위해 군주 자신이 성직자 수를 확정하기를 권한다.

서 공적으로 치욕스럽게 만들었다. 그럼에도 불구하고 그들은 이 때문에 그들을 박해하면서 그들이 인간법에 따라 처벌되기를 요구했다.[23]

§ 10. 그런데 사제직에서 가장 끔찍스럽고 혐오스러운 것은 이것이다. 로마 주교와 다른 주교들은 그들의 사법권을 확장하고, 이것을 통해 추악한 이익을 얻기 위해 (신을 멸시하고 공공연히 통치자들에게 피해를 주면서) 평신도뿐만 아니라 성직자들이 일정한 기한까지 시민으로서 져야 할 의무가 있는 채무를 납부하기를 소홀히 하거나 능력이 없는 경우에 그들을 출교하고 교회 성례전에서 배제한다.[24] 이들은 바로 그리스도와 거룩한 사도들이 많은 훈계와 형벌, 노력, 그리고 마침내 순교와 값진 피를 통해 교회에 받아들였던 인간들이다. 그러나 모든 사람이 이익을 보도록 하기 위해 "모든 사람을 위해 모든 것이 되었던" 그는 이렇게 행동하지 않았다. 도리어 우리가 이 권의 제6장[25]과 「고린도 전서」 제5장[26]에서 인용한 것처럼 그는 죄인들이 오직 중죄 때문에 나머지 신자들과의 친교로부터 차단되기를 바랐다.

§ 11. 그들은 이것으로도 만족하지 못하고 그리스도와 사도의 계명 내지 조언에 반해 세속적인 권력의 정상을 추구하면서 심지어 시민 전체의 법과는 별도로 법을 만들기에 이르렀다. 즉 그들은 모든 성직자는 시민법에서 벗어나 있다고 결정했으며, 이를 통해 시민들 간에 분열을 야기했고

---

23 마르실리우스는 여기서 그레고리우스 9세의 교령과 보니파키우스 8세와 클레멘스 5세가 선포한 교령을 생각하는 듯하다. 예를 들면 'Clericis laicos', 'De poenis' 이다.

24 특별히 십일조에 대한 규정: 알렉산데르 3세와 인노켄티우스 3세, 보니파키우스 8세의 칙령 'De decimis'.

25 II, 6, 13.

26 「고린도 전서」 5:3-5; 9:21-22.

최고 권력의 다중성을 유도했다. 우리는 이런 일이 인간들의 안정에는 불가능한 것임을 이것에 대한 확실한 경험에 근거해 제1권 제17장에서 입증했다.[27] 즉 이 다중성은 이탈리아 왕국의 역병의 뿌리요 근원이니, 이 뿌리로부터 모든 추문이 발아했고 거기에서 나왔으며, 그것이 존재하는 한 시민들 간의 불화는 결코 중단되지 않을 것이다. 로마 주교는 오래전부터 점차로 그리고 은폐된 법 위반을 통해 은밀하게 소유하게 된 이 권력을 습관 혹은 보다 정확히 말해 남용에 의해 오래전부터 확립했다. 그는 군주에 의해 이 권력이 자신에게서 멀어질 것을 우려하면서 (그리고 이것은 그가 자행한 일탈 때문에 정당하다) 모든 악한 걱정 때문에 로마 군주의 선출과 등극을 금했다. 결국 그들 중 한 명은 파렴치하게도 칙령을 통해 '교령집'이라고 불리는 우화 중 가장 우습고 경멸할 만한 제7권인 '판결 및 판단된 사안에 대해'[28]가 일별하는 자들에게 분명히 나타나는 것처럼, 로마 군주는 충성 서약을 통해 자신에게 묶여 있어 강제적 사법권에 예속된 것과 같다고 선언하기에 이르렀다.[29]

---

27 이것은 교황청에 대해 가진 마르실리우스의 근본적 걱정 중 하나이다. 세속 권력에 대한 교황청의 잠식을 우려한 마르실리우스는 이탈리아 공동체의 시민으로서 면책과 사법 문제에 있어 성직자와 세속 권력 간의 갈등을 잘 알고 있으며, 다른 한편으로는 황제의 옹호자로서 교황의 특권에 맞서 싸웠다. 실제로 이탈리아 왕국은 14세기 황제에 의해 정치적·사법적으로 결정된 지역이었다.

28 클레멘스 5세는 1314년 3월 교령 'Pastoralis cura sollicitudinis'와 'Romani principes'에서 나폴리 왕 앙주의 로베르토(Roberto d'Anjou, 1276~1343)에 대한 신성로마제국 황제 하인리히 7세(1308~13)의 판결을 폐기했다. 당시 로베르토는 구엘피파의 지도적 인물로서 황제에 대항했다.

29 I, 19, 10; II, 25, 17에서 마르실리우스는 당대의 사건들, 특히 바이에른의 루트비히와 교황 요한 22세 간의 충돌과 교황과 황제의 대리자인 마테오 비스콘티 간의 충돌을 직접적으로 지시한다. 여기서는 루트비히와 요한 22세 간의 대립만을 암시한다. 1316년 이 교황의 선출은 우연히도 황제 위의 공석과 일치했다. 황제 위를 놓고 경쟁한 오스트리아의 프리드리히와 바이에른의 루트비히 사이에서 교황은 프리드리히의 편을 들었다. 그러나 1322년 뮐도르프 전투에서의 승리 이후에 루트비히만이 유일한 황제 후보가 되었다. 그는 교황의 인준을 기다리지 않고 이탈리아 정

§12. 저 가장 기독교적인 황제, 모든 덕의 인간, 모든 시대와 장소, 상태에 있어 다른 군주들 가운데 특별히 인정받은 행복하고도 숭고한 기억의 대상인 하인리히 7세가 이 성급한 파렴치함에 굴복하기를 거부했다.[30] 그러자 '서약에 대하여'라는 표제의 교령이라고 불리는 어떤 거짓되고 파렴치한 이야기를 통해 그는 '서약을 망각한 체하는' 위반자로 묘사되었다. 하지만 그 교령의 표제는 차라리 '숭고한 황제와 그의 후계자, 그리고 혈족과

치에 개입했다. 1323년 교황은 황제에게 경고장을 보내면서 3개월 안에 출두할 것과 제국을 포기할 것을 명령했다. 마르실리우스가 '작센하우젠 호소'(1324년 5월 22일)에 영향을 끼쳤을 가능성을 배제할 수 없다. 교황을 이단자로 고발한 『평화의 수호자』는 같은 해 6월에 완성되었다. 요한 22세는 로마 황제의 선출을 인준하기를 거부했다. 그는 루트비히의 황제 등극을 방해했고, 1324년에 그를 파문했다. 요한 22세는 클레멘스 5세의 교령 'Pastoralis cura'를 확인했고, 1317년 3월 16일에 공표했다(MGH, *Constitutiones* V, pp. 367f. 참조).

30 1308년 11월 하인리히 7세가 독일 왕으로 선출되자 1309년 교황 클레멘스 5세는 하인리히의 선출을 인준했으며, 1312년 성촉절에 그를 신성로마제국 황제로 대관하기로 약속했다. 그 대가로 하인리히는 교황의 신변 보호를 서약하면서 교황령 도시들의 권한을 방어하고 특권을 침해하지 않을 것에 동의했다. 그에게는 프랑스 필리프 왕의 야망에 대항하기 위해 황제 대관이 필수적이었다. 그는 이탈리아에서의 성공적 대관식을 위해 나폴리 왕 로베르토와 협상을 시작했다. 그는 자신의 딸을 로베르토의 아들과 혼인시킴으로써 이탈리아 내의 구엘피파와 기벨린파 사이의 긴장을 완화하기를 희망했다. 그러나 필리프 왕의 간섭으로 협상은 결렬되었다. 협상이 진행되는 동안에 하인리히는 알프스를 넘어 이탈리아 북부에 도달했다. 그는 밀라노에서 이탈리아 왕으로 대관을 받았으나, 추방되었던 마테오 비스콘티를 밀라노의 황제 대리인으로 지명했을 때에 구엘피파는 결정적으로 그에게 등을 돌렸다. 그는 자신에게 적대적인 이탈리아 도시들의 저항을 잔인하게 진압했다. 교황 클레멘스 5세는 필리프 왕의 가중되는 압력 때문에 하인리히와 거리를 두기 시작했으며, 교황청의 지원을 호소하는 구엘피파에게 기울어졌다. 그사이에 로베르토는 피렌체와 볼로냐 등 반(反)황제파 도시들의 구심점이 되었다. 하인리히는 황제 대관을 위해 로마로 가던 도중에 클레멘스 5세가 자신을 대관하지 않으려는 것을 알게 되었다. 1312년 6월 하인리히는 라테란 궁에서 기벨린파와 추기경 세 명으로부터 황제 대관을 받았다. 하인리히는 황제의 권위가 교황의 권위를 능가하며, 이탈리아 전체가 황제에게 복속되었다고 선언했다. 그는 교황의 요구에도 불구하고 로베르토와의 휴전을 거부했다. 1312년 9월 하인리히는 로베르토를 반역적 봉신으로 선고했다. 그러나 그는 시에나를 포위한 후 1주일 만에 말라리아에 걸려 1313년 8월 24일에 세상을 떠났다. 이탈리아에서 황제 지배의 꿈은 그의 죽음과 더불어 사라졌다.

모든 가까운 사람에게 가해진 부당한 불의와 중상'이라고 불림이 마땅하다. 즉 그는 이른바 '규범의 토대를 놓은 자'[31]에 의해 치욕스러운 거짓 맹세한 자로 선언되었기 때문이다. 이들은 또한 마치 그에 대한 찬란한 기억이 그 따위 중상자들의 말이나 글을 통해 더럽혀질 수 있을 것처럼 그 기억을 훼손하려고 했다.

§ 13. 로마 주교들은 그들의 추기경과 함께 이런 과두정적[32] 명령을 물론 법으로 표현하기를 감행하지 않고 교령(敎令)이라고 칭했다.[33] 그들은 인간 입법자의 의도와 같이 이것을 통해 사람들을 현재 세계의 상태에 대한 징벌을 강제하려 했음에도 불구하고 말이다. 그러나 그들은 앞에 언급한 입법자의 저항과 비난을 두려워해 시작부터 이것을 감히 '법'이라는 용어로 표현하려고 감행하지 않았다. 왜냐하면 그들은 이로써 통치자와 입법자에게 대역죄를 범하는 것이기 때문이다. 또한 그들은 이런 명령을 처음부터 '규범적 법'[34]이라고 칭했으니, 이것은 어휘의 화려한 포장에 의해 경건하지 못하게 덧붙여졌을지라도, 보다 진정한 것처럼 보이고 신자들에게 이에 대한 신뢰와 경외, 순종을 각인하기 위해서였다.

결론적으로 말해 로마 주교들은 단계적이고 은밀한 추락을 거쳐 급기야 권세 충만의 6개의 마지막 의미를 자신들의 속성으로 단언하기에 이르렀

---

31 요한 22세의 교령 'Ad conditorem canonum'을 암시한다. 여기서 교황은 공로적 가난에 관한 영성파의 명제를 반박했다.

32 oligarchicus: 백성 전체에 의해서가 아니라 소수 무리에 의해 법이 제정되는 경우를 말한다.

33 마르실리우스는 신법과 교령을 엄밀히 구분했는데, 교령은 법적 강제력이 없다고 본다. 왜냐하면 입법자나 군주의 허락 없이 선포되었기 때문이다. 교령은 신법도 인간 법도 아니며, 언어나 문서 혹은 과두정적 결정에 지나지 않는다. 그것은 신자 전체의 승인을 받지 않았기 때문이다. 교령은 인간 권위에서 출발하고 법과 유사한 점이 있으나, 법의 정의에 부합하지 않는다.

34 iura canonica: 교회법을 이렇게 칭한다.

고, 이를 통해 신법과 인간법에 반해, 그리고 이성을 가진 사람들의 올바른 판단에 반해 국가 질서 안에서 기괴한 많은 일을 자행하고 있는 것이다. 우리는 이러한 기괴한 일 전부는 아닐지라도 그 일부에 대해서는 앞의 장에서 개별적으로 상기했다.[35]

---

35 II, 22, 12-15/20 참조.

제24장

✤──✤

특별히 로마 주교는 어떻게 획득된 수위권과 권세 충만을 특히 교회 내지 사제적 관리의 한계 안에서 사용했나

§ 1. 이에 따라 로마 주교가 어떻게 어떤 점에서 그들이 획득한 권세 충만 방식을 오늘날까지 사용했고, 사용하고, 금지되지 않는 한에서 아마도 관철할 것인지를 분명히 밝혀야 한다. 첫 번째로 교회 직무자들을 임명하는 데 있어 (이 권의 제14장[1]에서 지시한 것처럼 교회의 재물은 교회 일꾼을 통해 관리되도록 하기 위해 증여·기부되었다) 또한 교회 일꾼과 다른 궁핍한 인간을 위해 성직록 내지 세속적 물질을 관리하는 데 있어, 두 번째로 그들이 이런 권세 충만을 오늘날까지 시민적 삶의 제후와 신하들에게 어떻게 사용했고 사용하고 사용할 것인지를 지시해야 한다.[2]

---

1 II, 14, 8.
2 교황은 성직자 임명과 성직록 분배를 위해 네 번째와 여섯 번째 의미의 권세 충만을 사용했으며, 평신도에 관해서는 세 번째와 여덟 번째 의미의 권세 충만을 사용했다. II, 23, 3 참조.

§ 2. 그러므로 오늘날 현재까지도 로마 주교들에게는 권세 충만의 수행이 허용되었으므로, 그들은 신비적인 그리스도의 몸 전체를 중독시켰으며, 이렇게 말하는 것이 허용된다면 오염시켰다. 왜냐하면 그들은 보다 좋은 방식인 선출(그것에 의해서만 모든 직무자를 절대로, 잘 임명할 수 있는 것이 확실함에도 불구하고)을 축소·왜곡했으며, 결국에는 거의 제거했다.[3] 「사도행전」 제6장[4]의 기록처럼, 사도들이 나머지 신자들과 함께 선출에 의해 집사 임명을 수행했음에도 불구하고 말이다. 이 권의 제17장[5]에서 지시한 것처럼 그들은 우선 신자 전체가 수행했거나 수행해야 하는 것을 성직자에게만 부여함으로써 선출을 축소했다. 그들은 이러한 축소와 함께 일부 경험 없고 신법에 무지한 참사회원이라고 칭하는 젊은이들에게 주교 선출권을 위임하고 지역 사제들을 배제함으로써, (드물기는 하지만 우연히도 사제와 참사회원이 동일 인물인 경우를 제외하고) 선출을 왜곡했다. 우리가 앞에서 지시한 것처럼 적어도 지역의 성직자 전체를 통해, 그리고 특히 의무적으로 신법의 교사가 되어야 할 사제들을 통해 수행되어야 할 선출의 권한을 그들은 지역의 한 교회 내지 성당의 성직자에게로 한정했다.[6] 그러나 로마 주교들은 교회의 거의 모든 고위직뿐만 아니라 중간직과 하위직, 심지어 평신도들에게 적합한 성당 경비직의 임명과 세속적 물질 내지 성직록의 분

---

3 I, 16, 2/12/14-15 참조. 여기서 마르실리우스는 승계에 의한 군주정보다 선출을 통한 군주정이 낫다고 확정했다.

4 「사도행전」 6:2-6.

5 II, 17, 8-15.

6 II, 17, 9-11/15 참조. 마르실리우스는 성직자 선출이 신자 전체에 의해 이루어져야 한다고 역설한 바 있다. 그는 여기서 사제에게 우선권을 부여했다. 그 이유는 그들이 그 분야에서 전문가이기 때문이다. 그럼에도 불구하고 그들은 그들의 의견을 낼 수 있을 뿐이다. 즉 그들은 스스로 결정할 수 없다. 그러나 마르실리우스는 입법자가 불신자일 경우에 사제들에게 성직자 선출권을 인정한다. 이 경우에도 신자들의 다수의 결정에 따라야 한다. 이처럼 마르실리우스는 초대교회에서 사제들의 선출을 정당화한다.

배도 직접적으로 자신의 권한에 유보함으로써 선출을 거의 궁극적으로 제거했다. 그들은 이 유보에 의거해[7] 적합하고 인정받은 인물에 대해 선출이 합법적으로 이루어졌을지라도, 그 선출이 무효이고 아무것도 아니라고 명령했다. 아울러 아무것도 모르거나 돈이나 청탁, 증오나 애정, 두려움, 과잉 순종이나 아첨 등에 의해 그릇되게 영향을 받은 권세 충만에 의해 그들 대신에 거룩한 문서에 대해 무지하고, 어리석고 훈육받지 않았고, 대부분 정신적으로 부패하고 악명 높은 범죄자들, 그리고 그들이 임명받은 곳의 평신도와 언어적으로도 소통할 수 없는 사람을 임명했다.[8]

§ 3. 그러므로 행해졌거나 행해져야 할 선출에 반해, 혹은 선출 후에 그가 자행했거나 자행하는 다른 기괴한 일 가운데 오크어[9]를 구사하는 두 명 중에서 한 명은 잉글랜드의 윈체스터(Winchester), 다른 한 명은 덴마크의 룬트(Lund)의 주교로 임명한 자는 「요한복음」 제10장[10]에 따라 그리스도에게 변명해야 할 것이다. 그들은 그 백성들과 말로 소통할 수 없었다. 그들의 설교와 행실이 어떠했는지 여기서는 나의 관심사가 아니다. 그런데

---

7 사도적 유보는, 그것에 의해 교황이 성직 서임과 성직록 수여를 자신에게 유보하고 선출자나 수여자가 성직을 선출하고 성직록을 수여하는 것을 금지하는 칙서이다. 요한 22세는 정관 'Exsecrabilis'에 의해 성직 서임 및 성직록 수여를 자신에게 유보했다. 그러나 유보의 실천은 그의 즉위 이전에도 있었다. 클레멘스 4세와 보니파키우스 8세, 클레멘스 5세는 모든 공석 중인 성직 서임을 절대적으로 자신에게 유보했다.

8 요한 22세의 재정정책 및 로마교황청의 경영, 중앙 권력 조직에 대해서는 G. Le Bras, *Institutions ecclésiastiques de la chrétienté médiévale*, Ire partie, L. II, pp. 349~62, 571~82; Ch. Samaran et G. Mollat, *La fiscalité pontificale en France au XIVe siècle*, Paris 1905; Göller et A. Clergeac, *La Curie et les bénéficiers consistoriaux: Etude sur les communes et menus services*, Paris 1911 참조.

9 오크어(lingua occitana)는 프랑스 남부 옥시타니아 지역에서 사용하는 방언을 말한다. 요한 22세의 본명은 자크 되즈(Jacques d'Euse)로 옥시타니아 지역 로트(Lot) 강변의 카오르(Cahors)에서 출생했다.

10 「요한복음」 10:1-13.

덴마크에서 알려진 대로, 룬트의 주교는 교회와 교구로부터 토지가 척박하여 경작을 위해 필수적인 모든 가축 떼를 강탈했으며, 이를 팔아 보물을 축적했고 교회를 방치한 채 자기 고향으로 도피했다.[11] 로마 주교는 그들의 행실을 고백을 통해 알게 될 때, 그리고 징계받아 마땅한 그들을 질책할 때 이 '목자'가 어떤 의미로 '자기 양들의 이름을 하나하나 부를 것'인지 답변해야 할 것이다. 또한 그의 양들이 어떤 방법으로 그의 설교와 가르침에서 '그의 음성'을 이해하면서 그를 따를 것인지 답변해야 할 것이다.

§ 4. 오늘날 필요에 의해 혹은 인물 부족 때문에 고대 시대에 그랬던 것처럼 다른 지역에서 목자를 구걸해서는 안 된다. 즉 잉글랜드에는 원주민의 언어와 이야기의 의미를 알지 못하고 성서에 대한 지식도 없이 지도자로 세워진 (그는 차라리 변호사[12]였다) 자보다 훨씬 탁월한 행실과 성서에 대한 깊은 조예를 갖춘 인물이 있었다. 또한 덴마크와 다른 지방에서도 마찬가지이니, 그 지역으로부터 비슷한 잘못에 관한 명백한 증언을 인용할 수 있다. 그러나 나는 지면상 건너뛰고자 한다.

§ 5. 영혼의 성서에 대해 무지하고, 행실의 적절한 진지함도 없고, 경험도

---

11 한 사람은 잉글랜드 교황 특사 리고 아세르(Rigaud Asser)이다. 그는 참사회의 선출과 국왕의 추천에 반하여 교황의 명령에 의해 1320년 윈체스터 주교로 임명되었고, 1323년 4월에 사망했다. 다른 한 사람은 카르카손(Carcassone)의 수석 사제이며 교황 특사인 이사른 모를란(Isarn Morlane)이다. 그는 1302년 4월에 보니파키우스 8세에 의해 덴마크의 룬트 대주교로 임명되었다. 1310년 6월 살레르노(Salerno)로 자리를 옮겼고, 그해 9월 아비뇽에서 사망했다. 1299년 그는 교황 특사로서 룬트 대주교 요하네스 그란트(Johannes Grand)를 투옥한 이유로 덴마크에 대해 성사 정지를 선포했다. 룬트 교구의 가축떼 매각의 이야기는 아마도 1299년에 발생한 가축 전염병과 연관이 있는 듯하다. Petrus Olaus, *Annales*, ed. Jac. Langebek, *Scriptores rerum Danicae* I, Kopenhagen 1771, pp. 189f. 참조.

12 causidicus: 소송대리인. 고위 성직자들이 신학 교육을 받지 않고 성서 지식이 없음을 염두에 두고 한 말이다.

없고, 훈련도 되지 않은 인간, 때로는 악명 높은 범죄자가 성직 매매의 부패나 권력가[13]의 청탁을 통해, 때로는 두려움이나 아첨이나 혈연 때문에[14] 교회의 고위직으로 승진하고, 반면에 성서에 박식하고 정직한 인물은 거부되고 무시된 것에 대해 누가 놀라고 당황하지 않겠는가? 내가 말한 것이 허구이거나 거짓말인가? 지방의 주교나 대주교, 총대주교, 하위 성직자들을 열거하는 자는 거룩한 신학의 교사나 그것에서 충분히 교육을 받은 사람을 열 명 중 한 명도 발견하지 못할 것이다.[15] 그리고 언급하기도 부끄러운데(그러나 사실이기 때문에 말하고자 한다), 오늘날의 주교들은 백성에게 신의 말씀을 설교할 수 없을 뿐만 아니라 이단자들의 (누군가 나타난다면) 그릇된 가르침을 반박할 수도 없다. 도리어 그들은 앞에서 언급한 기회에 수치심도 없이 다른 자들의 학식을 구걸한다. 그런데 이교도의 교사는 「디모데전서」 제3장에서 다음과 같이 말한다. 한 주교는 교사이어야 하고 가르침에 따른 신실한 말씀을 붙잡아야 한다. 이것은 그가 건전한 교훈으로 훈계하고 이의를 제기하는 자를 반박하기 위함이다. 그는 「디도서」 제1장[16]에서도 같은 말을 한다.

§ 6. 그러나 하위 성직자들, 수도원장, 수도원 분원장, 그리고 다른 교회

---

13 권력가 중에는 국왕, 특별히 프랑스 왕도 포함된다.

14 아비뇽의 교황들은 실제로 인척을 등용했다. 예를 들어 요한 22세는 자신의 가문에서 세 명 내지 네 명의 추기경을 임명했다. Bernard Guillemain, *La cour pontificale d'Avignon*, Paris 1966, p. 195 참조.

15 마르실리우스의 주장은 어느 정도나 사실과 부합하나? 기유맹에 의하면, 마흔일곱 명의 추기경은 법학 교육을 받았음을 인정했다(그래서 마르실리우스는 그들을 '소송대리인'이라고 표현했다). 요한 22세는 민법학자를 선호했다고 한다. 신학자들의 수는 계속해서 감소했다. 추기경들의 서고 목록을 조사한 결과에 따르면, 신학적 지식을 심화하는 일은 특권 사회, 곧 교회의 권리만큼 중요하지 않다는 것을 확인했다. Bernard Guillemain, 같은 책, 1966, p. 219 참조.

16 「디모데 전서」 3:2; 「디도서」 1:9.

사제에 관해 나는 신을 증인으로 세워 그들의 많은 무리가 적합한 행실과 지식이 결여되어 있고, 심지어 그들 중 대부분이 문법적으로 정확한 설교를 할 수 없다는 불멸의 진실을 호소한다.

§7. 그러나 — 이제 나는 다시 권세 충만에 대해 말하고자 한다 — 교회의 최고 직무가 대부분 위임되고 그런 지도에 적합한 것으로 간주되는 자들은 소송대리인이다. 로마교황은 세속적 물질을 보존 내지 그 상당량을 횡령하기 위해 다툴 줄 아는 이 사람들을 유용한 자 내지는 교회의 수호자로 존대한다. 반면에 그는 거룩한 신학의 교사들을 무익한 것으로 거부한다. 그가 추기경 집단과 함께 말한 것처럼 그들은 단순하고 교회를 분열시킬 것이기 때문이다. 그러나 '교회'는 세속적 물질이 아니라 그리스도를 믿는 신앙이니, 「요한복음」 제10장[17]과 언급된 사도의 구절과 허다한 다른 구절에서 말한 것처럼 그리스도와 사도의 조언에 따르면, 주교는 세속적 물질이 아니라 신앙을 위해 싸워야 한다. 그러나 나는 이것이 명백하기도 하니 지면상 인용하기를 생략한다.

§8. 왜냐하면 세속적 물질은 사도들이 후계자 주교들에게 그것을 보존하도록 물려준 유산이 아니다. 또한 황제적 지위와 세속적 지배는 그리스도의 신부[18]의 권한이 아니지만, 현재의 주교는 이런 궤변 아래 자신을 방어하기 위해, 아니 차라리 공격하기 위해 아주 불의하게도 그리스도의 신부를 저명한 바이에른 공작이자 로마인의 왕인 루트비히와 대립시켰다.[19] 그러므로 베르나르두스는 에우게니우스에게 보낸 『고려에 대하여』 제2권

---

17 「요한복음」 10:11.

18 즉 교회를 말한다.

19 바이에른의 루트비히에 대한 요한 22세의 경고 'Monitorium'을 암시한다. 'Monitorium', in: MGH, *Constitutiones* V, nr. 792, pp. 6ff. 참조.

제4장에서 거룩한 사도들이 그들의 후계자들에게 남긴 영혼이나 교회를 위한 보살핌에 대해 이야기한 뒤 다음과 같이 말한다. "거룩한 사도가 어떤 다른 것을 남겼는가? '내가 가진 것을 그대에게 준다.' 그것이 무엇이었나? 나는 한 가지를 안다. 그것은 금이나 은이 아니다. 왜냐하면 그는 '나에게 은이나 금은 없다'라고[20] 말하기 때문이다." 그리고 그는 조금 아래 덧붙인다. "그대는 어떤 다른 근거를 가지고서 이것, 즉 세속적 물질을 그대의 것이라고 주장할 수 있다. 그러나 사도적 권리에 따라서는 아니다." 그리고 아래에서 다시 말한다. "그가 가진 것을 그는 주었다. 내가 말한 것처럼 교회에 대한 보살핌을." 그러나 지배나 통치에 대해서는 무엇을 말했는가? 덧붙여 말하는 베르나르두스의 말을 들어보라. "그는 지배권을 주지 않았느냐고?" 그 자신의[21] 말을 들어보라. "성직자들을 지배하는 자로서가 아니라 만들어진 양떼의 모범으로서."[22] 그리고 그가 이것을 단순한 겸손에서뿐만 아니라 진정으로 말했음을 생각하도록 하기 위해 복음서에서 주님은 이렇게 말한다. "이방인들의 왕들은 그들을 지배한다. 그리고 그들에 대해 권세를 가진 자들은 자비로운 주라고 불린다." 그리고 그는 결론적으로 다음과 같이 말한다. "그러나 너희는 그래서는 안 된다."[23] 분명한 것은 사도들에게 통치는 금지되어 있다는 것이다.[24]

§ 9. 모든 사람의 최고의 경탄과 주목을 받기에 합당하고 신의 종으로서의 통치자들에 의해 총회에서 합법적인 형식으로 이루어져야 할 것은 최

---

20 「사도행전」 3:6.
21 베드로를 말한다.
22 「베드로 전서」 5:3.
23 「누가복음」 22:25-26.
24 Bernardus, *De Consideratione ad Eugenium papam tertium* II, c. 6, in: MPL, 182, p. 748.

고 대사제와 그의 형제들, 즉 추기경의 임명에 관한 것이다. 그들은 다른 자들의 머리요 지도자로서 무엇보다 진리와 신앙의 일치를 유지하고 앞서 언급한 총회의 결정에 따라 가르치기 위해 임명되어야 한다. 이 최고의 직위에 이전에 성서 교사였던 자가 언제나 선출되지는 않고, 오히려 선출되는 일이 드물고, 대부분 소송대리인 중에서 선택된다. 이것은 성서와 전혀 조화를 이루지 못하고 이성적 사고와도 모순되며, 모든 교회 앞에서 가장 수치스러운 일이다. 그러므로 또한 추기경 집단에도 마찬가지로 주목해야 한다. 왜냐하면 대부분 경박하고 성서 교육을 받지 못한 젊은이들을 선출하기 때문이다. 그러나 이 주교[25]와 그의 교회 내지 집단은 모든 다른 사람의 모범과 귀감이 되어야 하고, 로마교황은 특히 어려운 일에 있어 바로 그들의 조언에 따라 전체 교회를 통솔해야 한다.

§ 10. 그러나 이 사안에 대해서는 이것으로 충분하다. 우리 진술의 출발점으로 돌아가 말하고자 한다. 로마교황은 권세 충만에 근거해 자신이나 중재자들의 성직 매매의 악습 때문에, 혹은 다른 왜곡된 감정 때문에 많은 고위, 중위, 하위 성직을 평신도[26]에게, 혹은 성서에 관해 아무것도 모르는 자들(그들이 범죄자 아니기를!), 자신이 아는 자들뿐 아니라 알지 못한 자들, 소년과 어린아이들에게 수여한다. 따라서 보다 크며 중요한 자리가 이렇게 이런 자들의 승진(차라리 끼워 넣기)에 의해 부패되었으므로 이들의 임명권에 속하는 나머지 하위 자리나 직위도 부패되었다. 현명한 이교도의 진술에 따르면,[27] 그들은 인간이 인간에게, 말이 말에게 호감을 느끼듯이, 자신과 비슷한 자들에게 호감을 느끼기 때문에 그들은 평신도들과 도

---

25 추기경도 주교이다. 추기경의 정식 명칭은 'episcopus cardinalis', 즉 핵심적인 주교이다.

26 idiota: 전문가에 반대되는 비전문가를 의미한다.

27 아리스토텔레스, 『문제집』 X, 52.

덕적으로 부패한 자들에게 자신들이 그것을 통해 들어왔던 성직 매매나 혹은 다른 그릇된 길로 통하는 길인 성직과 성직록으로의 문을 열어준다. 그들은 (직위를 변화시키지 않고 오히려 대부분 드러난) 자신의 습관에 따라 행동하기 원했기 때문에, 그런 길을 통해 신의 집에 들어오는 것을 원치 않는 거룩하고 의롭고 학식 있는 사람들을 원수처럼 싫어하고 거부해 물리치고 억압한다. 왜냐하면 진리가 말한 것처럼 "악을 행하는 자는 빛을 싫어하기 때문이다".[28]

§ 11. 나는 이것도 묵인하지 않겠다. 앞에서 언급한 주교는 권력자의 호의와 은총을 받으려는 동시에 이로써 아마도 그들로부터 돈을 받았으므로 신법에서와 다른 학문에서 교육받지 못했고 또한 성직 서품도 받지 않은 젊은이들을 주교직으로 (게다가 유명한 도시에서) 승진시켰다. 그러나 히에로니무스는 서신 『에반드루스에게』에서 사제직은 주교 안에 포함되어 있다고 말했다.[29] 교회 지도층이 이렇게 부패했으므로 그리스도의 신비스러운 몸 전체가 병든 것도 놀라운 일이 아니다. 교회의 고위 성직자와 나머지 목회자들이 건전한 교리에 따른 훈계와 호소, 질책의 말을 간과하고 흉악하고 가증스러운 행위를 저지른다면, 백성은 그들의 모범에 분명히 걸려 넘어질 것이다. 왜냐하면 궁수의 과녁처럼 그들은 백성의 귀감으로 세워지기 때문이다.[30] 진리는 「마태복음」 제5장에서 이런 말로써 지시한다. "너희의 빛이 사람들 앞에 비추어 그들이 너희들의 선한 행위를 보도록 해야 한다."[31] 여기에 결국 영원한 저주가 뒤따르는 오늘날의 도덕적 부패의 뿌리와 근원이 있다. 그리스도가 「마태복음」 제15장에서 말한 것처럼 "소경

---

28 「요한복음」 3:20.

29 Hieronymus, *Epistola*, 146, in: c. 2, in: MPL, 22, p. 1195.

30 「예레미야 애가」 3:12.

31 「마태복음」 5:16.

이 소경을 인도한다면, 두 사람 다 구덩이에 빠지"기 때문이다.[32]

그러나 우리는 세속적 물질의 분배에 대해 무엇이라고 말할 것인가? 즉 교회 일꾼들의 삶을 충족하고 남는 물질이 가난한 자들과 도움을 받을 수 없는 사람들, 다른 가련한 사람들에게 분배되어야 함에도 불구하고, 누구에게도 거의 숨겨지지 않은 사실인데, 그것이 제11장 제11절에서 언급된 용도로 (보다 정확히 말해 오용) 전환된다. 여기에 자선금을 요구하는 새로운 방식이 추가되는데, 즉 그리스도의 신자들 간의 싸움을 사주하고 계속해서 부추기기 위해 용병과 기사, 보병에게 이 세속적 물질의 대부분이 낭비된다.[33] 이것은 결국 그들이 신자들을 자신들의 독재적 권력에 굴복시킬 수 있기 위해서이다. 그러므로 방금 말한 것에서부터 드러난 사실은, 교회의 신비스러운 몸은 권세 충만 때문에 그 질료 내지 그 중요한 지체, 특히 고위 성직자들로 인해 어디서나 오염되어 부패에 가깝다.

§ 12. 이제 그의 지체의 적절한 질서와 위치에서 존립해야 하는 이 몸의 형태에 대해 말하려 한다면, 이 몸 자체는 주의 깊게 관찰할 때 기형적 괴물로 보일 것이다. 즉 그 각 지체가 그 머리에 직접적 연결을 통해 결합되어 있는 짐승의 몸이 괴물 같고 적절한 작용을 위해 쓸모가 없다는 것을 누가 믿지 않겠는가? 왜냐하면 손가락이나 손이 머리와 직접 연결되어 있고 그 올바른 위치가 결여되어 있다면, 거기에는 적절한 힘, 운동, 기능이 없을 것이기 때문이다. 그러나 손가락이 손과, 손이 팔과, 팔이 어깨와, 어깨가 목과, 목이 머리와 올바른 관절을 통해 결합되어 있다면 그렇지 않

---

32 「마태복음」 15:14.

33 인노켄티우스 4세 이후 호엔슈타우펜 가문에 대항하는 십자군 전쟁 선언이 여기에 속한다. 아마도 하인리히 7세에 대한 클레멘스 5세의 정책도 여기에 속한다. 그러나 특별히 1320년 이후 요한 22세가 추기경 특사 베르트랑 드 포예(Bertrand de Poyet)의 지휘 아래 롬바르디아의 비스콘티 가문 및 그 추종자들과의 전쟁을 생각할 수 있다.

다. 즉 몸은 이렇게 그 형태에 있어 아름다워지고, 이렇게 그 머리는 나머지 지체의 각각 다른 것을 통해 그 본성과 질서에 따라 적합한 힘을 주입할 수 있고, 이로써 지체들은 적절한 기능을 수행할 수 있다. 교회뿐만 아니라 모든 국가적 통치에서도 이런 형태와 방식을 고려해야 한다. 왜냐하면 온 세상의 목자 내지 세속 군주는 모든 지역에서 직접적으로 각 사람의 개별 행동을 관찰하고 지도할 수 없기 때문이다. 도리어 적절하고도 만족스럽게 행해지려면, 그는 이 일을 위해 적절한 질서에 따라 대행하는 특별한 일꾼을 통해 지원을 받아야 한다.[34] 이렇게 교회의 몸은 그 질서가 유지되고 성장할 수 있다. 이것을 생각하면서 이방인의 사도는 이렇게 말한다. "우리는 모든 점에서 머리 되시는 자, 그리스도 안에서 자라야 한다. 그리스도로부터 온 몸의 모든 지체가 각각 그 분량에 따라 활동하는 대로 마디마다 공급을 받아 단단히 결합되고 서로 어울려 몸이 자라서 사랑 안에서 몸을 세워가는 것이다."[35]

§ 13. 그러나 로마교황에게 허용된 권세 충만에 따라 이 모든 질서 내지 형식은 제거되었다. 즉 그 자신은 하위 성직자와 수도회를 고위 성직자의 권한이나 감독, 징계로부터 풀어주었다. 그러므로 총대주교로부터 대주교를, 대주교로부터 주교를, 주교로부터 참사회나 성직자 집단을, 또한 수도원장과 수도원 분원장[36]을, 최근에는 (그가 최악으로 행하지 않기를!) 청빈수도회라고 불리는 수도사들을 풀어주었다. 그는 질서를 혼란시킨 가운데 이

---

34 최고 사법권을 갖고 대행인에게 자신의 정치권력을 위임하는 황제를 그 머리로 하는 제국 체제를 암시한다.

35 「에베소서」 4:15-16.

36 Bernardus, *De Consideratione ad Eugenium papam tertium* III, c. 4, in: MPL, 182, p. 766. "수도원장을 주교로부터, 주교를 대주교로부터, 대주교를 총대주교로부터 풀어준다 ……"(subtrahuntur abbates episcopis, episcopi archiepiscopis, archiepiscopi patriarchis sive primatibus ……).

들 모두를 자신의 직접적인 감독과 징계 아래 두었으니 어떤 명백한 유익도 없다. 오히려 자신에게 분쟁을 축적하려는 악명 높은 탐욕 때문이고, 이것을 통해 돈이 쏟아져 들어오게 만들고, 고위 성직자를 약탈하려고 그들을 보다 굴복시키려는 의도 때문이다.

§ 14. 이로부터 어떤 엄청난 방종이 뒤따랐는지를 모르는 사람은 거의 없다. 그들은 상관의 감독을 받지 않기 때문에 당연히 자신들 위에 있어야 할 자들에 대해 완고하고, 불순종하고, 존경심이 없어지고, 따라서 거리낌 없이 죄 짓기를 자신과 다른 사람에게 허용한다. 그러나 이런 자들을 감독해야 할 자들은 그들의 당연한 권한이 박탈됨으로써 무관심하게 되고 소홀해지게 된다. 여기서부터 신자들에게 수많은 고통과 불편함이 생겼으니, 거의 일별할 수 없는 다양성과 숫자 때문에 그것을 감히 열거할 수 없으므로 세세히 서술하기를 생략했다. 물론 그것을 조사하기 원하는 자들에게는 그 대부분을 쉽사리 제시할 수 있다.

나는 여기서 성서를 고려함이 없이, 또한 이 권의 제15장[37]에서 언급한 히에로니무스의 서신 『에반드루스에게』에 따르면, 이것이 얼마나 가증스러운지를 생각함이 없이, 오용으로부터 이젠 정당성의 외양을 지니고 있을지라도, 그가 식탁의 일꾼, 추기경이라 불리는 부제들을 주교와 사제들보다 지위와 위엄에 있어 앞서도록 했다는 사실을 건너뛰겠다.[38]

여기에 이미 언급한 뿌리에서 나온 새로운 싹이 추가된다. 즉 로마 주교는 이 권세 충만에 근거해 모든 지역의 교회 성직록 소유자들에게 자신의 허락 없이는 유언장의 작성을 금지했고, 유언하지 않고 죽은 자들의 재산은 단순히 자신의 주교좌에 직접 이전되고 양도되어야 한다고 명령했다.

---

37 II, 15, 5.
38 추기경 집단 내에서 주교와 장로, 부제의 구별은 명예상의 가치 외에는 별다른 의미가 없고 책임에 있어서도 큰 차이는 없다.

그리고 더 큰 악은 (성직 매매는 행위 후에 성취되기는 하지만 가장 큰 악이기 때문에) 그가 같은 권세에 의해 모든 성직록의 수입과 소득을 어디서나 그 것이 한번 공석이 되는 해에 자신을 위해 유보하며, 이런 방식으로 세상의 모든 보화를 축적하고 모든 왕국과 지방에서 그것을 약탈한다는 것이다. 반면에 그것들은 복음의 일꾼과 가난한 자들에게 분배되거나 필요시에 국 가(그곳으로부터 물질을 취한)의 지원을 위해 전환되어야 한다. 왜냐하면 이 물질은 이 목적을 위해 세워졌고 정해져 있기 때문이다.

§ 15. 다음 사실 또한 관용할 수 없다. 그는 같은 권세 충만에 근거해 신 실한 평신도들이 해외 무역을 위해, 혹은 일반적으로 수탁자라고 불리는 지정된 인물의 관리 아래 다른 경건한 목적을 위해 유증한 것은 자신의 처분에 달려 있다고 주장한다. 놀랍지 않은 일이다. 왜냐하면 우리가 이 권 의 제20장에서 인용한 것처럼 같은 권세에 의해 그들 중 어떤 사람은 모 든 왕과 제후, 왕국에 대해 지배권을 가진다고 주장하기 때문이다. 그러나 제1권 제15장과 이 권의 제17장[39]에서 지시한 것처럼, 앞서 언급한 모든 것 중 어느 것도 그들의 권한에 속하지 않는다.

같은 뿌리에서 이보다 많고 보다 심각한 것이 나오는데, 그것이 본성에 있어 너무 상이하기 때문에 그 모든 것을 서술할 수는 없다. 즉 하나의 폐 단, 특히 그것에 시민적 행위에 있어 생각할 수 있는 나머지 폐단이 포함 되는 그런 폐단이 있는 경우에, 이교도 현자의 말에 따라[40] 모든 다른 폐 단이 발생하는 것은 어렵지 않다. 즉 자신에게 이 완전한 권한이 있다면, 그가 원하는 것은 무엇이든지 허용된다. 그러므로 그는 자기 마음대로 모 든 인간적 명령과 법, 또한 총회에 의해 결정된 법도 정지시키고 취소한다.

---

39 II, 17, 16-19.
40 아리스토텔레스, 『자연학』 185a 11.

제1권 제11장[41]에서 증명을 통해, 그리고 이 권의 제5장[42]에서 「디모데 전서」제6장[43]에 대한 주해에서 아우구스티누스의 권위를 통해 보다 분명히 확인된 바와 같이, 거룩한 교부들과 철학자도 이것을 모든 세상적 통치에서 가장 중대한 폐단으로 거부했다. 그러므로 교황에게 용인된 권세 충만을 통해 교회의 몸 전체가 오염되고 교회 경영의 모든 질서가 침해당했으며, 시민적 통치 전체가 완전히 혹은 부분적으로 혼란스럽게 되었다. 그럼에도 불구하고 여기서 이 주교와 그의 교회 내지 그의 집단의 말과 행실은 모든 다른 사람의 모범인 것처럼 제시되었다.

§ 16. 신자들은 이런 인간들에게 눈을 돌리기 바란다(그 눈들은 대부분 이미 오래전에 일종의 궤변적 정직성의 베일 때문에 흐려져 있다). 로마교황청, 아니 오히려 보다 정확하게 진실로 말한다면 거래소로서 끔찍스러운 강도의 굴[44]의 문턱을 밟았던 자는 스스로 분명히 알 것이며, 거기서 멀리 있었던 자는 믿을 만한 허다한 무리의 이야기를 통해 알게 될 것이다. 즉 교황청은 거의 모든 영적·세속적 범죄자와 모든 상인의 도피처가 되었다. 왜냐하면 도처에서 몰려오는 성직 매매자들 말고 다른 무엇이 거기에 있는가? 소송대리인들의 소음과 중상자들의 조롱, 의로운 자들에 대한 공격 말고 다른 무엇이 있는가? 거기에서는 무고한 자를 위한 정의는 위태롭고, 혹은 그들이 정의를 돈으로 살 수 없다면 판결은 연기되어 결국 허다한 수고에 지치고 기진맥진해 어쩔 수 없이 그들의 의롭고 가련한 소송을 포기해야 한다. 왜냐하면 거기서 인간법은 천둥처럼 크게 울리고, 신의 가르침은 침묵하거나 매우 드물게 메아리치기 때문이다. 그곳에는 기독교인들의 땅

---

41 I, 11, 1-8.
42 II, 5, 5.
43 「디모데 전서」 6:1.
44 「마태복음」 21:13.

을 침입하고 그 땅을 무력과 폭력으로 (합법적으로 그 땅을 보호·관리하고 있는) 그들로부터 약탈하기 위한 보고서와 계획이 있다. 그러나 영혼을 얻기 위한 관심과 계획은 전혀 없다. 그리고 덧붙이자. "거기에는 질서가 아니라 영원한 공포가 거주한다."[45]

§ 17. 그러나 그것을 보았고 거기 있었던 나는, 「다니엘서」 제2장에 따르면, 느부갓네살이 꿈속에서 보았던 끔찍스러운 입상(立像)을 보는 듯했다. 즉 그 입상은 황금의 머리와 은으로 된 팔과 가슴, 청동으로 된 배와 넓적다리, 쇠로 된 경골(硬骨), 쇠와 진흙이 섞인 발을 가졌다.[46] 이 흉측한 입상은 한때 악한 인간들에게 두렵게, 그러나 지금 모든 근면한 사람들에게 끔찍하게 보이는 로마교황청 내지 최고 대사제의 인물의 상태가 아니고 무엇인가? 이 입상의 상체, 즉 머리와 가슴, 팔은 보고 감상하고 접촉하기 위한 황금과 은, 인간 손으로 만든 작품 외의 다른 무엇인가? 입상의 배와 넓적다리는 세속적 분쟁이나 소송이나 혹은 중상, 혹은 영적 물질뿐만 아니라 세속적 물질의 성물 매매적 거래에서 들리는 소음과 소란 말고 무엇인가? 그리고 로마교황과 그의 교회에 세상적으로 굴복하고 그들의 육적 내지 세속적 물질을 그에게 바치기를 거부하는 (정당하게 거부함에도 불구하고) 그리스도 신자를 향한 문서와 말에 의한 출교와 저주의 천둥과 번개가 아니고 다른 무엇인가? 청동으로 된 넓적다리는, 다른 사람들에게 순결성과 정직성의 모범이 되어야 하는 자들이 인간 감각에 각인하는 (심지어 평신도들에게도 단정하지 않는) 거의 모든 쾌락, 사치와 허영의 화려한 장식 말고 무엇인가? 입상의 쇠로 된 경골과 그에 의지해 입상이 세워진 (부분적으로 진흙과 벽돌로 이루어진) 발과 발가락은 세속적 정권과 왕국, 지방을 무장하거나 철갑옷을 입은 자들의 폭력적 힘을 통해 자기 것으로 주장하고 점

---

45 「욥기」 10:22.
46 「다니엘서」 2:31-33.

령하고 침입하는 것 외에 다른 무엇을 지시하는가? 발은 이 목적을 위해 상체를 지탱하며, 상체는 금과 은의 과시를 통해 무장한 자들을 모은다. 또한 청동으로 된 배와 넓적다리는 이런 보상을 약속하며 죄와 형벌을 (기만적일지라도) 소리 높여 사면하며, 자신의 자유를 방어하고 그들의 통치자에게 마땅한 충성을 지키고자 하는 자들에 대한 불의한 유죄판결과 저주로 흔들린다. 그러나 발의 기초와 벽돌과 진흙으로 만들어진, 그러므로 약한 발가락은 로마교황청의 불안정성 말고 무엇을 상징하는가? 그것은 로마교황이 그리스도 신자들을 억압하기 위해 의지하고 있는 평계의 취약함 외의 다른 무엇을 의미하는가? 나는 모든 사람에게 명백한 거짓과 불의함이라 말하지는 않겠다.

그러나 같은 예언자가 증언한 것처럼[47] 이 입상 위에 산으로부터 손을 대지 않고 떼어진 돌 하나가 떨어질 것이니, 즉 온 인류 가운데 신의 은총으로써 선택되고 일으켜 세워진 왕이다. 신은 그에게 권세를 부여할 것이고, 그의 나라는 다른 자에게 계승되지 않을 것이다. 이 왕은 인간의 손의 행위나 힘에 의해서가 아니라 삼위일체의 신의 능력과 은총에 의해 먼저 이 끔찍하고 두렵고 괴물 같은 입상의 진흙으로 된 부분, 즉 입상이 그 위에 부적절하게 의지하고 있는 발 부분을 산산조각내고 박살낼 것이다. 즉 이 왕은 거짓되고 불의한 이유(나는 시인[48]의 말을 빌려 좀 더 정확하게 '공허한 평계'라고 말할 것이다)를 모든 백성과 통치자에게 드러낼 것이니, 그 이유의 궤변을 폭로하고 인간적 증명으로 공격하고 성서의 진리를 통해 무력화함으로써 그럴 것이다. 그다음으로 그는 그것의 쇠로 된 부분, 즉 잔인하고 불경건한 권세를 제어할 것이다. 그다음으로 그는 청동, 즉 [교황이] 통치자들과 백성에 대해 참칭한 저주의 권한과 세속적인 사법권 주장, 따라서 소

---

47 「다니엘서」 2:34-35.

48 Pseudo-Cato, *Disticha* II, nr. 26, ed. Geyza Némedy, Budapest 1895, p. 27: Fronte capillata, post est occasio calva.

송과 다툼의 소란을 침묵시키고 잠잠하게 만들 것이고, 또한 쾌락의 사치와 헛된 것의 화려함을 종식시킬 것이다. 마지막으로 그는 은과 금, 즉 로마 대사제와 로마교황청의 최상위 일원들의 탐욕과 강탈을 제어할 것이다. 또한 그는 세속적 물질의 사용을 적절한 한도에서 허용할 것이다. 이렇게 예언자의 말에 따라 쇠와 벽돌, 은과 금이 똑같이 산산조각 날 것이다. 즉 앞서 언급한 교황청의 모든 악행과 분수 넘침은 "여름 타작마당의 재로 변해 바람에 날아가 버리듯이"[49] 소멸될 것이다. 자연과 인간법과 신법, 그리고 모든 이성에 어긋나는 것은 오래 지속될 수 없기 때문이다.[50]

---

49 「다니엘서」 2:35.

50 마르실리우스는 「다니엘서」의 묵시문학적 표현을 통해, 바이에른의 루트비히의 등장을 암시한다.

제 2 5 장

로마 주교는 어떻게 특별히 이전에 언급한 권세 충만을
교회 경계 밖에서 평신도 내지 국가에 대해 사용했나

§ 1. 로마 주교들이 어떻게 어떤 관점에서 자신에 대해 주장하는 권세
충만을 교회 경계 밖에서 오늘날까지 사용했고 사용하는지의 조사가 남
아 있다. 그러나 우리는 우선 초대교회의 관습과 교회의 시작이자 머리,
즉 그리스도와 교회를 처음으로 성장시킨 자들인 거룩한 사도들로부터의
발전 과정을 회고할 것이다. 이분, 즉 그리스도는 사제직이나 영혼의 목자
직을 세우고 수행하기 위해 세상에 왔기 때문이다. 영원한 구원을 위한 법
의 수여자인 그는 성례전 의식과 실천을, 또한 우리가 영원한 삶이라고 부
르는 행복하고 복된 삶을 절대적으로 혹은 탁월하게 얻기 위해 믿고 행하
고 거부해야 할 것에 대한 계명과 조언을 같은 법 아래 묶었다. 반면에 그
는 시민적 송사의 판관직 혹은 이 세상의 통치직을 거절했고, 분명히 그
것을 포기했다. 아울러 그는 모든 사도와 앞서 언급한 직위에 있는 자신과
그들의 다른 후계자들 역시 그것을 거절할 것을 명령하고 조언했으며,
그 자신은 신의 질서에 따라 이 세상 통치자들의 판단이나 강제적 권한에
예속되어 있고, 그의 사도들도 마찬가지라고 선언했다. 이 권의 제4장과

제5장에서 성서와 거룩한 교부들과 교회 교사들의 권위적 해설에 의해, 그리고 이 권의 제8장과 제9장[1]에서 인간적 이성을 통해 어느 정도 밝힌 것처럼 사도들도 같은 것을 말과 행실을 통해 표현했다. 그러나 그는 권능을 행사하면서 사도들과 그들의 후계자들에게 그들의 인격으로 그것을 행사할 것을 용인했다(이에 대해서는 우리가 이 권의 제6장, 제7장, 제15장, 제16장[2]에서 언급했다). 또한 그는 최고 청빈을 지키면서 (우리가 이 권의 제12장, 제13장, 제14장[3]에서 회고하고 설명한 것처럼) 사도들과 그들의 후계자들에게 그것을 지키도록 가르치고 명령하고 조언을 주었다.

§ 2. 사도들은 "순종의 자식"[4]으로서 앞에 언급한 권위에 따라 이미 언급한 직무를 행사하는 이런 형태와 삶의 방식을 준수했다. 또한 로마 주교들과 대부분의 사도들의 다른 후계자들은 (전부는 아니지만) 로마 황제 콘스탄티누스 1세 시대까지 이 방식을 거의 준수했다. 즉 그들 중에는 토지를 소유한 사람도 있으니, 그 첫 번째 인물이 로마 주교 우르바누스 1세(Urbanus I)였다. 그의 시대까지 교회 내지 사제 집단 전체는 그리스도와 사도들처럼 살았으니,[5] 우리는 이것을 보상받을 만한 최고의 청빈이라고 말했다. 앞서 언급한 우르바누스가 어쩌면 주로 경건 때문에, 그리고 가난한 자들을 돕기 위해 혹은 자비 때문에 이렇게 했겠지만 — 우리가 그의 의도를 가능한 한 경건하게 선을 위한 일이었다고 해석할지라도 —, 그럼에도 불구하고 이런 토지나 거기서 나오는 수입을 강제적 권한을 가진 판

---

1 II, 8, 7-9; II, 9, 2-9.

2 II, 6, 1-14; II, 7, 1-5, II, 15, 1-4; II, 15, 7-10; II, 16, 1-13.

3 II, 12, 26-32; II, 13, 33-37; II, 14, 16.

4 「베드로 전서」 1:14.

5 Martinus Polonus, *Chronicon pontificum et imperatorum*, in: MGH, *SS*, XXII, p. 413. 우르바누스 1세는 222년부터 230년까지 로마 주교직에 있었다.

관 앞에서 자기 것이라고 주장하는 권한을 취했거나 혹은 그것을 팔고 그 값을 가난한 자들에게 분배하는 권한을 가졌지만 그것을 팔거나 분배하지 않았다면, 그는 알면서 혹은 모르면서 이렇게 했든지 간에 의심할 여지없이 이미 언급한 최고의 청빈 내지 완전한 상태로부터 벗어났다.

§ 3. 이 기간에 로마 주교들은 그들의 집단과 함께 우리가 이 권의 제8장과 제22장[6]에서 진술한 것처럼 교회의 관습, 즉 예배와 사제 집단의 단정한 상태에 관한 어떤 질서를 정했고 그것이 유용했기 때문에, 특히 그것을 요청하는 다른 교회와 공유했다. 그들은 또한 가능한 한 경건과 사랑 때문에 세상의 다른 교회들에 대한 배려와 관심을 떠맡았으니, 이 교회들이 종종 적합한 지도자나 목자가 정말 없었기 때문이다. 그렇기 때문에 그들은 단정함과 신앙에 관한 사안에서 다른 교회의 일원들에게 훈계하고 경고했다. 다른 교회들은 이 권의 제18장과 제22장에서 언급한 이유 때문에 그 훈계를 감사하게, 그리고 자발적으로 받아들였다. 그런데 이 교회들에서 사제들이나 주교, 부제 혹은 다른 인물 중에서 때로는 말썽을 일으키는[7] 어떤 자들이 있어 상관의 형제적인 훈계에도 불구하고 행실과 신앙에 있어 다른 사람들을 지속적으로 혼란스럽게 했으므로, 그들 중 보다 분별력 있고 그리스도 안에서 경건하게 살고자 한 자들은 로마 주교와 그의 교회를 통해 (그들의 훈계를 신자들은 앞서 언급한 이유 때문에 대부분 두려워했다) 고집스러운 자와 다른 사람들을 불안하게 하는 자, 혹은 그 밖에 범죄적인 인간에 대해 파문이나 저주를 선고하고 명령하게 했다. 아울러 로마 주교들은 신앙의 열심을 통해 스스로 그렇게 했다. 그러므로 다른 지역에 사는 신자들 대부분은 상호 간 신앙의 일치와 평화와 안식을 위해 로마 주교와 그의 교회에 순종하는 데 합의했다. 왜냐하면 인간 입법자는 당

---

6 II, 18, 5-7; II, 22, 16.
7 discolus: 원래 의미는 '기형적인'이란 뜻이다.

시에 어디서나 불신자였으므로 신자들은 강제적 권력을 통해서나 다른 적절한 방식으로는 이를 지킬 수 없었기 때문이다.

§ 4. 그러나 로마 통치자들 중 처음으로 그리스도 신자들에게 공적으로 모이는 것을 허락하고 용인한 로마 황제 콘스탄티누스 1세의 시대가 도래하자, 처음으로 사제 내지 주교들의 총회가 앞서 언급한 통치자의 명령과 권위에 의해 열렸다. 이들 회의에서 성서의 모호한 의미가 정의되고 결정되어 그 참된 의미가 그릇되고 잘못된 의미와 구별되었다. 이 그릇되고 불합리한 해석을, 때로는 무지 때문에, 대부분은 미신과 사악함 때문에, 그리스도 신자들 가운데 뿌려놓은 사제도 있었다. 또한 이들 회의에서 교회의 실제, 즉 예배와 부제와 사제들의 경건한 자세와 훈육에 대한 지침이 만들어졌으며, 그들을 어떤 장소나 지방에 있는 교회의 직무에 (성직 서품이라고 하는, 분리될 수 없는 직무와 고위 성직 내지 영혼의 돌봄이라 하는 분리될 수 있는 직무[8]를 비롯한 모든 것) 임명하고 세속적 물질 내지 성직록, 즉 복음의 봉사를 위해 그들에게 양도되는 동산과 부동산을 분배하는 형식과 방법을 결정했다. 인간 입법자 혹은 그의 권위에 의해 통치하는 자는 이것을 준수함에 관해 강제적 규정 내지 법을 제정했으니, 이 법은 모든 사제나 사제 아닌 자를 각자에 대한 요구에 따라 현재적 세상의 상태에 대해서나 상태 속에서 위반자에게 선고되어야 할 물적 혹은 인격적 벌로써 속박했다. 즉 이런 법들은 다른 자들보다 사제와 주교들에 대해 제정되었다. 왜냐하면 그들은 당시 매우 빈번히 이런 칙령의 계기를 주었기 때문이다. 로마 주교나 모든 다른 자들도 통치자들의 법과 칙령에 예속되어 있지 않다고 인간 입법자에게 이의를 제기하지 않았다. 도리어 우리가 이 권의 제21장[9]에서

---

8 성직은 지워질 수 없는 품격으로서 당사자 인격과 분리될 수 없었던 데 비해, 보직은 인격과 분리될 수 있었다.

9 II, 21, 2-7.

다수 인용한 앞의 이시도루스의 코덱스와 다른 권위 있는 역사 전승에서 나타난 것처럼 그들은 통치자들에게 시급히 이런 법의 제정을 요구했다.

§ 5. 또한 이 통치자들은 지방에 따라 성직자의 일정한 수를 규정한 법, 앞서 언급한 콘스탄티누스와 다른 로마 통치자들, 혹은 다른 개인들이 계속해서 그들에게 선사한 세속적 내지 육적 재물, 즉 동산과 부동산에 대한 법, 그리고 그들의 시민적 송사에 관한 법을 제정했다. 물론 이들 법은 인간 입법자의 호의에서 나온 특별한 배려에 의해 조절되기는 했다. 왜냐하면 입법자는 사제직의 품격과 그들이 받는 존경을 고려하고— 왜냐하면 진실로 그들을 통해 그리스도의 직무가 재현되기 때문에 —당시 복음에서 사역하고 앞서 언급한 직무를 수행한 자들의 도덕적 엄격성과 단순 무구성을 고려하면서 유사한 행위에서 그들을 위해 덜 엄격한 법을 정했고 그들에게 가능한 한 많은 특권을 허용했으니, 이것은 그들이 평신도들로부터 비방으로 시달리지 않고 혹은 거룩한 직무에서 방해받지 않게 하기 위함이었다. 즉 사제들은 수적으로 소수였고 겸손했기 때문에 쉽사리 법적 대리인의 모욕에 굴복했으며, 자신을 방어하거나 다른 자들의 공격에 맞서 무력이나 폭력에 의해 보호받지 않았다. 고대에는 성직자들, 특히 사제나 주교들이 무기를 잡거나 자신을 위해 다른 자들에게 무기를 잡도록 명령하는 것이 시민들에게는 중죄요, 거의 끔찍스러운 일로 보였기 때문이다. 그러므로 암브로시우스는 우리가 이 권의 제9장[10]에서 인용한 구절에서 다음과 같이 말했다. "나는 슬퍼할 수 있고, 울 수 있고, 탄식할 수 있다. 내 눈물은 무기와 군인과 고트족에 대항하는 무기이다. 사제들의 보호 수단은 그런 것이다. 나는 다른 방식으로 저항해서도 안 되고 저항할 수 없다." 그러므로 그들은 조용히 안전하게 살고 비방자들의 방해를 피하기

---

10 II, 9, 6. Ambrosius, *Sermo contra Auxentium de basilicis tradendis*, c. 2, in: MPL, 16, p. 1050.

위해 특별한 호의와 우선권을 필요로 했다. 물론 오늘날 이것들은 평신도들과 관련해 정반대의 성질로 바뀌었지만 말이다.

§ 6. 그들은 고대 시대에 이처럼 통치자의 법과 국가적 명령 아래 살았고, 사제 집단 전체는 같은 통치자들과 백성으로부터 오랫동안 고위 성직과 목회직, 다른 유사한 직무 내지 하위직 같은 분리 가능한 직무를 수여, 확인, 서임[11]을 받았으며, 세속적 물질 내지 성직록을 분배하고 관리하는 권한도 받았다. 고대 시대의 목자들인 로마 주교들은 이런 종속 문제 때문에 로마 통치자에 대항해, 또는 백성이나 개인이나 교회 후견인에 대항해 싸우지 않았다. 왜냐하면 우리가 이 권의 제4장, 제5장, 제8장, 제17장에서 성서와 인간적 이성을 통해 충분히 입증한 것처럼 그들은 신법과 인간법에 의해 그럴 의무가 있음을 알았기 때문이다. 우리는 사르데냐 출신의 심마쿠스(Symmachus)에 대해 이렇게 읽을 수 있다. 이 사람은 라우렌티우스(Laurentius)와 함께 분열된 선거에서 공동으로 선출된 후에 재판을 통해 테오도리쿠스(Theodoricus) 왕에 의해 로마 주교가 되었다.[12] 마르티누스는 또한 복된 그레고리우스[13]에 대해 이렇게 썼다. "이 사람은 교황으로 선출되었고, 황제 마우리티우스(Mauritius)[14]는 황제 서신을 통해 자신의

---

11 investitura: 'investio'(옷을 입히다)의 파생어로, 어떤 인물을 관직에 임명할 때 관복을 입혀 주는 의식에서 유래한 말이다. 종교적 영역에서 도시의 주교직에 임명하는 행위이며, 주교 서임권은 전통적으로 통치자에게 있었다. 서임은 직무와 동시에 성직록을 수여하는 행위이므로, 이 문제는 국가와 교회의 권한 다툼과 직결되며, 이 때문에 중세기에 서임 논쟁이 격화되었고, 서임 논쟁은 그레고리우스 7세 때에 절정에 달했다.

12 498년 로마 주교가 사망한 후 신임 주교를 선출해야 했다. 그러나 로마교회는 당시 친(親)동고트 왕파와 친동로마 황제파로 분열되어 있었다. 그래서 양측은 심마쿠스와 라우렌티우스를 각각 선출했다. 우여곡절 끝에 동고트 왕 테오도리쿠스가 심마쿠스를 지지하여 분열은 종식되었다.

13 교황 그레고리우스 1세(590~604)를 말한다.

14 582년부터 602년까지 동로마제국의 황제를 지냈다.

동의를 확인했다."[15] 세니(Segni) 출신의 비탈리아누스(Vitalianus)[16]와 시리아 출신의 콘스탄티누스,[17] 그리고 다른 많은 로마 주교들에 대해 보고된 것처럼 로마 주교들은 또한 황제로부터 그들의 특권의 확인을 요청하곤 했다. 연대기와 권위 있는 역사책에서 많은 교황에 대해 읽는 것처럼 그들은 심지어 이것과 기타 요청을 위해, 그리고 그것들의 확인을 얻기 위해 개인적으로 종종 먼 거리를 여행해 황제들에게 가곤 했다. 또한 요한 12세는 그의 잘못이 [징계를] 요구했으므로, 온 백성의 (성직자뿐만 아니라 평신도) 동의 아래 로마 황제 오토 1세에 의해 교황직에서 해임되었다.[18] 또한 마르티누스 연대기의 베네딕투스 9세에 대한 절(節)에서도 다툼 속에 선출되고 당시 로마 통치자 하인리히 황제의 검증에 의해 해임된 두 사람에 대해 읽을 수 있다.[19] 즉 뭔가를 제정하고, 적절하다면 폐기하는 것이 동일한 권위의 소관이다. 이 권의 제17장[20]에서 확인된 것처럼 모든 주교가 통치자와

---

15 Martinus Polonus, *Chronicon*, in: MGH, *SS*, XXII, p. 457.

16 657년부터 672년까지 재임했던 로마 주교이다.

17 708년부터 715년까지 재임했던 로마 주교이다.

18 요한 12세는 955년 로마 주교로 선출되었다. 963년 신성로마제국의 황제 오토 1세는 비윤리적 행실 때문에 종교회의를 요구했다. 로마 노회는 그의 해임을 결정한 다음에 레오 8세를 새로운 주교로 선출했다.

19 Martinus Polonus, *Chronicon*, in: MGH, *SS*, XXII, p. 433. 투스쿨룸(Tusculum) 가문의 테오필락투스(Theophylactus, 1012?~56?)는 1032년 뇌물을 써서 로마 주교로 선출되는 데 성공한다. 그가 바로 베네딕투스 9세이다. 그러나 그는 부도덕한 행실 때문에 로마에서 추방당했으며, 곧이어 실베스테르 3세가 새로운 주교로 선출되었다. 그러나 몇 개월 후에 베네딕투스와 그의 추종자들은 실베스테르를 몰아내는 데 성공했다. 그는 자신의 비용을 상환받으면 사임할 용의가 있음을 자신의 대부에게 알렸다. 그의 사임 후에 그레고리우스 6세가 후임자가 되었다. 그러나 베네딕투스는 마음이 변해 그레고리우스를 해임하려 했다. 이에 성직자 다수가 독일 왕 하인리히 3세에게 질서를 회복시켜 줄 것을 청원했다. 하인리히는 이탈리아로 진군해 수트리(Sutri) 노회를 개최해 베네딕투스와 실베스테르, 그레고리우스의 세 명에 대한 해임을 결정한 다음에 하인리히는 밤베르크(Bamberg) 주교를 신임 교황, 즉 클레멘스 2세로 임명했다.

20 II, 17, 15.

백성에 의해 선출되어야 하므로, 그는 또한 같은 권위에 의해 권력을 박탈
당하거나 해임되어야 한다.

§ 7. 그러므로 로마 주교들과 다른 지방의 주교들, 사제들, 그리고 성직
자 집단 전체는 그리스도와 사도들처럼 인간 입법자의 권위를 통해 통치
하는 자들의 강제적 인도 아래 살았다. 그러나 이 세상의 군주, 오만과 야
망의 첫 아버지, 모든 다른 악덕으로 유혹하는 자, 악마가 그들을 설득하
고 사주했을 때, 어떤 로마 주교들은 그리스도와 사도들의 길과는 다른 길
로 인도되었다. 아니 차라리 보다 정확하게는 유혹을 당했다. 왜냐하면 욕
망과 탐욕이 그들의 영혼에 침입해 그리스도가 세 번째 의미에서의 교회[21]
에 심었고, 제정한 최고의 보상받을 만한 청빈을 밖으로 몰아냈기 때문이
다. 또한 오만과 세상 통치에 대한 야망이 그들 영혼에 들어와서는 그리스
도가 부과했고 교회 내지 성직자 집단 전체에 준수하도록 명령한 최고의
겸손을 몰아냈다. 이런 일이 생긴 자들 중 첫 번째 인물은, 여기서 그 이전
에 다른 자가 없다면, 티베르티누스(Tibertinus)라는 별명의 심플리키우스
(Simplicius)라는 로마 주교였다. 나는 이 사람은—그가 어디서 이런 권위
를 얻었는지는 모른다. 그러나 그가 무지 탓이라고 변명하지 않는 한, 어디
서 이런 뻔뻔한 요구가 유래했는지 나는 확실히 안다 — 어떤 성직자도 평
신도로부터 서임을 받아서는 안 된다고 결정했다.[22] 여기에서의 서임은 성
직록과 직무에 대한 서임을 의미했다. 그러나 그의 칙령에서 그의 전임자
들이 통치자들에게 의무적인 겸손과 존경을 보이고자 하는 소원 가운데
앞서 언급한 서임을 평신도들로부터 받곤 했다는 것이 분명히 드러난다.
그의 후계자 (직접적 후계자는 아니지만) 펠라기우스 1세(Pelagius I)는 또한

---

21 II, 2, 2 참조.

22 Martinus Polonus, *Chronicon*, in: MGH, *SS*, XXII, p. 419 참조. 심플리키우스
는 468년에서 483년까지 재임했다.

"이단자들은 세속 권세에 의해 처벌받아야 한다"라고 결정했다.[23] 이 칙령에서 놀라운 점은 이런 법이 로마 황제 유스티니아누스 시대에 이단자에 대해 제정되었다는 것[24]이 감춰져 있지 않았다는 것과 그런 법을 제정하는 것이 (제1권 제12장, 제13장과 이 권의 제21장에서 지시한 것처럼) 인간 입법자의 권위에 의해 혹시 자신에게 용인되지 않는 한에서 자신의 권한에 속하지 않는다는 것이다. 그러므로 그는 앞서 언급한 심플리키우스처럼 다른 자에게 속한 권한을 자기 것으로 주장함으로써 "다른 사람의 수확물에 낫을 댔다".[25] 다시 하드리아누스 3세(Hadrianus Ⅲ)는 직접적 후계자는 아니지만, 앞서 언급한 요구 주장에서 그의 뒤를 따랐다. 즉 그는, 앞서 언급한 마르티누스의 말을 사용하자면, "황제는 교황 선거에 개입해서는 안 된다"라고 결정했다.[26] 이 결정은 아무것도 아니니, 왜냐하면 그것은 그럴 권한, 즉 입법적 권한을 갖지 못한 자에게서 나왔기 때문이다. 이 결정은 이 권의 제17장[27]에서 지시된 것처럼 명백히 부적절한 내용을 포함하고 있다. 그리고 그 반대가 칭송할 만한 오래된 관습에 의해 확고해졌다.

§ 8. 마르티누스는 레오 10세[28]에 관한 부분에서 "로마인들은 그릇된 관습 때문에 황제에게 대사제를 임명해 줄 것을 요청했다"[29]라고 말한다. 이

---

23 Martinus Polonus, *Chronicon*, in: MGH, SS, XXII, p. 421 참조. 교황 펠라기우스 1세는 556년에서 561년까지 재임했다.

24 *Codex Iustiniani*, lib. 1, tit. 5, c. 4, 5, 11, 12, 15, 16, 18, 20, 22. 대부분 마니교도에 대한 규정들이다.

25 Bernardus, *De Consideratione ad Eugenium papam tertium* I, 6, in: MPL, 182, p. 736.

26 Martinus Polonus, *Chronicon*, in: MGH, SS, XXII, p. 433. 교황 하드리아누스 3세는 884년부터 885년까지 재임했다.

27 II, 17, 15.

28 레오 9세를 말한다.

29 Martinus Polonus, *Chronicon*, in: MGH, SS, XXII, p. 433.

로써 그는 그것이 '관습'이었음을 시인한다 ― 우리는 그것을 옳다고 인정한다. 그러나 마르티누스가 자신의 권위로 그릇된 것이라고 표현할 때, 앞서 언급한 로마 주교들의 권리 주장을 최선을 다해 정당화함으로써 군주나 인간 입법자의 권한을 모호하게 한다면 (신이나 진리보다 인간의 마음에 들기 위해) 그는 진리를 말하는 것이 아니라 이 일의 유래와 비밀이 그에게 닫혀 있음을 증명할 따름이다. 왜냐하면 제1권 제15장과 이 권의 제17장과 제22장[30]에서 충분히 지시한 것처럼 자신의 충동에 따라서만 한 인물을 어떤 직무에 임명하거나 정하고, 특히 로마 주교좌에 대해 결정하는 것이 신법이나 인간법 혹은 칭송할 만한 관습에 따르면 통치자나 어떤 다른 개인에게 합당하지 않지만 인간 입법자의 권위에 의해 법에 정해진 어떤 형식과 방식에 따라 ― 예를 들어 사제 집단과 다른 지혜롭고 유능한 사람들에게 조언을 구함으로써, 또한 그들의 보다 강한 일부의 결정에 의지함으로써―로마 대사제를 임명하는 일은 정당하게 군주의 소관이 될 수 있기 때문이다. 이 점에서 우리는 마르티누스[31]를 믿어서는 안 된다. 왜냐하면 그는 자신의 수도회와 함께 이런 권리 주장에 참여했기 때문이다. '청빈의 형제들'이라고 칭한 수도회는 로마 주교들의 조처를 통해 면제를 받았고 혹은 받았다고 믿었다. 즉 그들은 그들의 목회자, 주교와 다른 고위 성직자들의 사법권에 속해 있지 않다고 믿었다. 그들은 통치자의 사법권으로부터의 면제를 오직 그것을 통해 성직자들이 인간 입법자에서 면제되는 특권에 의해서만 받음에도 불구하고 말이다.[32]

---

30 I, 15, 8; II, 17, 7; II, 22, 9-11.

31 마르티누스 폴로누스, 혹은 오파바의 마르티누스(Martinus Oppaviensis, 독일어명은 Troppau)는 도미니크회 수도사이자 교황의 고해 사제였다. 그러므로 그는 교황의 주장을 미화했다.

32 1231년 그레고리우스 9세는 프란체스코회와 도미니크회를 교황의 것 이외의 모든 사법권에서 면제했다. 보니파키우스 8세는 1300년 2월 17일에 궁극적으로 교령 'Super cathedram'에서 설교와 고해 특권을 규정했다.

§ 9. 그러나 뒤로 돌아가 이미 말했듯이, 황제들이 로마교회의 목자들을 임명한 것은 그릇되거나 비난받을 만한 관습이 아니었다. 즉 이 권한은 이미 언급한 것보다 더 충실한 의미에서 모든 로마 백성과 주교, 성직자, 다른 세속인들에 의해 카롤루스 대제와 나중에는 독일과 로마의 황제 오토 1세에게 양도되었다고 우리는 알고 있으며, 그대 마르티누스와 함께 이 진리에 대항하고자 하는 자들도 이것을 인정한다. 그러므로—믿을 만한 역사서에 그렇게 기록되었으며, 이것은 진실이다—로마 백성의 공동적 동의에 의해 다음의 칙령이 선포되었다. "교황 레오[33]는 로마의 거룩한 구원자의 교회에서 모인 노회에서 프랑크족과 랑고바르드족의 승승하는 왕 카롤루스에게 귀족[34]의 신분과 사도좌에 대한 명령과 서임권을 용인한 사도좌의 복된 하드리아누스 주교의 모범에 따라 다음과 같이 선언했다. 나, 레오, 신의 종들의 종, 주교는 모든 성직자와 모든 로마 백성과 더불어 우리 사도적 권위를 통해 독일의 왕 오토 1세, 그리고 이 이탈리아 왕국에서 그의 후계자에게 영원히 자신의 후계자를 선출할 뿐만 아니라 최고 사도좌에 대제사장을 임명하고 그를 통해 대주교 내지 주교들을 임명하는 권한을 결정하고, 확증하고, 확정하며, 승인하고, 부여한다. 그러므로 그들은 황제로부터 서임을 받는 반면, 황제가 교황과 대주교에게 용인한 자들을 제외하고는 성직 서품은 마땅히 받아야 할 곳으로부터 받는다. 그리고 아무도 미래에는, 어떤 지위나 어떠한 경건을 가졌을지라도, 황제의 동의 없이는 최고 사도좌의 가장 내지 대제사장을 선출하거나 어떤 주교를 임명해서는 안 된다. 이 일은 아무런 돈의 지불 없이 이루어져야 하며, 황제 자신은 귀족과 왕이 되어야 한다. 그러나 앞서 언급한 왕에 의해 추천되거나 서임되지 않은 주교가 성직자들에 의해 선출된다면, 그는 서품을 받아서

---

33 레오 3세(795~816)는 카롤루스 대제를 위해 대관식을 거행했다.
34 patricius: 고대 로마의 세습 귀족을 말한다. 그러므로 'patriciatus'는 그 지위를 의미한다.

는 안 된다. 누군가 이 권위에 반해 어떤 일을 시도한다면, 그는 출교에 처해져야 한다고 우리는 결정했다. 그리고 그가 다시 이성으로 돌아오지 않는다면, 철회될 수 없는 유배형이나 극형에 처해져야 한다."[35] 앞에 언급한 레오의 후계자인 스테파누스[36] 교황, 그리고 스테파누스의 후계자인 니콜라우스[37]는 이 칙령을 확인했으며, 무시무시한 저주형의 위협 아래 이를 준수하도록 명령했다. 그러므로 이것을 침해하거나 위반한 자는 "부활하지 못할 불경건한" 자로 간주되어야 한다.[38]

이 칙령에서 특별히 주목할 만한 점은 로마 주교가 모든 백성과 함께 황제에게 양도한 서임에 관한 권한이 교황 편으로부터 온 한에서 어떤 포기를 의미한다는 것이다. 왜냐하면 이의 권한은 원래 통치자 내지 인간 입법자에게 속했거나 속한 것으로 그는 주교와 대주교를 서임하는 권한을 이미 교황에게 양보했기 때문이다. 또한 왜냐하면 모든 세속적 물질은 누구를 통해 어떤 교회에 양도되었든지 간에, 그것들은 그 교회가 있는 지방의 인간 입법자에 속해 있었고 속해 있기 때문이다. 앞서 언급한 칙령에서 저 양보를 다음과 같이 지시한다. "황제가 교황과 대주교에게 용인한 것들을 제외하고." 그러므로 이 권의 제17장[39]에서 지시한 것처럼 사도좌의 대사제를 임명하는 것은 로마 통치자와 백성의 권한에 속한다. 물론 성직자들은 이 백성에서 제외되지 않았는데, 그들 또한 백성의 일부이기 때문이다. 그들이 이 권한 내지 권위를 통치자에게 절대적으로 혹은 법적 결정을 통해 양도하고자 했다면, 로마 통치자는 그 권한을 정당하게 취한 것이고,

---

35 Ives de Chartres, *Panormia*, VIII, cap. 135~36.

36 스테파누스 4세(816~817)를 말한다.

37 니콜라우스 1세(858~867)를 말한다.

38 1057년 8월부터 1058년 3월까지의 스테파누스 9세의 교령인 'Ives de Chartres', *Panormia* VIII, in: MPL, 161, p. 1129를 말한다. 니콜라우스 2세의 교령은 그다음에 있다.

39 II, 17, 11.

그것은 백성의 결정이 없는 한 어떤 로마교황의 교령이나 법을 통해 정당하게 황제에게서 철회될 수 없었다. 왜냐하면 제1권 제12장과 이 권의 제21장[40]에서 지시한 것처럼 신자들의 공동체 안에서 누군가를 징벌로 구속하는 어떤 법이나 교령을 결정할 권한은 교황에게 또는 성직자들과만 합세한 교황에게 속하지 않기 때문이다. 그럼에도 불구하고 어떤 로마 주교들은 그런 것들(법이나 교령)을 월권으로 제정하고 선포하려 함으로써 법 제정에서뿐만 아니라 제정된 법에서도 백성과 통치자들에게 속한 사법권을 침해했다.[41] 아울러 점차로 여기서 발전했으니, 우리가 이 권의 제23장[42]에서 입증한 것처럼 특히 황제 위가 공석이었을 때 그러했다.

§ 10. 이 일과 일정한 세속적 물질의 점유 때문에 (우리가 연대기[43]나 믿을 만한 역사서에서 파악할 수 있는 한에서) 사도직 내지 사제직에서 그리스도와 사도들의 조언이나 계명을 따라야 하고 최고의 청빈과 겸손을 준수해야 하는 주교들이 그로 인해 그 조언과 계명에 반해 행동했음에도 불구하고, 로마 황제들과 로마 주교들 사이에 분쟁이 일어났다. 우리가 앞에서 지시한 것처럼 그들은 무지나 악함 때문에, 혹은 양자 때문에 전혀 다른 길, 즉 청빈과는 상반된 길에서 벗어나 이미 언급한 통치자들에 대항해 끝없는 분쟁과 싸움을 시작했다. 다른 자들 가운데서도 파스칼리스(Pascalis)[44]라는 이름의 로마 주교는 독일 왕 하인리히 4세[45]에 대항해 가장 신랄하

---

40 I, 12(세속적 입법은 백성의 일이다); II, 21(교회 입법은 종교회의의 일이다).

41 II, 23, 13 참조.

42 II, 23, 7-13.

43 Martinus Polonus, *Chronicon*, in: MGH, *SS*, XXII, p. 435. 여기서 마르실리우스가 언급한 사건은 하인리히 4세와 그레고리우스 7세 사이에서 절정에 달한 서임권 논쟁 중 일부 에피소드에 지나지 않는다.

44 파스칼리스 2세(1099~1118)는 그레고리우스 7세에 의해 추기경으로 임명되었다.

45 하인리히 4세(1056~1105)의 재위 기간은 서임권 논쟁으로 점철되었다. 그가 그레

게 이 싸움을 시작했다. 역사서에 의하면, 이 주교는 하인리히 4세가 황제위에 오르는 것을 방해하고 그에 대항해 로마 백성을 사주했다. 마침내는 하인리히 4세는 투스키아(Tuscia)에 있을 때 사절과 서신을 통해 주교들과 수도원장들, 그리고 모든 성직자에 대한 서임권을 로마 주교에게 양보할 것을 강요당하기에 이르렀다. 앞에 언급한 교황이 계속 왕이 도시에 입성한 후에, 그에게서 강제로 얻어낸 양보에 대해 맹세를 요구했을 때, 왕은 그를 그의 추기경 집단과 함께 포로로 잡았다. 결국 교황은 석방되어 앞서 언급한 황제와 평화조약을 맺었다. 그다음에 그는 다시 그에 대항해 이전의 분쟁을 일으켰는데, 그 결과는 결국 힘든 싸움으로 끝을 맺었다.

§ 11. 마르티누스의 진술에 의하면,[46] 앞에 언급한 "황제[47]는 파스칼리스의 후계자 칼릭스투스(Calixtus)[48] 로마 주교를 맞이해 자발적으로 이성으로 돌아와서"는, 마르티누스의 말을 인용하자면, "반지와 봉(棒)으로 주교들과 다른 고위 성직자들의 서임을 포기했고, 제국 전체의 모든 교회에서 교회법에 따른 선출이 행해지는 것을 허락했다. 그는 자신과 교회 간의 분쟁 혹은 다른 분쟁 때문에 몰수되었던 복된 베드로의 재산과 레갈리아[49]를 로마교회에 반환했고, 전쟁 때문에 그들에게서 탈취된 성직자와 평신도의 다른 재산의 반환을 신실하게 명령했다".

고리우스 7세로부터 파문을 당하자, 1077년 1월 25일부터 1월 27일까지 카노사 (Canossa) 성 밖의 눈 속에서 그레고리우스 7세에게 해벌(解罰)을 간청한 사건은 유명하다.

46 Martinus Polonus, *Chronicon*, in: MGH, SS, XXII, p. 469.

47 하인리히 4세가 아니라 그의 아들 하인리히 5세를 말한다.

48 칼릭스투스 2세(1119~24)는 1122년 보름스(Worms)에서 하인리히 5세와 서임권 논쟁을 종결하는 협약을 체결했다.

49 Regalia: 왕위의 상징물, 즉 왕관이나 홀(笏), 보물 등을 말한다.

§ 12. 로마 황제 오토 4세와 프리드리히 2세[50]가 나중에 이런 양보와 특권을 아마도 정당한 이유에서 절대적으로 혹은 부분적으로 철회하려 했거나 철회했을 때, 그들은 (또한 그들의 전임자 중 어떤 사람도) 로마 주교들과 성직자들로부터 많은 음모와 박해, 방해를 겪었다. 이 상황에서 신하인 백성들의 지원을 받지 못했는데, 왜냐하면 그들이나 그들의 관리들과 일꾼들의 통치가 때로는 아마도 독재적으로 느껴졌기 때문이다.[51]

§ 13. 이것은 우리가 이미 말한 것처럼 신법과 어떤 통치자들의 이단 때문에 생긴 분쟁이 세상에서 완전히 제거된 후에, 오늘날의 황제들과 로마 교황들 간의 갈등과 불화의 첫 번째 불씨가 되었다. 즉 이전에 이 권의 제4장과 제5장, 제14장[52]에서 지시한 것처럼 로마 주교들은 정당한 권한도 없이 과도하게 세속적 물질을 점유하고자 했으며, 통치자들 혹은 인간 입법자의 법과 칙령에, 그리스도와 사도들의 모범과 교훈에 반해, 굴복하려고 하지 않았다. 그러나 그들은 「고린도 전서」 제6장[53]에서 모든 신자에게 사도가 조언한 것에 따라 자신의 것이 아닌 것에서 다투기보다는 차라리 현존하는 것에 굴복해야 했다. 특히 사제와 주교와 다른 영적 일꾼들처럼 그리스도와 사도들의 삶을 모방해야 하는 자들은 더욱 그래야만 했다. 사도는 말한다. "왜 여러분은 차라리 불의를 당하지 않는가? 왜 여러분

---

50 이 절은 마르티누스의 연대기에 근거한 것이 아니고, 아마도 구전 전승이나 신성로마제국 황제 오토 4세(1209~15)와 프리드리히 2세(1220~50)에 대한 교황의 교령에 근거한 듯하다. 전자는 인노켄티우스 3세와 후자는 그레고리우스 9세, 인노켄티우스 4세와 갈등 관계에 있었다.

51 마르실리우스는 악명 높은 독재자였던 에첼리노 다 로마노(Ezzelino da Romano, 1194~59)를 염두에 둔 듯하다. 당대의 연대기들은 그가 베로나와 비첸차, 파도바를 20년간 통치하면서 행한 잔학과 공포를 기억한다. Rolandino Patavino, *Chronicon*, in: MGH, *SS*, XIX, pp. 32~147 참조.

52 II, 4, 1-13; II, 5, 1-10; II, 14, 16.

53 「고린도 전서」 6:7-9.

은 차라리 기만당하지 않는가?" 그리고 그는 모든 로마 주교와 다른 성직자들에게 정당하게 다음과 같이 덧붙인다. "그러나 여러분은 불의를 행하고 기만하고, 그것도 형제들에게 행한다. 여러분은 불의한 자는 신의 나라를 얻지 못할 것을 알지 못하는가?" 로마 주교들은 마찬가지로 이 말에 거의 주목하지 않는다. 오히려 그들은 때때로 전쟁의 필요성이 임박해 병사들을 부양하기 위해 십일조나 이런 세속적 물질의 조공을 요구하는 로마 통치자들에 의해 자신들이 부담을 져야 함을 인식할 경우에는 그들은 자신들이 그동안 받은 은총과 호의에 대한 보답으로, 자만심에 가득 차 통치자들이 그들에게 자비로이 수여한 육적 물질의 선물 때문에 우쭐해졌으며, 그들의 처지를 알지 못하고 배은망덕하면서 주제넘게도 통치자들뿐만 아니라 그리스도를 믿는 신하들에 대한 끔찍한 모욕과 저주를 퍼부었다. 그러나 그 모욕과 저주가 통치자와 무고한 신자들의 무리에게 타격을 가하기보다는 자신의 불행한 영혼과 육신으로 되돌아온다는 것에는 전혀 개의치 않았다.[54]

§ 14. 그들은 통치자들이 자신들에게 양보한 세속적 물질에 만족하지 못하고, 그에 만족할 줄 모르는 욕심 때문에 황제의 권한에 속한 지방들, 즉 로마냐 도시들과 페라라, 볼로냐의 재산, 그리고 많은 다른 재산을 점유했을 뿐만 아니라 특히 황제 위가 공석일 경우에 토지 재산과 다른 사법권을 차지했다.[55] 그리고 모든 시민적 폐단 가운데 가장 나쁜 것은 그들

---

54 프리드리히 2세의 폐위에 대한 인노켄티우스 4세의 교령(1245년 7월) 혹은 보니파키우스 8세와 필리프 미남왕과의 갈등 및 교황의 교령 'Clericis laicos'를 염두에 둔 듯하다.

55 1278년 합스부르크의 루돌프 1세는 로마냐와 페라라, 볼로냐를 궁극적으로 니콜라우스 3세에게 양보했다. MGH, *Constitutiones* III, nr. 192~202. 그러나 증여 문제는 바이에른의 루트비히 때 페라라를 에스테(Este) 가문의 봉토로 인정하면서 다시 등장했다. MGH, *Constitutiones* V, nr. 806/696, pp. 629ff. 참조.

이 군주들과 백성들을 (그것이 아무리 견딜 수 없고 추악할지라도) 자신에게 예속시키기 위해 스스로 통치자와 입법자가 된 것이다. 즉 그들의 대부분이 출생적으로 천민에서 나왔고, 교황직으로 선출되기까지 벼락부자가 부를 구별하지 못하는 것처럼[56] 세상의 통치직을 알지 못했으므로 그들은 모든 신자에게 견딜 수 없는 존재가 된다.

§ 15. 또한 그들은 자신들에게 속함이 당연하다고 장담하는 권세 충만에 의해 모든 것이 허용된다고 믿으면서 '교령'이라고 불리는 과두정적 명령을 제정하거나 제정했다. 그것들에 의해 그들은 자신들과 성직자들과 다른 평신도들의 (그들의 면제에 대해서는 우리가 이 권의 제8장에서 언급했다) 세속적 유익을 위해 적합하다고 믿는 것을 준수하도록 명령한다. 이것이 통치자들과 나머지 신자들에게 아무리 큰 손해가 될지라도 말이다. 그런데 그들은 이 교령에 순종하지 않는 자들에게 앞서 말한 것처럼 구두나 서면으로 저주를 내린다. 아울러 그들 중에는 결국 미친 나머지 세상의 모든 통치자와 백성이 강제적 사법권에 있어 자신에게 종속된다고 교령으로 선포하는 자들도 있고, 또한 이것을 믿는 것이 영원한 구원에 필수적이라고 주장하기에 이르렀다. 우리는 이것이 조롱거리가 되는지를 이 권의 제20장 제8~13절에서 밝혔다.

§ 16. 그러므로 우리가 말한 것처럼 로마 주교들은 그들의 성직자 집단과 함께 모든 통치자와 백성에 대해 자행한 이 과도한 월권을 (이탈리아 백성과 로마 황제들에 대해 보다 강하고 노골적으로 자행하기는 했지만) 유지하고 고집불통처럼 끈질기게 방어하려 했다. 이뿐만 아니라 그들은 다른 왕국들에서도 미리 계산하고 소망한 같은 것, 혹은 보다 큰 것을 구하려 하고,

---

56 요한 22세는 부유한 구두 제조공의 아들이었다.

이를 위해 그들의 모든 관심을 기울이고 그들이 감행할 수 있는 모든 외교적 노력을 바친다.[57] 그러나 그들은 (그들이 이것을 은폐하고 말의 시적 울부짖음과 베일로 모호하게 하고 부정하려고 하지만) 모든 특권과 양보를 부여하고, 또한 그것을 적절하다고 판단할 경우에 박탈하는 권한이 동일한 인간 입법자에게 있다는 사실을 인식하고 또 인정한다. 그러므로 그들은 모든 악한 간계와 수단으로써 자신들 내지 전임자들의 배은망덕과 잘못을 의식하면서도, 로마 황제가 특권과 양보를 철회하고 그들에게서 빼앗을 것과 그러므로 받아 마땅한 징계를 감수하기를 두려워하면서 로마 황제의 선거와 제위 등극을 방해한다.

§ 17. 또한 그들은 이미 언급한 두려움 때문에, 그리고 음모 없이는 앞서 언급한 특권에 의해 다른 왕국에 대한 지배권과 사법권, 재산을 획득할 수 있는 길이 없기 때문에, 아울러 아마도 어떤 군주들이 로마 황제로부터 독립을 요구하기 때문에[58] 어떤 다른 교활한 계산을 통해 이 목표에 도달하려 했다. 곧 그들은 자신에 대해 공공연히 선언하고 이 불의의 도구로 삼고자 한 칭호를 참칭했기 때문이다. 즉 그리스도가 복된 베드로의 인격 안에서 이 사도의 후계자들인 그들에게 특별히 용인했다고 주장하는 권세 충만이 그것이다. 그들은 지금까지 이 가증스러운 칭호와 (모호함 때문에 궤변적이고 그럼에도 불구하고 모든 신자에 의해 어떤 의미에서나 거짓된 것으로 언제 어디서나 부인되어야 할) 표현으로부터 거짓 결론을 내리거나 내리려고 시도하면서 세상의 모든 통치자와 백성, 집단, 개인을 자신들에게 예속시키려 노력한다. 왜냐하면 로마 주교들은 권세 충만이 보편적 영혼 돌봄 내지 보편적 목자직을 의미하는 듯 보이는 의미에서, 또한 경건과 사랑과 자비의 가면 아래 모든 인간을 오로지 죄와 형벌로부터 해방하는 권한을 의미

---

57 보니파키우스 8세와 필리프 미남왕 간의 싸움을 염두에 둔 듯하다.
58 나폴리 같은 이탈리아 도시는 신성로마제국 황제에 대항해 독립을 원했다.

하는 듯 보이는 의미에서, 처음에 이 칭호를 취했기 때문이다. 그러나 우리가 이 권의 제23장[59]에서 입증한 것처럼 이 의미에서 점차로 은밀히 벗어났으며, 결국 그들은 권세 충만이 모든 통치자와 백성, 세속적 물질에 대한 보편적이고 최고의 사법권 내지 강제적 통치권으로 이해되는 그런 의미 내지 그런 의미에 따라 취했다. 우리가 이 권의 제23장 제5절에서 언급한 것처럼 그들은 부적절함에도 불구하고, 그 구절들에 대한 알레고리적 해석을 통해 이 의미 이전과 참칭을 시작했다. 그런데 로마 주교들이 이런 의미에서 자신들에 대해 권세 충만을 주장한다는 것, 즉 모든 통치자와 백성, 개인에 대한 최고 사법권이나 강제적 통치권이 이 권세 충만에 의해 자신들에게 속한다는, 모든 사람에게 명백한 증거는 이것이다. 그들이 교령이라고 부르는 그들의 발언집 제7권 '판결과 판단된 것의 사안에 대하여'에서 이 발언집의 창시자로 알려진 로마교황 클레멘스 5세와 그것을 나중에 공개한 이른바 그의 후계자들은, 그들의 권한이 닿는 한에서 고귀한 로마 황제 하인리히 7세[60]의 어떤 판결을 폐기하면서 앞서 언급한 하인리히에 대해 비방과 욕설과 존경심 없는 말들을 쏟아낸 후에 (그들의 오랜 관습에 따라) 구두와 서면으로 다음 구절을 선언했다. "우리가 왕국에 대해 의심의 여지없이 가지고 있는 최고 권력에 의해서뿐만 아니라 황제 위가 공석일 때 우리가 황제의 대리자가 되는 권력에 근거해, 또한 왕 중의 왕이며 지배하는 자들의 주[61] 그리스도가 공로가 없을지라도, 복된 베드로의 인격 안에서 우리에게 위임한 권세 충만에 의해 우리는 우리 형제들의 조언에 따라 선언한다. 판결과 앞서 언급한 재판과 거기에서부터, 그 기회에 이루어

---

59 II, 23, 5-13.

60 하인리히 7세(로마 왕 1308~13, 신성로마제국 황제 1312~13)는 오랜 황제 위의 공석 후에 황제로 선출되어 이탈리아에서 황제권을 부활시켰으나, 때이른 죽음과 그의 아들의 황제 선출 실패로 그의 업적은 물거품이 되었다.

61 「요한 계시록」 19:16.

진 모든 결과는 전적으로 무효이며 아무것도 아니라고 선언한다."[62]

§ 18. 이 주교들의 기만이 더 이상 은폐되지 않기 위해 나는 진리의 전령으로서 힘차게 외친다. 여러분, 왕들과 제후들, 백성들, 족속들에게 그리고 모든 언어를 사용한 인간에게 로마 주교들은 그들의 성직자 내지 추기경 무리와 함께 모든 전제에 있어 분명히 거짓된 그들의 이 문서로써 가장 큰 예단(preiudicium)을 야기한다고 말한다. 즉 그들은 여러분이 이 문서가 그대로 있도록, 특히 그것이 법의 힘과 효력을 갖도록 허용한다면, 여러분을 자신들에게 예속시키려고 한다. 필연적으로 뒤따르는 결과를 주목하라. 즉 모든 통치자나 판관의 판결을 폐기할 일차적 권한을 가진 자는 그에 대해 사법권과 강제적 통치권을, 또한 그의 정권을 세우고 제거하고 폐지하는 권한도 가진다. 로마 주교는 이 권한을 세상의 모든 통치자와 정부에 대립해 무차별적으로 자기 자신에게로 귀속시킨다. 왜냐하면 그는 그리스도가 복된 베드로의 인격 안에서 자신에게 위임했다고 말하는 이 권세 충만에 의해 앞서 언급한 하인리히의 국가적 판결을 폐기했다. 이 권력은 필연적으로 세상의 모든 다른 왕과 통치자뿐만 아니라 로마 황제에 대해서도 그 자신에게 허용되었다고 결론을 내려야 한다. 왜냐하면 그리스도는 다른 왕들과 통치자들뿐만 아니라 로마 왕 내지 황제의 왕 내지 주(主)이고, 주였고, 주일 것이기 때문이다. 그들의 말과 문서가 이것을 분명히 증언한다. "왕 중의 왕과 지배하는 자들의 주." 즉 그들의 말이나 문서가 특별히 "로마 왕 내지 황제의 왕과 주로서의 그리스도가 자신들에게 위임한 권세에 의해" 등의 언급을 포함한다면, 여기서부터 다른 왕들과 왕국에 대

---

62 클레멘스 5세(1305~14)의 1314년 3월 14일자 교령 'Pastoralis cura', c. 2, in: MGH, *Constitutiones* IV, nr. 1164, pp. 1205f. 교황은 나폴리 왕 앙주의 로베르토를 로마냐와 투스키아의 교황 대리인으로 임명함으로써 구엘피파의 선봉에 서게 만들었다. 이 교령은 1317년 7월 16일 요한 22세에 의해 확인되었다. MGH, *Constitutiones* V, nr. 443, pp. 367f.

해 어느 정도 예외가 있다고 이해할 수 있다. 그러나 그들은 복음 기자가 쓰듯이, 복수로, 절대적으로, 차별 없이 그들의 진술을 선언했으므로(로마 주교들이 의도한 의미에서는 아니지만), 이것에 의해 어떤 왕이나 통치자에게 예외를 만들 수는 없다. 그들 자신은 아무도 제외되지 않은 것으로 이해했으며, 그들의 선임자 보니파키우스 8세가 다른 곳에서 분명히 선포한 것처럼 모든 사람이 포함된 것으로 이해했다. 우리는 이것을 이 권의 제20장 제8절에서 인용했다.

§ 19. 그러나 교황들의 말이나 글 때문에 한 인간의 영혼이 오염되지 않기 위해 그들에게 응답한다. 복음서 기자는 그리스도를 왕 중의 왕 내지는 지배하는 자들의 주로서 ('모든 피조물'을 덧붙였다 하더라도) 선포함으로써 진리를 말한 것이다. 그럼에도 불구하고 통치권이나 강제적 사법권이 (권세 충만은 말할 것도 없고) 복된 베드로나 다른 사도의 인격 안에서 로마 주교나 다른 주교에게 위임되었다고 주장하는 자는 그리스도와 사도 베드로와 바울, 야고보의 분명한 견해에 반해 그릇되고 명백한 거짓말을 말하고 쓴 것이다. 도리어 우리가 성서와 거룩한 교부들의 권위적 진술에 의해 이 권의 제4장, 제5장, 제9장[63]에서 분명히 확증한 것처럼 로마 주교와 다른 모든 주교에게는 모든 사도의 인격 안에서 그런 권세가 그리스도에 의해 금지되었고 금지될 것이다.

§ 20. 이 새로운, 이전에 들어보지도 못한 상상 속에서 로마 주교는 그 자신의 이성과 이런 생각에 참여하는 거의 모든 신자의 이성에 반해 거짓되고도 뻔뻔하게 온 세상 앞에서 "자신은 의심의 여지없이 로마 황제에 대립해 강제적 사법권과 통치권을 의미하는 최고 권력을 가지며", 또한 "황제

---

63 II, 4, 13; II, 5, 1-10; II, 9, 1-9.

위가 공석일 때 자신은 앞에 언급한 황제를 대행한다"라고 공공연히 선포하기를 두려워하지 않고 고집스럽게 장담했다.[64] 즉 이것을 통해 로마 주교들이 자신에게 허용했고, 이미 말한 것처럼 특히 황제 위가 공석일 때에 오늘날 허용하는바 황제적 사법권에 대한 참칭이 근거가 없고 불법적이라는 것이 아주 분명히 드러난다. 즉 누가 수세기를 통해 전혀 들어보지도 못했고 신법이나 인간법에 의해 혹은 올바른 이성에 의해 확정되지 않은 것이 의심할 여지없이 참되다고 그렇게 뻔뻔하면서도 수치심 없이 주장할 수 있겠는가? 이 주장의 반대가 앞의 법에 따르면, 언제나 모든 사람이 믿은 진리의 표징처럼 이해되고 선포되었던 것이다. 그러므로 우리는 "대부분의 사람들이 신뢰하는 자가 대부분의 사람을 치유한다"라는 의사들의 격언에서 유추하여 다음과 같이 말할 수 있다. 오늘날 대부분의 사람들이 신뢰하는 자가 대부분의 사람을 유혹하고 기만하려 한다.

---

64 하인리히 7세가 세상을 떠난 후에, 요한 22세는 바이에른의 루트비히의 선출 무효를 주장하면서 이렇게 말했다.

로마교황은 특별히 황제와 로마제국에 대해 어떻게 이 특권을 관철했는가[1]

§ 1. 그러므로 로마 주교들은 이미 언급한 권세 충만을 점차 악화되는 방향으로 지금까지 사용했지만, 주로 로마 황제와 로마제국에 대항해 사용하고 있다. 즉 그들이 황제에 대항해 로마제국을 종속시키려는 악한 짓을 행할 수 있는 것은, 이른바 이 목자나 가장 거룩한 아버지들이 주민 간의 상호 불화 및 자기 군주와의 불화를 오늘날까지 일으켰고 끊임없이 일으키고 조장하기 때문이다. 또한 그들은, 이 제국이 자신에게 의존한다면, 나머지 왕국들을 예속시키는 길이 쉽게 열린다고 믿는다. 그들이 받은 은

---

1 마르실리우스는 이 장(章)에서 바이에른의 루트비히에 대한 교황 요한 22세의 태도를 고발한다. 요약하면 다음과 같다. 첫째, 루트비히가 일곱 명의 선제후에 의해 정상적으로 선출되었음에도 불구하고, 교황은 그가 황제로 승진하는 것을 방해한다. 둘째, 따라서 교황은 제국의 선거권을 불신한다. 셋째, 교황은 황제 지명의 유일한 형식인 선거를 자신의 개인적 승인으로 대체함으로써 월권하고 있다. 교황이 황제를 인정하는 것은 형식적 의식에 불과하다. 넷째, 교황은 제국의 신하와 속국들의 지방에 반란을 사주한다.

혜 때문에 더욱 특별히, 모든 사람에게 알려진 것처럼 로마 황제와 로마제
국에 책임이 있음에도 불구하고 말이다.

§ 2. 누구도 모르지 않고 우리의 말이 필요하지 않은 한 가지 일을 말하
자면, 그들은 욕심이나 탐욕, 오만과 야망에 사로잡혀 배은망덕 때문에 더
욱 악해져 결국 갖은 방법으로 로마 황제의 선출과 등극을 방해하려 하고
그의 제국을 무찌르려 하며, 혹은 그것을 다른, 자신들에게 종속된 형태로
바꾸려고 한다. 이것은 제국에 대한 그들의 간섭이 앞에 언급한 통치자의
권력에 의해 교정되지 않으며, 이 때문에 그들이 합당한 징계를 받지 않기
위함이다. 그들이 우리가 언급한 의도를 가지고 어디서나 앞서 언급한 통
치자에게 공공연히 장애물을 놓음에도 불구하고, 그들은 음흉하게도 '그
리스도의 신부', 즉 교회의 권리를 방어하기 위해 그렇게 했다고 주장한다.[2]
그러나 이 궤변적인 경건은 가소롭다. 왜냐하면 세속적 물질이나 사법권에
대한 욕심, 그리고 통치에 대한 야망은 그리스도의 신부가 아니며, 또한 그
리스도는 이런 신부와 혼인으로 결합하지 않고 도리어 우리가 이 권의
제4장, 제5장, 제13장, 제14장[3]에서 입증한 것처럼 그녀를 낯선 여인처럼
분명히 거절했기 때문이다. 복된 베르나르두스가 교황 에우게니우스에게
보낸 글인 『고려에 대하여』 제4권 제4장[4]에서 분명히 말한 것처럼 이것은
사도들이 거짓 후계자가 아니라 그들의 진정한 후계자들에게 남긴 유산이
아니다. "이 베드로는 보석이나 비단옷으로 치장하거나, 황금으로 덮이거나
백마를 타거나 군인들의 호위를 받거나 소란스러운 종에 의해 에워싸여

---

2 '그리스도의 신부'라는 표현은 1323년 10월 8일과 1324년 3월 23일에 요한 22세가
   바이에른의 루트비히에 적대해 선포한 칙령에서 반복된다. MGH, *Constitutiones* V,
   pp. 616f., 693.

3 II, 4, 1-13; II, 5, 1-10; II, 13, 33-38; II, 14, 13-15.

4 Bernardus, *De Consideratione ad Eugenium papam tertium* IV, c. 3, in: MPL, 182,
   p. 776.

행진했다는 것은 알려지지 않았다. 그러나 그는 그것 없이도 충분히 '네가 나를 사랑한다면 내 양들을 치라'는 구원의 명령을 성취할 수 있다고 믿었다." 여기, 즉 황금이나 보석이나 다른 세속적 물질에서 "그대는 베드로를 계승한 것이 아니라 콘스탄티누스의 후계자이다". 그러므로 세속적 물질을 위한 싸움에 의해 그리스도의 신부는 진실로 보호받지 못한다. 왜냐하면 오늘의 로마교황은 진실한 그리스도의 신부, 가톨릭 신앙과 신자들의 무리를 보호하지 않고 도리어 해치며, 그 신부의 아름다움, 즉 일치를 보존하는 것이 아니라 더럽히기 때문이다. 그들은 밀 가운데 가라지를 덧뿌림으로써[5] 그 지체를 갈가리 해체하고 서로 분리한다. 그리고 그들은 그리스도의 참된 동반자인 가난과 겸손을 인정하지 않고 철저히 배제함으로써 신랑의 종이 아니라 그의 원수임을 드러낸다.

§ 3. 로마 주교들은 이 통치권을 전복하려고 하면서 우리가 이전에 그 진술 가운데서 인용한 것을 가정한다. 즉 자신들은 신법이나 인간법, 혹은 양자에 의해 동시에 로마 통치자 내지 황제에 대해 (그가 선출되었든지 선출되어야 하든지 간에) 상위 권력을 가지고 있다. 또한 제국이 통치자가 없을 경우에 자신들에게 황제적 권력이나 사법권이 있다. 그러나 이 두 가지 가정은 분명히 그릇된 것이며 신법이나 인간법을 통해, 그리고 올바른 이성적 사고를 통해서도 확증되지 않았다. 도리어 차라리 그 반대가 제1권 제12장에서 입증되었으며, 이 권의 제4장, 제5장, 제9장[6]에서 성서를 통해 보다 확실히 확인되었다.

§ 4. 그러나 이미 언급한 것 외에도 나는 이런 가정, 혹은 차라리 참칭의 동기를 어떤 넘치는 경건이라고 말하고자 한다. 즉 어떤 로마 통치자들은

---

5 「마태복음」 13:25-26 참조.
6 I, 12(입법자의 과제); II, 9(사제는 신법에 따라 강제적 권한이 없다).

콘스탄티누스 시대 이후에 로마교황의 인격 안에서 그리스도에게 특별한 경외를 표함으로써 그리스도로부터 교황의 중재를 통해 그들의 제국 통치를 위해 보다 풍성한 축복과 은총을 받기 위해 로마교황에게 자신들의 선출을 친절하게 신고하기를 원했다. 같은 혹은 거의 같은 방식으로 어떤 로마 황제들은 그들의 제위 등극의 위엄을 높이고 등극을 표시하기 위해 신으로부터 보다 많은 은총을 얻기 위해 로마교황으로부터 대관을 받게 했다. 이 대관이 프랑스인의 왕에게 대관한 랭스의 대주교[7]보다 로마 통치자에게 대관한 로마 대사제에게 더 큰 권세를 부여한다고 누가 말하는가? 왜냐하면 이런 의식은 권위를 부여하는 것이 아니라 소유 및 부여된 권위를 상징할 뿐이기 때문이다. 로마 주교들은 종종 로마 황제들이 자발적으로 보여 준 경외의 표현에서 자신들에게 속하지 않는 것을 추구하는 가운데 통치자들의 단순함 — 나는 나태함이라고 말하지 않겠다 — 때문에 관습 내지 정확히 말해 남용을 도출했다. 선출된 인물에 대한 칭송이나, 그들이 그 인물에게 보낸 축복, 이미 언급한 선출의 확정을 구두와 문서로 언급하기 등. 그리고 과거의 로마 군주들은 이런 임명의 형상 아래 어떤 위험한 의도가 감추어져 있는지 주목하지 않았으므로, 로마 대사제들은 점차로 이 표현을 은밀히 도입했고 지금은 공공연히 사용한다. 따라서 아무도 로마 주교로부터 승인받지 않는 한 적절하게 로마인의 왕으로 선출되었을지라도, 로마인의 왕이라고 불리거나 왕의 권위를 갖거나 행사할 수 없게 되었다. 이 승인은 물론 그가 말한 것처럼 오직 로마 주교의 순수한 의지에 달려 있다. 왜냐하면 그는 지상에서 그런 판단에 있어 자신보다 높은 자나 동등한 자를 인정하지 않고, 추기경이라 불리는 자기 형제들의 조언을 이 경우나 다른 경우에 따를 의무가 없기 때문이다(그 조언을 이용함에도 불구하고). 도리어 그는 그의 권세 충만에 의해 원하기만 하면 그 반대의 것

---

7 1179년 필리프 2세 오귀스트(Philippe II, Auguste, 1165~1223) 이래 프랑스 국왕
   은 랭스 대주교로부터 대관을 받는 전통이 생겨났다.

도 행할 수 있다고 말한다.[8]

§ 5. 그러나 여기서 로마 주교는 자신의 관습에 따라 참된 것에서 거짓
을, 선한 것에서 악한 것을 도출한다. 왜냐하면 로마 통치자가 경건심 때문
에 그의 선출을 알리고 그의 축복 및 신에게 대도하기를 요청함으로써 자
발적으로 그에게 보여 준 존경에서부터 로마 통치자의 선출이 그의 의지
에 달렸다는 논리는 성립하지 않기 때문이다. 아울러 이것은 로마 통치권
의 해체를 비롯해 통치자 선출을 지속적으로 방해하는 것을 의미할 뿐이
기 때문이다.[9] 선출된 왕의 권위가 로마 주교의 의지에만 달려 있다면, 투
표자들의 직무는 전혀 아무것도 아니기 때문이다. 왜냐하면 그들에 의해

---

8 11세기 후반에 콘스탄티누스의 증여 문서가 교회법전에 포함된 이래, 신속하게 정
치적 논거의 효력을 얻었으며, 인노켄티우스 3세 이후 카롤루스 대제의 대관은 제
국 이전의 상징으로 간주되었다. 카롤루스 대제의 인격 안에서 동방에 있던 제국
을 서방으로 이전한 것은 교황청이다. 그러므로 교황청은 제국의 최고 시여자이다
(*Deliberatio super facto Imperii*, in: MPL, 216, pp. 1025~29 참조). 독일 제후
들에 의해 선출된 왕은 제국의 후보자에 불과하다. 오직 교황만이 그 기능의 자격
에 대한 판단자이다. 선출된 후보자는 교황이 그에게 행하는 안수에 의해서만 황제
가 된다. 교황에 의해 황제의 관을 받는 의식은 제국 권력이 교황 권력에 의존한다
는 기초적 행위이자 증거이다(인노켄티우스 3세의 교령 'Venerabilem', in: MGH,
Constitutiones II, pp. 505~06). "왕으로 선출된 인물이 황제로 승진하기 위해 그
를 검증하는 권한과 권위는 우리에게 있으니, 우리는 그를 임명하고 축복하고 대관
한다"(jus et auctoritas examinandi personam electam regem promovendam ad
imperium ad nos spectat, qui eam iniungimus, consecramus et coronamus.)
(보니파키우스 8세의 교령 'Apostolica Sedes', in: MGH, *Constitutiones* IV/1, p.
80). 'Romano Pontifici'(MGH, *Constitutiones* IV/1, p. 86), 요한 22세의 1323년
10월 8일자 'Monitorium'(MGH, *Constitutiones* V, p. 617), 클레멘스 5세의 교령
'Romani Principes' 참조.
9 황제는 7인의 선제후 ―트리어 대주교, 마인츠 대주교, 쾰른 대주교, 라인-팔츠 백작,
작센 공작, 브란덴부르크 후작, 보헤미아 왕―, 즉 3인의 고위 성직자와 4인의 평신
도 군주에 의해 선출되었다. 그들은 스스로를 로마 상원의 후계자라고 선언했으며,
선제후들의 투표는 신의 선택을 대행하는 것으로 간주되었다. 이것이 바이에른의 루
트비히가 정한 두 법령에 내포된 명제이다('Fidem catholicam'; 'Licet juris'). 마르
실리우스는 여기서 신성로마제국의 선거 시스템을 옹호한다.

선출된 자는 왕도 아니고 로마 주교의 의지 내지 사도좌[10]라고 부르는 권위를 통해 확인되기 전에는 왕이라고 불려져서도 안 되기 때문이다. 또한 이렇게 선출된 자는 왕으로서의 권위를 행사할 수 없고 오히려 견디고 듣는 것이 심히 부담스러운데, 어떤 선출된 자도 이 주교의 허락 없이는 제국의 수입으로부터 매일매일의 비용을 취해서도 안 된다. 그러므로 선제후들의 결정이 다른 한 사람의 의지에 달려 있다면, 제후들에 의한 선출은 그에게 지명 외에 어떤 다른 권위를 부여하는가? 즉 7명의 이발사나 눈곱이 낀 사람들이라도[11] 로마인의 왕에게 그만한 권위는 부여할 수 있기 때문이다. 선제후들을 멸시하기 위해서가 아니라 그들에게 합당한 권위를 빼앗으려 하는 자를 조롱하기 위해 이 말을 한 것이다. 그는 선거의 능력과 이치를 모르며, 무엇 때문에 그 효력이 투표권자들의 보다 강한 쪽에 있는지를 모른다.[12] 그리고 만일 그 투표가 합리적으로 규정되었다면, 투표 결과는 어떤 한 사람의 의지에 있어서도 안 되고, 그럴 수도 없다. 제1권 제12장과 제13장[13]에서 증명을 통해 확증한 것처럼 오직 통치자가 다스려야 할 입법자에게만, 혹은 동일한 입법자가 그런 권한을 용인한 인간들에게만 달려 있다는 것을 모르고 있다.

§ 6. 그러므로 로마 주교는 선제후들을 놀랄 만한 교활함으로 눈멀게 하고 현혹하려 하지만, 그들의 직무를 공공연히 파괴하려 한다. 즉 그는 많은 연설과 문서에서 그 권한이 자신의 자유로운 권세에 속해 있다고 확인하기 전에는, 로마인의 왕으로 선출된 자는 왕이 아니고 그렇게 불릴 수도

---

10 요한 22세의 'Monitorium' 참조.
11 쿤츠만/쿠쉬가 호라티우스(Horatius)에서 인용한 것으로 추정한다.
12 선제후들은 인간 입법자의 유효한 대리인이다. 즉 그들은 실제적으로 하나의 'universitas'(일체), 자율적 몸을 이루며, 제국 권리의 수탁자가 된다.
13 I, 12, 3-9; I, 13, 8.

없다고 주장하면서 선제후들의 지명[14]도 역시 자신의 자유로운 권한에 속한다고 이해한다. 왜냐하면 같은 주교가 장담한 것처럼 그는 제국을 "그리스인들로부터 카롤루스 대제의 인격 안에서 독일인에게로" 이전했기 때문이다.[15] 그런데 그는 다른 칙령에서 그들에 의해 선출된 자는 그리스도와 그의 사도좌에 의해 선제후들이 그에게 부여할 수 있었던 모든 권위를 박탈당했다고 선포하면서 다음과 같이 교묘하게 덧붙인다. "그리고 우리는 이것을 통해 선제후나 그들의 직무에 어떤 불이익도 발생하지 않기를 바란다." 그러나 그가 그들의 선출을 통해 누구에게도 로마인의 왕으로서의 권위가 부여되지 않는다고 앞서 말함으로써, 그리고 그가 그들에 의해 선출된 자에게서 그들의 합의와 결정 없이 그들을 통해 부여한 선출 권리를 박탈함으로써 그는 분명히 그들에게 불이익을 가한 것이다. 정확히 말해 그들의 직무를 무효화한 것이다. 또한 그는 다른 사람의 눈을 뽑아 피해자에게 해를 끼치면서도 자신은 그에게 해를 끼치지 않으려 한다고 주장하는 자와 다를 바 없이 조롱하고 해치는 것이다.[16]

---

14 마르실리우스는 『제국의 이전에 대하여』(De translatione imperii)에서 오토 3세가 세상을 떠난 이후에, 그레고리우스 5세가 선제후를 지명했다는 밀라노의 란둘프 콜로나(Landulf Colonna)의 주장을 인용했다.

15 1323년 10월 8일 루트비히에 대한 요한 22세의 첫 번째 재판(MGH, Constitutiones V, nr. 792, p. 616). 이 표현은 인노켄티우스 3세의 교령 'Venerabilem'에서 문자적으로 차용된다.

16 1324년 7월 11일 루트비히에 대한 요한 22세의 재판을 말한다. "우리는 …… 루트비히가 그의 선출에 의해 얻을 수 있었던 모든 권한을 주님에 의해 박탈당했음을 선언하고 적시한다. 그리고 우리는 그가 앞에서 언급한 권한을 박탈당했음을 판결로써 선포한다"(MGH, Constitutiones V, nr. 944, p. 785). "그럼에도 불구하고 미래의 황제를 옹립하기 위한 로마 왕의 선출과 관계된다고 알려진 교회 제후 및 세속 제후들의 권한을 우리의 재판 내지 그것에서의 어떤 다툼을 통해 박탈하려는 우리의 의도는 결코 없었고, 또한 없다. 우리는 그 권한이 전적으로 감축됨이 없이 보존되기를 바란다"(MGH, Constitutiones V, nr. 944, p. 787). 그러므로 마르실리우스는 문자적으로 인용한 것이 아니라 교령에서 관행적인 다른 양식을 사용했다. 또한 1324년 6월 3일 쾰른 대주교에게 보낸 교황의 서한(MGH, Constitutiones V,

§ 7. 또한 그가 선출된 로마인의 왕의 확인 권한을 자신에게 돌리는 것은 —그것 없이는 누구도 왕이 아니고, 왕이라 불려서도 안 되고 왕권을 행사해서도 안 된다 — 언급한 군주의 선출과 등극을 방해하거나 이미 언급한 통치권을 완전히 로마 주교에게 예속시킴을 의미할 따름이다. 왜냐하면 로마 주교는 모든 사람 위에 있고, 여기서 어떤 집단이나 개인에게 종속되어 있지 않다고 장담하므로 그가 원하지 않는다면 선출된 로마인의 왕을 인정하거나 확인하지 않을 것이기 때문이다. 그런데 그는 언제나 인정하지 않으려 할 것이니, 왜냐하면 그가 승인하기 전에 선출된 왕으로부터 일정한 약속과 서약을 요구하기를 원하며, 다른 것 가운데 로마 황제가 신의 관계에서 혹은 세속적 혹은 강제적 사법 행위에 있어 이 주교에게 종속되어 있음을 보장하고 표현하는 서약을 요구하기 때문이다. 또한 그는 불법적으로 불의하게 점유한 일정한 영토를 이 선출된 자를 통해 자신에게 전유되기를 원하며, 또한 같은 선출된 자의 서약을 통해 약속받고 확인되기를 바란다. 왕적 존엄의 건전한 양심에 의해 선출 시 행한바, 제국의 자유를 보호하고자 한다는 합법적 서약에 근거해 이 불법적인 약속과 서약은 가능하지 않으며, 또한 행할 의무도 없다. 아울러 어떤 선출된 자라도 그가 여인보다 나약하지 않는 한에서, 그리고 그런 것을 서약하고 약속함으로써 위증한 것이 아닌 한에서 로마 대사제나 어떤 다른 대사제에게 이런 것을 약속하고 서약하지 않을 것이다. 그렇기 때문에 선출된 자의 왕으로서 혹은 황제로서의 권위가 로마 주교에게 달려 있다면, 어떤 선출된 왕도 로마인의 왕이 되거나 제국의 목소리가 될 자격이 없다. 왜냐하면 언급한 주교가 여기서 불의하게 행하고 자신의 것이 아닌 것을 추구할지라

---

nr. 919, p. 760)과 1268년 11월 7일 클레멘스 4세가 보헤미아 왕에게 보낸 서한(MGH, *Constitutiones* II, p. 535) 참조. 숄츠의 주장에 의하면, 마르실리우스는 분명히 1324년 7월 11일자 칙령을 아직 읽지 못했으나 그것을 기대했으며, 아마도 이미 그 내용에 대해 들었거나 1324년 3월 23일의 재판에서 요한 22세의 위협에 근거해 구성했을 것이다(MGH, *Constitutiones* V, nr. 881, p. 697).

도, 그들을 방해할 수 있는 한에서 그들을 말과 행위로 방해할 것이기 때문이다.

§ 8. 이 때문에 로마제국의 모든 제후와 공동체, 신하에게 보다 중대한 피해와 견딜 수 없는 폐단이 생긴다. 즉 이미 언급한 주교는 황제 위의 공석 시에 자신이 황제의 직무를 대행한다고 주장하므로, 필연적으로 모든 제후와 나머지 황제의 봉신들로부터 충성 서약을 요구하고, 그들에게 앞서 언급한 서약을 하도록 강요할 권한이 자신에게 있다는 결론이 나온다. 또한 그들이 로마 황제들에게 납부해 왔던 조세와 나머지 봉사를 그들로부터 요구할 권한이 있고, 또한 이와 더불어 이미 언급한 주교가 관행을 넘어서 자신에 대해 주장하는바 권세 충만에 근거해 자신에 대한 합당하다고 상상한 권한을 요구할 권리가 있다는 것이다. 또한 남성 상속인의 결여 때문에 혹은 다른 이유나 계기에 의해 로마 통치자가 수여할 수 있는 통치권과 봉토, 다른 권리의 수여는 황제의 공석 시에 마찬가지로 이 주교에게 있다는 것이다. 또한 모든 것 중에서 가장 해롭고 부담스러운 것인데, 이미 말한 대로, 로마 주교들의 권세와 조치에 따라 황제 위가 지속적으로 공석으로 남아 있는 동안에 로마제국 아래에 있고, 상호 민사적으로 다투고 있는 제후들과 집단, 공동체와 개인은 물적 사건이나 인격적 사건에서 항소를 통해 혹은 로마교황청에 탄원을 제기함으로써 이미 언급한 주교의 소환을 통해 교황청을 방문하고 민법적 판단에 굴복해야 할 것이다. 또한 로마제국 아래 있는 어떤 제후나 공동체, 판관도 판결을 집행하게 할 수 없으니, 유죄판결을 받은 자들이 민사적 판결에 대해 언제나 로마교황청에 항소를 제기할 것이기 때문이다. 그러나 로마제국의 신하들이 언급한 주교에게 순종하지 않거나 앞에서 언급한 [판결에] 복종하려 하지 않는다면 — 그들은 그럴 의무도 없다 — 자주 언급한 주교는 이른바 저주나 모욕, 출교, 이단 선고, 성사 정지의 선고, 그리고 마지막으로 세속적 물질의 박탈이나 상실에 대한 선고를 통해 그런 세속적 물질을 압류하고 어떤 방법으

로든지 강탈할 수 있는 권세가에게 위임함으로써, 자신의[17] 신하와 추종자들과 함께 그들을 박해하고 심지어 어떤 방법으로 살해하는 자들에게 모든 책임과 형벌에 대한 용서를 (이 용서가 무효이고 기만적일지라도) 허락함으로써, 그들의 신하들을 자신들에게 행한 혹은 행해져야 할 서약으로부터 (그것이 이단적일지라도) 풀어줌으로써, 즉 이 모든 악하고 파렴치한 시도를 통해 부단히 박해할 것이다.[18]

§ 9. 그러나 로마 주교가 관습적 방식에 따라 백성에 대한 염려와 경건을 핑계로, 어쩌면 신자들의 공동체에 막대한 피해를 초래할 이단자가 제국의 정점에 오르지 못하게 하기 위해 로마 통치자의 선출을 확인하고 승인하는 것이 자신에게 속한다고 말한다면,[19] 그에게 답변하는 것이 적절할 것이다. 로마 통치자의 선거를 완수하기 위해 모두 그리스도로부터 로마 주교와 동등한 주교 내지 사제로서의 권한을 받은 (이 권의 제15장과 제16장에서 지시한 것처럼) 3인의 거룩한 기독교 대주교에 의해, 그리고 4인의 신실한 세속 제후들에 의해 (그들과 함께 앞에서 언급한 경건한 목자 내지 고위 성직자들이 모임으로써 앞서 언급한 로마 통치자에 대한 선거가 완성된다) 이루어지고 실행되기 때문에, 이 선거는 그의 승인을 필요로 하지 않는다. 그런데 그가 부적절하게 자신에게 귀속시키는 권세 충만에 의해 자신의 판단에만 의지해 자신에게는 합법적으로 가능하다고 생각하는 로마 주교의

---

17 권세가를 말한다.

18 숄츠의 주장에 따르면, 요한 22세가 이탈리아에서, 특히 비스콘티 가문과 에스테 가문에 대해 취한 조치를 암시하는 듯하다. 그러나 여기에는 바이에른의 루트비히에 대한 요한 22세의 조치에 대한 마르실리우스의 비판도 깔려 있다.

19 인노켄티우스 3세의 교령 'Venerabilem'. "제후들이 이단자나 이교도를 선출한다면, 우리는 이런 인간을 도유(塗油)하고 축복하고 대관해야 하겠는가?"(Numquid enim si principes …… hereticum eligerent aut paganum, nos inungere, consecrare ac coronare ominem huiusmodi deberemus?)(MGH, Constitutiones II, p. 506).

의지처럼 이 7인이 중대한 실수를 저지르거나 그릇된 의도에 의해 움직일 개연성은 없다. 즉 그는 선제후들의 직위를 무효화하고 선출된 자의 대관과 등극을 앞에서 언급한 이유 때문에 언제나 방해하기 위해 모든 사람을 자의대로 이단자라고 판단하고 이로써 선거에 의해 부여된 권한을 박탈할 수 있다.

§ 10. 적대자의 주장에 따라 로마 통치자가 그의 선출 이전이나 이후에 이단에 빠졌거나 빠진다면, 그리고 선제후들이 이것을 몰랐거나 혹은 알았다고 가정한다면, 그렇기 때문에 판단과 징계는 오직 로마 주교에게만 있는 것이 아니라고 말해야 한다. 또한 이 권한은 저 주교에게만, 또한 그의 성직자 집단이나 노회와 더불어 그에게만 있는 것이 아니며, 황제의 통치 아래 있는 자들의 총회에 있으니, 그것도 이미 언급한 이유와 이 권의 제21장[20]에서 역설한 다른 이유 때문이다. 즉 추기경들 자신은 앞에서 언급한 권세 참칭에 종종 동의하거나 동의했고 그것에 참여하거나 그러했기 때문에, 이 선거가 이런 자들에 의한 판단 아래 있는 것은 불안하기 때문이다.[21] 또한 그들은 다른 왕들의 인격적 자격이 자신들의 판단과 승인의 권한 아래 있다고 주장하지 않는지 물어야 한다. 그들이 이것을 아직 시도하지 않고 그것을 위한 적절한 시간을 관망할지라도, 나는 그들이 그런 의도를 가졌다고 보증한다. 이것에 관해 우리는 아마도 뭔가 말하게 될 것이다.[22]

§ 11. 그러므로 최근에 현재의 이른바 어떤 로마교황은 이미 언급한 거

---

20 II, 21, 9.
21 선출된 자가 이단자로 선언될 경우에 그 선거는 무효가 된다.
22 숄츠의 주장에 의하면, 마르실리우스는 프란체스코회 영성파의 추종자요 나폴리 왕 로베르토의 적대자인 시칠리아의 페데리코(Federico)를 염두에 둔 듯하다.

짓된 추정에 의해 오류와 불법의 길을 걷고 있으며, 바이에른 공작에서 로마인의 왕으로 선출된 저명한 루트비히가 고귀한 황제 위의 정점에 조용히 도달하는 것을 모든 노력과 시도로써 방해하고 막는다.[23] 언급한 루트비히는 앞서 언급한 주교의 주장을 말이나 행위로써 정당하게 무산시켰다. 왜냐하면 그가 그의 말이나 글을 통해 아직 확인받거나 승인받지 못했음에도 불구하고, (우리가 이전에 분명히 지시한 것처럼 그는 확인을 필요로 하지 않는 것처럼) 자신에 대해 선제후들에 의해 실행되고 공표된 선출 시점부터 계속해서 자신을 로마인의 왕으로 (실제로 그러했고 그런 것처럼) 기록하게 했고, 칭하게 했고, 또한 그렇게 하고, 또한 모든 사안에서, 그가 합법적으로 책임이 있고 할 수 있는 황제적 내지 왕적 권한을 수행하기 때문이다.[24]

§ 12. 그러므로 이 이른바 로마 주교는 이솝의 주목할 만하고 이 주제에

---

23 1323년 10월 8일 이후에 루트비히는 이단의 수호자로서 요한 22세에게 고발당했으며, 1327년 4월부터 10월까지 재판을 통해 이단자로 유죄판결을 받았다. 교황은 뮐도르프 전투 이후에 승리자 루트비히가 불일치(discordia) 속에(즉 7인의 선제후 중 과반수 미만으로) 선출되었다고 선언했으며, 그가 로마인의 왕의 이름과 존칭을 참칭했다고 비난했다(MGH, *Constitutiones* V, p. 616). 황제는 이에 대한 응답에서 (1323년 뉘른베르크 호소와 1324년 작센하우젠 호소) 자신이 일치(concordia) 속에(즉 5인 선제후의 찬성을 얻었으므로, 정당하게) 선출되었으며, 뮐도르프 전투의 승리는 자신에게 로마인의 왕의 칭호를 합법적으로 획득할 수 있게 만들었다고 주장했다. 다른 한편으로 교황은 선제후들에 의해 선출된 자에게 왕의 칭호를 부정함으로써 제국의 관행을 침해했으니, 이것이 그가 관여할 사안이 아니기 때문이다. 또한 루트비히는 영성파의 지원을 받은 가운데 그리스도와 사도들의 청빈 문제에서 교황을 이단자로 고발했고, 더 이상 교황이 아님을 선언하기를 주저하지 않았다.

24 요한 22세는 루트비히가 대관 이전에 황제로서의 권한을 행사하는 것을 1323년 10월 8일 첫 번째 재판에서 질타했다(MGH, *Constitutiones* V, p. 617 참조). 그러나 루트비히는 교황의 경고에 굴복하지 않고 1323년 12월 18일 뉘른베르크 호소(MGH, *Constitutiones* V, p. 641)를 통해 교황의 고발에 응수했다. 1324년 5월 23일, 그는 작센하우젠 호소(MGH, *Constitutiones* V, pp. 722~54)를 통해 영성파의 지원을 받아 교황을 이단으로 고발했다. 결국 루트비히는 1328년 1월 17일에 로마에서 황제 대관을 받았다.

적합한 우화의 뱀처럼[25] 황제나 혹은 그의 선임자들을 통해 보호를 받아 크나큰 빈곤과 비천함, 억압, 모욕, 박해 상태에서 벗어나 넘치는 세속적 재물과 보좌의 위엄과 명예, 권세와 안정으로 승격되었음에도 불구하고, 로마인의 왕에 대항해 사도의 상속자가 아니라 배은망덕하고 망각한 자처럼 일어섰다. 처음에 그는 비열하고 관습적 방식에 따라 언급된 통치자에게 침을 뱉으면서 매우 모욕적이고 불경스러운 말을 발설했다. 그러나 그는 자신이 '칙령'이라고 부르는 서신들에서 "언급된 루트비히를 오류의 길에서 진리"[26]와 구원의 길 내지 오솔길로 인도하기 위해 누가 말하고, 무엇을 말하고, 누구에게 말하는지 신경 쓰지 않은 채, 그런 것을 쓰고 선포한다고 주장하면서 이 독에 꿀을 섞어 내밀고 그의 관습적 기만에 따라 경건의 모습으로 위장한다. 진리의 길을 완전히 벗어났고 모든 정의를 결핍한 자에게는 「마태복음」 제7장과 「누가복음」 제6장의 저 말이 적절하게, 그리고 진리에 부합하도록 진실로 말할 수 있다. "너는 네 형제의 눈 속의 티끌은 보면서 네 눈 속의 들보는 보지 못하는가? 혹은 어떻게 네 형제에게 티끌을 제거하라고 말하는가? 보라, 들보가 네 눈 속에 있다. 위선자야, 먼저 네 눈에서 들보를 제거하라, 그다음에 네 형제의 눈에서 티끌을 제거하도록 하라. 왜냐하면 나쁜 열매를 맺는 좋은 나무가 없고, 좋은 열매를 맺는 나쁜 나무가 없기 때문이다. 각 나무는 그 열매에서 판단된다."[27] 그러므로 이 위선자, 즉 어디서나 사악함과 소요와 불화의 열매를 맺는 최악의 나무가 (모든 사람이 느끼는 것처럼) 어째서 덕스럽고 무고하고, 도량이 넓

---

25 Phaedrus, *Fabulae* IV, 19. 여우와 용의 이야기이다. 여우가 굴을 깊숙이 파다가 용이 사는 곳까지 다다랐다. 여기에서 여우가 용과 대화를 나눈다. 우화 속의 용은 보물을 자신을 위해 사용하지 않으면서 무턱대고 땅에 매장하는 것은 자신에게 주어진 숙명이라고 말한다. 마르실리우스가 교황을 용에 비유한 것은 세상의 재물을 독차지한 것을 빗대어 말한 듯하다.

26 1323년 10월 8일 첫 번째 재판(MGH, *Constitutiones* V, p. 617).

27 「마태복음」 7:3-5; 「누가복음」 6:41-44.

고 인정받은 인간을 경건과 사랑의 거짓된 외양 아래 그의 모욕적 언사를 통해 비방하려 애쓰는가? 그는 먼저 자신의 어둡고 거의 맹목적인 정신에서 들보를 제거해야 하니, 즉 최고의 무지와 오류를 제거하고, 그의 삐뚤어지고 완고하고 편협한 감정에서 사악과 광기를 제거해야 한다. 그런 다음에 그는 다른 죄인들의 작은 흠을 구별할 수 있을 것이고 보다 적절하게, 그리고 적합하게 그의 훈계와 경고를 통해 정화할 수 있다.

그러므로 이런 음흉하고 꾸며낸 말로 질책이 아니라 인간의 시민적 죽음을 의도한, 앞에서 언급한 주교는 앞에서 언급한 가장 기독교적인 통치자에게, 그의 시민적 존재에 치명적일 것이라고 생각한 독을 퍼부었고 뿌렸다. 그 주교는 그 통치자를 그를 특별히 추종하는 자들과 함께 출교했으며, 로마인의 왕으로서 그에게 도움과 조언, 호의를 제공하고 제공하려고 하는 신자들의 공동체에 성례전 실행을 금지했다.[28] 그는 암브로시우스가 『사제의 품격에 대하여』라는 표제의 책에서 훈계한 것을 별로, 혹은 전혀 주목하지 않았다. 즉 그는 「디모데 전서」 제3장의 구절인 "어떤 사람이 주교직을 바란다면"[29]을 다루면서 앞에서 언급한 책의 제8장에서 다음과 같이 말한다. "다투기를 좋아하지 말아야 한다. 즉 주교는 그것을 통해 신을 칭송하고 성례전을 베푸는, 같은 혀를 통해 분쟁의 독을 선포하지 않기 위해, 언쟁을 위해 혀를 유연하게 만들어서는 안 된다. 왜냐하면 주교의 입에서 축복과 저주가 동시에 나오는 것은 적합하지 않기 때문이니, 이것은 신을 칭송하는 같은 혀를 통해 인간을 저주하지 않기 위함이다. 왜냐하면 같은 샘에서 단물과 쓴물을 끌어낼 수 없기 때문이다."[30] 결국 그는 아마

---

28 1324년 3월 23일 재판(MGH, *Constitutiones* V, pp. 692ff.), 특히 p. 698, 제7항과 제8항.

29 「디모데 전서」 3:1.

30 MPL, 17, pp. 573~74. 이 글은 실제로는 제르베르 도리야크(Gerbert d'Aurillac, 946~1003, 후일의 교황 실베스테르 2세)의 작품이다.

도 가해와 진멸에 가장 효과적이라고 생각하는 악의 침, 즉 그에 의해 '판
결'이라고 불린 비방을, 비록 진실로 가장 터무니가 없을지라도, 앞에서 언
급한 통치자에게 찌르려고 생각하면서 발사한다. 그는 그 침으로써 앞서
언급한 통치자와 그를 자신들의 왕으로서 추종하거나 순종하고 호의를 제
공하는 모든 자를 이단자요, 교회의 적 내지 폭도로 선언하고 그들의 세속
적 물질, 즉 동산과 부동산에 대한 권리를 박탈할 것이다.[31] 그는 그것을
이미 언급한바 부적절하게 불린 판결을 통해 몰수하고 그것들을 점유하고
자 하고 점유하고 있는 자들에게 양도한다. 또한 이것은 합법적으로 가능
하다고 그의 연설과 기록된 양피지에서 스스로 혹은 어떤 다른 사이비 설
교자들을 통해 온 지역에 선포하면서 그들에게 사형선고를 내린다. 아울
러 그들을 죽이거나 공격한 자들에게 모든 범죄에 대한 책임과 형벌로부
터의 사면을 허용하고, 또한 그들이 산 채로 잡히는 경우에 그들이 어디에
있든지 간에 붙잡은 자의 노예로 만든다. 또한 그는 앞서 언급한 통치자에
대항해 온 세상으로 하여금 시기와 폭동, 전쟁, 분쟁을 일으키도록 사주하
기 위해 주교직이나 대주교직, 총대주교직 같은 최고 성직과 중간 성직, 하
위 성직을 승인하고 교회의 세속적 물질, 즉 앞서 언급한 성직록과 보물,
돈을 쏟아붓는다. 그럼에도 불구하고 우리가 이 권의 제4장, 제5장, 제7장,
제8장, 제10장, 제20장[32]에서 분명히 지시한 것처럼 앞서 언급한 모든 것
에 대한 판결을 선포하는 것은 개인으로서 이 주교의 권한에 속하지 않
는다.[33]

---

31 필사본은 완료 시제가 아니라 미래 시제를 사용한다. 그러므로 전체 글은 요한
    22세의 조치를 예고한다. 실제로 재판은 1327년 10월 23일에 바이에른의 루트비
    히를 '이단자들의 수호자'(fautor haereticorum)로서 유죄판결했다.

32 II, 4, 1-13; II, 5, 1-10; II, 7-5; II, 8, 7-9; II, 10, 1-13(이단자에 대한 조치); II, 20,
    4(총회의 권한).

33 마르실리우스는 판결의 효과를 이전의 유사한 사례, 즉 마테오 비스콘티에 대한 파
    문의 결과에 비추어 서술하고 있다. 교황은 1317년 3월 31일의 교령에 의해 하인

§ 13. 그는 이런 끔찍스러운 악행 외에도, 분명히 치욕스러운 이단적 냄새가 나는 새로운 종류의 비열한 짓을 행한다. 즉 그는 어떤 악마적인 (그는 그것을 사도적이라고 부른다) 말이나 글을 통해 신하들과 신자들이 이 자주 언급된 통치자에게 진실로 매어 있었고 매어 있는 충성 서약으로부터 그들을 해제함으로써, 그들로 하여금 언급된 가톨릭 통치자에 대항해 반란을 일으키도록 사주한다. 그는 그런 행위로 말미암아 이미 언급한 주교에 의해 교회직으로 승진하고 성직록을 얻기를 바라는 범죄의 앞잡이들을 통해 어디서나 이런 해제를 유포하고 설교한다.[34] 그러나 이것은 사도적 행위가 아니라 악마적 행위인 것이 확실하다. 왜냐하면 이 주교는 이 행위에 따라, 그리고 이 행위의 결과로 그의 모든 공모자, 명령 전달자, 추종자, 실행하는 자와 더불어 (누구에게나 분명한 것처럼 그들은 말이나 글, 행위에서 욕심과 탐욕, 오만, 최고의 야망에 눈멀고 사악함에 가득 차 있다) 자신을 믿고 행동으로 따르는 자들에게 지휘권을 부여함으로써, 앞서 인용한 모든 말과 글에 있어 죽을 죄인의 구덩이로 추락하게 만들기 때문이다.

첫 번째로 그들은 그들의 추종자들에게 서약을 위반하게 만들고, 그다음으로는 누구에게나 숨김없이 배신과 불법을, 따라서 강탈과 살인, 거의 온갖 종류의 악행을 자행하게 만든다. 그들은 이 거룩한 아버지와 그의 종

리히 7세의 사망 이후에 제국의 공위를 확인하고 자신에 의해 승인받지 않은 제국의 대리인들을 불법이라고 선언했다(비스콘티는 그중 한 사람이었다). 교황은 자신의 확인 없이 이 칭호를 보유한 자들을 출교했다. 비스콘티는 칭호를 포기한 체했다. 교황은 그를 포기하도록 설득하기 위해 특사를 보냈지만, 비스콘티는 실제로는 권한을 보유했다. 1322년 3월 14일 비스콘티는 이단자, 교황의 명령을 훼손한 자, 롬바르디아에서 분란을 조장한 자, 교회 재산을 횡령한 자로서 파문에 처해졌다. 또한 아마도 마르실리우스는 1309년 3월 27일 베네치아인들에 대한 클레멘스 5세의 교령을 염두에 둔 듯하다. 이 교령에서 교황은 베네치아인들을 노예로 삼으라고 권고한다(A. Eitel, *Der Kirchenstaat unter Klemens V,* Berlin/Leipzig 1907, p. 189 참조).

34 이런 조치에 대해서는 1324년 3월 23일의 루트비히에 대한 파문 교령(MGH, *Constitutiones* V, pp. 692ff.) 참조.

들에 의해 유혹을 받았으나, 그들의 지독한 무지 때문에 신 앞에서 변명의 여지가 없음을 뉘우치지 않은 채 이 죄들 속에서 죽어 게헨나[35]의 불, 즉 영원히 저주받은 자들의 구덩이로 추락하고 가라앉을 것이다. 왜냐하면 이성을 사용할 줄 아는 자에게는 로마 주교나 그 어떤 다른 사제도 그 누구를, 그리고 어떤 다른 합법적인 (행했거나 약속한) 서약으로부터 합리적 근거 없이 해제할 수 없다는 것은 확실하고 확실해야 하기 때문이다. 그런데 자신의 양심에 확고히 서려 하고 악한 감정에 의해 흔들리지 않는 모든 사람에게는, 로마 주교가 경건한 통치자 루트비히와 모든 다른 자에 적대해 유사한 경우에 내세우는 이유는 결코 이성적이 아니라 불의하고 위험하고 부당하다는 것이 확실하다. 그러므로 이런 문제에 있어 이 주교와 그의 종들의 지도나 교훈과 훈계가 영혼을 영원한 파멸로 이끌어 갈 것으로 여겨 경계해야 하거나 전적으로 무시해야만 한다. 왜냐하면 그것들은 「로마서」 제13장, 「에베소서」 제6장, 「디모데 전서」 제6장, 「디도서」 제2장과 제3장[36]에서 사도가 진술한 건전한 교훈과 말, 견해와 분명히 대립하기 때문이다. 즉 복된 베드로가 그의 첫 번째 정경적 서신의 제2장에서 말한 것처럼[37] 사도는 분명히 앞서 언급한 구절에서, 신하들은 그의 육신적 군주에게 순종해야 하니, 선하고 부드러운 주뿐만 아니라 까다로운 군주에게도 순종해야 한다고 명령하기 때문이다. 그러므로 그들이 서약을 통해 그들의 주에게 묶여 있는 경우에 얼마나 더욱 그러하겠는가? 이 구절에 대한 거룩한 교부들의 주해는 매우 상세히 설명하면서 분명하게도, 신하들은 군주가 신앙심이 없고 아무리 악할지라도 그에게 순종할 의무가 있고 순종해야 한다고 말한다. 그러나 그들의 말은 물론 순종이 말과 행위에 있어 신법에 위배되지 않는 한에서라고 이해되어야 한다.[38] 그런데 의심할 여

---

35 「마태복음」 18:9; 15:14 참조.
36 「로마서」 13:1-7; 「에베소서」 6:5-7; 「디모데 전서」 6:1-2; 「디도서」 2:9; 3:1.
37 「베드로 전서」 2:18.

지가 없는 것은, 이 권의 제4장, 제5장, 제9장에서 성서로부터 입증한 것처럼 로마 주교가 로마 통치자에 적대해 던지고 취하는 말과 행위는 신법의 계명도 아니며, 또한 그것과 조화를 이루지도 않고 오히려 부조화를 이루고 분명히 모순된다는 것이다.

또한 로마 주교나 다른 주교의 교훈과 설교를 믿거나 순종하는 것은, 모든 정권의 뿌리를 절단하고 모든 도시와 왕국의 결속과 조직을 해체하도록 허용하는 것과 다름없음을 의미한다. 왜냐하면 나는 이런 뿌리와 결속은 다름 아닌 신하들과 군주의 상호 간의 서약과 신뢰라고 생각하기 때문이다. 툴리우스 [키케로]가 『의무론』 제1권에서 말한 것처럼[39] 이것, 즉 신뢰는 "정의의 근간"이기 때문이다. 통치자와 신하 사이에서 신뢰를 해체하려고 하는 자는 자기 마음대로 모든 통치자의 권력을 무너뜨리고, 이로써 그들을 자신에게 예속시키려고 시도하는 것이다. 이것은 또한 모든 시민적으로 살아가는 자의 평화와 안정을 교란하고, 이로써 현재 세계에서의 만족스러운 삶을 박탈해 결국에는 이미 말한 것처럼 영혼이 이렇게 파괴된 자들을 궁극적으로 영혼의 영원한 파멸로 끌고 가는 것을 의미한다. 그렇기 때문에 모든 그리스도인은 이 주교와 그의 공범들의 (그들은 바리새인들보다 나쁘다) 공허한 사죄 약속, 위험하고 무의미한 교훈, 정확히는 그들 영혼의 유혹을 무시하거나 경계해야 하며, 「마태복음」 제15장에서 조언 내지 명령하는 것처럼 그리스도의 말에 주목해야 한다. 즉 그는 사도들의 인격 안에서 모든 신자에게 말한다. 그들, 즉 당시 모세법의 교사로 간주되었으나 그것을 잘못 이해했고 그리스도와 거의 지속적으로 대립했던 바리새인들을 내버려두라. 로마 통치자와 다른 무고한, 진실로 신실한 인간을 박해하는 자들처럼 모든 기만적인 거짓 성서 교사와 설교자들은 바리

---

38 「베드로 전서」 제2장에 대한 *Glossa ordinaria*; Petrus Lombardus, *Collect.*, in: MPL, 192, pp. 391~92 참조.

39 Cicero, *De Officiis*, I, 7, 23.

새인이라는 명칭으로 표현되고 이해되었으니, 저 무고한 인간들의 인격 안에서 이자들은 또한 그리스도를 박해하고 그와 대립한다. 그런데 그리스도는 우리가 왜 이 거짓 교사들을 내버려둬야 하는지 그 이유를 다음의 말로 덧붙인다. "그들은 눈이 멀었고 눈먼 자들의 지도자들이다. 그러나 소경이 소경을 인도하면, 두 사람 모두 구덩이에 떨어진다."[40] 그러므로 주님의 명령에 따라 이 거짓 교사들을 내버려두고 눈먼 자들, 즉 탐욕스럽고 오만하고 폭동적인 인간들의 — 욕심, 탐욕, 오만, 야망으로 눈먼 — 지도자로서 무시해야 한다.

이자들은 은유 없이 「로마서」 제13장[41]에서 분명하게 "모든 영혼은 높은 권세에 굴복해야 한다"라고 말하는 자의 사도적·신적 계명을 주목하지 않거나 주목하려 하지 않으며, 신하들에게 자기 군주에 대항해 반역자가 되라고 가르치고 설교한다. 이런 반역자들과 또한 다른 자들을 그들의 교활하고 불의한 설득으로써 폭동을 일으키도록 사주하는 자들은 신의 질서에 항거하는 것이다. 사도는 앞서 인용한 구절에 다음과 같이 덧붙인다. "권세에", 즉 세속적 통치자에게 "항거하는 자는 신의 질서에 항거하는 것이다."[42] 그는 또한 「디모데 전서」 제4장과 「디모데 후서」 제3장[43]에서 그들에 관해 다음과 같이 예언했다. "마지막 날에 위험한 때가 임박했음을 알라. 그리고 인간들은 자신을 사랑하고, 탐욕적이고, 우쭐하고, 오만하고, 모욕적이고", (부모를 통치자로 이해하면서) "부모에게 불순종할 것이다." 그러므로 툴리우스 [키케로]는 『의무론』 제1권에서 다음과 같이 말한다.[44] "통치자는 조국이고 부모이니, 우리는 그들의 큰 호의에" 빚진 자들이다. "그

---

40 「마태복음」 15:14.

41 「로마서」 13:1.

42 「로마서」 13:2.

43 「디모데 전서」 4:1; 「디모데 후서」 3:1-5.

44 Cicero, *De Officiis* I, 17, 58.

러므로 부모나" 통치자에게 "순종하지 않는 자는 배은망덕하고 범죄적이고" 불성실해 계약을 지키지 않으며, 선한 "애정이 없고, 평화가 없고, 비방하고, 무절제하고, 잔인하고, 무정하고, 배신하고, 경솔하고, 파렴치하고, 우쭐하고, 신보다 쾌락을 사랑하고, 경건의 외양을 가졌으니", 즉 신을 섬기고 존경하고 사랑하기 때문에 행하는 것처럼 보이지만 그것, 즉 그런 경건의 능력을 부정하는 자들이다. 이것은 「마태복음」 제7장의 다음의 말에 따르면, 그들의 행위로부터 모든 사람에게 쉽사리 인식될 수 있다. "거짓 예언자들을 조심하라. 그들은 양의 옷을 입고 너희에게 오지만 속으로는 물어뜯는 늑대들이다. 그들의 열매에서 그들을 알아야 한다."[45] 그리고 사도는 이전에 언급한 그리스도의 조언 내지 명령에 부합해 덧붙인다. "그리고 그들을 피해야 한다."[46] 즉 그런 일에서 그들을 믿거나 복종하지 말라. 그러나 오, 고통이여, 그들은 이 경건의 외양 때문에 인간들을 유혹하기 때문에, 그들이 경건의 외양 아래 부분적으로 대가 없이[47] 획득했지만, 대부분 은밀히 사칭했고 지금 공공연히 억지로 사칭하는 강제적 권세에 의지해 그리스도를 믿는 자들에게 폭력을 행사할 때, 그들을 피할 수 없다.

§ 14. 사도가 그들을 한결같이 묘사한 것처럼 진실로 이 배은망덕하고 오만하고 평화가 없고 잔인하며, 「이사야서」 제5장의 말에 따르면,[48] 선을 악하다고 하고 빛을 암흑이라 말하는 자들이 고위, 중간, 하위 성직 수여를 통해, 그리고 세속적 물질 내지 성직록(동산 및 부동산)과 경건한 목적을 위해 정해진 십일조의 제공과 약속을 통해 이에 대해 앞서 체결된 불의한 계약으로 신실한 통치자에 적대해 그들의 신하들과 그들에게 예속되지 않

---

45 「마태복음」 7:15-16.
46 「디모데 후서」 3:5.
47 콘스탄티누스의 증여를 암시한다.
48 「이사야서」 5:20.

은 이웃 사람까지도 선동한다. 지금 그들은 그들의 공범과 함께 오직 로마인의 군주에 대항해서만 이런 것을 행하는 것처럼 보이지만, 나머지 통치자들은 로마 주교와 그의 교회에 크게 호의를 베푼 자의 사례에서부터 아마도 같은 일이 자신들에게 일어날 수 있으며, 앞서 언급한바, 누구에게도 선한 감정이 없는 주교는 공격할 기회가 그에게 주어지는 한에서 자신들에 대해 같은 일을 하리라는 교훈을 배우게 될 것이다. 즉 그는 이전에 인용한 말과 글에서 — 물론 그가 부적절하게 자신에게 있다고 사칭하는 권세 충만 때문에 모든 통치자와 백성들이 그의 통치 내지 강제적 사법권 아래 있다고 장담하면서 — 이것을 효과적으로 만들고자 바라면서 신실한 통치자와 백성들 상호 간의 분열이나 다툼, 혹은 군주에 대항하는 신하들의 반란이 나타나는 시기를 관찰한다. 그는 심지어 반란이 일어남으로써 서로 다투는 세력 중에서 한편이 약하거나 적대자에게 저항할 수 없게 되어 자신의 도움을 간구하고 그의 통치에 굴복할 수밖에 없게 되기를 기대한다. 그는 위장된 경건과 자비의 외양 아래 마치 때로는 약한 자들 혹은 아마도 불의하게 억압당한 자들을 언젠가는 보호하고 그들에게 세속적 호의를 베푸는 것처럼 보이지만, 그들이 그의 호의를 필요로 하고 그의 통치 혹은 세속적 지배에 굴복하기를 바란다는 것을 먼저 확신한 경우에만 도움을 제공한다. 이를 통해 그는 결국 두 적대하는 세력의 상호 억압과 질투 때문에 어쩔 수 없이 그의 권세에 굴복하기를 바란다. 그렇기 때문에 어쩔 수 없이 그의 은총을 필요로 하게 만들 수 있는 다툼과 행위를 경계해야 한다. 결국 그것은 자유의 상실과 그들을 받아들이는 자에게 예속됨으로써 바뀔 것이기 때문이다.

§ 15. 이 주교는 이런 식으로, 그가 끊임없이 탐하는 모든 정권을 굴복시키기 위해 세상의 왕국 사이로 계속해서 기어들어온다. 그는 모든 정권, 혹은 대부분의 정권에서 동시에 그런 조치를 감행하지 않는다. 도리어 그는 위험 없이 다른 자들에게 남아 있는 권력을 극복할 수 있다고 생각할

정도로 강한 세속적 권력이 점차로 자신에게 자라나기를 기다린다. 그다음으로 그는 확신에 차서 다른 왕국에 그가 주장한 권세 충만의 의미를 밝힐 것이다. 또한 그는 로마인의 정권처럼 다른 정권들도 그의 통치 내지 강제적 사법권에 예속될 것이며, (비록 합법적으로일지라도) 저항하는 자들을 비방과 이전에 로마인의 통치자와 그의 충신들에게 내린 것과 유사한 판결을 통해 자신에게 굴복시킨다고 분명히 선언하고는 그들을 심지어 무력으로써 파멸과 멸절될 때까지 박해할 것이다.

그러므로 이미 언급한 주교는 그의 공범들과 함께 이런 방식으로 이탈리아의 거의 모든 정권, 공동체, 백성을 분쟁과 분열의 길로 유혹했으며, 이미 독일에서는 같은 일을 시작했고 계속해서 관철하려 애쓴다.[49] 그는 신하 가운데 배신자와 범죄자들을 관직과 교회 성직록 수여와 같은 세속적 호의 표시를 통해, 그리고 십일조와 금전 제공을 통해 로마 통치자에 대항해 반란을 일으키도록 사주했다. 아울러 고위, 중간, 하위 신분의 인간을 끊임없이 선동하려고 했다. 그는 이런 방식으로 그에 의해 유혹당하고 순종한 자들을 "교회의 아들", "진정한 신자"라고 부른다. 그러나 그는 마땅한 충성심에서 자기 군주에게 순종하기를 고집하고 고집하려 하는 자를 '분파자'와 '이단자'로 부르면서 교회의 적처럼, 즉 가능한 한 비방하고, 모욕하고, 출교하고 인격과 재물에 대해 세속적 판결을 통해 유죄판결을 내림으로써 박해한다. 그러나 앞의 내용에서 분명히 드러나고 이전에 여러 번 상기시켰듯이 신법과 인간법에 따르면, 그에게는 그런 식으로 판결할 권한이 없다.

---

49 요한 22세의 이탈리아 및 독일 정책에 대해서는 MGH, *Constitutiones* V, nr. 401, p. 340(1317년 3월 31일); nr. 881, p. 696(1324년 3월 23일); nr. 897, p. 711(1323년 4월 12일); Carlo Cipolla, *Storia delle signorie italiane dal 1313 al 1530*, 2012 참조.

§ 16. 그러나 우리가 이전에 언급했던 모든 것 중에서 최악이자 가장 중대한 피해를 일반적으로 초래하는 것이 있으니, 사랑의 법에서 벗어나고자 하지 않는 자는 이것을 침묵할 수 없다. 즉 로마 주교는 이를 행함으로써, 그의 주장에 따르면 건전한 교리로써 먹이도록 자신에게 맡겨졌다고 하는 그리스도의 모든 양을 영원히 혼란스럽게 하고 삼킨다. 즉 그는 다시 악한 것을 선하다고 하고 빛을 암흑이라고 함으로써, 말과 글로 앞에서 언급한 그리스도 신자들, 로마인의 통치자의 신하들, 왕으로서의 그에게 순종하고 순종하고자 하는 자들에 대항해 어떤 시기에 말을 타거나 혹은 행군하며 싸우는 모든 자에게 모든 죄책과 형벌의 사면을 허용한다. 그는 기록되거나 기록되지 않은 연설에서 이들을 '이단자', 그리스도의 십자가에 대항하는 '반란자'로서 심지어 어떤 수단을 통해 맞서 싸우고 강탈하고 결국 자신을 통해 혹은 다른 자들을 통해 멸절하는 것이 정당하다고 선언한다. 그리고 그는, 듣기도 끔찍스러운데, 교회 직위를 탐하는 어떤 거짓된 사이비 형제들을 통해 도처에서 이 일은 해외에서 이교도들과 싸우는 것처럼 신에게 용납된 일이라고 설교하게 한다.[50] 여기서 언급된 주교는, 신체적 허약함 때문에 이 범죄를 직접 수행할 수 없는 자들에게 그들이 자기 비용으로 다른 자들을 통해 같은 시기까지 자행하게 하거나 그의 악명 높은 행동 대원들에게 범죄를 위해 충분한 금액을 제공한다면, 비슷하게 앞서 언급한 기만적 사면을 허용한다. 그런데 가톨릭 신앙에 따르면, 이 일을 위해 전투에 나가 싸우는 자들에게 이 가소롭고 아무것도 아닌 사면이 아무 유익도 없고 오히려 해롭다는 것은 의심할 수 없다. 그러나 그는 그의 불경한 소원을 이루기 위해 그의 권한에 있지 않은 것을 말로써 허용함으

---

50 1321년 12월 요한 22세는 인노켄티우스 3세의 예(그의 교령 'Excommunicamus')에 따라 레카나티(Recanati)에 대항해, 1322년에는 비스콘티에 대항해 십자군의 특권과 면죄를 승인했다. G. Mollat, *Lettres communes de Jean XXII*, Paris 1910, nr. 16180; nr. 16213.

로써 순진한 마음을 기만하며, 이처럼 그들을 영혼의 영원한 파멸로 이끌고 유혹한다. 왜냐하면 타인의 조국에 침입하고, 불의하게 정복하고, 무고한 신자들의 평화와 안식을 교란하는 — 아울러 그들이 모르지 않는 것처럼 진실로 가톨릭 신자들이고 자신의 조국을 방어하고 그들의 참된 합법적 군주에게 신의를 지키는 자들을 강탈하고 살해하고 혹은 다르게 공격하는 — 자들은 그리스도의 투사가 아니라 악마의 투사이다. 그들은 강탈, 방화, 절도, 살인, 성폭행, 간음 등 거의 모든 종류의 범죄에 빠지고 자행한다. 그러므로 의심할 여지없이 그들은 용서받을 자격이 없으며, 도리어 더욱 책임이 크고 영원한 저주를 받아 마땅함이 확실하다. 그런데 그들은 그리스도의 지상적 대행자가 아님에도 불구하고 스스로 그렇게 칭하는 자의 말과 글을 통해 이런 행위를 자행하도록 유혹당한다.

이 피에 굶주리고 음흉한 인간은,[51] 이 끔찍스러운 일이 자신의 명령이나 사주를 통해 평신도에 의해 자행되는 것에 만족하지 못하고 그의 형제들이나 이른바 추기경이라 불리는 그의 공범 가운데 한 장로를 기병 및 보병 부대와 함께 롬바르디아 지역 — 유사하게 어떤 수도원장, 어떤 수도사를 안코나(Ancona)라고 불리는 이탈리아 국경 지역 — 으로 보내 그리스도 신자들과 싸우게 해 그들을 진멸하도록 했다.[52] 그는 자신의 군주에 대항해 내려진 불경스럽고 불의한 명령에 순종하려 하지 않는 자를 끊임없이 — 이미 언급한 온갖 박해로 — 위협하며, 그들과 함께 고난당하고 그들을 능력껏 보호하는 그들의 경건한 군주 루트비히를 그렇기 때문에 관습적으로 그러하듯이 파렴치하게도 그의 말과 글에서 "이단자들의 후견인"이라고 주제넘게도 칭한다.[53]

---

51 「시편」 5:6 참조.

52 그 장로는 요한 22세의 조카인 추기경 베르트랑 뒤 푸제이다. 그는 1320년 7월부터 1334년 4월까지 롬바르디아의 교황 특사를 지냈다. 그 수도원장은 보몽의 교구장, 툴루즈의 생 세르냉(St. Sernin) 수도원장, 안코나 국경 지역의 수도원장, 1326년 12월 이후 카스트르의 주교를 지낸 아멜 드 로트레크(Amèle de Lautrec)이다.

이 주교는 이런, 그리고 유사한 용도를 위해 ─ 경건한 신자들과 군주와 신하들, 공동체와 개인들이 복음의 일꾼을 부양하기 위해, 또는 무능력한 가난한 자들을 지원하기 위해 배정한 ─ 교회의 세속적 물질을 낭비하고 전용한다. 그리고 그는 경건한 사유, 예를 들어 해외로 건너가 불신자들에 의해 잡혀 있는 자들을 속량하는 것과 같은 사유를 위해 유언으로 받은 세속적 물질을 자신의 권한에 속한 것처럼 부당하게 자기 것으로 주장하고 전용하려 한다. 그러나 그리스도 신자들 가운데서 무기를 휘두르거나 무기를 휘두르도록 명령하고, 특히 불의하게 행동하는 것은 사도적·사제적 태도가 아니므로 사제나 신께 바쳐진 인간에게 합당하지 않다. 도리어 이 권의 제5장과 제9장[54]에서 사도와 크리소스토무스, 힐라리우스, 암브로시우스를 원용함으로써 충분히 지시한 것처럼 ─ 이들이 서로 적대적이고 불화한다면 ─ 오히려 적절한 훈계를 통해 그들을 다시 화해시켜야 한다.

그러므로 이 주교나 다른 주교에게 그렇게 교회의 세속적 물질의 수여와 분배의 일반적·절대적 권한을 허용하거나 위임해서는 안 된다. 도리어 통치자와 입법자들은 그에게서 그것을 완전히 철회하거나 제한해야 한다. 그럼으로써 신자들의 현재적·미래적 구원을 위해 지금까지 배정되고 정해진 것이 계속해 배정되고 정해지고, 혹은 미래를 위해 정해지게 될 것이며, 그들의 지속적인 세속적 고통, 결국 영원한 고통으로 전환되는 것으로 끝나지 않을 것이다.

§ 17. 건전한 이성과 왜곡된 감정을 가진 인간이라면 누구나 이해할 수 있는 것처럼, 오늘날 현재의 이른바 교황은, 그가 특사라고 칭하는 그의 일꾼들과 함께 종종 언급한 로마 왕 루트비히에게 칭송할 만하고 신이 기뻐할 절차를 통해 대항했고 지금도 그렇게 한다.[55] 그들은 또한 특히 롬바르

---

53 1323년 10월 8일의 첫 번째 재판과 그다음의 칙령들에서.
54 II, 5, 6; II, 9, 4-6.

디아와 투스키아, 안코나 변방에 있는 그의 대리인들과 신실한 신하들에 대항해 절차를 진행했다. 그는 이들 가운데서 특별히 오늘날까지 고귀하고 탁월하고 저명한 가톨릭 신자, 즉 이탈리아인들 가운데 정직한 삶과 성실함의 귀감, 좋은 기억의 인물, 황제의 권위에 의한 밀라노의 대리인인 마테오 비스콘티와 그의 신실한 추종자들을 박해했다.[56] 즉 언급한 주교는 아주 부당하지만 그의 거룩하지 못한 말과 글에서 이 인간은 저주받은 삶을 살았고 그의 기억은 저주받을 것이라고 선언한다.[57] 그러나 저 마테오가 아니라 그를 통해 추문이 많이 생겼고 그의 사악함의 보화에서 언제나 악을 산출하는[58] 인간이야말로 신과 인간 앞에서 분명히 그의 삶이 저주받았고 그의 사망 전후에 저주받을 것이다. 왜냐하면 「마태복음」 제18장[59]에서 진리가 이런 말로 그를 위협하기 때문이다. "그를 통해 추문이 생기는 인간에게 화 있으리라." 또한 같은 구절에서 "그러나 나를 믿는 이 작은 자들 가운데 한 사람을 걸려 넘어지게 하는 자는 목에 나귀의 맷돌을 매달고 깊은 바닷속으로 가라앉는 편이 유익할 것이다". 이 고집 세고 뉘우칠 줄 모르는 인간은 그리스도의 이 훈계뿐만 아니라 다른 훈계를 주목함 없이 끊임없이 이미 언급된 로마인의 군주의 많은 다른 저명한 신실하고 꿋꿋한 추종자를 박해하고 저주한다. 그는 신과 인간 앞에서 좋은 향기를 풍기는 그들의 명성을, 앞서 언급한 모독과 중상을 통해 더럽히지는 못하면서도 거듭해 더럽히려 한다. 이자는 "신이" 그의 판단과 그의 "교회의 판단을 따르지 않는" 그런 주교이다. 명제집 교사가 『명제집 주해』 제4권

55 루트비히에 대한 요한 22세의 재판을 암시하는 듯하다.

56 마테오 비스콘티에 대해서는 이 장의 각주 33 참조.

57 루트비히의 롬바르디아 대리인에 대한 파문은 MGH, *Constitutiones* V, nr. 897/898, pp. 711ff. 참조.

58 「마태복음」 12:35; 18:7 참조.

59 「마태복음」 18:6-7.

제18부 제6장[60]에서 말한 것처럼 "그는 음흉함과 무지로 판단하기" 때문이다. 히에로니무스는 「마태복음」 제16장의 "내가 너에게 하늘나라의 열쇠를 줄 것이다"에 대한 주해에서 그 원인을 다음과 같이 진술한다. 즉 그는 말하며, 나는 기꺼이 반복하겠다. (보완해야 한다. 저 주교처럼) "그들은 이 구절을 이해하지 못함으로써 바리새인들의 오만으로부터 뭔가를 받아들인다. 따라서 그들은 무고한 자를 유죄판결하거나 죄 있는 자를 사면할 수 있다고 믿는다."[61] 그리고 그는 우리 주제에 다음과 같이 덧붙인다. "반면에 신 앞에서는 사제의 의견에 대해 묻는 것이 아니라 고발당한 자의 삶에 대해 묻는다." 그러므로 "신은" 그런 사제나 주교 혹은 그런 "교회의" 불의한 "판단을 따르지 않는다". 그러므로 그의 혹은 그의 공범들의 비방에 주목할 필요가 없으며, 이미 말한 대로 어떤 신자도 그들을 두려워할 필요가 없다. 왜냐하면 그런 비방은 신자들의 무리에 영향을 끼치는 것이 아니라 오히려 신의 능력에 의해 이것을 함부로 내뱉는 자들의 역겨운 육체와 범죄적이고 불행한 영혼에 도로 떨어지는 법을 배웠기 때문이다.

§ 18. 그러므로 우리가 진술한 것과 또한 이후에 ─ 마땅하거나 부당하거나 ─ 전개되는 것은 우리 질문의 참된 출발점이다. 비록 그것이 시간적 길이와 인간들의 나태함과 부주의 때문에 그들의 시야 내지 기억에서 사라지고, 그 대신에 거짓된 것 혹은 어떤 날조된 것을 듣는 관습 때문에 거짓이 많은 신자의 영혼에 은밀히 주입되고 각인되어 있기는 하지만 말이다. 그 근원과 기폭제는 욕심 내지 탐욕, 야심 내지 오만이었다. 그러나 이런 것들을 자라나게 하고 유지함의 작지 않은 도구는, 그리스도가 그에게 복된 베드로의 인격 안에서 권세 충만을 위임했다는 로마 주교와 그의 성직자 집단 내지 무리의 저 가증스러운 견해와 선언이었다. 그러나 우리는

---

60 Petrus Lombardus, *Libri Sententiarum* IV, dist. 18, c. 6, in: MPL, 192, p. 887.
61 Petrus Lombardus, *Libri Sententiarum* IV, dist. 18, c. 6, in: MPL, 192, p. 887.

문서들에 대한 포괄적이고도 신중하고 근면한 조사와 탐구 후에, 일부 로마교황들이 자신들의 명령도 성서만 가지는 권위를 공유한다고 믿고서 신적인 것에 뒤섞어 놓은 인간적인 것을 분리함으로써, 이 권의 제23장에서 방금 언급한 선언 내지 칭호의 의미를 확정했으며, 이성으로써 적어도 어떤 왜곡된 감정에 의해 방해받지 않는 모든 자에게 이 견해는 그릇되고, 특히 로마 주교가 결국 의미를 왜곡한 그 견해가 그릇되다는 것을 충분히 입증했다. 즉 그는 그것에 의해 자신에게 세상의 모든 통치자와 공동체, 백성에 대해 보편적인 또는 최고의 강제적 사법권이 있다고 주장했으니, 그는 이것을 은유적 표현으로 세속적 칼[62]이라고 불렀다. 그러나 어떤 이유에서인지도 말한 것처럼, 그는 로마인의 군주에게만 이 칭호를 선포하지만, 그들의 왕국에서 폭동을 예견하고 그 나라들을 점령하고 소유할 수 있는 군사력이 자신에게 있다는 것을 알게 될 때, 모든 군주에게 같은 칭호를 선포할 것이다.

§ 19. 그러므로 이렇게 로마 주교들은 시민적·세속적 행위에 있어 나태함 때문에 자신들에게 허용된 권세 충만을 지금까지 사용했으며, 그것이 금지되지 않는 한 계속해서 보다 나쁘게 사용할 것이다. 그들은 과두정적[63] 법을 제정했으니, 그것을 통해 어디서나 성직자 집단과 다른 어떤 하수인을 합법적으로 제정된 국가법에서 제외함으로써 군주들과 백성들에게 큰 피해를 입혔다. 그리고 그들은 이런 한계에 만족하지 않고 평신도들을 이른바 종교재판관 내지 판사 앞에 소환해 단죄하고자 한다. 이로써 통치자들의 사법권을 철저히 파괴한다.

그러나 이것은 다툼과 내란의 원인, 그 근원에 있어 깊이 숨겨진 특별한 원인이다. 우리는 처음부터 이 원인을 밝히기를 계획했다. 이 원인은 신적

62　이것은 보니파키우스 8세가 교령 'Unam sanctam'에서 주장한 주요 명제이다.

63　교령이 교황 및 그의 추기경들에 의해 제정되었으므로.

문서를 인간적인 문서와 뒤섞어서 얼버무려 놓았기[64] 때문에 많은 신자가 추리 오류에 의해 로마 주교는 그의 성직자들, 이른바 추기경들과 함께 신자들에 대해 그들이 원하는 것을 할 수 있다고 믿게 되었다. 즉 신법에 의해 모든 사람은 그들의 명령을 준수할 의무가 있다. 이를 위반하는 자는 영원한 저주를 받아 마땅하다는 것이다. 우리는 이것이 진리가 아니며, 또한 진리에 근접하지도 않으며, 오히려 진리에 분명히 반대됨을 이전에 특히 제1권 제12장과 제13장[65]에서, 그리고 이 권의 제21장 제8절에서 확실히 입증했다.

또한 이 원인은 서론에서 말한 것처럼 이탈리아가 신적인 것과 인간적인 것을 뒤섞어 놓은 것 때문에 오랫동안 고통받았고 계속해서 고통받는 원인이다. 아울러 이것은 전염성이 강하고 모든 다른 도시와 왕국들에 잠입하려는 경향이 있어 이미 모든 것을 오염시켰다. 결국 이를 저지하지 않는다면 이탈리아처럼 전체를 오염시킬 것이다.

그렇기 때문에 이전에 강조한 것처럼 거짓을 듣는 관습에 의해 백성이 오도되지 않도록 하기 위해 총회의 소집을 통해 로마 주교와 모든 다른 자들이 이 칭호를 금지하고 절대적으로 저지하는 것이 모든 통치자와 백성에게 유익하다. 교회직과 세속적 물질 내지 성직록을 수여하고 분배하는 권한을 그에게서 다시 박탈해야 한다. 왜냐하면 이 주교는 신실한 그리스도인의 육신을 해치고 영혼을 파멸시키는 데 이 권한을 악용하기 때문이다. 사법권을 가진 모든 자, 특히 왕이 신법에 의해 그것에 대한 책임이 있기 때문이다. 왜냐하면 그들은 재판을 하고 정의를 이루기 위해 세워졌기 때문이다. 이 의무를 행하기를 소홀히 하는 자들은 책임을 면할 수 없다. 왜냐하면 그들은 소홀히 함으로써 초래되는 추문을 모르지 않기 때문이다. 그런데 이 로마 주교 및 이미 언급한 주교좌에 앉은 그의 후계자들, 그

---

64 involucrum: 'involvo'의 파생어로, '이해하기 힘들게 얼버무리다'를 뜻한다.
65 입법과 통치직 선출은 백성의 일이다.

리고 모든 나머지 사제와 부제, 종교적 일꾼들은 (적으로서가 아니라 그리스도 안에서의 아버지와 형제들로서 그들을 향해 이렇게 진술하며 내 영혼과 내 몸을 걸고 신을 증인으로 불러 호소한다) 세속적 통치와 세속적 물질에 대한 점유를 절대적으로 포기함으로써 그리스도와 그의 사도를 닮으려 노력해야 한다. 즉 나는 진리의 전령으로서 온 세상 앞에 죄인인 그들을 그리스도와 사도의 교훈에 따라 반박하고 공개적으로 질책하며, 신적 문서와 인간적 문서의 일치되는 증언을 통해 진리의 좁은 길로 돌려보내려고 했다. 이것은 특히 가장 멀리 벗어난 것처럼 보이는 로마 주교가 "전능한 신과 사도 베드로와 바울의 분노,"[66] 그 자신이 특별히 다른 자들에게 종종 위협한 그 분노에 대해 스스로 조심할 수 있도록 하기 위함이다. 그러므로 그는 사랑의 질서를 준수해야 한다. 이것은 그가 우선 이 분노에 대해 경계하면서 다른 사람들에게 그것을 조심하라고 가르치기 위함이다.

즉 그 자신은 그리스도와 사도들의 조언이나 계명 없이 그것에 반해 로마 통치권에 접근하고 정당성도 없이 통치자를 방해하고 교란한다는 것을 모르지 않고 모르지 않을 것이기 때문이다. 또한 그는 그의 전임자들과 그 자신이 이탈리아에서 일으킨 추문 때문에 전쟁이 발발한 것을 모르지 않는다. 그러므로 수천 명의 신자가 폭력적 죽음을 맞이했으니, 그들은 영원한 저주를 받았음이 확실하다. 왜냐하면 그들 대부분은 형제들에 대한 증오와 악감정이 가득한 가운데 갑작스러운 죽음을 당했으며, 불행하게도 살아남은 자들은 신의 치유적 손이 닿지 않는 한 위험한 추락과 비참한 종말을 맞이해야 하기 때문이다. 왜냐하면 증오와 갈등과 다툼이 그들의 영혼 속에 스며들었고 나중에 이것으로부터 싸움이 뒤따르기 때문이다. 또한 거의 모든 종류의 악덕과 도덕적 몰락, 범죄와 오류가 단정했던 도덕과 훈육의 부패에 의해 남녀의 영과 몸을 전체적으로 사로잡았다. 그

---

66 이것은 교황 문서에서 관용적인 양식이다.

들에게는 후손에 의한 복구적 계승[67]의 가능성이 차단되었고, 재물은 탕진되었고, 집들은 파괴되고 무너졌고, 도시들은 (얼마나 크고 유명했던가!) 비었고, 그 주민들로부터 버림을 받았다. 벌판은 경작되지 않고 버림받아 관습적 열매를 제공하기를 중단했다. 가장 통탄스러운 것은 그곳에서의 예배는 거의 완전히 폐지되어 사라졌으며, 교회들 내지 성전들은 그 사제 내지 목회자를 여의고 고독하게 버려졌다. '악마와 사탄'이라고 불려 마땅한 '저 큰 용, 저 오래된 뱀'은 형제 간의 증오와 갈등을 통해 눈먼 불행한 주민들을 도처에서 모든 비참함 속으로 몰았고, 계속해 몰아대고 있다. 왜냐하면 그는 온갖 수단으로 '온 세상'을 유혹하고 유혹하려 하기 때문이다.[68]

§ 20. 그러므로 한때 그렇게 거칠지만 아름다웠으나 지금은 그렇게 왜곡되고 찢겨진 이 조국 내지 어머니의 어떤 아들이 이것을 보거나 알고, 자신을 불의하게 잡아당기고 해체하는 자들에 대항할 수 있다면, 침묵하고 주님을 향해 외침의 영을 억제할 수 있겠는가? 사도의 말로써 이런 자에게는 진실로 다음과 같이 말할 수 있다. "그는 신앙을 부정했고" 모든 "불신자보다 악하다".[69]

그러므로 권세 충만과 그 방식에 대해, 그 기원과 진행에 대해, 어떻게 로마 주교가 교회 의식과 세속적 인간의 시민 행동에 대해 자신에게 권세 충만이 있음을 주장했고 사용했는지에 관해 이것으로써 결정된 것으로 하자.

---

67 즉 인명 손실이 후손의 출생을 통해 상쇄되는 일을 말한다.
68 「요한 계시록」 12:9.
69 「디모데 전서」 5:8.

제 27 장

~~~

이 권의 제15장 및 그다음 장들에서 결정된 사항에 대한 몇 가지 이의에 대하여[1]

§ 1. 그러나 우리가 이 권의 제15장과 다음 장들에서 말한 것에 대해 당연히 의문을 가진 자는 우선 한 주교의 권위가 단순히 혹은 오직 사제인 자의 권위보다 크고 다르다는 것을 지시해야 할 것이니, 우리가 분리 가능하다고 말한 인간적 임명에 있어서뿐만 아니라 우리가 이전에 본질적이라고 말한 신적 서품에서도 다르다는[2] 것을 지시해야 한다. 이것은 「누가복음」 제10장[3]에 의해서 입증 가능하다. 여기에 다음 구절이 발견된다. "그후에 주님은 다른 72명을 지명했고 그들을 둘씩 자신에 앞서 보냈다." 여기에 대해 베다는 다음과 같이 말한다. "12명의 사도는 주교의 형상을 미

---

1 마르실리우스는 이 장(章)에서 자신이 제2권 제15장과 제26장에서 진술한 명제들을 반박하는 듯한 신정론적 논거들을 소개한다. 그는 제28장에서 이것을 반박할 것이다.

2 사제 서품은 신이 직접 행하는 것으로 간주되므로, 본질적이고 철회될 수 없다. 반면에 임명과 승진은 인간에 의해 결정되는 일이므로 사제직과 분리 가능하다.

3 「누가복음」 10:1.

리 나타내는 것처럼 의심의 여지없이 이 72명은 사제의 두 번째 등급, 장로를 의미했다."[4] 또한 같은 것이 「디모데 전서」 제5장[5]에서도 입증된다. 즉 사도는 말했다. "두세 사람의 증인이 나서지 않는 한, 장로에 대한 고발을 받지 마시오." 그러므로 디모데는 권위에 있어 다른 장로들 위에 있으나, 장로들이나 신실한 백성의 선출에 의해서가 아니라 신의 서품 때문이다. 또한 같은 것은 『주의 형제 야고보에게』라는 표제가 붙은 클레멘스 교황의 서신에서 입증된다.[6] 그런데 또한 이미 언급된 이시도루스의 코덱스에서 분명히 나타난 것처럼 로마 주교좌에서 복된 베드로나 바울을 계승했다고 말해지는 거의 모든 주교의 견해였던 것 같다.

§ 2. 또한 복된 베드로는 어떤 다른 인간이나 인간들이 아니라 그리스도가 그에게 직접 준 권세나 권위에 있어 나머지 사도들보다 탁월했으며, 따라서 그의 후계자는 다른 사도들의 후계자보다 탁월했다는 것이 입증될 수 있는 듯하다. 우선 이것은 「마태복음」 제16장에서 볼 수 있으니, 즉 그리스도는 베드로에게 특별히 다음과 같이 말한다. "너에게 말하니, 너는 베드로다. 이 반석 위에 내 교회를 세울 것이며, 지옥의 문이 그것에 적대하여 압도하지 못할 것이다. 또한 너에게 하늘나라 열쇠를 줄 것이다" 등등.[7] 이 말로써 그리스도는 특히 자신의 죽음 후에 복된 베드로가 교회의 머리와 토대가 될 것임을 표현한 듯하다. 여기에 대해 주해는 다음과 같이 말한다.[8] "특별히 그는 우리를 일치하도록 권고하기 위해 베드로에게 그

---

4 Thomas Aquinas, *Catena aurea*, vol. 12, p. 114에서의 「누가복음」 10:1에 대한 베다의 주해 참조.

5 「디모데 전서」 5:19.

6 Pseudo-Isidorus, "Epistola Clementis Papae ad Jacobum fratrem Domini" *Collectio Decretalium*, in: MPL, 130, pp. 37~38.

7 「마태복음」 16:18-19.

8 Thomas Aquinas, *Catena aurea*, vol. 11, p. 199에서의 「마태복음」 16:18-19에 대

것", 즉 권세를 "용인했다. 그러므로 그는 그를 사도들의 머리로 세웠으니, 이것은 교회가 그리스도의 한 으뜸 대리인을 갖기 위한 것으로 교회의 상이한 지체 간에 불일치가 생길 때에 그들이 그에게로 돌아오기 위함이다. 그러나 교회 안에 상이한 머리들이 있다면 일치의 끈은 깨어질 것이다". 또한 같은 것이 「누가복음」 제22장에서 입증된다. 거기서 그리스도는 그에게 특별히 다음과 같이 말한다. "베드로야, 나는 네 믿음이 없어지지 않도록 너를 위해 기도했다. 그리고 네가 언젠가 돌이킨 후에 네 형제를 굳세게 하라."[9] 그러므로 그의 형제들, 즉 사도들과 다른 신자들에 대한 첫 번째 목회와 그들을 굳세게 하는 것이 그의 믿음의 확고함 때문에 복된 베드로에게 맡겨졌다. 그리스도는 그의 믿음이 없어지지 않도록 ─그 믿음이 그에게서나 그의 후계자에게서 없어지지 않도록 특별히 기도했다. 여기에 대한 주해는 다음과 같다.[10] "내가 너를 사도들의 머리로 세웠으니, '네 형제를 굳세게 하라.' 그들이 베드로에 의해 굳세게 되어야 한다는 것은, 당시에 살았던 사도들에 대해서만 이해되어야 하는 것이 아니고, 또한 모든 신자에 대해서도 이해되어야 한다." 조금 아래에서 주해는 덧붙인다. "그, 베드로는 뉘우침을 통해 세상의 대사제가 되었다." 또한 같은 것이 「요한복음」 제21장에서도 다음과 같이 입증된다. "내 양을 치라. 내 어린양을 치라, 내 양을 치라."[11] 그는 세 번이나 같은 말을 반복한다. 양들이 정의되어 있지 않으므로, 그리스도는 그를 직접적으로 모든 사람을 위한 일차적·보편적 목자로 세운 듯 보인다. 여기에 대해 크리소스토무스도 다음과 같이 말한다. "베드로는 사도들 가운데에서 출중했으며, 제자들의 입, 무리의 정

---

9 「누가복음」 22:32.

10 Thomas Aquinas, *Catena aurea*, vol. 12, p. 230에서의 「누가복음」 22:32에 대한 주해 참조.

11 「요한복음」 21:15-17.

상(頂上)이었다. 그렇기 때문에 부인이 상쇄된 후에, 그리스도는 그에게 형제들 가운데 으뜸가는 지위를 위임했다."[12] 마지막으로 이것은 「요한복음」 제21장의 저 구절,[13] 즉 "내가 오기까지, 그가 내 뜻에 따라 살아 있게 한다면, 그것이 너와 무슨 상관이 있는가? 그러나 너는 나를 따르라"에 대한 [주해에서] 대부분의 거룩한 교부들의 권위에 의해 확증된다. 즉 아우구스티누스는 말한다. "교회는, 신에 의해 설교된 두 가지 삶을 안다. 그중 하나는 믿음 속의 삶, 다른 하나는 희망 속의 삶이다. 전자", 즉 신앙 속의 삶은 "그의 사도직의 수위권 때문에 사도 베드로에 의해 표현되었다".[14] 또한 테오필락투스는 이 구절에 대해 다음과 같이 설명한다. "그는 그를 위해 모든 신자 가운데 으뜸가는 지위를 만들었다."[15] 크리소스토무스는 다음과 같이 말한다. "그러므로 누군가, 야고보가 어떻게 예루살렘의 왕좌를 차지했냐고 묻는다면, 나는 답변할 것이다. 그리스도가 베드로를 세상의 교사로서 왕좌에 세웠기 때문이다."[16] 조금 아래에서 주해는 다음과 같이 설명한다. "이 사람", 즉 베드로에게 "형제들에 대한 지도직도 위임되었다". 또한 테오필락투스는 「요한복음」 제21장의 저 구절, 즉 "그가 내 뜻에 따라 살아 있게 한다면"에 대해 다음과 같이 말한다. "나는 지금 너를 세상의 대사제직으로 파송한다. 그리고 거기에서 나를 따르라."[17]

---

12 Thomas Aquinas, *Catena aurea*, vol. 12, p. 462에서의 「요한복음」 21:15-17에 대한 크리소스토무스의 주해 참조.

13 「요한복음」 21:22.

14 Thomas Aquinas, *Catena aurea*, vol. 12, p. 463에서의 「요한복음」 21:22에 대한 아우구스티누스의 주해 참조.

15 Thomas Aquinas, *Catena aurea*, vol. 12, p. 464에서의 같은 구절에 대한 테오필락투스의 주해 참조.

16 Thomas Aquinas, *Catena aurea*, vol. 12, p. 464에서의 같은 구절에 대한 크리소스토무스의 주해 참조.

17 Thomas Aquinas, *Catena aurea*, vol. 12, p. 464에서의 같은 구절에 대한 테오필락투스의 주해 참조.

또한 그리스도가 교회의 머리를 세우지 않았다면 부재 중인 교회를 머리 없이 내버려두었을 것이며, 그는 교회를 완전하고 최선의 상태에 따라 정돈하지 않은 것처럼 보일 것이다. 그러나 그는 교회를 최선의 상태와 질서 속에 남겨두었다고 믿어야 한다. 그러므로 그는 교회를 위해 한 머리를 세웠다고 믿어야 하고 복된 베드로보다 적합한 것은 없었다. 그러므로 그 자신은 그리스도의 결정에 의해 직접적으로 다른 사도들보다 권위 면에서 우월했다.

§ 3. 또한 우리는 바울이 품격이나 권위에서 복된 베드로와 같지 않았다는 것을 보여 줌으로써 같은 것을 특별히 입증할 수 있다. 「갈라디아서」 제2장[18]에 다음 구절이 있다. 바울은 말한다. "그다음 3년 후에 나는 베드로를 만나기 위해 예루살렘으로 올라갔다. 그리고 15일간 그의 곁에 머물렀다." 그리고 그는 같은 구절에서 다음과 같이 덧붙인다. "나중에 14년 후에 나는 또다시 바나바와 함께 예루살렘으로 올라갔는데 디도도 데려갔다. 나는 계시를 받고 올라갔고 내가 이교도에게 선포한 복음을 그들에게 말했고, 특히 중요한 자들과 함께 이야기했다. 이것은 내가 지금 하고 있는 일이나 전에 한 일이 허사가 되지 않게 하기 위함이었다." 여기에 대한 주해는 다음과 같다. 그, 즉 바울은 "자신의 복음이 베드로와 다른 자들의 권위에 의해 확증되고 강화되지 않는 한, 그는 확실성을 갖지 못함을 가리킨다".[19] 그러므로 바울은, 주해에 따르면 복음의 확실성을 베드로로부터 부여받았으므로, 그는 권위 면에서 베드로와 같지 않았음이 드러난다. 여기서부터 필연적으로 이 구절뿐만 아니라 앞서 언급한 다른 구절에서부터도 세상의 모든 주교가 신적 질서에 따라 복된 베드로의 개인적 후계자로

---

18 마르실리우스가 '제1장'을 '제2장'으로 착각한 듯하다. 「갈라디아서」 1:18; 2:1-2.

19 Petrus Lombardus, *Collect.*, in: MPL, 192, p. 103D에서의 해당 구절에 대한 히에로니무스의 주해 참조.

서의 로마 주교 아래 있다는 결론이 나오는 듯하다. 그러므로 로마교회도 그의 주교가 복된 베드로의 후계자이며, 모든 다른 교회의 판관 내지 목자이기 때문에 모든 교회의 머리요 으뜸이다.

또한 이시도루스는 앞서 언급한 코덱스에서 "니케아 회의의 서론이 시작된다"라는 표제의 장에서 이렇게 표현한다. "모든 가톨릭 신자는 거룩한 로마교회가 노회의 결정 덕분에 우월적 지위를 얻은 것이 아니라 우리 주와 구원자의 복음적 말씀에 의해, 즉 그가 베드로에게 너는 베드로이니 이 반석 위에 내 교회를 세울 것이다. 나는 너에게 하늘나라의 열쇠를 줄 것이다 등을 말했을 때, 수위권을 얻었음을 알아야 한다."[20] 모든 로마 주교는 통치자들의 어떤 용인도 없이 베드로 시대 이후 로마 황제 콘스탄티누스 1세 시대에 이르기까지, 이미 언급한 코덱스의 구절에서 분명히 드러나는 것처럼 규범적 질서의 기초를 놓고 온 교회에 그 준수를 명령함으로써 이 수위권을 사용했다.

§ 4. 나는 이것을 다시 이성에 의해 확증한다. 「에베소서」 제4장[21]에서 사도의 말에 따라 신앙은 하나이며, 따라서 교회도 하나이다. 그러나 한 머리와 근원 외에 다른 이유 때문에 교회가 하나인 것이 아니다. 그런 것으로서 복된 베드로의 유일한 후계자인 로마 주교보다 적합한 것은 없고, 그만한 것은 없다. 그는 그리스도가 그 위에 자기 교회를 세우겠다고 말한 그 반석이다. 이것은 다음에 의해 확증되었다. 즉 세속적인 것이 하나의 기초, 예를 들어 통치직으로 환원되는 것처럼, 영적인 것도 어떤 으뜸가는 것, 예를 들어 주교직으로 환원되어야 하는 것처럼 보인다. 또한 이것은 다른 관점에서도 비롯된다. 우리가 이 권의 제15장[22]에서 히에로니무스

20　Pseudo-Isidorus, *Collectio Decretalium*, in: MPL, 130, p. 251.

21　「에베소서」 4:5.

22　II, 15, 8; Hieronymus, *Ad Evandrum*, in: MPL, 22, p. 1194.

의 서신 『에반드루스에게』에서 인용한 것처럼 거기서 각각의 사제가 신자들을 자신에게 끌어모음으로써 그리스도의 교회를 파괴하지 않기 위해 한 신전이나 한 교구 안에 한 주교가 있어야 하는 것처럼 그리스도의 전체 교회에서 신자들의 일치를 유지하기 위해 한 머리가 있는 것이 더욱 필요하다. 이런 방식의 선이 보편적일수록 그것은 보다 신적이고 선택될 만하다. 그러므로 「요한복음」 제10장에서 다음과 같이 말한다. "한 양떼와 한 목자가 있을 것이다."[23] 다른 자들의 가장 적합한 목자와 머리는, 우리가 앞에서 언급한 근거에 의해, 로마 주교인 것이 가장 적합한 듯하다.

§ 5. 이미 진술한 내용에서부터 필연적으로 로마 주교만이 모든 다른 주교와 사제, 그리고 교회나 성전의 다른 일꾼들에 대한 그의 보편적 권위 때문에 모든 다른 자의 이차적 임명에 대한 (직접적으로나 간접적으로) 일차적 작용인이라는 결론이 나오는 듯하다. 『바실리카를 양도함에 대하여』에서의 암브로시우스의 권위는 이 견해를 뒷받침한다. 즉 이 글에서 그는 다음과 같이 말한다. "교회는 신의 것이니, 황제의 것으로 간주되어서는 안 된다. 신의 성전은 황제의 권리가 될 수 없다."[24] 따라서 그는 또한 우리가 이 권의 제15장[25]에서 이차적이라고 부른 직무에 대해 사제를 임명할 권한도 없다. 그러나 바실리카를 [사제에게] 양도하는 것이 황제의 권한이 될 수 없다면, 그 어떤 다른 통치자의 권리도 될 수는 없다. 그러므로 이 권한은 모든 사제의 머리요 으뜸인 그 사람, 즉 로마 주교에게 속한다. 그것이 만약 통치자의 권한이 될 수 없다면, 신적 권위에 의해 그러하다.

---

23 「요한복음」 10:16.

24 Ambrosius, *Sermo contra Auxentium de basilicis tradendis*, c. 35, in: MPL, 16, p. 1061.

25 II, 15, 9.

§ 6. 여기서부터 또한 필연적으로 성직록 내지 교회의 세속적 물질의 분배가 같은 주교의 권한이라는 결론이 나오는 듯하다. 왜냐하면 그것들은 이런 직무 수행을 위해 부여되기 때문이다.[26]

§ 7. 앞서 언급한 진술 내용에서 또한 이 첫 번째 주교에게는 세상의 모든 다른 주교와 교회의 다른 일꾼에 대한 강제적 사법권이 있다는 결론이 내려질 수 있는 듯하다. 즉 그들은 신적 질서에 따라 이전의 논리에서 분명히 나타나듯이 그에게 예속되어 있다. 이것은 앞서 언급한 이시도루스의 코덱스와 장(章)에 의해 뒷받침된다. 왜냐하면 그는 그곳에서 다음과 같은 문구를 썼기 때문이다. "이 종교회의에서 황제의 놀랄 만한 행위에 대해 침묵해서는 안 된다고 생각한다. 즉 거의 모든 지역에서 주교들이 모였으며, 보통의 일처럼 그들 사이에 서로 다른 이유 때문에 논쟁을 제기했으므로 그는 빈번히 몇 사람에 의해 간섭을 받았고, 책자가 전달되었고, 고발이 제기되었고, 사람들은 모임에 오게 된 이유보다는 이 문제에 더 몰두했다. 그러나 이런 언쟁을 통해 중요한 사안이 좌절될 것을 알았기 때문에, 그는 그날에 각각의 주교가 불평할 거리가 있는 듯하면 불평을 제기할 수 있게끔 일정한 날짜를 정했다. 그가 자리에 앉았을 때, 그는 각자로부터 책자를 접수했다. 그는 이 모든 책자를 그의 품에 간직한 채 무엇이 그 안에 포함되어 있는지 열어보지 않고서 주교들에게 다음과 같이 말했다. '신은 여러분을 사제로 임명했고, 여러분에게 우리에 대해 판단하는 권세를 주었다. 그러므로 우리는 여러분에 의해 옳게 판단을 받으며, 여러분은 인간에 의해 판단을 받을 수 없다. 그렇기 때문에 여러분 사이의 논쟁에서 오직 신의 심판을 기다려라. 여러분의 언쟁이 어떤 것이든지 간에, 저 신의 검증을 위해 잠시 유보되어야 한다. 왜냐하면 여러분은 우리에게 신에 의

---

26 이것은 마르실리우스가 신정론적 명제에 대해 끈질기게 제기한 가장 큰 불만 중 하나이다. 그는 자주 이 문제로 돌아온다.

해 신들로서 주어졌기 때문이다. 인간이 신들을 판단하는 것은 합당하지 않다".[27] 그러므로 사람들이 말하는 것처럼 지상에서는 이런 신들의 신인 자, 즉 로마 주교에게는 주교들에 대한 사법권이 속한다.

§ 8. 여기에서부터 사제들의 총회를 소집하고 명령하고, 신법과 교회 의식에 관해 제안하고 결정할 필요가 있다고 보이는 내용을 그 회의에서 제안하고 결정하는 것이 같은 주교의 권한에 속하는 듯하다. 이시도루스는 앞서 언급한 코덱스 서문에서 종교회의를 소집하는 권한에 대해 다음과 같이 말한다. "그러나 노회를 소집하는 권한은 특별한 권세에 의해 사도좌에 위임되어 있고, 그의 권위에 의해 소집되거나 뒷받침되지 않은 노회는 유효하지 않다. 이것은 교회법의 권위에 의해 증언되고 교회 역사에 의해 보강되며, 거룩한 교부들에 의해 확인된다."[28]

§ 9. 이시도루스는 코덱스의 같은 장에서, 성서의 의미를 결정하거나 정의하는 권세나 권위에 대해 다음과 같이 말한다. "그다음으로 우리는 다음의 방식으로 여러 그리스와 라틴 노회 중에서 이전이나 나중에 열렸던 다양한 노회를 숫자별·시간별로 각각의 장으로 구분해 이 권으로 모았다. 여기에서 우리는 성 그레고리우스에 이르기까지 로마 주교들의 나머지 칙령들과 그의 일부 서신을 추가했으니, 여기에는 사도좌의 탁월한 지위에 상응해 총회 못지않은 권위가 있다."[29] 그러므로 최고 대사제는 총회의 권위가 결정할 수 있는 것을 그의 권위만으로 결정할 수 있으니, 왜냐하면 이시도루스에 의하면 그의 권위는 총회의 권위에 못지않기 때문이다. 그런데 총회의 권위는, 이 권의 제20장[30]에서 지시한 것처럼 성서의 의심스러

---

27 Pseudo-Isidorus, *Collectio Decretalium*, in: MPL, 130, p. 254.

28 Pseudo-Isidorus, *Collectio Decretalium*, in: MPL, 130, p. 9.

29 Pseudo-Isidorus, *Collectio Decretalium*, in: MPL, 130, pp. 7~8.

운 구절의 의미를 결정하고, 정의하고, 해석할 수 있어야 한다. 히에로니무스의 견해는 『가톨릭 신앙의 해석에 대하여』라는 표제의 서신에서 이 점에 관해 동일한 듯이 보인다. 여기서 그는 말한다. "가장 복되신 교황님, 이 신앙은 우리가 가톨릭교회에서 배웠고 우리가 언제나 지킨 신앙입니다. 거기서 혹시 어떤 것이 미숙하게 혹은 약간 모호하게 표현되어 있다면, 베드로의 신앙과 의자를 가진 귀하에 의해 교정되기를 바랍니다. 그러나 이런 우리의 고백이 귀하의 사도직의 판단에 의해 인정받는다면, 나를 더럽히려고 하는 모든 자는 자신이 조예가 없거나 악의가 있거나 심지어 가톨릭이 아님을 입증하는 것입니다. 그러나 나를 이단자로 입증하지는 못합니다."[31]

§ 10. 교회의 의식과 영원한 구원에 관한 것을 결정하는 권한에 관해서는 「누가복음」 제10장의 그리스도의 말씀에서 분명히 드러난다. 즉 그는 사도들에게, 그리고 그들의 인격 안에서 모든 주교나 장로들에게 다음과 같이 말한다. "너희 말을 듣는 자는 내 말을 듣는 것이고, 너희를 배척하는 자는 나를 배척하는 것이다. 그러나 나를 배척하는 자는 나를 보내신 분을 배척하는 것이다."[32] 그러므로 구원의 필요에 관해 사제들이 결정한 것은 준수되어야 한다.

§ 11. 복된 베르나르두스는 에우게니우스 교황에게 보낸 서신 『고려에 대하여』 제2권에서 로마 대사제에게 부여된 권한, 즉 최고의 권한에 대해 요약하여 다음과 같이 말한다.[33] "이제 우리가 논했던 문제를, 그런 것이 남

---

30 II, 20, 4.

31 Pseudo-Hieronymus, *Symboli explanatio ad Damasum*, *Opera*, Paris, 1706, p. 124; II, 19, 5의 각주 14 참조.

32 「누가복음」 10:16.

33 Bernardus, *De Consideratione ad Eugenium papam tertium* II, c. 7-8, in: MPL, 182, p. 751.

아 있다면 다시 반복해야 한다. 그대가 누구인지, 즉 그대가 시대 속에서 신의 교회에서 어떤 역할을 하는지 신중하게 연구하자. 그대는 누구인가? 큰 사제, 최고의 대제사장. 그대는 주교들의 우두머리, 사도들의 상속자, 수위권에 있어 아벨, 통치에 있어 노아, 대족장직에 있어 아브라함, 서열에 있어 멜기세덱, 품격에 있어 아론, 권위에 있어 모세, 판관직에 있어 사무엘, 권세에 있어 베드로, 기름 부음에 있어 그리스도이다." 그리고 그는 같은 구절 조금 아래에서 다음과 같이 덧붙인다. "그대는 양떼들을 위해서뿐만 아니라 목자들을 위해서도 만인의 유일한 목자이다. 그대는 내가 이것을 어디서 입증할 것인지 묻는가? 주님의 말씀에서. 모든 양떼는 그렇게 절대적으로 차별 없이 주교들뿐만 아니라 사도들 중 누구에게 위임되어 있는가? '네가 나를 사랑한다면, 베드로야, 내 양을 치라.'" 그는 조금 아래에서 덧붙인다. "그가 몇 사람을 지시한 것이 아니라 [그대에게 모든] 양을 맡겼다는 것이 누구에게나 명백하지 않은가? 아무것도 구별되지 않을 때, 아무것도 제외되지 않는다." 같은 구절 조금 아래에서는 "여기서부터 성례전을 아는 각각의 사도에게 백성들이 할당되었다. 결국 교회의 기둥으로 보였던 야고보는 예루살렘만으로 만족했고 베드로에게 전체를 양보했다"라고 말한다. 그다음으로 그는 결론적으로 다음과 같이 말한다. "그러므로 그대의 카논[규범][34]에 의하면, 다른 자들은 목회직으로, 그대는 권세 충만으로 부름받았다. 다른 자들의 권세는 확실한 경계에 의해 한정되어 있다. 그대의 권세는 다른 자들에게 얻은 권세로 확장된다. 이유가 있다면, 그대는 주교에게 하늘 문을 닫고, 그를 주교직에서 해임하고, 그를 심지어 사탄에게 넘겨줄 수 없는가? 그러므로 그대에게는 흔들릴 수 없는 특권이 확고하다. 주어진 열쇠에서뿐만 아니라 위임된 양떼에 있어서도."

---

34 이하 II, 28, 1-22 참조. 그리스어 카논(κανών)의 원래 의미는 '잣대' 또는 '규범'이다. 마르실리우스에 의하면, 신법만이 규범이기에 성서를 정경적·규범적 문서라고 한다. 반면에 교황의 명령은 규범이 아니다.

§ 12. 베르나르두스는 로마의 대제사장은 주교와 사제, 그리고 나머지 하위 성직자 같은 교회 일꾼들에 대해 권력을 가지는 것만이 아니라 모든 통치자에 대해 강제적 사법권을 가진다고 말했다. 베르나르두스는 이것을 '세속적 칼'이라고 은유적으로 표현하며, 같은 주교에게 이것을 부여하는 듯하다. 그러므로 그는 같은 책 제4권 제4장에서 에우게니우스에게 다음과 같이 말한다. "왜 그대는 칼집에 도로 넣으라고 일단 명령받았던 칼을 다시 사용하려고 하는가? 그러나 칼이 그대의 것임을 부인하는 자는, 나에게는 '네 칼을 칼집에 도로 넣어라'고 말하는 주님의 말씀을 충분히 준수하지 않는 듯 보인다. 그러므로 칼은 그대의 것이니 어쩌면 그대의 눈짓이나 그대의 손에 의해서는 아닐지라도, 칼집에서 뽑기 위해 있다. 그렇지 않다면, 그것이 그대와 상관이 없다면 '보십시오, 여기에 칼 두 자루가 있습니다'라고 말하는 사도들에게 주님이 '충분하다' 대신에 '너무 많다'라고 대답했을 것이다. 그러므로 둘 다 교회에 속하는데, 영적인 칼과 물질적 칼이다. 후자는 교회를 위해, 전자는 교회에 의해 사용되어야 한다. 전자는 사제의 손에 의해, 후자는 군인의 손에 의해서 사용되되, 사제의 눈짓과 황제의 명령에 의해 사용되어야 한다."[35]

그런데 앞서 말한 내용을 확실히 하기 위한 거룩한 교부들의 다른 권위적 진술이 있다. 그러나 나는 그들의 말을 인용하지 않겠다. 그 논리의 힘은 앞서 인용한 내용과 동일하거나 유사하고 해결 방식이 동일하거나 유사해 진술을 축약해야 하기 때문이다.

또한 이 결과는 로마 주교의 교령이나 명령을 통해 확증될 수 있는 듯하다. 즉 로마 주교의 교령이나 명령을 통해 모든 교회직과 그것을 위해 제정된 성직록은 로마 주교와 다른 주교들을 통해 (그러나 결코 인간 입법자나 그의 권위를 통해 통치하는 자가 아니라) 임명되고 수여되도록 보장된다. 또한 같

---

35 Bernardus, *De Consideratione ad Eugenium papam tertium* IV, c. 3, in: MPL, 182, p. 776.

은 교령과 명령을 통해 사제와 성직자들은 앞서 언급한 입법자나 통치자의 강제적 사법권 아래 있지 않고 오히려 반대가 되도록 보장된다. 이것을 통해 베르나르두스가 자신의 진술에서 로마 주교에게 전가한바, 모든 권세는 로마 대제사장에게 적합하다는 주장이 뒷받침된다.

제 2 8 장

꿟_꿩

앞서 언급한 이의에 대한 답변에 대하여

§ 1. 이 권의 나머지 과제[1]는 성서 내지 정경의 권위적 진술을 올바르게 해석하며, 이 권의 제3장과 앞의 장[2]에서 인용되었고 우리의 결정들에 대립되는 듯한 인간적 논리를 해체하는 것이다. 그러나 우리가 이 권의 제19장에서 복된 아우구스티누스의 견해에 따라 말한 것과 성서에 의해 확증된 오류 없는 원리를 먼저 기억하는 것이 좋다. 즉 우리는 정경적이라고 불리는 것, 즉 성서에 포함되어 있는 것과 그것에 대해 필연적으로 뒤따르는 결론, 그리고 성서의 의미가 의심스러운 경우에, 특히 합리적으로 소집되고 거행되고 종료된 총회에서 만들어진 기독교 신조 및 그의 해석처럼 거기서 오류가 영원한 저주를 초래하게 될 명제에 있어 기독교인

---

1 이것은 제2권 제28장부터 제30장까지의 내용을 지시한다. 제28장은 제2권 제27장의 이의에 대해 답변하고, 제29장은 제2권 제3장 제1~9절에 대해 답변하고, 제30장은 제2권 제3장 제10~15절에 대해 답변한다.
2 II, 3, 1-9; II, 19, 5.

내지 가톨릭 신자들의 총회에 의해 내려진 해석 외에는 영혼 구원에 관해 어떤 말이나 글에 확실한 신뢰나 믿음을 부여하거나 진리로 고백할 의무가 없다.[3] 그렇기 때문에 우리는 신비주의적 해석을 필요로 하지 않는 거룩한 정경 내지 성서의 권위적 구절을 그 분명하고 문자적 의미에 따라 전적으로 따를 것이다. 그러나 그것이 신비주의적 해석을 필요로 할 경우에 나는 거룩한 교부들의 보다 개연성 있는 견해를 따를 것이다. 그들이 자기 권위에 의해 성서를 떠나 제시한 견해가 성서 내지 정경과 조화를 이루는 한에서, 나는 그것을 받아들일 것이다. 그러나 나는 성서에 모순되는 견해는, 바로 내가 언제나 의지하는 성서의 권위에 의해 경외스럽게 거부할 것이다. 왜냐하면 거룩한 교부들은 때로 성서와 성서 밖의 것에 대한 견해에 있어 아우구스티누스와 히에로니무스는 「갈라디아서」 제2장의 "게바가 안티오크에 올라갔을 때, 나는 그와 얼굴을 맞대고 대립했으니, 그가 질책받을 만했기 때문이다"에 대해,[4] 그리고 암브로시우스와 히에로니무스는 요셉의 동정에 대해[5] 서로 불일치하기 때문이다. 마지막으로 다음 내용에서 분명히 드러나게 될 것처럼 같은 성인 중에서 때로는 스스로 모순되는 진술을 하는 사람도 있다.

§ 2. 그러므로 여기서부터 우선 이전 장에서 인용되었던 이의에 대해 말한다. 「누가복음」 제10장에서 "그 후에 주님은 또한 다른 72인을 지정했다"[6]라고 했으며, 이 72인은 베다에 의하면 주교직 다음의 두 번째 서열이라고 칭한 장로직을 비유한 것이므로, 주교들이 단순한 사제들보다 더 높

---

3 II, 19, 1-3 참조.

4 Petrus Lombardus, *Collect.*, in: MPL, 192, pp. 110~14에서의 「갈라디아서」 2:11에 대한 히에로니무스와 아우구스티누스의 주해 참조.

5 Petrus Lombardus, *Collect.*, in: MPL, 192, pp. 101f에서의 「갈라디아서」 1:19에 대한 히에로니무스와 암브로시우스의 주해 참조.

6 「누가복음」 10:1.

은 권위를 가진다고 추론한다면 이렇게 말해야 한다. 사도의 견해와 이 권의 제15장[7]에서 거룩한 교부들로부터 인용한 구절에 따르면, 72는 사제직보다는 부제직을 비유한다고 보는 것이 적절하다. 혹은 이 때문에 주교가 장로보다 본질적으로 높은 직위를 갖는다고 결론지을 수 없다고 말함이 적절하다. 그러므로 그리스도가 그들을 세상에 보냈다면, 저 파송은 그것을 통해 그들 중 한 사람이 교회 살림에서 다른 사람들 위에 세워지는 인간적 선출이나 임명을 의미한다. 왜냐하면 그리스도는 "그러므로 가서 모든 민족을 제자로 삼아라"고 말했을 때, 그들에게 본질적 권위를 수여한 것이 아니라 그들에게 그것을 이미 이전에 주었기 때문이다. 그가 둘을 동시에 주었다고 가정한다면, 저 파송은 그들이 이전에 성령을 통해 사제직을 받았을 때 갖지 못했던 내적 완전성을 추가한 것이 아니라고 나는 말한다. 그리스도는 미래의 다른 사제들을 고려해 사도들에게 이 이차적 임명[8]을 행했다. 왜냐하면 당시 이런 선거를 치를 수 있는 신자들 무리가 없었으며, 설령 있다 하더라도 그리스도를 통해서와 마찬가지로 어떤 무리를 통해 선거가 합리적으로 이루어질 수 없었을 것이기 때문이다. 그러므로 사도들은 그리스도의 고난과 부활 이후에 지역을 분배할 때 선거에 의지했다. 즉 「갈라디아서」 제2장은 이렇다. "그들은 나와 바나바에게 친교의 표시로 오른손을 내밀었으니, 우리는 이교도들에게, 그러나 그들 야고보와 게바, 요한은 할례받은 자들에게 가기로 했다."[9] 그러므로 베다의 주장처럼 72가 사제 신분의 상징이었다면, 주교는 신으로부터 직접 사제보다 큰 내적 권위나 완전성이나 품격을 갖지 않는다고 나는 말한다. 이것에 대한 충분한 근거는 이 권의 제15장[10]에서 이미 밝혔다.

---

7 II, 15, 5.

8 성직 서품이 일차적이고 파송하는, 즉 서품받은 자를 어떤 곳의 주교나 사제로 임명하는 것은 이차적이다.

9 「갈라디아서」 2:9.

§3. 「디모데 전서」 제5장 "장로에 대하여 ……"[11]로부터의 두 번째 이의에 대해 그 장로는 사도로부터 저 주(州)의 다른 사제들의 지도자로서 본질적인 것이 아니고 이차적인 임명을 받았다. 사도가 그를 원해 임명한 것은 신자들 무리의 부족과 불충분함 내지 무지함 때문에 선거와 맞먹는다. 그러므로 사도는 「고린도 전서」 제3장에서 다음과 같이 말한다. "나는, 사랑하는 형제들이여, 여러분에게 영적인 인간 대하듯이 말할 수 없었고, 육적인 인간 대하듯이 말할 수 있었다. 나는 여러분에게 그리스도 안의 어린아이처럼 우유를 주어 마시게 했고, 음식을 주지 않았다. 왜냐하면 여러분은 아직 이렇게 할 수 없었기 때문이다. 그러나 지금도 여러분은 이렇게 할 수 없다. 왜냐하면 여러분은 여전히 육적이기 때문이다."[12] 우리는 이것을 이 권의 제17장 제7절에서 아주 상세히 설명했다.

§4. 그러나 나는 '주의 형제 야고보에게'라는 표제가 붙은 클레멘스의 서신에서 인용한 내용을 확실한 것으로 받아들일 수 없다. 왜냐하면 이 서신이 클레멘스에게서 유래한다는 것은 그 안의 무수한 내용으로 보아 매우 의심스럽기 때문이다. 또한 이 '카논' 내지 서신은 의심스럽다. 왜냐하면 '주의 형제 야고보에게, 거룩한 의복과 그릇에 대하여'와 '사도들의 공동생활에 대하여'라는 표제글[13]에서, 클레멘스는 그리스도가 사도들과 함께 말했고 행한 것을 야고보에게 이야기한 것처럼 서술하기 때문이다. 그러나 이것은 클레멘스의 진술이 주제넘은 것이 아니라면 무식한 것이다. 왜냐하면 그는 개인적으로 거기 있었고 (그가 그중 한 사람이었던) 사도들과 더불어 그리스도를 직접 봤던 사람에게 단지 들은 것을 교훈적 형태로 지시

---

10 II, 15, 7-8.

11 「디모데 전서」 5:19.

12 「고린도 전서」 3:1-2.

13 Pseudo-Isidorus, *Collectio Decretalium*, in: MPL, 130, pp. 37ff., 57ff.

하기 때문이다. 즉 누가 예루살렘에 살았던 제자들에게 그리스도와 사도들의 삶에 대해 보다 잘 가르칠 수 있었겠는가? 누가 교회 의식에 관해 보다 많이 알아야 했겠는가? 사도인가, 아니면 사도의 후계자인가에 대해서는 아무도 의심하지 않을 것이다. 그렇기 때문에 이 서신은 외경[14]으로 간주해야 한다. 그러나 어떤 자들이, 심지어 클레멘스는 로마 주교로서 신의 교회에서 사도 야고보보다 높은 권위를 지녔다고 주장하는 우화 같은 이야기에 의거해 장담하듯이, 이 서신들이 클레멘스에게서 유래한다고 가정하자. 클레멘스의 서신들이 야고보의 서신처럼 어째서 거룩한 정경 문서에 받아들여지지 않았는지 이 사람들에게 당연히 물어야 할 것이다. 그러나 우리는, 그들이 의지하는 것처럼 보이는 문서의 권위를 다루게 될 때, 언급된 서신에서 분명히 그리스도와 사도들의 견해에 대립되는 것으로 보이는 것에 대해 말해야 한다.

그런데 이것이 로마 주교좌의 복된 베드로를 계승한 모든 주교의 견해라는 주장에 대해, 우리가 첫 번째 이의에서 말한 것처럼 그들은 그렇게 이해해야 했다고 말해야 한다. 그렇지 않다면 그들을 버리고 이 권의 제15장과 제16장[15]에서 인용한 사도와 히에로니무스를 따를 것이다.

§ 5. 인간적 선거에 의해서뿐만 아니라 그리스도의 직접적 결정에 의해서도 복된 베드로가 권위에 있어 다른 사도들을 능가한다는 것을 입증하는 듯한 정경의 권위에 대해.[16] 즉 첫 번째로 「마태복음」 제16장[17]에서 인용되었기 때문이니, "너는 베드로다. 이 반석 위에 내가 내 교회를 세울 것

---

14 apokryfa: 그리스어 'ἀπόκρυφος'(감추어진, 애매모호한)의 명사형으로, 정경에 속하지 않는 문서를 지시할 때 사용한다.

15 II, 15, 5; II, 16, 6; II, 16, 9.

16 마르실리우스는 이 문제에 대해 이미 언급한 텍스트(예를 들어 II, 16, 6)에서보다 체계적으로 베드로의 수위권 명제를 비판하려고 시도한다.

17 「마태복음」 16:18-19.

이다. 그리고 나는 너에게 하늘나라 열쇠를 줄 것이다 ……." 이 말을 통해 그리스도는 그를 적어도 자신의 부재 중에 교회의 머리와 토대로 세운 듯하다. 신적·직접적 결정에 따라 교회의 한 머리와 한 토대가 있고 있었으며, 우리가 이 권의 제16장과 제22장[18]에서 의심의 여지없이 성서로부터 입증한 것처럼 그것은 그리스도이며, 또한 그리스도의 부재중에도 사도들 중 누구도 아니다. 그러므로 "이 반석 위에 ……"라고 한 정경의 구절에 대해 나는 주해에 따라 다음과 같이 말한다. "이 반석 위에, 즉 그대가 믿는 그리스도 위에." 여기서 행간 주해는 다음과 같이 덧붙인다. "너는 베드로다. 즉 나에 의해 만들어진 반석이다. 그렇지만 나에게 토대의 권위를 유보한다."[19] 그런데 그리스도는 그를 베드로라고, 즉 믿음에 있어 확고하다고 불렀으니, 우리는 이것을 부인하지 않는다. 즉 그가 다른 자들보다 한결같았고 공로에 있어서도 완전했다고 가정하자. 그렇기 때문에 우리가 앞에서 성서로부터 입증한 것처럼 그가 혹시 [제자직의] 시간에서가 아니라면 이 권위에 있어 더 앞서지는 않는다. 우리가 진술한 것이 성서의 의미라는 것을, 이 구절에 대한 복된 아우구스티누스의 해석이 뒷받침한다. 즉 아우구스티누스는 다음과 같이 말하며, 이것은 『개정의 책』에서 인용한 것이다. "나는 한 구절에서 사도 베드로에 관해 반석에서처럼 그에게서 교회가 세워졌다고 말했다. 그러나 나는 나중에 '너는 베드로다. 이 반석 위에 내 교회를 세우겠다'라는 주님의 말씀을 종종 설명했다는 것을 안다. 그래서 이 반석을 베드로가 '당신은 그리스도, 살아 있는 신의 아들'이라는 말로써 고백한 그분으로 이해하게 되었다. 마치 이 반석에 의해 이름 붙여진 베드로가 이 반석 위에 세워진 교회의 인격을 상징하는 것처럼 말이다. 왜냐하면 그에게 '너는 반석이다'라고 말하지 않았고 '너는 베드로다'라고 말했기 때문이다. 그러나 반석은 그리스도였고, 온 교회가 그를 그리스도로

---

18 II, 16, 6; II, 22, 5.
19 「마태복음」 16:18f에 대한 *Glossa ordinaria* 참조.

고백하는 것처럼 시몬이 그를 고백했기 때문에 베드로라고 불렸다."[20] 이에 대한 근거는 성서에 따라 입증할 수 있다. 왜냐하면 베드로가 나그네로 있는 동안에 실수할 수 있고, 그의 자유의지에 따라 죄를 지을 수도 있기 때문이다. 그렇기에 그는 그리스도를 부인했고 때로는 복음의 진리에 따라 올바르게 행하지 않았다. 그러나 교회의 토대는 이렇게 될 수 없으며, 오히려 「고린도 전서」 제3장[21]에 나타난 것처럼 실수할 수 없는 자는 그리스도뿐이었다. 왜냐하면 그는 수태되는 순간부터 죄지을 수 없음이 확정되었기 때문이다. 그러므로 사도는 앞서 언급한 구절에서 말한다. "누구도 놓인 기초 외에 다른 기초를 놓을 수 없으니, 그 기초는 예수 그리스도이다."

§6. 덧붙여진 말인 "내가 너에게 하늘나라 열쇠를 줄 것이다"라는 베드로에게 다른 사도들에 대한 어떤 권위도 부여하지 않았다. 왜냐하면 히에로니무스와 라바누스[22]에 따르면, (그들의 주해를 이 권의 제6장 제3절에서 인용했는데) 다른 사도들에게도 동일한 사법적 권세를 부여했기 때문이다. 또한 그리스도는 그에게 이 말로써 열쇠 권한을 위임한 것 같지는 않기 때문이다. 즉 그는 "내가 너에게 줄 것이다"(이것은 미래를 표현한다)라고 말하지, '준다'고 말하지 않는다. 그러나 그는 「요한복음」 제20장에서 모든 사람에게 차별 없이 다음과 같이 말했다. "성령을 받아라. 그리고 너희가 그들의 죄를 사하는 자에게 ……."[23] 그런데 베드로가 이 말을 통해 이 권세를 받았다고 한다면, 그가 이전에 목자로 세워졌다는 결론을 내릴 수 있을 뿐이다. 그리고 그리스도가 그에게 특별히 열쇠를 수여했다면, 그는 이로써 신

---

20 Augustinus, *Retractationum Libri* II, c. 21; Thomas Aquinas, *Catena aurea*, vol. 11, p. 198에서의 「마태복음」 16:18에 관한 부분 참조.

21 「고린도 전서」 3:11.

22 제2권 제6장 제3절에서 라바누스는 인용되지 않았다. Thomas Aquinas, *Catena aurea*, vol. 11, p. 199에서의 해당 구절에 대한 주해에는 라바누스가 등장한다.

23 「요한복음」 20:22-23.

앙 안에서 교회의 일치를 지시하고자 했으니, 주해의 설명처럼 그리스도는 각자에게 열쇠를 수여함 내지 약속함을 통해 신자들에게 이 일치를 권고했다. 혹은 아마도 그가 먼저 그리스도는 신의 아들임을 확고하게 분명히 고백했기 때문에, 그는 시간적으로 먼저 열쇠를 부여받았고 명예롭게 되었거나 명예롭게 됨의 약속을 받았다. 이것은 다른 자들에게 그리스도를 분명하고 확고하게 고백함의 모범이 이런 보상이나 약속을 통해 제시되기 위함이었다. 그러나 많은 주해가 성서에 근거해 이런 의미를 얻지 못하면서 스스로 이렇게 주장하는 듯하지만, 이것에 의해 그가 권위나 명성에 있어 다른 자들보다 앞선다는 것이 입증되지는 않는다. 그런데 「마태복음」 제20장과 「누가복음」 제22장[24]의 다음 구절이 우리가 진실을 말한다는 것을 틀림없이 입증한다. 여기서 그리스도는 이 문제를 명백히 정의하면서 그들 중 아무도 다른 자들 위에 있지 않다고 선언했다. 즉 "그들 가운데 누가 더 큰가에 대한 다툼이 생겼다". 그리스도는 「마태복음」 제23장에서 사도들에게 같은 말을 한다. "너희들은 자신을"(보완하라. 서로 간에) "랍비라고 불리게 해서는 안 된다. 너희 스승은 한 분이며, 너희들은 모두 형제이기 때문이다."[25] '너희들은 형제다' ─ 즉 그는 누구도 예외로 만들지 않았다. 우리가 그리스도의 권위보다 주해자의 권위를 신뢰해야 한다면 (그 주해자가 누구이든지 간에, 심지어 성인일지라도), 그것은 놀랄 만하다. 특히 그리스도는 한 명의 주해자로서 이렇게 말한 것이 아니고 자신의 의도를 직접 말했기 때문이다. 성서 문구는 너무나 명백해서 여기서 주해자가 필요하지 않다. 더구나 이 권의 제16장에서 지시한 것처럼 주해자들조차 「갈라디아서」 제2장을 해설하면서 서로 대립되는 주장을 한다.[26] 그러나 우리는 이 문제를 이 권의 제4장과 제16장[27]에서 충분히 진지하게 다루었기에 모

---

24 「마태복음」 20:24-28; 「누가복음」 22:24-30.

25 「마태복음」 23:8.

26 II, 16, 3-10 참조.

든 입증을 지면상 되풀이하지 않겠다.

§ 7. 정경의 다른 권위를 위해 「누가복음」 제22장에서 증거를 취했다. 즉 그리스도는 복된 베드로에게 말했다. "베드로야, 네 믿음이 부족하지 않도록 너를 위해 기도했다. 네가 언젠가 돌이킨 후 네 형제를 굳게 하라."[28] 이 구절에서 어떤 사람들은 두 가지를 추론한다. 첫 번째로 로마교회의 신앙만이 부족할 수 없다는 것이다. 이 추론에서 그리스도는 베드로의 신앙을 통해 그의 후계자들의 신앙을 이해했다는 것이다. 따라서 그의 후계자인 주교는 다른 자들의 첫 번째라는 것이다. 두 번째 추론은 그리스도가 이로써 그를 다른 사도들 가운데 으뜸가는 지도자로 만들었다는 것이다. 여기에 대해 나는 두 가지 모두 그리스도의 말씀으로부터 말의 능력에 의해 추론되지 않는다고 말한다. 즉 이 논리에는 결론과 선행하는 것[29] 사이에 모순이 있기 때문이다. 두 번째로 나는 두 가지 중 어떤 것도 성서를 통해, 다른 말이 아니라 그리스도의 말씀을 통해 추론되지 않음을 증명한다. 앞서 언급한 것 중에서 첫 번째가 추론되지 않으니, 그리스도는 「마태복음」 마지막 장에서 모든 제자에게 다음과 같이 말했기 때문이다. "가서 모든 민족을 제자로 삼아라. …… 보라, 내가 세상 종말까지 매일 너희 곁에 있겠다."[30] 그러므로 그리스도는 이렇게 자신이 세상 종말까지 매일 다른 자들 곁에 있을 것을 보증했다. 그러므로 그가 베드로의 후계자들에 대해 이렇게 의도했다고 이해해야 한다면, 그는 다른 자들의 후계자들에 대해서도 이렇게 이해한 것이다. 또한 로마 주교가 특별히 베드로의 후계자라고 불린다면, 이 권의 제20장[31]에서 리베리우스와 몇몇 다른 자들에 대

---

27   II, 4, 1; II, 16, 6-10.
28   「누가복음」 22:32.
29   성서 구절을 말한다.
30   「마태복음」 28:19-20.

해 지시한 것처럼 어떤 이단자 혹은 이단자들이 저 자리에 주교로서 임명되었던 것이 확실하다. 또한 우리가 이 권의 제16장[32]에서 로마 주교가 특별히 복된 베드로의 후계자가 아니라는 것을 성서의 같은 구절에서 제시한 근거에 의해 입증했으므로, 나머지 추론 역시 아무것도 아니다. 나는 이것을 또한 성서를 통해 입증한다. 즉 우리가 이 권의 제16장[33]에서 「갈라디아서」 제2장으로부터 충분히 입증한 것처럼 바울이 베드로에게 복음에서 뭔가를 부과했지, 거꾸로 베드로가 바울에게 그런 것이 아니었다.[34] 또한 보다 명백하게 이 추론에 파괴적인 것은 「마태복음」 제20장과 「누가복음」 제22장[35]에서 인용한 그리스도의 말씀이다. 이 말씀을 통해 그는 그 명백한 의미에 의해 정반대를 결정했고 정의했다. 그러므로 주해는 이 구절을 해설하면서 다음과 같이 말한다. "내가 너를 기도를 통해, 네 신앙이 부족해지지 않도록 보호한 것처럼 너는 네 뉘우침의 모범을 통해 보다 약한 형제들을 위로하라. 이것은 그들이 사죄에 대해 절망하지 않기 위함이다."[36] 여기서는 형제를 무차별하게 신자들로 이해한다. 그리스도가 베드로에게 이렇게 말함으로써, 그는 다른 사도들도 그렇게 해야 한다는 것을 이해하게 만들었다. 그러므로 「마가복음」 제13장[37]에서 "내가 한 사람에게 말한 것", 혹은 다른 사본에 따르면 같은 의미인데, "내가 너희에게 말하는 것은 모든 사람에게 말하는 것이다". 혹은 어쩌면 주해에 따르면, 그리스도는 이것을 특별히 베드로에게 말했으니, 왜냐하면 그는 베드로가 그를 부

---

31 II, 20, 6의 각주 16 참조.

32 II, 16, 15-19.

33 II, 16, 6.

34 II, 16, 6 참조.

35 「마태복음」 20:24-28; 「누가복음」 22:24-30.

36 「누가복음」 22:32에 대한 *Glossa ordinaria* 참조.

37 「마가복음」 13:37.

인할 것을 미리 알았기 때문이다. 그러므로 그리스도는 "네가 언젠가 돌이킬 때", 즉 "네 뉘우침의 모범을 통해"라고 덧붙인다. 왜냐하면 사죄를 받은 자는 그의 말과 모범을 통해 믿음이 약한 자들이 사죄에 대해 절망하지 않도록 특별히 위로하고 굳게 할 수 있기 때문이다.

§ 8. 「요한복음」 제21장[38]에서 인용한 정경의 다른 권위에 대해 (그리스도가 복된 베드로에게 "내 양을 치라. 내 어린양을 먹이라 ……"라고 말했기 때문에 어떤 사람들이 이전처럼 같은 것[39]을 입증하려 하는데) 먼저 말해야 한다. 주해에 따르면, "'양을 치라'는 것은 신자들을 굳게 만들어 믿음이 부족하지 않도록 돕고, 필요한 경우에 예속된 자들에게 지상적 도움을 제공하고, 덕의 모범을 제시하고, 신앙의 적에게 저항하고, 죄인을 바로잡는다는 의미이다". 또한 주해는 다음과 같이 덧붙인다. "그리고 그가 세 번째로 베드로로부터 자신을 사랑한다는 말을 들었을 때, 그에게 양을 치라고 명령한다. 세 번의 고백이 세 번의 부인을 대신한다. 이것은 혀가 두려움 못지않게 사랑에 봉사하기 위함이다."[40] 이로써 그리스도가 그를 자기 양떼의 목자로 세웠다는 것 말고는 다른 아무것도 입증되지 않는다. 그러나 여기서부터 그가 권위나 위엄에서 다른 사도들 위에 앞선다고 추론되지 않으며, 또한 다른 사도들은 목자로 세워지지 않았다고 추론되지도 않는다. 왜냐하면 이미 언급한 두 추론의 정반대가 선행하는 것, 즉 앞서 언급한 그리스도의 말과 일치하기 때문이다. 가톨릭교회가 모든 사도에 대해 차별 없이 노래하는 것이 언급된 내용을 증언한다. "영원한 목자여, 당신의 양떼를 버리지 말고 당신의 복된 사도들을 통해 끊임없는 보호로써 지키도록, 그 양떼가

---

38 「요한복음」 21:15-17.

39 II, 28, 7 참조.

40 「요한복음」 21:15-17에 대한 *Glossa ordinaria*; Thomas Aquinas, *Catena aurea*, vol. 12, p. 462에서의 같은 구절에 대한 주해 참조.

당신이 그들에게 당신의 대행인으로, 목자가 되도록 세운 지도자들에 의해 다스림을 받도록, 당신께 어느 때나 빌며 간구하는 것이 진실로 합당하고 의롭고 정당하고 유익합니다."[41] 다수의 사도, 지도자, 대행인, 목자가 그리스도에 의해 직접적으로 임명되었지만, 어떤 한 지도자나 대행인이나 목자가 그리스도를 통해 세워지지 않았음을 보라.

§ 9. 그리스도가 왜 베드로에게 특별히 이렇게 말했는지 묻는 자가 있다면 이렇게 답변해야 한다. 즉 그리스도는 때로는 죄의 용서, 병자 치유, 죽은 자를 일으키는 일에서처럼 어떤 인간을 향해 직접적으로 말하고, 때로는 「요한복음」 제5장에서처럼 다른 사람을 향해 모든 사람 내지 많은 사람을 대신해 다음과 같이 말한다. "가서 더 나쁜 일이 생기지 않도록 더 이상 죄를 짓지 말라."[42] 그러므로 그리스도가 베드로에게 이 직무를 위임했을 때, 그 자신이 「마가복음」 제13장[43]에서 "내가 한 사람에게 혹은 너희에게 말하는 것은 모든 사람에게 말하는 것이다"라는 말로써 이런 화법을 증언한 것처럼 그는 모든 사도의 대리인으로서 베드로에게 말한 것이다. 그러나 그가 베드로를 향해 특별히 말한 이유는, 그가 연장자였고 보다 뜨거운 사랑으로 가득 차 있고, 혹은 미래의 교회에 어떤 목자를 세워야 하는지를 지시하기 위함이다. 즉 성숙한 나이는 지혜나 지식을 지시하고, 사랑으로 가득함은 목자가 가져야 하는 배려와 근면을 지시하기 때문이다. 혹은 그가 그리스도를 부인했기 때문에 보다 타락한 것처럼 보이지 않기 위함이다. 주해는 이것을 느끼는 듯 보인다. 즉 이렇게 말한다. "세 번의 고백이 세 번의 부인을 대신하니, 이것은 혀가 두려움보다 사랑에 봉사하기 위함이다." 왜냐하면 「마태복음」 마지막 장[44]에서 모든 사람에게 차

---

41 *Missale Romanum, Praefatio solemnis de apostolis*(로마 미사 전례서).

42 「요한복음」 5:14; 8:11.

43 「마가복음」 13:37.

별 없이 "가서 모든 민족을 제자로 삼아라"고 말한 것이 확실하기 때문이다. 주님은 베드로에게 가서 다른 사람들을 보내라고 말하지 않았다. 우리가 이전에 「마태복음」 제13장에서 인용한 것처럼 그는 이 말로써 모든 사람에게 권위의 동등함을 지시했다. 즉 그는 그들에게 다음과 같이 말한다. "랍비라고 불리지 말라." (보충하라. 상호 간에, 혹은 한 사람이 다른 자 혹은 다른 자들 위에 있는 것처럼) "왜냐하면 너희의 스승은 한 분이나, 너희들은 모두 형제이기 때문이다." 혹은 우리는 다음과 같이 말해야 하며, 이것이 나에게는 매우 개연적이고 진실인 듯 보인다. 즉 그런 한에서 그는 베드로의 한결같음 때문에 그에게 특별히 이스라엘 백성을 위임하기 위해 "내 양을 치라"고 말했다. 이스라엘 백성은 「출애굽기」 제33장[45]에 나타난 것처럼, 그리고 사도가 「이사야서」에 따라 「사도행전」 마지막 장[46]에서 인용한 것처럼 신에 대해 목이 뻣뻣한 백성이었다. 그리스도는 우선적으로 이 백성을 돌이키고 구원하기 위해 왔기 때문이다. 그러므로 그는 「마태복음」 제15장에서 말한다. "나는 이스라엘 집안의 잃어버린 양떼를 위해서가 아니라면 보내지지 않았다."[47] '보내지지 않았다'에 '우선적으로'를 보충하라. 그렇기 때문에 그는 복된 베드로에게 "내 양을 치라"고 말함으로써 이 백성에 대한 배려를 특별히 위임한 듯하다. 그리고 사도가 「갈라디아서」 제2장에서 다음과 같이 말했을 때, 이것이 사도의 명백한 견해인 듯 보인다. "베드로에게 할례받은 자들을 위해 맡겨진 것처럼 할례받지 않은 자들을 위한 복음이 나에게 맡겨진 것을 알았을 때 ……."[48] 아우구스티누스에 의한 주해는 이렇다. "또한 베드로에게 할례받은 자를 위한 복음이 위임되

---

44 「마태복음」 23:8.
45 「출애굽기」 33:5.
46 「사도행전」 28:25-28.
47 「마태복음」 15:24.
48 「갈라디아서」 2:7.

었듯이, 할례받지 않은 자들을 위한 복음이 신에 의해 한 신실한 자로서 나에게 우선적으로 위임되었음을 알았을 때, 즉 그리스도는 베드로에게 유대인들을 섬기도록 임무를 준 것처럼 바울에게 이교도들을 섬기도록 임무를 주었다. 그러나 어떤 계기가 생기자 베드로도 이교도들에게 설교하고, 바울도 유대인에게 설교하도록 그들에게 임무가 할당되었다."[49] 그리고 나는 그리스도가 베드로에게 "내 양을 치라"고 말한 것을 제외하고 다른 데서 바울이나 다른 성인이, 유대 백성이 특별히 우선적으로 베드로에게 위임되었다는 것을 추정할 수 있었다고 보지는 않는다. 그런데 바울은 「갈라디아서」 제2장에서 "베드로에게 할례받은 자"를 위해 위임되었듯이, 자신에게 "할례받지 않은 자를 위한 복음이 위임되었다"라고 말한다. 복음이 바울이나 다른 사도들보다 전반적으로 베드로에게 위임되었다면, 바울은 앞에 인용한 말을 부적절하게 발설한 것이며, 앞서 인용된 그의 전체 진술과 그가 거기서 비교한 것은 아무것도 아닐 것이다.

우리는 이미 언급한 성서의 세 가지 점에 대한 거룩한 교부들과 나머지 교사들의 주해와 해설에 대해 반복되지 않도록 이 장의 마지막[50]에서 진술할 것이다.

§ 10. 사도가 「갈라디아서」 제2장[51]에서 "나는 그들과 내가 이교도들에게 설교한 복음에 대해 대화했다. 이것은 내가 지금까지 달렸고 또 달리는 것이 허사가 되지 않게 하려는 것이다 ……"라고 말한 것 때문에 권위에 있어 사도 베드로에게 못 미친 듯 보인다. 먼저 이 구절에 대한 아우구스티누스의 주해[52]에 따르면 "나는 그들에게서 상급자에게서처럼 배운 것

---

49 Petrus Lombardus, *Collect.*, in: MPL, 192, p. 108에서의 해당 구절에 대한 아우구스티누스의 주해 참조.

50 II, 28, 28-29.

51 「갈라디아서」 2:1-2. 이 밖에도 「갈라디아서」 1:18 참조.

이 아니라 친구와 동등한 자를 대하듯이 그들과 대화했다". 그러나 "지금하고 있는 일이나 전에 한 일이 허사가 되지 않게 ……"에 대해 히에로니무스의 주해[53]에 따르면, "베드로와 다른 사도들의 권위에 의해 확증되고 굳게 되지 않았다면, 그는 복음에 대한 확실성을 갖지 못했을 것임을 보여주었다". 나는 여기에 대해 경외심을 갖고 다음과 같이 말한다. 즉 이 주해는 우리가 말한 견해에 반대하는 자가 의도하는 듯한 것처럼 이해된다면, 나중에 히에로니무스의 진술과 모순되어 보인다. 아니면 히에로니무스의 이 주해는 아우구스티누스가 이 구절에 대해 덧붙인 것에 따라 이해되어야 한다. 즉 그가 복음에 대한 확신을 갖지 못한다고 의심했거나 확신을 갖지 못했던 것이 저 대화의 원인이 아니었고, 오히려 그가 그리스도와 함께 다녔고 그들의 증언이 보다 신뢰할 만했던 자들과 대화했다고 말했을 때, 듣는 자들로부터 보다 많은 신뢰를 얻기 위함이었다. 그러므로 "지금하고 있는 일이나 전에 한 일이 허사가 되지 않게 ……"라는 저 말은 사도의 개인적 부족함과 연관지어서도 안 되고, 또한 그가 가졌던 복음에 대한 회의와 연관지어서도 안 된다. 왜냐하면 그는 복음을 어떤 인간으로부터 혹은 어떤 인간을 통해 받거나 배운 것이 아니라 그 자신이 「갈라디아서」 제1장[54]에서 말한 것처럼 신의 직접적 계시를 통해 받았기 때문이다. 또한 사도는 「갈라디아서」 제2장[55]에서 이 대화를 기억하면서 다음과 같이 말한다. "그러나 중요한 것처럼 보였던 사람들은 나에게 아무것도 제안하지 않았다.[56] 도리어 거꾸로 ……." 여기에 대해 아우구스티누스의 주

---

52 Petrus Lombardus, *Collect.*, in: MPL, 192, p. 103에서의 「갈라디아서」 2:1-2에 대한 아우구스티누스의 주해 참조.

53 이 부분의 문장 구조가 난삽하므로 문맥에 맞추어 자의대로 번역한다. Petrus Lombardus, *Collect.*, in: MPL, 192, p. 103에서의 해당 구절에 대한 히에로니무스의 주해 참조.

54 「갈라디아서」 1:1; 11-12.

55 「갈라디아서」 2:6-7.

해 [57]는 "'그러나 …… 나에게'는, 그러므로 나는 이전의 일로 돌아가지 않는다는 말과 같다. 왜냐하면 지금 일어난 일은 나 자신의 추천을 위해 충분하기 때문이다. 즉 중요한 것처럼 보였던 사람들, 즉 주님과 함께 있었던 베드로와 다른 자들은 '나에게 아무것도 제안하지 않았으니', 즉 추가하지 않았다. 여기에서 나는 그들보다 열등하지 않다는 것이 분명히 드러난다. 나는 주님에 의해 완전하게 되었으므로, 그들이 대화에서 나의 완전함에 보탤 것이 없었다. 무지한 이 세 사람에게 깨달음을 부여했던 그분이 나에게도 그것을 주었기 때문이다." 그 아래 히에로니무스의 주해[58]는 다음과 같다. "그들은 나에게 아무것도 주지 않았다. 도리어 나는 베드로에게 덧붙였다." 그리고 조금 아래에서는 "'나는 대등한 자로서 그와 대립했다.' 그는 자신이 대등하지 않음을 알지 못했다면, 감히 그렇게 하지 못했을 것이다." 그러므로 저 말, 즉 "지금 하고 있는 일이나 전에 한 일이 허사가 되지 않도록 ……"은 그를 어쩌면 믿지 못했거나 혹은 그뿐만 아니라 이 때문에 신앙 없이 남아 있었을 청중과 연관지어야 한다. 그러므로 그 자신도 마찬가지로 그들에 대해 헛수고한 것이었으니, 즉 그의 계획은 그들에게서는 좌절되었을 것이다. 왜냐하면 그는 설교를 통해 일으키려고 노력한 신앙을 그들에게서 일으키지 못한 것이기 때문이다. 이것은 또한 아우구스티누스의 주해[59]에서 아래 덧붙인 내용이다. "즉 그리스도의 승천 후에 하늘로부터 부름을 받은 사도 바울이 사도들과 교류하지 않았고 그들과 복음에 대해 대화하지 않았다면(이것을 통해 그는 같은 공동체의 일원임이 입증되는데), 교회는 그를 결코 믿지 않았을 것이다. 그러나 교회가 그가 그들과 같은 것

---

56 conferre: 그리스어 성서의 'προσανέθεντο'. 어떤 짐을 부과하다.

57 Petrus Lombardus, *Collect.*, in: MPL, 192, p. 107에서의 해당 구절에 대한 아우구스티누스의 주해 참조.

58 Petrus Lombardus, *Collect.*, in: MPL, 192, p. 108.

59 Petrus Lombardus, *Collect.*, in: MPL, 192, pp. 103f.

을 선포하고 그들과의 교류와 일치 속에 사는 것을 알았을 때, 또한 저들이 행한 것과 같은 표적이 그를 통해서도 일어남으로써, 신이 그를 추천함으로써, 그가 진실로 말한 것처럼, 마치 그에게서 그리스도가 말하는 것을 듣는 것처럼, 교회에서 그렇게 그의 말이 청취되는 권위를 얻었다." 그러므로 그리스도가 그를 추천했거나 그를 절대적으로 인정함으로써 바울은 권위를 얻었다. 아우구스티누스에 따라 주해는 조금 아래에서 다음과 같이 덧붙인다. "그러므로 그는 그들과도 복음에 대해 대화했고 친교의 악수를 받았으니, 왜냐하면 그는 그들과 같은 말씀을 (그들을 통해서는 아닐지라도) 가졌기 때문이다. 대화는 어떤 결정적[60] 차이를 배제한 동일한 형태의 가르침임을 보여 주었다."[61] 따라서 대화의 목적은 교훈의 차이에 의한 양심의 가책을 청중에게서 제거하는 것이었다. 이것이 아우구스티누스의 주해가 앞에서 말한 것이다. 즉 그는 말한다. "나는 다시 예루살렘으로 올라갔다.' 즉 유대인에 속하는 '바나바와 함께' 올라갔는데, 이교도에 속하는 '디도를 데려갔다'라고 나는 말한다. 이것은 내가 이로써 이교도들과 유대인들에게 각기 다른 것을 설교한다는 주장이 그릇됨을 증명하기 위한 증인을 가졌다는 말과 같다. 나는 이런 의도에서 올라갔을 뿐만 아니라 '신의 계시에 따라 올라갔다.' 그리고 나는 상급자로서 그들로부터 배운 것이 아니라 친구와 대등한 자들로서 그들과 더불어 '내가 이교도들 사이에서 설교한 그리스도의 복음'에 관해 대화했다. 그는 자신의 선포를 확고히 하기 위해 이렇게 했다. 왜냐하면 많은 사람이 사도의 가르침에서 양심의 가책을 느꼈으니, 유대인들이 그들을 교란했기 때문이다."[62] 신은 이 양심의 가책을 제거하고자 했으니, 그러므로 사도는 자신이 인간적 고려에서가 아니

---

60 leprae: 일차적 의미는 '나병'이다.

61 Petrus Lombardus, *Collect.*, in: MPL, 192, p. 104에서의 해당 구절에 대한 아우구스티누스의 주해 참조.

62 Petrus Lombardus, *Collect.*, in: MPL, 192, p. 103.

라 신의 계시에 따라 그들과 복음에 관해 의논하기 위해 올라갔다고 말했다. 사도가 복음에 있어 가졌던 회의 때문이 아니라 청중에게서 이미 언급한 양심의 가책을 제거하기 위해서였다.

§ 11. 그러나 「갈라디아서」 제2장[63]에 대한 주해에서 인용한 것, 즉 바울이 복된 베드로보다 나중에 목자가 되었다는 것에 대해 답변해야 한다. 주해자는 적절하게 말했다. 왜냐하면 즉 복된 바울은 시간적으로 나중에 사도직에 부름을 받았고, 그러므로 시간적으로 나중에 사도가 되었기 때문이다. 그러나 그렇기 때문에 그는 권위에 있어 열등하지는 않았다. 주해는 이것을 표현하지는 않았고, 도리어 그 반대를 말했다.

그러므로 앞의 내용에서 드러난 사실은 베드로도 다른 사도도 바울보다 위대하지 않았으며, 오히려 그들은 모두 친구였고 그리스도가 그들에게 직접 부여한 권위 면에서는 대등했다는 것이다. 그들 가운데 어떤 우선권이 존재했다면, 그것은 아마도 그들 사이의 선출에 근거해, 혹은 우리가 이 권의 제16장[64]에서 나머지 사도들에 비해 복된 베드로에게 부여한 우선권에 따라 기대해야 할 것이다.

§ 12. 이시도루스의 코덱스 가운데 "니케아 회의의 서론을 시작한다"라는 표제의 장에서 취한 "물론 모든 가톨릭 신자들은 거룩한 로마교회가 노회 결정에 의해 수장적 지위에 놓인 것이 아니라 우리 주요 구원자의 복음적 말씀을 통해 수위권을 획득했다는 것을 알아야 한다"라는 문구에 관해[65] (여기서 로마 주교에 대해서도 이렇게 이해해야 한다) 이 이시도루스의 진술과, 정경 밖에서 이런 주장을 제기하는 다른 진술을 거부해야 한다.

---

63 「갈라디아서」 2:1-2.
64 II, 16, 4/10/12.
65 II, 27, 3 참조.

왜냐하면 로마교회는 로마 황제들의 결정과 다른 교회들의 동의에 의해, 마치 어떤 선출을 통해 그러하듯이, 우리가 이 권의 제18장과 제22장[66]에서 묘사한 것처럼, 다른 교회들의 수장으로 임명했기 때문이다. 또한 이시도루스가 앞서 언급한 정경의 권위에서부터 추론한 것은 거기서부터 추론되는 것이 아니며, 오히려 그의 추론 및 유사하게 생각하는 자들의 추론은 우리가 이 권의 제15장 제8절과 제16장 제13절, 제14절에서 정의한 것에 의해 반박 가능하다. 그가 이 주장을 「마태복음」 제16장의 "너는 베드로다. 이 반석 위에 ······"로써 뒷받침하려고 한 문구에 대해서는 이미 이전에 언급했으며, 이시도루스의 이 견해의 취약성을 이 권의 제22장[67]에서 분명히 밝혔다.

§ 13. 「에베소서」 제4장[68]의 사도의 말에 따라 신앙이 하나이므로 교회가 하나이고 첫 번째 주교가 하나라는 것이 입증된 논리에 대해 교회를 본래적 의미에서 신자들의 무리로 이해한다면, 신앙이 하나인 것처럼 교회도 하나라고 말해야 한다. 왜냐하면 신앙은 모든 신자에게 숫자적으로 하나가 아니고 종류적으로 하나이므로,[69] 이 논거는 교회가 다른 의미에서 하나라는 결론을 허용하지 않는다. 교회가 다른 주교들 위에 있는 한 주교의 숫자적으로 하나를 통해서만 하나라고 덧붙인다면, 나는 이 하나됨을 부정한다. 즉 이 하나됨을 용인할지라도, 로마 주교는 신의 직접적 임명을 통해 이 원리 내지 머리라는 또 다른 추론을 그 증명과 함께 거부한다. 왜냐하면 사도 베드로는 교회가 그 위에 세워진 반석이 아니고 이전

---

66 II, 18, 5-7; II, 22, 16.
67 II, 22, 1-3.
68 「에베소서」 4:5; II, 27, 4 참조.
69 신앙의 하나됨은 개별적으로가 아니라 집단적으로 고려되어야 한다. 모든 개인이 같은 신앙에 참여하는 한에서 신앙은 모든 개인에게 동일하다.

에,[70] 그리고 이 권의 제16장[71]에서 성서의 도움을 받아 지시한 것처럼 그리스도가 반석이기 때문이다. 또한 로마 주교는 신의 직접적 임명을 통해 (그렇기 때문에 다른 사도들에 비해 베드로에게 더 높은 권위가 부여되어야 한다는 의미에서) 특별히 복된 베드로나 다른 사도들의 후계자인 것이 아니다. 도리어 그에게 어떤 특별함이 있다면, 우리가 이 권의 제22장[72]에서 충분히 지시한 것처럼, 이것은 인간적 임명이나 선출을 통해 그에게 온 것이다.

§ 14. 하나의 통치자나 통치직이 모든 세속적인 것의 통일 원리[73]로 있어야 하는 것처럼 하나의 주교나 주교직이 영적인 것의 원리로서 있어야 한다는 주장에 관해 이 비교를 부정할 수 있다. 왜냐하면 일차적 통치자 내지 통치직의 숫자적 하나됨은 제1권 제17장에서 입증된 것처럼[74] 인간의 송사 때문에 필수적이기 때문이다. 그러나 이 하나됨은 도시나 왕국의 다른 나머지 직무에서는 필수적이 아니다. 또한 하나의 통치자나 통치직이 통일 원리라는 점을 종속되는 것에 대한 통일 원리로서 전제하는 유사성이나 관계[75]에 따라 이 비교를 용인할지라도, 이 원리는 어떤 신 내지 신법의 직접적 제정 내지 질서에서가 아니라 인간적 제정에 있어 옳다고 말할 수 있다. 우리는 이런 방식으로 이 권의 제22장[76]에서 한 주교나 한 교회를 일정한 형태에 따라 일정한 직무를 위해 모든 다른 자의 수장과 머리로 임명하는 것은 적절하다고 결론지었다.

---

70 II, 26, 12.
71 II, 16, 7-8. 사도들의 동등함.
72 II, 22, 16.
73 primum: 직역하면, '으뜸가는 것', '모든 사건의 통일적 근원', '통일적 원인'을 의미한다.
74 국가 의지의 통일성을 말한다.
75 하위적인 것과 상위적인 것의 관계를 의미한다.
76 II, 22, 18.

§ 15. 한 신전 안에 한 주교가 있는 것처럼 신자들의 온 세상에 한 주교가 있다는 다른 논리에 대해서는,[77] 우선 한 신전 안에 한 주교가 있다는 것은 구원을 위해서 필수적이지도 않고 신법의 명령도 아니다. 오히려 우리가 이 권의 제15장[78]에서 「사도행전」 제20장[79]에서의 사도의 다른 많은 구절로부터, 그리고 히에로니무스의 서신 『에반드루스에게』로부터 지시한 것처럼 여러 명의 주교가 있을 수 있다.[80] 그러나 한 신전 내지 교구에서 한 명의 주교를 환칭(換稱)[81]에 의해 신전 관리에 있어 그를 지도자로 임명하는 것은 인간적 제정에서 직접적으로 유래한 것이며, 이미 말했듯이 신법에 의해 요구된 필요에서 유래한 것이 아니다. 그러나 설령 이런 필요성이 신법에 의해 부과되어 있다고 할지라도, 이 비교는 유지될 수 없다. 숫자적으로 한 사람의 관리자가 한 집안에서 필요한 것처럼 국가 전체와 여러 지방에서도 필요한 것은 아니다. 왜냐하면 같은 집안에 있지 않는 자들은 숫자적으로 한 명의 관리자를 필요로 하지 않기 때문이니, 그들은 음식과 삶에 필요한 나머지 것, 거실과 침실 등을 함께 나누지 않으며, 한 가족의 구성원처럼 이런 통일 속에서 더불어 교제하지 않기 때문이다. 이런 논리는[82] 마찬가지로 숫자적으로 하나의 관리자가 온 세계에 있어야 한다

---

77 II, 27, 4 참조.

78 II, 15, 5.

79 「사도행전」 20:28.

80 마르실리우스는 제2권 제15장 제5~7절에서 신자들의 공동체 위에 한 사람의 주교를 세워야 할 필요성은 구원의 필요에서나 신법의 계명에 부응하는 것이 아니고, 다만 인간적 편의에 부응하는 것임을 밝혔다. 제2권 제17장 제6절에서 그는 신앙의 일치가 한 명의 공동체 수장의 존재를 통해 유지되지만, 그것이 불가결한 것은 아니라는 것을 입증했다.

81 antonomasia: 이름을 바꿔 부름을 의미한다(예를 들어 지혜로운 사람을 솔로몬이라고 부름). 여기서는 주교(episcopus)가 본래 감독하는 자이지만, 실제로는 교구 관리의 지도자가 된 사실을 지시한다.

82 모든 나라에는 한 사람의 관리자가 있어야 한다는 논리이다.

는 결론에 도달할 것이다.[83] 그러나 이것은 적절하지도, 옳지도 않다. 즉 인간의 평온한 공동생활을 위해 우리가 제1권 제17장[84]에서 말한 것처럼 지역별로나 숫자적으로 하나의 통치직으로 충분하다. 그러나 모든 사람을 위해 하나의 강제적 판관이 존재하는 것이 영원한 구원을 위해 필수적인 것으로 아직 입증되지 않은 듯하다. 신자들 가운데서 이 판관이 한 사람의 보편적 주교보다는 필요한 듯 보이기는 하지만 말이다.[85]

즉 고대에는 분파주의자들이 통치자들에 의해 이 권의 제21장[86]에서 지시된 것처럼 신앙의 진리와 일치를 준수하도록 강요되었다. 그러나 주교들은 이것을 강요할 수 없었으니, 제1권 제15장[87]에서 입증되었고, 성서와 거룩한 교부들이 권위와 이성을 통해 이 권의 제4장, 제5장, 제8장, 제9장, 제10장[88]에서 확인한 것처럼 강제적 권한이 그들에게 있지도 않았고 합당하지도 않았기 때문이다. 그런데 우리는 주교와 교회, 성직자 집단의 숫자적 하나됨과 수장성, 그리고 어떤 방식에 따라 이 하나됨과 수장성을 정해야 하는지를 이 권의 제22장[89]에서 지시했다. 그러나 우리가 말한 것처럼 어떤 정해진 사제나 집단도 이것을 위해 신법에 의해 제정된 것이 아니며, 우리가 이 권의 제22장에서 올바르고도 명백히 지시한 것처럼 이런 결정은 인간적 선출이나 제정을 통해 이루어진 것이다.[90]

---

83 보편적 군주에 대한 회의. I, 17, 10 참조.

84 I, 17, 1.

85 마르실리우스의 논리는 다음과 같다. 즉 교회는 집안이나 국가처럼 관리될 필요가 없다. 왜냐하면 교회의 통일성은 정치적 공동체처럼 유기적이지 않기 때문이다. 신자들의 무리라는 의미에서 교회는 사회가 아니다. 그 특성을 이루는 유일한 통일, 즉 신앙의 통일은 총회에 의해 충분히 보장된다.

86 II, 21, 1/6.

87 I, 15, 1-14.

88 II, 4, 1-13; II, 5, 1-10(그리스도와 사도들은 세속 권세에 굴복했다); II, 8, 7-9; II, 9, 1-11; II, 10, 8-12.

89 II, 22, 1-6.

§ 16. 「요한복음」 제10장의 구절인 "그리고 한 무리가 되고 한 목자가 될 것이다"[91]를 덧붙인다면, 이것은 그리스도가 자신에 대해 말한 것이라고 말해야 한다. 왜냐하면 그만이 보편적 목자이고 목자들의 머리이며, 우리가 이 권의 제16장[92]에서 지시했고 다른 여러 구절에서 반복한 것과 같이 그 자신만이 교회의 머리요 토대인 것처럼, 그 이후 다른 자는 없기 때문이다. 이것은 복된 베드로의 분명하고도 문자적인 견해였다. 즉 그는 그의 정경적 서신 제5장[93]에서 다음과 같이 말한다. 그는 그리스도에 대해 말하기를, "목자 장(長)이 나타날 때, 여러분은 시들지 않는 영광을 받게 될 것이다". 이것은 또한 이 구절에 대한 거룩한 교부들의 견해이다. 그레고리우스에 의하면, 주해는 이렇다. "그는 두 무리로부터 하나의 무리를 만들었으니, 유대 백성과 이방 백성을 자신에 대한 신앙 안에서 연합했기 때문이다."[94] 어떻게 한 무리가 되는지 주목하라. 신앙의 일치 속에서. 그레고리우스는 모든 신자가 그리스도를 떠나 로마 주교나 다른 한 주교에게 종속되었기 때문에 한 무리가 된다고 말하지 않았다. 또한 테오필락투스에 따르면, "모든 사람에게 같은 표(signaculum), 한 목자, 신의 말씀이 있다. 그러므로 마니교도들은 새로운 언약과 옛 언약의 한 무리와 한 목자가 있음을 주목해야 한다".[95] 이 무리의 일치를 위해 베드로나 바울이나 다른 사도의 이름이 언급되지 않고 오직 신앙의 일치와 그리스도의 인격만이 언급되었

---

90 마르실리우스의 논리에 따르면, 보편적 주교는 필요하지 않다. 왜냐하면 그는 강제적 권세를 행사할 수 없기 때문이다. 그것은 신법의 관점에서 어떤 필요성을 갖지 않는다. 그는 이런 토대 위에서 베드로의 수장성 문제를 재논의할 것이며, 교회의 유일한 머리는 그리스도라는 사실을 반복할 것이다.

91 「요한복음」 10:16.

92 II, 16, 2-7/9-14(베드로는 다른 사도들에 대해 우선권이 없었다).

93 「베드로 전서」 5:4.

94 Thomas Aquinas, *Catena aurea*, vol. 12, p. 374에서의 「요한복음」 10:16에 대한 그레고리우스 1세의 주해 참조.

95 Ibid. 같은 구절에 대한 테오필락투스의 주해. 마니교도들은 『구약성서』를 배격했다.

으니, 그는 홀로 신의 직접적 질서에 의해 머리요 토대이며, 모든 목자의 수장이다. 이것은 우리가 앞의 내용에서 언급했고, 이 권의 제16장[96]에서 확실하게 입증한 바이다.

§ 17. 로마 주교 홀로 혹은 그의 성직자 집단과 더불어 교회의 모든 다른 일꾼의 이차적 제정을 위한 작용인이고, 그들에게 신전을 할당하고 지정하는 것은 그의 간접적이거나 직접적인 권한, 혹은 두 가지 권한에 속한다는 또 다른 논리에 대해[97] 나는 부정적으로 답변한다. 이것이 암브로시우스의 『바실리카를 양도함에 대하여』를 통해 확증된다면(그는 신전과 바실리카에 사제를 정하거나 임명하는 것은 황제의 권한이 될 수 없으니, 교회는 신의 것이기 때문이라고 말한다[98]), 암브로시우스가 이렇게 말한 것은 저 시대에는 이런 직책, 즉 영혼을 돌보는 일의 수여를 로마 황제들에게 허용하는 것은 안전하지 않았기 때문이라고 말해야 한다. 왜냐하면 그들은 믿음에 있어 아직 충분히 확고하지 않았으며, 오히려 어떤 통치자들은 암브로시우스가 서신을 보낸 발렌티니아누스 황제처럼 때로는 진실로 신실한 사제보다는 이단적인 사제에 우호적이었기 때문이다. 그러나 신앙이 신하들뿐만 아니라 통치자들에게서 확고히 뿌리를 내리고 확고해진 공동체가 존재한다면, 주교들과 다른 영혼의 목회자들의 선출이나 임명이 국가나 공동체의 단일한 일부 집단을 통해 혹은 우리가 거의 매일 보는 것처럼 청탁이나 금전, 사랑이나 증오나 어떤 다른 악한 감정을 통해 쉽사리 왜곡되는 한 인간의 의지를 통해서보다는 신자 전체의 권위에 의해 이루어진다면, 보다 안전하고 유익하고 보다 신법에 부합할 것이다. 그러므로 영혼의 목회자, 주교, 사

---

96 이 장의 각주 92 참조.
97 II, 27, 5 참조.
98 Ambrosius, *Sermo contra Auxentium de basilicis tradendis*, c. 35, in: MPL, 16, p. 1061.

제나 혹은 어떤 다른 신전의 일꾼들을 임명하는 것은 개인으로서의 황제나 다른 개인의 권한이 아니라 신자 자체의 권한 혹은 신자 전체로부터 그런 권한을 자발적으로 위임받은 자 내지 그런 자들의 권한이라는 점에서 우리는 암브로시우스에게 동의한다.[99] 암브로시우스 자신도 이것을 부인하지 않았다. 그러므로 그는 황제에 대항해 언제나 신실한 백성에게로 돌아왔으니, 그 자신도 그들에 의해 이 권의 제17장[100]에서 정한 방식에 따라 주교로 임명되었다. 또한 그는 이것은 로마 대사제나 다른 대사제의 권한이라고 말하지 않았으며, 도리어 앞서 언급한 이유 때문에 교회나 신전은 오직 신의 것이며 본래적·일차적 의미에서 말하는 교회로서의 신자들의 무리에게 속한다고 말했다. 즉 교회의 머리는 그리스도이다. 권한, 즉 법적 소유권은 황제의 것이 될 수 없다. 왜냐하면 모든 세속적 물질은 무엇이든지 간에, 신실하든 신실하지 않든 간에, 황제의 소유가 될 수 있다. 그러나 신전이나 그곳의 사제를 임명하는 것은 이 권의 제17장에서 지시한 것처럼 오직 신자들 무리의 권한에 속한다. 암브로시우스는 그 반대의 것을 말하지도 생각하지도 않았다. 암브로시우스가 신자들의 목자로서 오직 신자들 무리가 악하거나 이단적 사제의 지배에 맡겨지지 않도록 노력했다는 증거는 발렌티니아누스에게 보낸 제1서신에서 이렇게 말했다는 사실이다. "교회가 결코 아리우스파들에게 넘겨지지 않는 것이 나에게 분명하다면! 나는 자발적으로 당신의 경건한 판단에 굴복할 것이다."[101] 그러나 우리가 지금, 그리고 이 권의 제17장에서 말한 것처럼 그는 바실리카의 양도에 관해 그렇게 이해했음이 분명하다는 것을 보여 준다. 즉 이단에 떨어진

---

99 사제의 임명은 군주가 기독교인인 한에서, 즉 군주가 신자 전체를 대표하는 한에서만 군주의 권한에 속한다. 영적 권한은 군주 개인에게는 합당하지 않지만, 기독교 공동체를 대표하는 한에서는 합당하다.

100 II, 17, 8-15.

101 Ambrosius, *Epistola*, 11, c. 10, in: MPL, 16, p. 1049.

주교나 사제가 신자 공동체 가운데 바실리카를 점령하고 양보하려 하지 않는다면, 확실한 것은 인간법에 따라 그런 인간은 정당하게 강제적 판관에 의해 무력으로써 그렇게 하도록 강요될 수 있다는 것이다.[102] 그런데 암브로시우스가 또한 진실되게 『백성에게』라는 표제가 붙은 서신에서 증언한 것처럼 이 강제적 판단과 권한은 사제에게 있지 않다. 즉 그는 다음과 같이 말한다. "고트인들과 군인들에 대항해 내 눈물은 무기였다. 즉 사제의 보루는 그런 것이다. 나는 다른 방식으로 저항해서도 안 되고 저항할 수도 없다."[103] 그렇지만 이것은 제1권 제15장과 제17장[104]에서 증거를 통해 결론지어졌으며, 성서와 거룩한 교부들의 권위를 통해, 또한 이 권의 제4장, 제5장, 제8장, 제9장[105]에서 다른 증거를 통해 확인되었다. 그러므로 암브로시우스는 우리가 말한 것처럼 그렇게 생각했다고[106] 간주해야 한다. 왜냐하면 우리가 이전에[107] 「사도행전」 제25장[108]에서 인용한 것처럼 사도도 황제에게 항소했기 때문이다. 그러므로 신자들의 공동체에서 이렇게 말해야 하거나, 아니면 힐라리우스가 콘스탄티우스에게 보낸 서신[109]에서 생각한 듯 보이는 것처럼, 각 사람으로 하여금 신앙에 관해 자신이 원하는 것

---

102 마르실리우스는 기독교 공동체에서 이단자들은 군주에 의해 처벌받아야 함을 지시한다. 그는 제2권 제5장 제7절에서 이단자 처벌 문제에 직면한다. 키예는 마르실리우스가 관용을 옹호했다는 입장에 대해 비판적이다. Quillet, p. 514, 각주 76 참조.

103 Ambrosius, *Epistola*, 11, c. 10, in: MPL, 16, p. 1050.

104 I, 15(오직 통치자만이 판관이다); I, 17(국가 의지의 통일은 사제의 판관직을 배제한다).

105 이 장의 각주 88 참조.

106 즉 황제가 아리우스파 사제들을 임명하는 것에 암브로시우스가 항거한 것처럼.

107 II, 5, 9 참조.

108 「사도행전」 25:11.

109 Hilarius, *Ad Constantium Augustum* I, c. 6, in: MPL, 10, p. 561. 거워스는 마르실리우스가 신앙의 자유의 선구자였다고 보았다. Gewirth, vol. 1, p. 166 참조.

을 가르치도록 허락해야 한다. 그러므로 바실리카나 신전을 처분하도록 위임하고 그곳의 사제들을 임명하는 것은 신자 공동체의 권한에 속하거나, 혹은 그들의 명령에 따라 통치하는 자의 권한에 속하는 듯 보인다. 프랑스인들의 가톨릭 왕들도 어떤 교회에서 사제나 주교를 (그로부터 이 권한이 왕들에게 유래되는데) 인정함이 없이 이렇게 행한다. 복된 암브로시우스도 이렇게 이해했으며, 그것이 정말이라면 이해해야 했다고 우리는 믿는다. 그러나 그가 우리가 정경적 견해로 알고 믿는 것과 상반되게 생각했다면, 우리는 그의 견해를 배척하고 (그의 글은 정경적 문서가 아니기 때문에 구원을 위해 그의 견해를 받아들일 의무가 없다) 정경적 문서에 의지하면서 우리가 말한 견해를 참된 것으로 고수한다.

§ 18. 암브로시우스의 같은 권위[110]로부터 로마 주교에게 신적 권위에 의해 직접적으로 복음의 일꾼에게 직책상 수여되는 교회의 세속적 물질에 대한 최고의 처분권이 있다고 추론되는 듯 보이지만, 우리가 이 권의 제17장[111]에서 충분히 결론지은 것처럼, 진술에 의해 이런 추론은 약하다는 것이 분명하다. 암브로시우스는 이에 대한 견해를 앞서 언급한 서신 『바실리카를 양도함에 대하여』에서 확증한다. 그는 이렇게 말한다. "그가", 즉 황제가 "세금을 요구한다면, 우리는 거부하지 않는다. 교회 토지는 세금을 납부한다. 황제가 토지를 원한다면, 그는 그것을 요구할 권세가 있다. 우리 중 아무도 방해하지 않는다. 백성이 모은 것은 가난한 자들에게 넘쳐서 흘러갈 수 있다. 토지 때문에 다툼이 생겨서는 안 된다. 그는 원하면 그것을 취할 수 있다. 나는 황제에게 그것을 선사하지 않지만, 또한 거부하지도 않는다". 그러나 이것이 그리스도의 신부의 권리라고 말하면서 언제나 토지를 방어하려고 하는 자는 아마도 아르메니아 왕과 그의 왕국이 그에

---

110 II, 27, 5-6 참조.
111 II, 17, 16-19.

대해 분명히 증언할 수 있는 것처럼 참된 신부, 즉 가톨릭 신앙을 방어하는 것에 대해 거의 염려하지 않으면서[112] 복된 암브로시우스가 이렇게 말한 이유는, 교회 토지가 법적으로 세금을 납부할 의무가 있기 때문이 아니라 황제가 무력과 압력을 통해 사제들에게 요구했기 때문이라고 항변할 것이다. 그러나 이것으로써 어떤 로마 주교들과 그의 공범들이 (자신들이 실제로 세상 통치자의 심판대에 정당하지 않게 억지로 끌려왔다고 말하면서) 통치자의 강제적 사법권을 피하고 그것으로부터 벗어나기 위해 종종 인용하는 이 해석은 진실로 틀렸다. 왜냐하면 그리스도는 「요한복음」 제19장[113]에서 정반대를 말했기 때문이다 — 우리는 이것을 이 권의 제4장[114]에서 인용했다 —. 그리고 이것은 우리가 정경에 따라 신봉하는 견해에 준해 암브로시우스가 덧붙인 것이다. "우리는 카이사르의 것은 카이사르에게, 신의 것은 신에게 납부한다. 세금은 황제의 것이며, 그것은 거부되지 않는다. 교회는 신의 것이며, 결코 카이사르에게 돌려질 수 없다."[115] — 보충하라 — 오히려 신실한 백성의 판단에 따라 신실한 사제에게 돌려져야 한다. 우리가 먼저[116] 말했고, 이 권의 제17장[117]에서 분명히 입증한 것처럼 말이다. 그러므로 통치자는 교회의 세속적 물질에 대한 세금과 사법권을 폭력으로써가 아니라 합법적으로 가진다.

---

112 기독교 왕국 아르메니아는 당시 마멜루크인과 몽골인에 의해 위협을 받고 있었다. 수도 라야조(Lajazzo)는 1322년 마멜루크인에 의해 파괴되었다. 1323년 아르메니아 왕은 거액의 조공을 바치는 대가로 평화를 얻을 수 있었다. 아르메니아 왕은 교황 요한 22세에게 구원을 요청했지만 허사였다. Scholz, p. 551, 각주 2 참조.

113 「요한복음」 19:9-11.

114 II, 4, 12.

115 Ambrosius, *Sermo contra Auxentium de basilicis tradendis*, c. 35, in: MPL, 16, pp. 1060f.

116 II, 28, 17.

117 II, 17, 8-15.

§ 19. 그러나 로마 주교는 신적 질서에 따라 모든 자의 으뜸이므로, 성직자 집단 전체가 강제적 사법에 있어 로마 주교에게 종속되어 있다는 결론이 내려지는 것으로 보이는 다른 논리에 관해 그 전제를 거부해야 한다.[118] 왜냐하면 이전에[119] 어떤 주교나 사제도 신의 직접적 질서나 신법에 의해 사제에게 합당한 어떤 본질적이거나 우연적인 권위에 있어 로마 주교 아래 있거나 그에게 종속되어 있지 않다는 것을 지시했기 때문이다. 따라서 이시도루스의 코덱스에서 콘스탄티누스의 말 가운데 인용된 것에 대해,[120] 그것은 경건한 콘스탄티누스가 주교와 사제들이 어떠해야 하는지를 지시한 훈계와 경고의 말이었다고 말해야 한다. 즉 그들은 상호 간에 다른 자들에게 그렇게 행함으로써, 「고린도 전서」 제6장[121]에서 사도의 가르침에 따라 세속적 심판에서 다툴 필요가 없어야 할 것이다. "왜 여러분은 차라리 불의를 받아들이지 않는가? 왜 여러분은 여러분끼리 재판을 하기보다는 차라리 사기를 당하지 않는가?" 콘스탄티누스의 말 가운데 "신은 여러분에게, 우리를 심판할 권세를 주었다 ……"를 덧붙인다면, 이것은 첫 번째 의미의 심판, 곧 이 세상의 누구에게도 강제적이지 않은 판단에 대해서는 옳다고 말해야 한다. 이것에 대해 우리는 이 권의 제6장, 제7장, 제8장, 제9장[122]에서 충분히 말했다. 또한 이시도루스가 인용한바, 이전에 언급한 문구들로부터 —그것이 콘스탄티누스가 말했거나 아니거나 간에 —다른 주교들이 사법에 있어 로마 주교에게 종속되어 있다는 결론이 내려질 수 없다. 즉 콘스탄티누스는 이렇게 말했다. "여러분 간의 다툼에서 오직 신의 심판을 기다려라. 그리고 여러분의 다툼이 무엇이든지 간에 저 신의 검

---

118 즉 로마 주교는 모든 주교의 왕이 아니다.

119 II, 22, 4-5.

120 Pseudo-Isidorus, *Collectio Decretalium*, in: MPL, 130, p. 254.

121 「고린도 전서」 6:7.

122 II, 6, 12-13; II, 7, 17; II, 8, 7-9; II, 9, 1-11.

증을 위해 유보되어야 한다."[123] 그는 로마 대사제에 의한 심판이나 검증을 위해라고 말하지 않았다. 로마 주교는 지상에서 신을 대행하는 자라고 덧붙인다면,[124] 이전에 종종 말하고 입증한 것처럼 그 자신은 신의 질서에 따라 직접적으로 다른 주교 이상으로 신을 대행하지 않는다고 말해야 한다. 또한 그가 영적인 것을 가르치고 봉사함에 있어 지상에서 신을 대행한다면, 그렇기 때문에 그가 모든 성직자나 평신도에 대한 강제적 심판에 있어 신을 대행하는 것은 아니다. 이것은 우리가 이 권의 제4장과 제5장,[125] 그리고 이전에 여러 다른 구절에서 지시한 바와 같다. 도리어 사도 바울이 「로마서」 제13장에서, 그리고 복된 베드로가 그의 정경적 서신의 제2장[126] 에서 말한 것처럼 이 일에서 신의 일꾼들은 통치자이다. 또한 콘스탄티누스가 그렇게 단정적으로 분명히 말한 것이 사실이라고 가정한다면, 나는 그의 진술을 거부할 것이다. 왜냐하면 그 말은 정경적이지도 않고 정경적인 것에서 나온 결론도 아니기 때문이다. 그러므로 그가 이것을 칙령의 형식으로 결정했다면, 이것을 신적 질서에 의해 직접 정해진 것처럼이 아니라 다른 인간법처럼 준수하는 것이 타당할 것이다. 그러나 이시도루스의 문구에서부터 모든 주교는 강제적 사법에 있어 로마 황제에게 예속되어 있음이 명백하다. 왜냐하면 이시도루스가 같은 곳에서 이야기한 것처럼 그들은 로마 대사제의 심판이 아니라 황제의 심판 앞에 자발적으로, 어떤 강압 없이 그들의 분쟁과 다툼을 가져왔고, 그의 검증과 심판을 간청했기 때문이다.

---

123 Pseudo-Isidorus, *Collectio Decretalium*, in: MPL, 130, p. 254.
124 II, 27, 2 참조. 교황 신정(神政)주의는 지상에서 신을 대행하는 최고 대리자, 즉 교황에 의한 세상의 통치에 관한 이론이다. 이 이론에 따르면, 교황은 그리스도의 신적 본성에 특별하게 참여한다.
125 II, 4, 9-13; II, 5, 1-5.
126 「로마서」 13:1-7; 「베드로 전서」 2:13-15.

§ 20. 더 나아가 같은 전제에서부터 로마 주교에게만, 혹은 그의 사제 집단과 함께 그에게만 사제들과 다른 신자들의 총회를 소집하고, 우리가 논증하면서 이전에 언급한 문제들에 있어 다른 명령을 내리는 권한이 있다고 추론한다면, 이 추론과 그 전제를 함께 거부해야 한다. 왜냐하면 전제와 추론, 그리고 여기서 나온 결론의 정반대를 이 권의 제16장과 제21장[127]에서 입증했기 때문이다. 이시도루스의 권위나 견해[128]에 의거한 이 명제들의 확증에 관해 —그가 이 견해를 분명히 진술했기 때문에 이 명제들은 해석을 허용하지 않는다 —나는 그것 모두가 거룩한 정경 및 그것 위에 구축된 증명과 조화를 이루지 않는 것으로서 거부해야 한다고 말한다. 우리가 이 권의 제20장, 제21장, 제22장[129]에서 진지하게 입증했으며, 또한 이시도루스 자신이 앞서 언급한 코덱스에서 인용한 것에 의해 확정한 것처럼 말이다.

히에로니무스가 『가톨릭 신앙의 해석에 대하여』에서 로마 주교를 향해 "우리는 베드로의 신앙과 자리를 보유한 그대에 의해 개선되기를 바란다"라고 말하며, 이로써 로마 주교만이 베드로의 후계자라는 것을 암시하는 듯한 발언을 한 것에 대해[130] 이렇게 말해야 한다. 복된 베드로는 로마교회를 주교처럼 지도했다고 전해지기 때문에, 그런 한에서 히에로니무스는 로마 주교가 베드로의 신앙과 자리를 보유한다고 말했다. 또한 이 교회가 인간적 결정에 따라 다른 교회의 머리이므로, 그는 이 교회와 그의 주교를 보다 합당하고 완전한 사도의 후계자로 표현한다. 물론 우리가 앞서 인용했고 이 권의 제16장[131]에서 상세히 입증한 바와 같이, 그는 신의 직접적

---

127 II, 16, 5-6; II, 21, 3.

128 II, 27, 8-9 참조.

129 II, 20, 4-12; II, 21; II, 22, 1-5.

130 II, 27, 9 참조.

131 II, 16, 7-12.

질서에 따르면, 그리스도가 그에게 직접 부여한 권위에 있어 다른 사도들에 앞서지 못하거나 못했을지라도 말이다.

히에로니무스가 "그러나 우리의 이런 고백이 그대의 사도직의 판단에 의해 승인받는다면 ……"이라고 덧붙이고 여기에서 로마 대사제에게만 신법, 또한 신조에 있어 의심스러운 견해를 확정하거나 정의하는 권한이 있다는 것을 암시하는 듯 보인다면, 여기에 대해 말해야 한다. 즉 히에로니무스는 이것을 의도한 것이 아니라 총회를 통해 정의되거나 확정된바 가톨릭 신앙과 교회 의식에 관한 의심스러운 점에 대해 답변할 수 있는 권한이 있는 한에서 그렇게 말한 것이다. 왜냐하면 로마 주교와 그의 교회는 이 때문에 우리가 이 권의 제22장[132]에서 언급한 방식으로 다른 자들의 머리 내지 수장으로 세워졌기 때문이다. 그런데 히에로니무스가 우리가 말한 것을 의도했다는 증거는 이렇다. 서신 『에반드루스에게』[133]에서 로마교회의 부제 서품에 대한 어떤 의식을 비난하면서 "권위를 묻는다면, 세상이 도시보다 크다"라고 분명히 말한 사실이다. 즉 세상의 모든 교회의 권위가 로마 시의 권위보다 크다. 그러므로 이 권의 제20장[134]에서 지시한 것처럼 모든 것 중에서 가장 크고 확실한 이 유일한 권위를 통해 신앙에 있어 의심스러운 점이 정의되어야 한다. 그러므로 같은 히에로니무스도 『가톨릭 신앙의 해석에 대하여』에서 총회를 통해 승인된 것을 분명히 따르고 있고, 같은 총회에 의해 기각된 것을 거부하고 기각한다. 그러나 히에로니무스가 로마 대사제에게만 언급한 권한이 있다고 생각했다면, 나는 그의 견해를 비(非)정경적인 것으로, 정경적인 것을 통해 필연적으로 결론내려지지 않은 것으로 거부해야 한다. 왜냐하면 우리가 이전에[135] 말했거나 입증했고 그것을

---

132 II, 22, 6.

133 II, 15, 8 참조. Hieronymus, *Epistola*, 146, c. 1, in: MPL, 22, p. 1194.

134 II, 20, 4-12.

135 II, 16, 5 참조.

반복하기를 꺼리지 않는 것처럼 복된 베드로나 다른 사도도 자신만을 위해 신앙에서 의심스러운 점을 정의할 수 있는 권한을 주장하지 않았기 때문이다. 도리어 「사도행전」 제15장[136]에서 독자들에게 제시되는 것처럼 사도들과 장로들이 이런 일을 위해 모였다.

§ 21. 그런데 「누가복음」 제10장[137]에서 "너희 말을 듣는 자는 내 말을 듣는 것이다 ……"를 인용한 것에 관해 이 말은 옳다고 말해야 한다. 너희는 곧 영원한 법의 입법자 혹은 사도들과 그들의 교회의 모임으로서 그리스도를 오로지 대표하는 총회이기 때문이다. 그런데 "너희 말을 듣는 자 ……"에서 '너희'가 특히 신법에 따라 말하고 불의하게 모독하지 않는 자들을 지칭한다면, 이 말은 옳다. 그리스도는 이런 의미에서 바리새인들에 대해 다음과 같이 말했다. "그들이 말하는 것을 행하라." 즉 히에로니무스가 「마태복음」 제23장[138]에서 직전에 인용된 그리스도의 말씀에 대해 언급한 것처럼 그들의 말이 신법에 부합하는 한. 또한 "너희 말을 듣는 자 ……"[139]는 신법에서 명령되고 금지된 것에 있어 순종할 의무가 있다. 그러나 금식과 같은 조언에서는, 총회에서 이 일에 관해 신자들 전체 내지 그들의 강한 부분의 합의가 개입하지 않는 한 순종할 의무는 아마도 없다.

§ 22. 베르나르두스의 발언에 대해, 그리고 먼저 그가 에우게니우스에게 보낸 『고려에 대하여』 제2권에서 "그대는 누구인가?"라고 묻고 스스로 "위대한 사제, 최고의 대사제"라고 대답한 것에 대해 말해야 한다. 그가 이것을 신의 직접적 질서 내지 신법의 계명에 따라 이해했다면, 그의 답변은

---

136 「사도행전」 15:6.
137 「누가복음」 10:16; II, 27, 10 참조.
138 「마태복음」 23:3.
139 문맥을 방해하기 때문에 '사본 L'에서 탈락되었다.

거부되어야 한다. 왜냐하면 그렇다면 그것은 거룩한 정경, 그리고 필연적으로 이 권의 제16장과 제22장[140]에서 정경으로부터 입증한 것과 조화를 이루지 못하기 때문이다. 그러나 그가 이 수위권을 인간적 선출 내지 임명을 통해 그에게 귀속된다고 이해했다면, 그의 답변을 이 권의 제22장[141]에서 서술한 그런 의미에서 인정해야 한다. 그가 "그대는 주교들의 머리"라고 덧붙인다면 머리를 넓은 의미로, 즉 앞서 언급한 임명을 통한 으뜸의 의미로 받아들일 때에 이 말은 옳다. 그러나 머리를 엄밀하게[142] 받아들인다면, 베르나르두스의 발언을 인정해서는 안 된다. 왜냐하면 우리가 앞의 이 권의 제5장[143]의 같은 베르나르두스의 글『에우게니우스에게』제1권 제5장으로부터 인용한 것처럼 그는 에우게니우스와, 따라서 모든 주교에 대해 통치직을 명백히 부인하기 때문이다. "그대는 사도의 상속인", 이 말은 우리가 이 권의 제16장과 제22장에서 언급한 것과 같은 의미에서 로마 주교가 우선적으로 그러하지만 다른 사도들에게도 마찬가지이다. "그대는 수위권에 있어 아벨", 그는 이것을 위해, 그러나 인간의 선출을 통해서나 시간적으로 첫 번째 사도였던 자에 대한 존경심 때문에 취해졌으므로 이 말은 옳다. "지도적 지위에 있어 노아", 이 말은 성직자들 가운데 인간적 임명을 통해 성직자들 위에 있으므로 옳다. "가부장직에 있어 아브라함", 이 말은 다만 영적인 것을 베풂에 있어, 그리고 인간적 임명에 의해, 그러나 모든 영적 아버지의 아버지이므로 옳다. "서열에 있어 멜기세덱", 이 말은 다른 모든 사제처럼 그를 통해 그리스도가 예시되는 사제직에 관한 한 옳다. 그러나 왕직에 관한 한 옳지 않다. 왜냐하면 동시에 왕이며 사제였던 멜기세덱은 이 관점에서 다른 사제가 아니고 오직 그리스도만을 예시했기 때문이

---

140 II, 16, 2-8; II, 22, 16.
141 II, 22, 6.
142 즉 통치자의 의미로.
143 II, 5, 2-3.

다. 그러나 그는 여기서 세상적 왕에 관한 한 그리스도를 예시하지 않았다. 왜냐하면 이 권의 제4장[144]에서 지시한 것처럼 그리스도는 이런 의미에서 다스리기 위해 세상에 오지 않았거니와 그것을 원하지도 않았다. 도리어 동시에 사제이며 세상적 왕인 멜기세덱은 그리스도의 사제직과 천상적 왕직을 예시했으며, 세상적 왕직을 어떤 사제나 주교에게서 예시되지도 않았다. 왜냐하면 베르나르두스는 앞서 인용한 문구에서 로마 주교에게 그런 왕직을 보다 분명히 거부했기 때문이다. 멜기세덱은 사제직의 수위권에 관해서도 그리스도를 떠나 어떤 다른 것을 상징하지 않았으며, 이 수위권은 우리가 말한 것처럼 인간적 임명에 의해 다른 자들에게 있기 때문이다. "품위에서 아론", 이 말은 사제들 가운데 수위권의 유사함에 관한 한 옳다. 그러나 의미가 다르다. 왜냐하면 아론은 신의 직접적 임명을 통해 [대사제]였지만, 사도들의 후계자로서 로마 주교나 다른 주교는 그렇지 않기 때문이다. "권위에 있어 모세", 이 말에 대해 베르나르두스는 『고려에 대하여』제1권 제5장과 제3권 제1장에서 정반대 의견을 표명했다.[145] 왜냐하면 모세는 「사도행전」 제7장에 나타난 것처럼 강제적 법에 따른 통치자였기 때문이다. 즉 베르나르두스는 앞서 인용한 구절에서 사도들의 모든 후계자에 대해 이것을 부정했다. 또한 모세는 신의 직접적 질서에 따라 온 이스라엘 위에 이 권위를 가졌다. 그러나 로마 주교는 인간적 용인을 통해 다만 복음의 일꾼 내지 신전의 일꾼에 대해서만 직접적으로 이 권위를 가진다. "판관직에 있어 사무엘", 이 언급은 유사성에 관해서는 옳지만 이중적의미에서 상이하다. 첫 번째로 사무엘처럼 신의 직접적 질서에 의해서가아니며, 두 번째로는 사제들과 복음의 다른 하위 일꾼에 대해서만. 그러나 사무엘은 차별 없이 온 이스라엘 위의 판관이었다. "권세에 있어 베드

---

144 II, 4, 4-7.

145 Bernardus, *De Consideratione ad Eugenium papam tertium* I, c. 6, in: MPL, 182, pp. 735f.

로", 이 말은 신의 본질적이고 직접적 작용에 의해 옳다. 또한 모든 다른 주교나 사제도 그렇다. 그러나 모든 로마 주교는 인간적 임명을 통해서만 직접적으로 다른 자들에 대해 수위권을 가진다. 이 권의 제16장[146]에서 지시한 것처럼 복된 베드로가 이 수위권을 가졌다면, 신의 직접적 임명을 통해 수위권을 가졌든지 그렇지 않든 간에, 우리가 성서에 따라 믿는 바로는 오히려 사도들의 결정에 의해 가졌다. "도유(塗油)에 있어 그리스도", 이 말은 그가 도유를 사제의 품격과 함께 주어지는 은총과 성령으로 이해한다면 옳다. 모든 사제가 이 도유를 받는다. 그러나 그가 도유를 인간이 아니라 신에 의한 직접적 임명의 결과로 모든 교회에 대한 수위권, 즉 그리스도만이 모든 사제 위에 가진 수위권으로 이해한다면, 이 권의 제16장[147]에서 지시한 것처럼 성서의 많은 구절에서 정반대를 말한 사도를 원용해 그의 견해를 거부한다.

그는 이제 덧붙인다. "그대는 양떼의 목자일 뿐만 아니라 모든 목자의 유일한 목자이다." 인간의 직접적 임명에 의해서라고 이해한다면, 나는 이것을 인정한다. 그러나 신의 질서나 신법의 결정에 따라서라고 이해한다면(그가 그렇게 의도하는 것처럼), 나는 그의 견해를 거부할 것이다. 왜냐하면 그의 견해는 정경적이 아니기에, 즉 정경으로부터 필연적으로 추론된 것이 아니라 오히려 그와 상반되기 때문이다. 그가 자신의 견해를 정경에 의해 뒷받침하려고 "내가 이것을 무엇으로 입증하느냐고 그대가 묻는가? '네가 나를 사랑한다면, 베드로야, 내 양을 치라'는 주님의 말씀으로라고 대답한다. 모든 양이 누구에게 (나는 주교들뿐만 아니라 사도들 중이라고 말하지 않는다) 절대적으로 무차별하게 위탁되었는가?"라고 그는 말한다. "몇 사람을 지칭한 것이 아니라 [모든] 양을 지칭했음이 누구에게나 분명하지 않은가? 아무것도 구별되지 않을 때, 아무것도 제외되지 않는다." 그렇다면 여기에 대

---

146 II, 16, 10; II, 22, 14 참조.
147 II, 16, 3-4.

해 언제나 존경심을 갖고 "주교들뿐만 아니라 사도들 중 누구에게 절대적으로, 무차별하게 모든 양이 위임되었는가?"라는 이 물음은 놀랄 만하다고 말해야 한다. 모든 사도에게 공동적으로, 모든 사도에게 개별적으로라고 나는 답변한다. 여러분은 내가 어디서 이것을 입증하는가를 묻는가? 그 자신보다 더 명백하게 주님의 말씀으로부터, 왜냐하면 그리스도는 「마태복음」 마지막 장[148]에서, 그리고 모든 계명 중에서 거의 마지막으로 모든 사도에게 다음과 같이 말했기 때문이다. "그러므로 가서 모든 민족을 제자로 삼아라 ……." 그러나 내가 보다 분명히 말한다. 왜냐하면 그는 「요한복음」 제21장[149]에서 "양을 치라"고 말하면서 '모든'을 덧붙이지 않았기 때문이다. 그런데 모든 것을 보편적으로 위임하는 자는 부정(不定)적인 방식으로만 '양을 치라'고 말하는 자보다 더 큰 양떼를 염두에 두는 것이 확실하다. 그렇기 때문에 — 다시금 존경심을 갖고 — 베르나르두스가 인용한 성서 구절은 우리가 앞의 제9절에서 건드렸고 반복하기를 꺼리지 않는 또 다른, 즉 성서에 보다 부합하는 해석을 허용하는 듯하다. 즉 그리스도는 「마태복음」 제15장[150]에서 다음과 같이 말했다. "나는 오직 이스라엘 집안의 길 잃은 양떼를 위해 파견되었을 뿐이다." 이 말씀은 거룩한 교부들의 설명에 의하면, 히에로니무스의 말처럼,[151] 그가 이교도들에게도 보내어졌다는 것이 아니라 우선 이스라엘로 보내어졌다는 것으로 이해해야 한다. 그런데 레미기우스는 주제와 보다 밀접하게 연관을 지어 문자와도 조화를 이루어 다음과 같이 말했다. "특별히 그는 육신적 임재를 통해 유대인들을 가르치기 위해 그들의 구원을 위해 보내어졌다."[152] 그러므로 거룩한 교

---

148 「마태복음」 28:19.

149 「요한복음」 21:15-17.

150 「마태복음」 15:24.

151 Thomas Aquinas, *Catena aurea*, vol. 11, p. 191에서의 「마태복음」 15:24에 대한 히에로니무스의 주해 참조.

부들의 해석에 따르면 그리스도가 모든 사람의 구원을 위해 보내어졌다고 할지라도, 「마태복음」에 따르면, 그리스도의 말씀이 그렇게 들리는 것처럼 특별히 일차적으로 유대인의 구원을 위해 보내어졌다. 즉 그는 다음과 같이 말한다. "나는 …… 양떼들을 위해서만 보내어졌다." 그러므로 그는 다른 양들 가운데 이 양들을 자신의 것으로 삼았다. 왜냐하면 그는 "이스라엘 집안의 길 잃은"을 덧붙였기 때문이다. 왜냐하면 「출애굽기」 제32장에서[153] 드러난 것처럼 이 백성은 언제나 목이 곧으며, 진리[예수 그리스도] 자신이 「누가복음」 제13장[154]에서 말한 것처럼 예언자들의 살인자였기 때문이다. 그러나 그리스도는 베드로를 믿음에서 보다 한결같고 자신과 이웃에 대한 사랑에서 보다 열렬한 사람으로 알았으므로, 그는 특별히 그에게 다음의 말과 함께 이 양떼를 위탁했다. "네가 나를 사랑한다면, 내 양떼를 치라." 즉 이스라엘 백성을 가르치기 위해 나서라. 「갈라디아서」 제2장에 다음과 같이 기록된 것이 이 견해가 옳다는 것을 지시한다. "그들이, 복음이 베드로에게 할례받은 자를 위해 위탁된 것처럼 나에게 할례받지 않은 자를 위해 위탁되었음을 보았을 때 ……"[155] 그리고 사도의 말은 복음서의 다른 곳으로부터는 확증될 수 없을 것이다. 또한 "그들은 나와 바나바에게 친교의 표시로 오른손을 내밀었다. 그래서 우리는 이교도들에게, 그러나 그들은 할례받은 자들에게",[156] 즉 유대인에게 가게 되었다. 그러므로 그리스도는 "내 양떼를 치라"는 말로써 복된 베드로에게 보다 일반적인 자들에 대한 목회를 위임한 것이 아니라 오히려 보다 특별한 일정한 백성에

---

152 Ibid. 같은 구절에 대한 레미기우스의 주해 참조. 레미기우스(Remigius, 437~533)는 랭스의 주교를 지냈다.

153 「출애굽기」 32:9.

154 「누가복음」 13:34.

155 「갈라디아서」 2:7.

156 「갈라디아서」 2:9.

대한 목회를 위임했다. 왜냐하면 그가 「마태복음」 마지막 장과 「누가복음」 제20장[157]에서 "그러므로 가서 모든 민족을 제자로 삼아라 ……"와 "성령을 받아라. 그리고 너희가 그들의 죄를 사하면, 그들의 죄가 사해질 것이요 ……"라고 말하면서 모든 사도에게 준 것보다 더 일반적인 것은 있을 수 없기 때문이다. 즉 이 말을 통해 모든 사도는 권한과 목자적 돌봄을 모든 인간에 대해 차별 없이 받았다. 이것은 또한 아우구스티누스가 『신약성서에 대한 질문에 대하여』의 질문 94에서 말했으며,[158] 우리가 앞서서 이 권의 제16장[159]에서 인용한 바와 같다. 그리스도가 「사도행전」 제9장[160]에서 바울에게 "이 사람은, 내 이름을 이교도들과 왕들과 이스라엘의 아들들 앞에서 전하기 위한 나의 선택된 그릇"이라고 말하면서 위임한 것보다 어떤 더 보편적인 목회를 위임하겠는가?라고 베르나르두스는 말한다.

또한 베르나르두스가 아래 덧붙인 말, 즉 "그러므로 각 사람에게 각각 다른 백성이 추첨되었다"[161]는 성서와 조화를 이루지 못함이 명백하다. 또한 바울 서신들의 문구와 부합하지 않고 성서로부터도 입증될 수 없으며, 오히려 우리가 앞서 지시한 것처럼 그 반대가 입증된다. 그는 아래에서 덧붙인 말, 즉 "그대의 카논에 따라 어떤 사람들은 목회의 직분으로 ……"[162]를 그들이 '신의 직접적 임명에 의해서'로 이해했다면 나는 그들의 발언, 즉 에우게니우스의 글과 그에게 공감하는 베르나르두스의 글을 거부해야 한다. 왜냐하면 그 글들은 정경적이 아니며, 아울러 우리가 이 권의

---

157 「마태복음」 28:19; 「요한복음」 20:22-23.

158 Augustinus, *Quaestiones Novi et Veteris Testamenti*, qu. 95, in: MPL, 35, p. 2292. 마르실리우스가 '질문 95'를 '질문 94'로 착각한 듯하다.

159 II, 16, 8.

160 「사도행전」 9:15.

161 Bernardus, *De Consideratione ad Eugenium papam tertium* II, c. 8, in: MPL, 182, p. 751.

162 II, 27, 11 참조.

제19장[163]에서 말한 글이 아니면 정경적이라고 불러서는 안 되기 때문이다. 또한 우리는 그들이 말하는 것의 반대를 종종 성서에서 입증했기 때문이다. 그러나 우리가 이 권의 제22장[164]에서 언급한 것처럼 그들이 저 완전한 권세, 즉 교회에 대한 보편적 관리를 인간적 제정에서 직접적으로 유래한 것으로 이해했다면, 우리는 그들의 주장을 인정한다.

또한 그가 "다른 자들의 권력은 일정한 한계에 의해 제한되어 있다. 그대의 권력은 다른 자들에 대한 권력을 받은 자들에게까지 확장된다. 이유가 있다면, 그대는 주교에게 하늘 문을 닫을 수 없는가? ……"라고 덧붙인다면, 이전처럼 말해야 한다. 즉 로마 주교나 다른 모든 주교는, 신의 직접적 질서에 따르면 다른 자들에 대해 권세를 갖지 않으며 거꾸로도 마찬가지이다. 왜냐하면 이 권의 제15장과 제16장[165]에서 성서로부터 입증했으며, 또한 방금 반복한 것처럼 로마 주교는 다른 주교를 범죄 때문에 출교하거나 그리스도가 그에게 직접 부여한 권세를 박탈할 권한이 없으며, 또한 거꾸로도 마찬가지이기 때문이다. 그러나 베르나르두스가 이 수위권이 직접 인간적 용인으로부터 유래한다고 이해한다면, 로마 주교는 영적인 것을 관리하고 정돈함에 있어 총회에 의해 그에게 허용된 수위권을 가지며, 세속적 영역에서 인간 입법자를 통해 다른 자들에 대해 그에게 허용된 수위권을 가진다.

마지막으로 이 발언, 즉 "그러므로 그대에게는 그대의 특권이 흔들릴 수 없이 확고하다"에 대해 덧붙인다면, 이것은 옳다고 말해야 한다. 왜냐하면 로마 주교는 인간의 죄를 묶고 그들의 죄로부터 풀고 그들을 가르치는 권세와 영원한 구원의 법의 성례전을 베푸는 권세를 가지며, 역시 신법에 따라 모든 다른 주교와 사제도 갖기 때문이다. 그러나 베르나르두스가 로마

---

163 II, 19, 1-7.

164 II, 22, 4-6.

165 II, 15, 7-10; II, 16, 8; II, 22, 4-5 참조.

주교에게 신법에 따라 혹은 신의 직접적 명령을 통해 다른 주교들에 대해 마땅히 가지는 수위권을 특권으로 이해한다면, 나는 이전처럼 원용된 근거에 의해 그의 견해를 거부한다.

§ 23. 베르나르두스가 같은 에우게니우스에게 보낸 책 제4권 제4장에서 "그러나 이것", 즉 이 칼이 "그대의 것임을 부인하는 자는 충분히 주님의 말씀을 주목하지 못한 듯하다"라고 말하고, 결론적으로 "그러므로 양자, 즉 영적인 칼과 물질적 칼은 교회에 속한다"라고 말함으로써, 로마 주교에게 성직자들뿐 아니라 평신도에 대한 (그가 은유적으로 '세속적 칼'이라고 부른) 강제적 사법권이 속한다고 암시하는 듯한 다른 발언에 대해서,[166] 존경심과 경외심으로 말해야 한다. 같은 베르나르두스는 이 문제에 관해 전혀 다르게, 오히려 분명히 상반된 의미로 발언했으니, 즉 그는 이 권위 내지 권세에 관해 위의 인용 구절에서 직후에 "그대는", 즉 교황은 "왜 칼집에 도로 집어넣도록 명령받은 칼을 다시 취하려고 하는가?"라고 말한다. 그러나 어떤 사람이 취하는 것은 절대 그의 권한에 속하지 않음이 확실하다.

§ 24. 그러나 베르나르두스나 그의 해설자가,[167] 이 진술의 결론에서 말한 바에 따르면, 사제에게 이미 언급한 권한이 있을지라도, [판결] 집행이 그를 통해 이루어져서는 안 된다 —그는 이것을 물질적 칼의 사용이라 말한다. 그러나 이 답변은 성서의 견해에 부합하지 않는다. 왜냐하면 그리스도는 「누가복음」 제12장[168]에서 자신에게 이런 판단을 요구하는 자에게

---

166 II, 27, 12 참조.

167 키예에 의하면, 이것은 보니파키우스 8세의 교령 'Unam sanctam'이나 로마의 에기디우스를 말하는 듯하다. 신정론자들은 이런 입장을 지지했다. Quillet, p. 523, 각주 118 참조.

168 「누가복음」 12:14.

"인간아, 누가 나를 너희들의 판관이나 판정자로 세웠는가?"라고 말함으로 써 물질적 칼을 뽑는 것을 거부했을 뿐만 아니라 그것을 사용함에 관한 판단과 명령을 거부했기 때문이다. 베르나르두스는 에우게니우스에게 보낸 『고려에 대하여』 제1권 제5장[169]에서 이 말씀을 그리스도와 사도들의 다른 말씀과 함께 다루면서 — 우리는 그의 발언을 이 권의 제5장[170]에서 인용했다 — 이 구절[171]에서 자신을 앞에 언급한 해설자처럼 그렇게 설명하는 해석을 허물었다. 즉 그는 같은 교황에게 다음과 같이 말한다. "사도가 이런 물음에 대해", 즉 세속적 사물에 대해 판단하는 권한에 대해 "어떻게 생각하는지 들어라". 사도는 「고린도 전서」 제6장에서 "여러분 가운데 형제와 형제 사이에서 판단할 수 있는 지혜로운 자가 없는가'라고 말한다.[172] 그리고 계속해서 말한다. '여러분에게 부끄러움을 느끼도록 하기 위해 말한다. 공동체에서 보다 멸시받는 자들을 여러분은 판관으로 세운다.' 그러므로 사도의 후계자인 그대가 자신을 위해 — 사도의 견해에 의하면 그대에게 부적절하게 — 열등한 직무, 보다 멸시받는 자들의 지위를 요구하는 것이다." 그가 직무에 대해 말하고, 집행에 대해 말하지 않는 것에 주목하라.[173] "그러므로 또한 주교", 즉 바울은 "주교", 곧 디모데를 "가르칠 때 말했다. '신을 위해 싸우는 자는 세상적 업무에 연루되지 않는다.' 그러나 나는 그대를 아낀다. 왜냐하면 나는 강한 말을 하지 않고, 가능한 것을 말한다. 그대가 지상적 유산 때문에 다투고 그대에게 판단을 간청하는 인간에게 주님의 음성인 '오, 인간들아, 누가 나를 너희들의 판관으로 세웠는가'

---

169 Bernardus, *De Consideratione ad Eugenium papam tertium* I, c. 6, in: MPL, 182, pp. 735f.
170 II, 5, 2-3.
171 앞의 제23절을 말한다.
172 「고린도 전서」 6:4-5.
173 제2권 제27장 제12절에 의하면, 사제에게는 집행권은 없으나 판단권이 있었다. 이 구절에 따르면, 사제에게는 또한 판단권도 없다.

로 답변한다면, 이 시대가 그것을 견딜 것이라고 믿는가? 그대는 어떤 평판에 곧 도달하겠는가? 무식한 시골 농부가 뭐라고 말하겠는가? 그대는 그대의 수장적 지위를 알지 못하고, 그대의 높고 탁월한 자리를 모독하고, 사도적 권위를 깎아내리는 것이다. 그리고 그렇게 말하는 자는, 언제 한번이라도 사도 중 누가 경계 판정관이나 토지 분배자로서 인간 앞에 판관으로 앉았는지 입증하지 못할 것이다. 마지막으로 나는, 사도가 심판을 받기 위해 섰다는 것을 알고 있다. 그들이 심판을 위해 앉았다는 것에 대해서는 알지 못한다. 언젠가 그럴 테지만,[174] 그런 적이 없었다. 종이 자기 주인보다 크고자 하지 않으면, 자신의 권위를 축소하는 것인가, 혹은 제자가 자기를 보낸 자보다 크고자 하지 않으면, 자신의 권위를 축소하는 것인가, 혹은 아들이 아버지가 정해 준 경계를 넘지 않으면, 자신의 권위를 축소하는 것인가? 스승과 주인은 '누가 나를 판관으로 세웠는가'라고 말한다. 그리고 종과 제자가 온 인류를 심판하지 않으면, 종과 제자에게 불의가 일어나는가?" 그러므로 베르나르두스뿐만 아니라 보다 진리에 부합하게 그리스도와 사도들은 그들의 후계자들, 사제와 주교들에게 세속적 판결의 집행뿐만 아니라 그런 자들을 판단하는 직무나 권한을 금지한다. 그렇기 때문에 베르나르두스는 아래에 다음과 같이 덧붙인다. "이 비천하고 지상적인 것들은 그것들의 판관이 있다. 지상의 왕들과 군주들. 왜 여러분은 타인의 경계를 침범하는가? 왜 여러분은 타인의 수확물에 낫을 대는가?"

그는 이 견해를 제2권 제4장[175]에서 반복하고 확인한다. 우리는 앞서 이 구절을 이 권의 제5장, 제11장, 제24장[176]에서 인용했다. 거기서 그는 이 주제에 대해 이렇게 말한다. "통치권"을 (보충하라.) 사도 베드로가 자기 후

---

174 최후 심판 때를 말한다.

175 Bernardus, *De Consideratione*. II, c. 6, in: MPL, 182, p. 748.

176 II, 4, 13(마르실리우스가 '제4장'을 '제5장'으로 착각한 듯하다. 제4장이 올바르다.); II, 11, 7; II, 24, 8.

계자들에게 남겼는가? "그의 말을 들어라", 즉 베드로는 "성직자들을 지배하는 자가 아니라 양떼의 모범'으로서"라고 그는 말한다. 그대가 이 말이 단순한 겸손에서, 혹은 진리에 대한 염려에서 나온 말이라고 생각하지 않도록 복음서에는 주님의 말씀이 다음과 같이 기록되어 있다. "백성들의 왕들은 그들을 다스리고 그들에 대한 권세를 가지며, 선을 베푸는 자로 불린다." 그리고 그는 계속한다. "그러나 너희들은 그렇지 않다." 분명한 것은, 사도들에게 통치직이 금지된다는 것이다. 그러므로 그대는 가서 자신을 위해 통치자로서 사도직을, 아니면 사도의 후계자로서 통치직을 감히 요구해 보라. 분명코 그대는 양자에서 —보충하라, 동시에 두 가지를 가짐에 있어—제지받을 것이다. 그리고 다음은 베르나르두스가 덧붙인 말이다. "그대가 두 가지를 동시에 가지려 한다면, 그대는 양자를 잃을 것이다. 그렇지 않다면 그대가 신이 그들에 대해 탄식하는 자들의 수에서부터 제외되었다고 생각하지 말라. '그들은 왕으로서 다스렸고 나를 통해 다스리지 않았다. 그들은 제후로서 나타났고, 나는 그들을 알지 못했다.'"

그는 또한 상스의 대주교에게 보낸 서신에서 같은 견해를 다음과 같이 밝혔다. "이들, 즉 [신하들에게] 불순종을 부추기는 자들은 이렇게 행한다. 즉 그리스도는 달리 명령했고 행동했다. 그는 다시 다음과 같이 말한다. 카이사르에게 카이사르의 것을 주고, 신에게 신의 것을 주어라. 그는 입으로 말한 것을 곧 행위로 실행하도록 했다. 카이사르를 세운 자는 카이사르에게 주저 없이 세금을 납부했다. 그는 여러분에게, 여러분도 그렇게 행동하도록 모범을 보였다. 이 경외를 또한 세속적 권세에 보이도록 한 그분이 언제 신의 사제들에게 마땅한 경외심을 거부하겠는가?"[177] 그러므로 그리스도는 이 세상의 군주들을 세속적으로 다스리려 하지 않고 도리어 스스로 굴복하고, 그들에게 마땅히 바쳐야 할 세금과 경외심을 드러내고자 했

---

177 Bernardus, *De moribus et officio episcoporum*, c. 8, in: MPL, 182, p. 829.

다. 이로써 그는 모든 그의 후계자들, 우선 사도들, 그다음으로 사제들과 주교들에게, 이렇게 행함의 모범을 보였다.

그는 나중에 같은 견해를 보다 분명하게 표현했다. "그러므로 너의 수도 사들이여, 왜 사제들의 권위가 그대들을 압박하는가? 그대들은 적대를 두려워하는가? 그러나 그대들이 정의를 위해 고난을 받으면 복이 있다. 그대들은 세속적 권세, 즉 세상의 군주들을 멸시하는가? 그러나 아무도, 주님이 그 앞에 재판을 받기 위해 섰던 빌라도보다 더 세속적인 자는 없었다. '권세가 위로부터 그대에게 주어지지 않았다면, 그대는 나에 대해 권세가 없었을 것이다.' 그는 이미 당시 나중에 사도들을 통해 교회에 크게 선포케 한 것을 스스로 말했고 자신에게 적용했다. '신으로부터 오는 권세 외에는 없다.' 그리고 '권세에 저항하는 자는 신의 질서에 항거하는 것이다.' 그러므로 그리스도가 자신의 원수에게도 항거하지 않았음에도 불구하고, 그대들은 가서 그리스도의 대리자[178]에게 저항해 보라. 혹은 그리스도는 자신에 대한 로마인 통치자의 권세가 하늘로부터 지시되었음을 고백한 반면, 신이 자신의 총독 임명에 대해 모른다고 감히 주장해 보라."[179] 그러므로 주교는 자신에 대해 인간 간의 (그들이 어떤 신분에 속하든지 간에) 세속적 송사에 대한 판단에 개입한다면, 자신에 대해 타인의 직무를 요구하는 것이고 타인의 수확물에 낫을 대는 것이다.

베르나르두스가 앞의 항변에서 "그러나 이 [칼이] 그대의 것임을 부인하는 자는 충분히 주님의 말씀을 주목하는 것처럼 보이지 않는다"라고 덧붙인다면, 나는 다음과 같이 말한다. 앞서 인용한 그의 진술에서 드러난 것처럼 내가 보거나 들은 모든 자 가운데 아무도 이것을 [베르나르두스보다] 더 명백하게 부인했거나 부인하는 자는 없다. 여기에 또한 언제나 존경심을 가지고 이 구절에 대한 다른 거룩한 교부들의 해석이 보다 적절하다

---

178 즉 세속 권세를 말한다.

179 Bernardus, *De moribus et officio episcoporum*, c. 9, in: MPL, 182, p. 832.

고 덧붙여 말해야 한다. 왜냐하면 그들 모두가 일치하는 것처럼 그리스도가 "여기에 칼 두 자루가 있습니다"라고 말하는 제자들에게 "충분하다"라고 대답했다면, 그리스도의 발언은 비유적이었기 때문이다. 그러므로 크리소스토무스는 말한다. "그가 칼을 인간적 보호를 위해 사용하고자 했다면, 백 자루의 칼도 충분하지 않았을 것이다. 그러나 그가 인간적 보호를 위해 이용하려 하지 않았다면, 두 자루도 불필요했다."[180] 여기서부터 그리스도 말씀의 의미가 신비적이었음이 분명하게 드러난다. 그리스도는 「마태복음」 제26장과 「요한복음」 제18장[181]에서 이 칼을 통해 방어가 이루어져야 했을 순간에 베드로에게 "네 칼을 제자리에" 혹은 "칼집에 꽂아라"고 말함으로써 이 사실을 분명히 지시한다. 그는 이 말로써 자신이 사도들에게 이런 칼로 방어할 것을 명령하지 않았고, 오히려 신비적으로 말했음을 지시했다. 복된 암브로시우스는 주님의 말씀을 완전하게 주목하면서 앞에서 인용한 구절을 이런 의미에 따라 다음과 같이 해설한다. "칼 두 자루가 우리에게 허용되었으니, 하나는 새 언약의 칼이고 다른 하나는 옛 언약의 칼이다. 이 칼로써 우리는 악마의 교활한 공격에 대항해 방어한다. '충분하다'라고 말한 것은 두 언약의 가르침이 방어하는 자에게 아무것도 부족함이 없다는 뜻이다."[182] 그러나 통치권을 얻으려고 기를 쓰고 온갖 외적 노력을 통해, 합당하지 않을지라도 그것을 얻기 위해 애쓰는 사제들은, 그들의 부패한 견해와 악한 감정에 부합하는 듯 보이는 낯선 성서 해설을 기꺼이 받아들인다. 그러나 그리스도의 말씀을 문자적으로 받아들인다면, 그것은 우리 견해에 반대되지 않는다. 왜냐하면 물질적 칼은 통치직이나 세

---

180 Thomas Aquinas, *Catena aurea*, vol. 12, p. 232에서의 「누가복음」 22:38에 대한 크리소스토무스의 주해 참조.

181 「마태복음」 26:52; 「요한복음」 18:11.

182 Thomas Aquinas, *Catena aurea*, vol. 12, p. 232에서의 해당 구절에 대한 암브로시우스의 주해 참조.

속적 송사의 심판이 아니며, 그것은 그리스도의 견해에 따라 은유적으로 그리스도가 베드로나 다른 사도에게 위임하는 세속적 통치직이나 판관직을 뜻할 수 없기 때문이다. 베르나르두스는 앞서 인용한 구절의 다른 곳에서[183] 이것을 분명히 지시했으며, 우리가 이 권의 제4장, 제5장에서 성서를 통해 의심이 여지없이 입증한 것처럼 말이다.

베르나르두스가 "아마도 [칼이] 그대의 것이며 그대의 눈짓으로" 뽑아야 한다고 덧붙인다면, 그가 여기서[184] 의심하지 않았음이 분명한데도 불구하고 "아마도"라고 말했다는 것을 강조하고자 한다. 그는 이 말로써 통치자가 칼을 뽑음에 있어 — 주어진 상황의 요구에 따라 총회에서나 혹은 특별한 회의에서 — 사제의 눈짓, 즉 사제의 조언에 주목해야 한다는 것으로 이해한 것이 분명하다. 예를 들어 그는 전쟁을 일으킴에 있어 신법에 따라 정당했는가를 의심한다면, 죽을죄를 짓지 않기 위해 (그의 다른 개인적 행위와 국가적 행위, 특히 그가 무지 때문에 죽을죄를 짓지 않을까 의심하는 행위에서처럼) 사제들의 조언에 귀를 기울여야 한다. 그가 그렇기 때문에 이런 직무에서 사제에게 예속되는 것은 아니지만 말이다. 즉 그는 이렇게 교수 면허를 수여하거나 나병환자들을 도시에서 추방해야 하는 경우에, 우리가 이 권의 제10장[185]에서 말한 것처럼, 그가 사법에 있어 종속되지 않은 전문가의 조언을 들어야 한다. 그러므로 베르나르두스는 앞서 진술한 결론에서 "사제의 눈짓과 황제의 명령으로" 이 칼을 사용해야 한다고 말한다. 그러므로 그는 눈짓을 명령이나 강제적 권력이 아니라 조언으로 이해했다. 왜냐하면 그는 분명히 명령권은 황제나 통치자에게 있다는 점을 말했기 때문이다. 로마 주교는 이 칼을 종종 그리스도의 신자 가운데 서로 간에 정당성도 없이 사용하도록 명령하지만 말이다. 한마디로 말해 베르나르두스가

---

183 II, 28, 24.
184 확실히 칼은 그의 것이 아니라는 사실이다.
185 II, 10, 5-10.

이 말을 통해 이런 직무나 판단은 모든 사제나 주교의 권한에 속하는 것으로 (이 세상에서 세 번째 의미의 판단에 따라 그가 이 일에 있어 어떤 통치자 위에 있는 것처럼) 이해한다면, 나는 다음과 같이 말할 것이다. 앞의 진술에서 드러난 것처럼, 그는 분명하게 자기 자신뿐만 아니라 그가 인용하는 성서와 모순된다. 그렇기 때문에 나는 여기에서의 그의 견해를, 만일 그런 것이라면, 비(非)정경적인 것으로, 정경과 부합하지 않고 모순되는 것으로서 거부한다.

§ 25. 거룩한 교부들과 교회 교사들의 진술들, 특히 「마태복음」 제16장의 "너는 베드로다. 네 반석 위에 ……"와 「누가복음」 제22장의 "나는 너를 위해 기도했다. 베드로가 ……", 또한 「요한복음」 제21장의 "네가 나를 사랑한다면, 내 양을 치라"[186]에 대한 거룩한 교부들과 교회 교사들의 진술에 대해 (이 진술로써 그들은 베드로를 사도들의 왕, 온 세상의 목회자로 칭하며, 그들 중 어떤 사람은 교회의 머리로 칭함으로써 그리스도가 복된 베드로에게 직접 다른 사도들에 대한 권력 내지 권세를 부여했다고 주장하는 듯한데) 존경심을 갖고 말해야 한다. 즉 그리스도는 복된 베드로에게 우리가 사제적 권위라고 말한 본질적 권위도, 목회에 있어 다른 사도들을 능가하는 어떤 우연적인 탁월성도 직접 부여하지 않았으며, 도리어 우리가 이 권의 제16장[187]에서 성서와 거룩한 교부들과 교회 교사들의 해석으로부터 지시했고 이 장의 서두[188]에서 어느 정도 반복한 것처럼 그와 다른 사도들에게서 그것을 제거했다. 그러므로 나는 그리스도와 사도와 다른 곳에서 인용된 그들 중 어떤 [해설자의] 진술을 따르면서 우리가 이 권의 제16장과 제22장[189]에서

---

186 「마태복음」 16:18-19; 「누가복음」 22:32; 「요한복음」 21:15-17.

187 II, 16, 2-12.

188 II, 28, 5-6.

189 II, 16, 2-12; II, 22, 2-5.

말한 것과 달리, 이미 인용한 성서 구절과 다른 유사한 구절에 대해 수위권 내지 지도권에 대해 말하는 듯한 견해를 거부한다. 왜냐하면 이 견해는 정경적이 아니고 정경적 문서를 따르는 것도 아니며, 그들 중 어떤 자는 다른 곳에서 성서를 해설할 때 정반대의 말을 했기 때문이다. 그런데 여기서[190] 그들은 관습을 따르고 성서의 말씀보다는 유명한 진술[191]에 주목하면서 그런 견해를 성서적 근거 없이 자신의 견해로부터 공언한다.[192]

§ 26. 그들 중 누가 큰가를 놓고 다투는 사도들에게 그리스도가 그들은 똑같다고 대답하고 그들 모두로부터 권위의 우선성을 거부했는데, 그리스도가 복된 베드로에게 그들 가운데 지도자, 즉 머리로 염두에 두었다면 누가 놀라지 않겠는가? 왜 그리스도는 다른 사도들에게 교회의 머리와 같은 드높은 직위가 그들과 후계자들에게 감춰지지 않기 위해 목회적 직무에 있어 베드로에게 굴복하라고 지시하지 않았는가? 왜냐하면 성서 어디에서도 이런 지시가 사도들에게 주어졌다는 것을 읽지 못했기 때문이다. 어떻게 베드로가 바울에게 친교의 표시로 오른손을 내밀었는가? 오히려 그는 상급자로서 명령을 내렸어야 할 것이다. 한마디로 말해 이 주제를 건드릴 때, 성서 전체는 이 견해의 반대를 분명히 외친다.

또한 우리가 성서에 따라 부인한 것인데, 그리스도가 복된 베드로에게 직접 다른 사도들에 대한 목회적 돌봄을 위임했다고 가정하자. 그럼에도 불구하고 이 때문에 로마 주교도, 어떤 다른 주교도 복된 베드로의 사망 이후에 그리스도의 직접적 명령에 의해 다른 모든 사도의 목회자가 되는 것은 성서에 의해 입증될 수 없으며, 도리어 우리가 이전에 이 권의 제16장, 제17장, 제22장[193]에서 지시한 것처럼, 그런 권위는 인간적 선출을

---

190 위의 세 성서 구절을 말한다.

191 II, 16, 12; II, 22, 20.

192 마르실리우스는 관습이 오류를 고집하는 것에 대한 원인 중 하나로 생각한다.

통해 직접적으로 누군가에게 합당하다.

　§ 27. 그리스도가 교회를 자신의 부재 시에 머리 없이 내버려두었다면 교회는 지도자가 없었을 것이며, 그리스도에 의해 최선의 상태에 따라 정돈되지 못했을 거라고 주장한다면,[194] 우리는 사도를 원용해 이전처럼 「에베소서」 제4장과 다른 많은 구절[195]에서 분명히 나타난 것처럼 그리스도는 언제나 교회의 머리로 남아 있고 모든 사도와 교회의 일꾼은 교회의 일원이라고 답변할 수 있다. 우리는 이 권의 제22장 제5절에서 이 구절들로부터 충분히 인증한 바 있다. 그리스도는 「마태복음」 마지막 장에서 "나는 세상 끝 날까지 너희와 함께 있겠다"[196]라는 말로써 이 사실을 분명히 지시했다. 적대자로 하여금 말하게 하라. 로마 주교좌는 종종 공석이므로 교회는 사멸할 머리 없이는 있을 수 없는가? 확실히 그렇다. 그럼에도 불구하고 그렇기 때문에 교회가 그리스도에 의해 질서 없이 혹은 악한 상태로 버림받았다고 인정해서는 안 된다.[197] 그러므로 앞에서 말한 것으로, 그리고 우리가 다음에 오는 이의를 해결함에 있어 말하게 될 것으로 돌아가야 한다. 그러나 우리는 적을 보다 만족시키기 위해 외견상 자명한 논리에 대해 형식적으로 답변하고자 한다.

　이 논리로부터 도출해 그리스도가 교회에 자신의 부재 시에 어떤 사멸할 머리를 남겨두지 않았더라면, 교회를 최선의 상태에 따라 정돈하지 못했을 것이라고 추론한다면, 이 추론을 거부해야 한다. 그리고 이 논리는

193　II, 16, 2-12; II, 17, 8-15; II, 22, 9-11.

194　II, 27, 2 후반부. 분명히 보니파키우스 8세의 교령 'Unam sanctam'을 염두에 둔 듯하다.

195　「에베소서」 4:11-13; 4: 15-16; 5:23-24.

196　「마태복음」 28:20.

197　그리스도는 교회 전통이 주장하는 것과는 다른 질서를 원했다.

교회가 이 머리의 제정을 통해 보다 좋은 상태에 있다는 사실에 의해 뒷받침되는 듯 보인다면, 그런 사멸할 머리의 제정을 통해 교회 의식과 신앙의 보다 좋은 상태가 유지될 수 있음을 인정해야 할 것이라고 믿는다. 그러나 나는 다음을 덧붙여야 한다고 생각한다. 이 때문에 그리스도는 누군가를 이런 머리로 직접 결정한 것이 아니고, 오히려[198] [미래를 위한 모범이 제시되고 사도들뿐만 아니라 그들의 후계자들과 신자들로부터 추문[199]의 여지를 없애기 위해][200] 그 머리는 신자들의 임명을 통해 결정되고 선출되는 편이 나았으며, 이것이 그리스도에 의해 싸우는 교회에 전해진 최선의 상태였다고 추론된다. 왜냐하면 로마 성직자들과 파리의 대학[201] 및 성직자들을 비교할 때 충분히 드러나는 것처럼 로마나 다른 모든 도시의 성직자들은 아마도 성서 [지식]과 행실에서 세상의 다른 집단보다 탁월하지 않기 때문이다. 그렇기 때문에 우리가 이 권의 제22장 제8절과 제9절에서 말한 것처럼, 그리스도가 신자들에게 이런 교회 머리의 제정을 맡김에 있어 교회를 인간적 교제에 적합한 최선의 상태로 남겼다. 그래서 우리가 이 권의 제16장 제12절에서 아나클레투스 교황의 명령으로부터 인용한 것처럼 아마도 사도들은 베드로를 교회의 머리로 세웠을 것이다.

§ 28. 그런데 아우구스티누스가 「요한복음」 제21장의 저 구절[202]에 대해

---

198 밑줄 그은 부분은 '사본 T'와 '사본 H'에는 없다. 그 대신에 Q, L, A, Z, Ed. pr., X, I, V. "[머리의 제정은] 그리스도에 의해 직접 이루어져서는 안 된다. 왜냐하면 그럴 경우에 당시 언제나 혹은 대부분 이런 식으로 그리스도의 명령으로 이루어져야 하기 때문이다. 그러나 그것이 나았다."

199 우선권 다툼으로 인한 추문을 말한다.

200 '사본 T'와 '사본 H'에는 [ ] 안의 부분이 없다. 그러나 '사본 H'는 나중에 여백에 'ut' 대신에 'ne'로 보완했다. 한편 거워스의 번역과 키예의 번역에도 이 부분이 빠져 있다.

201 마르실리우스 자신이 파리 대학 총장이었으며, 당시 신학에 있어 파리 대학의 명성은 높았다.

"그가 살아 있기를, 즉 믿음 속의 삶이 사도직의 수위권을 위해 사도 베드로를 통해 표현되기를 바란다면"이라고 말한 것에 대해[203] 나는 다음과 같이 말한다. 그는 이 수위권을 시간적으로 이해했다. 왜냐하면 「마태복음」 제16장의 "내가 너에게 하늘나라 열쇠를 주겠다"[204]에 대한 아우구스티누스의 주해[205]에 따르면, 베드로가 열쇠 약속을 시간적으로 먼저 받은 것처럼 그리스도는 베드로를 다른 사람들 중에서 먼저 사도직으로 불렀기 때문이다. 왜냐하면 믿음 속의 삶과 이 세상의 사멸할 삶은 시간적으로 희망 속의 삶과 다른 세상의 불멸적 삶에 선행하기 때문이다.[206]

로마교황들의 명령이나 교령집으로부터 인용된 이의를 확증하는 것에 관해서는[207] 모든 그런 문서와 진술들에 (우리가 이 권의 제19장에서 언급한 것이 아니라) 대해 일반적으로 말해야 한다. 즉 우리는 그것의 진실성을 믿어야 할 의무가 없으며, 그것들이 이전에 언급된 (우리가 성서에 부합해 신봉하는) 견해와 상반된 내용을 내포한다면, 우리는 그것을 신뢰하지 않고 존경심을 가질지라도 거부하고, 분명히 부인한다.

이 문서들이 특히 로마 주교에게만 혹은 그의 성직자 집단과 함께 그에게만 교회적 직무를 위한 인원을 임명하고 그들을 위해 세속적 물질 내지 성직록을 수여하는 권한이 있다는 결론을 내리고자 한다면, 다음과 같이 말해야 한다. 즉 교회적 직무를 영혼에 체질처럼 각인되는 성직 서품(敍品)과 품격(品格)으로 이해한다면, 이 직무는 오직 주교나 사제들에 의해서만 수여될 수 있거나 혹은 신에 의해 전적으로 그들의 사역을 통해 ── 다른

---

202 「요한복음」 21:22.

203 II, 27, 2 참조.

204 「마태복음」 16:19.

205 I, 19, 7 참조.

206 Thomas Aquinas, *Catena aurea*, vol. 12, p. 463에서의 「요한복음」 21:22에 대한 아우구스티누스의 주해 참조.

207 II, 27, 12 후반부 참조.

집단이나 개인의 사역을 통해서가 아니라 — 수여될 수 있다. 그리고 이것은 구원에 필수적인 것으로 (그 반대가 아니라) 믿어야 한다. 왜냐하면 그것이 어떤 인간적 교령이나 명령을 통해 그렇게 정해졌기 때문이 아니라 신법에 그렇게 명령되어 있는 것이 발견되기 때문이다. 그럼에도 불구하고 이 권의 제17장[208]에서 말한 것처럼 인물이 이 직무를 맡기에 적합한지에 대한 검증과 결정은 우리가 앞서 인용한 구절과 제1권 제15장[209]에서 지시한 것처럼 신실한 입법자 내지 통치자의 권위 없이는 이루어질 수 없다. 그러나 교회 직무의 서임(敍任)을 장로들 및 다른 이미 언급한 성직자들을 어떤 상위의 혹은 하위의 영적 목회를 위해 일정한 지역에서 일정한 백성을 다스리기 위해 임명하는 것으로 이해한다면, 그런 직무를 제정하거나 그것을 위해 인물들을 결정하고 그들을 위해 세속적 물질을 분배 내지 수여하는 권한은 우리가 이 권의 제17장[210]에서 언급한 방식에 따라 신실한 입법자에게 있다. 그러므로 우리가 이 권의 제17장과 제21장[211]에서 지시한 것처럼 이것은 일반적으로 어디에서도 한 주교나 사제 집단의 권한에 속하지도 않고 적절하지도 않다.

§ 29. 이와 상반되는 것이 로마교황의 명령과 교령들로부터 우리에게 이의로 제기된다면 이렇게 답변해야 한다. 즉 이런 교령들과 모든 다른 유사한 문서들 및 발언들은 — 우리가 이 권의 제19장[212]에서 인용한 것이 아니고 — 현재 세계 상태와 미래 세계 상태에 유익한 많은 교훈과 조언을 내포할 수는 있다. 그러나 로마 주교에 의해, 그의 성직자 집단과 함께라

---

208 II, 17, 8.
209 I, 15, 8.
210 II, 17, 9.
211 II, 17, 9; II, 21, 11.
212 II, 19, 1-7.

도, 신실한 입법자나 통치자의 허락 없이 혹은 다른 방식으로, 혹은 이 권의 제21장[213]에서 언급한 형식에 반해 선포한 칙령은 아무도 책임지도록 구속하거나 처벌, 특히 세속적 처벌을 받도록 구속할 수 없다. 왜냐하면 이런 전통을 계속 전하는 자는 그리스도가 「마가복음」 제7장[214]에서 바리새인이나 서기관들과 같은 처지에 있기 때문이다. "그들은 인간적 교훈과 계명을 가르침으로써 헛되이 나를 공경한다. 왜냐하면 너희들은 신의 계명을 내버려두고 인간의 전통에 매달린다." 그리고 조금 아래에서 "너희들 자신의 전통", 즉 세속적 물질의 사용에 관한 명령과 교령들을 "지키기 위해 신의 계명을 잘도 헛되이 만든다". 왜냐하면 교령들 자체는 신법이나 인간법이 아니고 이야기나 문서들, 그리고 대부분은 과두정적[215] 명령이기 때문이다. 그러므로 형식에 반해 이미 언급한 권한 없이 이런 명령을 선포하고 교활한 말로써 모든 사람에게 준수하도록 유도하고 그것을 위반하는 순진한 자들을 영원한 단죄로 협박하듯이 강요하고, 혹은 모든 사람에게 비방이나 저주나 다른 저주를 말이나 문서로 선언하는 자는 음모자나 백성 사이에 분열을 사주한 자로서 육신적인 극형으로 처벌을 받아야 한다. 왜냐하면 가장 중한 종류의 대역죄[216]이니, 이 범죄는 통치직에 대해 직접 자행되고 최고 통치권의 분열[217]을, 따라서 필연적으로 모든 국가의 붕괴를 초래하기 때문이다.

---

213 II, 21, 8-10.

214 「마가복음」 7:7-9.

215 즉 소수 성직자들에 의해 결정된 것을 말한다.

216 II, 23, 13 참조.

217 pluralitatem: 직역하면 '다원성'을 뜻한다.

제 2 9 장
※ ⟶

주교에게 강제적 사법권이, 그리고 로마 주교에게
최고의 사법권이 있다는 것을 보여 주기 위해
이 권의 제3장에서 성서로부터 인증된 이의의 해결[1]

§ 1. 이 권의 제3장에서 성서로부터 인증된바 ─그렇기 때문에 아마도 설득당할 사람도 있는 듯하다 ─로마교황이나 다른 모든 주교가 인간적 입법자의 임명 없이 신의 직접적 명령에 의해 모든 성직자에 대해 혹은 차별 없이 모든 나머지 인간에 대해 세 번째 의미에 따른 심판관이 된다는 나머지 이의에 대해 답변해야 한다. 먼저 「마태복음」 제16장[2]에서 그리스도가 복된 베드로에게 "내가 너에게 하늘나라 열쇠를 줄 것이다"라고 한 말에서 취해진 이의에 답변해야 한다. 그리스도는 이 말로써 복된 베드로나 다른 사도에게 인간을 묶고 죄로부터 풀어주는 권세 외에 다른 권세를 맡기지 않았다. 복된 베르나르두스가 에우게니우스에게 보낸 『고려에 대하여』 제1권 제5장[3]에서 분명히 말했으며, 우리가 이미 이 권의 제5장 제2절

---

1 이 장(章)은 교황의 권세 충만 이론의 반박을 염두에 두면서 제2권 제3장에서 제시한 신정론적 논거를 다시 다룬다.

2 「마태복음」 16:19.

에서 인용한 것처럼 말이다. 우리는 이 권세에 관해 이 권의 제6장과 제7장에서 진지하게 말했다.[4] 그리고 그는 권세 충만을 이 권의 제23장[5]에서 말한 것과 다른 의미로 말하지 않았다. 그러므로 이 말 때문에 로마 주교나 다른 주교나 사제가 사도 내지 사도들의 인격으로 이 세상에서 모든 성직자나 평신도에 대해 강제적 권한이나 사법권을 그리스도로부터 받지 않았다. 즉 "내가 너에게 하늘나라 열쇠를 줄 것이다"는 세속적 왕국과 구별하기 위해 말한 것이다. 왜냐하면 그리스도는 모든 사도와 그 후계자들, 주교나 장로가 이런 통치권에서 배제되었음을 그의 모범을 통해 지시했기 때문이다. 그는 「누가복음」 제12장에서 다음과 같이 말했다. "인간아, 누가 나를 심판관으로 세웠는가?"[6] 즉 세상적 일의 심판관으로 말이다. 이전에 이 권의 제4장과 제5장에서 인용한 다른 구절에 의해서도 입증된다.[7]

정경에서 그리스도는 사도들에게 "너희가 땅에서 누구를 묶든지 ……", "너희가 그들의 죄를 사할 것이고 ……"라고 말한 「마태복음」 제18장과 「요한복음」 제20장[8]에서 취해진 권위에 대해 같은 방식이나 유사한 방식으로 답변해야 한다. 왜냐하면 그리스도는 이 말로써 그들에게 이미 언급한 권세 외의 다른 권세를 맡기지 않았으며, 우리가 언급한 의미에 따라 주었기 때문이다.

---

3 Bernardus, *De Consideratione ad Eugenium papam tertium* I, c. 6, in: MPL, 182, p. 736. 마르실리우스가 '제6장'을 '제5장'으로 착각한 듯하다.

4 고해성사에서와 이단자 재판에서 사제의 역할을 말한다.

5 II, 23, 4.

6 「누가복음」 12:14.

7 그리스도와 사도들은 세속 권세에 굴복했다.

8 「마태복음」 18:18; 「요한복음」 20:23.

§ 2. 그리스도가 "나의 아버지께서는 모든 것을 나에게 넘겨주셨다"[9]라고 말한 「마태복음」 제11장에서 취해진 다른 이의에 대해서는, 그러므로 나는 모든 것에 대한 권세를 사도 내지 사도들에게 넘겨주었다고 추론하는 것은 그릇되다. 우리는 이것을 이미 이 권의 제4장[10]에서 말했다. 왜냐하면 우리는 이 탐구에서 그리스도가 어떤 권세와 권위를 사도 내지 사도들, 그리고 그들의 후계자들에게 위임할 수 있었는가가 아니라 그가 무엇을 위임하려고 했고 실제로 위임했으며, 조언이나 명령을 통해 그들에게 어떤 권세를 금지했는가를 문제 삼았기 때문이다. 이것은 이 권의 제4장, 제5장, 제6장, 제9장에서 충분히 지시되었다. 그러므로 베르나르두스도 이를 염두에 두면서 에우게니우스에게 보낸 『고려에 대하여』 제3권 제1장에서 다음과 같이 말했다. "나는 모든 방식의 [권세가 그대에게 위임되었다고] 믿지 않는다. 물론 그대에게 어느 정도 그것에 대한", 즉 세상에 대한 "관리가 위임되어 있는 듯 보인다. 그 소유권이 주어진 것은 아니다. 그대가 그것을 계속하여 요구한다면, '세상과 그것의 충만은 내 것이다'라고 말하는 분이 그대에게 항변할 것이다. 그대는 예언자가 그에 관해 '온 땅이 그의 소유물이 될 것이다'라고 선포한 그분이 아니다. 그리스도는 창조의 법과 속량의 공로에 따라 그 소유권을 주장하는 자이다".[11] 그는 우리 주제에 속하는 많은 것을 덧붙였지만, 이전에 진술한 것이 충분하기 때문에 나는 진술의 단축을 위해 생략했다. 그러므로 그리스도는 자신에게 모든 방식으로 위임된 모든 것을 사도 내지 사도들에게 위임하지 않았으며, 도리어 오직 일정한 것을 일정한 방식에 따라 위임했다. 또한 이 구절에 대한 거룩한 교부들의 주해[12]에 따르면, 그리스도는 신의 영원한 아들로서 신성에 따라

---

9 「마태복음」 11:27; II, 3, 3 참조.

10 II, 4, 2.

11 Bernardus, *De Consideratione ad Eugenium papam tertium* III, c. 1, in: MPL, 182, p. 758.

자신에게 위임되었다고 생각했다. 이것은 사도들이나 그들의 후계자들에게 부합할 수 없었다. 그러므로 그리스도의 이 발언은 분명히 우리가 주장하는 견해에 반하는 것을 의미하지 않는다.

§ 3. 「마태복음」 제28장과 마지막 장에서 그리스도가 "나에게 하늘과 땅의 모든 권세가 주어졌다"[13]라고 말한 것에서 취해진 이의에 대해서는 바로 앞서 다루어진 이의에 대해서와 같이 말해야 한다. 왜냐하면 이 때문에 —그가 인간으로서 지상에서 모든 권세를 받았다고 가정할지라도— 그가 모든 권세를 사도 내지 사도들에게 위임했다고 추론할 수 없으며, 다만 「마태복음」 마지막 장과 「요한복음」 제20장[14]에서 언급했고, 우리가 이권의 제6장과 제7장에서 설명한 권세만을 위임했다고 추론되기 때문이다. 그리스도는 이 권세의 의미에서만 다스리기 위해 왔기 때문이다. 그러므로 히에로니무스는 이 구절에 대해 다음과 같이 말한다. "하늘과 땅에서 그에게 권세가 주어진 것은 하늘에서 다스렸던 그가 신자들의 믿음을 통해 땅에서 다스리기 위함이다."[15]

§ 4. 그러나 「마태복음」 제8장과 「마가복음」 제5장[16]의 "악령들이 그에게 간청해 말하기를 ……"에서 취해진 이의에 대해, 이 말도 우리가 주장하는 견해와 대립하지 않는다고 말해야 한다. 왜냐하면 그리스도가 원했다면, (이것이 참된 것처럼) 인간으로서 세속적 물질에 대한 모든 점유권과

---

12 Thomas Aquinas, *Catena aurea*, vol. 11, p. 148에서의 「마태복음」 11:27에 대한 주해 참조.

13 「마태복음」 28:18.

14 「마태복음」 28:19-20; 「요한복음」 20:23.

15 Thomas Aquinas, *Catena aurea*, vol. 11, p. 333에서의 「마태복음」 28:19에 대한 히에로니무스의 주해 참조.

16 「마태복음」 8:31-32; 「마가복음」 5:12-13.

모든 권세를 가졌을 것이라고 가정하자. 여기서부터 필연적으로 그가 사도 내지 사도들, 혹은 그들의 후계자들에게 유사한 권세를 위임했다고 추론할 수 없으니, 오히려 그리스도는 그들에게 말씀과 행실을 통해 그들에게 세속적 물질에 대한 소유와 점유를 피하도록 지시했으며, 우리가 이 권의 제4장과 제5장에서 입증했고 앞의 장[17]에서 반복한 것처럼 이 세상에서 누구에 대한 강제적 사법 행위 내지 판단을 피하도록 지시했기 때문이다. 그러나 그리스도가 언젠가 이런 물질에 대한 권세 내지 점유권을 사용했다면, 인간 통치자나 심판관의 방식으로서가 아니라 앞에 제시된 경우에서처럼, 그리고 무화과나무를 시들게 했을 때처럼[18] 기적적으로, 그리고 매우 드물게 인간적 권세보다는 신적 권세를 사용했다. 그는 이것으로써 자기 사도들의 신앙을 강화하기 위해 그들에게 그의 신적 본성을 지시하려고 했다. 혹은 같은 구절에 대해 크리소스토무스와 히에로니무스[19]가 언급한 것처럼 그는 인간에게 감추어져 있고 그 자신에게는 감추어져 있지 않은 보다 나은 목적을 위해 이렇게 했다. 히에로니무스는 다음과 같이 말한다. "이것은 돼지 살해를 통해 인간의 구원의 계기가 되기 위함이다." 그러므로 우리가 이미 이 권 제4장[20]의 아우구스티누스의 『마태에 따른 주님의 말씀에 대하여』 10번째 강해[21]에서 인용한 것처럼 그리스도는 그들에게 기적을 행하는 것을 가르치지 않았다. 그렇기 때문에 그는 그들이 다른 자들을 해치고 말썽을 일으키기 위해 폭력을 행사하기를 바라지 않았다. 그러므로 그는 그들이 그런 것을 행해야 하기 때문이 아니라 그들에게

---

17 II, 28, 18과 29.

18 「마태복음」 21:11-21; 「마가복음」 11:12-14과 20-21.

19 Thomas Aquinas, *Catena aurea*, vol. 11, p. 116에서의 「마태복음」 8:31에 대한 주해 참조.

20 II, 4, 2.

21 Augustinus, *Sermones de scripturis* 69 on Matthew. 11. 28, in: MPL, 38, p. 441.

참된 신을 보여 주기 위해 그런 일을 행했다.

§ 5. 「마태복음」 제22장과 「마가복음」 제11장, 「누가복음」 제19장[22]의 "그러므로 예수는 두 제자를 보내면서 그들에게 말했다. 너희 맞은편에 있는 성으로 들어가라. 그러면 암 노새가 매어 있는 것을 발견하게 될 것이다 ……"에서 취한 이의에 대해서는 바로 직전에 언급한 이의에 대해서처럼 답변해야 한다. 「누가복음」 제22장[23]의 두 칼에 관한 구절에서 취해진 이의와 「요한복음」 제21장[24]의 양을 치는 일에 관한 구절에서 취해진 이의는 우리가 주장하는 견해와 전적으로 반대되지 않거나, 혹은 우리가 앞 장[25]에서 진지하게 지시한 것처럼 우리 견해에 반대되는 아무것도 제시하지 못한다. 왜냐하면 그는 이것으로써 복된 베드로나 다른 사도 혹은 그들의 후계자 중 한 사람에게 이 세상에서 모든 사람에 대한 강제적 사법 내지 판단을 위임하지 않았으며, 오히려 그것에 대해 이 권의 제9장[26]에서 충분히 다루었던 목회직을 위임했기 때문이다.

§ 6. 사도가 「고린도 전서」 제6장에서 "여러분은 우리가 천사들을 심판하게 될 것을 모르는가? 하물며 세속적 물질에 대해서야!"[27]라고 말한 것은 우리가 따르는 견해와 대립되지 않고, 대립되는 것을 지시하지 않는다. 왜냐하면 사도는 앞에서 언급한 말이나 글로써 오로지 사제들에게만 훈계하거나 말한 것이 아니고, 일반적으로 고린도의 모든 신자에게 훈계하고

---

22 「마태복음」 21:1-2(마르실리우스가 '제21장'을 '제22장'으로 착각한 듯하다.); 「마가복음」 11:1-2; 「누가복음」 19:29-30.

23 「누가복음」 22:38.

24 「요한복음」 21:15-17.

25 II, 28, 8-9/22-24.

26 II, 9, 3.

27 「고린도 전서」 6:3.

말한 것이기 때문이다. 즉 그는 인사말에서 드러난 것처럼 일반적으로 그들에게 서신을 썼기 때문이다. 곧 그들은 서로 간에 세속적·시민적 사안에 대해 다투었고 불신적 심판관 앞에 서로를 끌고 나왔기 때문이다. 그렇기 때문에 사도는 그들에게 훈계했고 목회자로서 그들에게 신자들 가운데 심판관을 세우되, 사제나 주교가 아니라 이들과는 다른 자들을 세우라고 조언했다. 그러므로 그는 직접 다음과 같이 덧붙인다. "그러므로 여러분이 세속적 재판 건이 생겼을 때, 교회에서 가장 멸시받을 만한 사람을 재판관으로 세워라. 나는 여러분을 부끄럽게 하기 위해 말한다. 여러분 가운데는 형제들 사이에 판단할 만한 지혜로운 사람이 없는가? 그래서 형제가 형제를 상대로 불신자 앞에서 재판으로 다투는가?"[28] 아우구스티누스와 암브로시우스, 그레고리우스에 따른 주해는 이 사도의 문구를 이렇게 해설한다. "'그러므로 여러분이 세속적인 ……' 그가 이미 그들이 신자들을 무시한 채 불신자 앞에서 재판으로 다투는 것을 비난한 것처럼 그는 이제 그들이 신자일지라도 멸시받을 만한 사람을 (마치 그들이 재판을 해야만 하는 것처럼) 재판관으로 세운 것을 비난한다. '여러분이 이제 세속적 재판 건이 생겼을 때', 즉 그들이 재판 건이 있어서는 안 되고 오히려 경멸해야 하므로 그는 '여러분이 …… 생겼을 때'라고 말한다. 나는 말한다. '여러분이 재판 건이 생겼을 때, 여러분은 저 멸시받을 만한 사람들', 즉 '교회 안에서' 별 볼일 없고 하찮은 자들을 '심판관으로 세운다'. 즉 이것이 여러분이 행한 것이다. 그러므로 어쩔 수 없이 형제들은 저 사람들, 즉 불신자들에게 호소한다. 사도는 그들에게 아이러니하게 표현함으로써 이 점에 대해 그들을 반박한다. 그리고 그것이 일어나서는 안 되기 때문에, 그는 '여러분이 수치스러워 하기 위해' 혹은 '여러분이 두려워하기 위해 말한다'라고 덧붙인다. 이것은 나는 명령하지 않고 다음을 상기하려는 것과 같다. 즉 여러

---

28 「고린도 전서」 6:4-6.

분 가운데 아무도 그런 사람이 없기 때문에, 즉 '여러분 가운데' 형제와 형제간에 판단할 만큼 지혜로운 자가 없어 어리석은 자들을 심판관들로 세울 필요가 있을 정도라는 것을 여러분이 부끄러워하고 얼굴을 붉혀야 한다. 어쨌든 지혜로운 자들이 없다면 불신적 심판관에게 가는 것보다는 차라리 이들을 세워야 한다. 나는 말한다. '이렇게 지혜로운 사람이 없어 형제와 형제가 재판에서 다투는' 것은 나쁘다. 게다가 '불신자 앞에서 다투는' 것은 더욱 나쁘다. 혹은 이렇게 '그러므로 세속적인 일', 즉 사도가 그들이 '이 사소한 것'에 대해 판단할 수 있다고 말했으므로 그는 이런 일들을 처리하기 위해 누구를 세워야 하는지를 결정한 것이다. 즉 '교회 안에서 멸시받을 만한 자를' 세워야 한다. 보다 큰 자들은 영적인 일에 관심을 기울여야 한다. 이것은 여러분이 판단을 해야 한다면, 그러므로 이런 식으로 행하라는 것과 같다. '여러분에게 세속적인 일이 있다면 교회에서 멸시받을 만한 자들', 즉 공로는 별로 없으나 지혜로운 자들을 '심판관으로 세워라'. 사도들은 설교하기 위해 두루 돌아다니므로 그런 일을 할 시간이 없었다. 그러므로 사도는 여기저기 복음 때문에 방랑하지 않는 자들이 아니라 지역에 정착한 지혜롭고 신실하고 거룩한 자들이 이런 사건을 조사하는 자가 되기를 바랐다. 우리[29]가 바랄지라도 이런 업무에서 벗어날 수 없다. 즉 나는 그리스도를 증인으로 불러 호소한다. 세속적 일에 관한 재판의 소란스러운 혼란을, 판단을 통해 정리하거나 혹은 개입을 통해 차단하는 것보다는 차라리 매일 일정한 시간에 손을 이용해 노동하고, 독서하거나 기도하거나 성서에 관한 뭔가를 행하기 위해 자유 시간을 갖기를 바란다. '내가 말하노니, 멸시받을 만한 자를 세워라'. 이것은 '여러분이 두려워하기 위해서 말하는 것이다'. 즉 이것은 외적 사물에 대한 지혜를 얻은 자들이 지상적 사건을 조사하기 위함이다. 그러나 영적 선물을 부여받은 자

---

29 '우리'는 방랑하는 사도가 아니라 정착한 사제를 의미한다.

들은 지상적 일에 휘말려서는 안 된다. 이것은 그가 열등한 물질을 처리하도록 강요받지 않고 보다 높은 일을 위해 봉사할 수 있기 위함이다. 그러나 영적 선물에 있어 뛰어난 자들이 그들의 약한 이웃의 일을 철저히 소홀히 하지 않고 그것들을 다른 자격 있는 자들에게 처리하도록 위임하거나 스스로 처리하도록 신중하게 신경 써야 한다."[30]

§ 7. 사도와 거룩한 교부들의 이 말은 주목할 만하다. 여기서부터 첫 번째로, 모든 사람 간에 신법에 관계되지 않고 일에 관한 모든 다툼은 세속적이고 영적이지 않으며 세상 법정에 속한다는 것이 분명하다. 왜냐하면 사도와 거룩한 교부들은 세속적 혹은 시민적 분쟁을 구별하지 않고(또한 구별해서는 안 되는 것처럼) 일반적으로 이 구절에 대해 다음과 같이 말했기 때문이다. 즉 한편으로는 사제들 상호 간에, 그리고 일반적으로는 성직자들 간에, 혹은 사제와 평신도 간에 발생하는 분쟁과 다른 한편으로는 세속인들 상호 간에 일어나는 분쟁을 구별하지 않았다. 나는 다음과 같이 묻는다. 사도와 거룩한 교부들의 표현에 따르면, 단순히 세속적인 것을 영적이라고 칭하는 궤변가와 말을 왜곡하는 자는 어떤 사제가 형제에게 (사제이든 아니든 간에, 또는 말로든 행동으로든 간에) 불의를 행한다면 평신도가 행하는 것보다 영적 불의를 행한다고 말할 것인가? 이것을 주장하는 것이 가소로우며, 이것을 믿는 것은 완전한 망상이다. 왜냐하면 사제가 행하는 불의는 평신도가 행하는 것보다 더욱 육적이거나 세속적이거나 가증스럽기 때문이다. 이 권의 제8장[31]에서 보다 진지하게 지시한 것처럼 말과 행실로 불의를 행하지 말도록 가르쳐야 할 책임이 있는 자의 죄는 보다 추하고 무겁다. 그러나 암브로시우스[32]는 주교였던 그 자신 앞에서 다루어진

---

30 II, 5, 2 참조. Petrus Lombardus, *Collect.*, in: MPL, 191, pp. 1576~77에서의 해당 구절에 대한 주해 참조.

31 II, 8, 7.

사제들과 성직자들의 소송 건을 인간의 신분 때문에 이 사건 내지 다툼을 구별함이 없이 "세속적 일에 관한 사건의 소란스러운 혼란"이라고 칭함으로써, 성직자들의 이런 행위는 영적이 아니고 영적으로 불려서도 안 된다는 것을 앞서 인용한 주해에서 분명히 증언했다. 즉 이 일에 있어 사제와 비(非)사제의 구별은 장인이 반지를 만들 때 금과 은을 사용하는 차이처럼 우연적이니, 이 구별은 결과에 있어 어떤 차이도 가져오지 않기 때문이다.[33]

두 번째로, 이런 행위에 대해 판단하거나 심판관이 되는 것은 사제의 일이 아니며, 그런 심판관을 세우는 것은 나머지 신자들과 마찬가지로 그들의 권한에 속하지도 않고, 아마도 더욱 그러할 것이다. 오히려 그것은 제1권 제15장[34]에서 지시한 것처럼 신자들 전체의 권한에 속한다. 그렇기 때문에 사도는 "여러분이 세워라"고 말했지, 어느 사제나 주교에게 "그대가 세워라"고 말하지 않았다. 즉 사제나 주교의 직무에 속한 일을 (사제나 주교나 부제를 임명하거나 복음을 설교하고 사제나 목회자에게 속한 다른 직무를 이행하는 것처럼) 처리해야 하는 경우에, 그는 다수의 신자가 아니라 특별히 한 사람에게 위임했다. 그러므로 그는 「디도서」 제1장에서 다음과 같이 말한다. "그러므로 나는 그대가 부족한 일을" (즉 구원의 가르침과 행실에 관해) "바로잡고, 내가 그대에게 지시한 것처럼 각 도성마다 장로를 임명하도록 그대를 크레타에 남겨두었다."[35] 그러나 그는 그에게 세속적 사건에 대한 조사자로서 심판관을 임명하라고 말하지 않았다. 또한 그는 고린도인에게 보낸 서신에서 여러분을 위해 한 심판관을 세우거나 세울 것이라거나, 혹은 주교나 사제가 여러분을 위해 심판관을 세울 것이라고 말하지 않

---

32 오히려 아우구스티누스.

33 II, 8, 7; II, 10, 7.

34 I, 15, 2.

35 「디도서」 1:5.

았다. 오히려 사도는 신자 전체에게 명령함이 아니라 조언 내지 상기하는 식으로 "여러분이 세워라"고 말했다. 그러므로 "나는 여러분이 부끄러워하도록 말한다"에 대한 주해는 다음과 같다. "이것은 곧 나는 명령하지 않고 여러분이 부끄러워하도록 상기시킨다는 말과 같다." 사도는 그런 심판관을 세우는 것이 자신의 직무에 속하지 않고 더구나 다른 사제나 주교의 일이 아니라는 것을 잘 알았다. 또한 그는 그런 직무를 수행하기 위해 어떤 장로나 주교를 취하라고 조언하지 않고 오히려 정반대로 조언했다.[36] 왜냐하면 그가 말했듯이, 신을 위해 싸우는 자는 세속적 업무에 휘말리지 않기 때문이다. 오히려 그는 교회에서 멸시받을 만한 자, 즉 신자들 가운데 복음을 선포하기에 적합하지 않은 자를 심판관으로 세우라고 조언했다. 그러나 사도는 모든 자를 원한 것이 아니다. 거룩한 교부들의 주해[37]에 따르면, 외적 사물에 관한 지식을 얻은 자들이 지상적 사건을 조사하기를 원했다. 그러나 영적인 재능을 부여받은 자는 지상적 업무에 휘말려서는 안 된다. 복된 베르나르두스는 이것을 에우게니우스에게 보낸 『고려에 대하여』 제1권 제5장에서 분명히 말했으며, 우리는 이전에 앞의 장[38]에서 인용했다.

§ 8. 그러나 누군가는 앞서 인용한 주해에서 암브로시우스[39]의 말을 들이밀 것이다. 즉 그는 세속적 소송 건에 관한 재판에 대해 다음과 같이 말하기 때문이다. "우리가 원할지라도, 우리는 이런 업무에서 벗어날 수 없다." 또한 그레고리우스도 그의 견해를 확인하고는 다음과 같이 덧붙인다. "그러나 그들은 그것에 대해 신중하게 돌보아야 한다 ……." 그러나 주교

---

36 「디모데 후서」 2:4.

37 Petrus Lombardus, *Collect.*, in: MPL, 191, p. 1577 참조.

38 II, 28, 24.

39 오히려 아우구스티누스.

들은 "이 일", 즉 세속적 사건의 판단을 "자격이 있는 자들에게 처리하도록 위임하거나 자기 스스로 처리해야 한다". 그러므로 이런 일을 판단하고 그 일의 심판관을 세우는 것은 주교나 사제들의 권한에 속하는 듯하다. 그렇기 때문에 그들은, 거룩한 교부들의 견해에 따르면, 그런 일에서 벗어날 수 없고 신중하게 돌보아야 한다.

§9. 그러나 우리는 이 이의와 거룩한 교부들과 교회 교사들의 다른 유사한 발언에 대해 말하고자 한다. 앞서 언급한 거룩한 교부들의 옛 시대에는 신실한 입법자와 통치자들이 사제 신분에 대한 존경 때문에, 그리고 그들의 윤리적 덕에 대한 신뢰와 우리가 이 권의 제25장[40]에서 언급한 다른 이유 때문에 주교들과 지도적인 영혼의 목자들에게 성직자들의 인격과 세속적 물질에 대한 세 번째 의미의 심판직을 용인했다. 이것은 그들이 동요되거나 그들의 신적 직무에서 방해받지 않고 세속적 사건에서 보다 올바르게 다루기 위함이었다. 앞서 언급한 거룩한 교부들 중에 주(州)나 지역의 주교로 임명되기도 했는데, 그 지역의 통치자나 주민들이 그들에게 앞서 언급한 심판직을 위임했으므로 그들은 주교직을 포기하지 않고서는 성직자들 간의 세속적 사건을 다루는 일에서 벗어날 수 없었을 것이다.

§10. 또한 여러 사람이 그런 일이 사제와 주교와 다른 복음 선포자들의 직무에 적합하지 않거나 않았다면, 왜 복된 실베스테르 및 많은 다른 거룩한 인물이 판단과 세속적 권세, 세속적 물질의 소유와 관리를 받아들였는지 의심하고 당연히 물을 것이다.[41]

---

40 II, 25, 2.
41 마르실리우스는 통치자가 비기독교인이었던 초기 기독교 공동체와 통치자가 기독교 신자인 완전한 공동체를 구분함에 근거해 이 마지막 항변에 답변할 것이다.

§ 11. 여기에 대해 이전에, 특히 이 권의 제17장과 제25장[42]에서 인용한 진리에 따라 답변해야 한다고 생각한다. 즉 신자들의 교회 내지 무리는 처음에는 작았기에 오랜 시간 동안 불신적 통치자들과 그들의 신하에 의해 빈번히 순교적 죽음을 당할 정도로 심한 박해를 받았고 심한 빈곤 속에 살았다. 그렇기 때문에 거룩한 주교들과 참된 목자들은 그들 양떼의 구원과 증식, 유지, 돌봄을 위해 신실한 황제들과 다른 군주들, 경건하고 자신들에게 호의적인 사람들로부터 은총과 호의, 용인과 특권을 구했거나 헌물(獻物)을 받았으니, 이것은 그들이 지배하기 위해서가 아니라 도움이 될 수 있고 신실한 백성을 보호하고 돌보기 위함이었다. 그러므로 거룩한 주교들은 앞서 언급한 이유 때문에 무엇보다 성직자들 간의 세속적 사건에 대한 판단을 떠맡았다. 또한 그들은 어떤 세속적 물질의 관리를 — 소유권이나 점유권 혹은 [심판관 앞에서] 관리를 요구할 수 있는 권한 없이 — 맡았으니, 이것은 이것이 가난한 신자들에게 흘러넘칠 수 있기 위함이었다. 그러므로 암브로시우스는 『바실리카를 양도함에 대하여』 가운데 앞서 인용 문구에서 다음과 같이 말한다. "황제가 토지를 원하면 그는 그것을 자기 것으로 요구할 권세가 있다. 즉 우리 중 아무도 간섭하지 못한다. 백성이 함께 거둔 것은 가난한 자들에게 흘러넘칠 수 있다."[43] 그러므로 사제나 주교들 중에서 아무도 토지 때문에 간섭하지 못한다. 왜냐하면 그들은 그리스도와 사도들을 모방해 토지에 대한 점유를 포기했기 때문이다. 그러나 그들은 신앙을 위해 죽기까지 한결같이 싸웠다. 그러나 우리 시대의 주교들, 특히 로마 주교들은 매우 맹렬하게 토지와 세속적 점유권을 위해 싸우거나 도처에서 그리스도의 신자들 간의 싸움을 부추기면서 "그리스도의 신부의 권리를 수호한다"[44]라고 말한다. 하지만 이것은 그들의 권리가 아니

---

42 II, 17, 16; II, 25, 2.

43 Ambrosius, *Sermo contra Auxentium de basilicis tradendis*, c. 33, in: MPL, 16, p. 1060.

라 그들의 불의이다. 즉 우리가 이 권의 제26장[45]에서 말한 것처럼 그들은 불신자들의 악한 관습이나 행위나 공격에 의해 부패하지 않도록 참된 신부, 즉 신앙과 교훈과 도덕의 수호를 소홀히 여겼다.

이런 이유 때문에 고대에는 많은 거룩한 교부가 그런 직무와 성직록을 받았다. 반면에 근대의 사제들은 적어도 신자 공동체에서 쉽게 이런 것을 포기할 수 있을 것이다. 왜냐하면 성직자들은 통치자들에 의해 압박으로부터 충분히 보호받고 있고, 더군다나 다른 자들을 공격함에 있어 거의 저지될 수 없기 때문이다. 하지만 오늘날의 목자들은 이런 세속적 직무와 세속적 물질에 대한 소유 및 점유를 포기하려는 의도는 없고, 오히려 누구라도 무지할지라도 미치지 않은[46] 한 알 수 있는 것처럼 이미 가진 것을 보존하기 위해서뿐만 아니라 다른 것을 획득하기 위해 무력으로써 싸우려고 한다. 그들은 이런 탐욕의 예를 통해 신자들 전체에게 크게 추문을 일으키고 「마태복음」 제18장에서의 그리스도의 위협을 주목하지 않는다. "이 작은 자들 중에서 한 사람을 걸려 넘어지게 하는 자는 ……."[47] 이 구절에서 히에로니무스에 따른 주해는 다음과 같다. "일반적 여론이 누군가를 걸려 넘어지게 하는 모든 자에 대해 적대적일지라도, 이 말의 논리에 따르면 또한 누가 보다 큰가라는 물음을 가지고 서로 권위에 대해 다투는 것처럼 보이는 사도들에게 적대적으로 말한 것으로 이해할 수 있다. 그들이 이 잘못에서 헤어나지 못했다면, 그들은 자신들이 신앙으로 부른 자들을 —그들이 사도들이 서로 명예를 위해 싸우는 것을 보게 됨으로써— 자신들의 추문 때문에 잃을 수도 있었을 것이다."[48] 그러나 히에로니무스가 사도들

---

44 II, 26, 2의 각주 2 참조.

45 II, 26, 2.

46 si non alio [sensu]: 직역하면, '다른 감각이 없다면'이다.

47 「마태복음」 18:6.

48 Thomas Aquinas, *Catena aurea*, vol. 11, p. 211에서의 해당 구절에 대한 히에로니

에 관해 말한 것을 그들의 모든 후계자, 즉 주교나 장로들에 대해서도 이해해야 한다. 그러나 그들이 그런 심판직과 세속적 물질을 분배하는 권한을 자발적으로 포기하려 하지 않고 악용한다면, 제1권 제15장과 이 권의 제17장, 제21장[49]에서 지시한 것처럼 통치자 내지 신실한 입법자는 신법과 인간법에 따라 정당하게 그들에게서 그것을 다시 철회할 수 있고 철회해야만 한다.

§ 12. 「고린도 전서」 제9장과 「데살로니가 후서」 제3장[50]에서 사도의 말인 "우리가 권세가 없는가?"에 기초해 제기된 이의는 이 권의 제14장에서 해결되었다. 거기서 언급된 권세는 사법권이 아니라 정당하게 신법에 따라 (물론 강제적 심판에서가 아니고) 복음 사역 때문에 능력 있는 자들이 자신들에게 마땅히 제공해야 할 음식과 의복을 요구하는 권한이다.

「디모데 전서」 제5장[51]에서 사도의 말인 "장로에 대한 고발을 접수하지 마라"에서 제기된 이의에 대해서도 답변해야 한다. 이것은 사제가 그의 상관, 목회자나 교사에 의해 공적으로 질책을 받아야 하는 경우에 대한 사도의 이해라고 말해야 한다. 왜냐하면 그는 사제나 주교에게 어떤 사람에게 강제적 사법권을 행사하는 것을 위임하지 않았으니, 사도는 이것이 자신과 자신의 모든 후계자의 권한에 속하지 않음을 알기 때문이다. 사도는 목회자에게 허락된 견책은 다만 말에 있다는 것을, 그가 덧붙인 말에서 다음과 같이 지시했다. "죄인들을 모든 사람 앞에서 질책하라. 이것은 다른 사람들이 두려워하도록 하기 위함이다."[52] 그는 그들을 잡아 감옥에 넣

무스의 주해 참조.

49 I, 15, 11-12(다른 직무에 대한 정부의 감독); II, 17, 16-19; II, 21, 14.
50 「고린도 전서」 9:4; 「데살로니가 후서」 3:9.
51 「디모데 전서」 5:19.
52 「디모데 전서」 5:20.

으라고 말하지 않았다. 도리어 말로 고쳐질 수 없는 자들을 피하라고 가르쳤다. 그러므로 그는 「디도서」 제3장에서 다음과 같이 말한다. "이단적 인간을 첫 번째, 두 번째 타이른 이후에 그를 피하라. 그는 그 자신의 판단에 의해 단죄받았기 때문이다."[53]

---

53 「디도서」 3:10-11.

〰️

제 30 장

같은 주제에 관해 제3장에서 인용한 논리의 해결에 대하여, 그리고 그것이 올바른 이성적 사고에 따라 이루어져야 하고 이루어질 수 있는 한에서 로마 황제권 및 모든 다른 통치권의 양도에 대하여

§ 1. 이 권의 남은 마지막 과제는, 우리가 사제나 주교들에게 강제적 사법권이 속하고 이 세상에서 최고의 권한이 로마 주교에 속한다고 말하는 자들의 오류를 뒷받침하기 위해 이 권의 제3장[1]에서 인용한 논리를 해결하는 것이다.

그러므로 우선 육신의 지배자와 영혼의 지배자의 관계는 육신과 영혼의 관계와 같다는 주장에 대해[2] 말해야 한다. 즉 이 명제를 일반적으로 받아들일 경우에, 이것은 그르다. 왜냐하면 영혼은 육신과 구별되기는 하지만——영혼은 육신이 아니므로——어떤 식으로든 영혼의 지배자가 아닌 육신의 지배자가 없으며,[3] 이 권의 제8장과 제9장[4]에서 분명히 드러난 것처

---

1 II, 3, 10-15.

2 II, 3, 10.

3 즉 육신의 지배자는 또한 영혼의 일, 즉 영적 사건에 개입할 권리가 있다. 마르실리우스는 이 영적 사건도 군주의 권한에 속한다는 것을 입증한다. 그는 아리스토텔레

럼 지배자를 본래적 의미로 이해할 때, 그 반대도 마찬가지이다.

그러나 만약 육신의 지배자를 은유적으로, 즉 비이성적이고 양육하는 부분의 행위와 관련해 작용적 의미에서 교사처럼 육신을 돌보는 의사로 이해한다면 그리고 만약 영혼의 지배자를 인간적 지식 내지 학문의 교사처럼 현재 세계의 상태를 위해서뿐만 아니라 목회자와 사제처럼 미래 세계의 상태를 위해서도 이성적이고 욕망하는 부분의 행위와 관련해 의사와 실천하는 교사로 이해한다면, 방금 언급한 정의 없이 취해진 명제는 용인될 수 있을 것이다. 그러나 보편적으로[5] 볼 때, 이 명제는 언제나 수많은 이의 제기를 받게 될 것이다. 왜냐하면 영혼은 육신에 대해, 그리고 다시 이성적 부분은 비이성적 부분에 대해 영혼의 교사나 돌보는 자가 육신의 교사나 돌보는 자에 대해 갖지 못한 많은 차이를 보이기 때문이다. 왜냐하면 이성적 부분은 삼위일체의 형상에 따라 논리적으로 추론하지만, 비이성적 부분은 결코 그렇지 않다. 그러나 그것을 돌보는 자나 교사들 사이에는 그 차이가 성립하지 않기 때문이다. 다른 경우에도 마찬가지이다. 그러므로 이 차이를(예를 들어 이성적이고 욕망하는 영혼이 양육적 욕구에 의해 생기를 얻는 육신보다 고귀한 것처럼) 어떤 의미에서 용인한다면, 이성적인 영혼의 교사나 돌보는 자는 비이성적인 부분을 돌보는 자와 교사보다 높은 품위를 가진다. 혹은 또한 이런 비교는 오직 현재 세계의 상태나 목적을 위한 이성적 영혼의 교사와 특별히 미래 세계의 상태나 목적을 위한 교사 사이에서 이루어질 수 있다. 그러므로 어떤 것이 다른 것보다 완벽하다고 가정하자. 여기서부터 그중에서 보다 완벽한 것이 덜 완벽한 것에 대한 강제적

스의 형상-질료 이론, 즉 영혼은 질료의 형상이라는 이론에 근거한 신정론적 해석을 반박한다. 일반적으로 완전성의 등급 관계는 사법적 관계에 있어 결코 같지 않다. 또한 이런 추론을 용인할지라도 이것은 로마교황에게 적용될 수 없다.

4 II, 8, 1-3(신법은 영혼에 지시를 내리고, 이로써 또한 영혼의 명령을 수행하는 육신에도 지시를 내린다).

5 즉 한 점 한 점마다 철저히.

심판에서 판관이 된다고 추론할 수 없다. 왜냐하면 그럴 경우에 형이상학자가 의사의 강제적 지배자가 될 것이며, 난센스가 분명히 뒤따를 것이기 때문이다.

그러나 만약 육신의 지배자를 강제적인, 혹은 오로지 내지 특별히 현재 세계의 상태와 목적을 위한 세 번째 의미에서의 인간의 통치자나 심판관으로 이해하고, 반면에 만약 영혼의 지배자를 특별히 미래 세계의 상태나 목적을 위한 세 번째 의미에서의 심판관으로 이해한다면(논적이 분명히 의도한 것처럼), 이 비교나 유비는 어떤 의미에서 내지는 정의 없이 받아들일 때 용인될 수 있을 것이다. 그러나 우리가 전에 말한 것처럼 보편적으로 볼 때, 이 명제는 많은 이의 제기에 노출될 것이다. 육신이 영혼에 종속한다거나 비이성적인 것이 어떤 의미에서 영혼, 즉 이성적인 것에 종속한다고 가정할 때, 간단히 말해 그것이 완전성에 있어 절대적으로 종속한다고 허용하더라도, 여기서부터 사법 행위에 있어 종속[6]관계가 추론되지 않는다. 즉 그렇게 추론하고자 하는 자는 논리적 결과의 오류를 범하는 것이다. 그러나—이 논리[7] 때문은 아닐지라도—육신의 지배자, 즉 오직 현재 세계의 상태에 대해서만 인간에 대한 강제적 심판관이 사법 행위에서 미래 세계의 상태에 대해 영혼에 대한 강제적 심판관 아래에 있다고 가정하자. 그렇기 때문에 이 세상의 모든 통치자나 강제적 심판관이 사법 행위에 있어 어떤 주교나 사제 아래에 있다고 추론할 수는 없다. 왜냐하면 이 권의 제4장, 제5장, 제9장에서 지시한 것처럼 어떤 주교나 사제도 현재 세계나 미래 세계의 상태에 대해 그 어떤 사람에 대한 통치자나 강제적 심판관이 아니기 때문이다. 미래 세계의 상태에 대해 영혼의 강제적 심판관은 그리스도뿐이기 때문이다. 그러므로 「야고보서」 제4장[8]에서 다음과 같이 말

---

6 육신이 영혼에 종속되는 것을 말한다.
7 즉 육신이 영혼 아래 있다는 것을 의미한다.
8 「야고보서」 4:12.

하며, 이것을 기꺼이 반복한다. "구원할 수도 있고 멸망시킬 수도 있는 입법자와 심판자는 한 분이다." 그런데 이분은 이 세상에서 어떤 필멸할 인간도 돌이킬 수 없이 심판하거나 처벌하거나 보상하기를 결정한 것이 아니며, 우리가 이미 말했고 이 권의 제9장[9]에서 성서로부터 입증한 것처럼 미래 세계에서 처벌하거나 보상하기를 결정했다. 그러나 우리가 앞서[10] 복음서의 문구를 통해 사도와 힐라리우스, 크리소스토무스를 인용함으로써, 그리고 어쩔 수 없는 논리를 통해 지시한 것처럼 로마 주교는 나머지 목자들처럼 (의사가 육신의 교사인 것처럼) 영혼의 교사이지, 강제적 심판자나 통치자가 아니다.

§ 2. 또한 육신적인 것과 영적인 것의 관계처럼 육신적인 것의 지배자와 영적인 것의 지배자의 관계도 같다고 주장한 다른 논리도 이전 것과 거의 같은 뿌리에 근거하고 있기에, 거의 같거나 유사한 방식으로 반박되어야 한다.[11] 왜냐하면 대전제에 대해 많은 이의가 제기되기 때문이다. 육신적인 것이 영적인 것에 종속된다고 말하는 소전제에 대해 종속됨을 덜 완전함으로 이해한다면, "일시적인 것"과 "영적인 것"의 개념의 본래적 의미에 따라 용인해야 한다. 그런데 로마 주교가 영적인 사안에서 통치자 내지 심판자라고 덧붙였을 때에 여기서 심판자를 첫 번째 의미의 판관, 즉 영적인 것의 사변적·실천적 판단자로 이해한다면, 로마 주교와 다른 모든 주교는 이런 심판자이거나 이런 심판자가 되어야 하는 것이 옳다. 이로부터 특히 판단되어야 할 사안의 상이성 때문에 로마 주교는 이런 판단으로 육신

---

9 II, 9, 1.

10 II, 9, 2-9.

11 II, 3, 2 참조. 에기디우스 로마누스는 다음과 같이 말한다. "영혼이 육신보다 우월하고 영적 삶이 지상적 삶보다 우월한 것처럼 영적 권위는 지상적·세속적 권세보다 우월하고 그것보다 고귀하다"(Aegidius Romanus, *De ecclesiastica potestate*, lib. 1, c. 2). 이 논거는 다른 많은 교황청 신정론자에 의해 반복되었다.

적인 것에 대해서만 결정하는 자보다 완전하다는 결론이 내려진다. 그러나 여기서부터 영적인 것의 심판자가 강제적 사법 행위 내지 강제적 심판에 있어 다른 자보다 우위에 있다는 결론이 내려지지는 않는다. 그렇다면 생물을 고찰하는 자가 점성가와 기하학자[12]의 통치자 내지 강제적 심판자이거나 그 반대일 것이지만, 어느 쪽도 필연적이거나 참되지 않다. 그런데 로마 주교나 모든 다른 주교가 영적인 것에 대한 세 번째 의미의 심판관, 즉 강제적 심판관이 된다는 점을 의도하는 것이라면, 우리가 이 권의 제9장에서 「야고보서」 제4장[13]으로부터 입증한 것처럼 이 명제는 그릇된 것으로 분명히 거부해야 한다. 왜냐하면 그리스도만이 이런 심판자이기 때문이다. 이 세상의 심판자는 미래 세계의 상태에 대한 강제적 사법 행위에서 그리스도의 하위에 있음을 우리는 결코 부정하지 않았고, 부정하지도 않는다. 그러므로 사도는 「에베소서」 제6장과 「골로새서」 마지막 장[14]에서 다음과 같이 말한다. "그들과 여러분의 주는 하늘에 계시다." 그때 거기에는 그리스도 외에 다른 사도도, 새 법의 사제도 없었다. 그러므로 이 심판자만이 강제적 심판에서 이 세상의 심판관들을 심판하고 죄지은 자들을 강제적 권력으로 제재할 테지만, 이 권의 제9장[15]에서 분명히 지시한 것처럼 다른 세상에서 그 법에 따라 제재할 것이다. 그러므로 방금 언급한 개념인 '심판관'의 이중적 의미 때문에 오류 추리에 빠졌다.

§ 3. 목적과 목적, 법과 법의 관계처럼 심판관과 심판관의 관계도 같다는 식의 논리는 일반적으로 부인될 수 있다. 그러나 의미에 대한 정의 없이 취해진 논리는 용인될지라도, 여기에 소전제[16]가 덧붙여진다면 아마도 질

---

12 즉 점성가와 기하학자는 생명 없는 물체를 연구하는 자를 말한다.
13 II, 9, 1; 「야고보서」 4:12.
14 「에베소서」 6:9; 「골로새서」 4:1.
15 II, 9, 1-9.

료.[17]에 근거해 신법에 따르는 강제적 심판관이 인간법에 따른 강제적 심판관보다 위에 있다는 결론이 내려지며, 우리는 이전에 이것을 용인한 바 있다. 그러나 로마 주교나 다른 모든 주교가 신법에 따른 심판자라고 전제한다면, 심판관 개념의 이중적 의미에 따라 그 말을 구별해야 하며, 논적(論敵)이 신법에 따라 로마 주교나 다른 모든 주교가 이 세상이나 미래 세상에서 강제적 심판관이 된다는 결론을 내리고자 하는 경우에는 거부해야 한다.

§ 4. 다음 논리는, 그 행위가 보다 고귀하거나 완전한 자는 강제적 사법에 있어 그 행위가 덜 고귀하고 덜 완전한 자에게 종속되어서는 안 된다고 가정한다.[18] 그런데 주교나 사제의 행위는 통치자의 행위에 비해 이런 우월성을 가진다. 왜냐하면 주교나 사제의 업무인 성찬을 봉헌하고 교회의 다른 성례전을 베푸는 것이 통치자 내지 전적으로 강제적 사법권을 가진 자의 업무인 인간의 민사적 다툼에서 판단을 내리고 명령하는 것보다 더 고귀하고 완전하기 때문이다. 이 논리는 그릇된 대전제를 포함하고 있기에 일반적으로 받아들여진 경우에, 이는 부정되어야 한다. 왜냐하면 그렇지 않다면, 이 삼단논법은 적절한 형식을 갖추지 않은 것이기 때문이다. 또한 소전제도 역시 일반적으로 받아들여진 경우에, 즉 모든 사제 집단 내지 사제에 대해 적용될 때에 항변을 받게 될 것이다. 왜냐하면 사제의 행위는 다른 법에서는 통치자의 행위보다 고귀하지 않기 때문이다. 왜냐하면 그 정반대가 제1권 제15장[19]에서 입증되었기 때문이다. 도리어 오직 그리스도인의 법 아래에서만 사제들의 행위는 다른 것 가운데 가장 완전하다. 그러

---

16 세속적 심판자의 목적과 법은 영적 심판자의 목적과 법 아래 있다.

17 목적, 법, 심판자를 말한다.

18 II, 3, 13 참조.

19 I, 15, 7/13-14.

나 우리는 오직 믿음으로써 이 신념을 가진다.

그러므로 이 논리의 대전제는 그릇되다. 왜냐하면 아무것도 절대적으로 보다 고귀하거나 완전한 행위를 가지는 것이 어떤 관점에 있어서는 덜 완전한 행위를 가지는 것에 의존하고, 그러므로 어떤 관점에서는 보다 불완전하게 되는 것을 막지 못하기 때문이다. 왜냐하면 모든 단순하거나 혼합된, 적어도 생성 가능한 물체보다 절대적으로 완전한 인간의 몸은 어떤 관점에서는 능력에 있어, 단순하고 혼합된 물체보다는 덜 완전하기 때문이다. 이것은 같은 전체의 부분에서도 볼 수 있다. 왜냐하면 눈은 손이나 발보다 완전한 지체 내지 부분이기는 하지만(눈은 보다 완전한 행위를 행하기 때문에), 그럼에도 불구하고 눈은 손이나 발에 의존하고 어떤 행위나 운동을 받기 때문이다. 거꾸로 손이나 발은 눈에 의존한다. 왜냐하면 손이나 발이 움직이거나 움직여지는 목표를 향해 눈에 의해 인도받기 때문이다. 그래서 사도는 「고린도 전서」 제12장에서 다음과 같이 말했다. "눈이 손에게 '나는 네가 필요없다'라고 할 수도 없다."[20]

그러므로 통치직은 이런 혹은 상응하는 방식에 의존하며, 국가의 하위 부분의 행위를 통해 영향을 받는다. 이에 관해 우리는 제1권 제15장에서 언급했다 ― 비록 강제적 판단에 있어서는 아닐지라도 말이다 ― 그러나 제1권 제15장[21]에서 지시한 것처럼 이 부분들은 강제적 심판처럼 보다 선하고 완전한 것에 있어 정권에 의존한다. 그러므로 사제 집단은 통치직에 의존하고 영향을 받으며, 통치직은 사제 집단에 의존하고 영향을 받는다. 즉 사제 집단은 통치직으로부터 그들의 시민적 행위에 대해 정당성을 인정받고 불법으로부터 보호를 받기 때문이다. 이것은 그들이 현재 세상의 상태에서, 또는 현재 세상의 상태에 대해 다른 자에게 불법을 행하거나 다른 자로부터 불의를 당하지 않기 위함이다. 왜냐하면 제1권 제15장[22]에서 지

---

20 「고린도 전서」 12:21.

21 I, 15, 11.

시한 것처럼, 이것은 국가의 다른 부분의 직무가 아니라 통치자의 직무이기 때문이다. 사도는 이것을 「로마서」 제13장[23]에서 표현했으며, 우리는 이전에 이 구절을 이 권의 제5장[24]에서 인용한 바 있다. 그는 또한 「디모데 전서」 제2장에서도 "그러므로 내가 그대에게 먼저 왕들과 고위직에 있는 자들을 위해 기도하라고 훈계한다. 이것은 우리가 조용하고 평온한 삶을 영위하기 위해",[25] 즉 얻기 위함이라고 말하면서 이것을 염두에 두었다. 거꾸로 통치직은 사제 집단의 행위를 필요로 하고 그들에게 의존한다. 왜냐하면 통치직은 사제 집단으로부터 교훈과 성례전을 받기 때문이다. 성례전은 이 세상에서 인간을 미래 세계의 영원한 구원 내지 영원한 복을 위해 준비하게 하고 상반되는 것을 제거한다.

그러나 그들은 서로 상이하게 이 행위를 행사하고 수용한다.[26] 즉 신적 질서에 따라 이 세상에 존재하는 군주인 강제적 심판자는 인간 입법자를 통해 혹은 다른 인간 의지를 통해 직접적으로 임명될지라도, 인간법을 위반한 자가 있다면 그것이 신법에 위배되지 않는 한에서 그의 의지에 반해 합법적으로 강제적 권력을 통해 사형 내지 형벌을 선고함으로써 사제에게 그의 행위를 행사할 수 있다. 이것은 이 권의 제5장과 제8장,[27] 제1권 제15장[28]에서 지시된 바와 같다. 그러나 제1권 제15장, 이 권의 제15장과

---

22 I, 15, 11-12.

23 「로마서」 13:1-7.

24 II, 5, 4.

25 「디모데 전서」 2:1-2.

26 사제직과 통치직은 두 개의 같은 근원에 참여한다. 사제직이 근본적으로 신에게 의존하고, 국가의 일부로서 인간 입법자나 군주에게 의존하며, 그의 세속적 행위에 관한 한 군주의 강제적 권위 아래 있다. 다른 한편, 마르실리우스는 세속 권세의 인간적 기원(I, 13)을 주장하고, 또한 권세의 신적 기원을 말한다. 군주는 신의 종인 한에서 그의 권세는 오직 신에게 의존한다.

27 II, 5; II, 8, 7-9. 사도들은 세상 권세에 굴복한다.

28 I, 15, 11.

제9장[29]에서 입증된 것처럼 신법에 따라 이 세상에서 강제적 심판자가 아니라 판관의 첫 번째 의미에 따라 의사처럼 실천적 교사와 같은 심판자인 주교나 사제는 그의 행위나 명령을 통해 아무에게도 현재적 삶에 있어 물질적·인격적 형벌 내지 사형으로 강요할 수 없고 강요해서도 안 된다.

그러므로 이에 따라 앞서 언급한 논증의 대전제는 그릇되었다. 즉 보다 완전한 행위를 수행하는 모든 것이 사법에 있어 덜 완전한 행위를 수행하는 것보다 아래에 있어서는 안 된다고 추론하는 것 말이다. 왜냐하면 여기에 대해 말한 것과 더불어 필연적으로 다른 명백한 모순, 즉 어떤 사변적 대가나 적어도 제1철학자 내지 형이상학자도 인간법에 따라 통치하는 자의 사법권 아래에 있지 않는다는 허위가 뒤따르기 때문이다. 왜냐하면 통치자나 다른 자에게서의 실천적 체질과 (신앙을 제외하고) 이 체질에서 나오는 행위는 제1철학자의 체질이나 그것에서 나오는 행위처럼 완전하지 않기 때문이다. 그러나 유능하고 또한 올바르게 임명된 통치자에게는 이것이 부족하다.

§ 5. 그러나 그리스도의 유일한 대리인인 로마 주교나 사도들의 다른 후계자가 인간법에 따라 통치하는 자의 강제적 심판에 예속되어야 한다는 것이 부적절하다고 나중에 이의가 제기되었다면,[30] 이 세상의 적절한 질서를 유지하기 위해 어떤 자의 대리인이 같은 대리인의 주(主)가 자발적으로 굴복하기로 결정한, 그런 심판관 내지 유사한 자에게 예속되는 것은 부적절한 일이 아니라고 말해야 한다. 왜냐하면 신이자 인간인 그리스도는 자발적으로 인간법에 따라 통치한 카이사르의 대리인인 폰티우스 필라투스의 강제적 심판 아래 섰기 때문이다. 또한 이 권의 제4장과 제5장에서 성

---

29 I, 15(군주만이 강제적 심판관이다); II, 5; II, 9, 1(신법에 따른 강제적 심판은 비로소 피안에서 이루어진다).

30 II, 3, 15.

서에서 거룩한 교부들과 다른 교사들의 말을 통해 분명히 입증되었으며, 이 권의 제28장[31]에서 반복된 것처럼 거룩한 사도들도 이렇게 행동했고, 그들은 다른 자들에게 신법에 따라 행동하도록 명령했다. 우리가 이 권의 제28장[32]에서 베르나르두스를 통해 성서에서 인용한 것처럼 "종이 그 주인보다 크지 않고 사도는 그를 보낸 자보다 크지 않으므로",[33] 모든 주교와 사제와 성직자가 인간법에 따라 통치하는 자들의 강제적 심판에 예속되는 것이 부적절한 것이 아니라 시민사회 내지 국가의 안녕을 위해 적절하고 필수적이다. 제1권 제17장[34]과 이 권의 앞에서,[35] 그리고 방금 영원한 증언[36]을 통해 확증한 것처럼 그 반대는 완전히 부적절하고 받아들일 수 없다.

또한 로마 주교나 모든 다른 자는 이 세상에서 모든 직무를 행사하기 위해서가 아니라 다만 정해진 직무, 즉 사제직에 있어 그리스도의 대리인 내지 일꾼이니, 우리가 이 권의 제9장 제8절에서 아리스토텔레스로부터 입증한 것처럼 사제직에 있어 강제적 심판도 없고, 상급자나 하급자도[37] 있을 수 없다. 그러나 인간법에 따라 통치하는 자는 통치직에 있어 신의 대리인 혹은 종이니, 통치직에 있어 강제적 권세에 관한 한 상급자와 예속된 자가 있을 수 있다. 그러므로 사도는 「로마서」 제13장[38]에서 누구도(주교나 사제도) 제외하지 않고서 말한다. "모든 영혼은 높은 권세에 굴복

---

31 II, 28, 19.

32 II, 28, 24.

33 「요한복음」 13:16.

34 I, 17, 1-9.

35 II, 4-5.

36 「요한복음」 13:16.

37 'inferius aut superius'을 직역한 것으로, 그 의미는 사제의 경우에 강제적 심판이 있을 수 없고, 심판대 앞에서 지위의 높고 낮음이 있을 수 없다는 것이다.

38 「로마서」 13:1/4.

해야 한다." 그리고 그 근거를 다음과 같이 덧붙인다. "권세는 신의 종이기 때문이다." 주목하라. 신의 대리인, 곧 무차별하게 아무개가 아니라 이 세상에서 악을 강제하는 대리인. 그러므로 사도는 다음과 같이 덧붙인다. "악을 행하는 자에 대한 진노의 보복자." 그런데 주교나 사제는 악을 행할 수 있다. 우리가 이 권의 앞에서 지시한 것처럼 그리스도나 어떤 사도도 그들에게 결코 행위나 모범이나 말씀을 통해 다른 심판자를 배당하지 않았다.

§ 6. 질문 형식으로, 통치자들이 신법이나 인간법을 위반했을 경우에 그들을 인간적 권위에 따라 바로잡는 것이 적절하다고 할지라도, 이들을 적절히 교정하는 것이 가능하지 않은 듯하니, 왜냐하면 국가에서 그들 위에 더 높은 자가 없고, 적어도 그들이 일인자 내지 일인자들이기 때문이다. 그렇기 때문에 그들은 사제나 주교의 강제적 심판에 굴복해야 한다고 이의를 제기할 경우에[39] 답변해야 한다. 통치자가 신법이나 인간법을 위반했을 경우에, 그는 교회의 일꾼, 주교나 사제로부터 적절히 훈계나 혹은 질책의 말을 통해, 그러나 「디모데 후서」 제2장과 제4장[40]의 사도의 교훈에 따라, 그리고 우리가 이 권의 제9장[41]에서 인용한 크리소스토무스의 해설[42]에 따라 온건한 말을 통해 교정될 수 있고 교정되어야 하지만, 결코 강제적 권력에 의해서 교정되어서는 안 된다. 왜냐하면 우리가 앞서 언급한 진술[43]에서 자주 입증했고 반복한 것처럼 이런 권력은 주교나 사제에게 이 세상에서 어느 누구에 대한 권력으로서 속하지 않기 때문이다. 그런데 우리가 제1권 제18장에서 충분히 지시했다고 생각하는 것처럼 통치자를 법 위반

---

39 II, 3, 15 참조.

40 「디모데 후서」 2:25; 4:2.

41 II, 9, 4.

42 Johannes Chrysostomus, *De Sacerdotio* II, c. 3/4, in: MPG, 48, pp. 634f.

43 II, 8, 7-9.

때문에 인간법을 위반한 한에서,[44] 우리가 제1권 제10장[45]에서 말한 것처럼 인간법에 따라 교정하는 것, 그리고 필요하다면 일시적 벌 내지 체형으로 다스리는 것은 오직 인간 입법자의 권한이나 인간 입법자에 의해 이 일을 위해 임명된 자들의 권한에 속한다.

§ 7. 마지막으로[46] 추가된 논리, 즉 카롤루스 대제의 인격 안에서 그리스 인으로부터 게르만인에게 제국을 넘겨준 자,[47] 즉 사법에 있어 로마 황제 위에 있으며 그를 합법적으로 임명하고 해임할 수 있는 자가 바로 그 로마 교황이니, 그는 황제 위에 있고 그를 합법적으로 임명하고 폐위할 수 있다는 논리에 대해 답변해야 한다. 대전제를 정의 없이 받아들인다면, 그것에서부터 소전제와 함께 아무것도 추론할 수 없다. 왜냐하면 특수한 전제를 가진, 정의되지 않은 명제로부터 아무런 결론도 내려질 수 없기 때문이다. 그러나 대전제를 일반적으로, 즉 로마제국을 그리스인으로부터 게르만인에게 이전한 모든 자는 우위에 있다는 의미로 받아들이는 경우에, 그 주어를 정의하지 않는 한에서 이 명제에 대해 많은 이의를 제기할 수 있다. 왜냐하면 누군가 실제로 불법적으로 제국을 이양했다면, 혹은 타인의 권세 내지 타인에 의해 당시 그 일을 위해 자신에게 부여된 권세에 의해 (전권 대리인이나 그 자격으로) 제국을 이양했다면,[48] 그렇기 때문에 그만이 보

---

44 신법에 대한 위반은 차안에서는 처벌되지 않는다. II, 9, 1 참조.

45 I, 10(법의 본질).

46 II, 3, 14 참조: II, 3, 15는 II, 30, 6에서 이미 처리되었다.

47 역사적 논거에 의한 반박: 만일 이양이 교황에 의해 이루어졌다면, 입법자나 군주에 의해서 그에게 부여된 권한에 의해서만 가능했을 것이다. 교황의 유일한 실질적 역할은 이 이양을 공적으로 선언하는 것이었다. 여기서 사실(즉 교황이 위임에 의해 이 이양을 실행할 수 있다는 것)과 권한(즉 군주나 황제만이 이런 행위를 행할 권한이 있다는 것)을 구별해야 할 필요가 있다.

48 이것도 신정론자들의 명제 중 하나이다. 즉 교황이 제국을 이양할 수 있었다면, 그는 황제를 해임할 권한도 가진다. 반면에 마르실리우스는 정반대를 주장한다. 즉 황

다 높은 사법권을 가지지 못하고 또 로마 황제를 임명하거나 해임할 정당한 권한을 갖지 못하기 때문이다. 그러나 앞서 언급한 첫 번째 전제가 로마 제국을 그리스인으로부터 게르만인에게로 정당하게 자기 자신의 권한, 그에게 타인에 의해 용인되지 않은 권한에 의해 이양했거나 이양할 수 있는 모든 필멸의 인간은 강제적 사법에 있어 로마 황제 위에 있고 그를 정당하게 임명하고 해임할 수 있다는 의미로 정의되었다. 아울러 이런 의미로 용인되었다고 할지라도 여기에 연결되는 두 번째 전제, 즉 제국을 이양한 자는 로마 주교 내지 교황이라는 전제는 이미 말한 것처럼 완전히 그릇된 것으로 거부되어야 한다. 왜냐하면 이 명제의 반대가 제1권 제15장[49]에서 입증되었으며, 또한 그 반대뿐만 아니라 거기에서 내려진 결론의 반대도 성서 및 거룩한 교부들과 가톨릭 교사들의 말을 통해 이 권의 제4장과 제5장[50]에서 확인되었고, 여러 다른 구절에서 반복되었기 때문이다. 그 반대가 고대 교부들과 목자들, 로마 주교들에 의해 실제로 이의 없이 준수되었다는 것을 우리는 이 권의 제21장[51]에서 인정받은 역사적 사실에 근거해 설득했다.

그런데 교령집이라 불리는 진술의 제7부[52] '서약에 대하여'와 바이에른 공작에서 로마인의 왕으로 등극한 저명한 루트비히에게 보낸 로마교황의 서신에서 사도좌 내지 로마교황에 의해 홀로 혹은 그의 성직자 집단과 함께 로마제국이 카롤루스 대제의 인격 안에서 그리스인으로부터 게르만인에게로 [합리적 내지 정당하게] 이양되었다고 기록된 것은 당분간 전제하자.

제만이 교황을 해임할 권한을 가진다.

49 I, 15, 2(입법자만이 통치직을 선출한다).

50 II, 4, 1-13; II, 5, 1-10(그리스도와 사도들은 세속 권세에 굴복했다).

51 II, 21, 1-7.

52 Gratianus, *Corpus juris canonici*, Clementines. II, tit. 9, cap. 1. 1323년 10월 8일 루트비히에 대한 요한 22세의 제1차 재판, MGH, *Constitutiones* IV/5, nr. 792, p. 616 참조.

즉 우리는 이 이양에 관해 그것이 실제로 이루어졌다면, 이 논술과는 별도로 다른 글[53]에서 진술할 것이다. 그러므로 그리스인으로부터 게르만인에게로 제국의 이양이 정당하게 이루어졌다고 가정하자. 그럼에도 불구하고, 우리가 방금 말한 것처럼 로마교황에 의해 단독으로 내지 그의 성직자 집단과 더불어 이루어진 것은 아니라고 말한다.

§ 8. 그러므로 제1권 제12장, 제13장, 제15장[54]에서 소개한 증명에 따른 이유로 다음을 주목해야 한다. 즉 올바른 이성에 따라 고찰하면, 인간법을 제정하고, 통치직을 세우고, 통치자를 임명하고, 그에게 권한을 위임하고, 이 모든 것을 변경하고, 폐지하고, 추가하거나 감축하고, 정지시키고, 바로잡고, 제거하고, 이전하고, 철회하고, 그리고 방금 언급한 권한을 처음부터 (타인으로부터가 아니라) 가진 자에게 유용하게 보이는 것, 그리고 그가 자신의 의지를 통해 표현한 것을 행하는 일차적 권한은 동일한 자에게 속해 있다. 앞서 언급한 권한이 누구에게 있는지는 제1권 제12장과 제13장[55]에서 결정되었다. 그렇기 때문에 그 누가 어떤 글이나 말로 제국이 이양되었다거나 혹은 다른 어떤 통치직이나 선출에 의해 임명된 통치자가 교황이나 지방 내지 왕국의 다른 개인이나 개별 집단을 통해 세워졌다고 주장할지라도, 이 글이나 말이 참되려면, 그리고 이런 임명이나 이양이 유효하거나 정당하려면, 이것은 일차적 입법자의 권한에 의해 거기서, 거기로부터, 거기에로 임명이나 이양이 이루어져야 하고 이루어져 있어야 할 지방이나 지방들에서 이루어져야 하거나 이루어져 있어야 한다. 그러므로 로마

---

53 마르실리우스의 또 다른 글인 『제국의 이전에 대하여』(De translatione imperii)를 의미한다. 이 글은 란둘프 콜로나(Landulf Colonna)의 동일 표제의 글을 겨냥한 작품이다.

54 I, 12, 2-9; I, 13, 1-8; I, 15, 2.

55 I, 12-13(백성 전체에게 권한이 있다).

제국의 이양 내지 황제의 임명이 오직 로마교황에 의해 혹은 그의 성직자 집단과 함께 교황에 의해서만 정당하게 이루어졌다고 말이나 글로 주장한 다면, 그리고 이런 말이나 글이 참되려면, 방금 언급한 이양이나 임명은 로마제국의 최고 인간 입법자가 그들에게 이 일을 위해 간접적으로나 직접적으로 용인한 권한에 근거해 이행되었거나, 아니면 그들에 의해 절대적으로 이행되지 않았고 도리어 어떤 방식으로 행해진 것으로, 예를 들어 이 이양이 이전에 언급한 권한에 의해 공표되거나 선언된 것으로 이해해야 한다. 왜냐하면 아마도 앞서 언급한 입법자가 제국을 이양했거나 황제를 임명했고, 이후에 그것을 선언하거나 공표하는 일은 인류 전체에서 가장 존경할 만한 인물인 로마교황에게만 혹은 그의 사제들과 함께 그에게만 위임했는데, 이것은 이 행위의 필요성 때문이 아니라 다만 행위의 엄숙성 때문이다. 왜냐하면 제1권 제12장과 제13장[56]에서 지시했고, 이 권의 제26장 제5절에서 해설과 함께 무익하지 않게 반복했던 것처럼 실제로 통치직의 이양과 입법과 통치자의 임명, 또한 마찬가지로 다른 국가 직무의 제정은 그 법적 효력에 있어 입법자의 선출 내지 제정에 달려 있기 때문이다.

그러므로 우리는 로마 황제를 선출하는 제후들의 직무 제정에 관련된 모든 일에서 이렇게 생각해야 한다. 왜냐하면 제후들은 이 사안에서 앞서 언급한 로마제국의 최고 인간 입법자 이외의 다른 인간으로부터 그들의 권한을 갖지 않으며, 다른 인간에 의해 그 권한이 정지되거나 박탈될 수 없기 때문이다.

그러므로 이 권의 제3장과 제27장에서 제기된 의심에 대해 이렇게 섭렵했으므로 연구를 종결짓기에 충분할 것이다.

---

56 I, 12, 3; I, 13, 8.

제 3 권

제1권과 제2권의 주요 명제와 결과에 대한 회고, 그리고 말한 것과 말해야 할 것 간의 관계

§ 1. 앞의 장들에서 우리는 이미 어떤 국가와 공동체에 존재하는 정치적 분열과 불안의 특별한 원인, 그리고 그것이 중지되지 않는 한에서 모든 다른 분열과 불안의 미래적 원인을 확정했다. 즉 로마 주교와 그의 성직자 무리가 세속적 통치와 세속적 물질을 넘치게 소유하기 위해 품은 믿음과 욕망, 노력에 대해서 말이다. 우리가 제1권 마지막 장에서 말했고, 제2권의 여러 장에서 적절히 반복하며 언급한 주교는 (그의 주장대로) 그리스도에 의해 복된 베드로의 인격 안에서 자신에게 용인된 권세 충만에 근거해 심지어 최고 통치권을 자신의 것으로 주장하고자 한다. 그러나 우리가 확실한 인간적 방법을 통해 제1권 제12장, 제13장, 제15장[1]에서 입증했고 제2권 제4장과 제5장에서 영원한 진리의 증언을 통해, 또한 성서의 거룩한 해설자를 비롯해 여러 인정받은 교사들의 해석을 통해 확정한 것

---

1 I, 12-13(백성 전체가 법을 제정한다); I, 15, 11(정부만이 심판한다).

처럼 이 세상에서 그 누구에 대한 통치권이나 강제적 사법권, 하물며 최고 통치권은 로마 주교에게도 다른 어떤 주교, 사제나 성직자 자신에게 있지 않다. 그다음으로 우리는 또한 제2권 제6장과 제7장에서 성서의 말씀으로부터 확실한 논리를 가지고서 사제 내지 주교들의 권력이 무엇이며 얼마나 크고, 어디에 있는지를 확정했다. 또한 우리는 제2권 제23장에서 모든 사제나 그중 누구에게도 공통적으로나 개인적으로나 그들, 특히 로마 주교가 주장한 권세 충만이 있지 않다는 것을 지시했다. 이 때문에 서론에서 종종 언급한, 이 특별한 악의 뿌리가 완전히 제거된 듯 보인다. 이제 지금까지 왕국과 공동체에서 이 역병이 산출했고 끊임없이 산출하는 불화 내지 분쟁의 가지와 싹들이 신속히 시들고 더는 번식할 수 없게 하기 위해, 우리는 이제 앞의 장에 근거해 세 번째인 마지막 권을 내놓고자 한다. 이 권은 우리가 제1~2권에서 자체적으로 알려지고 증명함으로써 얻어진 결론 중에서 필연적이거나 명백한 결론에 지나지 않을 것이다. 그 결론들을 부지런히 숙고하고 행위로 옮긴다면, 앞에 언급한 역병과 그것의 궤변적 원인을 어려움 없이 왕국으로부터 배제해 장차 왕국과 모든 다른 공동체에 진입하는 것을 미리 차단할 수 있을 것이다.

제 2 장

제1~2권에서 정의된 것에서 필연적으로 얻어진
결과로부터의 분명한 추론에 대하여.
통치자와 신하들이 그것을 주목함으로써
이 책이 의도한 목표에 보다 쉽사리 도달할 것이다

우리는 추론되어야 할 결론 중에서 이 첫 번째 결론을 다음과 같이 제시한다.

§ 1. 오직 신적 내지 정경적 문서, 그리고 그것에 대해 필연적으로 주어지는 모든 해석과 신자들의 총회에서 만들어진 성서 해석은 참되다. 즉 이것이 누군가에게 적절하게 제시된다면, 영원한 구원을 위해 이것을 믿는 것은 필수적이다. 이것에 대한 확실성이 있으니, 제2권 제19장 제2~5절에서 얻을 수 있다.

§ 2. 신자들의 총회나 신자들 중에서 보다 강한 다수 내지 일부만이, 특히 이른바 기독교 신조 및 구원에 필요한 것으로 믿어야 하는 다른 것에서 신법의 의심스러운 구절의 의미를 결정해야 한다. 어떤 다른 부분적인 집단이나 개인도, 그가 어떤 신분에 있든지 간에, 이미 언급한 결정에 대한 권한이 없다. 이것에 대해 확실한 것은 제2권 제20장 제4~13절에서

얻을 수 있다.

§ 3. 아무도 신법의 계명을 준수하는 것을 세속적 처벌이나 형벌에 의해
강요받아서는 안 된다고 성서는 명령한다. 제2권 제9장 제3~10절.

§ 4. 복음적 법의 계명 내지 그 필연적 결론, 그리고 올바른 이성에 따라
행하거나 행하지 않음이 합당한 것을 영원한 구원을 위해 준수해야 한다.
그러나 구약의 계명은 전부 준수할 필요는 없다. 제2권 제9장과 제10장
끝까지.

§ 5. 필멸할 인간 누구도 신의 혹은 복음적 법의 계명이나 금지에서 면
제받을 수 없다. 그러나 오직 총회나 신실한 인간 입법자에게만 허용된 것
을 현재 세계나 미래 세계에 대해 책임 내지 형벌의 위협 아래 금지할 수
있으며, 다른 부분적인 집단이나 개인은 (신분이 어떠하든지 간에) 금지할 수
없다. 제1권 제12장 제9절, 제2권 제9장 제1절, 제2권 제21장 제8절.

§ 6. 인간 입법자는 오직 시민 전체이거나 그들의 강한 일부이다. 제1권
제12장과 제13장.

§ 7. 인간 입법자나 총회의 허락 없이 (공동으로든지 개인적으로든지 간에)
제정된 로마 대사제나 다른 모든 고위 성직자의 교령이나 칙령은 일시적·
영적 형벌의 위협 아래 아무도 구속할 수 없다. 제1권 제12장, 제2권
제28장과 제29장.

§ 8. 인간 입법자나 그의 권한을 위임받은 다른 자만이 인간법에서 면제
받을 수 있다. 제1권 제12장 제9절.

§ 9. 오직 선출로부터 권한을 받은 선출된 통치직이나 다른 모든 직무는 선출에 의지하며, 다른 확증이나 승인에 의지하지 않는다. 제1권 제12장 제9절과 제2권 제26장 제4~7절.

§ 10. 선출을 통해 임명되어야 할 통치직 혹은 다른 직무, 특히 강제적 권력을 가진 직무의 선출은 오직 입법자의 분명한 의지에 달려 있다. 제1권 제12장과 제1권 제15장 제2~4절.

§ 11. 도시나 왕국에는 수적으로 하나의 최고 통치직만이 있어야 한다. 제1권 제17장.

§ 12. 국가의 직무를 위해 인물을 임명하고 그들의 자질과 숫자를 결정하는 것, 그리고 모든 정치적인 것을 결정하는 권한은 법 내지 인정받은 관습에 따라 오직 신실한 통치자에게 속한다. 제1권 제12장, 제1권 제15장 제4절과 제10절.

§ 13. 어떤 통치자도, 더구나 부분적 집단이나 개인은 그가 어떤 신분에 있든지 간에, 타인의 사적 행위 혹은 국가적 행위에 대해 필멸할 입법자의 결정 없이는 명령할 전권을 갖지 못한다. 제1권 제11장과 제2권 제23장 제3~5절.

§ 14. 주교나 사제 자신은 성직자나 평신도(그가 이단자일지라도)에 대해서도 통치권이나 강제적 사법권을 갖지 못한다. 제1권 제15장 제2~4절, 제2권 제4장, 제5장, 제9장과 제10장 제7절.

§ 15. 오직 통치자만이 입법자에 의한 권한에 의해 모든 필멸할 인간에 대해(그가 어떤 신분에 있든지 간에), 그리고 평신도나 성직자 집단에 대해

물적으로뿐만 아니라 인격적으로 강제적 사법권을 갖는다. 제1권 제25장, 제17장과 제2권 제4장, 제5장, 제8장.

§ 16. 어떤 사람을 출교하는 것은 신실한 입법자에 의한 권한의 부여 없이는 어떤 주교나 사제나 그들의 집단에게 허용되지 않는다. 제2권 제6장 제11~14절과 제2권 제21장 제9절.

§ 17. 모든 주교는 직접 그리스도로부터 동등한 권한을 받았다. 신법에 의해 영적 내지 세속적인 일에서 어떤 주교가 다른 주교보다 위에 혹은 아래에 있다는 것은 입증할 수 없다. 제2권 제15장, 제16장.

§ 18. 신적 권위에 의해 신실한 인간 입법자의 승인이나 동의가 개입할 경우에, 다른 주교들은 (공동으로든 개인적으로든 간에) 로마 주교를 출교하거나 그에 대해 다른 권한을 행사할 수 있으며, 그 반대의 경우도 마찬가지이다. 제2권 제6장 제11~14절과 제2권 제15장, 제16장.

§ 19. 필멸할 인간 누구도 신법에서 금지한 혼인이나 결합을 면제받을 수 없다. 인간법으로 금지된 것을 [해제하는 것은] 오직 인간 입법자나 그의 이름으로 통치하는 자의 권한에 속한다. 제1권 제12장 제9절과 제2권 제21장 제8절.

§ 20. 앞에서 알려진 바와 같이, 합법적 혼인으로부터 태어나지 않은 자식들을 합법적으로 만들어 그들이 상속 권한을 가지고 국가와 교회의 직무와 성직록을 받을 수 있게 만드는 것은 오직 신실한 입법자의 권한에 속한다.

§ 21. 교회의 성직에 승진되어야 할 자와 그들의 자질을 강제적 판단을

통해 판단하는 것은 오직 신실한 입법자의 권한에 속한다. 그의 권한 없이 어떤 사람을 성직에 승진시키는 것은 사제나 주교에게 허용되지 않는다. 제1권 제15장 제2~4절과 제2권 제17장 제8~16절.

§ 22. 앞에서 직접 드러난 것처럼[1] 교회나 성전의 수, 그리고 거기서 봉사해야 하는 사제와 부제, 다른 직무자들의 수를 확정하는 것은 오직 신실한 자의 법에 따라 오직 통치자의 권한에 속한다.

§ 23. 분리 가능한 교회 직무는 오직 신실한 입법자의 권한에 의해 수여되어야 하며, 또한 박탈될 수 있다. 아울러 성직록과 경건한 목적을 위해 제정된 나머지 물질도 마찬가지이다. 제1권 제15장 제2절과 제4절, 제2권 제17장 제16~18절, 제2권 제21장 제11~15절.

§ 24. 공증인이나 국가의 다른 공적 직무자를 임명하는 것은 — 공동으로든 개인적으로든 간에 — 주교의 권한에 속하지 않는다. 제1권 제15장 제2~3절과 제10절, 제2권 제21장 제15절.

§ 25. 앞에서 드러난 것처럼[2] 주교 자신은 — 공동으로든 개인적으로든 간에 — 기술이나 학문을 공적으로 가르치거나 행할 수 있는 면허를 수여할 수 없다. 도리어 이것은 전적으로 적어도 신실한 입법자나 혹은 그의 권위에 의해 통치하는 자의 권한에 속한다.

§ 26. 부제직이나 사제직에 승진된 자, 그리고 취소될 수 없이 신께 봉헌된 다른 자들은 교회 직무와 성직록에서 이런 식으로 봉헌되지 않은 자들

---

1 II, 17, 17.
2 I, 15, 10; II, 21, 15.

보다 우선권을 가져야 한다. 제2권 제14장 제6~8절.

§ 27. 입법자는 사제들과 다른 복음의 일꾼들의 필요와 예배 비용과 능력 없는 가난한 자들의 필요를 충족하는 한에서, 정당하게 신법에 따라 일반적 내지 공적 유익을 위해, 혹은 방어를 위해 전적으로 혹은 부분적으로 교회의 세속적 물질을 사용할 수 있다. 제1권 제15장 제10절, 제2권 제17장 제16절, 제2권 제21장 제14절.

§ 28. 앞에서 보는 것처럼 경건한 목적 내지 자비 행위를 위해 제정된 모든 세속적 물질을 — 불신자에 대항하기 위한 해외 원정을 위해, 혹은 그들에 의해 포로가 된 자들의 속량을 위해, 혹은 무능한 가난한 자들의 부양을 위해, 그리고 다른 유사한 목적을 위해 유언으로 기부된 물질처럼 — 관리하는 것은 입법자의 결정과 유증하는 자와 달리 기부하는 자의 의도에 따라서 오직 통치자의 권한에 속한다.

§ 29. 모든 단체나 종교 공동체에 면제를 용인하고 승인하고 제정하는 것은 오직 신실한 입법자의 권한에 속한다. 제1권 제15장 제2~4절과 제10절, 제2권 제17장 제8~16절, 제2권 제21장 제8절과 제15절.

§ 30. 이단자들과 형벌로써 제재받아야 할 모든 범죄자를 강제적 심판에 의해 판결하고, 인격적·물적 형벌을 선고하고, 그 물질을 사용하는 것은 인간 입법자의 결정에 따라 오직 통치자의 권한에 속한다. 제1권 제15장 제6~9절, 제2권 제8장 제2~3절, 제2권 제10장.

§ 31. 주교나 사제는 합법적 서약에 의해 다른 자에게 의무가 있는 어떤 신하를 신실한 입법자에 의해 세 번째 의미의 심판을 통해 판단해야 하는 합리적 이유 없이는 그 서약으로부터 해제할 수 없으며, 그 반대는 건전한

가르침에 위배된다. 제2권 제6~7장, 제26장 제13~16절.

§ 32. 어떤 주교나 교회를 전체 기독교의 수장으로 절대적으로 정하고 그 직무를 박탈하거나 해임하는 것은 오직 모든 신자의 총회 권한에 속한다. 제2권 제22장 제9~12절.

§ 33. 사제와 주교들, 나머지 신자들의 총회나 부분 총회를 강제적 권력으로 소집하는 것은 신자들의 공동체에서 오직 신실한 입법자나 그의 권위에 의해 통치하는 자의 권한에 속한다. 다르게 소집된 모임에서 결정된 것은 효력을 갖지 못하고 일시적 혹은 영적 벌이나 책임의 위협 아래 준수하도록 누구도 구속할 수 없다. 제1권 제15장 제2~4절, 제1권 제17장, 제2권 제8장 제6절에서 끝까지, 제2권 제21장 제2~8절.

§ 34. 신자들의 총회나 신실한 입법자에 의해서만 금식과 어떤 음식의 금지가 이루어져야 한다. 또한 앞서 언급한 총회나 입법자만이 신법에 의해 어느 날도 금지되어 있지 않은 기술적 작업과 학문적 교육을 금지할 수 있다. 아울러 신실한 입법자나 그의 권위에 의해 통치하는 자만이 이의 준수를 세속적 벌 내지 극형을 통해 강요할 수 있다. 제1권 제15장 제2~4절과 제8절, 제2권 제21장 제8절.

§ 35. 총회만이 시성(諡聖)하는 일이나 어떤 사람을 성자로 경배하는 일을 결정하고 명령할 수 있다. 제2권 제21장 제8절.

§ 36. 앞에서 드러난 것처럼 신자들의 총회만이 주교나 사제, 그리고 다른 성전 일꾼들에게 아내를 거느리는 것을 금지하는 것이 합당하고, 또한 교회 의식에 관한 다른 문제를 결정하고 명령할 수 있다. 오직 앞서 언급한 총회가 그것을 위해 전권을 준 자만이 (집단이든 개인이든 간에) 이 일과

앞서 언급한 일에서 면제할 수 있다.

§ 37. 다투는 자는 주교나 사제에게 용인된 강제적 심판에 대해 언제나 입법자나 그의 권위로 통치하는 자에게 항소할 수 있다. 제1권 제15장 제2~3절, 제2권 제22장 제11절.

§ 38. 최고 청빈의 복음적 완전성을 지켜야 하는 자는 모든 부동산을 가능한 한 빨리 팔아야 하며, 그 값을 가난한 자들에게 분배하려는 결정된 계획 없이는 자신의 권한 안에 가질 수 없다. 그는 유동적 혹은 부동적 물건에 대해 점유권이나 권한을 가져서는 안 된다. 즉 강제적 심판관 앞에서 그 물건을 빼앗거나 빼앗으려고 하는 자에 대해 자기 것으로 주장하려는 계획을 가져서는 안 된다. 제2권 제13장 제22~30절, 제2권 제14장 제14절.

§ 39. 복음을 듣는 무리나 개인은 그들의 능력껏 신법에 따라 주교와 나머지 복음의 일꾼들에게 필요한 양식과 의복을 적어도 매일 공급할 의무가 있다. 그러나 십일조나 앞서 언급한 일꾼들의 필요를 충족하고 남는 모든 다른 것을 줄 의무는 없다. 제2권 제14장 제6~11절.

§ 40. 신실한 입법자나 그의 권한에 의해 통치하는 자는 자신에게 속한 나라에서 양식과 의복을 충분히 공급받는 주교와 복음의 다른 일꾼들에게 예배를 거행하고 교회 성례전을 베풀도록 강요할 수 있다. 제1권 제15장 제2~4절, 제2권 제8장 제6절에서 끝까지, 제2권 제17장 제12절.

§ 41. 신실한 입법자나 그의 권위에 의해 통치하는 자, 혹은 신자들의 총회만이 로마 주교와 교회나 성전의 모든 다른 일꾼을 분리 가능한 교회 직무로 승진시키거나 잘못이 그것을 요구할 경우에, 직무를 정지시키

거나 직무에서 해임할 수 있다. 제1권 제15장 제2~4절과 제10절, 제2권 제17장 제8~16절, 제2권 제22장 제9~13절.

§42. 앞의 제1~2권에서 또한 다른 유익한 결론을 필연적으로 끌어낼 수 있다. 그러나 우리는 앞의 두 권의 진술로 만족한다. 왜냐하면 우리의 진술이 앞서 언급한 역병과 그 원인을 뿌리 뽑기에 쉽고 충분한 통로를 제공하기 때문이고, 이로써 진술을 줄이고자 하기 때문이다.

제 3 장

이 책의 표제에 대하여

§ 1. 이 책의 표제는 '평화의 수호자'라고 불려야 한다. 왜냐하면 이 책에서 국가의 평화 내지 안녕이 유지되고 존재하는 원인뿐만 아니라 그 반대되는 분쟁이 야기되고 저지되고 제거되는 원인을 논의하고 설명하기 때문이다. 이 책을 통해 [독자는] 인간 행동의 기준이 되는, 그리고 그 적절한 기준 안에서 방해받지 않은 국가적 평화 내지 평온이 존립하는 신법과 인간법, 그리고 모든 강제적 통치직의 권위와 원인, 조화를 알게 된다.

또한 모든 공동체의 일차적 요소인 통치자뿐만 아니라 백성은 이를 통해 자신의 평화와 자유를 보존하기 위해 무엇을 준수해야 하는지를 이해할 수 있다. 정부의 제1시민 내지 제1부분, 즉 통치자는 — 한 사람이든 여러 명이든 간에 — 이 책에 기록된 인간적·신적 진리를 통해 이해해야 한다. 그에게만 백성 무리에게 공동적으로 혹은 개별적으로 명령할 수 있으며, 그것이 유익하다면 모든 사람을 제정된 법에 따라 처벌할 수 있는 권한이 있다. 그러나 그는 백성 무리, 즉 입법자의 동의 없이는 법을 떠나 어떤 일도, 특히 중요한 일을 행해서는 안 된다. 즉 그는 불법을 통해 백성 내지 입법자를 도발해서는 안 된다. 왜냐하면 통치직의 힘과 권위는 백성의 분명한 의지에 근거하기 때문이다. 그러나 신하 무리와 그 무리의 모든 시민은 이 책으로부터 어떤 인간 내지 인간들을 통치자로 세워야 하는지, 그리고 각자는 현재 세상의 상태를 위해 또는 현재 세상의 상태에 있어 오직 통치직의 명령을 강제적인 것으로 복종해야 하되, 제1권 제14장과 제18장에서 진술하고 제정된 법에 따라 —그 법에서 규정하는 한 — 복종할 의무가 있으며, 그렇지 않은 경우에는 복종할 의무가 없다는 것을 배울 수 있다. 가능한 한 통치직 내지 공동체의 모든 다른 부분이 불법적 혹은 법적 근거 없이 판단을 내리거나 다른 어떤 정치적인 일을 행하는 자유를 스스로 취하지 않도록 주시해야 한다.

이것을 이해하고 기억하고 신중하게 지키고 보존한다면, 한 나라와 모든 다른 정돈된 시민 공동체는 평화롭고 평온한 상태 속에 건강하게 유지될 것이다. 이것을 통해 시민들은 세상적으로 충족한 삶을 얻을 것이며, 이것 없이는 필연적으로 그런 삶을 상실하고 영원한 복락을 위해 제대로 준비하지 못할 것이다. 우리는 이것이 인간의 목표요 최고의 바람이라는 것을 —그러나 각각 다른 세상을 위해[1] — 앞의 진술에서 모든 사람에게 직접 명백한 것으로 받아들였다. 우리는 앞서 진술한 내용에 다음을 덧붙인다. 이 글에서 발견된바 결정되고 정의되고 혹은 달리 어떤 방식으로든 선언된 것 내지 기록된 것이 가톨릭 신앙에 부합하지 않는다면, 이것은 고집스럽게 말한 것이 아니다. 그것을 바로잡고 결정하는 것을 가톨릭교회 내지 신실한 기독교인의 총회의 권위에 맡긴다.

1324년 세례 요한의 축일에 이 수호자는 완결되었다.
그리스도여, 당신께 찬양과 영광을!

---

1 즉 하나는 이 세상의 목표, 다른 하나는 저 세상의 목표를 말한다.

| 마르실리우스 연보 |

1326	**장 드 장덩과 함께 파리를 떠남**
1327	루트비히의 이탈리아 원정 개시, 밀라노에서 대관식(5월 17일)을 거행함
1327. 10. 23	교황 요한 22세가 루트비히와 『평화의 수호자』를 이단적이라고 선언한 교령 'Dudum volentes'와 'Licet iuxta doctrinam' 공표함
1328	루트비히가 로마에서 황제 대관식을 거행(1월 17일)하고 로마에서 철수함(8월 4일)
1329	루트비히가 뮌헨으로 돌아감(마르실리우스도 동반한 듯, 12월)
1334. 12	교황 요한 22세가 선종함
1339~40	**『작은 수호자』 제1~12장 집필**
1340~41	**『작은 수호자』 제13~16장 집필**
1343. 4. 10	**마르실리우스의 타계가 교황 클레멘스 6세에게 보고됨**

| ㄴ |

네스토리우스(Nestorius) 571, 577, 578

니케아(Nicea, 地) 358, 543, 544, 557, 558, 561, 570, 607, 700, 725

니콜라우스(Nicolaus, St.) 491, 531

니콜라우스 3세(Nicolaus III) 389, 399, 405, 409, 411, 424, 436, 441, 455, 457, 657

니콜라우스 쿠사누스(Nicolaus Cusanus) 594

| ㄷ |

단테 알리기에리(Dante Alighieri) 207, 294

둔스 스코투스(Duns Scotus) 397

디오니시우스(Dionysius) 198

| ㄹ |

라바누스 마우루스(Rabanus Maurus) 427, 527, 549, 604, 714

레미기우스(Remigius) 744, 745

레오 1세(Leo I) 324, 571, 576, 577

레오 3세(Leo III) 649, 652, 653

로마(Roma, 地) 70, 101, 164, 197, 215, 229~34, 236, 239, 241~43, 245~47, 254, 257~65, 267, 281~83, 289, 290, 314, 317, 324, 326, 349, 385, 389, 405, 424, 444, 445, 449, 455~57, 479, 485, 486, 489, 491, 492, 500, 503~05, 507~15, 536, 538, 541~43, 547, 552, 553, 562~65, 567, 571, 572, 574~77, 580~84, 586, 587, 589, 590, 594, 597~600, 604, 605~07, 609~11, 614, 616~23, 625~28, 630, 632, 635, 636, 638~40, 642~45, 647~49, 651~64, 666~69, 671~75, 680, 681, 684, 686, 690~94, 696, 700, 701, 703, 704, 706, 707, 725, 726, 730~32, 734~39, 741~43, 747, 748, 754, 756~60, 762, 763, 774, 778, 779, 781~83, 786, 787, 789~92, 795, 796, 798, 800, 804

롬바르두스, 페트루스(Lombardus, Petrus) 318~27, 336, 338, 371, 529, 689

루돌프 1세(Rudolf von Habsburg) 657

루트비히 4세(바이에른의 루트비히, Ludwig IV von Bayern) 70, 71, 123, 144, 189~91, 233, 234, 263, 301, 308, 309, 326, 406, 415, 441, 547, 585, 587, 609, 621, 622, 630, 641, 657, 663~65, 668, 670, 673, 675, 676, 678~80, 687~89, 790

리베리우스(Liberius) 562, 582, 716

리카르두스, 생-빅토르의(Ricardus de Saint-Victor) 318

| ㅁ |

마르키아누스 황제(Marcianus) 561, 570~74, 576

마르티누스 폴로누스(Martinus Polonus) 600, 647~52, 655, 656

멜기세덱(Melchisedech) 705, 741, 742

명제집 교사 → 롬바르두스, 페트루스

모세(Moses) 96, 99, 101, 107, 114, 126, 129, 142, 261, 362, 364, 681, 705, 742

미켈레 데 체제나(Michele da Cesena) 406, 409, 436, 441, 456

| ㅂ |

바나바(Barnabas) 493, 497, 500, 512, 519, 699, 710, 724, 745

바실리우스(Basilius) 286, 420

바울 사도(Paulus, St.) 228, 229, 260, 282, 284, 288, 291, 295, 299, 301, 310, 312, 333, 440, 453, 460, 497~500,

686

인노켄티우스 4세(Innocentius IV) 455,
611, 634, 656, 657

| ㅋ |

카롤루스 대제(Carolus Magnus) 264,
652, 668, 670, 789, 790
카르타고(Carthago, 地) 247, 445, 552
카시오도루스(Cassiodorus) 63, 65, 73,
74, 144, 224
카이사르, 율리우스(Caesar, Julius) 444
카토(Cato, Marcus Porcius) 444, 445
카틸리나(Catilina) 164
칸그란데 델라 스칼라(Cangrande della
Scala) 65, 211, 233
칼릭스투스 2세(Calixtus II) 655
칼케돈(Chalcedon, 地) 167, 558, 561,
570~73, 576
콘스탄티노폴리스(Constantinopolis, 地)
230, 247, 271, 558, 577, 599, 600
콘스탄티누스 대제(Constantinus Magnus)
230, 359, 389, 505, 541~43, 561, 566,
569, 570, 599, 600, 605, 607, 618, 643,
645, 646, 666~68, 683, 700, 736, 737
크리소스토무스, 요하네스(Chrysostomus,
Johannes) 271, 273, 276, 285, 304,
310, 325, 340, 354, 356, 357, 376, 384,
688, 697, 698, 753, 766, 781, 788
클레멘스 1세(Clemens I) 491, 542, 696,
711, 712
클레멘스 4세(Clemens IV) 385, 627, 671
클레멘스 5세(Clemens V) 231, 232, 263,
351, 436, 543, 564~66, 609, 620~22,
627, 634, 660, 661, 668, 679
키릴, 알렉산드리아의(Cyrill of
Alexandria) 577, 578
키케로, 마르쿠스 툴리우스(Cicero, Marcus
Tulius) 66, 68, 82, 131, 164, 165, 190,

203, 235, 489, 681, 682

| ㅌ |

테오덱테스(Theodektes) 188
테오도레투스(Theodoretus) 578
테오도시우스 2세(Theodosius II) 571,
577
테오폼포스(Theopompos) 140, 141
테오필락투스(Theophylactus) 248, 270,
427, 698, 730
토마스 아퀴나스(Thomas Aquinas) 127,
145, 207, 213, 248, 251, 401, 426, 428,
433, 439, 446, 449, 458, 486, 587

| ㅍ |

파브리키우스, 가이우스(Fabricius, Gaius)
444, 445
파스칼리스 2세(Pascalis II) 654, 655
펠라기우스 1세(Pelagius I) 649, 650
펠라요, 알바로(Pelayo, Alvaro) 246, 310,
453, 617
포카스 황제(Phocas, Augustus) 600
푸제, 베르트랑 드(Pouget, Bertrand de)
233, 687
프리드리히 2세(Friedrich II) 656, 657
프리드리히 폰 합스부르크(Friedrich von
Habsburg) 189, 190, 621
플라톤(Platon) 68, 143, 242
피에트로 다바노(Pietro d'Avano) 117,
177, 179
피타고라스(Pythagoras) 93, 94
필라투스, 폰티우스(Pilatus, Pontius) 226,
268~71, 281~83, 295, 311, 786
필리프 4세 미남왕(Phillipe IV le Bel)
141, 232, 351, 535, 543, 564~66, 580,
582, 583, 622, 657, 659

| ㅎ |

하드리아누스 3세(Hadrianus III) 650
하인리히 4세(Heinrich IV) 230, 654, 655
하인리히 7세(Heinrich VII) 123, 189, 231,
    232, 621, 622, 634, 660, 661, 663, 678
헤시오도스(Hesiodos) 93
호노리우스 1세(Honorius I) 575
히에로니무스(Hieronymus) 152, 158, 276,
    277, 279, 280, 285, 302, 316, 317, 322,
325, 363, 421, 427, 428, 461, 462, 485,
486, 488, 490, 491, 494, 502, 505,
516, 527, 549, 551, 552, 591, 592, 633,
636, 690, 700, 704, 709, 712, 714,
722, 723, 728, 738~40, 744, 765, 766,
775
히포크라테스(Hippocrates) 554
힐라리우스(Hilarius de Poitiers) 358,
    376, 688, 733, 781

| 사항 찾아보기 |

659, 664, 667, 671, 680~82, 684, 685, 687~89, 691, 750~52, 774, 785

군주 = 제후 = 통치자 = 통치직(princeps, principans) 71, 72, 79, 91, 109, 110, 113, 114, 118, 121, 122, 124, 125, 130, 131, 136, 137, 139~41, 145, 157, 158, 163~75, 177~84, 189, 190, 192~200, 202, 203, 205, 207, 209~11, 216, 218~22, 225, 230~34, 239, 243, 252, 254, 255, 257, 262, 264, 266, 267, 272, 274, 275, 278, 280~82, 285, 286, 290, 293, 295, 298~301, 306~11, 333, 337, 340, 347~52, 354, 357, 361, 363, 368, 369, 371, 373~78, 380~82, 388, 390, 393, 399, 482, 506, 507, 528, 530~36, 541, 543, 545, 565, 574, 580, 581, 583, 585~88, 590, 597, 598, 604, 607~09, 611, 612, 615, 620, 623, 631, 637, 640, 642, 645~49, 651, 653, 654, 656~62, 665~69, 672~74, 677~86, 688, 691~93, 700, 701, 706, 707, 727, 729, 731, 735, 737, 742, 751, 752, 754, 755, 760, 761, 766, 773~76, 780~83, 785, 786, 788, 791, 792, 797, 799, 801, 802, 806, 807

군주정(monarchia) 74, 110, 111, 121, 191, 202

권력 = 권세 = 권한(potentia, potestas) 69, 140, 149, 168~70, 173, 177, 180, 182, 190, 218, 229, 233, 239, 241, 243, 250, 258~61, 266, 267, 270, 279, 281~84, 286, 287, 290, 293, 295, 296, 298, 299~305, 307, 309~12, 314, 316~19, 322, 327, 333, 334, 336~38, 340, 341, 345, 347~59, 361, 363, 375, 377, 389, 392, 492, 501, 502, 504~08, 515, 516, 519, 537, 543, 544, 547, 563, 567, 581, 583, 584, 587, 591, 599, 600, 608~12, 615, 618, 631, 637, 640, 650, 661, 662,

667, 669, 672, 674, 676, 682~84, 696, 697, 702, 703, 705, 707, 714, 734, 736, 742, 747, 748, 751, 752, 755, 762, 764, 765, 773, 774, 776, 787~89

권리(ius) 71, 319, 336~38, 345, 350, 352, 392, 395, 398, 400, 401, 410, 412~17, 424, 429, 435, 449~53, 455~57, 462, 465~73, 476, 507, 534, 537, 562, 607, 631, 651, 665, 670, 672, 678, 701, 732, 734, 764~66, 774, 804

권세 → 권력

권세 충만(plenitudo potestatis) 231, 234, 258, 314, 500, 501, 567, 585, 609~18, 623, 625~27, 630, 632, 634~38, 642, 658~62, 664, 667, 672, 673, 684, 685, 690, 691, 694, 705, 763, 795, 796

권위(auctoritas) 72, 129, 142~46, 163, 173, 175, 179, 217, 219, 227, 228, 241, 243, 257, 258, 265~67, 290, 291, 304, 310, 314, 318~20, 322, 324, 330, 331, 334, 338~41, 350, 351, 353, 361, 369~71, 374, 376~78, 481, 485, 486, 489~95, 500~02, 504, 506, 508, 509, 515, 516, 518, 522, 523, 526, 529, 532~36, 538, 539, 542, 543, 545, 546, 548~50, 552, 553, 556, 560, 563, 565, 570, 579, 580, 585~89, 591, 592, 594, 595, 597, 599, 600, 602, 603, 605, 607~09, 616, 638, 643, 645, 648~53, 667~71, 689, 691, 695, 696, 698, 699, 701, 703, 705, 706, 709, 710, 712~16, 718, 720~22, 724, 726, 727, 729, 731, 733, 734, 736, 738, 739, 742, 748, 750, 752, 755, 756, 760, 763, 764, 775, 788, 800, 801, 803, 804, 806, 807

권한 → 권력

귀족정(aristocratia) 110, 111, 121, 155, 208

귀족층(honorabilitas) 87, 157

규율(disciplina) 372
금식 = 단식(ieiunium) 579, 618, 740, 803
금욕 = 절제(abstinentia) 252, 579, 618
기술(ars) 76, 77, 79, 83, 88~92, 105~07,
    134, 135, 155, 157, 160, 165, 180, 187,
    211, 213, 454, 801
기술자(artifex) 143, 198, 204
기질 = 소질(habitus) 103, 106, 126, 164,
    165, 180, 398, 419, 422
기체(基體, subiectum) 125, 171, 174, 179,
    347

| ㄴ |

논거 = 논리(ratio) 184, 195, 242, 244, 370,
    410, 442, 527, 545, 551, 708, 726, 728,
    757, 778, 781, 796
논리 → 논거
논리적 오류(paralogismus consequentis)
    418, 469, 471~73, 611, 782
농업(agricultura) 86

| ㄷ |

단식 → 금식
대주교(archiepiscopus) 577, 629, 635,
    652, 653, 667, 673, 678, 751
대화(collatio) 722
덕(德, virtus) 71, 81, 94, 164, 167,
    169~72, 178, 188, 192, 193, 195, 198,
    199, 202, 269, 419~24, 430, 435, 526,
    598, 622, 718, 773
도미니크회(Dominican) 422, 425, 429,
    432, 651
도시(civitas) 73~75, 87, 116, 122, 137,
    170, 171, 175, 207~10, 212, 215~17,
    223~25, 229, 230, 234, 352, 462, 487,
    567, 575
도시 = 도시공동체(civilitas) 67, 71, 145,

157, 199, 234, 602, 681, 692
도시공동체 → 도시
독재 = 전제(tyrannis) 110, 111, 118, 119,
    138, 148, 159, 195
독재(despotia) → 전제(專制)
동물(animal) 81, 88, 99

| ㄹ |

로마교황청(curia romana) 638~41, 672
로마제국 63, 65~68, 122, 200, 213, 214,
    225, 230, 232, 234, 254, 268, 296,
    510, 535, 541, 579, 582, 598, 599, 607,
    643, 645~47, 650, 653, 661, 664, 672,
    789~92

| ㅁ |

마니교도(Manicheans) 553, 650
만족스러운 삶 = 충분한 삶(sufficientia
    vitae) 64, 66, 82, 84, 85, 91~93, 95,
    98, 103, 105, 106, 149, 153, 178, 192,
    195, 262, 342, 344, 345, 347, 365,
    404, 405, 422, 424, 429, 433, 444,
    458, 459, 585~87, 590, 603, 681, 804
만지다 → 건드리다
면허(licentia) 373, 569, 582, 587, 588,
    754, 801
명령(ordinatio) → 결정
명령(decreta) → 결정
모임 = 공동체(congregatio) 246, 347
목적인(causa finalis) 103, 125
무력 → 무장 병력
무장 병력 = 무장 세력 = 무력(armata
    potentia) 168~70, 280, 358, 639,
    646, 685
무장 세력 → 무장 병력
민주정(democratia) 110, 111, 182, 208
믿음 = 신뢰 = 신앙(credulitas) 95, 96, 114,

549, 550, 623, 663, 709, 759

|ㅂ|

바실리카(basilica) 278, 452, 476, 534,
    535, 537, 571, 701, 731~34, 774
백성(multitudo) 87, 120, 122, 147, 148,
    153, 157, 159~61, 169, 173, 187,
    195~97, 205, 269, 333, 523, 526, 531,
    560, 604, 696, 732, 735
백성(populus) 63, 99, 114, 139, 143, 152,
    157, 165, 188, 191, 220, 226, 229, 233,
    246, 319, 337, 339, 363, 371, 385, 388,
    458, 476, 487, 488, 491, 492, 506, 509,
    510, 517~21, 526~29, 534, 540, 542,
    565, 569, 575, 581, 586, 590, 591, 597,
    598, 603, 608, 613, 627, 629, 633, 640,
    647~49, 652~54, 658~61, 684, 685,
    691, 692, 721, 723, 730, 734, 745, 760,
    774
백성(subiectum) 806
법(ius) 392, 396, 400, 623
법(lex) 78, 83, 93, 94~96, 98~103, 116,
    117, 119, 120, 124~33, 136~50, 152,
    153, 155, 156, 158, 159, 161~63,
    165~75, 177~82, 184, 187, 191, 196,
    197, 203, 208, 209, 218~21, 227, 231,
    234~36, 251, 252, 254, 255, 262, 264,
    265, 267, 270, 272, 273, 283, 293, 297,
    300, 302~04, 307, 308, 312, 322, 329,
    331, 340, 342, 345~57, 360, 362~67,
    369~79, 388, 392~99, 401, 408,
    410~12, 414, 417, 426, 437, 452~55,
    457, 459, 468~73, 477, 478, 482, 483,
    492, 493, 503, 504, 509, 522, 525,
    528, 529, 531~37, 539, 542, 544~47,
    550, 554, 555, 557~61, 566~68, 570,
    573, 577~81, 583, 585, 586, 590, 591,
    595, 599~601, 603, 605~08, 613~15,

618~21, 623, 624, 626, 633, 637, 638,
    641, 642, 645~47, 650, 651, 654, 656,
    661, 663, 666, 680, 681, 685, 686,
    691, 692, 703, 727~29, 731, 733, 736,
    737, 739, 740, 742, 743, 747, 748, 754,
    760, 761, 764, 770, 776, 782, 783,
    785~89, 791, 797~804, 806, 807
법령 → 결정
베긴파(begini) 350
보다 강한 편(pars valentior) 145, 146,
    155, 157, 162, 208, 329, 558, 595, 603,
    740, 797, 798
본성(suppositum) 98, 226
본질(substantia) 90, 250
부(富, dives/divitiae) 392, 404, 405
부분 = 직무(pars, partes) 75, 76, 79, 81,
    86, 87, 89, 90, 92, 93, 97, 98, 102,
    104~10, 114, 115, 124, 125, 132, 151,
    157, 161, 163, 169, 174~84, 207, 208,
    212, 215~17, 219, 224, 225, 247, 294,
    352, 400, 401, 481, 482, 496, 530,
    593, 779, 784, 785, 806, 807
부제(diaconus) 102, 241, 242, 245~47,
    249, 252~54, 260, 261, 266, 293,
    350, 381, 385, 387, 485~87, 489, 490,
    525~27, 535, 541, 567, 574, 636, 644,
    645, 693, 710, 795, 771, 801
분열(schisma) 199, 220, 488, 557, 620,
    684, 685
분파자(schismaticus) 368, 369, 371, 376,
    685, 729
불화(discordia) 65, 66, 223~25, 234, 621,
    676, 796
비난(calumnia) 510

|ㅅ|

사도(apostoli) 65, 226~30, 247~49, 259,
    266, 267, 275, 278, 279, 281, 283~90,

299, 301, 312, 314~17, 334, 335, 339,
381, 382, 384, 387, 388, 391, 407,
432, 434, 439
사랑(caritas) 68, 70, 320, 422~25, 427,
428, 435, 602, 605, 618, 686, 693, 719,
745
사법(司法, iurisdictio) 230~34, 241~43,
257, 258, 261, 263~67, 271, 278,
281~84, 287, 297, 299, 300, 302, 311,
312, 347, 349, 351, 352, 361, 368, 381,
389, 495, 499, 506, 507, 515, 517, 537,
538, 541~44, 563, 565, 570, 580, 584,
585, 590, 595, 606~08, 611, 613, 620,
621, 640, 651, 654, 657~63, 665, 666,
671, 684, 685, 691, 692, 702, 703,
706, 707, 714, 735~37, 748, 754, 762,
763, 766, 767, 776, 778, 780, 782, 783,
786, 789, 790, 796, 799
사법적 능력(ius) 399
사용(使用, usus) 405, 409~12, 414,
416~18, 448~51, 468, 470~74
사제 = 사제직(sacerdos, sacerdotium) 87,
93, 95~97, 99, 102, 103, 107, 114, 126,
182, 228, 230, 235, 240, 241, 243, 245,
246, 248, 249, 254, 262, 263, 266,
275, 278, 279, 282, 285, 286, 288~91,
293, 301, 304~08, 310~12, 316~26,
328~30, 332, 333, 335~41, 347~51,
353, 354, 356~62, 368~71, 373~76,
378, 379~82, 385, 388, 447, 452,
453, 456, 475, 476, 481~83, 485~95,
499, 504~06, 517~20, 522, 524~33,
535~38, 541, 543, 545, 550, 558~61,
566, 567, 569, 570, 572, 573, 576~78,
585, 586, 589, 590, 592, 594~602,
604, 606, 610, 614~16, 619, 620, 626,
630, 633, 636, 642~47, 649, 651, 654,
656, 673, 677, 680, 688, 690, 693~96,
701~06, 709~11, 729, 731~36, 738,

740~43, 747, 748, 750~55, 759, 760,
763, 767, 768, 770~76, 778~80,
782~88, 792, 796, 799~804
사제의 품격(caracter sacerdotalis) 228,
334, 483, 485, 491, 493, 508, 519, 525
사제직 → 사제
살아 있는 자연(animalis natura) 75
상응 = 적절(congruitas) 100, 601, 674
서임(investitura) 537, 647, 649, 652, 653,
655, 760
서품(ornatio) 487, 491, 504, 527, 567,
613, 633, 652, 695, 696, 739, 759
선거 = 선출(electio) 117, 119~25, 170,
172, 173, 184, 185, 189, 191~96,
198~202, 204, 205, 291, 489, 492,
499, 523, 524, 526~30, 535, 566, 602,
603, 605~07, 621, 626, 627, 647, 650,
655, 659, 665, 667~71, 673~75, 696,
710~12, 725~27, 729, 731, 741, 756,
791, 792, 799
선거인(elector) 189, 190, 198, 199, 668
선출 → 선거
성례전(sacramentum) 101~03, 227, 251,
316, 324, 327, 334, 336, 337, 458,
483~86, 491~93, 496, 509, 520, 529,
531, 532, 537, 591, 592, 613, 615, 620,
642, 677, 705, 747, 783, 785, 804
성문법 = 결정(statutum) 124, 129, 393
성물 매매 = 성직 매매(simonia) 386, 629,
632, 637~39
성사 정지(interdictum) 569, 579~81, 595,
605, 608, 613, 615, 672
성서(biblia) 96, 97, 230, 240~44, 255,
257, 258, 261, 264~66, 274, 278~80,
283, 314, 316, 318, 319, 321, 324, 330,
332, 334, 353~56, 367, 374, 378, 381,
382, 389, 403, 418, 440~43, 454, 462,
482, 486, 495, 499~501, 503, 504,
506, 510~13, 515, 517, 519, 521, 526,

| ㅇ |

영혼(anima) 74, 87~90, 94, 102, 103,
    105, 107, 132, 138, 177, 179, 190, 203,
    205, 228, 234, 251, 262, 276, 294,
    295, 300, 301, 303, 309, 316, 317, 322,
    326, 327, 329, 334, 339, 344, 346, 347,
    357, 362, 363, 371, 378, 385, 458, 482,
    483, 493, 502, 565, 577, 583, 592,
    606, 613, 617, 628, 631, 639, 649, 662,
    680, 682, 687, 690, 692, 693, 709,
    731, 759, 773, 778~81, 787
예배 → 신에 대한 제의
온기 → 열
완전(perfectus, perfectio) 76, 77, 79~81,
    86, 99, 101, 105, 113, 118, 120,
    124~26, 128, 131, 134, 135, 163,
    164, 172, 176~78, 191, 192, 198, 199,
    204~06, 262, 295, 366, 373, 377, 383,
    386, 391, 403, 407, 414, 416, 421,
    425, 427, 430~35, 437, 440, 442, 444,
    447, 448, 451~53, 455~59, 461~70,
    472~74, 477~79, 498, 508, 520, 524,
    525, 527, 532, 535, 541, 562, 591, 592,
    602, 604, 644, 699, 710, 713, 723,
    738, 747, 780, 782~84, 786, 804
왕국 → 정권
왕권 = 왕위의 상징물(regalia) 655, 671,
    675
왕위의 상징물 → 왕권
욕구 → 소망
욕망 → 소망
용병 → 군사
용익(用益, usufructus) 398, 400, 402, 407
원리(principium) 76, 107, 160, 176, 212,
    213, 242, 346, 353, 708, 726, 727
원인(causa) 66~69, 71, 76, 78, 86, 97,
    103, 105~07, 225, 234, 806
원인(causalitas) → 인과관계
월권행위(prevaricatio) 233, 530
위경(apocrypha) 513, 515

유보(reservatio) 437, 627
유비(analogia) 74
유산 = 유증(legatum, legata) 386, 410,
    503, 534, 536, 637, 688, 802
유증 → 유산
음모(calumnia) 659
의로운 = 정의(iustus, iustitia) 68, 75, 78,
    79, 83, 91, 97, 98, 127~31, 133, 136,
    142, 143, 148, 159, 164, 165, 167, 170,
    171, 178, 191, 192, 202, 203, 209, 210,
    231, 234, 255, 272, 281, 324, 338,
    340, 346~48, 355, 366, 385, 388, 396,
    399, 407, 448, 638, 676, 681, 692
의사 = 의술(medicus) 75, 91, 99, 174, 198,
    255, 326, 329, 339, 340, 354, 356, 371,
    373, 377, 378, 663, 779~81, 786
의술 → 의사
의식(儀式, ritus) 99, 144, 363, 491,
    540~43, 545, 546, 559, 560, 579~81,
    589, 595, 596, 601, 606~08, 613, 618,
    642, 667, 694, 703, 704, 712, 739, 758,
    803
의식 = 인식 = 지식(cognitio) 89, 91, 97,
    102, 128, 343, 358
의회 자문(consilium) 190, 201
이단(heresis) 253, 309, 349, 373, 374,
    378, 380, 415, 423, 456, 471, 582, 583,
    590, 656, 672~74, 679, 731, 732, 777
이단자(hereticus) 71, 305, 317, 368, 369,
    371, 372, 375~80, 562, 565, 573, 574,
    576, 629, 650, 673, 674, 678, 685~87,
    704, 717, 799, 802
이성(ratio) 75, 78, 79, 88, 89, 97, 107, 114,
    133, 136~38, 156, 164, 165, 177, 193,
    203, 211, 213, 224, 320, 396, 397, 430,
    491, 519, 522, 537, 565, 614, 624, 641,
    643, 647, 653, 655, 662, 663, 680,
    688, 691, 700, 729, 791, 798
인간(homo) 64, 71, 76, 77, 79, 82~88, 90,

591, 596, 597, 607, 613, 617, 626, 628,
629, 635, 637, 639, 645, 646, 649, 653,
657, 678, 687, 710, 728, 729, 773, 791
지역(regio) → 장소
지혜(prudentia) 106, 127, 134, 164~66,
169, 170, 172, 178, 181, 198, 201, 289,
367, 377, 719
지혜(sapientia) 159, 524, 526, 527, 614,
769
직무(officium) 84~87, 90, 91, 96, 102,
103, 105~07, 116, 120, 175, 178,
180~83, 207, 208, 212, 215~17, 220,
227, 229, 235, 249, 267, 274, 275,
278, 290~93, 316, 319, 321, 322,
328, 336~40, 377, 381~83, 388, 390,
481~84, 488, 495~97, 502, 508, 512,
517, 519, 522~24, 528~30, 532, 533,
559, 560, 569, 582, 583, 587, 594~96,
599~601, 603, 604, 606, 619, 630,
643, 645~47, 649, 651, 668~70, 672,
701, 702, 719, 727, 749, 750, 752, 754,
756, 759, 760, 771~73, 775, 785, 787,
792, 799~801, 803~05
직무(pars, partes) → 부분
진리(veritas) 68~72, 121, 126, 129, 134,
143, 149, 154, 155, 158, 160, 172, 196,
226, 239~43, 252, 255, 265, 267, 269,
287, 311, 312, 315, 338, 345, 358,
360, 367, 415, 419, 420, 427, 479, 492,
548~55, 559, 563~65, 581, 592, 632,
633, 640, 651, 652, 661~63, 676, 689,
692, 693, 709, 714, 729, 745, 750, 751,
774, 795, 806
질료(materia) 105, 125, 163, 171, 174,
176, 177, 180, 347, 348, 634, 782
질서(ordinatio) 78, 293, 295, 296, 299,
311, 431, 493, 542, 592, 642, 682,
699, 702, 727, 731, 736, 737, 739, 740,
742, 743, 747, 752, 785

질서(ordo) 100, 212, 213, 215, 217, 299,
527, 596, 603, 606, 608, 624, 634,
635, 638, 639, 644, 693, 786
집단(collegium) 68, 157, 159, 183, 231,
241, 242, 266, 344, 546, 550, 552,
560, 562, 563, 570, 572, 580~83,
586~91, 594, 595, 597~601, 606~08,
610, 613, 619, 630, 632, 635, 638, 643,
644, 647, 649, 651, 655, 658, 659, 671,
672, 674, 690, 691, 729, 731, 736, 738,
758~60, 783~85, 790~92, 797~800,
803
집안 살림(oeconomia) 78, 116
징계(disciplina) 659, 665

| ㅊ |

참사회원(canonici) 626
처음(principium) 101, 136, 169, 223, 494,
523, 543
청빈 → 가난
총회(concilium) 545~50, 552, 558, 560,
561, 563, 566, 631, 637, 645, 674, 692,
703, 708, 709, 738~40, 747, 754, 797,
798, 803, 804, 807
추기경(cardinales) 247, 385, 552, 562,
572, 580, 583, 623, 630, 632, 636,
655, 661, 667, 674, 687, 692
축성(consecratio) 263
출교＝파문(excommunicatio) 233, 314,
317, 327, 328, 330, 331, 333, 545, 569,
574, 579~81, 591, 595, 605, 608, 613,
615, 619, 620, 639, 644, 653, 672, 677,
685, 747, 800
충분한 삶 → 만족스러운 삶

| ㅋ |

카논 → 정경

113~16, 121, 124~27, 129, 130, 133,
135, 142~44, 149, 155, 157, 158,
164~66, 168, 170, 174, 175, 177,
179~82, 186, 188, 195, 196, 198~200,
208, 218, 219, 225, 231, 233~36, 240,
250~55, 261, 263, 269, 271~73, 275,
279, 281, 283, 285, 287~90, 293, 300,
305, 306, 310, 312, 316, 318, 319, 321,
323~25, 328, 331, 333, 335, 337~40,
342~49, 352~54, 358, 364~67,
372~75, 377, 378, 382, 384, 385,
392~94, 396, 398~401, 405, 407, 410,
412, 415~17, 419, 422, 436, 441, 442,
464, 475, 491, 493, 496, 510, 534, 543,
545, 546, 552, 572, 580, 584, 585,
587, 593, 606, 637, 640, 671, 681, 683,
684, 687, 691, 694, 702, 751, 779,
783, 785, 786, 788, 796, 806
현실적 = 실제적(actualis) 400, 402

형벌(poena) 78, 93, 94, 98, 100, 127, 128,
144, 183, 267, 270, 272, 320, 323~25,
337, 353, 360, 362, 364, 365, 368~71,
374~76, 378~80, 394, 545, 554, 569,
595, 618, 620, 640, 659, 673, 686, 785,
786, 798, 802
형상(forma) 105, 107, 124, 126, 174~77,
179, 215, 216, 219, 224, 228, 783
황제(imperator) 230~34, 243, 263, 268,
278, 281, 282, 296, 297, 301, 302,
358, 359, 369, 389, 476, 477, 505, 507,
513, 537, 541, 543, 544, 561, 570~77,
587, 599, 600, 607, 608, 618, 630,
643, 645, 647, 648, 650, 652~67, 671,
672, 674~76, 689, 700~02, 706, 726,
731~35, 737, 754, 774, 789, 790, 792
후견인(patronus) 456, 457, 647, 687
훈육(disciplina) 102, 105~07, 122, 181,
377